D1701834

Stephan Witetschek
Thomas und Johannes – Johannes und Thomas

Herders Biblische Studien
Herder's Biblical Studies

Herausgegeben von
Christian Frevel (Altes Testament)
und
Knut Backhaus (Neues Testament)

Band 79

Stephan Witetschek

Thomas und Johannes – Johannes und Thomas

Stephan Witetschek

Thomas und Johannes – Johannes und Thomas

Das Verhältnis der Logien des Thomasevangeliums zum Johannesevangelium

HERDER

FREIBURG · BASEL · WIEN

MIX
Papier aus verantwor-
tungsvollen Quellen
FSC® C106847

© Verlag Herder GmbH, Freiburg im Breisgau 2015
Alle Rechte vorbehalten
www.herder.de
Umschlaggestaltung: Verlag Herder GmbH
Satz: Claudia Wild, Konstanz
Herstellung: fgb · freiburger graphische betriebe
Printed in Germany
ISBN 978-3-451-31579-4

Vorwort

Zuweilen kommt es vor, dass sich ein Thema seinen Autor sucht. So lässt sich wohl das Zustandekommen dieser Studie beschreiben, die im Rückblick ihren Verfasser selbst überrascht. Im Oktober 2012 abgeschlossen, wurde sie im Sommersemester 2013 von der Katholisch-Theologischen Fakultät der Ludwig-Maximilians-Universität München als Habilitationsschrift angenommen. Für die Publikation wurde sie überarbeitet und vor allem durch neu erschienene Literatur, an der ja in den letzten Jahren kein Mangel war, ergänzt.

Die Deutsche Forschungsgemeinschaft hat das Projekt „Thomas und Johannes – Johannes und Thomas" in den Jahren 2010–2012 durch eine Sachbeihilfe (Eigene Stelle) unterstützt (Gz. WI 3620/1-1 bzw. WI 3620/1-2) und auch zu den Publikationskosten einen Zuschuss beigesteuert. Ohne diese Förderung und die damit verbundene infrastrukturelle Anbindung an die LMU München wäre das vorliegende Werk nicht möglich gewesen.

Da diese Studie über das Thomas- und das Johannesevangelium nun abgeschlossen vorliegt, möchte ich die Gelegenheit nutzen, den vielen zu danken, die mich auf den verschiedenen Etappen des langen Weges bis hierher mit Rat, Kritik und Ermutigung unterstützt haben. Prof. Dr. Gerd Häfner, Prof. Dr. Knut Backhaus und Prof. Dr. Siegfried Richter haben im Fachmentorat die Arbeit betreut und in der Zwischenevaluation wie auch in ihren Gutachten wertvolle Rückmeldung gegeben. Vor allem letzterer hat diese Studie von den allerersten Anfängen, einer Lektüreübung zum Thomasevangelium im Sommersemester 2006, über die realistische Eingrenzung des Themas bis zum Abschluss begleitet und sie durch seinen Rat und seine Expertise auf den verschiedensten Forschungsfeldern der Koptologie, vom Manichäismus bis zur Neutestamentlichen Textkritik, bereichert.

Im Rahmen der Neutestamentlichen Sozietät an der Katholisch-Theologischen Fakultät der LMU München hatte ich regelmäßig die Gelegenheit, Ausschnitte aus dem Projekt vorzustellen und der Diskussion auszusetzen. Den beiden Leitern, Prof. Dr. Knut Backhaus und Prof. Dr. Gerd Häfner, danke ich für diese wertvollen Gelegenheiten und ihre wohlwollend-

Vorwort

kritischen Rückfragen, letzterem zudem für die wissenschaftliche und institutionelle Beheimatung an seiner Professur, ersterem auch für die Aufnahme dieser Studie in die Reihe „Herders Biblische Studien". Danken möchte ich auch den Bediensteten der Bibliothek Theologie-Philosophie und der Universitätsbibliothek an der LMU München, der Bayerischen Staatsbibliothek, der Cambridge University Library und der Universitätsbibliothek Regensburg für ihre Unterstützung. Den Bediensteten der British Library, London, und der Bodleian Library, Oxford, danke ich für ihre zuvorkommende Unterstützung bei der Autopsie der griechischen Fragmente des Thomasevangeliums. Ebenso danke ich Dr. Bruno Steimer vom Verlag Herder, der die Publikation dieser Studie professionell betreut hat, wie man es sich nur wünschen kann.

Dr. Andrea Eberle hat mich in die koptische Sprache eingeführt und so den Grund gelegt, auf dem diese Studie überhaupt erst entstehen konnte. Sie hat aber auch die Entstehung dieser Studie freundschaftlich begleitet und Teile daraus durchgesehen und kommentiert. Auch Dr. Hans Förster, Prof. Dr. Herbert Schmid und Sonja Wunderlich haben auf verschiedenen Stufen Teile dieser Studie gelesen und durch ihre Kommentare bereichert. Zudem bin ich Prof. Dr. Herbert Schmid für den stets anregenden Austausch über gnostische und andere frühchristliche Fragen sehr verbunden.

Auch im weiteren Umfeld des Projekts danke ich vielen Gesprächspartnern, die an verschiedenen Stellen der Wegstrecke durch ihre kritischen Anfragen meine Arbeit am Thomasevangelium sachlich und vor allem methodisch weitergebracht haben. In Cambridge habe ich vom Austausch mit Prof. Dr. Judith Lieu und Dr. Simon Gathercole sehr profitiert, in Regensburg haben sowohl Prof. Dr. Tobias Nicklas als auch Prof. Dr. Hans-Ulrich Weidemann durch ihr kritisches Nachfragen wichtige Klärungen angestoßen. In Freiburg hat Prof. Dr. Ferdinand Prostmeier mir als seinem gegenwärtigen Vertreter die Möglichkeit eröffnet, diese Studie am Arbeitsbereich Exegese und Literatur des Neuen Testaments zur Publikation zu bringen. Die Freiburger Hilfskräfte Florian Krauss, Elisabeth Pal, Franziska Rudolph und Ulrike Seitz haben mich im Vorfeld der Drucklegung bei der Durchsicht des Manuskripts und der Korrekturfahnen zuverlässig unterstützt; dafür danke ich ihnen sehr.

Mein Vater, Prof. Dr. Helmut Witetschek, hat sich, obgleich nicht vom Fach, wieder die Mühe gemacht, die ganze Habilitationsschrift zu lesen und seine Anmerkungen einzubringen. Auch dafür bin ich ihm von Herzen dankbar. Meine Mutter, Ida Witetschek (1936–2011), hat, mit einigem Befremden über das Koptische, die Anfänge dieser Studie verfolgt, den Abschluss zu erleben, war ihr nicht mehr vergönnt, ihrem Andenken ist diese Studie gewidmet. Es gelte das Herrenwort aus Oxyrhynchos: οὐκ ἔστιν τεθαμμένον ὃ οὐκ ἐγερθήσεται.[1]

Freiburg im Breisgau, in der Osteroktav 2015   *Stephan Witetschek*

---

1 „Es gibt nichts Begrabenes, das nicht auferweckt werden wird." PUECH: „Un logion de Jésus", 127; vgl. auch EvThom 5 nach P.Oxy. 654,27-31 (Z. 31).

Inhalt

Vorwort		1
A. Einleitung		11
I.	Zur Forschungsgeschichte dieses Themas	11
II.	Allgemeines zum Thomasevangelium	16
1.	Quellenlage und Textüberlieferung	16
	a) Die griechischen Fragmente (P.Oxy. 1; 654; 655)	16
	b) Der koptische Text (NHC II,2)	22
	c) Zum Verhältnis der griechischen und koptischen Versionen	23
2.	Zum literarischen Charakter des Thomasevangeliums	26
III.	Zum Verhältnis von Thomas- und Johannesevangelium	34
1.	Problemstellung	34
2.	Kriterien	39
B. Durchführung		53
I.	Klassifizierung der Logien	53
II.	Einzeluntersuchungen	56
1.	Prolog und Logion 1	56
	a) Zur Abgrenzung der Einheit	56
	b) Textkritik	59
	c) „Verborgene Worte"	72
	d) „Der lebendige Jesus"	76
	e) Didymos Judas Thomas	79
	f) Thomas als Erzählfigur im Johannesevangelium	84
	g) „Den Tod nicht schmecken"	99
	h) Fazit zum Prolog (mit EvThom 1)	108
2.	Logion 3	110
	a) Textkritik	111
	b) Zwei Logien	115
	c) „Die Ziehenden"	117

	d)	„Söhne des lebendigen Vaters"	120
	e)	Fazit zu EvThom 3	124
3.	Logion 4		125
	a)	Textkritik	125
	b)	Leben am „Ort des Lebens"	128
	c)	Einheit	132
	d)	Fazit zu EvThom 4	134
4.	Logion 8		135
	a)	Das Verhältnis zu Mt 13,47–50	135
	b)	Vergleich mit den Varianten bei Clemens von Alexandreia	137
	c)	Das eigene Profil von EvThom 8	140
	d)	Das Fischnetzmotiv in Joh 21,11	143
	e)	Joh 21,11 und EvThom 8	145
	f)	Fazit zu EvThom 8	147
5.	Logion 11		148
	a)	Zur Komposition des Logions	148
	b)	Leben und nicht sterben	150
	c)	Totes essen und im Licht leben	154
	d)	Fazit zu EvThom 11	159
6.	Logion 13		161
	a)	Das „Messiasbekenntnis" des Thomas	162
	b)	Die Antwort Jesu	168
	c)	Fazit zu EvThom 13	185
7.	Logion 17		187
	a)	EvThom 17 rezipiert 1 Joh 1,1?	189
	b)	1 Joh 1,1 rezipiert EvThom 17?	193
	c)	Fazit zu EvThom 17	194
8.	Logion 18		196
	a)	Verhältnis von Frage und Antwort	196
	b)	Anfang und Ende	198
	c)	Fazit zu EvThom 18	202
9.	Logion 19		203
	a)	Präexistenz	203
	b)	Jüngerschaft	208
	c)	Paradiesesbäume und Lebensverheißung	211
	d)	Fazit zu EvThom 19	212
10.	Logion 21		214
11.	Logion 24		217
	a)	Einbindung in den Kontext	217
	b)	Zur Komposition des Logions	217
	c)	Die Frage der Jünger	218

	d)	Die Antwort Jesu	225
	e)	Noch einmal zur Komposition des Logions	231
	f)	Fazit zu EvThom 24	233
12.	Logion 25		235
	a)	Liebe zum „Bruder"	235
	b)	„Wie deine Seele"	240
	c)	Hüten wie den Augapfel	242
	d)	Fazit zu EvThom 25	244
13.	Logion 27		246
	a)	Textkritik	246
	b)	Zur Komposition des Logions	247
	c)	Das Verhältnis zur Welt	249
	d)	„Den Vater sehen"	250
	e)	Fazit zu EvThom 27	253
14.	Logion 28		254
	a)	„Mitten in der Welt"	255
	b)	Inkarnation	257
	c)	Durst und Trunkenheit	269
	d)	Blindheit und Sehen	272
	e)	Fazit zu EvThom 28	276
15.	Logion 30		277
	a)	Textkritik	277
	b)	Zur Komposition des Logions	284
	c)	„Drei Götter"?	285
	d)	Fazit zu EvThom 30	289
16.	Logion 37		292
	a)	Textkritik	292
	b)	Die Frage der Jünger	294
	c)	Kleider und Nacktheit	297
	d)	Den Sohn des Lebendigen sehen	299
	e)	Fazit zu EvThom 37	302
17.	Logion 38		304
	a)	Textkritik	304
	b)	Zur Komposition des Logions	304
	c)	Abwesenheit Jesu	306
	d)	Jesu Worte hören	307
	e)	Suchen und nicht finden	310
	f)	Fazit zu EvThom 38	320
18.	Logion 40		321
19.	Logion 42–43		324
	a)	Zur Abgrenzung der Einheit	324
	b)	Zum Gesprächsgang	326

Inhalt

		c)	Die „Juden"	330
		d)	Fazit zu EvThom 42–43	335
20.	Logion 49			337
	a)	Das Logion im weiteren Kontext		337
	b)	Auseinandersetzung zwischen Thomas und Johannes?		338
	c)	Fazit zu EvThom 49		340
21.	Logion 50			342
	a)	Zum Komplex EvThom 50–53		342
	b)	Das ägyptische Totenbuch und andere Parallelen		344
	c)	Söhne des Lichtes und Erwählte des lebendigen Vaters		352
	d)	Fazit zu EvThom 50		355
22.	Logion 51			356
	a)	Ein Schreibfehler in EvThom 51,1?		356
	b)	Der Dialog in EvThom 51		357
	c)	Präsentische Eschatologie		358
	d)	Fazit zu EvThom 51		365
23.	Logion 52			366
	a)	Zur Stellung in der Spruchgruppe		366
	b)	Die Bemerkung der Jünger		367
	c)	Die Antwort Jesu		371
	d)	Fazit zu EvThom 52		375
24.	Logion 56/80			377
	a)	Ein oder zwei Logien		377
	b)	Aramaismen		378
	c)	EvThom 56/80 und das johanneische Welt-Bild		379
	d)	EvThom 56/80 und Hebr 11,37–38		383
	e)	Fazit zu EvThom 56/80		384
25.	Logion 58			386
26.	Logion 59			389
	a)	Wer ist der Lebendige?		389
	b)	Zeitliche Beschränkung		390
	c)	Jesus sehen		391
	d)	Fazit zu EvThom 59		393
27.	Logion 61			394
	a)	Textverderbnis?		394
	b)	Aus dem Gleichen		398
	c)	Was Gott gehört und was Jesus gehört		400
	d)	Voller Licht		402
	e)	Fazit zu EvThom 61		404

28.	Logion 69	405
	a) Die Seligpreisung der Verfolgten	405
	b) „Den Vater in Wahrheit erkennen"	408
	c) Fazit zu EvThom 69	411
29.	Logion 71	412
30.	Logion 76	416
31.	Logion 77	421
	a) Zur Komposition des Logions	421
	b) EvThom 77,1 und das Johannesevangelium	424
	c) Zur Lichtmetaphorik des Johannesevangeliums	426
	d) EvThom 77,1 und die Lichtmetaphorik des Pronoia-Hymnus	440
	e) Das Licht und die Schöpfung	444
	f) Fazit zu EvThom 77,1	451
32.	Logion 78	453
	a) EvThom 78 und Q	453
	b) „Die Wahrheit erkennen"	457
	c) Fazit zu EvThom 78	461
33.	Logion 91	462
	a) Einbindung in den Kontext	462
	b) Zur Komposition des Logions	462
	c) Die Frage und ihre Antwort	464
	d) Fazit zu EvThom 91	470
34.	Logion 92	471
35.	Logion 108	474
	a) EvThom 108 innerhalb des Thomasevangeliums	474
	b) EvThom 108 im Feld der frühchristlichen Quell- und Trinkmetaphorik	477
	c) Fazit zu EvThom 108	480
36.	Logion 111	481
	a) Zur Komposition des Logions	481
	b) „Leben aus dem Lebendigen"	483
	c) Die Welt	485
	d) Fazit zu EvThom 111	485
37.	Logion 114	486
	a) EvThom 114 im Gesamtgefüge des Thomasevangeliums	486
	b) Sprachliche Probleme	487
	c) Die Rolle der Maria	488
	d) Fazit zu EvThom 114	492
III. Zusammenfassung		**493**

C. **Ergebnis** 505
D. **Verwendete Literatur** 515
   I. **Quellen** 516
     1. Biblische Texte 516
     2. Frühjüdische Literatur 516
     3. Christliche Apokryphen 517
     4. Manichäisches 518
     5. Kirchenväter 518
     6. Griechische und römische Autoren 519
     7. Ägyptisches 520
     8. Papyri 520
     9. Inschriften 520
   II. **Hilfsmittel** 521
     1. Übersichten 521
     2. Wörterbücher und Grammatiken 521
   III. **Sekundärliteratur** 523

Stellenregister 557
Autorenregister 577

A. Einleitung

I. Zur Forschungsgeschichte dieses Themas

Das Thomasevangelium und das Johannesevangelium haben vorweg eines gemeinsam: Beide haben eine gewisse Reputation als schwer zugängliche Texte. Beide Evangelien stellen Jesus als jemanden dar, der geheimnisvolle Dinge spricht und missverstanden wird – man könnte sogar fragen, ob er überhaupt verstanden werden *will*. In beiden Evangelien erscheint Jesus als ein Fremder in der Welt (vgl. v.a. EvThom 28; Joh 8,23).[1] Dennoch ist das Verhältnis dieser beiden Evangelien zueinander in der Forschung der letzten Jahrzehnte etwas vernachlässigt geblieben. Der forschungsgeschichtliche Überblick kann daher relativ kurz ausfallen.

Fragmente einer Sammlung von „Worten Jesu" in griechischer Sprache waren schon seit 1897 (P.Oxy. 1) bzw. 1904 (P.Oxy. 654; 655) bekannt. Bis zur Mitte des 20. Jahrhunderts war das wissenschaftliche Interesse daran jedoch fast eingeschlafen. Erst ab Mitte der 1950er Jahre, nachdem die koptische Version des Thomasevangeliums bekannt geworden war, erhielt es einen neuen Impuls, der im Grunde bis heute anhält. Aufgrund formaler Ähnlichkeiten konzentrierte sich das Interesse am Thomasevangelium aber vor allem auf mögliche Parallelen zur synoptischen Logienüberlieferung, wo man alsbald eine „Kontinentaldrift"[2] festzustellen begann. Für den vorwiegenden – wenngleich keineswegs ausschließlichen – Forschungstrend in Europa ist die 1964 erschienene Arbeit von Wolfgang Schrage repräsentativ: Schrage versuchte nachzuweisen, dass das koptische Thomasevangelium von der koptischen (näherhin sahidischen) Übersetzung der synoptischen Evangelien abhängig ist.[3] Schrages spezielle Methode fand zwar wenig Anklang, dennoch wurde es in den folgenden

---

1 Vgl. auch DUNDERBERG: „Johannine Traditions", 71–72.
2 Vgl. PATTERSON: *The Gospel of Thomas and Jesus*, 10. Zur Kritik an diesem globalen Befund vgl. etwa SCHRÖTER: *Erinnerung an Jesu Worte*, 39 Anm. 150. Allerdings spricht auch Schröter (ebd., 132–136, hier 135) von „der auf *Robinson* und *Köster* aufbauenden amerikanischen Sichtweise".
3 Vgl. SCHRAGE: *Verhältnis des Thomas-Evangeliums zur synoptischen Tradition*. – Diese Beschränkung auf den Vergleich zweier koptischer Übersetzungen wurde in der Rezeption oft nicht genügend beachtet; vgl. dazu zusammenfassend SCHRÖTER: *Erinnerung an Jesu Worte*, 130–132.

A. Einleitung

Jahrzehnten in der europäischen Forschung tendenziell eher üblich, das Thomasevangelium als von den Synoptikern abhängig zu begreifen.[4] Auf der anderen Seite des Atlantik setzte kurz nach Schrage die – leider unveröffentlichte – Dissertation von John H. Sieber aus dem Jahre 1965 den Standard.[5] Sieber stellte fest, dass die redaktionellen Eigenheiten der synoptischen Evangelien in den Logien des Thomasevangeliums nicht zu finden sind; daraus folgerte er, dass eine Abhängigkeit des Thomasevangeliums von den Synoptikern nicht nachzuweisen ist, sondern dass das Thomasevangelium einen eigenständigen Zweig der Jesusüberlieferung darstellt. Siebers These fand zunächst vor allem in Nordamerika Anklang,[6] wobei man die literarische Unabhängigkeit des Thomasevangeliums von den Synoptikern oft auch für die Datierung auswertete. So konnte das „Jesus Seminar" das Thomasevangelium – neben Q – als eine vorrangige, weil sehr alte Quelle für die Suche nach authentischen Worten Jesu verwenden.[7]

Bei all dieser Konzentration auf die synoptische Überlieferung trat der Vergleich mit dem Johannesevangelium in den Hintergrund. Für lange Zeit blieb ein Aufsatz von Raymond E. Brown[8] die einzige speziell diesem Thema gewidmete Studie. In dieser eher deskriptiv angelegten Untersu-

---

4 Vgl. z. B. DEHANDSCHUTTER: „Les paraboles"; FIEGER: *Thomasevangelium*; FREY: „Lilien" (mit Modifikationen); GATHERCOLE: *Composition of the Gospel of Thomas*, 127–224; GOODACRE: *Thomas and the Gospels*; P. NAGEL: *Codex apocryphus gnosticus* 1, 98 (als Referat). Für eine ausgewogene Einschätzung, die schlussendlich doch eher zur „Unabhängigkeitshypothese" neigt, vgl. etwa VIELHAUER: *Geschichte der urchristlichen Literatur*, 624–628. – Es zeigt sich, dass das Modell der „Kontinentaldrift" den forschungsgeschichtlichen Befund nur unzureichend erfasst. Bei allen Mentalitätsunterschieden sind Europa und Amerika doch keine strikt getrennten Forschungswelten – wie ordnet man in diesem Schema Wissenschaftler ein, die z. B. in Europa sozialisiert, aber an einer amerikanischen Hochschule tätig sind?
5 Vgl. SIEBER: *Redactional Analysis*.
6 Vgl. u. a. KOESTER: „Tractate 2", 39.42–43; PATTERSON: *The Gospel of Thomas and Jesus*, 9–16; Sympathien aber auch z. B. bei VIELHAUER: *Geschichte der urchristlichen Literatur*, 627–628.
7 Vgl. FUNK/HOOVER: *The Five Gospels*, 15.471–532. Zur Arbeitsweise des „Jesus Seminar" vgl. ebd., 34–38. Auch nach CROSSAN: *Historical Jesus*, 427–728 gehört die erste Schicht des Thomasevangeliums (Thomas I), ausweislich von EvThom 12 in die 50er Jahre des 1. Jahrhunderts datiert, zur ältesten Stufe der Jesusüberlieferung (30–60 n. Chr.). Die zweite und letzte Schicht des Thomasevangeliums (Thomas II, erkennbar an der zentralen Stellung des Thomas) datierte er kurzerhand in die 60er oder 70er Jahre des 1. Jahrhunderts und wies sie damit der zweiten Stufe der Jesusüberlieferung (60–80 n. Chr.) zu; vgl. ebd., 430. Für eine Aufschlüsselung des Materials nach Alter und Bezeugung vgl. ebd., 434–450.
8 BROWN: „Gospel of Thomas".

chung setzte Brown jedoch bereits voraus, dass das Thomasevangelium das Johannesevangelium rezipiert. Aus den oft sehr schwach ausgeprägten Kontakten folgerte er sodann, dass diese Rezeption durch einen anderen (gnostischen) Text vermittelt sein müsse. Browns Aufsatz stellt insofern einen guten Ausgangspunkt dar, als er eine sehr große Zahl von „johanneisch" erscheinenden Formulierungen, Motiven oder anderen Elementen in Logien des Thomasevangeliums zusammengestellt hat. Doch Brown beließ es bei der Auflistung und unterließ es, die Parallelen zu klassifizieren. Damit stehen eindeutige Übereinstimmungen im Wortlaut gleichrangig neben vagen thematischen Anklängen. Trotzdem blieb Browns Artikel für über drei Jahrzehnte der einzige einschlägige Beitrag zur Frage nach einem möglichen Verhältnis zwischen dem Thomasevangelium und dem Johannesevangelium.

Das Interesse an Verbindungen zwischen dem Thomasevangelium und dem Johannesevangelium nahm erst in den 1990er Jahren wieder zu. Gregory Riley veröffentlichte 1995 eine Studie,[9] in der er die Jenseitsvorstellungen des Thomasevangeliums in der platonischen Koine hellenistischen Denkens (postmortale Fortexistenz der Seele nach Trennung vom Leib) verortete. Vor diesem Hintergrund sah er im „ungläubigen Thomas" von Joh 20,24–29 die Trägergruppe des Thomasevangeliums verkörpert. Das Johannesevangelium sei demnach als Polemik gegen philosophisch informierte Christen zu verstehen, die, aus platonischer Anthropologie heraus, die leibliche Auferstehung Jesu in Zweifel zogen. Verkürzt könnte man sagen: Im Johannesevangelium steht der „ungläubige Thomas" für das Thomasevangelium. An diese Vorstellung konnten andere Untersuchungen anknüpfen. April DeConick sieht im Thomasevangelium das Dokument einer mystisch interessierten Gruppe. Gegen deren Ideal, durch fortwährendes *Suchen* schließlich Jesus zu *sehen*, setze das Johannesevangelium die Feststellung, dass niemand Gott je gesehen habe (Joh 1,18), dass sowohl die „Juden" (Joh 7,33–34; 8,21) als auch die Jünger (Joh 13,33) Jesus vergeblich suchen werden, und dass man, statt selber suchen und sehen zu wollen, *glauben* müsse (Joh 14,1; 20,29).[10] Elaine Pagels folgt ihr darin mit der Feststellung, dass das Johannesevangelium das, was das Thomasevangelium von den Jüngern bzw. von allen Menschen aussagt, exklusiv auf Jesus verenge und damit einen Heilsweg vorlege, der dem des Thomasevangeliums diametral entgegengesetzt sei.[11] An diesen Diskurs

---

9 RILEY: *Resurrection Reconsidered.*
10 Vgl. DECONICK: *Seek to See Him*, v. a. 72–73.123–124; DIES.: *Voices of the Mystics.*
11 Vgl. PAGELS: *Beyond Belief*, 30–73.

A. Einleitung

schließen sich auch Arbeiten von Steven Johnson zu EvThom 76 an.[12] Eine eingehende Auseinandersetzung mit diesen Studien wird bei der Behandlung der entsprechenden Logien des Thomasevangeliums erfolgen. Hier sei nur festgehalten, dass diese Arbeiten jeweils eine globale Theorie zum Thomasevangelium aufstellen und die einzelnen Logien in diese Theorie einpassen – ein Vorgehen, das der lockeren Komposition des Thomasevangeliums (s. u. A.II.2) nur bedingt gerecht wird.

Die bisherige Kritik an Riley, DeConick und Pagels konzentrierte sich vor allem auf die Interpretation der johanneischen Erzählfigur des Thomas.[13] Insoweit ist die Diskussion in Nordamerika geblieben. Auf der Ebene konkreter Textanalysen erfuhr diese Theorie hingegen auch Kritik aus Europa: Ismo Dunderberg hat dazu eine Anzahl von Beiträgen vorgelegt, in denen er, aufgrund konkreter Textvergleiche, den direkten Kontakt zwischen den beiden Evangelien überhaupt in Frage stellt und eher damit rechnet, dass die beiden Evangelien, unabhängig voneinander, ähnliche Weisheitstraditionen verwenden.[14]

Auf der Seite des Johannesevangeliums ging zwar in den letzten Jahren und Jahrzehnten der Trend eher zur synchronen Betrachtung,[15] doch eine sehr gründliche Studie von Michael Theobald[16] fragt (wieder) nach älterer Logientradition im Johannesevangelium, vor allem nach Logien, die den Kern der Reden und Streitgespräche bilden. Theobalds Studie hat nicht zuletzt methodologische Klärungen geleistet, die auch für die vorliegende Untersuchung von Bedeutung sind. Daneben hat zwar die Rezeption des Johannesevangeliums im 2. Jahrhundert in den letzten Jahren viel Interesse erfahren, doch das Verhältnis zum Thomasevangelium wird in diesem Zusammenhang eher selten behandelt.[17] Auf der Motivebene sind die

---

12 Vgl. JOHNSON: „Gospel of Thomas 76.3"; DERS.: *Seeking the Imperishable Treasure*.
13 Vgl. JUDGE: „John 20,24–29"; SKINNER: *John and Thomas*, 42–77.
14 Vgl. DUNDERBERG: „John and Thomas in Conflict?"; DERS.: „Thomas' I-sayings"; DERS.: „Thomas and the Beloved Disciple"; DERS.: *The Beloved Disciple in Conflict?*; vgl. auch DERS.: „Johannine Traditions", 70–82.
15 Die wohl massivste Manifestation dieses Trends findet sich bei THYEN: *Johannesevangelium*.
16 THEOBALD: *Herrenworte im Johannesevangelium*.
17 Bei RÖHL: *Rezeption des Johannesevangeliums*; T. NAGEL: *Rezeption des Johannesevangeliums* und im 2010 erschienenen Sammelband *The Legacy of John*, hg. von T. RASIMUS (NT.S 132) wird das Thomasevangelium nicht behandelt. Anders HILL: *Johannine Corpus*, 270–277: Hier wird im Zusammenhang mit der Frage nach gnostischer Rezeption des Johannesevangeliums das Unterscheidende zwischen den beiden Evangelien sehr stark betont. Zur Kritik an Hills Studie vgl. DUNDERBERG:

Arbeiten von Silke Petersen und Judith Hartenstein sehr hilfreich, die beide von der Arbeit mit Apokryphen[18] zum Johannesevangelium[19] gekommen sind.

Nach fast sechs Jahrzehnten Forschung am Thomasevangelium sind also einige Versuche unternommen worden, sein Verhältnis zum Johannesevangelium zu bestimmen. Eine eingehende Untersuchung dieses Verhältnisses auf der Ebene der einzelnen Logien des Thomasevangelims ist aber bislang ein Desiderat der Forschung geblieben. Das Ziel der vorliegenden Arbeit ist es, diese Lücke zu füllen.

„Johannine Traditions", 74–75. Zur Frage nach möglicher Rezeption des Johannesevangeliums in Logien des Thomasevangeliums vgl. auch ZELYCK: *John among the Other Gospels*, 85–103.

18 Vgl. PETERSEN: *„Zerstört die Werke der Weiblichkeit!"*; HARTENSTEIN: *Die zweite Lehre*.

19 Vgl. HARTENSTEIN: *Charakterisierung im Dialog*; PETERSEN: *Brot, Licht und Weinstock*.

A. Einleitung

II. Allgemeines zum Thomasevangelium

1. Quellenlage und Textüberlieferung

Verglichen mit dem Neuen Testament, fällt die Textüberlieferung des Thomasevangeliums äußerst mager aus: Wir besitzen heute drei griechische Handschriften, die nur fragmentarisch erhalten sind, und ein Exemplar der koptischen Übersetzung, das den gesamten Text umfasst. Mehr als 80 % der Logien sind nur in dieser Übersetzung erhalten.

a) Die griechischen Fragmente (P.Oxy. 1; 654; 655)

Alle drei griechischen Textzeugen stammen von den Müllhalden des antiken Oxyrhynchos (heute: Al-Bahnasa, ca. 40 km nördlich von Al-Minya in Oberägypten). Sie wurden im Zuge der Ausgrabungen des Egypt Exploration Fund, die dort 1896/97 begannen,[1] von Bernard P. Grenfell und Arthur S. Hunt erfasst und publiziert.[2] Zusammen mit einer Leinenbinde, die mit dem Schluss von EvThom 5 (nach der griechischen Fassung) beschriftet ist,[3] belegt dieser Fund die Popularität des Thomasevangeliums im Oxyrhynchos der späteren Prinzipatszeit bis in die Spätantike.[4]

P.Oxy. 1
Dieses Fragment kam bereits am zweiten Tag der Ausgrabungen im Januar 1897 zum Vorschein.[5] Grenfell und Hunt publizierten die *editio princeps* im Juni 1897,[6] und diese Publikation löste im Sommer und Herbst desselben Jahres eine wahre Flut von Diskussionsbeiträgen aus. Neben zahlreichen

---

1 Vgl. dazu den zeitgenössischen Bericht GRENFELL: „Oxyrhynchus and its Papyri"; zum weiteren Kontext E. G. TURNER: „Graeco-Roman Branch"; PARSONS: *City of the Sharp-Nosed Fish*, 3–30.
2 Neben der regulären Publikation als P.Oxy. 1; 654; 655 wurden diese Blätter jeweils vorab publiziert: GRENFELL/HUNT: ΛΟΓΙΑ ΙΗΣΟΥ; GRENFELL/HUNT: *New Sayings of Jesus*.
3 Vgl. dazu PUECH: „Un logion de Jésus."
4 Vgl. auch DORESSE: *Livres secrets* 2, 37; HURTADO: „Greek Fragments", 31.
5 Vgl. dazu GRENFELL: „Oxyrhynchus and its Papyri", 6 (= *Oxyrhynchus*, 348): „Later in the week Mr Hunt, in sorting the papyri found on the second day, noticed on a crumpled piece of papyrus, written on both sides in uncial characters, the Greek word ΚΑΡΦΟΣ („mote'), which at once suggested to him the verse in the Gospels about the mote and the beam. A further examination showed that the passage in the papyrus really was the conclusion of the verse in question, but that the rest of the writing differed considerably from the Gospels and was, in fact, a leaf out of a book containing a collection of Christ's sayings, some of which were new."
6 GRENFELL/HUNT: ΛΟΓΙΑ ΙΗΣΟΥ.

wissenschaftlichen Aufsätzen und kleinen Monographien[7] wurde der Fund auch in kirchlichen wie in allgemeinen Zeitungen intensiv besprochen, namentlich im *Guardian* erschienen im Juli und August 1897 in jeder Ausgabe Beiträge zu den neuen „Worten Jesu".[8]

Heute wird das Blatt in der Bodleian Library in Oxford aufbewahrt (MS Gr.th.e.7 [p]).[9] Es handelt sich um ein Papyrusblatt von 14,5 x 9,5 cm, das beidseitig beschriftet ist und auf der papyrologischen Rückseite (Verso) die Zahl 11 (IA) trägt. Das Blatt ist also eine Seite aus einem Codex.[10] Ferner fällt auf, dass das Blatt im Bereich von Z. 6 und Z. 11 Verso bzw. Z. 27 und Z. 32 Recto waagrecht verlaufende Beschädigungen aufweist. Zudem ist die obere Hälfte des Recto (Z. 22–27) stark abgeschabt.[11] Diese Befunde lassen vermuten, dass das Blatt schon in der Antike aus dem Codex herausgerissen und gefaltet wurde.[12] Zu welchem Zweck es dabei diente, muss offen bleiben.

Die Schrift hat keinen kalligraphischen Anspruch, aber sie ist klar und gut lesbar; nur in einem Falle (Z. 3) findet sich eine beachtliche Ligatur, in der das Lambda, My und Omega von ὀφθαλμῷ in einem Zug durchgeschrieben sind. Das Urteil von Larry Hurtado, es handle sich um „a copy prepared by a scribe of modest literary ability"[13] erscheint jedenfalls über-

---

7 Als Auswahl sind hier zu nennen: CLEMEN: „Neugefundene Jesusworte?"; BLASS: „Logia-Fragment"; HARNACK: *Über die jüngst entdeckten Sprüche Jesu*; ZAHN: „Die jüngst gefundenen ‚Aussprüche Jesu'"; LOCK/SANDAY: *Two lectures on the „Sayings of Jesus"*; sodann CERSOY: „Quelques remarques".
8 Vgl. dazu die Bibliographie bei LOCK/SANDAY: *Two lectures on the „Sayings of Jesus"*, 5–6 (Stand: Ende Oktober 1897!). Die intensive Diskussion gab auch Impulse für die definitive Edition von P.Oxy. 1 (GRENFELL/HUNT: *The Oxyrhynchus Papyri* I, 1–3), die nicht ganz der *editio princeps* entspricht.
9 Am 12. August 2009 konnte ich dieses Blatt dort selbst in Augenschein nehmen.
10 Vgl. auch ATTRIDGE: „Greek Fragments", 96.
11 Diesen Schäden sind die Schwierigkeiten bei der Auslegung von EvThom 30 zu verdanken; s. u. B.II.15.a).
12 Vgl. auch EVELYN WHITE: *Sayings of Jesus from Oxyrhynchus*, xxi. Anders HURTADO: „Greek Fragments", 22: „... the abrasion probably happened in the course of the fragment lying in the ground for many centuries." – Wenn man unter „abrasion" eine mechanische Beschädigung versteht, ist diese Aussage in sich widersprüchlich, denn wenn das Blatt ruhig auf der Müllhalde bzw. unter dem Sand liegt, kann eigentlich nichts abgeschabt werden. Denkbar wäre allenfalls eine Beschädigung durch Feuchtigkeit, doch dann müsste man wiederum erklären, warum nur auf einer Seite ein Viertel der Fläche beschädigt ist. So erscheint die Annahme plausibler, dass das Blatt schon in angegriffenem Zustand auf den Müllhaufen kam. Dass sich sein Zustand im Laufe der Jahrhunderte weiter verschlechterte, sei damit aber nicht bestritten.
13 HURTADO: „Greek Fragments", 24.

A. Einleitung

zogen. Die Erstherausgeber datierten das Blatt zwischen 150 und 200 n. Chr., da einerseits die *nomina sacra* und die Tatsache, dass das Blatt aus einem Codex stammt, gegen eine zu frühe Datierung sprechen, andererseits die Schrift sich von der um 300 gebräuchlichen stark unterscheidet.[14] Spätere Autoren folgen der Argumentation, tendieren aber zu einer etwas späteren Datierung, etwa um 200 n. Chr.[15] Gewissheit ist in solchen Fragen kaum zu erlangen, für eine Neudatierung anhand der Schrift müsste man diese Handschrift einer möglichst großen Vergleichsgruppe von eindeutig datierten Papyri gegenüberstellen. Bis auf Weiteres scheint noch kein durchschlagendes Argument gegen eine Datierung um 200 vorgebracht worden zu sein.

Bemerkenswert an P.Oxy. 1 ist auch die auf dem Verso oben rechts angebrachte „Seitenzahl" 11. Ob sie nun die Seite oder die Lage bezeichnet, in jedem Falle zeigt sie, dass der Codex, aus dem dieses Blatt herausgerissen wurde, nicht nur das Thomasevangelium umfasst haben kann: Vor der Entdeckung der Nag-Hammadi-Texte errechnete Hugh Evelyn White, dass auf den vorhergehenden zehn Seiten etwa 50 Logien gestanden sein müssten.[16] Doch seit die koptische Version des Thomasevangeliums bekannt ist, wissen wir, dass P.Oxy. 1 die Logien 26–33 umfasst. Wenn man nicht annimmt, dass die Logien des Thomasevangeliums in diesem Codex völlig anders angeordnet waren, folgt daraus, dass vor dem Thomasevangelium noch eine andere Schrift stand.[17] Für weitere Spekulationen darüber fehlt aber jedes Indiz.

P.Oxy. 654
Dieses Fragment kam, genauso wie P.Oxy. 655, während der zweiten Grabungskampagne zum Vorschein, die Grenfell und Hunt 1903 in Oxyrhynchos durchführten.[18] P.Oxy. 654, ein längliches Papyrusblatt von 24,4 x 7,8 cm, befindet sich heute in der British Library in London (BL Papyrus

---

14 Vgl. GRENFELL/HUNT: ΛΟΓΙΑ ΙΗΣΟΥ, 6.
15 Vgl. EVELYN WHITE: *Sayings of Jesus from Oxyrhynchus*, xxi; ATTRIDGE: „Greek Fragments", 96–97; ähnlich schon BLASS: „Logia-Fragment", 499 zum Zeitfenster zwischen 150 und 300: „Ich würde den Papyrus lieber der unteren Grenze annähern als der oberen." Nach DORESSE: *Livres secrets* 2, 34 soll die Schrift sogar ins frühe 4. Jahrhundert weisen.
16 Vgl. EVELYN WHITE: *Sayings of Jesus from Oxyrhynchus*, xxiv.
17 Vgl. FITZMYER: „Oxyrhynchus *Logoi*", 505 Anm. 2 (= *Essays*, 355–356 Anm. 2); HURTADO: „Greek Fragments", 24; GATHERCOLE: *Gospel of Thomas*, 4 Anm. 6.
18 Zu dieser Kampagne vgl. GRENFELL/HUNT: „Excavations at Hibeh, Cynopolis and Oxyrhynchus", 5–9 (= *Oxyrhynchus*, 352–355). Beide Blätter wurden auch, wie zuvor schon P.Oxy. 1, separat veröffentlicht: DIES.: *New Sayings of Jesus*.

1531).¹⁹ Anders als P.Oxy. 1, ist dies ein Stück einer Schriftrolle, genauer gesagt: einer Schriftrolle in Zweitverwendung. Der Text des Thomasevangeliums (erhalten sind hier EvThom Prol.–7) steht nämlich auf dem Verso, und in den ersten Zeilen scheinen die hier senkrecht verlaufenden Papyrusfasern dem Schreiber einige Schwierigkeiten bereitet zu haben. Auf dem – wegen der waagrecht verlaufenden Papyrusfasern bequemer zu beschreibenden – Recto befindet sich ein schwerer lesbarer und noch nicht edierter dokumentarischer Text, anscheinend ein Verzeichnis von Grundstücken.

Dieses „Recycling" eines Gebrauchstextes mag dem unbedarften Betrachter kurios erscheinen, doch die Papyrusfunde aus Oxyrhynchos und anderen Orten zeigen, dass es eine gängige Praxis war. Vermutlich verwendeten vor allem Bedienstete der Verwaltung Dokumente, die nicht mehr benötigt wurden, um auf billigem Wege zu Abschriften der Texte zu kommen, die sie interessierten.²⁰ Die Handschriften sind meistens nicht kunstvoll, aber dennoch klar lesbar, was sowohl auf einen geübten Schreiber als auch auf einen gewissen literarischen Anspruch schließen lässt.²¹ Dabei wird ein breites Spektrum der griechischsprachigen Literatur abgedeckt: Neben Homer und Hesiod finden sich auf wiederverwendeten Dokumenten vor allem Komödien, aber auch oppositionelle Texte wie das Töpferorakel (P.Oxy. 2332) oder die Acta Alexandrinorum (P.Oxy. 33; 1089; 1242; 2264; 2690).²²

P.Oxy 654 passt insofern zu diesen Texten, als auch diese Handschrift zwar klar lesbar ist, aber keinen kalligraphischen Anspruch hat. Im Text finden sich relativ viele Ligaturen; das lässt auf einen Schreiber schließen, der normalerweise relativ schnell in kursiver Schrift schrieb. Am Anfang wirkt die Blockschrift etwas ungelenk, was sowohl an den senkrecht verlaufenden Papyrusfasern als auch an der mangelnden Praxis des Schreibers in diesem Fach liegen mag. Orthographie scheint ihm kein besonderes

---

19 Am 23. April 2009 konnte ich dieses Blatt dort selbst in Augenschein nehmen.
20 Vgl. dazu E.G. TURNER: „Roman Oxyrhynchus", 89–90 (= *Oxyrhynchus*, 151); LAMA: „Aspetti di tecnica libraria", 74.82.86; BAGNALL: *Early Christian Books*, 58.76–78; ähnlich auch HURTADO: „Greek Fragments", 29–30. Nach LAMA: „Aspetti di tecnica libraria", 94–106 ist am ehesten anzunehmen, dass professionelle Schreiber diese Abschriften nach Feierabend für den Eigenbedarf herstellten, doch sie möchte nicht ausschließen, dass manche dieser Papyri (etwa P. Oxy. 841; 842; 852; 854) als Billig-Ausgaben in den Buchhandel kommen konnten; vgl. ebd., 110–111.
21 Vgl. LAMA: „Aspetti di tecnica libraria", 109.
22 Vgl. LAMA: „Aspetti di tecnica libraria", 115–120: Demnach geben diese Funde Aufschluss über den tatsächlichen literarischen Geschmack der Oxyrhynchiten.

A. Einleitung

Anliegen gewesen zu sein.[23] Dennoch verraten die relativ klare Blockschrift und der Umstand, dass sich die Abkürzungen auf *nomina sacra* beschränken, literarischen Anspruch.[24] Es spricht also manches dafür, dass hier tatsächlich eine Abschrift für den Privatgebrauch vorliegt.[25] Die Handschrift wurde von den Erstherausgebern in der zweiten Hälfte des 3. Jahrhunderts angesetzt.[26]

Das Hauptproblem mit P.Oxy. 654 ist aber, dass das Blatt mitten in der Kolumne abbricht, so dass nur die linke Hälfte erhalten ist. Jede Zeile muss also hypothetisch aufgefüllt werden. Bevor die koptische Version bekannt war, stellte dies ein Ratespiel höherer Ordnung dar; nur Passagen mit bekannten Parallelen ließen sich mit einiger Sicherheit rekonstruieren. Die koptische Version stellt nun wenigstens eine Kontrollgröße dar, doch die Ausführungen zum Prolog sowie zu EvThom 3; 4 werden zeigen, dass auch damit keine völlig sicheren Rekonstruktionen möglich sind. Nach wie vor ist es für Rekonstruktionen entscheidend, wie man die ursprüngliche Zeilenbreite veranschlagt. Die Herausgeber der *editio princeps* hatten aus den relativ sicher zu rekonstruierenden Zeilen 7–8, 15, 25 und 30 geschlossen, dass im oberen Teil des Blattes die Zeilen etwa zur Hälfte erhalten sind, so dass für die Lakunen je zwölf bis 16 oder 18 Buchstaben angesetzt werden

---

23 In der *editio princeps* wie auch in vielen anderen Ausgaben sind die Rechtschreibfehler (vor allem Itazismen, aber auch z. B. Verwechslung von ο und ω) stillschweigend standardisiert. Etwas überspitzt ist freilich das Urteil von HURTADO: „Greek Fragments", 25: „The complete inability at bilinear writing, the irregularities of letters in size and formation, and other features seem to me to indicate a scribe of very limited skill (or little interest) with regard to aesthetic properties usually expected in copies of literary texts. Furthermore, the errors in spelling (e.g., γνωσθε, l. 20; αποκαλυθησετ[αι], l. 29), and the bizarre first line (οιτοι οι οι λογοι οι ..., which Grenfell and Hunt described as ‚intolerable, even in third century Greek') combine to indicate a scribe characterized by a noticeable level of carelessness or limited skill." Etwas nuancierter urteilt P. NAGEL: „Papyrus Oxyrhynchus 654,1–5", 271: „Auf jeden Fall war der Schreiber orthographisch nicht sattelfest, doch zeigt sich solche Unsicherheit oder Nachlässigkeit nur bei den Vokalen, kaum bei den Konsonanten." Diese Beobachtung wird bei der Rekonstruktion des Prologs wichtig!
24 Vgl. GRENFELL/HUNT: *New Sayings of Jesus*, 20; EVELYN WHITE: *Sayings of Jesus from Oxyrhynchus*, xxiii.
25 Vgl. ZAHN: „Neue Funde aus der alten Kirche", 169–170; HURTADO: „Greek Fragments", 26.
26 Vgl. GRENFELL/HUNT: *New Sayings of Jesus*, 9: „This, which is an upright informal uncial of medium size, we should assign to the middle or end of the third century; a later date than A.D. 300 is most unlikely." So auch ATTRIDGE: „Greek Fragments", 97–98. Nach DORESSE: *Livres secrets* 2, 34 soll der Papyrus hingegen aus dem 3.-4. Jahrhundert stammen.

müssen.[27] Eine ziemlich sichere Bezugsgröße dafür ist Zeile 25, da hier die Rekonstruktion am eindeutigsten sein dürfte: ΣΕΤΕ ΠΟΛΛΟΙ ΕΣΟΝΤΑΙ Π[ΡΩΤΟΙ ΕΣΧΑΤΟΙ ΚΑΙ].[28] Diese Zeile liegt also mit relativ großer Gewissheit bei 33 Buchstaben. Freilich ist dies kein allgemein verbindlicher Wert, denn in dieser Zeile steht fünfmal der schmale Buchstabe Iota; 33 Buchstaben sind daher schon als Maximalwert zu sehen. Da die Bruchkante weiter unten etwas weiter nach links geht, wird man im oberen Bereich des Blattes, wo zudem die Buchstaben noch etwas größer und grobschlächtiger sind, eher weniger Buchstaben ergänzen. Als groben Richtwert für die Rekonstruktion kann man also ca. 30 Buchstaben pro Zeile annehmen, wobei auch zu berücksichtigen ist, welche Buchstaben die Lücke füllen sollen: Ein Omega braucht eben mehr Platz als ein Iota. So setzt die Arbeit an EvThom Prol.–7 nach wie vor ein gewisses Maß an informierter Phantasie bei der Auffüllung der Lücken voraus, auch wenn die Ausgabe von Harold Attridge einen weitgehend akzeptablen Standardtext bietet.

Ein Detail soll nicht unerwähnt bleiben: Nachdem in P.Oxy. 654,3 Thomas genannt ist, eröffnete bereits dieser Fund die Möglichkeit, in diesen Logien jenes Thomasevangelium zu erkennen, von dem, neben anderen Testimonien, die *Refutatio Omnium Haeresium* (5,7,20) berichtet[29] – der Fund der koptischen Version aus Nag Hammadi bestätigte diese Vermutung.

P.Oxy. 655
Probleme eigener Art wirft der dritte griechische Zeuge auf, P.Oxy. 655. Dabei handelt es sich um acht Fragmente einer relativ kleinen (16 cm Höhe) Papyrusrolle (P.Oxy. 655a–h), von denen zwei (f, h) heute verloren sind. Was erhalten ist, befindet sich in der Houghton Library der Harvard University (SM 4367).[30] Dabei ist aus den Fragmenten a, b und c eine schmale Kolumne von 23 Zeilen sowie der linke Rand der anschließenden Kolumne zu gewinnen; am unteren Rand ist der Text zerstört.[31] Fragment d erwies sich nach dem Bekanntwerden der koptischen Version als ein Stück von EvThom 24, doch da es nur wenige Buchstaben umfasst, bezeugt

---

27 Vgl. GRENFELL/HUNT: *New Sayings of Jesus*, 10.
28 Im Ganzen: ... πολλοὶ ἔσονται π[ρῶτοι ἔσχατοι καὶ] οἱ ἔσχατοι πρῶτοι, ...
29 Erstmals findet sich diese Verbindung anscheinend bei MICHELSEN: „Uittreksels uit het Evangelie volgens Thomas", 216.
30 Vgl. ATTRIDGE: „Greek Fragments", 98–99; HURTADO: „Greek Fragments", 26–28.
31 Vgl. die Zusammenstellungen bei GRENFELL/HUNT: *New Sayings of Jesus*, 38; LÜHRMANN: *Fragmente apokryph gewordener Evangelien*, 125–129. Andere Editionen kennzeichnen die Fragmente nicht eigens.

A. Einleitung

es im Grunde nur die Form φωτεινῷ und ist ansonsten kein eigenständiger Textzeuge. Die restlichen Fragmente sind zu klein, um eindeutig identifiziert zu werden. P.Oxy. 655a-c bietet den Text von EvThom 36–39, wobei von EvThom 38–39 so wenig Text erhalten ist (nur die Zeilenanfänge), dass der Papyrus für diese Logien keinen eigenständigen Wert als Textzeuge hat. In der halbwegs vollständig erhaltenen Kolumne fällt auf, dass der Text von EvThom 36 wesentlich länger ist als der von der koptischen Fassung gebotene. Das weist darauf hin, dass dieser Papyrus eine andere (sekundäre?) Rezension des Thomasevangeliums bietet.[32] Detailbeobachtungen zu EvThom 37 unterstützen diese Vermutung (s. u. B.II.16.a). Dieser Befund ist insofern bemerkenswert, als P.Oxy. 655, chronologisch gesehen, nicht allzu weit von den beiden anderen Fragmenten entfernt zu sein scheint: Die Erstherausgeber datierten es in die erste Hälfte des 3. Jahrhunderts,[33] und die spätere Forschung folgte ihnen darin.[34]

b) Der koptische Text (NHC II,2)

Im Jahre 1945 tauchte in der Nähe von Nag Hammadi in Oberägypten eine Sammlung von insgesamt 13 spätantiken[35] Papyrus-Codices auf. Anders als bei den Oxyrhynchos-Texten, handelt es sich dabei nicht um das Resultat einer autorisierten und dokumentierten wissenschaftlichen Grabung; so weit die Geschichte dokumentiert ist, sollen diese Codices der Zufallsfund eines einheimischen Bauern sein.[36] Über einige Irrwege des Antiquitätenhandels[37] gelangten die Handschriften ins Koptische Museum in Kairo, wo sie heute aufbewahrt werden.

---

32 Hier zeigt sich deutlich, dass man die Lücken im griechischen Text nicht einfach unbesehen aus der koptischen Übersetzung auffüllen kann; vgl. PLISCH: *Thomasevangelium*, 12; HURTADO: „Greek Fragments", 27.
33 Vgl. GRENFELL/HUNT: *New Sayings of Jesus*, 37: „... though we should not assign it to the second century, it is not likely to have been written later than A.D. 250."
34 Vgl. KRAFT: „Oxyrhynchus Papyrus 655 Reconsidered", 257; ATTRIDGE: „Greek Fragments", 98. Nach DORESSE: *Livres secrets* 2, 34 ist der Papyrus im 3. Jahrhundert anzusetzen.
35 Der sicherste Anhaltspunkt zur Datierung sind datierte Dokumente (Briefe), die als Altpapier zur Verstärkung in den Einband von Codex VII eingearbeitet wurden; daraus ergibt sich für Codex VII der *terminus a quo* 348 n. Chr. Die anderen Codices werden analog dazu datiert, doch da wir nur den *terminus a quo* kennen, können die Handschriften prinzipiell auch erst im 5. Jahrhundert entstanden sein; vgl. dazu EMMEL: „Coptic Gnostic Texts", 38. Zum Einband von NHC II vgl. auch OGDEN: „Binding of Codex II".
36 Vgl. dazu zusammenfassend ROBINSON: „From the Cliff to Cairo", 21–40.
37 Vgl. dazu ROBINSON: „From the Cliff to Cairo", 41–58.

Codex II (Inv. Nr. 10544), ein Geheft mit 145 Textseiten, also 37 Bögen,[38] die heute als 74 separate Blätter zwischen Plexiglasplatten aufbewahrt werden,[39] darf als das Prunkstück des Fundes gelten, zumal er, abgesehen von Schäden an den äußeren Ecken,[40] sehr gut erhalten ist. Dieses „énorme cahier"[41] hat nicht nur einen sehr aufwändig gearbeiteten Einband, sondern auch die Schrift darf mit Jean Doresse als „magnifique" gelten; er urteilte: „Cette calligraphie est même une des plus belles écritures antiques que l'on connaisse."[42] In der Tat handelt es sich, auch abgesehen von den Ornamenten um das Kolophon der Texte, um eine klare, ebenmäßige Schrift mit durchaus kalligraphischem Anspruch, die auch auf verkleinerten Abbildungen[43] noch sehr gut lesbar ist. Was die Sprache angeht, so sind alle Texte des Codex in einem Sahidisch verfasst, das mehr oder weniger stark vom subachmimischen Dialekt beeinflusst ist. Bentley Layton vermutet, dass der Schreiber des Codex Subachmimisch sprach, sich aber bemühte, literarisches Sahidisch zu schreiben.[44] Wenn das so ist, scheint es ihm beim Thomasevangelium am besten gelungen zu sein, wenngleich auch in dessen relativ standardisiertem Sahidisch[45] subachmimische Dialekteinflüsse nicht fehlen.[46]

c) Zum Verhältnis der griechischen und koptischen Versionen

Der zweite Traktat in NHC II, das Thomasevangelium, wurde bald als die koptische Version der Logien identifiziert, die schon als P.Oxy. 1; 654; 655 bekannt waren.[47] Der Vergleich zeigt allerdings, dass die beiden Versionen nicht völlig deckungsgleich sind. Das Teil-Logion EvThom 77,2–3 konnte

---

38 Bei DORESSE: *Livres secrets* 2, 23 ist noch von 42 Blättern die Rede.
39 Vgl. LAYTON: „Introduction", 2.
40 Vgl. auch die Abbildung bei PLISCH: *Thomasevangelium*, 10. Einer Beschädigung am unteren Rand von p. 39 sind die textkritischen Probleme mit EvThom 37 zu verdanken (siehe dort).
41 DORESSE: *Livres secrets* 2, 23.
42 DORESSE: *Livres secrets* 2, 23.
43 So etwa bei PLISCH: *Thomasevangelium*, 40.159.265.
44 Vgl. LAYTON: „Introduction", 7.
45 Vgl. dazu PLISCH: *Thomasevangelium*, 11.
46 Ein Beispiel wäre in EvThom 108 die Form ⲡⲉⲧⲁⲥⲱ, die im Sahidischen eigentlich ⲡⲉⲧⲛⲁⲥⲱ („der, welcher trinken wird") heißen müsste. Für eine Aufstellung der Subachmimismen in NHC II vgl. LAYTON: „Introduction", 8–12.
47 Vgl. PUECH: „Une collection de paroles de Jésus", 152–160; GARITTE: „Premier volume de l'édition photographique", 67–72. Eine Episode bleibt die These, die Garitte später vortrug, wonach die griechischen Fragmente Übersetzungen eines koptischen Originals (wenn auch nicht zwingend von NHC II) seien; vgl. GARITTE: „Les ‚logoi' d'Oxyrhynque"; GARITTE: „Les ‚logoi' d'Oxyrhynque sont traduits du copte". Zur Kritik daran vgl. schon GUILLAUMONT: „Les Logia d'Oxyrhynchos sont-

A. Einleitung

wandern (s. u. B.II.31.a zu EvThom 77), und auch im Umfang der Logien unterscheiden sich die beiden Fassungen. Nicht alle diese Unterschiede sind mit einer nachlässigen Übersetzung zu erklären,[48] und auch die Annahme einer linearen Entwicklung vom Griechischen zum Koptischen[49] ist zumindest im Blick auf P.Oxy. 655 problematisch. Man wird eher annehmen, dass das Thomasevangelium, seinem literarischen Charakter als Sammlung gemäß,[50] in mehreren griechischen Fassungen kursierte, von denen mindestens eine ins Koptische übersetzt wurde.

Da zudem der koptische Text als Abschrift seinerseits eine Überlieferungsgeschichte hinter sich hat,[51] ist es sicher nicht angebracht, das ursprünglich griechische[52] Thomasevangelium kurzerhand durch Rückübersetzung aus dem Koptischen zu rekonstruieren.[53] Schon die Arbeit mit

---

ils traduits du Copte?". Wenn Garittes These zuträfe, wäre das koptische Thomasevangelium das älteste Zeugnis der koptischen Literatur überhaupt (ebd., 325).

48 So GÄRTNER: *Theology of the Gospel of Thomas*, 82–87 (v. a. 86–87).

49 So anscheinend FITZMYER: „Oxyrhynchus *Logoi*", 553 (= *Essays*, 416). Tai Akagi (*Literary Development*, v. a. 121–383) postulierte sogar drei Entwicklungsstufen: den in Edessa entstandenen „Ur-Thomas", den griechischen „Oxyrhynchus Thomas" und schließlich den „Coptic Thomas" aus Nag Hammadi.

50 Dieser Umstand dürfte die Tendenz zur Variation noch verstärkt haben. Dadurch, dass sie durch mündlichen Vortrag, Diktat und Handschrift tradiert wurden, waren antike Texte ohnehin beständigem Wandel unterworfen; vgl. dazu z. B. CZACHESZ: „Rewriting", 426–432.

51 Vgl. dazu EMMEL: „Religious Tradition", 37.42.

52 Am Rande sei bemerkt, dass nach Nicholas Perrin (*Thomas and Tatian*; „NHC II,2 and the Oxyrhynchus Fragments"; *Thomas*) das Thomasevangelium ursprünglich auf Syrisch abgefasst worden sein (und das Diatessaron voraussetzen) soll. Abgesehen von den sprachgeschichtlichen Problemen, die sich damit auftun, lassen sich die angeblichen Semitismen, die Perrin als Indizien anführt, auch einfacher erklären, und die syrischen Stichwortverbindungen, die er konstruiert (PERRIN: *Thomas and Tatian*, 57–155), sind keineswegs eindeutig. Zur Kritik daran vgl. P. J. WILLIAMS: „Alleged Syriac Catchwords"; GATHERCOLE: *Composition of the Gospel of Thomas*, 19–104. Diese Kritik trifft gleichermaßen jene Aramaismen, die vor allem bei GUILLAUMONT: „Sémitismes dans les logia de Jésus"; DERS.: „Les sémitismes dans l'Évangile selon Thomas" ins Feld geführt wurden. Einige Beispiele werden in den folgen Detailuntersuchungen erörtert.

53 Diese Möglichkeit kann durch die teilweise griechische Rückübersetzung bei BETHGE: „Evangelium Thomae Copticum" suggeriert werden. Zur Kritik daran vgl. etwa EMMEL: „Religious Tradition", 39–40; auch EISELE: *Welcher Thomas?*, 42–43. Wie berechtigt und notwendig diese Kritik ist, zeigt sich bei GOODACRE: *Thomas and the Gospels*, 40–44, der die genannte Rückübersetzung als gegeben hinnimmt und sie, trotz einiger salvatorischer Bemerkungen (40 mit Anm. 55), für Textvergleiche in literarkritischer Absicht verwendet. Zum Problem der Rückübersetzung s. u. A.III.1.

den erhaltenen griechischen Fragmenten zeigt ja, dass die koptische Version nicht einfach eine unmittelbare Übersetzung der erhaltenen griechischen Texte ist.[54] Manche Autoren gehen nun aber ins andere Extrem und wollen überhaupt nur die koptische Übersetzung – also vermutlich einen Text des 4. Jahrhunderts – als „Thomasevangelium" gelten lassen.[55] Dies wiederum findet Wilfried Eisele „verständlich und verwunderlich zugleich",[56] denn obwohl die koptische Version in vielen Punkten von den griechischen Fragmenten abweicht, handelt es sich doch bei allen vier Zeugen um das gleiche Dokument,[57] und aus den griechischen Fragmenten lassen sich, wenn auch nur ausschnittsweise, die Grundzüge einer Textgeschichte eruieren. Zumindest für einige Logien ist also eine ältere Fassung als die koptische Übersetzung greifbar. Das sollte man nicht vernachlässigen. Insgesamt ist es zwar im Prinzip schon richtig, sich auf die erhaltenen Texte bzw. Textzeugen zu konzentrieren, doch dies darf nicht zu der unrealistischen Vorstellung verleiten, dass es in der Antike nur die wenigen Texte gegeben hätte, die wir heute besitzen. In diesem Sinne überliefert Wolf-Peter Funk ein Diktum von Hans-Martin Schenke in Anlehnung an EvThom 23: „Wieviele von den ehemals reichlich vorhandenen Texten und Handschriften kennen wir schon? ‚Einen aus tausend, zwei aus zehntausend'?"[58]

Für das Thomasevangelium kennen wir immerhin vier Textzeugen und zumindest zwei halbwegs sichere und aussagekräftige, wenngleich vermittelte Zitate (Hippolyt, Ref. 5,7,20; 5,8,32).[59] Die folgenden Detailuntersuchungen werden im Blick auf das Verhältnis zwischen den griechischen Fragmenten und der koptischen Handschrift zeigen, dass P.Oxy. 1; 654 gegenüber der koptischen Übersetzung bzw. ihrer anzunehmenden

---

54 Vgl. Hofius: „Das koptische Thomasevangelium", 23; Haenchen: *Botschaft des Thomas-Evangeliums*, 8; Tuckett: „Thomas and the Synoptics", 135; Blatz: „Das koptische Thomasevangelium", 95; Patterson: „Understanding the Gospel of Thomas Today", 35–36; Zöckler: *Jesu Lehren im Thomasevangelium*, 26; Hedrick: *Unlocking the Secrets*, 7.
55 Vgl. Popkes: „*Crux interpretum*", v. a. 275; ähnlich, doch mit mehr Rücksicht auf die griechischen Fragmente Frey: „Lilien", 145–146.
56 Eisele: *Welcher Thomas?*, 37.
57 So auch Gärtner: *Theology of the Gospel of Thomas*, 30; Akagi: *Literary Development*, vi. EvThom 77,2–3 ist zwar im Laufe der Textüberlieferung gewandert, aber diese Feststellung ist nur möglich, weil die anderen Logien in ihrer Anordnung stabil geblieben sind; vgl. dazu auch Zöckler: *Jesu Lehren im Thomasevangelium*, 27; im selben Sinne Gathercole: *Gospel of Thomas*, 25.
58 W.-P. Funk: „Einer aus tausend", 67.
59 Texte z.B. bei Attridge: „Greek Fragments", 103–104. Bei Gathercole: „Named Testimonia", 54–55 ist hingegen nur Ref. 5,7,20 aufgeführt, da nur an dieser Stelle ausdrücklich von einem „nach Thomas' betitelten Evangelium" die Rede ist. Im strengen Sinne ist also Ref. 5,8,32 kein Testimonium.

A. Einleitung

Vorlage eine ältere Fassung darstellen. Dasselbe gilt für diejenige Fassung des Thomasevangeliums, die nach der *Refutatio Omnium Haeresium*[60] bei den Naassenern in Gebrauch war. Dagegen scheint P.Oxy. 655 gegenüber der koptischen Übersetzung bzw. ihrer anzunehmenden Vorlage jünger zu sein. Diese Fragen werden beim Prolog sowie bei EvThom 3; 4; 11; 27; 37 im Detail erörtert.

2. Zum literarischen Charakter des Thomasevangeliums

Dass die Frage nach dem literarischen Charakter des Thomasevangeliums überhaupt gestellt wird, ist nicht selbstverständlich: Im „Goldrausch" nach der Entdeckung des ersten griechischen Fragments (P.Oxy. 1) folgerte Theodor Zahn aus der stereotypen Einleitung λέγει Ἰησοῦς, dass es sich bei diesem Text „nur" um eine Zusammenstellung von Exzerpten aus anderen Schriften handle.[61] Das zweite griechische Fragment (P.Oxy. 654) machte diese Annahme jedoch wieder fraglich, denn der Titel zeigt, dass hier formal ein literarisches Werk mit eigenem Anspruch vorliegt.[62] In der Folgezeit wurden diese Fragen nicht mehr eingehend diskutiert, doch die koptische Version aus Nag Hammadi gab auch hier einen neuen Anstoß: Der Schreiber des zweiten Traktates in NHC II betitelte diesen Text im Kolophon als „das Evangelium nach Thomas" (ⲡⲉⲩⲁⲅⲅⲉⲗⲓⲟⲛ ⲡⲕⲁⲧⲁ ⲑⲱⲙⲁⲥ).[63] Vor neutestamentlichem Hintergrund ist man eher geneigt, unter „Evangelium" eine biographische Erzählung über Jesus zu verstehen, doch im Thomasevangelium begegnet etwas völlig anderes: eine Sammlung von einzelnen Sprüchen. Zumindest für einige antike Rezipienten war es dennoch kein Problem, diese Spruchsammlung als Evangelium zu klassifizieren: Neben dem Schreiber von NHC II überlieferten auch die Naassener

---

60 Die *Refutatio Omnium Haeresium* gilt weithin als ein Werk des Hippolyt von Rom, doch die patristische Forschung ist mit Aussagen über diesen Autor und sein Werk äußerst vorsichtig; vgl. z.B. SUCHLA: „Hippolyt", 336–337. Ohne in dieser Frage ein Urteil abgeben zu wollen, wird in dieser Untersuchung die *Refutatio Omnium Haeresium* (Ref.) als Werk zitiert und wird als Wissensspeicher aus dem 3. Jahrhundert betrachtet.
61 Vgl. ZAHN: „Die jüngst gefundenen ‚Aussprüche Jesu'", 419; auch noch DERS.: „Neue Funde aus der alten Kirche", 168.
62 Vgl. GRENFELL/HUNT: *New Sayings of Jesus*, 31. Den Autoren erschien es auch unwahrscheinlich, dass jemand Exzerpte aus anderen Schriften unter den Namen eines Apostels gestellt hätte; vgl. ebd., 28.
63 Auch die heute als „Philippusevangelium" bekannte Sammlung, die in NHC II unmittelbar nach dem Thomasevangelium steht, wurde im Kolophon – wohl nachträglich – als Evangelium bezeichnet.

zumindest eine Variante von EvThom 4 (Hippolyt, Ref. 5,7,20), vermutlich auch EvThom 11,3 (Ref. 5,8,32), „in dem ‚nach Thomas' betitelten Evangelium" (ἐν τῷ κατὰ Θωμᾶν ἐπιγραφομένῳ εὐαγγελίῳ, Ref. 5,7,20). Das bedeutet aber, dass antike Leser im 2./3. Jahrhundert εὐαγγέλιον nicht strikt als literaturwissenschaftliche Gattungsbezeichnung auffassten.[64] In die gleiche Richtung geht zumindest ein Strang der modernen Forschung, der sich um ein weites, eher inhaltlich bestimmtes Verständnis des Begriffes „Evangelium" bemüht: Für Wilhelm Schneemelcher war das Hauptkriterium, um einen Text als Evangelium bezeichnen zu können, dass dieser Text Jesusüberlieferung sammelt und fixiert.[65] Diese Bestimmung von „Evangelium" schließt neben den narrativ und biographisch gestalteten Evangelien innerhalb des Kanons auch formal anders gestaltete Texte wie das Thomasevangelium, das Mariaevangelium oder den Dialog des Erlösers ein – und sie umfasst auch Q.

Die Frage, ob Q ein Evangelium sei, hat die Forschung im letzten Jahrzehnt etwas beschäftigt und ist auch lehrreich für die Betrachtung des Thomasevangeliums. Dabei ist vor allem auf die Definition von „Evangelium" zu verweisen, die Harry Fleddermann im Blick auf Q vorgelegt hat: „A gospel presents a narrative account of Jesus' ministry to answer two questions: ‚Who is Jesus?' and ‚What does it mean to be Jesus' disciple?'"[66] Ebenfalls aus der Q-Forschung kommend, entwickelt Christoph Heil eine formal noch offenere Definition von „Evangelium" als einer lose strukturierten Zusammenstellung von Worten und/oder Taten Jesu, mit der im kirchlichen Rahmen Theologie getrieben wird.[67] Anders als Fleddermann, verzichtet Heil in seiner Definition auf das Element der Narrativität. Diese definitorische Selbstbeschränkung erlaubt es, auch das Thomasevangelium ohne größere Probleme unter den Begriff „Evangelium" einzuordnen, so wie antike Leser ihn verstanden. Damit bezeichnet „Evangelium" zwar nicht eine Klasse von formal ähnlichen Texten (also eigentlich keine literarische Gattung), wohl aber eine Klasse von Texten, die – sei es auf der Ebene der Komposition oder der Textüberlieferung – den Anspruch erhe-

---

64 Vgl. dazu auch AKAGI: *Literary Development*, 28–29; POIRIER: „*L'Évangile selon Thomas*", 105.115; GROSSO: *Vangelo secondo Tommaso*, 263.
65 Vgl. SCHNEEMELCHER: „Evangelien", 71.
66 FLEDDERMANN: *Q*, 105, vgl. auch ebd., 100–110.
67 Vgl. HEIL: „Evangelium als Gattung", 92–93, v. a. 93: „Texte der Gattung ‚Evangelium' haben Worte und Taten Jesu von Nazaret zum Inhalt und zeichnen sich formal durch lose verbundenen Episoden- und Anekdotenstil mit einem hohen Anteil direkter Rede aus. Ferner werden Texte der Gattung ‚Evangelium' durch eine theologische und eine konkrete kirchliche Absicht charakterisiert."

A. Einleitung

ben, ihren Lesern etwas ganz Bestimmtes zu bieten, nämlich maßgebliches Wissen über Jesus.[68]

Dennoch bleibt der Befund, dass dieser Text keine Geschichte erzählt. Die einzelnen Logien sind nicht in einen übergreifenden narrativen oder argumentativen Rahmen eingeordnet, sondern nur, in manchen Fällen, durch Stichwortverbindungen miteinander verknüpft (vgl. z. B. EvThom 5/6; 18/19; 49/50; 50/51; 83/84).[69] Manche Autoren werten jedoch die Stichwortverbindungen als *das* zentrale Gestaltungsmerkmal des Thomasevangeliums und konstruieren Stichwortverbindungen zwischen fast allen Logien, so dass auf diese Weise größere Spruchgruppen bzw. Redekomplexe entstehen.[70] Doch auch Autoren, die kein besonders großes Gewicht auf Kohäsion durch Stichwortverbindungen legen, betonen unter Umständen die innere Kohärenz der Sammlung sehr stark: Allein dadurch, dass die Logien so und nicht anders aneinandergereiht sind, habe das Thomasevangelium ja eine Art von literarischer Gestaltung erfahren, und wer immer diese Gestaltung vorgenommen hat, müsse dabei von irgendeiner Idee geleitet gewesen sein.[71] Wenn aber jemand eine Leitidee benennt, be-

---

68 Für eine Diskussion der Gattungsfrage vgl. auch GATHERCOLE: *Gospel of Thomas*, 137–143: Gathercole favorisiert die Annahme eines „mixed genre" (142), insofern das Thomasevangelium aus inhaltlichen und rezeptionsgeschichtlichen Gründen als Evangelium zu betrachten ist, sich aber formal als Spruchsammlung, ähnlich wie Epikurs κύριαι δόξαι, darstellt.
69 Für eine differenzierte Zusammenstellung dieser Stichwortverbindungen vgl. GATHERCOLE: *Gospel of Thomas*, 132–134.
70 Vgl. CALLAHAN: „No Rhyme nor Reason", 413–414 und passim; NORDSIECK: „Zur Kompositionsgeschichte"; ähnlich S. L. DAVIES: *The Gospel of Thomas and Christian Wisdom*, 149–155. Thematische Komposition zeigt sich z. B. in der Gleichnisgruppe EvThom 62–67; vgl. dazu insgesamt CARREZ: „Quelques aspects christologiques", 2268–2275.
71 Vgl. MARJANEN: „Portrait of Jesus", 209–210; PASQUIER/VOUGA: „Genre littéraire", 346–349; auch GAGNÉ: „Structure and Meaning", 529–531. François Vouga will darin sogar einen Ansatz von Narrativität erkennen, insofern zumindest der Prolog und die Einleitungsformeln der Logien („Jesus sagte: ...") narrativ sind; vgl. VOUGA: „Mort et résurrection", 1014 Anm. 14. Daran ist richtig, dass sich in den Einleitungsformeln die Stimme eines Erzählers zu Wort meldet, die Mittelbarkeit und damit Distanz schafft; in diesem Sinne könnte man von einer Erzählung sprechen; vgl. dazu STANZEL: *Theorie des Erzählens*, 15–38, v. a. 17. Das gilt allerdings nur auf der Ebene der einzelnen Logien, in denen durch die Einleitung erzählt wird, dass Jesus etwas sagte. Für das Thomasevangelium im Ganzen ist damit nichts gewonnen. In der neueren Erzählforschung kommt man ohnehin von diesem Kriterium ab, da es sich z. B. auf filmisches Erzählen nicht anwenden lässt. Ein maßgebliches Kriterium ist hingegen, dass eine Erzählung eine „erzählte Welt" konstruiert, die mit Figuren bevölkert ist, die Handlungen ausführen; zudem soll eine Erzählung ihre „erzählte Welt" gestalten und ihr insbesondere eine zeitliche Struktur

schränkt sich diese zumeist auf einen höchst allgemeinen Oberbegriff: Nach Margaretha Lelyveld hat etwa die Endredaktion des Thomasevangeliums ausweislich des Rahmens von EvThom 1–2; 114 das Leitmotiv „Leben";[72] eine Vorstufe, die von EvThom 3; 113 gerahmt wurde, soll das Königtum zum Thema gehabt haben.[73] Angesichts dessen drängt sich der Eindruck auf, dass die thematische Einheitlichkeit und Kohärenz des Thomasevangeliums nicht nachgewiesen, sondern eher postuliert und sodann deduziert wird.[74] Es erscheint daher angemessener, die einzelnen Logien des Thomasevangeliums nicht *a priori* einer bestimmten Leitidee unterzuordnen und von dieser her zu interpretieren,[75] sondern sie – bis zum Erweis des Gegenteils – als distinkte Einheiten zu verstehen.

Es bleibt also dabei, dass das Thomasevangelium eine Sammlung von inhaltlich durchaus unterschiedlichen Einheiten (Sprüchen und kleinen Dialogen) ist. Daher wird es gern mit einer Loseblattsammlung[76] oder einer Schachtel voller Ostraka[77] verglichen. Im Hinblick auf die literarische

---

geben. Für eine zusammenfassende Definition in diesem Sinne vgl. z. B. FLUDERNIK: *Erzähltheorie*, 15. Wenn man dieses Kriterium auf das Thomasevangelium anwendet, lassen sich in dessen „erzählter Welt" durchaus Erzählfiguren ausmachen (Jesus, die Jünger, Petrus, Matthäus, Thomas, Maria, Salome), doch abgesehen von EvThom 13,6 finden auf der Ebene dieser „Erzählung" keine Handlungen und keine Veränderungen oder Bewegungen statt (davon unbedingt zu unterscheiden sind erzählte Handlungen in Redestücken, etwa den Gleichnissen). Anders gewendet: Die Handlung des Thomasevangeliums beschränkt sich auf Sprechakte, und das ist für eine „erzählte Welt" doch etwas wenig. Vor allem gibt es im Thomasevangelium kein eindeutiges „Vorher" und „Nachher" und damit keine zeitliche Ordnung: Kein Logion – vielleicht mit Ausnahme des Prologs – steht *notwendig* an dem Platz, an dem es steht. In diesem Sinne weist Q, sofern es sich eben rekonstruieren lässt, größere erzählerische Kohäsion auf; vgl. dazu auch WITETSCHEK: „What Did John Hear?", v. a. 255–260.
72 In diesem Sinne auch GROSSO: „Matter of Life and Death", 551–555.
73 Vgl. LELYVELD: *Logia de la vie*, 5.
74 Sehr deutlich ist dieses Verfahren bei SEVRIN: „Ce que l'il n'a pas vu ...", 314–315, positiv rezipiert bei POIRIER: „*L'Évangile selon Thomas*", 110–117: Wenn der Autor sein Werk schon als „verborgene Worte" überschreibt und dazu auffordert, ihre Deutung zu finden, dann wird der Sinn des Gesamtwerkes wohl irgendwo unter der Oberfläche liegen. Damit ist freilich der exegetischen bzw. eisegetischen Willkür Tür und Tor geöffnet.
75 Vgl. in diesem Sinne auch PATTERSON: „The *Gospel of Thomas* and Christian Beginnings", 3 (= *Gospel of Thomas and Christian Origins*, 263); ONUKI: „Logion 77", 317; EISELE: *Welcher Thomas?*, 249–250; GROSSO: *Vangelo secondo Tommaso*, 19; im Blick auf die griechischen Fragmente auch schon EVELYN WHITE: *Sayings of Jesus from Oxyrhynchus*, lxx-lxxiii.
76 Vgl. MEYER: „Logion 114 Revisited", 104.
77 Vgl. PLISCH: *Thomasevangelium*, 30.

A. Einleitung

Gattung wird man es daher am ehesten als Liste bezeichnen.[78] Dafür gibt es Parallelen, etwa das alttestamentliche Buch der Sprichwörter oder den Traktat Pirqe Avot der Mischna.[79] Ein wichtiges Merkmal einer Liste ist, dass einzelne Elemente leicht hinzukommen oder wegfallen können, ohne eine offensichtliche Lücke zu hinterlassen.[80] Die „Wanderung" von EvThom 77,2–3, das in P.Oxy. 1 an EvThom 30 anschließt, in NHC II dagegen hinter EvThom 77,1 steht, ist dafür ein sehr aussagekräftiges Beispiel. Diese Einordnung in eine Gattung relativiert die häufig vorgetragene Ansicht, das Thomasevangelium sei mit seinen schlichten, kurzen Sprüchen ein archaisches Gebilde.[81] Diese Ansicht wäre nur dann stichhaltig, wenn man sich die Entwicklung einer Überlieferung nur als eindimensionalen, linearen und dabei zielgerichteten Vorgang vorstellen könnte, als zwangsläufige Entwicklung vom Einfachen zum Komplexen. Sachgemäßer erscheint die Annahme, dass innerhalb einer Tradition kurze, prägnante Sprüche ihre eigene Existenzberechtigung haben und sehr wohl neben ausführlichen Abhandlungen und Erzählungen stehen und deren Gedanken kompakt zusammenfassen können[82] – so wie z. B. Epikurs κύριαι δόξαι neben seinen Lehrbriefen stehen.

---

78 Vgl. z. B. Wood: „The New Testament Gospels and the Gospel of Thomas", 588; Patterson: „The Gospel of Thomas and Historical Jesus Research", 672–673 (= *Gospel of Thomas and Christian Origins*, 127–128); ders.: „The Gospel of (Judas) Thomas and the Synoptic Problem", 784–785 (= *Gospel of Thomas and Christian Origins*, 94–96).
79 Damit würde das Thomasevangelium in die von James Robinson eingeführte Gattung „Worte der Weisen" passen; vgl. dazu Robinson: „ΛΟΓΟΙ ΣΟΦΩΝ", v. a. 103–113 (= *Sayings Gospel Q*, 65–75); ähnlich H. Koester: „Tractate 2", 44–45; Patterson: „Understanding the Gospel of Thomas Today", 36–37. Schon Hugh Evelyn White (*Sayings of Jesus from Oxyrhynchus*, xxv) brachte für diese Form zudem ägyptische Parallelen, von der Lehre des Ptahhotep bis zu den Apophthegmata Patrum, ins Spiel und bemerkte im Stil der Zeit: „The Egyptian also was naturally inclined to form Collections of Sayings, recording in aphoristic form the virtues and teachings of famous men."
80 Vgl. dazu im Blick auf das Thomasevangelium Meyer: „Logion 114 Revisited", 104; Patterson: „The Gospel of Thomas and Historical Jesus Research", 672 (= *Gospel of Thomas and Christian Origins*, 128); Hedrick: *Unlocking the Secrets*, xi; Patterson.: „The Gospel of (Judas) Thomas and the Synoptic Problem", 785 (= *Gospel of Thomas and Christian Origins*, 95).
81 So etwa Blatz: „Das koptische Thomasevangelium", 96; Zöckler: *Jesu Lehren im Thomasevangelium*, 28. Zur Kritik an der mechanischen Anwendung dieses Kriteriums vgl. etwa Dehandschutter: „Recent Research", 2258–2260; Goodacre: *Thomas and the Gospels*, 145–150; Gathercole: *Gospel of Thomas*, 183.
82 Vgl. dazu auch Alexander: „Memory and Tradition", 144.

Der Text, den wir heute als Thomasevangelium bezeichnen, ist demnach über einen längeren Zeitraum hinweg gewachsen und war möglicherweise in seinem genauen Umfang nie völlig festgelegt. Diesen Wachstumsprozess beschreibt April DeConick mit dem Modell des „rolling corpus", nach dem sich im Laufe der Zeit an einen Kernbestand von Logien immer mehr zusätzliches Material anlagert.[83] Dieses Modell ist insofern plausibel, als es den informellen Überlieferungswegen einer Mündlichkeitskultur Rechnung trägt.[84] Problematisch wird es jedoch, wenn man mit form- oder gar literarkritischen Mitteln (!) die einzelnen Schichten zu identifizieren versucht.[85]

Ein Weiteres kommt hinzu: Im Thomasevangelium finden sich mehrere Dubletten: Am auffälligsten ist EvThom 56/80/111 (s. o. B.II.24.a), aber daneben kann man auch EvThom 3/113; 5/6; 48/106; 55/101; 87/112 nennen. Diese Dubletten sprechen dagegen, dass das Thomasevangelium aus einem Guss entstanden ist. Sie weisen eher darauf hin, dass (mindestens) ein Kompilator Sprüche aus verschiedenen Quellen zusammengestellt hat.[86]

---

83 Vgl. DeConick: *Voices of the Mystics*, 88; dies.: „Original *Gospel of Thomas*"; dies.: *Recovering the Original Gospel of Thomas*, 55–63.
84 Zum mündlichen Charakter des Thomasevangeliums vgl. DeConick: *Recovering the Original Gospel of Thomas*, 55–60; Patterson: „The Gospel of (Judas) Thomas and the Synoptic Problem", 786 (= *Gospel of Thomas and Christian Origins*, 96); ähnlich Hedrick: „Anecdotal Argument", 117. Wenn man diesen Gedanken konsequent weiterdenkt, sind die Handschriften, die wir heute besitzen, nur Niederschriften einzelner Vorträge („performances"); vgl. DeConick: „*Gospel of Thomas*", 23–24. Zur Fluidität antiker Texte vgl. auch Czachesz: „Rewriting", 426–432.
85 Zur Kritik an DeConicks Ansatz vgl. auch Patterson: „Apocalypticism or Prophecy", 801–804 (= *Gospel of Thomas and Christian Origins*, 218–222); Gathercole: *Gospel of Thomas*, 30–33. Als globale Theorie für das Thomasevangelium als Ganzes ist DeConicks Ansatz in der Tat nicht frei von Problemen; Gathercole arbeitet vor allem die Zirkularität in der Festlegung ihrer Kriterien heraus. Dennoch liefert dieser Ansatz wertvolle Impulse für die Analyse einzelner Logien, etwa EvThom 24 (s. u. B.II.11.e) oder EvThom 91 (s. u. B.II.33.b).
86 Vgl. DeConick: „Original *Gospel of Thomas*", 180; Nordsieck: *Thomas-Evangelium*, 12; Hedrick: *Unlocking the Secrets*, 7.116; Patterson: „The Gospel of (Judas) Thomas and the Synoptic Problem", 785 (= *Gospel of Thomas and Christian Origins*, 95–96). Anders Plisch: *Thomasevangelium*, 25: Da meistens eines der beiden fraglichen Logien eher am Ende der Sammlung steht, seien die Wiederholungen als „theologischer Endspurt" zu verstehen, in dem der Verfasser seine wichtigsten Themen noch einmal anspricht. Plisch räumt aber sogleich ein, dass dies nur einen Teil der Dubletten erklären kann. Auch Gathercole: *Gospel of Thomas*, 27–29 erwägt, dass der Autor/Kompilator die Dubletten möglicherweise bewusst als Stilmittel eingesetzt haben könnte; er verweist dafür auf die Selbstreferenz in EvThom 46 (ebd., 26–27 Anm. 58).

A. Einleitung

Im Falle von EvThom 56/80 dürfte sogar ein und derselbe Spruch den Sammler durch zwei verschiedene Quellen erreicht haben. Auch innere Spannungen in der Sammlung, etwa in der Frage nach dem Fasten (EvThom 6; 14; 104 vs. EvThom 27; 69,2) oder nach der Bewertung von Zinsgeschäften (EvThom 95 vs. EvThom 109) verstärken den Eindruck, dass es sich beim Thomasevangelium um eine durchaus heterogene Sammlung handelt.[87]

Dieser Charakter des Thomasevangeliums als Liste stellt, am Rande bemerkt, eine verbreitete Position in Frage: Immer wieder wird das Thomasevangelium als – real erhaltene – Parallele zu Q herangezogen.[88] Soweit Q aber heute mit einiger Wahrscheinlichkeit rekonstruiert werden kann, handelt es sich dabei, zumindest in den ersten Kapiteln, um eine Zusammenstellung größerer Redekompositionen, die sogar eine rudimentäre Handlung und zum Teil eine zeitliche Ordnung im Sinne eines identifizierbaren Vorher und Nachher aufweist und so prinzipiell der narratologischen Analyse zugänglich ist.[89] Dieser Befund zu Q spricht dagegen, die beiden Texte in einen gattungsgeschichtlichen Topf zu werfen,[90] schärft aber noch einmal das eigene Profil des Thomasevangeliums als nicht durchredigierte Sammlung bzw. Liste.

Nun sind aber nicht alle Elemente dieser Liste gleich gestaltet. Neben kurzen Aphorismen wie EvThom 42 finden wir längere Gleichnisse wie EvThom 63; 64; 65, Dialoge wie EvThom 6; 12; 61; 91; 114 und mit EvThom 13 sogar eine kleine Szene. Diese formale Uneinheitlichkeit macht

---

[87] So auch schon PUECH: „Une collection de paroles de Jésus", 157; P. NAGEL: *Motivierung der Askese*, 32. Hingegen versucht GATHERCOLE: *Gospel of Thomas*, 26–27, diese Befunde insofern zu relativieren, als zumindest der Kompilator der Sammlung das Nebeneinander unterschiedlich ausgerichteter Logien hinnehmbar gefunden haben muss – wenn denn dieser Kompilator tatsächlich ein kohärentes Ganzes schaffen wollte.

[88] So schon CLEMEN: „Neugefundene Jesusworte?", 705, dann aber VIELHAUER: *Geschichte der urchristlichen Literatur*, 622; H. KOESTER: „Tractate 2", 39; BLATZ: „Das koptische Thomasevangelium", 96; NORDSIECK: *Thomas-Evangelium*, 8–9; DERS.: „Zur Kompositionsgeschichte", 197. Nach ROBINSON: „ΛΟΓΟΙ ΣΟΦΩΝ" (= *Sayings Gospel Q*, 37–74) gehören beide der Gattung „Worte der Weisen" (λόγοι σοφῶν) an; so auch PATTERSON: „The Gospel of (Judas) Thomas and the Synoptic Problem", 796–797 (= *Gospel of Thomas and Christian Origins*, 106–107).

[89] Für Ansätze in dieser Richtung vgl. FLEDDERMANN: *Q*, 100–110.124–128; LABAHN: *Der Gekommene als Wiederkommender*, 49–73.

[90] So auch schon EVELYN WHITE: *Sayings of Jesus from Oxyrhynchus*, xxix; ähnlich DEHANDSCHUTTER: „L'Évangile de Thomas comme collection de paroles de Jésus", 510; DERS: „Recent Research", 2258–2259; GOODACRE: *Thomas and the Gospels*, 10–11; WATSON: *Gospel Writing*, 219–221.

es zuweilen schwierig, die einzelnen Logien abzugrenzen. Um ein deutliches Beispiel zu nennen: EvThom 42 könnte als Aphorismus für sich allein stehen, es könnte aber auch schon zu dem Dialog gehören, der sich in EvThom 43 anschließt. In den Handschriften sind die Logien ja ohne Abgrenzung in *scriptio continua* aneinander geschrieben.[91] Die Abgrenzung und Zählung von 114 Logien, die heute durchweg etabliert ist, ist eine Konvention, die auf der Edition von 1959 fußt.[92] Sie ist aber keineswegs die einzig mögliche Zählung.[93] Dies ist insofern von Bedeutung, als in manchen Fällen die Abgrenzung bzw. Zuordnung eines Logions erhebliche Folgen für seine Deutung haben kann.[94] Bei längeren Logien kann zudem eine weitere Unterteilung (sozusagen in „Verse") angebracht sein.[95]

Für die folgende Untersuchung bleibt festzuhalten: Eine Aussage über „das Thomasevangelium" ist eine Aussage über eine Sammlung, die wohl im Laufe des 2. Jahrhunderts aus Material unterschiedlicher Herkunft zusammengestellt wurde. Sofern diese Logien aber aus unterschiedlichen Quellen stammen, können sie auch in unterschiedlichen Verhältnissen zu anderen Texten stehen.[96] Daher erscheint es methodisch angemessen, das Verhältnis zum Johannesevangelium nicht auf der Ebene des Endtextes, sondern auf der Ebene der einzelnen in Frage kommenden Logien zu untersuchen.

---

91 Eine Ausnahme stellen die Querstriche dar, die in P.Oxy. 654 die einzelnen Logien voneinander trennen. Diese sind aber eine sekundäre Zutat. Der Schreiber selbst hielt es nicht für nötig, für ein neues Logion eine neue Zeile zu beginnen.
92 *Evangelium nach Thomas*. Dort stehen die Nummern zwar im Text, doch der Zeilenumbruch folgt dem der Handschrift.
93 Für Übersichten über andere Zählungen, die in den späten 1950er Jahren vorgelegt wurden, vgl. WILSON: „‚Thomas' and the Growth of the Gospels", 249–250; KASSER: *L'Évangile selon Thomas*, 157–160; NORTH: „Chenoboskion and Q", 159.
94 Vgl. dazu etwa GÄRTNER: Theology of the Gospel of Thomas, 17.
95 In dieser Untersuchung wird dafür das System des Berliner Arbeitskreises für Koptisch-Gnostische Schriften verwendet; vgl. etwa BETHGE: „Evangelium Thomae Copticum".
96 So auch PATTERSON: „The Gospel of (Judas) Thomas and the Synoptic Problem", 785 (= *Gospel of Thomas and Christian Origins*, 96): „... what may be said of the provenance of one or several sayings, cannot be inferred for the whole."

A. Einleitung

III. Zum Verhältnis von Thomas- und Johannesevangelium

1. Problemstellung

Viele Logien des Thomasevangeliums weisen mehr oder weniger deutliche Parallelen zum Johannesevangelium auf.[1] Freilich sind dies Parallelen von ganz unterschiedlicher Art: Manchmal scheint es sich, über die griechisch-koptische Sprachbarriere hinweg, um Übereinstimmungen im Wortlaut zu handeln, an anderen Stellen um gemeinsame Motive, die entweder in ähnlicher oder in unterschiedlicher Weise weiterentwickelt werden, und manche Logien erwecken beim Betrachter den Eindruck „johanneischen" Klanges oder „johanneischer" Färbung, ohne dass die Gemeinsamkeiten ausdrücklich und spezifisch zu benennen wären.

Die Parallelen zwischen dem Thomas- und dem Johannesevangelium sind, wie sich im Detail zeigen wird, so beschaffen, dass sie sich dem literarkritischen Zugriff entziehen, es lassen sich keine eindeutigen Zitate namhaft machen. Eventuelle Bezugnahmen auf den jeweils anderen Text sind allenfalls allusiver Natur und entsprechend schwer greifbar. Hinzu kommt, dass das Thomasevangelium eine sehr locker komponierte Logiensammlung ist, in der prinzipiell jedes Logion seine eigene Überlieferungsgeschichte hat (s. o. A.II.2).[2] Angesichts dessen ist es höchst problematisch – man könnte auch sagen: methodisch unzulässig –, aus Befunden an einem einzelnen Logion verallgemeinernde Schlussfolgerungen für das

---

[1] Vgl. dazu insgesamt BROWN: „Gospel of Thomas", 158–173, der in folgenden Logien Parallelen zur johanneischen Tradition feststellte: Prolog; 1; 2; 3; 4; 6; 8; 10; 11; 12; 13; 15; 17; 18; 19; 21; 24; 25; 28; 29; 30; 37; 38; 40; 42; 43; 44; 49; 50; 51; 52; 53; 55; 56; 59; 61; 64; 69; 76; 77; 78; 79; 90; 91; 92; 100; 101; 104; 105; 108; 110; 111; 114. Wesentlich restriktiver ist die Auflistung der Parallelen bei P. NAGEL, *Codex apocryphus gnosticus* 1, 160–162, der nur für EvThom Prol.; 18; 19A; 31; 38; 59; 61B; 71 Parallelen zum Johannesevangelium gelten lassen will.
[2] Vgl. dazu PLISCH: *Thomasevangelium*, 30: „Mir selbst hat sich während der Arbeit am Thomasevangelium das Bild vom Thomasevangelium als einer Box voller Ostraka aufgedrängt. Ohne das Bild überstrapazieren zu wollen, lassen sich damit doch einige der Aporien des Thomasevangeliums in den Blick nehmen. Das Fassungsvermögen eines Ostrakons ist einerseits eng begrenzt, anderseits (sic) groß genug, um mehrere exzerpierte Sprüche aufnehmen zu können, die gegebenenfalls auch aus verschiedenen Quellen stammen können. Im ungünstigen Fall kann ein Ostrakon (oder ein anderer, wie auch immer gearteter Notizzettel) aber auch nicht genügend Platz bieten, um ein Logion (etwa das letzte exzerpierte) vollständig aufzunehmen, sodass die Fortsetzung auf den nächsten Schriftträger geschrieben werden muss."

III. Zum Verhältnis von Thomas- und Johannesevangelium

ganze Thomasevangelium zu ziehen.[3] Das bedeutet, dass das Verhältnis zum Johannesevangelium für jedes Logion separat zu bestimmen ist.[4] Dies ist freilich eine sehr umfangreiche und komplexe Aufgabe, die sich nicht „nebenbei", etwa im Zuge einer Studie zur Rezeption des Johannesevangeliums, erledigen lässt; schließlich ist jedes in Frage kommende Logion als eigener Forschungsgegenstand zu betrachten.[5] Diese Vorgehensweise, die von den einzelnen Logien des Thomasevangeliums ausgeht und sie jeweils auf mögliche Parallelen im Johannesevangelium befragt, präjudiziert kein Ergebnis, sofern sie nicht nur auf Rezeptionsvorgänge fixiert ist. Andererseits ist sie auch aus praktischen Gründen angebracht: Die Logien sind relativ kleine, klar abgegrenzte und überschaubare Einheiten, die sich sowohl zu Passagen aus dem Johannesevangelium wie auch aus anderen frühchristlichen Texten in Beziehung setzen lassen. Es gibt zwar wörtliche (etwa EvThom 3; 113 oder EvThom 56; 80) und inhaltliche (etwa EvThom 13;

---

3 Dazu tendiert anscheinend GOODACRE: *Thomas and the Gospels*, 44–48 im Blick auf das Thomasevangelium und die Synoptiker. Unter dem Titel „The Plagiarist's Charter" (ebd., 54–57) stellt er die literar- bzw. überlieferungsgeschichtliche Untersuchung methodisch auf die gleiche Ebene wie den Nachweis von Plagiaten im akademischen Lehr- und Prüfungsbetrieb. Die so gewonnenen Ergebnisse sind aber eben nur auf der Ebene des ganzen Thomasevangeliums als abgeschlossener Sammlung aussagekräftig. Über die Entstehung des Thomasevangeliums würden sie nur dann etwas aussagen, wenn man annähme, dass das Thomasevangelium ohne jegliche Vorgeschichte in einem Zug niedergeschrieben wurde. Dann würde ein einziger Fall von Abhängigkeit genügen, um zu beweisen, dass das ganze Thomasevangelium vom fraglichen Referenztext abhängig ist. Da das Thomasevangelium aber eine Logiensammlung ist (s. o. A. II.2), ist dieser Ansatz nicht sachgemäß.
4 Vgl. dazu schon CERSOY: „Quelques remarques", 416. Nach der Entdeckung des vollständigen Thomasevangeliums hat PUECH: „Une collection de paroles de Jésus", 163 diese Vorgehensweise im Hinblick auf die Datierung gefordert; ebenso FITZMYER: „Oxyrhynchus *Logoi*", 509–510.555 (= *Essays*, 361.419). Auch nach WILSON: „'Thomas' and the Growth of the Gospels", 248 ist eine solche Detailanalyse erforderlich, weil manche Logien, die eine Entsprechung in den kanonischen Evangelien (speziell den Synoptikern) haben, von diesen unabhängig zu sein scheinen, während andere die kanonischen Evangelien voraussetzen; so auch TUCKETT: „Thomas and the Synoptics", 156; ähnlich DECONICK: „Original *Gospel of Thomas*", 198; GROSSO: *Vangelo secondo Tommaso*, 25. Für die Parallelen zwischen Thomas- und Johannesevangelium ist es aber immer noch beim Desiderat geblieben.
5 Aus diesem pragmatischen Grund ist das Thomasevangelium aus der sonst sehr umfassenden und gründlichen Arbeit von Titus Nagel zur Rezeption des Johannesevangeliums im 2. Jahrhundert ausgeklammert; vgl. dazu T. NAGEL: *Rezeption des Johannesevangeliums*, 48. Sehr plastisch auch GATHERCOLE: *Composition of the Gospel of Thomas*, 160: „As such the question is almost unanswerable. Or rather, there are potentially 114 part-answers to the question."

A. Einleitung

108) Doppelungen, manchmal (etwa im Falle von EvThom 42–43) ist die Abgrenzung der Logien auch diskutabel, aber grundsätzlich wird im Folgenden jedes Logion als eigenständiges Dokument behandelt. Der Gegenstand dieser Untersuchung ist also nicht das Thomasevangelium als Gesamtwerk, wie es in NHC II überliefert ist, sondern die einzelnen Logien, die innerhalb dieses Zusammenhanges überliefert sind. Das schließt nicht aus, dass an manchen Stellen ein Logion zur Interpretation eines anderen Logions herangezogen werden kann. Die Berechtigung dieser Vorgehensweise wird aber nicht deswegen *a priori* vorausgesetzt, weil beide Logien im Thomasevangelium überliefert sind, sondern sie muss sich *a posteriori* dadurch erweisen, dass sie, idealerweise im Verbund mit anderen Quellen, zu einer plausiblen Lesart des betreffenden Logions beiträgt. Freilich ist immer damit zu rechnen, dass einzelne Logien nicht einer angenommenen Tendenz des Thomasevangeliums entsprechen.[6]

Der Vergleich zwischen Thomas- und Johannesevangelium wird dadurch erschwert, dass wir vom griechischen Text des Thomasevangeliums nur einige Fragmente besitzen, die sich auf der literarischen Ebene sinnvoll mit dem griechischen Johannesevangelium vergleichen lassen.[7] Doch da keines dieser Fragmente als Autograph gelten kann und die dort überlieferten Logien vermutlich schon eine längere Geschichte hinter sich haben, ist auch hier an manchen Stellen ein Vergleich mit der koptischen Version vonnöten, um zu klären, welche Version den älteren und für den Vergleich mit dem Johannesevangelium einschlägigen Text bietet.

Etwas anders stellt sich die Lage für diejenigen Logien dar, die nur auf Koptisch überliefert sind. Vom Thomasevangelium als Ganzem besitzen wir ja nur die koptische (sahidische) Übersetzung, doch die Rückübersetzung ins Griechische ist problematisch, da Koptisch und Griechisch ja zwei ganz unterschiedlichen Sprachenfamilien angehören (s. u.).[8]

Gewisse Anhaltspunkte für den Textvergleich kann die sahidische Übersetzung des Johannesevangeliums bieten, doch auch hier erheben sich

---

6 Vgl. dazu auch PATTERSON: „The *Gospel of Thomas* and Christian Beginnings", 3 (= *Gospel of Thomas and Christian Origins*, 263): Als Beispiel für inhaltliche Spannungen innerhalb des Thomasevangeliums wäre etwa auf EvThom 95; 109 zu verweisen: In EvThom 95 wird der Geldverleih gegen Zins scharf abgelehnt, aber EvThom 109 ist ein Gleichnis, dessen Held, der Finder des Schatzes im Acker, die ihm zugefallenen Mittel gegen Zins verleiht.

7 In diesen Fällen ist mit klaren, prinzipiell auch literarkritisch auszuwertenden, wortwörtlichen Übereinstimmungen zu rechnen; vgl. dazu GOODACRE: *Thomas and the Gospels*, 33–34. Dennoch ist festzuhalten, dass aus wortwörtlicher Übereinstimmung nicht automatisch literarische Abhängigkeit folgt.

8 Für eine aufmerksame Problemanalyse vgl. z.B. James M. LEONARD: *Codex Schøyen 2650*, 6–10.127–132.

III. Zum Verhältnis von Thomas- und Johannesevangelium

Schwierigkeiten. Zwar existiert eine siebenbändige Edition des sahidischen Neuen Testaments von George W. Horner, doch diese darf, 1911–1924 erschienen, mittlerweile als etwas veraltet gelten.[9] Eine sehr wichtige Handschrift aus dem 5. Jahrhundert (PPalau Rib. Inv.-Nr. 183) wurde jedoch 1984 von Hans Quecke ediert.[10] Diese Edition beinhaltet auch Hinweise auf abweichende Lesarten einiger anderer Handschriften, die das ganze Johannesevangelium beinhalten (Chester Beatty Library Nr. 813[11] und Nr. 814[12]; Pierpont Morgan Library M 569[13]).

Eine zeitgemäße Edition, die auch neuere Handschriftenfunde einbezieht, befindet sich hingegen noch im Stadium der Vorarbeiten. Karlheinz Schüssler hatte in den erschienenen Faszikeln seines Werkes *Biblia Coptica* die vorhandenen Handschriften(fragmente) erfasst und zusammengeführt und auf seiner Website www.biblia-coptica.com einige Handschriften mit Fotos und Transkriptionen zugänglich gemacht. Seit seinem Tod im Oktober 2013 steht diese bequeme Ressource indes nicht mehr zur Verfügung. Als eine Art Vermächtnis liegt jedoch in der von ihm begründeten Reihe „Arbeiten zur Biblia Coptica" eine Edition der in der Chester Beatty Library als Cpt. 814 aufbewahrten Handschrift aus dem Jeremias-Kloster in Saqqara vor.[14]

Eine umfassende Übersicht bzw. Suchfunktion für den Bestand von koptischen Handschriften des Neuen Testaments (einschließlich der Datierungsvorschläge und der verschiedenen Nummerierungssysteme) findet man auf der Website des Instituts für Neutestamentliche Textforschung (INTF) in Münster unter http://intf.uni-muenster.de/smr/index.php (letzter Aufruf 18. Februar 2015). Wenn in dieser Untersuchung textkritische Fragen hinsichtlich der sahidischen Übersetzung des Neuen Testaments auf-

---

9 Vgl. schon MINK: „Die koptischen Versionen", 161–163.177.
10 *Das Johannesevangelium saïdisch*, hg. von H. QUECKE (= Papyrologica Castroctaviana 11); vgl. auch SCHÜSSLER: *Biblia Coptica* 3/4, 9–12. Bei Schüssler ist diese Handschrift, die das ganze Markus-, Lukas- und Johannesevangelium enthält, unter der Nummer sa 561 geführt, in der Systematik des INTF (Schmitz-Mink-Richter) als sa 1. Nach letzterer Systematik wird sie auch im Folgenden bezeichnet. – Für eine kritische Würdigung dieser frühen Datierung, der jedoch kein alternativer Datierungsvorschlag folgt, vgl. ASKELAND: *John's Gospel*, 83–89.
11 In der Systematik der SMR-Datenbank: sa 4.
12 In der Systematik der SMR-Datenbank: sa 5. Seit 2013 liegt diese Handschrift in der Edition von Karlheinz Schüssler vor (s. u. Anm. 14).
13 In der Systematik der SMR-Datenbank: sa 9.
14 *Das koptisch-sahidische Johannesevangelium sa 506 aus dem Jeremias-Kloster von Sakkara*, hg. von K. SCHÜSSLER (= Arbeiten zur Biblia Coptica 1); vgl. auch SCHÜSSLER: *Biblia Coptica* 3/1, 38–39; in der Systematik der SMR-Datenbank: sa 5. Diese Handschrift, die zumeist im 6./7. Jahrhundert angesetzt wird, umfasst das Johannesevangelium und die Apostelgeschichte.

A. Einleitung

tauchen, wird die Systematik des INTF in der SMR-Datenbank (Schmitz-Mink-Richter) verwendet.

Der Vergleich zwischen den koptischen Übersetzungen von Thomas- und Johannesevangelium ist natürlich für das Verhältnis zwischen ihren griechischen Vorlagen nur bedingt aussagekräftig, und so ist die koptische (sahidische) Übersetzung des Johannesevangeliums keinesfalls die Vergleichsgröße für eine Gegenüberstellung mit dem Thomasevangelium. Sie kann aber in manchen Fällen Indizien dafür bieten, wie zumindest ein spätantiker koptischer Übersetzer eine bestimmte griechische Wendung wiedergab. Mit Hilfe einer Konkordanz[15] kann man dann zumindest ungefähr abschätzen, ob sich mit einiger Wahrscheinlichkeit hinter einer koptischen Wendung eine griechische Formulierung verbirgt, die einen Bezugspunkt zum Johannesevangelium darstellt. Dabei ist aber nicht nur eine gewisse Freiheit des Übersetzers in Rechnung zu stellen, sondern vor allem die Tatsache, dass Griechisch und Koptisch völlig unterschiedlichen Sprachfamilien angehören. Speziell im Bereich der Konjunktionen kann man daher kaum sichere Rückschlüsse ziehen.[16] Auch bei den Präpositionen ist Vorsicht geboten, denn das Bedeutungsspektrum koptischer Präpositionen umfasst oft eine größere Anzahl von griechischen Entsprechungen. Der Umstand, dass die koptischen Übersetzer ihre griechischen Vorlagen nicht völlig konkordant übersetzten, darf aber keinesfalls ein Freibrief sein, um unkontrollierte Rückübersetzungen aus dem Koptischen ins Griechische zu hypothetisieren.[17]

---

15 WILMET: *Concordance du Nouveau Testament sahidique* II. Diese Konkordanz wird bei MINK: „Die koptischen Versionen", 272–273 scharf kritisiert. Zu Recht bemängelt er, dass die koptische Grundlage der Konkordanz, Horners Edition des sahidischen Neuen Testaments, nicht über jeden Zweifel erhaben ist, und dass die verwendete kritische Edition („Nestle") eben eine kritische Edition, also eine moderne Rekonstruktion ist. Für die Zwecke der vorliegenden Arbeit ist Wilmets Konkordanz dennoch ein nützliches Hilfsmittel, um zumindest die Häufigkeit bestimmter Übersetzungsmöglichkeiten innerhalb eines bestimmten Corpus grob einschätzen zu können.

16 Vgl. PERTTILÄ: „How to Read", 376: „To read the Greek behind the Coptic text is in the case of conjunctions mostly impossible." Diese Einschätzung stützt sich auf die Arbeit an den griechischen und koptischen (sahidischen) Versionen des 1. Samuelbuches.

17 Zur Problemlage, dargestellt anhand von 88 Problemfeldern, vgl. insgesamt MINK, „Die koptischen Versionen", 188–273. Im Anschluss daran (ebd., 274–297) demonstrierte Mink anhand von Joh 10,1–18, welche engen Grenzen einer Auswertung der koptischen Übersetzungen für die Frage nach Varianten im griechischen Text gesetzt sind.

III. Zum Verhältnis von Thomas- und Johannesevangelium

Die Auswahl der zu behandelnden Logien lehnt sich an die Auflistung von Raymond E. Brown[18] an, doch es werden nicht alle von Brown aufgeführten Logien untersucht. Abgesehen davon, dass Brown auch die Johannesapokalypse – als s.e. johanneische Schrift – zum Vergleich mit heranzog, ist in manchen Fällen (etwa EvThom 12, 31 oder 100) die Parallele zum Johannesevangelium so schwach, dass nur eine Fehlanzeige zu konstatieren wäre. In den folgenden Untersuchungen wird nur bei EvThom 78 eine Fehlanzeige formuliert, weil das literarische Verhältnis dieses Logions zum Johannesevangelium in einer neueren Monographie[19] ausführlich erörtert wurde.

2. Kriterien

Die Entscheidung über mögliche Kontakte zwischen Logien des Thomasevangeliums und dem Johannesevangelium sollte nicht nur auf Geschmacksurteilen beruhen, sondern möglichst nachvollziehbar begründet sein. Es stellt sich also die Frage, nach welchen Kriterien die Kontakte zwischen den beiden Evangelien bewertet werden sollen. In den letzten Jahrzehnten wurden vorrangig die Verbindungen zwischen dem Thomasevangelium und den synoptischen Evangelien untersucht, und dabei etablierte sich der Grundsatz, dass eine Abhängigkeit des Thomasevangeliums von einem der synoptischen Evangelien nur dann anzunehmen ist, wenn das jeweilige Thomas-Logion Elemente aus dem synoptischen Paralleltext enthält, die als redaktionell einzustufen sind: Da das von den Evangelisten verwendete Traditions- und Quellenmaterial vermutlich auch nach der Abfassung der Evangelien im Umlauf blieb, kann eine Wortlaut-Übereinstimmung mit einem der synoptischen Evangelien nicht allein schon eine literarische Abhängigkeit von diesem begründen. Die Übereinstimmung könnte sich ja ebenso gut auf eine vom jeweiligen Synoptiker rezipierte Quelle (z.B. Q oder Sondergut) beziehen. Daher kann nur ein redaktionelles Merkmal ein eindeutiges Indiz für literarische Abhängigkeit sein.[20] Mit anderen Worten: Ein Logion des Thomasevangeliums kann nur dann als von seiner Parallele in einem synoptischen Evangelium abhängig gelten, wenn es mindestens ein Element enthält, das der Verfasser eines synopti-

---

18 BROWN: „Gospel of Thomas", 158–173.
19 JOHNSON: *Seeking the Imperishable Treasure*.
20 Vgl. SIEBER: *Redactional Analysis*, 260–261; PATTERSON: *The Gospel of Thomas and Jesus*, 64.71; zuvor schon KÖSTER: *Synoptische Überlieferung*, 3 (für das Prinzip: „... so hängt die Frage der Benutzung davon ab, ob sich in den angeführten Stücken Redaktionsarbeit eines Evangelisten findet").

A. Einleitung

schen Evangeliums redaktionell zu seiner Fassung des Spruches hinzugefügt hat. Als ein Beispiel wäre EvThom 45,3 zu nennen: „Ein böser Mensch pflegt Schlechtes hervorzubringen aus seinem üblen Schatz, der in seinem Herzen ist, und (er pflegt) Schlechtes zu reden." Die engste Parallele dazu ist Lk 6,45: „Der gute Mensch bringt aus dem guten Schatz des Herzens Gutes hervor, und der Schlechte bringt aus dem schlechten [v.l.: Schatz seines Herzens] Schlechtes hervor." Der Vergleich mit der Parallele Mt 12,35 lässt annehmen, dass das Element „Herz" (τῆς καρδίας) der lukanischen Redaktion zuzuschreiben ist. Dieses redaktionelle Element (ετʒ̄ν πεчʒнт)[21] steht nun aber auch in EvThom 45,3, und daher ist anzunehmen, dass dieses Logion das Lukasevangelium voraussetzt.[22]

Dieses von John H. Sieber erstmals konsequent angewandte Redaktionskriterium ist ein sehr hartes und sicheres Kriterium, das, bei konsequenter Anwendung, nur ein kritisches Minimum von Übereinstimmungen übrig lässt.[23] Es stellt sich aber die Frage, ob dieses Kriterium auf die Kontakte zwischen Thomas- und Johannesevangelium in gleicher Weise mit Gewinn anzuwenden sei. Das Kriterium setzt ja voraus, dass redaktio-

---

21 Hier ist zu beachten, dass sich die Übereinstimmung zwar auf das Wort „Herz" (καρδία/ʒнт) bezieht, nicht aber auf die Konstruktion (Lk 6,45: Genitivattribut, EvThom 45: mit Relativpartikel angeschlossene Adverbiale). Dessen ungeachtet, bleibt das Element „Herz" ein redaktionelles Merkmal der lukanischen Version. Ob EvThom 45 darüber hinaus als weiterer Zeuge für die verbreitete *varia lectio* τῆς καρδίας αὐτοῦ (A C (D) K L W Γ Δ Θ Ξ Ψ *f*.[13] 33. 565. 700. 892. 1241. 1424. 2542 𝔐 sy) gelten kann, muss jedoch dahingestellt bleiben.

22 Vgl. PATTERSON: *The Gospel of Thomas and Jesus*, 92–93. Freilich ließ Patterson seine globale Theorie über das Thomasevangelium durch diese Beobachtung (die ähnlich auch für EvThom 32; 39; 104 zu machen ist) nicht beeinträchtigen, sondern erklärte sie damit, dass der Wortlaut des Lukasevangeliums die spätere Textüberlieferung des Thomasevangeliums beeinflusst habe. Zur Kritik an diesem Erklärungsversuch vgl. GATHERCOLE: *Composition of the Gospel of Thomas*, 142–143; GOODACRE: *Thomas and the Gospels*, 57–61. Patterson und (vor allem) seine Kritiker handeln sich dadurch ein unnötiges Problem ein, dass sie den Befund von EvThom 45 für das ganze Thomasevangelium als literarische Einheit auswerten. Angesichts der lockeren Komposition des Thomasevangeliums (s. o. A.II.2) zeigen die oben angestellten Überlegungen nur, dass EvThom 45 (bzw. nur EvThom 45,3) das Lukasevangelium rezipiert. Für die anderen 113 Logien sagt dies prinzipiell nichts aus.

23 Allerdings ist der Nachweis, dass nach diesen Kriterien keine literarische Abhängigkeit vorliegt, nicht zugleich schon der positive Nachweis der Unabhängigkeit; vgl. GATHERCOLE: „Luke in the Gospel of Thomas", 116–117; ähnlich DERS.: *Composition of the Gospel of Thomas*, 140–144. Siebers strenges Kriterium kann demnach lediglich einen starken Verdacht begründen, dass das Thomasevangelium andere Texte (etwa ein oder mehrere kanonische Evangelien) *nicht* verwendet habe.

III. Zum Verhältnis von Thomas- und Johannesevangelium

nelle Merkmale des Quelltextes eindeutig zu identifizieren sind. Bei den synoptischen Evangelien ist das kein allzu großes Problem:[24] Im oben vorgestellten Beispiel erlaubt der Vergleich von Mt 12,35 und Lk 6,45 ein einigermaßen begründetes Urteil über die gemeinsame Quelle (Q 6,45) und die jeweilige redaktionelle Bearbeitung durch Matthäus und Lukas. Im Falle des Johannesevangeliums ist diese Kontrollmöglichkeit nicht gegeben, obgleich etwa nachgestellte Erzählerkommentare manchmal als redaktionelle Zusätze zu traditionellem Material zu identifizieren sind (z. B. Joh 7,37–38.39, s. u. B.II.6.b). Hinzu kommt, dass das Redaktionskriterium nur literarische Beziehungen zwischen Texten erfassen kann, aber bei den im Thomasevangelium eher zu vermutenden Anspielungen und überlieferungs- bzw. traditionsgeschichtlichen Beziehungen nur von begrenztem Nutzen ist.[25] Das Redaktionskriterium hat also in vielen Fällen seinen Wert, aber es kann nicht als „Generalschlüssel" dienen, um die Beziehungen des Thomasevangeliums zum Johannesevangelium zu erschließen. Zumindest letzteres scheint ja einen relativ „lockeren" Umgang mit seinen Referenztexten zu pflegen,[26] so dass es nicht geraten scheint, den Blick auf wörtliche Textübernahmen[27] zu verengen.[28] Im Blick auf das Verhältnis zur synoptischen Tradition scheint dies auch für das Thomasevangelium zu

---

24 In dieser Untersuchung wird als Lösungsmodell für die synoptische Frage die Zweiquellentheorie („Q-Hypothese") vorausgesetzt. Freilich zieht das schon eine bestimmte Vorstellung davon nach sich, was als redaktionell gelten kann; vgl. die Problemanzeige bei GREGORY: „What is Literary Dependence?", 109–110. Doch Arbeiten in einem Segment der vielfach verwobenen frühchristlichen Logientradition sind kaum jemals völlig voraussetzungsfrei zu führen. Umso wichtiger ist es, dass Voraussetzungen und Kriterien benannt und nachvollziehbar gemacht werden.
25 Vgl. dazu auch WOOD: „The New Testament Gospels and the Gospel of Thomas", 589.593–594. Wood wendet „Ockhams Rasiermesser" an und erklärt kurzerhand die Annahme literarischer Abhängigkeit des Thomasevangeliums von den kanonischen Evangelien zur einfacheren Hypothese.
26 Man denke nur an die „Schriftzitate" in Joh 7,38; 19,36 und die damit zusammenhängenden Forschungsdiskussionen über mögliche alttestamentliche Bezugstexte.
27 Textübernahme ist ja nur eine Form der Rezeption eines Textes; es gilt aber auch andere Formen der Bezugnahme auf einen Referenztext zu betrachten, etwa die Aufnahme des Themas (ohne Übereinstimmungen im Wortlaut), oder auch nur die Übernahme der Form, vgl. T. NAGEL: *Rezeption des Johannesevangeliums*, 35. Freilich muss dann das Aufgenommene ziemlich charakteristisch sein, um auf einen bestimmten Referenztext verweisen zu können.
28 Nach DUNDERBERG: „*Thomas'* I-sayings", 41 ist die im Thomasevangelium nicht vorhandene Zitationspraxis das Hauptproblem bei der Bestimmung des Verhältnisses von Thomas- und Johannesevangelium; ebenso FREY: „Lilien", 145.

A. Einleitung

gelten. So scheint es geraten, dieser Untersuchung nicht die strenge Form von Intertextualität zugrunde zu legen, die man zwischen den synoptischen Evangelien antrifft, sondern eher mit (sprachlichen und thematischen) Anspielungen und Echos zu rechnen. Vor dem Hintergrund der christlichen Literatur des 1. und 2. Jahrhunderts wird man ja die Form der Intertextualität, die zwischen den synoptischen Evangelien besteht, nicht für den Standard, sondern für einen durchaus bemerkenswerten Sonderfall halten.[29] Das Paradigma für das Thomasevangelium ist demnach nicht die Quellenrezeption bei Matthäus und Lukas, sondern eher das Verhältnis des Johannesevangeliums zu den Synoptikern.[30] Um den Blick etwas zu weiten, seien aber im Folgenden einige Kriterienkataloge angeführt, die nicht das Thomasevangelium im Blick haben:

Das Augenmerk von Richard B. Hays liegt auf alttestamentlichen Echos in den Paulusbriefen, also auf einer Form der Textrezeption, die noch lockerer ist als eine Anspielung. Dafür formuliert Hays sieben Kriterien:[31]

> (1) „Availability": Kannte der Autor den angeblichen Referenztext, und konnte er diese Kenntnis auch bei den Lesern voraussetzen? Die Beantwortung dieser Frage setzt voraus, dass die zeitliche Einordnung beider Texte geklärt ist. (2) „Volume": Dabei geht es zwar vor allem um den Umfang der angeblich zitierten Stelle (je länger, desto wahrscheinlicher), aber auch darum, wie charakteristisch das Zitat ist. (3) „Recurrence": Wenn ein Text schon einmal oder öfter zitiert worden ist, sind auch weitere Echos wahrscheinlich. (4) „Thematic Coherence": Dient der Referenztext dem Gedankengang des rezipierenden Textes? (5) „Historical Plausibility": Konnte der Autor in seiner Zeit den ihm unterstellten Gedanken formulieren, und konnten die Erstleser ihn verstehen? (6) „History of Interpretation": Haben andere Leser die angebliche Anspielung auch gesehen? Das ist freilich eher ein negatives Kriterium, das vor Willkür bewahren soll. (7) „Satisfaction": Ergibt sich mit dem alttestamentlichen Echo eine sinnvolle Lektüre des Textes?

---

29 Vgl. HARTENSTEIN: *Die zweite Lehre*, 20; REUTER: „Clarifying", 24–26; GATHERCOLE: *Composition of the Gospel of Thomas*, 139–140; GOODACRE: *Thomas and the Gospels*, 56–57.
30 Vgl. URO: „Secondary Orality", 323 (= *Thomas at the Crossroads*, 31); FREY: „Lilien", 145. Für PATTERSON: *The Gospel of Thomas and Jesus*, 12–16 sind allerdings sowohl die Parallelen der Synoptiker untereinander, als auch die Parallelen zwischen Johannes und den Synoptikern Präzedenzfälle, aus denen für das Verhältnis des Thomasevangeliums zu den Synoptikern zu lernen ist.
31 Vgl. zum Folgenden HAYS: *Echoes of Scripture*, 29–32. Für eine kritische Würdigung dieses Konzepts vgl. auch HÄFNER: *Nützlich zur Belehrung*, 59–63.

Gewiss sind nicht alle diese Kriterien auf das Thomas- und Johannesevangelium anwendbar. Das erste Kriterium der „Availability" fällt zum Beispiel ganz aus, denn in der vorliegenden Studie steht die „Availability" des Johannesevangeliums für das Thomasevangelium oder des Thomasevangeliums für das Johannesevangelium gerade in Frage. Auch das Kriterium der „History of Interpretation" ist nur sehr bedingt anwendbar.[32] Die Kriterien der „Thematic Coherence" und „Satisfaction" setzen voraus, dass der Bezugstext in seinem ursprünglichen Sinnzusammenhang zustimmend rezipiert wird – das muss nicht unbedingt der Fall sein.[33] Das Kriterium der „Historical Plausibility" kann, wenn die Verfügbarkeit („Availability") des vermuteten Bezugstextes nicht gesichert ist, leicht zum Zirkelschluss führen. Von größerer Bedeutung im Hinblick auf das Thomas- und Johannesevangelium sind hingegen die formalen Kriterien „Volume" (qualitativ und quantitativ verstanden) und „Recurrence".

Auch im Hinblick auf die Rezeption der Pastoralbriefe im 2. Jahrhundert wurde die Kriterienfrage verschiedentlich gestellt. Carsten Looks hat dafür eine Skala von Wahrscheinlichkeiten aufgestellt:[34] Die Rezeption ist „sicher", wenn ein markiertes Zitat vorliegt; sie ist „sehr wahrscheinlich", wenn die Quelle eindeutig identifizierbar ist (oft ein markiertes Zitat wie PolPhil 4,1, wobei geringfügige Abweichungen möglich sind); sie ist „gut möglich bis wahrscheinlich", wenn charakteristische gleiche oder ähnliche Wörter vorliegen und keine weiteren einschlägigen Parallelen zu benennen sind; sie ist „möglich, aber unsicher", wenn wenige (1–3) vergleichbare Wörter vorliegen und das Vokabular sehr charakteristisch ist, aber auch andere einschlägige Parallelen in Frage kommen; sie ist „unwahrscheinlich" wenn keine eindeutigen Indizien vorliegen und einschlägige Parallelen eher als Referenztexte in Frage kommen; sie ist „ausgeschlossen", wenn keine positiven Gründe anzuführen sind und evtl. überzeugende Gründe für einen anderen Referenztext sprechen.

---

32 Ein ähnliches Kriterium findet man bei ZELYCK: *John among the Other Gospels*, 19–20: Wenn ein Motiv o. ä. aus dem Johannesevangelium in einem außerkanonischen Evangelium in ähnlicher Weise verwendet ist wie bei einem frühchristlichen Autor, der dafür nachweislich das Johannesevangelium rezipiert hat, dann ist anzunehmen, dass auch das außerkanonische Evangelium hierfür das Johannesevangelium rezipiert (vgl. dazu auch ebd., 199–202). Dieses Kriterium kann freilich nicht als zwingend gelten, denn die Ähnlichkeit ist meistens nicht klar zu bestimmen und die Datierung der meisten außerkanonischen Evangelien – Hays' Kriterium der „Availability" – ist unsicher. So dürfte diesem Kriterium eher eine unterstützende Rolle zukommen.
33 Vgl. auch T. NAGEL: *Rezeption des Johannesevangeliums*, 41.
34 Zum Folgenden vgl. LOOKS: *Das Anvertraute bewahren*, 22.

A. Einleitung

Bemerkenswert ist in diesem Katalog, dass der Blick über die beiden zu vergleichenden Texte hinaus geweitet wird und das Urteil in vielen Fällen von einer „Gegenprobe" abhängt, die nach weiteren, möglicherweise einschlägigeren Belegen für das fragliche Motiv sucht. Freilich sind die Möglichkeiten der „Gegenprobe" in der frühchristlichen Literatur immer durch die lückenhafte Textüberlieferung beeinträchtigt.[35] Daher ist eine Fehlanzeige bei der „Gegenprobe" kein positiver Beleg für ein (im strengen Sinne) intertextuelles Verhältnis zwischen Thomas- und Johannesevangelium.[36]

Die Kriteriendiskussion um die Rezeption der Pastoralbriefe im 2. Jahrhundert ist freilich nicht unbesehen auf die Frage nach dem Verhältnis von Thomas- und Johannesevangelium zu übertragen. Wenn nach der Rezeption der Pastoralbriefe gefragt wird, ist *a priori* klar, was als Referenztext behandelt wird, und die Suche gilt den rezipierenden Texten. Bei unserer Fragestellung ist hingegen *a priori* klar, dass zwei Texte gegenübergestellt werden, aber es ist zunächst noch offen, welcher im jeweilgen Einzelfall der Referenztext und welcher der rezipierende Text ist, bzw. ob überhaupt ein Verhältnis vorliegt, das als Rezeption eines Textes zu verstehen ist. Dennoch sind die von Annette Merz aufgestellten Parameter für die vorliegende Studie bedingt anwendbar:[37]

(1) Referenzialität (105–106): das Maß, in dem ein Text seinen Prätext als solchen thematisiert. (2) Kommunikativität (106): das Maß, in dem der Autor seinen Lesern zeigt, dass er sich auf einen Prätext bezieht. (3) Autoreflexivität (106–107): das Maß, in dem ein Autor sein intertextuelles Arbeiten selbst thematisiert, etwa indem er Differenzen zum Prätext ausspricht. (4) Strukturalität (107–108): das Maß, in dem der Prätext für die Struktur des referierenden Textes maßgeblich wird. (5) Selektivität (108): das Maß der Prägnanz, mit der ein intertextueller Verweis hergestellt wird. (6) Dialogizität (108–109): das Maß der Spannung zwischen dem ursprünglichen Kontext des Referenztextes und dem neuen Kontext im referierenden Text.

---

35 Vgl. MERZ: *Fiktive Selbstauslegung des Paulus*, 96 als Kritik an Looks. Merz fordert dagegen: „Der positive Nachweis einer bewussten Rezeption aufgrund von Überlegungen zur intentionalen Verarbeitung eines Prätextes muss immer Vorrang haben."
36 In diesem Zusammenhang ist auch zu beherzigen, dass die Nicht-Kenntnis bzw. Nicht-Rezeption eines Textes nicht positiv nachzuweisen ist (es sei denn, sie ist chronologisch unmöglich); vgl. GREGORY: *Reception of Luke and Acts*, 5.10; MERZ: *Fiktive Selbstauslegung des Paulus*, 97; GATHERCOLE: „Luke in the Gospel of Thomas", 116–117.
37 Vgl. zum Folgenden MERZ: *Fiktive Selbstauslegung des Paulus*, 105–109 (im Anschluss an Manfred Pfister).

III. Zum Verhältnis von Thomas- und Johannesevangelium

Der erste und der dritte Parameter lassen sich immerhin im Hinblick auf die Erzählfigur des Thomas (Joh 11,16; 14,5: 20,24–29; 21,2; EvThom Prol.; 13) in Anschlag bringen. Der zweite und fünfte Parameter dürften ganz ausfallen. Der vierte Parameter kann auf der Ebene einzelner, komplexer gebauter Logien (EvThom 24; 91) aufschlussreich sein. Der sechste Parameter deckt sich weitgehend mit der vergleichenden Motivanalyse, wobei diese aber erst ermitteln soll, ob überhaupt ein Text der Referenztext für den anderen ist.

Auch in der Alttestamentlichen Exegese sind innerbiblische Anspielungen ein Gegenstand der Forschung. Im Kontext der Frage nach den dabei anzuwendenden Kriterien steht der Beitrag von Jeffery M. Leonard, in dem acht Prinzipien formuliert werden:

„(1) Shared language is the single most important factor in establishing a textual connection. (2) Shared language is more important than non-shared language. (3) Shared language that is rare or distinctive suggests a stronger connection than does language that is widely used. (4) Shared phrases suggest a stronger connection than do individual shared terms. (5) The accumulation of shared language suggests a stronger connection than does a single shared term or phrase. (6) Shared language in similar contexts suggests a stronger connection than does shared language alone. (7) Shared language need not be accompanied by shared ideology to establish a connection. (8) Shared language need not be accompanied by shared form to establish a connection."[38]

Leonards Prinzipien sind insofern hilfreich, als sie sehr formal sind; vor allem sein siebter Punkt erlaubt es, mit inhaltlich unterschiedlichen Formen der Rezeption zu rechnen. Es ist ja durchaus möglich, dass der rezipierende Text inhaltlich andere Akzente setzt als sein Referenztext, aber das ändert nichts daran, *dass* der Referenztext rezipiert wird.

Hervorzuheben ist bei all diesen Katalogen das Augenmerk auf charakteristische Sprache. Dieses Kriterium ist nicht so streng wie das von John H. Sieber geforderte (s. o.), und es eröffnet auch die Möglichkeit, verwendetes Traditionsmaterial mit in den Blick zu nehmen. So wie es formuliert ist, bleibt dieses Kriterium allerdings, gerade weil es so formal ist, etwas unscharf. In der praktischen Anwendung wäre etwa zu fragen, ob ein Stichwort im griechischen Vokabular des fraglichen Zeitraums (1.-3. Jahrhundert n. Chr.) möglicherweise selten belegt ist, so dass es als markant oder charakteristisch gelten kann. Bei gemeinsamen Motiven sind – gewissermaßen als Gegenprobe – andere Texte in den Blick zu nehmen, in

---

38 Jeffery M. Leonard: „Inner-Biblical Allusions", 246; vgl. auch ebd., 246–257.

A. Einleitung

denen das im Thomas- und Johannesevangelium anzutreffende Motiv ebenfalls verwendet wird. So lassen sich die beiden Evangelien (bzw. ein Thomas-Logion und seine johanneische Parallele) hinsichtlich eines bestimmten Motivs in einem traditionsgeschichtlichen „Feld" verorten, das durch eine größere Anzahl von Texten konstituiert wird. Innerhalb dieses „Feldes" können die einschlägigen Texte aus dem Thomas- und Johannesevangelium sich möglicherweise durch gemeinsame Charakteristika von diesen anderen Texten abheben – oder es finden sich zu einem der beiden fraglichen Texte noch deutlichere Parallelen, so dass das Verhältnis von Thomas- und Johannesevangelium in den Hintergrund tritt. Dann stellt sich innerhalb dieses „Feldes" die Frage, ob nun zwischen einem Thomas-Logion und seiner Parallele im Johannesevangelium tatsächlich ein literarisches Verhältnis besteht,[39] oder ob die Parallele besser mit der Annahme zu erklären ist, dass beide Texte sich auf die gleiche Quelle oder eine gemeinsame Tradition beziehen. Auch hierfür seien die von Leonard formulierten Leitfragen zitiert:

> „(1) Does one text claim to draw on another? (2) Are there elements in the texts that help to fix their dates? (3) Is one text capable of producing the other? (4) Does one text assume the other? (5) Does one text show a general pattern of dependence on other texts? (6) Are there rhetorical patterns in the texts that suggest that one text has used the other in an exegetically significant way?"[40]

Gewiss sind nicht alle diese Fragen für das Thomas- und Johannesevangelium gleich relevant. Die erste Frage ist bei diesen beiden Texten kurz mit „Nein" zu beantworten, auf die zweite gibt jedenfalls das Thomasevangelium keine rechte Antwort,[41] und die fünfte stellt sich im Hinblick auf das

---

39 Dann wäre von einer Anspielung zu sprechen, also von einer nicht wörtlichen, aber dennoch eindeutigen Bezugnahme auf einen bestimmten Text; vgl. dazu z. B. HÄFNER: *Nützlich zur Belehrung*, 51–55. Damit sind die Fälle nicht erfasst, in denen einem Thomas-Logion mehrere Stellen im Johannesevangelium entsprechen; im Falle von EvThom 38,2 (s. u. B.II.17) weist diese Situation auf eine vom Johannesevangelium rezipierte Überlieferung hin.
40 Jeffery M. LEONARD: „Inner-Biblical Allusions", 258.
41 Zuweilen liest man, dass EvThom 12 eine Situation vor dem Tod des Herrenbruders Jakobus 62 n. Chr. voraussetze: DECONICK: *Recovering the Original Gospel of Thomas*, 95; DIES.: *Original Gospel of Thomas in Translation*, 81; ähnlich ZÖCKLER: *Jesu Lehren im Thomasevangelium*, 24; kritisch dem gegenüber POPKES: *Menschenbild des Thomasevangeliums*, 87. Doch auch wenn die in diesem Logion zum Ausdruck kommende Hochschätzung des Jakobus tatsächlich in die Mitte des 1. Jahrhunderts weisen sollte, wäre damit nur etwas über EvThom 12 gesagt, nicht

III. Zum Verhältnis von Thomas- und Johannesevangelium

Thomasevangelium ohnehin nicht, da dieses zu locker komponiert ist, als dass man für die ganze Sammlung ein übergreifendes Muster intertextueller Beziehungen etwa zum Johannesevangelium namhaft machen könnte.[42] Wegweisend sind hingegen die dritte und die vierte Frage. Sie umschreiben den Fall, dass ein bestimmtes, charakteristisches Motiv in einem Text wie ein Fremdkörper steht (oder zumindest nicht direkt aus dem Gedankengang dieses Textes folgt), während es in einem anderen Text organisch entwickelt, man könnte auch sagen: erarbeitet wird. Wenn dieses Motiv so charakteristisch ist, dass eine intertextuelle Beziehung anzunehmen ist, darf es in diesem Falle als wahrscheinlicher gelten, dass der betreffende Text das fragliche Motiv und damit den Text, in dem es erarbeitet wird, schon als bekannt voraussetzt.

Der kurze Durchgang zeigt, dass es nicht angebracht wäre, einen Kriterienkatalog zu übernehmen, der an einer anders gelagerten Fragestellung entwickelt wurde. Vor allem ist zu berücksichtigen, dass die Berührungspunkte zwischen Thomas- und Johannesevangelium in den wenigsten Fällen auf der Ebene des Wortlautes liegen, sondern auf der Ebene von Motiven und Topoi. Die Frage nach möglichen Zitaten und Zitationstechniken ist in diesem Kontext wenig sinnvoll. Dennoch lassen sich aus dem obigen Durchgang Impulse für das weitere Vorgehen ziehen.

Das „Redaktionskriterium" ist zwar, wie gesehen, in seiner strikten Form auf das Verhältnis von Thomas- und Johannesevangelium nicht gut anzuwenden. In etwas modifizierter Form kann es trotzdem für die folgenden Untersuchungen als Leitkriterium dienen, und zwar in zweierlei Hinsicht:

- Es kommt verschiedentlich vor, dass ein Motiv (ein Thema, eine Wendung o. ä.) in einem Text – sei es eine Passage im Johannesevangelium oder ein Logion des Thomasevangeliums – nicht gut integriert ist bzw. im Kontext einen Fremdkörper darstellt, vielleicht sogar den Fluss des fraglichen Textes stört. In diesem Falle besteht jedenfalls der begründete Verdacht, dass hier eine Anleihe aus einem anderen literarischen Zusammenhang vorliegt.[43] Wenn sich zudem noch zeigen

---

aber über das Thomasevangelium als Ganzes; vgl. dazu auch DUNDERBERG: *The Beloved Disciple in Conflict?*, 192–193.
42 Wenn also das Thomasevangelium nicht der kompositorischen Anordnung eines potenziellen Referenztextes folgt, wird damit eine literarische Beziehung nicht *a priori* ausgeschlossen; vgl. dazu GOODACRE: *Thomas and the Gospels*, 14–17.
43 Dem liegen die dritte und vierte Leitfrage bei Jeffery M. LEONARD: „Inner-Biblical Allusions", 258 zugrunde; der Gedanke entspricht auch dem Kriterium der „coherence" bei REUTER: „Clarifying", 35: „This means the unity of a single text in language, style and usage. So, if two texts are compared with each other and some agreement in wording can be found, we should first examine whether this wording

A. Einleitung

lässt, dass das fragliche Motiv[44] im jeweils anderen Text gedanklich entwickelt und erarbeitet wird bzw. sich in den dortigen Gedankengang relativ reibungslos einfügt, ist eine Rezeption dieses anderen Textes anzunehmen.[45]

- Wenn der Referenztext auf der Motivebene bzw. auf der thematischen Ebene rezipiert wird, ist meistens nicht nur eine Parallele einschlägig. Es lässt sich also kein eindeutiger, distinkter Referenztext benennen. In den fraglichen Fällen, die in dieser Untersuchung besprochen werden, entsprechen häufig mehrere Passagen aus dem Johannesevangelium einem Logion des Thomasevangeliums. Dies ist ein Indiz dafür, dass das fragliche Motiv im Johannesevangelium erarbeitet wird und für dieses konstitutiv ist, während das fragliche Logion des Thomasevangeliums das johanneische Motiv aufgreift. Allerdings ist dies eben nur ein Indiz. Die Rezeption des Johannesevangeliums, um bei diesem Beispiel zu bleiben, ist nicht schon dadurch begründet, dass ein Logion des Thomasevangeliums ein Motiv aufweist, das sich *auch* häufig im Johannesevangelium findet. Entscheidend ist, dass das fragliche Motiv in beiden Texten in der gleichen Ausformung steht, und dass es für den rezipierten Text charakteristisch ist. Man kann z. B. nicht behaupten, ein Logion des Thomasevangeliums rezipiere das Johannesevangelium, nur weil darin das Stichwort „Licht" vorkommt. Es käme darauf an, wie dieses Motiv entwickelt ist, bzw. ob es die charakteristisch johanneische Ausgestaltung teilt, wenn es sie denn gibt. Ob nun ein Motiv in der Gestaltung, in der es im Thomas- und Johannesevangelium begegnet, als „charakteristisch" gelten kann, lässt sich in vielen Fällen durch eine Gegenprobe bestimmen, wenn es etwa in anderen

---

is fitting to one or to both of these texts. If it is fitting to both, it may be coincidental. If it is fitting to only one of these texts, there may be a literary relationship. This is more probable if special features of the other text's style and usage can be found in the immediate area of the parallel."

44 Die literarische Rezeption muss nicht ausschließlich auf der Ebene des Wortlautes liegen, auch (mehr oder weniger zuverlässiges) Memorieren ohne unmittelbaren visuellen Kontakt zum Referenztext kann unter den Bedingungen der Antike als „literarische" Abhängigkeit von einem (vorgelesenen bzw. gehörten) Text gelten; vgl. dazu GREGORY: „What is Literary Dependence?", 87–103; auch ZELYCK: *John among the Other Gospels*, 18–19.

45 So auch GOODACRE: *Thomas and the Gospels*, 106–107 mit Blick auf Lk 11,27–28 als Referenztext von EvThom 79: „The matter of ‚hearing the word of God and truly keeping it' in *Thom.* 79 ist not at home here, and it is not at home because it has come to *Thomas* from Luke, for whom this is, by contrast, a major and distinctive emphasis." Allerdings zieht Goodacre hier das Thomasevangelium im Ganzen als Bezugsgröße heran.

III. Zum Verhältnis von Thomas- und Johannesevangelium

Texten in anderer oder in ähnlicher Ausprägung auftritt. Oftmals zeigt sich, dass andere frühchristliche Texte – innerhalb oder außerhalb des Neuen Testaments – in der Ausgestaltung eines vermeintlich charakteristischen Motivs dem fraglichen Logion des Thomasevangeliums näher liegen als das Johannesevangelium. Ein positiver Befund bei der Gegenprobe bedeutet also, dass hinsichtlich des fraglichen Motivs keine exklusive Beziehung zwischen Thomas- und Johannesevangelium besteht. Andererseits liegt es in der Natur der Sache, dass ein negativer Befund bei der Gegenprobe prinzipiell immer nur vorläufig sein kann, denn wir kennen ja heute nur noch einen Teil dessen, was Christen der ersten beiden Jahrhunderte dachten und schrieben.[46] Dennoch wird es in den folgenden Detailuntersuchungen gewürdigt, wenn ein Motiv, das dem Thomas- und Johannesevangelium gemeinsam ist, in anderen frühchristlichen Texten in eine andere Richtung entwickelt wird. In solchen Fällen ist nach gegenwärtigem Kenntnisstand zu vermuten, dass das Thomas- und Johannesevangelium hier eine charakteristische Ausformung eines Motivs teilen. Auf diese Weise wird das von Sieber und Patterson auf der Ebene des Wortlauts formulierte „Redaktionskriterium" auch auf der Motivebene zum Tragen gebracht.

Die obigen Überlegungen haben vor allem die Rezeption des einen Textes durch den anderen im Blick. Es gibt jedoch auch andere Wege, auf denen Übereinstimmungen zwischen Thomas- und Johannesevangelium zustande kommen können. Häufig lässt sich keine direkte Rezeption des einen Textes durch den anderen begründen, aber die unbestreitbare Nähe der beiden Texte ist damit zu erklären, dass sie sich auf die gleiche Überlieferung oder eine gemeinsame Tradition stützen. Dabei kommt eine terminologische Unterscheidung zum Tragen, die Michael Theobald in seiner Studie über die Herrenworte im Johannesevangelium urgiert hat:

„Unter ‚*Überlieferung*' verstehen wir eine ursprünglich selbständige, in sich stehende und geformte *mündliche Einheit*, die jetzt in einem Text verschriftlicht vorliegt und dessen Grundstock bildet; dabei kann es sich um einen geprägten Erzählzusammenhang, aber auch um ein Logion oder einen Spruch handeln."[47]

„Den Terminus ‚*Tradition*' beziehen wir auf Motive, geprägte Züge und Themen in einem bestimmten Text, die ihn mit anderen Texten verbin-

---

46 Vgl. dazu z.B. GREGORY: *Reception of Luke and Acts*, 16–20.
47 THEOBALD: *Herrenworte im Johannesevangelium*, 19.

A. Einleitung

den, insofern auch diese aus dem gleichen Motivreservoir etc. schöpfen wie er."[48]

„Überlieferung" ist demnach das, was man sonst auch als eine gemeinsame Quelle im weiteren Sinne bezeichnen würde. Jedenfalls handelt es sich um eine klar definierbare Einheit, die zwei oder mehreren Textstücken im Thomas- und Johannesevangelium zugrunde liegt, und die als solche *prinzipiell rekonstruierbar* ist. „Tradition" ist hingegen ein etwas weiter gefasster Begriff, der dem entspricht, was man oft als ein gemeinsames Milieu oder einen gemeinsamen geistigen Hintergrund zweier Texte bezeichnet. Für die Frage nach dem Verhältnis zwischen Thomas- und Johannesevangelium bedeutet das: „Gemeinsame Tradition" bezeichnet eine Übereinstimmung zwischen beiden Texten, die zwar nicht durch den Rekurs auf eine klar bestimmbare und rekonstruierbare gemeinsame Textvorlage zu erklären ist, aber dennoch das fragliche Motiv in so charakteristischer Weise aufbereitet, dass sie auf einen spezifischen gemeinsamen Hintergrund zurückzuführen ist. In beiden Fällen lässt die Gemeinsamkeit also auf eine gemeinsame Herkunft der fraglichen Texte schließen; in der Biologie würde man von Homologie sprechen.

Daneben gibt es aber auch Übereinstimmungen, die nicht mit einer gemeinsamen Herkunft der Texte zu erklären sind. Dabei handelt es sich meistens um weit verbreitete Motive – etwa das Licht oder die himmlische Herkunft des Menschen. In diesen Fällen führt die Gegenprobe zu einem positiven Ergebnis: Ein anderer Text liegt z. B. dem Thomasevangelium in der Ausgestaltung eines bestimmten Motivs deutlich näher als das Johannesevangelium. Aus der Übereinstimmung in einem Thema oder Motiv ist dann keine gemeinsame Herkunft (Homologie) abzuleiten. Man könnte dann von einer zufälligen, meist eher lockeren, Übereinstimmung sprechen. Insofern ein Motiv in beiden Texten verwendet wird, ohne dass daraus ein gemeinsamer Traditionshintergrund zu erschließen ist, wird in den folgenden Untersuchungen der Begriff „Analogie"[49] verwendet, wobei

---

48 THEOBALD: *Herrenworte im Johannesevangelium*, 20.
49 Vgl. dazu auch FREY: „Licht aus den Höhlen", 129 (zu Beziehungen zwischen dem Johannesevangelium und den Qumran-Texten): „Hinsichtlich der *Erklärung* der vorliegenden Parallelen ist weiter zu bedenken, daß auch eindeutige Parallelen nicht zwingend zur Annahme einer *genealogischen* Textbeziehung, also einer textlichen Beeinflussung oder gar Entlehnung, führen, vielmehr legt sich in vielen Fällen lediglich das Modell einer *Analogie* nahe, die dann eine Erklärung aufgrund gemeinsamer traditionsgeschichtlicher Voraussetzungen, paralleler sozialer Strukturen oder allgemein-anthropologischer Gegebenheiten finden kann."

nicht so sehr an Proportionaliät gedacht ist,[50] sondern – eher im biologischen Sinne – an eine scheinbare Ähnlichkeit, die aber nicht durch genetische Verwandtschaft, sondern funktional bedingt ist.[51]

Aus den oben angestellten Überlegungen ergeben sich also, grob gesprochen, drei Arten von Parallelen: (1) Literarische Abhängigkeit im Sinne der direkten Bezugnahme auf den jeweils anderen Text, (2) Rekurs auf eine Überlieferung bzw. auf gemeinsame Tradition, (3) Analogie. In allen drei Fällen kann aber das Ausmaß bzw. die Intensität des Kontaktes durchaus unterschiedlich sein. In allen drei Fällen (auch bei der Analogie) kann es (1) Übereinstimmungen im Wortlaut geben,[52] aber auch (2) thematische Übereinstimmungen[53] und (3) Übereinstimmungen in einem oder mehreren untergeordneten Motiven.[54]

---

50 Vgl. dazu TEUWSEN: „Analogie", v. a. 577–578.
51 In diesem Sinne scheinen einige Autoren das Verhältnis zwischen den Logien des Thomasevangeliums und dem Johannesevangelium global erklären zu wollen; vgl. DUNDERBERG: „Thomas' I-sayings", 64; HARTENSTEIN: *Charakterisierung im Dialog*, 265.
52 Eine Wortlautübereinstimmung im Modus der Analogie liegt z. B. vor bei einer sprichwörtlichen Wendung, die zu weit verbreitet ist, als dass man sie auf eine gemeinsame Tradition zurückführen könnte. In den folgenden Ausführungen zum Thomas- und Johannesevangelium wird diese Möglichkeit aber keine Rolle spielen.
53 Für die Zwecke dieser Untersuchung ist dann von einer thematischen Übereinstimmung zu sprechen, wenn sich die Parallele auf den hauptsächlichen Inhalt eines ganzen Logions oder eines sinnvoll abzugrenzenden Teil-Logions (z. B. eines Redeteils in einem dialogisch aufgebauten Logion) erstreckt.
54 Mit diesem Ausdruck verbindet sich keine sachliche Wertung; es geht um Motive, die nicht die Hauptaussage des fraglichen Logions bzw. Teil-Logions bilden, sondern als Details oder Nebenaspekte auch zum Logion gehören. Das können z. B. formelhafte Wendungen, christologische Titel oder Theologoumena sein.

B. Durchführung

I. Klassifizierung der Logien

Die Logien des Thomasevangeliums, die Parallelen zum Johannesevangelium aufweisen,[1] lassen sich auf unterschiedliche Weise klassifizieren. Die hier verwendete Klassifizierung orientiert sich an zwei Parametern: an der Art der Parallele (direkte/literarische Bezugnahme, Bezugnahme auf eine gemeinsame Überlieferung bzw. Tradition,[2] zufällige Übereinstimmung bzw. Analogie[3]) und am Ausmaß der Übereinstimmung (im Wortlaut, thematisch, hinsichtlich eines untergeordneten Motivs). Theoretisch wäre es

---

1 Vielleicht wäre es am unverfänglichsten, die Auflistung bei BROWN: „Gospel of Thomas", 158–173 als Arbeitsgrundlage vorauszusetzen und der Reihe nach alle von Brown aufgeführten Logien zu besprechen. Die Auswahl, die Brown traf, ist aber sehr großzügig und oft etwas impressionistisch. In vielen Fällen wäre also als Ergebnis eine Fehlanzeige zu formulieren. Im Folgenden ist daher nicht die Auswahl von Brown vorausgesetzt, sondern es werden nur diejenigen Logien ausgewählt, bei denen wegen deutlicher sprachlicher oder motivlicher Parallelen eine gewisse Aussicht auf ein positives Ergebnis besteht, oder die in der einschlägigen Forschung schon diskutiert wurden.
2 Diese Klasse ist, der Übersicht halber, relativ breit angelegt. Man müsste sie eigentlich weiter differenzieren und mit THEOBALD: *Herrenworte im Johannesevangelium*, 19–20 (s. o. A.III.2) zwischen gemeinsamer Überlieferung und gemeinsamer Tradition unterscheiden. Um der von Theobald gemachten Unterscheidung Rechnung zu tragen, wird diese Klasse aber zumindest in zwei Unterklassen (gemeinsame Überlieferung und gemeinsame Tradition) aufgeteilt. Neben der besseren Übersichtlichkeit spricht aber auch ein sachlicher Grund dagegen, „gemeinsame Überlieferung" und „gemeinsame Tradition" als zwei verschiedene Klassen zu definieren: In beiden Fällen geht es darum, dass die beiden Texte einen gemeinsamen Hintergrund teilen – sei es ein bestimmter Text oder ein spezifisch ausgeformtes Thema oder Motiv –, der auf die eine oder andere Weise Rückschlüsse auf ihre gemeinsame Herkunft zulässt.
3 Diese Klasse dient gewissermaßen als Sammelbecken für alle Logien oder Teillogien, die in der Forschung als johanneisch anmutend verhandelt wurden, ohne dass sich dieser Eindruck bei näherem Hinsehen begründen ließ. Meistens sind dies Fälle, in denen sich die „Gegenprobe" als aufschlussreich erwiesen hat: Zu den Logien des Thomasevangeliums, die auf den ersten Blick einen „johanneischen" Eindruck machen, lassen sich oft Parallelen in anderen, weniger bekannten Texten anführen, die dem fraglichen Logion noch näher liegen, während eine genauere

B. Durchführung

auch möglich, sie anhand der Rezeptionsrichtung (Rezeption des Johannesevangeliums durch ein Thomas-Logion, Rezeption eines Thomas-Logions durch das Johannesevangelium, Rezeption der gleichen Überlieferung bzw. der gleichen oder ähnlicher Traditionen durch Thomas- und Johannesevangelium, zufällige bzw. unspezifische Übereinstimmung) zu klassifizieren. Dieser Parameter könnte aber höchstens als dritte Dimension zu den beiden anderen hinzutreten und würde sich in vielen Fällen mit dem ersten Parameter (Art der Parallele) überschneiden. Die Matrix würde damit wesentlich unübersichtlicher.

Im Folgenden werden zuerst anhand des Grades der Übereinstimmung drei Klassen gebildet, die jeweils nach der Art der Parallele weiter untergliedert werden. Die genaue Zuordnung kommt jeweils in der typographischen Gestaltung der Stellenangaben zum Ausdruck: Die Unterstreichung drückt dabei die Art des Kontaktes aus (doppelte Unterstreichung: direkte Bezugnahme, einfache Unterstreichung: gemeinsame Überlieferung bzw. Tradition, keine Unterstreichung: Analogie), die Hervorhebung bezeichnet das Ausmaß des Kontaktes (fett: wörtliche Übereinstimmung, kursiv: thematische Übereinstimmung, keine Hervorhebung: Übereinstimmung in einem untergeordneten Motiv). Logien, die z. B. im Johannesevangelium thematische Entsprechungen haben, ohne aber in einem genetischen Sinn mit dem Johannesevangelium verwandt zu sein, sind als thematische Analogien kursiv gesetzt und nicht unterstrichen:

Analyse oft bemerkenswerte Unterschiede zwischen dem Thomas-Logion und seinen Parallelen im Johannesevangelium zutage fördert.

I. Klassifizierung der Logien

	Übereinstimmung im Wortlaut	*Übereinstimmung im Thema*	Übereinstimmung in einem untergeordneten Motiv
Direkte Bezugnahme	**EvThom 91,1.**	*EvThom 11,3; 24,1; 37,1; 43,1–2; 52.*	EvThom 8; 13,8; 43,3; 69,1; 77,1.
Gemeinsame Überlieferung bzw. Tradition	**EvThom 38,2.**	*EvThom 1; 11,2.* *EvThom 11,3; 13,5; 37,3; 71; 108; 111,2.*	EvThom Prol.; 4,1; 27,2; 59; 61,3; 114,1.
Unspezifische Übereinstimmung/ Analogie		*EvThom Prol.; 19,2; 21,6; 25,1; 28; 40; 49; 51; 56; 77,1; 80; 92,2; 111,3; 114,1.*	EvThom 3,3.4; 4,2; 17; 18; 19,4; 24,3; 27,1; 30,1; 50; 58; 61,5; 78,3; 85.

B. Durchführung

II. Einzeluntersuchungen

1. Prolog und Logion 1

P.Oxy. 654,1–5	
Prol. o<ὑ>τοι οἱ {οι} λόγοι οἱ [ἀπόκρυφοι οὓς ἐλά]λησεν Ἰη(σοῦ)ς ὁ ζῶν	**Prol.** Dies sind die [verborgenen] Worte[, die gespro]chen hat der lebendige Jesus,
κ[αὶ παρέδωκεν Ἰούδᾳ τῷ] καὶ Θωμᾷ.	u[nd er übergab sie dem Judas (, genannt)] auch Thomas.
1 καὶ εἶπεν· [ἐάν τις τὴν ἑρμηνεί]αν τῶν λόγων τούτ[ων εὑρήσῃ,] θανάτου] οὐ μὴ γεύσηται.	**1** Und er sagte: [Wer die Deutu]ng dieser Worte [findet, den Tod] wird er gewiss nicht schmecken.
NHC II 32,10–14	
Prol. ⲛⲁⲉⲓ ⲛⲉ ⲛ̄ϣⲁϫⲉ ⲉⲑⲏⲡ` ⲉⲛⲧⲁ ⲓ̅ⲥ̅ ⲉⲧⲟⲛϩ ϫⲟⲟⲩ	**Prol.** Dies sind die verborgenen Worte, die der lebendige Jesus gesprochen hat,
ⲁⲩⲱ ⲁϥⲥϩⲁⲓ̈ⲥⲟⲩ ⲛ̄ϭⲓ ⲇⲓⲇⲩⲙⲟⲥ ⲓ̈ⲟⲩⲇⲁⲥ ⲑⲱⲙⲁⲥ	und er hat sie aufgeschrieben: Didymos Judas Thomas.
1 ⲁⲩⲱ ⲡⲉϫⲁϥ ϫⲉ ⲡⲉⲧⲁϩⲉ ⲉⲑⲉⲣⲙⲏⲛⲉⲓⲁ ⲛ̄ⲛⲉⲓϣⲁϫⲉ ϥⲛⲁϫⲓ ϯⲡⲉ ⲁⲛ ⲙ̄ⲡⲙⲟⲩ`	**1** Und er sagte: Wer die Deutung dieser Worte findet, wird den Tod nicht schmecken.

a) Zur Abgrenzung der Einheit

Gleich zu Beginn des Durchgangs durch die Logien des Thomasevangeliums stellt sich die Frage, ob die Abgrenzung und Zählung der Logien, die ja auf editorischer Konvention beruht, tatsächlich angemessen und für die Auslegung hilfreich sei. In der Forschung hat sich seit der *editio princeps* des koptischen Textes von 1959 eine Zählung eingebürgert, nach welcher der Prolog (P.Oxy. 654,1–3 bzw. NHC II 32,10–12) von Logion 1 (P.Oxy. 654,3–5 bzw. NHC II 32,12–14) unterschieden wird. Trotz besagter Konvention besteht in der Forschung aber eine ausgeprägte Neigung, Prolog und EvThom 1 als eine Einheit aufzufassen.[1] Diese Unklarheit in der Zuord-

---

1 Vgl. schon SWETE: „The New Oxyrhynchus Sayings", 490: „This is not one of the λόγοι, but a preliminary saying, perhaps adapted from Jn 8[51], ...". So auch, 110 Jahre später, P. NAGEL: *Codex apocryphus gnosticus* 1, 107. Prolog und EvThom 1 werden als eine Einheit behandelt bei GRENFELL/HUNT: *New Sayings of Jesus*, 11–13; TAYLOR: *Oxyrhynchus Sayings*, 2–4; FITZMYER: „Oxyrhynchus Logoi", 512 (= *Essays*, 366); MARCOVICH: „Textual Criticism", 53; ATTRIDGE: „Greek Fragments", 113;

II. Einzeluntersuchungen, 1. Prolog und Logion 1

nung ist dadurch bedingt, dass EvThom 1 zwar einerseits ein Logion ist, das von einem *verbum dicendi* eingeleitet wird, andererseits aber nicht die Einleitungswendung der anderen Logien aufweist: In der griechischen Fassung wird es nicht mit dem stereotypen λέγει Ἰησοῦς eingeleitet, sondern mit dem Aorist καὶ εἶπεν. Im Koptischen steht hingegen in beiden Fällen das Verb ⲡⲉⲭⲉ-, ⲡⲉⲭⲁ=, das in aller Regel mit einem Vergangenheitstempus wiederzugeben ist.² In beiden Fällen hat das *verbum dicendi* aber kein explizit benanntes Subjekt. Im Griechischen ist das Subjekt im finiten Verb impliziert, im Koptischen steht ein pronominales Subjekt (ⲡⲉⲭⲁ=ϥ). Dieser Befund in beiden Versionen lässt den Schluss zu, dass EvThom 1 nicht als eigenständige Einheit für sich stehen kann und als solche ein Teil der Sammlung ist, sondern dass es sich sehr eng an den vorausgehenden Prolog bzw. den Titel der Schrift anschließt. Diese Form des Anschlusses findet man im Thomasevangelium freilich öfter (vgl. EvThom 8; 24; 43; 51–53). Sie lässt sich auch damit erklären, dass die einleitenden Inquit-Formeln der Logien im Laufe der Textüberlieferung „abgeschliffen" wurden, weil die Abschreiber das Thomasevangelium als literarische Einheit wahrnahmen, so dass es nicht in jedem Logion nötig erschien, Jesus explizit als Sprecher zu benennen (s. u. B.II.11.a zu EvThom 24). Der pronominale Anschluss an sich besagt also noch nicht, dass das EvThom 1 schon immer zum Prolog gehörte. Ein deutlicheres Indiz ist jedoch das Demonstrativpronomen („die Deutung *dieser* Worte": τῶν λόγων **τούτων**/ⲛ̄ⲛⲉⲓϣⲁϫⲉ), das in beiden Versionen eindeutig belegt ist. Dieses verlangt nach einer Bezugsgröße, und angesichts dessen darf es doch als wahrscheinlich gelten, dass EvThom 1 kein eigenständiges „Vorleben" hat, sondern als Bestandteil des Prologs verfasst wurde. Als solcher verweist EvThom 1 einerseits auf die Rede von

---

LÜHRMANN: *Fragmente apokryph gewordener Evangelien*, 113; SCHRÖTER/BETHGE: „Evangelium nach Thomas", 164 mit Anm. 32 (= AcA I/1, 507 mit Anm. 88); PLISCH: *Thomasevangelium*, 39; EISELE: *Welcher Thomas?*, 252; P. NAGEL: „Papyrus Oxyrhynchus 654,1–5"; GROSSO: *Vangelo secondo Tommaso*, 109–112; ebenso NORDSIECK: *Thomas-Evangelium*, 35. Anders BERNHARD: *Other Early Christian Gospels*, 20; DECONICK: *Original Gospel of Thomas in Translation*, 44–48; HEDRICK: *Unlocking the Secrets*, 19–20.

2 Vgl. dazu PLISCH: *Einführung in die koptische Sprache*, 77; LAYTON: *Coptic Grammar*, § 380; EBERLE: *Koptisch*, 48. Auf die Diskussion um die Möglichkeit einer präsentischen Übersetzung des ⲡⲉⲭⲉ ⲓ̄ⲥ im Thomasevangelium sei an dieser Stelle nicht eingegangen; siehe aber P. NAGEL: „Neuübersetzung des Thomasevangeliums", 218–219.

B. Durchführung

den „verborgenen Worten" im Prolog zurück,[3] andererseits bietet das Logion für eben diese Worte, die nun folgen, eine Leseanweisung.[4] Auch wenn die konventionell gewordene Zählung der Logien beibehalten wird, erscheint es also geraten, EvThom 1 als Teil des Prologs aufzufassen. Das hat Konsequenzen für die überlieferungsgeschichtliche Bewertung von EvThom 1: Wenn die oben angestellten Überlegungen stichhaltig sind, dürfte EvThom 1, genauso wie der Prolog, mit größter Wahrscheinlichkeit dem letzten Stadium in der Entstehung des Thomasevangeliums als Sammlung zuzuordnen sein.[5]

In beiden Versionen ist aber nicht ganz eindeutig, wer der Sprecher dieses Logions ist. Das letztgenannte Subjekt im Prolog war Thomas, und so nehmen mehrere Ausleger an, dass im Anschluss daran Thomas auch der Sprecher von Logion 1 ist, da das Logion nicht, wie die anschließenden Jesusworte, mit dem stereotypen Präsens λέγει, sondern mit dem Aorist εἶπεν eingeleitet wird.[6] Wie stichhaltig diese Annahme ist, hängt aber stark davon ab, welche Rolle Thomas im Prolog spielt. In der griechischen Fassung ist das, bedingt durch den Zustand des Papyrus, nicht sicher zu sagen (s. u. b); in der koptischen Fassung tritt Thomas hingegen sicher als Schreiber auf. Man müsste also annehmen, dass Thomas im Prolog die Worte aufschreibt, die Jesus spricht, in EvThom 1 hingegen seinerseits vom Schreiber zum Sprecher wird. Entscheidend ist aber eine weitere Beobachtung: Im Prolog steht das Sprechen Jesu, anders als in den folgenden (griechischen) Logien nicht im Präsens, und zudem ist in beiden Fassungen jeweils ein anderes Verb gewählt (griechisch: Prolog λαλέω, Logien λέγω; Koptisch: Prolog ϫⲱ, Logien ⲡⲉϫⲉ-). Es gibt also keinen völlig einheitlichen Sprachgebrauch, aus dem man weitreichende Schlüsse zur Identifikation des Sprechers ziehen könnte. Der Inhalt des Logions (Verheißung von Leben, wie in Joh 8,51–52) spricht jedoch eher dafür, dass Jesus als Sprecher gedacht ist.[7] Zwar könnte man die Hypothese von Thomas als Sprecher von EvThom 1 noch durch die Modifikation zu retten versuchen, dass zumindest der kop-

---

3 Vgl. LELYVELD: *Logia de la vie*, 133.
4 Vgl. DECONICK: *Original Gospel of Thomas in Translation*, 47; NORDSIECK: „Zur Kompositionsgeschichte", 176–177; ähnlich PLISCH: *Thomasevangelium*, 41.
5 Gewisse Verschiebungen (EvThom 77,2–3) und eventuelle spätere Zusätze (EvThom 100?, vgl. WITETSCHEK: „Goldstück", 116–121) bleiben davon unberührt.
6 Vgl. KLAUCK: *Apokryphe Evangelien*, 147; LÜHRMANN: *Die apokryph gewordenen Evangelien*, 151; HARTENSTEIN: „Autoritätskonstellationen", 426 mit Anm. 11; ebenso HAENCHEN: *Botschaft des Thomas-Evangeliums*, 37 Anm. 8; AKAGI: *Literary Development*, 140.240; SELLEW: „Gospel of Thomas", 342.
7 Vgl. HOFIUS: „Das koptische Thomasevangelium", 26; PLISCH: *Thomasevangelium*, 41–42; JANSSEN: „Evangelium des Zwillings?", 241–242; GROSSO: *Vangelo secondo Tommaso*, 111; GATHERCOLE: *Gospel of Thomas*, 196.

tische Text in dieser Hinsicht beide Deutungen zulässt,[8] doch dies scheint keine notwendige Annahme zu sein. EvThom 1 ist also nicht als Werbeslogan des Schreibers Thomas, sondern als Wort Jesu zu verstehen.

b) Textkritik

Bevor sich überlieferungsgeschichtliche Urteile zum Prolog des Thomasevangeliums fällen lassen, ist allerdings eine Rekonstruktion des griechischen Textbestandes vonnöten. In P.Oxy. 654 sind die Zeilen ja nur etwa zur Hälfte erhalten. Bis zur Publikation der koptischen Version aus NHC II (1959) zeigten die Rekonstruktionen eine beachtliche Bandbreite, danach stellte sich eine gewisse Standardisierung ein, wenngleich Differenzen im Detail bleiben. Seit der Entdeckung des Fragments im Jahre 1904 wurden in der Forschung zahlreiche Rekonstruktionsversuche vorgeschlagen:

Grenfell/Hunt (1904)[9]:
1 {οἱ} τοῖοι οἱ λόγοι οἱ [.......... οὓς ἐλά
2 λησεν Ἰη(σοῦ)ς ὁ ζῶν κ[ύριος ?..........]
3 καὶ Θωμᾷ καὶ εἶπεν [αὐτοῖς· πᾶς ὅστις]
4 ἂν τῶν λόγων τούτ[ων ἀκούσῃ θανάτου]
5 οὐ μὴ γεύσηται.

Swete (1904)[10]:
1 Οὗτοι οἱ λόγοι οἱ [ἀληθινοὶ οὓς ἐλά]
2 λησεν Ἰησοῦς ὁ ζῶν κ[αὶ ἀποθανῶν Ἰούδᾳ τῷ]
3 καὶ Θωμᾷ. καὶ εἶπεν [αὐτῷ ὁ κύριος· Ὅστις]
4 ἂν τῶν λόγων τούτ[ων ἀκούσῃ, θανάτου]
5 οὐ μὴ γεύσηται.

Hilgenfeld (1904)[11]:
1 Ο<ὑ>τοῖοι οἱ λόγοι ο[ὓς ἐλά]
2 λησεν Ἰησοῦς ὁ ζῶν Κ[ηφᾷ]
3 καὶ Θωμᾷ καὶ εἶπεν· [μακάριος ὅς]
4 ἂν τῶν λόγων τούτ[ων ἀκούσῃ, θανάτου]
5 οὐ μὴ γεύσηται.>

---

8 Vgl. Hofius: „Das koptische Thomasevangelium", 26; P. Nagel: „Papyrus Oxyrhynchus 654,1–5", 292–293. Letzterer wertet diese Beobachtung als Indiz dafür, wie die Autorität des Thomas im Laufe der Überlieferung gewachsen ist.
9 Grenfell/Hunt: *New Sayings of Jesus*, 11.
10 Swete: „The New Oxyrhynchus Sayings", 489.
11 Hilgenfeld: „Neue Logia Jesu", 417.

B. Durchführung

Zahn (1905)[12]:
1 οι. Τοῖοι οἱ λόγοι οἱ [ἀπόκρυφοι, οὓς ἐλά]
2 λησεν I̅H̅Σ̅, ὁ ζῶν κ[αὶ κύριος, Φιλίππῳ]
3 καὶ Θωμᾷ καὶ εἶπεν [αὐτοῖς· πᾶς ὅστις]
4 ἂν τῶν λόγων τούτ[ων ἀκούσῃ, θανάτου]
5 οὐ μὴ γεύσηται.>

Taylor (1905)[13]:
1 οὗτοι οἱ λόγοι οἱ [ἀληθινοὶ οὓς ἐλά]
2 λησεν Ἰησοῦς ὁ ζῶν κ[ύριος τοῖς μαθηταῖς]
3 καὶ Θωμᾷ καὶ εἶπεν· [Ἀμὴν λέγω, ὅστις]
4 ἂν τῶν λόγων τούτ[ων ἀκούσῃ θανάτου]
5 οὐ μὴ γεύσηται.>

Michelsen (1909)[14]:
1 Οὗτοι οἱ [οι] λόγοι οὓς [τοῖς μαθηταῖς ἐλά]
2 λησεν Ἰησοῦς ὁ (l. ἔτι?) ζῶν κ[αὶ ἐπέταξεν ἐξενέγ]
3 και Θωμᾷ καὶ εἶπε [περὶ αὐτῶν· Ὅστις]
4 ἂν τῶν λόγων τούτ[ων ἀκούσῃ, θανάτου]
5 οὐ μὴ γεύσηται.

Evelyn White (1920)[15]:
1 οὗτοι οἱ {οι} λόγοι οἱ [ζῳοποιοὶ οὓς ἐλά]
2 λησεν Ἰη(σοῦ)ς ὁ ζῶν κ[αὶ ὀφθεὶς τοῖς δέκα]
3 καὶ Θωμᾷ καὶ εἶπεν [αὐτοῖς· πᾶς ὅστις]
4 ἂν τῶν λόγων τούτ[ων ἀκούσῃ, θανάτου]
5 οὐ μὴ γεύσηται.

Puech (1957)[16]:
1 οὗτοι οἱ λόγοι οἱ [ἀπόκρυφοι οὓς ἐλά]
2 λησεν Ἰη(σοῦ)ς ὁ ζῶν κ[αὶ ἔγραψεν Ἰούδα(ς) ὁ]
3 καὶ Θωμᾶ(ς) καὶ εἶπεν· [ὃς ἂν τὴν ἑρμηνεί]
4 αν τῶν λόγων τούτ[ων εὕρῃ, θανάτου]
5 οὐ μὴ γεύσηται.

---

12 Zahn: „Neue Funde aus der alten Kirche", 167.
13 Taylor: *Oxyrhynchus Sayings*, 29 (Klammern ergänzt).
14 Michelsen: „Uittreksels uit het Evangelie volgens Thomas", 215.
15 Evelyn White: *Sayings of Jesus from Oxyrhynchus*, 1.
16 Puech: „Une collection de paroles de Jésus", 153.

Wilson (1959)[17]:
1 {οἱ} τοῖοι οἱ λόγοι οἱ [ἀπόκρυφοι οὓς ἐλά]
2 λησεν ὁ (sic) Ἰης ὁ ζῶν κ[ύριος Διδύμῳ τῷ]
3 καὶ Θωμᾷ. καὶ εἶπεν· [ὃς ἂν τὴν ἑρμηνεί]
4 αν τῶν λόγων τούτ[ων εὕρῃ, θανάτου]
5 οὐ μὴ γεύσηται.

Fitzmyer (1959/1971)[18]:
1 οὗτοι οἱ {οι} λόγοι οἱ [ἀπόκρυφοι οὓς ἐλά]
2 λησεν Ἰη(σοῦ)ς ὁ ζῶν κ[αὶ ἔγραψεν Ἰούδας ὁ]
3 καὶ Θωμᾶ<ς> καὶ εἶπεν· [ὅστις ἂν τὴν ἑρμηνεί]
4 αν τῶν λόγων τούτ[ων εὑρίσκῃ, θανάτου]
5 οὐ μὴ γεύσηται.

Hofius (1960)[19]:
1 οὗτοι οἱ {οι} λόγοι οἱ [ἀπόκρυφοι, οὓς ἐλά]
2 λησεν Ἰης ὁ ζῶν κ[αὶ ὀφθεὶς Ἰούδᾳ τῷ]
3 καὶ Θωμᾷ καὶ εἶπεν· [ὃς ἂν τὴν ἑρμηνεί]
4 αν τῶν λόγων τούτ[ων εὑρήσῃ, θανάτου]
5 οὐ μὴ γεύσηται.

J. B. Bauer (1961)[20]:
1 οὗτοι οἱ {οι} λόγοι οἱ [κεκρυμμένοι, οὓς ἐλά]
2 λησεν Ἰης ὁ ζῶν κ[αὶ γεγραμμένοι διὰ Ἰούδα τοῦ]
3 καὶ Θωμᾷ. καὶ εἶπε· ὅ[στις ἂν τὴν ἑρμηνεί]
4 αν τῶν λόγων τούτ[ων εὑρήσῃ, θανάτου]
5 οὐ μὴ γεύσηται.

Marcovich (1969)[21]:
1 οὗτοι οἱ {οι} λόγοι οἱ [ἀπόκρυφοι οὓς ἐλά]
2 λησεν Ἰη(σοῦ)ς ὁ ζῶν κ[αὶ ἔγραψεν Ἰούδα ὁ]
3 καὶ Θωμᾶ. καὶ εἶπε[ν· ὅστις τὴν ἑρμηνεί]
4 αν τῶν λόγων τούτ[ων εὑρήσει, θανάτου]
5 οὐ μὴ γεύσηται.

---

17 Wilson: „Coptic ‚Gospel of Thomas'", 275.
18 Fitzmyer: „Oxyrhynchus Logoi", 513 (= Essays, 366).
19 Hofius: „Das koptische Thomasevangelium", 24.
20 J. B. Bauer: „Arbeitsaufgaben", 15.
21 Marcovich: „Textual Criticism", 53.

B. Durchführung

Attridge (1989)[22]:
1 οἷτοι οἱ {οι} λόγοι οἱ [ἀπόκρυφοι οὓς ἐλά]
2 λησεν Ἰη(σοῦ)ς ὁ ζῶν κ[αὶ ἔγραψεν Ἰούδα ὁ]
3 καὶ Θωμᾶ. καὶ εἶπεν [ὃς ἂν τὴν ἑρμηνεί]
4 αν τῶν λόγων τούτ[ων εὕρῃ, θανάτου]
5 οὐ μὴ γεύσηται.>

Lührmann (2000)[23]:
1 οὗτοι οἱ λόγοι οἱ [ἀπόκρυφοι οὓς ἐλά]
2 λησεν Ἰη(σοῦ)ς ὁ ζῶν κ[αὶ ἔγραψεν Ἰούδας ὁ]
3 καὶ Θωμᾶ<ς> καὶ εἶπεν· [ὅστις ἂν τὴν ἑρμηνεί]
4 αν τῶν λόγων τούτ[ων εὑρίσκῃ, θανάτου]
5 οὐ μὴ γεύσηται.

Bernhard (2006)[24]:
1 οὗτοι οἱ λόγοι οἱ [ἀπόκρυφοι οὓς ἐλά]
2 λησεν Ἰη(σοῦ)ς ὁ ζῶν κ[αὶ ἔγραψεν Ἰούδα<ς> ὁ]
3 καὶ Θωμᾶ<ς>. καὶ εἶπεν· [ὅστις ἂν τὴν ἑρμηνεί]
4 αν τῶν λόγων τούτ[ων εὑρίσκῃ, θανάτου]
5 οὐ μὴ γεύσηται.>

Eisele (2010)[25]:
1 οἷτοι οἱ {οι} λόγοι οἱ [ἀπόκρυφοι οὓς ἐλά]
2 λησεν Ἰη(σοῦ)ς ὁ ζῶν κ[αὶ ὀφθεὶς Διδύμῳ τῷ]
3 καὶ Θωμᾷ. καί εἶπεν· [ὃς ἂν τὴν ἑρμηνεί]
4 αν τῶν λόγων τούτ[ων εὕρῃ, θανάτου]
5 οὐ μὴ γεύσηται.

Nagel (2010)[26]:
1 ο<ὗ>τοι οἱ {οι} λόγοι οἱ [ἀπόκρυφοι οὓς ἐλά]
2 λησεν Ἰη(σοῦ)ς ὁ ζῶν κ[αὶ ἔδωκεν Ἰούδᾳ τῷ]
3 καὶ Θωμᾷ. καί εἶπεν· [ὃς ἂν τὴν ἑρμηνεί]
4 αν τῶν λόγων τούτ[ων εὑρήσῃ, θανάτου]
5 οὐ μὴ γεύσηται.>

---

22 ATTRIDGE: „Greek Fragments", 113.
23 LÜHRMANN: *Fragmente apokryph gewordener Evangelien*, 113.
24 BERNHARD: *Other Early Christian Gospels*, 20.
25 EISELE: *Welcher Thomas?*, 265.
26 P. NAGEL: „Papyrus Oxyrhynchus 654,1–5", 293.

Wayment (2013)²⁷:
1   οὗτοι οἱ λόγοι οἱ [ἀπόκρυφοι οὓς ἐλά]
2   λησεν Ἰη(σοῦ)ς ὁ ζῶν κ[αὶ ἔγραψεν Ἰούδας ὁ]
3   καὶ Θωμᾶ<ς> καὶ εἶπεν· [ὅστις ἂν τὴν ἑρμηνεί]
4   αν τῶν λόγων τούτ[ων εὑρίσκῃ, θανάτου]
5   οὐ μὴ γεύσηται.

Gathercole (2014)²⁸:
1   {οι} τοῖοι οἱ λόγοι οἱ [ἀπόκρυφοι οὓς ἐλά]
2   λησεν ιης ὁ ζῶν κ[αταγράφοντος Ἰούδα τοῦ]
3   καὶ Θωμᾶ. καὶ εἶπεν· [ὃς ἂν τὴν ἑρμηνεί]
4   αν τῶν λόγων τούτ[ων εὕρῃ, θανάτου]
5   οὐ μὴ γεύσηται.

Zeile 1 hat vor der Entdeckung der Nag-Hammadi-Texte sehr unterschiedliche Rekonstruktionen erfahren, die heute nur noch von forschungsgeschichtlichem Interesse sind.²⁹ Am Anfang der Zeile bestätigt die koptische Übersetzung die Vermutung, dass der Prolog mit einem Demonstrativpronomen beginnt, doch der griechische Text (ΟΙΤΟΙΟΙΟΙΛΟΓΟΙ) ist nach wie vor verderbt. In der Forschung hat es sich eingebürgert, dieses Stück zu ο<ὗ>τοι οἱ {οι} λόγοι zu emendieren.³⁰ Am Ende der Zeile lässt die koptische Übersetzung (ⲛⲁⲉⲓ ⲛⲉ ⲛ̄ϣⲁϫⲉ ⲉⲑⲏⲡ ⲉⲛⲧⲁ ⲓ̅ⲥ̅ ⲉⲧⲟⲛϩ ϫⲟⲟⲩ) auf eine griechische Textform schließen, welche die Lücke im Papyrus hervorragend ausfüllt: οἱ λόγοι οἱ [ἀπόκρυφοι οὓς ἐλά]λησεν Ἰη(σοῦ)ς ὁ ζῶν.³¹

---
27 WAYMENT: *Text of the New Testament Apocrypha*, 173.
28 GATHERCOLE: *Gospel of Thomas*, 189.195.
29 Vgl. dazu z.B. auch P. NAGEL: „Papyrus Oxyrhynchus 654,1–5", 272–276.
30 So schon HEINRICI: „Die neuen Herrensprüche", 191; TAYLOR: *Oxyrhynchus Sayings*, 2; zuletzt und mit mustergültiger Kennzeichnung der Eingriffe P. NAGEL: „Papyrus Oxyrhynchus 654,1–5", 293. Die Wiedergabe bei WAYMENT: *Text of the New Testament Apocrypha*, 173 fällt dahinter zurück; ausweislich der Bibliographie (199–205) ist Nagel gar nicht berücksichtigt.
31 So auch schon ZAHN: „Neue Funde aus der alten Kirche", 167. Es sei erwähnt, dass für J.B. BAUER: „Arbeitsaufgaben", 15, in Anlehnung an Mt 13,35; Lk 18,34; 1 Kor 2,7 eher an κεκρυμμένοι oder gar ἀποκεκρυμμένοι (Eph 3,9; Kol 1,26) zu denken wäre. Die Rezeption des Prologs in ActThom 39 stellt aber ein nicht zu vernachlässigendes Argument für die Rekonstruktion ἀπόκρυφα dar, denn dort werden die dem Thomas überlieferten Worte gleich zweimal mit diesem Adjektiv belegt. Der Wildesel spricht Thomas folgendermaßen an: „Zwillingsbruder Christi, Apostel des Höchsten und Mit-Eingeweihter in das verborgene Wort Christi (συμμύστης τοῦ λόγου τοῦ Χριστοῦ τοῦ ἀποκρύφου), der seine verborgenen Worte (αὐτοῦ τὰ ἀπόκρυφα λόγια) erhalten hat, ..." Die enge Verbindung zwischen Thomas und „verborgenen (ἀπόκρυφα) Worten" wird dadurch verstärkt, dass der Ver-

B. Durchführung

Schwieriger ist die Rekonstruktion in Zeile 2. Eckpunkte sind gegeben durch das Kappa, nach dem die Zeile abbricht, und durch ΚΑΙ ΘΩΜΑ am Anfang der folgenden Zeile. Bei letzterer Form kann es sich um einen Genitiv oder einen Dativ handeln. Entsprechend füllten die meisten Rekonstruktionen vor 1959 die Lakune mit einer Formulierung im Dativ.[32] Nach 1959 bestimmte jedoch die mittlerweile bekannt gewordene koptische Übersetzung die Rekonstruktionen, und so ergänzte man bei ΘΩΜΑ in Z. 3 ein Sigma, um den Namen in den Nominativ zu setzen und den so gewonnenen Θωμᾶς zum Subjekt des in der Lakune zu vermutenden Verbs zu machen. Man füllte also die Lakune stereotyp mit κ[αὶ ἔγραψεν Ἰούδα(ς) ὁ] καὶ Θωμᾶ(ς).[33] Das wäre ein einigermaßen akzeptables Vorgehen, wenn es sich bei dieser Rekonstruktion tatsächlich um eine Rückübersetzung des Koptischen handelte. Die entscheidende Frage dabei ist jedoch, wie viele Buchstaben in der Lakune Platz haben. Aufgrund der relativ sicheren Rekonstruktion von Z. 25 wird man eine Zeilenbreite von etwa 33 Buchstaben (eher weniger) ansetzen. Wenn man nun die Lakune in Z. 2 tatsächlich mit einer Rückübersetzung der koptischen Version auszufüllen versuchte, ergäbe sich folgendes:

*κ[αὶ ἔγραψεν αὐτοὺς[34] Δίδυμος Ἰούδα(ς)] καὶ Θωμᾶ(ς).[35]

---

fasser der Thomasakten nicht nur dieses Wort zur Verfügung hatte: In ActThom 10 kann er z. B. gleichermaßen von „verborgenen (ἀπόκρυφα) Mysterien" und „unaussprechlichen (ἀπόρρητα) Worten" sprechen; vgl. dazu POIRIER: „Mystère et mystères", 305–307 und passim: In den Thomasakten scheint insgesamt der Begriff ⲣⲁ̅ⲍ̅ (rāz)/μυστήριον beliebter zu sein.

32 Dabei wurde auch erwogen, dass in der Lakune der Name eines weiteren Jüngers neben Thomas zu vermuten sein könnte; vgl. dazu z. B. HEINRICI: „Die neuen Herrensprüche", 192.203 sowie die Rekonstruktionen von Hilgenfeld und Zahn.

33 Vgl. PUECH: „Une collection de paroles de Jésus", 153; FITZMYER: „Oxyrhynchus Logoi", 512 (= *Essays*, 366); MARCOVICH: „Textual Criticism", 53; ATTRIDGE: „Greek Fragments", 113; LÜHRMANN: *Fragmente apokryph gewordener Evangelien*, 113; BERNHARD: *Other Early Christian Gospels*, 20; WAYMENT: *Text of the New Testament Apocrypha*, 173.

34 Das Objektsuffix in ⲁϥⲥϩⲁⲓⲥⲟⲩ wird in den Rückübersetzungen regelmäßig unterschlagen. Zwar ist die griechische Konstruktion, wie man sie in den konventionellen Rekonstruktionen antrifft, gut möglich, so dass beide Verben („sprechen" und „schreiben") vom Relativpronomen regiert werden. Im Koptischen wird der Relativsatz jedoch nicht fortgeführt, sondern mit dem Perfekt I ⲁϥⲥϩⲁⲓⲥⲟⲩ („er schrieb sie") beginnt ein neuer Satz, der ein eigenes Subjekt hat. Wenn also die koptische Übersetzung hier überhaupt einen Beitrag leisten kann, spricht sie gegen eine zu dichte Satzkonstruktion.

35 Ähnlich auch HOFIUS: „Das koptische Thomasevangelium", 24.

Die konventionelle Rekonstruktion steht also vor mehreren Schwierigkeiten:
- Eine genaue Rückübersetzung des Koptischen führt nach dem obigen Beispiel zu einer Zeilenbreite von 41 Buchstaben (ohne das pronominale Objekt αὐτούς: 35). Wenn man nicht alle anderen Zeilen um etwa acht Buchstaben länger rekonstruieren will, ist die exakte Rückübersetzung des Koptischen einfach zu lang für die Lakune. Die mehrheitlich vertretene Rekonstruktion ist denn auch keine exakte, sondern nur eine verkürzte Rückübersetzung, die beim Namen des Thomas mit einer gewissen Varianz rechnet. Wenn aber in der Lakune im griechischen Text ohnehin kein Platz für eine annähernd genaue Rückübersetzung des Koptischen ist, dann ist ja die koptische Übersetzung auf keinen Fall eine Wiedergabe dessen, was in P.Oxy. 654,2–3 einmal an der Stelle der Lakune stand. Vor allem die ausführliche Namensform Δίδυμος Ἰούδας ist für die Lakune zu lang.[36] Dann wird es aber problematisch, sich bei der Rekonstruktion trotzdem unbeirrt von der koptischen Übersetzung leiten zu lassen.[37]
- In der koptischen Namensform stehen die drei Namen ⲆⲒⲆⲨⲘⲞⲤ ⲒⲞⲨⲆⲀⲤ ⲐⲰⲘⲀⲤ asyndetisch nebeneinander, etwa analog zu den römischen *tria nomina*. Wenn die Lakune in Z. 2 mit einer Rückübersetzung dieses Dreifachnamens aufgefüllt werden soll, ist das καί am Anfang von Z. 3 schlichtweg überflüssig.[38] Anders gewendet: Das καί am Anfang von Z. 3 verlangt, dass in Z. 2 entweder eine oder mehrere andere Personen genannt waren oder dass „Thomas" das zweite Element eines Doppelnamens[39] nach dem Formular „A ὁ καὶ B" ist. Nun ist diese Bildung eines Doppelnamens die geläufigste Form,[40] und in der Thomastradition gibt es dazu Parallelen in den (griechischen) Thomasakten (s. u. e).[41] Die aussagekräftigste Parallele zum vermuteten Ἰούδας ὁ καὶ

---

36 Vgl. EISELE: *Welcher Thomas?*, 47.
37 Vgl. J. B. BAUER: „Arbeitsaufgaben", 6–7; EISELE: *Welcher Thomas?*, 57.
38 Im Koptischen sind Asyndeta zwar geläufiger als im Griechischen, doch für den speziellen Fall eines „Doppelnamens" (s. folgende Anm.) im Stil von Apg 13,9 kennt das Koptische eine geeignete Ausdrucksweise.
39 Das Wort „Doppelname" wird im Folgenden, der Einfachheit halber, in einem weiteren Sinne verwendet. Die Form „A ὁ καὶ B" ist ja nicht ein Name, der aus zwei Elementen zusammengesetzt ist, sondern eine Zusammenstellung von zwei Personennamen, die jeweils auch allein stehen können (vgl. z. B. Apg 13,9).
40 Vgl. HORSLEY: „Names, Double", 1012.
41 In ActThom 1 wird Thomas zwar überwiegend mit dem einfachen Namen Θωμᾶς bezeichnet, doch einmal heißt es auch: „Gemäß dem Los fiel nun Indien dem Judas Thomas zu, der auch Didymos heißt" (Ἰούδᾳ Θωμᾷ τῷ καὶ Διδύμῳ). In ActThom 2 (Verkauf an Abbanes) heißt der Apostel dagegen überwiegend Judas,

B. Durchführung

Θωμᾶς ist aber Apg 13,9. In der sahidischen Übersetzung dieser Stelle (*Horner*) wird der Doppelname Σαῦλος ὁ καὶ Παῦλος allerdings wiedergegeben als ⲥⲁⲩⲗⲟⲥ ⲇⲉ ⲉⲧⲉ ⲡⲁⲩⲗⲟⲥ ⲡⲉ, also mit einer Relativkonstruktion („Saulus aber, der Paulus ist"). Die Namen werden also nicht aneinandergereiht, sondern der schon bekannte Name (hier: Saulus) wird durch den neu eingeführten Namen (hier: Paulus) weiter erläutert. Diese Beobachtung spricht dagegen, den Dreifachnamen im Prolog des koptischen Thomasevangeliums als Wiedergabe eines griechischen Doppelnamens nach dem Formular „A ὁ καὶ B" aufzufassen.

- Eine Rekonstruktion von P.Oxy. 654,2 im Anschluss an die koptische Version zwingt immer dazu, bei ΘΩΜΑ in Z. 3 ein Sigma zu konjizieren, denn anders ist an dieser Stelle der für eine Rückübersetzung nötige Nominativ nicht herzustellen.[42] Recht besehen, handelt es sich hier um einen ziemlich gewaltsamen Eingriff. Zur Begründung dafür liest man allenfalls, in Papyri der hellenistischen Zeit könne das Schluss-Sigma eines Wortes auch wegfallen, und so lasse sich ΘΩΜΑ bei Bedarf auch als Nominativ verstehen.[43] Diese Überlegungen hat Peter Nagel einer eingehenden Kritik unterzogen: Der dafür angeführte Paragraph in der Papyrus-Grammatik von Mayser bezieht sich nur auf dokumentarische Texte; P.Oxy. 654, ein literarischer Text, ist hier nicht

---

nur einmal nennt ihn der Erzähler „Judas, der auch Thomas heißt" (Ἰούδαν τὸν καὶ Θωμᾶν). In beiden Fällen (v. a. ActThom 1) ist die Textüberlieferung aber uneinheitlich. In den Varianten, die im kritischen Apparat verzeichnet sind, wird der Doppelname durchweg verkürzt. Auch die syrische Version arbeitet – verständlicherweise – mit einer kürzeren Namensform: Hier fällt Indien an „Judas Thomas, den Apostel" (ܝܗܘܕܐ ܬܐܘܡܐ ܫܠܝܚܐ/*lyhūda t^e'ōma š^elīḥa*); vgl. dazu KLIJN: *Acts of Thomas*, 158.
42 So z.B. FITZMYER: „Oxyrhynchus *Logoi*", 515 (= *Essays*, 369); im Anschluss an ihn z.B. AKAGI: *Literary Development*, 236–237. Später scheint sich diese Konjektur zum Selbstläufer entwickelt zu haben; vgl. sogar LÜHRMANN: *Die apokryph gewordenen Evangelien*, 149 Anm. 29: „Daß der Name hier ohne die übliche griechische Personalendung ς erscheint, hat die Interpretation vor der Entdeckung des koptischen Gesamttextes erschwert, da die Form zumeist als Dativ verstanden wurde."
43 Anders gewendet: Der erhaltene Buchstabenbestand ΘΩΜΑ sei „en fait, une forme incorrecte du nominatif Θωμᾶς" (PUECH: „Une collection de paroles de Jésus", 153). Ähnlich MARCOVICH: „Textual Criticism", 53 Anm. 4: „The omission of the final -ς is common enough: E. Mayser, *Gramm. d. gr. Papyri*, i, pp. 205 ff." In der Tat findet man auch in der 2. Auflage von 1970 (MAYSER, *Grammatik* 1/1², § 45,1a) eine Reihe von Belegen für den Schwund des Auslautsigma vor konsonantischem Anlaut Kappa, doch damit ist der Fall von P.Oxy. 654,3 nicht entschieden (s. u.). – Einen anderen Weg beschritt AKAGI: *Literary Development*, 236.238–239: Die Namensform ΘΩΜΑ gebe das aramäische תאומא als undeklinierbaren fremdsprachigen Namen wieder, ein Relikt des von Akagi postulierten „Ur-Thomas".

einschlägig.⁴⁴ Vor allem aber ist dieser Schwund in der ägyptischen Koine keine allgemeine Regel; auch das zeigen die bei Mayser (§ 45,1a) angeführten Belege. Der Befund in dokumentarischen Texten erlaubt es zwar, einzelne, eindeutig identifizierbare Buchstabenausfälle (Wegfall des Schluss-Sigma, wenn das anschließende Wort mit Kappa beginnt) in einen größeren Zusammenhang einzuordnen. Man kann aber daraus keine Regel ableiten, die in einem auch anders zu erklärenden Text eine Emendation begründen könnte. Zwar zeigt der Schreiber unseres Papyrus öfter eine uneinheitliche Orthographie, doch diese „Rechtschreibschwäche", wenn man sie so nennen will, betrifft lediglich die Vokale⁴⁵ und ist durchweg durch deren itazistische Aussprache zu erklären. Der Ausfall eines Schluss-Sigma hat hingegen in P.Oxy. 654 nicht nur keine Parallele, sondern dieser Papyrus zeigt sogar selbst Gegenbeispiele: wenn sonst ein Schluss-Sigma vor einem Velar (γ, κ) steht, bleibt es erhalten: Z. 15: ὑμᾶς καί; Z. 18: ἑαυτοὺς γνώσεσθα[ι]. So bleibt es dabei: Aus ΘΩΜΑ wird kein Nominativ.

Diese Einwände sprechen mit Nachdruck dagegen, die Lakune in P.Oxy. 654,2 mit Hilfe der koptischen Übersetzung aufzufüllen. Die Formulierung muss also auf dem Weg von der griechischen zur koptischen Version des Prologs (wenn dieser überhaupt als *ein* geradliniger Weg aufzufassen ist) im Fluss gewesen sein.⁴⁶ Demnach ist die in NHC II 32,11–12 anzutreffende Namensform ⲆⲒⲆⲨⲘⲞⲤ ⲒⲞⲨⲆⲀⲤ ⲐⲰⲘⲀⲤ das Ergebnis einer längeren Entwicklung, die nicht in ein früheres Stadium zurückprojiziert werden darf.⁴⁷

Die bisher angestellten Überlegungen haben nun lediglich gezeigt, wie die Lakune *nicht* aufzufüllen ist. Nun stellt sich aber die Frage, ob sich darüber hinaus auch ein positiver Vorschlag zur Rekonstruktion machen lässt. Die Eckpunkte der Rekonstruktion sind nach wie vor das einen Wortanfang markierende Kappa, nach dem in Z. 2 der Papyrus abbricht, und das ΚΑΙ ΘΩΜΑ am Anfang der nächsten Zeile, das theoretisch Genitiv oder Dativ sein kann.

Einige Autoren halten daran fest, dass der Vers, wie in der koptischen Übersetzung, von einem Schreibvorgang handelt.⁴⁸ Das oben erörterte Pro-

---

44 Vgl. P. Nagel: „Papyrus Oxyrhynchus 654,1–5", 285–286.
45 Vgl. P. Nagel: „Papyrus Oxyrhynchus 654,1–5", 285.
46 Auch Marcovich: „Textual Criticism", 53 nahm die offensichtliche Differenz zwischen der griechischen und der koptischen Fassung als Indiz dafür, dass die beiden Handschriften unterschiedliche Rezensionen des Textes überlieferten.
47 Vgl. dazu auch P. Nagel: „Papyrus Oxyrhynchus 654,1–5", 284–285.
48 Vgl. J.B. Bauer: „Arbeitsaufgaben", 7: κ[αὶ γεγραμμένοι διὰ Ἰούδα τοῦ] καὶ Θωμᾶ. Ähnlich Gathercole: *Gospel of Thomas*, 189: κ[αταγράφοντος Ἰούδα τοῦ] καὶ Θωμᾶ.

B. Durchführung

blem mit dem Kasus von ΘΩΜΑ besteht ja nur, wenn man die Lakune, in engstem Anschluss an die koptische Übersetzung, mit einem Hauptsatz auffüllen will; eine freiere Rückübersetzung, etwa mit einer Partizipialkonstruktion, behebt diese Schwierigkeit. Wenn allerdings in der Lakune ein Hinweis auf den Schreibvorgang (mit Thomas als Subjekt) anzunehmen sein sollte, dann läge es nahe, auch EvThom 1 als Wort des Thomas aufzufassen. Die koptische Version erlaubt das zwar, aber es darf doch als fraglich gelten, ob diese Konstruktion ursprünglich schon intendiert war (s. u.).

Insofern der Satz von einem Kommunikationsgeschehen handelt, wird man eher an Thomas als Adressaten denken und somit die Form ΘΩΜΑ als Dativ (Θωμᾷ) auffassen. Das würde also bedeuten: Jesus wendet sich an eine oder mehrere andere Personen sowie an Thomas – oder auch nur an Thomas, sofern man einen Doppelnamen annimmt – und sagt ihnen, was in EvThom 1 steht. Aus der gesonderten Nennung des Thomas haben nun einige Forscher gefolgert, dass der Prolog des Thomasevangeliums das Szenario der Ostererscheinungen von Joh 20 voraussetze; entsprechend füllten sie die Lücke mit dem Partizip ὀφθείς („erschienen") und entweder einer Erwähnung der anderen Jünger[49] oder einem weiteren Namen des Thomas.[50] Gegen diese Linie der Rekonstruktion wendet Peter Nagel ein, dass hier die geprägte Terminologie von Auferstehungserscheinungen (vgl. 1 Kor 15,5–8; Lk 24,34; auch Apg 9,17; 13,31; 26,16; 1 Tim 3,16; Hebr 9,28) in das Thomasevangelium eingetragen werde, obwohl die Vorstellung solcher Erscheinungen dem Text ansonsten fremd sei.[51] Als *argumentum e silentio* wäre dies angreifbar, denn der Prolog ist ja allem Anschein nach erst redaktionell zur Logiensammlung hinzugekommen und schafft jetzt für diese einen Kontext. Prinzipiell wäre es also denkbar, dass der Prolog die Logien in einen neuen Bezugsrahmen stellen will. Ähnliches geschieht ja in den narrativen Rahmenhandlungen der „Dialogevangelien".[52] Im Falle des Thomasevangeliums sind aber einige Logien, die narrative Elemente enthalten, durchaus in vorösterlichen Kontexten verankert (vgl. etwa EvThom 13; 22; 60; 61; 79; 100). Wenn man davon ausgeht, dass der Prolog als „Etikett" korrekt angibt, was

---

49 Vgl. EVELYN WHITE: *Sayings of Jesus from Oxyrhynchus*, 1: Ἰη(σοῦ)ς ὁ ζῶν κ[αὶ ὀφθεὶς τοῖς δέκα] καὶ Θωμᾷ. Sein Argument war, dass Thomas sonst in den Logien keine besondere Rolle spiele und daher auch im Prolog nicht als exklusiver Offenbarungsempfänger dargestellt werden dürfe (ebd., 3). Evelyn White konnte allerdings EvThom 13 noch nicht kennen, wo Thomas ja durchaus in einem privilegierten Verhältnis zu Jesus steht (s. u.).
50 Vgl. HOFIUS: „Das koptische Thomasevangelium", 24: Ἰη̅ς ὁ ζῶν κ[αὶ ὀφθεὶς Ἰούδᾳ τῷ] καὶ Θωμᾷ; EISELE: *Welcher Thomas?*, 252: Ἰη(σοῦ)ς ὁ ζῶν κ[αὶ ὀφθεὶς Διδύμῳ τῷ] καὶ Θωμᾷ.
51 Vgl. P. NAGEL: „Papyrus Oxyrhynchus 654,1–5", 287–289.
52 Vgl. dazu insgesamt HARTENSTEIN: *Die zweite Lehre*.

sich im folgenden Text befindet,⁵³ dann sind diese Logien bzw. Apophthegmen nicht gut in einen explizit nachösterlichen Kontext (anlässlich einer Erscheinung) einzuordnen. Damit ist, obwohl der Name des Thomas den modernen Betrachter an Joh 20,24–29 denken lassen könnte, eine Konstruktion mit ὀφθείς in P.Oxy. 654,2 fraglich.

Nagel schlägt nun vor, dass in dieser Zeile vom Überlieferungsvorgang die Rede gewesen sein könnte: κ[αὶ ἔδωκεν Ἰούδᾳ τῷ] καὶ Θωμᾷ.⁵⁴ Dafür spricht, dass die Vorstellung von Thomas als dem *Empfänger* (nicht Schreiber!) der verborgenen Worte Jesu auch in ActThom 39 zentral ist (s. o. Anm. 31). Demnach ist in diesem Lob des Thomas der Prolog des griechischen Thomasevangeliums rezipiert.⁵⁵ Was wir im Prolog des koptischen Thomasevangeliums antreffen, ist dann als eigenständige Weiterentwicklung zu bewerten (s. u.). Mit Nagels Vorschlag ergibt sich für Z. 2 insgesamt ein Umfang von 28 Buchstaben (15 in der Lakune). Das ist relativ wenig, auch wenn man in Rechnung stellt, dass in ἔδωκεν mit dem Omega ein relativ breiter Buchstabe steht und dass die Schrift im oberen Teil des Blattes ohnehin etwas ungelenker und größer ist. Plausibler wäre vielleicht das Verb παραδίδωμι, das in solchen Zusammenhängen ja ein *terminus technicus* ist (Mk 7,13; Lk 1,2; Apg 6,14; 1 Kor 11,2.23; 15,3; 2 Petr 2,21; Jud 3). Dann wäre zu rekonstruieren: κ[αὶ παρέδωκεν Ἰούδᾳ τῷ] καὶ Θωμᾷ. Damit sind für die Lakune 18 Buchstaben angenommen, was eine Zeilenbreite von 31 Buchstaben – einschließlich zweier breiter Omegas – ergibt. Gewiss ist damit die hypothetisch anzunehmende Zeilenbreite voll ausgeschöpft. Das ist aber kein Problem, sondern spricht sogar eher für die Rekonstruktion mit παρέδωκεν, denn die nächste Zeile beginnt mit dem kurzen Wort καί. Wir wissen zwar nicht zweifelsfrei, wie der Schreiber unseres Papyrus seine Zeilenenden gestaltete, doch er scheint die Wörter sinnvoll nach Silben getrennt zu haben. Wenn nun am Ende von Z. 2 noch Platz gewesen wäre, hätte der Schreiber vermutlich wenig Anlass gehabt, das kurze Wort καί in die nächste Zeile zu schreiben. Immerhin bestand in der zweiten Zeile, also ziemlich am Anfang des Textes, noch etwas Spielraum hinsichtlich der Zeilen- bzw. Spaltenbreite.⁵⁶ Das καί am Anfang von Z. 3 spricht demnach eher dafür, dass der Schreiber am Ende von Z. 2 wirklich keinen

---

53 Dabei ist vorausgesetzt, dass sich der Textbestand des griechischen Thomasevangeliums nicht grundlegend von dem der erhaltenen koptischen Übersetzung unterschieden hat.
54 P. NAGEL: „Papyrus Oxyrhynchus 654,1–5", 293.
55 Vgl. P. NAGEL: „Papyrus Oxyrhynchus 654,1–5", 289–291; auch GATHERCOLE: *Gospel of Thomas*, 78–79.
56 Letzere Erwägung wird dadurch etwas relativiert, dass der Schreiber schon am Ende der ersten Zeile [ἐλά-]λησεν getrennt hat. In diesem Falle sind aber zwei Silben mit fünf Buchstaben in die zweite Zeile gewandert. Wenn der Schreiber diese

B. Durchführung

Platz mehr hatte. Die hier vorgeschlagene Lesung κ[αὶ παρέδωκεν Ἰούδᾳ τῷ] καὶ Θωμᾷ erhält also auch von dieser Seite Unterstützung.

Die zweite Hälfte des Prologs, konventionell als EvThom 1 bezeichnet, bereitet keine größeren Probleme in der Rekonstruktion des Textes.

In Z. 3 gibt es im Wesentlichen zwei Vorschläge für das Relativpronomen, das den Konditionalsatz einleitet: ὃς ἄν oder ὅστις ἄν. Für ὃς ἄν spricht, dass die Formulierung im D-Text von Joh 8,51 eine Parallele hat;[57] zudem sollte man angesichts der etwas grobschlächtigeren Schrift im oberen Teil des Blattes nicht zu viele Buchstaben für die Lakune veranschlagen. Die Rekonstruktion der Lakune in Z. 3 lautet demnach: [ὃς ἂν τὴν ἑρμηνεί]αν.[58] Die Lakune umfasst 14 Buchstaben, darunter allerdings ein Iota und ein Rho, das in dieser Handschrift auch relativ schmal ausfällt. Ohne johanneische Parallele ist die andere, auch häufig vertretene Rekonstruktion: [ὅστις ἂν τὴν ἑρμηνεί]αν.[59] Hier umfasst die Lakune 17 Buchstaben, darunter zwei Iota und ein Rho, die Zeile wäre insgesamt 32 Buchstaben breit. Man kann zwar nicht mit Gewissheit sagen, ob Tau und Sigma zu breit wären, aber in jedem Falle bewegt sich diese Rekonstruktion an der oberen Grenze der anzunehmenden Zeilenbreite. Interessant ist allerdings, dass m.W. der mehrheitlich bezeugte Text von Joh 8,51–52 noch nicht für die Rekonstruktion herangezogen wurde. Auch dies ergäbe eine vertretbare Rekonstruktion: [ἐάν τις τὴν ἑρμηνεί]αν.[60] Die Lakune wird demnach

---

in der ersten Zeile belassen hätte, hätte er seinen Spalten- bzw. Zeilenspiegel an maßgeblicher Stelle erheblich verzerrt.

57 Vgl. P. NAGEL: „Papyrus Oxyrhynchus 654,1–5", 291–292 mit Anm. 65.

58 Vgl. HOFIUS: „Das koptische Thomasevangelium", 24; ATTRIDGE: „Greek Fragments", 113; EISELE: *Welcher Thomas?*, 252.

59 Vgl. FITZMYER: „Oxyrhynchus Logoi", 513 (= *Essays*, 366); LÜHRMANN: *Fragmente apokryph gewordener Evangelien*, 113; BERNHARD: *Other Early Christian Gospels*, 20; WAYMENT: *Text of the New Testament Apocrypha*, 173.

60 Dass die koptische Version an dieser Stelle einen Relativsatz hat, spricht nicht entscheidend gegen diesen Vorschlag. Auch die sahidische Übersetzung von Joh 8,51–52 (die Ausgabe von *Horner* wird hier durch die Handschrift sa 1 (*Quecke*) sowie sa 4, sa 5 (*Schüssler*) und sa 9 – nach dem Apparat bei *Quecke* – unterstützt) bietet die Relativkonstruktion ⲡⲉⲧⲛⲁϩⲁⲣⲉϩ („der, welcher bewahren wird"; vermutlich fasste hier der Übersetzer den Konjunktiv Aorist als Futur auf). Man könnte zwar vermuten, dass der sahidische Übersetzer des Johannesevangeliums hier den D-Text wiedergebe (s. u. Anm. 208), doch die Ersetzung eines griechischen Konditionalsatzes durch eine koptische Relativkonstruktion kommt in der sahidischen Übersetzung des Johannesevangeliums öfter vor; vgl. ASKELAND: *John's Gospel*, 122 mit Anm. 276. Die Variation liegt also innerhalb des Normalen. Daher ist es zumindest möglich, in der Rekonstruktion von P.Oxy. 654,3 den wohl ursprünglichen Text von Joh 8,51–52 heranzuziehen und ebenfalls hinter der koptischen Relativkonstruktion einen griechischen Konditionalsatz zu vermuten.

mit 16 Buchstaben gefüllt, was zu einer Zeilenbreite von 31 Buchstaben führt. Damit dürfte diese Rekonstruktion mit dem johanneischen ἐάν τις eine zumindest denkbare Alternative zu ὅς ἄν und ὅστις ἄν darstellen, wenngleich letztere näher bei der koptischen Relativkonstruktion liegen. In Z. 4 unterscheiden sich die Rekonstruktionen in der genauen Form des Wortes für „finden": εὑρίσκῃ,[61] εὑρήσῃ[62] oder εὕρῃ.[63] Der Konjunktiv Aorist εὑρήσῃ läge sehr nahe bei der Formulierung von Joh 8,51.52. Mit dieser Variante wäre die Zeile 29 Buchstaben lang, darunter kein ausnehmend schmaler (Iota oder Rho). Etwas länger (30 Buchstaben, darunter ein Iota) wäre die Variante mit dem Verb εὑρίσκῃ. Die Variante mit εὕρῃ würde schließlich zu einer Zeile mit nur 27 Buchstaben führen (darunter kein sonderlich schmaler), was angesichts der etwas ungelenken Schrift im oberen Teil des Blattes nicht undenkbar wäre. Vor allem aber wird diese Variante in der unmittelbaren Umgebung durch das zweimalige εὕρῃ in Z. 7 (EvThom 2) unterstützt. Für die Stichwortverbindungen, wie sie für das Thomasevangelium typisch sind, ist jedoch eine genaue Übereinstimmung in der grammatikalischen Form nicht zwingend erforderlich. Zudem ist anzunehmen, dass der Schreiber Z. 4 ganz ausfüllte, denn sonst hätte er das οὐ am Anfang von Z. 5 auch noch in Z. 4 ziehen können. Somit spricht einiges für die Variante mit εὑρήσῃ – und damit für eine Formulierung, die grammatikalisch und phonetisch ziemlich nahe bei Joh 8,51–52 (τηρήσῃ) liegt.

Die Rekonstruktion der ersten Zeilen von P.Oxy. 654 erweist sich also als eine höchst komplexe Angelegenheit. Daher erscheint es in diesem Falle geraten, den Ertrag der oben angestellten Überlegungen zur griechischen Fassung von EvThom Prol.; 1 nach P.Oxy 654,1–5 in Form einer kritischen Edition dieser kleinen Einheit festzuhalten. Diese stellt sich also folgendermaßen dar:

1 ο<ὗ>τοι οἱ {οι} λόγοι οἱ [ἀπόκρυφοι οὓς ἐλά-]
2 λησεν Ἰη(σοῦ)ς ὁ ζῶν κ[αὶ παρέδωκεν Ἰούδᾳ τῷ]
3 καὶ Θωμᾷ. καὶ εἶπεν· [ἐάν τις τὴν ἑρμηνεί-]
4 αν τῶν λόγων τούτ[ων εὑρήσῃ, θανάτου]
5 οὐ μὴ γεύσηται. >

1 ΟΙΤΟΙΟΙΟΙΛΟΓΟΙ Pap. | {οι} τοῖοι οἱ λόγοι Grenfell/Hunt 1904, Wilson 1959 | οὐ τοῖοι οἱ λόγοι Hilgenfeld 1904 | ... οι. Τοῖοι οἱ λόγοι Zahn 1905 | οἷτοι οἱ {οι} λόγοι Attridge 1989, Eisele 2010 ‖ οἱ ἀληθινοὶ οὓς ἐλάλησεν Swete 1904, Taylor 1905 | οὓς ἐλάλησεν Hilgenfeld 1904 | οὓς τοῖς μαθηταῖς ἐλάλησεν

---

61 Vgl. Fitzmyer: „Oxyrhynchus Logoi", 513 (= *Essays*, 366); Lührmann: *Fragmente apokryph gewordener Evangelien*, 113; Bernhard: *Other Early Christian Gospels*, 20; Wayment: *Text of the New Testament Apocrypha*, 173.
62 Vgl. Hofius: „Das koptische Thomasevangelium", 24.
63 Vgl. Attridge: „Greek Fragments", 113; Eisele: *Welcher Thomas?*, 252.

B. Durchführung

Michelsen 1909 | οἱ ζωοποιοὶ οὓς ἐλάλησεν Evelyn White 1920 | οἱ κεκρυμμένοι οὓς ἐλάλησεν Bauer 1961 || 2–3 κύριος?.......... καὶ Θωμᾷ Grenfell/Hunt 1904 | καὶ ἀποθωανῶν Ἰούδα τῷ καὶ Θωμᾷ Swete 1904 | Κηφᾷ καὶ Θωμᾷ Hilgenfeld 1904 | καὶ κύριος Φιλίππῳ καί Θωμᾷ Zahn 1905 | κύριος τοῖς μαθηταῖς καὶ Θωμᾷ Taylor 1905 | καὶ ἐπέταξεν ἐξενέγκαι Θωμᾷ Michelsen 1909 | καὶ ὀφθεὶς τοῖς δέκα καὶ Θωμᾷ Evelyn White 1920 | καὶ ἔγραψεν Ἰουδας ὁ καὶ Θωμᾶς Puech 1957, Fitzmyer 1959/1971, Lührmann 2000, Bernhard 2006, Wayment 2013 | καὶ ἔγραψεν Ἰούδα ὁ καὶ Θωμᾶ Marcovich 1969, Attridge 1989 | καὶ γεγραμμένοι διὰ Ἰούδα τοῦ καὶ Θωμᾶ Bauer 1961 | κύριος Διδύμῳ τῷ καὶ Θωμᾷ Wilson 1959 | καὶ ὀφθεὶς Ἰούδᾳ τῷ καὶ Θωμᾷ Hofius 1960 | καὶ ὀφθεὶς Διδύμῳ τῳ καὶ Θωμᾷ Eisele 2010 | καί ἔδωκεν Ἰούδᾳ τῷ καὶ Θωμᾷ Nagel 2010 | καταγράφοντος Ἰούδα τοῦ καὶ Θωμᾶ Gathercole 2014 || 3–4 αὐτοῖς· πᾶς ὅστις ἄν Grenfell/Hunt 1904, Zahn 1905, Evelyn White 1920 | αὐτῷ ὁ κύριος· Ὅστις ἄν Swete 1904 | μακάριος ὃς ἄν Hilgenfeld 1904 | Ἀμὴν λέγω, ὅστις ἄν Taylor 1905 | περὶ αὐτῶν· ὅστις ἄν Michelsen 1909 | ὃς ἄν τὴν ἑρμηνείαν Puech 1957, Wilson 1959, Hofius 1960, Attridge 1989, Eisele 2010, Nagel 2010, Gathercole 2014 | ὅστις ἄν τὴν ἑρμηνείαν Fitzmyer 1959/1971, Bauer 1961, Lührmann 2000, Bernhard 2006, Wayment 2013 | ὅστις τὴν ἑρμηνείαν Marcovich 1969 || 4 τούτων ἀκούσῃ, θανάτου Grenfell/Hunt 1904, Swete 1904, Hilgenfeld 1904, Zahn 1905, Taylor 1905, Michelsen 1909, Evelyn White 1920 | τούτων εὔρῃ, θανάτου Puech 1957, Wilson 1959, Attridge 1989, Eisele 2010, Gathercole 2014 | τούτων εὑρίσκῃ, θανάτου Fitzmyer 1959/1971, Lührmann 2000, Bernhard 2006, Wayment 2013 | τούτων εὑρήσει, θανάτου Marcovich 1969.

c) „Verborgene Worte"

Die koptische Übersetzung mit dem Qualitativ ϩⲏⲡ bestätigt, wie oben gesehen, die Rekonstruktion von P.Oxy. 654,1, wonach der Prolog des Thomasevangeliums die folgenden Logien als geheime bzw. verborgene Worte ausgibt.[64] Mit diesem Anspruch steht das Thomasevangelium nicht allein in der frühchristlichen Literatur.[65] In NHC II ist, unmittelbar vor dem Thomasevangelium, auch die Langfassung des Johannes-Apokryphons (NHC II,1) überschrieben als „Die Lehre des Erlösers und die Offenbarung der Mysterien dessen, was verborgen ist in Stille ([ⲡⲉ]ⲧϩⲏⲡ ϩⲛ̄ ⲟⲩⲙⲛ̄ⲧⲕⲁⲣⲱϥ)

---

64 Damit kann prinzipiell zweierlei gemeint sein: entweder sind die Worte selbst verborgen/geheim, also nicht für ein größeres Publikum bestimmt, oder ihr Sinn liegt im Verborgenen, so dass man sich um die Deutung bemühen muss. Da letzteres in EvThom 1 ausdrücklich propagiert wird und viele Logien an sich auch in den kanonischen Evangelien enthalten sind, zieht GATHERCOLE: *Gospel of Thomas*, 192 diese Lösung vor; vgl. dazu auch SCHRÖTER: „Die apokryphen Evangelien", 51. Allerdings sind in diesem Falle eigentlich nicht die Worte verborgen, sondern „nur" ihre Deutung (ἑρμηνεία).
65 Vgl. GÄRTNER: *Theology of the Gospel of Thomas*, 109–110, der neben dem Prolog des Thomasbuches auch auf EvMar 10,7; AJ (NHC II) 31,26–32; EV 18,15–21; 24,12–21 verweist.

II. Einzeluntersuchungen, 1. Prolog und Logion 1

und diese Dinge, die er lehrte den Johannes, seinen Jünger" (AJ 1,1–4). Als letzte Schrift desselben Codex gibt sich auch das Thomasbuch (NHC II,7) gleich am Anfang aus als „Die verborgenen Worte (ⲛ̄ϣⲁϫⲉ ⲉⲑⲏⲡ), welche der Erlöser sprach zu Judas Thomas" (LibThom 138,1–2).⁶⁶ Auch der Prolog des Judasevangeliums (33,1–2) ist hier zu nennen, der diese Schrift als das „verborgene Wort der Unterweisung" (ⲡⲗⲟⲅⲟ[ⲥ] ⲉⲧϩⲏⲡ ⲛ̄ⲧⲁⲡⲟⲫⲁⲥⲓⲥ) bezeichnet.⁶⁷

Diese Tendenz des 2./3. Jahrhunderts erklärt sich vermutlich aus dem Bedürfnis, neben den schon bekannten und verbreiteten Texten der Jesusüberlieferung neue Schriften zu etablieren und deren Autorität und Authentizität zu verbürgen.⁶⁸ Als Analogie wäre das Geheimhaltungsmotiv in frühjüdischen Apokalypsen (Dan 8,26; 12,4.9–11; 4 Esra 14,6–9.45–47)⁶⁹ zu nennen. In christlich-gnostischen Texten⁷⁰ ist es etwa im

---

66 Nach WATSON: *Gospel Writing*, 233 ist dies eine Entfaltung von EvThom 13,6.
67 Im Unterschied zum Thomasbuch und zum Judasevangelium, beginnt der Prolog des Thomasevangeliums mit einem Nominalsatz („*Diese sind* die verborgenen Worte"), doch allen drei Schriften ist gemeinsam, dass im Anschluss an die Selbstbezeichnung als „verborgene Worte" bzw. „verborgenes Wort" ein Relativsatz die Übermittlung dieser Worte näher beschreibt. Vgl. auch ROBINSON: „ΛΟΓΟΙ ΣΟΦΩΝ", 80–81 (= *Sayings Gospel Q*, 45–46).
68 Vgl. dazu auch FÖRSTER: „Geheime Schriften", 127–132; ähnlich DUNDERBERG: „*Thomas* and the Beloved Disciple", 87; GOODACRE: *Thomas and the Gospels*, 176–178. Damit sei nicht bestritten, dass verborgenes Geheimwissen auch schon um die Mitte des 1. Jahrhunderts seinen Reiz ausübte; vgl. H. KOESTER: „Apocryphal and Canonical Gospels", 114; DECONICK: *Original Gospel of Thomas in Translation*, 46 mit Verweis auf Mk 4,10–11; Lk 9,44–45; 1 Kor 2,7.10–13; 4,1; ähnlich auch NORDSIECK: *Thomas-Evangelium*, 35. In Schriften wie dem Thomasevangelium, dem Thomasbuch und dem Judasevangelium erlangt dies jedoch eine neue Qualität, denn diese Schriften handeln nicht nur von verborgenen Dingen, sondern geben sich selbst schon im Titel als „verborgen/geheim" aus.
69 Diese Texte geben sich typischerweise in ihrer Rahmenhandlung als wesentlich älter aus und schildern die bisher vergangene Geschichte aus der Perspektive der Vergangenheit im Modus der prophetischen Vorschau: Der Verfasser des Danielbuches schreibt im 2. Jahrhundert v. Chr., gibt sein Werk aber als die Schrift eines exilierten Judäers im 6. Jahrhundert v. Chr. aus. Diesen lässt er in Zukunftsvisionen Ereignisse wie die Eroberung des Orients durch Alexander den Großen und die anschließenden Diadochenkämpfe (Dan 8) schildern, die zur Abfassungszeit schon in der Vergangenheit lagen und daher detailliert beschrieben werden konnten.
70 Für eine vergleichende Untersuchung des Geheimhaltungsmotivs in vier sethianischen Texten vgl. MARJANEN: „Sethian Books": Im Johannes-Apokryphon wird damit ein ethischer Anspruch an die Leser formuliert und das späte Auftauchen des Textes erklärt (vgl. ebd., 90–95). Im Evangelium der Ägypter (NHC III,2; IV,2) wird der potenzielle Leserkreis auf „Sethianer" eingeschränkt und zugleich das Buch mit der Aura des Altehrwürdigen umgeben (vgl. ebd., 95–98). Auch in der Apokalypse

B. Durchführung

apokryphen Brief des Jakobus (EpJac 1,8–28)[71] und am Schluss des Johannes-Apokryphons (AJ 31,27–32,1)[72] besonders stark ausgeprägt. Einen Anknüpfungspunkt für die Produktion neuer Jesusüberlieferungen bietet just das Johannesevangelium: In der Endfassung wird ja zweimal betont, dass diese Schrift keinen Anspruch auf materiale Vollständigkeit erhebt (Joh 20,30; 21,25). Allerdings spielt im Johannesevevangelium die Geheimhaltung gerade keine Rolle.[73] Das, was im Johannesevangelium berichtet wird, ist, gewissermaßen aus didaktischen Gründen,[74] aus einer größeren

---

des Adam (NHC V,5) geht das Geheimhaltungsmotiv mit einer sehr exklusiven Begrenzung des Leserkreises einher (vgl. ebd., 98–101). Noch klarer ist dies im Allogenes (NHC XI,3), der nur für eingeweihte, fortgeschrittene „Sethianer" bestimmt ist (vgl. ebd., 101–103).

71 EpJac (NHC I,2) 1,8–28: „Weil du dir ja von mir gewünscht hast, dass ich dir ein verborgenes (sc. Buch) (ⲛ̄ⲟⲩⲁⲡⲟⲕⲣⲩⲫⲟⲛ) schicke, welches mir und Petrus vom Herrn offenbart worden ist, konnte ich dich nicht abweisen noch zu dir sprechen, sondern ich schrieb es in hebräischen Buchstaben, ich schickte es dir, und zwar dir allein. Aber da du ein Diener der Rettung der Heiligen bist, bemühe dich, und hüte dich, dass du dieses Schriftstück nicht vielen vorträgst – dieses, was der Erlöser nicht (einmal) uns, seinen zwölf Jüngern, allen sagen wollte. Doch die werden selig sein, die gerettet werden durch den Glauben an dieses Wort." Vgl. dazu auch MARJANEN: „Sethian Books", 87–88: Dieser Text, wie auch die frühjüdischen Apokalypsen, in denen das Geheimhaltungsmotiv erzählerisch ausführlich entfaltet wird, ist nach Marjanen einer eigenen Klasse zuzurechnen, von der die „nur" im Titel als geheim etikettierten Bücher wie das Thomasevangelium, das Thomasbuch und das Judasevangelium zu unterscheiden sind.

72 AJ 31,27–32,1: „Ich habe jegliche Sache für dich vollendet, in dein Gehör. Ich aber habe dir jegliche Sache gesagt, damit du sie (plur.) aufschreibst und deinen Geist-Kollegen gibst im Verborgenen (ϩⲛ̄ ⲟⲩϩⲱⲡ). Dies ist nämlich das Geheimnis (ⲙⲩⲥⲧⲏⲣⲓⲟⲛ) des unerschütterlichen Geschlechts. Und er zeigte ihm diese Dinge, der Erlöser, damit er sie aufschreibe und sicher aufbewahre. Und er sagte zu ihm: Verflucht ist ein jeder, der dies hergibt für ein Geschenk, sei es für Nahrung, sei es für Getränk, sei es für Kleidung, sei es für eine andere Sache dieser Art." Vgl. dazu auch MARJANEN: „Sethian Books", 90–95: Vielleicht ist hier an geldgierige Buchhändler oder potenzielle Apostaten gedacht. Das Geheimhaltungsmotiv könnte aber auch, wie in frühjüdischen Apokalypsen, erklären, warum das Buch erst so lange nach seiner vorgeblichen Abfassung in Umlauf kam.

73 Vgl. dazu etwa DUNDERBERG: „Secrecy", 223–224.

74 Vgl. dazu auch SCHNACKENBURG: *Johannesevangelium* III, 400. Für DUNDERBERG: „Secrecy", 226–227 steht diese Selbstbeschränkung auf „Zeichen" in Spannung zur Kritik am „Zeichenglauben", wie sie etwa in Joh 2,23–24 (noch deutlicher: 4,48) begegnet. Ihm zufolge (ebd., 227–229) soll hier für die Leser ein Anreiz geschaffen werden, über die schriftlich niedergelegten „Zeichen" hinaus sich um weitere Unterweisung zu bemühen. Nun steht das Johannesevangelium aber den „Zeichen" als Hilfe zum Glauben nicht einfach kritisch gegenüber (vgl. etwa 12,37). Vor allem aber geht es in Joh 20,30–31 gar nicht um eine Gegenüberstellung von Zeichen und

Menge von prinzipiell nicht weniger wertvollem Material ausgewählt worden. Es mag sich dabei um einen Topos handeln,[75] doch vor allem ist hier wohl das weite Feld der Jesusüberlieferung realistisch eingeschätzt: In beiden Nachworten des Johannesevangeliums wird damit gerechnet, dass die Leser und Hörer auch andere Jesusüberlieferungen kennen, die sie in diesem Evangelium möglicherweise vermissen. Zugleich machen diese Nachworte aber auch neugierig auf solche anderen Überlieferungen und bieten möglicherweise sogar einen gewissen Anreiz, solche Erzählungen zu sammeln oder neu zu schaffen und ihnen literarische Form zu geben. Überspitzt gesagt, liegt hier schon eine Anstiftung zur Abfassung apokrypher Evangelien vor.

In dem so geschaffenen Raum platzieren sich Schriften wie das Thomasevangelium, das Thomasbuch oder auch das Judasevangelium. Sie können für sich beanspruchen, zu dem „anderen" zu gehören, das die schon bekannten Evangelisten aus bestimmten Gründen nicht ausgewählt haben. Dass sie erst jetzt bekannt werden, erklären sie damit, dass es sich eben um „verborgene" Worte handelt.[76] Das war wohl der Grund, warum Jean Doresse das Thomasevangelium als „impudemment apocryphe"[77] bezeichnete. Durch seine Selbstbezeichnung stellt sich das Thomasevangelium selbst in eine besondere Klasse der Jesusüberlieferung. Bei aller gebotenen Vorsicht könnte man hier – aus der abstrahierenden Rückschau – von Selbstapokryphisierung sprechen.[78] Allerdings ist im Thomasevangelium die sozial-exklusive Funktion des Geheimhaltungsmotivs, die man in den von Antti Marjanen untersuchten sethianischen Texten feststellen kann,[79] nicht sonderlich ausgeprägt.[80]

---

anderen Wegen der Offenbarung (etwa dem Wort), sondern um die Gegenüberstellung von „diesen" (d.h. den in Joh 1–20 aufgeschriebenen) und „anderen" Zeichen.
75 Vgl. etwa ZUMSTEIN: *L'Évangile selon Saint Jean (13–21)*, 295.
76 Das Thomasevangelium enthält allerdings auch eine große Anzahl von Logien, die auch in anderen Strängen der Jesusüberlieferung – in kanonischen Evangelien, in apokryphen Evangelien oder als Agrapha – überliefert sind – *pace* FÖRSTER: „Geheime Schriften", 142. Die Aussage von EvThom 1, dass die Deutung (ἑρμηνεία) der Worte entscheidend sei, berechtigt nach DORESSE: *Livres secrets* 2, 62 dennoch dazu, ihnen das Etikett „verborgen/geheim" anzuheften; vgl. in diesem Sinne auch SCHRÖTER: „Die apokryphen Evangelien", 51.
77 DORESSE: *Livres secrets* 2, 74; ähnlich auch MÉNARD: *L'Évangile selon Thomas*, 75–76.
78 Vgl. dazu auch FÖRSTER: „Geheime Schriften", 140–142.
79 Vgl. zusammenfassend MARJANEN: „Sethian Books", 103–105.
80 Schon die relativ breite Bezeugung des Thomasevangeliums spricht dagegen, dass es hier um buchstäbliche Geheimhaltung geht – ähnlich wird auch in EpJac (NHC I,2) 1,8–28 die großzügige Verbreitung von „Geheimschriften" thematisiert; vgl. dazu FÖRSTER: „Geheime Schriften", 123–126.139 mit Verweis auf die tatsäch-

B. Durchführung

Aus der Selbstcharakterisierung, die der Prolog des Thomasevangeliums vornimmt, kann man nun kein spezifisches Verhältnis zum Johannesevangelium erschließen – eher im Gegenteil: Da der Verfasser des Prologs mit der Qualifizierung der folgenden Worte als „verborgen/geheim" einen eigenen Weg beschritt, die Authentizität und Relevanz seines Werkes zu verbürgen, war er auf den von Joh 20,30; 21,25 eröffneten Raum gar nicht angewiesen. Auch hier zeigt sich eher, wie die beiden Autoren sich jeweils auf ihre Weise im immer breiter werdenden Strom der Jesusüberlieferung platzieren.[81]

d) „Der lebendige Jesus"

Für den Ausdruck „der lebendige Jesus" sind prinzipiell drei Deutungen möglich, die alle im Laufe der Auslegungsgeschichte vertreten wurden: Zu Beginn des 20. Jahrhunderts nahmen manche Autoren an, dass mit dem „Lebendigen" der irdische Jesus zu seinen Lebzeiten gemeint sei.[82] Der Prolog weise demnach die folgenden Logien gewissermaßen als Mitschriften von Aussprüchen Jesu aus. Freilich würde das Attribut in diesem Verständnis nichts wirklich Bemerkenswertes aussagen. Diese Deutung nahm Otfried Hofius[83] denn auch nur für die – s.E. hier ursprünglichere – koptische Fassung an, in der Thomas explizit als Schreiber genannt ist. In der griechischen Fassung bezog Hofius, auch aufgrund seiner Rekonstruktion des Textes,[84] das Attribut „lebendig" auf den Auferstandenen.[85] Dafür lassen sich mit Lk 24,5 und Offb 1,17–18 (auch Apg 1,3) beachtliche neutesta-

---

liche Geheimhaltung im etwa zeitgleichen Mithraskult. Im Thomasevangelium wird in der Tat hin und wieder ein elitärer Anspruch formuliert (deutlich in EvThom 23), und in EvThom 13 wird deutlich, dass bestimmte Worte Jesu nicht für die Allgemeinheit bestimmt sind; vgl. dazu auch FÖRSTER: „Geheime Schriften", 135.139–140. Die Etikettierung als „geheime Worte" im Prolog geht aber nicht mit einer ausgrenzenden Beschränkung des Leserkreises einher, sondern mit einem Angebot, das – für jeden Leser – einen Anreiz darstellt, sich um die *Deutung* der Worte Jesu zu mühen. Vgl. zu dieser Thematik auch WATSON: *Gospel Writing*, 229–236; GATHERCOLE: *Gospel of Thomas*, 192.
81 Vgl. auch DUNDERBERG: „Thomas and the Beloved Disciple", 87.
82 Vgl. z.B. HILGENFELD: „Neue Logia Jesu", 417–418. Bei MICHELSEN: „Uittreksels uit het Evangelie volgens Thomas", 215 findet man sogar die papyrologisch durchaus unbegründete Konjektur Ἰησοῦς ὁ (l. ἔτι?) ζῶν.
83 Vgl. HOFIUS: „Das koptische Thomasevangelium", 25.
84 Vgl. HOFIUS: „Das koptische Thomasevangelium", 24: οἷτοι οἱ {οἱ} λόγοι οἱ [ἀπόκρυφοι, οὓς ἐλά]λησεν Ἰης ὁ ζῶν κ[αὶ ὀφθεὶς Ἰούδα τῷ] καὶ Θωμᾷ.
85 Zuvor auch schon BARTLET: „Oxyrhynchus ‚Sayings of Jesus'", 118–119; ZAHN: „Neue Funde aus der alten Kirche", 177; TAYLOR: *Oxyrhynchus Sayings*, 3; später auch PESCE: *Parole dimenticate di Gesù*, 551.

mentliche Parallelen benennen,[86] und so erscheint dies häufig als eine gangbare Deutung sowohl der griechischen als auch der koptischen Version: Jesus spricht dann, wie auch in anderen Dialogevangelien, im Zeitraum zwischen Auferstehung und Himmelfahrt[87] oder, wie in Offb 1,17–19, im Rahmen einer Vision.[88] Problematisch an dieser Auslegung ist allerdings, dass das Thomasevangelium selbst dafür keine Indizien gibt. Im Unterschied zu den von Judith Hartenstein untersuchten Dialogevangelien, gibt es im Thomasevangelium ja keine umfassende Rahmenhandlung, die das Gesagte ansatzweise chronologisch einordnen könnte. Allenfalls haben einzelne Logien eine narrative Einleitung, die über ein bloßes „Jesus sagte" hinausgeht;[89] in diesen Fällen wird aber durchweg eine konkrete Situation im vorösterlichen Leben Jesu evoziert, Hinweise auf eine nachösterliche Situation fehlen völlig.[90] Darin unterschiedet sich der Prolog des Thomasevangeliums von den neutestamentlichen Parallelen Lk 24,5; Offb 1,17–19. Daher betrachten viele neuere Ausleger dieses Attribut überhaupt nicht als Zeitangabe, sondern in dem Sinne, dass Jesus durch seine – richtig interpretierten – Worte immer und überall gegenwärtig ist[91] und, wie EvThom 1 verheißt, Leben vermittelt.[92] Diese Deutung wird dadurch unterstützt, dass „der Lebendige" (ⲡⲉⲧⲟⲛϩ, EvThom 37; 52; 59; 111) bzw. „der lebendige Vater" (ⲡⲉⲓⲱⲧ ⲉⲧⲟⲛϩ, EvThom 3; 50) im Thomasevangelium ein feststehen-

---

86 Vgl. dazu etwa BROWN: „Gospel of Thomas", 159 (um den gnostischen und johanneischen Eindruck zu relativieren, den der Prolog auf den ersten Blick erwecken mag).
87 Vgl. HEINRICI: „Die neuen Herrensprüche", 192–193; AKAGI: *Literary Development*, 129–139; HEDRICK: *Unlocking the Secrets*, 19.
88 Sowohl EvThom Prol. (NHC II) als auch Offb 1,17–19 verbinden zudem die Selbstvorstellung Jesu als Lebendiger mit einer Reflexion des Schreibvorganges.
89 Frage bzw. Bemerkung der Jünger: EvThom 6; 12; 18; 20; 24; 37; 43; 51; 52; 53; 99; 113; Frage Jesu an die Jünger: EvThom 13; Frage der Maria: EvThom 21; Beobachtung durch Jesus: EvThom 22; 60; Gespräch mit Salome: EvThom 61; Anrede durch Ungenannte: EvThom 72; 79; 91; 100; 104; Äußerung des Petrus: EvThom 114.
90 Vgl. PETERSEN: *„Zerstört die Werke der Weiblichkeit!"*, 71; PLISCH: *Thomasevangelium*, 41; GATHERCOLE: *Gospel of Thomas*, 191–192; ähnlich PATTERSON: „View from Across the Euphrates", 419 (= *Gospel of Thomas and Christian Origins*, 18): Das durchweg protologische Interesse des Thomasevangeliums spreche dagegen, das Attribut „lebendig" auf den Auferstandenen zu beziehen.
91 Vgl. PETERSEN: *„Zerstört die Werke der Weiblichkeit!"*, 71; KLAUCK: *Apokryphe Evangelien*, 146; LÜHRMANN: *Die apokryph gewordenen Evangelien*, 149; GROSSO: *Vangelo secondo Tommaso*, 39; ähnlich PASQUIER/VOUGA: „Genre littéraire", 361–362.
92 Vgl. PLISCH: *Thomasevangelium*, 41; PATTERSON: „View from Across the Euphrates", 419 (= *Gospel of Thomas and Christian Origins*, 18); GATHERCOLE: *Gospel of Thomas*, 193.

B. Durchführung

der Begriff ist. Auch wenn damit nicht in jedem Falle Gott gemeint ist,[93] wird Jesus durch die Bezeichnung ὁ ζῶν bzw. ⲉⲧⲟⲛϩ doch dem göttlichen Bereich zugewiesen.

Nun stellt sich die Frage, ob dieses Schlüsselwort auf eine spezifische Beziehung des Thomas-Prologs zum Johannesevangelium schließen lasse. „Leben" ist dort durchweg ein Leitmotiv, das aber in unterschiedlichen Formen verwendet wird: In Joh 5,26–29; 6,57 (s. u.) ist Leben zuvörderst Sache des Vaters (ὁ ζῶν πατήρ, 6,57); von diesem delegiert, hat und vermittelt es auch der Sohn. Im weiteren Verlauf stellt sich Jesus dann selbst als Träger und Geber des Lebens vor (Joh 11,25–26: ἐγώ εἰμι ἡ ἀνάστασις καὶ ἡ ζωή κτλ.; 14,19: ἐγὼ ζῶ κτλ.). In 1 Joh 1,2 kann Jesus sogar mit Leben bzw. ewigem Leben gleichgesetzt werden, insofern das Wort ζωή geradezu die Stelle einnimmt, die im Prolog des Evangeliums der Logos innehat.[94] Allein die partizipiale Wendung Ἰησοῦς ὁ ζῶν des Thomas-Prologs hat im Johannesevangelium keine exakte Entsprechung.

Um das Bild etwas zu präzisieren, sei als Vergleichsgröße Hebr 7,25 herangezogen: Dort ist die Rede von Christus, der als Mittler jene rettet, die durch ihn vor Gott treten – πάντοτε ζῶν εἰς τὸ ἐντυγχάνειν ὑπὲρ αὐτῶν. Dabei ist allerdings die zeitliche bzw. überzeitliche Dimension (πάντοτε) zentral, wenn der ewige Hohepriester Christus den menschlichen Priestern gegenübergestellt wird, die jeweils nur für eine begrenzte Zeit amtieren (7,23). Im Gedankengang des Hebräerbriefes (vgl. 7,27) wird man diese Stelle auf den Erhöhten beziehen und sie somit eher wie Offb 1,17–18 verstehen. Im Johannes- und Thomasevangelium ist die Rede vom „Lebendigen" anders akzentuiert: Es geht um eine inhärente Eigenschaft Jesu. Somit ist zwischen den beiden Evangelien in diesem untergeordneten Motiv im Thomas-Prolog eine spezifische Übereinstimmung zu konstatieren, die möglicherweise auf einer einschlägigen gemeinsamen Tradition basiert; denkbar wäre aber auch, dass die partizipiale Wendung im Thomas-Prolog die christologische Rede vom Leben, die das Johannesevangelium durchzieht, bündelt und abstrakt in einem Titel zusammenfasst. Dann wäre in diesem Punkt eine direkte Bezugnahme auf das Johannesevangelium anzunehmen, auch wenn keine Übereinstimmung im Wortlaut vorliegt.

---

93 So etwa MÉNARD: L'Évangile selon Thomas, 28; anders GÄRTNER: Theology of the Gospel of Thomas, 113–114: In EvThom 52; 59 sei sehr wahrscheinlich, in EvThom 37; 111 möglicherweise Jesus gemeint. Hingegen soll nach GROSSO: Vangelo secondo Tommaso, 40 sich diese Bezeichnung nur in EvThom 59; 111 auch auf Jesus beziehen können. M. E. ist in EvThom 37 „der Lebendige" durchaus als Gottesbezeichnung zu verstehen, da es ja um die Begegnung mit dem Sohn des Lebendigen geht. An den anderen Stellen dürfte Jesus gemeint sein; so auch z. B. GATHERCOLE: Gospel of Thomas, 193.

94 Vgl. dazu MUSSNER: ZΩH, 83–84 mit Anm. 115.

e) Didymos Judas Thomas

Bei den oben angestellten Überlegungen zur Rekonstruktion des Textes von P.Oxy. 654,2–3 kam die Frage nach dem ersten Glied des vermutlichen Doppelnamens noch nicht zur Sprache. Die meisten Rekonstruktionen nehmen den Doppelnamen Ἰούδας ὁ καὶ Θωμᾶς an und stützen sich dafür auf die Thomasakten (ActThom 2) und die Abgar-Legende (apud Euseb, Hist. Eccl. 1,13,11), wo der Protagonist eben diesen Namen trägt.[95] Für diese Lösung spricht, dass die Namensform Ἰούδας ὁ καὶ Θωμᾶς in anderen antiken Texten belegt ist, so dass man zur Rekonstruktion des Textes in P.Oxy. 654,2 nicht völlig unkontrolliert hypothetisieren muss.

Eine Minderheit schlägt hingegen den Doppelnamen Δίδυμος ὁ καὶ Θωμᾶς vor.[96] Zugunsten dieses Vorschlags wird angeführt, dass er eine Erklärung für die sonderbare Namensform ⲆⲒⲆⲨⲘⲞⲤ ⲒⲞⲨⲆⲀⲤ ⲐⲰⲘⲀⲤ im Prolog des koptischen Thomasevangeliums biete: Einem Übersetzer oder Schreiber, der mit der syrischen Tradition von Judas Thomas vertraut war, sei die Form Δίδυμος ὁ καὶ Θωμᾶς mangelhaft vorgekommen, und so habe er vor „Thomas" das Element „Judas" eingefügt, um zu der ihm geläufigen Namensform zu kommen.[97] So gesehen, kann diese Rekonstruktion für sich die Regel von der *lectio difficilior* in Anspruch nehmen. Fraglich ist allerdings, ob diese Namensform wirklich das leistet, was sie leisten soll: Hier wird – in einem griechischen Text – die griechische Übersetzung des Namens zuerst als bekannt vorausgesetzt, und dann folgt ihr die Transkription des eigentlich aramäischen Namens. Das Johannesevangelium verfährt im gleichen Falle genau umgekehrt und bietet die Form Θωμᾶς ὁ

---

95 Erstmals vorgeschlagen bei Lake: „New Sayings", 339: „What, however, is to be said on this theory (sc. dass Matthäus und Lukas eine Logiensammlung verwendeten) of the allusion in the papyrus to Thomas? I think it is fairly obvious that this collection of sayings cannot be identified with the Gospel of Thomas (sc. dem Kindheitsevangelium des Thomas), and am inclined to suggest that the original *Sayings* were an anonymous collection. One redaction of them became *the Logia* of Matthew, and this was used by the compiler of the First Gospel, to which it gave its name. Another redaction was associated with the name of Judas Thomas, and may have been used by the compiler of the Gospel of that name, which I see no reason for supposing to have been originally merely the fragment of narratives referring to the childhood of the Lord, which is still extant." Die asyndetische Namensform Ἰούδας Θωμᾶς scheint weiter verbreitet gewesen zu sein (ActThom 1; 11; LibThom 138,2), doch das καί ist ja durch den erhaltenen Textbestand von P.Oxy. 654 schon vorgegeben.
96 Vgl. Wilson: „Coptic ‚Gospel of Thomas'", 275; Eisele: *Welcher Thomas?*, 52–56.252.
97 Vgl. Eisele: *Welcher Thomas?*, 55.

B. Durchführung

λεγόμενος Δίδυμος (Joh 11,16; 21,2; ähnlich 20,24): Zum (bereits bekannten?) fremdländischen Namen wird die Übersetzung nachgeliefert.[98]

Das Zustandekommen der hybriden Namensform ⲆⲒⲆⲨⲘⲞⲤ ⲒⲞⲨⲆⲀⲤ ⲐⲰⲘⲀⲤ lässt sich – freilich in einem rein hypothetischen Szenario – folgendermaßen vorstellen: Wenn im griechischen Text zunächst von *Ἰούδας ὁ καὶ Θωμᾶς die Rede war, könnte diese Namensform leicht zu *Ἰούδας Θωμᾶς kontrahiert worden sein.[99] Ein Abschreiber, der bereits mit der in den Thomasakten und im Thomasbuch entwickelten Zwillings-Tradition vertraut war, könnte diese nun in den Prolog des Thomasevangeliums eingetragen und geschrieben haben: *ὁ δίδυμος Ἰούδας Θωμᾶς. Unter dem Einfluss des Johannesevangeliums wäre es dann nur noch ein kleiner Schritt gewesen, das Substantiv ὁ δίδυμος als einen Personennamen aufzufassen,[100] und damit sind wir bei der im Koptischen bezeugten Namensform ⲆⲒⲆⲨⲘⲞⲤ ⲒⲞⲨⲆⲀⲤ ⲐⲰⲘⲀⲤ.[101] „Einfluss des Johannesevangeliums" ist dabei nicht als Textübernahme zu verstehen, denn die johanneische Namensform, in der „Didymos" den Namen „Thomas" erklärt, findet sich auch hier nicht. Das Johannesevangelium wird hier allenfalls im Modus der Anspielung bzw. des Echos rezipiert.[102] Natürlich ist dieses Szenario rein hypothetisch, aber es

---

98 So auch JANSSEN: „Evangelium des Zwillings?", 225.
99 Die verschiedenen Namensformen in den Thomasakten (s. u.) zeigen, dass solche Vereinfachungen durchaus vorkommen konnten. Einen ähnlichen Vorgang kann man auch im Matthäusevangelium beobachten: An den markanten Stellen Mt 4,18; 10,2 wird Petrus noch ausführlich als Σίμων ὁ λεγόμενος Πέτρος eingeführt, im weiteren Verlauf wird daraus Σίμων Πέτρος (Mt 16,16) bzw. – an allen anderen Belegstellen – nur Πέτρος.
100 Die Stellung des Elements „Didymos" an erster Stelle zeigt, dass dieses in EvThom Prol. (NHC II) nicht als Übersetzung des Namens Thomas gemeint ist; vgl. dazu DUNDERBERG: The Beloved Disciple in Conflict?, 51; ähnlich POIRIER: „Writings Ascribed to Thomas", 301. Dafür spricht auch, dass das Thomasbuch, wenn es von Thomas als dem Zwilling Jesu spricht (138,8), dafür nicht das griechische Wort δίδυμος übernimmt, sondern das genuin koptische Wort ⲤⲞⲈⲒϢ verwendet. Das Thomasbuch und das Thomasevangelium müssen freilich nicht vom selben Übersetzer bearbeitet worden sein.
101 Für ⲆⲒⲆⲨⲘⲞⲤ als späteren Zusatz vgl. auch DEHANDSCHUTTER: „Lieu d'origine", 127.
102 Im Prolog des koptischen Thomasevangeliums hat das Element „Didymos", das erste Element des Dreifachnamens ⲆⲒⲆⲨⲘⲞⲤ ⲒⲞⲨⲆⲀⲤ ⲐⲰⲘⲀⲤ, keine erklärende Funktion, wie es sie im Johannesevangelium hat. Auch in der sahidischen Übersetzung des Johannesevangeliums (Joh 11,16; Joh 20,24) wird ja der Zusatz ὁ λεγόμενος Δίδυμος mit einer Relativkonstruktion wiedergegeben: ⲡⲉⲧⲉϣⲁⲩⲘⲞⲨⲦⲈ ⲈⲢⲞϤ ϪⲈ ⲆⲒⲆⲨⲘⲞⲤ (Joh 11,16: sa 4, sa 5 [Schüssler], sa 9; Joh 20,24: Horner, sa 5 [Schüssler]) bzw. ⲡⲉϣⲁⲩⲘⲞⲨⲦⲈ ⲈⲢⲞϤ ϪⲈ ⲆⲒⲆⲨⲘⲞⲤ (Joh 11,16: Horner, sa 1 [Quecke]; Joh 20,24: sa 1 [Quecke], sa 4, sa 9). – Diese Formulierung fügt sich gut in einen Erzähltext ein,

zeigt zumindest eine weitere Möglichkeit auf, wie die sonderbare Namensform in der koptischen Version des Thomasevangeliums entstanden sein könnte.[103] Eine entfernte Parallele dazu findet sich in der Textüberlieferung des Codex Bezae Cantabrigiensis (D), wo Nennungen des Thomas mehrmals das Element „Didymos" an sich ziehen: Lk 6,15 (τὸν ἐπικαλούμενον Δίδυμον); Joh 14,5 (ὁ λεγόμενος Δίδυμος).[104]

Wenn nun die Namensform Ἰούδας ὁ καὶ Θωμᾶς für P.Oxy. 654,2–3 als wahrscheinlicher gelten darf, dann wird es schwierig, den Prolog des Thomasevangeliums in dieser Hinsicht mit dem Johannesevangelium in Beziehung zu setzen. Es stellt dann eben nicht „ein Bindeglied zwischen der johanneischen und der späteren syrischen Thomastradition dar":[105] Das Johannesevangelium weiß von keinem „Judas Thomas", und im griechischen Thomasevangelium fehlt die für das Johannesevangelium so charakteristische Bestimmung des Thomas als ὁ λεγόμενος Δίδυμος. Anders gewendet: Der Prolog des Thomasevangeliums setzt an dieser Stelle keinen spezifisch johanneischen Akzent, durch den sich die Kenntnis des Johannesevangeliums in der Terminologie beweisen ließe.

Das (griechische) Thomasevangelium steht anscheinend am Anfang einer Tradition, die sich im Thomasbuch und in den Thomasakten verfestigt: In allen drei „Thomas-Schriften" wird der Name bzw. Beiname Thomas mit einem gewissen Judas verbunden. Die Nomenklatur ist allerdings alles andere als einheitlich: Im griechischen Thomasevangelium findet sich die Form [Ἰούδας ὁ] καὶ Θωμᾶς (Prol.), während in der koptischen Version die volle Form ⲆⲒⲆⲨⲘⲞⲤ ⲒⲞⲨⲆⲀⲤ ⲐⲰⲘⲀⲤ (Prol.) wie auch ein schlichtes ⲐⲰⲘⲀⲤ (EvThom 13) begegnet. Das Thomasbuch hat im Prolog ⲒⲞⲨⲆⲀⲤ ⲐⲰⲘⲀⲤ (138,2), ansonsten nur ⲐⲰⲘⲀⲤ (138,5; 145,18). In der bei Eusebios (Hist. Eccl. 1,13,11) überlieferten Abgar-Legende liegt einmal die Namensform Ἰούδας ὁ καὶ Θωμᾶς vor. In den Thomasakten stellt sich der Befund hingegen höchst komplex dar:[106] In der griechischen Überlieferung begeg-

---

aber in einem Prolog, der als Überschrift über dem ganzen Werk steht, mag sie vielleicht etwas zu lang gewesen sein.

103 Für ein etwas anders akzentuiertes Szenario vgl. auch AKAGI: *Literary Development*, 60–69: Die Namensform ⲆⲒⲆⲨⲘⲞⲤ ⲒⲞⲨⲆⲀⲤ ⲐⲰⲘⲀⲤ sei dadurch entstanden, dass in Alexandreia zwei christliche Traditionen, aus Ephesos (Thomas, genannt Didymos – Johannesevangelium) und aus Edessa (Judas Thomas – Thomasakten) verschmolzen worden seien.

104 Vgl. dazu DUNDERBERG: „John and Thomas in Conflict?", 372–373; DERS.: *The Beloved Disciple in Conflict?*, 51.

105 EISELE: *Welcher Thomas?*, 56.

106 Im Falle der Thomasakten müsste man eigentlich die einzelnen Handschriften sowohl der griechischen als auch der syrischen Überlieferung separat aufführen. Da die Personaltradition zu Thomas bzw. Judas Thomas aber nicht das eigentliche

B. Durchführung

nen wir in ActThom 1 der komplexen Form Ἰούδας Θωμᾶς ὁ καὶ Δίδυμος. Ansonsten heißt der Apostel in den Thomasakten Ἰούδας ὁ καὶ Θωμᾶς oder Ἰούδας Θωμᾶς (in ActThom 11 stehen beide Formen nebeneinander),[107] doch meistens nennen ihn die (griechischen) Thomasakten entweder nur Ἰούδας oder nur Θωμᾶς.

Der verwickelten Entwicklungsgeschichte dieser Namensform und der Personaltradition über einen Judas Thomas kann hier nicht im Detail nachgegangen werden.[108] Festzuhalten ist lediglich ein negativer Befund: Im Thomas-Buch und in den Thomasakten wird zwar die Bedeutung des Namens Thomas („Zwilling", aram. תאומא) dahingehend ausgewertet, dass (Judas) Thomas als der Zwillingsbruder Jesu gilt.[109] Im Thomasevangelium wie auch im Johannesevangelium findet sich davon aber keine Spur.[110] Man könnte diese Vorstellung höchstens aus einer hypothetisch sehr früh datierten „Thomastradition" in die Texte eintragen,[111] doch das wäre sehr spekulativ.

Thema dieser Arbeit ist, muss dies in diesem Rahmen unterbleiben. Auch der hier gebotene Befund nach der Ausgabe von Lipsius/Bonnet zeigt schon, wie komplex die Überlieferungslage ist. Festzuhalten ist nur, dass der Name Θωμᾶς im Laufe der Textgeschichte häufiger wird, der Name Ἰούδας hingegen seltener auftritt. Für eine statistische Darstellung des Befundes in der griechischen Textüberlieferung vgl. POIRIER: „Évangile de Thomas, Actes de Thomas, Livre de Thomas", 20: 47% der Belege entfallen auf die Namensform Ἰούδας, 40% auf Θωμᾶς, 13% auf Ἰούδας Θωμᾶς, nur einen Beleg (1,2) gibt es für Ἰούδας Θωμᾶς ὁ καὶ Δίδυμος.

107 Dieser Befund folgt der bei Lipsius/Bonnet (*Acta Apostolorum Apocrypha* II/2) als Φ bezeichneten Rezension. In der Rezension Γ fällt in ActThom 11 der Name des Apostels nur einmal, und zwar als Θωμᾶς („Und der Herr antwortete: Ich bin nicht Thomas, sondern sein Bruder bin ich.").

108 Vgl. aber FRENSCHKOWSKI: „Zwillingsmythologie", 509–511.

109 Am Anfang des Thomasbuches nennt der Erlöser den Thomas „Bruder Thomas" (ⲡⲥⲁⲛ ⲑⲱⲙⲁⲥ, 138,5) und „mein Zwilling und mein wahrer Gefährte" (ⲡⲁⲥⲟⲉⲓϣ ⲁⲩⲱ ⲡⲁϣⲃⲣ̄ⲙ̄ⲙⲏⲉ, 138,8–9). In ActThom 11 erscheint Jesus in der Gestalt des Thomas und gibt sich als dessen Bruder aus. In ActThom 31 (nur griechisch) sagt ein Drache zu Thomas: „Ich weiß ja, dass du der Zwillingsbruder Christi bist (οἶδα γάρ σε δίδυμον ὄντα τοῦ Χριστοῦ), ...". Auch in ActThom 39 redet ein Wildesel den Thomas auf eine Weise an, die an den Prolog des Thomasevangeliums erinnert: „Zwillingsbruder Christi (ὁ δίδυμος τοῦ Χριστοῦ), Apostel des Höchsten und Mit-Eingeweihter in das verborgene Wort Christi (τοῦ λόγου τοῦ Χριστοῦ τοῦ ἀποκρύφου), der seine verborgenen Worte (αὐτοῦ τὰ ἀπόκρυφα λόγια) erhalten hat, ..."

110 Dadurch wird es schwierig, die Wahl des Thomas als Gewährsmann des Thomasevangeliums mit seinem symbolträchtigen Namen („Symbolonym") zu erklären; so etwa JANSSEN: „Evangelium des Zwillings?", 244–248.

111 Vgl. etwa H. KOESTER: „ΓΝΩΜΑΙ ΔΙΑΦΟΡΟΙ", 297 (= DERS./ROBINSON: *Trajectories*, 134); ähnlich, aber wesentlich vorsichtiger, HARTENSTEIN: „Autoritätskonstellationen", 426. Koester rechnete damit, dass ein gewisser Judas, der Zwillings-

Eine „Hintertür" bleibt jedoch offen, denn es ist immerhin bemerkenswert, dass die beiden Evangelien gerade Thomas aus dem Jüngerkreis herausgreifen und ihm eine Sonderrolle zuweisen. Im Prolog des Thomasevangeliums fungiert Thomas als der Traditionsträger, er ist das Medium, durch das die „verborgenen Worte" Jesu für spätere Leser zugänglich sind. Die kleine Szene von EvThom 13 könnte man dann als die Begründung seiner Autorität auffassen.[112] Im Johannesevangelium spielt Thomas auch eine prominente Rolle, immerhin spricht er am Ende von Kapitel 20, unmittelbar vor dem ersten Schluss des Evangeliums, *das* angemessene Bekenntnis zu Jesus aus.[113] Man könnte daher vermuten, dass die Szene Joh 20,24–

---

bruder Jesu, tatsächlich in Edessa missioniert habe. Dafür zog er sich den Spott von Gilles Quispel zu: „How far we are here from the original scepticism of the school! Koester believes more than an Edessene Christian of the fourth century. The latter spoke only about a certain Addai coming to Edessa. But form-critical analysis now reveals that it was the twin brother of Jesus himself who made the long journey to Osrhoëne." (QUISPEL: „The ‚Gospel of Thomas' and the ‚Gospel of the Hebrews'", 380). Meistens nimmt man an, dass in der Gestalt des Judas Thomas zwei Personaltraditionen zusammenkommen: **(1)** Ein Jünger Jesu aus dem Zwölferkreis, der den (Spitz-) Namen Thomas hatte, ist auch anderweitig breit bezeugt: Mt 10,3; Mk 3,18; Lk 6,15; Apg 1,13. Dieser Thomas hatte seinen Namen wohl einfach daher, dass er *irgendjemandes* Zwillingsbruder war; vgl. HARTENSTEIN: *Charakterisierung im Dialog*, 239–240 mit Anm. 94; PLISCH: *Thomasevangelium*, 20–21; EISELE: *Welcher Thomas?*, 48–51. **(2)** Auf der anderen Seite steht die Erinnerung daran, dass einer der Brüder Jesu Judas hieß (Mt 13,55; Mk 6,3; evtl. Jud 1). Sofern nun jemand den als „Zwilling" bekannten Jünger als Zwillingsbruder *Jesu* auffassen wollte, bot die Liste von Mk 13,55; Mk 6,3 eine Reihe von Identifikationsangeboten. Da Jakobus schon mit einer Personaltradition „besetzt" war, lag Judas nahe; vgl. dazu etwa EHLERS: „Kann das Thomasevangelium aus Edessa stammen?", 305. Eine kleine Schwierigkeit bei diesem Modell ist freilich, dass das Zwillingsmotiv im Thomasevangelium als dem wohl ältesten Dokument dieser „Thomas-Tradition" gar nicht thematisiert wird, sondern erst im Thomasbuch und – noch ausführlicher – in den Thomasakten. Vielleicht war ja „Judas Thomas" zunächst gar nicht explizit als Herrenbruder gedacht. Die Namensform könnte sich lediglich dem Anliegen verdanken, diesem Jünger zu dem markanten Spitznamen, unter dem er bekannt war, einen „normalen" Vornamen zu geben. Eine ähnliche Tendenz beobachtet man möglicherweise in Mt 27,16–17 (oder in der Textüberlieferung zur Stelle) bei der Namensform „Jesus Barabbas" (Θ $f^1$700* *l*844 sy^s). Diese Lesart ist äußerlich schwach bezeugt, doch da sie anscheinend nur bei Matthäus auftritt, könnte es sich durchaus um die ursprüngliche Form dieses Namens in Mt 27,16–17 handeln; vgl. METZGER: *Textual Commentary*, 56; W. D. DAVIES/ALLISON: *Matthew XIX–XXVIII*, 584.
112 Vgl. dazu auch GROSSO: *Vangelo secondo Tommaso*, 110–111, wo allerdings der Bedeutung des Namens („Zwilling") sehr große Relevanz zugemessen wird.
113 Anders HARTENSTEIN: *Charakterisierung im Dialog*, 98.211: Diese Bekenntnisaussage gehe über die christologische Konzeption des Johannesevangeliums hinaus.

B. Durchführung

29[114] den Kompilator des Thomasevangeliums veranlasst hat, Thomas für seine Sammlung in Anspruch zu nehmen.[115] Allerdings ließe sich dann das Johannesevangelium nur für das Namenselement „Thomas" in Anspruch nehmen. Dort ergehen ja gerade keine geheimen oder sonst irgendwie bedeutsamen Worte speziell an Thomas. Thomas ist auch nicht der Gewährsmann für das Evangelium, diese Rolle übernimmt der Geliebte Jünger (Joh 21,24; wohl auch schon 19,35). Die beiden Evangelien nach Thomas und nach Johannes entsprechen sich also nicht in der spezifischen Rolle, die sie dem Thomas zuweisen, wohl aber in der Art und Weise, wie sie ihre Verlässlichkeit mit der Person eines Jüngers Jesu begründen – Thomas im Thomasevangelium, der Geliebte Jünger im Johannesevangelium.[116] Damit sind beide Evangelien wohl Exponenten einer Tendenz der Zeit um bzw. nach 100, welche die literarische Erinnerung an Jesus an die Autorität von Augenzeugen, namentlich persönlichen Jüngern Jesu, knüpfte.[117]

f) Thomas als Erzählfigur im Johannesevangelium

Thomas gehört im Johannesevangelium zu den Jüngergestalten, die durch ihre wiederholten Auftritte sowie durch ihre Worte und Handlungen ein eigenständiges erzählerisches Profil bekommen, so dass eine Charakterisierung möglich wird (für Thomas: Joh 11,16; 14,5–6; 20,24–29; 21,2).[118] Das landläufige Bild, das in der Exegese wie in der populären Wahrnehmung vorherrscht, ist jedoch vor allem von seinem ausführlichen Auftritt in Joh 20,24–29 bestimmt; der „ungläubige Thomas" ist sprichwörtlich.[119]

---

114 Diese Episode, in der Thomas am ausführlichsten dargestellt wird, weisen die meisten Ausleger der Hand des Evangelisten zu; vgl. etwa SCHNACKENBURG: *Johannesevangelium* III, 390–391; ZUMSTEIN: *L'Évangile selon Saint Jean (13–21)*, 289.
115 Vgl. BARTLET: „Oxyrhynchus ‚Sayings of Jesus'", 118–119.
116 Vgl. DUNDERBERG: „The Beloved Disciple in John", 261; LÜHRMANN: *Die apokryph gewordenen Evangelien*, 150; DUNDERBERG: *The Beloved Disciple in Conflict?*, 169; GROSSO: *Vangelo secondo Tommaso*, 46; ähnlich PASQUIER/VOUGA: „Genre littéraire", 343–344. Zur Differenzierung zwischen den jeweiligen Rollen der Jünger in den beiden Evangelien vgl. HARTENSTEIN: „Autoritätskonstellationen", 437: Der Geliebte Jünger hat im Johannesevangelium kein exklusives Verhältnis zu Jesus, das ihn – wie Thomas in EvThom 13 – in Gegensatz zu den anderen Jüngern bringt.
117 Vgl. HARTENSTEIN: „Autoritätskonstellationen", 438; GOODACRE: *Thomas and the Gospels*, 175–176; ähnlich DUNDERBERG: „The Beloved Disciple in John", 261; DERS.: *The Beloved Disciple in Conflict?*, 173.
118 Vgl. die Übersicht bei HARTENSTEIN: *Charakterisierung im Dialog*, 54–55 und insgesamt ebd., 54–116.
119 Vgl. dazu z.B. PESCH: „Thomas, Apostel", 1505: „Das Th.-Bild, das im Johannes-Ev. entworfen wird, macht den Jünger u. Zwölfermann z. Typus dessen, der aus Unverständnis u. Zweifel z. Glauben geführt werden muß." Ähnlich etwa BARRETT: *Gospel According to St John*, 382: „… a loyal but dull disciple whose misapprehen-

II. Einzeluntersuchungen, 1. Prolog und Logion 1

Dieses holzschnittartig vergröberte Thomasbild wurde allerdings erst in den 1990er Jahren zum Thomasevangelium in Beziehung gesetzt. Namentlich Gregory Riley fasste das Thomasbild des Johannesevangeliums als eine gegen das Thomasevangelium bzw. dessen Träger gerichtete Polemik auf. In der Gestalt des Thomas verdichte sich demnach eine Kontroverse, deren Gegenstand die Frage nach der leiblichen Auferstehung Jesu bzw. der Auferstehung der Toten sei.[120] Diese sei, Riley zufolge, im Christentum des 1. Jahrhunderts nicht als leibliche Auferstehung, sondern in hellenistischen, philosophisch geprägten Kategorien als Unsterblichkeit der Seele gedacht worden.[121] Zur Abwehr dieser Vorstellung werde in

---

sions serve to bring out the truth"; SCHNACKENBURG: *Johannesevangelium* II, 410: „... Typus des schwer begreifenden Jüngers ...". Kritisch dazu THYEN: *Johannesevangelium*, 520; THEOBALD: *Evangelium nach Johannes 1–12*, 730. Etwas ausgewogener ist die Darstellung bei SCHNACKENBURG: *Johannesevangelium* III, 392: „Schwerfällig im Begreifen, hält er doch treu zu Jesus (vgl. zu 11,6 [sic]); nur versteht er den Weg seines Herrn nicht (14,5). Der Blick auf das Todesgeschick Jesu verschließt ihm den Glauben an Jesu Auferstehung; so ist er nicht der Typ des Ungläubigen schlechthin, sondern des Glaubensblinden und Glaubensschwachen, dem erst durch Jesus selbst, und zwar nach der Auferstehung, der Vollglaube geschenkt wird. In dieser Hinsicht repräsentiert er die ganze vorösterliche Jüngergruppe, wie vielleicht der Zusatz ‚einer von den Zwölf' andeuten soll."
120 Vgl. RILEY: *Resurrection Reconsidered*, 4–5: Die Auftritte des Thomas in Joh 11,16 und Joh 20,24–29 rahmen die Passionsgeschichte ein und haben jeweils, auf unterschiedliche Weise, mit Auferstehung zu tun; daraus folgerte Riley, dass dies der Streitpunkt sein müsse.
121 Dies belegt Riley (*Resurrection Reconsidered*, 8–9) mit Paulus, der in 1 Kor 15 von einer pneumatischen Leiblichkeit spricht, sowie mit dem Markusevangelium, dem zufolge die Auferstandenen „wie die Engel" sind (Mk 12,25) und in dem die Leiblichkeit des Auferstandenen nicht thematisiert und schon gar nicht demonstriert wird. Diese Argumentation ist in allen drei Punkten nicht sonderlich überzeugend: (1) In 1 Kor 15 vertritt Paulus gerade nicht die Vorstellung einer (aus sich selbst) unsterblichen Seele; eben deswegen muss er sich ja auf die Diskussion unterschiedlicher Leiblichkeiten (v. a. 1 Kor 15,35–57) einlassen. *Dass* die Auferstehung in leiblicher Form stattfindet, steht für ihn außer Frage; zu erörtern ist lediglich, *wie* dies vorzustellen sei. Hätte Paulus hingegen die Vorstellung einer unsterblichen Seele vertreten, hätte er damit die Frage von 1 Kor 15,35 als falsch gestellt zurückweisen können. (2) Die Antwort Jesu auf die Sadduzäerfrage (Mk 12,24–27) soll in erster Linie ein krudes Missverständnis abwehren. Zwar könnte man aus der Aussage, dass Gott ein Gott der Lebendigen ist (Mk 12,27) prinzipiell auch die Vorstellung einer inhärenten Unsterblichkeit der menschlichen Seele (exemplarisch bei Abraham, Isaak und Jakob) ableiten, ein Zustand, der „wie Engel in den Himmeln" (Mk 12,25) vorzustellen wäre. Der Ausgangspunkt der Überlegung ist aber nicht eine dem Menschen innewohnende metaphysische Qualität, sondern die Macht Gottes (Mk 12,24). Durch diese erhalten die Verstorbenen zu einem bestimmten Zeitpunkt (ὅταν, Mk 12,25) eine neue, engelgleiche Beschaffenheit. (3) Aus der

B. Durchführung

Lk 24,39–43; Joh 20,20.27 die reale Leiblichkeit des auferstandenen Jesus besonders betont und demonstriert.[122] Nun glaubte Riley, dass über die Erzählfigur des Thomas, die ja im johanneischen „Osterkapitel" eine zentrale Rolle spielt, eine Gruppe von „Thomas-Christen" angesprochen werden solle:[123] Um deren Vorstellung einer rein geistigen Auferstehung Jesu zu entkräften, werde Thomas, ihre Gründerfigur, durchaus negativ gezeichnet: „As a character in John, Thomas is cast as one who is wrong, ignorant and unbelieving."[124] Rileys Überlegung, dass das Johannesevangelium die Erzählfigur des Thomas zur Polemik gegen eine „Thomas-Gruppe" nutze, auf die das Thomasevangelium zurückgeht, fand in der Folge eine gewisse Anhängerschaft, wobei der Gegenstand der Kontroverse je unterschiedlich bestimmt wurde.[125] Eine etwas moderatere Version dieser Theorie nimmt

---

Beobachtung, dass im Markusevangelium die Leiblichkeit des Auferstandenen nicht, wie etwa in Lk 24,39–43, ausdrücklich demonstriert wird, sollte man keine zu weitreichenden Schlussfolgerungen ziehen. In seiner ältesten Form enthält das Markusevangelium ja vermutlich nur die Szene am leeren Grab (Mk 16,1–8), aber keine Erzählung von einer Erscheinung des Auferstandenen. Der Vergleich mit Matthäus, Lukas und Johannes zeigt, dass dieser Mangel als störend empfunden und behoben wurde. Eine positive Aussage darüber, wie sich Markus die Natur des Auferstandenen vorstellte, lässt sich daraus aber nicht gewinnen.

122 Vgl. RILEY: *Resurrection Reconsidered*, 53: „In both works it is clear that the intention of these episodes is to counter the idea that the risen Jesus was some type of ghost or phantom, that is, a mere risen soul, as would have been the normal expectation in ancient world culture for any appearance of the dead. Thus Jesus materializes postmortem and commands his frightened disciples to touch him and see that he has flesh and bones, directly contradicting the venerable examples of poetic tradition. The authors hereby attempt to support the late first century Christian claim that the resurrection of Jesus was unique in kind, bodily and substantial."

123 Vgl. RILEY: *Resurrection Reconsidered*, 178: „The Doubting Thomas pericope is evidence within the Gospel of John for the prior existence of the community of Thomas. ... In addition, the Gospel of Thomas contains evidence of reciprocal debate with the community of John, although in a form which predates the Gospel." Hinsichtlich der erzählerischen Funktion sei Thomas demnach mit Johannes dem Täufer zu vergleichen; letztere Erzählfigur diene dazu, der Konkurrenz durch die Täuferbewegung zu begegnen und früheren Täuferjüngern einen Anknüpfungspunkt zu bieten; vgl. ebd., 76–77.177. – Ob man diese Interpretation als „evidence" bezeichnen kann, mag dahingestellt bleiben.

124 RILEY: *Resurrection Reconsidered*, 79; ähnlich PAGELS: *Beyond Belief*, 70–72. In diesem Sinne vgl. auch MEYER: „Whom Did Jesus Love Most?", 83: Der zweifelnde Thomas des Johannesevangeliums stehe im Kontrast zu dem, mit Jesus vertrauten und von Zweifeln freien Thomas des Thomasevangeliums.

125 Vgl. DECONICK: „Blessed are those who Have not Seen" (= *Voices of the Mystics*, 68–85): Das Johannesevangelium setze die Haltung des Glaubens gegen die vom Thomasevangelium vertretene visionäre Mystik (ähnlich auch B. LANG: „Tho-

an, dass das Thomasbild des Johannesevangeliums zwar nicht direkt auf das Thomasevangelium ziele, dass es aber immerhin ehrenvolle Personaltraditionen über Thomas relativieren und in den „Mainstream" des frühen Christentums integrieren wolle.[126]

Für das Verhältnis zwischen Thomas- und Johannesevangelium würde das bedeuten, dass das Johannesevangelium das bereits abgeschlossene Thomasevangelium als Bezugstext voraussetzt und sich kritisch mit ihm auseinandersetzt: Wenn man annimmt, dass der Prolog die redaktionelle Einleitung zur ansonsten weitgehend abgeschlossenen Logiensammlung darstellt, dann muss er als das jüngste Element des Thomasevangeliums gelten, das die anderen Logien bereits voraussetzt. Mit anderen Worten: Wenn das Johannesevangelium nachweislich den Prolog des Thomasevangeliums rezipiert, dann ist das ganze Thomasevangelium als dem Johannesevangelium vorausliegender Referenztext zu betrachten. Damit wäre die Frage, die der vorliegenden Studie zugrunde liegt, einer eleganten Lösung zugeführt. An dieser Sicht ist jedoch einige Kritik anzubringen:

Verschiedentlich wird Rileys Überlegungen vorgeworfen, sie seien zirkulär: Um zu zeigen, dass das Johannesevangelium polemisch gegen eine Thomas-Gruppe gerichtet sei, müsse man die Existenz dieser Gruppe bereits postulieren. Um dies wahrscheinlich zu machen, müsse man aber wiederum das Johannesevangelium einseitig als gegen Thomas gerichtete polemische Schrift auslegen.[127] Auch wenn es sich hier nicht im strengen Sinne um einen Zirkelschluss handelt, ist ein wesentlicher Kritikpunkt an der von Riley begründeten Interpretation angesprochen: Die Anti-Thomas-Polemik, die im Zuge dieser Interpretation aus dem Johannesevangelium erhoben wird, ist alles andere als offensichtlich. Dass der Verfasser des Johannesevangeliums das polemische Fach beherrscht, zeigen die Ausfälle gegen die „Juden", die er Jesus in den Mund legt – im Bezug auf Thomas oder eine mit Thomas verbundene Gruppe findet sich nichts Vergleichba-

---

mas", 837); PAGELS: *Beyond Belief*, 30–75: Das Johannesevangelium setze die gläubige Annahme propositionaler Glaubensaussagen gegen den vom Thomasevangelium vertretenen Weg der individuellen Erfahrung. Mit Vorbehalten auch HARTENSTEIN: *Charakterisierung im Dialog*, 259–261: Thomas werde im Johannesevangelium als jemand dargestellt, für den es keinen Übergang vom Tod zum Leben gibt. Das könne darauf anspielen, dass das Thomasevangelium keine Passionsgeschichte enthält und auch sonst die Leiblichkeit abwertet.

126 Vgl. ATTRIDGE: „Thomas Didymus", 367; HARTENSTEIN: *Charakterisierung im Dialog*, 241–243.265. Umgekehrt z. B. DRIJVERS: „Thomas, Apostel", 430: Die johanneische Darstellung des Thomas als Auferstehungszeuge sei die Grundlage für seine Rolle als Offenbarungsmittler in apokryphen Schriften.

127 Vgl. SKINNER: *John and Thomas*, 17.227; ähnlich POIRIER: „Writings Ascribed to Thomas", 306.

B. Durchführung

res.[128] Wenn man hier überhaupt von Polemik sprechen kann, ist sie schwach bis zur Wirkungslosigkeit. Hinzu kommt, dass Thomas als Erzählfigur im Johannesevangelium zwar eine herausgehobene Stellung einnimmt, aber keineswegs durchgehend im Evangelium präsent ist – wie etwa die „Juden" oder der Kosmos als feindliche Macht.[129] Man wird also schwerlich behaupten können, das Johannesevangelium sei primär gegen „Thomas" – als historische Gestalt oder als Symbol einer christlichen Gruppe – geschrieben.

Thomas steht im Johannesevangelium als Erzählfigur in einer Reihe mit anderen: Er ist nicht von Anfang an und ausnahmslos der perfekte Gläubige ohne alle Probleme (er ist eben nicht der Geliebte Jünger), aber darin gleicht er zahlreichen anderen Erzählfiguren wie Petrus, Philippus oder Martha: Wenn Thomas ungläubig und ignorant ist, sind sie es auch.[130] In Joh 11,16; 14,5 tritt Thomas als Sprecher der Jünger auf, doch damit steht er neben Petrus (Joh 6,68–69), Philippus (Joh 14,8) und Judas Nicht-Iskariot (Joh 14,22); eine Sonderstellung nimmt er damit gerade nicht ein.[131]

Was die Thomas-Gestalt des Johannesevangeliums mit dem Thomasevangelium, zumindest in seiner koptischen Fassung, verbindet, ist die Verbindung des Namens Thomas mit der griechischen Entsprechung Δίδυμος. Judith Hartenstein folgert daraus, dass das Johannesevangelium bereits die in den Thomasakten und im Thomasbuch belegte Vorstellung von Thomas als dem Zwilling Jesu voraussetze.[132] Diese Vorstellung wird jedoch im Johannesevangelium – wie auch im Thomasevangelium – an keiner Stelle aktiviert. Zudem führt Thomas in den Texten der Thomas-Tradition (ActThom, LibThom, Abgar-Legende) regelmäßig den Vornamen Judas, was – sofern man die syrischen Übersetzungen von Joh 14,22 (s. u.) vernachlässigt – im Johannesevangelium gerade nicht der Fall ist. Es empfiehlt sich also nicht, das Thomasbild der Thomasakten und des Thomas-

---

128 Vgl. DUNDERBERG: *The Beloved Disciple in Conflict?*, 67; DERS.: „Johannine Traditions", 81–82; ähnlich PERRIN: *Thomas*, 46–47.
129 Vgl. dazu SKINNER: *John and Thomas*, 42–43.76.31–233. Hier ist aber eine Einschränkung zu machen, denn die Thomas-Perikope am Ende von Joh 20 ist durchaus strategisch platziert, um die Selbstreflexion des Verfassers in Joh 20,30–31 vorzubereiten.
130 Vgl. DUNDERBERG: „John and Thomas in Conflict?", 374–375; DERS.: *The Beloved Disciple in Conflict?*, 57; ähnlich auch DERS.: „Secrecy", 240.
131 Vgl. DUNDERBERG: *The Beloved Disciple in Conflict?*, 58; ähnlich HARTENSTEIN: *Charakterisierung im Dialog*, 262–264: Thomas steht zwar den anderen Jüngern gegenüber und nimmt dadurch eine gewisse Sonderrolle ein, doch diese kann man nicht mit seiner herausgehobenen Stellung in der „Thomastradition" vergleichen.
132 Vgl. HARTENSTEIN: *Charakterisierung im Dialog*, 241–243.265.

buches für eine Verhältnisbestimmung von Thomas- und Johannesevangelium heranzuziehen.[133]

Thomas in Joh 11,16
Thomas tritt im Johannesevangelium zum ersten Mal in Joh 11,16 auf und wird mit seinem Doppelnamen Θωμᾶς ὁ λεγόμενος Δίδυμος eingeführt. Ansonsten wird er als bekannt vorausgesetzt. Er ist der einzige Jünger, der in dieser Episode namentlich genannt wird. Dennoch erscheint es nicht angemessen, ihn als Sprecher der Jüngergruppe aufzufassen:[134] Sein Redebeitrag richtet sich nicht im Namen der Jünger an Jesus, sondern im Anliegen Jesu an die συμμαθηταί; insofern steht er – sozusagen als Verbündeter Jesu – den anderen Jüngern gegenüber.[135] Die genauere Charakterisierung des Thomas an dieser Stelle hängt von der Deutung seiner Aussage ab: In dem Satz ἄγωμεν καὶ ἡμεῖς καὶ ἀποθάνωμεν μετ' αὐτοῦ ist nämlich nicht ganz klar, auf wen sich αὐτοῦ bezieht. Es wäre möglich, dieses Pronomen auf Lazarus zu beziehen, von dem Jesus in 11,14 gesagt hat, er sei gestorben (ἀπέθανεν). Lazarus wird ja auch in 11,15 mit dem Personalpronomen bezeichnet, so dass auch das Pronomen in 11,16 gut auf ihn zu beziehen ist. Dann könnte man schon hier feststellen, dass Thomas die Auferstehung bestreitet.[136] Gegen diese Deutung spricht allerdings, dass Lazarus bereits tot ist, man also, streng genommen, nicht mehr mit ihm sterben kann. Zudem gibt es für die Jünger, wenn sie mit Jesus zu Lazarus gehen, keinen Anlass, *mit Lazarus* zu sterben. Die in 11,8 angesprochene Lebensgefahr bezieht sich ja vor allem auf Jesus.[137] Daher spricht doch einiges für die konventionelle Deutung, die das μετ' αὐτοῦ in 11,16 auf Jesus bezieht: Mit der Aufforderung an die Mitjünger ἄγωμεν καὶ ἡμεῖς greift Thomas die

---

133 Vgl. dazu insgesamt DUNDERBERG: „John and Thomas in Conflict?", 371; DERS.: „*Thomas and the Beloved Disciple*", 71; DERS.: *The Beloved Disciple in Conflict?*, 52.152.
134 So etwa THYEN: *Johannesevangelium*, 520; SKINNER: *John and Thomas*, 54–55.
135 Vgl. HARTENSTEIN: *Charakterisierung im Dialog*, 216–217; ähnlich THEOBALD: *Evangelium nach Johannes 1–12*, 730. Für DEVILLERS: „Thomas, appelé Didyme", 75 drückt sich auch hier die „Doppelrolle" des Thomas (Didymos) aus, denn er spricht einerseits innerhalb der Erzählung zum Zwölferkreis, andererseits aber auch aus der Erzählung heraus zu den späteren Gläubigen (den συμμαθηταί), um ihnen deutlich zu machen, was Jüngerschaft bedeutet.
136 Vgl. RILEY: *Resurrection Reconsidered*, 118–119. Schon Bultmann (*Evangelium des Johannes*, 305 Anm. 4) bezeichnete dies als „eine barocke Idee Z[ah]ns"; ähnlich THYEN: *Johannesevangelium*, 520.
137 Dass Jesus behaupte, er sei außer Gefahr (so RILEY: *Resurrection Reconsidered*, 118), kann man Joh 11,9–10 nicht direkt entnehmen.

B. Durchführung

zweimalige Aufforderung ἄγωμεν aus dem Munde Jesu (11,7.14) auf.[138] Mit καὶ ἡμεῖς schließt er sich und die Mitjünger mit Jesus zusammen – im Reiseplan und in der daraus resultierenden Lebensgefahr. So gesehen, ist die Aufforderung ἀποθάνωμεν μετ' αὐτοῦ durch die erste Hälfte des Satzes durchaus vorbereitet, und die beiden Satzteile sind ausbalanciert.[139] Wenn diese Analyse stichhaltig ist, kann man Thomas in Joh 11,16 nicht als Zweifler an der Auferstehung auffassen, denn in seinem Redebeitrag geht es gar nicht um die Auferstehung. Was er zum Ausdruck bringt, ist die Bereitschaft, sich mit Jesus in Lebensgefahr, eventuell sogar ins Martyrium zu begeben.[140] Man mag diese Aussage unzulänglich finden, zumal Jesus sich kurz darauf selbst als „die Auferstehung und das Leben" (11,25) ausweist.[141] In der Situation vor dem Ortswechsel (11,17) handelt sie jedoch, im Gegensatz zur Kritik in 11,8, vom Mit-Gehen und Mit-Sein, das den Jünger auszeichnet.[142] Bemerkenswert bleibt aber in jedem Falle, dass gerade Thomas hier das Wort ergreift und damit aus dem Kreis der Jünger heraustritt.

Thomas in Joh 14,5
Thomas begegnet wieder in Joh 14,5 als ein Gesprächspartner Jesu: Die erste Abschiedsrede (Joh 13,31–14,31) ist ja als Dialog Jesu mit mehreren Jüngern – Petrus, Thomas, Philippus, Judas Nicht-Iskariot – angelegt. Seine Frage, „Herr, wir wissen nicht, wohin du gehst; wie können wir den Weg kennen?", wird verschiedentlich als Ausdruck von Unglauben und Ignoranz ausgelegt[143] – häufig unter der Voraussetzung, dass die Erzählfigur

---

138 Vgl. auch BEUTLER: „Lasst uns gehen", 333 (= *Neue Studien*, 275–276).
139 Das spricht auch dagegen, Joh 11,16 mit dem leichtfertigen Wort des Petrus in Joh 13,37 zu parallelisieren, denn dieses wird sofort von Jesus korrigiert; vgl. BEUTLER: „Lasst uns gehen", 333 (= *Neue Studien*, 276).
140 Vgl. LINCOLN: *Gospel According to St John*, 322; THYEN: *Johannesevangelium*, 520; WAETJEN: *Gospel of the Beloved Disciple*, 274–275; BEUTLER: *Johannesevangelium*, 329–330. Etwas nuanciert HARTENSTEIN: *Charakterisierung im Dialog*, 217: „Thomas steht so an der Seite Jesu, aber es ist keineswegs sicher, ob dies auf tieferem Verständnis beruht. Es entsteht eher der Eindruck von eifrigem, aber fragwürdigem Engagement." Ähnlich SCHNACKENBURG: *Johannesevangelium* II, 411; WENGST: *Johannesevangelium* 2, 26; THEOBALD: *Evangelium nach Johannes 1–12*, 730.
141 Vgl. BARRETT: *Gospel According to St John*, 327.
142 Vgl. BULTMANN: *Evangelium des Johannes*, 305; BARRETT: *Gospel According to St John*, 327–328 (327: „Thomas ... is made to speak an unconscious truth: ..."). Anders MOLONEY: *Gospel of John*, 337: „Such a suggestion, which is better suited to the Markan portrait of disciples (but see 12:24–26), misses the important point of the ongoing misunderstanding of the disciples."
143 Vgl. v. a. RILEY: *Resurrection Reconsidered*, 79; DECONICK: „Blessed are those who Have not Seen", 387 (= *Voices of the Mystics*, 73); ähnlich WAETJEN: *Gospel of the Beloved Disciple*, 275–276. Eine etwas sympathischere Deutung findet sich bei

des Thomas eine distinkte christliche Gruppe repräsentiert. Näherhin wird die Frage im starken Kontrast zur Antwort Jesu gesehen: „Ich bin der Weg und die Wahrheit und das Leben. Niemand kommt zum Vater außer durch mich." Durch diese exklusive Bindung an Jesus, so wird behauptet, bestreite der Evangelist den eher individualistischen und autonomen „Weg" dieser Thomas-Leute.[144]

Diese pointierte Auslegung des kleinen Dialogstückes wäre einigermaßen stichhaltig, wenn in der ersten Abschiedsrede nur Thomas der Gesprächspartner Jesu wäre; dann könnte man annehmen, dass der Evangelist damit speziell auf eine Gruppe von Thomas-Leuten eingeht. Nun steht aber Thomas mit seinem Unverständnis – besser: mit seinen offenen Fragen – in einer Reihe mit anderen Jüngern (Philippus und Judas Nicht-Iskariot), und wie diese anderen Jünger spricht auch er für das „wir" der ganzen Jüngergruppe.[145] Zudem fällt auf, dass in dieser dialogisch angelegten Abschiedsrede jeweils einzelne Jünger stellvertretend für die ganze Gruppe Fragen stellen und die Antwort Jesu jeweils allgemein gefasst ist und der ganzen Gruppe gilt.[146] Die Jünger scheinen also nicht jeweils bestimmte Positionen oder Gruppen zu repräsentieren.[147] Anderenfalls müsste man annehmen, dass der Evangelist in Joh 14 gleichermaßen mit Thomas-Leuten, Philippus-Leuten und Judas-Leuten abrechnet. Sie scheinen vielmehr der dialogischen Gestaltung dieser Abschiedsrede zu dienen: Ihre Redebeiträge stellen zwar keine Einwände oder Gegenargumente dar, aber sie bringen den Gedankengang voran. Besonders schön lässt sich das beim Auftritt des Thomas beobachten: In Joh 14,3–4 hat Jesus ein Rätsel

---

BULTMANN: *Evangelium des Johannes*, 466–467: Die Frage des Thomas sei zwar einerseits töricht und in mythologischem Denken befangen, doch zugleich sei sie insofern richtig gestellt, als der eigene Weg ja durch den Weg Jesu bestimmt wird.
144 Vgl. RILEY: *Resurrection Reconsidered*, 122–123; mit besonderem Akzent DECONICK: „Blessed are those who Have not Seen", 387 (= *Voices of the Mystics*, 72–73); DIES.: „John Rivals Thomas", 306–307: Mit ὁδός sei der visionäre Aufstieg des Mystikers gemeint (Belege, vor allem bei Philon und im Corpus Hermeticum: DIES.: „Blessed are those who Have not Seen", 384–386; *Voices of the Mystics*, 69–72), den die Thomas-Leute favorisiert hätten.
145 Vgl. DUNDERBERG: „John and Thomas in Conflict?", 374–375; HARTENSTEIN: *Charakterisierung im Dialog*, 218; SKINNER: *John and Thomas*, 62.67; ähnlich DUNDERBERG: *The Beloved Disciple in Conflict?*, 58–59.
146 Auf die Frage des Thomas (14,5) antwortet Jesus zunächst mit einer allgemein-gnomischen Aussage (14,6), dann spricht er die Jünger im Plural an (14,7). Auf die Bitte des Philippus (14,8) reagiert er zwar zunächst direkt (14,9–10a), doch in 14,10 wechselt er unvermittelt in die pluralische Anrede. Auf die Frage des Judas Nicht-Iskariot (14,22) folgt schließlich gar keine Anrede, die Antwort Jesu ist ganz allgemein formuliert (ἐάν τις ἀγαπᾷ με ...).
147 Vgl. THEOBALD: *Herrenworte im Johannesevangelium*, 575–576.

B. Durchführung

formuliert, das mit der kryptischen Aussage οἴδατε τὴν ὁδόν schließt, die zunächst eine Wissenslücke aller Hörer und Leser aufzeigt.[148] Thomas stellt daraufhin die notwendige Frage, die das Gespräch gewissermaßen wieder auf den Boden der Tatsachen zurückholt. Zugleich gibt er damit aber Jesus die Gelegenheit, den Gedankengang weiterzuführen (14,6–7):[149] Der „Weg" ist nun nicht mehr die Strecke hin zu dem Ziel, zu dem Jesus unterwegs ist (ὑπάγω), sondern Jesus kann sich nun selbst als „Weg" prädizieren. Die Frage des Thomas ist damit die Schnittstelle, die den Übergang vom topographischen zum christologischen Verständnis des Wortes „Weg" ermöglicht und das Gespräch vom bevorstehenden Weggang Jesu auf seine Rolle als Mittler und „Exeget" Gottes (Joh 1,18) hinlenkt. Gewiss kann man auch weiterhin fragen, warum der Evangelist aus seinem Figureninventar gerade Thomas für diese Rolle heranzieht. Für die hier zu behandelnde Fragestellung ist jedenfalls festzuhalten, dass diesem Auftritt des Thomas keine polemische Absicht gegen den historischen Jünger oder gegen Christen, die sich auf ihn beriefen, zugrunde liegt.

Thomas in Joh 14,22 (sy)?

Zwei syrische Handschriften gewähren Thomas in Joh 14 einen weiteren Auftritt, indem sie den Judas Nicht-Iskariot von Joh 14,22 zum Thomas (sy^s) bzw. Judas Thomas (sy^c) machen. Das entspricht dem Doppelnamen, den wir auch im Prolog des Thomasevangeliums sowie im Thomasbuch und in den Thomasakten antreffen (s. o. B.II.1.e). Hinter dieser schwach und uneinheitlich bezeugten Lesart ist aber gewiss keine alte Tradition oder gar historische Erinnerung zu vermuten,[150] sondern hier dokumentiert sich der Einfluss einer spätantiken Judas-Thomas-Tradition, die dem als Thomas bezeichneten Jünger (und Zwilling) Jesu den Vornamen Judas zuwies.[151] Am Rande sei angemerkt, dass diese Umbenennung insofern

---

148 Vgl. dazu SKINNER: *John and Thomas*, 61: Im Evangelium war bis dahin noch gar nicht vom „Weg" die Rede, also kann niemand, nicht einmal Thomas, wissen, was mit dem Weg gemeint sein soll.
149 Vgl. dazu auch SCHNACKENBURG: *Johannesevangelium* III, 72; LINCOLN: *Gospel According to St John*, 390; DEVILLERS: „Thomas, appelé Didyme", 76; ZUMSTEIN: *L'Évangile selon Saint Jean (13–21)*, 65; POPP: „Die konsolatorische Kraft der Wiederholung", 547–548.
150 Anders anscheinend PUECH: „Une collection de paroles de Jésus", 154; DECONICK: „Blessed are those who Have not Seen", 389–390 (= *Voices of the Mystics*, 76–77).
151 Vgl. GUNTHER: „Meaning and Origin", 125–126; PLISCH: *Thomasevangelium*, 18–19; ähnlich BULTMANN: *Evangelium des Johannes*, 481 Anm. 2. Nach KLIJN: „John xiv 22", 91 sind freilich die verschiedenen Schreibweisen zu beachten: Der Sinai-Syrer hat die stärker vom Griechischen beeinflusste Schreibweise ܬܐܘܡܐ

sachlich problematisch ist, als der als Thomas bezeichnete Jünger einige Verse zuvor, in 14,5, ausdrücklich und ohne weitere Namen genannt wurde.[152] So erklärt sich diese Lesart wohl aus dem Bedürfnis, die negative Bestimmung dieses Judas als „Nicht-Iskariot" ins Positive zu wenden oder den belasteten Namen Judas möglichst zu verdrängen.

Thomas in Joh 20,24–29
Die „Thomas-Perikope" Joh 20,24–29 ist derjenige Text im Johannesevangelium, in dem Thomas die bedeutendste Rolle spielt. Entsprechend finden Vertreter der Position, die im Johannesevangelium eine thomaskritische Ausrichtung erkennt, hier ihre Vermutungen bestätigt. Für Elaine Pagels erhält Thomas in dieser Perikope den „Todesstoß", denn hier muss er seine Suche nach Erfahrungswahrheit aufgeben und stattdessen eine propositionale Glaubensaussage formulieren.[153] Ähnlich findet April DeConick in dieser Perikope eine grundlegende Abwertung des Sehens – von ihr als visionäre Mystik verstanden – zugunsten des Glaubens.[154] Für Gregory Riley setzt sich in dieser Perikope, namentlich im Bekenntnis des Thomas (Joh 20,28), das Ideal der Unterordnung unter Jesus durch, das dem in der Thomas-Tradition propagierten Ideal der Angleichung an Jesus (vgl. EvThom 108) diametral entgegen stehe.[155] Entsprechend wird, Riley

---

($t^e h\bar{o}ma$'), der Cureton-Syrer hingegen das genuin syrische ܝܗܘܕܐ ܬܐܘܡܐ ($y^e h\bar{u}da'$ $t^{e\prime}\bar{o}ma'$), was für eine stärkere Verwurzelung dieses Motivs im syrischen Sprachraum spricht.
152 Vgl. GUNTHER: „Meaning and Origin", 123; THEOBALD: *Evangelium nach Johannes 1–12*, 730.
153 Vgl. PAGELS: *Beyond Belief*, 71–72. Diese Deutung ist allerdings nur dann stichhaltig, wenn die Suche nach Erfahrungswahrheit tatsächlich ein bestimmendes Motiv für den johanneischen Thomas ist. In Joh 11,16 geht es aber eher um ein Tun bzw. um die Bereitschaft zum Martyrium. Die Frage von Joh 14,5 bewegt sich zunächst auf der kognitiven Ebene und wird erst durch die Antwort Jesu auf die Beziehungsebene gezogen. Schließlich spricht Thomas in Joh 20,29 nicht einfach eine objektivierende, propositionale Glaubenswahrheit (in der 3. Person) aus, sondern er spricht Jesus an. In seinem Bekenntnis artikuliert sich seine Beziehung zu Jesus („*mein* Herr und *mein* Gott"); vgl. auch schon SCHNACKENBURG: *Johannesevangelium* III, 397.
154 Vgl. DECONICK: „Blessed are those who Have not Seen", 395 (= *Voices of the Mystics*, 82); DIES.: „John Rivals Thomas", 309–310. Die gleiche Akzentsetzung – Glauben statt Sehen – erkennt DeConick auch in Joh 3,14–15 (Rezeption von Num 21,8–9: *Sehen* der Kupferschlange; vgl. DIES.: *Voices of the Mystics*, 126; DIES.: „John Rivals Thomas", 310.
155 Vgl. RILEY: *Resurrection Reconsidered*, 123–124. Die Rezeption dieses Bekenntnisses in einem Text der Thomas-Tradition, ActThom 10; 81; 167 kann er um den Preis einer gewissen Unbestimmtheit in sein Modell integrieren: „The author of the

B. Durchführung

zufolge, Thomas mit seinem Fehlen bei der ersten Ostererscheinung und seiner ungebührlichen und eigentlich abstoßenden Forderung[156] als einzigartig ungläubiger Jünger gezeichnet:[157] Riley hebt besonders hervor, dass Thomas in 20,24 durch die Bezeichnung „einer von den Zwölf" sogar in die Nähe des Judas Iskariot gerückt werde (gleiche Bezeichnung in Joh 6,71).[158] Seine Forderung, die Wundmale des Auferstandenen zu berühren, ziele auf dessen physische Kontinuität mit dem Gekreuzigten und damit seine leibhafte Auferstehung – durch das Sehen allein wäre diese nicht sichergestellt, denn sehen könnte man gegebenenfalls auch ein Gespenst.[159]

Letztere Beobachtung ist schwer zu bestreiten, dennoch kann hier die Kritik an Rileys These ansetzen:[160] Die Aussage der anderen Jünger „Wir haben den Herrn gesehen" (Joh 20,25) bewegt sich ja im Bereich des Visuellen; sie könnte sich auch auf eine bloße Erscheinung beziehen. Die Forderung des Thomas ist hingegen haptisch orientiert; demnach stellt er sich eine Auferstehung, an die er eventuell zu glauben bereit wäre, explizit als eine handgreiflich leibliche vor.[161] Anders gewendet: Die Forderung des Thomas bringt überhaupt erst den Gedanken an eine leibliche Auferstehung in das johanneische Osterkapitel ein. Das „noli me tangere" von

---

Acts shows that Thomas has learned his Johannine lesson of submission and faith." (ebd., 171).

156 Caravaggios drastische Umsetzung dieses Themas entspricht zwar nicht genau dem, was in Joh 20,24–29 erzählt wird, doch das Gemälde gibt sehr deutlich den von Thomas geäußerten Wunsch wieder.

157 Vgl. RILEY: *Resurrection Reconsidered*, 79.115–116. Ähnlich, aber weniger massiv BROWN: *John xiii–xxi*, 1045–1046; ZUMSTEIN: *L'Évangile selon Saint Jean (13–21)*, 290.

158 Vgl. RILEY: *Resurrection Reconsidered*, 108–110. Dagegen diente diese Apposition für BULTMANN: *Evangelium des Johannes*, 538 als Indiz dafür, dass der Evangelist die Thomas-Perikope aus seiner Quelle entnommen hat. Für eine umsichtige Auslegung dieser Wendung vgl. SCHNACKENBURG: *Johannesevangelium* III, 392; ähnlich auch RUBEL: *Erkenntnis und Bekenntnis*, 288–289.

159 Vgl. RILEY: *Resurrection Reconsidered*, 117–118.

160 Vgl. dazu insgesamt JUDGE: „John 20,24–29"; PERRIN: *Thomas*, 42–51; SKINNER: *John and Thomas*.

161 Vgl. dazu auch BARRETT: *Gospel According to St John*, 476; G. RICHTER: „Fleischwerdung des Logos", 121–122 (= *Studien zum Johannesevangelium*, 180–181); kritisch dazu SCHNACKENBURG: *Johannesevangelium* III, 391. Wenn es „nur" um die Kontinuität zwischen dem Gekreuzigten und dem Auferstandenen ginge (wie etwa in den Christus-Visionen der Johannesapokalypse), würde es genügen, die Wundmale zu sehen. Dafür verweist Riley (*Resurrection Reconsidered*, 117–118) auf Vergil, Aeneis 2,272–273. Trotzdem bleibt die Fixierung auf die Wundmale bemerkenswert; vermutlich legt der Evangelist Wert darauf, dass diese bleibend auch zum Auferstandenen und Erhöhten gehören; vgl. FREY: *„Theologia crucifixi"*, 232; WENGST: *Johannesevangelium* 2, 316.

Joh 20,17 ist ja in dieser Hinsicht wenig aussagekräftig. Damit ist die Erzählfigur des Thomas nicht geeignet, um den Zweifel an eben dieser leiblichen Auferstehung Jesu erzählerisch zu personifizieren.

Der Eindruck, dass der Thomas des Johannesevangeliums durchaus keine Negativgestalt ist, wird auch durch andere Beobachtungen gestützt: Ismo Dunderberg weist darauf hin, dass die Thomas-Perikope dem vorhergehenden Textstück, Joh 20,19–23, in der Struktur stark ähnelt:[162] In beiden Texten geht es um die Reaktion auf das Osterzeugnis „Ich/wir habe/n den Herrn gesehen." (Joh 20,18: Maria Magdalena zu den Jüngern; Joh 20,25: Die Jünger zu Thomas). In beiden Fällen ist die Reaktion nicht adäquat (Die Jünger reagieren überhaupt nicht, Thomas stellt Forderungen), und in beiden Fällen wird dieses Ungenügen durch eine Erscheinung des Auferstandenen behoben. Man kann daher nicht behaupten, dass Thomas sich negativ von den anderen Jüngern unterscheide.[163]

Ein Weiteres kommt hinzu: Im Verlauf von Joh 20 bilden drei Erscheinungen und Bekenntnisse eine Klimax:[164]

- In Joh 20,11–18 kann Maria Magdalena den Auferstandenen, als er ihr am leeren Grab erscheint, nicht sofort identifizieren, doch schließlich kann sie den Jüngern sagen: ἑώρακα τὸν κύριον (20,18).[165] Diese bleiben aber trotzdem hinter ihren verschlossenen Türen (20,19).
- Als Jesus ihnen erscheint, zeigt er ihnen seine Hände und Füße und identifiziert sich damit (20,19–23). Die Jünger sehen den Herrn (20,20) und können daher ihrerseits zu Thomas sagen: ἑωράκαμεν τὸν κύριον (20,25). Thomas ist aber nicht bereit, seinen Mit-Jüngern auf ihr Wort hin zu glauben, er ist noch nicht einmal damit zufrieden, den Auferstandenen auch zu *sehen*: Er will die Wundmale *berühren* (20,25).

---

162 Vgl. DUNDERBERG: „John and Thomas in Conflict?", 375–376; ähnlich DERS.: *The Beloved Disciple in Conflict?*, 60; ZUMSTEIN: *L'Évangile selon Saint Jean (13–21)*, 289; RUBEL: *Erkenntnis und Bekenntnis*, 282–283. Etwas anders MOLONEY: *Gospel of John*, 537; LINCOLN: *Gospel According to St John*, 502.
163 Vgl. dazu auch FREY: „Leiblichkeit und Auferstehung", 315 mit Anm. 132; ähnlich DEVILLERS: „Thomas, appelé Didyme", 72–73: Trotz seiner Abwesenheit bei der ersten Ostererscheinung bleibt Thomas „einer der Zwölf" (Joh 20,24); als solcher muss er die gleiche Erfahrung wie seine Mit-Jünger machen. Anders RUBEL: *Erkenntnis und Bekenntnis*, 280.289–290: Im Unterschied zu den anderen Jüngern stellt Thomas Bedingungen.
164 Nach RUBEL: *Erkenntnis und Bekenntnis*, 283–287 erstreckt sich diese klimaktische Bewegung nur über die Erscheinungen des Ostertages (Joh 20,11–23), um in das Vollmachtswort Joh 20,23 zu münden. Die Thomas-Perikope Joh 20,24–29 nimmt dann eine Sonderstellung ein.
165 Nach SCHWANKL: „Auf der Suche nach dem Anfang des Evangeliums", 45 könnte ein schlichtes „Ich habe ihn gesehen" die erste und durchaus unreflektierte Form der Osterverkündigung gewesen sein.

B. Durchführung

- Eine Woche später erscheint Jesus den Jüngern einschließlich Thomas und fordert Letzteren auf, das zu tun, was er zuvor verlangt hat (20,27). Hier bricht die Reihe jedoch ab, von einer Berührung ist keine Rede mehr,[166] und die Erzählung nimmt eine Wendung hin zum Bekenntnis des Thomas: ὁ κύριός μου καὶ ὁ θεός μου. Die Geschichte geht auch nicht damit weiter, dass Thomas nun seinerseits zu jemandem sagt: ἑώρακα τὸν κύριον. Der Auferstandene bescheinigt ihm zwar, dass er gläubig geworden ist, weil er ihn gesehen hat (ὅτι ἑώρακάς με, 20,29), doch die Perspektive weitet sich sogleich in die Zukunft, wenn der Auferstandene nicht mehr für Erscheinungen zur Verfügung steht, wenn es zu glauben gilt, ohne zu sehen.

Dieses Bekenntnis, das Thomas am Ende des johanneischen Osterkapitels ablegt, darf als ein, wenn nicht als der Spitzensatz des Johannesevangeliums gelten.[167] Sein Bekenntnis greift die bekenntnishaften Aussagen von Joh 20,18.25 (ἑώρακα/-μεν τὸν κύριον)[168] auf und führt sie fort: ὁ *κύριός μου καὶ ὁ θεός μου*. Sein Bekenntnis ist damit *das* angemessene Bekenntnis, dem im Laufe der Erzählung zahlreiche falsche bzw. unzulängliche Einschätzungen Jesu vorausgegangen sind.[169] So gesehen, hat die Erzählung mit Thomas das in 20,31 formulierte Ziel erreicht.[170] Dennoch ist der hier dargestellte Thomas nicht einfach das Vorbild für alle zukünftigen Glau-

---

166 Vgl. dazu z. B. BARRETT: *Gospel According to St John*, 476; SCHNACKENBURG: *Johannesevangelium* III, 395–396; ZUMSTEIN: *L'Évangile selon Saint Jean (13–21)*, 291.
167 Vgl. BARRETT: *Gospel According to St John*, 477; SCHNACKENBURG: *Johannesevangelium* III, 397–398; KREMER: „Nimm deine Hand", 2166–2167; ZUMSTEIN: *L'Évangile selon Saint Jean (13–21)*, 292; RUBEL: *Erkenntnis und Bekenntnis*, 306–310, v. a. 309–310: Mit der Anrede „mein Herr *und* mein Gott" spannt der Evangelist einen Bogen zum Prolog (Joh 1,1.18).
168 Vgl. dazu auch HERGENRÖDER: *Wir schauten seine Herrlichkeit*, 516–517: Die Verwendung von κύριος macht aus der Sachaussage ein Bekenntnis, eine Glaubensaussage.
169 Vgl. COLLINS: „Thomas (Person)", 529; HERGENRÖDER: *Wir schauten seine Herrlichkeit*, 524; SKINNER: *John and Thomas*, 72–73; ebenso BULTMANN: *Evangelium des Johannes*, 538–539; BROWN: *John xiii–xxi*, 1047; SCHNACKENBURG: *Johannesevangelium* III, 395–397; LINCOLN: *Gospel According to St John*, 503; THYEN: *Johannesevangelium*, 769; DEVILLERS: „Thomas, appelé Didyme", 73; WENGST: *Johannesevangelium* 2, 318–319; ZUMSTEIN: *L'Évangile selon Saint Jean (13–21)*, 291–292.
170 Vgl. dazu auch SKINNER: *John and Thomas*, 73. – Dieser Befund kann sogar einen Anlass dafür bieten, Thomas mit dem „Jünger, den Jesus liebte" zu identifizieren; vgl. z. B. B. LANG: „Thomas", 837.

benden.¹⁷¹ Sein Glaube, der auf einer Erscheinung des Auferstandenen fußt, wird ja in der Seligpreisung 20,29 dem Glauben derer gegenübergestellt, die den Auferstandenen nicht (mehr) gesehen haben – und diese werden seliggepriesen. Man sollte darin keine Abwertung des Thomas und seines Augenzeugen-Glaubens sehen.¹⁷² Dieses letzte Wort Jesu in Joh 20 stellt vielmehr eine Ermutigung für die Glaubenden einer späteren Zeit dar: Ihnen versichert der johanneische Jesus, dass ihr Glaube, der „nur" vom Hörensagen kommt, vollwertig ist, auch wenn er nicht die Unmittelbarkeit der ersten Generation hat.¹⁷³ Damit setzt sich auch im Osterkapitel eine Thematik fort, die schon in den Abschiedsreden (Joh 14–16) aufs Ausführlichste verhandelt wurde. Späteren Generationen von Lesern und Hörern des Evangeliums soll gezeigt werden, wie sie unter den Bedingungen ihrer Zeit, in physischer Abwesenheit Jesu, vollwertige Jüngerinnen und Jünger sein können.¹⁷⁴ Der abschließende Makarismus formuliert also ein Zukunftsprogramm.¹⁷⁵ Damit ist Thomas aber eindeutig der Vergangenheit zugewiesen: Sein Weg mag beeindruckend sein, aber er kann und muss nicht der Weg späterer Generationen, der Leser und Hörer des Evangeliums sein.¹⁷⁶ Abgewertet wird Thomas dadurch allerdings nicht. Auch

---

171 Pace BEUTLER: „Lasst uns gehen", 335 (= *Neue Studien*, 277).
172 So aber etwa BULTMANN: *Evangelium des Johannes*, 539–540, für den die Ostererscheinungen nur ein Zugeständnis an die Schwachheit des Menschen sind und der daher in der Thomas-Perikope „eine eigentümliche Kritik an der Wertung der Ostergeschichten" (539) erkennt: „Im Grunde sollte nicht erst die Schau des Auferstandenen die Jünger bewegen, ‚dem Worte, das Jesus sprach' zu glauben (2_{22}), sondern dieses Wort müßte allein die Kraft haben, ihn (sic) zu überzeugen." Dagegen BROWN: *John xiii–xxi*, 1050: „In our judgment, this exegesis of John reflects Bultmann's personal theology rather than the evangelist's thought." Auf der gleichen Linie auch HERGENRÖDER: *Wir schauten seine Herrlichkeit*, 525–527.
173 Vgl. dazu auch BARRETT: *Gospel According to St John*, 477–478; SCHNACKENBURG: *Johannesevangelium* III, 399; JUDGE: „A Note on Jn 20,29", 2189–2190; ähnlich KREMER: „Nimm deine Hand", 2168; HERGENRÖDER: *Wir schauten seine Herrlichkeit*, 513.527–528; M. LANG: „Kunst der Wiederholung", 637–638 mit Anm. 29. Etwas anders THYEN: *Johannesevangelium*, 770, der den Makarismus allgemein und überzeitlich verstanden wissen will.
174 Vgl. BROWN: *John xiii–xxi*, 1048–1051; MOLONEY: *Gospel of John*, 538; ZUMSTEIN: *L'Évangile selon Saint Jean (13–21)*, 289–290.292–293; FREY: „Leiblichkeit und Auferstehung", 319.322.
175 Vgl. dazu insgesamt FREY: „*Theologia crucifixi*", 233; DUNDERBERG: *The Beloved Disciple in Conflict?*, 60–61; JUDGE: „John 20,24–29", 927–929; RUBEL: *Erkenntnis und Bekenntnis*, 313–314; LEE: „The Gospel of John and the Five Senses", 120; ähnlich COLLINS: „Thomas (Person)", 529; M. LANG: „Kunst der Wiederholung", 639–640.
176 Vgl. HARTENSTEIN: *Charakterisierung im Dialog*, 221.263–266; ähnlich auch HERGENRÖDER: *Wir schauten seine Herrlichkeit*, 528–529; WAETJEN: *Gospel of the*

B. Durchführung

seine Abwesenheit bei der ersten Ostererscheinung (Joh 20,19–23) ist kein Teil eines Negativportraits. Sie ist ein erzählerisches Mittel, das dem Autor die oben beschriebene Klimax ermöglicht und für Thomas die exklusive Begegnung mit Jesus und das Bekenntnis erzählerisch vorbereitet.[177] Von einem „ungläubigen Thomas" kann also in Joh 20 keine Rede sein.

Thomas in Joh 21,2
Seinen letzten Auftritt hat Thomas in Joh 21,2. Gewiss spielt er in diesem „Nachtragskapitel" keine tragende Rolle: Weder in der Episode vom wunderbaren Fischfang (Joh 21,2–14) noch im „Frühstücksgespräch" zwischen Jesus und Petrus (Joh 21,15–23) wird er erwähnt. Dennoch stellt ihn die Liste Joh 21,2 in einen exklusiven Zirkel von engsten Jüngern Jesu.[178] Er steht dabei an zweiter Stelle nach Petrus, ihm folgt Nathanael, der im Laufe der vorausgehenden Erzählung das erste christologische Bekenntnis abgelegt hat (Joh 1,49). Es folgen die Söhne des Zebedäus, die bei den Synoptikern neben Petrus zum engsten Jüngerkreis gehören (Mk 1,19 parr. Mt 4,21; Lk 5,10; Mk 9,2 parr. Mt 17,1; Lk 9,28; Mk 14,33 par. Mt 26,37), sowie zwei namenlose Jünger, so dass die Siebenzahl voll wird.[179]

Zwischenergebnis: Der johanneische Thomas und das Thomasevangelium
Auf der anderen Seite wäre nun zu fragen, inwiefern das vom Johannesevangelium gezeichnete Thomas-Bild einen Anknüpfungspunkt im Thomasevangelium hat. Diese Frage ist, wenn überhaupt, nur schwer zu

---

Beloved Disciple, 424; BEUTLER: *Johannesevangelium*, 530–531; anders RUBEL: *Erkenntnis und Bekenntnis*, 314: Mit seiner „zerrissenen Haltung" – glauben zu wollen, es aber unter den gegebenen Bedingungen nicht zu können – sei Thomas für die Leser des Evangeliums eine „Identifikationsfigur". Dem ist soweit nicht zu widersprechen, doch die Lösung, die der Evangelist für Thomas findet, ist eben für spätere Leser nicht einfach wiederholbar. – Am Rande sei bemerkt, dass das Johannesevangelium damit bemerkenswert bodenständig und realistisch ausklingt: Der Glaubensweg, den es aufzeigt, ist nicht auf religiöse Virtuosen beschränkt, die etwa ein außerordentliches Erlebnis für sich in Anspruch nehmen könnten. In Joh 20,29 sind schlussendlich Normalchristen im Blick, die glauben – oder gerne glauben würden –, aber keine unmittelbare Gewissheit haben.
177 Ähnlich, aber anders akzentuiert DEVILLERS: „Thomas, appelé Didyme", 73–74: Durch seine Abwesenheit bei der ersten Ostererscheinung teilt Thomas das Geschick aller späteren Gläubigen, deren Glaube auf dem Zeugnis anderer gründet. – Durch die Erscheinung vor Thomas (Joh 20,26–29) wird dieses Identifikationsangebot aber wieder aufgebrochen.
178 Vgl. HARTENSTEIN: *Charakterisierung im Dialog*, 223; ähnlich COLLINS: „Thomas (Person)", 528; anders BROWN: *John xiii–xxi*, 1068: „Here he is one of the general group of disciples; ..."
179 Vgl. dazu auch ZUMSTEIN: *L'Évangile selon Saint Jean* (13–21), 305.

beantworten, denn Thomas hat zwar dem Thomasevangelium den Namen gegeben, doch da das Thomasevangelium keine Erzählung ist, wird Thomas auch nicht als Erzählfigur entwickelt. Nur zweimal ist er namentlich erwähnt: In EvThom 13 wird er von den anderen Jüngern abgesondert und erhält von Jesus eine höchst esoterische Privatunterweisung. Im Prolog ist er nach der koptischen Fassung der Schreiber der „verborgenen Worte", nach der griechischen Fassung vermutlich ihr Empfänger. Er steht also immer in einem Kommunikationsgeschehen und hat gegenüber anderen einen Wissensvorsprung. Einmal wahrt er diesen Vorsprung (EvThom 13), einmal überwindet er ihn und übermittelt das ihm Mitgeteilte weiter (Prolog). Daraus lässt sich keine Thomasgeschichte schreiben. Thomas hat im Thomasevangelium eine besondere Rolle, aber diese ist nicht mit der Rolle des Thomas im Johannesevangelium zu vergleichen: In letzterem bleibt Thomas innerhalb der Erzählung, in ersterem tritt er aus dem Text heraus und spricht die Leser selbst an (s. u.). In dieser Rolle wäre am ehesten noch der Geliebte Jünger des Johannesevangeliums mit ihm zu vergleichen (Joh 19,35; 21,24). Zwischen dem johanneischen und dem thomasischen Thomas ist hingegen keine Verbindung erkennbar. So wird man diese Gemeinsamkeit der beiden Evangelien in diesem Punkt am besten als eine Analogie verstehen.

g) „Den Tod nicht schmecken"

Wenn EvThom 1, wie gesehen, als Bestandteil des Prologs zu deuten ist, dann lässt der Kompilator an strategisch wichtiger Stelle gleich Jesus selbst sprechen. Dieses erste, für die Rezeption der Logien entscheidende Wort steht nun mit seiner Verheißung, wer die Worte Jesu richtig rezipiere, werde „den Tod nicht schmecken", in bemerkenswerter Nähe zum Johannesevangelium (8,51–52).[180]

Nun ist aus dieser Wendung allein noch kein irgendwie geartetes Abhängigkeitsverhältnis zwischen Thomas- und Johannesevangelium zu erschließen.[181] Die Wendung „den Tod nicht schmecken" ist ja in der früh-

---

[180] Vgl. GRENFELL/HUNT: *New Sayings of Jesus*, 12; GRANT/FREEDMAN: *Secret Sayings of Jesus*, 119. Zumeist wurde die Wendung im Thomasevangelium *a priori* als eine ungenaue Wiedergabe von Joh 8,52 verstanden; vgl. TAYLOR: *Oxyrhynchus Sayings*, 4; JACQUIER: „Sentences du Seigneur extracanoniques", 114; EVELYN WHITE: *Sayings of Jesus from Oxyrhynchus*, 4; MARCOVICH: „Textual Criticism", 53; ähnlich SWETE: „The New Oxyrhynchus Sayings", 490: „perhaps adapted from Jn 8⁵¹".

[181] Schon die Herausgeber der *editio princeps* konstatierten die Parallele, vermieden aber allzu weitreichende Schlussfolgerungen, da sie das Johannesevangelium nicht für die einzige mögliche Quelle für diese Wendung hielten; vgl. GRENFELL/HUNT: *New Sayings of Jesus*, 21; mit noch breiterer Quellenbasis MÉNARD:

B. Durchführung

jüdischen und frühchristlichen Literatur noch häufiger belegt: Mk 9,1 parr. Mt 16,28; Lk 9,27; ferner Hebr 2,9; Aristides, Apol. 15,1 (Barlaam);[182] im frühjüdischen Bereich 4 Esra 6,26;[183] OrSib 1,82;[184] ähnlich LAB 48,1.[185] Ähnliche Wendungen finden sich aber auch in Texten ohne jüdischen oder christlichen Hintergrund. Schon in einem Epigramm des Bukolikers Theokritos (3. Jahrhundert v. Chr.)[186] ist davon die Rede, dass ein zwanzigmonatiges Kleinkind „den lieblosen Tod geschmeckt" habe, also verstorben sei.[187] Wie man sonst das Themenfeld von Tod und Unsterblichkeit mit dem Verb „schmecken" verbinden konnte, zeigt der zehnte Traktat des Corpus Hermeticum („Der Schlüssel des Hermes Trismegistos"): Dort heißt es, dass eine schlechte Seele nicht die Unsterblichkeit schmecke.[188] Wenn also das Verhältnis zwischen EvThom 1 und Joh 8,51–52 überhaupt ein Forschungsgegenstand sein soll, dann müssen sich spezifische Gemeinsamkeiten der

---

L'Évangile selon Thomas, 77; CHILTON: „Not to Taste Death", 29; im Ergebnis auch BEUTLER: *Johannesevangelium*, 280.

182 Dort wird diese Wendung, wie in Hebr 2,9, vom Sterben Jesu gebraucht: Καὶ τελέσας τὴν θαυμαστὴν αὐτοῦ οἰκονομίαν διὰ σταυροῦ θανάτου ἐγεύσατο ἑκουσίᾳ βουλῇ κατ' οἰκονομίαν μεγάλην („Nachdem er seinen staunenswerten Plan ausgeführt hatte, schmeckte er durch das Kreuz den Tod aus freiwilligem Entschluss nach einem großartigen Plan.").

183 Dort wird von den Entrückten (vermutlich Henoch und Elija) gesagt, sie hätten „den Tod seit ihrer Geburt nicht geschmeckt" (*qui mortem non gustaverunt a nativitate sua*).

184 OrSib 1,81–82: Ἀιδην δ' αὐτ' ἐκάλεσσαν, ἐπεὶ πρῶτος μόλεν Ἀδὰμ / γευσάμενος θανάτου, γαίη δέ μιν ἀμφεκάλυψεν (übers. Gauger: „Hades nannte man ihn, weil Adam als erster dahin kam, / als den Tod er gekostet und ihn die Erde umhüllte."). Für das Todesgeschick des Adam wird dieser Ausdruck auch in EvThom 85 verwendet.

185 Dort verheißt Gott dem (als entrückt gedachten) Pinchas samt seinen Vorfahren erst für das Ende der Zeit: *Et tunc adducam vos et gustabitis quod est mortis*.

186 Zum Dichter und seinem Werk vgl. zusammenfassend HUNTER: „Theokritos".

187 Theokritos, Epigr. 16,4: ... ἀστόργου γευσάμενον θανάτου. Dieser Beleg spricht deutlich dagegen, die Wendung „den Tod (nicht) schmecken" für einen Semitismus zu halten (so etwa NORDSIECK: *Thomas-Evangelium*, 38). Allerdings scheint die Wendung nur hier, in diesem poetischen Text, eindeutig vorchristlich belegt zu sein. Man kann daher sagen, dass der Hintergrund dieses Logions im Thomas- und Johannesevangelium vermutlich in einem etablierten frühchristlichen Sprachgebrauch liegt; vgl. dazu GUILLAUMONT: „Les sémitismes dans l'Évangile selon Thomas", 191; GATHERCOLE: *Composition of the Gospel of Thomas*, 44.

188 CH 10,8: ψυχὴ δὲ εἰς ἀνθρώπους ἐλθοῦσα ἐὰν κακὴ μείνῃ, οὔτε γεύεται ἀθανασίας οὔτε τοῦ ἀγαθοῦ μεταλαμβάνει, ... („Sofern aber eine Seele, wenn sie in Menschen kommt, schlecht bleibt, schmeckt sie weder die Unsterblichkeit, noch hat sie Teil am Guten, ...").

II. Einzeluntersuchungen, 1. Prolog und Logion 1

beiden Texte benennen lassen, die sich nicht in der Wendung „den Tod nicht schmecken" erschöpfen.

Solche Gemeinsamkeiten gibt es durchaus: Wolfgang Schrage verglich die beiden Logien auf der Ebene ihrer koptischen Übersetzungen und stellte fest, dass die negierte Formulierung im Futur I sowie die Determinierung des Substantivs ⲘⲞⲨ (Tod) mit dem bestimmten Artikel (anders in EvThom 18; 19)[189] charakteristische Gemeinsamkeiten sind.[190] Andere verwiesen darauf, dass es in beiden Logien um das Wort bzw. die Worte Jesu geht, dass in beiden Logien, anders als in Mk 9,1 parr., das Subjekt im Singular steht und dass im Koptischen in beiden Fällen ein substantivierter Relativsatz vorliegt.[191]

Die Gemeinsamkeiten auf der Ebene der koptischen Übersetzungen sollte man nicht überbewerten, denn sie sind ja nur auf dieser Ebene aussagekräftig. Dennoch lassen sich, auch auf der Ebene des Griechischen, spezifische Elemente benennen, die eine charakteristische Gemeinsamkeit von EvThom 1 und Joh 8,51–52 begründen: In beiden Fällen wird eine Aussage getroffen, die grundsätzlich jeden Menschen betrifft (anders als in den genannten frühchristlichen Parallelen, die vom Geschick Jesu oder einiger Jünger handeln). Dass jemand den Tod schmeckt oder nicht schmeckt, ist jedoch (anders als in den nichtchristlichen Parallelen) nicht durch seine kreatürliche Verfasstheit oder ein unbedingt verfügtes Geschick bedingt, sondern in beiden Texten wird eine genaue Bedingung benannt: Den Tod nicht zu schmecken, ist eine Verheißung an jene, die sich den Worten Jesu gegenüber jeweils richtig verhalten,[192] also sein Wort bewahren[193] (Joh 8,51–52) oder die Deutung seiner Worte finden (EvThom 1).[194] Ange-

---

189 EvThom 18: ⲀⲨⲰ ϤⲚⲀⲤⲞⲨⲰⲚ ⲐⲀⲎ ⲀⲨⲰ ϤⲚⲀϪⲒ ϮⲠⲈ ⲀⲚ ⲘⲘⲞⲨ („... und er wird das Ende erkennen, und er wird den Tod nicht schmecken."); EvThom 19: ⲠⲈⲦ`ⲚⲀⲤⲞⲨⲰⲚⲞⲨ ϤⲚⲀϪⲒ ϮⲠⲈ ⲀⲚ ⲘⲘⲞⲨ („Wer sie (plur.) erkennt, wird den Tod nicht schmecken."). In diesen beiden Logien wäre demnach das Substantiv ⲘⲞⲨ (Tod) gänzlich undeterminiert. Möglicherweise ist der Artikel (ⲡ-) im Zuge eines Abschreibevorganges zwischen zwei ⲙ ausgefallen bzw. einer Haplographie zum Opfer gefallen. In EvThom 85 steht jedenfalls in der gleichen Wendung wieder der Artikel: [ⲚⲈϤⲚⲀϪⲒ] Ϯ[ⲡ]Ⲉ ⲀⲚ ⲘⲠⲘⲞⲨ („er hätte den Tod nicht geschmeckt").
190 Vgl. SCHRAGE: Verhältnis des Thomas-Evangeliums zur synoptischen Tradition, 28; ebenso DERS.: „Evangelienzitate", 256.
191 Vgl. FIEGER: Thomasevangelium, 17; ähnlich MÉNARD: L'Évangile selon Thomas, 77.
192 So auch DUNDERBERG: „Johannine Traditions", 72.
193 Nach SCHNACKENBURG: Johannesevangelium II, 295 kommen hier zwei Bedeutungen des Verbs τηρέω zum Tragen: festhalten und beobachten (= erfüllen).
194 Nach ROBINSON: „ΛΟΓΟΙ ΣΟΦΩΝ", 79–80 (= Sayings Gospel Q, 44–45) artikuliert sich in Joh 8,52 besonders klar das Konzept rettender Erkenntnis, das auch dem Prolog des Thomasevangeliums zugrunde liegt.

B. Durchführung

sichts dieser beiden charakteristischen Gemeinsamkeiten erscheint es geraten, die zwei (eigentlich sogar drei) Logien genauer unter die Lupe zu nehmen:

EvThom 1	Joh 8,51	Joh 8,52
[ἐάν τις (?)	ἐάν τις	ἐάν τις
τὴν ἑρμηνεί]αν τῶν λόγων τούτ[ων	τὸν ἐμὸν λόγον	τὸν λόγον μου
εὑρήσῃ,	τηρήσῃ,	τηρήσῃ,
θανάτου]	θάνατον	
οὐ μὴ γεύσηται	οὐ μὴ θεωρήσῃ	οὐ μὴ γεύσηται
		θανάτου
	εἰς τὸν αἰῶνα.	εἰς τὸν αἰῶνα.

In Joh 8,51–52 fällt auf, dass die Wendung „den Tod nicht schmecken" im Kontext eines Streitgespräches erst durch die Gegner Jesu in die Diskussion eingebracht wird. In Joh 8,51 spricht Jesus die Verheißung zunächst mit einer anderen Wendung aus: „Amen, Amen, ich sage euch: Wenn jemand mein Wort bewahrt, wird er den Tod nicht *schauen* (θάνατον οὐ μὴ θεωρήσῃ) in Ewigkeit." Im folgenden Vers greifen die „Juden" dieses Wort auf: „Und du sagst: Wenn jemand mein Wort bewahrt, wird er den Tod nicht *schmecken* (οὐ μὴ γεύσηται θανάτου) in Ewigkeit."

Diese Variation auf engstem Raum ist sicher nicht ohne inhaltliche Bedeutung.[195] Zahlreiche Ausleger konstatieren, dass die „Juden" Jesus missverstanden haben bzw. seine Aussage verzerren und auf die Verschonung vor dem physischen Tod beziehen.[196] Wenn der Evangelist diese Vorstellung den Gegnern Jesu in den Mund legt, lehnt er sie allem Anschein

---

195 Anders BULTMANN: *Evangelium des Johannes*, 246 Anm. 6; LEROY: *Rätsel und Missverständnis*, 75; WENGST: *Johannesevangelium* 1, 356; THYEN: *Johannesevangelium*, 449; POPKES: *Menschenbild des Thomasevangeliums*, 92 Anm. 128.
196 Vgl. EVELYN WHITE: *Sayings of Jesus from Oxyrhynchus*, 4; BARRETT: *Gospel According to St John*, 290–291; SCHNACKENBURG: *Johannesevangelium* II, 295–296; CHILTON: „Not to Taste Death", 31; THEOBALD: *Herrenworte im Johannesevangelium*, 499; WAETJEN: *Gospel of the Beloved Disciple*, 247. Zu diesem Schluss kommt sogar, wer die Verben „schmecken" und „schauen" in den beiden Versen für sachlich bedeutungsgleich hält; vgl. etwa LEROY: *Rätsel und Missverständnis*, 79.81: Dann liegt das Missverständnis in der jeweiligen (sondersprachlichen oder gemeinsprachlichen) Konnotation von θάνατος.

II. Einzeluntersuchungen, 1. Prolog und Logion 1

nach ab.[197] Ihm geht es nicht darum, dass bestimmte Christen etwa nicht sterben müssten – anscheinend war diese Vorstellung im 1. Jahrhundert verschiedentlich im Umlauf (vgl. etwa 1 Thess 4,15–17; 1 Kor 15,51–52; Mk 9,1 parr.; auch Joh 21,23), wurde aber sehr bald problematisch. Zur Abfassungszeit des Johannesevangeliums war sie schon vielfach falsifiziert.[198] Der Evangelist verwendet sie denn auch nur noch im Munde der Gegner Jesu als böswillige Verzerrung des eigentlich Gemeinten. Er stellt dieser nicht (mehr) haltbaren Vorstellung die Verheißung gegenüber, den Tod nicht zu „schauen" (θεωρέω). Hier scheint der Evangelist selbst zu formulieren, denn er hat ja auch sonst eine ausgeprägte Vorliebe für das semantische Feld des Sehens.[199] Zugleich wird damit eine inhaltliche Verschiebung eingebracht, denn das Verb θεωρέω bezeichnet ja nicht nur die sinnliche Wahrnehmung optischer Art,[200] sondern auch die „Betrachtung" im philosophischen bzw. kontemplativen Sinne.[201] Damit hat sich der Fokus des Logions verschoben, vom zukünftigen Todesgeschick, dem man möglicherweise entgehen könnte, hin zu der Rolle, die der Tod für die Gläubigen spielt: Wer das Wort Jesu bewahrt, so sagt der Evangelist nun, ist in seinem Denken nicht mehr auf den Tod fixiert (wie das sprichwörtliche Kaninchen auf die Schlange), sondern ist dem Machtbereich des Todes

---

197 Insofern ist es nicht ganz unproblematisch, die variierende Wiederholung des Logions in Joh 8,52 als Radikalisierung (wie im Falle von Joh 3,3.5) aufzufassen; so etwa BRANKAER: „Les citations internes", 137.
198 Vgl. dazu auch etwa FREY: *Johanneische Eschatologie* III, 459.
199 Vgl. THEOBALD: *Herrenworte im Johannesevangelium*, 499; insgesamt auch HERGENRÖDER: *Wir schauten seine Herrlichkeit*, 3–5.45–216.
200 Diese könnte man auch mit dem Verb εἴδω bzw. ὁράω ausdrücken. In der Tat findet man in der Textüberlieferung von Joh 8,51 die Lesart θάνατον οὐ μὴ ἴδῃ εἰς τὸν αἰῶνα ($\mathfrak{P}^{66}$ pc), die möglicherweise von Lk 2,26, evtl. auch Hebr 11,5 beeinflusst ist.
201 Vgl. LSJ, 796 s.v. θεωρέω, v.a. III.2. Zur einschlägigen Bedeutung des verwandten θεάομαι in Joh 1,14 vgl. LEE: „The Gospel of John and the Five Senses", 117. Anders HERGENRÖDER: *Wir schauten seine Herrlichkeit*, 72: Das Verb θεωρέω habe hier die Bedeutung von sinnlicher Wahrnehmung, doch in dieser Bedeutung diene es als Metapher für die Erfahrung des Todes und habe damit genau den gleichen Sinn wie γεύομαι in Joh 8,52. In der Gesamtschau bestimmt jedoch auch Hergenröder θεωρέω „als theologisch ‚starkes' Verb" (ebd., 94), da ihm die semantische Nuance des intensiven Hinschauens innewohnt und es sich öfter auf die Person Jesu bezieht. Nach LABAHN: „Blinded by the Light", 475–476 mit Anm. 70 steht θεωρέω im Johannesevangelium hauptsächlich im Zusammenhang mit der Reaktion auf „Zeichen"; dabei verbucht er Joh 8,51, zusammen mit 10,12; 12,19, als Ausnahme. In Joh 20,1–18 lässt sich in ähnlichem Sinne eine Steigerung des „Sehens" konstatieren – von βλέπω über θεωρέω zu ὁράω und πιστεύω – vgl. dazu z.B. BIERINGER: „They Have Taken Away", 618 mit Anm. 17.

B. Durchführung

entzogen und kann nun befreit leben. Das Johannesevangelium spricht hier also, wie auch an anderen Stellen (v. a. Joh 5,24; 11,25–26), von einer Lebensverheißung, die sich vom physischen Tod nicht beeindrucken lässt.[202] Dieser neue Akzent, den das Johannesevangelium hier setzt, fußt jedoch auf einem überlieferten Logion. Eine Aussage, wonach das Festhalten am Wort Jesu vor dem Tod bewahre, lag dem Evangelisten anscheinend als selbständige und zitierfähige Einheit vor.[203] So konnte er sie in 8,51–52 mehrmals verwenden, reflektieren, adaptieren und im Modus des Selbstzitats variierend wiederholen.[204] Anders gewendet: Anscheinend verfügte er über ein Logion aus der Überlieferung, das in seiner bisherigen Gestalt problematisch geworden war und einer neuen Fassung bedurfte.[205] Dieses Joh 8,51–52 zugrunde liegende Logion rekonstruiert Michael Theobald folgendermaßen: ἀμὴν ἀμὴν λέγω ὑμῖν, ἐάν τις τὸν λόγον μου τηρήσῃ, οὐ μὴ γεύσηται θανάτου εἰς τὸν αἰῶνα.[206]

Hier wäre nur noch zu fragen, ob das Element εἰς τὸν αἰῶνα dem überlieferten Logion oder dem Evangelisten zuzuschreiben ist. Freunde des „Westlichen Textes" könnten an dieser Stelle sogar das textkritische Skalpell ansetzen, denn in Joh 8,52 fehlt diese Phrase im Codex Bezae Cantabrigiensis[207] sowie in einigen Übersetzungen.[208] Allerdings ist der Wegfall

---

202 Vgl. dazu auch LEROY: *Rätsel und Missverständnis*, 78; LINCOLN: *Gospel According to St John*, 275; ebenso FREY: *Johanneische Eschatologie* III, 375; freilich soll damit nicht bestritten sein, dass der physische Tod in Joh 11 als ein akutes Problem behandelt wird (vgl. ebd., 460).
203 Vgl. THEOBALD: *Herrenworte im Johannesevangelium*, 498; DERS.: *Evangelium nach Johannes 1–12*, 613; ähnlich auch H. KOESTER: „Gnostic Sayings and Controversy Traditions", 105–106.
204 Für einen forschungsgeschichtlichen Überblick zu Variation und Wiederholung im Johannesevangelium vgl. VAN BELLE: „Repetitions and Variations".
205 Diese Neufassung des Logions muss nicht ausschließlich durch den Tod von Christen ausgelöst worden sein. Damit hatte ja schon Paulus um die Mitte des 1. Jahrhunderts seine liebe Not (vgl. 1 Thess 4,15–17; 1 Kor 15,51–52). Wahrscheinlich lag ihr eine vertiefte Reflexion darüber zugrunde, was mit einer christlichen Lebensverheißung eigentlich gemeint sei.
206 THEOBALD: *Herrenworte im Johannesevangelium*, 500.
207 Vgl. dazu *The New Testament in Greek* IV/2, 356 ad loc.
208 Vgl. dazu QUISPEL: „Texte Occidental", v. a. 205–207; SCHRAGE: *Verhältnis des Thomas-Evangeliums zur synoptischen Tradition*, 28–29; DERS.: „Evangelienzitate", 257. Neben dem Codex Bezae (D) handelt es sich um einige altlateinische Handschriften (b c ff² l), den Sinai- und den Cureton-Syrer, die subachmimische Überlieferung und die sahidische Handschrift ε. Letztere ist in fragmentarischem Zustand in der Bibliothèque Nationale in Paris aufbewahrt (Inv. Nr. Copte 129,10, ff. 119–124) und wird in der SMR-Datenbank unter der Nummer sa 105 geführt (Datierungsansätze schwanken zwischen dem 6. und 9. Jahrhundert). Angesichts dieses

II. Einzeluntersuchungen, 1. Prolog und Logion 1

von εἰς τὸν αἰῶνα im Zuge der Textüberlieferung gut zu erklären, da ja in Joh 8,52 eine Wiederholung vorliegt, die vom vorhergehenden Text ohnehin abweicht und zudem zu einem Missverständnis hinführt, das Jesu Aussage auf die Verschonung vom physischen Tod bezieht (8,53). So gesehen, ist es gut vorstellbar, dass ein Schreiber diese Phrase für überflüssig oder gar für fälschlich interpoliert hielt und wegließ. Umgekehrt wäre es schwierig, das Zustandekommen der Paraphrase in Joh 8,52 in ihrer heute kritisch etablierten Gestalt zu erklären, wenn εἰς τὸν αἰῶνα im ursprünglichen Text gefehlt hätte: Natürlich wäre es denkbar, dass ein Schreiber in 8,52 aus der variierenden Paraphrase ein exaktes Zitat machen wollte, doch dann hätte er vermutlich nicht nur εἰς τὸν αἰῶνα hinzugefügt, sondern auch das Verb γεύσηται durch das Verb θεωρήσῃ von 8,51 ersetzt und damit in 8,52 eine exakte Wiederholung geschaffen. Im Codex Vaticanus ist das tatsächlich geschehen.[209] Diese Überlegungen und das Gewicht der äußeren Bezeugung[210] lassen sich als Indizien dafür anführen, dass die Adverbiale εἰς τὸν αἰῶνα ein integraler Bestandteil von Joh 8,52 ist.

Diese zeitliche Bestimmung steht damit in beiden Varianten des Logions, man könnte sie also, sozusagen als „mehrfach bezeugt", dessen überliefertem Kern zurechnen. Sie tritt aber im Johannesevangelium auffallend häufig, geradezu formelhaft auf, speziell im Kontext der Lebensverheißung (vgl. Joh 4,14; 6,51.58; 8,51.52; 10,28; 11,26; auch 8,35; 12,34; 13,8; 14,16).[211] Das spricht wiederum dafür, dass die Wendung εἰς τὸν αἰῶνα dem spezifischen Sprachstil des Evangelisten angehört und dass er sie vermutlich hier, wie auch an anderen Stellen, zu anderweitig überlieferten Formulierungen hinzugefügt hat. Wenn man also auch dieses Element der Redaktion zuschreibt, bleibt als traditionelles Logion: ἐάν τις τὸν λόγον μου τηρήσῃ, οὐ μὴ γεύσηται θανάτου.

Befundes überrascht es doch, dass sich im kritischen Apparat der 27. wie auch der 28. Auflage des „Nestle-Aland" überhaupt kein Hinweis auf diese Variante findet; vgl. aber den Apparat bei *Tischendorf* ad loc. Diese Lesart führte Schrage (s. o.) allerdings zu gewagten textkritischen Überlegungen: Er erwog, dass dies möglicherweise die ursprüngliche Lesart von Joh 8,52 sei, und dass EvThom 1 ein weiterer Zeuge dafür sein könnte.

209 Vgl. *The New Testament in Greek* IV/2, 356 ad loc.
210 Auch auf der Ebene der koptischen (näherhin sahidischen) Übersetzungen ist festzuhalten, dass in Joh 8,52 das abschließende ϣⲁ ⲉⲛⲉϩ („in Ewigkeit"), von der bei Schrage (*Verhältnis des Thomas-Evangeliums zur synoptischen Tradition*, 28; „Evangelienzitate", 257) genannten Ausnahme abgesehen, durchweg bezeugt ist. Bei *Horner* steht die Phrase im Haupttext, und auch die Handschrift sa 1 (*Quecke*) liest am Ende von Joh 8,52 ϣⲁ ⲉⲛⲉϩ; abweichende Lesarten sind im Apparat bei *Quecke* nicht notiert.
211 Vgl. dazu auch LEROY: *Rätsel und Missverständnis*, 77.

B. Durchführung

Das so gewonnene Überlieferungsstück hat nun eine geradezu frappierende Ähnlichkeit mit EvThom 1. Dieser Befund spricht gegen die Annahme, dass EvThom 1 das Johannesevangelium rezipiere,[212] denn gerade die höchstwahrscheinlich redaktionellen Elemente in Joh 8,51–52 – das Verb θεωρέω und die zeitliche Bestimmung εἰς τὸν αἰῶνα – finden sich in EvThom 1 nicht. Die Wendung „den Tod sehen" kommt ja in EvThom 111 vor,[213] sie ist also dem Thomasevangelium im Ganzen nicht fremd. Etwas schwieriger ist es mit der Adverbiale εἰς τὸν αἰῶνα. Diese bzw. ihr koptisches Äquivalent (ϣⲁ ⲉⲛⲉϩ) ist im Thomasevangelium nicht bezeugt. Lässt sich ein Grund benennen, warum der Kompilator des Thomasevangeliums diese Wendung gestrichen haben sollte, wenn er das Johannesevangelium als Quelle verwendet und diese Wendung dort vorgefunden hätte? Im Thomasevangelium tritt zwar häufig die Zukunftserwartung zugunsten des Blicks auf die Gegenwart zurück, aber das heißt nicht, dass die Sammlung als Ganze ein „zeitloses" Denken propagierte. In EvThom 11; 21; 28; 38; 44; 68; 71; 79; 92; 104; 111 begegnet man durchaus einer zeitlich-eschatologischen Perspektive und einer Zukunftserwartung. Damit wird es schwierig, das Fehlen des johanneischen Zusatzes εἰς τὸν αἰῶνα in EvThom 1 einfach wegzuerklären. Das bedeutet: Ein eindeutiger Nachweis, dass der Verfasser von EvThom 1 das Johannesevangelium (näherhin Joh 8,51–52) benutzt hat, ist nicht zu führen.

Manchmal begegnet man aber der umgekehrten Annahme, dass EvThom 1 selbst das in Joh 8,51–52 verarbeitete Überlieferungsstück sei, dass also der Verfasser des Johannesevangeliums hier das Thomasevangelium verwendet hätte.[214] Der Verfasser des Johannesevangeliums hätte demnach im Zuge seiner Anti-Thomas-Polemik (s. o.) den Gegnern Jesu einen Spitzensatz des Thomasevangeliums in den Mund gelegt: Die „Juden" sprächen demnach so wie das Thomasevangelium. Damit hätte der Verfasser des Johannesevangeliums zugleich das Ideal des Thomasevangeliums, die eigenständige Suche nach der Deutung der Worte Jesu, ins Zwielicht gerückt und stattdessen sein Ideal des Festhaltens am (möglicherweise gar nicht verstandenen) Wort Jesu propagiert.

---

212 So etwa BROWN: *John i–xii*, 359; vorsichtiger noch BROWN: „Gospel of Thomas", 159.
213 Man könnte freilich immer noch streiten, welches griechische Verb dort dem koptischen ⲛⲁⲩ zugrunde liegt.
214 Vgl. zum Folgenden JOHNSON: „*Gospel of Thomas* 76.3", 322–323; DERS.: *Seeking the Imperishable Treasure*, 78–79 Anm. 54; etwas vorsichtiger (als Möglichkeit) auch PATTERSON: „Understanding the Gospel of Thomas Today", 70–71. Zur Kritik daran vgl. z. B. FREY: *Johanneische Eschatologie* I, 373; ZELYCK: *John among the Other Gospels*, 94–95.

Dieses Szenario wirkt auf den ersten Blick verlockend, scheint es doch ein schlüssiges Gesamtbild eines frühchristlichen Konfliktes zu bieten. Eine Detailbeobachtung mahnt allerdings zur Vorsicht. In Joh 8,51–52 und auch sonst im Johannesevangelium ist nirgends von der Deutung (ἑρμηνεία) der Worte Jesu die Rede. Von eben dieser handelt aber EvThom 1.[215] Wenn jedoch der Verfasser des Johannesevangeliums mit seiner Gestaltung von Joh 8,51–52 das Thomasevangelium, näherhin EvThom 1, im Blick gehabt hätte, dann hätte er dies wohl auch kenntlich gemacht. Die Bedingungen für das „Nicht-Sehen" des Todes in Joh 8,51 und für das „Nicht-Schmecken" des Todes im Zitat in Joh 8,52 sind ja identisch formuliert: Festhalten am Wort Jesu. Auf einen eventuell freieren Umgang mit der Jesustradition, die selbständige Suche nach der Deutung der Worte Jesu, wird überhaupt nicht Bezug genommen. Wenn in Joh 8,51–52 eine polemische Bezugnahme auf das Thomasevangelium vorliegen sollte, wäre sie schon subtil bis zur Unkenntlichkeit. Auch im weiteren Kontext von Joh 8 wird der richtige Umgang mit den Worten Jesu bzw. die Frage nach ihrer Deutung nicht thematisiert. Daraus folgt: Wenn man trotz allem annehmen wollte, dass in Joh 8,51–52 in polemischer Absicht auf EvThom 1 angespielt wird, dann müsste man diese Ausrichtung mittels einer „Hermeneutik des Verdachts" in das Johannesevangelium eintragen. Indizien liegen dafür aber nicht vor, denn das spezifische und vermutlich redaktionelle Gestaltungselement von EvThom 1 ist in Joh 8,51–52 gerade nicht zu finden. Mit anderen Worten: Eine (polemische oder sonstige) Rezeption von EvThom 1 ist in Joh 8,51–52 nicht nachzuweisen. Daher scheint es nicht geraten, sie trotzdem anzunehmen bzw. zu postulieren.

Nach diesen Überlegungen ist also die Verheißung, den Tod nicht zu „schmecken" in EvThom 1 und Joh 8,51–52 nicht mit einer direkten Textübernahme zu erklären. Der Verfasser des Johannesevangeliums hat dafür nicht aus dem Thomasevangelium zitiert, und der Kompilator des Thomasevangeliums rezipiert hier nicht das Johannesevangelium. Dennoch ist die jeweilige Verwendung dieser Phrase zu spezifisch, um sie nur als zufällige Übereinstimmung oder als Niederschlag eines ähnlichen geistigen Klimas zu erklären. Daher ist anzunehmen, dass die beiden Evangelien sich für dieses Logion auf eine gemeinsame Überlieferung stützen.[216]

---

215 Für FIEGER: *Thomasevangelium*, 19 ist das ein gnostisches Merkmal.
216 Ähnlich GROSSO: *Vangelo secondo Tommaso*: „Le affinità che emergono sul piano lessicale e tematico con la tradizione giovannista, in particolare, inducono ad assegnarlo (sc. EvThom 1) una fase storica parallela a quella della redazione di Gv."

B. Durchführung

h) Fazit zum Prolog (mit EvThom 1)
Der Prolog zum Thomasevangelium, der als Schlussstein der Sammlung gelten kann, scheint auf den ersten Blick einige Anklänge an das Johannesevangelium aufzuweisen. Zu nennen sind vor allem die besondere Erwähnung des Thomas und die Verheißung, ein verständiger Leser dieser Worte werde „den Tod nicht schmecken". Bei näherem Hinsehen fällt das Ergebnis der Analyse aber ernüchternd aus:

Jener Thomas, von dem im (griechischen) Prolog des Thomasevangeliums mit großer Wahrscheinlichkeit die Rede ist, hat mit dem Thomas, von dem das Johannesevangelium an einigen Stellen berichtet, nur eben diesen Namen „Thomas" gemeinsam. Im Johannesevangelium lautet seine charakteristische Namensform Θωμᾶς ὁ λεγόμενος Δίδυμος (Joh 11,16; 20,24; 21,2). Wenn diese auch im Thomasevangelium stünde, läge ein starkes Indiz dafür vor, dass das Thomasevangelium hier das Johannesevangelium voraussetzt. In der uns erhaltenen griechischen Fassung (P.Oxy. 654) steht aber der Name Thomas ohne eine weitere Erläuterung. Selbst wenn man, wie es in der Forschung meistens geschieht, die Lakune in P.Oxy. 654,2 mit einem Doppelnamen auffüllt, bleibt „Thomas" das zweite Element dieses Namens, also vermutlich eher ein Spitz- oder Beiname. Im Hinblick auf die Namensform des Thomas lässt sich also nicht begründen, dass das griechische Thomasevangelium das Johannesevangelium rezipiert haben sollte. Höchstens auf der Stufe der koptischen Übersetzung könnte man annehmen, dass das Element „Didymos" unter dem Eindruck des Johannesevangeliums eingetragen wurde. Auf der anderen Seite wird für die griechische Fassung des Thomasevangeliums (P.Oxy. 654,2–3) meistens die Namensform Ἰούδας ὁ καὶ Θωμᾶς konjiziert, die in der frühchristlichen Literatur öfter bezeugt ist und eine sinnvolle Füllung der Lakune erlaubt. Von dieser Namensform findet sich nun aber im Johannesevangelium keine Spur, wenn man von zwei syrischen Handschriften absieht. Dort ist die *varia lectio* wahrscheinlich mit dem Einfluss der Thomasakten bzw. der dort entwickelten hagiographischen Tradition über Thomas zu erklären. Die Namensformen bieten also auch keinen Ansatzpunkt für die umgekehrte Hypothese, wonach das Johannesevangelium eine Reaktion auf das Thomasevangelium darstellen soll. Diese Hypothese geht ja davon aus, dass Thomas im Johannesevangelium als ein mangelhafter Jünger dargestellt bzw. kritisiert wird, doch die Analyse der Erzählfigur Thomas im Johannesevangelium ergab dafür keinen ernsthaften Ansatzpunkt. Eine Berührung der beiden Evangelien ist allenfalls in ihrem gemeinsamen Augenmerk auf Thomas anzunehmen, wäre dann aber eher im Bereich der rezipierten Tradition oder des geistigen Milieus anzusiedeln.

Auch für die johanneisch klingende Verheißung, dass derjenige, der die Deutung der Worte finde, „den Tod nicht schmecken" werde, stellt sich bei genauerem Hinsehen ein wenig spektakulärer Befund ein. Es ist nicht nachzuweisen, dass das Thomasevangelium dafür die johanneische Belegstelle Joh 8,51–52 rezipiert. Ebenso wenig ist aber ein Abhängigkeitsverhältnis in die andere Richtung nachzuweisen, so dass in Joh 8,51–52 – namentlich in der verzerrenden Wiederholung durch die „Juden" – die Sprechweise von EvThom 1 rezipiert wäre. In beiden Fällen fehlt das charakteristische Element der jeweils anderen Version. Andererseits haben die beiden Texte eine spezifische Gemeinsamkeit, denn die Verheißung, jemand werde „den Tod nicht schmecken" ist in beiden Texten (bzw. in EvThom 1 und der Joh 8,51 vorausliegenden Überlieferung) an den richtigen Umgang mit den Worten Jesu gebunden. Damit unterscheiden sich diese beiden Evangelien von allen anderen bekannten Texten, die dieses Motiv verwenden, und so kann man diese Parallele zwischen Thomas- und Johannesevangelium schwerlich einfach als Analogie oder zufällige Gemeinsamkeit abtun. Vermutlich liegt hier eine Überlieferung zugrunde, die in beiden Evangelien (bzw. den beiden Entwicklungslinien, auf denen sie jeweils ihre Endfassung erreicht haben) in unterschiedlicher Weise rezipiert und weiterentwickelt wurde. Dasselbe gilt für die positive Wendung dieses Gedankens, wenn Jesus im Prolog des Thomasevangeliums als „der Lebendige" eingeführt wird.

Im Ergebnis hat sich also gezeigt, dass in demjenigen Stück des Thomasevangeliums, das mit höchster Wahrscheinlichkeit als das Werk einer abschließenden Endredaktion gelten kann, keine Rezeption des Johannesevangeliums nachzuweisen ist (zumindest nicht auf der Ebene des für uns erreichbaren griechischen Textes). Andererseits hat die redaktionelle Endfassung des Thomasevangeliums im Johannesevangelium keine nachweisbaren Spuren hinterlassen. Das ist aber kein Grund, die Akte „Thomas und Johannes" schon zu schließen, denn es wurde auch deutlich, dass es im Bereich der den Texten vorausliegenden Überlieferungen durchaus Berührungen gibt. Vor allem diesen gilt es in den folgenden Untersuchungen weiter nachzugehen.

B. Durchführung

2. Logion 3

P.Oxy. 654,9–21	
(1) λέγει Ἰ[η(σοῦ)ς· ἐὰν] οἱ ἕλκοντες {ἡμᾶς} [εἴπωσιν ὑμῖν· ἰδοὺ] ἡ βασιλεία ἐν οὐρα[νῷ, ὑμᾶς φθήσεται] τὰ πετεινὰ τοῦ οὐρ[ανοῦ·]	(1) Es sagt J[esus: Wenn] die {uns} „Ziehenden" [euch sagen: Siehe,] das Königtum ist im Himm[el, werden euch zuvorkommen] die Vögel des Him[mels.]
(2) [ἐὰν δ' εἴπωσιν ὅ]τι ὑπὸ τὴν γῆν ἐστ[ιν, εἰσελεύσονται] οἱ ἰχθύες τῆς θαλά[σσης προφθάσαν]τες ὑμᾶς·	(2) [Wenn sie sagen, d]ass es unter der Erde is[t, werden hineingehen] die Fische des Mee[res und] euch [zuvor]kommen.
(3) καὶ ἡ βασ[ιλεία τοῦ πατρὸς] ἐντὸς ὑμῶν [ἐσ]τι [κἀκτός.]	(3) Und: Das Kön[igtum des Vaters,] innerhalb von euch [is]t es [und außerhalb.]
(4) [ὃς ἂν ἑαυτὸν] γνῷ, ταύτην εὑρή[σει, καὶ ὅτε ὑμεῖς] ἑαυτοὺς γνώσεσθα[ι, εἴσεσθε ὅτι υἱοί] ἐστε ὑμεῖς τοῦ πατρὸς τοῦ ζ[ῶντος·]	(4) [Wer sich selbst] erkennt, wird dieses fin[den, und wenn ihr] euch selbst erkenn[t, werdet ihr wissen, dass ihr Söhne] seid des Vaters, des L[ebendigen.]
(5) [εἰ δὲ μὴ] γνωσ‹εσ›θε ἑαυτοὺς, ἐν [τῇ πτωχείᾳ ἐστὲ] καὶ ὑμεῖς ἐστε ἡ πτω[χεία.]	(5) [Wenn ihr aber nicht] euch selbst erkennt, in [der Armut seid ihr,] und ihr seid die Arm[ut].
NHC II 32,19–33,5	
(1) ⲡⲉϫⲉ ⲓ̅ⲥ̅ ϫⲉ ⲉⲩϣⲁϫⲟⲟⲥ ⲛⲏⲧⲛ̅ ⲛ̅ϭⲓ ⲛⲉⲧˋⲥⲱⲕ ϩⲏⲧ ⲑⲏⲩⲧⲛ ϫⲉ ⲉⲓⲥϩⲏⲏⲧⲉ ⲉⲧˋⲙⲛ̅ⲧⲉⲣⲟ ϩⲛ̅ ⲧⲡⲉ ⲉⲉⲓⲉ ⲛ̅ϩⲁⲗⲏⲧˋ ⲛⲁⲣ̅ ϣⲟⲣⲡˋ ⲉⲣⲱⲧⲛ̅ ⲛ̅ⲧⲉ ⲧⲡⲉ	(1) Jesus sagte: Wenn sie zu euch sagen, die euch Führenden: Siehe, das Königtum ist im Himmel, dann werden die Vögel euch zuvorkommen, die des Himmels.
(2) ⲉⲩϣⲁⲛϫⲟⲟⲥ ⲛⲏⲧⲛ̅ ϫⲉ ⲥϩⲛ̅ ⲑⲁⲗⲁⲥⲥⲁ ⲉⲉⲓⲉ ⲛ̅ⲧⲃⲧˋ ⲛⲁⲣ̅ ϣⲟⲣⲡ̅ ⲉⲣⲱⲧⲛ̅	(2) Wenn sie zu euch sagen: Es ist im Meer, dann werden euch die Fische zuvorkommen.
(3) ⲁⲗⲗⲁ ⲧⲙⲛ̅ⲧⲉⲣⲟ ⲥⲙ̅ⲡⲉⲧⲛ̅ϩⲟⲩⲛˋ ⲁⲩⲱ ⲥⲙ̅ⲡⲉⲧⲛ̅ⲃⲁⲗˋ	(3) Aber das Königtum, es ist in eurem Inneren und in eurem Äußeren.
(4) ϩⲟⲧⲁⲛ ⲉⲧⲉⲧⲛ̅ϣⲁⲛⲥⲟⲩⲱⲛ ⲑⲏⲩⲧⲛ ⲧⲟⲧⲉ ⲥⲉⲛⲁⲥⲟⲩⲱ(ⲛ) ⲧⲏⲛⲉ ⲁⲩⲱ ⲧⲉⲧⲛⲁⲉⲓⲙⲉ ϫⲉ ⲛ̅ⲧⲱⲧⲛ̅ ⲡⲉ ⲛ̅ϣⲏⲣⲉ ⲙ̅ⲡⲉⲓⲱⲧˋ ⲉⲧⲟⲛϩ	(4) Wenn ihr euch (selbst) erkennt, dann werdet ihr erkannt werden. Und ihr werdet erkennen, dass ihr die Söhne des lebendigen Vaters seid.
(5) ⲉϣⲱⲡⲉ ⲇⲉ ⲧⲉⲧⲛⲁⲥⲟⲩⲱⲛ ⲑⲏⲩⲧⲛ̅ ⲁⲛ ⲉⲉⲓⲉ ⲧⲉⲧⲛ̅ϣⲟⲟⲡˋ ϩⲛ̅ ⲟⲩⲙⲛ̅ⲧϩⲏⲕⲉ ⲁⲩⲱ ⲛ̅ⲧⲱⲧⲛ̅ ⲡⲉ ⲧⲙⲛ̅ⲧϩⲏⲕⲉ	(5) Wenn ihr euch aber nicht erkennt, dann seid ihr in Armut, und ihr seid die Armut.

a) Textkritik

In diesem Logion lassen sich die meisten Lücken im griechischen Text mit Hilfe der intakt erhaltenen koptischen Übersetzung gut auffüllen. In EvThom 3,2 weichen die Versionen zwar voneinander ab, doch der erhaltene griechische Buchstabenbestand erlaubt eine relativ sichere bzw. konsensfähige Rekonstruktion des griechischen Textes; das Gleiche gilt für die Abweichung in EvThom 3,4 (dazu s. u.). Eine beachtliche Variante liegt allerdings in EvThom 3,3 (Z. 15) vor: Im Koptischen ist dort lediglich vom „Königtum" (ⲙⲛⲧⲉⲣⲟ) ohne irgendein Attribut die Rede, doch im Griechischen ist die Lakune dafür zu lang; ein Attribut ist vonnöten. Dafür werden in der Forschung mehrere Vorschläge gemacht:

- βασ[ιλεία τῶν οὐρανῶν].[1]
- βασ[ιλεία].[2]
- βασ[ιλεία τοῦ θεοῦ ὄντως].[3]
- βασ[ιλεία τοῦ θεοῦ].[4]
- βασ[ιλεία τοῦ πατρὸς].[5]

Diese verschiedenen Vorschläge gehen mit unterschiedlichen Vorstellungen über die ursprüngliche Länge der Zeile einher. Nun liegt die Zeile nahe der waagrechten Bruchstelle in der Mitte des Blattes, so dass sie stärker beschädigt ist als die ersten Zeilen mit dem Prolog. In Z. 15 sind auf dem Papyrus 14 Buchstaben sicher erhalten. Wenn man die anhand von Z. 25 erschlossene maximale Zeilenbreite von 33 Buchstaben zugrunde legt, sind in der Lakune bis zu 19 Buchstaben unterzubringen. Die in jüngerer Zeit oft vorgeschlagene Rekonstruktion βασ[ιλεία τοῦ θεοῦ][6] (vgl. auch EvThom 27

---

[1] GRENFELL/HUNT: *New Sayings of Jesus*, 15; SWETE: „The New Oxyrhynchus Sayings", 489; TAYLOR: *Oxyrhynchus Sayings*, 29; EVELYN WHITE: *Sayings of Jesus from Oxyrhynchus*, 8; HOFIUS: „Das koptische Thomasevangelium", 30; MARCOVICH: „Textual Criticism", 58; D. MUELLER: „Kingdom of Heaven or Kingdom of God?", 275; GATHERCOLE: *Gospel of Thomas*, 206.208.
[2] HILGENFELD: „Neue Logia Jesu", 416 – es ist nicht ganz klar, ob Hilgenfeld sich die Lakune damit als gänzlich gefüllt dachte oder ob er sich zu einem möglichen Attribut nicht äußern wollte. Unentschieden war in dieser Frage ZAHN: „Neue Funde aus der alten Kirche", 167; ebenso SCHRAGE: „Evangelienzitate", 257–258.
[3] MICHELSEN: „Uittreksels uit het Evangelie volgens Thomas", 223.
[4] FITZMYER: „Oxyrhynchus Logoi", 520 (= *Essays*, 375); ATTRIDGE: „Greek Fragments", 114; LÜHRMANN: *Fragmente apokryph gewordener Evangelien*, 115; EISELE: *Welcher Thomas?*, 253; WAYMENT: *Text of the New Testament Apocrypha*, 173 (βασ[ιλεία τοῦ θ(εο)ῦ]).
[5] BERNARD: *Other Early Christian Gospels*, 24; ebenso JOHNSON: „Hippolytus' *Refutatio*", 321–325.
[6] Für diese Variante spricht, dass sie von der nächsten Parallele, Lk 17,21 (dazu auch EvThom 113), unterstützt wird; vgl. z. B. LÜHRMANN: *Die apokryph geworde-*

B. Durchführung

nach P.Oxy. 1,7-8) füllt die Lakune mit 12 Buchstaben auf. Sie ist also deutlich zu kurz,[7] zumal sie keine sonderlich breiten Buchstaben (z. B. Omega) enthält – das Theta fällt beim Schreiber von P.Oxy. 654 sogar relativ schmal aus – und der Schreiber das Substantiv θεοῦ als *nomen sacrum* sogar noch abgekürzt haben könnte.[8] Die Lakune braucht also eine längere Füllung.

Dafür käme die im frühen 20. Jahrhundert bevorzugte Rekonstruktion βασ[ιλεία τῶν οὐρανῶν] in Frage. Diese füllt die Lakune mit 15 Buchstaben aus, die ganze Zeile umfasst demnach 29 Buchstaben, darunter zwei Omegas. Papyrologisch gesehen, wäre das also eine akzeptable Lösung. Ihr steht höchstens ein exegetischer Vorbehalt entgegen, denn die Wendung βασιλεία τῶν οὐρανῶν gilt ja als das redaktionelle Markenzeichen des Matthäusevangeliums.[9] Wenn man diese Wendung in den griechischen Text von EvThom 3 einträgt, dann legt diese Textrekonstruktion die literarkritische Schlussfolgerung nahe, dass unser Logion in diesem Punkt vom Matthäusevangelium beeinflusst ist. Angesichts der Diskussion um die Abhängigkeit oder Unabhängigkeit des Thomasevangeliums von den Synoptikern, könnte sich ein Vertreter dieser Rekonstruktion dem Verdacht aussetzen, er schaffe damit einen Text, der die eventuell gewünschte literarkritische Theorie unterstützt. Davon abgesehen, finden sich in EvThom 3, für sich genommen, keine weiteren Indizien, die einen Einfluss

---

nen Evangelien, 154. In der *Critical Edition of Q*, 494–499 wird dieses Stück nur mit geringer Wahrscheinlichkeit zu Q gezählt. Nach HEIL: *Lukas und Q*, 167 „ist anzunehmen, daß Lk 17,20 f. eine lukanische Sondertradition ist, die wahrscheinlich auf den historischen Jesus zurückgeht". Für FLEDDERMANN: *Q*, 811–814 handelt es sich hingegen um ein Stück lukanischer Redaktion auf der Grundlage von Mk 13,21. Diese redaktionelle Gestaltung liegt ihm zufolge auch EvThom 3 zugrunde; vgl. ebd., 828–829. Im Ergebnis ähnlich WOLTER: *Lukasevangelium*, 575; anders KLEIN: *Lukasevangelium*, 568 mit Anm. 10 (es könnte sich auch um ein Wanderlogion handeln).

7 Vgl. dazu schon GRENFELL/HUNT: *New Sayings of Jesus*, 15; ebenso JOHNSON: „Hippolytus' *Refutatio*", 323.

8 Vgl. auch D. MUELLER: „Kingdom of Heaven or Kingdom of God?", 275 sowie die Rekonstruktion bei WAYMENT: *Text of the New Testament Apocrypha*, 173. Dagegen bemerkt LÜHRMANN: *Die apokryph gewordenen Evangelien*, 155 Anm. 63, dass diese Kontraktion in P.Oxy. 654 (anders P.Oxy. 1,8) nicht belegt ist. Das ist richtig, sagt aber nicht viel aus: Das Wort θεός kommt in diesem Papyrus nämlich überhaupt nicht vor, weder verkürzt noch ausgeschrieben. Die Schreibweise des Namens Ἰησοῦς als *nomen sacrum* ΙΗΣ begründet jedoch den Verdacht, dass der Schreiber analog auch θεός kontrahiert hätte.

9 Vgl. W. D. DAVIES/ALLISON: *Matthew I–VII*, 81; LUZ: *Evangelium nach Matthäus* 1, 59.203: Die nächsten Parallelen finden sich in rabbinischen Texten, im frühchristlichen Bereich scheint sie auf das Matthäusevangelium beschränkt zu sein.

des Matthäusevangeliums vermuten lassen.[10] Dennoch ist im (koptischen) Thomasevangelium dreimal vom „Königtum der Himmel" (ⲘⲚⲦⲈⲢⲞ ⲚⲘⲠⲎⲨⲈ) die Rede (EvThom 20; 54; 114),[11] und am Anfang von EvThom 3 kommt das Stichwort „Himmel" ebenfalls vor.[12] Auch das älteste Testimonium für das Thomasevangelium in der *Refutatio Omnium Haeresium*[13] spricht, unmittelbar vor einem stark an EvThom 4 erinnernden Zitat aus dem „nach Thomas' überschriebenen Evangelium", von dem „Himmelreich innerhalb des Menschen, das man sucht" (ἐντὸς ἀνθρώπου βασιλείαν οὐρανῶν ζητουμένην, Hippolyt, Ref. 5,7,20).[14] Diese Variante wäre also nicht völlig unmöglich. Problematisch ist jedoch, dass nach EvThom 3,1 das Königtum gerade nicht im Himmel zu suchen ist; diese Rekonstruktion würde also eine erhebliche Spannung in das Logion einbringen,[15] und so scheint es geraten, nach anderen Lösungen Ausschau zu halten.

Manches spricht nun für einen neueren Vorschlag: βασ[ιλεία τοῦ πατρός]. Dabei kommen in die Lakune 14 Buchstaben, so dass die Zeile demnach insgesamt 28 Buchstaben umfassen würde. Das ist papyrologisch akzeptabel und fügt sich auch gut in den Sprachgebrauch des Thomasevangeliums ein, wo ja öfter vom „Königtum des/meines Vaters" (ⲘⲚⲦⲈⲢⲞ ⲘⲠⲈⲒⲰⲦ/ⲘⲠⲀⲈⲒⲰⲦ) die Rede ist (EvThom 57; 76; 96; 97 (?); 98; 99; 113)[16].

---

10 Anders LÜHRMANN: *Die apokryph gewordenen Evangelien*, 153: EvThom 3 führe die matthäische Vorstellung vom „Himmelreich" *ad absurdum*.
11 Nach LÜHRMANN: *Die apokryph gewordenen Evangelien*, 176–177 beschränkt sich dieses Phänomen auf die koptische Übersetzung, die damit auf ihre Weise zeigt, wie sich der matthäische Sprachgebrauch durchsetzte.
12 Vgl. D. MUELLER: „Kingdom of Heaven or Kingdom of God?", 275. – Das setzt freilich voraus, dass das Logion – zumindest EvThom 3,1–3 – eine ursprüngliche Einheit darstellt (s. u. b).
13 Vgl. dazu GATHERCOLE: *Composition of the Gospel of Thomas*, 54–56.
14 Es besteht allerdings ein gewisser Verdacht, dass die Wendung βασιλεία οὐρανῶν hier auf den Verfasser der *Refutatio Omnium Haeresium* selbst zurückgeht, denn er verwendet sie auch sonst ziemlich häufig (Ref. 5,7,23–24; 5,8,7–8.27.29–30.31; 5,9,6; 8,10,9–10; 10,34,5); vgl. JOHNSON: „Hippolytus' *Refutatio*", 321–322. Als weniger verdächtiger Zeuge kämen nach Johnson (ebd., 322 mit Anm. 55) allenfalls eine Stelle im manichäischen Psalmenbuch in Frage. In den „Sarakoton-Psalmen" findet man dort das Logion in folgender Form: ⲦⲘⲚⲦⲢ̄ⲢⲞ Ⲛ̄ⲘⲠⲎⲨⲈ ⲈⲒⲤⲦⲈ Ⲙ̄ⲠⲚ̄ϨⲞⲨⲚ ⲈⲒⲤⲦⲈ Ⲙ̄ⲠⲚ̄]Ⲃ[ⲀⲖ] („Das Königtum der Himmel, siehe, es ist innerhalb von uns, siehe, es ist außerhalb von uns.") Mani-Ps. II 160,20–21); vgl. dazu z. B. P. NAGEL: „Synoptische Evangelientradition", 279–280.
15 Vgl. GOODACRE: *Thomas and the Gospels*, 35 (Kasten).
16 Vgl. JOHNSON: „Hippolytus' *Refutatio*", 324. Johnson verweist zudem auf einige Logien, in denen das absolut gebrauchte Wort βασιλεία/ⲘⲚⲦⲈⲢⲞ in enger Verbindung mit der Rede vom Vater steht: EvThom 3; 27; 49; 82; 113.

B. Durchführung

Die Rede vom Königtum ist also im Thomasevangelium nicht auf ein bestimmtes Syntagma festgelegt: Der aus den synoptischen Evangelien geläufige Ausdruck βασιλεία τοῦ θεοῦ ist nur in der griechischen Version von EvThom 27 (P.Oxy. 1,7–8) belegt; das dient vereinzelt als Grund, ihn auch in P.Oxy. 654,15 einzutragen.[17] Dagegen steht im Thomasevangelium öfter die βασιλεία (ⲙⲛ̄ⲧⲉⲣⲟ) ohne Attribut (EvThom 3; 22; 27; 46; 49; 82; 107; 109; 113). Nicht ganz so häufig ist „das Königtum des/meines Vaters" (ⲙⲛ̄ⲧⲉⲣⲟ ⲙ̄ⲡⲉⲓⲱⲧ/ⲙ̄ⲡⲁⲉⲓⲱⲧ, EvThom 57; 76; 96; 97 (?); 98; 99; 113), und dreimal findet man auch „Himmelreich" (ⲙⲛ̄ⲧⲉⲣⲟ ⲛ̄ⲙ̄ⲡⲏⲩⲉ, EvThom 20; 54; 114). Papyrologisch gesehen, kommen die beiden letztgenannten Formen für die Lakune in P.Oxy. 654,15 in Frage, doch in beiden Fällen müsste man erklären, warum dann in der koptischen Übersetzung kein Attribut steht und warum auch in der griechischen Version am Anfang des Logions (P.Oxy. 654,11) die βασιλεία ohne Attribut steht.

Der Verweis auf die koptische Übersetzung ist jedoch kein Argument gegen die Ergänzung eines Attributs zu βασιλεία, denn für das strikte Äquivalent zur koptischen Fassung, βασιλεία ohne Attribut, wäre die Lakune, wie gesehen, deutlich zu groß. Auch die βασιλεία ohne Attribut in Z. 11 spricht nicht dagegen, in der Lakune ein Attribut zu ergänzen. Hier ist ein Blick auf das sehr ähnliche Logion 113 instruktiv:[18] Dort fragen die Jünger zuerst, wann das Königtum (ⲧⲙⲛ̄ⲧⲉⲣⲟ) komme, und Jesus erklärt ihnen, dass das Königtum *des Vaters* (ⲧⲙⲛ̄ⲧⲉⲣⲟ ⲙ̄ⲡⲉⲓⲱⲧ) auf der Erde ausgebreitet ist. Zunächst ist also ganz knapp vom Königtum die Rede, und in der abschließenden Sentenz wird dieses ausführlicher als das „Königtum des Vaters" benannt. Wenn man die Lakune in P.Oxy. 654,15 mit βασ[ιλεία τοῦ πατρός] auffüllt, nimmt man für EvThom 3 den gleichen Duktus in Anspruch, der für EvThom 113 sicher belegt ist. Abgesehen davon, dass diese Variation also nicht ohne Parallele ist, könnte sie sogar überliefe-

---

17 Vgl. LÜHRMANN: *Die apokryph gewordenen Evangelien*, 154–155. Zur Unterstützung verweist Lührmann zusätzlich auf eine Parallele zu EvThom 113 und 3 bei Makarios/Symeon, 35,5: „So wie ein Toter die nächstliegende Luft nicht einatmet, in der er sich befindet, da er ja keine Seele hat, und siehe, es weinen über ihn all seine Lieben und die Nachbarn, er aber hört es nicht: so atmet auch die Seele, die von Gott abgestorben ist und den Heiligen Geist nicht hat, jene Luft des Königtums der Gottheit nicht ein, obwohl sie da ist – wie der Herr sagte: Das Königtum Gottes ist auf der Erde ausgebreitet, und die Menschen sehen es nicht (ἡ βασιλεία τοῦ θεοῦ χαμαὶ ἥπλωται καὶ οἱ ἄνθρωποι οὐκ ἐμβλέπουσιν αὐτήν). Und weiter: Das Königtum Gottes ist innerhalb von euch (ἡ βασιλεία τοῦ θεοῦ ἐντὸς ὑμῶν ἐστι)." Bemerkenswert ist, dass Symeon unmittelbar darauf in Fortführung seines Gedankens in 35,6 ein Mischzitat aus Lk 15,7.10 bringt, so dass für ihn (um 400) möglicherweise Thomas- und Lukasevangelium als Quellen für Worte Jesu gleichwertig waren.
18 Vgl. dazu auch D. MUELLER: „Kingdom of Heaven or Kingdom of God?", 274.

rungsgeschichtliche Gründe haben. Für diese Rekonstruktion spricht auch, dass der Vater im weiteren Verlauf des Logions von Bedeutung ist: Wer das Königtum des Vaters findet, erkennt sich als Kind des lebendigen Vaters. Das Fehlen des Attributs in der koptischen Version lässt sich möglicherweise damit erklären, dass nach der Zusammenfügung der ursprünglichen Einzellogien zum heutigen EvThom 3 (s. u. b) der Sprachgebrauch von EvThom 3,1 (βασιλεία ohne Attribut) auch den zweiten Teil des Logions beeinflusst hat. Mit EvThom 27 lässt sich sogar eine Parallele benennen, wo, wenn auch nicht unbedingt aus demselben Grund, dasselbe passiert ist (τὴν βασιλείαν τοῦ θ(εο)ῦ → ⲉⲧⲙⲛ̅ⲧⲉⲣⲟ). Hier scheint die Übersetzung bzw. die Textüberlieferung zur Kürze zu tendieren. Für die griechische (und wohl ursprünglichere) Fassung von EvThom 3 ist also anzunehmen: „und das Königtum des Vaters ist innerhalb von euch und außerhalb" (καὶ ἡ βασ[ιλεία τοῦ πατρὸς] ἐντὸς ὑμῶν [ἐσ]τι [κἀκτός].)

b) Zwei Logien

Der Gedankengang jener Einheit, die wir heute als EvThom 3 kennen, ist nun nicht eben geradlinig, er führt von der Suche nach dem Königtum über dessen Erkenntnis zur Selbsterkenntnis. Das begründet die Annahme, dass unser Logion eine komplexe Entstehungsgeschichte hinter sich hat;[19] meistens nimmt man an, dass hier zwei ursprünglich eigenständige Logien verknüpft wurden:

Während die *editio princeps* der griechischen Version dieses Logion noch als eine lange Einheit behandelte,[20] interpretierte Charles Taylor kurz darauf die Konjunktion καί in Z. 15 als redaktionelle Verknüpfung zweier eigentlich eigenständiger Logien.[21] Die Konjunktion ist demnach nicht Teil des Logions, sondern sie steht auf der Ebene der einleitenden Inquit-Formel, zwischen den beiden ursprünglich selbständigen Einheiten. Nach heutiger Nomenklatur umfassen diese beiden Einheiten EvThom 3,1–2 und EvThom 3,3–5. Schematisch lässt sich das so darstellen: „Jesus sagte: ‚[EvThom 3,1–2]' und: ‚[EvThom 3,3–5]'." Als neutestamentliche Parallelen dafür lassen sich die Zitatensammlungen 2 Kor 6,16–18; Hebr 1,8–12 nennen, wo alttestamentliche Zitate ohne eigenes *verbum dicendi* nur mit

---

19 Bei DeConick: *Original Gospel of Thomas in Translation*, 51–56 ist dieses Logion ein schönes Beispiel für das progressive Wachstum der Überlieferung: Ihr zufolge kam zunächst (um 60–100 n. Chr.) EvThom 3,1–3 in die Sammlung; in der nächsten Phase (80–120 n. Chr.), als die unmittelbare Erwartung des Eschaton einer mystischen Innensicht wich, wuchsen dem Logion die „Accretions" EvThom 3,4 und EvThom 3,5 zu.
20 Vgl. Grenfell/Hunt: *New Sayings of Jesus*, 15: „... the longest and most important of the Sayings, ..."
21 Vgl. Taylor: *Oxyrhynchus Sayings*, 8.

B. Durchführung

καί verknüpft werden;[22] eine ähnliche Technik findet man auch in Hebr 1,5; 2,12–13 mit der Verknüpfung καί πάλιν.[23]

In neuerer Zeit nimmt man zwar auch an, dass in EvThom 3 eigentlich zwei Logien vorliegen, doch sie werden anders abgegrenzt. Nun zieht man EvThom 3,3 noch zum ersten Logion, so dass dieses durchweg vom Ort des Königtums handelt, während das zweite Logion (EvThom 3,4–5) nur von Selbsterkenntnis handelt.[24] Nach diesem Modell wären die beiden Logien in der koptischen Version noch in ihrer ursprünglichen Fassung, nämlich ohne Verknüpfung erhalten; die griechische Version enthalte hingegen mit dem Pronomen ταύτην in Z. 17, das den zweiten Spruch auf die βασιλεία bezieht, eine redaktionelle Verknüpfung der beiden Logien.[25]

Wenn man die beiden Logien so trennt, drängt sich aber die Frage auf, warum sie überhaupt zusammengestellt wurden. Eine Stichwortverbindung oder auch nur eine inhaltliche Affinität ist ja nicht erkennbar. Wenn man hingegen, wie es Charles Taylor 1905 vorschlug, EvThom 3,3 zum zweiten Logion zieht, ergeben sich im Griechischen zwei eigenständige Logien, die durch das Stichwort βασιλεία verbunden sind. Diese Gemeinsamkeit, so darf man annehmen, bewog einen Kompilator, die beiden Logien zu einer Art von Zitatenreihe zusammenzufügen. Im Laufe der Textüberlieferung und Übersetzung wäre dann das καί im griechischen EvThom 3,3 nicht mehr als Verknüpfung zweier Zitate, sondern als einfache Konjunktion im Satzgefüge aufgefasst worden. Unter diesen Umständen musste es aber widersinnig erscheinen, da ja die Rede vom Königtum im eigenen Inneren und Äußeren (EvThom 3,3) im Gegensatz zu den vorher erörterten Orten steht. Es ist also durchaus verständlich, dass ein späterer Abschreiber oder Übersetzer diese Konjunktion καί durch die Adversativpartikel ⲁⲗⲗⲁ

---

22 Nach GRÄSSER: *An die Hebräer* 1, 87 zeigt in Hebr 1,8–12 „das aufzählende καί als Zitateinleitung ... an, daß im Zuge der vergleichenden Argumentation das ‚Aber' bezüglich des Sohnes (V 8a) gegenüber dem ‚Zwar' bezüglich der Engel (V 7a) einen Zuwachs erhält".
23 Auch dabei handelt es sich um eine „reihende Zitatverbindung" (BACKHAUS: *Hebräerbrief*, 96), die aber auch – in Hebr 2,13 – zwei im Referenztext zusammenhängende Sätze auseinanderreißen kann; vgl. ebd., 125. Vermutlich zeigt sich hier, wie der Autor kreativ-gestaltend mit seinen Bezugstexten umgeht und bei Bedarf aus einem Zitat zwei machen kann.
24 Vgl. PLISCH: *Thomasevangelium*, 45; HEDRICK: *Unlocking the Secrets*, 22–23. Für P. NAGEL: „Erwägungen zum Thomas-Evangelium", 368–371 beeinflusste dieses Logion (EvThom 3,1–3) schon Paulus (Röm 10,6–8) bei seiner Rezeption von Dtn 30,12–14. Nach D. MUELLER: „Kingdom of Heaven or Kingdom of God?", 268 ist in EvThom 3,4 die – nur im Koptischen zu findende – Verheißung des Erkannt-Werdens als ein sekundärer Zusatz zu werten.
25 Vgl. EISELE: „Ziehen, Führen und Verführen", 384–385.

ersetzte²⁶ und damit – wie auch durch einige andere Eingriffe – die kleine Logienkompilation zu einem einzigen zusammenhängenden Logion machte. Die „Sollbruchstelle" dieses nunmehr ziemlich langen Logions verlagerte sich dabei hinter EvThom 3,3. Umgekehrt wäre es nicht leicht zu begründen, warum ein Redaktor oder Kompilator das (angenommen) ursprünglich adversative Verhältnis zwischen EvThom 3,1-2 und EvThom 3,3 mit der Konjunktion καί in eine sinnwidrige Nebeneinanderstellung von Gegensätzlichem verwandelt haben sollte.

Also: EvThom 3 bestand ursprünglich aus zwei eigenständigen Logien (EvThom 3,1-2.3-5), deren Spuren in der griechischen Version noch deutlicher erkennbar sind. Diese hat daher als die ursprünglichere Fassung des Logions bzw. der beiden Logien zu gelten.

Beide Logien haben nun jeweils einen möglichen Berührungspunkt zum Johannesevangelium: In EvThom 3,1-2 ist es die bemerkenswerte Verwendung des Verbs ἕλκω, in EvThom 3,3-5 die Rede vom „lebendigen Vater".

c) „Die Ziehenden"

Hinsichtlich der „Ziehenden" bzw. „Führenden" in EvThom 3,1 zeigt sich ein markanter Unterschied zwischen der griechischen und der koptischen Version des Logions. Die koptische Version spricht klar von „denen, die euch *führen*" (ⲛⲉⲧⲥⲱⲕ ϩⲏⲧⲧⲏⲩⲧⲛ̄), während das Griechische von „denen, die euch *ziehen*," (οἱ ἕλκοντες <ὑ>μᾶς) handelt. Das Problem liegt darin, dass das koptische Verb ⲥⲱⲕ an und für sich „ziehen, treiben" bedeutet²⁷ (und damit u. a. dem griechischen ἕλκω²⁸ entspricht),²⁹ in der Verbindung ⲥⲱⲕ ϩⲏⲧ= jedoch „vorangehen, führen",³⁰ wofür das Griechische Verben

---

26 Als Parallele verweist D. MUELLER: „Kingdom of Heaven or Kingdom of God?", 271 auf EvThom 113, wo – diesmal ohne griechische Kontrollgröße – anstelle des γάρ von Lk 17,21 ebenfalls ἀλλά steht. Sollte man das der „normalen" Varianz bei der Übersetzung griechischer Partikeln ins Koptische zuschreiben (so GATHERCOLE: *Gospel of Thomas*, 208)? Der Umstand, dass dort im Koptischen ein griechisches Lehnwort verwendet wird, scheint in eine andere Richtung zu weisen.
27 Vgl. WESTENDORF: *Koptisches Handwörterbuch*, 180–181 s.v. ⲥⲱⲕ. Bei CRUM: *Coptic Dictionary*, 325 s.v. ⲥⲱⲕ findet man im transitiven Sinn die Bedeutungen „draw, beguile, gather, impel".
28 Vgl. dazu LSJ, 535–545 s.v. ἕλκω.
29 Nach WILMET: *Concordance du Nouveau Testament Sahidique* II/2, 777 s.v. ⲥⲱⲕ ist innerhalb des Neuen Testaments (ἐξ-)ἕλκω mit insgesamt sieben Belegen die häufigste Wiedergabe von ⲥⲱⲕ, darauf folgt (κατα-)σύρω mit insgesamt vier Belegen, ferner, mit je einem Beleg, αἰχμαλωτίζω, παραβιάζομαι, σινιάζω, παρατείνω, καταφέρω. Die Wendung ⲥⲱⲕ ϩⲏⲧ= ist hingegen nicht erwähnt, scheint also im sahidischen Neuen Testament nicht belegt zu sein.
30 WESTENDORF: *Koptisches Handwörterbuch*, 181 s.v. ⲥⲱⲕ d).

B. Durchführung

wie προάγω, ἡγέομαι oder ὁδηγέω kennt.[31] In der griechischen Version des Logions erscheint die Rede von Leuten, die andere ziehen, also zumindest als problematisch,[32] wenn nicht gar sinnlos; daher nahm Gérard Garitte sogar an, das Griechische sei die fehlerhafte Übersetzung eines koptischen Originals.[33] Letztere Annahme ist schon aus sprachgeschichtlichen Gründen nicht ganz unproblematisch, denn sie würde, sofern die griechischen Fragmente richtig datiert sind, das Thomasevangelium zum mit Abstand ältesten Text der koptischen Literatur machen.[34] Daher neigen andere eher dazu, die Verben ἕλκω und cⲱⲕ ϩⲏⲧ= gleichermaßen zu Übersetzungsvarianten zu erklären, die auf das aramäische Verb נגד bzw. das syrische ܢܓܕ (n^egad) zurückgehen, das sowohl „ziehen" als auch „führen" bedeuten soll.[35] Letztere Bedeutung scheint allerdings nur schwach bezeugt zu sein.[36] Andererseits wäre zu fragen, ob dieser Ausweg wirklich notwendig ist, ob also die griechische Version von EvThom 3,1 wirklich so hoffnungslos unverständlich ist, dass man zu einer hypothetischen fremdsprachlichen Vorlage seine Zuflucht nehmen muss. Wenn man den griechischen Text für sich als sinnvoll annimmt, könnten die ἕλκοντες auch Leute sein, die andere vor Gericht zerren[37] oder sich anderweitig gewalt-

---

31 Vgl. dazu CRUM: *Coptic Dictionary*, 327 s.v. cⲱⲕ ϩⲏⲧ=. Insgesamt dazu auch EISELE: „Ziehen, Führen und Verführen", 381–382.
32 Nach FIEGER: *Thomasevangelium*, 25; NORDSIECK: *Thomas-Evangelium*, 45 soll ἕλκω hier die seltene Bedeutung „verführen" haben. Das mag der Sache nach zutreffen, scheint aber ein ironisches Verständnis der eigentlichen Wortbedeutung vorauszusetzen. Für SCHÜNGEL: „Zur Neuübersetzung des Thomasevangeliums", 275–276 sind die ἕλκοντες „Abschlepper". Schüngel „löst" das Problem dieses Logions allerdings damit, dass er den Unterschied zwischen cⲱⲕ und cⲱⲕ ϩⲏⲧ= ignoriert.
33 Vgl. GARITTE: „Les ‚logoi' d'Oxyrhynque", 158–160: Wäre es umgekehrt, hätte ein koptischer Übersetzer ἕλκοντες <ὑ>μᾶς mit ⲛⲉⲧcⲱⲕ ⲙ̄ⲙⲱⲧⲛ̄ übersetzt.
34 Vgl. GUILLAUMONT: „Les Logia d'Oxyrhynchos sont-ils traduits du Copte?", 325.
35 Vgl. GUILLAUMONT: „Les Logia d'Oxyrhynchos sont-ils traduits du Copte?", 327; DERS.: „Les sémitismes dans l'Évangile selon Thomas", 194; DECONICK: *Original Gospel of Thomas in Translation*, 52.
36 Bei PAYNE SMITH: *Compendious Syriac Dictionary*, 326–327 s.v. ܢܓܕ findet man dafür – neben Joh 6,44! – nur Mt 2,9 als Beleg („b) to attract, induce, persuade"), ansonsten scheint das Verb eher mit gewaltsamem Ziehen und Zerren konnotiert zu sein. Für das aramäische נגד scheint das Gleiche zuzutreffen; vgl. GESENIUS/BUHL: *Hebräisches und aramäisches Handwörterbuch*[17], 915 s.v. נגד; deutlicher GESENIUS/DONNER: *Hebräisches und aramäisches Handwörterbuch*[18], 1513 s.v. נגד.
37 Vgl. GATHERCOLE: *Composition of the Gospel of Thomas*, 44–45; mit Verweis auf Apg 16,19 (dort ἑλκύω); auch DERS.: *Gospel of Thomas*, 209.211.

sam an den Angesprochenen vergreifen.[38] Innerhalb des Thomasevangeliums könnte Logion 114 eine Hilfe darstellen, denn dort sagt Jesus, er werde Maria „ziehen" (ⳁⲛⲁⲥⲱⲕ ⲙ̄ⲙⲟⲥ), damit sie ein „lebendiger Geist" werde.[39] Daneben zieht Wilfried Eisele Platons Dialog „Theaitetos" (195b-c)[40] zur Deutung heran, um auf dieser Grundlage das Verb ἕλκω im Sinne von „zu überzeugen suchen" zu verstehen.[41] Diesen Sinn gibt die Klage des Sokrates aus dem „Theaitetos" aber gerade nicht her, denn dort wird ἕλκω ja für ein unproduktives, stures und stumpfsinniges Hin- und Herwälzen von Worten verwendet, das nicht jemand anderen überzeugen, sondern nur die eigene vorgefasste Meinung immunisieren soll. „Gezogen" werden hier nicht Menschen, sondern Worte. Für einen Vergleich mit EvThom 3 eignet sich dieser Text also nicht. Für diese Bedeutung ist eher die „Tabula" des Ps.-Kebes (16,4)[42] einschlägig, doch dort ist die Wortwahl durch das gewählte Bild bestimmt: Jene, die auf dem steinigen Weg zur wahren Bildung sind, werden von den beiden Schwestern „Enthaltsamkeit" und „Standhaftigkeit" an einem Abhang nach oben gezogen. Angesichts dieses negativen Befundes und der nicht ganz einschlägigen Parallele in EvThom 114 bleibt wohl nur die etwas hilflos erscheinende Auskunft, die man bei Otfried Hofius findet: „Das Verbum ἕλκειν ist wohl

---

38 Vgl. dazu auch LÜHRMANN: *Die apokryph gewordenen Evangelien*, 153 mit Verweis auf Apg 21,30.
39 Wenn dem ⲥⲱⲕ in EvThom 114 ein griechisches ἕλκω zugrundeliegt, hat der Übersetzer dort getreuer übersetzt als in EvThom 3,wo er sich für anders konnotierte Wendung ⲥⲱⲕ ϩⲏⲧ⸗ entschieden hat. Von ἕλκω ausgehend, schlägt GROSSO: *Vangelo secondo Tommaso*, 118 die Bedeutung „anziehen", „ für jdn attraktiv sein" („trascinare") vor.
40 Platon, Theaitetos 195b-c: Τὴν ἐμαυτοῦ δυσμαθίαν δυσχεράνας καὶ ὡς ἀληθῶς ἀδολεσχίαν. Τί γὰρ ἄν τις ἄλλο θεῖτο ὄνομα, ὅταν ἄνω κάτω λόγους ἕλκῃ τις ὑπὸ νωθείας οὐ δυνάμενος πεισθῆναι, καὶ ᾖ δυσαπάλλακτος ἀφ' ἑκάστου λόγου („Weil mich meine eigene Ungelehrigkeit anwidert und wahrhaft meine Geschwätzigkeit. Welchen anderen Namen soll man dem geben, wenn jemand die Worte rauf und runter *zerrt* aus Begriffsstutzigkeit und nicht überzeugt werden kann und nicht wegzubringen ist von jedem einzelnen Wort.").
41 Vgl. EISELE: „Ziehen, Führen und Verführen", 388–393.413–414; DERS.: *Welcher Thomas?*, 101–102.
42 Kebes, 16,4: Ὅταν οὖν παραγένωνται ἐπὶ τὴν πέτραν, πῶς ἀναβαίνουσιν; ὁρῶ γὰρ ὁδὸν φέρουσαν οὐδεμίαν ἐπ' αὐτάς. – Αὗται ἀπὸ τοῦ κρημνοῦ προσκαταβαίνουσιν καὶ ἕλκουσιν αὐτοὺς ἄνω πρὸς αὐτάς. εἶτα κελεύουσιν αὐτοὺς διαναπαύσασθαι („Wenn sie nun an den Felsen gelangt sind, wie steigen sie hinauf? Ich sehe nämlich gar keinen Weg, der zu ihnen führt. – Sie selbst steigen vom Abhang zu ihnen hinab und *ziehen* sie zu sich nach oben. Dann fordern sie sie auf, sich auszuruhen.").

B. Durchführung

irgendwie terminus technicus."[43] Dann wäre es freilich denkbar, dass schon der koptische Übersetzer von EvThom 3 die spezielle Bedeutung von ἕλκω nicht mehr verstanden hat und mit der Wendung ⲥⲱⲕ ϩⲏⲧ⸗ eine plausiblere Wiedergabe wählte.

Wenn nun der Gebrauch von ἕλκω im Thomasevangelium einer Sondersprache angehört (man ist versucht, von einem *family joke* zu sprechen), dann wird es schwierig, diesen Sprachgebrauch zum Johannesevangelium in Beziehung zu setzen, auch wenn dort das Verb – in der Form ἑλκύω – zweimal vorkommt (Joh 6,44; 12,32) und schon öfter eine Beziehung vermutet wurde.[44] In der Tat scheint das Wort durchaus unterschiedlich verwendet zu werden: In EvThom 3 wird, soweit ersichtlich ist, nicht gesagt, wohin die „Ziehenden" die Angesprochenen ziehen. Wenn man in der Lakune in P.Oxy. 654,10 dazu eine Angabe vermuten wollte, müsste man zugleich erklären, warum diese auf dem Weg zur koptischen Version in NHC II verloren gegangen ist. Im Sprachgebrauch des Johannesevangeliums geht es dagegen in allererster Linie darum, wohin jemand gezogen wird:[45] zu Jesus. Der „Ziehende" ist im Johannesevangelium Gott (6,44) bzw. Jesus (12,32), während es in EvThom 3 allem Anschein nach Gegner sind,[46] jedenfalls Leute, deren Aussagen nicht zu trauen ist.

Also: Der Gebrauch von ἕλκω in EvThom 3 ist bemerkenswert, aber das Johannesevangelium ist zu seiner Erklärung nicht von Nutzen. Dass dieses Verb in den beiden Evangelien vorkommt, wird man als Analogie in einem untergeordneten Motiv einordnen.

d) „Söhne des lebendigen Vaters"

Etwas näher beim Johannesevangelium sind wir mit der Verheißung in EvThom 3,4 über den Inhalt der richtigen Selbsterkenntnis: Wer sich selbst erkennt,[47] erkennt sich als Kind des lebendigen Vaters. Diese Gottesbe-

---

43 HOFIUS: „Das koptische Thomasevangelium", 32.
44 Vgl. GRENFELL/HUNT: *New Sayings of Jesus*, 16; HEINRICI: „Die neuen Herrensprüche", 199; TAYLOR: *Oxyrhynchus Sayings*, 10; LEIPOLDT: „Ein neues Evangelium?", 495; EISELE: *Welcher Thomas?*, 101–102.
45 Das gilt auch für die bei BARRETT: *Gospel According to St John*, 245; SCHNACKENBURG: *Johannesevangelium* II, 76 angeführte Parallele Jer 38,3 LXX.
46 Vgl. FITZMYER: „Oxyrhynchus Logoi", 520 (= *Essays*, 375–376).
47 Nach NORDSIECK: *Thomas-Evangelium*, 43 verbindet auch das Motiv der Selbsterkenntnis dieses Logion mit den johanneischen Schriften, näherhin mit dem 1. Johannesbrief (1 Joh 2,5; 3,19.24; 4,13). Die beiden Konzeptionen sind aber zu unterschiedlich akzentuiert. Ausdrücklich von *Selbst*erkenntnis ist ja im 1. Johannesbrief überhaupt nicht die Rede. Vielmehr werden Ansätze zur Erkenntnis über das eigene Gottesverhältnis benannt. Da die Selbsterkenntnis nun aber nicht ein exklusives Merkmal des Thomasevangeliums und der johanneischen Schriften ist, erscheint es

II. Einzeluntersuchungen, 2. Logion 3

zeichnung findet man auch einmal im Johannesevangelium (Joh 6,57). Allerdings unterscheiden sich die Formulierungen im Detail: In Joh 6,57 heißt es ὁ ζῶν πατήρ, während in EvThom 3 allem Anschein nach τοῦ πατρὸς τοῦ ζ[ῶντος][48] zu lesen ist.

Im Johannesevangelium – wie auch überhaupt in den johanneischen Schriften und im ganzen Neuen Testament – ist der Ausdruck ὁ ζῶν πατήρ nur hier belegt, doch er ist kein Fremdkörper. Ganz im Gegenteil: Schon im Prolog nimmt das Heilsgut „Leben" eine bedeutende Stellung ein (Joh 1,4). Im weiteren Verlauf ist Leben bzw. ewiges Leben die Verheißung an die Gläubigen (Joh 3,14–16; 4,14; 5,24–26.39–40; 6,27.33–35.40.47–51.53–54.63.68; 8,12; 10,10.28; 11,25; 12,25.50; 14,6; 17,2.3), bis es in der abschließenden Reflexion des Verfassers (20,31) als letztes Ziel der Glaubenden vorgestellt wird. Besonders auffällig ist für unsere Fragestellung die Häufung von Belegen in Joh 6. Bevor vom lebendigen Vater die Rede ist, spricht das Johannesevangelium also in geradezu penetranter Dichte und in immer neuen Anläufen vom Leben als dem Gut, das Jesus bringt. Vor diesem Hintergrund wird in 6,57 erklärt, wie Jesus eigentlich dazu kommt, Leben zu geben.[49] Dies ist aber auch kein völlig neuer Gedanke, sondern die gleiche Konzeption wurde bereits im ebenso strukturierten Vers 5,26 durchdekliniert:

Joh 5,26	Joh 6,57
ὥσπερ γὰρ ὁ πατὴρ ἔχει ζωὴν ἐν ἑαυτῷ,	καθὼς ἀπέστειλέν με ὁ ζῶν πατήρ,
οὕτως καὶ τῷ υἱῷ ἔδωκεν ζωὴν ἔχειν ἐν ἑαυτῷ.	κἀγὼ ζῶ διὰ τὸν πατέρα,
[5,27–29]	καὶ ὁ τρώγων με κἀκεῖνος ζήσει δι' ἐμέ.

---

nicht ratsam, aus dieser Ähnlichkeit (mehr ist es ja nicht) allzu weitreichende Schlussfolgerungen zu ziehen.
48 In P.Oxy. 654,19 ist von dem Wort nur ein Rest des ersten Buchstaben erhalten. Dieser Tintenfleck könnte auch zu einem Tau oder einem Pi gehört haben, doch durch die koptische Version (NHC II 33,2: ⲡⲉⲓⲱⲧ ⲉⲧⲟⲛϩ) lässt sich die Lakune sehr gut auffüllen.
49 Vgl. dazu auch THEOBALD: *Evangelium nach Johannes 1–12*, 482: „Das vierte Kommentarwort (sc. Joh 6,57) verstärkt die *personale* Sichtweise der sakramentalen *communio* in atemberaubender Weise. Es behauptet nämlich eine Analogie zwischen dem Verhältnis *Jesu* zu seinem *Vater* und dem des *Kommunizierenden* zu *Jesus*, mit anderen Worten: zwischen der innergöttlichen *communio* von Vater und Sohn und der eucharistischen *communio* des Menschen mit Jesus. Es ist also keineswegs so, dass erstere in unerreichbarer Einsamkeit in sich verschlossen wäre, vielmehr verströmt sie sich und zieht die Glaubenden – hier im Vollzug der Eucharistie – in ihre Lebensfülle mit hinein (zu dieser johanneischen Denkform vgl. 20,17)."

B. Durchführung

Von Joh 5,26 her erschließt sich die Rede vom lebendigen Vater: „Lebendig' ist der Vater, weil er unmittelbar ‚Leben in sich hat', also Inbegriff und Prinzip des Lebens ist, und der Sohn ‚lebt durch den Vater', weil ihm der Vater ‚verliehen hat, Leben in sich zu haben', in der gleichen Ursprünglichkeit und Fülle (vgl. 1,4)."[50] Das Johannesevangelium handelt also durchweg vom Leben, und die an sich singuläre Wendung ὁ ζῶν πατήρ in 6,57 kommt aus diesem durchgängigen Lebens-Diskurs und ist in ihn eingebettet. Auf unsere Fragestellung bezogen heißt das: Man braucht kein Thomasevangelium, um das Auftreten dieser Wendung in Joh 6,57 zu erklären.

Auf der anderen Seite ist der lebendige Vater in EvThom 3 auch keine völlig singuläre Erscheinung. Dieselbe Gottesbezeichnung begegnet auch in EvThom 50: Dort werden die Hörer unter anderem angewiesen, „ihnen" (wer immer damit gemeint sein mag) auf die Frage „Seid ihr es?" zu antworten: „Wir sind seine (sc. des Lichtes) Söhne, und wir sind die Erwählten des lebendigen Vaters." (ⲁⲚⲟⲚ ⲚⲉϤϢⲎⲢⲉ ⲁⲨⲱ ⲁⲚⲟⲚ ⲚⲤⲰⲦⲠ ⲘⲠⲈⲒⲰⲦ ⲈⲦⲞⲚϨ). Auch „der Lebendige" (ⲠⲈⲦⲞⲚϨ) ist im Thomasevangelium zumindest in EvThom 37, wo es um den „Sohn des Lebendigen" geht, als Gottesbezeichnung zu sehen. In EvThom 52; 111 (wohl auch 59) scheint es sich hingegen eher um eine Bezeichnung für Jesus zu handeln – wie im Prolog. Auch vom Leben als zu erstrebendem Heilsgut ist in EvThom 4; 58; 114 die Rede. Bei aller Varianz im Einzelnen ist Leben also auch in den Logien des Thomasevangeliums ein durchgehendes Thema.[51] Es liegen jedoch keine Indizien dafür vor, dass diese Konzeption ursächlich vom Johannesevangelium beeinflusst wäre. Ein Indiz wäre z.B. der im Johannesevangelium häufig und meistens in Verbindung mit Jesus als Geber verwendete Begriff „ewiges Leben"; dieser findet sich im Thomasevangelium überhaupt nicht. Auch die Rede vom „lebendigen Vater" hat im Thomasevangelium, abgesehen von der syntaktischen Varianz, eine andere Ausrichtung als im Johannesevangelium: In letzterem ist der Vater vor allem derjenige, der Jesus gesandt hat, und auch mit dem Attribut „lebendig" kommt er vor allem als der Ursprung des Lebens in den Blick, das Jesus vermittelt. In EvThom 3 (vielleicht auch 50) ist hingegen der „lebendige Vater" als der Vater der Gläubigen im Blick. Dagegen ist „Vater" ohne Attribut eine Gottesbezeichnung ohne besonderen Akzent (EvThom 27; 40; 44; 57; 69; 76; 83; 96; 97; 98; 105?; 113), kann aber auch speziell auf Jesus bezogen sein („mein Vater",

---

50 SCHNACKENBURG: *Johannesevangelium* II, 95; ebenso auch MUSSNER: *ZΩH*, 70–71. Die Präposition διά c. acc. ist hier mit BULTMANN: *Evangelium des Johannes*, 176 Anm. 7 nicht mit „wegen" oder „um ... willen" zu übersetzen, sondern mit „dank" in dem Sinn, dass Jesus sein Leben dem lebendigen Vater verdankt. Der Sinn liegt also schon nahe bei διά c. gen. Ähnlich BROWN: *John i–xii*, 283.
51 Vgl. auch LELYVELD: *Logia de la vie*, 5.

EvThom 61; 64; 99). Ob in EvThom 15 an eine eigentliche Gottesbezeichnung gedacht ist, bleibt unklar.

Der Begriff „lebendiger Vater" in EvThom 3 verbindet also zwei Leitmotive, die das Thomasevangelium durchziehen und möglicherweise sogar Kriterien bei der Zusammenstellung dieser Sammlung waren: Leben und die Gottesbezeichnung „Vater". Für eine Rezeption des Johannesevangeliums finden sich aber keine klaren Indizien.

In einem Punkt unterscheidet sich EvThom 3,4 sogar vom Johannesevangelium: Wer sich nach diesem Logion selbst erkennt, erkennt sich selbst als Sohn[52] des „lebendigen Vaters". Wenn das Johannesevangelium hingegen von Gott als Vater spricht, kommt nur Jesus als Sohn in den Blick. Über dieses exklusive Verhältnis hinaus, klingen erst in der Ostererscheinung vor Maria Magdalena etwas andere Töne an, wenn der Auferstandene von seinem bevorstehenden Aufstieg spricht „zu meinem Vater und eurem Vater und meinem Gott und eurem Gott" (20,17). Dass jemand neben bzw. mit Jesus auch ein „Sohn Gottes" sein könnte, wird im Johannesevangelium hingegen nicht ausgesprochen, auch wenn der Gedanke in 20,17 impliziert ist. Gläubige können im Johannesevangelium zwar „Kinder Gottes" (τέκνα θεοῦ) sein (Joh 1,12; 11,52; auch 1 Joh 3,1.2.10; 5,2), aber das Wort „Sohn" (υἱός) ist exklusiv für *den* Sohn reserviert.[53] Das Matthäusevangelium hat hier wesentlich weniger Vorbehalte: Die Friedensstifter werden „Söhne Gottes" genannt (Mt 5,9),[54] jene, die ihre Feinde lieben, werden dadurch zu „Söhnen eures Vaters im Himmel" (5,45 par. Lk 6,35), und zu dem Wenigen und Wichtigen, was Jünger Jesu im Gebet sagen sollen, gehört die Anrede „Unser Vater" (6,9).[55] Paulus erörtert die Gottessohnschaft in Röm 8,14–17.19, wobei seine Wortwahl zwischen

---

52 Dabei handelt es sich freilich um die Rekonstruktion einer Lücke im Papyrus. Theoretisch würde das koptische ϣⲏⲣⲉ auch eine Rückübersetzung mit dem etwas breiteren Wort τέκνα erlauben; vgl. CRUM: *Coptic Dictionary*, 584–585 s.v. ϣⲏⲣⲉ. Doch wenn im Thomasevangelium von Kindern die Rede ist, steht immer das dafür gebräuchlichere Kompositum ϣⲏⲣⲉ ϣⲏⲙ: EvThom 4; 21; 37 (in EvThom 4; 37 sogar ⲕⲟⲩⲉⲓ ⲛ̄ϣⲏⲣⲉ ϣⲏⲙ). Vgl. dazu auch PLISCH: „Probleme und Lösungen", 524, der hinter ϣⲏⲣⲉ ϣⲏⲙ in EvThom 21 παῖδες (Kinder/Knechte) vermutet.
53 Vgl. FREY: „Leiblichkeit und Auferstehung", 314; dazu auch MUSSNER: ZΩH, 71: Diese Differenz sei nach Joh 5,26 dadurch begründet, dass Jesus direkt vom Vater Leben erhält, während die Gläubigen es vermittelt durch ihn erhalten.
54 Damit könnte, im Rückblick auf Mt 3,13–4,11, auch an die Nachfolge Jesu, des Sohnes Gottes, im Gehorsam gegenüber dem Vater gedacht sein; vgl. LUZ: *Evangelium nach Matthäus* 1, 288.
55 Die beiden erstgenannten Stellen dürften der matthäischen Redaktion zuzuschreiben sein, und auch die Anrede im Vater Unser unterscheidet sich von der Version bei Lukas (und wohl auch in Q) und dürfte das redaktionelle Werk des Matthäus sein; vgl. dazu *Critical Edition of Q*, 206–207.

B. Durchführung

„Söhne" (υἱοί) und „Kinder" (τέκνα) schwankt. Auch in Gal 3,26; 4,22 ist es für ihn kein Problem, die Gläubigen als „Söhne Gottes" zu bezeichnen. Der *Auctor ad Hebraeos* kann diese Vorstellung von den Gläubigen als „Söhnen" (bzw. Geschwistern des Sohnes) voraussetzen, wenn er sie in Hebr 12,4–11 in den Dienst seiner – für heutige Betrachter wohl etwas befremdlichen – Erziehungsmetaphorik stellt.[56] Aus dem Bereich des hellenistischen Judentums sei nur Weish 2,18 erwähnt, wo die Frevler das Selbstverständnis des Gerechten als „Sohn Gottes" (υἱὸς θεοῦ) aufgreifen. In dieses Feld von nicht-christologischen Aussagen zur Gottessohnschaft fügt sich EvThom 3,4 sehr gut ein; das Logion teilt nicht die Zurückhaltung, die sich das Johannesevangelium in dieser Hinsicht auferlegt.

Das bedeutet: Die Rede vom „lebendigen Vater", so bemerkenswert sie an sich ist, passt sowohl im Thomasevangelium wie auch im Johannesevangelium trefflich zu der jeweiligen Konzeption, in der jeweils das Leitmotiv Leben und die Rede von Gott als Vater eine prominente Rolle spielen. Die Gemeinsamkeit beschränkt sich jedoch auf eben diesen Ausdruck, und auch da ist die genaue Formulierung nicht festgelegt. In der Anwendung unterscheiden sich die beiden Evangelien grundlegend: Im Johannesevangelium ist der „lebendige Vater" der Vater Jesu, in EvThom 3,4 ist hingegen der „lebendige Vater" der Vater derer, die sich selbst als seine Söhne erkennen. Wenn hier also eine gemeinsame Tradition vorliegen sollte,[57] dann beschränkt sie sich auf die Verbindung der Motive „Vater" und „Leben/lebendig". Dieses gemeinsame Merkmal ist jedoch nicht sehr spezifisch, und so spricht man wohl auch hier am besten von einer Analogie hinsichtlich eines untergeordneten Motivs.

e) Fazit zu EvThom 3

Nach dem hoffnungsvollen Beginn mit zwei johanneisch anmutenden Motiven in EvThom 3 bleibt nach genauerem Hinsehen ein bescheidenes Ergebnis festzuhalten: Weder die „Ziehenden" in EvThom 3,1, noch der „lebendige Vater" in EvThom 3,4 sind spezifische Berührungspunkte mit dem Johannesevangelium, die man literarkritisch oder traditionsgeschichtlich auswerten könnte. Aus diesen Parallelen kann man weder begründen, dass das Thomasevangelium hier das Johannesevangelium rezipiert, noch dass umgekehrt das Johannesevangelium EvThom 3 rezipiert, noch dass beide Evangelien sich auf eine spezifische gemeinsame Überlieferung oder gemeinsame Tradition stützen. Festzuhalten bleibt lediglich eine Analogie bei zwei untergeordneten Motiven.

---

56 Vgl. dazu insgesamt z. B. BACKHAUS: *Hebräerbrief,* 418–426.418: „Wie von selbst gleitet der Blick vom ‚Sohn' auf die ‚Söhne (wir ergänzen: und Töchter)' (vgl. 2,10)."
57 So H. KOESTER: *Ancient Christian Gospels,* 123.

3. Logion 4

P.Oxy. 654,21–27	
(1) [λέγει Ἰη(σοῦ)ς·] οὐκ ἀποκνήσει ἄνθ[ρωπος παλαιὸς ἡμε]ρῶν ἐπερωτῆσε πα[ιδίον ἑπτὰ ἡμέ]ρῶν περὶ τοῦ τόπου τῆ[ς ζωῆς, καὶ ζή-]σετε·	(1) [Es sagt Jesus:] Nicht zögern wird ein Men[sch, alt an Ta]gen, zu fragen ein Ki[nd von sieben Ta]gen über den Ort de[s Lebens, und le-] ben wird er,
(2) ὅτι πολλοὶ ἔσονται π[ρῶτοι ἔσχατοι καὶ] οἱ ἔσχατοι πρῶτοι, καὶ [εἰς ἓν καταντήσου]σιν.	(2) denn viele werden sein als E[rste Letzte und] die Letzten die Ersten, und [zu Einem werden sie gelan-] gen.
NHC II 33,5–10	
(1) ⲡⲉϫⲉ ⲓ̅ⲥ̅ ϥⲛⲁϫⲛⲁⲩ ⲁⲛ ⲛ̄ϭⲓ ⲡⲣⲱⲙⲉ ⲛ̄ϩⲗⲗⲟ ϩⲛ̄ ⲛⲉϥϩⲟⲟⲩ ⲉϫⲛⲉ ⲟⲩⲕⲟⲩⲉⲓ ⲛ̄ϣⲏⲣⲉ ϣⲏⲙ ⲉϥϩⲛ̄ ⲥⲁϣϥ̄ ⲛ̄ϩⲟⲟⲩ ⲉⲧⲃⲉ ⲡⲧⲟⲡⲟⲥ ⲙ̄ⲡⲱⲛϩ ⲁⲩⲱ ϥⲛⲁⲱⲛϩ	(1) Jesus sagte: Nicht zögern wird der Mensch, alt in seinen Tagen, zu fragen ein kleines Kind, das sieben Tage alt ist, nach dem Ort des Lebens, und er wird leben,
(2) ϫⲉ ⲟⲩⲛ̄ ϩⲁϩ ⲛ̄ϣⲟⲣⲡ ⲛⲁⲣ̄ ϩⲁⲉ ⲁⲩⲱ ⲛ̄ⲥⲉϣⲱⲡⲉ ⲟⲩⲁ ⲟⲩⲱⲧ	(2) denn viele Erste werden Letzte sein, und sie werden ein Einziger sein.

a) Textkritik

Die Lücken im griechischen Text dieses Logions lassen sich mit Hilfe der koptischen Übersetzung gut auffüllen. Lediglich der letzte Satz bereitet möglicherweise ein Problem, das gewisse Konsequenzen für die Auslegung hat: In neueren Ausgaben und Beiträgen wird dieser Teilsatz (P.Oxy. 654,26–27) mehrheitlich rekonstruiert: καὶ [εἰς ἓν καταντήσου]σιν.[1] Damit sind für die Lakune 15 Buchstaben veranschlagt, Z. 26 umfasst damit insgesamt 33 Buchstaben. Die unmittelbar darüber gelegene Z. 25 ist mit großer Sicherheit zu rekonstruieren und umfasst 34 (insgesamt 37)[2] Buchstaben, die Lakune ist hier ebenfalls mit 15 Buchstaben gefüllt. Somit wäre diese Lösung papyrologisch zufriedenstellend. Exegetisch begründete Miroslav Marcovich diese Rekonstruktion vor allem aus Eph 4,13: „… bis wir alle gelangen (καταντήσωμεν) zur Einheit (εἰς τὴν ἑνότητα) des Glaubens und der Erkenntnis des Sohnes Gottes, zum vollkommenen Mann,

---

1 MARCOVICH: „Textual Criticism", 60; ATTRIDGE: „Greek Fragments", 115; LÜHRMANN: *Fragmente apokryph gewordener Evangelien*, 115; BERNHARD: *Other Early Christian Gospels*, 26; WAYMENT: *Text of the New Testament Apocrypha*, 173.
2 Die Konjunktion ὅτι wurde hier vor πολλοί nachträglich über die Zeile geschrieben.

B. Durchführung

zum Größenmaß nach der Fülle Christi."³ Diese Rekonstruktion passt auch zur koptischen Version: Auch wenn man diese als eine kreative Übersetzung einschätzt, setzt sie doch voraus, dass an der entsprechenden Stelle im griechischen Text vom „Einen" die Rede war. Das ἕν, das die Vielen nach der Umkehrung ihres Status erreichen werden, ist dann allerdings kein Objekt, sondern der Zustand ihrer Einheit, der in Eph 4,13 mit ἑνότης, aber in Joh 17 mit ἕν benannt wird.

April DeConick wendet jedoch dagegen ein, dass diese Rekonstruktion der Lakune in Z. 26 zu viel Platz einnehme, zumal die zu ihrer Unterstützung angeführten Parallelen Eph 4,13; Joh 17,21–23 nicht wirklich einschlägig seien. Daher sei, in engerer Anlehnung an das Koptische, die bereits von Otfried Hofius vorgeschlagene Rekonstruktion καὶ [εἰς γενήσου]σιν vorzuziehen.⁴ Diese füllt die Lakune mit nur zehn Buchstaben, ist also deutlich kürzer und kann diese Kürze auch nicht durch breite Buchstaben wie Kappa, Chi oder Omega ausgleichen. Aus rein papyrologischen Gründen ist diese Rekonstruktion also abzulehnen. Was die Nähe zur koptischen Version betrifft, so ist am Schluss von EvThom 4 ohnehin eine gewisse Variation festzustellen: Während die griechische Version den Spruch von den Ersten und Letzten in doppelter Fassung bietet, begnügt sich das Koptische mit der einfachen Fassung („Viele Erste werden Letzte sein.").⁵ Das begründet bereits einen Anfangsverdacht, dass der griechische Text von EvThom 4 hier nicht einfach als Rückübersetzung des Koptischen zu rekonstruieren ist: Gegen die oben referierte Rekonstruktion von Marcovich ist also von dieser Seite nichts einzuwenden.

Wenn man dieser Rekonstruktion folgt, sagen die beiden Versionen jedoch nicht ganz dasselbe aus: Nach der griechischen Version καὶ [εἰς ἓν καταντήσου]σιν gelangen die ehemals Letzten, die zu Ersten geworden sind, zum Einen – und bleiben doch viele. Das Verb καταντάω bezeichnet ja eine Bewegung hin zu einem Ziel, nicht aber eine innere Veränderung;⁶ das wäre etwa die Einheitskonzeption von Joh 17,21–23. In der koptischen Version steht hingegen keine Präposition, und so werden die vielen ehe-

---

3 Vgl. MARCOVICH: „Textual Criticism", 61. Daneben verwies er auf Joh 17,11.21–23 als Parallelen.
4 Vgl. DECONICK: „Corrections to the Critical Reading", 206–207; auch GROSSO: *Vangelo secondo Tommaso*, 121; beide im Anschluss an HOFIUS: „Das koptische Thomasevangelium", 32.
5 Dies ist wohl als Versehen zu werten, wie es im koptischen Thomasevangelium öfter vorkommt; vgl. HOFIUS: „Das koptische Thomasevangelium", 32–33; SCHRAGE: „Evangelienzitate", 259; MARCOVICH: „Textual Criticism", 60; PLISCH: *Thomasevangelium*, 48.
6 Vgl. LSJ, 903 s.v. καταντάω.

mals Ersten, die zu Letzten geworden sind (ⲡ̄ ϩⲁⲉ), nun ein Einziger *sein* (ⲛ̄ⲥⲉϣⲱⲡⲉ ⲟⲩⲁ ⲟⲩⲱⲧ) – sie verändern sich also. Nun ist der feststehende Ausdruck ⲟⲩⲁ ⲟⲩⲱⲧ (Einzelner) als genuin-koptisches Pendant zum Lehnwort ⲙⲟⲛⲁⲭⲟⲥ (Einzelner → Mönch) ein Leitmotiv im Thomasevangelium (s. u. c). Das könnte darauf hinweisen, dass diese Version erst redaktionell zustande kam, als das Thomasevangelium als Sammlung schon weitgehend abgeschlossen war. Am Ende des griechischen EvThom 4 stand demnach entweder ein Äquivalent der koptischen Version oder – wahrscheinlicher – etwas, das einen Redaktor dazu brachte, das ihm sonst geläufige Motiv des Einzigen/Einzelnen in das Logion einzutragen. Dafür ist καὶ [εἰς ἓν καταντήσου]σιν ein guter Kandidat.

Zwar hat unser Logion eine griechische Parallele in dem Testimonium Ref. 5,7,20,[7] in dem aus „dem ‚nach Thomas' betitelten Evangelium" zitiert wird, doch dieses „Zitat" ist von dem, was in P.Oxy. 654,21–27 erhalten ist, weit entfernt: Die *Refutatio* berichtet, die Naassener zitierten das Thomasevangelium über das „gesuchte Himmelreich im Inneren des Menschen" folgendermaßen: Ἐμὲ ὁ ζητῶν εὑρήσει ἐν παιδίοις ἀπὸ ἐτῶν ἑπτά· ἐκεῖ γὰρ ἐν τῷ τεσσαρεσκαιδεκάτῳ αἰῶνι κρυβόμενος φανεροῦμαι („Mich wird der Suchende finden in Kindern von sieben Jahren (an). Dort nämlich, im vierzehnten Äon verborgen, werde ich erscheinen."). Gemessen an unserer griechischen Handschrift und der koptischen Übersetzung, wird man das eher für eine gedrängte Paraphrase von EvThom 2–5 halten. Das Wort von den Ersten und Letzten, das für unsere Fragestellung von Interesse ist, fehlt hier. Festzuhalten ist lediglich, dass dieses „Zitat"[8] bereits EvThom 2 (der Suchende); 4 (Kind); 5 (verborgen-offenbar) als in einer Reihe angeordnete Sprüche voraussetzt. Die Einleitung klingt zudem stark an EvThom 3 an (s. o.), so dass auch dieses Logion zu dem von den Naassenern paraphrasierten Textabschnitt gehört haben *könnte*. Für unser textkritisches Problem trägt das Testimonium aber nichts bei.

---

7 Vgl. dazu jetzt GATHERCOLE: „Named Testimonia", 55–56.
8 Das Zitat soll in Ref. 5,7,20 vor allem zeigen, dass die Naassener dieses Wort fälschlich Jesus zuschreiben, in Wirklichkeit handle es sich um einen Gedanken des Hippokrates, wonach ein siebenjähriges Kind die Hälfte seines Vaters ist. Daraus hätten die Naassener ihre Vorstellung vom Erscheinen im vierzehnten Äon abgeleitet; vgl. dazu MÉNARD: *L'Évangile selon Thomas*, 84; GATHERCOLE: „Named Testimonia", 55–56. Der Autor der *Refutatio* scheint demnach das Thomasevangelium selbst nicht gekannt zu haben; vgl. auch HOFIUS: „Das koptische Thomasevangelium", 34–36.

B. Durchführung

b) Leben am „Ort des Lebens"

In EvThom 4 sticht mit dem Wort von den Ersten und Letzten zunächst eine Parallele zu den Synoptikern ins Auge.⁹ Der Inhalt der Frage, der „Ort des Lebens" (ὁ τόπος τῆς ζωῆς), hat jedoch keine Parallele bei den Synoptikern, sondern scheint eher in johanneischer Sprache beheimatet zu sein.¹⁰ Insbesondere das „Leben" (ζωή) als Inbegriff des Heiles ist, wie schon beim Prolog und EvThom 3 dargelegt, im Johannesevangelium ein zentrales Thema.¹¹ Auch die Verheißung, die den ersten Teil des Logions abschließt (καὶ ζήσεται) findet man verschiedentlich im Johannesevangelium, dort aber unter einem bestimmten Aspekt: In Joh 5,25; 11,25; 14,19 steht sie jeweils in einem Kontext, der von der Auferstehung handelt, und auch in Joh 6,51.57–58 könnte der Zusatz εἰς τὸν αἰῶνα daran denken lassen. Die Vorstellung von der endzeitlichen Auferstehung der Toten erhält jedoch eine charakteristische Wendung, die an der ersten Belegstelle besonders ausführlich entfaltet wird: In Joh 5,24 ist das Hören und Glauben gleichbedeutend mit dem Besitz des ewigen Lebens – in der Gegenwart (ἔχει ζωὴν αἰώνιον),¹² der Übergang aus dem Bereich des Todes in den des Lebens¹³ liegt bereits in der Vergangenheit (μεταβέβηκεν ἐκ τοῦ θανάτου εἰς τὴν ζωήν).¹⁴ Demgemäß wird die Lebensverheißung in V. 25 (ζήσουσιν) durch den Einschub καὶ νῦν ἐστιν auf die jeweilige Gegenwart bezogen.¹⁵ In

---

9 Nach PATTERSON: *The Gospel of Thomas and Jesus*, 19 zählt EvThom 4,2 zu den „Synoptic Twins". Dem Logion entsprechen Mk 10,31 par. Mt 19,30 sowie Q 13,30 (Mt 20,16; Lk 13,30). EvThom 4,1 zählt Patterson hingegen zu den „Synoptic Cousins" mit einer vagen thematischen Entsprechung zu Mk 10,13–16; vgl. ebd., 83.
10 Vgl. PATTERSON: *The Gospel of Thomas and Jesus*, 83: „The notion of a τόπος τῆς ζωῆς (place of life) does not occur in the New Testament, but John, of course, speaks of a τόπος (place) to which the disciples are to be borne away (14:2–7), and ζωή (life) is central to the theology of John."
11 Thomas Popp stellt im Johannesevangelium eine „ζω-Sinnlinie" fest, die durch Joh 4,10–11.50–51.53; 5,25; 6,51.57–58; 7,38; 11,25–26 läuft und in der Spitzenaussage Joh 14,19 ihren Schlusspunkt findet; vgl. dazu POPP: „Die konsolatorische Kraft der Wiederholung", 554; auch FREY: *Johanneische Eschatologie* III, 261–270.
12 Vgl. dazu MUSSNER: *ZΩH*, 50 mit Anm. 13.
13 Vgl. SCHNACKENBURG: *Johannesevangelium* II, 137: „... wie bei einem Wohnungswechsel".
14 Vgl. auch MUSSNER: *ZΩH*, 97; MOLONEY: *Gospel of John*, 179.183. THEOBALD: *Evangelium nach Johannes 1–12*, 394–396. Etwas anders BARRETT: *Gospel According to St John*, 218: „The believer has already passed out of the world ruled by death and entered the realm of eternal life; that is, his future reward has been anticipated, and is consequently assured to him."
15 Vgl. dazu MUSSNER: *ZΩH*, 144–148; SCHNACKENBURG: *Johannesevangelium* II, 140; THEOBALD: *Evangelium nach Johannes 1–12*, 396. Ganz anders THYEN: *Johannesevangelium*, 313–315: Die dieser Auslegung zugrunde liegende Unterscheidung

11,25–26 ist der Akzent etwas anders gesetzt, denn dieses Ich-bin-Wort steht ja im Kontext der Frage nach der Auferstehung der Toten (11,24). Der johanneische Jesus gibt dem aber eine charakteristische Wendung: Das Leben, von dem er spricht, ist aufs Engste an seine Person gebunden (ἐγώ εἰμι ἡ ἀνάστασις καὶ ἡ ζωή), und so überrascht es nicht, dass seine Verheißung sich nicht auf physisches Weiterleben bezieht, sondern auf ein qualifiziertes Leben, das vom physischen Todesgeschick nicht angefochten wird (κἂν ἀποθάνῃ).[16] Pointiert gesagt: Wer dieses Leben hat, lässt sich vom natürlichen Sterbenmüssen nicht mehr beeindrucken.

Das Ideal eines qualifizierten Lebens, das sich bereits in der Gegenwart auswirkt, ist nun nicht nur auf diese Schlüsselpassagen beschränkt. Es durchzieht die johanneischen Schriften: Joh 5,24.39–40; 6,33.40.47.53–54.63.68; 8,12; 10,10; 12,50; 17,2–3; 20,31 (ebenso 1 Joh 1,1–2; 3,14; 5,11–13.20).[17] Interessanterweise kann auch in diesen Passagen das gegenwärtige neue Leben als „ewiges Leben" bezeichnet werden (Joh 5,24.39; 6,40.47.54.68; 12,50; 17,2–3)[18] – der Begriff „ewig" (αἰώνιος)[19] hat dabei

---

zwischen geistig Toten und leiblich Toten sei unbiblisch, daher sei Joh 5,24–25 im Kontext apokalyptischer Eschatologie zu verstehen, und diese präsentischen Aussagen seien prinzipiell auf die zukünftige Auferstehung zu beziehen, gegebenenfalls auch auf einzelne Ereignisse wie die Auferweckung des Lazarus.
16 Vgl. BULTMANN: *Evangelium des Johannes*, 307–308; MUSSNER: *ZΩH*, 50; BROWN: *John i–xii*, 507–508; LINCOLN: *Gospel According to St John*, 324; THEOBALD: *Evangelium nach Johannes 1–12*, 735; ähnlich MOLONEY: *Gospel of John*, 328; THYEN: *Johannesevangelium*, 527–528. Etwas anders BARRETT: *Gospel According to St John*, 330: „It is of course a fact that Christians die, but their death is followed by life. ... κἂν is not ‚though' (ἐὰν καί), but ‚even if'." – Obwohl, wie gesehen, das qualifizierte Leben in der Gegenwart ein zentrales Thema des Johannesevangeliums ist, sollte man es nicht gegen die im Johannesevangelium auch durchaus vorhandene Vorstellung von der endzeitlichen Auferstehung der Toten (z. B. Joh 5,28–29; 6,42) ausspielen; vgl. dazu etwa MUSSNER: *ZΩH*, 176–182.
17 Vgl. dazu SCHNACKENBURG: *Johannesevangelium II*, 435–438.
18 Häufig scheint es sich dabei um eine stilistische Variation zu handeln: Wenn das Wort nochmals aufgegriffen und weitergeführt wird, kann das Attribut αἰώνιος hinzukommen (6,53–54) oder wegfallen (Joh 3,36; 5,24.39–40). Gegen Anfang des Werkes (Joh 3,15.16.36) und an einer zusammenfassenden Schlüsselstelle (Joh 17,2–3) wird die Wendung ζωὴ αἰώνιος hingegen wiederholt. Sie scheint daher der eigentliche johanneische Terminus zu sein, während es für die „Kurzform" ζωή ohne Epitheton stilistische oder semantische Gründe gibt; vgl. dazu VAN DER WATT: „Use of αἰώνιος", 218–222.224–227. Die Variation ist zur Kenntnis zu nehmen doch es erscheint nicht geraten, einen Gegensatz zwischen „Leben" und „ewigem Leben" zu konstruieren.
19 Anders als bei den Synoptikern, steht das Adjektiv αἰώνιος in den johanneischen Schriften nur in Verbindung mit ζωή; vgl. dazu MUSSNER: *ZΩH*, 48; BARRETT: *Gospel According to St John*, 179; auch McHUGH: *John 1–4*, 237–238. Es han-

B. Durchführung

nicht primär eine zeitliche Dimension, sondern bezeichnet ein neues, qualitativ anderes Leben.[20] Dieses Leben im johanneischen Sinne ist nun durch den Glauben bedingt und geht mit diesem einher. Wenn in Joh 17,3 das ewige Leben als die Erkenntnis des einzigen wahren Gottes vermittels[21] seines Gesandten bestimmt wird, ist das mitnichten als Gegensatz oder Alternative zum Glauben zu verstehen, sondern als dessen Implikation.[22] Festzuhalten ist: Für das Johannesevangelium ist „ewiges Leben" im Sinne einer Existenz, die durch den Glauben, also die Erkenntnis Gottes durch seinen Gesandten, bestimmt ist, bereits hier und jetzt möglich. Die konkreten Bedingungen dafür werden im Evangelium benannt.

Auch in EvThom 4,1 bezeichnet die Lebensverheißung die Folge bzw. die Implikation des richtigen Verhaltens: Wenn ein betagter Mensch, ohne zu zögern, ein Kind von sieben Tagen nach dem Ort des Lebens fragt, dann wird er leben. Das Logion bietet keinen Grund zu der Annahme, dass damit die endzeitliche Auferstehung der Toten gemeint sei, denn die Verheißung wird zeitlich und qualitativ nicht näher bestimmt,[23] und es wird auch nicht gesagt, welche Antwort der Betagte auf seine Frage bekommt und wie er diesen Ort tatsächlich erreicht: Es genügt, dass er danach fragt, ohne zu zögern. Dieses Zögern hat hier zwei Aspekte: Zum einen bezeichnet es den zeitlichen Verzug: Wenn es um den „Ort des Lebens" geht, ist keine Zeit zu verlieren. Zum anderen bezeichnet es aber auch Vorbehalte, die es zu

---

delt sich also um eine geprägte Wendung, die das Ergebnis intensiver Reflexion im Vorfeld des Evangeliums sein dürfte. Nach VAN DER WATT: „Use of αἰώνιος" leitet sich von diesem „vollen" Sprachgebrauch die verkürzte Rede von der ζωή ohne Epitheton ab.

20 Vgl. BARRETT: *Gospel According to St John*, 179: „That which is properly a future blessing becomes a present fact in virtue of the realization of the future in Christ." Vgl. auch ASHTON: *Understanding the Fourth Gospel*, 401–402; ZUMSTEIN: *L'Évangile selon Saint Jean (13–21)*, 167; ähnlich MUSSNER: *ZΩH*, 71–73. Nach FREY: *Johanneische Eschatologie* III, 248–261 tritt im Laufe von Joh 3 der johanneische Schlüsselbegriff ζωὴ αἰώνιος an die Stelle der aus der synoptischen Überlieferung bekannten βασιλεία τοῦ θεοῦ.

21 Nach ZUMSTEIN: *L'Évangile selon Saint Jean (13–21)*, 167 drückt hier das καί keine Addition aus, sondern ist als „καί exégétique" zu verstehen.

22 Vgl. BARRETT: *Gospel According to St John*, 420; THYEN: *Johannesevangelium*, 684; ähnlich SCHNACKENBURG: *Johannesevangelium* II, 444; vgl. auch DERS.: *Johannesevangelium* III, 196: Der Satz ist nicht als Definition zu verstehen und erörtert auch nicht systematisch die Qualität einer Gottesbeziehung.

23 Zwar steht das Fragen im Griechischen wie im Koptischen im Futur, doch es wird nicht gesagt, wann oder unter welchen Umständen ein betagter Mensch nicht zögern wird. Wahrscheinlich hat dieses Futur appellativen Charakter: So alt und ehrwürdig du sein magst, zögere nicht, vom siebentägigen Säugling zu lernen.

II. Einzeluntersuchungen, 3. Logion 4

überwinden gilt, um schließlich von einem Säugling zu lernen. In beiden Dimensionen soll die Lebensverheißung einem möglichen Zögern entgegenwirken. Das verheißene Leben ist demnach schon im Fragen nach dem „Ort des Lebens" gegeben: Wer in dieser Frage von einem siebentägigen Säugling lernt, der lebt.

Damit begegnen wir auch hier, wie im Johannesevangelium, einer Lebensverheißung, die sich auf ein neues, qualitativ anderes Leben in der Gegenwart bezieht.[24] In Verbindung mit dem Leben (ζωή) als anzustrebendem Gut lässt sich eine gewisse Verdichtung johanneischer Elemente konstatieren.[25] Doch von einem „Ort des Lebens" spricht das Johannesevangelium nicht. Als Parallele wird manchmal allenfalls auf Joh 14,2–3 verwiesen,[26] doch dieses Passage aus der ersten Abschiedsrede steht ganz im Kontext des Weggangs Jesu; gemeint sind die „Wohnungen" im Haus des Vaters (14,2). EvThom 4,1 trägt einen völlig anderen Akzent und hat mit dieser johanneischen Passage nur das Wort τόπος gemeinsam; daraus lässt sich kein spezifischer Kontakt zwischen unserem Logion und dem Johannesevangelium begründen. Man wird also annehmen, dass EvThom 4 zwar das Lebensmotiv mit dem Johannesevangelium teilt, es aber anders, eigenständig ausgestaltet. Dieser eigenständigen Ausgestaltung ist auch der siebentägige Säugling zuzuzählen: Man könnte zwar versucht sein, damit das Missverständnis in Joh 3,4 zu assoziieren, wo Nikodemos die Rede Jesu von der Geburt „von oben" bzw. „von Neuem" (ἄνωθεν) auf die abwegige Interpretation zuspitzt, ein Greis könne und solle wieder in den Bauch seiner Mutter zurückkehren und erneut geboren werden. Hier besteht jedoch nur eine allgemein gehaltene sachliche Übereinstimmung (Gegensatz zwischen Neugeborenem und Greis), gemeinsames Vokabular liegt nicht vor. Wenn EvThom 4 mit dem Johannesevangelium das Schlüsselwort „Leben" als Begriff für bereits gegenwärtig erfahrbares Heil teilt, fehlt ihm doch der spezifische Akzent, den das Johannesevangelium dabei setzt, wenn es dieses qualifizierte Leben in der Gegenwart als „ewiges Leben" (ζωὴ αἰώνιος) bezeichnet, das man „haben" kann (Joh 3,15–16.36; 5,24.39; 6,40.47.54.68). Demnach ist in EvThom 4,1 keine Rezeption des Johannesevangeliums nachzuweisen, aber man wird dennoch annehmen, dass die beidem Texte an gemeinsamer Tradition partizipieren und zumindest in einem ähnlichen geistigen Milieu beheimatet sind.

---

24 Vgl. dazu auch POKORNÝ: „Eschatologie des Thomasevangeliums", 52.
25 Zugleich fügt sich das Logion damit gut in das gesamte Thomasevangelium ein, wo viele Logien von diesem Motiv handeln (3; 4; 11; 18; 19; 37; 50; 52; 58; 59; 60; 61; 85; 101; 111); vgl. LELYVELD: *Logia de la vie*, 5.
26 Vgl. PATTERSON: *The Gospel of Thomas and Jesus*, 83.

B. Durchführung

c) Einheit

Nach der koptischen Version von EvThom 4 hat die Umkehrung der Hierarchien das Ziel, dass die Beteiligten ⲟⲩⲁ ⲟⲩⲱⲧ ("ein Einziger/Einzelner") werden. Dieser geprägte Terminus ist, neben dem Fremdwort ⲙⲟⲛⲁⲭⲟⲥ, ein Schlüsselbegriff im Thomaevangelium, wie es uns heute in NHC II vorliegt.[27] Er wird jedoch an seinen drei Belegstellen in jeweils unterschiedlichem Sinne verwendet:

In EvThom 22,5 geht es darum, das Männliche und das Weibliche bzw. den Männlichen und die Weibliche[28] zu einem Einzigen zu machen und so die Geschlechterdifferenz aufzuheben. Das Gegenteil dieses Einzigen sind also Mann und Frau mit ihren unterschiedlichen geschlechtlichen Identitäten.

In EvThom 23 hingegen sind jene, die als Einzelne dastehen werden (ⲥⲉⲛⲁϣⲱⲡⲉ ⲉⲣⲁⲧⲟⲩ ⲉⲩⲟ ⲟⲩⲁ ⲟⲩⲱⲧ), aus Tausend und Zehntausend ausgewählt. Der Akzent liegt also nicht auf der Vereinigung von Gegensätzlichem, sondern auf der Vereinzelung, wenn nicht gar Einsamkeit, jener Auserwählten. Das Gegenteil dieser Einzelnen sind also die Tausend und Zehntausend, die nicht auserwählt sind.

EvThom 4,2 geht eher in die Richtung von EvThom 22. Auch hier ist die Aufhebung von Gegensätzen das Thema. Nachdem hier ein „Kind von sieben Tagen" als Experte vorgestellt wird, könnte man vermuten, dass in EvThom 4, wie in EvThom 22, ein enkratitisches Ideal propagiert wird: Der Einzelne (ⲟⲩⲁ ⲟⲩⲱⲧ), der Asket definiert sich nicht über seine geschlechtliche Rolle und Identität und befindet sich damit, wie ein Säugling, im gleichen paradiesischen Zustand wie der androgyne, asexuelle Adam.[29] Diese Deutung wirkt allerdings in EvThom 4 wie von außen eingetragen. Im Logion selbst findet sie keine eindeutige Unterstützung, denn das „Kind von sieben Tagen" mag zwar neues Leben und damit einen Neuanfang verkörpern, aber dieses ist ja nicht exklusiv auf ein Absehen von der Geschlechterdifferenz zu reduzieren. Der bzw. das Einzelne (ⲟⲩⲁ ⲟⲩⲱⲧ) steht hier auch nicht im Gegensatz zu vielen (wie in EvThom 23) oder zu zwischenmenschlichen Beziehungen, sondern die Rede vom Einzelnen (bzw. Einzigen) erhält ihre Bedeutung aus dem vorhergehenden Wort von den Ersten und Letzten. Anders gewendet: In unserem Logion geht es eigentlich gar nicht um die anthropologische, geschlechtliche Differenz zwischen männ-

---

27 Vgl. dazu insgesamt z. B. POPKES: Menschenbild des Thomasevangeliums, 145–211. Das Fremdwort ⲙⲟⲛⲁⲭⲟⲥ findet sich in EvThom 16; 49; 75. Die genuin koptische Wendung ⲟⲩⲁ ⲟⲩⲱⲧ steht in EvThom 4; 22; 23.
28 Die koptischen Artikel geben das jeweilige Geschlecht wieder.
29 So etwa MÉNARD: L'Évangile selon Thomas, 83; DECONICK: Original Gospel of Thomas in Translation, 59.

lich und weiblich, sondern um die soziale, hierarchische Differenz zwischen den Ersten und den Letzten (in der griechischen Version noch stärker als in der koptischen). Diese soll aufgehoben werden, damit an ihre Stelle die Einheit im Sinne einer egalitären Gemeinschaft treten kann.[30] Das Beispiel vom alten Menschen, der ohne zu zögern, also ohne Vorbehalte aufgrund seiner Würde zu haben, einen siebentägigen Säugling nach dem „Ort des Lebens" fragt, ist dafür ein eindrucksvolles Beispiel.

Das Ideal der Einheit/Einzigkeit erscheint in EvThom 4 also als ein soziales, und von dieser Akzentuierung her erhält Marcovichs Rekonstruktion von Z. 26 (s. o.) ihr Recht. Sie stützt sich ja auf Eph 4,13, wo es im Kontext von Eph 4,1–16 um die Einheit des „Leibes Christi" geht. Im näheren Kontext von 4,11–13 dienen die Apostel, Propheten, Evangelisten, Hirten und Lehrer als herausgehobene „Multiplikatoren"[31] dazu, den Aufbau des „Leibes Christi" zu befördern. Das Ziel dieses Prozesses ist nun die Einheit (ἑνότης), die in 4,13 in anthropologischer Metaphorik mit ethischem Akzent[32] beschrieben wird. Sie erscheint geradezu als das Ergebnis eines Reifungsprozesses. Pointiert gesagt: Die Kirche ist erst „erwachsen", wenn sie die Einheit erreicht hat.[33] Diese Metaphorik ist nun das genaue Gegenteil von dem, was man in EvThom 4 liest, wo das „Kind von sieben Tagen" als Ideal vorgestellt wird. In der Sache zielen beide Texte aber auf das Gleiche: Einer Gruppe (den Heiligen im Epheserbrief, den Ersten und Letzten im Thomasevangelium) wird das Ideal der Einheit vorgestellt, das ihren Einsatz erfordert (im Epheserbrief der Dienst am Aufbau des Leibes Christi, im Thomasevangelium das Absehen von Würden und Unterscheidungsmerkmalen). In der Begrifflichkeit unterscheiden sich aber der Epheserbrief und EvThom 4. In Eph 4,13 ist die ἑνότης (Eins-heit) das Ziel, in EvThom 4,2 ist in der Lakune in Z. 26 nur noch Platz für ἕν (eins). Wenn diese Rekonstruktion der Lakune zutrifft, dann dürfte das ἕν in Z. 26 eher auf Joh 17 verweisen, denn dort betet der johanneische Jesus wiederholt darum, dass seine Jünger in seiner Abwesenheit „eins" (ἕν) seien (17,11.22)

---

30 Ähnlich auch GATHERCOLE: *Gospel of Thomas*, 218–219.
31 Vgl. dazu SELLIN: *Brief an die Epheser*, 338: „Nach V. 7 wurde ‚jedem einzelnen' das jeweils zugemessen Gnadengeschenk gegeben. Damit wird jeder im Christusleib zum Multiplikator der Gnade Christi. Jetzt in V. 11 werden aber beispielhaft ‚Amtsträger' als ‚Geschenke' für die Menschen vorgestellt."
32 Mit ἀνὴρ τέλειος ist zunächst ein erwachsener Mann gemeint (so ergibt sich mit der ἡλικία im nächsten Glied und den νήπιοι in 4,14 ein kohärentes Bildfeld), doch im übertragenen Sinne kann damit auch der tugendhafte, ethisch vollkommene Mann gemeint sein; vgl. dazu SELLIN: *Brief an die Epheser*, 344–345 mit Anm. 255–257; etwas zurückhaltender BEST: *Ephesians*, 401–402, auch mit Blick auf die Differenzierung zwischen ἄνθρωπος und ἀνήρ.
33 Vgl. BEST: *Ephesians*, 401–403; SELLIN: *Brief an die Epheser*, 345.

B. Durchführung

bzw. zum Einen vollendet seien (17,23: τετελειωμένοι εἰς ἕν). Raymond E. Brown erwog, ob die Formulierung des koptischen EvThom 4 eine Adaptierung von Joh 17,11.21–22 darstellen könnte.[34] In der Tat handeln sowohl das koptische Logion EvThom 4,2 als auch Joh 17,11.22 vom Eins-werden bzw. -sein, und die sahidische Übersetzung von Joh 17,11.22 stimmt mit EvThom 4,2 im entsprechenden Verb (ϣⲱⲡⲉ) überein.[35] Allerdings geht das (koptische) Thomasevangelium mit seiner Vorzugswendung ⲟⲩⲁ ⲟⲩⲱⲧ (Einzelner/Einziger) eigene Wege. Auf der Ebene der griechischen Fassung lässt sich diese Nähe zum Johannesevangelium nicht feststellen; die den Satz abschließende Silbe -σιν erlaubt schwerlich eine entsprechende „johanneische" Rekonstruktion der Lakune. So wird man für die griechische Fassung von EvThom 4,2 allenfalls eine Analogie in einem untergeordneten Motiv konstatieren können.[36] Nur in der koptischen Version *könnte* man anhand des Verbs ϣⲱⲡⲉ (sein/werden) *auch* einen johanneisch anmutenden Akzent sehen.

d) Fazit zu EvThom 4

Dieses Logion steht in einem mehrschichtigen Verhältnis zum Johannesevangelium. In EvThom 4,1 stellt der starke Akzent auf „Leben" und die wohl auf die Gegenwart bezogene Verheißung „er wird leben" (ζήσεται) eine bemerkenswerte Gemeinsamkeit mit den johanneischen Schriften dar. In diesem qualifizierten Lebens-Begriff scheint sich ein gemeinsames geistiges Milieu zu artikulieren, dem sowohl EvThom 4 als auch das Johannesevangelium entstammen dürften. Freilich ist dies in unserem Logion nur ein untergeordnetes Motiv, das aber wie selbstverständlich einfließt. Man wird also in diesem untergeordneten Motiv eine gemeinsame Tradition konstatieren. Insofern EvThom 4 als Einheit aufgefasst wird, könnte man auch die Rede vom Einen in EvThom 4,2 in diesem Sinne interpretieren. Soweit die griechische Fassung zu erschließen ist, liegt hier jedoch eine etwas andere Konzeption vor, so dass man eher von einer Analogie sprechen wird.

---

34 Vgl. Brown: „Gospel of Thomas", 160.
35 Vgl. dazu auch Brown: „Gospel of Thomas", 160. Allerdings unterscheiden sich die Konstruktionen: Im sahidischen Johannesevangelium steht das Verb ϣⲱⲡⲉ mit der Präposition ⲛ̄ (ⲉⲩⲉϣⲱⲡⲉ ⲛ̄ⲟⲩⲁ), während in EvThom 4,2 die Präposition fehlt (ⲛ̄ⲥⲉϣⲱⲡⲉ ⲟⲩⲁ ⲟⲩⲱⲧ).
36 Von einer gemeinsamen Überlieferung zu sprechen, wäre hier auch insofern schwierig, als Joh 17 als Teil der Abschiedsreden die genuinen Anliegen des Evangelisten transportieren dürfte; ob hier eine Überlieferung verarbeitet ist, darf als fraglich gelten.

4. Logion 8

(1) ⲁⲩⲱ ⲡⲉϫⲁϥ ϫⲉ ⲉⲡⲣⲱⲙⲉ ⲧⲛ̄ⲧⲱⲛ ⲁⲩⲟⲩⲱϩⲉ ⲣ̄ⲣⲙ̄ⲛ̄ϩⲏⲧˋ ⲡⲁⲉⲓ ⲛ̄ⲧⲁϩⲛⲟⲩϫⲉ ⲛ̄ⲧⲉϥⲁⲃⲱ ⲉⲑⲁⲗⲁⲥⲥⲁ ⲁϥⲥⲱⲕ ⲙ̄ⲙⲟⲥ ⲉϩⲣⲁⲓ̈ ϩⲛ̄ ⲑⲁⲗⲁⲥⲥⲁ ⲉⲥⲙⲉϩ ⲛ̄ⲧⲃ̄ⲧˋ ⲛ̄ⲕⲟⲩⲉⲓ	(1) Und er sagte: Der Mensch gleicht einem klugen Fischer; dieser warf sein Schleppnetz ins Meer, er zog es heraus aus dem Meer, und es war voll mit kleinen Fischen.
(2) ⲛ̄ϩⲣⲁⲓ̈ ⲛ̄ϩⲏⲧⲟⲩ ⲁϥϩⲉ ⲁⲩⲛⲟϭ ⲛ̄ⲧⲃ̄ⲧ ⲉⲛⲁⲛⲟⲩϥˋ ⲛ̄ϭⲓ ⲡⲟⲩⲱϩⲉ ⲣ̄ⲣⲙ̄ⲛ̄ϩⲏⲧ	(2) Unter ihnen fand er einen großen Fisch, der gut war, der kluge Fischer.
(3) ⲁϥⲛⲟⲩϫⲉ ⲛ̄ⲛ̄ⲕⲟⲩⲉⲓ ⲧⲏⲣⲟⲩ ⲛ̄ⲧⲃ̄ⲧˋ ⲉⲃⲟⲗ ⲉ[ⲡⲉ]ⲥⲏⲧˋ ⲉⲑⲁⲗⲁⲥⲥⲁ ⲁϥⲥⲱⲧⲡ̄ˋ ⲙ̄ⲡⲛⲟϭ ⲛ̄ⲧⲃ̄ⲧ ⲭⲱⲣⲓⲥ ϩⲓⲥⲉ	(3) Er warf alle kleinen Fische weg, ins Meer hinab. Er wählte den großen Fisch ohne Mühe.
(4) ⲡⲉⲧⲉⲟⲩⲛ̄ ⲙⲁⲁϫⲉ ⲙ̄ⲙⲟϥ ⲉⲥⲱⲧⲙ̄ ⲙⲁⲣⲉϥˋⲥⲱⲧⲙ̄	(4) Wer Ohren hat zu hören, soll hören.

a) Das Verhältnis zu Mt 13,47–50

Das Fischnetzgleichnis in der Fassung des Thomasevangeliums wurde oft – man möchte fast sagen: reflexhaft – als sekundäre Überarbeitung des matthäischen Gleichnisses vom Fischnetz aufgefasst.[1] Freilich war und ist dies nur *e silentio* zu begründen, etwa in der Weise, dass in der Variante des Thomasevangeliums just die Elemente fehlen – will sagen: getilgt wurden –, die im Matthäusevangelium ein ekklesiologisches Interesse zum Ausdruck bringen, etwa die Vorstellung von der Kirche als *corpus permixtum*.[2] Dasselbe wäre auch für die Ausrichtung des Gleichnisses auf die Gerichtsthematik zu sagen, wie sie insbesondere in der Anwendung Mt 13,49–50 zum Ausdruck kommt.[3]

---

[1] Vgl. z. B. GRANT/FREEDMAN: *Secret Sayings of Jesus*, 126–127; GÄRTNER: *Theology of the Gospel of Thomas*, 233–234; HAENCHEN: *Botschaft des Thomas-Evangeliums*, 48; BROWN: „Gospel of Thomas", 160–161; SCHRAGE: *Verhältnis des Thomas-Evangeliums zur synoptischen Tradition*, 37–38; CARREZ: „Quelques aspects christologiques", 2268–2269; LUZ: *Evangelium nach Matthäus 2*, 357; ähnlich KASSER: *L'Évangile selon Thomas*, 40 („... reproduisant Mat. 13.47–50 de façon assez lointaine, ..."); W. D. DAVIES/ALLISON: *Matthew VIII–XVIII*, 443; FIEGER: *Thomasevangelium*, 47–48.
[2] Vgl. SCHRAGE: *Verhältnis des Thomas-Evangeliums zur synoptischen Tradition*, 37–38; ebenso noch POPKES: *Menschenbild des Thomasevangeliums*, 164; DERS.: „Der wählerische Fischer", 870.
[3] Als Möglichkeit referiert bei MONTEFIORE: „Comparison", 247.

B. Durchführung

Dies sind allerdings gerade die Züge, die als redaktionelle Elemente in Mt 13,47–50 gelten:[4] Das Gegensatzpaar καλός – σαπρός ist auf der Bildebene unplausibel: Im soeben eingebrachten Fang befinden sich normalerweise keine faulen, sondern frische Fische, die aussortierten Fische sind aus anderen Gründen unbrauchbar. Da dieses Gegensatzpaar im Matthäusevangelium öfter vorkommt (Mt 7,16–20; 12,33),[5] kann man hier redaktionelle Gestaltung annehmen.[6] Die Anwendung Mt 13,49–50 scheint zudem eng mit der Schilderung des Weltgerichts in Mt 25,31–46 zusammenzuhängen.[7] Durch diese gestalterischen Elemente wird das Gleichnis zu einem „mahnenden Schlusspunkt"[8] des matthäischen Gleichniskapitels 13.

Wenn nun EvThom 8 von Mt 13,47–50 abhängig sein sollte, müsste der Autor des Thomasevangeliums genau die redaktionellen Elemente des matthäischen Gleichnisses erkannt und getilgt haben, denn, wie Stephen Patterson treffend formuliert, „not a whisper of this Matthean redactional work turns up in Thom 8".[9] Eine einfachere Erklärung für diesen Befund ist wohl, dass der Autor des Thomasevangeliums die bei Matthäus begegnende Form

---

4 Insgesamt dazu Luz: *Evangelium nach Matthäus* 2, 357; Münch: „Am Ende wird sortiert", 431.

5 An diesen Stellen sind die Adjektive aufgrund der Parallele Lk 6,43–45 schon für Q anzunehmen. Im Sondergutgleichnis Mt 13,47–50 fehlt diese Kontrollmöglichkeit. Da das Bild mit diesen Adjektiven aber sachlich unstimmig wird, dürfte es sich um ein dem Gleichnis aufgesetztes Element handeln, das von Q 6,43–45 (Gleichnis vom Baum und den Früchten) inspiriert sein mag.

6 Vgl. W. D. Davies/Allison: *Matthew VIII–XVIII*, 441 mit Anm. 35; Luz: *Evangelium nach Matthäus* 2, 357; Zöckler: *Jesu Lehren im Thomasevangelium*, 139; Patterson: „Parable of the Catch of Fish", 370 (= *Gospel of Thomas and Christian Origins*, 204); Plisch: *Thomasevangelium*, 55; ähnlich Liebenberg: *Language of the Kingdom and Jesus*, 262–263.

7 Vgl. Luz: *Evangelium nach Matthäus* 2, 357.

8 Münch: „Am Ende wird sortiert", 432.

9 Patterson: „Parable of the Catch of Fish", 364 (= *Gospel of Thomas and Christian Origins*, 199). – Patterson hatte in seiner Monographie von 1993 (*The Gospel of Thomas and Jesus*, 72–73) angenommen, dass EvThom 8 und Mt 13,47–50 voneinander unabhängige Entfaltungen eines verbreiteten Motivs seien. Später („Parable of the Catch of Fish", v. a. 365–366.375) beobachtete er jedoch, dass die matthäische Variante aus der Reihe der Gleichnisse in Mt 13,44–50 heraussticht, da die Gleichnisse vom Schatz im Acker (Mt 13,44) und von der Perle (Mt 13,45–46) vom Umgang mit einem überraschenden Fund handeln, was beim matthäischen Gleichnis vom Fischnetz nicht der Fall ist. Die Variante in EvThom 8 hat jedoch genau dieselbe Pointe wie Mt 13,44 und 13,45–46. Daher nimmt Patterson nun an, dass in der von Matthäus verwendeten Gleichnissammlung das Gleichnis vom Fischnetz ursprünglich die Form von EvThom 8 hatte und von Matthäus im Sinne einer Gerichtswarnung redaktionell bearbeitet wurde. Vgl. dazu auch schon S. L. Davies: *The Gospel of Thomas and Christian Wisdom*, 9.

des Gleichnisses nicht kannte; jedenfalls ist diese Kenntnis am Text nicht zu belegen.[10] Manche Autoren fassen EvThom 8 und Mt 13,47–50 sogar als zwei verschiedene Gleichnisse auf, nicht zuletzt weil die Pointe jeweils eine andere ist.[11] Allerdings zeigen zwei Stellen in den „Stromata" des Clemens von Alexandreia (Strom. 1,16,3; 6,95,3), dass jedenfalls das Motiv vom Fischfang, aus dem bestimmte Fische aussortiert werden, in unterschiedlichen Formen als Bildmaterial für Gleichnisse Verwendung finden konnte. In allen Fällen handelt es sich um Variationen eines spezifischen Motivs (nicht nur ein Fischnetz, sondern das Aussortieren des Fanges), so dass man einen gemeinsamen traditionsgeschichtlichen Ursprung annehmen kann.[12]

b) Vergleich mit den Varianten bei Clemens von Alexandreia

Die vier Varianten des Gleichnisses vom Fischnetz lassen sich folgendermaßen in einer Synopse gegenüberstellen:

Mt 13,47–50	Clem. Al., Strom. 1,16,3	Clem. Al., Strom. 6,95,3	EvThom 8
[13,45–46: Gleichnis von der Perle]	Aus den vielen kleinen Perlen die eine,		
		Ich verschweige jetzt das Gleichnis im Evangelium, das besagt:	Und er sagte:

---

10 Nach Sieber: *Redactional Analysis*, 189 ist EvThom 8 auch aus einem makrostrukturellen Grund nicht von Mt 13,47–50 abhängig: Die Gleichnisse von Mt 13 haben zwar Parallelen im Thomasevangelium (EvThom 8; 9; 20; 41; 57; 76; 96; 109), doch diese sind über das ganze Thomasevangelium verstreut, so dass diesem nicht das ausgearbeitete Gleichniskapitel Mt 13 zugrunde gelegen sein könne. Damit ist freilich nur etwas über die Kompilation des Thomasevangeliums ausgesagt, nicht aber über die Entstehungsgeschichte der einzelnen Logien.
11 Vgl. Sieber: *Redactional Analysis*, 188; Patterson: *The Gospel of Thomas and Jesus*, 72–73; Liebenberg: *Language of the Kingdom and Jesus*, 275; ähnlich Münch: „Am Ende wird sortiert", 433. In diesem Zusammenhang sei auch erwähnt, dass EvThom 8 mit seiner matthäischen Parallele für Piovanelli: „Un gros et beau poisson", 291 das Paradebeispiel für die ähnlichen und zugleich doch sehr unähnlichen Orientierungen des Thomasevangeliums und der Synoptiker ist.
12 Vgl. Montefiore: „Comparison", 247; DeConick: *Original Gospel of Thomas in Translation*, 69; Hedrick: *Unlocking the Secrets*, 31; ähnlich Patterson: „Apocalypticism or Prophecy", 815–816 (= *Gospel of Thomas and Christian Origins*, 234).

B. Durchführung

Mt 13,47–50	Clem. Al., Strom. 1,16,3	Clem. Al., Strom. 6,95,3	EvThom 8
⁴⁷ Wiederum gleicht die Herrschaft der Himmel einem Schleppnetz (σαγήνῃ),		Gleich ist die Herrschaft der Himmel einem Menschen,	Der Mensch gleicht einem weisen Fischer;
das geworfen wird ins Meer		der ein Schleppnetz (σαγήνην) ins Meer geworfen hat	dieser warf sein Schleppnetz (ⲛ̄ⲧⲉϥⲁⲃⲱ) ins Meer;
und aus jeder Art (Fische) einsammelt.			
⁴⁸ Als dieses gefüllt war (ἐπληρώθη), holten sie es hinauf an den Strand und setzten sich	aus dem zahlreichen Fischfang	und aus der Menge (κἀκ τοῦ πλήθους) der gefangenen Fische	er zog es herauf aus dem Meer, und es war voll (ⲉⲥⲙⲉϩ) mit kleinen Fischen.
und sammelten die guten (τὰ καλά) in Gefäße,	der gute Fisch (ὁ κάλλιχθυς)	die Auswahl der besseren (τῶν ἀμεινόνων) traf.	Unter ihnen fand er einen großen Fisch, der gut war (ⲁⲩⲛⲟϭ ⲛ̄ⲧⲃ̄ⲧ ⲉⲛⲁⲛⲟⲩϥ), der kluge Fischer.
die schlechten aber (τὰ δὲ σαπρά) warfen sie hinaus.			Er warf die kleinen Fische alle weg, ins Meer hinab,
			er wählte den großen Fisch ohne Mühe.
⁴⁹ So wird es sein bei der Vollendung des Äons. Herauskommen werden die Engel und trennen die Bösen aus der Mitte der Gerechten, ⁵⁰ und werden sie in den Feuerofen werfen. Dort wird Heulen und Zähneklappern sein.			Wer Ohren hat zu hören, soll hören.

Die knappe Zusammenfassung bei Clemens in Strom. 1,16,3[13] ist insofern nahe bei EvThom 8, als sie auf den einen guten Fisch (ὁ κάλλιχθυς) abzielt, der aus der Menge aller gefangenen Fische zu wählen ist.[14] Zugleich ist sie aber insofern nahe bei Mt 13,47–48, als der zu wählende Fisch gut (καλός) ist und – vor allem – das Gleichnis vom Fischnetz aufs Engste mit dem von der Perle (vgl. Mt 13,45–56) verbunden ist. Das könnte Pattersons Theorie stützen, wonach die beiden Gleichnisse bereits in einer dem Matthäusevangelium vorausliegenden Sammlung von Gleichnissen miteinander verbunden waren, so dass Clemens diese Zusammenstellung seinerseits zu der in Strom. 1,16,3 anzutreffenden Sentenz zusammenfassen konnte.[15]

In Strom. 6,95,3 bietet Clemens eine weitere Variante des Gleichnisses, die relativ nahe bei Mt 13,47–48 liegt:[16] In beiden Fassungen handelt das Gleichnis von der „Herrschaft *der Himmel*", und aus dem gefüllten Schleppnetz (σαγήνη) wird jeweils eine größere Anzahl von guten bzw. besseren Fischen herausgesucht. Diese werden allerdings jeweils unterschiedlich bezeichnet: bei Matthäus als gut (τὰ καλά), bei Clemens als besser (οἱ ἀμείνονες). Zudem kommen bei Clemens die unbrauchbaren Fische gar nicht in den Blick. Mit EvThom 8 hat diese Variante gemeinsam, dass der Gegenstand des Gleichnisses nicht das Netz ist, sondern der Fischer, und dass es sich, wie auch in Mt 13,47–48, um ein Schleppnetz handelt (σαγήνη/ ⲁⲃⲱ).[17] Sie unterscheidet sich aber von EvThom 8 darin, dass eine Mehrzahl von guten Fischen ausgesucht wird (in EvThom 8 hingegen nur der eine große Fisch), und dass die unbrauchbaren Fische nicht interessieren, während sowohl EvThom 8 als auch Mt 13,47–48 deren Geschick sehr wohl thematisieren. Angesichts dieses Befundes ist anzunehmen, dass Clemens sein Fischnetzgleichnis in Strom. 6,95,3 weder aus dem Matthäusevangelium, noch aus dem Thomasevangelium, sondern aus einer von beiden unabhängigen Überlieferung bezogen hat.[18] Das schließt jedoch nicht aus, dass die drei Gleichnisse letztlich jeweils von einer gemeinsamen Quelle abhängig sind, die von der Auswahl aus einem Fischfang handelte. Entscheidend für die Überlieferungsgeschichte ist aber die Frage, ob in der Fassung, die den drei erhaltenen Versionen des Gleichnisses vorausliegt,

---

13 Im Kontext geht es um eine knappe, aber gewählte Ausdrucksweise.
14 Aufgrund dieser Beobachtung meint Mauro Pesce (*Parole dimenticate di Gesù*, 572.683), dass Clemens von Alexandreia für dieses Agraphon vom Thomasevangelium abhängig sei.
15 Vgl. PATTERSON: „Parable of the Catch of Fish", 367.375 (= *Gospel of Thomas and Christian Origins*, 200–201.208).
16 So auch PESCE: *Parole dimenticate di Gesù*, 684.
17 Nach CRUM, *Coptic Dictionary*, 2 s.v. ⲁⲃⲱ ist ⲁⲃⲱ (Schleppnetz) das gebräuchliche koptische Äquivalent von σαγήνη.
18 Vgl. ZÖCKLER: *Jesu Lehren im Thomasevangelium*, 141–142.

B. Durchführung

von der Auswahl *eines* Fisches (EvThom 8; Clemens, Strom. 1,16,3) die Rede war, oder von der Auswahl *mehrerer* Fische (Mt 13,47–48; Clemens, Strom. 6,95,3). Auf EvThom 8 zugespitzt heißt das: Ist die Konzentration auf den *einen* ausgesuchten Fisch der diesem Logion vorausliegenden Tradition zuzuschreiben, oder erklärt sie sich aus der Redaktion dieses Logions bzw. des ganzen Thomasevangeliums?

c) Das eigene Profil von EvThom 8

Schon in der Einleitung von EvThom 8 fällt eine Eigenheit auf, die dieses Gleichnis von seinen Parallelen fundamental unterscheidet: Es ist kein Gleichnis über das Königtum (ⲙⲛ̄ⲧⲉⲣⲟ) Gottes bzw. des Vaters bzw. der Himmel (so wie EvThom 20; 57; 76; 96; 97; 98; 107; 109), sondern über den Menschen (ⲣⲱⲙⲉ).[19] Dies wurde zuweilen als „eine gnostische Modifikation"[20] verstanden, in der sich eine individualistische Anthropologie artikuliere, für die nur der einzelne/vereinzelte Mensch mit seiner existenziellen Entscheidung von Interesse sei.[21] Anders geht Ron Cameron vor, wenn er dieses Gleichnis – wie auch die anderen Gleichnisse im Thomasevangelium – als Illustration von Bildungsprozessen versteht, die immer eigene Anstrengung erfordern; wenn das zutreffen sollte, mag es natürlich erscheinen, dass das Gleichnis in der Sache vom Menschen handelt.[22] Peter Nagel erklärte diese ungewöhnliche Einleitung hingegen aus einer irrtümlichen Stichwortverbindung mit EvThom 7 („... und der Löwe wird zum Menschen werden." – ⲁⲩⲱ ⲡⲙⲟⲩⲉⲓ ⲛⲁϣⲱⲡⲉ ⲣ̄ⲣⲱⲙⲉ); diese könne dem Kompilator des Thomasevangeliums, einem Abschreiber oder auch erst dem Schreiber von NHC II unterlaufen sein, und somit sei EvThom 8 ursprünglich ein Gleichnis über die Gottesherrschaft gewesen.[23] Auf diese Weise lässt sich immerhin die ungewöhnliche Beziehung des Gleichnisses auf „den Menschen" erklären bzw. einordnen. Freilich bleibt Nagels Erklärungsmodell eine Kon-

---

19 Vgl. P. NAGEL: „Parabel vom klugen Fischer", 519–523.
20 HUNZINGER: „Unbekannte Gleichnisse Jesu", 218; ähnlich GÄRTNER: *Theology of the Gospel of Thomas*, 233.
21 Vgl. auch MONTEFIORE: „Comparison", 247; POPKES: *Menschenbild des Thomasevangeliums*, 164; ähnlich QUISPEL: „Some Remarks on the Gospel of Thomas", 290; FIEGER: *Thomasevangelium*, 49–50; POPKES: „Der wählerische Fischer", 870.
22 Vgl. CAMERON: „Myth and History", 201–205.
23 Vgl. P. NAGEL: „Parabel vom klugen Fischer", 524; ebenso NORDSIECK: *Thomas-Evangelium*, 57. Etwas anders PLISCH: *Thomasevangelium*, 55–56: Der Bezug zur Gottesherrschaft könnte im Zuge der Allegorisierung des Gleichnisses ausgefallen sein. Auch nach PATTERSON: „Parable of the Catch of Fish", 372–373 (= *Gospel of Thomas and Christian Origins*, 206–207) könnte die Gleichniseinleitung das Werk des Redaktors sein.

II. Einzeluntersuchungen, 4. Logion 8

jektur, die immer der Frage ausgesetzt ist, ob sie wirklich nötig sei.[24] Wie immer man die jetzige Einleitung des Gleichnisses überlieferungsgeschichtlich einordnet, es wird deutlich, dass das heute vorliegende Logion EvThom 8 einen längeren Entstehungsprozess hinter sich hat.

Im Vergleich mit den oben betrachteten Parallelen ist ein weiteres Element für EvThom 8 charakteristisch, und dieses ist für den Vergleich mit dem Johannesevangelium entscheidend: Der Fisch wird als *groß* (ⲛⲟϭ) gekennzeichnet. Sowohl Mt 13,47–48 als auch Clemens, Strom. 1,16,3; 6,95,3 zielen darauf ab, dass Fische von guter bzw. besserer Qualität ausgewählt werden (Mt 13,48: τὰ καλά; Strom. 1,16,3: ὁ κάλλιχθυς; Strom. 6,95,3: οἱ ἀμεινόνες). In EvThom 8 ist der Fisch hingegen doppelt qualifiziert: ein *großer* Fisch, der *gut* ist (ⲁⲩⲛⲟϭ ⲛ̄ⲧⲃ̄ⲧ ⲉⲛⲁⲛⲟⲩϥ). Dass das zentrale Bildelement eines Gleichnisses als „groß" (ⲛⲟϭ ⲛ̄-) bezeichnet wird, findet sich im Thomasevangelium öfter: Im Gleichnis vom Senfkorn bringt das Korn einen *großen* Zweig (ⲟⲩⲛⲟϭ ⲛ̄ⲧⲁⲣ) hervor (EvThom 20; ebenso Mk 4,32, anders Mt 13,32; Lk 13,19). Im Gleichnis vom Sauerteig stellt die Frau *große* Brotlaibe (ⲛ̄ⲛⲟ[ϭ ⲛ̄]ⲛⲟⲉⲓⲕ) her (EvThom 96, anders Lk 13,21). Ähnlich ist das Gleichnis vom verlorenen Schaf gestaltet: Ein Schaf geht verloren, welches das Große/Größte ist (ⲉⲡⲛⲟϭ ⲡⲉ) (EvThom 107, anders Lk 15,4). Der starke Akzent auf Großem kann daher als eine redaktionelle Tendenz im Thomasevangelium gelten.[25] Etwas anders verhält es sich mit der Bezeichnung des Fisches als „gut" (ⲉⲛⲁⲛⲟⲩϥ). Dieser – relativisch zu verstehende – Umstandssatz enthält dasjenige Element, das EvThom 8 mit den Parallelen im Matthäusevangelium und bei Clemens von Alexandreia gemeinsam hat. Daher lässt sich vermuten, dass das Gleichnis auf einer dem Thomasevangelium vorausliegenden Überlieferungsstufe von einem *guten* Fisch handelte. Dieses Element gibt dem Gleichnis erst seine Pointe, denn der ausgewählte Fisch muss sich ja durch irgendetwas, sei es die Größe, sei es die Güte, vom Rest des Fanges unterscheiden, damit die Geschichte überhaupt sinnvoll ist;[26] wenn nur irgendein Fisch aus dem Fang ausgewählt würde, hätte das Gleichnis keine Pointe. Vermutlich wurde der Fisch erst später zusätzlich

---

24 Apodiktisch verneint wird dies z. B. von LIEBENBERG: *Language of the Kingdom and Jesus*, 267 Anm. 304.
25 Vgl. SCHRAGE: *Verhältnis des Thomas-Evangeliums zur synoptischen Tradition*, 39; PATTERSON: „Parable of the Catch of Fish", 371 (= *Gospel of Thomas and Christian Origins*, 205); ähnlich GÄRTNER: *Theology of the Gospel of Thomas*, 231.233.
26 Vgl. PATTERSON: „Parable of the Catch of Fish", 371–372 (= *Gospel of Thomas and Christian Origins*, 205); ähnlich GROSSO: *Vangelo secondo Tommaso*, 127: Der große Fisch entspreche der Perle von EvThom 76, deren Erwerb vollen Einsatz ohne Zögern erfordert.

B. Durchführung

als *groß* bezeichnet.[27] Dieses „später" könnte die Kompilation des Thomasevangeliums (Anfang/Mitte des 2. Jahrhunderts?) gewesen sein: In dieser Sammlung wird ja, wie oben gesehen, in mehreren Gleichnissen das zentrale Bildelement als „groß" bezeichnet. Allerdings sind nicht alle Gleichnisse des Thomasevangeliums in diesem Sinne gestaltet: Im Gleichnis von der Perle etwa (EvThom 76) wird die Perle überhaupt nicht näher spezifiziert, obwohl die kanonische Parallele Mt 13,45–46 sie als „wertvoll" (πολύτιμος) bezeichnet,[28] und obwohl auch in EvThom 76 der Wert der Perle implizit dadurch hervorgehoben ist, dass sie *allein* (ⲘⲠⲒⲘⲀⲢⲄⲀⲢⲒⲦⲎⲤ ⲞⲨⲰⲦ) den Gegenwert der ganzen Warenladung darstellt. Das ausgeprägte Interesse an „großen" Dingen lässt sich demnach nicht völlig eindeutig dem Kompilator bzw. Endredaktor des Thomasevangeliums zuschreiben. Wenn man jedoch die lockere Komposition des Thomasevangeliums (s. o. A.II.2) berücksichtigt, ist dies auch nicht erforderlich: Die Logien 8, 20, 96, 107 mit den „großen" Bildelementen könnten auf dem Weg in die Sammlung, die wir als Thomasevangelium kennen, als eine kleinere Sammlung in Umlauf gewesen und in spezifischer Weise gestaltet worden sein.

Exkurs: Eine etwas entferntere Parallele
Zu EvThom 8 mit dem Interesse am großen Fisch gibt es beim Fabeldichter Babrios (2./3. Jahrhundert n. Chr.?)[29] eine entfernte Parallele:

> Babrios, Fab. 4: „Ein Fischer zog ein Netz (σαγήνην), das er ausgeworfen hatte, hinauf. Es fand sich voll von vielfältigem Fischfang. Der Kleine von den Fischen floh in die Tiefe und entschlüpfte aus dem löchrigen Netz. Der Große aber wurde eingefangen und einfach ins Boot gezogen. Heilsam und ohne Übel ist es, klein zu sein. Wer aber im Ansehen groß ist, den siehst du nur selten Gefahren entkommen."

Diese Fabel hat mit EvThom 8 das Interesse an der Größe der Fische gemeinsam. Insofern ist EvThom 8 nicht völlig einzigartig. Allerdings ist die Fabel des Babrios aus der Perspektive der Fische verfasst und preist die Vorzüge des Kleinseins, während EvThom 8 aus der Sicht des Fischers verfasst ist, der sich unter den vielen – großen und kleinen – Fischen in seinem Netz

---

27 Anders argumentierte QUISPEL: „Some Remarks on the Gospel of Thomas", 290, der das Augenmerk auf „große" und „kleine" Fische als realistischer und somit ursprünglicher einschätzte.
28 Freilich mag diese besondere Qualifizierung der Perle auch dadurch bedingt sein, dass in der matthäischen Version des Gleichnisses der Kaufmann speziell auf der Suche nach guten/schönen Perlen ist, während in der Version des Thomasevangeliums seine Branche unbestimmt bleibt.
29 Vgl. dazu LUZZATTO: „Babrius".

den Großen aussuchen kann. Es erscheint also nicht geraten, eine direkte Verbindung zwischen unserem Logion und dieser Fabel anzunehmen.

d) Das Fischnetzmotiv in Joh 21,11

Das Johannesevangelium enthält keine Version des Gleichnisses vom Fischfang. Allerdings handelt die Erzählung Joh 21,1–14 von einem Fischfang. Viele Ausleger notieren in dieser Geschichte erzählerische Ungereimtheiten,[30] die manchmal auch literarkritisch ausgewertet werden.[31] Da aber die zweite Hälfte des Kapitels (21,15–23) deutlich für die Gegenwart des Evangelisten transparent ist, erscheint es angemessen, dies auch für die Erzählung vom Fischfang anzunehmen,[32] die dann, gerade mit ihren erzählerischen Schwierigkeiten, als Allegorie zu lesen wäre.[33] Unter dieser Voraussetzung wird es z. b. leichter erklärlich, dass nur Petrus das Netz an Land zieht (21,11), oder dass schon ein Fisch zubereitet ist, bevor der Fang an Land gebracht ist und obwohl die Jünger zuvor nichts gefangen haben (21,9–10). Daher erscheint es nicht abwegig, diese Erzählung auf ihre Beziehung zu einem Gleichnis zu befragen.

Die deutlichste Parallele zu Joh 21,1–14 ist aber trotzdem Lk 5,1–11. Für den Zweck dieser Untersuchung mag eine synoptische Gegenüberstellung von Lk 5,6 und Joh 21,6b.11 genügen:

Lk 5,6	Joh 21,6b.11
	6b ἔβαλον οὖν,
καὶ τοῦτο ποιήσαντες	
συνέκλεισαν πλῆθος ἰχθύων πολύ,	καὶ οὐκέτι αὐτὸ ἑλκύσαι ἴσχυον ἀπὸ τοῦ πλήθους τῶν ἰχθύων.
	[21,7–10]
	11 ἀνέβη οὖν Σίμων Πέτρος καὶ εἴλκυσεν τὸ δίκτυον (sah ϣⲛⲉ) εἰς τὴν γῆν μεστὸν ἰχθύων μεγάλων ἑκατὸν πεντήκοντα τριῶν·
διερρήσσετο δὲ τὰ δίκτυα αὐτῶν.	καὶ τοσούτων ὄντων οὐκ ἐσχίσθη τὸ δίκτυον.

---

30 Vgl. BARRETT: *Gospel According to St John*, 481; SCHNACKENBURG: *Johannesevangelium* III, 406–407; LINCOLN: *Gospel According to St John*, 508.
31 Vgl. z. B. BARRETT: *Gospel According to St John*, 481: „The narrative recalls Luke 5.1–11 (a miraculous catch of fish, but not a resurrection appearance) and 24.13–35 (a resurrection appearance in which a quasi-eucharistic meal takes place), and does not seem to be a unity."
32 Vgl. etwa SCHNACKENBURG: *Johannesevangelium* III, 409: „Das ganze angefügte Kapitel ist in einem ausgesprochen ‚kirchlichen' Horizont geschrieben, aus der Sicht der Gemeinde zur Zeit der Abfassung."
33 Vgl. z. B. BARRETT: *Gospel According to St John*, 484; ähnlich THYEN: *Johannesevangelium*, 778–779.

B. Durchführung

Beide Texte handeln vom wunderbaren Fischfang und heben die Menge der gefangenen Fische hervor, die zu groß ist für das verwendete Netz.[34] In einigen Details unterscheiden sie sich aber: In Lk 5,6 fällt auf, dass von einer Beschädigung der Netze die Rede ist (διερρήσσετο). Der weitere Verlauf der Erzählung zeigt jedoch, dass mit dem „Platzen" oder „Zerreißen" nicht die Zerstörung der Netze und der Verlust des Fanges gemeint sein kann, und so wird dieses Imperfekt meistens als *imperfectum de conatu* verstanden.[35] Das Johannesevangelium macht dagegen unmissverständlich klar, dass das Netz (hier im Singular!) keinen Schaden nimmt. Auch dies legt ein allegorisches Verständnis der Erzählung nahe.

Ein weiterer beachtlicher Unterschied ist der Inhalt des Netzes. In der lukanischen Version ist es „eine große Menge von Fischen", die nicht weiter spezifiziert wird. Dies findet sich auch in der Parallele Joh 21,6, doch kurz darauf, in V. 11, wird der Fang genauer beschrieben: 153 große Fische. Die Interpretation der Zahl 153 ist ein „Dauerbrenner" der neutestamentlichen Forschung,[36] doch für die Zwecke dieser Untersuchung kann sie weitgehend außer Acht bleiben. Für unsere Fragestellung relevanter – jedoch von den Kommentatoren kaum wahrgenommen – ist der Umstand, dass in Joh 21,11 nicht einfach von 153 Fischen die Rede ist, sondern ausdrücklich von 153 *großen* Fischen.[37] Am Rande sei bemerkt, dass diese Präzisierung dagegen spricht, die 153 als Zahl der Totalität oder als Symbol für die universale Gemeinschaft der Glaubenden[38] zu deuten: Im Netz befinden sich nicht Fische jeglicher Art (wie in Mt 13,47), sondern eben nur große Fische.

---

34 In beiden Erzählungen handelt es sich nicht, wie im Gleichnis vom Fischfang, um ein großes Schleppnetz (σαγήνη, s.o), sondern um ein Wurfnetz (δίκτυον), das sogar von einem einzelnen Fischer gehandhabt werden kann. Das sahidische Äquivalent dafür ist ϣⲛⲉ; vgl. Crum, *Coptic Dictionary*, 571–572 s.v. ϣⲛⲉ.
35 Vgl. Radl: *Evangelium nach Lukas*, 298 mit Anm. 63; Wolter: *Lukasevangelium*, 213; ähnlich Nolland: *Luke 1–9:20*, 222; Klein: *Lukasevangelium*, 208 mit Anm. 36: „Das Imperfekt als Anfang des Vorgangs, ..."
36 Für einige neuere Beiträge vgl. u. a. Nicklas: „153 große Fische" (die geheimnisvolle Zahl ist ein Element der Leserlenkung, das zur genaueren Lektüre des Textes auffordert); Kiley: „Three More Fish Stories" (etwas kabbalistisch anmutend), Rastoin: „Encore une fois les 153 poissons" (gematrisch verschlüsselte Anspielung auf das Lebenswasser-Szenario von Ez 47). Die Beiträge von Nicklas und Rastoin enthalten auch Überblicke über die frühere Forschung; für einen knappen Überblick vgl. auch Schnackenburg: *Johannesevangelium* III, 426.
37 Eine Ausnahme bildet die nicht sehr befriedigende Auskunft von Brown: *John xiii–xxi*, 1074: „In the catch directed by Jesus all is superlative."
38 So etwa Barrett: *Gospel According to St John*, 484; Schnackenburg: *Johannesevangelium* III, 426–427; Lincoln: *Gospel According to St John*, 512–513; Wengst: *Johannesevangelium* 2, 335; Rastoin: „Encore une fois les 153 poissons", 91–92.

Festzuhalten ist jedenfalls, dass die Beschränkung auf große Fische als ein Charakteristikum der johanneischen Fischfang-Erzählung gegenüber der lukanischen Parallele gelten darf.

e) Joh 21,11 und EvThom 8

Was in dieser Fülle von Variationen über den Fischfang das Johannes- und das Thomasevangelium verbindet, ist das betonte Augenmerk auf *große* Fische. Daher ist zu fragen, ob dies für die Frage nach möglichen literarischen oder traditionsgeschichtlichen Kontakten zwischen den beiden Evangelien oder, genauer, zwischen EvThom 8 und dem Johannesevangelium (Joh 1–21) auszuwerten ist. In seinem grundlegenden Aufsatz zu diesem Thema verstand Raymond E. Brown EvThom 8 hauptsächlich als Rezeption von Mt 13,47–48, stellte aber auch einen gewissen Einfluss von Joh 21 fest.[39] Brown entfaltete dies nicht weiter, doch besagtem Aufsatz liegt ja seine globale Theorie über das Verhältnis der beiden Evangelien zugrunde, wonach das Thomasevangelium, vermittelt durch eine hypothetische Zwischenstufe, das Johannesevangelium rezipiert.

Wenn man von einer solchen globalen Theorie absieht, lässt sich beobachten, dass die ausdrückliche Qualifizierung der 153 Fische von Joh 21,11 als groß nicht durch den Kontext erfordert ist; man könnte sie sogar für erzählerisch unplausibel halten:[40] Im Netz finden sich eigentlich Fische aller Arten und Größen – abgesehen von den ganz kleinen, die, wie in der Fabel des Babrios (s. o. c), durch die zu weiten Maschen geschlüpft sind. Im Fischfang-Gleichnis des Thomasevangeliums hat die Bezeichnung des einen ausgewählten Fisches als groß hingegen ihren Platz. Sie wird zwar nicht direkt argumentativ „erarbeitet", aber sie fügt sich plausibel in das Bild ein und liegt zudem auf einer redaktionellen Linie, sei es des Thomasevangeliums selbst, sei es einer diesem vielleicht vorausliegenden Sammlung (zusammen mit EvThom 20; 96; 107). Wenn also an dieser Stelle ein Kontakt zwischen den beiden Evangelien anzunehmen sein soll, dann dürfte die Rezeptionsrichtung eher vom Thomasevangelium bzw. von einer Vorstufe desselben zum Johannesevangelium laufen. Der Blick auf die verschiedenen Variationen über das Fischfang-Motiv, die man in der frühchristlichen Literatur antrifft, zeigt, dass das Motiv des „großen" Fisches charakteristisch genug ist, um einen direkten Kontakt zwischen den beiden Texten nahezulegen.

Freilich soll dies nicht dazu verleiten, die Unterschiede zwischen beiden Texten zu gering zu veranschlagen: In EvThom 8 wird nur *ein* großer

---

39 Vgl. BROWN: „Gospel of Thomas", 160–161.
40 Man vergleiche damit Lk 5,6, wo der Fang nur als eine nicht näher spezifizierte, große Menge an Fischen bezeichnet wird.

B. Durchführung

Fisch aus einem heterogenen Fang, der sich im Netz befindet, herausgesucht, während in Joh 21,11 sich im Netz schon von vornherein ein homogener Fang von 153 großen Fischen befindet – was immer diese Zahl bedeuten mag. Wenn man nun annimmt, das Thomasevangelium rezipiere an dieser Stelle das Johannesevangelium, dann würde EvThom 8 den ekklesiologischen Gedanken von Joh 21 dahingehend modifizieren bzw. kritisieren, dass es nur darum geht, den Einen/Einzelnen[41] auszuwählen (ⲥⲱⲧⲡ).[42] Dieser Gedanke ist allerdings in EvThom 8 nicht sehr deutlich formuliert. Der große Fisch wird lediglich mit dem unbestimmten Artikel eingeführt, und es wird nicht betont, dass es sich um einen *einzigen* großen Fisch handelt. Wahrscheinlicher ist daher, dass das Johannesevangelium den spezifischen Akzent des Fischnetzgleichnisses in der Fassung von EvThom 8 aufgreift und modifiziert: Nun wird nicht mehr aus dem heterogenen Fang ein besonders wertvoller Fisch ausgewählt, sondern im Netz befinden sich von vornherein nur große Fische, 153 an der Zahl. Eine Auswahl muss nicht mehr stattfinden. So gesehen, artikuliert sich im Motiv des Fischnetzes eine ganz andere Ekklesiologie, als meistens angenommen wird: Der Akzent liegt dann nicht auf der Universalität der Glaubensgemeinschaft, sondern auf dem Zusammenhalt innerhalb einer Gruppe, wie er vor allem in den Johannesbriefen, aber auch in den Abschiedsreden des Johannesevangeliums propagiert wird. Im Bild der *großen* Fische scheint sich demnach ein hohes Selbstbewusstsein der Gruppe bzw. ihrer Mitglieder zu artikulieren. Die Verantwortung des Petrus wird damit in Joh 21 auf zweierlei Weise zum Ausdruck gebracht: In 21,11 zieht er das Netz mit den großen Fischen an Land, und in 21,15–19 wird ihm die Verantwortung für die Schafe bzw. Lämmer Jesu übertragen – die er in 21,20–23 am Geliebten Jünger sogleich wahrzunehmen versucht.

Festzuhalten bleibt aber, dass das Motiv der großen Fische in Joh 21 nicht erzählerisch notwendig ist und sich auch nicht zwanglos aus der Erzählung ergibt. Vielmehr wurde es allem Anschein nach von außen in die Erzählung eingeführt und deren ekklesiologischer Aussageabsicht dienstbar gemacht. Dieses „Außen" könnte durchaus EvThom 8 sein, und zwar an einem Punkt, als es schon weitgehend die Form hatte, in der es heute im Thomasevangelium zu finden ist. Ob es deswegen schon als Teil der Sammlung „Thomasevangelium" rezipiert wurde, ist damit aber nicht gesagt. Man müsste es annehmen, wenn das betonte Interesse an „großen"

---

41 Zum starken Augenmerk des Thomasevangeliums auf den Einzelnen bzw. Vereinzelten (v. a. ⲙⲟⲛⲁⲭⲟⲥ, EvThom 16; 49; 75; vgl. auch EvThom 4; 22; 23; 30[?]; 106) vgl. POPKES: *Menschenbild des Thomasevangeliums*, 145–211.
42 Das Motiv der Auswahl Weniger bzw. des Einzelnen findet eine Entsprechung in EvThom 23.

Dingen eindeutig die Kompilation bzw. Endredaktion des Thomasevangeliums auszeichnete. Sofern es aber einer diesem vorausliegenden Sammlung von Sprüchen zuzuweisen ist, käme auch diese als Bezugsgröße in Frage – wenn diese Annahme denn nötig ist. Die lockere Komposition des Thomasevangeliums macht hier ein eindeutiges Urteil unmöglich.

Unabhängig von der Frage der Kompilation, ist EvThom 8 der Klasse von Logien zuzuweisen, die in einem untergeordneten Motiv mit der johanneischen Parallele übereinstimmen, wobei die Übereinstimmung mit direkter Bezugnahme des Johannesevangeliums auf den Text von EvThom 8 zu erklären ist.

f) Fazit zu EvThom 8

Das Gleichnis vom Fischnetz in der Version des Thomasevangeliums scheint auf den ersten Blick keinen Bezug zum Johannesevangelium zu haben; näher scheinen ihm Mt 13,47–48 und das bei Clemens von Alexandreia (Strom. 6,95,3) überlieferte Agraphon. Dennoch kann dieses Logion eine Erklärung dafür darstellen, dass in Joh 21,11 ohne erkennbaren Grund von 153 *großen* Fischen die Rede ist. Dieses Attribut, das neben der kryptischen Zahl 153 meistens übersehen wird, stellt die spezifische Verbindung zwischen EvThom 8 und Joh 21,11 dar. Während in Joh 21,11 das Adjektiv „groß" ein Fremdkörper ist und in der Erzählung keine Funktion hat, begegnen wir im Thomasevangelium einer ganzen Reihe von Logien, die das „Große" zum Thema haben (EvThom 20; 96; 107). Wenn dies ein redaktionelles Merkmal des Thomasevangeliums oder einer darin verarbeiteten Sammlung ist, dann besteht Grund zu der Annahme, dass Joh 21,11 in diesem untergeordneten Motiv EvThom 8 voraussetzt.

B. Durchführung

5. Logion 11

(1) ⲡⲉϫⲉ ⲓ̄ⲥ̄ ϫⲉ ⲧⲉⲉⲓⲡⲉ ⲛⲁⲣ̄ⲡⲁⲣⲁⲅⲉ ⲁⲩⲱ ⲧⲉⲧⲛ̄ⲧⲡⲉ ⲙ̄ⲙⲟⲥ ⲛⲁⲣ̄ⲡⲁⲣⲁⲅⲉ	(1) Jesus sagte: Dieser Himmel wird vergehen, und der, welcher über ihm als Himmel ist, wird vergehen.
(2) ⲁⲩⲱ ⲛⲉⲧⲙⲟⲟⲩⲧ ⲥⲉⲟⲛϩ̄ ⲁⲛ ⲁⲩⲱ ⲛⲉⲧⲟⲛϩ̄ ⲥⲉⲛⲁⲙⲟⲩ ⲁⲛ	(2) Und: Die tot sind, sind nicht lebendig, und die lebendig sind, werden nicht sterben.
(3) ⲛ̄ϩⲟⲟⲩ ⲛⲉⲧⲉⲧⲛ̄ⲟⲩⲱⲙ` ⲙ̄ⲡⲉⲧⲙⲟⲟⲩⲧ` ⲛⲉⲧⲉⲧⲛ̄ⲉⲓⲣⲉ ⲙ̄ⲙⲟϥ ⲙ̄ⲡⲉⲧⲟⲛϩ̄ ϩⲟⲧⲁⲛ ⲉⲧⲉⲧⲛ̄ϣⲁⲛϣⲱⲡⲉ ϩⲙ̄ ⲡⲟⲩⲟⲉⲓⲛ ⲟⲩ ⲡⲉⲧⲉⲧⲛⲁⲁϥ	(3) Als ihr aßt, was tot ist, machtet ihr es zum Lebendigen. Wenn ihr im Licht seid, was werdet ihr tun?
(4) ϩⲙ̄ ⲫⲟⲟⲩ ⲉⲧⲉⲧⲛ̄ⲟ ⲛ̄ⲟⲩⲁ ⲁⲧⲉⲧⲛ̄ⲉⲓⲣⲉ ⲙ̄ⲡⲥⲛⲁⲩ ϩⲟⲧⲁⲛ ⲇⲉ ⲉⲧⲉⲧⲛ̄ϣⲁϣⲱⲡⲉ ⲛ̄ⲥⲛⲁⲩ ⲟⲩ ⲡⲉ ⲉⲧⲉⲧⲛ̄ⲛⲁⲁϥ`	(4) Als ihr eins wart, wurdet ihr zu zwei. Wenn ihr aber zwei seid, was werdet ihr tun?

a) Zur Komposition des Logions

Das Logion wirkt auf den ersten Blick wie eine Sammlung von einzelnen Aphorismen, zwischen denen nur schwer ein innerer Zusammenhang zu erkennen ist. Man mag eine futurische Eschatologie als verbindendes Element benennen,[1] doch auch dann ist festzuhalten, dass in 11,1 ein kosmisches Weltuntergangsszenario gezeichnet wird, dass dieses aber den Rest des Logions, jedenfalls EvThom 11,3–4, nicht bestimmt. In der Tat handelt der Rest des Logions (EvThom 11,2–4) ja eher im Sinne einer präsentischen Eschatologie vom Lebendig-Sein[2] der Angesprochenen. In EvThom 11,1 geht es demnach um etwas anderes als in EvThom 11,2–4.[3] Diese Beobachtung spricht dafür, dass EvThom 11 auf die gleiche Weise wie EvThom 3 (s. o. B.II.2.b) zusammengestellt wurde. In der Hauptsache handelt es sich demnach um zwei Logien, die mit „und" (ⲁⲩⲱ, EvThom 11,2) verknüpft sind – so wie auch die alttestamentlichen Zitate in 2 Kor 6,16–18; Hebr 1,8–12. EvThom 11 besteht also eigentlich aus zwei Logien:

---

1 So PLISCH: *Thomasevangelium*, 61; auch GATHERCOLE: *Gospel of Thomas*, 246.
2 Die erhaltene koptische Übersetzung hat in beiden Teilen von EvThom 11,2 die Qualitativform ⲟⲛϩ̄. Angesichts dessen wird man zumindest zögern, im ersten Teil des Spruches die Form ⲥⲉⲟⲛϩ̄ („sie sind lebendig") mit GATHERCOLE: *Gospel of Thomas*, 247 in futurischem Sinne („sie werden leben") zu interpretieren.
3 Anders PATTERSON: „Apocalypticism or Prophecy", 799–800 (= *Gospel of Thomas and Christian Origins*, 216): EvThom 11,1 bezeichne, wie die Parallelen in Mk 13,30; Lk 16,17; Mt 5,18, eine denkbar lange Zeitspanne, während welcher der in EvThom 11,2 beschriebene Zustand besteht.

EvThom 11,1 und EvThom 11,2-4.[4] Dagegen könnte man einwenden, dass die Dublette EvThom 111 (s. u. B.II.36) ebenfalls eine Aussage über den zu erwartenden Weltuntergang mit einer – diese nicht weiterführenden – Lebensverheißung verbindet.[5] Nun liegt hier keine so exakte Dublette vor, wie man sie etwa bei EvThom 56; 80 findet. Eher handelt es sich um eine Folge von jeweils thematisch gleich gelagerten Logien:

EvThom 11	EvThom 111
Jesus sagte:	Jesus sagte:
Dieser Himmel wird vergehen,	Die Himmel werden sich einrollen
und der, welcher über ihm als Himmel ist, wird vergehen.	
	und die Erde in eurer Gegenwart.
Und:	Und:
Die Toten sind nicht lebendig,	
und die lebendig sind, werden nicht sterben.	Der Lebende aus dem Lebendigen wird den Tod nicht sehen.

In beiden Fällen geht es also im ersten Teil um das Ende der Himmel,[6] und im zweiten Teil darum, dass jemand Lebendiger nicht sterben wird, wobei sich die Formulierungen deutlich unterscheiden. In ihrer inneren Verknüpfung entsprechen sich die beiden Kombinationen jedoch: In beiden Fällen werden zwei verschiedene Logien mit einem schlichten „und" (ⲁⲩⲱ) verbunden. Inhaltlich scheinen die Kombinationen jeweils eine nicht mehr haltbare Naherwartung korrigieren bzw. modifizieren zu wollen, indem sie einem Wort vom Weltende jeweils eines über das bleibende Leben des Ein-

---

4 Nach SCHOEDEL: „Naassene Themes", 226 soll das in Ref. 5,8,32, der Naassener-Parallele zu EvThom 11,3, unmittelbar vorausgehende Logion über das Eintreten durch das dritte Tor jedoch eine Parallele zu EvThom 11,1 darstellen, so dass EvThom 11 ausweislich dieser Parallele als einheitlich zu betrachten wäre. Selbst wenn dies zutreffen sollte, fehlt aber immer noch eine Parallele zu EvThom 11,2.
5 Vgl. NORDSIECK: *Thomas-Evangelium*, 66: Von den vier ursprünglich selbständigen Teilen des Logions gehörten, ihm zufolge, EvThom 11,1-2 (par. EvThom 111, 1-2) als ursprünglicher Kernbestand des Logions enger zusammen, während 11,3-4 später hinzugefügt wurden.
6 In beiden Fällen ist vorausgesetzt, dass es mehrere, übereinander geschichtete Himmel gibt. Die Vorstellung in EvThom 111, dass die Himmel sich aufrollen, dürfte auf Jes 34,4 zurückgehen. Neben Offb 6,14 ist sie auch in Hebr 1,12 (Zitat); OrSib 3,82; 8,233.413 belegt; vgl. dazu AUNE: *Revelation 6-16*, 415. Auffällig ist jedoch, dass sich nach EvThom 111 auch die Erde einrollen soll.

B. Durchführung

zelnen zur Seite stellen.[7] Man wird daher EvThom 11; 111 am besten als analoge Bildungen betrachten. Anders gewendet: EvThom 111 zwingt nicht dazu, EvThom 11,1–2 als ursprüngliche Einheit zu betrachten. Die oben dargelegte Aufteilung in EvThom 11,1 und EvThom 11,2–4 wird von dieser Seite her nicht in Frage gestellt.

Im Hinblick auf Parallelen zu den johanneischen Schriften ist nun der zweite Teil (EvThom 11,2–4) von Interesse. Dieser beginnt mit einer Gnome, die in ihrem ersten Teil banal, im zweiten paradox erscheint. Ihr folgen zwei gleich strukturierte Fragen. In beiden wird zunächst in Adverbialsätzen ein Zustand in der Vergangenheit benannt. Dem folgt in beiden Teil-Logien jeweils die Frage „Was werdet ihr tun?" im Hinblick auf eine bestimmte (zukünftige) Situation (ϩⲟⲧⲁⲛ). Ihre parallele Struktur könnte dafür sprechen, dass die beiden Teil-Logien EvThom 11,3.4 aus einer Hand sind. Andererseits haben sie inhaltlich jeweils unterschiedliche Bezugsfelder (s. u.), daher wäre eher anzunehmen, dass sie nacheinander angefügt wurden und der Verfasser von EvThom 11,4 den formalen Aufbau von EvThom 11,3 imitierte und mit neuem Inhalt füllte.[8] EvThom 11,3 wurde dann vermutlich *ad vocem* „tot/lebendig" an EvThom 11,2 angeschlossen und führt dessen Gedankengang weiter;[9] EvThom 11,4 bringt den neuen Aspekt der Zweiheit und Einheit herein.

b) Leben und nicht sterben

Den Kern der hier interessierenden Einheit bildet also EvThom 11,2. Auf die an sich banal erscheinende Erkenntnis, dass die Toten nicht lebendig sind, folgt das Paradox: „Die lebendig sind, werden nicht sterben." Hier ist deutlich, dass „leben" und „sterben" nicht im alltagssprachlichen Sinne zu verstehen sind.[10] Für eine übertragene Bedeutung dieser Grund-Wörter erwies sich schon bei EvThom 1; 3; 4 der Blick auf die johanneischen Schriften als hilfreich. Auch für dieses Logion bietet sich der reflektierte Lebens-Begriff des Johannesevangeliums für den Vergleich an.[11] Insbesondere der zweite Teil des Ich-bin-Wortes Joh 11,25–26 stellt eine eindrucksvolle Parallele zu unserem Logion dar:

---

7 Ähnlich auch DeConick: *Original Gospel of Thomas in Translation*, 77: EvThom 11,1 gehört zum „Kernel", EvThom 11,2–4 ist eine „Accretion"; zustimmend Grosso: *Vangelo secondo Tommaso*, 131.
8 Zur inhaltlichen Differenz vgl. auch DeConick: *Original Gospel of Thomas in Translation*, 79.
9 So auch Nordsieck: *Thomas-Evangelium*, 66.
10 Anders Grosso: *Vangelo secondo Tommaso*, 132: EvThom 11,2 drücke eine Naherwartung aus, der zufolge Christen die Parusie zu erleben hoffen; vgl. auch 1 Thess 4,15–17.
11 Ähnlich auch Nordsieck: *Thomas-Evangelium*, 67.

EvThom 11,2	Joh 11,26	
ⲁⲩⲱ ⲛⲉⲧⲟⲛϩ	... καὶ πᾶς ὁ ζῶν	ⲁⲩⲱ ⲟⲩⲟⲛ ⲛⲓⲙ ⲉⲧⲟⲛϩ
	καὶ πιστεύων εἰς ἐμὲ	ⲉⲧⲡⲓⲥⲧⲉⲩⲉ[12] ⲉⲣⲟⲓ
ⲥⲉⲛⲁⲙⲟⲩ ⲁⲛ.	οὐ μὴ ἀποθάνῃ	ⲛϥⲛⲁⲙⲟⲩ ⲁⲛ
	εἰς τὸν αἰῶνα.	ϣⲁ ⲉⲛⲉϩ.
Und: Die lebendig sind	... und jeder Lebende	
	und Glaubende an mich	
werden nicht sterben.	wird gewiss nicht sterben	
	in Ewigkeit.	

Die griechische Version von EvThom 11,2 besitzen wir leider nicht; man könnte allenfalls etwas vermuten wie: *καὶ οἱ ζῶντες οὐ μὴ ἀποθανοῦνται. In jedem Falle zeigt sich, dass EvThom 11,2 die beiden zentralen Elemente von Joh 11,26 enthält, doch das Logion ist hier auf sein Grundgerüst beschränkt. Die Elemente, die in EvThom 11,2, verglichen mit Joh 11,26, fehlen, gelten nun aber als charakteristisch johanneisch: die Rede vom Glauben an Jesus[13] und die Adverbiale „in Ewigkeit" (εἰς τὸν αἰῶνα).[14] Beide Elemente dienen in Joh 11,26 zur Verdeutlichung: Das eigentliche Leben besteht im Glauben an Jesus.[15] Die Konjunktion καί vor πιστεύων ist demnach nicht additiv, sondern epexegetisch zu verstehen.[16] Das hier verheißene Leben ist also keine bloße Verlängerung der physischen Lebensfunktionen, sondern „ewiges Leben" im vollen johanneischen Sinne.[17]

---

12 Die asyndetische Formulierung, wie man sie bei *Horner* z.St. findet, ist hart, doch sie darf gerade deshalb als die lectio difficilior gelten. Sie wird unterstützt durch die Handschrift sa 1, doch *Quecke* verzeichnet im Apparat z.St. zwei abweichende Lesarten: Die Handschriften sa 4 und sa 5 (*Schüssler*) fügen vor ⲉⲧⲡⲓⲥⲧⲉⲩⲉ die Konjunktion ⲁⲩⲱ ein, und die Handschrift sa 9 macht aus der Relativkonstruktion einen Umstandssatz (ⲉϥⲡⲓⲥⲧⲉⲩⲉ), der sich gut an das Vorhergehende anschließt. Beide Versionen erklären sich gut als Vereinfachungen der oben gebotenen Fassung mit den zwei aneinandergereihten Relativkonstruktionen.
13 V.a. Joh 6,35; 7,38; 11,25.26; 12,44; 14,1.12; 16,9; 17,20 (πιστεύειν εἰς ἐμέ); auch Joh 2,11; 3,15–18.36; 4,39; 6,29.40; 7,5.31.39.48; 8,30; 9,35.36; 10,42; 11,45.48; 12,11.37.42.46; 1 Joh 5,10; ähnlich Joh 1,12; 2,23; 12,36; 1 Joh 5,13.
14 Joh 4,14; 6,51.58; 8,51.52; 10,28; 11,26; 1 Joh 2,17; auch Joh 8,35; 12,34; (13,8;) 14,16; 2 Joh 2. Vgl. dazu auch die Überlegungen zum Prolog bzw. EvThom 1 (B. II.1.g).
15 Vgl. auch Joh 3,15.36; 6,40.47; 20,31.
16 Anders SCHNACKENBURG: *Johannesevangelium* II, 415: Die beiden Sätze seien parallel aufgebaut: In 11,26 sei das physische Leben gemeint; im nächsten Gedankenschritt sei dann der Glaube die Bedingung für das Nicht-Sterben.
17 Vgl. dazu Joh 5,24.39; 6,40.47.54.68; 12,50; 17,2–3.

B. Durchführung

In dem kurzen Aphorismus EvThom 11,2 ist diese Vorstellung natürlich nicht so ausführlich entwickelt, und es stellt sich die Frage, wie diese Kürze zu interpretieren ist: Man könnte annehmen, dass das knappe Paradoxon, das in unserem Logion formuliert wird, eine spiritualisierende Weiterführung von Gedanken wie Joh 3,6; 6,63 ist.[18] Ebenso könnte man aber auch annehmen, dass hier ein Denkanstoß aufbewahrt ist, der im Johannesevangelium bis zu den Spitzenaussagen Joh 11,25–26; 17,3 weitergeführt wird.[19] Letzteres darf wohl als wahrscheinlicher gelten, denn in EvThom 11,2, für sich genommen, sind keine spezifischen Spuren des Johannesevangeliums zu finden. Eine Rezeption und Weiterführung des Johannesevangeliums ist hier also nicht nachzuweisen.

Ein genauerer Blick auf Joh 11,25–26 führt aber in eine etwas andere Richtung weiter: Während der Lebens-Begriff in diesem Ich-bin-Wort kohärent entwickelt ist,[20] wird mit dem Verb „sterben" (ἀποθνῄσκω) ein Paradox aufgebaut: In 11,25 bezeichnet es das physische Sterben, das als Teil der Lebenswirklichkeit nicht nur eingeräumt, sondern konstitutiv in die Überlegung einbezogen wird (κἂν ἀποθάνῃ). In 11,26 bezeichnet es hingegen den endgültigen Lebensverlust („in Ewigkeit"), von dem jemand, der im vollen johanneischen Sinne „lebt" (also an Jesus glaubt), nicht betroffen ist.[21] Diese Wiederholung und Variation operiert also mit zwei verschiedenen Bedeutungsdimensionen desselben Wortes.[22] Im zweiten

---

18 Vgl. MARCOVICH: „Textual Criticism", 73–74; ähnlich GÄRTNER: Theology of the Gospel of Thomas, 171.
19 Vgl. LELYVELD: Logia de la vie, 60; zum Vergleich mit Joh 17,3: „L'EvTh ne va pas si loin, il s'arrête à mi-chemin." Ähnlich auch S.L. DAVIES: The Gospel of Thomas and Christian Wisdom, 113: Die („kirchliche") Redaktion des Johannesevangeliums habe dessen ursprünglich präsentische Eschatologie zurückgenommen und ihm erst eine futurische Konzeption aufgesetzt, von der das Thomasevangelium (noch) nicht berührt sei.
20 So im Sinne einer präsentischen Eschatologie z.B. RUBEL: Erkenntnis und Bekenntnis, 198–199; für die Verbindung dieses Logions mit Joh 5,19–30 vgl. etwa FREY: Johanneische Eschatologie III, 414–416. Etwas anders WENGST: Johannesevangelium 2, 32, der die futurische Dimension der Lebensverheißung in 11,25 betont.
21 Vgl. z.B FREY: Johanneische Eschatologie III, 450–452; RUBEL: Erkenntnis und Bekenntnis, 201; ähnlich BARRETT: Gospel According to St John, 330: „Translate ‚... shall never die'. That this (and not ‚... shall not die eternally') is the meaning is clear from 4.14; 8.51 f.; 10.28; 13.8, where also the construction οὐ μὴ (subjunctive) εἰς τὸν αἰῶνα recurs. The only death that is worth regarding cannot affect those who believe in Christ."
22 Vgl. auch LINCOLN: Gospel According to St John, 324; FREY: „Leiblichkeit und Auferstehung", 307–308; ähnlich THYEN: Johannesevangelium, 527–528. In elementarisierter Form kann man das Paradox folgendermaßen wiedergeben: „Wer stirbt, wird leben, aber wer lebt, wird nicht sterben."

Vers wird dieses Verb aber durch den Zusatz „in Ewigkeit" (εἰς τὸν αἰῶνα) in den richtigen Kontext gestellt. So wie das Logion Joh 11,25–26 sich in seiner heutigen Gestalt präsentiert, ist es eine griffige Formel;[23] das zeigt vor allem der nachklappende Schluss von Joh 11,26 (πιστεύεις τοῦτο;). Nachdem aber Joh 11,25 eine sehr steile, unbekümmerte Lebensverheißung formuliert hat, wirkt die Fortsetzung in 11,26 deutlich vorsichtiger. Die beiden typisch johanneischen Elemente „Glauben an Jesus" und „in Ewigkeit" präzisieren die im vorausgehenden Vers eröffnete Dialektik von Leben und Sterben.[24] Sachlich fügen sie dem Logion nichts wesentlich Neues hinzu. Es scheint, als wollte der Evangelist hier unmissverständlich klar machen, was unter den Schlüsselbegriffen „leben" und „gewiss nicht sterben" zu verstehen ist. Das lässt vermuten, dass Joh 11,25–26 nicht von Grund auf seine ureigenste Schöpfung ist, sondern dass hier Material von anderer Herkunft integriert und adaptiert wurde.[25] Demnach scheint also hinter Joh 11,26 ein paradoxes Logion zu stehen, wie wir es im zweiten Teilsatz von EvThom 11,2 antreffen.

Das Paradoxon vom Leben und Nicht-Sterben hat nun noch eine weitere Parallele, auf die Uwe-Karsten Plisch hinweist:[26]

„Ein Heiden-Mensch pflegt nicht zu sterben. Er hat nämlich niemals gelebt, so dass er sterben könnte. Wer gläubig geworden ist an die Wahrheit, ist zum Leben gekommen. Und dieser ist in Gefahr zu sterben, denn er lebt." (EvPhil 52,15–19)

Dieses Logion ist jedoch gänzlich anders akzentuiert als EvThom 11,2: Während unser Thomas-Logion den wirklich Lebenden in Aussicht stellt, dass sie nicht sterben werden, sagt das Logion aus dem Philippusevange-

---

23 Zur inneren Kohärenz dieses Logions im Johannesevangelium vgl. FREY: *Johanneische Eschatologie* III, 448–450, der damit aber zugleich die Frage nach Vorstufen oder Entwicklungen des Logions ausgeschlossen wissen will. Es habe vielmehr schon als ganzes zum Überlieferungsbestand der johanneischen Schule gehört, und der Evangelist habe um dieses „Kernlogion" herum den Dialog zwischen Jesus und Martha konstruiert (vgl. ebd., 452–453). Dem ist an sich nicht zu widersprechen, doch es bleibt die Frage, ob damit schon alles zur Herkunft bzw. Entstehung dieses Logions gesagt ist.
24 In diesem Sinn ist das Logion Joh 11,25–26 mit FREY: *Johanneische Eschatologie* III, 461 auch als „ein Zeugnis futurisch-eschatologischer Erwartung" zu verstehen.
25 Anders THEOBALD: *Herrenworte im Johannesevangelium*, 245; DERS.: *Evangelium nach Johannes 1–12*, 735–736 (mit etwas anderer Frontstellung): Joh 11,25–26 sei eine Schöpfung des Evangelisten. Deshalb wird es in Theobalds Studie zu den Herrenworten im Johannesevangelium nicht behandelt.
26 Vgl. PLISCH: *Thomasevangelium*, 62.

B. Durchführung

lium ziemlich genau das Gegenteil: Wer im eigentlichen Sinne lebt, ist überhaupt erst in der Gefahr, zu sterben. Dieses wirkliche Leben wird in diesem Logion als unmittelbare Folge des Glaubens verstanden – der gleiche Gedanke wie in Joh 3,15.36; 6,40.47; 20,31. Der Autor dieses Logions führt in einem spielerischen Gedankenexperiment einen Aspekt der johanneischen Lebens-Konzeption weiter aus, der im Johannesevangelium nicht thematisiert wurde („Was ist mit den Heiden?"). Er füllt also eine theologische Lücke im Johannesevangelium aus, so dass man dieses Logion von EvThom 11,2 deutlich unterscheiden und der Rezeption des Johannesevangeliums zurechnen wird.

Als eine weitere Parallele, die auf dem Wege der Gegenprobe das Profil von EvThom 11,2 und seinen johanneischen Parallelen schärfen kann, sei der Sprachgebrauch des Paulus, namentlich im Römerbrief angeführt: Paulus kann den Zustand der Gerechtfertigten als (ewiges) Leben (im Unterschied zur Sünde als Tod) benennen (Röm 5,17–18.21; 6,4.10–13.23; 8,2.6.10.13; ebenso 1,17). Hier erscheint das Leben jedoch nicht als ein eigenständiges Heilsgut für die Gegenwart, sondern es ist immer an das Ereignis der Auferstehung Jesu angeknüpft. Im Johannesevangelium ist hingegen das Leben immer intrinsisch mit Jesus verbunden; ein einzelnes entscheidendes Ereignis kommt nicht primär in den Blick, auch wenn Joh 3,14 zeigt, dass das Moment der „Erhöhung" Jesu auch nach johanneischer Vorstellung für die Lebensverheißung konstitutiv ist.

Auch in EvThom 11,2 ist „Leben" ein Heilsgut, dessen Herkunft nicht mit einem bestimmten Ereignis gleichgesetzt wird. So zeigt sich eine spezifische inhaltliche Verbindung zwischen EvThom 11,2 und der Lebenskonzeption des Johannesevangeliums. Auf der sprachlichen Ebene entsprechen sich EvThom 11,2 und eine zu vermutende Grundform von Joh 11,26 fast wörtlich. Der Vergleich hat gezeigt, dass der zweite Teilsatz von EvThom 11,2 eigentlich die Quelle für Joh 11,26 sein könnte. Auf seinem Weg in die heute vorliegende Fassung von EvThom 11 hat dieses Logion jedoch auch Erweiterungen erfahren und ist in einen eigenen Kontext eingebunden worden. Demnach sind die beiden Textstücke Joh 11,26 und EvThom 11,2, die im Thema übereinstimmen, auf eine gemeinsame Überlieferung zurückzuführen, die vermutlich mehr Ähnlichkeit mit EvThom 11,2 hatte.

c) Totes essen und im Licht leben

In EvThom 11,3 kommen zwei Themen zusammen, die jeweils im Johannesevangelium von entscheidender Bedeutung sind: In Joh 6 wird die Frage nach Leben und Tod vom Essen abhängig gemacht, und die Metaphorik von Licht und Finsternis (als Metaphern für die Akteure im kosmischen Kampf, aber auch für unterschiedliche Lebensräume und -konzepte) zieht sich durch die johanneischen Schriften.

II. Einzeluntersuchungen, 5. Logion 11

Der erste Teil von EvThom 11,3 hat eine enge Parallele in der *Refutatio Omnium Haeresium* (Ref. 5,8,32), wo ein Ausspruch der Naassener referiert wird:

EvThom 11,3	Naassener nach Ref. 5,8,32
ⲛ̅ϩⲟⲟⲩ ⲛⲉⲧⲉⲧⲛ̅ⲟⲩⲱⲙ ⲙ̅ⲡⲉⲧⲙⲟⲟⲩⲧ ⲛⲉⲧⲉⲧⲛ̅ⲉⲓⲣⲉ ⲙ̅ⲙⲟϥ ⲙ̅ⲡⲉⲧⲟⲛϩ	εἰ νεκρὰ ἐφάγετε καὶ ζῶντα ἐποιήσατε,
ϩⲟⲧⲁⲛ ⲉⲧⲉⲧⲛ̅ϣⲁⲛϣⲱⲡⲉ ϩⲙ̅ ⲡⲟⲩⲟⲉⲓⲛ ⲟⲩ ⲡⲉⲧⲉⲧⲛⲁⲁϥ	τί, ἂν ζῶντα φάγητε, ποιήσετε;
Als ihr aßt, was tot ist, machtet ihr es zum Lebendigen.	Wenn ihr tote Dinge aßt und sie lebendig machtet:
Wenn ihr im Licht seid, was werdet ihr tun?	Was, wenn ihr lebendige Dinge esst, werdet ihr tun?

Bei den Naassenern der *Refutatio Omnium Haeresium* begegnen wir im Prinzip der gleichen Struktur des Logions (Aussage über die Vergangenheit, Ausblick auf die Zukunft mit der Frage: „Was werdet ihr tun?"). Dennoch sind einige markante Unterschiede festzuhalten:

- In EvThom 11,3 wird der Gedankengang durch das Motiv des Im-Licht-Seins unterbrochen bzw. umgelenkt. Das Logion der Naassener ist dagegen thematisch einheitlich: Es geht durchweg um das Essen von Totem und Lebendigem.
- EvThom 11,3 ist durch die Partikeln ⲛ̅ϩⲟⲟⲩ („die Tage" → „als") und ϩⲟⲧⲁⲛ (ὅταν: „wenn") in eine zeitliche Struktur gestellt. Die beiden Teilsätze des Logions stehen damit im Parallelismus, sind aber nicht aufeinander bezogen. Sie könnten prinzipiell auch jeweils allein stehen. Im Logion der Naassener hingegen stehen die beiden Teilsätze in einem Bedingungsverhältnis. Der erste Teilsatz ist demnach die Voraussetzung des zweiten. Anders gewendet: Die beiden Teilsätze der Naassener-Version sind innerhalb eines konditionalen Satzgefüges aufeinander bezogen und können nicht allein stehen.
- Im Unterschied zu dem griechischen Adjektiv νεκρός und dem Partizip ζῶν, die in der Naassener-Version jeweils im Plural stehen, hat EvThom 11,3 die koptischen Äquivalente (im Qualitativ) jeweils im Singular. Die Singularform „das/der Lebendige" (ⲡⲉⲧⲟⲛϩ) ist nun ein Leitmotiv im koptischen Thomasevangelium, oft ein christologischer Titel oder gar ein Gottesprädikat (EvThom Prol.; 37; 52; 59; 111; auch 3; 50). Wenn dem Übersetzer (oder schon einem früheren Tradenten) die eucharistische Konnotation des Logions (s. u.) bewusst war, wird die Angleichung an die anderweitig ausgebildete Nomenklatur des Thomasevangeliums verständlich.

B. Durchführung

Wenn man also davon ausgeht, dass die beiden Quellen je eine Fassung des gleichen Logions bieten, dann erscheint es geraten, die Fassung der Naassener für die ursprünglichere zu halten.[27] Die Eigenheiten von EvThom 11,3 lassen sich als redaktionelle Überarbeitungen erklären. Vor allem das Licht-Wort, das den zweiten Satz von EvThom 11,3 einleitet, steht wie ein Fremdkörper in dem Logion, dürfte sich aber als eigenständige Verwendung johanneischer Sprachtradition erklären (v. a. 1 Joh 1,6–7; 2,9–11, vgl. aber auch Kol 1,12).[28] Die Naassener-Version, die demnach eine frühere Fassung von EvThom 11,3 aufbewahrt, hat nun ihrerseits Berührungspunkte mit der johanneischen Brotrede (Joh 6,32–58),[29] vor allem mit den massiven Spitzenaussagen Joh 6,51.53–54.[30] Dort stellt Jesus sich selbst als das lebendige Brot vor, dessen Genuss Leben gibt.[31] An dieser Stelle (v. a. 6,51) verdichtet sich das johanneische Leitthema „Leben", und so wird man annehmen dürfen, dass der Evangelist hier selbständig formuliert und seinen seit 6,32 entwickelten Gedankengang auf die Spitze treibt.[32]

---

[27] Vgl. auch ATTRIDGE: „Greek Fragments", 104. Insofern das Logion in den literarischen Kontext der *Refutatio Omnium Haeresium* eingebunden ist, kann man hier dennoch mit GATHERCOLE: *Gospel of Thomas*, 65 von einer Rezeption des Thomasevangeliums sprechen, die vielleicht einen Einblick in die griechische Fassung von EvThom 11 gibt.

[28] Vgl. MARCOVICH: „Textual Criticism", 72.

[29] Die Brotrede wird für die Zwecke dieser Untersuchung im genannten Umfang als Einheit aufgefasst. Manche Autoren werten zwar Joh 6,51b-58 als Zusatz der Redaktion; vgl. G. RICHTER: „Fleischwerdung des Logos", 108–110.115–117 (= *Studien*, 170–171.175–177); THEOBALD: *Evangelium nach Johannes 1–12*, 454–455.475–476. Es erscheint jedoch fraglich, ob diese literarkritische Aufteilung hier wirklich nötig und begründbar ist, da ja der Gedankengang nicht unterbrochen, sondern weitergeführt wird.

[30] Vgl. MARCOVICH: „Textual Criticism", 72–73. Marcovich verweist als weitere Parallele auf EvPhil 73,19–27: „Diese Welt ist ein Leichenfresser. Alle Dinge, die man isst in ihr, sterben selbst auch wieder. Die Wahrheit ist ein Lebensfresser. Deswegen wird niemand von denen, die in der Wahrheit ernährt sind, sterben. Von jenem Ort kam Jesus und brachte Nahrungsmittel von dort. Und denen, die es wollten, gab er Leben, damit sie nicht sterben." Dieses Logion wird man als eigenständige Rezeption von Motiven aus der johanneischen Brotrede werten; für EvThom 11 ist es nicht einschlägig.

[31] Dabei liegt der Akzent darauf, dass es eben *sein* Fleisch ist, das, anders als anderes Fleisch, tatsächlich Leben geben kann; vgl. dazu MUSSNER: *ZΩH*, 132–134. Nach MOLONEY: *Gospel of John*, 219; WENGST: *Johannesevangelium* 1, 262; LINCOLN: *Gospel According to St John*, 232 führt die Rede vom „Fleisch" (statt „Leib") an dieser Stelle auf den Gedanken der Inkarnation (Joh 1,14) zurück.

[32] Für eine aufschlussreiche Gegenüberstellung der parallelen Rahmenstücke Joh 6,32–35.49–51 vgl. SCHNACKENBURG: *Johannesevangelium* II, 81–82.

II. Einzeluntersuchungen, 5. Logion 11

Ist dann die Naassener-Version unseres Logions als Rezeption der johanneischen Brotrede zu begreifen? Man könnte dem sehr leicht zustimmen, wenn wenigstens in der abschließenden Frage der Singular ὁ ζῶν bzw. τὸ ζῶν stünde. In der erhaltenen Form des Logions mag man den Plural ζῶντα als Angleichung an das Vorausgehende verstehen und das Logion folgendermaßen paraphrasieren: Schon im alltäglichen Leben wird das Tote (= Fleisch), das man isst, dadurch gewissermaßen lebendig, dass man es sich einverleibt.[33] Demnach hat der Mensch in sich die Potenz, tote Materie lebendig zu machen. Wenn man unter diesen Voraussetzungen in der Eucharistie das „lebendige Brot" (Joh 6,51) zu sich nimmt, dann bringt dies eine Überfülle an Leben mit sich, die das Logion mit der rhetorischen Frage „Was werdet ihr tun?" nur zaghaft andeutet.[34] Nun zeigt dieses Logion keine eindeutigen Spuren einer direkten Textübernahme, doch in seiner Umgebung finden sich einige Belege dafür, dass die Naassener die johanneische Brotrede als Herrenworte rezipierten: Hippolyt, Ref. 5,8,11 (Joh 6,53);[35] 5,8,27 (Joh 6,44).[36] Es ist also zumindest möglich, dass auch in dem bei Hippolyt, Ref. 5,8,32 erhaltenen Textstück die johanneische Brotrede rezipiert wird. Der Eindruck verfestigt sich, wenn man fragt, woher sonst der aparte Gedanke, Lebendiges zu essen, kommen könnte. Die für das 2. Jahrhundert anzunehmenden Parallelen (EvPhil 57,3–8;[37]

---

33 Damit liegt das Logion ganz auf der Linie antiker physiologischer Vorstellungen; vgl. etwa Galen, Nat. fac. 1,8.10–11, v. a. 11: τὸ μὲν οὖν ὄνομα τοῦ πράγματος, ὥσπερ καὶ πρότερον εἴρηται, θρέψις· ὁ δὲ κατὰ τοὔνομα λόγος ὁμοίωσις τοῦ τρέφοντος τῷ τρεφομένῳ („Der Name des Vorgangs ist, wie oben schon gesagt wurde, Ernährung. Und gemäß dem Namen handelt es sich um die Angleichung des Nährenden an den, der sich ernährt."). Ebenso Hippokrates, Alim. 2–7, v. a. 5. Zur Rezeption dieses Gedankens im Philippusevangelium (77,2–6) vgl. H. SCHMID: *Die Eucharistie ist Jesus*, 441–444. Am Rande sei mit GROSSO: *Vangelo secondo Tommaso*, 132–133 bemerkt, dass diese Logik etwa der des „Löwen-Logions" EvThom 7 entspricht. Für einen Überblick über verschiedene Deutungen jenes Logions vgl. CRISLIP: „Lion and Human", 597–604. Nach ebd., 607–609 wäre EvThom 7 jedoch als Aussage über die Auferstehung zu deuten: Der Mensch bleibt Mensch und wird als Mensch auferweckt, auch wenn ihn ein Löwe frisst.
34 Ähnlich GATHERCOLE: *Gospel of Thomas*, 248: Die Frage ziele auf die Fähigkeiten, die aus der Erleuchtung bzw. dem Heil folgen.
35 Vgl. dazu T. NAGEL: *Rezeption des Johannesevangeliums*, 305–307 (ebd., 546 (Index): Rezeption des Johannesevangeliums ist mit an Sicherheit grenzender Wahrscheinlichkeit anzunehmen).
36 Vgl. dazu T. NAGEL: *Rezeption des Johannesevangeliums*, 309–310 (ebd., 546 (Index): Rezeption des Johannesevangeliums ist wahrscheinlich).
37 Vgl. T. NAGEL: *Rezeption des Johannesevangeliums*, 396–399 (ebd., 546 (Index): Rezeption des Johannesevangeliums ist sehr wahrscheinlich).

B. Durchführung

IgnRöm 7,3[38]) sind ebenfalls als Johannes-Rezeption zu verstehen. Das spricht dafür, auch für unser Naassener-Zitat eine direkte Bezugnahme auf das Johannesevangelium bei Übereinstimmung im Thema anzunehmen.

Die Version, die wir heute in EvThom 11,3 antreffen, setzt dem gegenüber einen anderen Akzent. Hier beschreibt der erste Satz eine Praxis der Vergangenheit. Auf der Ebene der koptischen Übersetzung lässt die Wortwahl vermuten, dass der Verfasser und/oder Übersetzer keine sonderlich hohe Meinung von der Eucharistie hatte: In der Vergangenheit haben die Angesprochenen den Toten bzw. das Tote (ⲙⲡⲉⲧⲙⲟⲟⲩⲧ – Singular!) gegessen und zu dem Lebendigen (ⲙⲡⲉⲧⲟⲛϩ – Singular!) gemacht. Es liegt nahe, hier eine spöttische Anspielung auf die Eucharistie als Feier von Tod und Auferstehung Jesu zu sehen, zumal „der Lebendige" auch in anderen Logien des Thomasevangeliums eine umschreibende Bezeichnung für Jesus ist. Dieser als obsolet beurteilten Praxis wird nun das „Sein im Licht" gegenübergestellt. In Kol 1,12 bezeichnet es den göttlichen Bereich, in dem sich entweder das Los der Heiligen oder diese selbst befinden.[39] In 1 Joh 2,9–11 (ähnlich 1,7) bezeichnet diese Wendung direkt und ausdrücklich den idealen Zustand der Glaubenden, in dem sie sich Gott angleichen (1 Joh 1,7) und untereinander liebevolle Gemeinschaft pflegen.[40] EvThom 11,3 scheint zu suggerieren, dass es in diesem Zustand keiner Eucharistie bedarf. Das bewerkstelligt der Verfasser (oder Tradent oder Übersetzer) des Logions mit johanneischen Mitteln. Unser Logion stellt sich also an dieser Stelle in die johanneische Sprachtradition, um eine Aussage des Johannesevangeliums zu bestreiten. Die Wendung „im Licht sein" erscheint in EvThom 11,3 wie ein Fremdkörper; sie dürfte aber nicht in der Rezeption des 1. Johannesbriefes begründet sein (dort wird sie ihrerseits schon als „Slogan") rezipiert, sondern stammt wohl aus einer

---

38 Vgl. T. NAGEL: *Rezeption des Johannesevangeliums*, 234–238 (ebd., 545–546 (Index): Rezeption des Johannesevangeliums ist möglich).

39 Die entscheidende Frage ist, worauf sich ἐν τῷ φωτί bezieht; da die Wendung ohne präzisierenden Artikel steht, sind zwei Deutungen möglich: Wenn es sich auf das Erbe bezieht, ist dieses als ein Heilsgut bestimmt, das im göttlichen Bereich bereitliegt; vgl. MAISCH: *Brief an die Gemeinde in Kolossä*, 65. Die Wendung könnte sich aber auch auf die „Heiligen" (= Christen; vgl. ebd., 65–69) beziehen und würde dann deren Zustand bezeichnen. Nur in letzterem Falle wäre die Stelle für EvThom 11,3 eine einschlägige Parallele.

40 Wenn der 1. Johannesbrief genauer vom „Wandeln" (1,7) bzw. vom „Bleiben" (2,10) im Licht spricht, deutet sich an, dass es hier um reale Möglichkeiten geht, bzw. dass ein eschatologisches Ideal (etwa in Kol 1,12) in konkrete Ethik übertragen wird. Vgl. dazu SCHNACKENBURG: *Johannesbriefe*, 81–82; SCHWANKL: *Licht und Finsternis*, 320–327.

gemeinsamen Tradition, die Ansätze aus dem Johannesevangelium weiterführt.[41]

Für unsere Fragestellung bleibt festzuhalten: In EvThom 11,3 wird das Johannesevangelium (Joh 6,51.53–54) im Modus der thematischen Übereinstimmung rezipiert. Dagegen scheinen sich die Bezüge zum 1. Johannesbrief (1 Joh 1,7; 2,9–10) auf der Ebene gemeinsamer Tradition zu befinden, direkte Rezeption des 1. Johannesbriefes ist nicht nachzuweisen.

EvThom 11,4 greift das Strukturmuster von EvThom 11,3 auf, verhandelt aber die Dialektik von Einheit und Zweiheit, die dem Thomasevangelium eigen ist. Zu den johanneischen Schriften gibt es keine Bezugspunkte. Das Ideal des Eins-Seins, das in Joh 17 meditativ hin- und hergewendet wird, kommt für einen Vergleich nicht in Frage, da es im Johannesevangelium als Ziel vorgestellt wird, während in EvThom 11,4 der Zustand der Einheit in der Vergangenheit liegt.

d) Fazit zu EvThom 11

Die Entstehungsgeschichte dieses Logions ist ziemlich verwickelt, und durch das in der *Refutatio Omnium Haeresium* überlieferte Naassener-Zitat wird sie nicht einfacher. Die oben angestellten Untersuchungen führen zu folgendem Ergebnis: EvThom 11 ist zunächst eine Verbindung zweier Einheiten: EvThom 11,1 und EvThom 11,2–4. Die für unsere Fragestellung interessierende Einheit EvThom 11,2–4 hat ihrerseits wieder eine komplexe Entstehungsgeschichte: Am Anfang steht das paradoxe Wort, wonach die Lebenden nicht sterben. Aus diesem dürfte sich auf der johanneischen „Entwicklungslinie" (wenn man mit diesem Konzept operieren will), das Ich-bin-Wort Joh 11,25–26 entwickelt haben. In seiner heute vorliegenden Form ist EvThom 11,2 also mit dem Johannesevangelium durch eine gemeinsame Überlieferung verbunden.

Der *ad vocem* „Leben" anschließende Spruch EvThom 11,3 ist im Naassener-Zitat in einer älteren Form erhalten, doch auch diese Version scheint schon das Johannesevangelium zu rezipieren. Deutlicher ist der Bezug zu den johanneischen Schriften in EvThom 11,3 selbst, wo das Motiv „Im Licht sein" wie im 1. Johannesbrief verwendet wird. Dabei ist aber keine Rezeption des 1. Johannesbriefes nachzuweisen, sondern es dürfte sich um gemeinsame Tradition handeln. Damit stellt dieses Teil-Logion auf engstem Raum zwei gut johanneische Konzeptionen diametral gegeneinander.

---

41 Man könnte überlegen, ob der „Slogan" in 1 Joh 2,9–10 sich möglicherweise auf EvThom 11,3 bezieht. Das muss aber ein spekulatives Gedankenspiel bleiben, denn vom eucharistischen bzw. eucharistiekritischen Kontext unseres Logions findet sich in 1 Joh 2,9–10 keine Spur.

B. Durchführung

In erster Linie rezipiert es jedoch das Johannesevangelium im Modus thematischer Übereinstimmung.

Im Ganzen ist EvThom 11 also auf mehreren Ebenen mit den johanneischen Schriften verknüpft: Der Grundbestand des Logions (11,2) kommt anscheinend aus dem gleichen Überlieferungsfeld wie diese, und das nächste Stadium (11,3) setzt das Johannesevangelium – bzw. die Denkprozesse, die zum Johannesevangelium und zum 1. Johannesbrief geführt haben – voraus. Das Logion ist also aufs Engste mit der Entstehung der johanneischen Schriften verbunden.

6. Logion 13

(1) ⲡⲉϫⲉ ⲓⲥ ⲛ̄ⲛⲉϥⲙⲁⲑⲏⲧⲏⲥ ϫⲉ ⲧⲛ̄ⲧⲱⲛⲧ` ⲛ̄ⲧⲉⲧⲛ̄ϫⲟⲟⲥ ⲛⲁⲉⲓ ϫⲉ ⲉⲉⲓⲛⲉ ⲛ̄ⲛⲓⲙ	(1) Jesus sagte zu seinen Jüngern: Vergleicht mich, und sagt es mir, wem ich gleiche.
(2) ⲡⲉϫⲁϥ ⲛⲁϥ` ⲛ̄ϭⲓ ⲥⲓⲙⲱⲛ ⲡⲉⲧⲣⲟⲥ ϫⲉ ⲉⲕⲉⲓⲛⲉ ⲛ̄ⲟⲩⲁⲅ`ⲅⲉⲗⲟⲥ ⲛ̄ⲇⲓⲕⲁⲓⲟⲥ	(2) Simon Petrus sagte zu ihm: Du gleichst einem gerechten Engel.
(3) ⲡⲉϫⲁϥ ⲛⲁϥ ⲛ̄ϭⲓ ⲙⲁⲑ`ⲑⲁⲓⲟⲥ ϫⲉ ⲉⲕⲉⲓⲛⲉ ⲛ̄ⲟⲩⲣⲱⲙⲉ ⲙ̄ⲫⲓⲗⲟⲥⲟⲫⲟⲥ ⲛ̄ⲣⲙ̄ⲛ̄ϩⲏⲧ`	(3) Matthäus sagte zu ihm: Du gleichst einem klugen, philosophischen Menschen.
(4) ⲡⲉϫⲁϥ ⲛⲁϥ ⲛ̄ϭⲓ ⲑⲱⲙⲁⲥ ϫⲉ ⲡⲥⲁϩ ϩⲟⲗⲱⲥ ⲧⲁⲧⲁⲡⲣⲟ ⲛⲁϣ<ϣ>ⲁⲡϥ` ⲁⲛ ⲉⲧⲣⲁϫⲟⲟⲥ ϫⲉ ⲉⲕⲉⲓⲛⲉ ⲛ̄ⲛⲓⲙ	(4) Thomas sagte zu ihm: Meister, mein Mund kann es gänzlich nicht aushalten, dass ich sage, wem du gleichst.
(5) ⲡⲉϫⲉ ⲓⲏⲥ ϫⲉ ⲁⲛⲟⲕ` ⲡⲉⲕ`ⲥⲁϩ ⲁⲛ` ⲉⲡⲉⲓ ⲁⲕⲥⲱ ⲁⲕϯϩⲉ ⲉⲃⲟⲗ ϩⲛ̄ ⲧⲡⲏⲅⲏ ⲉⲧⲃⲣ̄ⲃⲣⲉ ⲧⲁⲉⲓ ⲁⲛⲟⲕ` ⲛ̄ⲧⲁⲉⲓϣⲓⲧⲥ̄	(5) Jesus sagte: Ich bin nicht dein Meister. Weil du getrunken hast, bist du betrunken geworden von der sprudelnden Quelle; diese habe ich hervorgebracht.
(6) ⲁⲩⲱ ⲁϥϫⲓⲧϥ̄ ⲁϥⲁⲛⲁⲭⲱⲣⲉⲓ ⲁϥϫⲱ ⲛⲁϥ ⲛ̄ϣⲟⲙⲧ` ⲛ̄ϣⲁϫⲉ	(6) Und er nahm ihn (mit), er zog sich zurück, er sagte ihm drei Worte.
(7) ⲛ̄ⲧⲁⲣⲉ ⲑⲱⲙⲁⲥ ⲇⲉ ⲉⲓ ϣⲁ ⲛⲉϥ`ϣⲃⲉⲉⲣ` ⲁⲩⲛⲟⲩϫϥ` ϫⲉ ⲛ̄ⲧⲁ ⲓⲥ ϫⲟⲟⲥ ϫⲉ ⲟⲩ ⲛⲁⲕ`	(7) Als Thomas aber zu seinen Gefährten kam, fragten sie ihn: Was ist es, das Jesus zu dir gesagt hat?
(8) ⲡⲉϫⲁϥ ⲛⲁⲩ ⲛ̄ϭⲓ ⲑⲱⲙⲁⲥ ϫⲉ ⲉⲓϣⲁⲛ`ϫⲱ ⲛⲏⲧⲛ̄ ⲟⲩⲁ ϩⲛ̄ ⲛ̄ϣⲁϫⲉ ⲛ̄ⲧⲁϥϫⲟⲟⲩ ⲛⲁⲉⲓ ⲧⲉⲧⲛⲁϥⲓ ⲱⲛⲉ ⲛ̄ⲧⲉⲧⲛ̄ⲛⲟⲩϫⲉ ⲉⲣⲟⲉⲓ ⲁⲩⲱ ⲛ̄ⲧⲉ ⲟⲩⲕⲱϩⲧ` ⲉⲓ ⲉⲃⲟⲗ ϩⲛ̄ ⲛ̄ⲱⲛⲉ † ⲛ̄ⲥⲣⲱϩⲕ` ⲙ̄ⲙⲱⲧⲛ̄	(8) Thomas sagte zu ihnen: Wenn ich euch eines von den Worten sage, die er zu mir gesagt hat, werdet ihr Steine nehmen und werdet auf mich werfen; und Feuer wird herauskommen aus den Steinen, und es wird euch verbrennen.

EvThom 13 ist ein sehr komplexes Logion, das innerhalb des Thomasevangeliums aus dem Rahmen fällt: Hier wird tatsächlich eine bewegte Geschichte erzählt.[1] Jesus spricht nicht nur, er ist auch das Subjekt von Ver-

---

[1] Streng genommen, ist es daher nicht ganz sachgemäß, EvThom 13 als Logion zu bezeichnen, doch da sich diese Bezeichnung für die Abschnitte des Thomasevangeliums eingebürgert hat – und in den allermeisten Fällen angemessen ist – sei sie hier beibehalten. Nach LELYVELD: *Logia de la vie*, 145–149 vermischen sich hier die Gattungen Schulgespräch (nicht: Streitgespräch!) und Offenbarungsrede.

B. Durchführung

ben der Bewegung, denn er nimmt Thomas mit und zieht sich mit ihm zurück, und Thomas seinerseits kommt danach zu den anderen Jüngern zurück. Inhaltlich hat das Logion zwei Themen:[2] Die erste Hälfte des Logions handelt, im Stil der aus den synoptischen Evangelien bekannten Messiasbekenntnisse (Mk 8,27–29 parr. Mt 16,13–20; Lk 9,18–21), von der Identität Jesu, über die Thomas die richtige Aussage macht, nämlich *keine* kategoriale Aussage. In der zweiten Hälfte des Logions kommt hingegen das besondere Verhältnis des Thomas zu Jesus sowie seine Sonderstellung gegenüber den anderen Jüngern zur Sprache. Die Sonderstellung des Thomas ist somit der rote Faden, der sich durch das ganze Logion zieht.

Im Ganzen hat diese Geschichte kein Äquivalent im Johannesevangelium, doch Raymond E. Brown wies darauf hin, dass hier mehrere johanneische Motive gebündelt auftreten: die Ablehnung eines Meister-Knecht-Verhältnisses zwischen Jesus und den Jüngern (Joh 15,15), die Metapher des Trinkens (Joh 4,14) und das Bild vom Geist als lebendigem Wasser (Joh 7,37–39).[3] Für Brown implizierte das, dass EvThom 13 das schon abgeschlossene Johannesevangelium voraussetzt. Nach einer gründlichen Untersuchung der Parallelen kommt hingegen Ismo Dunderberg zu dem Schluss: „In sum, it does not seem tenable that *Thomas* 13 is dependent on the Gospel of John. Their common elements are too vague to suggest a literary dependence between these writings."[4] Um in dieser Frage zu einem begründeten Urteil zu kommen, sind die einzelnen Elemente von EvThom 13 und ihre Parallelen im Johannesevangelium in den Blick zu nehmen.

a) Das „Messiasbekenntnis" des Thomas

Das „Messiasbekenntnis" in EvThom 13 ist schwerlich mit Joh 6,66–71 in Beziehung zu setzen; die Unterschiede sind zu groß. In Joh 6,66–71 wird das „richtige" Bekenntnis (des Petrus) nicht mit vorausgehenden „Fehlversuchen" kontrastiert, sondern Petrus formuliert auf Jesu herausfordernde Frage hin sofort das „richtige" Bekenntnis. Strukturell liegt EvThom 13 also wesentlich näher bei den Synoptikern.[5] Zudem geht es in Joh 6,66–71

---

2 Nach PLISCH: *Thomasevangelium*, 68 dient die innere Spannung des Logions – Jesus sagt erst, er sei nicht der Meister des Thomas, aber dann unterweist er ihn doch im Geheimen – als Indiz dafür, dass hier mehrere Überlieferungsstücke verbunden wurden.
3 Vgl. BROWN: „Gospel of Thomas", 162. Auch in der Aussage Jesu in EvThom 13,5 sah BROWN: *John i–xii* , 320 „a melange of Johannine verses (e.g., iv 14), ..."; so auch PERRIN: *Thomas*, 111–112. Etwas vorsichtiger ist PIOVANELLI „Un gros et beau poisson", 295, wenn er u.a. in EvThom 13 eine „tonalité plus johannique" feststellt.
4 DUNDERBERG: *The Beloved Disciple in Conflict?*, 76.
5 Vgl. TREVIJANO ETCHEVERRÍA: „Santiago el Justo y Tomás el Mellizo", 109 mit Anm. 57; DUNDERBERG: „*Thomas* and the Beloved Disciple", 68 mit Anm. 11; DERS.:

um die Entscheidung für oder gegen Jesus, die sich im christologischen Bekenntnis manifestiert; anders als in EvThom 13 und in Mt 16,13–20; Mk 8,27–29; Lk 9,18–21, steht die Identität Jesu eigentlich gar nicht zur Debatte.[6] Man könnte nun vermuten, dass EvThom 13 auf frei umlaufende Überlieferung zurückgeht,[7] aber die spezifische Struktur mit zwei unzulänglichen Antworten (namentlich genannter Jünger) vor dem korrekten Bekenntnis (des Thomas) spricht eher dafür, dass dieser Teil des Logions nach synoptischem Muster und als dessen Weiterentwicklung gestaltet wurde.[8]

Damit könnte man diesen Teil von EvThom 13 eigentlich vernachlässigen, aber die Einschätzung der einzelnen Jünger, die hier zum Ausdruck kommt, ist für den Vergleich mit dem Johannesevangelium von einigem Interesse.

In EvThom 13 treten als Antagonisten des Thomas, die eine unzulängliche Einschätzung der Identität Jesu äußern, Petrus und Matthäus auf. Darin kann man einen Versuch sehen, speziell diese beiden Gestalten abzuwerten: Ginge es nur darum, eine Kontrastfolie zur zutreffenden Aussage des Thomas zu schaffen, dann hätte ein pauschaler Hinweis auf „die Jünger" genügt. Die Frage ist nun, was mit dieser Negativzeichnung von Erzählfiguren intendiert sei. Zu erwägen ist der Vorschlag, dass über diese beiden Erzählfiguren das Matthäusevangelium und das Markusevangelium gegenüber dem Thomasevangelium abgewertet werden sollen:[9] In der Tat

---

The Beloved Disciple in Conflict?, 73. Ein Unterschied zu den Synoptikern liegt allerdings darin, dass Jesus in EvThom 13 überhaupt nicht nach der Meinung der Leute fragt, sondern das Gespräch sich auf die genuine Einschätzung der befragten Jünger konzentriert; vgl. KASSER: *L'Évangile selon Thomas*, 47; KLAUCK: *Apokryphe Evangelien*, 152; auch GATHERCOLE: *Gospel of Thomas*, 261.
6 Vgl. HARTENSTEIN: *Charakterisierung im Dialog*, 187.
7 Vgl. PATTERSON: *The Gospel of Thomas and Jesus*, 84.
8 Vgl. auch WALLS: „References to Apostles", 267: „The passage is evidently a transmutation into Thomas' own terms of the Caesarea Philippi incident." Ebenso GATHERCOLE: *Gospel of Thomas*, 260–261. Noch präziser führt DERS.: *Composition of the Gospel of Thomas*, 171–174 das Logion auf die Rezeption von Mt 16,13–23 zurück, da sowohl in EvThom 13,5 als auch in Mt 16,17–18 der Sprecher des richtigen Bekenntnisses von Jesus in eine privilegierte, autoritative Stellung eingesetzt wird. Nach NORDSIECK: *Thomas-Evangelium*, 76 bezieht sich das Thomasevangelium hingegen nicht auf die abgeschlossenen kanonischen Evangelien, sondern auf die diesen vorausliegende Tradition. Dazu wäre freilich glaubhaft zu machen, dass die narrative Gestaltung von Mk 8,27–29 schon in der vom Markusevangelium aufgegriffenen Tradition vorhanden war.
9 Vgl. WALLS: „References to Apostles", 269.270; BAUCKHAM: *Eyewitnesses*, 236–237; GOODACRE: *Thomas and the Gospels*, 178–179. Für eine differenzierte Position

B. Durchführung

wird ja das Matthäusevangelium wohl seit Papias (apud Euseb, Hist. Eccl. 3,39,16), vielleicht sogar schon durch Mt 9,9, auf den Apostel Matthäus zurückgeführt.[10] Das Markusevangelium hingegen gilt spätestens seit Papias (apud Euseb, Hist. Eccl. 3,39,15) als die, wenngleich ungeordnete, Niederschrift von Vorträgen des Petrus. Damit wären in EvThom 13 diese beiden Evangelien, vertreten durch ihre apostolischen Traditionsträger, einer mangelhaften Christologie bezichtigt. Es ist allerdings nicht ganz leicht, die von den Jüngern in EvThom 13 gemachten Aussagen der Christologie des Matthäus- und Markusevangeliums zuzuordnen.[11]

Eine größere Anzahl von Auslegern betrachtet die Jüngergestalten des Johannesevangeliums als Repräsentanten christlicher Gruppen, die zur Abfassungszeit der Evangelien miteinander im Streit lagen.[12] Auf dieser Linie lässt sich auch die Figurenkonstellation von EvThom 13 so verstehen, dass sie die historische Konkurrenz verschiedener christlicher Gruppen

---

vgl. GATHERCOLE: *Composition of the Gospel of Thomas*, 169–171; DERS.: *Gospel of Thomas*, 260–261: Petrus galt weithin als die Verkörperung des „etablierten" Christentums, daher müsse er hier nicht als Verkörperung eines bestimmten Textes stehen. Matthäus sei hingegen als Person im frühen Christentum nicht so prominent; da aber das ihm zugeschriebene Evangelium im 2. Jahrhundert schon stark als autoritativ rezipiert wurde, habe der Verfasser von EvThom 13 einen Anlass gesehen, sich mit diesem Evangelium speziell auseinanderzusetzen. Diese Auseinandersetzung ist, Gathercole zufolge, als Indiz für ca. 100 n. Chr. als *terminus a quo* für die Abfassung des Thomasevangeliums zu werten; vgl. ebd., 120–121. In jedem Falle gilt dies für die Endfassung von EvThom 13.

10 H. KOESTER: „Apocryphal and Canonical Gospels", 118–119 ging noch einen Schritt weiter zurück und erwog, dass sich die Erwähnung des Matthäus auch auf Matthäus als den Verfasser von Q (als den von Papias genannten „Logia") beziehen könnte.

11 Nach BAUCKHAM: *Eyewitnesses*, 237 (ganz ähnlich LÜHRMANN: *Die apokryph gewordenen Evangelien*, 46.180; PERRIN: *Thomas*, 109–111) passt die Aussage des Matthäus, Jesus gleiche einem weisen Philosophen, zum besonderen Interesse dieses Evangeliums an Fragen der Ethik, und die Aussage des Petrus, Jesus gleiche einem gerechten Engel, passe zu dessen Messiasbekenntnis in Mk 8,29 und zu einer christologischen Fehldeutung des Jesaja-Zitats in Mk 1,2. Diese Überlegungen sind zwar reizvoll, aber mitnichten zwingend. Kritisch dazu auch GATHERCOLE: *Composition of the Gospel of Thomas*, 171–174.

12 Etwa RILEY: *Resurrection Reconsidered*, 73; DECONICK: „Blessed are those who Have not Seen" (*Voices of the Mystics*, 68–85); PAGELS: *Beyond Belief*, 30–73. Nach RAU: „Jenseits von Raum, Zeit und Gemeinschaft", 142 ist aus der Konstellation von EvThom 13 sogar „eine tiefgreifende Feindschaft" zwischen den Trägern unterschiedlicher Jesustraditionen zu folgern; ähnlich ebd., 147–148. Zur angeblichen Abwertung des Thomas im Johannesevangelium s. o. B.II.1.f zum Prolog.

abbildet, die in diesem Logion durch ihre „Galionsfiguren" vertreten sind.[13] Wenn nun diese Vorstellung auf das Verhältnis von Thomas- und Johannesevangelium Anwendung finden soll, dann müssten sich die beiden Evangelien in ihrer Bewertung der Erzählfiguren signifikant unterscheiden. Der Blick auf die Konstellation von EvThom 13 zeigt aber schon, dass dieser Vergleich nicht ohne Weiteres möglich ist, denn Matthäus spielt im Johannesevangelium keine Rolle. Es bleiben Petrus und Thomas.

Ersterer erscheint im Thomasevangelium in den Logien 13 und 114. In EvThom 13 beantwortet er als erster die Frage Jesu, und in EvThom 114 tritt er von sich aus – wohl als Sprecher des Jüngerkreises[14] – mit einem Anliegen an Jesus heran. In beiden Fällen stimmt Jesus seiner Position nicht zu:[15] In EvThom 13 ist sein Verständnis von Jesus – verglichen mit dem des Thomas – unzulänglich, und in EvThom 114 weist Jesus sein Ansinnen zwar nicht uneingeschränkt zurück, aber er zeigt einen „dritten Weg" auf, der die Forderung des Petrus gegenstandslos macht. Insgesamt ist Petrus zwar ein wichtiger, weil namentlich genannter Jünger, und er wird auch nicht kritisiert oder herabgesetzt,[16] aber die Spitzenposition hat eben Thomas inne.[17] Im Johannesevangelium tritt Petrus ebenfalls als Sprecher des Jüngerkreises auf (Joh 6,68–69; 13,24), doch seine Bewertung ist in der Forschung umstritten. Man könnte den johanneischen Petrus für einen begriffsstutzigen Jünger (Joh 13,36) halten, der nur über den Geliebten Jünger mit Jesus kommunizieren kann (13,24) und auf dem Weg zum leeren Grab von diesem überholt wird (20,4) und nicht glaubt (20,6–10); zudem versteigt er sich zu gewaltsamer Gegenwehr gegen die Verhaftung Jesu (18,10–11), doch trotz seiner vollmundigen Ankündigung (13,37) verleugnet er Jesus dreimal (13,38; 18,15–18.25–27) und weint keine Träne

---

13 Vgl. LELYVELD: *Logia de la vie*, 146; ZÖCKLER: *Jesu Lehren im Thomasevangelium*, 24–25; auch WATSON: *Gospel Writing*, 229–230 mit Anm. 45. Für RAU: „Jenseits von Raum, Zeit und Gemeinschaft", 141–142 steht hier Petrus für die „Autorität der Gesamtkirche", während Matthäus der „Garant der Jesusüberlieferung des ‚petrinischen' Christentums" ist. Beide Erzählfiguren hätten somit im Grunde dieselbe außertextliche Referenz. Für letzteres spricht auch, dass in EvThom 13,7–8 die Jünger Thomas gegenüber als eine Gruppe auftreten; vgl. PERRIN: *Thomas*, 115.
14 Die Rolle des Petrus als „Wortführer der Unverständigen", wie sie besonders im Mariaevangelium entfaltet ist, wird nach PLISCH: *Thomasevangelium*, 67 schon in EvThom 13 vorbereitet.
15 Für KASSER: *L'Évangile selon Thomas*, 47 ist die Antwort des Petrus die schlechteste der drei Antworten auf die Frage Jesu: „... peut-être y-a-t il là une intention polémique, dirigée contre la grande Église."
16 Anders TREVIJANO ETCHEVERRÍA: „Santiago el Justo y Tomás el Mellizo", 109.
17 Vgl. HARTENSTEIN: *Charakterisierung im Dialog*, 203–204.

B. Durchführung

darüber (18,27; anders Mt 26,75; Mk 14,72; Lk 22,62). Erst in Joh 21,15–19 wird er „rehabilitiert". In jüngerer Zeit gibt es jedoch Ansätze, das Bild des johanneischen Petrus etwas positiver zu sehen.[18] Nicht alle Auftritte des Petrus in der johanneischen Passionserzählung müssen zwingend im Sinne mangelhaften Verständnisses oder mangelhafter Jüngerschaft gedeutet werden, und sie bleiben gewissermaßen eingerahmt von seinem Bekenntnis in Joh 6,68–69 und seiner Einsetzung[19] als „Hirt" in Joh 21,15–19. Vielleicht war die betont negative Einschätzung des johanneischen Petrus in Teilen der Forschung dadurch bedingt, dass er, im Anschluss an Joh 13,24; 20,3–10, am Standard des Geliebten Jüngers gemessen und als dessen Kontrastfigur gesehen wurde. Nach diesem Standard sind natürlich alle anderen johanneischen Erzählfiguren, die Jesus begegnen, in ihrem Glauben mangelhaft. Dagegen stellt Judith Hartenstein fest, dass im Johannesevangelium – besonders deutlich in Joh 21 – Petrus und der Geliebte Jünger nebeneinander stehen; keiner ist dem anderen übergeordnet, der Geliebte Jünger nimmt eben eine Sonderstellung ein.[20] Damit lässt sich festhalten, dass Petrus zwar im Johannesevangelium etwas sympathischer gezeichnet sein mag als im Thomasevangelium, aber zwischen den beiden Evangelien besteht in diesem Punkt weder ein so starker Kontrast, dass man sie als literarische Manifestationen eines Konflikts lesen könnte, noch eine so starke Übereinstimmung, dass man aus dem Petrusbild auf eine gemeinsame Herkunft schließen könnte.

Thomas ist in dem nach ihm benannten Evangelium die maßgebliche Jüngergestalt[21] und wird im Prolog als derjenige vorgestellt, der die „geheimen Worte Jesu" schriftlich übermittelt. In EvThom 13 wird die Übertragung „geheimer Worte" an ihn narrativ ins Bild gesetzt – aber die Pointe

---

18 Für eine betont positive Charakterisierung des johanneischen Petrus vgl. BLAINE: *Peter in the Gospel of John*. Eine sehr ausgewogene und reflektierte Darstellung findet sich etwa bei HARTENSTEIN: *Charakterisierung im Dialog*, 157–212; vgl. auch SCHULTHEISS: *Petrusbild*, 80–188. – Während Judith Hartenstein das johanneische Petrusbild im Dialog mit außerkanonischer Literatur des 2. Jahrhunderts profiliert, zieht Tanja Schultheiß dafür die Petrusbilder der Synoptiker heran. Für ein nuanciertes Petrus-Bild vgl. auch SKINNER: *John and Thomas*, 78–138.

19 Nach BLAINE: *Peter in the Gospel of John*, 169–172 ist diese Szene nicht als Rehabilitation des Petrus zu verstehen, weil Petrus, so wie Blaine seine Auftritte in Joh 1–20 interpretiert, im Grunde immer ein authentischer Jünger Jesu war; diesen Status hat er nie verloren.

20 Vgl. HARTENSTEIN: *Charakterisierung im Dialog*, 204–205; ähnlich DIES.: „Autoritätskonstellationen", 437.

21 Nach DORESSE: *Livres secrets* 2, 38–39 übernimmt er die Rolle, die bei den Synoptikern (Mt 16,13–20; Mk 8,27–29; Lk 9,18–21) Petrus innehat.

von EvThom 13 liegt darin, dass diese Worte innerhalb der Erzählung nicht weitergesagt werden (so dass die Leserinnen und Leser des Thomasevangeliums den Jüngern in der erzählten Welt von EvThom 13 voraus sind).[22] Zum Übermittler „geheimer Worte" ist er durch seine Antwort auf die Frage Jesu qualifiziert: Er transzendiert die Ebene kategorialer Objektivierungen Jesu und kommt gewissermaßen zu einer negativen Christologie.[23] Damit hat er als einziger Jünger seine „Lektion" gelernt.

Was das Bild des Thomas im Johannesevangelium angeht, so ist der „ungläubige Thomas" sprichwörtlich, und auch in der neutestamentlichen Forschung besteht eine starke Tendenz, Thomas als eine zumindest ambivalente, wenn nicht gar unzulängliche Jüngergestalt zu zeichnen (s. o. B. II.1.f). Freilich sind, wie bei der Behandlung des Prologs gesehen, diese Auslegungen von Joh 11,16; 14,5; 20,24–29 keineswegs zwingend, und der Auftritt des Thomas in Joh 20,24–29 mündet schließlich im korrekten christologischen Bekenntnis: Man hätte die Identität Jesu am Ende des Johannesevangeliums nicht besser in Worte fassen können, als es der johanneische Thomas tut.[24] Mit dieser Erkenntnis kann der Erzähler von Joh 1–20 seine Leser aus der Erzählung entlassen.

Wenn diese positive Deutung des johanneischen Thomasbildes stichhaltig ist, dann wird es problematisch, darin eine Polemik gegen „Thomaschristen" oder eine „Thomasgemeinde", in der das Thomasevangelium entstanden sein soll,[25] zu sehen. Es ist also nicht anzunehmen, dass das Thomasbild des Johannesevangeliums eine Reaktion auf das abgeschlossene Thomasevangelium darstellt. Wäre ein umgekehrtes Verhältnis denkbar? Die geradezu apophatische Antwort des Thomas wäre dann als Kritik

---

22 Vgl. HARTENSTEIN: *Charakterisierung im Dialog*, 236; etwas anders SEVRIN: „L'interprétation de *l'Évangile selon Thomas*", 352: Auch die Leserinnen und Leser des Thomasevangeliums haben keinen unmittelbaren Zugang zu den „geheimen Worten" Jesu, sie sind vielmehr aufgerufen, deren Deutung (ἑρμηνεία) zu finden.
23 So auch TREVIJANO ETCHEVERRÍA: „Santiago el Justo y Tomás el Mellizo", 110; anders LELYVELD: *Logia de la vie*, 148–149: Thomas wolle sagen, dass Jesus Gott gleicht, dessen Name nicht ausgesprochen werden darf. Etwas anders GATHERCOLE: *Gospel of Thomas*, 260: Wichtiger als die nicht gegebene Auskunft in EvThom 13,4 ist die private Belehrung, die Thomas in EvThom 13,6 erhält.
24 Vgl. BULTMANN: *Evangelium des Johannes*, 538–539; SCHNACKENBURG: *Johannesevangelium* III, 395–397; LINCOLN: *Gospel According to St John*, 503; THYEN: *Johannesevangelium*, 769; WENGST: *Johannesevangelium* 2, 318–319; ZUMSTEIN: *L'Évangile selon Saint Jean (13–21)*, 291–292; SKINNER: *John and Thomas*, 72–73.
25 So besonders bei RILEY: *Resurrection Reconsidered*, 78–79; PAGELS: *Beyond Belief*, 70–73; ähnlich auch ZÖCKLER: *Jesu Lehren im Thomasevangelium*, 24–25. Bei Riley und Pagels fällt auf, dass der Begriff „Polemik" sehr weit gefasst ist und fast schon jede Art von Meinungsverschiedenheit bezeichnen kann.

B. Durchführung

an begrifflichen Festlegungen der Identität Jesu zu sehen – so wie sie der johanneische Thomas in Joh 20,28 ausspricht. Dagegen spricht allerdings, dass in EvThom 13 die Frage nicht ist, wer Jesus *sei*, sondern wem Jesus *gleiche* (ⲉⲓⲛⲉ).[26] Es geht also weniger um eine christologische Festlegung, sondern um Kategorien, in die Jesus passt bzw. nicht passt. Dennoch wird es kaum Zufall sein, dass beide Texte ein ausgeprägtes Interesse an der Gestalt des Thomas haben. Auch wenn kein literarischer Kontakt plausibel zu machen ist, wird man dennoch eine Übereinstimmung im Thema feststellen, die wahrscheinlich mit einem gemeinsamen Traditionshintergrund zu erklären ist.

b) Die Antwort Jesu

Meister und Schüler

Die Antwort Jesu auf das Bekenntnis – oder besser: Nicht-Bekenntnis – des Thomas bestätigt, dass dieser Jünger seine Lektion gelernt hat. Er hat gewissermaßen ausgelernt, Jesus ist nicht (mehr) sein Meister.[27] Man mag hier Lk 6,40b als Parallele heranziehen, doch die Konsequenz, dass der fertig ausgebildete Jünger wie sein Meister geworden ist, wird in EvThom 13, anders als etwa in EvThom 108, gerade nicht gezogen.[28] Im Johannesevangelium findet sich jedoch ein ähnlicher Gedanke wie in EvThom 13,5, wenn Jesus in Joh 15,15 sein Verhältnis zu den Jüngern nicht als ein hierarchisches von Herr und Dienern bestimmt, sondern als Freundschaft. Allerdings ist diese Parallele nur inhaltlicher Art, sie begründet kein literarisches Verhältnis zum Johannesevangelium.[29] An-

---

26 Nach GÄRTNER: *Theology of the Gospel of Thomas*, 126–128 stellt dieser Akzent EvThom 13 in den Kontext gnostischer Christologien.
27 Deswegen kann FIEGER: *Thomasevangelium*, 70 hier von einer „unpassenden Anrede" sprechen. – In gewisser Weise beobachten wir hier den Prozess des „Auslernens": Thomas erhält noch eine Belehrung darüber, dass er keiner Belehrung mehr bedarf; vgl. auch KASSER: *L'Évangile selon Thomas*, 48 Anm. 2.
28 So auch GATHERCOLE: *Gospel of Thomas*, 263. Anders TREVIJANO ETCHEVERRÍA: „Santiago el Justo y Tomás el Mellizo", 111; HEDRICK: *Unlocking the Secrets*, 39; ebenso DUNDERBERG: *The Beloved Disciple in Conflict?*, 162–163; MARJANEN: „Portrait of Jesus", 216: Weil für das Thomasevangelium (von Marjanen als zusammenhängender Text gelesen) der ideale Jünger „masterless" oder „Jesus-like" ist, wird auch bei Thomas die Anrede „Lehrer" (ⲡⲥⲁϩ) zurückgewiesen. Ähnlich PERRIN: *Thomas*, 49; Perrin vermengt dabei allerdings die Kategorien „Zwilling Jesu" („Thomas" in EvThom 13) und „zu Jesus werden" (EvThom 108).
29 Vgl. DUNDERBERG: „*Thomas* and the Beloved Disciple", 69; DERS.: *The Beloved Disciple in Conflict?*, 74; ähnlich vorsichtig hier auch GRANT/FREEDMAN: *Secret Sayings of Jesus*, 132: „The idea in Thomas is quite similar to that found in John."

ders gewendet: Der Autor von EvThom 13 musste nicht das Johannesevangelium kennen, um Jesus zum herausragenden Jünger sagen zu lassen: „Ich bin nicht dein Meister."

Die sprudelnde Quelle[30]
Die privilegierte Stellung des Thomas wird im Folgenden metaphorisch damit begründet, dass er aus der sprudelnden Quelle getrunken habe, die Jesus – so die gängigste Übersetzung – „ausgemessen" hat. Das dem zugrunde liegende koptische Wort ϣιτ˭ ist eine *crux* der Übersetzer und Ausleger des Thomasevangeliums, denn ihm können mehrere Lexeme zugrunde liegen. Für das Verständnis des Logions ist es aber von entscheidender Bedeutung. Folgende Herleitungen und Übersetzungsmöglichkeiten werden vorgeschlagen:

- ϣι: „messen, wiegen".[31] Diese Herleitung wird in der Forschung mehrheitlich bevorzugt,[32] doch sie ruft auch einige Ratlosigkeit hervor, denn es erscheint ziemlich ungewöhnlich, eine Quelle zu (ver-)messen.[33] Manche Ausleger entscheiden sich daher dafür, das Verb mit „jemandem etwas zumessen" zu übersetzen.[34] Doch auch dies ist für eine sprudelnde Quelle zumindest ungewöhnlich. Verschiedentlich wurde daher eine Konjektur erwogen, wonach die Form ursprünglich aus dem Verb ϣικε (achmimisch ϣιτε), „graben" herzuleiten sei.[35] Wenn man sich zu solchen Schritten nicht entschließen

---

30 Die folgenden Überlegungen zu EvThom 13,5 sind ausführlicher dargelegt in WITETSCHEK: „Quellen lebendigen Wassers".
31 WESTENDORF: *Koptisches Handwörterbuch*, 301 s.v. ϣι; vgl. ebd., 329 s.v. ϣιτ˭; CRUM: *Coptic Dictionary*, 547 s.v. ϣι: „measure, weigh".
32 Vgl. *Evangelium nach Thomas*, 9; HAENCHEN: *Botschaft des Thomas-Evangeliums*, 17; LAYTON: *Gnostic Scriptures*, 382; LAMBDIN: „Gospel According to Thomas", 59; BETHGE: „Evangelium Thomae Copticum", 522; SCHRÖTER/BETHGE: „Evangelium nach Thomas", 166 (= AcA I/1, 509); DECONICK: *Original Gospel of Thomas in Translation*, 83; NORDSIECK: *Thomas-Evangelium*, 73; PLISCH: *Thomasevangelium*, 66; GROSSO: *Vangelo secondo Tommaso*, 67.
33 Für LELYVELD: *Logia de la vie*, 147 liegt hier eine Anspielung auf Ez 47 vor: Jesus übernehme hier die Rolle des Engels, der das aus dem Tempel strömende Wasser misst. Doch in EvThom 13,5 geht es nicht um die Breite und Tiefe eines Flusses, sondern um die Quelle selbst.
34 Vgl. die Übersetzung von William R. Schoedel bei GRANT/FREEDMAN: *Secret Sayings of Jesus*, 132: „... which I have distributed", sowie SCHÜNGEL: „Zur Neuübersetzung des Thomasevangeliums", 277. Nach CLARYSSE: „Gospel of Thomas Logion 13", 2 ist dies die Grundbedeutung von ϣι: „... normally used for the payment of grain, food or wine (Greek μετρέω), ..."
35 Vgl. LEIPOLDT: „Ein neues Evangelium?", 484 Anm. 20 (im Rückgriff auf einen Vorschlag von Siegfried Morenz, der das Verb vom ägyptischen Verb *šdj* („graben")

B. Durchführung

mag, ist ein Hinweis von Herbert Schmid hilfreicher:[36] Er findet die Metapher des Messens auch an zwei anderen Stellen im Kontext christologischer Reflexion: EvPhil 62,16–17 (Christus ist „der Gemessene") und Irenäus, Haer. 4,4,2 (der unermessliche Vater ist im bzw. durch den Sohn gemessen). In beiden Fällen geht es darum, dass Christus Gott, der menschlichem Erkennen eigentlich unzugänglich ist,[37] für menschliches Vermögen erkennbar macht und erschließt – seine Rolle als Offenbarer kommt dabei aber nicht ausdrücklich in den Blick. Wenn man dieses Verständnis auf EvThom 13,5 überträgt, hätte Jesus seine Lehre dem beschränkten Fassungsvermögen der Menschen zugänglich gemacht,[38] und Thomas hätte eben diese Möglichkeit genutzt. In diesem Zusammenhang wäre vielleicht auch auf Protennoia 46,14–19 zu verweisen:[39] Dort ist die Rede davon, dass der Logos (der sich in 46,15 unter anderem als ⲁⲧϣⲓⲧϥ („ungemessen"?) vorgestellt hat) unter anderem lebendiges Wasser hervorsprudeln lasse aus der unsichtbaren, unbefleckten, ungemessenen (?) Quelle (ϩⲛ ⲧⲡⲏⲅⲏ ⲛⲁⲧ'ⲛⲁⲩ ⲉⲣⲟⲥ ⲛⲁⲧϫⲱϩⲙⲉ ⲛⲁⲧϣⲓⲧϥ).[40] Wenn man diesen

---

herleitete); auch CLARYSSE: „Gospel of Thomas Logion 13", 3–7; P. NAGEL: „Neuübersetzung des Thomasevangeliums", 224 mit Anm. 42; DERS.: *Codex apocryphus gnosticus* 1, 113 Anm. 22. Die ausführlichste Begründung findet man bei Clarysse: Ausschlaggebend sei nicht das sahidische ϣⲓⲕⲉ, sondern die achmimische Dialektvariante ϣⲓⲧⲉ, für die er, in Analogie zum sahidischen Verb ϣⲓⲧⲉ („fordern, verlangen"), den *status pronominalis* ϣⲓⲧ= postulierte. Auch Clarysses morphologische Argumentation kommt also nicht ohne ein spekulatives Moment aus.

36 Zum Folgenden vgl. H. SCHMID: „Zur Funktion der Jesusüberlieferung", 310–312.

37 Für die Metapher des Messens ist auch eine Stelle aus den manichäischen Kephalaia (XXXVIII [89,32–33]) einschlägig: Dort wird Gott in der Frage des Schülers als unveränderlich und unmessbar (ⲛⲁⲧϣⲓⲃⲉ ⲛⲁⲧϣⲓ ⲁⲣⲁϥ) bezeichnet, eine Qualität, die, wie der Schüler ausführt, ein Kommen in die Welt bzw. eine Offenbarung eigentlich ausschließt.

38 In diese Richtung weist auch die Übersetzung von MEYER: „Gospel of Thomas", 132: „... that I have tended."

39 Protennoia 46,14–19: ⲁⲛⲟⲕ ⲡⲉ ⲗⲟⲅⲟⲥ ⲟⲩⲁⲁⲧ· ⲛⲁⲧϣⲁϫⲉ ⲙⲙⲟ[ϥ] ⲛⲁⲧϫⲱϩⲙⲉ ⲛⲁⲧϣⲓⲧϥ· ⲛⲁⲧⲙⲉⲉⲩⲉ ⲉⲣⲟϥ· ⲟⲩⲟⲉⲓⲛⲉ ⲉϥϩⲏⲡ ⲡⲉ ⲉϥϯ ⲛⲟⲩⲕⲁⲣⲡⲟⲥ ⲛⲱⲛϩ ⲉϥⲃⲉⲉⲃⲉ ⲛⲟⲩⲙⲟⲟⲩ ⲛⲱⲛϩ ⲉⲃⲟⲗ ϩⲛ ⲧⲡⲏⲅⲏ ⲛⲁⲧ'ⲛⲁⲩ ⲉⲣⲟⲥ ⲛⲁⲧϫⲱϩⲙⲉ ⲛⲁⲧϣⲓⲧϥ („Ich allein bin der Logos, unsagbar, unbefleckt, ungemessen (?), unerdenklich. Ein verborgenes Licht ist er, das Lebensfrucht gibt, das Lebenswasser sprudelt aus der unsichtbaren, unbefleckten, ungemessenen (?) Quelle.")

40 Man beachte das maskuline Objektsuffix von ⲛⲁⲧϣⲓⲧϥ. Hier könnte – zumindest auf der Ebene der koptischen Übersetzung – der Gedanke einer Gleichsetzung der Quelle (ⲧⲡⲏⲅⲏ – fem.!) mit dem Logos durchklingen, der dann zu diesem Fehler geführt hat. Zudem schließt sich im Textfluss unmittelbar ein erklärender Relativ-

Text zum Vergleich heranzieht, ist Jesus in EvThom 13,5 als Offenbarer einen Schritt weitergegangen und hat die eigentlich ungemessene bzw. unmessbare Quelle vermessen, also für menschliches Maß fassbar gemacht. Das ist jedoch schon eine weiterführende Spekulation, und so erscheint es fraglich, ob man diese Stelle als Hintergrund unseres Logions in Anschlag bringen kann.[41]

- ϣⲓⲧⲉ: „fordern, verlangen, begehren, betteln, erzwingen, (Geld) einziehen, entreißen, fortnehmen".[42] Diese Herleitung wird von einer Minderheit favorisiert.[43] Der Grundgedanke scheint zu sein, dass Thomas, indem er von der sprudelnden Quelle getrunken hat, im Sinne von EvThom 108 wie sein Meister geworden ist. Wenn aber der Jünger von der Quelle getrunken hat, die Jesus (erfolglos?) begehrt hat, ist er ihm nicht nur gleich geworden, sondern hat ihn sogar übertroffen. Dann wäre die starke Hervorhebung der Person Jesu (ⲧⲁⲉⲓ ⲁⲛⲟⲕ ⲛ̄ⲧⲁⲉⲓϣⲓⲧⲥ̄, wörtlich: „Diese: ich bin es, der sie begehrt hat.") allenfalls als Klage verständlich. Zudem ist „begehren" nicht die einzige und auch keineswegs die Hauptbedeutung von ϣⲓⲧⲉ; das in den Wörterbüchern gebotene Bedeutungsspektrum reicht viel weiter in den Bereich nachdrücklicher Forderung und gewaltsamer Aneignung, was im Kontext von EvThom 13,5 überhaupt nicht passt.

---

satz mit maskulinem Subjekt (ⲉⲧⲉ ⲡⲁⲓ̈ ⲡⲉ ⲡϩⲣⲟⲟⲩ ⲙ̄ⲡⲉⲟⲟⲩ ⲛ̄ⲧⲙⲁⲩ ⲛ̄ⲁⲧⲟⲩⲁϩⲙⲉϥ': „Dieser ist die unübersetzbare Stimme der Herrlichkeit der Mutter.")
41 Protennoia 46,14–19 steht im Kontext der dritten Rede der Protennoia, in der diese sich mit dem Logos identifiziert. Diese Rede weist eine Reihe von Passagen auf, die in der Forschung zuweilen als polemisch christianisierende Zusätze betrachtet werden; vgl. J.D. TURNER: „NHC XIII,1: Trimorphic Protennoia", v. a. 395–396.399; etwas kritisch dazu T. NAGEL: *Rezeption des Johannesevangeliums*, 452–453; SCHENKE ROBINSON: „Dreigestaltige Protennoia", 814. Da diese Rede von der Epiphanie des Logos (Protennoia 46,5–50,2) sich von der Logos-Christologie, wie sie etwa im Johannesprolog begegnet, distanziert und den Logos von Jesus Christus unterscheidet (v. a. 49,7–8; 50,12–15), könnte man auch in den negierten Adjektiven von 46,14–19 eine Abgrenzung von anderweitig (z. B. in EvThom 13,5) vertretenen Theologumena sehen. EvThom 13 wäre dann gewissermaßen „orthodoxer" als die Dreigestaltige Protennoia. Notwendig ist diese Interpretation von 46,14–19 allerdings nicht. Die Parellele zeigt vor allem, dass die Verbform ϣⲓⲧ= als Teil einer Quellmetaphorik im Kontext einer Logos-Spekulation verwendet werden kann. Ob man diese Form auf das Verb ϣⲓ („messen") zurückführen muss, ist jedoch auch hier nicht völlig sicher. Es könnte auch, im Sinne von ϣⲓⲧ ("hervorbringen"), gemeint sein, dass die fragliche Quelle nicht das Ergebnis irgendeines Tuns ist.
42 WESTENDORF: *Koptisches Handwörterbuch*, 329 s.v. ϣⲓⲧⲉ; CRUM: *Coptic Dictionary*, 594 s.v. ϣⲓⲧⲉ: „demand, extort".
43 Vgl. LEIPOLDT: „Ein neues Evangelium?", 484; ZÖCKLER: *Jesu Lehren im Thomasevangelium*, 246–247.

B. Durchführung

- ϣⲓⲧ: „hervorbringen, erbrechen; hervorstürzen, springen".⁴⁴ Diese Herleitung passt inhaltlich sehr gut in den Kontext, doch das Verb ϣⲓⲧ im Sinne von „Hervorbringen" scheint im Sahidischen nur an dieser Stelle belegt zu sein.⁴⁵ Diese dialektologische Schwierigkeit relativiert sich allerdings, wenn man bedenkt, dass im Koptischen die Zufälle der Textüberlieferung und -erhaltung immer wieder für Überraschungen sorgen können. Im Kontext, der ja von einer Quelle handelt, ergibt diese Lösung freilich den besten Sinn und wird daher auch von einigen wenigen Übersetzern gewählt.⁴⁶ Zudem passt sie gut zu EvThom 108, wo die ideale Jüngerschaft als Trinken vom Munde Jesu verbildlicht wird – insofern man das Thomasevangelium als eine durchredigierte literarische und theologische Einheit auffassen wollte, könnte man darin einen privilegierten Interpretationskontext sehen. Die Vorstellung, dass Jesus eine Quelle hervorbringt bzw. selbst ist, findet sich im frühen Christentum aber noch öfter; man denke an Joh 7,37–38 und OdSal 30 (s. u.). Diese Herleitung darf als relativ plausibel gelten und wird daher im Folgenden vorausgesetzt.

Die Quell- und Trinkmetaphorik von EvThom 13,5 hat im Johannesevangelium zwei bedeutende Parallelen: Joh 4,10–14; 7,37–39. Der erste Text steht im Rahmen der Begegnung Jesu mit der samaritischen Frau am Jakobsbrunnen (Joh 4,1–42). Im Zuge eines typisch johanneischen Missverständnisses⁴⁷ deutet Jesus zunächst an, dass er, obwohl er keine Hilfs-

---

44 WESTENDORF: *Koptisches Handwörterbuch*, 329 s.v. ϣⲓⲧ. Bei CRUM: *Coptic Dictionary*, 594 s.v. ϣⲓⲧ („leap, gush, vomit") wird für dieses Verb nur die Form ϣⲁⲧ= als *status pronominalis* angeführt. In Ergänzung dazu und mit ausdrücklichem Verweis auf EvThom 13 (NHC II 35,7) bietet KASSER: *Compléments*, 89 s.v. ϣⲓⲧ („vomir") den *status pronominalis* ϣⲓⲧ=.
45 Bei CRUM: *Coptic Dictionary*, 594 s.v. ϣⲓⲧ steht diese Vokabel ausschließlich im Bohairischen. Bei WESTENDORF: *Koptisches Handwörterbuch*, 329 s.v. ϣⲓⲧ findet man, neben bohairischen Formen, im Sahidischen nur den *status pronominalis* ϣⲓⲧ= und im Subachmimischen den II. Infinitiv ϣⲉⲧⲉ, beide mit nur einem Beleg (für ϣⲓⲧ= eben EvThom 13,5) und dem Verweis auf KASSER, *Compléments*, 89 s.v. ϣⲓⲧ („vomir"). Im Hintergrund könnte das sahidische Wort ϣⲓⲧ stehen, das – soweit die bekannten Belege reichen – eine Fehlgeburt bezeichnet; vgl. WESTENDORF: *Koptisches Handwörterbuch*, 330 s.v. ϣⲓⲧ.
46 Vgl. DORESSE: *Livres secrets* 2, 93: „de la source bouillonnante qui est á moi et que j'ai répandue"; KASSER: *L'Évangile selon Thomas*, 46: „de la source bouillonnante, celle que (moi) j'ai répandue"; MÉNARD: *L'Évangile selon Thomas*, 58: „à la source (πήγη) bouillonnante que, moi, j'ai fait jaillir"; BLATZ: „Das koptische Thomasevangelium", 101: „an der sprudelnden Quelle, die ich hervorströmen ließ (?)."
47 Vgl. dazu v. a. LEROY: *Rätsel und Missverständnis*, 96–99; auch RUBEL: *Erkenntnis und Bekenntnis*, 95. Zur erschließenden Funktion der Missverständnisse, die sich

mittel hat, um den Brunnen zu nutzen, „lebendiges Wasser" zu geben vermag (4,10). Im zweiten Anlauf erklärt er dann ausdrücklich, dass es sich dabei nicht um das im Brunnen befindliche Wasser handelt, sondern um ein an seine Person gebundenes „Wasser", das für immer vom (nun metaphysisch zu verstehenden) Durst befreit und im Trinkenden zur „Quelle von ins ewige Leben sprudelndem Wasser" wird[48] – gemeint ist wohl, wie in 7,37–39 (s. u.), „die Offenbarung Jesu im πνεῦμα".[49] Hier mag man versucht sein, eine Parallele zur „sprudelnden Quelle" von EvThom 13,5 zu ziehen. Im koptischen Vokabular unterscheiden sich die beiden Texte jedoch: Das Verb ⲃⲣ̄ⲃⲣⲉ (EvThom 13,5) bedeutet so viel wie „(über-)kochen", „sieden", „sprudeln".[50] Es ist nicht die Standardübersetzung des griechischen Verbs ἅλλομαι (Joh 4,14);[51] dieses wird im sahidischen Neuen Testament an dieser Stelle mit ϭⲱϭⲉ wiedergegeben,[52] was so viel bedeutet wie „rauben", „plündern", aber auch „sich heftig bewegen", „aufspringen", „sich empören".[53] Angesichts dessen ist es äußerst unwahrscheinlich, dass in der nunmehr verlorenen griechischen Fassung von EvThom 13,5 das griechische Verb ἅλλομαι stand. Damit fehlt aber das entscheidende Stichwort, das es erlauben würde, eine literarische Beziehung zwischen den beiden

---

ja auf die erzählte Welt beschränken, aber für die Leser durchschaubar sind, vgl. FREY: *Johanneische Eschatologie* II, 263–264.

48 Nach LEROY: *Rätsel und Missverständnis*, 97 zeigt das Aufbrechen des Bildes an dieser Stelle, dass es sich um eine Sondersprache handelt, die für die Samariterin ein unlösbares Rätsel darstellt.

49 LEROY: *Rätsel und Missverständnis*, 96. Nach RUBEL: *Erkenntnis und Bekenntnis*, 94–95 ist damit hingegen nicht der (erst nachösterlich gegebene Geist), sondern die personale Offenbarung Jesu gemeint – so wie er sich in 6,35 als „Brot des Lebens" und in 8,12 als „Licht der Welt" bezeichnet. Gegenüber dieser Auslegung ist freilich festzuhalten, dass Jesus sich in Joh 4,10–14 nicht mit dem Wasser identifiziert, sondern über das Wasser als ein Objekt spricht.

50 Vgl. CRUM: *Coptic Dictionary*, 42 s.v. ⲃⲣⲃⲣ; WESTENDORF: *Koptisches Handwörterbuch*, 26 s.v. ⲃⲣⲃⲣ (dort auch „lodern"). Nach WILMET: *Concordance du Nouveau Testament Sahidique* II/1, 74 s.v. ⲃⲣ̄ⲃⲣ̄ steht dieses Verb an seinen beiden neutestamentlichen Belegstellen (Apg 18,25; Röm 12,11) für ζέω, jeweils in Verbindung mit πνεῦμα.

51 Dieses bedeutet etwa „springen", „hüpfen", „zucken"; vgl. LSJ, 70 s.v. ἅλλομαι.

52 Nach dem Apparat zur Stelle bei *Schüssler* (sa 5) ist die sahidische Textüberlieferung in diesem Punkt eindeutig. Die Handschrift sa 1 unterstützt diesen Befund; nur sa 9 (M 569) hat die orthographische Variante ⲃⲱϭⲉ. Vgl. auch DRAGUET: *Index Copte et Grec-Copte*, 51 s.v. ἅλλεσθαι.

53 Vgl. CRUM: *Coptic Dictionary*, 625–627, s.v. ϭⲱϭⲉ; WESTENDORF: *Koptisches Handwörterbuch*, 346–347, s.v. ϭⲱϭⲉ.

B. Durchführung

Texten anzunehmen.[54] Dennoch besteht eine spezifische inhaltliche Gemeinsamkeit in der personalisierten bzw. christologischen Anwendung der Quellmetaphorik;[55] das spricht dafür, dass die beiden Texte den gleichen oder einen ähnlichen Hintergrund haben.

Beim zweiten einschlägigen Text des Johannesevangeliums, Joh 7,37–39, stellen sich die Dinge etwas komplexer dar. Dieses Logion hebt sich inhaltlich vom Kontext, dem Versuch, Jesus zu verhaften, ab[56] und ist zudem auch in sich nicht frei von Spannungen: Die Verse 37–38 sind eine präsentische Aufforderung, zu Jesus zu kommen und zu trinken, doch der Erzählerkommentar in Vers 39 rückt diese Verheißung in die Zukunft und bezieht sie auf den zu erwartenden, aber in der erzählten Zeit noch nicht gegebenen Geist. Auf der synchronen Ebene lässt sich dies im Sinne des eschatologischen Vorbehalts erklären (das neue Leben im Geist hat schon begonnen, aber die Vollendung steht noch aus).[57] Bei diachroner Betrachtung wird man hingegen die Verse 37–38 als ein überliefertes Logion über Jesus als die Quelle lebendigen Wassers (s. u.) auffassen; der Verfasser des Evangeliums hätte dieses mit dem Erzählerkommentar in Vers 39 neu kontextualisiert und aus der christologischen Metapher ein Wort über den Heiligen Geist gemacht.[58] Der Erzählerkommentar vertritt damit das Konzept einer Offenbarung in zwei Stufen (zur Zeit Jesu durch Jesus, später durch den Geist) und liegt damit auf der Linie der Paraklet-Sprüche in den

---

54 Vgl. dazu insgesamt DUNDERBERG: *The Beloved Disciple in Conflict?*, 75; DERS.: „Johannine Traditions", 76. Ihm zufolge schöpfen beide Text das Quellenmotiv unabhängig voneinander aus der frühjüdischen Weisheitstradition (Spr 16,22; 18,4; Bar 3,12; Philon, Post. Cain. 138). Vgl. auch ZELYCK: *John among the Other Gospels*, 99–100. – Es sei erwähnt, dass nach CLARYSSE: „Gospel of Thomas Logion 13", 8 das Verb ⲃⲣ̄ⲃⲣⲉ (EvThom 13,5) dennoch – mit Blick auf die Übersetzungsvarianten in Ez 47,9 – eine freie Übersetzung von ἅλλομαι sein soll. Das ist zwar nicht unmöglich, aber auch nicht besonders wahrscheinlich.

55 Nach RUBEL: *Erkenntnis und Bekenntnis*, 86–87 gestaltet sich der Dialog in Joh 4,7–26 als ein Weg hin zur Erkenntnis Jesu als Gabe und Geber lebendigen Wassers; vgl. dazu auch schon LEROY: *Rätsel und Missverständnis*, 96.

56 Nach THEOBALD: *Herrenworte im Johannesevangelium*, 49 gehört das Logion zu den drei Sprüchen (Joh 7,28–29.33–34.37–38), die sich in Joh 7 „wie Inseln" vom umgebenden Textzusammenhang abheben; vgl. auch ebd., 458–459.

57 Vgl. HASITSCHKA: *Befreiung von Sünde*, 47; ähnlich THYEN: *Johannesevangelium*, 404–407. Ohne den Gedanken eines Vorbehalts, aber mit starkem Akzent auf dem Tod Jesu, der das Verheißene einlöst, auch MUSSNER: *ΖΩΗ*, 117.

58 Vgl. BULTMANN: *Evangelium des Johannes*, 230; SCHNACKENBURG: *Johannesevangelium II*, 217–218; HAHN: „Worte vom lebendigen Wasser", 62; ASHTON: *Understanding the Fourth Gospel*, 238; ähnlich BROWN: *John i–xii*, 327–328; BRAUN: „Avoir soif et boire", 254.

Abschiedsreden (v. a. Joh 14,25–26; 16,12–15). Diese pneumatologische und über die unmittelbare Begegnung mit Jesus hinausgehende Ausrichtung findet man aber in EvThom 13 überhaupt nicht ausgedrückt; der Geist kommt in EvThom 13 nicht vor. Demnach ist in einem Logion des Thomasevangeliums, das in einem näher zu bestimmenden Verhältnis zum Johannesevangelium steht, das höchstwahrscheinlich redaktionelle Element des letzteren nicht vorhanden. Damit fällt ein wichtiges Indiz für die Annahme weg, dass EvThom 13 das Johannesevangelium voraussetze.

Das vermutlich überlieferte Logion Joh 7,37–38[59] bietet sich aber nach wie vor für den Vergleich mit EvThom 13 an. Das Verständnis des ersteren hängt jedoch von der Interpunktion bzw. Abgrenzung der Satzteile ab – eine alte *crux* der Auslegung. Meistens werden zwei mögliche Konstruktionen dieser beiden Verse diskutiert:
1. „Wenn jemand dürstet, komme er zu mir und trinke. Der an mich Glaubende – wie die Schrift sagt: Ströme werden aus seinem Bauch fließen von lebendigem Wasser."
2. „Wenn jemand dürstet komme er zu mir, und es trinke der an mich Glaubende. Wie die Schrift sagt: Ströme werden aus seinem Bauch fließen von lebendigem Wasser."

Die erste Lösung spiegelt sich auch in der Verseinteilung der neuzeitlichen Textausgaben wider; für sie spricht, dass sie relativ nahe bei der Konzeption von Joh 4,10–14 liegt: Dort wird dem Trinkenden verheißen, dass das von Jesus gegebene Wasser in ihm „zur Quelle von ins ewige Leben sprudelndem/springendem Wasser" wird.[60]

Die zweite Lösung ist sprachlich ausgewogener und harmoniert im Übrigen auch besser mit dem Erzählerkommentar in Vers 39.[61] Dieser ist dann keine Korrektur, sondern eine Weiterführung des überlieferten Logions. Davon unabhängig, legt aber auch das Logion selbst die zweite Lösung nahe: Die Rede von der κοιλία, aus der lebendiges Wasser fließt, lässt sich

---

59 ἐάν τις διψᾷ ἐρχέσθω πρός με καὶ πινέτω ὁ πιστεύων εἰς ἐμέ, καθὼς εἶπεν ἡ γραφή, ποταμοὶ ἐκ τῆς κοιλίας αὐτοῦ ῥεύσουσιν ὕδατος ζῶντος. Nach THEOBALD: *Herrenworte im Johannesevangelium*, 461–462; DERS.: *Evangelium nach Johannes 1–12*, 535–536.539 ist auch das Element ὁ πιστεύων εἰς ἐμέ in Joh 7,38 ein Stück redaktioneller Überarbeitung, insofern die Verbindung von „kommen" und „glauben" auch in Joh 6,35 anzutreffen ist und diese Einfügung in 7,38 die Bildebene verlässt.
60 Vgl. BARRETT: *Gospel According to St John*, 271; HAHN: „Worte vom lebendigen Wasser", 53–57. Als Parallele dazu lässt sich auch auf 4 Esra 14,38–41 verweisen.
61 Vgl. SCHNACKENBURG: *Johannesevangelium* II, 213; WENGST: *Johannesevangelium* 1, 303; LINCOLN: *Gospel According to St John*, 255; THEOBALD: *Evangelium nach Johannes 1–12*, 538–539; BEUTLER: *Johannesevangelium*, 257.

B. Durchführung

nicht gut auf den einzelnen Glaubenden beziehen, der ja eigentlich zum Empfangen eingeladen wird; hier liegt ein christologisches Verständnis näher.[62] Damit fügt sich dieses Logion in eine Linie ein, die sich durch das ganze Johannesevangelium zieht:[63] In der johanneischen Version der „Tempelaktion" (Joh 2,13–22) ist das „Tempelwort" Jesu, wonach er den Tempel in drei Tagen wieder aufbauen könne, auf ihn selbst, „den Tempel seines Leibes" (2,21) bezogen. Im weiteren Verlauf des Evangeliums wird Jesus dann als Spender lebendigen Wassers (Joh 4,10–14), ja als dessen Quelle selbst (Joh 7,37–39) vorgestellt. Im Hintergrund stehen alttestamentliche Lebenswasser-Texte wie Ez 47,1–12, wo im Rahmen der Vision vom neuen Tempel (Ez 40–48) eine Quelle beschrieben wird, die im Tempel entspringt und zu einem Leben spendenden Fluss wird (ähnlich Joel 4,18; Sach 14,8). Die Ankündigung, dass aus Jesu Leib Wasser fließen werde,[64] wird schließlich in Joh 19,34 eingelöst, wenn aus der Seite (hier: πλευρά) Jesu Blut *und Wasser* fließen.[65] So verbindet der Evangelist das Sterben Jesu mit der Gabe des Geistes und stellt Jesus zugleich – vor dem Hintergrund von Ez 47,1–12 – als den neuen Tempel dar, als den Ort der Gegenwart Gottes und der Begegnung mit Gott, aus dem und durch den der Geist gegeben wird.

Wenn Joh 7,37–38 in diesem Sinne verstanden wird, liegt das Wort inhaltlich sehr nahe bei EvThom 13,5, zumal wenn man, wie oben vorgeschlagen, die Verbform ⲛ̄ⲧⲁⲉⲓⲱⲧ︦ tatsächlich mit „die ich hervorgebracht habe"

---

62 Vgl. MUSSNER: ΖΩΗ, 116; DANIÉLOU: „Joh 7,38 et Ezéch. 47,1–11", 161; BRAUN: „Avoir soif et boire", 254–255; SCHNACKENBURG: *Johannesevangelium* II, 213–214.216–217; THEOBALD: *Herrenworte im Johannesevangelium*, 457; WENGST: *Johannesevangelium* 1, 305; THYEN: *Johannesevangelium*, 404.749–750; THEOBALD: *Evangelium nach Johannes 1–12*, 539; BEUTLER: *Johannesevangelium*, 257–258.
63 Zum Folgenden vgl. MUSSNER: ΖΩΗ, 116–117; BARRETT: *Gospel According to St John*, 462–463; DANIÉLOU: „Joh 7,38 et Ezéch. 47,1–11", 161; BRAUN: „Avoir soif et boire", 256; BROWN: *John xiii–xxi*, 949–950; SCHNACKENBURG: *Johannesevangelium* III, 344; GRIGSBY: „Expiatory Sacrifice", 61; DE LA POTTERIE: „Symbolisme du sang et de l'eau", 211–213; LINCOLN: *Truth on Trial*, 26.52.255; vor allem aber WEIDEMANN: *Tod Jesu im Johannesevangelium*, 394–397; DERS.: „Und er übergab den Geist", 170–171; DERS.: „Quelle des Geistes", 576–578. Nach SENIOR: *Passion of Jesus*, 124–125 ist die Linie sogar in den 1. Johannesbrief weiterzuziehen, wo auch die Verbindung von Blut, Wasser und Zeugnis begegnet (1 Joh 5,6–8).
64 In diesem Sinne betont THEOBALD: *Herrenworte im Johannesevangelium*, 458, dass das Futur ῥεύσουσιν in Joh 7,38 das Logion auch auf der Ebene des Johannesevangeliums zu einer Verheißung macht, die auf den Tod Jesu vorausblickt. Diese Perspektive wird aber erst durch den Erzählerkommentar 7,39 deutlich; ohne diesen ist m. E. der Charakter des verheißenden „Schriftzitates", das aus der Vergangenheit in die erzählte Gegenwart spricht, stärker und erlaubt es, das Logion auf ein gegenwärtiges Angebot Jesu zu beziehen.
65 Vgl. dazu auch THEOBALD: *Herrenworte im Johannesevangelium*, 589.

übersetzt: In beiden Texten (wie auch in EvThom 108) ist also Jesus die Quelle, aus welcher der Dürstende trinken darf und soll, um so „inspiriert" zu werden. Damit entsprechen sich die EvThom 7,37–38 vorausliegende Überlieferung und EvThom 13,5 in ihrer christologischen[66] Zuspitzung der alttestamentlichen Quell- und Wassermetaphorik. Eine direkte Abhängigkeit oder gar Bezugnahme in die eine oder andere Richtung ist jedoch nicht festzustellen, und so ist eher anzunehmen, dass die beiden Texte jeweils Exponenten eines bestimmten frühchristlichen Denkprozesses sind. Damit lässt sich als Zwischenergebnis festhalten, dass zwischen EvThom 13,5 und dem Johannesevangelium (bzw. der diesem vorausliegenden Überlieferung) eine traditionsgeschichtliche Verbindung zu bestehen scheint. Die spezifischen Gemeinsamkeiten sind am besten so zu erklären, dass die beiden Texte aus dem gleichen geistigen Milieu kommen.

Zur Präzisierung des Bildes gilt es nun eine „Gegenprobe" durchzuführen. Der Gedanke, das (eschatologische) Heilsgut metaphorisch als „lebendiges Wasser" aus einer Quelle zu bezeichnen, ist nämlich kein Alleinstellungsmerkmal des Thomas- und Johannesevangeliums. Der Gedanke ist bereits im Alten Testament mehrfach belegt (vgl. Ps 36,9–10; Jer 2,13; Ez 47,1–12; Joel 4,18; Sach 14,8) und wird auch in der Johannesapokalypse (Offb 7,17; 21,6; 22,1–2.17) sowie in den Oden Salomos, vor allem OdSal 11,6–8; 30 in je eigener Weise rezipiert:

Die Johannesapokalypse bleibt in ihrer Lebenswasser-Metaphorik weitgehend in dem Rahmen, den die alttestamentlichen Bezugstexte abstecken. In Offb 7,17 ist, im Anschluss an Jes 49,10, davon die Rede, dass das Lamm die Erlösten an die „Wasserquellen des Lebens" (ἐπὶ ζωῆς πηγὰς ὑδάτων) führen wird. In Offb 21,6 verkündet der „Sitzende auf dem Thron", also Gott selbst,[67] dass er dem Dürstenden aus der „Quelle des Wassers des Lebens" umsonst zu trinken geben werde. In Offb 22,1–2 fließt dann der

---

66 Der Titel „Christus" spielt im Thomasevangelium keine Rolle, und es mag daher auf den ersten Blick wie eine dogmatische Vereinnahmung erscheinen, wenn in diesem Zusammenhang von Christologie die Rede ist. Hier wird der metasprachliche Terminus „christologisch" in einem weiteren Sinne verwendet, um die Reflexion über Jesus zu bezeichnen, die ja in den beiden Texten – unabhängig von der jeweiligen Begrifflichkeit – in je eigener Weise betrieben wird; vgl. in diesem Sinne auch CARREZ: „Quelques aspects christologiques", 2263.
67 Nach TAEGER: *Johannesapokalypse und johanneischer Kreis*, 79 soll mit dem betonten ἐγώ in Offb 21,6 die christozentrische Lebenswasser-Vorstellung des Johannesevangeliums korrigiert werden. Dann ließe sich aber Offb 22,17 höchstens noch als späterer Zusatz „wegerklären". Noch dazu wäre dann die traditionsgeschichtliche Entwicklung dieses Motivs im frühen Christentum als eine Ent-Christologisierung vorzustellen, was als wenig wahrscheinlich gelten darf; vgl. FREY: „Erwägungen", 397–398: Frey sieht vielmehr in Joh 7,37–38 den Höhepunkt der

B. Durchführung

Strom des Lebenswassers aus dem Thron Gottes und des Lammes, die Anlehnung an Ez 47,1–12 (und Sach 14,8) ist deutlich.[68] In Offb 22,17 dürfte schließlich Jesus als der Sprecher der Verheißung gedacht sein, der die Dürstenden einlädt, zu kommen und umsonst Lebenswasser zu nehmen.[69] Die Johannesapokalypse betont sehr stark, dass das Lebenswasser ein Geschenk ist (δωρεάν in Offb 21,6; 22,17), damit setzt sie gegenüber Joh 7,37–39 und EvThom 13,5 (und OdSal 30, s. u.) einen ganz eigenen Akzent.[70] Allerdings findet sich in der Johannesapokalypse nicht die christologische Zuspitzung der Quell- und Wassermetaphorik, welche die anderen drei Texte auszeichnet. In der Johannesapokalypse ist die Quelle ein Objekt, mit dem gehandelt wird. Der Schritt, Jesus mit der Quelle zu identifizieren bzw. die Quelle in Jesus selbst zu verorten, wird in der Johannesapokalypse gerade nicht vollzogen.[71] So gesehen, liegt das Johannesevangelium hinsichtlich seiner Quell- und Wassermetaphorik näher bei EvThom 13 als bei der Johannesapokalypse.[72]

Entwicklungslinie; ähnlich auch HAHN: „Worte vom lebendigen Wasser", 57–61; AUNE: *Revelation 17–22*, 1128; THEOBALD: *Evangelium nach Johannes 1–12*, 535.

68 Vgl. AUNE: *Revelation 17–22*, 1175–1176; BEALE: *Revelation*, 1103.1106–1108; SMALLEY: *Revelation to John*, 561–562; BOXALL: *Revelation of St John*, 310; SATAKE: *Offenbarung des Johannes*, 416–417. Nach GIESEN: *Offenbarung des Johannes*, 474 kann Johannes darauf verzichten, die Wirkungen des Wassers ausführlich zu beschreiben, weil er es, anders als Ezechiel, schon ausdrücklich als „Lebenswasser" eingeführt hat.

69 Nach BEALE: *Revelation*, 1148–1149 handelt es sich in Offb 22,17 um „a paraphrastic development of the final words in 21:6, …". Dagegen sieht THEOBALD: *Herrenworte im Johannesevangelium*, 459–475 in Offb 22,17 den ursprünglichen, aus eucharistischem Kontext stammenden (vgl. Did 10,6) Spruch, von dem aus die anderen Lebenswasser-Texte entstanden sind.

70 Vgl. auch die Synopse bei AUNE: *Revelation 17–22*, 1127–1128.

71 Der Aufruf von Joh 7,37 unterscheidet sich durch die Adverbiale πρός με deutlich von der Parallele Offb 22,17; vgl. SATAKE: *Offenbarung des Johannes*, 40. Ein christologisches Element könnte man höchstens darin angedeutet finden, dass in Offb 22,1 der Fluss aus dem Thron Gottes *und des Lammes* entspringt, so etwa SMALLEY: *Revelation to John*, 562; ähnlich THEOBALD: *Herrenworte im Johannesevangelium*, 473.474 (der dazu aber Gott und das Lamm mit dem Thron identifizieren muss). Das bliebe aber immer noch weit hinter dem zurück, was man in den anderen einschlägigen Texten findet.

72 Anders FREY: *Johanneische Eschatologie I*, 373–374; auch TRIPALDI: „Gesù di Nazareth", 169–172: Zwar ist eine literarische Abhängigkeit der Johannesapokalypse vom Johannesevangelium nicht nachzuweisen, doch Offb 22,17 könnte zusammen mit Joh 7,37–38 und Justin, Dial. 114,4 eine bestimmte „Gemeindeüberlieferung" bezeugen. EvThom 13 und die Oden Salomos spielen in diesen Überlegungen aber überhaupt keine Rolle.

Das Bild rundet sich ab durch einen Blick auf die Oden Salomos. Aus dieser Sammlung christlicher Hymnen aus dem frühen 2. Jahrhundert[73] sind zwei Passagen einschlägig:

OdSal 11,6–8: „(6) Und das redende Wasser näherte sich meinen Lippen von der Quelle des Lebens des Herrn in dessen Neidlosigkeit. (7) Ich trank – und wurde trunken – unsterbliches Wasser, (8a) und meine Trunkenheit wurde nicht [zu] Vernunftlosigkeit."[74]
OdSal 30: „(1) Schöpft euch Wasser aus der lebendigen Quelle des Herrn, weil sie euch erschlossen („geöffnet") wurde. (2) Und kommt, all ihr Durstigen, und nehmt den Trank und ruht euch aus an der Quelle des Herrn, (3) weil sie schön ist und klar und die Seele beruhigt. (4) Viel angenehmer nämlich als Honig ist ihr (sc. der Quelle) Wasser, und die Honigwabe der Bienen kommt ihr nicht gleich, (5) weil sie von den Lippen des Herrn entspringt und aus dem Herzen des Herrn ihr Name [stammt]. (6) Und sie kam, unbegrenzt und ungesehen, und bis sie gegeben war mitten hinein, hat man sie nicht erkannt. (7) Glückseligkeit denen, die von ihr tranken und durch sie ruhten. Halleluja!"[75]

Einige Parallelen mit dem Johannesevangelium fallen ins Auge:[76] Die Rede von der „Quelle des Lebens" (OdSal 11,6)[77] bzw. „lebendigen Quelle" (OdSal 30,1), deren Wasser „unsterblich" ist (OdSal 11,7) lässt an Joh 4,10–14 (v. a. 4,14) denken, doch eine genaue lexikalische Übereinstimmung ist nicht festzustellen.[78] Auch die enge Verbindung des Lebenswassers mit der

---

73 So LATTKE: „Dating the Odes of Solomon", 57 (= *Die Oden Salomos in ihrer Bedeutung für Neues Testament und Gnosis*, 129); DERS.: *Odes of Solomon*, 6–10. Wenn diese Datierung zutrifft, lägen die Oden Salomos zeitlich nahe bei den Endtexten des Thomas- wie des Johannesevangeliums. Freilich ist auch in Rechnung zu stellen, dass die Oden Salomos – wie auch das Thomasevangelium – eine Sammlung sind.
74 Übersetzung der griechischen Fassung (P.Bodmer XI, S. 1–5) von LATTKE: *Oden Salomos* 1, 200. Zur Frage nach der Originalsprache von OdSal 11 (griechisch oder syrisch) vgl. ebd., 188–190; DERS.: *Odes of Solomon*, 10–11.152–153.
75 Übersetzung von LATTKE: *Oden Salomos* 3, 22 (30,1–3). 25 (30,4–6). 31 (30,7).
76 Für eine Aufstellung der gemeinsamen Motive vgl. auch CHARLESWORTH/ CULPEPPER: „Odes of Solomon", v. a. 312–313.
77 So der griechische Text (ἀπὸ πηγῆς ζωῆς κυρίου), die Lattke (*Oden Salomos* 1, 201; *Odes of Solomon*, 160) mit guten Gründen bevorzugt. Im syrischen Text ist in 11,6 nur von der „Quelle des Herrn" (ܡܒܘܥܐ ܕܡܪܝܐ / $m^eb\bar{u}\,^cah\ d^emarya$) die Rede, das Element „lebendig" findet sich erst in V. 7.
78 Nach CHARLESWORTH: „Qumran, John and the Odes of Solomon", 134 soll diese Gemeinsamkeit belegen, dass sowohl das Johannesevangelium als auch die Oden Salomos von Qumran beeinflusst sind.

B. Durchführung

Person des „Herrn" (OdSal 11,6; 30,1–2.5) lässt an Joh 4,10–14; 7,37–39 denken.[79] Wenn mit „Herr" tatsächlich der Erlöser gemeint ist, dann liegen diese beiden Oden sehr nahe bei der Quell- und Wassermetaphorik von Joh 7,37–38. Die pneumatologische Zuspitzung, die man in Joh 7,39 antrifft, fehlt hingegen.[80] Das spricht dafür, dass das Johannesevangelium und die Oden Salomos hinsichtlich ihrer Quell- und Wassermetaphorik gewissermaßen aus dem gleichen Traditionsstrom schöpfen.

Noch auffälliger sind aber die Gemeinsamkeiten dieser Oden mit dem Thomasevangelium.[81] Die Bildwelt von OdSal 30,5, wo die Quelle „von den Lippen des Herrn" entspringt, erinnert frappierend an EvThom 108; dort fordert Jesus ja dazu auf, von seinem Mund zu trinken. Auch zu EvThom 13 selbst zeigen sich deutliche Parallelen: In OdSal 11,7–8 ist davon die Rede, dass das lebendige Wasser eine „inspirierende" Trunkenheit verursacht.[82] Dieser Konzeption begegnet man auch in EvThom 13,5, wo Thomas aus der Quelle getrunken hat, von ihr trunken ist und deswegen mit äußerster Klarheit erkennt, was er über Jesus sagen bzw. nicht sagen kann.[83] In

---

79 Nach LATTKE: *Oden Salomos* 3, 23; DERS.: *Odes of Solomon*, 416 ist jedoch der Erlöser selbst als Sprecher der Ode zu denken, also könne „Herr" kaum ein christologischer Titel sein. Deutliche Indizien dafür (etwa Figurenrede in der 1. Person) scheinen aber nicht vorzuliegen; so ist wohl doch eher davon auszugehen, dass der Dichter selbst als Prophet (vgl. die deutliche Anlehnung an Jes 55,1 in OdSal 30,2) spricht.

80 Vgl. T. NAGEL: *Rezeption des Johannesevangeliums*, 168. Nagel verweist zudem auf die Immanenzsprache in OdSal 8,22, die auch ein Charakteristikum des Johannesevangeliums ist (μένειν ἐν). Diese Parallele erklärt er (ebd., 190–194) mit einer gemeinsamen Schultradition. Vgl. auch schon CHARLESWORTH/CULPEPPER: „Odes of Solomon", 318–321.

81 Nach GÄRTNER: *Theology of the Gospel of Thomas*, 132–133 sind OdSal 11; 30 die besten Parallelen zu EvThom 13,5; 108. Zurückhaltender hingegen TREVIJANO ETCHEVERRÍA: „Santiago el Justo y Tomás el Mellizo", 110: EvThom 13; 108 und OdSal 11; 30 „reflejan el mismo mundo de representaciones". Dagegen nahm Gilles Quispel an, dass die Oden Salomos das Thomasevangelium zitieren; vgl. QUISPEL: „The Gospel of Thomas Revisited", 254–255. John J. Gunther schlägt hingegen vor, dass das Thomasevangelium auf mehreren Stufen seiner Entstehungsgeschichte von den Oden Salomos beeinflusst sei; vgl. GUNTHER: „Meaning and Origin", 137–138.

82 Vgl. dazu LEWY: *Sobria Ebrietas*, 85–86. Dieses Phänomen einer begnadeten und inspirierenden, „nüchternen" Trunkenheit bringt Philon (Ebr. 146–153) etwa in seine Auslegung von 1 Sam 1,13–15 (Verteidigung der Hanna gegen den Vorwurf Elis) ein; vgl. dazu LEWY: *Sobria Ebrietas*, 5–6.

83 Im Hintergrund mag eine Interpretation von Num 20,7–11 stehen, wie man sie auch bei Philon, Vit. Mos. 1,187 (ähnlich auch 1 Kor 10,4) antrifft; vgl. dazu LEWY: *Sobria Ebrietas*, 30. Für GATHERCOLE: *Gospel of Thomas*, 264 steckt darin jedoch, auf

II. Einzeluntersuchungen, 6. Logion 13

OdSal 30,1 wird, genauso wie in EvThom 13,5, der Zugang zur Quelle thematisiert: Sie wurde erschlossen (wörtlich: geöffnet, ܐܬܦܬܚ/*ethp^{e}theḥ*). Diese Konstruktion könnte ein *passivum divinum* darstellen,[84] doch ebenso ist denkbar, dass der „Herr" (s. o.), dem die Quelle zugeschrieben ist, sie „geöffnet" hat.[85] So gesehen, ist OdSal 30,1 ein Referat dessen, was in EvThom 13,5 in der Figurenrede Jesu ausgesagt wird. Kurz gesagt: Nach EvThom 13,5 hat Thomas das getan, wozu der Odendichter in OdSal 30 auffordert, und die Wirkung ist dieselbe, die in OdSal 11,6–8 beschrieben wird. Darüber hinaus fällt noch eine weitere Übereinstimmung zwischen den Oden Salomos und EvThom 13 auf, die aber negativer Art ist: Bei beiden fehlt die pneumatologische Zuspitzung der Quell- und Wassermetaphorik, die man in Joh 7,39 antrifft.[86] In beiden Texten ist demnach, hinsichtlich dieses Bildfeldes, keine Rezeption des Johannesevangeliums nachzuweisen, aber eine sehr spezifische Nähe zu der traditionellen Verheißung Joh 7,37–38.[87]

Aus den oben angestellten Überlegungen ergibt sich ein traditionsgeschichtliches Feld, in dem drei frühchristliche Schriften für Jesus die Metapher der Quelle verwenden: Das Johannesevangelium (v. a. Joh 7,37–38), das Thomasevangelium (EvThom 13; 108) und die Oden Salomos (OdSal 11; 30). Jede dieser drei Schriften entfaltet dieses Motiv aber in je eigener Weise; daher erscheint es nicht geraten, sich ihr Verhältnis untereinander im Sinne direkter (literarischer) Abhängigkeiten vorzustellen. Dafür fehlen eindeutige Indizien. Dennoch gehören die drei Schriften in einen theologischen Zusammenhang, denn die christologische Zuspitzung der alttestamentlichen Quell- und Wassermetaphorik ist zu spezifisch, als dass man sie mit einer zufälligen Analogie in der Rezeption alttestamentlicher Motive erklären könnte. Die Quell-Metaphorik von EvThom 13 setzt also nicht die Endfassung des Johannesevangeliums voraus, wie auch dieses keine redaktionellen Spuren von EvThom 13 erkennen lässt. EvThom 13 partizipiert aber hinsichtlich seiner Quell-Metaphorik am selben traditionsgeschichtlichen Hintergrund wie das Johannesevangelium (und die

---

der Linie von EvThom 28, eine Kritik an Thomas, der noch keine vollkommene Einsicht erlangt habe.
84 Dies könnte man mit Blick auf OdSal 4,10 annehmen, doch sicher ist das nicht zu entscheiden; vgl. LATTKE: *Oden Salomos* 3, 24.
85 Vgl. P. NAGEL: „Neuübersetzung des Thomasevangeliums", 225–226 Anm. 42.
86 In diesem Sinne für OdSal 6 T. NAGEL: *Rezeption des Johannesevangeliums*, 168.
87 Wenn hingegen LATTKE: *Odes of Solomon*, 417 in OdSal 30,1–2 eine Verschmelzung von Joh 7,37 und Offb 22,17 sieht, scheint das Verhältnis beider Texte in dem Sinne vorgestellt zu sein, dass OdSal 30 das Johannesevangelium rezipiert.

B. Durchführung

Oden Salomos). Damit liegt eine Übereinstimmung im Thema vor, die durch eine gemeinsame Tradition zu erklären ist. Das „Feld", von dem oben die Rede war, lässt sich nun, in vereinfachter Form, graphisch folgendermaßen veranschaulichen:

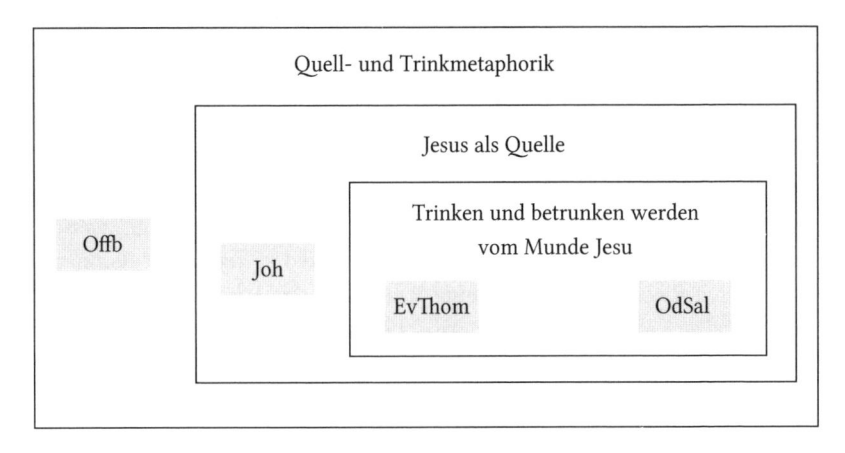

Quell- und Trinkmetaphorik
Jesus als Quelle
Offb	Joh	Trinken und betrunken werden vom Munde Jesu
		EvThom	OdSal

„Drei Worte"

Das Logion endet mit einer verhältnismäßig bewegten Handlung: Jesus nimmt Thomas beiseite und sagt ihm „drei Worte". Dass Jesus einen oder mehrere (Lieblings-) Jünger exklusiv beiseite nimmt, kommt in kanonischen und außerkanonischen Evangelien öfter vor; man denke an Petrus, Jakobus und Johannes in den synoptischen Evangelien (Mk 5,37 par. Lk 8,51; Mt 17,1 par. Mk 9,2 par. Lk 9,28; Mk 13,3; Mt 26,37 par. Mk 14,33), an Maria im Mariaevangelium (10,4–6) oder an Judas im Judasevangelium (35,21–25).[88] Auch im apokryphen Brief des Jakobus (1,23–25) wird dies reflektiert.[89] Eine Parallele zum Johannesevangelium ist hier jedoch nicht ersichtlich, wenn man von der privilegierten Stellung des Geliebten Jüngers (Joh 13,23–26) absieht. Auch über die „drei Worte" wurde in der Forschung viel spekuliert,[90] doch eine Parallele zum Johannesevangelium ist

---

88 Vgl. HEDRICK: *Unlocking the Secrets*, 39. Vor allem in den beiden letztgenannten Fällen verbindet sich dies mit maßgeblicher Unterweisung. Dass diese private Unterredung in EvThom 13,6.8 trotz – oder gerade wegen – ihrer Geheimhaltung als sehr bedeutsam eingeschätzt wurde, zeigt die Rezeption des Motivs in ActThom 47.
89 Vgl. F. E. WILLIAMS: „Apocryphon of James", 8 mit Verweis auf Irenäus, Haer. 1,30,13; 2,27,3; EvThom 13.
90 Nach DORESSE: *Livres secrets* 2, 141–142; RILEY: *Resurrection Reconsidered*, 112–113 handelt es sich um die drei Anreden Jesu an Thomas aus LibThom 138,8.10: ⲡⲁⲥⲟⲉⲓϣ (mein Zwilling), ⲡⲁϣⲃⲣ̄ ⲙ̄ⲙⲏⲉ (mein wahrer Gefährte), ⲡⲁⲥⲟⲛ (mein Bruder); ähnlich auch HAENCHEN: *Botschaft des Thomas-Evangeliums*, 35–36 Anm. 5.

auch hier nicht ersichtlich. Bei der Rückkehr des Thomas wird jedoch die grundlegende Distanz zwischen ihm und seinen „Kollegen" deutlich: Was Jesus ihm sagte, ist nicht kommunizierbar,[91] es muss ihnen wie eine Gotteslästerung erscheinen, und Thomas muss fürchten, gesteinigt zu werden.

Darin fällt allerdings eine deutliche Parallele zum Johannesevangelium auf. Dort steht Jesus zweimal ebenfalls kurz davor, gesteinigt zu werden (Joh 8,59; 10,31), jeweils nachdem er den „Juden" gegenüber seine Einheit mit Gott betont hat.[92] Die Formulierung von EvThom 13 („Ihr werdet Steine nehmen und werdet auf mich werfen") gleicht an dieser Stelle Joh 8,59; 10,31–32:[93]

FRENSCHKOWSKI: „Enigma"; DERS.: „Zwillingsmythologie", 525 vermutet, es handle sich um den Grundgedanken von EvThom 108: Ἐγώ σύ εἰμι. Nach GRANT: „Notes on the Gospel of Thomas", 173; GRANT/FREEDMAN: *Secret Sayings of Jesus*, 88.134; SCHOEDEL: „Naassene Themes", 228 könnte diese Stelle ein Hinweis auf die Naassener sein, für die nach Hippolyt, Ref. 5,8,3–4 der Bestand der Welt von der Formel „Kaulakau, Saulasau, Zeesar" abhänge. Nach WALLS: „References to Apostles", 268 handelt es sich um ein inhaltliches Äquivalent zum matthäischen „Selig bist du, Simon Bar Jona" (Mt 16,17). Für QUISPEL: „The ‚Gospel of Thomas' and the ‚Gospel of the Hebrews'", 381 offenbart sich Jesus damit, im Sinne modalistisch denkender Enkratiten, als Vater, Sohn und Heiliger Geist. Für GUNTHER: „Meaning and Origin", 114.125 handelt es sich um den Dreifachnamen „Didymos Judas Thomas". Nach S. L. DAVIES: „Christology and Protology", 676 sind die „drei Worte" die drei „Gebote" von EvThom 14: Nicht fasten, nicht beten, nicht Almosen geben. Für AKAGI: *Literary Development*, 332–333; DECONICK: *Seek to See Him*, 112–113; DIES.: *Original Gospel of Thomas in Translation*, 84 handelt es sich um die göttliche Selbstprädikation von Ex 3,14: אהיה אשר אהיה. Bei HEDRICK: *Unlocking the Secrets*, 40 werden diese „drei Worte" zu den drei Antworten bzw. „Passwörtern" in EvThom 50 in Beziehung gesetzt. Wahrscheinlicher ist aber, dass damit einfach nur eine kurze Unterredung bezeichnet wird. Wichtiger als die Anzahl der Worte ist wohl, dass diese Worte geheim bleiben, so dass auch hier eine Brücke zum Prolog des Thomasevangeliums geschlagen ist; vgl. S. L. DAVIES: *The Gospel of Thomas and Christian Wisdom*, 92; SELLEW: „Gospel of Thomas", 344; HARTENSTEIN: *Charakterisierung im Dialog*, 236. Damit ist der Leser freilich über den vorhandenen Text hinaus verwiesen; vgl. dazu auch SEVRIN: „L'évangile selon Thomas comme exercice spirituel", 205.

91 Damit unterscheidet sich der Thomas des Thomasevangeliums (und der Thomasakten: ActThom 47!) deutlich vom Geliebten Jünger des Johannesevangeliums, denn dieser bezeugt und sagt, was er gesehen hat (Joh 19,35) und schreibt es sogar auf (Joh 21,24).

92 Vgl. dazu auch DENNIS: „Seeking Jesus", 160–161.

93 Textkritisch scheinen die fraglichen Verben in Joh 8,59; 10,31–32 nach dem Apparat bei *Horner* wie auch nach der Handschrift sa 1 (*Quecke*) sowie sa 4, sa 5 (*Schüssler*) und sa 9 (nach dem Apparat bei *Quecke*) außer Zweifel zu stehen.

B. Durchführung

EvThom 13	Joh 8,59	Joh 10,31-32
ⲧⲉⲧⲛⲁϥⲓ ⲱⲛⲉ ⲛ̄ⲧⲉⲧⲛ̄ⲛⲟⲩϫⲉ ⲉⲣⲟⲉⲓ	ⲁⲩϥⲓ ⲱⲛⲉ ϭⲉ ϫⲉⲕⲁⲥ ⲉⲩⲉⲛⲟⲩϫⲉ ⲉⲣⲟϥ	ⲁⲩϥⲓ ⲱⲛⲉ ⲟⲛ ⲛ̄ϭⲓ ⲛ̄ⲓⲟⲩⲇⲁⲓ ϫⲉⲕⲁⲥ ⲉⲩⲉⲛⲟⲩϫⲉ ⲉⲣⲟϥ ³² ⲁϥⲟⲩⲱϣⲃ̄ ⲛⲁⲩ ⲛ̄ϭⲓ ⲓ̅ⲥ̅· ϫⲉ ⲁⲓⲧⲥⲁⲃⲱⲧⲛ̄ ⲉϩⲁϩ ⲛ̄ϩⲱⲃ ⲉⲛⲁⲛⲟⲩⲟⲩ ⲉⲃⲟⲗ ϩⲓⲧⲙ̄ ⲡⲁⲉⲓⲱⲧ. ⲉⲧⲃⲉ ⲁϣ ⲙ̄ⲙⲟⲟⲩ ⲛ̄ϩⲱⲃ ⲉⲧⲉⲧⲛⲁϩⲓⲱⲛⲉ ⲉⲣⲟⲓ.
	ἦραν οὖν λίθους ἵνα βάλωσιν ἐπ' αὐτόν	ἐβάστασαν πάλιν λίθους οἱ Ἰουδαῖοι ἵνα λιθάσωσιν αὐτόν ³² ἀπεκρίθη αὐτοῖς ὁ Ἰησοῦς· πολλὰ ἔργα καλὰ ἐδείξα ὑμῖν ἐκ τοῦ πατρός· διὰ ποῖον αὐτῶν ἔργων ἐμὲ λιθάζετε;

An dieser Gegenüberstellung fällt auf, dass in Joh 10,31 die sahidische Übersetzung die glatte Formulierung mit dem Verb λιθάζω durch die etwas umständlichere, zweigliedrige Formulierung aus 8,59 („Steine aufheben" – „werfen") wiedergibt. Dass sich der gleiche Sachverhalt im Sahidischen auch anders ausdrücken lässt, zeigt schon Joh 10,32: Dort verwendet der sahidische Übersetzer für λιθάζω die idiomatische Wendung ϩⲓ-ⲱⲛⲉ.[94] Die in Joh 8,59; 10,31sa gewählte Formulierung ist nun als Teil einer anschaulichen Erzählung durchaus verständlich, doch in EvThom 13 erscheint sie im Sprechpart des Thomas, und dort wirkt sie vergleichsweise umständlich. In EvThom 13 besteht zwar ein ausgeprägtes Interesse an den Steinen, deren zerstörerische Wirkung, wie Thomas ankündigt, potenziert auf die Jünger zurückfallen würde, doch die Verbindung mit diesem letzten Teilsatz wäre auch durch das einfache griechische λιθάζω bzw. das koptische ϩⲓ-ⲱⲛⲉ gewährleistet: An beide Ausdrücke lassen sich Ausführungen über die Steine gut anschließen.

Damit besteht in diesem Punkt auf der Ebene der koptischen Übersetzungen eine Übereinstimmung im Wortlaut zwischen Thomas- und Johannesevangelium. Auf der Ebene der jeweiligen griechischen Vorlagen ist diese Übereinstimmung jedoch insofern fraglich, als der Vergleich der sahidischen Übersetzungen von Joh 8,59 und Joh 10,31 zeigt, dass die koptische Formulierung unterschiedliche griechische Wendungen wiedergeben kann. Man könnte vermuten, dass die griechische Vorlage entweder mit Joh 8,59 oder mit Joh 10,31 übereinstimmte. Nun ist aber die sahidische Übersetzung von Joh 8,59 enger an den griechischen Text angelehnt als die

---

94 Vgl. dazu WESTENDORF: *Koptisches Handwörterbuch*, 402–403, s.v. ϩⲓⲟⲩⲉ.

von Joh 10,31. Da zudem im sahidischen Neuen Testament bei Joh 10,31 das Adverb πάλιν den Übersetzer zur wörtlichen Wiederholung von 8,59 angestiftet haben dürfte, während diese Doppelung in EvThom 13 nicht gegeben ist, erscheint die Annahme vertretbar, dass auf der Ebene der griechischen Vorlagen mit Joh 8,59 eine Übereinstimmung im Wortlaut – unter Berücksichtigung der grammatikalischen Anpassung – und mit Joh 10,31 eine Übereinstimmung im Thema vorliegt. Was die Frage der Abhängigkeit angeht so dürfte, wie oben schon angedeutet, die johanneische Formulierung, die das Tun der Gegner Jesu in zwei Schritte aufteilt („Steine aufheben" – „werfen") durch das Anliegen bedingt sein, die Erzählung anschaulich zu gestalten. Dieses Motiv liegt in EvThom 13 nicht vor, so dass man hier an eine Übernahme dieser charakteristischen Formulierung aus dem Johannesevangelium denken wird. Der inhaltliche Kontext ist ja ähnlich: in beiden Fällen geht es um „unorthodoxe" Aussagen über die Identität Jesu. Dennoch ist dies im Kontext von EvThom 13,8 nur ein untergeordnetes Motiv.

c) Fazit zu EvThom 13

Das Verhältnis dieses Logions zum Johannesevangelium ist nicht einfach auf einen Nenner zu bringen. Der erste Teil mit dem „Messiasbekenntnis" des Thomas steht nur über die Erzählfigur des Thomas in Beziehung zum Johannesevangelium. Beide Evangelien teilen ja ein ausgeprägtes Interesse an diesem Jünger. Die erzählerische Darstellung lässt sich aber nicht literarkritisch auswerten, am allerwenigsten in dem Sinne, dass ein Evangelium mittels der Gestaltung einer Erzählfigur gegen ein anderes bzw. dessen Trägerkreis polemisiere – was immer man unter „Polemik" verstehen mag. Der zweite Teil des Logions greift mit dem Motiv der Quelle, die Jesus selbst hervorbringt, einen Topos auf, der auch im Johannesevangelium bzw. in der diesem vorausliegenden Tradition prominent ist. Ein weiterer Exponent dieser Tradition sind die Oden Salomos (OdSal 11,6–8; 30). Ein Vergleich mit der Verarbeitung des Lebenswasser-Motivs in der Johannesapokalypse zeigt, dass das Johannesevangelium, das Thomasevangelium und die Oden Salomos tatsächlich eine spezifische Ausprägung des alttestamentlichen Motivs vom Lebenswasser verbindet, wobei die Verbindung zwischen dem Thomasevangelium und den Oden Salomos noch enger ist als die beider mit dem Johannesevangelium. Am Ende des Logions wird schließlich mit der zweistufigen Aktion „Steine aufheben – werfen" auf Joh 8,59 (und 10,31) Bezug genommen. Der Verfasser bzw. Endredaktor dieses Logions scheint also das Johannesevangelium gekannt zu haben. Daneben sind aber auch Traditionen verwendet, die das Johannesevangelium seinerseits rezipiert, doch diese stehen in EvThom 13 in einer Form, die keine Spur von johanneischer Redaktionsarbeit erkennen lässt. Ange-

B. Durchführung

sichts dessen wird man als Fazit festhalten können: EvThom 13 entstand im gleichen Umfeld wie das Johannesevangelium, aber der Kontakt ist nicht als Rezeption in die eine oder andere Richtung zu beschreiben, sondern als ein Schöpfen aus der gleichen Tradition, möglicherweise (in EvThom 13,8), in der Redaktion des Logions, auch als Rezeption des Johannesevangeliums.

7. Logion 17

пеχе īс χe †na† nhtn мпете мпе ваλ nay ероq` ауш пете мпе мааχе сотмеq` ауш пете мпе бiχ` бмбшмq` ауш мпеq`еi еѕраï ѕi ѕhт` ршмe	Jesus sagte: Ich werde euch geben, was ein Auge nicht gesehen hat und was ein Ohr nicht gehört hat und was eine Hand nicht berührt hat und was nicht hineingekommen ist in ein Menschenherz.

Logion 17 ist meistens als Parallele zu dem von Paulus in 1 Kor 2,9 zitierten „Schriftwort" von Interesse. Ob zwischen diesen beiden Stellen eine direkte Beziehung besteht, darf jedoch als fraglich gelten[1] und ist auch nicht

---

[1] Das „Schriftwort" in 1 Kor 2,9 führte Origenes in seiner Matthäus-Erklärung auf eine Elija-Schrift zurück: „In keinem regulären Buch ist das zu finden, sondern in den Geheimschriften des Propheten Elija (... *nisi in secretis Eliae prophetae*)." (Comm. Ser. 117). Nach VERHEYDEN: „Origen on the Origin of 1 Cor 2,9" meinte er damit aber nicht die heute bekannte (koptische) Elija-Apokalypse, sondern vermutlich die „Himmelfahrt Jesajas". Auf der Suche nach der tatsächlichen Quelle dieser Schrift kam auch eine ähnlich anmutende Stelle aus dem koptischen „Testament Jakobs" (184b) in die Diskussion, vgl. VON NORDHEIM: „Zitat des Paulus", 116–120. Dieser Vorschlag zog allerdings heftige Kritik auf sich, da er nicht mit einer christlichen – möglicherweise sogar von 1 Kor 2,9 inspirierten – Überarbeitung dieses Texts rechnete; vgl. dazu HOFIUS: „Das Zitat 1 Kor 2 $_9$", v. a. 140; SPARKS: „1 Kor 2 9 a Quotation from the Coptic Testament of Jacob?", 273–276. Etwas moderatere Kritik, aber dafür einen breit angelegten Überblick über die einschlägigen frühjüdischen und frühchristlichen Quellentexte findet man bei BERGER: „Zur Diskussion über die Herkunft", insbesondere das Schaubild auf S. 280. Vereinzelt begegnet man der Annahme, Paulus habe EvThom 17 gekannt und sei dadurch in seiner Rezeption von Jes 64,3 beeinflusst worden; vgl. P. NAGEL: „Erwägungen zum Thomas-Evangelium", 375–376. Andere sind da vorsichtiger und sehen in der von Paulus zitierten „Schrift" eine Spruchsammlung und in dem zitierten Logion eine Vorstufe von Q 10,23 und EvThom 17; vgl. H. KOESTER: *Ancient Christian Gospels*, 58–62; PATTERSON: „Paul and the Jesus Tradition", 36–37 (= *Gospel of Thomas and Christian Origins*, 257); ähnlich DERS.: „View from Across the Euphrates", 428 (= *Gospel of Thomas and Christian Origins*, 29); GROSSO: *Vangelo secondo Tommaso*, 144. Der Charakter dieser hypothetisch angenommenen Spruchsammlung bleibt aber unklar. Wenn es sich dabei schon um eine Form der Jesusüberlieferung gehandelt haben sollte, bliebe – in beiden Fällen – immer noch offen, warum Paulus diese nun als „Schrift" zitiert; für seine Argumentation in 1 Kor 2 wäre damit nichts gewonnen, und an anderen Stellen macht er Jesusüberlieferung durchaus als solche kenntlich und kann sich mit ihr auch differenziert auseinandersetzen (so etwa in 1 Kor 7,10.12); vgl. dazu TUCKETT: „Paul and Jesus Tradition", 64–69. Andere nehmen an, dass EvThom 17 seinerseits von 1 Kor 2,9 beeinflusst sei; vgl. WILSON: „'Thomas' and the Growth of the Gospels", 246; KASSER: *L'Évangile selon Thomas*, 53; sehr zurückhaltend auch GATHERCOLE: „Influence of Paul", 86–93; DERS.: *Com-*

B. Durchführung

Gegenstand der hier anzustellenden Überlegungen. Für unsere Fragestellung ist aber von Belang, dass EvThom 17 sich von 1 Kor 2,9 und den anderen Belegen dieses Wortes[2] in charakteristischen Einzelheiten unterscheidet. Bemerkenswert ist, dass dieses Wort hier Jesus selbst in den Mund gelegt wird; ob dies eine genuine Leistung des Verfassers bzw. Redaktors von EvThom 17 ist, mag dahingestellt bleiben.[3] Für unsere Fragestellung ist eine andere Beobachtung von größerer Bedeutung: Die kurze negative Aufzählung von Sinneswahrnehmungen (Auge – sehen, Ohr – hören) ist in EvThom 17 um ein drittes Element (Hand – berühren) erweitert. Diese Aufzählung von drei Sinneswahrnehmungen – nun aber in positiver Form – findet man auch im Prolog des 1. Johannesbriefes – allerdings fehlt dort das „Menschenherz":

1 Kor 2,9	EvThom 17	1 Joh 1,1
... sondern wie geschrieben steht:	Jesus sagte:	
	Ich werde euch geben,	

---

position of the Gospel of Thomas, 243; gänzlich dagegen PESCE: *Parole dimenticate di Gesù*, 573; salomonisch TUCKETT: „Paul and Jesus Tradition", 73: EvThom 17 stelle eine Weiterentwicklung jener Überlieferung dar, die sich in 1 Kor 2,9 in ursprünglicherer Form manifestiert. In der Tat ist die Entwicklung, dass ein als „Schriftwort" überlieferter Spruch in der christlichen Überlieferung zum Jesuslogion wird, wahrscheinlicher als die umgekehrte Entwicklung. Als Parallele verweist TREVIJANO: „Valoración de dichos no canónicos", 410 auf die Jesus in den Mund gelegten Schriftzitate in Hebr 2,11–13; 10,5–9.

2 Vgl. dazu insgesamt BERGER: „Zur Diskussion über die Herkunft".

3 Diese Variante ist sehr spärlich bezeugt. Das manichäische Turfan-Fragment M 789 (deutsche Übersetzung bei PUECH/BLATZ: „Andere gnostische Evangelien", 322) ist sehr wahrscheinlich vom Thomasevangelium abhängig; vgl. ONUKI: „Traditionsgeschichte von Thomasevangelium 17", 407; SEVRIN: „Ce que l'œil n'a pas vu ...", 308; TUCKETT: „Paul and Jesus Tradition", 65; P. NAGEL: „Synoptische Evangelientradition", 280–281; GATHERCOLE: *Composition of the Gospel of Thomas*, 240–241; DERS.: *Gospel of Thomas*, 85. Bei ActPetr 39 ist eine direkte Abhängigkeit vom Thomasevangelium nicht gut zu begründen; vgl. ONUKI: „Traditionsgeschichte von Thomasevangelium 17", 408; PESCE: *Parole dimenticate di Gesù*, 573. SEVRIN: „Ce que l'œil n'a pas vu ...", 309–310 rechnet hingegen für die *Acta Petri cum Simone* mit einer Nähe zur Thomastradition, die aber nicht näher spezifiziert wird. Ferner ließe sich auf den Prolog des spätantiken Pseudo-Titus-Briefes verweisen; vgl. dazu DE SANTOS OTERO: „Pseudo-Titus-Brief", 50–52. Auch hier ist die Abhängigkeit vom Thomasevangelium nicht sicher erweislich, denn das charakteristische Element „Hand – berühren" (s. u.) fehlt hier genauso wie in den Petrusakten.

1 Kor 2,9	EvThom 17	1 Joh 1,1
		Was von Anfang an war,
		was wir gehört haben,
was ein Auge nicht gesehen hat	was ein Auge nicht gesehen hat	was wir mit unseren Augen gesehen haben,
und ein Ohr nicht gehört hat	und was ein Ohr nicht gehört hat	
		was wir geschaut haben,
	und was eine Hand nicht berührt hat (ϭⲙ̄ϭⲱⲙϥ̄)	und was unsere Hände berührt haben (ἐψηλάφησαν)
und in ein Menschenherz nicht aufgestiegen ist:	und was nicht hineingekommen ist in ein Menschenherz.	
was Gott bereitet hat den ihn Liebenden.		über das Wort des Lebens, ...

Die Nähe unseres Logions zu 1 Joh 1,1 lässt sich sogar mit einiger Wahrscheinlichkeit im Vokabular zeigen: Zwar besitzen wir keine griechische Fassung von EvThom 17, doch die koptische Version verwendet für „berühren" das Verb ϭⲟⲙϭⲙ̄, das in der sahidischen Übersetzung des Neuen Testaments als die übliche Wiedergabe des Verbs ψηλαφάω gelten kann (Lk 24,39; Apg 17,27; Hebr 12,18; 1 Joh 1,1).[4] Das ist zumindest ein Indiz dafür, dass möglicherweise auch in der griechischen Fassung von EvThom 17 für „berühren" das Verb ψηλαφάω stand.

a) EvThom 17 rezipiert 1 Joh 1,1?

Wenn das Verhältnis von EvThom 17 zu literarischen Parallelen thematisiert wird, dann erkennen viele in diesem Logion eine sekundäre Kombination aus 1 Kor 2,9 (negative Formulierung) und 1 Joh 1,1 (drittes Element: Berühren).[5] Nach Ansicht mancher Autoren erklärt der Einfluss von

---

[4] Vgl. ONUKI: „Traditionsgeschichte von Thomasevangelium 17", 409; SEVRIN: „Ce que l'œil n'a pas vu ...", 321–322 mit Anm. 42; dazu auch CRUM: Coptic Dictionary, 818–819 s.v. ϭⲟⲙϭ(ⲉ)ⲙ; WILMET: Concordance II/3, 1708 s.v. ϭⲟⲙϭⲙ̄ 1.

[5] Vgl. KASSER: L'Évangile selon Thomas, 53; SEVRIN: „Ce que l'œil n'a pas vu ...", 321–322; PLISCH: Thomasevangelium, 77; ähnlich auch BROWN: „Gospel of Thomas", 162–163.

B. Durchführung

1 Joh 1,1 auch die Anordnung von EvThom 17; 18:[6] Zwischen den beiden Logien besteht ja keine ausdrückliche Stichwortverbindung, doch charakteristische Motive (EvThom 17: Hand – berühren; EvThom 18: Anfang) haben sie jeweils mit 1 Joh 1,1 gemeinsam. Wer immer die Logien kompilierte, wäre demnach beim Arrangement von EvThom 17; 18 vom Prolog des 1. Johannesbriefes geleitet gewesen. Wenn man hier noch einen Schritt weitergehen möchte, könnte man sogar EvThom 17–18 (bzw. 17–19) als ein einziges Gespräch auffassen.[7] Dieser Gesprächsgang erscheint zwar auf den ersten Blick zusammenhanglos, doch dann wäre eben 1 Joh 1,1 der sprichwörtliche „Elefant im Raum", um den sich die verschiedenen Aussagen drehen. Freilich ist die mögliche Verbindung zu 1 Joh 1,1 in EvThom 18 sehr locker,[8] und letzteres Logion kann als Jüngerfrage sehr gut für sich stehen.

Wenn man sich auf den Vergleich von EvThom 17 und 1 Joh 1,1 beschränkt, fällt auf, dass in beiden Texten geradezu konträre Aussagen gemacht werden. In EvThom 17 stellt sich Jesus als der Offenbarer von bisher gänzlich Unbekanntem vor. Er will es zwar den Angesprochenen „geben", doch der Akzent liegt darauf, dass dieser Gegenstand ansonsten menschlicher Erkenntnis entzogen ist. In 1 Joh 1,1–4 liegt der Akzent dagegen auf der Mitteilung. Der Verfasser konstatiert zwar in aller Ausführlichkeit, dass seine eigene Gruppe („wir") Erkenntnisse gewonnen hat, die den Adressaten („ihr") noch nicht zur Verfügung stehen und daher mitgeteilt werden müssen (1,3: ἀπαγγέλομεν καὶ ὑμῖν), doch er sagt nichts darüber, dass dieser Erkenntnisgegenstand bislang geheim gewesen wäre, und er sagt auch nicht, dass es besonders schwierig wäre, diese Erkenntnis zu erlangen. Anders gewendet: Er verspricht seinen Adressaten die Erkenntnis von Dingen, die durchaus schon mehrere Ohren gehört, Augen gesehen und Hände berührt haben. Ihm kommt es nun darauf an, dass die Kommunikation, die er anbahnt, über die bloße Weitergabe von Informationen hinaus, Gemeinschaft stiftet (1,3).[9]

---

6 Vgl. KASSER: L'Évangile selon Thomas, 53; BROWN: „Gospel of Thomas", 163; S. L. DAVIES: „Christology and Protology", 667.
7 Vgl. S. L. DAVIES: „Christology and Protology", 667; SEVRIN: „Ce que l'œil n'a pas vu ...", 318.
8 In diesem Zusammenhang sei auch erwähnt, dass nach NORDSIECK: „Zur Kompositionsgeschichte", 180 die erste Redekomposition des Thomasevangeliums mit EvThom 17 endet, während EvThom 18; 19 die Brücke zur zweiten Redekomposition (EvThom 20–35) bilden. Da Nordsiecks Abhandlung sehr großen Wert auf Stichwortverbindungen zwischen Logien legt, spricht seine Einteilung an dieser Stelle deutlich gegen eine Verbindung zwischen EvThom 17 und 18.
9 Vgl. die entsprechende Interpretation der 1. Person Plural bei LIEU: I, II & III John, 39–41; ebenso MORGEN: Épîtres de Jean, 49.

Angesichts dieser markanten Unterschiede nehmen manche Autoren an, dass der Verfasser von EvThom 17 den traditionellen, auch von Paulus in 1 Kor 2,9 zitierten Spruch im Hinblick auf das optimistische Offenbarungsverständnis von 1 Joh 1,1 hin abgewandelt habe, weil er mit der dort vertretenen Theologie im Konflikt stand.[10] Denkbar wäre, dass der Verfasser unseres Logions den Anspruch der „Wir" von 1 Joh 1,1–4, über das „Leben" aus eigener Erfahrung berichten und ein gültiges Zeugnis ablegen zu können, überzogen fand und diesem Anspruch eine noch bedeutsamere Offenbarung für die Zukunft entgegenstellte.[11] Vielleicht erschien es ihm auch zu banal, dass das „Leben" der sinnlichen Wahrnehmung zugänglich sein sollte.[12]

Wenn aber EvThom 17 tatsächlich eine polemische Spitze gegen den Prolog des 1. Johannesbriefes sein sollte, dann wäre diese Spitze ziemlich stumpf, bzw. sie träfe dessen Aussage nur zum Teil. Das Alleinstellungsmerkmal, mit dem EvThom 17 über Parallelen wie 1 Kor 2,9 hinausgeht, ist ja das Element „Hand – berühren".[13] Dieses Motiv ist aber in 1 Joh 1,1–4 gerade nicht von zentraler Bedeutung. Viel häufiger ist dort das Wortfeld

---

10 Vgl. SEVRIN: „Ce que l'œil n'a pas vu ...", 323; PLISCH: Thomasevangelium, 77–78; ähnlich GRANT/FREEDMAN: Secret Sayings of Jesus, 137.

11 Nach DUNDERBERG: The Beloved Disciple in Conflict?, 80–82 spricht es aber gegen eine zu enge Beziehung zwischen EvThom 17 und 1 Joh 1,1–4, dass im Prolog des 1. Johannesbriefes von einem Hören, Sehen und Berühren in der Vergangenheit die Rede ist, während in EvThom 17 das nicht Gesehene, Gehörte und Berührte für die Zukunft verheißen wird. Diese Umakzentuierung wäre zwar grundsätzlich schon denkbar, aber es gibt auch andere Gründe (s. u.), die gegen eine literarische Beziehung zwischen den beiden Texten sprechen.

12 Man könnte auch erwägen, ob EvThom 17 sich mit dem Element „Hand – berühren" möglicherweise gegen ein Verständnis der leiblichen Auferstehung richtet, wie es etwa in der Thomas-Perikope des Johannesevangeliums (Joh 20,24–29) angesprochen wird. Dagegen spricht aber, dass in dieser Perikope die tatsächliche Berührung mit der Hand gerade nicht erzählt wird (ausdrücklich thematisiert wird sie hingegen in Lk 24,39: ψηλαφήσατε). Wo – im Modus der Negation – von einer Berührung die Rede ist (Joh 20,17), verwendet das Johannesevangelium das Verb ἅπτω. Vgl. dazu auch – im Hinblick auf 1 Joh 1,1 – BROWN: John xiii–xxi, 1046; ONUKI: „Traditionsgeschichte von Thomasevangelium 17", 412; LIEU: I, II & III John, 40; ähnlich KLAUCK: Der erste Johannesbrief, 62: „Gerade weil echte Äquivalente fehlen, wird um so deutlicher, daß der Autor auf diese Weise die sinnenfällige Realität des Kontaktes mit dem leibhaftigen Jesus über das Evangelium hinaus untermauern will."

13 Dieses Element ist sonst nur noch in einer weiteren Variante dieses Spruches belegt, die im manichäischen Turfan-Fragment M 789 erhalten ist. Dieser singuläre Beleg ist jedoch so eng an EvThom 17 angelehnt, dass er als von unserem Logion abhängig gelten kann (für Literatur dazu s. o. Anm. 3).

B. Durchführung

„sehen", für das der Verfasser des Prologs gleich zwei Verben aufbietet: ὁράω (3x) und θεάομαι.[14] Dieser Akzent liegt auf der Linie des Johannesevangeliums, in dem ja speziell das Sehen auch eine übertragene Bedeutung im Sinne einer gläubigen Ein-Sicht hat.[15] Umgekehrt lässt sich über den Prolog des 1. Johannesbriefes sagen: „This pronouncement, whatever its precise meaning in the epistles, nonetheless can serve to encapsulate the sensuous dynamic of the Gospel itself."[16] Dass in 1 Joh 1,1 zur akustischen und optischen nun auch die haptische Wahrnehmung tritt, wird man als eine Steigerung auffassen: Die Wahrnehmung wird immer konkreter bzw. intensiver, vom Hören über das Sehen und das Schauen/Betrachten bis zum Berühren.[17] Im weiteren Verlauf des Prologs überwiegt aber das Sehen (2x ὁράω in 1 Joh 1,2.3). Angesichts dessen erscheint es zumindest als fraglich, ob EvThom 17 wirklich in polemischer Absicht auf den Prolog des 1. Johannesbriefes zielt.

Dennoch bleibt die Frage im Raum, warum der Verfasser von EvThom 17 dann das Element „Hand – berühren" zu dem Wanderlogion[18] vom Nicht-Hören und Nicht-Sehen hinzugefügt hat. Der Rekurs auf ein syrisches Original, in dem dieses Element eine Stichwortverbindung zu EvThom 18 ermöglicht haben sollte, erscheint methodisch fragwürdig.[19] Wenn man

---

14 Den Wechsel der Verben und vor allem der Tempora (Perfekt, Aorist) erklärt MORGEN: *Épîtres de Jean*, 50 mit den beiden Aspekten, die in den Tempusformen zum Ausdruck kommen: Es geht sowohl um das eine historische Ereignis als auch um die fortdauernde Verkündigung, die auf dieser Erfahrung fußt – und in der Gegenwart die Adressaten erreichen soll. Vgl. insgesamt auch SCHNACKENBURG: *Johannesbriefe*, 49–50.
15 Vgl. LEE: „The Gospel of John and the Five Senses", 117–118; ähnlich BLANK: „Was von Anfang an war", 76 (auf Sehen und Hören bezogen).
16 LEE: „The Gospel of John and the Five Senses", 126.
17 Vgl. ONUKI: „Traditionsgeschichte von Thomasevangelium 17", 411. Dass diese Anordnung sich einem künstlichen Arrangement verdankt, zeigt auch die Rezeption von 1 Joh 1,1 im Canon Muratori (Z. 29–31, deutsche Übersetzung bei MARKSCHIES: „Haupteinleitung", 118–120), wo die Reihenfolge – wie in EvThom 17 – lautet: Sehen – Hören – Berühren. Diese Abweichung wird man kaum auf den Einfluss von EvThom 17 zurückführen wollen; vgl. dazu auch DUNDERBERG: „John and Thomas in Conflict?", 368; DERS.: *The Beloved Disciple in Conflict?*, 82–84.
18 Zu dieser Einordnung vgl. v.a. DUNDERBERG: *The Beloved Disciple in Conflict?*, 77–80.
19 Für PERRIN: *Thomas and Tatian*, 73 mit Anm. 55 sowie 177; DENS.: *Thomas*, 91 erklärt sich das Element „Hand" aus einer Stichwortverbindung der syrischen Wörter ܝܕܐ (*yada'* „Hand") in EvThom 17 und ܝܕܥ (*yᵉdaʿ* „erkennen") in EvThom 18. Diese Erklärung erscheint schon deswegen willkürlich, weil sie mit einer Ver-

aber feststellt, dass hier zum Sehen und Hören ein weiterer Sinn hinzugefügt wird, könnte man vermuten, dass der Verfasser unseres Logions die Gesamtheit aller sinnlichen Wahrnehmung betonen wollte, die doch die von Jesus verheißene Gabe nicht angemessen aufzunehmen vermag.[20] Dazu fehlen in EvThom 17 aber zwei Sinne, Geruch und Geschmack.[21] Vielleicht soll ja die Hinzufügung des Elements „Hand – berühren" einfach betonen, dass die von Jesus verheißene Gabe ganz und gar nicht von dieser (materiellen, greifbaren) Welt ist.[22] Eine vollauf befriedigende Erklärung für das Element „Hand – berühren" in EvThom 17 ist damit zwar nicht gerade gefunden, doch als negatives Ergebnis bleibt festzuhalten: Es ist nicht anzunehmen, dass der Verfasser von EvThom 17 sich bei der Gestaltung dieses Logions auf den Prolog des 1. Johannesbriefes bezogen hat.

b) 1 Joh 1,1 rezipiert EvThom 17?
Vereinzelt findet man in der Forschung die umgekehrte Annahme, dass nämlich der Autor des 1. Johannesbriefes schon in seinem Prolog auf die Position der Gegner eingegangen sei, die – wie 1 Joh 4,2 meistens interpretiert wird (vgl. die Ausführungen zu EvThom 28) – die leibliche (und damit „handgreifliche") Existenz Jesu leugneten. Takashi Onuki erklärt etwa den komplizierten Duktus von 1 Joh 1,1–4 mit der von ihm angenommenen Entstehungsgeschichte des Prologs im Ringen mit einer gegnerischen Position: Ursprünglich (wohl im Entwurfsstadium) habe sich an die Eingangswendung ὃ ἦν ἀπ' ἀρχῆς unmittelbar Vers 3 angeschlossen. Die dazwischen liegenden Konstruktionen der Verse 1 und 2 bezeugen ein Ringen – nicht nur mit dem Thema, sondern auch mit Gegnern, welche die Sinnlichkeit und Leiblichkeit Jesu und des durch ihn gegebenen

---

wechslung der Gutturale Alef und Ajin operieren muss und weil sie voraussetzt, was eigentlich erst zu beweisen wäre, nämlich eine syrische Originalfassung des Thomasevangeliums. Für kompetentere Kritik daran vgl. P. J. WILLIAMS: „Alleged Syriac Catchwords", 82.
20 Vgl. DORESSE: *Livres secrets* 2, 147; GÄRTNER: *Theology of the Gospel of Thomas*, 149. Als Parallele verweist Gärtner auf EV 30,25–31, doch dort werden tatsächlich alle fünf Sinne (einschließlich Geruch und Geschmack) auf die durch Offenbarung ermöglichte Erkenntnis des Sohnes bezogen. In EvThom 17 bleibt dagegen eine Leerstelle.
21 Man könnte allenfalls erwägen, ob diese unter dem, „was nicht hineingekommen ist in ein Menschenherz" zusammengefasst sind; so etwa DORESSE: *Livres secrets* 2, 147. Das erscheint allerdings als eine ziemlich hilflose Notlösung. Am Rande bemerkt, fehlt dieses Element in 1 Joh 1,1–4 – ein weiteres Indiz gegen eine direkte Beziehung zwischen den beiden Texten.
22 Vgl. TUCKETT: „Paul and Jesus Tradition", 73.

B. Durchführung

„Lebens" in Abrede stellten. Diese „Gegner" hätten, Onuki zufolge, eine Überlieferung wie EvThom 17 für sich in Anspruch genommen.[23]

Onukis Annahme, dass der Prolog des 1. Johannesbriefes ein intensives Ringen mit dem Thema bezeugt, wird man zustimmen.[24] Fraglich ist jedoch, ob EvThom 17 die Ursache dieses Ringens war. Der Verfasser des 1. Johannesbriefes reiht zwar dreimal in seinem Prolog (1 Joh 1,1.2.3) sinnliche Wahrnehmungen aneinander, doch in keinem Fall entspricht die Reihenfolge genau der von EvThom 17, so dass man eine – wie auch immer geartete – Rezeption dieses Logions begründen könnte. Das letzte Element der Reihe in EvThom 17, „was nicht hineingekommen ist in ein Menschenherz", fehlt ganz.[25] Vor allem aber geht es im Prolog des 1. Johannesbriefes um etwas anderes als in EvThom 17: EvThom 17 handelt von etwas Geheimnisvollem, das Jesus den Angesprochenen gibt – überspitzt gesagt: ein Objekt. In 1 Joh 1,1–4 geht es hingegen um die Sinnlichkeit und Greifbarkeit Jesu selbst. Mit anderen Worten: Wenn der Verfasser des 1. Johannesbriefes sich in polemischer Absicht auf EvThom 17 bezogen hätte, dann hätte er dieses Logion missverstanden. Für unserere Fragestellung ist festzuhalten, dass eine literarische oder auch nur überlieferungsgeschichtlich vermittelte Rezeption von EvThom 17 im Prolog des 1. Johannesbriefes nicht nachzuweisen ist.

c) Fazit zu EvThom 17

In EvThom 17 liegt der bemerkenswerte Fall vor, dass ein Logion des Thomasevangeliums mit seiner Parallele in den johanneischen Schriften wenigstens an einer Stelle bis in den Wortlaut übereinzustimmen scheint.

---

23 Vgl. ONUKI: „Traditionsgeschichte von Thomasevangelium 17", 410–411. Damit ist freilich nicht gesagt, dass der Verfasser des 1. Johannesbriefes sich direkt auf EvThom 17 bezogen hätte.

24 Dieses Ringen ist an sich kein Hinweis auf eine längere Entstehungsgeschichte, die man etwa auf literarkritischem Wege rekonstruieren könnte; vgl. auch KLAUCK: *Der erste Johannesbrief*, 56: „Der überbordende Sprachstil erklärt sich zum einen aus dem Ausdruckswillen des Verfassers, der alles Wichtige und Grundlegende am liebsten auf einmal sagen möchte. Zum anderen dürfte die bewußte Anlehnung an den längeren Prolog des Johannesevangeliums ihren Teil beigetragen haben." Ähnlich schon SCHNACKENBURG: *Johannesbriefe*, 50.

25 Dies erklärt Onuki damit, dass man diese Negation nicht gut ins Positive wenden konnte; vgl. ONUKI: „Traditionsgeschichte von Thomasevangelium 17", 411–412. Immerhin kann aber der Verfasser des 1. Johannesbriefes in 3,19–21 vom Herz als moralischer Instanz sprechen, und auch in den Abschiedsreden des Johannesevangeliums ist vom Herzen als Zentrum der Person die Rede (Joh 14,1.27; 16,6), und es kann sogar metonymisch für die Jünger selbst stehen (16,22). Vor diesem Hintergrund wäre auch eine positive Wendung des letzten Teilsatzes von EvThom 17 durchaus denkbar.

Ein literarisches Verhältnis dieses Logions zum 1. Johannesbrief ist daraus aber nicht zu folgern: Bei genauerem Hinsehen ließ sich nicht schlüssig begründen, dass unser Logion den Prolog des 1. Johannesbriefes direkt rezipiert haben sollte. Umgekehrt fehlen aber auch gute Gründe, um 1 Joh 1,1 als Rezeption von bzw. Reaktion auf EvThom 17 begreifen zu können. Da die beiden Texte nur in einem kleinen Detail übereinstimmen, das jeweils unterschiedlich akzentuiert ist, fällt es auch schwer, eine gemeinsame Überlieferung hinter beiden Texten anzunehmen.[26] Daher wird man das Verhältnis zwischen EvThom 17 und 1 Joh 1,1 als Analogie in einem untergeordneten Motiv bestimmen.

---

26 So aber anscheinend GROSSO: *Vangelo secondo Tommaso*, 145.

B. Durchführung

8. Logion 18

(1) ⲡⲉϫⲉ ⲙ̄ⲙⲁⲑⲏⲧⲏⲥ ⲛ̄ⲓⲥ ϫⲉ ϫⲟⲟⲥ ⲉⲣⲟⲛ ϫⲉ ⲧⲛ̄ϩⲁⲏ ⲉⲥⲛⲁϣⲱⲡⲉ ⲛ̄ⲁϣ ⲛ̄ϩⲉ	(1) Die Jünger sagten zu Jesus: Sag es uns, auf welche Weise unser Ende sein wird.
(2) ⲡⲉϫⲉ ⲓⲥ ⲁⲧⲉⲧⲛ̄ϭⲱⲗⲡ˙ ⲅⲁⲣ ⲉⲃⲟⲗ ⲛ̄ⲧⲁⲣⲭⲏ ϫⲉⲕⲁⲁⲥ ⲉⲧⲉⲧⲛⲁϣⲓⲛⲉ ⲛ̄ⲥⲁ ⲑⲁϩⲏ ϫⲉ ϩⲙ̄ ⲡⲙⲁ ⲉⲧⲉ ⲧⲁⲣⲭⲏ ⲙ̄ⲙⲁⲩ ⲉⲑⲁϩⲏ ⲛⲁϣⲱⲡⲉ ⲙ̄ⲙⲁⲩ	(2) Jesus sagte: Habt ihr denn den Anfang entdeckt, dass ihr nach dem Ende sucht? Dort nämlich, wo der Anfang ist, wird das Ende sein.
(3) ⲟⲩⲙⲁⲕⲁⲣⲓⲟⲥ ⲡⲉⲧⲛⲁ⟦ϩ⟧ⲱϩⲉ ⲉⲣⲁⲧϥ˙ ϩⲛ̄ ⲧⲁⲣⲭⲏ ⲁⲩⲱ ϥⲛⲁⲥⲟⲩⲱⲛ ⲑⲁⲏ ⲁⲩⲱ ϥⲛⲁϫⲓ †ⲡⲉ ⲁⲛ ⲙ̄ⲙⲟⲩ	(3) Selig ist, der stehen wird im Anfang, und er wird das Ende erkennen, und er wird den Tod nicht schmecken.

a) Verhältnis von Frage und Antwort

EvThom 18 ist nicht einfach ein „Logion" im Sinne eines kurzen Aphorismus, sondern ein kleiner Dialog: Die Jünger stellen eine Frage, Jesus gibt eine Antwort. Dieses Muster findet man im Thomasevangelium öfter: EvThom 6; 12; 18; 20; 21; 22; 24; 37; 43; 51; 52; 53; 60; 72; 79; 91; 99; 100; 104; 113; 114. EvThom 18 ist jedoch ein Dialog von besonderer Art: Formal schließt sich die Antwort Jesu zwar (mit ⲅⲁⲣ) an die Frage der Jünger an,[1] doch inhaltlich bezieht sich Jesus zunächst nicht direkt auf ihre Frage nach den Modalitäten (ⲛ̄ⲁϣ ⲛ̄ϩⲉ: „auf welche Weise") ihres Endes, sondern verlagert das Gespräch auf eine Meta-Ebene: Er stellt in Frage, ob es den Jüngern überhaupt zustehe, sich für ihr (zukünftiges) Ende zu interessieren, und lenkt das Gespräch zur Frage nach dem Anfang, zur Protologie.[2] Diese Art des Aneinander-vorbei-Redens ist in den Dialog-Logien des Thomasevangeliums kein Einzelfall. EvThom 18 gehört zu einer bemerkenswerten Untergruppe, in der Jesus die Frage der Jünger nicht direkt beantwortet, sondern zeigt, dass sie schon im Ansatz falsch gestellt ist: vgl. auch EvThom 6; 24; 91.[3] In den dort gestellten Fragen artikuliert sich überwiegend eine Theologie und Frömmigkeit, wie sie auch in den kanonischen Evangelien begegnet: Die Frage in EvThom 6 lässt an die Paränese zu Almosen, Gebet und Fasten in Mt 6,2–18 denken,[4] während die Frage in

---

1 Vgl. LELYVELD: Logia de la vie, 35–36.
2 Vgl. TREVIJANO ETCHEVERRÍA: „Reconversion de la escatología", 134–135.
3 Ähnlich auch S.L. DAVIES: The Gospel of Thomas and Christian Wisdom, 83, der dafür aber auf EvThom 18; 51; 113 verweist.
4 Durch die vierte Frage nach der Speiseobservanz erhält die Frage eine noch stärker judenchristliche Ausrichtung.

EvThom 24 an die Abschiedsreden des Johannesevangeliums (v. a. 13,36; 14,4–6; 16,5.16–18.28) erinnert, die Frage in EvThom 91 hingegen vor allem an die Frage nach der Identität Jesu in den Streitgesprächen des Johannesevangeliums, namentlich Joh 8,25. Die Frage in EvThom 6 ist auch ohne die Rezeption des Matthäusevangeliums erklärbar, doch in den beiden letztgenannten Fällen, die weiter unten noch eingehend behandelt werden (s. u. B.II.11; B.II.33), liegt wahrscheinlich eine Rezeption des Johannesevangeliums vor.

Die Frage der Jünger in EvThom 18 hat hingegen keine johanneische Parallele, doch in der synoptischen Überlieferung findet man zumindest etwas Ähnliches: Die „synoptische Apokalypse" beginnt damit, dass nach Jesu Ankündigung des Weltunterganges die Jünger (Mk: Petrus, Jakobus und Johannes) Jesus fragen, *wann* das Angekündigte eintreten werde (Mk 13,3–4 parr. Mt 24,3; Lk 21,7). Allerdings fragen die Jünger in unserem Logion nicht nach dem Zeitpunkt, an dem die Welt untergeht, sondern nach den näheren Umständen ihres je eigenen Endes (ⲧⲛ̄ϩⲁⲏ: „unser Ende"). Theoretisch könnte dabei an ein eventuelles Martyrium gedacht sein.[5] Jedenfalls macht der Possessivartikel deutlich, dass es hier nicht um kosmische Vorgänge, sondern um individuelle Eschatologie geht.[6] Die Frage von EvThom 18 hat also auch keinen spezifischen Bezug zur Jüngerfrage in der „synoptischen Apokalypse". Vermutlich ist sie einfach konstruiert worden, um die anschließenden Ausführungen über Anfang und Ende einzuführen.[7]

---

5 So etwa PLISCH: *Thomasevangelium*, 79 (als eine Möglichkeit).
6 Nach WOSCHITZ: „Den Anfang entdecken", 143 ist mit diesem „Ende" (ϩⲁⲏ) nicht der physische Tod gemeint, sondern es geht um „das menschliche Leben nach seinem Ziel und seiner (eschatologischen) Summe befragt (vgl. Röm 6,21; Ignat. Magn. 5,1)". Die von Woschitz angeführten Stellen können mit der Doppelbedeutung des griechischen Wortes τέλος („Ende" und „Ziel" – eigentlich: „Vollendung") spielen; vgl. LSJ, 1772–1774 s.v. τέλος II. Man kann wohl annehmen, dass in der griechischen Fassung unseres Logions – in Entsprechung zu dem als Lehnwort übernommenen Wort ἀρχή – τέλος stand. Vielleicht war dann in der Frage das Ende der Jünger gemeint, während die Antwort von ihrem Ziel handelt. Die koptische Fassung konnte diese Mehrdeutigkeit jedoch nicht übernehmen; das hier verwendete Wort ϩⲁⲏ hat nur die Bedeutung „Ende, Schluss, Letzter"; vgl. WESTENDORF: *Koptisches Handwörterbuch*, 348 s.v. ϩⲁⲉ; CRUM: *Coptic Dictionary*, 635–636 s.v. ϩⲁⲉ.
7 Nach KASSER: *L'Évangile selon Thomas*, 54 ist der letzte Satz mit dem Makarismus der älteste Teil des Logions, der Dialog wurde diesem vorgeschaltet.

B. Durchführung

b) Anfang und Ende

Wie oben bereits angedeutet, stellt die Antwort Jesu die Frage der Jünger auf den Kopf: Ihr Ende soll sie nicht interessieren, solange sie nicht den Anfang (ⲁⲣⲭⲏ) entdeckt haben.[8] Im Anfang liegt ja auch das Ende und erschließt sich von diesem her. Dieses Zusammenfallen von Anfang und Ende könnte auf ein zyklisches Geschichtsbild hinweisen.[9] Wenn man jedoch unter „zyklisch" die ständige Wiederkehr des Gleichen versteht, wäre es nicht sehr sinnvoll, überhaupt von Anfang und Ende zu sprechen, denn das Ende eines Zyklus wäre zugleich der Anfang des nächsten Zyklus, also allenfalls ein „relatives Ende". Ebenso wäre auch der Anfang nur jeweils ein relativer, also gerade keine ἀρχή.[10] Der Gegenüberstellung von Anfang und Ende in EvThom 18 scheint hingegen doch grundsätzlich eine lineare Vorstellung zugrunde zu liegen. Diese wird aber insofern modifiziert, als die Linie, die vom Anfang zum Ende führt, nicht als Gerade zu denken ist, sondern als genau *eine* Kreislinie, so dass das Ende in der Rückkehr zum Anfang besteht. Anders gewendet: Wenn man für EvThom 18 von einem zyklischen Geschichtsbild sprechen will, muss man das dahingehend einschränken, dass nur an einen einzigen Zyklus gedacht ist.

Ähnlich wie EvThom 18 blicken auch die johanneischen Schriften – ganz markant in Joh 1,1–2 und 1 Joh 1,1[11] – auf den „Anfang".[12] Im 1.

---

8 Für das Verb ϭⲱⲗⲡ (ⲉⲃⲟⲗ) werden bei WESTENDORF: *Koptisches Handwörterbuch*, 453 s.v. ϭⲱⲗⲡ folgende Bedeutungen angegeben: „enthüllen, entkleiden, entblößen, aufdecken, entdecken, finden, öffnen, (sich) offenbaren". Das bei weitem häufigste griechische Äquivalent (vor allem für die Verbindung ϭⲱⲗⲡ ⲉⲃⲟⲗ) scheint ἀποκαλύπτω zu sein; vgl. CRUM: *Coptic Dictionary*, 812 s.v. ϭⲱⲗⲡ sowie v. a. WILMET: *Concordance du Nouveau Testament Sahidique* II/3, 1693–1695 s.v. ϭⲱⲗⲡ̄.
9 Vgl. WOSCHITZ: „Den Anfang entdecken", 143; HEDRICK: *Unlocking the Secrets*, 48–49.
10 Vgl. dazu DELLING: „ἄρχω", 477–479, v. a. 477: „In z e i t l i c h e r Bedeutung bezeichnet es den Anfang im genauen Sinn, den Ort im zeitlichen Ablauf, an dem etwas Neues einsetzt, und zwar etwas nicht Unendliches: …" Besonders einschlägig ist Platon, Phaidros 245 c-d: Ἀρχὴ δὲ ἀγένητον· ἐξ ἀρχῆς γὰρ ἀνάγκη πᾶν τὸ γιγνόμενον γίγνεσθαι, αὐτὴν δὲ μηδ' ἐξ ἑνός· εἰ γὰρ ἔκ του ἀρχὴ γίγνοιτο, οὐκ ἂν ἐξ ἀρχῆς γίγνοιτο („Der Anfang ist das Ungewordene. Aus dem Anfang muss nämlich notwendig alles, was wird, werden. Er selbst aber (wird) nicht aus einem (Ding). Wenn nämlich aus etwas der Anfang entstünde, entstünde er nicht aus dem Anfang.").
11 Die Akzente sind dabei allerdings unterschiedlich gesetzt: Der Johannes-Prolog nimmt in einer eigentlich protologischen Betrachtung die ἀρχή als absoluten Anfang vor der Schöpfung in den Blick, während im Prolog des 1. Johannesbriefes eher die Verkündigung als verlässlich verbürgt werden soll; vgl. auch 1 Joh 2,7.24; 3,11; 2 Joh 5–6; ebenso Joh 15,27.
12 Vgl. dazu auch PAGELS: *Beyond Belief*, 52.

Johannesbrief soll dieser Rückbezug die Adressaten gegen neue Ansprüche und Lehrmeinungen immunisieren, im Johannesevangelium nimmt der Prolog, in wörtlichem Anschluss an Gen 1,1, den absoluten Anfang vor der Schöpfung in den Blick,[13] im weiteren Verlauf scheint der Rückbezug auf die ἀρχή deutlich zu machen, dass die Fronten von vornherein klar gezogen sind und es somit keine Überraschungen gibt (Joh 6,64; 8,44).

Manchmal liest man, dass in EvThom 18 „Anfang" und „Ende" christologisch gemeint seien, so wie in Offb 21,6; 22,13 (auch Offb 1,8).[14] Aus dem Logion selbst geht das allerdings nicht hervor: Jesus spricht über den Anfang als ein Objekt, seine eigene Person und Identität steht gar nicht zu Debatte. Das Christologoumenon von Jesus als der ἀρχή müsste man schon von außen eintragen (vgl. dazu etwa Kol 1,18; Offb 3,14; 21,6; 22,13).

Häufiger wird EvThom 18 aber nicht christologisch interpretiert, sondern als Aussage über die Präexistenz von Menschen, eben derer, die „im Anfang stehen werden" – das sei ein Kontrast zur johanneischen Konzeption, die Präexistenz nur dem Logos zubilligt.[15] In der Tat wird ja in Joh 8, in Weiterführung von 7,25–29,[16] das Woher und Wohin Jesu im Streitgespräch mit den „Juden" aufs Ausführlichste thematisiert: Der Vater ist zugleich Ursprung und Ziel Jesu (v. a. 8,14.19).[17] Dies wird im Johannesevangelium aber nicht ausdrücklich auf den Begriff gebracht; das Wort ἀρχή fehlt in den Streitgesprächen in dieser Verwendung.[18] Es muss aus im Text verstreuten Indizien erschlossen werden.

In EvThom 18 ist es aber nicht so leicht, das Thema Präexistenz zu finden. Die Aussage vom Stehen im Anfang (18,3) ist dafür nicht gut in Anspruch zu nehmen, denn die Formulierung „Stehen (bzw. Sich-Hinstellen, ⲱϩⲉ ⲉⲣⲁⲧ⸗) im Anfang" wäre dafür zumindest ungewöhnlich. Zum Vergleich: In der sahidischen Übersetzung von Joh 1,1, wo eindeutig von Präexistenz die Rede ist, wird das viel angemessenere Verb ϣⲱⲡⲉ (Qualitativ ϣⲟⲟⲡ: „sein, werden") verwendet.[19] Vor allem aber ist die Seligpreisung von

---

13 Vgl. dazu auch McHugh: *John 1–4*, 6–7.
14 Vgl. Doresse: *Livres secrets* 2, 148; deutlich modifiziert Plisch: *Thomasevangelium*, 79: „Wer Jesus kennt, kennt Anfang und Ende."
15 Vgl. Haenchen: *Botschaft des Thomas-Evangeliums*, 44; Nordsieck: *Thomas-Evangelium*, 95–96; ähnlich Pagels: *Beyond Belief*, 52–56.
16 Vgl. etwa Theobald: *Evangelium nach Johannes 1–12*, 562–563.
17 Vgl. Schnackenburg: *Johannesevangelium* II, 244; De Boer: „Jesus' Departure", 12.
18 Die Belegstellen Joh 8,25.44 sind dafür jeweils nicht einschlägig.
19 Darin stimmen *Horner* und die Handschriften sa 1 (*Quecke*) und sa 5 (*Schüssler*) überein; der Apparat bei *Quecke* verzeichnet hier keine Varianten.

B. Durchführung

EvThom 18,3 im Futur formuliert.[20] Sie bezieht sich also auf etwas, das in der Gegenwart noch nicht der Fall ist, aber später erreicht werden soll, während die Präexistenz *per definitionem* in der Vergangenheit liegt. Das heißt: Was immer mit „Stehen im Anfang" gemeint sein mag, es ist nicht die Präexistenz bestimmter Menschen. Davon könnte eher in EvThom 19 die Rede sein.

Unser Logion verbindet mit den johanneischen Schriften also lediglich ein gewisses Interesse an der ἀρχή, doch über diese Vokabel hinaus gibt es wenig Gemeinsames. Hingegen hat die Zusammenschau von Anfang/ Ursprung und Ende/Ziel, wie sie in EvThom 18 zum Ausdruck kommt, zahlreiche Parallelen im philosophischen Bereich:[21] Die metaphysische Reflexion über den Ursprung und das Ziel aller Dinge beginnt – für uns greifbar – bei Anaximandros,[22] möglicherweise dann auch bei Herakleitos.[23] Im Anschluss daran konnte man in der Theologie des hellenistischen Judentums Gott als ἀρχὴ καὶ τέλος aller Dinge bezeichnen (Philon, Plant. 93; Jos. Ant. 8,280). Noch näher an unserem Logion liegt der Philosoph und Kaiser M. Aurelius (5,32,2),[24] für den es das Ziel des Stoikers ist, ἀρχὴ καὶ τέλος zu erkennen. Im achten Buch der Sibyllinischen Orakel (8,375) wird die Erkenntnis von Anfang und Ende wiederum für Gott in Anspruch genommen.[25] Gegenüber diesen Denkern beschreitet unser Logion nun freilich einen eigenen Weg, der gewissermaßen wieder bei den Vorsokrati-

---

20 Das mag Peter Nagel zu der Annahme verleitet haben, die Konzeption von EvThom 18 entspreche Offb 20,5, so dass mit „Anfang" die erste Auferstehung und mit „Ende" der zweite Tod gemeint sei; vgl. P. NAGEL: „Erwägungen zum Thomas-Evangelium", 376–377.
21 Vgl. dazu zusammenfassend DELLING: „ἄρχω", 478–479.
22 Diels/Kranz 1: Anaximandros A 14 (Aëtios, Plac. 1,3,3): Ἀναξίμανδρος δὲ Πραξιάδου Μιλήσιός φησι τῶν ὄντων ἀρχὴν εἶναι τὸ ἄπειρον· ἐκ γὰρ τούτου πάντα γίγνεσθαι καὶ εἰς τοῦτο πάντα φθείρεσθαι („Anaximandros, der Sohn des Praxiades, aus Milet sagt, der Anfang der seienden Dinge sei das Unbegrenzte. Aus diesem entstehe nämlich alles und in dieses vergehe alles.").
23 Diels/Kranz 1: Herakleitos C 2 (9) (Hippokrates, De Alim. 9): Ἀρχὴ δὲ πάντων μία καὶ τελευτὴ πάντων μία, καὶ ἡ αὐτὴ τελευτὴ καὶ ἀρχή („Der Anfang aller Dinge ist einer, und das Ende aller Dinge ist eines, und dasselbe sind Ende und Anfang.").
24 M. Aurelius, 5,32,2: τίς οὖν ψυχὴ ἐντέχνος καὶ ἐπιστήμων; ἡ εἰδυῖα ἀρχὴν καὶ τέλος καὶ τὸν δι' ὅλης τῆς οὐσίας διήκοντα λόγον καὶ διὰ παντὸς τοῦ αἰῶνος κατὰ περιόδους τεταγμένας οἰκονομοῦντα τὸ πᾶν („Welche Seele ist also kundig und verständig? Diejenige, welche Anfang und Ende kennt und die das ganze Sein durchziehende und das All durch alle Ewigkeit nach festgesetztem Turnus verwaltende Vernunft.").
25 OrSib 8,375: Ἀρχὴν καὶ τέλος οἶδα, ὃς οὐρανὸν ἔκτισα καὶ γῆν (übers. Gauger: „Anfang und Ende weiß ich, der Himmel und Erde geschaffen.").

kern ansetzt. Es fasst „Anfang und Ende" nicht einfach im Sinne eines idiomatisch etablierten Merismus zusammen, sondern thematisiert den Erkenntnisweg: Spekulation über das Ende/Ziel des eigenen Lebens ist müßig, solange ihr die Grundlage fehlt. Deswegen ist es viel wichtiger, die ἀρχή im umfassenden Sinne zu entdecken; erst von ihr aus erschließt sich auch das Ziel der eigenen Existenz.

Damit ist aber noch nicht geklärt, was in EvThom 18,3 mit „stehen" gemeint ist. Einen Anhaltspunkt könnte der paulinische Sprachgebrauch in Röm 5,2; 1 Kor 15,1 bieten, vielleicht auch 2 Kor 1,24:[26] Dort steht das Verb ἵστημι in Verbindung mit den grundlegenden Koordinaten der gläubigen Existenz (Gnade, Evangelium, Glaube) und bezeichnet so die basale Lebensorientierung. Doch diese ist dort als etwas in der Vergangenheit Grundgelegtes im Blick,[27] die futurische Ausrichtung von EvThom 18,3 erklärt sich damit auch nicht ganz. Eine analoge Formulierung findet man allenfalls in EvThom 16, wo am Ende des Wortes von der Spaltung in der Hausgemeinschaft über nicht näher bestimmte Menschen gesagt wird: „Und sie werden stehen, indem sie Einzelne (ⲙ̄ⲙⲟⲛⲁⲭⲟⲥ) sind." Hier wie in EvThom 18,3 wird der feste Stand, den Paulus bei seinen Adressaten (zumindest in manchen Fällen) als gegeben voraussetzt, als etwas erst noch zu Erlangendes dargestellt. Selig gepriesen wird demnach, wer zur Erkenntnis seines Ursprungs (ἀρχή) gelangt und wessen Lebensentwurf auf dieser Erkenntnis basiert. Diese Ausprägung des antiken Nachdenkens über die ἀρχή hat allerdings mit den johanneischen Schriften nichts mehr zu tun.

Ein johanneischer Akzent wird aber manchmal in der abschließenden Verheißung gesehen, wer im Anfang stehe, werde „den Tod nicht schmecken".[28] In der Behandlung des Prologs (EvThom 1, s. o. B.II.1.g) wurde bereits gezeigt, dass diese Wendung zwar kein Gemeingut, aber doch in der frühjüdischen und frühchristlichen Literatur weiter verbreitet war, so dass man aus ihr allein keine Verbindung zwischen Thomas- und Johannesevangelium begründen kann. In EvThom 18,3 fehlt ihr ein spezifischer Kontext, der eine tatsächliche Verbindung mit dem Johannesevangelium oder einer diesem vorausliegenden Tradition wahrscheinlich machen könnte.

---

26 Im letztgenannten Vers könnte die Aussage über das Stehen im Glauben auch einschränkend gemeint sein, etwa: „Im Glauben steht ihr, in anderen Bereichen nicht." (SCHMELLER: *Der zweite Brief an die Korinther* 1, 120).
27 Vgl. FITZMYER: *First Corinthians*, 544 zu 1 Kor 15,1.
28 Vgl. etwa CHILTON: „Not to Taste Death", 31.

B. Durchführung

c) Fazit zu EvThom 18

Die Struktur von EvThom 18 (Jüngerfrage, die von Jesus nicht erwartungsgemäß beantwortet wird) findet sich im Thomasevangelium öfter, sie geht vielleicht sogar erst auf die Redaktion der Sammlung zurück. Das Muster hat zwar eine Parallele in Joh 14,22–24, doch eine direkte Beziehung zum Johannesevangelium ist in diesem Falle nicht zu begründen.

In der Antwort Jesu könnte man sowohl die Rede von der ἀρχή als auch die Verheißung, den Tod nicht zu schmecken, für johanneische Elemente halten. In beiden Fällen ist aber eine spezifische Verbindung zum Johannesevangelium (bzw. zu den johanneischen Schriften) nicht erweislich. Daher ist EvThom 18 in die Klasse derjenigen Logien einzuordnen, die mit dem Johannesevangelium nur eine Übereinstimmung in untergeordneten Motiven aufweisen, und zwar im Modus der Analogie.

9. Logion 19

(1) ⲡⲉϫⲉ ⲓⲥ ϫⲉ ⲟⲩⲙⲁⲕⲁⲣⲓⲟⲥ ⲡⲉ ⲛ̀ⲧⲁϩϣⲱⲡⲉ ϩⲁ ⲧⲉϩⲏ ⲉⲙⲡⲁⲧⲉϥϣⲱⲡⲉ	(1) Jesus sagte: Selig ist, wer war/geworden ist, bevor er geworden ist.
(2) ⲉⲧⲉⲧⲛ̄ϣⲁⲛϣⲱⲡⲉ ⲛⲁⲉⲓ ⲙ̄ⲙⲁⲑⲏⲧⲏⲥ ⲛ̄ⲧⲉⲧⲛ̄ⲥⲱⲧⲙ̄ ⲁⲛⲁϣⲁϫⲉ ⲛⲉⲉⲓⲱⲛⲉ ⲛⲁⲣ̄ⲇⲓⲁⲕⲟⲛⲉⲓ ⲛⲏⲧⲛ̄	(2) Wenn ihr meine Jünger werdet und auf meine Worte hört, werden diese Steine euch dienen.
(3) ⲟⲩⲛ̄ⲧⲏⲧⲛ̄ ⲅⲁⲣ` ⲙ̄ⲙⲁⲩ ⲛ̄ϯⲟⲩ ⲛ̄ϣⲏⲛ ϩⲙ̄ ⲡⲁⲣⲁ`ⲇⲓⲥⲟⲥ ⲉⲥⲉⲕⲓⲙ ⲁⲛ ⲛ̄ϣⲱⲙ ⲙ̄ⲡⲣⲱ ⲁⲩⲱ ⲙⲁⲣⲉ ⲛⲟⲩϭⲱⲃⲉ ϩⲉ ⲉⲃⲟⲗ	(3) Ihr habt nämlich dort fünf Bäume im Paradies, die sich nicht bewegen, sommers wie winters, und nicht mögen ihre Blätter fallen.
(4) ⲡⲉⲧ`ⲛⲁⲥⲟⲩⲱⲛⲟⲩ ϥⲛⲁϫⲓ ϯⲡⲉ ⲁⲛ ⲙ̄ⲙⲟⲩ.	(4) Wer sie erkennt, wird den Tod nicht schmecken.

Dieses Logion hat zwar keine eindeutige Parallele im Johannesevangelium, doch in ihm begegnet eine Reihe von Motiven, die man auf den ersten Blick gut als (auch) johanneisch bezeichnen kann, so dass sich für EvThom 19 eine Prägung durch das Johannesevangelium nahe legt:[1] Der Gedanke der Präexistenz, die Erhörungsgewissheit für die Jünger, die zentrale Bedeutung der Worte Jesu, schließlich die Verheißung, den Tod nicht zu schmecken. Diesen ersten Eindruck gilt es nun anhand der einzelnen Motive zu präzisieren und gegebenenfalls zu modifizieren. Offen bleibt dabei die Frage, ob EvThom 19 im Ganzen ein zusammenhängendes Logion ist, oder eine Zusammenstellung unterschiedlicher Sprüche.[2]

a) Präexistenz

Der Makarismus in EvThom 19,1 könnte insofern eine Verbindung zu EvThom 18 darstellen, als es beide Male um Ursprünge geht. In diesem Falle ist tatsächlich von Präexistenz (Sein vor dem Werden) die Rede. Der Spruch ist jedoch nicht geeignet, den direkt vorausgehenden, futurisch formulierten Satz EvThom 18,3 zur (zurückblickenden) Präexistenzaussage zu machen.[3]

Im Johannesevangelium findet man keine unmittelbar entsprechende Aussage. Man könnte allenfalls einzelne Elemente aus dem Prolog in dieser

---

1 Vgl. dazu auch GRANT/FREEDMAN: *Secret Sayings of Jesus*, 139.
2 Nach P. NAGEL: *Codex apocryphus gnosticus* 1, 117 Anm. 32 sind EvThom 19,1 und EvThom 19,2–4 („Logion 19A") als separate Einheiten zu behandeln. Dann erübrigt sich die Frage nach einem durchgehenden Grundgedanken des Logions.
3 Vgl. KASSER: *L'Évangile selon Thomas*, 55.

B. Durchführung

Hinsicht zusammenfassen: Der Logos „war" (ἦν)[4] im Anfang bei Gott und „war" (ἦν) Gott (Joh 1,1), und er „wurde" (ἐγένετο) Fleisch (Joh 1,14).[5] Eine gewisse Nähe besteht auch zu dem paradoxen Wort in Joh 8,58: „Bevor Abraham wurde, bin ich." An diesen Stellen ist aber exklusiv von der Präexistenz Jesu die Rede. Dafür scheint EvThom 19,1 keine einschlägige Parallele zu sein, denn hier spricht Jesus ja in der dritten Person – allem Anschein nach über andere. Auch der weitere Verlauf des Logions mit der Anrede an die (potenziellen?) Jünger in 19,2 spricht dagegen, dass Jesus in 19,1 sich selbst selig preisen sollte.[6] Demnach handelt EvThom 19,1 von der Präexistenz bestimmter Menschen[7] und setzt damit einen gänzlich anderen Akzent als das Johannesevangelium.[8] Dieser Befund wird manchmal dahingehend ausgewertet, dass der Verfasser des Johannesevangeliums den gnostischen Gedanken vom göttlichen Ursprung der Gnostiker im Sinne seiner Christologie umgeformt und exklusiv auf Jesus bezogen hätte.[9] Daraus müsste man folgern, dass EvThom 19,1 – in dieser Form – dem Johannesevangelium vorausliege und das Johannesevangelium auf einen gnostischen Mythos reagiere.

Eine Einschätzung von EvThom 19,1 kann und muss sich nun nicht nur auf den Vergleich mit dem Johannesevangelium stützen, denn dieses etwas paradox formulierte Wort ist in der frühchristlichen Literatur häufiger belegt:

EvThom 19,1	EvPhil 64,9–12	Irenäus, Epid. 43	Lactantius, Div. Inst. 4,8,1
Jesus sagte:	Der Herr sagte:	Und wiederum sagt er (sc. Jeremia):[10]	Daher wird (es) bei Jeremia so gesagt: ... (Jer 1,5). Ferner:

---

4 Sehr deutlich McHugh: *John 1–4*, 6: „ἦν is then an affirmation that ἐν ἀρχῇ, even before the raw material of the physical world was created, the Logos was already in existence."
5 So etwa Grant/Freedman: *Secret Sayings of Jesus*, 139.
6 Anders Doresse: *Livres secrets* 2, 148; zurückhaltend auch Plisch: *Thomasevangelium*, 81 mit Blick auf die im Anschluss zu besprechenden Parallelen.
7 So auch Hedrick: *Unlocking the Secrets*, 50.
8 Vgl. auch Ménard: *L'Évangile selon Thomas*, 108; Fieger: *Thomasevangelium*, 88; Marjanen: „Portrait of Jesus", 213.
9 Vgl. H. Koester: *Ancient Christian Gospels*, 118.
10 Bei DeConick: *Original Gospel of Thomas in Translation*, 105 ist das Personalpronomen irrtümlich auf Jesus bezogen. Da aber unmittelbar vorher auch ein (fälschlich) Jeremia zugeschriebenes Schriftzitat (Ps 110,3; 72,17) angeführt

EvThom 19,1	EvPhil 64,9–12	Irenäus, Epid. 43	Lactantius, Div. Inst. 4,8,1
Selig ist,	Selig ist,	Gesegnet,	Selig,
wer war/ geworden ist (ⲛⲧⲁϩϣⲱⲡⲉ),	der ist (ⲡⲉⲧϣⲟⲟⲡ),	der da war	der war (*qui erat*),
bevor er geworden ist (ϩⲁ ⲧⲉϩⲏ ⲉⲙⲡⲁⲧⲉϥϣⲱⲡⲉ).	bevor er geworden ist (ϩⲁ ⲧⲉϩⲏ ⲉⲙⲡⲁⲧⲉϥϣⲱⲡⲉ).	bevor er Mensch wurde.[11]	bevor er geboren wurde (*antequam nasceretur*).
	Der nämlich ist (ⲡⲉⲧϣⲟⲟⲡ), ist gewesen (ⲁϥϣⲱⲡⲉ) und wird sein (ϥⲛⲁϣⲱⲡⲉ).		Das trifft auf keinen anderen zu außer auf Christus.

Diese Aufstellung zeigt, dass der in EvThom 19,1 belegte Ausspruch anderweitig teils als Wort Jesu belegt ist, teils als Prophetenzitat. Wir stehen damit vor einem ähnlichen Befund wie bei EvThom 17: Ein Wort, das sonst als frei umlaufendes Wanderlogion oder als Zitat aus einer schon in der Antike nicht mehr eindeutig identifizierbaren Quelle belegt ist, erscheint dort (und in einigen wenigen anderen Schriften) als Wort Jesu. Woher immer nun Irenäus sein „Jeremia-Zitat"[12] für die Epideixis bezogen haben

---

wird, muss man annehmen, das Irenäus auch das hier interessierende Wort Jeremia zugeschrieben hat. Im Duktus der Argumentation handelt es sich um einen Schriftbeweis für die Präexistenz Jesu: Jesus hat schon vor der Schöpfung existiert, weil Gott ihn in der Schrift des Alten Testaments (oder dem, was Irenäus oder seine Quelle dafür hielt) schon als Prä-Existierenden anspricht.

[11] So die Übersetzungen von Wilson und Barthoulot (1917) sowie GARITTE: „Premier volume de l'édition photographique", 67; CERBELAUD: „La citation ‚hébraïque'", 221 (mit Fragezeichen). In der Übersetzung der Erstherausgeber, Ter-Mekerttschian und Ter-Minassiantz (1907), heißt es wörtlich: „Gesegnet, der vor dem Werden des Menschen da war." Noch stärker in diese Richtung ging die Übersetzung von Weber (1912): „Glückselig der, welcher war, bevor durch ihn der Mensch wurde."

[12] Im Unterschied zu dem unmittelbar vorausgehenden „Jeremia-Zitat", das sich aus Ps 110,3; 72,17 herleiten lässt, ist die Quelle dieses Zitats unbekannt; vgl. schon HARNACK: „Nachwort und Anmerkungen", 60: „Vergebens habe ich nach der Herkunft des apokryphen Zitats gesucht." Man könnte höchstens vermuten, dass sich Irenäus hier auf eine Testimoniensammlung stützt, in der auch ein Zitat aus einem heute verlorenen Apokryphon (etwa „Psalmen Jeremias") stand; vgl. dazu CERBELAUD: „La citation ‚hébraïque'", 222.

B. Durchführung

mag, es ist höchst unwahrscheinlich, dass er ein Jesuslogion zum Schriftzitat umfunktioniert haben sollte. Eher wird man annehmen, dass dieses Wort aus einer möglicherweise unsicheren Quelle wegen seiner Prägnanz als Wanderlogion weiter tradiert wurde. Dabei scheint es eine gewisse „Glättung" erfahren zu haben. In der bei Irenäus (Epid. 43) überlieferten Fassung[13] (nach den Übersetzungen von Wilson, Barthoulot, Garitte und Cerbelaud) bezieht sich das Logion auf die Existenz Jesu vor seiner eigenen Menschwerdung.[14] Im gleichen Sinne wird es bei Lactantius (Div. Inst. 4,8,1) angewandt. Die beiden anderen Fassungen (EvThom 19; EvPhil 64,9–12) sprechen, etwas abstrakter, von der Existenz einer Person vor ihrem eigenen (Geboren-) Werden. In der Fassung des Philippusevangeliums, die wohl die jüngste und ausgereifteste Stufe in diesem Entwicklungsprozess darstellt,[15] wird aus der Präexistenz sogar die grundlegende Überzeitlichkeit des Seliggepriesenen abgeleitet. Anders gewendet: In EvPhil 64,9–12 geht es nicht um das Werden, sondern, davon abgeleitet, um das Sein.[16] Die Formulierung erinnert an die Dreizeitenformel von Offb 1,4,[17] hat aber

---

13 Leider ist die Epideixis nur in armenischer Sprache überliefert. Dort steht an der fraglichen Stelle eine pronominale Konstruktion, die nicht eindeutig zu übersetzen ist und von den Erstherausgebern gar nicht übersetzt wurde (Auskunft von Hubert Kaufhold, per E-Mail vom 25. und 29. Juli 2012). Diese Konstruktion ist vielleicht durch ein pronominales Subjekt in einem griechischen AcI bedingt; für das griechische Original könnte man dann etwa vermuten: Μακάριος ὃς ἐγένετο (oder: ἦν?) πρὶν γενέσθαι αὐτὸν (?) ἄνθρωπον.
14 Die zuerst von dem Entdecker und Erstherausgeber Karapet Ter-Mekerttschian (1907) vorgelegte deutsche Übersetzung (s. o. Anm. 11) würde hingegen behaupten, dass der „Gesegnete" schon vor der Erschaffung des Menschen existiert habe, nach Gen 1 also vor dem sechsten Schöpfungstag. Der weitere Gedankengang spricht aber für die andere Übersetzungsvariante, die von Barthoulot, Wilson, Garitte und Cerbelaud vorgeschlagen wird: Im Anschluss an das Zitat wird unterschieden zwischen der Präexistenz des Sohnes bei Gott vor der Schöpfung und seiner für uns offenbaren Existenz nach seinem Erscheinen, also nach seiner Menschwerdung. Der Sohn ist demnach derjenige, der schon (bei Gott) da war, bevor er selbst (in Raum und Zeit) Mensch wurde.
15 Nach GATHERCOLE: *Gospel of Thomas*, 76 ist hier eine Rezeption des Thomasevangeliums anzunehmen.
16 Im Unterschied zu EvThom 19,1 steht das Verb ϣⲱⲡⲉ („werden, sein") hier nicht in einer Tempusform, sondern im Qualitativ, so dass es eindeutig einen Zustand beschreibt; vgl. dazu EBERLE: *Koptisch*, 45; LAYTON: *Coptic Grammar*, § 162.
17 Vgl. dazu AUNE: *Revelation 1–5*, 30–32.

auch Parallelen in der antiken Philosophie[18] und Theologie.[19] Die Version dieses Wortes, die wir in EvThom 19,1 antreffen, hat zwar noch nicht dieses Reflexionsniveau erreicht, doch mit der Zuschreibung des Wortes an Jesus und mit ihrer schon ziemlich abstrakten Formulierung bezeugt auch sie einen Entwicklungsstand, der schwerlich vor der von Irenäus und Lactantius zitierten Quelle liegen kann.[20] Vermutlich hat sich die Rezeption dieses Wortes schon im 2. Jahrhundert in zwei Stränge aufgeteilt: In einem Strang der Überlieferung wurde es weiterhin als Jeremia-Zitat verstanden (Irenäus, Lactantius), in einem anderen Strang wurde es zum Jesuswort (Thomasevangelium, Philippusevangelium). Vor diesem Hintergrund erscheinen die Parallelen, die sich im Johannesevangelium zu unserem Logion finden lassen, ziemlich weit entfernt. Angesichts der im frühen Christentum weithin virulenten Spekulation über die Präexistenz Jesu (vgl. nur Phil 2,6–11; Kol 1,15–20; Offb 3,14) erscheint es daher nicht geraten, die Präexistenzaussage von EvThom 19,1 speziell aus dem Johannesevangelium zu erklären.[21] Umgekehrt gibt es aber auch keinen guten Anhaltspunkt dafür, in der Präexistenz-Christologie des Johannesevangeliums eine Reaktion auf eine im Thomasevangelium oder in gnostischen Texten artikulierte Vorstellung von der Präexistenz bestimmter Menschen zu sehen. Allem Anschein nach griff der Verfasser von EvThom 19 ein Wanderlogion auf – ob ihm die Quelle bekannt war, lässt sich nicht ausmachen – und machte daraus ein Wort Jesu. Man kann nicht ausschließen, dass dieses Wanderlogion sogar erst bei der Kompilation des Thomasevangeliums zum Jesuswort wurde, weil es so in die Sammlung passte.

---

18 Vgl. z.B. Platon, Timaios 37e: Λέγομεν γὰρ δὴ ὡς ἦν ἔστιν τε καὶ ἔσται, τῇ δὲ τὸ ἔστιν μόνον κατὰ τὸν ἀληθῆ λόγον προσήκει, τὸ δὲ ἦν τό τ' ἔσται περὶ τὴν ἐν χρόνῳ γένεσιν ἰοῦσαν πρέπει λέγεσθαι („Wir sagen ja etwa: Es (sc. das ewige Sein) war, ist und wird sein. Doch der wahren Rede gemäß kommt ihm nur das ‚ist' zu. Das ‚war' und das ‚wird sein' hingegen wird schicklicherweise nur vom fortschreitenden Werden im Zeitablauf gesagt.").
19 Vgl. Pausanias, 10,12,10: Ζεὺς ἦν, Ζεὺς ἐστίν, Ζεὺς ἔσσεται· ὦ μεγάλε Ζεῦ („Zeus war, Zeus ist, Zeus wird sein: O großer Zeus!", aus dem Hymnus der Peleiaden in Dodona); CH Asclepius 14: *Deus ergo sempiternus, deus aeternus nec nasci potest nec potuit; hoc est, hoc fuit, hoc erit semper. Haec ergo est, quae ex se tota est, natura dei.* („Der immerwährende Gott also, der ewige Gott kann und konnte nicht geboren werden; das ist er, das war er, das wird er immer sein. Dies also ist die Natur Gottes, die ganz aus sich selbst ist."
20 Vgl. DEHANDSCHUTTER: „L'Évangile de Thomas comme collection de paroles de Jésus", 514: „Son (sc. des Irenäus) témoignage attire l'attention sur le caractère arbitraire de ce genre d'attribution et souligne la possibilité d'une formation tardive de cette citation comme parole de Jésus dans ET (Évangile de Thomas)."
21 So auch TREVIJANO ETCHEVERRÍA: „Reconversión de la Escatología", 139.

B. Durchführung

Für die weitere Verbreitung des in EvThom 19 ausgedrückten Gedankens spricht – am Rande bemerkt – auch eine überraschende Parallele im „Panegyricus" des jüngeren Plinius (Paneg. 21,3): In dieser adulatorischen Lobrede auf Kaiser Trajan feiert Plinius dessen Bescheidenheit und Einsatz für den Staat, schon bevor Nerva ihn adoptiert und zum Mitregenten ernannt hatte. Plinius beschließt diese Aufzählung der frühen Leistungen und Vorzüge Trajans: „So kam es von allen nur dir zu, dass du ‚Vater des Vaterlandes' warst, bevor du es wurdest."[22] Diese Aussage ist natürlich alles andere als metaphysisch-protologisch gemeint,[23] aber sie zeigt deutlich, dass eine sprachliche Parallele, für sich genommen, keine allzu weit reichenden Schlussfolgerungen überlieferungsgeschichtlicher Art zulässt.

b) Jüngerschaft
Die zwei Motive in EvThom 19,2 – Jüngerschaft und rechtes Verhalten gegenüber den Worten Jesu – finden sich in dieser Zusammenstellung, wenngleich in einem etwas anderen logischen Verhältnis, auch in Joh 8,31b-32:

EvThom 19,2	Joh 8,31b-32
Wenn ihr meine Jünger werdet und auf meine Worte hört,	[31] ... Wenn ihr in meinem Wort bleibt,
werden diese Steine euch dienen.	seid ihr wahrlich meine Jünger, [32] und ihr werdet die Wahrheit erkennen, und die Wahrheit wird euch befreien.

Für Raymond E. Brown war diese Verbindung in EvThom 19,2 ein johanneisches Motiv; er stellte fest, dass der Gedanke, der in unserem Logion zum Ausdruck kommt, näher bei Joh 8,31; 9,27 liege als etwa bei Mt 7,24.[24] Daraus folgt allerdings nicht automatisch, dass EvThom 19 diesen Gedanken aus dem Johannesevangelium geschöpft hat. Ein genauerer Blick auf die Entstehungsgeschichte von Joh 8,31–32 ist hier angebracht:

---

22 Plinius, Paneg. 21,3: *Itaque soli omnium contigit tibi, ut pater patriae esses ante quam fieres.*
23 Es könnte aber durchaus sein, dass der seit über einem Jahrhundert betriebene Kaiserkult diese Formulierung, die sich doch leicht an göttliche Prädikationen anlehnt, für eine Lob- und Schmeichelrede nahe legte.
24 Vgl. BROWN: „Gospel of Thomas", 163; ähnlich auch TREVIJANO ETCHEVERRÍA: „Reconversión de la Escatología", 139.

Der Spruch Joh 8,31b-32 löst nach dem abschließenden Summarium in 8,30 ein neues Streitgespräch zwischen Jesus und den gläubig gewordenen „Juden" aus. Dieses Streitgespräch dreht sich um die Freiheit, die Jesus in 8,32 verheißt, doch die Notwendigkeit und Berechtigung dieser Verheißung wird in Frage gestellt. Nun läuft der einleitende Ausspruch Jesu zwar auf die Verheißung der Freiheit hinaus, doch diese ist nicht sein hauptsächliches Thema. In 8,31 geht es um das Jünger-Werden und -Sein, in 8,32 hingegen vor allem um die Erkenntnis der Wahrheit – die ihrerseits zur Freiheit führt. Das Logion richtet sich demnach an authentische Jünger (oder solche, die es werden wollen), im anschließenden Streitgespräch gewinnt man hingegen bei den „gläubig gewordenen Juden" den Eindruck einer gewissen Verweigerungshaltung, die dem Ausspruch Jesu einen eigenen Anspruch entgegenstellt. Auf der anderen Seite wird das Logion in der weiteren Auslegung christologisch zugespitzt: Nach 8,36 übernimmt der Sohn selbst die Funktion der Wahrheit, die sie Erkennenden zu befreien.[25] Diese Auslegungsarbeit in Joh 8,33-36 spricht dafür, dass in 8,31b-32 ein Logion aus der Überlieferung vorliegt, das der Evangelist in sein Werk aufgenommen und – zumindest in einzelnen Aspekten – ausgelegt hat.[26]

Nun stellt sich aber die Frage, ob dieses Logion in der Überlieferung schon genauso lautete, wie es heute im Johannesevangelium vorliegt. Das wird zwar vertreten,[27] doch wenn man schon mit einer längeren Entstehungsgeschichte dieses Streitgesprächs rechnet, dann wäre auch zu fragen, ob die heute vorliegende Fassung von Joh 8,31b-32 Spuren einer redaktionellen Überarbeitung zeigt. Immerhin ist das Stichwort „bleiben" (μένω) in dieser charakteristischen Verwendung ein eigentümliches Merkmal der

---

25 Zur Interpretation des Logions im Kontext von Joh 8 vgl. etwa SCHNACKENBURG: Johannesevangelium II, 201: „Es ist eine jener großartigen joh. Formulierungen, die bis heute nichts von ihrer Strahlungskraft verloren haben; aber sie teilt auch das Schicksal anderer großer Worte, mißverstanden und falsch angewendet zu werden. Der Satz spricht nicht vom Eros menschlichen Wahrheitssuchens und der dadurch erlangten Freiheit, wie hoch diese auch immer im geistigen und ethischen Bereich angesiedelt wird, sondern von der gottgeschenkten Freiheit, die den Menschen aus der tiefsten Knechtschaft seiner menschlichen Existenz befreit und ihm Anteil an der Freiheit des göttlichen Geistes, an der Herrlichkeit des göttlichen Lebens gewährt. Die Fortführung des Gedankens nach dem jüdischen Mißverständnis (V 34) läßt keinen Zweifel daran, daß die Befreiung aus der Knechtschaft der Sünde gemeint ist. ..."
26 Vgl. THEOBALD: Herrenworte im Johannesevangelium, 482–485; DERS.: Evangelium nach Johannes 1–12, 588; ähnlich H. KOESTER: „Gnostic Sayings and Controversy Traditions", 104.
27 Vgl. THEOBALD: Herrenworte im Johannesevangelium, 485: Die Rekonstruktion (in deutscher Übersetzung) gibt genau den Wortlaut von Joh 8,31b-32 wieder.

B. Durchführung

johanneischen Schriften,[28] das in vielfältiger Weise eingesetzt wird: Das Wort des Vaters (5,38; 1 Joh 2,14) oder Jesu (15,7) kann in den Angesprochenen bleiben oder nicht. Umgekehrt bleiben die Jünger bzw. Gläubigen in Jesus und er in ihnen (6,56; 15,4–7; auch 1 Joh 2,6.24.27–28; 3,6), und der Vater bleibt in Jesus (14,17), wie auch die Gläubigen in Gott bleiben und Gott in ihnen (1 Joh 3,24; 4,12–16).

Angesichts dieses Befundes drängt sich der Verdacht auf, dass in Joh 8,31 die Rede vom „Bleiben im Wort Jesu" (μείνητε ἐν τῷ λόγῳ τῷ ἐμῷ) sich einer gestaltenden Hand verdankt, die das Johannesevangelium – ähnlich auch die Johannesbriefe – durchgehend geprägt hat.[29] Wenn man vermutet, dass in einer früheren Fassung des Logions mit den Worten Jesu das Verb „hören" verbunden war, liegt diese relativ nahe bei EvThom 19.[30] Daraus folgt aber mitnichten, dass in EvThom 19,2 eine ältere Fassung von Joh 8,31b-32 aufbewahrt ist. Die beiden Logien handeln zwar jeweils von Worten Jesu und Jüngerschaft, doch sie nehmen unterschiedliche Aspekte dieses Themas in den Blick und sagen damit Verschiedenes aus: In Joh 8,31b-32 ist das Bleiben im Wort Jesu die Voraussetzung für das Jünger-Sein,[31] und aus diesem folgt die frei machende Erkenntnis der Wahrheit. In EvThom 19,2 sind hingegen das Hören auf Jesu Worte *und* das Jünger-Sein die Voraussetzung dafür, dass einem „diese Steine"[32]

---

28 Vgl. dazu etwa POPP: „Die konsolatorische Kraft der Wiederholung", 546 mit Anm. 112. Der vor allem im 1. Johannesbrief sehr häufige Appell zum „Bleiben" mag durch krisenhafte Erfahrungen bedingt sein, welche die Unsicherheit und Anfälligkeit einer christlichen Existenz eindrücklich aufzeigten; vgl. dazu SCHNACKENBURG: *Johannesbriefe*, 109–110; THYEN: *Johannesevangelium*, 436; THEOBALD: *Evangelium nach Johannes 1–12*, 591.
29 Nach BULTMANN: *Evangelium des Johannes*, 200 Anm. 5 ist der Sprachgebrauch aber differenziert zu betrachten: Die Quelle habe davon gesprochen, dass Jesus bzw. Gott im Glaubenden bleibt (Joh 15,5; 1 Joh 4,12.16), während die Rede vom Bleiben des Wortes im Hörer (Joh 5,38; 15,7; 1 Joh 2,14.24) hingegen dem Evangelisten eigen gewesen sei.
30 Vgl. auch H. KOESTER: „Gnostic Sayings and Controversy Traditions", 104; DERS.: *Ancient Christian Gospels*, 115–116.
31 Vgl. BULTMANN: *Evangelium des Johannes*, 332: „Nicht die schnelle Zustimmung, sondern die Glaubenstreue verleiht den Charakter echter Jüngerschaft."
32 Es ist unklar, worauf sich das Demonstrativpronomen in EvThom 19,2 bezieht, da weder in EvThom 19 noch im weiteren Kontext Steine erwähnt werden. Der nächstliegende Beleg innerhalb des Thomasevangeliums findet sich in EvThom 13,8. Nach KASSER: *L'Évangile selon Thomas*, 55 könnte das Motiv der Steinigung im weiteren Verlauf von Joh 8 (ausdrücklich in 8,59) eine Rolle spielen, doch Kasser selbst sah in der Wendung in EvThom 19,2 eher eine Anspielung auf die Versuchungsgeschichte (Mt 4,3; in Lk 4,3 steht, wohl redaktionell, der Singular).

dienen.³³ Von Voraussetzungen für das Jünger-Sein ist überhaupt keine Rede.

Graphisch lässt sich das folgendermaßen darstellen:

Joh 8,31b-32	Im Wort bleiben	→ Jünger sein	→ Erkenntnis der frei machenden Wahrheit
EvThom 19,2		Jünger sein und die Worte Jesu hören	→ „Diese Steine" dienen.

Wenn also die hauptsächliche Verbindung zwischen Joh 8,31b-32 und EvThom 19,2 darin besteht, dass von Jüngerschaft und dem rechten Umgang mit dem Wort bzw. den Worten Jesu die Rede ist, dann muss man zugleich festhalten, dass das Verhältnis zwischen diesen beiden Größen in beiden Texten durchaus unterschiedlich bestimmt wird. Dafür spielt es keine Rolle, ob in der Joh 8,31b-32 vorausliegenden Überlieferung schon vom „Bleiben" im Wort Jesu die Rede war, oder etwa vom Hören seines Wortes. Der fundamentale Unterschied zwischen den beiden Logien liegt in der Struktur des Gedankenganges: In Joh 8,31b-32 ist das Bleiben im Wort Jesu die Voraussetzug für die Jüngerschaft, aus der dann die Erkenntnis der Wahrheit folgt; in EvThom 19,2 sind hingegen Jüngerschaft und Hören der Worte Jesu auf die gleiche Ebene gestellt (bzw. erklären sich gegenseitig) als Voraussetzung für die anschließende Verheißung. Für unsere Fragestellung bedeutet das: Es fehlen die Indizien, um ein literarisches Verhältnis zwischen EvThom 19,2 und Joh 8,31b-32 annehmen zu können. Aufgrund des strukturellen Unterschiedes wird es auch problematisch, eine überlieferungsgeschichtliche Verbindung, etwa den Rekurs auf eine gemeinsame Quelle anzunehmen. Man kann allenfalls eine schwache Analogie thematischer Art feststellen, doch auch diese ist mit einem Fragezeichen zu versehen.

c) Paradiesesbäume und Lebensverheißung

In der zweiten Hälfte von EvThom 19 sind die „johanneischen" Elemente weniger stark vertreten. Die fünf³⁴ Bäume im Paradies erinnern vielleicht entfernt an Offb 22,2, doch in den johanneischen Schriften im eigentlichen

---

33 Vgl. auch KASSER: *L'Évangile selon Thomas*, 55.
34 Man kann trefflich darüber spekulieren, warum es gerade fünf Bäume sind. Manche Autoren wenden beachtlichen Scharfsinn auf, um daraus auf eine Fassung des Thomasevangeliums in einer semitischen Sprache zu schließen: Das aramäi-

B. Durchführung

Sinne (Johannesevangelium und -briefe) haben sie keine Entsprechung. Eher „johanneisch" klingt wieder die Verheißung, den Tod nicht zu schmecken (EvThom 19,4). Bereits bei der Besprechung von EvThom 1 wurde aber deutlich, dass diese Wendung allein keine Beziehung zum Johannesevangelium begründen kann. In EvThom 19 ist sie eng auf 19,3 bezogen; sie gilt dem, der die fünf Bäume erkennt, während sie nach Joh 8,51–52 (bzw. der diesem Wort vorausliegenden Überlieferung) demjenigen gilt, der das Wort Jesu bewahrt. Beide Motive – richtiger Umgang mit den Worten Jesu und „den Tod nicht schmecken" – findet man auch in EvThom 19, doch eine spezifische Beziehung dieses Logions zum Johannesevangelium ist daraus nicht abzuleiten,[35] denn die zwei Motive sind in EvThom 19 gerade nicht miteinander verbunden, sondern stehen in je eigenen Kontexten. Daher wird man hier allenfalls eine Analogie in einem untergeordneten Motiv annehmen.

d) Fazit zu EvThom 19

Auf den ersten Blick erschien EvThom 19 ziemlich „johanneisch",[36] doch eine genauere Analyse destruierte diesen Eindruck: Die Präexistenzaussage in EvThom 19,1 hat eine wesentlich engere Parallele in einem angeblichen Jeremia-Zitat, das bei Irenäus und Lactantius überliefert ist, so dass

---

sche Wort für „fünf" (חמשא) sei mit dem ins Aramäische übernommenen griechischen Wort ἥμισυ (halb, daher: auf halbem Weg, mitten in) verwechselt worden; ursprünglich habe das Logion also von einem Baum mitten im Paradies gehandelt (wie in EvPhil 73,16); vgl. z. B. P. NAGEL: „Erwägungen zum Thomas-Evangelium", 381–382; kritisch dazu DECONICK: *Original Gospel of Thomas in Translation*, 104; GATHERCOLE: *Composition of the Gospel of Thomas*, 58: Die dafür erforderliche Verwechslung der Gutturale und die durchgehende Verwendung des Plurals machen diese Hypothese unwahrscheinlich. Innerhalb von NHC II handelt auch UW 110,6–111,9 von Paradiesesbäumen, deren Blätter nicht abfallen; vgl. dazu BÖHLIG/LABIB: *Schrift ohne Titel*, 65. Allerdings werden dort nur drei Bäume (der Baum des Lebens, der Baum der Erkenntnis und der Ölbaum) besprochen; fünf Bäume findet man später in 2 Jeû 50 und Mani-Ps. II 161,17–29; vgl. dazu GATHERCOLE: *Gospel of Thomas*, 78.83. Andere Autoren denken an fünf Äonen der Lichtwelt (GÄRTNER: *Theology of the Gospel of Thomas*, 108–109), fünf geistliche Sinne bzw. Sakramente wie in EvPhil 67,27–30 (TREVIJANO ETCHEVERRÍA: „Reconversión de la Escatología", 145) oder fünf Laster, die man beim mystischen Aufstieg durch die Planetensphären ablegt (DECONICK: *Seek to See Him*, 82–83). Zur späteren Rezeption des Motivs in ActThom 27, in der Pistis Sophia und im Manichäismus vgl. DORESSE: *Livres secrets* 2, 151–153; HEDRICK: *Unlocking the Secrets*, 52.
35 Anders BROWN: „Gospel of Thomas", 163–164.
36 Für EvThom 19,2 vgl. etwa HEDRICK: *Unlocking the Secrets*, 51: „This saying has no exact parallel in the canonical gospels, but the spirit of the first part of the saying is found in John 8:31; 15:7, 14."

hier überhaupt keine explizite Beziehung zum Johannesevangelium nachweisbar ist. Die Rede von der Jüngerschaft in 19,2 ist anders strukturiert als die prinzipiell vergleichbare Parallele Joh 8,31b-32, so dass man allenfalls – und nur unter Vorbehalt – von einer thematischen Analogie sprechen kann. Die Verheißung, den Tod nicht zu schmecken, ist schließlich, wie schon bei EvThom 1 dargetan, zu verbreitet, um allein eine Beziehung des Logions zum Johannesevangelium begründen zu können. Es bleibt also bei Analogien.

B. Durchführung

10. Logion 21

(1) ⲡⲉϫⲉ ⲙⲁⲣⲓϩⲁⲙ ⲛ̅ⲓ̅ⲥ̅ ϫⲉ ⲉⲛⲉⲕⲙⲁⲑⲏⲧⲏⲥ ⲉⲓⲛⲉ ⲛ̅ⲛⲓⲙˋ	(1) Maria sagte zu Jesus: Wem gleichen deine Jünger?
(2) ⲡⲉϫⲁϥ ϫⲉ ⲉⲩⲉⲓⲛⲉ ⲛ̅ϩⲛ̅ϣⲏⲣⲉ ϣⲏⲙˋ ⲉⲩϭⲉⲗⲓⲧˋ ⲁⲩⲥⲱϣⲉ ⲉⲧⲱⲟⲩ ⲁⲛ ⲧⲉ	(2) Er sagte: Sie gleichen Knechten, die sich auf einem Feld aufhalten, das ihnen nicht gehört.
(3) ϩⲟⲧⲁⲛ ⲉⲩϣⲁⲉⲓ ⲛ̅ϭⲓ ⲛ̅ϫⲟⲉⲓⲥ ⲛ̅ⲧⲥⲱϣⲉ ⲥⲉⲛⲁϫⲟⲟⲥ ϫⲉ ⲕⲉ ⲧⲛ̅ⲥⲱϣⲉ ⲉⲃⲟⲗ ⲛⲁⲛ	(3) Wenn die Herren des Feldes kommen, werden sie sagen: Gebt uns unser Feld heraus.
(4) ⲛ̅ⲧⲟⲟⲩ ⲥⲉⲕⲁⲕⲁϩⲩ ⲙ̅ⲡⲟⲩⲙ̅ⲧⲟ ⲉⲃⲟⲗ ⲉⲧⲣⲟⲩⲕⲁⲁⲥ ⲉⲃⲟⲗ ⲛⲁⲩ ⲛ̅ⲥⲉϯ ⲧⲟⲩⲥⲱϣⲉ ⲛⲁⲩ	(4) Sie ziehen sich vor ihnen aus, um ihnen herauszugeben, sie geben ihnen ihr Feld.
(5) ⲇⲓⲁ ⲧⲟⲩⲧⲟ ϯϫⲱ ⲙ̅ⲙⲟⲥ ϫⲉ ⲉϥˋϣⲁⲉⲓⲙⲉ ⲛ̅ϭⲓ ⲡϫⲉⲥϩⲛ̅ⲏⲉⲓ ϫⲉ ϥⲛⲏⲩ ⲛ̅ϭⲓ ⲡⲣⲉϥϫⲓⲟⲩⲉ ϥⲛⲁⲣⲟⲉⲓⲥ ⲉⲙⲡⲁⲧⲉϥˋⲉⲓ ⲛ̅ϥⲧⲙ̅ⲕⲁⲁϥˋ ⲉϣⲟϫⲧˋ ⲉϩⲟⲩⲛ ⲉⲡⲉϥⲏⲉⲓ ⲛ̅ⲧⲉ ⲧⲉϥⲙⲛ̅ⲧⲉⲣⲟ ⲉⲧⲣⲉϥϥⲓ ⲛ̅ⲛⲉϥˋⲥⲕⲉⲩⲟⲥ	(5) Deswegen sage ich: Wenn der Hausherr weiß, dass der Dieb am Kommen ist, wird er wachen, bevor er kommt, und wird ihm nicht gestatten, einzubrechen in sein Haus seines Königtums, um seine Werkzeuge zu entwenden.
(6) ⲛ̅ⲧⲱⲧⲛ̅ ⲇⲉ ⲣⲟⲉⲓⲥ ϩⲁ ⲧⲉϩⲏ ⲙ̅ⲡⲕⲟⲥⲙⲟⲥ	(6) Ihr aber, passt auf hinsichtlich der Welt.
(7) ⲙⲟⲩⲣˋ ⲙ̅ⲙⲱⲧⲛ̅ ⲉϫⲛ̅ ⲛⲉⲧⲛ̅ϯⲡⲉ ϩⲛ̅ⲛⲟⲩϭⲟⲙ ⲛ̅ⲇⲩⲛⲁⲙⲓⲥ ϣⲓⲛⲁ ϫⲉ ⲛⲉ ⲛⲗⲏⲥⲧⲏⲥ ϩⲉ ⲉϩⲓⲏ ⲉⲉⲓ ϣⲁⲣⲱⲧⲛ̅	(7) Gürtet euch um eure Hüften mit großer Kraft, damit nicht die Räuber einen Weg finden, um zu euch zu kommen,
(8) ⲉⲡⲉⲓ ⲧⲉⲭⲣⲉⲓⲁ ⲉⲧⲉⲧⲛ̅ϭⲱϣⲧˋ ⲉⲃⲟⲗ ϩⲏⲧⲥ̅ ⲥⲉⲛⲁϩⲉˋ ⲉⲣⲟⲥ	(8) denn die Not, die ihr erwartet, wird gefunden werden (sich ereignen).
(9) ⲙⲁⲣⲉϥϣⲱⲡⲉ ϩⲛ̅ ⲧⲉⲧⲛ̅ⲙⲏⲧⲉ ⲛ̅ϭⲓ ⲟⲩⲣⲱⲙⲉ ⲛ̅ⲉⲡⲓⲥⲧⲏⲙⲱⲛ	(9) Es soll in eurer Mitte einen verständigen Menschen geben:
(10) ⲛ̅ⲧⲁⲣⲉ ⲡⲕⲁⲣⲡⲟⲥ ⲡⲱϩ ⲁϥⲉⲓ ϩⲛ̅ⲛⲟⲩϭⲉⲡⲏ ⲉⲡⲉϥⲁⲥϩ ϩⲛ̅ ⲧⲉϥϭⲓϫ ⲁϥϩⲁⲥϥ	(10) Als die Frucht aufging, kam er eilends mit seiner Sichel in seiner Hand, er mähte sie.
(11) ⲡⲉⲧⲉ ⲟⲩⲛ̅ ⲙⲁⲁϫⲉ ⲙ̅ⲙⲟϥˋ ⲉⲥⲱⲧⲙ̅ ⲙⲁⲣⲉϥⲥⲱⲧⲙ̅	(11) Wer Ohren hat zu hören, soll hören!

Dieses schwer zu deutende Logion ist, nach EvThom 64, das zweitlängste Logion des Thomasevangeliums, doch in seiner mehrschichtigen Komposition ist es noch wesentlich komplexer als jenes.[1] Vor allem die unklaren

---

1 Vgl. PLISCH: *Thomasevangelium*, 86; zur Übersetzung von ϩⲛ̅ϣⲏⲙ mit „Knechte" vgl. DERS.: „Probleme und Lösungen", 524.

214

Bezüge der Pronomina in 21,3.4 geben reichlich Stoff zur Spekulation. Für unsere Fragestellung interessieren jedoch lediglich die Bezüge zum Johannesevangelium. Dabei ist auf zwei Elemente hinzuweisen:
- Maria (Magdalena)[2] tritt als Jüngerin und Gesprächspartnerin Jesu auf. Das mag zunächst an ihre prominente Stellung in Joh 20,1–18 erinnern. Weder ihre Frage noch die Antwort Jesu weist jedoch irgendeine Verbindung zum johanneischen Osterkapitel auf. Ihre Frage, wem die Jünger Jesu gleichen, findet am ehesten noch eine Parallele in der Sophia Jesu Christi (NHC III 114,8–12 par. BG 117,12–18).[3] Wenn man hingegen ihr Auftreten in EvThom 21 zu den kanonischen Evangelien in Beziehung setzen möchte, liegt Lk 8,2–3[4] mindestens genauso nahe (oder fern) wie Joh 20,1–18. Über Maria Magdalena lässt sich also keine Verbindung zwischen EvThom 21 und dem Johannesevangelium erkennen. Für eine eingehendere Erörterung sei auf EvThom 114 verwiesen.
- In EvThom 21,6 wird vor der Welt (ⲕⲟⲥⲙⲟⲥ) gewarnt. Dieses Motiv lässt auf den ersten Blick wieder an das Johannesevangelium mit seiner notorisch negativen Sicht der „Welt" denken.[5] Nun ist das „Welt-Bild" des Johannesevangeliums aber mehrschichtig, es enthält positive, neutrale und negative Aspekte. Im Unterschied zu EvThom 27; 56; 80 ist in EvThom 21,6 aber bemerkenswert, dass die Welt nicht einfach als bedeutungslos und uninteressant dargestellt wird, sondern als etwas Gefährliches, vor dem man sich hüten muss. Das könnte an einen Aspekt des johanneischen „Welt-Bildes"[6] denken lassen, der etwa in

---

2 Vgl. HARTENSTEIN: *Charakterisierung im Dialog*, 140–142; PLISCH: *Thomasevangelium*, 86: In EvThom 21 heißt sie nur „Maria" (ⲙⲁⲣⲓϩⲁⲙ), doch höchstwahrscheinlich ist an Maria Magdalena gedacht.

3 NHC III 114,8–12: ⲡⲉϫⲁⲥ ⲛⲁϥ ⲛ̄ϭⲓ ⲙⲁⲣⲓϩⲁⲙⲙⲏ ϫⲉ ⲡϫⲟⲉⲓⲥ ⲉⲧⲟⲩⲁⲁⲃ ⲛⲉⲕⲙⲁⲑⲏⲧⲏⲥ ⲛ̄ⲧⲁⲩⲉⲓ ⲧⲱⲛ ⲏ ⲉⲩⲛⲁ ⲉⲧⲱⲛ ⲏ ⲉⲩⲛⲁⲣ ⲟⲩ ⲙ̄ⲡⲉⲉⲓⲙⲁ („Maria sagte zu ihm: Heiliger Herr (BG: Heiliger Christus), deine Jünger, woher sind sie gekommen, oder wohin gehen sie, oder was werden sie dort tun (BG: was tun sie dort)?")

4 Zu der untergeordneten Rolle, welche die drei Frauen nach Lk 8,2–3 gegenüber Jesus und den Jüngern spielen (8,3: „... welche *ihnen* dienten aus ihren Mitteln."), passt vielleicht Antti Marjanens Interpretation, dass Maria in EvThom 21 noch nicht im vollsten Sinne Jüngerin ist, sondern erst noch „verständig" werden muss; vgl. MARJANEN: „Women Disciples", 93. In jedem Falle fällt auf, dass sie in EvThom 21 über die Jünger Jesu in der dritten Person spricht, als ob sie selbst nicht zu dieser Gruppe gehörte; vgl. dazu auch PETERSEN: *„Zerstört die Werke der Weiblichkeit!"*, 108.

5 Vgl. BROWN: „Gospel of Thomas", 164; PATTERSON: *The Gospel of Thomas and Jesus*, 85.

6 Um unnötige Wiederholungen zu vermeiden, wird die johanneische Konzeption des κόσμος im Zusammenhang mit EvThom 56/80 erörtert.

B. Durchführung

Joh 7,7; 15,18–19; 17,14; 1 Joh 3,13 zum Ausdruck kommt.[7] Allerdings wird dieser in EvThom 21,6 aus anderer Perspektive beleuchtet. Die Welt kommt nicht, wie es für die johanneischen Schriften charakteristisch ist, als handelndes, also hassendes Subjekt in den Blick, sondern nur aus der Sicht der Jünger als Objekt. Daher ist allenfalls von einer thematischen Analogie zur johanneischen Konzeption zu sprechen.

In der Summe sind also die Kontakte zwischen EvThom 21 und den johanneischen Schriften ziemlich schwach. Die Gestalt der Maria (Magdalena), die in der Einleitung des Logions auftritt, hat keine erkennbare Beziehung zur johanneischen Maria Magdalena, und das negative Bild der „Welt" in 21,6 stellt allenfalls eine Analogie zum komplexen Welt-Bild der johanneischen Schriften dar.

---

7 Vgl. dazu auch MARJANEN: „Is Thomas a Gnostic Gospel?", 132–133. Marjanen stellt fest, dass diesem Logion andere Aspekte des johanneischen „Welt-Bildes", etwa dass die Bedrohung durch den Sieg Jesu über die Welt (Joh 16,33) relativiert wird, fehlen. Das kann aber auch durch die Knappheit der Logien bedingt sein, die nicht jeden Aspekt ihres Themas entfalten können.

11. Logion 24

(1) ⲡⲉϫⲉ ⲛⲉϥⲙⲁⲑⲏⲧⲏⲥ ϫⲉ ⲙⲁⲧⲥⲉⲃⲟⲛ` ⲉⲡⲧⲟⲡⲟⲥ ⲉⲧⲕⲙ̄ⲙⲁⲩ ⲉⲡⲉⲓ ⲧⲁⲛⲁⲅⲕⲏ ⲉⲣⲟⲛ ⲧⲉ ⲉⲧⲣⲛ̄ϣⲓⲛⲉ ⲛ̄ⲥⲱϥ`	(1) Seine Jünger sagten: Zeig uns den Ort, an dem du bist, weil es für uns notwendig ist, dass wir nach ihm suchen.
(2) ⲡⲉϫⲁϥ` ⲛⲁⲩ ϫⲉ ⲡⲉⲧⲉⲩⲛ̄ ⲙⲁⲁϫⲉ ⲙ̄ⲙⲟϥ ⲙⲁⲣⲉϥ`ⲥⲱⲧⲙ̄	(2) Er sagte zu ihnen: Wer Ohren hat, soll hören!
(3) ⲟⲩⲛ̄ ⲟⲩⲟⲉⲓⲛ` ϣⲟⲟⲡ` ⲙ̄ⲫⲟⲩⲛ ⲛ̄ⲛⲟⲩⲣ̄ⲙ̄ⲟⲩⲟⲉⲓⲛ ⲁⲩⲱ ϥⲣ̄ ⲟⲩⲟⲉⲓⲛ ⲉⲡⲕⲟⲥⲙⲟⲥ ⲧⲏⲣϥ` ⲉϥⲧⲙ̄ⲣ̄ ⲟⲩⲟⲉⲓⲛ` ⲟⲩⲕⲁⲕⲉ ⲡⲉ	(3) Es befindet sich Licht im Inneren eines „Lichtmenschen", und er leuchtet für die ganze Welt. Wenn er nicht leuchtet, ist er Finsternis.

a) Einbindung in den Kontext

In EvThom 24 fällt auf, dass Jesus überhaupt nicht namentlich genannt wird. In EvThom 24,1 formulieren „seine Jünger" ihr Anliegen, und daraufhin spricht „er" zu ihnen (EvThom 24,2). Aus dem Logion selbst wird nicht ersichtlich, wer mit diesen Pronomina gemeint ist, das muss man aus dem Kontext erschließen: In der Tat wird in EvThom 23 Jesus ausdrücklich als Sprecher genannt. Das bedeutet, dass EvThom 24 formal als Fortsetzung von EvThom 23 aufzufassen ist, auch wenn es inhaltlich keine Berührungspunkte gibt. Das gleiche Phänomen begegnet auch in EvThom 6; 8; 37 (P. Oxy. 655, i 17–ii 1); 43; 51–53; 60; 65; 72; 74; 79; 91; 99; 113. Es zeigt, dass das Thomasevangelium auf der Ebene seiner Kompilation einen stärkeren inneren Zusammenhalt aufweist, als es auf den ersten Blick scheinen mag: Wenn ein Kompilator, Abschreiber oder Übersetzer in den Einleitungen der Einzellogien auf eine namentliche Nennung des Sprechers verzichten konnte, fasste er das Werk allem Anschein nach nicht mehr als eine lose Sammlung von Aphorismen und Apophthegmen auf, sondern als einen zusammenhängenden Text, eben als das „Evangelium nach Thomas". Dies ist zwar kein Freibrief, um auf der Ebene der Textproduktion den Logien *a priori* inhaltliche Kohärenz zu unterstellen, aber es zeigt, wie auf der Ebene der Rezeption die in sich heterogene Sammlung zusehends zu einem Ganzen wurde.

b) Zur Komposition des Logions

EvThom 24 macht seinerseits in sich einen heterogenen Eindruck: Die Jünger stellen eine Frage bzw. äußern ein Anliegen (24,1), aber Jesus geht darauf überhaupt nicht ein, sondern beantwortet die Frage nach dem Ort, an dem er ist, mit einem Weckruf (24,2) und einer Belehrung über das Licht im Inneren des „Licht-Menschen" (24,3). Die Frage nach dem Ort, an dem Jesus ist, bleibt unbeantwortet. Diese Beobachtung wird häufig als Indiz

B. Durchführung

für einen längeren Entstehungsprozess ausgewertet: Die Frage ist demnach eine sekundäre Hinzufügung zu einem ursprünglichen, einfachen Logion (24,3), das eine Parallele in der Q-Überlieferung (Q 11,34–35 bzw. Mt 6,22–23 par. Lk 11,34–36) besitzt.[1] Manche Ausleger stellen zudem fest, dass der zweite Teil von EvThom 77 (EvThom 77, 2–3, in P.Oxy. 1 im Anschluss an EvThom 30 überliefert) eine angemessenere Antwort auf die Fragestellung von EvThom 24,1 darstellen würde.[2] Nun lässt sich auf Konvenienz keine literarkritische Hypothese aufbauen, aber gerade der Seitenblick auf das Logion EvThom 77,2–3, das im Laufe der Überlieferungsgeschichte (greifbar durch P.Oxy. 1 und NHC II) „wandern" konnte, lässt auch für das hier zu besprechende Logion mit einem komplexen Entstehungsprozess rechnen. Um diesem auf die Spur zu kommen, ist freilich das Augenmerk zuerst auf die jeweilige Überlieferungsgeschichte der Einzelelemente zu richten. Für die Zwecke dieser Untersuchung sollen daher die beiden Hauptteile (EvThom 24,1.3) auf ihr jeweiliges Verhältnis zum Johannesevangelium befragt werden.

c) Die Frage der Jünger

Den ersten Teil von EvThom 24, die Bitte der Jünger, identifizierte Raymond E. Brown als Anspielung auf die Fragen, welche die Jünger in den Abschiedsreden des Johannesevangeliums (Joh 14–16) stellen.[3] In diesen Kapiteln, die sich als Anleitung zur Jüngerschaft bei physischer Abwesenheit des Meisters verstehen lassen, wird in der Tat mehrmals die Frage angesprochen, wohin Jesus gehe (Joh 13,36; 14,4–6; 16,5.16–18.28).[4] Ein ähnliches Szenario findet sich aber auch etwa in EpJac (NHC I,2) 2,19–26.[5]

---

1 Vgl. PATTERSON: *The Gospel of Thomas and Jesus*, 86; ZÖCKLER: *Jesu Lehren im Thomasevangelium*, 248; DERS.: „Light within the Human Person", 498; DECONICK: *Recovering the Original Gospel of Thomas*, 64; DIES.: *Original Gospel of Thomas in Translation*, 120–124; GROSSO: *Vangelo secondo Tommaso*, 155. Nach DECONICK: „Original *Gospel of Thomas*", 188–189 ist diese inhaltliche Spannung zwischen dem Logion und der vorhergehenden Frage (wobei die Frage oftmals Anliegen des späten 1. Jahrhunderts artikuliert) ein Hinweis auf die Komposition des Thomasevangeliums als „rolling corpus".
2 Vgl. SCHENKE: „Compositional History", 23; POPKES: „Ich bin das Licht", 655; PLISCH: *Thomasevangelium*, 95.
3 Vgl. BROWN: „Gospel of Thomas", 164; dazu insgesamt vgl. auch GÄRTNER: *Theology of the Gospel of Thomas*, 26.
4 Zwar ist in Joh 12,26; 14,2; 17,24 auch davon die Rede, dass die Jünger dorthin kommen bzw. geholt werden sollen, wo Jesus ist; vgl. FREY: „Eschatology", 79. An diesen Stellen blickt aber Jesus im Monolog aus der Gegenwart in die Zukunft; das eigene Tun (Suchen/Bewegung) der Jünger kommt gar nicht in den Blick.
5 EpJac 2,19–26: ⲁⲩⲱ ⲙⲛⲛⲥⲁ ϯⲟⲩ ⲛ̄ϣⲉ ⲧⲁⲉⲓⲟⲩ ⲛ̄ϩⲟⲟⲩ ⲛ̄ⲧⲁⲣⲉϥⲧⲱⲟⲩ(ⲛ) ⲁⲃⲁⲗ ϩⲛ̄ ⲛⲉⲧⲙⲁⲟⲩⲧ· ⲡⲁϫⲉⲛ ⲛⲉϥ ϫⲉ ⲁⲕⲃⲱⲕ ⲁⲕⲟⲩⲁⲉⲓⲉ ⲁⲣⲁⲛ ⲓⲏ(ⲥⲟⲩ)ⲥ ⲇⲉ ⲡⲁϫⲉϥ ϫⲉ ⲙⲡⲉ· ⲁⲗⲗⲁ

Nun ist aber festzustellen, dass in EvThom 24 eine andere Konzeption zum Ausdruck kommt. In den oben genannten Texten ist durchweg von einer Bewegung Jesu die Rede: Er geht (ὑπάγω/ⲛⲁ bzw. ⲃⲱⲕ) dorthin (zurück), woher er gekommen ist.[6] In EvThom 24 ist hingegen von Bewegung überhaupt keine Rede, sondern die Jünger fragen nach dem Ort, an dem Jesus sich befindet (ⲉⲧⲕⲛ̄ⲙⲁⲩ). Ein Verb der Bewegung ist in ihrer Bitte nicht zu finden. Vereinfacht gesagt: Im Johannesevangelium (wie auch in der Epistula Jacobi) bewegt Jesus sich weg, während die Jünger bleiben, wo sie sind (auch wenn ihnen in EpJac 2,25–26 das Mitgehen in Aussicht gestellt wird[7]). Im Thomasevangelium hingegen befindet sich Jesus bereits an einem bestimmten Ort, den die Jünger suchen wollen; sie wollen sich zu Jesus hin bewegen. Letztere Gesprächssituation ist jedoch, jedenfalls unter den Bedingungen der Antike, reichlich paradox: Das Logion setzt ja voraus, dass Jesus und die Jünger direkt miteinander sprechen, doch die Frage der Jünger suggeriert, dass er sich (bereits) an einem anderen, ihnen nicht bekannten Ort befindet.[8] Dies ist vermutlich der

---

†ⲛⲁⲃⲱⲕ ⲁⲡⲧⲟⲡⲟⲥ ⲛ̄ⲧⲁⲅ̈ⲉⲓ ⲙ̄ⲙⲉⲩ ϣⲡⲉ ⲧⲉⲧⲛ̄ⲟⲩⲱϣⲉ· ⲉⲉⲓ ⲛⲙ̄ⲙⲉⲓ ⲁⲙⲏⲧⲛ̄ („Und nach 550 Tagen nachdem er auferstanden war aus den Toten, sagten wir zu ihm: Du bist gegangen und hast dich von uns entfernt!? Jesus aber sagte: Nein, aber ich werde gehen an den Ort, von dem ich gekommen bin. Um mit mir zu gehen, kommt!") – Zum Verhältnis zu den johanneischen Abschiedsreden vgl. HARTENSTEIN: *Die zweite Lehre*, 243.287–288; speziell für das abschließende Herrenwort 2,24–26 vgl. THEOBALD: *Herrenworte im Johannesevangelium*, 552–553. Nach RÖHL: *Rezeption des Johannesevangeliums*, 46–47 kann die Stelle deswegen nicht als vom Johannesevangelium beeinflusst gelten, weil das Motiv der Rückkehr des Erlösers an seinen ursprünglichen Ort auch in anderen gnostischen Texten belegt ist; vgl. auch H. KÖSTER: „Dialog und Spruchüberlieferung", 547–548. Die von Röhl dafür angeführten Texte (TracTrip 123,6.8; AJ 1,11; UW 127,14–15; TestVer 44,258) greifen dieses Motiv aber im Modus der Darlegung auf, nicht als Jüngerfrage (in EpJac ist es eine Frage an den Auferstandenen). Im Johannesevangelium und in EvThom 24 wird dieses Thema in „Schulgesprächen" verhandelt und dient als Ausgangspunkt für weiterführende Erörterungen. Insofern ist die Verbindung von EvThom 24 zum Johannesevangelium spezifischer als die zu den genannten Nag-Hammadi-Texten.

6 Das Verb ὑπάγω darf, besonders in dieser spezifischen Verwendung im Hinblick auf die Passion bzw. „Erhöhung" Jesu, als ein charakteristischer Bestandteil des johanneischen Vokabulars gelten; vgl. SCHNACKENBURG: *Johannesevangelium* II, 207 mit Anm. 4; ebenso BARRETT: *Gospel According to St John*, 268.

7 Vgl. dazu HARTENSTEIN: *Die zweite Lehre*, 237.

8 Besonders pointiert bei HEDRICK: *Unlocking the Secrets*, 63: „The answer of Jesus to the disciples' very strange question demonstrates the spiritual insensitivity of the disciples ... At the time they ask the question, Jesus is right in front of them (cf. sayings 52 and 91). How could they not know ‚where he was,' since his ‚light' (saying 77a) illuminated all about him (saying 33b)?" Oder sollte man annehmen,

B. Durchführung

Grund, warum Reinhard Nordsieck das Wort ⲧⲟⲡⲟⲥ nicht der Bedeutung des – im weitesten Sinne – geographischen Ortes Jesu versteht, sondern als „sein Stand oder Rang, seine Qualifikation"[9]. Wenn man sich auf diesen Ausweg nicht einlassen möchte, bleibt mit Stephen Patterson festzustellen, dass das von EvThom 24 vorausgesetzte Szenario gegenüber den johanneischen Abschiedsreden einen Schritt weiter zu sein scheint:[10] In diesen fragen die Jünger Jesus vor dessen Weggang, wohin er zu gehen gedenkt, um (in der Zukunft) auch den Weg dorthin zu finden (vgl. v. a. Joh 14,3–6). In EvThom 24 hingegen hat sich Jesus schon wegbegeben, und die Jünger fragen – auf welche Weise auch immer – nach seinem nunmehrigen Ort, weil sie diesen (in der Gegenwart) suchen müssen. Aus diesem Grunde fassen mehrere Autoren das Logion als einen nachösterlichen Dialog mit dem Auferstandenen auf.[11]

In EvThom 24,1 und in den johanneischen Abschiedsreden wird im Grunde das gleiche Problem verhandelt: Wie kann man unter den Bedingungen der Gegenwart, wenn Jesus physisch abwesend ist, mit ihm Gemeinschaft haben und sein Jünger sein?[12] In der Erzählung des Johannesevangeliums wird diese Frage in die Zeit Jesu zurückprojiziert, so dass Jesus selbst noch während seines irdischen Lebens die Jünger mit den nötigen Instruktionen für die Zeit danach ausstatten kann. EvThom 24,1 geht einen anderen Weg: Zwar ist die Bitte der Jünger durch ihren rudimentären narrativen Rahmen, wie er für das Thomasevangelium typisch ist („Seine Jünger sagten zu ihm: ...") in der Vergangenheit situiert, doch die Bitte ist nicht im Blick auf die (erzählte) Zukunft, sondern im Blick auf die Gegenwart formuliert.[13] In der Gegenwart[14] ist es für die Jünger notwendig, nach dem nun-

---

dass Jesus zugleich am „Ort des Lebens" (EvThom 4) ist (so GATHERCOLE: *Gospel of Thomas*, 316)?
9 NORDSIECK: *Thomas-Evangelium*, 120. Vom Bedeutungsspektrum des griechischen Wortes τόπος her ist dies allerdings schwerlich gedeckt; vgl. LSJ, 1806, s.v. τόπος.
10 Vgl. PATTERSON: *The Gospel of Thomas and Jesus*, 210.
11 Vgl. KASSER: *L'Évangile selon Thomas*, 61; ähnlich DECONICK: *Seek to See Him*, 71: „This suggests that Jesus, being the light (L. 77), has returned to his place through his ascent. Now, it is necessary for his followers to attempt the same by means of mystical ascent." So auch SEVRIN: „Ce que l'œil n'a pas vu ...", 319.
12 Vgl. SCHNELLE: „Abschiedsreden", 589–590; GROSSO: *Vangelo secondo Tommaso*, 156–157.
13 Vgl. PATTERSON: *The Gospel of Thomas and Jesus*, 86: „The secondary introductory question posed by the disciples is the present-oriented equivalent of Peter's future-oriented question in John 13:36."
14 Das kommt im Koptischen durch den Nominalsatz zum Ausdruck: ⲧⲁⲛⲁⲅⲕⲏ ⲉⲣⲟⲛ ⲧⲉ ⲉⲧⲣⲛ̄ϣⲓⲛⲉ ⲛ̄ⲥⲱϥ).

mehrigen Ort Jesu zu suchen.¹⁵ Dieses Anliegen kommt im Thomasevangelium auch in mehreren anderen Logien zum Ausdruck. Bereits im programmatischen Logion 2 ist beharrliches Suchen (ϣⲓⲛⲉ) der erste Schritt, um schließlich, am Ende des Kettenschlusses, zur Ruhe (? P.Oxy. 654,8–9) bzw. zur Herrschaft (NHC II 32,19–20) zu kommen. Nach Logion 4 gilt es, ohne Rücksicht auf Statusunterschiede, nach dem Ort (ⲧⲟⲡⲟⲥ) des Lebens zu fragen (ἐπερωτάω/ϫⲛⲉ). In Logion 38 wird die Möglichkeit erfolglosen Suchens (ϣⲓⲛⲉ) vorgestellt. In Logion 60 fordert Jesus hingegen die Jünger auf, für sich einen Ort (ⲧⲟⲡⲟⲥ) in der Ruhe zu suchen (ϣⲓⲛⲉ). Ähnlich werden sie in Logion 76, in der Anwendung des Perlengleichnisses, aufgefordert, den bleibenden Schatz zu suchen (ϣⲓⲛⲉ). Logion 92 formuliert, ähnlich wie Logion 2, die grundsätzliche Aufforderung, zu suchen (ϣⲓⲛⲉ), um zu finden, was in Logion 94 in der dritten Person wiederholt wird. In diesem Kontext erhält schließlich auch die Suche (ϣⲓⲛⲉ) nach dem verlorenen Schaf in Logion 107 einen charakteristischen Klang.

Für sich genommen, fügt sich EvThom 24,1 also gut in die Konzeption des Thomasevangeliums ein. Man könnte sogar sagen: Wer diese Bitte formuliert, hat verinnerlicht, was in EvThom 2; 60; 92; 94 gefordert wird. Ob dies wirklich so ist, wird weiter unten zu erörtern sein.

Zunächst gilt es auf das Verhältnis von EvThom 24,1 zu den Jüngerfragen in den johanneischen Abschiedsreden zurückzukommen. Um in dieser Frage einer Lösung näher zu kommen, seien zwei zentrale Beobachtungen rekapituliert: (1) EvThom 24,1 artikuliert zwar das gleiche Anliegen, setzt aber eine andere Situation voraus als die johanneischen Abschiedsreden. (2) Die Formulierung der Jüngerfrage in EvThom 24,1 ist, verglichen mit denen der johanneischen Abschiedsreden, erzählerisch unplausibel, fügt sich aber gut in den Duktus des Thomasevangeliums ein, in dem der Leser wiederholt, im Modus direkter Anrede, zum Suchen aufgefordert wird.

Im Johannesevangelium findet sich letzteres Motiv in etwas anderer Form: An drei Stellen (Joh 7,34; 8,21; 13,33) spricht Jesus davon, dass die Angesprochenen ihn suchen werden, stellt aber zugleich klar, dass dieses Suchen erfolglos sein wird. Die ersten beiden Belege stehen als Rätseldialoge¹⁶ im Kontext der Auseinandersetzung mit den „Juden". Anders als

---

15 Da dieser Ort gesucht werden muss, handelt es sich nach DeConick: *Seek to See Him*, 71 nicht um eine postmortale Existenz, sondern um einen mystischen Aufstieg, der, so darf man wohl ergänzen, vom Mystiker hier und jetzt zu bewerkstelligen ist.
16 Anders als in EvThom 24, liegt bei den Rätseldialogen des Johannesevangeliums die Initiative bei Jesus: Er macht eine mehrdeutige Aussage, diese wird von seinen Gesprächspartnern (in Joh 7 und Joh 8 den „Juden") missverstanden, dann löst Jesus das Rätsel – mehr oder weniger – auf; vgl. dazu Thatcher: „Riddles, Repetitions", 365–370.

B. Durchführung

beim sonstigen Gebrauch von ζητέω im Sinne von „trachten", „versuchen", ist dieses Suchen ein neues, qualifiziertes Suchen, es ist soteriologisch relevant,[17] sein Scheitern bedeutet das Verbleiben im Bereich der Sünde (Joh 8,21).[18] Umso bemerkenswerter ist, dass der johanneische Jesus diese gar nicht erbauliche Verheißung in Joh 13,33 auch den Jüngern gegenüber äußert.[19] Nun wird Jesu physische Abwesenheit und Unauffindbarkeit durch das Liebesgebot gewissermaßen ausgeglichen; dieses stellt die unmittelbare Antwort auf die Jüngerfrage dar.[20] Die Frage des Petrus, wohin Jesus gehe (Joh 13,36), zeigt zudem, dass das Gespräch nicht abge-

---

17 Vgl. HASITSCHKA: *Befreiung von Sünde*, 193.199–200; ähnlich BARRETT: *Gospel According to St John*, 268. Mit anderer Nuance interpretieren THEOBALD: *Herrenworte im Johannesevangelium*, 432–438.440–444; WENGST: *Johannesevangelium 1*, 300; THEOBALD: *Evangelium nach Johannes 1–12*, 531 den Vers (7,34): Jesus spreche hier „*in persona sapientiae*", wie es besonders deutlich in Spr 1,28 artikuliert ist (vgl. dazu auch die Ausführungen zu EvThom 38, s. u. B.II.17.e). Auch dadurch erhält der Vers den Charakter einer dringlichen Drohung; so auch schon BULTMANN: *Evangelium des Johannes*, 231–233.264. Ähnlich THYEN: *Johannesevangelium*, 398, der an allen drei Stellen (7,34; 8,21; 13,33) im Detail der „kleinen Weile" besondere Dringlichkeit ausgedrückt sieht. Ganz anders DENNIS: „Seeking Jesus", 162: Mit Ausnahme von Joh 13,33; 20,15 bezeichne ζητέω im Johannesevangelium immer ein feindseliges Suchen in der Absicht, Jesus zu töten. Dadurch erhalte das Verb auch in 7,33–34; 8,21 eine ironische Wendung. Der Unterschied in der Verwendung von ζητέω als transitivem Verb und als Hilfsverb wird dabei freilich vernachlässigt.
18 Zur Bedeutung des Singulars ἁμαρτία im Sinne von Unglaube und Gottesferne vgl. BROWN: *John i–xii*, 350; SCHNACKENBURG: *Johannesevangelium* II, 250; LINCOLN: *Gospel According to St John*, 267.
19 In der Anwendung auf die Jünger blickt diese Ankündigung sowohl auf die bevorstehende Passion, als auch auf die zukünftige physische Abwesenheit Jesu voraus; vgl. BARRETT: *Gospel According to St John*, 376. Nach BULTMANN: *Evangelium des Johannes*, 402; SCHNACKENBURG: *Johannesevangelium* III, 58 wird damit deutlich, dass die Jünger vor der Sendung des Parakleten (14,26) den „Juden" von 7,33; 8,21 nichts voraushaben (ähnlich ebd., 62 im Blick auf Joh 13,36); ähnlich C. R. KOESTER: „Jesus as the Way to the Father", 123. Allerdings wird die Zeit des Suchens, im Gegensatz zu 7,34; 8,21, aber im Blick auf die ab 14,1 gemachten Verheißungen, nur eine vorübergehende sein; vgl. BROWN: *John xiii–xxi*, 612; LINCOLN: *Gospel According to St John*, 387. Ähnlich WENGST: *Johannesevangelium 2*, 120; BRANKAER: „Les citations internes", 141: In Joh 13,33 ist, anders als in 7,34, keine Rede von negativen Konsequenzen des erfolglosen Suchens; für die Jünger wird es möglich sein, Jesus (wieder) zu finden.
20 So auch BULTMANN: *Evangelium des Johannes*, 402–403; BARRETT: *Gospel According to St John*, 377; BROWN: *John xiii–xxi*, 612; SCHNACKENBURG: *Johannesevangelium* III, 59 (erst auf der Ebene der Redaktion); LINCOLN: *Gospel According to St John*, 387–388; THYEN: *Johannesevangelium*, 607.632–633; ZUMSTEIN: *L'Évangile selon Saint Jean (13–21)*, 49.52–54 (unbeschadet des Umstandes, dass sich die Einfü-

brochen ist,[21] und leitet zu den Abschiedsreden über. In diesen wird jedoch deutlich, dass die Abwesenheit Jesu nicht dadurch bewältigt wird, dass die Jünger ihn suchen, sondern dass er selbst das Liebesgebot gibt (Joh 13,34–35; 15,9–17),[22] die Perspektive des Glaubens anbietet[23] und die Sendung des Parakleten bewirkt (Joh 14,25–26; 16,12–15).[24] In allererster Linie geht es dabei um das Verhältnis der Jünger zum Vater, zu dem Jesus sich als der „Weg" vorstellt (Joh 14,6).[25]

In der Jüngerfrage von EvThom 24,1 erscheint hingegen die eigene Tätigkeit der Jünger als ein Versuch, die Abwesenheit Jesu zu bewältigen und die Trennung von ihm aufzuheben. Noch deutlicher auf das Johannesevangelium bezogen, könnte man diese Bitte als eine Reformulierung der in Joh 14,8 von Philippus geäußerten Bitte verstehen: Wenn Jesus zum Vater geht, ist dort eben der Ort, wo er nunmehr ist.[26] Dies geschieht freilich in der für das Thomasevangelium typischen Perspektive: Anders als von Philippus in Joh 14,8 gewünscht, „genügt"[27] es nicht, dass Jesus den Jüngern seinen Ort zeigt, sondern dieses Zeigen ist ein Mittel zum Zweck;

---

gung des Liebesgebotes an dieser Stelle auch einer *Relecture* der ersten Abschiedsrede verdanken kann).

21 Etwas anders akzentuiert BARRETT: *Gospel According to St John*, 377: „Dissatisfied with the command of love, Peter takes up v. 33 in his desire to follow Christ at once. Knowledge and religious experiences are more attractive than obedience." In der Tat wird die von Petrus angestoßene Frage erst ab 14,5 aufgegriffen und weitergeführt; vgl. dazu auch LINCOLN: *Gospel According to St John*, 390. Nach SCHNACKENBURG: *Johannesevangelium* III, 62 ist die Frage hingegen „für den Evangelisten ein literarisches Mittel, um Jesu Worte an Petrus, dann auch an die anderen Jünger (14,1ff), anzuschließen."

22 Vgl. SCHNELLE: „Abschiedsreden", 601–602.

23 Vgl. dazu POPP: „Die konsolatorische Kraft der Wiederholung", 542–544.

24 Vgl. SCHNACKENBURG: *Johannesevangelium* III, 144: „Im Nachdenken über den ‚Weggang' Jesu ging Joh und seinen Schülern auf, daß Jesus in anderer Weise zu den Seinigen gekommen ist (14,28) und der Geist, der bei ihnen und in ihnen ist, Jesu Werk fortsetzt (16,7). Nicht Trennung, sondern neue Gemeinschaft entstand, und das auf einer höheren und weiteren Ebene, die zur Vollendung des irdischen Werkes Jesu notwendig war (vgl. 14,12.28; 15,16; 16,8–15; 17,2)." Vgl. auch LINCOLN: *Gospel According to St John*, 396–397.

25 Vgl. C.R. KOESTER: „Jesus as the Way to the Father", 117: Im weiteren Verlauf lenkt Jesus das Gespräch vom „Kommen" zum Vater (14,6) über das „Erkennen" des Vaters (14,7) zum „Glauben" an den Vater (14,9).

26 Der Umkehrschluss in der Interpretation von Joh 14,8 ist jedoch nicht zulässig: Im Kontext geht es ja nicht hauptsächlich darum, dass Jesus selbst zum Vater geht, sondern dass er der Weg zum Vater *ist*; aus der Frage des Philippus könnte eine gewisse Scheu davor sprechen, diesen Weg tatsächlich zu beschreiten.

27 Anders SCHNACKENBURG: *Johannesevangelium* III, 77: „In der Phrase ‚und es genügt uns' liegt eine gewisse Ironie; denn sehr genügsam zeigt sich der Jünger

B. Durchführung

es soll ihnen ein zielgerichtetes Suchen ermöglichen, so wie es an verschiedenen Stellen im Thomasevangelium propagiert wird (s. o.).

Die thematische Nähe von Thomas- und Johannesevangelium an dieser Stelle ist schwerlich als Zufall zu erklären, doch es stellt sich die Frage, wie die Texte zueinander stehen. Wenn das Johannesevangelium verschiedentlich erklärt, es sei unmöglich, aus eigener Kraft die Trennung von Jesus zu überwinden und ihn erfolgreich zu „suchen" und schließlich zu „finden" (Joh 7,33–34; 13,33; ähnlich 8,21), könnte darin, wie April DeConick vermutet, eine Polemik gegen die Konzeption des Thomasevangeliums liegen:[28] Immerhin erklärt der johanneische Jesus, dass das, was nach dem Thomasevangelium die wichtigste Aufgabe des Jüngers ist, prinzipiell keinen Erfolg haben kann. Die jeweils Angesprochenen (die „Juden" in Joh 7,33–34; 8,21, die Jünger in 13,33) sind (aus eigener Kraft) nicht in der Lage, dorthin zu kommen, wo Jesus hingeht bzw. ist. Zwar wird auch im Johannesevangelium eine neue Gemeinschaft mit Jesus in Aussicht gestellt,[29] aber diese wird durch Jesus bewirkt, er ist der Handelnde, der die Jünger zu sich holt (Joh 14,3.8; 16,22). In der Tat ist es auffällig, dass im Johannesevangelium das eigenständige Suchen nach Jesus so deutlich und wiederholt abgelehnt wird.

In den beiden Evangelien kommen also gegensätzliche Standpunkte zum Ausdruck. Damit ist aber nicht automatisch gesagt, dass ein Text gegen den anderen polemisiert. Im Johannesevangelium ist Polemik zwar durchaus präsent (vgl. nur Joh 8,44; 10,8–10), doch es bleibt häufig unklar, wer damit gemeint ist. Selbst in den Johannesbriefen, die in ihrer Polemik eine wesentlich klarere Sprache pflegen und oft herangezogen werden, um die Frontstellung des Johannesevangeliums zu klären, ist kaum eindeutig zu sagen, gegen wen sie sich richten.[30] Um bei den drei „Orakeln" Joh 7,33–34; 8,21; 13,33 anzusetzen: An allen drei Stellen ist auf den Tod Jesu bzw. die Zeit nach seinem Tod angespielt. In den beiden ersten Fällen löst das Wort vom Suchen, Nicht-Finden und Nicht-Kommen-Können bei den „Juden" ein Missverständnis aus, das aber jeweils eine tiefere Wahrheit anspricht und somit als „produktives Missverständnis" gelten kann.[31] Der dritte Beleg steht im Kontext der Abschiedsreden. Nun richtet sich das Wort Jesu an den engsten Jüngerkreis, der auf die Zeit seiner Abwesenheit

---

nicht." Nach C. R. KOESTER: „Jesus as the Way to the Father", 124 spielt die Frage des Philippus auf die Frage der Gegner in Joh 8,25 an.
28 Vgl. DECONICK: *Seek to See Him*, 71–73.
29 Vgl. dazu auch THEOBALD: *Herrenworte im Johannesevangelium*, 453–454.
30 Zur jüngeren Diskussion vgl. insgesamt Hj. SCHMID: *Gegner im 1. Johannesbrief?*; STREETT: *They Went Out From Us*.
31 Vgl. THEOBALD: *Herrenworte im Johannesevangelium*, 450.452 und die Ausführungen zu EvThom 38 (s. u. B.II.17.e).

vorbereitet werden soll. Ein prägnantes Wort (ὑπάγω ..., ζητήσετέ με [καὶ οὐχ εὑρήσετε], καὶ ὅπου εἰμὶ ἐγὼ/ἐγὼ ὑπάγω ὑμεῖς οὐ δύνασθε ἐλθεῖν),[32] das sehr wahrscheinlich aus älterer Überlieferung stammt, wird hier also auf unterschiedliche Situationen angewendet.[33] Dieser Befund spricht eher gegen die Annahme, dieses Wort sei im Kontext des Johannesevangeliums polemisch gegen bestimmte „Gegner" gerichtet.

Nun könnte man daraus schließen, dass das Thomas- und das Johannesevangelium den Gedanken unabhängig voneinander aus der gleichen oder einer ähnlichen Tradition geschöpft haben. Das wird bei EvThom 38 eingehender zu erörtern sein. In EvThom 24 liegt hingegen kein Wort vom Suchen und Nicht-Finden vor, sondern das Stichwort „Suchen" kommt in einem Kontext zur Sprache, der, wie die johanneischen Abschiedsreden, die Abwesenheit Jesu thematisiert. Das setzt allerdings einen größeren narrativen Rahmen voraus, den das Thomasevangelium selbst nicht bietet.

Angesichts dessen lässt sich vermuten, dass in EvThom 24,1 eine Jüngerfrage nach der Art der johanneischen Abschiedsreden (Joh 13,36; 14,5.8) aufgegriffen und im Stil des Thomasevangeliums neu formuliert wurde. Die besondere Betonung des Suchens passt trefflich zu einer Reihe anderer im Thomasevangelium versammelter Logien; daher liegt es nahe, dass EvThom 24,1 gar keine Vorgeschichte außerhalb des Thomasevangeliums hat, sondern erst auf der Stufe der Kompilation, mit Bezug zu und in Absetzung von den johanneischen Jüngerfragen, formuliert wurde.

Für die Leitfrage dieser Untersuchung bedeutet das, dass EvThom 24,1 sich auf das Johannesevangelium bezieht. Allerdings lässt sich dieser Bezug nicht auf einen bestimmten Referenztext einengen; das Thomasevangelium scheint hier auf seine Weise ein Motiv zu rezipieren, das im Johannesevangelium an mehreren Stellen in unterschiedlichen Formen vorkommt (Joh 7,33–34; 8,21; 13,33.36; 14,4–5.8; 16,5.28). Dies unterstützt auch die Annahme, dass hier tatsächlich das abgeschlossene Johannesevangelium rezipiert wird und nicht eine diesem vorausliegende Überlieferung. Also: EvThom 24,1 (und damit EvThom 24 in seiner Endfassung) ist ein Exemplar aus der Klasse derjenigen Logien, die im Johannesevangelium ein thematisches Pendant haben, wobei es sich direkt auf dieses bezieht.

d) Die Antwort Jesu

Wenn nun die Antwort Jesu (EvThom 24,3) besprochen werden soll, so ist zuerst eine sprachliche Unklarheit im koptischen Text zu benennen:

Es ist nicht klar, worauf sich das Verb ϥⲣ̄-ⲟⲩⲟⲉⲓⲛ bezieht. Das maskuline Personalpronomen (ϥ-) kann sich sowohl auf den „Licht-Menschen"

---

32 Vgl. dazu auch die Ausführungen zu EvThom 38 (s. u. B.II.17.e).
33 Vgl. insgesamt THEOBALD: *Herrenworte im Johannesevangelium*, 425–429.

B. Durchführung

(ⲡⲙ̄ⲟⲩⲟⲉⲓⲛ) beziehen („er leuchtet")[34], als auch auf das Licht (ⲟⲩⲟⲉⲓⲛ) selbst („es leuchtet").[35] Letzteres erscheint etwas problematisch: Wenn das Licht selbst jeweils Subjekt von ⲣ-ⲟⲩⲟⲉⲓⲛ wäre, dann wäre zu fragen, warum weiter oben eigens vom Licht-Menschen die Rede war, wenn dieser im weiteren Verlauf des Logions keine Rolle mehr spielt. Wenn sich das Verb hingegen auf den Licht-Menschen bezieht („er leuchtet"), dann wird klar, dass das Logion von dessen Aufgabe und Verantwortung handelt.[36] Folgende Übersetzung erscheint daher geraten: „Es gibt Licht im Inneren eines Licht-Menschen, und er leuchtet (macht Licht) für die ganze Welt. Wenn er nicht leuchtet (Licht macht), ist er Finsternis."

Wenn Bezüge zu den kanonischen Evangelien zu besprechen sind, so ist zuerst auf eine Parallele hinzuweisen, die sich nur durch das griechische Fragment P.Oxy. 655d erschließt. Dieses kleine Papyrusfragment, das gerade einmal die schmalen Reste von fünf Zeilen enthält, konnte erst durch die Entdeckung des koptischen Textes in NHC II unserem Logion zugeordnet werden.[37] Dennoch ist in der zweiten Zeile dieses Fragments das Wort [φ]ωτεινῷ weitgehend erhalten. Dieses relativ seltene Wort[38]

---

34 So *Evangelium nach Thomas*, 19; SIEBER: *Redactional Analysis*, 62; MÉNARD: *L'Évangile selon Thomas*, 61; LAMBDIN: „Gospel According to Thomas", 65 (aber s. Anm.); BLATZ: „Das koptische Thomasevangelium", 102; PATTERSON: *The Gospel of Thomas and Jesus*, 210 (aber s. Anm. 21.22.23); BETHGE: „Evangelium Thomae Copticum", 526 (aber s. Anm. 46); SCHRÖTER/BETHGE: „Evangelium nach Thomas", 169, aber s. Anm. 81 (= AcA I/1, 511, aber s. Anm. 139); NORDSIECK: *Thomas-Evangelium*, 119; PLISCH: *Thomasevangelium*, 94 (aber s. Anm.); P. NAGEL: *Codex apocryphus gnosticus* 1, 121.

35 So LAYTON: *Gnostic Scriptures*, 385 (aber s. Anm.); MEYER: „Gospel of Thomas", 136; ZÖCKLER: *Jesu Lehren im Thomasevangelium*, 248 (aber s. Anm. 8.9); DECONICK: *Original Gospel of Thomas in Translation*, 122; SCHÜNGEL: „Zur Neuübersetzung des Thomasevangeliums", 279–280; HEDRICK: *Unlocking the Secrets*, 63.

36 Vgl. dazu insgesamt P. NAGEL: „Neuübersetzung des Thomasevangeliums", 234; auch GATHERCOLE: *Gospel of Thomas*, 315.317. Im Gegensatz dazu versteht SCHÜNGEL: „Zur Neuübersetzung des Thomasevangeliums", 280 das Licht als „die jeweils persönliche Horizont-Erhellung". Dafür muss er aber in seiner Übersetzung ein Pronomen einfügen: „... und es beleuchtet (ihm) die ganze Welt." Ähnlich ZÖCKLER: „Light within the Human Person", 495.

37 In der *editio princeps* (GRENFELL/HUNT: *New Sayings of Jesus*, 38) stellten die Herausgeber zwar den Buchstabenbestand vor, wagten aber keine Rekonstruktion des verlorenen Textes; für einen diesbezüglichen Versuch („Restoration exempli gratia") vgl. ATTRIDGE: „Greek Fragments", 117; ähnlich auch schon mit Vorbehalten KRAFT: „Oxyrhynchus Papyrus 655 Reconsidered", 261–262. Für eine Gegenüberstellung der erhaltenen griechischen und koptischen Texte von EvThom 24 vgl. EISELE: *Welcher Thomas?*, 256.

38 Der *Thesaurus Linguae Graecae* (www.tlg.uci.edu, aufgerufen am 14. Januar 2011) bietet zwar für den Suchbegriff φωτειν- 1.546 Treffer, doch die überwiegende

wird auch in Mt 6,22–23 par. Lk 11,34–36 (Q 11,34–35) in Bezug auf Menschen verwendet. Dort ist die Rede davon, dass, wenn das Auge „einfach" ist, der ganze Leib voller Licht (φωτεινόν) ist. In dem Ausdruck „Lichtmensch" (ⲡⲣⲙⲟⲩⲟⲉⲓⲛ/φωτεινός)[39] von EvThom 24,3 scheint der Gedanke jenes Q-Logions kompakt zusammengefasst zu sein. Die charakteristische[40] Verwendung dieses ohnehin seltenen Wortes legt nahe, dass zwischen der griechischen Fassung von EvThom 24,3 (P.Oxy. 655d) und Mt 6,22–23 par. Lk 11,34–36 (Q 11,34–35) zumindest ein traditionsgeschichtlicher Kontakt besteht;[41] ob dieser auf der Ebene der synoptischen Evangelien oder schon auf der Ebene von Q – oder gar noch früher – anzusiedeln ist, kann und muss hier nicht entschieden werden.[42] Festzuhalten ist, dass die Vorstellung von EvThom 24,3, wonach ein Mensch φωτεινός ist, in der synoptischen Überlieferung eine Parallele hat, wenngleich der Gedanke dort insgesamt nicht bestimmend ist.

Das Motiv vom Licht, das im Menschen ist, begegnet im Johannesevangelium nur in 11,9–10; Helmut Koester führte diese Passage und EvThom 24,3 auf dasselbe traditionelle Logion zurück, wenngleich das Johannesevange-

---

Mehrheit der Belege stammt aus spätantiken bzw. mittelalterlichen Autoren, wobei, etwa in Konzilsakten, auch der Personenname Photeinos eingeschlossen ist. Verbreiteter literarischer Verwendung scheint sich das Wort erst ab dem 2. Jahrhundert n. Chr. erfreut zu haben. Bemerkenswert ist jedoch der (auch) metaphorische Gebrauch in den philosophischen Schriften Plutarchs: Mor. 9B; 57C; 270D; 610E; 1110B. Nach WILMET: *Concordance du Nouveau Testament Sahidique* II/2, 1020–1023 s.v. ⲟⲩⲟⲉⲓⲛ wird das griechiche φωτεινός aber im sahidischen Neuen Testament nirgends mit ⲡⲣⲙⲟⲩⲟⲉⲓⲛ wiedergegeben, sondern zumeist durch Wendungen mit dem Substantiv ⲟⲩⲟⲉⲓⲛ und einer Kopula. In Phil 2,15 – einer Stelle, die sachlich sehr nahe bei EvThom 24 liegt – wird φωστήρ mit ⲣⲉϥⲣⲟⲩⲟⲉⲓⲛ wiedergegeben.
39 Insofern in P.Oxy. 655(d), 3 zu ergänzen ist: [ἐν ἀνθρώπῳ φ]ωτεινῷ, wird man annehmen, dass mit „Lichtmensch" kein spezielles, gar übernatürliches Wesen gemeint ist, sondern jeder Mensch, der vom Licht erfüllt ist; vgl. dazu ZÖCKLER: „Light within the Human Person", 491.
40 Dass sich der gleiche Gedanke auch anders ausdrücken lässt, zeigt ein Spruch, der in der griechischen Fassung von 1 Hen 5,8 (Codex Panopolitanus) überliefert ist: Καὶ ἔσται ἐν ἀνθρώπῳ πεφωτισμένῳ φῶς καὶ ἀνθρώπῳ ἐπιστήμονι νόημα; vgl. dazu POIRIER: „Un parallèle Grec partiel".
41 Bei PATTERSON: *The Gospel of Thomas and Jesus*, 95 sind EvThom 24,3 und Mt 6,22–23 als „cousins" klassifiziert. Bereits für DORESSE: *Livres secrets* 2, 162–163 war Mt 6,22–23 par. Lk 11,33–36 – neben EvThom 33 – die vorrangige Parallele zu EvThom 24,3.
42 Letzteres scheint NORDSIECK: *Thomas-Evangelium*, 121 anzunehmen; vgl. auch ZÖCKLER: *Jesu Lehren im Thomasevangelium*, 248; DERS.: „Light within the Human Person", 492. S. L. DAVIES: *The Gospel of Thomas and Christian Wisdom*, 145 scheint Mt 6,22–23 par. Lk 11,34–36 gar für eine paränetische Umformung des ursprünglich mystagogischen Spruches EvThom 24 zu halten.

B. Durchführung

lium hier keine Aussage über die metaphysische Identität der Gläubigen mache.[43] Es fällt jedoch auf, dass in Joh 11,10 das Licht *im* Menschen nur in der negativen Wendung zur Sprache kommt: „Wenn jemand in der Nacht umhergeht, stößt er an, weil das Licht nicht in ihm[44] ist." Der vorausgehenden positiven Wendung in Joh 11,9 liegt ein anderes Konzept zugrunde:[45] „Wenn jemand am Tage umhergeht, stößt er nicht an, weil er das Licht dieser Welt sieht." Demnach befindet sich das Licht außerhalb des Umhergehenden und ist von diesem unterschieden. Überspitzt gesagt: Nach johanneischer Vorstellung bringt bzw. produziert der Mensch kein Licht, sondern ist – gewissermaßen als Konsument – auf Licht aus einer anderen Quelle angewiesen. Diese Konzeption begegnet im Johannesevangelium mehrfach, am deutlichsten in Joh 8,12 und 12,35–36.46, wo der Besitz (ἔχειν) des Lichtes gleichbedeutend ist mit dem Glauben an Jesus;[46] die Gläubigen können

---

43 Vgl. H. KOESTER: *Ancient Christian Gospels*, 117; ähnlich schon DERS.: „Gnostic Sayings and Controversy Traditions", 109: Ein Spruch wie EvThom 24,3 liege sowohl EvThom 77,1 als auch Joh 8,12 zugrunde.

44 Wenn man zum Vergleich mit dem Thomasevangelium das sahidische Neue Testament in der Ausgabe von *Horner* heranzieht, kann man an dieser Stelle in die Irre geführt werden (vgl. etwa POPKES: „Ich bin das Licht", 665). *Horner* bietet statt ἐν αὐτῷ im Haupttext ⲛ̅ϩⲏⲧⲥ̅ (mit femininem Pronominalsuffix), was die *varia lectio* ἐν αὐτῇ reflektiert, die allerdings nur in D* und durch die altlateinische Handschrift aur bezeugt ist. Dort ist das Pronomen also nicht auf den Umhergehenden bezogen, sondern auf die Nacht, in der (natürlich) kein Licht ist. Für die mit der überwältigenden Mehrheit der griechischen Zeugen übereinstimmende Lesart ⲛ̅ϩⲏⲧϥ̅ (mit maskulinem Pronominalsuffix) gab *Horner* im Apparat nur eine einzige Handschrift an. An diesem Befund hat sich mittlerweile einiges geändert. Die Handschriften sa 1 (*Quecke*) und sa 5 (*Schüssler*) lesen am Schluss von Joh 11,10 ⲛ̅ϩⲏⲧϥ̅, und im Apparat z. St. verzeichnete *Quecke* keine Abweichung in den von ihm herangezogenen Vergleichshandschriften (sa 4, sa 5, sa 9). Daher wird man nun eher geneigt sein, auch für die sahidische Übersetzung an dieser Stelle ein maskulines Pronominalsuffix mit Bezug auf den Umhergehenden anzunehmen.

45 Der Wechsel von Joh 11,9 (Sehen des Lichtes) zu 11,10 (Licht im Umhergehenden) führt den Spruch auf eine symbolische Ebene, auf der das „Anstoßen" den Heilsverlust bedeutet; vgl. SCHNACKENBURG: *Johannesevangelium* II, 408; ähnlich THEOBALD: *Fleischwerdung des Logos*, 315–316; ZÖCKLER: *Jesu Lehren im Thomasevangelium*, 95–96; differenziert SCHWANKL: „Metaphorik von Licht und Finsternis", 156–157. Nach SCHWANKL: *Licht und Finsternis*, 245 löst sich die Spannung zwischen den beiden Konzeptionen im Hinblick auf die antike Vorstellung von optischer Wahrnehmung, wie sie etwa in Mt 6,22–23 par. Lk 11,34–36 zum Ausdruck kommt.

46 Vgl. dazu auch SCHWANKL: *Licht und Finsternis*, 246; ONUKI: „Fleischwerdung des Logos", 78–79; auch FREY: *Johanneische Eschatologie* III, 428–429. Im 1. Johannesbrief wird ein anderer Akzent gesetzt, insofern das „Wandeln im Licht" (1 Joh 1,7) bzw. „Sein/Bleiben im Licht" (1 Joh 2,9–10) für Gemeinschaft und Bru-

in dieser Konzeption höchstens „Söhne des Lichtes" (Joh 12,36) werden.[47] Diese ausdrücklich christologische Zuspitzung der Lichtmetaphorik kann für das Johannesevangelium als typisch gelten,[48] denn Jesus wird dort häufig und an entscheidenden Stellen,[49] allerdings nur in Joh 1–12, als Licht (Joh 1,5–10; 3,19–21; 12,35–36.46) bzw. als „das Licht der Welt" (Joh 8,12; 9,5) bezeichnet[50] – letzteres scheint für den Verfasser des Johannesevangeliums schon ein geprägter Begriff gewesen zu sein.[51] Das Verhältnis von EvThom 24,3 zu dieser johanneischen Lichtmetaphorik wird nun häufig im Sinne eines klaren Gegensatzes so beurteilt, dass EvThom 24,3 die Herkunft aus dem Licht und den Besitz des Lichtes im eigenen Inneren für alle Jünger in Anspruch nehme, während das Johannesevangelium dies exklusiv auf Jesus beschränke.[52] Überlieferungsgeschichtlich lässt sich dies auf unterschiedliche Weise auswerten: Das Thomasevangelium könnte die exklusivchristologische Lichtmetaphorik des Johannesevangeliums egalisiert haben, oder das Johannesevangelium könnte die egalitäre, optimistische Konzeption des Thomasevangeliums durch die christologische Zuspitzung „recht-

---

derliebe stehen; vgl. dazu SCHNACKENBURG: *Johannesbriefe*, 116; POPKES: „Ich bin das Licht", 650–652. Freilich ist diese unterschiedliche Akzentsetzung nicht als strikter Kontrast aufzufassen; vgl. LIEU: „Blindness", 91; KLAUCK: *Der erste Johannesbrief*, 127; LIEU: *I, II & III John*, 82–84.
47 Vgl. SCHWANKL: *Licht und Finsternis*, 267.
48 „Christologische Zuspitzung" bezieht sich dabei nur auf den Referenten der Lichtmetapher. Sie hindert den Verfasser des Johannesevangeliums nicht daran, etwa in 8,12 unmittelbar im Anschluss an die christologische Aussage die Konsequenzen für jene zur Sprache zu bringen, die Jesus nachfolgen bzw. nicht nachfolgen; die komplexe Metapher erlaubt diese Entfaltung; vgl. AUNE: „Dualism", 288.
49 Vgl. THEOBALD: *Fleischwerdung des Logos*, 305–307; DERS.: *Evangelium nach Johannes 1–12*, 728 spricht von „Lichttexten, die sich seit 8,12 ... wie ein Echo auf dieses Wort über die anschließenden Kapitel verteilen ...".
50 Vgl. auch HASITSCHKA: *Befreiung von Sünde*, 130: „Licht ist das bedeutendste Symbol, durch das Jesu Heilsfunktion in bezug auf die Welt ausgedrückt wird." Vgl. auch BARRETT: *Gospel According to St John*, 131–132; SCHWANKL: „Metaphorik von Licht und Finsternis", 141; POPKES: „Ich bin das Licht", 647–650. Ähnlich, aber im Hinblick auf die Identitätsaussagen zu schwach, H. KOESTER: *Ancient Christian Gospels*, 263: „It is characteristic for the composition of the Johannine discourses that such claims as ‚having the light' or ‚having come from above' are exclusively made by Jesus."
51 Nach THEOBALD: *Fleischwerdung des Logos*, 308 artikuliert der johanneische Jesus damit „einen universalen Anspruch, der die Kehrseite seines exklusiven Anspruchs ist, *einziger* Offenbarer bzw. *das* Licht zu sein."
52 Vgl. TREVIJANO ETCHEVERRÍA: „Reconversión de la Escatología", 147; PAGELS: *Beyond Belief*, 40–41.66–69; POPKES: *Menschenbild des Thomasevangeliums*, 93–94; ähnlich, aber ohne ausdrückliche Bezugnahme auf EvThom 24, J.D. TURNER: „Johannine Legacy", 126.

B. Durchführung

gläubig" gemacht haben.⁵³ Allerdings ist zu beachten, dass im Johannesevangelium über Jesus bedeutend mehr gesagt wird als in EvThom 24,3 über den „Lichtmenschen": Der johanneische Jesus ist nicht jemand, in dem sich (als etwas von ihm Unterschiedenes) Licht befindet, sondern er ist selbst das Licht – wie es auch in EvThom 77,1 zum Ausdruck kommt.⁵⁴

Damit ist zu fragen, ob EvThom 24,3 überhaupt einen klar benennbaren Bezug zum Johannesevangelium habe. Die Lichtmetaphorik ist ja in unserem Logion und im Johannesevangelium durchaus unterschiedlich entwickelt, und allein der Seitenblick auf Mt 6,22–23 par. Lk 11,34–36 (Q 11,34–35) zeigt, dass diese Metaphorik kein Proprium des Thomas- und Johannesevangeliums ist; die bloße Verwendung des Motivs „Licht" begründet also noch nicht die Annahme einer literarischen oder traditionsgeschichtlichen Verbindung.⁵⁵ Beachtlich ist allerdings, dass sowohl in EvThom 24,3 als auch in Joh 1,9–10; 8,12; 9,5 vom Licht für die (ganze) Welt die Rede ist (so wie auch in Mt 5,14!).⁵⁶ Man könnte vermuten, dass EvThom 24,3 das Szenario von Joh 1,9–10, das reichlich pessimistisch erscheinen mag, ins Positive wendet. Dennoch sind die Parallelen zu unspezifisch, um eine literarische Bezugnahme begründen zu können; man wird allenfalls einen gemeinsamen Traditionshintergrund annehmen. Die

---

53 Nach PAGELS: *Beyond Belief*, 66–67 liegt zudem ein deutlicher Kontrast zu EvThom 24,3 darin, dass im Johannesprolog das Licht zwar in die Welt kommt (Joh 1,9), aber in der Welt nicht Fuß fassen kann (Joh 1,5.10.11). Im Bezug auf die Protologie (göttliches Licht) ist die Differenz zwischen Thomas- und Johannesevangelium bei PAGELS: „Exegesis of Genesis 1", 481.487 besonders stark betont.
54 Manche Autoren identifizieren auch in EvThom 24 das „Licht" mit Jesus; vgl. S. L. DAVIES: *The Gospel of Thomas and Christian Wisdom*, 109; FIEGER: *Thomasevangelium*, 103; HEDRICK: *Unlocking the Secrets*, 63; ähnlich TREVIJANO ETCHEVERRÍA: „Reconversión de la Escatología", 150. Diese Deutung wird möglich, wenn man Logion 77 als Interpretament heranzieht. Auf diese Weise kann Fieger die Antwort Jesu als echte Antwort auf die Frage auffassen: „In Form eines Lichtpartikels ist Jesus in jedem Menschen vorhanden." (FIEGER: *Thomasevangelium*, 103). Gegen dieses Verständnis spricht jedoch, dass EvThom 24,3 als abstrakte Existenzaussage mit ογπ („es gibt") formuliert ist.
55 Vgl. SCHNACKENBURG: *Johannesevangelium* I, 217–220 mit einem religionsgeschichtlichen Überblick zum Begriffspaar „Licht und Leben" und der Schlussfolgerung „daß diese Begriffe damals bereitlagen und eine große Anziehungskraft besaßen, ohne daß man die näheren Abhängigkeitsverhältnisse bestimmen könnte. Den Inhalt gab die jeweilige Lehre, die sich dieser Zauberworte bediente" (220).
56 Diese geradezu universal zu nennende, weltbezogene Perspektive spricht, am Rande bemerkt, dagegen, dieses Logion als gnostisch einzuschätzen; vgl. ZÖCKLER: *Jesu Lehren im Thomasevangelium*, 92–94; DERS.: „Light within the Human Person", 495–496; NORDSIECK: *Thomas-Evangelium*, 122; PLISCH: *Thomasevangelium*, 95; anders freilich TREVIJANO ETCHEVERRÍA: „Reconversión de la Escatología", 151.

Vorgeschichte von EvThom 24,3 stellt sich damit sehr komplex dar: Es gibt Parallelen zur synoptischen Tradition, greifbar in der spezifischen Verwendung des durch P.Oxy. 655d belegten Adjektivs φωτεινός. Andererseits hat das Logion aber auch einen möglichen Berührungspunkt mit der johanneischen Tradition, greifbar in der Ausrichtung des eng mit einer Person verknüpften Lichtes auf die (ganze) Welt. Dieses Motiv trifft man aber auch in Mt 5,14 an.[57] Das Gleiche ist hinsichtlich des Kontrastes von Licht und Finsternis festzustellen: Dieses Leitmotiv von EvThom 24,3 begegnet zwar auch im Johannesevangelium (Joh 1,5; 3,19; 8,12; 12,35; auch 1 Joh 1,5; 2,8), aber die Parallele ist nicht so markant und spezifisch, dass daraus ein besonderes Verhältnis des Logions zum Johannesevangelium abzuleiten wäre.[58] Daher ist EvThom 24,3 allenfalls der Klasse jener Logien zuzuweisen, die sich mit dem Johannesevangelium thematisch berühren, wobei die Berührung am ehesten als Analogie zu erklären ist.

e) Noch einmal zur Komposition des Logions

EvThom 24 ist nicht aus einem Guss. Das haben bereits die oben angestellten formalen Überlegungen zum Aufbau gezeigt, und die anschließenden Erörterungen zur Überlieferungsgeschichte haben diesen Eindruck erhärtet. Als „Scharnier" zwischen der Jüngerfrage und der gar nicht dazu passenden Antwort Jesu mag der Weckruf „Wer Ohren hat, soll hören" (EvThom 24,2) gelten. In seiner ungewöhnlichen Position in der Mitte des Logions weist er nicht nur darauf hin, dass dieses in der Tat aus unterschiedlichen Elementen zusammengewachsen ist,[59] sondern er fungiert auch als ein die Rezeption steuerndes Element, er weist darauf hin, dass das Folgende einen tieferen Sinn hat.[60] Noch deutlicher gesagt: Der Weckruf weist darauf hin, dass die Bitte der Jünger von EvThom 24,1 auf ganz andere Weise beantwortet wird, als man es zunächst erwarten würde. Man könnte auch sagen: Die Bitte der Jünger geht von falschen Voraussetzun-

---

57 Nach W.D. DAVIES/ALLISON: *Matthew I–VII*, 475 ist der Vers redaktionell, aber unter Aufnahme verbreiteter, traditioneller Motive gestaltet. Das gelte insbesondere für die Metapher vom „Licht der Welt", für die neben Jes 49,6 („Licht der Völker") auch etwa auf Cicero, Cat. 4,11 (*lucem orbis terrarum atque arcem omnium gentium* – auf Rom bezogen) zu verweisen sei. Insgesamt zu den verschiedenen Hintergründen vgl. schon BARRETT: *Gospel According to St John*, 277–279.
58 Vgl. dazu BAUCKHAM: „Qumran", 272–278 (= *Testimony*, 130–135), der hinsichtlich der Qumrantexte als eines möglichen Hintergrundes für den Licht-Finsternis-Dualismus des Johannesevangeliums zum gleichen Ergebnis kommt, nicht zuletzt im Hinblick auf die Verwendung dieses Motivs in JosAs 8,9; ebenso ONUKI: *Gemeinde und Welt*, 22.
59 So PLISCH: *Thomasevangelium*, 94.
60 Vgl. MONTEFIORE: „Comparison", 237 (vor allem in Hinblick auf Gleichnisse).

B. Durchführung

gen aus, und sie wird durch die Antwort *ad absurdum* geführt.[61] Die Frage nach dem Ort Jesu soll sie gar nicht interessieren, viel wichtiger ist es, in das eigene Innere zu schauen und dort das Licht zu finden.[62] EvThom 24,3 bleibt jedoch nicht bei der Ablehnung christologischer Spekulation zugunsten der Innerlichkeit stehen: Es mag für das Thomasevangelium untypisch sein, aber hier werden die Jünger auch an ihre gegenwärtige Verantwortung als „Lichtmenschen" für die Welt erinnert.[63] In jedem Falle geht es um das hier und jetzt zu Beachtende.

Wenn, wie oben dargelegt, die Jüngerfrage in EvThom 24,1 schon die Abschiedsreden des Johannesevangeliums rezipiert, kann sie als der jüngste Bestandteil des Logions gelten – ganz im Sinne von April DeConicks Modell, nach dem in diesem Falle, wie auch bei EvThom 20; 91, einem traditionellen Logion eine Frage vorgeschaltet wurde, in der die Anliegen einer späteren Zeit zum Ausdruck kommen.[64] Pointiert gesagt: Für „moderne" Fragen hat das Thomasevangelium traditionelle Antworten parat. Vor diesem Hintergrund erscheint aber auch die oben erwähnte Einleitung, in der Jesus nicht namentlich genannt wird, in neuem Licht: Wenn EvThom 24,1 schon das Johannesevangelium voraussetzt und erst sekundär vor EvThom 24,3 gesetzt wurde, ist es nur noch ein kurzer Schritt zu der Annahme, dass dies erst im Zuge der Kompilation geschehen ist. Man muss also nicht annehmen, dass eine Einleitung mit namentlicher Nennung Jesu (etwa: „Seine Jünger sagten zu Jesus: ...") erst nachträglich so gestrafft wurde, dass der Name Jesu ausfiel (man kann es aber auch nicht sicher ausschließen). Wenn EvThom 24,1 erst innerhalb der Kompilation und für diese verfasst wurde, konnte es sich der Verfasser der Jüngerfrage leisten, Jesus nur mit einem Pronomen zu bezeichnen, weil durch die umgebenden Logien ohnehin klar war, dass Jesus als Sprecher gemeint ist. Das bedeutet: So wie die Endfassung von EvThom 24 auf den Kontext angewiesen ist, ist sie nicht als eigenständiges Logion abgefasst, sondern schon als Bestandteil des Thomasevangeliums, eines Textes, den seine Abschreiber und Überset-

---

61 Vgl. S.L. DAVIES: *The Gospel of Thomas and Christian Wisdom*, 83; ZÖCKLER: *Jesu Lehren im Thomasevangelium*, 248–249; DERS.: „Light within the Human Person", 498.
62 Vgl. S.L. DAVIES: *The Gospel of Thomas and Christian Wisdom*, 83–84.131; TREVIJANO ETCHEVERRÍA: „Reconversión de la Escatología", 148; PAGELS: „Exegesis of Genesis 1", 487; ZÖCKLER: *Jesu Lehren im Thomasevangelium*, 247–249; PAGELS: *Beyond Belief*, 56; ähnlich GÄRTNER: *Theology of the Gospel of Thomas*, 207–209; RAU: „Jenseits von Raum, Zeit und Gemeinschaft", 146.
63 Vgl. PATTERSON: *The Gospel of Thomas and Jesus*, 210.
64 Vgl. DECONICK: *Recovering the Original Gospel of Thomas*, 64–69; DIES.: *Original Gospel of Thomas in Translation*, 120–121.

zer zunehmend als ein Ganzes wahrnahmen – dafür sei auch auf die Ausführungen zu EvThom 50 verwiesen (s. u. B.II.21.a).

In seiner Endgestalt findet EvThom 24 aber auch eine formale Parallele im Johannesevangelium, genauer: in den Abschiedsreden:[65] In Joh 14 findet zunächst (14,5–11) ein echter Dialog mit den Jüngern (hier Thomas und Philippus) statt. An der Frage des Judas Nicht-Iskariot (14,22) redet der johanneische Jesus aber glatt vorbei (14,23–24). Er entwickelt das in 14,21 angeschnittene Thema der gegenseitigen Liebe zwischen ihm selbst, dem Vater und dem die Gebote Haltenden weiter, als ob Judas seine Frage überhaupt nicht gestellt hätte.[66] Wenn dies ein stilistisches Mittel sein sollte, um eine unpassende Frage als solche zu kennzeichnen, dann hätte EvThom 24 es durch den Weckruf noch weiter entwickelt.

Auch auf inhaltlicher Ebene weist die Gesamtkomposition von EvThom 24 eine gewisse Ähnlichkeit mit den johanneischen Abschiedsreden auf: Beide Texte wollen zeigen, wie die Abwesenheit Jesu zu bewältigen ist.[67] In EvThom 24 wird dazu die Frage nach dem Ort Jesu geradezu beiseite gewischt und auf das Licht im Inneren des „Lichtmenschen" verwiesen, der die ganze Welt erleuchtet. Auch in den johanneischen Abschiedsreden werden die Fragen der Jünger, wohin Jesus gehe (Joh 13,36; 14,5) nicht im Detail beantwortet, sondern der Duktus der Reden zielt auf die Parakletverheißung (Joh 14,25–26; 16,12–15) und das Liebesgebot (Joh 13,34–35; 15,9–17) als Rüstzeug, um die Gegenwart zu bewältigen. Dabei hat das Liebesgebot auch die Außenwirkung auf „alle" im Blick (13,35); auch das könnte man als eine inhaltliche Parallele zum Erleuchten der ganzen Welt in EvThom 24,3 sehen. Aus diesen vagen Parallelen ist jedoch keine literarische oder traditionsgeschichtliche Beziehung zu gewinnen bzw. sie sind eingebettet in die Rezeption der Abschiedsreden, wie sie oben für EvThom 24,1 dargelegt wurde.

f) Fazit zu EvThom 24

EvThom 24 hat eine komplexe Entstehungsgeschichte hinter sich. Ein Logion, das wohl im Bereich der synoptischen Tradition beheimatet war (EvThom 24,3) wurde im Zuge der Kompilation des Thomasevangeliums in einen dialogischen Rahmen gestellt und so zur Antwort auf eine Frage, die sich an die Jüngerfragen der johanneischen Abschiedsreden anlehnt

---

65 Vgl. dazu auch GÄRTNER: *Theology of the Gospel of Thomas*, 26.
66 Ähnlich schon BULTMANN: *Evangelium des Johannes*, 482 („gleichsam rücksichtslos gegen die Frage des Judas"); etwas anders WENGST: *Johannesevangelium* 2, 142: „Was auf die Frage des Judas zu antworten ist, hat Jesus im Grunde schon gesagt. So wiederholt er am Beginn von V. 23 die Aussage von V. 15 und V. 21: ..."
67 Für EvThom 24 vgl. auch ZÖCKLER: „Light within the Human Person", 498.

B. Durchführung

(EvThom 24,1). Diese Frage nach dem nunmehrigen Ort Jesu, den die Jünger suchen wollen, wird durch die Antwort als falsch gestellt erwiesen: Jünger Jesu sollen sich, dem Thomasevangelium zufolge, nicht für den himmlischen Aufenthalt ihres Meisters interessieren, sondern für das Licht in ihrem Inneren – das sie sogar dazu befähigen soll, die Welt zu erleuchten. Für unsere Fragestellung ist festzuhalten: Der Kernbestand des Logions hat trotz des Stichwortes „Licht" keine einschlägige Beziehung zu den johanneischen Schriften, doch die vorgeschaltete Frage EvThom 24,1 scheint das Johannesevangelium zu rezipieren. In seiner Endgestalt setzt EvThom 24 also das Johannesevangelium voraus, aber ganz anders, als man auf den ersten Blick meinen würde.

12. Logion 25

(1) ⲡⲉϫⲉ ⲓ̅ⲥ̅ ϫⲉ ⲙⲉⲣⲉ ⲡⲉⲕⲥⲟⲛ ⲛ̅ⲑⲉ ⲛ̅ⲧⲉⲕˋⲯⲩⲭⲏ	(1) Jesus sagte: Liebe deinen Bruder wie deine Seele.
(2) ⲉⲣⲓⲧⲏⲣⲉⲓ ⲙ̅ⲙⲟϥ ⲛ̅ⲑⲉ ⲛ̅ⲧⲉⲗⲟⲩ ⲙ̅ⲡⲉⲕˋⲃⲁⲗˋ	(2) Behüte ihn wie den Augapfel deines Auges.

Für EvThom 25 hat Raymond E. Brown schon aufgrund der Position dieses Logions innerhalb des Thomasevangeliums eine auffällige Nähe zu den johanneischen Schriften konstatiert: Die enge Verbindung von Lichtmetaphorik (EvThom 24) und Bruderliebe (EvThom 25) sei auch in 1 Joh 2,9–10 zu finden.[1] Man mag dieses Zusammentreffen zur Kenntnis nehmen, doch hier soll das Augenmerk vor allem dem Logion selbst gelten:

Das Liebesgebot des Thomasevangeliums hat seine nächste Parallele in der synoptischen Version des Liebesgebotes (Mk 12,29–31 parr. Mt 22,37–39; Lk 10,27), die ihrerseits im Wesentlichen ein Mischzitat aus Dtn 6,5 und Lev 19,18 ist. Doch von dieser Parallele unterscheidet sich unser Logion in einigen markanten Punkten. Vor allem fällt auf, dass EvThom 25 nur von der *Bruder*liebe handelt; das Gebot der Gottesliebe, das bei den Synoptikern dem Gebot der Nächstenliebe vorangestellt ist, fehlt. Andererseits wird in EvThom 25 das Gebot der Bruderliebe durch einen zweiten Imperativ, den Bruder zu hüten (25,2), verstärkt und konkretisiert.

Auch in dem direkt den Synoptikern entsprechenden Teil EvThom 25,1 fallen zwei bemerkenswerte Unterschiede auf, die im Folgenden eingehender behandelt werden sollen: Nicht der Nächste, sondern der Bruder ist zu lieben, und zwar wie die eigene Seele (statt „wie dich selbst").

a) Liebe zum „Bruder"

Der markanteste Unterschied zwischen EvThom 25 und der Rezeption des alttestamentlichen Liebesgebotes bei den Synoptikern liegt darin, dass in EvThom 25 nicht Liebe zum Nächsten gefordert wird, sondern Liebe zum „Bruder".[2] Damit hat EvThom 25 eine bemerkenswerte Parallele zu den johanneischen Schriften, denn auch dort wird für das Liebesgebot nicht einfach Lev 19,18 zitiert, sondern es nimmt eine charakteristische Form an: In

---

1 Vgl. BROWN: „Gospel of Thomas", 165. Dazu passt auch die Vorstellung von Reinhard Nordsieck, dem zufolge EvThom 24 in einer Spruchgruppe als „Vor-Wort" dem „Grundwort" EvThom 25 vorgeschaltet und also auf dieses bezogen ist; vgl. NORDSIECK: „Zur Kompositionsgeschichte", 181–182.
2 Für PLISCH: *Thomasevangelium*, 95–96 sind „Nächster" und „Bruder" allerdings Synonyme. Gewiss sollte man den Bedeutungsunterschied nicht überbewerten, doch die terminologische Variation bleibt festzuhalten.

B. Durchführung

den Abschiedsreden des Johannesevangeliums werden die Jünger wiederholt aufgefordert, einander (ἀλλήλους) zu lieben (Joh 13,34–35; 15,12.17). Darin besteht Jesu „neues" Gebot (13,34), das in den Johannesbriefen als ein von Anfang an (ἀπ' ἀρχῆς) geltendes Gebot aufgegriffen wird (1 Joh 3,11.23; 4,7.11–12; 2 Joh 5). Neben diese reziproke, zum Modell einer „geschlossenen Gesellschaft" tendierende Formulierung tritt im 1. Johannesbrief die sachlich gleichbedeutende[3] Forderung, den „Bruder" bzw. die „Brüder"[4] zu lieben (1 Joh 2,10; 3,10.14; 4,20–21). Auf den ersten Blick mag man darin gegenüber dem Gebot der Nächsten- und Feindesliebe, wie wir es bei den Synoptikern finden (Mk 12,29–31 parr. Mt 22,37–39; Lk 10,27; Mt 5,38–47 par. Lk 6,27–35), eine Verengung sehen. Dagegen ist jedoch festzuhalten, dass auch die Nächstenliebe, wie der Name schon sagt, den unmittelbaren Nahbereich betrifft.[5] Auch die Konzeptionen der Feindesliebe und der Bruderliebe kann man nicht einfach gegeneinander ausspielen, denn weder die synoptischen Evangelien noch die johanneischen Schriften sind akademische Abhandlungen über die Liebe an sich. In beiden Traditionen stellen die jeweiligen Liebesgebote Reaktionen auf krisenhafte Phänomene dar: Das Gebot der „Feindesliebe" fordert, recht besehen, zum offensiven und kreativen Umgang mit Feindseligkeit in vielfältigen Formen auf.[6] Auf der anderen Seite ist auch das johanneische Gebot der „Bruderliebe" vor dem Hintergrund einer als verunsichernd empfundenen Situation zu verstehen, sei es Druck von außen (durch die „Welt", wie in Joh 15,18–19; 16,33), seien es alternative Weisen des Christseins („im Licht sein"), die nicht an die eigene Gruppe gebunden sind (vgl. 1 Joh 2,9–11): Wenn Bestand und Identität der Gruppe bedroht sind,

---

3 So KLAUCK: *Der erste Johannesbrief*, 203; HOCHHOLZER: *Feindes- und Bruderliebe*, 301–302; vgl. auch VAN DER WATT: „Ethics and Ethos", 159: Die Rede von gegenseitiger Liebe (ἀλλήλους) beziehe sich in der antiken Literatur allermeistens auf Beziehungen zu Familienangehörigen oder Freunden.
4 Diese Formulierungen des 1. Johannesbriefes sind keineswegs so zu verstehen, dass die „Schwestern" ausgeschlossen wären; die Form ist, zumindest im Plural, inklusiv zu verstehen; vgl. etwa KLAUCK: *Der erste Johannesbrief*, 277; LIEU: *I, II & III John*, 80. Diese Form der Inklusion fällt im Griechischen relativ leicht, da die Wörter für „Bruder" und „Schwester" vom selben Stamm (ἀδελφ-) kommen und sich nur durch die männliche bzw. weibliche Endung unterscheiden. Bei KLAUCK: *Antike Briefliteratur*, 29–33 ist dafür ein lehrreiches Beispiel besprochen (BGU 423): Der Soldat Apion schreibt einen Brief an seinen Vater und trägt diesem am Schluss Grüße an seine ἀδελφοί auf (Z. 19). Aus dem Wohlergehenswunsch am Anfang des Briefes (Z. 2–6) geht aber hervor, dass er damit seine Schwester und seinen Bruder (in dieser Reihenfolge!) meint. Die Singularformen besitzen diese Offenheit jedoch nicht; hier wird das allgemeine Prinzip mit einem konkreten Beispiel unterfüttert. – Eine bemerkenswerte Ausnahme ist allerdings Jak 2,15.
5 Vgl. KLAUCK: *Der erste Johannesbrief*, 278–279; LIEU: *I, II & III John*, 143.
6 Vgl. dazu etwa EBNER: „Feindesliebe", v. a. 136–142.

gilt es die Reihen zu schließen und den Zusammenhalt im Inneren zu stärken.[7] Insofern sind diese beiden „Liebesgebote" schwer vergleichbar, da sie jeweils einen anderen Fokus haben.[8] Allenfalls könnte man die matthäische[9] Kritik an einer exklusiven Grußpraxis (Mt 5,47) dem Grußverbot in 2 Joh 10–11 gegenüberstellen. In letzerem Fall geht es allerdings nicht um die gesamte Menschheit außerhalb der eigenen Gruppe, sondern, nach dem Duktus des Briefes, sehr speziell um Missionare der Gegenseite.[10] Auch aus einem anderen Grund ist die Konzentration auf den Binnenraum der „Brüder" nicht das letzte Wort der johanneischen Schriften in puncto Liebe: Die hier geforderte „Bruderliebe" begründet sich als Nachahmung der Liebe Jesu zu den Seinen (Joh 13,34; 15,12), die ihrerseits die Liebe Gottes vermittelt (15,9).[11] Diese Liebe Gottes gilt aber nach Joh 3,16 (ähnlich 1 Joh 2,2) der ganzen Welt, so ablehnend diese sich auch verhalten mag. Wenn man dies als eine Basisaussage des johanneischen Welt-Bildes auffasst, kann auch die von den Jüngern Jesu geforderte „Bruderliebe" kein exklusives Sich-Abschotten von der Welt bedeuten.[12] Im Kontext der Abschiedsreden steht die interne, gegenseitige Liebe zwar im Vordergrund und wird sogar zum Leitmotiv der Abschiedsreden,[13] doch darüber hinaus werden keine konkreten Vorgaben für den Umgang mit der „Welt" gemacht. Mit anderen Worten: Das Johannesevangelium umreißt zwar das Problem, dass die Welt von Gott geliebt ist, aber trotzdem die Jünger Jesu hasst. Es äußert sich jedoch nicht dazu, wie sich die Jünger ihrerseits gegenüber der Welt verhalten sollen.

---

7 Vgl. dazu auch KLAUCK: *Der erste Johannesbrief*, 279–280. Angesichts dessen erscheint es nicht angemessen, den Begriff „Brüder" unter der Hand auf die ganze Menschheit auszuweiten; so etwa bei SCHNACKENBURG: *Johannesbriefe*, 121.
8 Vgl. dazu auch HOCHHOLZER: *Feindes- und Bruderliebe*, 306–307. Die Kritik in Mt 5,46 par. Lk 6,32 bzw. Q 6,32 könnte man nur dann gegen das johanneische Liebesgebot ausspielen, wenn dieses, ähnlich wie die Pointierung in Mt 5,43, lautete: „Liebt einander – und niemanden sonst!"
9 An dieser Stelle geht Matthäus über Q hinaus; vgl. W.D. DAVIES/ALLISON: *Matthew I–VII*, 558.
10 Vgl. KLAUCK: *Der zweite und dritte Johannesbrief*, 64–66 mit Verweis auf Did 11; IgnEph 9,1.
11 Vgl. SCHNACKENBURG: *Johannesevangelium* III, 60.124; VAN DER WATT: „Ethics and Ethos", 160; HOCHHOLZER: *Feindes- und Bruderliebe*, 270–271.306–307; ZUMSTEIN: *L'Évangile selon Saint Jean (13–21)*, 107; ähnlich THYEN: *Johannesevangelium*, 609.
12 Vgl. dazu auch KLAUCK: *Der erste Johannesbrief*, 279; FREY: „Love-Relations", 197; ähnlich SCHNACKENBURG: *Johannesevangelium* III, 124: „Die damit gegebene scheinbare ‚Verengung' auf den Kreis der Brüder mag eine gewisse esoterische Haltung verraten, erklärt sich aber auch aus dem Willen zu praktischer Verwirklichung der Liebe."
13 Vgl. FREY: „Love-Relations", 193–194; SCHNELLE: „Abschiedsreden", 601–602.

B. Durchführung

Nun bezeichnen sich Christen untereinander keineswegs nur in den johanneischen Schriften und im Thomasevangelium als „Brüder". In praktisch allen neutestamentlichen Schriften[14] wird das „familiäre" Selbstverständnis auf die eine oder andere Weise thematisiert, aber auch außerhalb des christlichen und jüdischen Bereiches konnte sich die Gruppenidentität etwa von Vereinen in dieser Weise artikulieren.[15] Das Wort „Bruder" allein schafft also keine Verbindung zwischen EvThom 25 und den johanneischen Schriften. Eine spezifische Gemeinsamkeit liegt aber in der Verbindung dieser Familienmetaphorik mit dem Liebesgebot vor.[16] Hier sind TestSim 4,7; TestGad 6,1.3 nicht als unabhängige Parallelen heranzuziehen: Abgesehen davon, dass dort die Aufforderung zur *Bruder*liebe auch durch die erzählerische Situation (der sterbende Vater instruiert seine Söhne) begründet ist, spricht manches dafür, diese Texte, auch wenn sie älteres Material verarbeiten, als christliche Texte des 2. Jahrhunderts n.Chr. zu betrachten.[17] Es bleibt also beim Vergleich von EvThom 25 mit dem Liebesgebot des 1. Johannesbriefes, wie es in 1 Joh 4,21 am klarsten formuliert ist:

EvThom 25,1	1 Joh 4,21
Jesus sagte:	Und dieses Gebot haben wir von ihm,
	dass der Gott Liebende
Liebe deinen Bruder	liebe auch seinen Bruder.
wie deine Seele.	

---

14 Nur im Titusbrief findet sich kein Beleg für ἀδελφός/ἀδελφή, doch da dieses Schreiben ins Corpus der Pastoralbriefe eingebunden ist, fällt dieser Befund nicht ins Gewicht.
15 Für einen Überblick vgl. z.B. HARLAND: „Familial Dimensions of Group Identity". Über die vorhandenen Belege hinaus nimmt Harland an, dass diese Bezeichnungen („fictive sibling language") im antiken Sprachgebrauch noch stärker verbreitet waren als die heute vorhandenen Quellen belegen, weil diese überwiegend Ehreninschriften sind; vgl. ebd., 495–496.
16 Vgl. dazu auch HEDRICK: *Unlocking the Secrets*, 64.
17 Nach M. DE JONGE: *Testaments*, 121–125 sind die Testamente der Zwölf Patriarchen zwischen 190 und 225 n.Chr. anzusetzen; ähnlich HOLLANDER/DE JONGE: *Testaments of the Twelve Patriarchs*, 82–85 (Entstehung im späten 2. bzw. frühen 3. Jahrhundert n.Chr.; es wurde traditionelles Material verwendet, doch jüdische Vorstufen lassen sich nicht sinnvoll identifizieren oder gar rekonstruieren). Auf dieser Stufe wäre die Ausformung des Liebesgebotes zwanglos als Rezeption des Johannesevangeliums zu erklären. Anders BECKER: „Entstehungsgeschichte", 373–377: Der Grundstock der TestXII (dem anscheinend auch die Belege für das Liebesgebot zuzurechnen sind) sei im frühen 3. Jahrhundert v.Chr. entstanden und habe schon im hellenistischen Judentum Erweiterungen erfahren, bevor der Text im 2. Jahrhundert n.Chr. noch einmal christlich überarbeitet worden sei.

Es fällt auf, dass in1 Joh 4,21 die Liebe zum Bruder mit der Liebe zu Gott verknüpft ist (im Unterschied zu EvThom 25,1, aber wie bei den Synoptikern!); darin teilt EvThom 25 also nicht die Logik des johanneischen Liebesgebotes.[18] Andererseits fehlt dem Liebesgebot des 1. Johannesbriefes die Vergleichsgröße, die es in EvThom 25 und bei den Synoptikern hat. Freilich lässt sich die Nicht-Erwähnung Gottes sowohl aus dem knappen, zugespitzten Charakter des Logions wie auch aus der Tendenz des Thomasevangeliums erklären, so dass sie nicht zwingend gegen einen Bezug zum johanneischen (wie auch zum synoptischen) Liebesgebot sprechen müsste.

Nun nahm namentlich Gilles Quispel an, dass die Tradition hinter EvThom 25 der entwickelten johanneischen Konzeption der Bruderliebe vorausliege.[19] Dies würde die Vorstellung von einer organischen, linearen Entwicklung des Liebesgebotes unterstützen: EvThom 25 wäre dann das „missing link" zwischen der synoptischen Nächstenliebe und der johanneischen Bruderliebe. Das wäre an sich eine schöne Idee, doch es dürfte schwerfallen, dafür einen überzeugenden Nachweis zu führen. In den johanneischen Schriften wird das Liebesethos ja in einer sehr eigenständigen Weise entwickelt, ohne jeden Rekurs auf Lev 19,18: Die Aufforderung zur *Bruder*liebe (die man nur im 1. Johannesbrief antrifft) folgt (1) aus der Aufforderung zur *gegenseitigen* Liebe (Joh 13,34–35; 15,12) und (2) aus dem Selbstverständnis der johanneischen Christen als *familia Dei* (v. a. Joh 20,17).[20] Beide Linien sind im Johannesevangelium angelegt und werden im 1. Johannesbrief verknüpft. Angesichts dessen wird es auch schwierig, EvThom 25 und das johanneische Ideal der Bruderliebe auf eine gemeinsame Überlieferung zurückzuführen. Vermutlich handelt es sich bei EvThom 25,1 um eine eigenständige Weiterentwicklung des (synoptischen) Liebesgebotes, die auf ihre Weise den familienmetaphorischen Sprachgebrauch, wie er im frühen Christentum etabliert war, weiterführte.[21] In gewisser Weise geht EvThom 25 sogar noch weiter als der 1. Johannesbrief:

---

18 Anders QUISPEL: „Love Thy Brother", 86–87 (= *Gnostic Studies* II, 171–172), der den Gottesbezug des johanneischen Liebesgebotes vernachlässigte.
19 Vgl. QUISPEL: „Love Thy Brother", 89–90 (= *Gnostic Studies* II, 176–177); DERS.: „Qumran, John and Jewish Christianity", 143–144 (= *Gnostic Studies* II, 217); DERS.: „The Gospel of Thomas Revisited", 222; ähnlich PATTERSON: *The Gospel of Thomas and Jesus*, 192: „Diotrephes, in his attempt to limit the authority and influence of itinerant ‚brethren,' and instead build up the strength of the local community and its leaders, no doubt would have preferred the more domestic, synoptic version of this saying: ‚Love your neighbor as yourself.' For the presbyter, the Thomas version would have functioned quite nicely in his campaign to protect the status of the ‚brethren.'"
20 Skeptisch zu Letzterem LIEU: *I, II & III John*, 79 Anm. 25.
21 Ähnlich NORDSIECK: *Thomas-Evangelium*, 124.

B. Durchführung

Das Logion fordert nicht nur gegenseitige Liebe der „Brüder" untereinander, sondern macht den Einzelnen sogar für seinen „Bruder" verantwortlich: „Bruderliebe" heißt konkret, den „Bruder" zu hüten/bewahren, so wie es im Alten Testament Gott für seine Auserwählten tut. Diese Verschärfung könnte durchaus darauf hinweisen, dass dieses Logion in einer belastenden Situation entstanden ist: Wenn eine christliche Gruppe unter Druck von außen stand, war es möglicherweise die konkrete Ausformung der „Bruderliebe", den Mitchristen vor Gewalttätigkeiten oder dem eventuellen Zugriff von Behörden zu schützen. Auch bei einer krisenhaften Verunsicherung im Inneren (wie sie auch dem 1. Johannesbrief zugrunde liegen könnte) äußerte sich die „Bruderliebe" wohl darin, dass man den Mitchristen nicht seinen Zweifeln oder seiner Verzweiflung überließ. In jedem Fall wird das Gebot der Bruderliebe hier um einen Akzent eines sehr konkreten Gruppenethos erweitert: „Schaut aufeinander."

Das so erweiterte Liebesgebot von EvThom 25 würde gut in die für den 1. Johannesbrief vorauszusetzende Situation (geschwächter Zusammenhalt innerhalb der Gruppe, Verunsicherung angesichts alternativer Lehren) passen. In diesem Punkt gehen jedoch beide Texte ihre eigenen Wege, auch wenn sie – möglicherweise – ähnliche Probleme zu bewältigen suchen. Für unsere Fragestellung bleibt daher festzuhalten, dass das Motiv der Bruderliebe in EvThom 25 nur eine Analogie zum entsprechenden Motiv im 1. Johannesbrief darstellt.

b) „Wie deine Seele"

In der Forschung wird manchmal die Ansicht vertreten, die Wendung „wie deine Seele" in EvThom 25,1 sei ein Semitismus und weise auf eine Urfassung des Logions in einer semitischen Sprache (aramäisch oder syrisch) hin.[22] Mit ψυχή sei demnach das hebräische נפש bzw. aramäische נפשא bzw. syrische ܢܦܫܐ wiedergegeben, das jeweils, in präpositionalen Wendungen, auch reflexive Bedeutung haben kann.[23] Trotz der angeführten

---

22 Vgl. GARITTE: „Premier volume de l'édition photographique", 66; GUILLAUMONT: „Sémitismes dans les logia de Jésus", 117–118; DECONICK: *Original Gospel of Thomas in Translation*, 124–125; PLISCH: *Thomasevangelium*, 96. Guillaumont und DeConick verweisen als Parallele auf die Peschitta-Version von Lev 19,18; Mt 22,39; Mk 12,31; Lk 10,27. Gilles Quispel stellte fest, dass die gleiche Formulierung sich auch im Diatessaron findet; vgl. QUISPEL: „The Gospel of Thomas and the New Testament", 192 (= *Gnostic Studies* II, 5). Er nahm aber nicht an, dass das Logion vom Diatessaron abhängig sei, da die fragliche Wendung weiter bezeugt sei und sich einfach als Hebraismus verstehen lasse; vgl. DERS.: „Love Thy Brother", 88–90 (= *Gnostic Studies* II, 173–175).
23 In diese Richtung weist auch der Eintrag bei BAUER/ALAND: *Wörterbuch*, 1782 s.v. ψυχή 1.f.

Parallelen aus Peschitta und Diatessaron ist dies aber keine zwingende Schlussfolgerung. Prinzipiell könnte es sich auch um biblisch geprägte Sprache handeln, die keine semitischen Vorformen braucht.[24] Von dieser grundsätzlichen Erwägung abgesehen, mahnen zwei Detailbeobachtungen zur Vorsicht:

- Im Rahmen unserer Überlegungen liegt die älteste Fassung des Liebesgebotes in Lev 19,18 vor. Dort steht aber gerade keine Wendung mit נפש (Seele/Selbst), sondern die pronominale Formulierung כמוך (wie dich selbst). Die Septuaginta und, im Anschluss daran, die Synoptiker, geben diese wörtlich wieder mit ὡς σεαυτόν. Schon deswegen verlangt die Formulierung mit ψυχή in EvThom 25,1 eine andere Erklärung als einen Semitismus. Auf der anderen Seite fällt auf, dass die Versionen des Liebesgebotes mit der Wendung „wie deine Seele" speziell im syrischen Sprachraum beheimatet sind und Übersetzungen des sowohl im Buch Levitikus als auch bei den Synoptikern reflexiv formulierten Liebesgebotes (כמוך / ὡς σεαυτόν) darstellen. Der Grund dafür mag das im Syrischen nicht vorhandene Reflexivpronomen sein.[25] Im hebräischen Text von Lev 19,18 wird dieses Problem dadurch gelöst, dass die Präposition כ („wie") ein maskulines Pronominalsuffix der 2. Person Singular erhält[26] – eine Möglichkeit, welche die syrischen Übersetzer nicht hatten.
- Als Parallelen zu EvThom 25,1 werden manchmal einige Stellen aus den Testamenten der zwölf Patriarchen angeführt.[27] Diese Stellen sind aber keine Varianten des Liebesgebotes, sondern es handelt sich um erzählende Stücke, die jeweils von jemandem berichten, der bestimmte andere Menschen „wie seine Seele liebt". Für eine Variante des *Liebesgebotes* könnte man allenfalls auf Did 2,7 verweisen. Wie gesehen, ist diese Formulierung nicht alternativlos, um ein reflexives Verhältnis auszudrücken. Die biblische Formulierung des Liebesgebotes (Lev 19,18) bietet dafür ein mindestens ebenso gutes Vorbild. Die Wendung „jeman-

---

24 Vgl. KUHN: „Some Observations", 322–323; DEHANDSCHUTTER: „Lieu d'origine", 129 mit Anm. 23; GATHERCOLE: *Composition of the Gospel of Thomas*, 62; auch DERS.: *Gospel of Thomas*, 319.
25 Vgl. dazu z. B. UNGNAD: *Syrische Grammatik*, 29–30 § 13.
26 Vgl. dazu z. B. JOÜON/MURAOKA: *Grammar of Biblical Hebrew* 1, 341–342 § 103g.
27 Vgl. QUISPEL: „Love Thy Brother", 89 (= *Gnostic Studies* II, 174): TestSim 4,6: „Alle Tage machte er (sc. Joseph) uns keine Vorwürfe wegen dieser Sache, sondern er liebte uns wie seine Seele (ἠγάπησεν ἡμᾶς ὡς τὴν ψυχὴν αὐτοῦ)." TestBenj 4,3: „Wenn man über ihn (sc. den guten Menschen) zum Bösen beratschlagt, besiegt dieser, indem er Gutes tut, das Böse, da er vom Guten beschirmt wird. Die Gerechten aber liebt er wie seine Seele (τοὺς δὲ δικαίους ἀγαπᾷ ὡς τὴν ψυχὴν αὐτοῦ)."

B. Durchführung

den wie seine Seele lieben" erinnert aber sehr stark an die alttestamentliche Erzählung von der Freundschaft zwischen David und Jonathan (1 Sam 18–20). In diesem Zusammenhang ist mehrfach die Rede davon, dass Jonathan David liebt „wie seine Seele" (כנפשו 1 Sam 18,1.3; 20,17).[28] Die Wendung könnte, ausgehend von dieser alttestamentlichen Erzählung, idiomatisch geworden sein, sie könnte aber auch gezielt auf diese anspielen. In letzterem Falle läge dem Gebot der Bruderliebe ein von 1 Sam 18–20 inspiriertes Freundschaftsethos zugrunde.

Die Formulierung von EvThom 25,1 ist also nicht als Semitismus zu werten, denn dann wäre sie „semitischer" als der hebräische Referenztext. Eine sprachgeschichtliche Erklärung würde zudem einen Umweg über das Syrische erfordern, der schon aus chronologischen Gründen mehr als problematisch wäre. Demnach ist EvThom 25,1 mit der Wendung „wie deine Seele" als eine eigenständige Weiterentwicklung des alttestamentlichen und synoptischen Liebesgebotes zu sehen. Nahe Parallelen findet man in Did 2,7 und Barn 19,5. Dort ist das Liebesgebot aber noch gesteigert: Nach diesen Texten soll man den Nächsten bzw. andere Menschen nicht „nur" *wie* die eigene Seele lieben, sondern sogar *mehr als* die eigene Seele (ὑπὲρ τὴν ψυχήν σου).[29] Während also EvThom 25,1 sich im Rahmen einer begrifflich von 1 Sam 18–20 inspirierten Freundschaftsethik bewegt, gehen die Didache und der Barnabasbrief mit einem heroischen „plus ultra" noch darüber hinaus.[30]

c) Hüten wie den Augapfel
Im Vergleich mit anderen Fassungen des Liebesgebotes hat EvThom 25 eine bemerkenswerte Besonderheit: An das eigentliche Gebot der Bruderliebe schließt sich ein weiterer Imperativ an: den Bruder zu hüten wie den

---

28 Die entscheidenden Verse 1 Sam 18,1.3 sind in den Handschriften der Septuaginta nicht überliefert; nur in den Rezensionen von Origenes und Lukian sind sie erhalten und bieten die Formulierung κατὰ τὴν ψυχὴν αὐτοῦ. In 1 Sam 20,17 hat die Septuaginta die etwas kryptische Formulierung: ἠγάπησεν ψυχὴν ἀγαπῶντος αὐτόν (wörtl.: „Er liebte die Seele des ihn Liebenden").
29 Da die Didache und der Barnabasbrief hier in der Formulierung übereinstimmen, kann man annehmen, dass diese – radikalisierte – Form des Liebesgebotes schon in einer beiden vorausliegenden Fassung der „Zwei-Wege-Lehre" stand; vgl. PROSTMEIER: *Barnabasbrief*, 544 Anm. 37.
30 Freilich weisen die Kommentatoren darauf hin, dass diese Hochform des Liebesgebotes sich jeweils nur auf Mitglieder der eigenen Gruppe bezieht. Für Did 2,7 vgl. NIEDERWIMMER: *Didache*, 123; für Barn 19,5 vgl. PROSTMEIER: *Barnabasbrief*, 544.

eigenen Augapfel. Man könnte versucht sein, hier eine Anspielung an mehrere alttestamentliche Texte zu sehen: Die selbstgerechte Frage Kains in Gen 4,9 („Bin ich der Hüter meines Bruders?"),[31] die rühmende Erzählung in Dtn 32,10 („Er (Jahwe) hütete ihn (Jakob) wie (seinen) Augapfel.") und die vertrauensvolle Bitte in Ps 17(16),8 („Behüte mich wie den Augapfel"). Im Hebräischen liegen dem aber Formulierungen mit dem Verb שמר (Gen 4,9; Ps 17,8) bzw. נצר (Dtn 32,10) zugrunde, das in der Septuaginta mit φυλάσσω wiedergegeben wird (Gen 4,9: μὴ φύλαξ τοῦ ἀδελφοῦ μού εἰμι ἐγώ; Dtn 32,10: διεφύλαξεν αὐτὸν ὡς κόραν ὀφθαλμοῦ; Ps 17(16),8: φύλαξόν με ὡς κόραν ὀφθαλμοῦ). In der koptischen Version von EvThom 25,2 nimmt hingegen der Imperativ ⲉⲣⲓⲧⲏⲣⲉⲓ das griechische Verb τηρέω als Lehnwort auf. Eine direkte Bezugnahme auf die genannten alttestamentlichen Texte ist also nicht nachzuweisen.

Allerdings hat die Verbindung des Liebesgebots mit der Vergleichsgröße des Augapfels eine interessante Parallele in Barn 19,9: „Du sollst lieben wie den Augapfel deines Auges (ὡς κόρην ὀφθαλμοῦ σου) jeden, der dir das Wort des Herrn sagt." Diese Zusammenstellung zweier Motive stellt eine beachtliche Innovation dar: Normalerweise wird der Augapfel nicht geliebt, sondern gehütet (so etwa in Ps 17(16),8). Der Vergleich mit EvThom 25 lässt vermuten, dass wir hier mit einem Rezeptionsphänomen zu tun haben: Vermutlich hat der Autor des Barnabasbriefes die zweigliedrige Formulierung von EvThom 25 zusammengefasst und zu einem einzigen Imperativ verdichtet.[32]

---

[31] In der Sache ergibt sich durch die Motive „hüten" und „Bruder" sogar eine doppelte thematische Verbindung zwischen EvThom 25 und Gen 4,1–16. Dies ist umso bemerkenswerter, als auch in 1 Joh 3,11–12 das Liebesgebot (dort: gegenseitige Liebe – ἀγαπῶμεν ἀλλήλους) mit einer Anspielung auf die Geschichte von Kain und Abel verknüpft wird.

[32] In Barn 19 begegnen zwei Fassungen des Liebesgebots: Die Forderung in Barn 19,5, den Nächsten mehr als die eigene Seele zu lieben, liegt sehr nahe bei Did 2,7, während Barn 19,9 mit dem Liebesgebot gegenüber christlichen Verkündigern die nächste Parallele in EvThom 25 hat. Nach GATHERCOLE: *Composition of the Gospel of Thomas*, 62–63 ist diese Zusammenstellung zweier Liebesgebote mit den Vergleichsgrößen „Seele" (vgl. EvThom 25,1) und „Augapfel" (vgl. EvThom 25,2) ein Indiz dafür, dass der Barnabasbrief im gleichen (griechischsprachigen) Umfeld wie EvThom 25 entstanden ist. Die Fassungen des Thomasevangeliums und des Barnabasbriefes liegen, ihm zufolge, im Überlieferungsspektrum des Liebesgebotes am engsten beieinander; vgl. ebd., 264–266. M.E. lässt sich aber die ungewöhnliche Formulierung von Barn 19,9 ihrerseits auch gut als Rezeption von EvThom 25 verstehen.

B. Durchführung

d) Fazit zu EvThom 25

Die einzige Gemeinsamkeit zwischen EvThom 25 und den johanneischen Schriften bleibt die Aufforderung, den Bruder zu lieben (1 Joh 2,10; 3,10.14; 4,20–21). Für sich genommen, dürfen die beiden Elemente „Bruder/Geschwister" und „Liebe" als frühchristliches Gemeingut gelten, doch auch ihre Kombination in EvThom 25 und im 1. Johannesbrief vermag keine spezifische Beziehung zwischen den beiden Texten zu begründen, da die Gemeinsamkeiten im Detail doch nicht so eindrucksvoll sind, wie es bei globaler Betrachtung scheinen mag. Daher ist das Verhältnis von EvThom 25 zu den johanneischen Schriften, näherhin zum 1. Johannesbrief, als thematische Analogie zu bestimmen.

II. Einzeluntersuchungen, 12. Logion 25

Lev 19,18 MT	Lev 19,18 LXX	Mk 12,29-31 parr.	EvThom 25	Did 2,7	Barn 19,5.9	Joh 13,34	1 Joh 3,23	1 Joh 4,21	TestSim 4,7	TestGad 6,1	TestGad 6,3
			Jesus sagte:								
						Ein neues Gebot gebe ich euch,		Und dieses Gebot haben wir von ihm,	Und ihr nun, meine geliebten Kinder,	Und nun, meine Kinder,	
		[Mk 12,29-30]. Das zweite ist dieses:		Nicht sollst du hassen irgendeinen Menschen, sondern die einen sollst du zurechtweisen, für die anderen sollst du beten,							
							dass wir glauben dem Namen seines Sohnes Jesus Christus,	dass der Gott Liebende			
				wieder andere							
Du sollst lieben	Du sollst lieben	Du sollst lieben	Liebe	sollst du lieben	(5) Du sollst lieben	dass ihr liebt	und dass wir lieben	liebe auch	liebt ein jeder	liebt ein jeder	Liebt nun
deinen Nächsten (רֵעֲךָ)	deinen Nächsten (τὸν πλησίον σου)	deinen Nächsten (τὸν πλησίον σου)	deinen Bruder		deinen Nächsten (τὸν πλησίον σου)	einander (ἀλλήλους),	einander (ἀλλήλους)	seinen Bruder.	seinen Bruder	seinen Bruder, ...	einander
wie dich selbst (כָּמוֹךָ).	wie dich selbst (ὡς σεαυτόν).	wie dich selbst (ὡς σεαυτόν).	wie deine Seele (ñee ⲛⲧⲉⲕϯⲯⲩⲭⲏ).	mehr als deine Seele (ὑπὲρ τὴν ψυχήν σου).	mehr als deine Seele (ὑπὲρ τὴν ψυχήν σου). ...				mit gutem Herzen. ...		von Herzen.
						so wie auch ich euch geliebt habe, damit auch ihr einander liebt.	so wie er uns ein Gebot gegeben hat.				
			Behüte (ⲉⲣⲓⲧⲏⲣⲉⲓ) ihn wie den Augapfel deines Auges.		(9) Du sollst lieben wie den Augapfel deines Auges jeden, der dir das Wort des Herrn sagt.						

B. Durchführung

13. Logion 27

P.Oxy. 1,4–11	
(1) λέγει Ἰ(ησοῦ)ς· ἐὰν μὴ νηστεύσηται τὸν κόσμον, οὐ μὴ ε[ὕ-]ρηται τὴν βασιλείαν τοῦ θ(εο)ῦ·	(1) Jesus sagt: Wenn ihr nicht die Welt fastet, werdet ihr gewiss nicht das Königtum Gottes finden.
(2) κ[α]ὶ ἐὰν μὴ σαββατίσητε τὸ σάββατον, οὐκ ὄψεσθε τὸ(ν) π(ατέ-)ρα.	(2) Und: Wenn ihr nicht den Sabbat als Sabbat haltet, werdet ihr nicht den Vater sehen.
NHC II 38,17–20	
(1) ⲉⲧⲉ<ⲧⲛ̄>ⲧⲙ̄ⲣ̄ⲛⲏⲥⲧⲉⲩⲉ ⲉⲡⲕⲟⲥⲙⲟⲥ ⲧⲉⲧⲛⲁϩⲉ ⲁⲛ ⲉⲧⲙⲛ̄ⲧⲉⲣⲟ	(1) Wenn ihr nicht fastet hinsichtlich der Welt, werdet ihr das Königtum nicht finden.
(2) ⲉⲧⲉⲧⲛ̄ⲧⲙ̄ⲉⲓⲣⲉ ⲙ̄ⲡⲥⲁⲙⲃⲁⲧⲟⲛ ⲛ̄ⲥⲁⲃ`ⲃⲁⲧⲟⲛ ⲛ̄ⲧⲉⲧⲛⲁⲛⲁⲩ ⲁⲛ ⲉⲡⲉⲓⲱⲧ`	(2) Wenn ihr nicht den Sabbat haltet als Sabbat, werdet ihr den Vater nicht sehen.

EvThom 27 ist in seiner griechischen Fassung in P.Oxy. 1,4–11 seit 1897 bekannt und gehört damit zu dem Teil des Thomasevangeliums, der auf die längste Forschungsgeschichte zurückblickt. So zeichneten sich schon am Ende des 19. Jahrhunderts viele Gedankengänge ab, die auch heute noch für die Bearbeitung dieses Logions maßgeblich sind.

a) Textkritik

Die griechische Fassung des Logions nach P.Oxy. 1,4–11 erfordert just an der Stelle eine nicht ganz einfache Rekonstruktion, an der sich die koptische von der griechischen Fassung unterscheidet: In Z. 8 folgt auf die βασιλεία ein Genitivattribut, doch eben hier ist der Papyrus beschädigt:[1] Nach τοῦ ist ein senkrechter Strich zu erkennen (entweder ein Iota oder die linke Längshaste eines ansonsten verlorenen Buchstaben, danach eine zerstörte und nachgedunkelte Stelle von ca. 3 mm Breite (in der noch dazu einzelne senkrechte Papyrusfasern verloren sind), danach das Ypsilon mit dem Supralinearstrich, der aber erst über dem Ypsilon zu beginnen scheint: „I.Ῡ". Zunächst könnte man geneigt sein, den senkrechten Strich als Iota zu interpretieren und die Lücke mit einem weiteren Buchstaben, etwa einem Eta zu füllen, so dass sich die Genitivform des *nomen sacrum* I[H̄]Ῡ für Jesus ergibt. Das widerspricht aber sowohl der Logik des Logions (Jesus ist ja der

---

[1] Die folgenden Ausführungen stützen sich auf die Beobachtungen, die ich während meiner Autopsie am 12. August 2009 in der Bodleian Library in Oxford machen konnte.

Sprecher) als auch der sonstigen Abkürzungspraxis in P.Oxy. 1.[2] Auch der nicht über das ganze *nomen sacrum* durchgezogene Supralinearstrich spricht dafür, dass vor dem Ypsilon nur ein – etwas höher geratener – Buchstabe stand. Insofern erscheint es sachlich angemessen, den senkrechten Strich vor der ca. 3 mm breiten Lücke als Teil eines nicht ganz ebenmäßigen Theta zu interpretieren, so dass man hier die Genitivform des *nomen sacrum* ΘΥ liest und also von der βασιλεία τοῦ θ(εο)ῦ die Rede ist.[3]

b) Zur Komposition des Logions

Wenn man die griechische und die koptische Fassung dieses Logions vergleicht, fällt sofort ein markanter Unterschied auf: In der griechischen Version liegt, wie im Thomasevangelium üblich, ein Wort Jesu vor, das mit der Inquit-Formel λέγει Ἰ(ησοῦ)ς eingeleitet wird und aus zwei parallel gebauten, mit καί verbundenen Sprüchen besteht. In der koptischen Version fehlt hingegen die Inquit-Formel,[4] die beiden Sprüche stehen ohne Einleitung und unverbunden nebeneinander. Eigentlich handelt es sich hier also um zwei Unterschiede, die zwar zusammenhängen, aber trotzdem je für sich zu besprechen sind.

- Das unterschiedliche Vorkommen der Inquit-Formel (um es einmal so zu nennen), lässt sich grundsätzlich auf zweierlei Weise erklären: (1) Die griechische Fassung mit der Inquit-Formel ist ursprünglich, da sie der üblichen Form der Logien entspricht.[5] Im Zuge der Textüberlieferung bzw. Übersetzung hätte sich dann die Inquit-Formel abgeschliffen, vielleicht weil man EvThom 27 als Fortsetzung des vorhergehenden Logions betrachtete – das Gleiche lässt sich auch für EvThom 92; 93 vermuten.[6] Oder: (2) Die koptische Fassung ohne die Inquit-Formel ist

---

2 Der Name „Jesus" wird in P.Oxy. 1 durchweg mit dem *nomen sacrum* ΙΣ geschrieben, die Genitivform wäre demnach ΙΥ. Die Variante ΙΗΣ findet man hingegen in P.Oxy. 654; *dort* könnte man im Genitiv ΙΗΥ erwarten.
3 Vgl. auch GATHERCOLE: *Gospel of Thomas*, 324 mit Anm. 9 (ebenfalls auf Autopsie gestützt).
4 In Laytons Standard-Ausgabe des koptischen Textes ist die Inquit-Formel als Konjektur eingetragen, ebenso P. NAGEL: *Codex apocryphus gnosticus* 1, 120. Auch bei AKAGI: *Literary Development*, 292 wird ihr Fehlen im koptischen EvThom 27 als „scribal error" gedeutet.
5 Vgl. DECONICK: *Original Gospel of Thomas in Translation*, 129.
6 Vgl. PLISCH: *Thomasevangelium*, 222. In diesem Zusammenhang könnte man auch auf EvThom 50–53 verweisen: In dieser Reihe von Logien wird nur ganz am Anfang Jesus als Sprecher mit Namen genannt, danach – namentlich in den einleitenden Inquit-Formeln von EvThom 51–53 – nur mit Pronomen. Auch das lässt sich als eine Glättung im Zuge der Kompilation bzw. der weiteren Überlieferung der Sammlung verstehen.

B. Durchführung

ursprünglich, denn sie ist als *lectio difficilior* zu werten. Die griechische Fassung mit der Inquit-Formel wäre dann als eine Rezension zu verstehen, die von der Vorlage der koptischen Fassung darin abweicht, dass sie die Einleitungen der Logien standardisiert hat. In der Tat beginnen alle Logien von P.Oxy. 1 mit dem standardmäßigen λέγει Ἰ(ησοῦ)ς, doch da dieser Papyrus nur die Einleitungen von sechs Logien (von 114) dokumentiert, ist die Textbasis zu schmal, um eine veritable Tendenz festzustellen. Plausibler wäre diese Lösung, wenn sich in P.Oxy. 1 noch andere Spuren einer abweichenden Rezension nachweisen ließen. Der Wegfall der Inquit-Formel ist hingegen begreiflich, wenn das Thomasevangelium *als zusammenhängender Text* tradiert wurde. So wird man die koptische Fassung in diesem Punkt doch für sekundär halten.

- Die Konjunktion καί zwischen den beiden Teilen der griechischen Fassung von EvThom 27 erklärte Charles Taylor, so wie in EvThom 3 (s. o. B.II.2.b), als das Werk eines Kompilators, der zwei ursprünglich selbständige Sprüche nach dem Muster der Zitatenkombination in Hebr 1,8–12 (vgl. auch 2 Kor 6,16–18) verknüpft habe.[7] Nun ist zu fragen, ob diese Einschätzung angesichts der nunmehr bekannten koptischen Version noch vertretbar ist. Wenn, wie die Inquit-Formel nahe legt, die griechische Fassung des Logions älter ist, müsste man sich vorstellen, dass zwei ursprünglich selbständige Logien erst zu einem Jesus-Logion verbunden wurden und später wieder der verbindenden Elemente beraubt und asyndetisch nebeneinander gestellt wurden. Das ist zwar eine etwas komplizierte Vorstellung,[8] doch unmöglich ist sie keineswegs. Immerhin handelt es sich hier um einen Prozess, der sich über mehrere Jahrhunderte erstreckte, und insofern das einmal kompilierte Thomasevangelium im Laufe der weiteren Überlieferung als zusammenhängender Text verstanden wurde, sind Glättungen nur natürlich.

Es bleibt noch ein kleinerer Unterschied zu benennen, der aber weder die Struktur des Logions berührt, noch sich auf die Frage nach möglichen Berührungen mit dem Johannesevangelium auswirkt: Am Ende von EvThom 27,1 steht in der griechischen Fassung „das Königtum Gottes" (τὴν βασιλείαν τοῦ θ(εο)ῦ), während in der koptischen Fassung nur vom „Königtum" (ⲘⲚⲦⲈⲢⲞ) die Rede ist. Das Genitivattribut in der griechischen Fassung ist im Thomasevangelium singulär, es bevorzugt sonst andere Wendungen (s. o. B.II.2.a zu EvThom 3). Man könnte daher annehmen, dass

---

7 Vgl. TAYLOR: *Oxyrhynchus Logia*, 8–10.
8 Aus diesem Grund hält wohl auch NORDSIECK: *Thomas-Evangelium*, 128 die Annahme, in EvThom 27 lägen zwei ursprünglich eigenständige Logien vor, zwar für möglich, aber „eher unwahrscheinlich".

es sich um einen Zusatz eines Schreibers handelt, der das Logion dem sonstigen (neutestamentlichen) Sprachgebrauch anpassen wollte.[9] Wenn man aber damit rechnet, dass die Logien aus unterschiedlichen Quellen stammen, kann man mindestens ebenso gut annehmen, dass die Rede vom „Königtum" im Laufe der Überlieferung und Übersetzung des Thomasevangeliums teilweise überarbeitet und an die Tendenz der Sammlung angeglichen wurde. In seiner koptischen Endfassung hat das Thomasevangelium ja Vorbehalte gegenüber dem Wort „Gott" (ⲛⲟⲩⲧⲉ), das nur in EvThom 30; 100 vorkommt. Dass das Genitivattribut zu „Königtum" wegfallen konnte, zeigt sich auch in EvThom 3 (s. o. B.II.2.a).

Für die weitere Betrachtung von EvThom 27 ist festzuhalten, dass dieses Logion allem Anschein nach aus zwei ursprünglich selbständigen Sprüchen zusammengesetzt ist, deren Verhältnis zum Johannesevangelium sich jeweils unterschiedlich gestalten kann.

c) Das Verhältnis zur Welt

Im ersten Teil von EvThom 27 könnte man in der abwertenden Sicht der „Welt" (κόσμος/ⲕⲟⲥⲙⲟⲥ) eine Parallele zu den johanneischen Schriften sehen.[10] Als einschlägiger Vergleichstext ließe sich 1 Joh 2,15 nennen: „Liebt nicht die Welt, noch was in der Welt ist."[11] Dieser Text ist jedoch eingebettet in das spannungsreiche Welt-Bild der johanneischen Schriften, das im Zusammenhang mit EvThom 56/80 eingehender besprochen wird. Schon der 1. Johannesbrief für sich zeigt hier eine beachtliche Komplexität: Zwar wird in 1 Joh 2,1–2 (ebenso 4,14) Jesus Christus als Sühne für die Sünden der ganzen Welt vorgestellt, doch zugleich wird konstatiert, dass die Welt die johanneischen Christen hasst (1 Joh 3,13), diese sie aber schon durch ihren Glauben besiegt haben (1 Joh 5,4–5). Neutralität gegenüber der Welt kann es in dieser Konzeption nicht geben (vgl. auch 1 Joh 5,19). Dagegen spricht aus EvThom 27,1 eher die gelassene Distanz dessen, der die Welt Welt sein lässt, weil er sie ohnehin als uninteressant erkannt hat.[12] Eine wesentlich engere Parallele zu unserem Logion findet man indes bei Clemens von Alexandreia (Strom. 3,99,4): Die, welche sich um des Himmelreiches willen zu Eunuchen gemacht haben (vgl. Mt 19,12), werden selig gepriesen als „die, welche sich der Welt enthalten" (οὗτοί εἰσιν οἱ τοῦ κόσμου νηστεύοντες). In der griechischen Version von EvThom 27 steht

---

9 So etwa DeConick: *Original Gospel of Thomas in Translation*, 129.
10 Vgl. z. B. Harnack: *Über die jüngst entdeckten Sprüche Jesu*, 10; Trevijano Etcheverría: „Practicas de la piedad", 307–308.
11 Vgl. Evelyn White: *Sayings of Jesus from Oxyrhynchus*, 30.
12 Ähnlich Patterson: „View from Across the Euphrates", 418 (= *Gospel of Thomas and Christian Origins*, 17).

B. Durchführung

der κόσμος zwar im Akkusativ, doch darin liegt kein Bedeutungsunterschied, sondern es handelt sich wohl um ein Phänomen der Koine.[13] Angesichts dieser Parallele erscheint es geraten, EvThom 27,1 als Aufruf zu einer (freiwillig gewählten) asketischen Lebensweise zu verstehen.[14] Damit hat EvThom 27,1 aber keinen spezifischen Berührungspunkt mehr mit den johanneischen Schriften; nur eine Analogie in einem untergeordneten Motiv bleibt zu konstatieren.

d) „Den Vater sehen"

Im zweiten Teil des Logions kann das Sabbatmotiv, das an sich gewiss eine eigene Untersuchung verdienen würde, für diese Untersuchung unberücksichtigt bleiben.[15] Das Johannesevangelium situiert zwar die Wundergeschichten Joh 5,2–9(10); 9,1–7 jeweils an einem Sabbat, doch dies dient nur dazu, die nachfolgende Kontroverse auszulösen. Die Sabbatpraxis als solche wird höchstens ansatzweise in Joh 7,22–23 thematisiert, doch auch dort dient sie eher als Vehikel der Kontroverse.

Hingegen gibt es durchaus eine Parallele zum zweiten Teil, der Apodosis dieses Bedingungssatzes. Die (in diesem Fall verneinte) Verheißung, den Vater zu sehen, könnte auch an Mt 5,8 erinnern (τὸν θεὸν ὄψονται), doch die starke Konzentration auf das Visuelle in Verbindung mit absolut gebrauchtem πατήρ lässt eher an das Johannesevangelium denken (Joh 6,46,[16] auch 14,7–9,[17] ferner 3 Joh 11).[18] Gewiss teilt das Johannesevangelium im Prinzip

---

13 Vgl. BLASS: „Logia-Fragment", 499.
14 Vgl. GRENFELL/HUNT: ΛΟΓΙΑ ΙΗΣΟΥ, 11; HARNACK: Über die jüngst entdeckten Sprüche Jesu, 8–9; FITZMYER: „Oxyrhynchus Logoi", 533 (= Essays, 391); P. NAGEL: Motivierung der Askese, 31; MARJANEN: „Is Thomas a Gnostic Gospel?", 128–129; anders MÉNARD: L'Évangile selon Thomas, 6–7; NORDSIECK: Thomas-Evangelium, 130. Nach PLISCH: Thomasevangelium, 99 wäre an eine Normverschärfung zu denken, da das Logion dazu auffordert, sich der (ganzen) Welt zu enthalten – und nicht nur einzelner Dinge.
15 Erwähnt sei, dass bei P. NAGEL: Codex apocryphus gnosticus 1, 123 ⲤⲀⲘⲂⲀⲦⲞⲚ mit „Woche" übersetzt ist: „Wenn ihr nicht die (ganze) Woche zum Sabbat macht".
16 Dort ist freilich das Sehen ein Privileg des Sohnes – möglicherweise um anderweitige Ansprüche auf eine mystische Gottesschau an Jesus vorbei abzuwehren; vgl. THEOBALD: Evangelium nach Johannes 1–12, 473.
17 Nach C.R. KOESTER: „Jesus as the Way to the Father", 117 ist diese Passage eingebettet in eine weiter ausholende Bewegung, die vom Gottesverhältnis der Jünger handelt: vom Kommen (14,6) über das Erkennen (14,7–9) und Sehen (14,7–9) zum Glauben (14,10–11). Sehen und Erkennen liegen dabei auf der gleichen Ebene. Nach ZUMSTEIN: L'Évangile selon Saint Jean (13–21), 67 verankern die Vergangenheitstempora die erhoffte Gotteserkenntnis in der Wahrnehmung des inkarnierten Jesus.
18 So auch HARNACK: Über die jüngst entdeckten Sprüche Jesu, 8; EVELYN WHITE: Sayings of Jesus from Oxyrhynchus, 30.

II. Einzeluntersuchungen, 13. Logion 27

die alttestamentliche Überzeugung, dass niemand Gott sehen kann (Joh 1,18; auch 1 Joh 4,12). Im Blick auf Jesus wird dieses Prinzip aber durchbrochen, denn insofern er immer schon bei Gott war (Joh 1,1–2.18) und ihn gesehen hat (Joh 6,46), macht er ihn in der Welt bekannt (Joh 1,18; 17,6–8), so dass er in 14,7 den Jüngern sagen kann, sie hätten den Vater schon gesehen (ἑωράκατε).[19] Den christologischen Grund für diesen Paradigmenwechsel legt er auf Nachfrage in 14,9 offen: „Wer mich gesehen hat, hat den Vater gesehen." Damit ist eine Gottesschau (Begegnung mit Gott) ermöglicht, doch sie ist zugleich exklusiv an die christologische Vermittlung gebunden. Dass eine (positive oder negierte) Heilsverheißung mit „Sehen" (ὁράω) umschrieben werden kann, ist ebenfalls charakteristisch für das Johannesevangelium (Joh 3,3.36; 11,40; ähnlich 16,16):[20] Während man bei Paulus die Gottesherrschaft erbt oder nicht erbt (1 Kor 6,9–10; 15,50; Gal 5,21) oder bei Matthäus in die Himmelsherrschaft eingeht oder nicht eingeht (Mt 5,20; 7,21; 18,3; 19,23–24; 21,31), *sieht* man sie bei Johannes – oder eben nicht (Joh 3,3).[21] Ebenso verhält es sich mit „Leben" (Joh 3,36)[22] oder „Herrlichkeit Gottes" (Joh 11,40).[23]

In dieser Konzeption ähnelt das Johannesevangelium also unserem Logion.[24] Nun ist aber zu fragen, wie diese Nähe auszuwerten ist. EvThom 27,2

---

19 Vgl. dazu auch BROWN: *John i–xii*, 36. Etwas anders BULTMANN: *Evangelium des Johannes*, 490–470: Joh 14,7–9 sei eine Aufforderung, die bereits gegebenen Möglichkeiten (ἑωράκατε) geschichtlich zu realisiseren (γνώσεσθε).
20 Etwas anders LEE: „The Gospel of John and the Five Senses", 117–120, für die das Wortfeld „sehen" im Johannesevangelium vor allem Glauben und Jüngerschaft bezeichnet; als Schlüsseltext dafür ließe sich Joh 12,20–21 anführen.
21 Dagegen interpretiert LINCOLN: *Gospel According to St John*, 150 das Sehen in Joh 3,3 als eigentliche Erkenntnis: „to see past the signs to the divine reality, the rule of God, to which they point". Gegen dieses Verständnis spricht aber die variierende Wiederholung in Joh 3,5 („in das Königtum Gottes eingehen); vgl. dazu SCHNACKENBURG: *Johannesevangelium* I, 380; noch deutlicher MCHUGH: *John 1–4*, 227; ähnlich auch BRANKAER: „Les citations internes", 137. In jedem Fall aber ein qualifiziertes Sehen bzw. Schauen gemeint: „Der johanneische Jesus fordert die Wandlung vom Zuschauer zum Betroffenen!" (THEOBALD: *Evangelium nach Johannes 1–12*, 249).
22 Hier ist der Heilsaspekt besonders deutlich: Dass jemand nicht „das Leben sieht", bedeutet, dass der Zorn Gottes auf ihm bleibt. „Das Leben sehen" ist demnach gleichbedeutend mit „das Königtum Gottes sehen" (3,3); vgl. SCHNACKENBURG: *Johannesevangelium* I, 403–404.
23 Hier ist bemerkenswert, dass das Sehen/Schauen dem Glauben erst folgt; vgl. dazu THEOBALD: *Evangelium nach Johannes 1–12*, 741.
24 Anders MÉNARD: *L'Évangile selon Thomas*, 121, für das Sehen in EvThom 27 „purement intellectualiste" ist.

B. Durchführung

wird kaum das Johannesevangelium voraussetzen,[25] dafür liegen keine klaren Indizien vor. EvThom 27,2 unterscheidet sich sogar von der johanneischen Konzeption in einem entscheidenden Punkt: Die Gottesschau ist nicht christologisch vermittelt (so ganz deutlich in Joh 14,7–9), sie ist einfach die Folge des richtigen „Sabbatisierens". Eine auffällige Parallele zu EvThom 27,2 findet man aber noch in 1 Joh 3,2. Dort wird in endzeitlicher Perspektive die Verheißung formuliert, Gott zu sehen, wie er ist (ὀψόμεθα αὐτόν, καθώς ἐστιν). Die visio Dei folgt hier aus der Angleichung an Gott (ὅμοιοι αὐτῷ ἐσόμεθα). Es wäre verlockend, diesen Gedanken auch in EvThom 27 einzutragen, doch der Parallelismus zwischen den beiden Hälften des Logions spricht dagegen: „Das Königtum (Gottes) finden" und „den Vater sehen" sind hier gleichwertige Umschreibungen für den erwünschten Heilszustand, der aus dem richtigen Fasten bzw. „Sabbatisieren" folgen soll. Der spezifische Leitgedanke von 1 Joh 3,2 ist hier also nicht erkennbar. Umgekehrt ist schon innerhalb des Neuen Testaments auch an anderen Stellen von der Gottesschau als Heilsgut die Rede; man denke an Mt 5,8; Hebr 12,14.[26] Die Verbindung zwischen EvThom 27,2 und 1 Joh 3,2 ist also nicht so beschaffen, dass 1 Joh 3,2 als spezifischer Hintergrund des Logions erkennbar ist. Wäre es umgekehrt vorstellbar, dass die johanneische „Theologie des Sehens" unser Logion voraussetzt? Eindeutige Hinweise darauf sind nicht ersichtlich. Dennoch ist die Parallele kaum ein Zufallsprodukt: Es ist ja nicht selbstverständlich, den Empfang eines Heilsgutes oder gar das Gottesverhältnis[27] als ein „Sehen" zu beschreiben – dafür gäbe es auch andere Möglichkeiten. Daher ist anzunehmen, dass das ausgeprägte Interesse am Visuellen, das EvThom 27,2 und die johanneischen Schriften verbindet, sich zumindest auf ein gemeinsames geistiges Milieu, vielleicht sogar auf die Teilhabe an der gleichen Tradition zurückführen lässt, auch wenn daraus keine distinkte gemeinsame Quelle zu erschließen ist.[28] Auch

---

25 So auch schon HARNACK: *Über die jüngst entdeckten Sprüche Jesu*, 8.
26 Weder an diesen beiden Stellen noch in 1 Joh 3,2 ist explizit der Vater (ὁ πατήρ) der Gegenstand des Sehens. Die Parallele zu EvThom 27 ist also in jedem Falle nur thematischer Art. Doch die absolut gebrauchte Gottesbezeichnung ὁ πατήρ liegt näher beim johanneischen Sprachgebrauch als beim Matthäusevangelium oder dem Hebräerbrief; vgl. Joh 1,14.18; 3,35; 4,21.23; 5,19–23.26.36–37.45; 6,27.37.44–46.57.65; 8,16.18.27–28; 10,17.30.32.36.38; 12,26.49–50; 13,1.3; 14,6.8–13.16.24.26.28.31; 15,9.16.26; 16,3.10.17.23.25–28.32; 18,11; 20,17.21; 1 Joh 1,2–3; 2,1.14–16.22–24; 3,1; 4,14; 2 Joh 3–4.9.
27 Ein besonders eindrucksvolles Beispiel ist 3 Joh 11, wo böses Tun damit gleichgesetzt wird, dass jemand Gott nicht gesehen hat. Der Kontrast zu Joh 1,18 ist beachtlich!
28 Das heißt natürlich nicht, dass der Gedanke im Thomas- und Johannesevangelium singulär wäre. Obwohl nach alttestamentlichem Verständnis kein Mensch

II. Einzeluntersuchungen, 13. Logion 27

die Gottesbezeichnung ὁ πατήρ ist in den johanneischen Schriften signifikant oft anzutreffen (s. o. Anm. 26). Da die Parallele aber nicht das ganze Teil-Logion erfasst, ist die Übereinstimmung von EvThom 27,2 mit den johanneischen Schriften einzuordnen als gemeinsame Tradition in einem untergeordneten Motiv.

e) Fazit zu EvThom 27
EvThom 27 besteht aus zwei verschiedenen Logien, deren Verhältnis zu den johanneischen Schriften in der Tat unterschiedlich zu bestimmen ist. Für EvThom 27,1 kann man höchstens eine Analogie konstatieren, denn die distanzierte Rede von der Welt kommt, bei aller Vielfalt und Dialektik, im johanneischen „Welt-Bild" nicht vor. EvThom 27,2 hat hingegen mit dem Ideal, den Vater zu sehen, eine spezifische Parallele zu den johanneischen Schriften, die auf eine gemeinsame Tradition schließen lässt, wenn auch nur in einem untergeordneten Motiv.

Gott sehen kann (Gen 32,21; Ex 33,20; Ri 13,22), lässt sich auch in alttestamentlichen Texten die Gotteserfahrung als ein „Sehen" versprachlichen (Gen 22,14; Ex 24,10; Ps 63,3; Jes 6,1; 35,2), und auch die Hoffnung auf endzeitliches Heil kann sich mit dem Begriff des „Sehens" operieren (Ijob 19,26–27). Ansätze findet man auch in der platonischen Ideenlehre; zu verweisen wäre etwa auf Symposion 211d-e, wo Sokrates die Ausführungen Diotimas referiert. Letztere stellt ihm als einzig erstrebenswertes Ziel des Eros vor Augen, das Schöne selbst (αὐτὸ τὸ καλόν) bzw. sogar das göttliche Schöne selbst (αὐτὸ τὸ θεῖον καλόν) zu *schauen* (θεᾶσθαι/κατιδεῖν/ ὁρᾶν). Hier geht es um die Idee des Schönen, an der alles kontingent Schöne mehr oder weniger teilhat. Insofern diese Idee des Schönen hier als etwas Göttliches gesehen wird, deutet sich auch in dieser platonischen Konzeption der Gedanke einer Art von Gottesschau an – freilich unter anderen Vorzeichen.

B. Durchführung

14. Logion 28

P.Oxy. 1,11–21	
(1) λέγει Ἰ(ησοῦ)ς· ἔ[σ]την ἐν μέσῳ τοῦ κόσμου καὶ ἐν σαρκεὶ ὤφθην αὐτοῖς	(1) Jesus sagt: Ich stellte mich hin in der Mitte der Welt, und im Fleisch erschien ich ihnen,
(2) καὶ εὗρον πάντας μεθύοντας καὶ οὐδένα εὗρον δειψῶ(ν)τα ἐν αὐτοῖς	(2) und ich fand alle betrunken, und niemanden fand ich dürstend bei ihnen,
(3) καὶ πονεῖ ἡ ψυχή μου ἐπὶ τοῖς υἱοῖς τῶν ἀν(θρώπ)ων ὅτι τυφλοί εἰσιν τῇ καρδίᾳ αὐτῶ[ν] καὶ [οὐ] βλέπ[ουσιν …]	(3) und es leidet meine Seele wegen der Söhne der Menschen, weil sie blind sind mit ihrem Herzen und [nicht] se[hen …]
NHC II 38,20–31	
(1) ⲡⲉϫⲉ ⲓⲥ ϫⲉ ⲁⲉⲓⲱϩⲉ ⲉⲣⲁⲧ` ϩⲛ ⲧⲙⲏⲧⲉ ⲙⲡⲕⲟⲥⲙⲟⲥ ⲁⲩⲱ ⲁⲉⲓⲟⲩⲱⲛϩ ⲉⲃⲟⲗ ⲛⲁⲩ ϩⲛ ⲥⲁⲣⲝ	(1) Jesus sagte: Ich stellte mich hin in der Mitte der Welt, und ich erschien ihnen im Fleisch.
(2) ⲁⲉⲓϩⲉ ⲉⲣⲟⲟⲩ ⲧⲏⲣⲟⲩ ⲉⲩⲧⲁϩⲉ ⲙⲡⲓϩⲉ ⲉⲗⲁⲁⲩ ⲛϩⲏⲧⲟⲩ ⲉϥⲟⲃⲉ	(2) Ich fand sie alle, wie sie betrunken waren; ich fand niemanden von ihnen, wie er durstig war,
(3) ⲁⲩⲱ ⲁⲧⲁⲯⲩⲭⲏ † ⲧⲕⲁⲥ ⲉϫⲛ ⲛϣⲏⲣⲉ ⲛⲣⲣⲱⲙⲉ ϫⲉ ϩⲛⲃⲗⲗⲉⲉⲩⲉ ⲛⲉ ϩⲙ ⲡⲟⲩϩⲏⲧ` ⲁⲩⲱ ⲥⲉⲛⲁⲩ ⲉⲃⲟⲗ ⲁⲛ ϫⲉ ⲛⲧⲁⲩⲉⲓ ⲉⲡⲕⲟⲥⲙⲟⲥ ⲉⲩϣⲟⲩⲉⲓⲧ` ⲉⲩϣⲓⲛⲉ ⲟⲛ ⲉⲧⲣⲟⲩⲉⲓ ⲉⲃⲟⲗ ϩⲙ ⲡⲕⲟⲥⲙⲟⲥ ⲉⲩϣⲟⲩⲉⲓⲧ`	(3) und meine Seele empfand Schmerz wegen der Kinder der Menschen, weil sie Blinde sind in ihrem Herzen, und sie sehen nicht, dass sie in die Welt gekommen sind und leer sind und wieder herauszugehen versuchen aus der Welt und leer sind.
(4) ⲡⲗⲏⲛ ⲧⲉⲛⲟⲩ ⲥⲉⲧⲟϩⲉ ϩⲟⲧⲁⲛ ⲉⲩϣⲁⲛⲛⲉϩ ⲡⲟⲩⲏⲣⲡ` ⲧⲟⲧⲉ ⲥⲉⲛⲁⲣⲙⲉⲧⲁⲛⲟⲉⲓ	(4) Aber jetzt sind sie betrunken. Wenn sie ihren Wein abgeschüttelt haben, werden sie umkehren.

EvThom 28 wird insgesamt oft als ein „Rechenschaftsbericht" Jesu angesehen,[1] in dem dieser auf sein wenig erfolgreiches Wirken zurückblickt, aber die Hoffnung auf eine zukünftige Wendung noch nicht aufgegeben hat. So gesehen, wird man das Logion genauer als eine Art „Zwischenbericht" auffassen. Die griechische Präsensform πονεῖ sowie der Ausblick in 28,4 könnten zwar dagegen sprechen, das Logion als Rückblick auf das

---

[1] Vgl. NORDSIECK: Thomas-Evangelium, 132. Ähnlich war schon für BARTLET: „Oxyrhynchus ‚Sayings of Jesus'", 119 das Logion, wie auch die ganze Sammlung (P.Oxy. 1; 654; 655) in einer nachösterlichen Situation als Wort des Auferstandenen zu verstehen.

definitiv abgeschlossene Wirken Jesu aufzufassen,[2] aber damit ist andererseits noch nicht gesagt, dass der Verfasser des Logions es dem irdischen Jesus mitten in dessen öffentlichem Wirken in den Mund legen wollte.[3] Schmerz kann er ja auch nach der schmerzlichen Erkenntnis empfinden.[4] Zunächst ist aber zu beobachten, dass das griechische Präsens (πονεῖ ἡ ψυχή μου) im Koptischen mit einem Perfekt I (ⲁⲧⲁϯⲯⲩⲭⲏ ϯ ⲧⲕⲁⲥ) wiedergegeben wird, so dass zumindest der koptische Übersetzer das Logion als Rückblick auf Vergangenes aufgefasst haben dürfte. Auffällig ist auch, dass Jesus selbst in 28,4 keine Rolle mehr spielt; die Umkehr scheint nun voll und ganz vom zukünftigen Zustand der jetzt Betrunkenen abzuhängen. So gesehen, könnte das Logion auch als Ermutigung für die Verkünder in späterer Zeit verfasst sein, denen trotz ihrer Misserfolge ein optimistischer Ausblick geboten werden soll.

a) „Mitten in der Welt"

Dass Jesus in 28,1 „in der Mitte der Welt" steht und nicht erkannt wird, deutete Gilles Quispel so, dass hier, wie auch an anderen Stellen im Thomasevangelium (EvThom 5; 91) die Tradition vom „verborgenen Messias" rezipiert wird.[5] Im Johannesevangelium fand er dazu eine Entsprechung in Joh 1,26, das er als ein vielleicht ursprünglich selbständiges Logion einschätzte.[6] Was die beiden Logien in der Tat verbindet, ist das Verb ἵστημι sowie die Präposition ἐν μέσῳ bzw. μέσος. Daneben kommt in beiden Logien zum Ausdruck, dass Jesus nicht von vornherein die adäquate Aufnahme gefunden hat. Davon abgesehen, haben die beiden Passagen aber unterschiedliche Perspektiven, und das kommt vor allem

---

2 Vgl. dazu HARNACK: Über die jüngst entdeckten Sprüche Jesu, 14; ZAHN: „Die jüngst gefundenen ‚Aussprüche Jesu'", 427; LOCK/SANDAY: Two lectures on the „Sayings of Jesus", 21–22 (Lock); EVELYN WHITE: Sayings of Jesus from Oxyrhynchus, 32. Eine Art Kompromissvorschlag findet man bei SWETE: „Oxyrhynchus Fragment", 547: Das Logion habe seinen Platz in der Karwoche, als das Wirken Jesu zwar abgeschlossen, aber sein Schmerz über die Menschen immer noch akut war.
3 Eine originelle Lösung findet man bei TAYLOR: Oxyrhynchus Logia, 26: Es handle sich um zwei eigenständige Logien (EvThom 28,1–2; EvThom 28,3), die mit καί verknüpft sind. Freilich kannte Taylor noch nicht das Logion in seinem ganzen Umfang, wie es in NHC II überliefert ist; dort stellt das Motiv der Trunkenheit einen stärkeren inneren Zusammenhang her.
4 In diesem Sinne bezieht LÜHRMANN: Die apokryph gewordenen Evangelien, 179 das Präsens auf die bleibende Gegenwart des „lebendigen Jesus" (Prolog).
5 Diese Vorstellung legt Justin in Dial. 8,4 seinem jüdischen Gesprächspartner Tryphon in den Mund.
6 Vgl. QUISPEL: „Qumran, John and Jewish Christianity", 145 (= Gnostic Studies II, 219).

B. Durchführung

in den Verbformen zum Ausdruck: Joh 1,26 benennt mit der Perfektform ἕστηκεν einen Zustand, in dem Jesus sich befindet: Er (hat sich hingestellt und) steht dauerhaft mitten unter den Angesprochenen.[7] In EvThom 28,1 (P.Oxy. 1,11–12) hat hingegen der Aorist ἔστην eine ingressive Bedeutung: Jesus stellt sich in der Mitte der Welt hin.[8] Diese Bedeutung ist, da keine deutlichen Indizien für das Gegenteil vorliegen, auch für die koptische Version (NHC II 38,21) anzunehmen.[9] Diese sprachliche Differenzierung spricht dafür, dass EvThom 28,1 und Joh 1,26 nicht dasselbe Thema haben. Wenn Jesus zudem nach EvThom 28,1 „ihnen" im Fleisch *erscheint* (ὤφθην/ⲁⲉⲓⲟⲩⲱⲛϩ ⲉⲃⲟⲗ), kann in diesem Logion schwerlich von einem verborgenen Messias die Rede sein. Die Wahl des Verbs, das explizit genannte Objekt „ihnen" (αὐτοῖς/ⲛⲁⲩ) sowie die Lokalisierung „in der Mitte der Welt" sprechen durchaus dagegen.[10] Die Verbindung wäre höchstens dann zu retten, wenn man das „Sich-mitten-in-der-Welt-hinstellen" und das „Im-Fleisch-erscheinen" als zwei verschiedene Etappen auffasst, doch dafür gibt das Logion keinen Anhaltspunkt. Die Unterschiede zwischen EvThom 28,1 und Joh 1,26 sind schlussendlich doch zu groß, um eine spezifische Verbindung zwischen den beiden Logien anzunehmen. Eine gewisse Nähe dieses Teil-Logions zum Johannesevangelium könnte man allenfalls im Gebrauch des Wortes κόσμος sehen, der hier, wie in Joh 1,9–10; 3,17; 6,14; 10,36; 11,27; 16,28; 18,20.37, den Ort des Auftretens Jesu bezeichnet, an dem dieser teils auf Indifferenz, teils auf Ablehnung stößt.[11]

---

7 Nach BDR § 73,1 mit Anm. 4 ist aus der Perfektform ἕστηκα das Verb στήκω als hellenistische Neubildung zu verzeichnen.
8 Vgl. auch ZAHN: „Die jüngst gefundenen ‚Aussprüche Jesu'", 427; EVELYN WHITE: *Sayings of Jesus from Oxyrhynchus*, 32. Anders SWETE: „Oxyrhynchus Fragment", 547, der in diesem Logion den gleichen Gedanken wie in Joh 1,10 ausgedrückt sah.
9 Das zusammengesetzte Verb ⲱϩⲉ ⲉⲣⲁⲧ= kann sowohl „sich hinstellen" bedeuten, als auch „(fest, aufrecht) stehen"; vgl. WESTENDORF: *Koptisches Handwörterbuch*, 297, s.v. ⲱϩⲉ. Bei CRUM: *Coptic Dictionary*, 537–538, s.v. ⲱϩⲉ B. wird diese Unterscheidung, die sich im Englischen etwas schwieriger gestaltet, nicht gemacht.
10 Am Rande sei nur erwähnt, dass JACQUIER: „Sentences du Seigneur extracanoniques", 111; LEWY: *Sobria Ebrietas*, 77 Anm. 1 die „Mitte der Welt" mit Jerusalem gleichsetzen und dann für EvThom 28 das gleiche Szenario wie in Joh 7,4; 12,31 und vor allem 7,37 voraussetzen: Es handle sich um die letzte Rede Jesu vor dem sündigen Jerusalem. Dagegen spricht, dass in EvThom 28,2–4 die ganze Menschheit im Blick ist.
11 Vgl. FITZMYER: „Oxyrhynchus Logoi", 536 (= *Essays*, 396): „This use of κόσμος is distinctively Johannine."

b) Inkarnation

Man liest bei manchen Autoren, die Aussage von EvThom 28,1 über das „*Erscheinen* im Fleisch" könne nur im doketistischen Sinne verstanden werden. In diesem Logion werde demnach die Vorstellung einer nur scheinbaren Leiblichkeit Jesu vertreten, und so stehe es in diametralem Gegensatz zu den realistischen Inkarnationsaussagen der johanneischen Schriften (v. a. Joh 1,14; 1 Joh 4,2; 2 Joh 7).[12] Sofern diese Position argumentativ begründet wird, trägt das Verb „erscheinen" eine große Beweislast.[13] Manche Ausleger ziehen den Kontext des Thomasevangeliums als Rahmen heran, in den die Auslegung des einzelnen Logions eingebettet wird. Enno E. Popkes verknüpft das Logion vor allem mit dem unmittelbar anschließenden Logion 29 und interpretiert auch den dort ausgedrückten fundamentalen Kontrast zwischen Fleisch und Geist als doketistisch.[14] Schon früher zog etwa Jean Doresse EvThom 56; 80 als weiteren Interpretationskontext heran,[15] eine Dublette, in der die Erkenntnis (ⲥⲟⲩⲱⲛ) des Kosmos mit dem Auffinden einer Leiche (ⲡⲧⲱⲙⲁ, EvThom 56) bzw. eines Leibes (ⲥⲱⲙⲁ, EvThom 80) gleichgesetzt wird. Wenn, so wird also argumentiert,

---

12 Vgl. DORESSE: *Livres secrets* 2, 164 ; MÉNARD: *L'Évangile selon Thomas*, 122–123; POPKES: *Menschenbild des Thomasevangeliums*, 94.252–253; ähnlich GÄRTNER: *Theology of the Gospel of Thomas*, 141–143; HEDRICK: *Unlocking the Secrets*, 67. Anders AKAGI: *Literary Development*, 189: „Despite the difference in form of expression, the basic belief in these two passages is the same."
13 Vgl. etwa GUNTHER: „Meaning and Origin", 137 Anm. 129: „Because *optomai* in the N. T. is reserved for angels (Lk. 1:11; 22:43), visions (e.g. Acts 16:9; Rev. 12:1, 3) Elijah and Moses at the Transfiguration (Mk. 9:4 and par.) and the risen Christ (e.g. 1 Cor. 15:5), a true incarnation is questionable. Only his true mother (the Spirit) gave him life (Log 101; cf. 15: he ‚who was not born of woman ... is your Father')."
14 Vgl. POPKES: *Menschenbild des Thomasevangeliums*, 253 Anm. 99; ähnlich auch schon GÄRTNER: *Theology of the Gospel of Thomas*, 28.194; VOORGANG: *Passion Jesu und Christi*, 145. Auch nach NORDSIECK: *Thomas-Evangelium*, 135 ist aus der Folge von EvThom 28 und 29 zu schließen, dass Jesus in EvThom 29 über sich selbst spricht – jedenfalls auf der Ebene der Endredaktion des Thomasevangeliums. Nordsieck fasst die beiden Logien in einer Spruchgruppe zusammen, die EvThom 28–31 umfasst und „Jesus in der Welt" zum Gegenstand hat. Darin ist der „Rechenschaftsbericht" EvThom 28 das „Grundwort" und EvThom 29 ein „weiterführendes Zusatz-Wort"; vgl. NORDSIECK: „Zur Kompositionsgeschichte", 182. Für das griechische Thomasevangelium ist die Abfolge ebenfalls anzunehmen, doch da in P.Oxy. 1 das Verso in EvThom 28,3 abbricht, kann man als „harten" Beleg lediglich in der fragmentarischen ersten Zeile des Recto das Wort [... τ]ὴν πτωχεία(ν) vor dem Anfang von EvThom 30 anführen. Zur Problematik vgl. schon GRENFELL/HUNT: *ΛΟΓΙΑ ΙΗΣΟΥ*, 12–13.
15 Vgl. DORESSE: *Livres secrets* 2, 164: „En règle générale, la rédaction copte de notre apocryphe exprime un refus absolu de la chair et de la génération charnelle."

B. Durchführung

das Thomasevangelium im Ganzen die menschliche Leiblichkeit negativ bewertet, dann könne auch die Aussage über das „Erscheinen im Fleisch" in EvThom 28,1 keine im Ansatz positive Bewertung der Leiblichkeit bzw. Fleischlichkeit enthalten. Sie sei vielmehr in einem leibfeindlichen, näherhin doketistischen Sinne zu interpretieren. Als theologiegeschichtlicher Kontext wird dafür der Pronoia-Hymnus in dem in NHC II dem Thomasevangelium unmittelbar vorausgehenden Johannesapokryphon (p. 31,3–4) angeführt,[16] ebenso das in NHC II unmittelbar folgende Philippusevangelium (pp. 57,28–58,10), ferner das Evangelium Veritatis (NHC I 31,2–13) und der Rheginosbrief (NHC I 45,39–46,2)[17]. Diese möglichen Parallelen werden weiter unten in diesem Unterkapitel besprochen. Zunächst ist der Blick auf die johanneischen Schriften zu richten.

EvThom 28,1 wird häufig zur Inkarnationsaussage des Johannesprologs (Joh 1,14) in Beziehung gesetzt (s. u.). Bevor diese Beziehung näher erörtert wird, scheint es geraten, die Inkarnationsaussagen der johanneischen Schriften für sich zu betrachten. Freilich ist es im Rahmen dieser Studie nicht möglich, sie erschöpfend auszulegen, doch einige Schlaglichter auf Aussage und Ausrichtung dieser Texte sind gewiss ein guter Ausgangspunkt für den Vergleich mit EvThom 28. Dabei gilt das Interesse nicht nur dem *locus classicus* Joh 1,14, sondern auch den eher polemisch kontextualisierten Aussagen der Johannesbriefe (1 Joh 4,2; 2 Joh 7). Vorausgesetzt ist dabei, dass das Johannesevangelium und die Johannesbriefe, wenn sie auch nicht das Werk ein und desselben Autors sind, so doch aus derselben „Denkschule" kommen und aufeinander bezogen sind.[18]

Im Prolog des Johannesevangeliums ist die Inkarnationsaussage Joh 1,14 sicher eine Schlüsselstelle; für Rudolf Schnackenburg war der Vers sogar der Höhepunkt des Hymnus.[19] Auch wenn man diese Einschätzung nicht teilt, wird man dem Vers dennoch einige Bedeutung für die Christologie des Evangeliums und überhaupt die Entwicklung der Christologie im 1. und 2. Jahrhundert zugestehen. Entscheidend ist hier das Verb ἐγένετο („ist geworden"), das auch die *differentia specifica* zwischen diesem Vers und EvThom 28,1 darstellt. Dieses Verb bezeichnet den realen

---

16 Vgl. POPKES: *Menschenbild des Thomasevangeliums*, 253 Anm. 99.
17 Vgl. MÉNARD: *L'Évangile selon Thomas*, 122–123.
18 Vgl. dazu auch WITETSCHEK: *Ephesische Enthüllungen* 1, 263–271.
19 Vgl. SCHNACKENBURG: *Johannesevangelium* I, 241; anders MOLONEY: *Gospel of John*, 38: Joh 1,14 entfalte nur näher, was schon in Joh 1,3–4.9 ausgesagt wurde. Nach THEOBALD: *Evangelium nach Johannes 1–12*, 126 liegt der Höhepunkt erst am Ende von 1,14 bzw. in 1,16 (wenn – vgl. ebd., 105 – Vers 15 als späterer Einschub identifiziert ist): „*Das christologische Bekenntnis drängt hin zu seiner soteriologischen Konsequenz.*" Ähnlich U. B. MÜLLER: *Menschwerdung des Gottessohnes*, 44.

Übergang in einen Zustand, der zuvor nicht bestanden hat.[20] Manche Ausleger betonen den Kontrast zwischen den protologischen Zustandsbeschreibungen (ἦν) in Joh 1,1–4.9–10 und dem punktuellen Ereignis (ἐγένετο) in 1,14,[21] wenngleich diese Zustandsbeschreibungen auch vorher schon verschiedentlich aufgebrochen werden (1,5.10–12). In jedem Falle macht in Joh 1,14 der Wechsel in die 1. Person Plural deutlich, dass es sich in 1,14a um einen zentralen Bekenntnissatz handelt, der das „wir" unmittelbar betrifft.[22] Daher erscheint es nicht ratsam, das ἐγένετο von Joh 1,14 zu eng mit dem ἐγένετο von Joh 1,6 zusammen zu sehen.[23]

Neben dem Verb zieht vor allem das damit verbundene Prädikatsnomen σάρξ die Aufmerksamkeit auf sich. Dass der Logos „Fleisch" wurde, ist eine massive Aussage, zumal wenn man bedenkt, dass σάρξ sonst im Johannesevangelium meistens für die irdische, vergängliche, dem Geistigen und Göttlichen entgegengesetzte Sphäre steht (Joh 1,13; 3,6; 6,63; 8,15)[24] – andere Akzente setzt freilich Joh 6,51–58. Vor dem Hintergrund dieser weitgehend negativen Konnotation von σάρξ im Johannesevangelium nehmen manche Ausleger an, dass mit Joh 1,14 gezielt ein Kontrast aufgebaut werden soll: Der Vers spreche nicht nur von „Menschwerdung", sondern explizit von „Fleischwerdung", um so einer Christologie entgegenzutreten, welche die fleischliche Existenz Jesu (einschließlich seiner Geburt und seines Todes) relativierte, wenn nicht gar bestritt.[25] Mit anderen Worten: Die Bekenntnisaussage Joh 1,14 sei gegen den Doketismus gerichtet.[26]

---

20 Vgl. G. RICHTER: „Fleischwerdung des Logos", 88 (= *Studien zum Johannesevangelium*, 154) in dezidierter Frontstellung gegen Ernst Käsemann; ähnlich THEOBALD: *Evangelium nach Johannes 1–12*, 127–128; McHUGH: *John 1–4*, 53.
21 Vgl. SCHNACKENBURG: *Johannesevangelium I*, 242; THEOBALD: *Evangelium nach Johannes 1–12*, 128; ähnlich THYEN: *Johannesevangelium*, 89. Ein ähnlicher Übergang, wenngleich mit unterschiedlichen Subjekten, lässt sich auch in Joh 1,2.3 beobachten; vgl. FREY: *Johanneische Eschatologie II*, 73–74.92.157–158.
22 Vgl. dazu auch TOBIN: „Prologue of John", 253; WENGST: *Johannesevangelium 1*, 45.68. Ob man indes mit Tobin im Prolog einen linearen Ablauf annehmen müsse, so dass damit in Joh 1,10 der Sache nach noch nicht von der Inkarnation die Rede sein könne, sei dahingestellt.
23 So etwa BARRETT: *Gospel According to St John*, 138 (als Möglichkeit); MOLONEY: *Gospel of John*, 45.
24 Nach U.B. MÜLLER: *Menschwerdung des Gottessohnes*, 49 ist das in Joh 1,14 gerade nicht der Fall. Die mit dieser Interpretation entstehende Spannung mit dem unmittelbar vorausgehenden Vers 1,13 thematisiert Müller indes überhaupt nicht.
25 Vgl. SCHNACKENBURG: *Johannesevangelium I*, 243–244; BEUTLER: „Johannes-Prolog", 95–96 (= *Neue Studien*, 230); McHUGH: *John 1–4*, 53; ähnlich WENGST: *Johannesevangelium 1*, 68–69.
26 Vgl. G. RICHTER: „Fleischwerdung des Logos", 89 (= *Studien zum Johannesevangelium*, 155); SCHNELLE: *Antidoketische Christologie*, 241–242; LINCOLN: *Gospel*

B. Durchführung

Diese Deutung erscheint plausibel, solange man Joh 1,14 isoliert betrachtet. Im weiteren Verlauf des Johannesevangeliums findet sich jedoch kaum eine Stelle, an der das reale Menschsein Jesu eigens argumentativ begründet oder polemisch verteidigt wird; es wird einfach vorausgesetzt und auch von den Gegnern Jesu nicht bestritten (vgl. v. a. Joh 6,42; 10,33).[27] Den Antagonisten Jesu in den Dialogen bzw. Streitgesprächen in Joh 5–10 kann man keine doketistische Position unterstellen.[28] Auch die Passionserzählung erscheint in dieser Hinsicht relativ unbefangen:[29] Gewiss *kann* man Joh 19,34 auch als eine Betonung des realen Menschseins Jesu lesen, aber die Leserlenkung ist nicht so explizit, wie es an anderen Stellen zu beobachten ist, wo Erzählerkommentare steuernd in die Erzählung eingreifen (vgl. etwa Joh 2,21–22; 12,32–33).[30] Auch die drastischen Aussagen über das Fleisch Jesu in Joh 6,51–58 sind nicht wirklich geeignet, das reale Menschsein Jesu gegen doketistische Bestreitung zu verteidigen – auch ein überzeugter Antidoketist mag mit diesen Worten seine Schwierigkeiten haben. So scheint es angemessener, die Rede vom Fleisch in Joh 1,14 nicht aus einer spezifisch antidoketistischen Frontstellung zu erklären, sondern sie als ein Stück traditioneller Bekenntnissprache zu verstehen.[31]

According to St John, 104; ähnlich auch STREETT: *They Went Out From Us*, 185. Nach SCHNACKENBURG: *Johannesevangelium* I, 244 ist der Vers in einem weiteren Sinne als Protest gegen hellenistische bzw. gnostische Vorstellungen von in die Welt kommenden Erlösern zu verstehen.

27 Vgl. G. RICHTER: „Fleischwerdung des Logos", 86.93 (= *Studien zum Johannesevangelium*, 153.158); U. B. MÜLLER: *Menschwerdung des Gottessohnes*, 62–71; SCHWANKL: „Aspekte der johanneischen Christologie", 370–371; THYEN: *Johannesevangelium*, 91.

28 Dies war für Georg Richter der Anlass für eine literarkritische Operation: Er schied Joh 1,14–18 als späteren, antidoketistischen Zusatz aus dem Johannesprolog aus und siedelte die Verse auf der gleichen redaktionellen Ebene an wie Joh 6,51–58; 19,34–35; 20,24–29 und die Johannesbriefe; vgl. v. a. G. RICHTER: „Fleischwerdung des Logos", 113–122 (= *Studien zum Johannesevangelium*, 173–181); ähnlich auch BEUTLER: „Johannes-Prolog", 96 (= *Neue Studien*, 230). Dem von der Redaktion des Johannesevangeliums angeblich bekämpften Doketismus konnte Richter sogar eine längere Vorgeschichte zusprechen; vgl. G. RICHTER: „Fleischwerdung des Logos (Fortsetzung)", 265 (= *Studien zum Johannesevangelium*, 189).

29 Zur Ausrichtung der Passionserzählung vgl. z. B. U.B. MÜLLER: *Menschwerdung des Gottessohnes*, 71–78; DE BOER: „Johannine History", v. a. 318–320; sehr pointiert ASHTON: *Understanding the Fourth Gospel*, 460–476.

30 Für ein etwas anderes Verständnis der Stelle vgl. WEIDEMANN: *Tod Jesu im Johannesevangelium*, 394–397; DERS.: „Quelle des Geistes", 576–578; WITETSCHEK: „Die Stunde des Lammes?", 176.

31 Vgl. THEOBALD: *Fleischwerdung des Logos*, 107.248 mit Anm. 195; DERS.: *Evangelium nach Johannes 1–12*, 127; ähnlich schon BROWN: *John i–xii*, 31: Der Inkarnationsgedanke des Johannesprologs vertrage sich zwar nicht gut mit hellenistischen

In den Johannesbriefen ist die Situation eine andere; die Sprache ist, im Hinblick auf Differenzen in der Christologie, deutlich polemischer als im Johannesevangelium, und das ist kaum nur auf die unterschiedliche Gattung zurückzuführen. Otto Schwankl beobachtet, dass das Johannesevangelium und der 1. Johannesbrief (man könnte auch den 2. Johannesbrief mit einschließen) in christologischer Hinsicht entgegengesetzte Sprechsituationen voraussetzen: Während im Johannesevangelium, wie oben gesehen, das Menschsein Jesu selbstverständlich vorausgesetzt ist (Thema) und seine himmlische Identität begründet und verteidigt wird (Rhema), ist diese in den Johannesbriefen gar nicht das Problem, doch da diese hohe Christologie sich zu verselbständigen droht, muss nun das Menschsein Jesu und dessen Heilsbedeutung betont werden.[32]

Genau genommen, sprechen die Fleisches-Aussagen des Johannesevangeliums (Joh 1,14) und der Johannesbriefe (1 Joh 4,2; 2 Joh 7) sogar von unterschiedlichen Dingen. Joh 1,14 handelt davon, dass der Logos, der von allem Anfang an bei Gott war, zu einem bestimmten Zeitpunkt ins menschliche Leben eintrat (σὰρξ ἐγένετο). In 1 Joh 4,2; 2 Joh 7 ist hingegen davon die Rede, dass Jesus „im Fleische" (ἐν σαρκί) „gekommen" sei (zu den Verbformen s. u.). Wenn, wie in Joh 1,14, vom Vorgang des Fleisch-*Werdens* die Rede wäre, müsste man eher eine Formulierung wie εἰς τὴν σάρκα („ins Fleisch") erwarten. Das in 1 Joh 4,2; 2 Joh 7 anzutreffende ἐν σαρκί hat nicht die Richtung oder das Ziel im Blick, sondern die Art und Weise des Kommens.[33] Dieses Kommen findet in den Johannesbriefen allerdings unterschiedlichen Ausdruck: In 1 Joh 4,2 steht es im Partizip Perfekt (ἐληλυθότα), in 2 Joh 7 hingegen im Partizip Präsens (ἐρχόμενον).[34] Das Perfekt in 1 Joh 4,2 wird meistens so erklärt, dass der Akzent auf dem

---

Logos-Vorstellungen, polemisiere aber auch nicht gegen sie; Polemik finde man eher in den Johannesbriefen (1 Joh 4,2; 2 Joh 7).

32 Vgl. SCHWANKL: *Licht und Finsternis*, 286–287; DERS.: „Aspekte der johanneischen Christologie", 370–371; ähnlich auch KLAUCK: *Der erste Johannesbrief*, 233: 1 Joh 4,2 wehre u. a. ein Missverständnis der johanneischen Sendungschristologie (z. B. Joh 8,42; 12,46) im Sinne eines kurzen „Gastspiels" ab. Auf einer ähnlichen Linie will Schwankl (*Licht und Finsternis*, 285) die Gegner nicht auf eine konkrete „Irrlehre" festlegen, sondern diagnostiziert ein *„joh Syndrom"*, das sich dadurch äußert, dass Akzente, die das Johannesevangelium für eine *theologia gloriae* setzt, überbetont werden: „Die Maße und Gewichte, die Proportionen und Akzente stimmen nicht und ergeben in ihrer Summierung ein eigentümlich verzerrtes, krankhaftes Gebilde."

33 Vgl. BROWN: *Epistles of John*, 493; KLAUCK: *Der erste Johannesbrief*, 233; LIEU: *I, II & III John*, 167.

34 Vollends verwirrend wird die Lage durch das Partizip Aorist in 1 Joh 5,6.

B. Durchführung

Menschsein Jesu als bleibender Tatsache liegt.[35] Das Präsens in 2 Joh 7 ist kaum im aktuell präsentischen oder gar futurischen Sinne zu verstehen.[36] Zumeist wird angenommen, dass es sich um eine formelhaft verkürzte Wendung[37] handelt, zumal ja schon im Johannesevangelium Jesus mehrfach und in unterschiedlichen Verbindungen als ὁ ἐρχόμενος tituliert wurde (Joh 1,15.27; 3,31; 6,14; 11,27).[38]

Nun zeigt vor allem 2 Joh 7, dass in den Johannesbriefen die Fleischlichkeit Jesu zum Unterscheidungsmerkmal erhoben ist, und auch die polemische Ausrichtung dieser Briefe ist schwer zu bestreiten. Fraglich ist jedoch, ob die in diesen Briefen bekämpften Gegner, sofern sie überhaupt identifizierbar sein sollten,[39] als Doketisten zu bezeichnen sind.[40] Wenn die Johannesbriefe gegen eine doketistische Christologie Front machten, dann wäre dies schon sehr schwach und unspezifisch – zu polemischen Zwecken durchaus ungeeignet, gemessen an dem, was man später etwa in den Ignatiusbriefen findet (s. u.).[41]

---

35 Vgl. SCHNACKENBURG: *Johannesbriefe*, 221; U.B. MÜLLER: *Menschwerdung des Gottessohnes*, 86–87; LIEU: *I, II & III John*, 167; nach BROWN: *Epistles of John*, 686; STREETT: *They Went Out From Us*, 181–182 ist speziell die Heilswirkung dieses Menschseins im Blick.
36 Anders aber FREY: *Johanneische Eschatologie* III, 62–67.203: In 2 Joh 7 sei von der Parusie Christi in leiblich sichtbarer Form die Rede – gewissermaßen als Konsequenz seines real-leiblichen Menschseins.
37 Nach LIEU: *I, II & III John*, 252 ist dieser Vers nur vor dem Hintergrund des 1. Johannesbriefes verständlich, wo, etwa in 1 Joh 2,18–19; 4,1–3 die in 2 Joh 7 eingespielten Motive breiter entfaltet werden.
38 Vgl. SCHNACKENBURG: *Johannesbriefe*, 313; BROWN: *Epistles of John*, 670; KLAUCK: *Der zweite und dritte Johannesbrief*, 54–55; HJ. SCHMID: *Gegner im 1. Johannesbrief?*, 167–168; LIEU: *I, II & III John*, 254–255; STREETT: *They Went Out From Us*, 345–347.
39 Eine sehr pointierte Position nimmt in dieser Frage Hansjörg Schmid ein, der in systemtheoretischer Betrachtung die im 1. Johannesbrief bekämpften Gegner als Konstruktion innerhalb des johanneischen Sinnsystems betrachtet, mit der vor allem die Identität der eigenen Gruppe durch Abgrenzung gestärkt werden soll. Vgl. zusammenfassend HJ. SCHMID: *Gegner im 1. Johannesbrief?*, 289: „Es gibt die Gegner im 1Joh, aber nicht außerhalb. *Es gibt sie nämlich nur durch den Text als dessen Konstruktion und Selbstreferenz*, d.h. die Gegner dienen in erster Linie zur Selbstdarstellung der Gemeinde. Damit ist ein mögliches Ereignis, das die Rede von Gegnern erst hervorbrachte, nicht generell ausgeschlossen, wohl aber dessen Rekonstruierbarkeit."
40 So etwa SCHNELLE: *Antidoketische Christologie*, 80. Zur Vielfalt der Gegner-Hypothesen vgl. auch die Übersicht bei HJ. SCHMID: *Gegner im 1. Johannesbrief?*, 303.
41 Vgl. SCHNACKENBURG: *Johannesbriefe*, 221; LIEU: *I, II & III John*, 169; HAKOLA: „Reception and Development", 37–39; STREETT: *They Went Out From Us*, 197–

II. Einzeluntersuchungen, 14. Logion 28

Wenn man vor diesem Hintergrund das Verhältnis von EvThom 28,1 zu den johanneischen Schriften betrachtet, ist wohl eine Möglichkeit von vornherein auszuschließen: Das in EvThom 28,1 Gesagte kann nicht das Ziel der namentlich in den Johannesbriefen ausgesprochenen Polemik sein. Die Fleisches-Aussagen liegen sehr nahe beisammen, doch sie unterschieden sich in Details der Terminologie:

EvThom 28	Joh 1,14	1 Joh 4,2	2 Joh 7
	καὶ ὁ λόγος	Ἰησοῦν Χριστὸν	Ἰησοῦν Χριστὸν
ⲁⲉⲓⲟⲩⲱⲛϩ̄ ⲉⲃⲟⲗ ⲛⲁⲩ			ἐρχόμενον
ϩ̄ⲛ ⲥⲁⲣⲝ	ἐν σαρκεὶ	σάρξ	ἐν σαρκὶ	ἐν σαρκί
	ὤφθην αὐτοῖς	ἐγένετο	ἐληλυθότα	

Wenn man EvThom 28,1 nicht als eine „abgeschliffene" Form der christologischen Spitzenaussage Joh 1,14 auffasst,[42] werden diese ähnlichen Formulierungen zuweilen so interpretiert, dass EvThom 28 und die johanneischen Schriften eine gemeinsame Tradition repräsentieren;[43] manche Autoren identifizieren diese sogar genau im syrischen Christentum des späten 1. Jahrhunderts.[44] Bevor dies auf dem Wege der Gegenprobe kritisch geprüft wird, ist jedoch zu fragen, ob die oben angeführten Texte einander wirklich so ähnlich sind. Dass Joh 1,14 von der Inkarnation des göttlichen Logos handelt, lässt sich schwer bestreiten, und auch die Formeln von 1 Joh 4,2 und 2 Joh 7 dürften, wenn nicht im lokalen, so doch im modalen Sinne, den Eintritt Jesu in die Welt zum Gegenstand haben. Den gleichen Gedanken greift Irenäus in Haer. 4,20,4 auf, wenn er von der ἔνσαρκος

198.217. Dass diese Aussagen später, in anderen Kontexten, als antidoketistische Kampfformeln rezipiert werden konnten, ist damit nicht bestritten; vgl. SCHNACKENBURG: *Johannesbriefe*, 222; LIEU: *I, II & III John*, 169.
42 So etwa THEOBALD: *Fleischwerdung des Logos*, 437 Anm. 30; ähnlich zuvor schon EVELYN WHITE: *Sayings of Jesus from Oxyrhynchus*, xxxv; LEIPOLDT: „Ein neues Evangelium?", 495. Etwas anders HARNACK: *Über die jüngst entdeckten Sprüche Jesu*, 14: „Das Evangelium, aus welchem dieser Spruch genommen ist, muss wirklich ein ‚Logosevangelium' gewesen sein, mag nun der Name Logos in ihm gestanden oder gefehlt haben, d.h. ein Evangelium, zu welchem sich die Art des Johannesevangeliums wie die letzte Vorstufe verhalten haben muss."
43 Vgl. DECONICK: *Original Gospel of Thomas in Translation*, 134.
44 Vgl. FIEGER: *Thomasevangelium*, 112; NORDSIECK: *Thomas-Evangelium*, 132.

B. Durchführung

παρουσία bzw. dem *secundum carnem adventus* des Logos spricht. Wie verhält es sich mit EvThom 28? Auch hier wird die Rede vom „Erscheinen im Fleisch" manchmal als Inkarnationsaussage (wie Joh 1,14) gedeutet.[45] Der Anfang des Logions steht dem jedoch entgegen. Die dort zu findende Adverbiale „in der Mitte der Welt" (ἐν μέσῳ τοῦ κόσμου bzw. ϩⲛ ⲧⲙⲏⲧⲉ ⲙ̄ⲡⲕⲟⲥⲙⲟⲥ) legt eher ein statisches Verständnis nahe: Jesus *kommt* nicht in die Welt (das wäre die Aussage von Joh 1,9.14), sondern er *befindet* sich bereits mitten in der Welt, ist im Fleisch erschienen und wird nicht beachtet. Es geht also nicht um seine Existenz oder seinen Status an sich, sondern darum, dass er durch dieses (fleischliche) Erscheinen erkennbar wird – und dass „sie" diese Möglichkeit nicht nutzen. So gesehen, wäre eher Joh 1,10 eine sachliche Parallele zu diesem Logion als Ganzem.[46] Daher kann Reinhard Nordsieck es auch als „Rechenschaftsbericht" Jesu verstehen.[47] Allerdings ist der beschriebene Vorgang noch nicht abgeschlossen; in EvThom 28,4 (nur koptisch überliefert) hofft Jesus als Sprecher des Logions noch, dass die Menschenkinder in der Zukunft wieder nüchtern werden und umkehren. Das Szenario wäre so vorzustellen, dass Jesus nicht einen abschließenden Rechenschaftsbericht abgibt, sondern eine „Zwischenbilanz" zieht. Darin liegt ein maßgeblicher Unterschied zu den Inkarnationsaussagen der johanneischen Schriften, in denen ja jeweils in der dritten Person auf ein bereits abgeschlossenes Geschehen zurückgeblickt wird.[48]

Angesichts dieser Differenzen im Detail wird man eher annehmen, dass EvThom 28 und die johanneischen Schriften unabhängig voneinander aus dem Spektrum frühchristlicher Denkmöglichkeiten schöpfen.[49] Die gemeinsame Rede vom „Fleisch" könnte zwar eine spezifische gemeinsame Tradition vermuten lassen, doch die Gegenprobe im Blick auf die frühchristliche Inkarnationssprache steht dem entgegen; dazu mögen zwei Beispiele genügen:

Das wohl bekannteste Beispiel ist 1 Tim 3,16: Auch in diesem Hymnus ist von Jesu „Erscheinen im Fleisch" die Rede; gemeint ist seine ganze

---

45 Vgl. ZÖCKLER: *Jesu Lehren im Thomasevangelium*, 134; VOUGA: „Mort et résurrection", 1015; ähnlich DUNDERBERG: „Johannine Traditions", 71 mit Anm. 19. Allerdings wird die Inkarnation hier nicht als eigenes Thema betont; vgl. STREETT: *They Went Out From Us*, 216.
46 Vgl. GRENFELL/HUNT: ΛΟΓΙΑ ΙΗΣΟΥ, 12; BROWN: „Gospel of Thomas", 165; kritisch dazu U. B. MÜLLER: *Menschwerdung des Gottessohnes*, 43–44.
47 Vgl. NORDSIECK: *Thomas-Evangelium*, 132.
48 Vgl. ZÖCKLER: *Jesu Lehren im Thomasevangelium*, 134–135.
49 Vgl. DUNDERBERG: „Thomas' I-sayings", 47–49; DERS.: *The Beloved Disciple in Conflict?*, 88–89; DERS.: „Johannine Traditions", 76–77.

menschliche Existenz, die als Epiphanie verstanden wird.[50] In der Rede vom Fleisch kann man unter Umständen „eine antidoketische Spitze"[51] erkennen, doch im Ganzen entfaltet diese hymnische Prädikation nicht die Kraft antidoketischer Polemik, die man etwas später etwa in den Ignatiusbriefen (z. B. IgnSm 1,2) antrifft, zumal das Fleisch Jesu sonst in den Pastoralbriefen kein zentrales Thema ist.[52] Wenn man aber EvThom 28 mit diesem Hymnus vergleicht, fällt es schwer, das Logion anhand seiner Begrifflichkeit mit Doketismus in Verbindung zu bringen; der terminologische Unterschied zwischen ὤφθην/ⲁⲉⲓⲟⲩⲱⲛϩ̄ ⲉⲃⲟⲗ (EvThom 28) und ἐφανερώθη (1 Tim 3,16) ist ja minimal. Anders gewendet: Wenn EvThom 28 ein doketistischer Text sein sollte, dann müsste es auch 1 Tim 3,16 sein.[53] Für unsere Fragestellung ist vor allem festzuhalten, dass es keineswegs für das Thomasevangelium und die johanneischen Schriften spezifisch ist, das irdische Auftreten Jesu mit der Phrase ἐν σαρκί zu bezeichnen. Abgesehen davon, dass es sich jeweils um christliche Texte handelt, wird man die Pastoralbriefe, die johanneischen Schriften und das Thomasevangelium schwerlich einer distinkten gemeinsamen Tradition zuweisen.

Diese Einschätzung verstärkt sich im Blick auf den Barnabasbrief, der nach Ferdinand Prostmeier wohl „zwischen Frühjahr 130 und Februar/März 132",[54] möglicherweise in Alexandreia,[55] enstanden ist. In diesem Text wird mit der Inkarnationssprache geradezu gespielt. In Kapitel 5–6 finden wir die Wendungen „im Fleisch erscheinen" (ἐν σαρκὶ ... φανερωθῆναι 5,6; ähnlich 6,7.9.14; 12,10) wie auch „im Fleisch kommen" (ἦλθεν ἐν σαρκὶ 5,10–11).[56] Die Terminologie des Baranabasbriefes weist damit Parallelen sowohl zu EvThom 28 (und 1 Tim 3,16) als auch zu den johanneischen Schriften auf, und es dürfte schwer fallen, daraus präzise traditions- oder gar überlieferungsgeschichtliche Schlussfolgerungen zu ziehen. Man wird eher folgern, dass die Bezeichnung der menschlich-irdischen Existenzweise Jesu als σάρξ in der frühchristlichen Bekenntnissprache ausnehmend weit verbrei-

---

50 Vgl. OBERLINNER: *Pastoralbriefe* 1, 163–164; LAU: *Manifest in Flesh*, 92–96.
51 OBERLINNER: *Pastoralbriefe* 1, 164.
52 Vgl. STREETT: *They Went Out From Us*, 208–210.
53 Vgl. MARJANEN: „Portrait of Jesus", 212; ähnlich STREETT: *They Went Out From Us*, 202 Anm. 110 (= 216 Anm. 159); dem zustimmend auch PIOVANELLI: „Un gros et beau poisson", 295 Anm. 16.
54 PROSTMEIER: *Barnabasbrief*, 118.
55 Vgl. PROSTMEIER: *Barnabasbrief*, 128–130.
56 Nach PROSTMEIER: *Barnabasbrief*, 248 soll diese terminologische Variation möglicherweise ein doketistisches Missverständnis der Wendung ἐν σαρκί φανηροῦσθαι verhindern. Andere Autoren sehen den Barnabasbrief dennoch gefährlich nahe bei einer doketistischen Position; vgl. U.B. MÜLLER: *Menschwerdung des Gottessohnes*, 96; STREETT: *They Went Out From Us*, 214–215.

B. Durchführung

tetet war (vgl. auch Röm 1,3; 8,3; 1 Petr 3,18; 2 Clem 9,5; IgnEph 7,2; IgnSm 1,2; 3,1; Polykarp, 2 Phil 7,1).[57]

Ein Blick in den Bereich von Paralleltexten aus dem Nag-Hammadi-Corpus nuanciert diesen Befund. Der Rheginosbrief/Traktat über die Auferstehung (NHC I,4) liegt relativ nahe bei den oben besprochenen Texten, wenn er die irdische Existenz Christi reflektiert: „Auf welche Weise verkündete der Herr die Dinge, als er im Fleisch war und nachdem er als Sohn Gottes erschienen war?"[58] Hier geht es gar nicht um ein Kommen oder Erscheinen im Fleisch, sondern um die fleischliche Existenz als einen Zustand von gewisser Dauer. Der Autor des Rheginosbriefes macht zwar keine so massive Aussage wie Joh 1,14[59] – eigentlich macht er überhaupt keine Inkarnationsaussage[60] – aber eine Abwertung des Fleisches ist dem Text auch nicht zu entnehmen.[61]

Im Evangelium Veritatis (NHC I,3) erscheint das Fleisch hingegen als eine Art Tarnung, die es dem Logos ermöglicht, in die Welt zu kommen und in ihr zu wirken: „... und sie erkannten ihn nicht, die Materie(llen), denn er kam durch sterbliches Fleisch."[62] Hier ist das Fleisch ein Mittel zum Zweck, es steht zum Kommen des Erlösers in einem instrumentalen Verhältnis,[63] während in den oben besprochenen Texten eher von einem modalen oder lokalen Verhältnis zu sprechen ist.

---

57 Vgl. THEOBALD: *Fleischwerdung des Logos*, 248 Anm. 195; DERS.: *Evangelium nach Johannes 1–12*, 127; ebenso auch GATHERCOLE: „Named Testimonia", 88.
58 Rheg 44,14–17: ⲛ̄ⲧⲁϥⲁⲡⲭⲁⲉⲓⲥ ⲣ̄ ⲭⲣⲱ ⲛⲉϣ ⲛ̄ϩⲉ ⲛ̄ⲛ̄ϩⲃⲏⲩⲉ ⲉϥϣⲟⲟⲡ ϩⲛ̄ ⲥⲁⲣⲝ ⲁⲩⲱ ⲛ̄ⲧⲁⲣⲉϥⲟⲩⲁⲛϩϥ̄ ⲁⲃⲁⲗ ⲉⲩϣⲏⲣⲉ ⲛ̄ⲛⲟⲩⲧⲉ ⲡⲉ.
59 Vgl. dazu auch T. NAGEL: *Rezeption des Johannesevangeliums*, 380–381.
60 Die sahidische Übersetzung von Joh 1,14 gibt das σάρξ ἐγένετο nicht mit dem in Rheg 44,14–15 verwendeten Verb ϣⲱⲡⲉ (sein/werden) wieder. Dieses Verb steht dort im Qualitativ (ϣⲟⲟⲡ), so dass eindeutig von einem Zustand die Rede ist. In der sahidischen Übersetzung von Joh 1,14 heißt es dagegen: ⲁϥⲣ̄ⲥⲁⲣⲝ (wörtl: „Er machte (sich zu) Fleisch"). Darin stimmen *Horner* und die Handschriften sa 1 (*Quecke*) und sa 5 (*Schüssler*) überein, ohne dass in *Queckes* Apparat eine abweichende Lesart verzeichnet wäre. Allerdings bieten die von *Quecke* und *Schüssler* herangezogenen Handschriften übereinstimmend das vorausgehende Subjekt ⲡϣⲁϫⲉ, das *Horner* aus dem Haupttext ausgeschlossen und nur im Apparat als *varia lectio* verzeichnet hatte.
61 Für die Konzeption des Rheginosbriefes vgl. auch VOORGANG: *Passion Jesu und Christi*, 134.
62 EV 31,3–6: ⲛⲉⲙ̄ⲡⲟⲩⲥⲟⲩⲱⲛϥ̄ ⲛϭⲓ ⲑⲩⲗⲉ ϫⲉ ⲛ̄ⲧⲁϥⲉⲓ ⲁⲃⲁⲗ ϩⲓⲧⲟⲟⲧⲥ̄ ⲛ̄ⲟⲩⲥⲁⲣⲝ ⲛ̄ⲥⲙⲁⲧ.
63 Zur Interpretation verweist VOORGANG: *Passion Jesu und Christi*, 127 auf den unmittelbar darauf folgenden Satz, der s.E. den Gedanken der Inkarnation an dieser Stelle wieder relativieren soll: ⲉⲙⲡⲉⲗⲁⲩⲉ ϩⲱⲥ ⲛ̄ϯϭⲛ̄ⲙⲁⲁϩⲉ ⲛ̄ⲧⲟⲟⲧϥ̄ ϫⲉ ϯⲙⲛ̄ⲧⲁⲧ·ⲧⲉⲕⲟ <ⲟⲩ>ⲙⲛ̄ⲧⲁⲧⲉⲙⲁϩⲧⲉ ⲙ̄ⲙⲁⲥ ⲧⲉ („Nichts/Niemand hinderte seinen Gang, denn die

II. Einzeluntersuchungen, 14. Logion 28

Andere Texte äußern sich eher umschreibend über das Kommen des Erlösers in die Welt. Eine Form dieser Erzählung findet man etwa im „Pronoia-Hymnus", der in den beiden Langfassungen des Johannes-Apokryphons (NHC II,1 und NHC IV,1) überliefert und auch in der Dreigestaltigen Protennoia (NHC XIII,1) rezipiert ist.[64] Der Hymnus in NHC II, der ja dem Thomasevangelium unmittelbar vorausgeht, beschreibt das entscheidende, dritte Kommen des Erlösers folgendermaßen: „Noch ein drittes Mal ging ich – ich bin das Licht, das im Licht existiert, ich bin die Erinnerung an die Vorsehung – damit ich hineingehe mitten in die Finsternis und die innere Unterwelt. Und ich füllte mein Gesicht an mit dem Licht der Vollendung ihres Äons, und ich ging hinein in die Mitte ihres Gefängnisses, welches das Gefängnis des Leibes ist. ..." (AJ II 30,32–31,4, gleichlautend IV 47,23–48,5).[65] Hier ist vom Leib in deutlich abwertenden Worten die Rede. Fleisch wird überhaupt nicht erwähnt, und erst recht keine irgendwie geartete Verbindung des Erlösers mit Fleisch.[66]

Das dem Thomasevangelium in NHC II unmittelbar folgende Philippusevangelium bringt die Distanz des Erlösers von menschlicher Leiblichkeit noch deutlicher in folgendem Logion zum Ausdruck: „Jesus trug alle (Gestalten) heimlich: Er erschien nicht so, wie er war, sondern er erschien so, wie sie ihn zu sehen imstande sein würden." (EvPhil 57,28–35)[67] Hier kann man zumindest von einer gewissen Tendenz in Richtung zum Doketismus sprechen:[68] Die Leiblichkeit Jesu gilt nur als Medium der Offenbarung, aber sie hat mit seiner Identität nichts zu tun.

Eine ähnliche Vorstellung trifft man auch in der Dreigestaltigen Protennoia (NHC XIII,1) an. Auch diese kennt, wie der Pronoia-Hymnus im

---

Unverderblichkeit ist unfassbar."). Allerdings liegt das hier Beschriebene der eigentlichen Inkarnation logisch schon voraus.

64 Nach POIRIER: „Trimorphic Protennoia", 95–96.101 ist die Dreigestaltige Protennoia vom – zunächst eigenständig umlaufenden – Pronoia-Hymnus literarisch abhängig; vgl. dazu auch J.D. TURNER: „Johannine Legacy", 112–114.

65 AJ II 30,32–31,4: ετι ϩⲙ ⲡⲙⲁϩϣⲟⲙⲧ ⲛ̄ⲥⲟⲡ ⲁⲉⲓⲙⲟⲟϣⲉ ⲉⲧⲉ ⲁⲛⲟⲕ ⲡⲉ ⲡⲣ̄ ⲡⲙⲉⲉⲩⲉ ⲛ̄ⲧⲡⲣⲟⲛⲟⲓⲁ ϫⲉⲕⲁⲁⲥ ⲉⲉⲓⲛⲁⲃⲱⲕ ⲉϩⲟⲩⲛ ⲉⲧⲙⲏⲧⲉ ⲙ̄ⲡⲕⲁⲕⲉ ⲁⲩⲱ ⲡⲥⲁⲛϩⲟⲩⲛ ⲛ̄ⲉⲙⲛ̄ⲧⲉ ⲁⲓ̈ⲙⲟⲩϩ ⲙ̄ⲡⲁϩⲟ ⲉϩⲣⲁⲓ̈ ϩⲙ̄ ⲡⲟⲩⲟⲉⲓⲛ ⲛ̄ⲧⲥⲩⲛⲧⲉⲗⲉⲓⲁ ⲙ̄ⲡⲟⲩⲁⲓⲱⲛ ⲁⲩⲱ ⲁⲉⲓⲃⲱⲕ ⲉϩⲟⲩⲛ ⲉⲧⲙⲏⲧⲉ ⲙ̄ⲡⲟⲩϣⲧⲉⲕⲟ ⲉⲧⲉ ⲡⲁⲓ̈ ⲡⲉ ⲡⲉϣⲧⲉⲕⲟ <ⲙ̄>ⲡⲥⲱⲙⲁ.

66 Ausweislich des Registers in der Synopse von Waldstein/Wisse kommt das Wort ⲥⲁⲣⲝ im Pronoia-Hymnus überhaupt nicht vor.

67 EvPhil 57,28–35: ⲁⲓ̅ⲥ̅ ϥⲓⲧⲟⲩ ⲛ̄ϫⲓⲟⲩⲉ ⲧⲏⲣⲟⲩ ⲙ̄ⲡⲉϥⲟⲩⲱⲛ[ϩ] ⲅⲁⲣ ⲉⲃⲟⲗ ⲛ̄ⲑⲉ ⲉⲛⲉϥϣⲟⲟⲡ [ⲛ̄ϩ]ⲏ[ⲧⲥ ⲁ]ⲗⲗⲁ ⲛ̄ⲧⲁϥⲟⲩⲱⲛϩ ⲉⲃⲟⲗ ⲛ̄ⲑⲉ ⲉⲧ[ⲟⲩⲛⲁϣ]ϭⲙ̄ ϭⲟⲙ ⲛ̄ⲛⲁⲩ ⲉⲣⲟϥ ⲛ̄ϩⲏⲧⲥ̄.

68 Nach BROX: „Doketismus", 311 liegt in diesem Logion aber kein eigentlicher Doketismus vor, da nicht das tatsächliche Menschsein Jesu bestritten wird, sondern nur seine Unfassbarkeit zum Ausdruck kommt.

B. Durchführung

Johannes-Apokryphon, einen dreimaligen Abstieg des Erlösers. Sein drittes Kommen beschreibt der Erlöser folgendermaßen: „Zum dritten Mal offenbarte ich mich ihnen in ihren Zelten, indem ich zum Logos wurde, und ich offenbarte mich in der Ähnlichkeit ihres Bildes, und ich trug ihre Gewänder, eines jeden, und ich verbarg mich selbst unter ihnen, und sie erkannten nicht den, der mir Macht gibt. ..." (Protennoia 47,13–19).[69] Auch hier ist nur andeutungsweise von Körperlichkeit die Rede, von Fleisch spricht der Text überhaupt nicht.[70]

Der Befund aus den Nag-Hammadi-Texten zeigt, dass man das Kommen des Erlösers in die Welt auch in anderen Konzeptionen denken und mit anderen Mitteln versprachlichen konnte. Es gab ein breites Spektrum von Möglichkeiten zwischen einer Inkarnationschristologie, auf die sich dann die Konzilien des 4. und 5. Jahrhunderts berufen konnten, und eindeutigem Doketismus.[71] Angesichts dessen ist es sogar durchaus bemerkenswert, dass mit EvThom 28 in einem anderen Text, der in NHC II überliefert wurde, ziemlich unbefangen von einem „fleischlichen" Auftreten Jesu die Rede ist.[72] Eine doketistische Position sollte man in dieses Logion jedenfalls nicht eintragen.[73]

Nach diesem Durchgang durch einige einschlägige Texte bleibt festzuhalten, dass die Rede vom Erscheinen bzw. Kommen ἐν σαρκί bzw. σάρξ-Werden nicht ausreicht, um eine spezifische und exklusive Verbindung zwischen EvThom 28 und dem Johannesevangelium zu konstatieren. Das Gleiche gilt für die Vorstellung von der Präexistenz Jesu, die, mehreren Autoren zufolge, die beiden Texte verbinden soll.[74] Dennoch lässt sich

---

69 Protennoia 47,13–19: ⲡⲙ[ⲁ]ϩϣⲟⲙⲧ' ⲛ̄ⲥⲟⲡ' ⲁⲉⲓⲟⲩⲟⲛϩⲧ' ⲉⲃⲟⲗ ⲛⲁⲩ [ϩ]ⲛ̄ ⲛⲉⲩⲥⲕⲏⲛⲏ ⲉⲉⲓϣⲟⲟⲡ· ⲛ̄ⲗⲟⲅⲟⲥ ⲁⲩⲱ ⲁⲉⲓⲟⲩⲟⲛϩⲧ' ⲉⲃⲟⲗ ϩⲙ̄ ⲡⲉⲓⲛⲉ ⲛ̄ⲧⲟⲩϩⲓⲕⲱⲛ ⲁⲩⲱ ⲁⲉⲓⲣ̄ⲫⲟⲣⲓ ⲛ̄ⲧⲟⲩϩⲃⲥⲱ ⲛ̄ⲟⲩⲟⲛ ⲛⲓⲙ ⲁⲩⲱ ⲁⲉⲓϩⲟⲡⲧ ⲟⲩⲁⲁⲧ· ϩⲣⲁⲓ̈ ⲛ̄ϩⲏⲧⲟⲩ ⲁⲩⲱ ⲙ̄ⲡ[ⲟⲩ]ⲥⲟⲩⲱⲛ ⲡⲉⲧϯ ϭⲟⲙ ⲛⲁⲓ̈.
70 Im Mittelpunkt scheint hier das Moment der Tarnung vor den Archonten zu stehen; vgl. dazu auch VOORGANG: *Passion Jesu und Christi*, 237.
71 Nach BROX: „Doketismus", 306 sollte der Begriff „Doketismus" in einem möglichst engen Sinn verwendet werden, um seine Trennschärfe zu wahren; „Doketistisch" ist demnach nur eine Position, welche die Realität des menschlichen Daseins Jesu bestreitet. Im Corpus von Nag Hammadi ist nach WISSE: „Opponents", 117–119 überhaupt keine eindeutig doketistische Schrift auszumachen.
72 Vgl. PUECH: „Une collection de paroles de Jésus", 164; VOUGA: „Mort et résurrection", 1015; GATHERCOLE: *Gospel of Thomas*, 332; zustimmend HIGGINS: „Non-Gnostic Sayings", 302; ähnlich NORDSIECK: *Thomas-Evangelium*, 131.
73 Vgl. dazu auch WITETSCHEK: „Scheinbar im Fleisch erschienen?", v. a. 568–572.
74 Vgl. EVELYN WHITE: *Sayings of Jesus from Oxyrhynchus*, xxxv; G. RICHTER: „Fleischwerdung des Logos", 105–106 mit Anm. 4 (= *Studien zum Johannesevangelium*, 168 mit Anm. 123); MARJANEN: „Portrait of Jesus", 210; im Blick auf 1 Tim 3,16 vgl. LAU: *Manifest in Flesh*, 96–99.

beobachten, dass in EvThom 28 wie im Johannesprolog eine Rezeption des Weisheitsmythos (vgl. auch Bar 3; Sir 24; 1 Hen 42) vorliegt, die diesen an die fleischliche Existenz Jesu bindet und damit Jesus implizit als die inkarnierte Weisheit Gottes versteht, die von den Menschen abgelehnt wird.[75] Somit kann man schlussendlich doch eine thematische Gemeinsamkeit zwischen EvThom 28 und dem Johannesprolog feststellen. Was die Klassifizierung des Logions angeht, so liegt zwar eine thematische Übereinstimmung vor, doch diese ist als die Aufnahme einer weiter verbreiteten Tradition zu erklären. Für die Annahme eines spezifischen Kontaktes der beiden Evangelien an dieser Stelle ist damit nichts gewonnen.

c) Durst und Trunkenheit

Die Gegenüberstellung von Durst und Trunkenheit in EvThom 28,2.4 ist in charakteristischer Weise entwickelt. Trunkenheit begegnete bereits in EvThom 13,5 als Metapher für die Inspiration, die dem idealen Jünger Jesu zuteil wird. Zum Verständnis von Logion 28 trägt dies aber nicht viel bei, denn hier ist die Metaphorik in die entgegengesetzte Richtung entwickelt.[76] Trunkenheit hat hier rein gar nichts mit Inspiration zu tun, sondern steht geradezu für das Gegenteil: einen Zustand selbstzufriedener Ignoranz und Indifferenz, der die Menschen für Jesus unzugänglich macht, obwohl dieser ihnen doch „im Fleisch" (28,1) erscheint.

Im Johannesevangelium bzw. den johanneischen Schriften ist zunächst eine Fehlanzeige festzustellen: Die Vokabeln μεθύω („betrunken sein") und μέθη („Trunkenheit") kommen überhaupt nicht vor, μεθύσκω („betrunken

---

75 Im Hinblick auf das Thomasevangelium vgl. S. L. DAVIES: *The Gospel of Thomas and Christian Wisdom*, 96; LELYVELD: *Logia de la vie*, 127; NORDSIECK: *Thomas-Evangelium*, 132–133; ähnlich auch AKAGI: *Literary Development*, 193–194. Durch sein Augenmerk auf die Ablehnung Jesu hebt sich der Johannesprolog (Joh 1,10–11) von anderen, sonst inhaltlich vergleichbaren Christushymnen (etwa 1 Tim 3,16; Phil 2,6–11; Kol 1,15–20, Hebr 1,1–3) ab; vgl. SCHNACKENBURG: *Johannesevangelium* I, 203–204.

76 Dennoch wird verschiedentlich versucht, EvThom 13 und EvThom 28 zu harmonisieren oder zumindest ohne Widerspruch zusammen zu lesen; Vgl. dazu S. L. DAVIES: *The Gospel of Thomas and Christian Wisdom*, 96: Im Lichte von EvThom 13 handle EvThom 28 nicht von Trunkenheit oder Nüchternheit an sich, sondern von den Quellen, aus denen man trinken bzw. nicht trinken solle; ähnlich RAU: „Jenseits von Raum, Zeit und Gemeinschaft", 142–143: Thomas sei die Ausnahme unter den trunkenen Menschen, da er sich erst am Mund Jesu (EvThom 108) berausche (EvThom 13). Diese Deutungen wären wesentlich plausibler, wenn in EvThom 28,2 ein Zeitadverb wie ἤδη stünde. Die zeitliche Dimension kommt tatsächlich ins Spiel bei KASSER: *L'Évangile selon Thomas*, 48: Man müsse erst den schlechten Wein ausspucken (EvThom 28), bevor man sich an der richtigen Quelle berauschen könne (EvThom 13).

B. Durchführung

machen") im Passiv nur in Joh 2,10, im wortwörtlichen Sinne. Vom Durst ist zwar öfter die Rede, aber in einer etwas anderen Perspektive: In Joh 4,13–14; 6,35; 7,37–38 ist Durst ein Zustand des Ungenügens, dessen Überwindung verheißen wird.[77] EvThom 28,2 liegt gewissermaßen einen Schritt davor: Dort ist Durst erwünscht: Er steht metaphorisch für jene geistige Offenheit, die überhaupt erst die Bedingung der Möglichkeit einer Begegnung mit Jesus ist. Damit lässt sich EvThom 28,2 zwar in die Konzeption des Johannesevangeliums einfügen,[78] aber dies liegt auf der Ebene der Rezeption beider Texte. Ein überlieferungs- oder gar literargeschichtliches Verhältnis lässt sich daraus nicht begründen.

Das gilt umso mehr, als für die Konzeption von EvThom 28,2 mit ihrem Kontrast von Trunkenheit und Durst deutlichere Parallelen zu finden sind: Philon von Alexandreia kann zwar das Verhalten der Hannah in 1 Sam 1,13–15 als eine scheinbare Trunkenheit auslegen, die sich in Wirklichkeit göttlicher Gnade und Inspiration verdankt (Ebr. 146–153). Er verwendet aber Trunkenheit auch als Metapher für Unvernunft und Unwissenheit (Ebr. 95; Somn. 2,200).[79]

Bemerkenswerter sind aber die Parallelen, die sich zu unserem Logion im *Corpus Hermeticum* finden: Im „Poimandres" spricht Hermes nach der langen Vision die Menschen folgendermaßen an (CH 1,27): „O Völker, erdgeborene Menschen, die ihr euch dem Rausch und dem Schlaf ergeben habt und der Unkenntnis Gottes, werdet nüchtern, hört auf, betrunken zu sein und euch von unvernünftigem Schlaf einwickeln zu lassen."[80] Ähnlich beginnt der Traktat „Dass das größte Übel unter den Menschen die Unkenntnis über Gott ist" (CH 7,1–2):

---

77 Darin sah etwa HARNACK: *Über die jüngst entdeckten Sprüche Jesu*, 13 „eine weitere Beziehung unserer Sprüche zur Eigenart des 4. Evangeliums"; ähnlich JACQUIER: „Sentences du Seigneur extracanoniques", 111.
78 Man könnte annehmen, dass das im Johannesevangelium erzählerisch entwickelte Durst-Motiv (ähnlich Mt 5,6) hier zu einem *terminus technicus* verdichtet ist; vgl. dazu etwa LOCK/SANDAY: *Two lectures on the „Sayings of Jesus"*, 37 (Sanday); TAYLOR: *Oxyrhynchus Logia*, 28.
79 Vgl. dazu LEWY: *Sobria Ebrietas*, 73. In Ebr 95 beschreibt Philon jemanden, der sich gegen die hergebrachte (Familien-) Tradition stellt, als „wie vom Wein entflammt, mit unendlichem und unaufhaltsamem Rausch für das ganze Leben berauscht und sich betrunken gebärdend durch den unverdünnten Trank der Dummheit, ...". In Somn. 2,200 interpretiert er den „Becher des Pharao" (Gen 40,11) als Symbol für die Dummheit, „das Gefäß der Unvernunft und Betrunkenheit und des unendlichen Rausches während des ganzen Lebens". Zur philonischen Herleitung des Trunkenheitsmotivs vgl. auch MÉNARD: *L'Évangile selon Thomas*, 123.
80 CH 1,27: Ὦ λαοί, ἄνδρες γηγενεῖς, οἱ μέθῃ καὶ ὕπνῳ ἑαυτοὺς ἐκδεδωκότες καὶ τῇ ἀγνωσίᾳ τοῦ θεοῦ, νήψατε, παύσασθε κραιπαλῶντες, θελγόμενοι ὕπνῳ ἀλόγῳ.

II. Einzeluntersuchungen, 14. Logion 28

„Wohin treibt es euch, o Menschen, die ihr berauscht seid und die unvermischte Lehre der Unkenntnis ganz ausgetrunken habt, die ihr nicht ertragen könnt, sondern gleich wieder erbrechen werdet? Bleibt stehen und werdet nüchtern! Blickt auf mit den Augen des Herzens – und wenn ihr es nicht alle könnt, dann (wenigstens) die, welche es können. ... Sucht euch einen Begleiter, der euch zum Tor der Erkenntnis führt, wo das strahlende Licht ist, rein von Finsternis, wo kein einziger berauscht ist, sondern alle nüchtern sind und mit dem Herzen auf den schauen, der geschaut werden will."[81]

In diesen beiden Texten, wie auch in EvThom 28,2 steht die Trunkenheit für ein Leben ohne Transzendenzbezug, für eine Verschlossenheit, die der Verkünder aufbrechen will.[82] Beide Anreden an die Menschen würden sehr gut in das erzählte Szenario von EvThom 28 passen. In dieser Hinsicht scheint EvThom 28,2 also in derselben Bildwelt und zumindest in einem ähnlichen Denken beheimatet zu sein wie die hermetischen Texte.[83]

Innerhalb des Nag-Hammadi-Corpus lässt sich ein Text aus dem Evangelium Veritatis (NHC I,3) zu unserem Logion in Beziehung setzen. Dort heißt es über den Gnostiker: „Der Name des Einzelnen kommt zu ihm. Der, welcher auf diese Weise Einsicht haben wird, erkennt, woher er kommt und wohin er geht. Er erkennt auf die Weise von einem, der betrunken war: Er hat sich abgewandt von seiner Trunkenheit, er hat sich hingewandt zu sich selbst. Er hat die aufgestellt, die zu ihm gehören." (EV 22,12–20).[84] Hier wird das beschrieben, was in EvThom 28,2 noch für die Zukunft erhofft ist. Gelegentlich wird dieser Text daher als nächste Parallele zu EvThom 28,2 genannt.[85]

---

81 CH 7,1–2: Ποῖ φέρεσθε, ὦ ἄνθρωποι, μεθύοντες, τὸν τῆς ἀγνωσίας ἄκρατον λόγον ἐκπιόντες, ὃν οὐδὲ φέρειν δύνασθε, ἀλλ᾽ ἤδη αὐτὸν καὶ ἐμεῖτε; στῆτε νήψαντες· ἀναβλέψατε τοῖς ὀφθαλμοῖς τῆς καρδίας· καὶ εἰ μὴ πάντες δύνασθε, οἵ γε καὶ δυνάμενοι. ... ζητήσατε χειραγωγὸν τὸν ὁδηγήσοντα ὑμᾶς ἐπὶ τὰς τῆς γνώσεως θύρας, ὅπου ἐστὶ τὸ λαμπρὸν φῶς, τὸ καθαρὸν σκότους, ὅπου οὐδὲ εἷς μεθύει, ἀλλὰ πάντες νήφουσιν, ἀφορῶντες τῇ καρδίᾳ τὸν ὀραθῆναι θέλοντα.
82 Vgl. dazu auch FOWDEN: *Egyptian Hermes*, 159.
83 Vgl. dazu auch GRANT/FREEDMAN: *Secret Sayings of Jesus*, 148; HEDRICK: *Unlocking the Secrets*, 67. Aus dem gleichen Grund (und mit Verweis auf CH 1,28; 7,1) erklärte HOFIUS: „Das koptische Thomasevangelium", 184 allerdings EvThom 28 zu einem gnostischen Logion.
84 EV 22,12–20: ϣⲁⲣⲉ ⲡⲣⲉⲛ ⲙ̄ⲡⲟⲩⲉⲉⲓ ϣⲱⲡⲉ ⲛⲉϥ ⲡⲉⲧⲛⲁⲥⲁⲩⲛⲉ ⲙ̄ⲡⲓⲣⲏⲧⲉ ϣⲁϥⲙ̄ⲙⲉ· ϫⲉ ⲛ̄ⲧⲁϥⲓ ⲛ̄ⲧⲟⲛ· ⲁⲩⲱ ϫⲉ ⲉϥⲛⲁ ⲁⲧⲟⲛ ϣⲁϥⲙⲙⲉ ⲙ̄ⲡⲓⲣⲏⲧⲉ ⲛ̄ⲟⲩⲉⲉⲓ· ⲉⲁϥⲧ̄ϥⲉ ⲁϥⲛⲁⲩϥ̄ ⲁⲃⲁⲗ ϩⲙ̄ ⲡⲉϥⲧϩⲉ ⲉⲁϥⲛⲁⲩϥ̄ ⲁⲣⲁϥ ⲟⲩⲁⲉⲉⲧⲩ̄· ⲁϥⲧⲉⲣⲟ ⲛ̄ⲛⲉⲧⲉ ⲛⲟⲩϥ ⲁⲣⲉⲧⲟⲩ ⲛⲉ.
85 Vgl. HOFIUS: „Das koptische Thomasevangelium", 184; GÄRTNER: *Theology of the Gospel of Thomas*, 130–131; WOSCHITZ: „Den Anfang entdecken", 144.

B. Durchführung

Sowohl die Texte aus dem Corpus Hermeticum als auch die Passage aus dem Evangelium Veritatis haben mit EvThom 28,2 das Motiv der Trunkenheit gemeinsam, nicht aber die Gegenüberstellung von Trunkenheit und Durst: Das Evangelium Veritatis stellt der Trunkenheit die Selbsterkenntnis gegenüber, in den hermetischen Texten ist hingegen die Trunkenheit das Gegenteil des Schauens auf Gott. Letztere scheinen damit etwas näher bei unserem Logion zu liegen und bieten vielleicht sogar einen Hintergrund für die anschließende Aussage über Blindheit und Sehen.[86] Eine spezifische Berührung mit dem Johannesevangelium ist hinsichtlich dieses Motivs jedoch nicht festzustellen.

d) Blindheit und Sehen

Dass Jesus über die Indifferenz, der er begegnet, Schmerz empfindet (πονέω/† ⲧⲕⲁⲥ),[87] mag für das Thomasevangelium, besonders wenn man es für gnostisch hält, als untypisch gelten.[88] In EvThom 28 scheint Jesus mit der begriffsstutzigen, berauschten und betäubten Menschheit geradezu

---

86 Somit ist es nicht nötig, EvThom 28,3 mit S. L. DAVIES: *The Gospel of Thomas and Christian Wisdom*, 96 für eine Interpolation zu halten.
87 Eine Differenzierung findet man bei PERRIN: *Thomas*, 89: Er gibt das griechische πονεῖ mit „is concerned" wieder, das koptische † ⲧⲕⲁⲥ hingegen mit „was in pain". Allem Anschein nach hat diese Unterscheidung nur den Zweck, hinter der griechischen und der koptischen Fassung einen syrischen Archetyp nötig zu machen, denn πονέω hat bei intransitivem Gebrauch die Grundbedeutungen „hart arbeiten, sich plagen" und „leiden"; vgl. LSJ, 1447 s. v. πονέω, πονέομαι. Perrins Übersetzungsversuch erklärt sich möglicherweise aus einem Missverständnis des Eintrags bei BAUER/ALAND: *Wörterbuch*, 1384 s.v. πονέω, wo nur die Bedeutung „sich mühen, sich abmühen, sich bemühen" angegeben ist (für unser Logion vgl. auch CLEMEN: „Neugefundene Jesusworte?", 704; HARNACK: *Über die jüngst entdeckten Sprüche Jesu*, 13–15.23). In der englischen Ausgabe BDAG, 850 s.v. πονέω wird das wiedergegeben mit „to engage in any kind of hard work, toil, undergo trouble". Gewiss ist das koptische † ⲧⲕⲁⲥ nicht die Standardübersetzung von πονέω; nach CRUM: *Coptic Dictionary*, 407 s.v. ⲧⲕⲁⲥ gibt das Substantiv ⲧⲕⲁⲥ häufig das griechische βάσανος bzw. βασανισμός wieder, ist aber in Ijob 15,2; Jes 1,5 (ebenso in Offb 16,11) auch als Übersetzung von πόνος belegt. Das Koptische ist hier also durchaus noch als Übersetzung des erhaltenen griechischen Textes zu verstehen. Der Rekurs auf einen gemeinsamen syrischen Archetyp ist schlicht unnötig. Vgl. dazu auch GATHERCOLE: *Composition of the Gospel of Thomas*, 66. Am Rande sei hierzu noch erwähnt, dass die angeblich ungewöhnliche Formulierung πονεῖ ἐπί nach GARITTE: „Les ‚logoi' d'Oxyrhynque", 167–168 ein Hinweis darauf sein soll, dass die griechische Fassung des Thomasevangelium eine Übersetzung aus dem Koptischen († ⲧⲕⲁⲥ ⲉⲭⲛ̄ ⲛ̄ϣⲏⲣⲉ ⲛ̄ⲣⲣⲱⲙⲉ) sei. Kritisch dazu schon GUILLAUMONT: „Les Logia d'Oxyrhynchos sont-ils traduits du Copte?", 331 mit Verweis auf Mt 18,13: χαίρει ἐπ' αὐτῷ.
88 Vgl. etwa NORDSIECK: *Thomas-Evangelium*, 131.

II. Einzeluntersuchungen, 14. Logion 28

Mitleid zu haben. Im Johannesevangelium findet man dazu keine direkte Entsprechung; allenfalls wäre auf die Stellen zu verweisen, an denen Jesus innerlich „erschüttert" ist (Joh 11,33; 12,27; 13,21). Dabei handelt es sich jedoch nicht um eine Reaktion darauf, dass Menschen ihn ablehnen. Nur in 11,33 ist diese Erregung (in Verbindung mit ἐμβριμάομαι – eigentlich: „schnauben") darauf zu beziehen, dass die Umstehenden Jesus falsch einschätzen; an den anderen beiden Stellen bezieht sie sich auf sein eigenes Geschick.[89] Daher lässt sich in diesem Punkt auch thematisch keine Beziehung zwischen EvThom 28,3 und dem Johannesevangelium erkennen.

Ergiebiger ist der Blick auf das semantische Feld von Blindheit und Sehen. Im Thomasevangelium wird der erhoffte Heilszustand öfter als ein „Sehen" bezeichnet (v. a. EvThom 37; 59; auch EvThom 27). In EvThom 28 kommt gewissermaßen die Kehrseite dessen zur Sprache: Die Ablehnung Jesu wird metaphorisch mit Blindheit gleichgesetzt. Das gleiche Sprachspiel begegnet im Johannesevangelium. Dort wird die Heilung eines Blindgeborenen (Joh 9,1–7) zum Ausgangspunkt für einen „Prozess", in dem nicht weniger als das Bekenntnis zu Jesus zur Debatte steht und die Konsequenzen dieses Bekenntnisses deutlich werden (9,8–34). In der abschließenden Konfrontation Jesu selbst mit den Pharisäern (9,39–41) wird die Dialektik von körperlichem und geistigem Sehen ausdrücklich entwickelt. Die Verweigerungshaltung der Pharisäer, die vor allem im zweiten Gesprächsgang des „Prozesses" (9,24–34) deutlich wird, erscheint nun als die Blindheit derer, die eigentlich zu sehen meinen. Sie wird durch das Kommen Jesu aufgedeckt (9,39)[90] und als Sünde identifiziert (9,41)[91] – im

---

89 Vgl. BULTMANN: *Evangelium des Johannes*, 310 mit Anm. 3; SCHNACKENBURG: *Johannesevangelium* II, 420–422.485; WENGST: *Johannesevangelium* 2, 38.73–74; THEOBALD: *Evangelium nach Johannes 1–12*, 738. Anders BROWN: *John i–xii*, 435; THYEN: *Johannesevangelium*, 532–535: auch in Joh 11,33 sei die Erregung auf Jesu bevorstehendes eigenes Sterben bezogen.
90 Der ἵνα-Satz in Joh 9,39 ist nicht auf eine Folge oder Wirkung des Kommens Jesu zu beziehen, denn das Gespräch handelt nicht vom Blind-*Werden*, sondern vom Blind-*Sein* und von der (schon vorhandenen) Sünde, die *bleibt* (9,41). Hier dürfte an eine Selbstverhärtung und Selbstverblendung im behaupteten religiösen Wissen gedacht sein, die auch gern als – im Plan Gottes angelegte – „Verstockung" bezeichnet wird; eine Schlüsselstelle dazu ist das Jesaja-Zitat in Joh 12,40; vgl. SCHNACKENBURG: *Johannesevangelium* II, 324–325. THEOBALD: *Evangelium nach Johannes 1–12*, 656–657. Zur „Verstockung" im Johannesevangelium vgl. insgesamt SCHNACKENBURG: *Johannesevangelium* II, 328–346.
91 Vgl. dazu z.B. LABAHN: „Blinded by the Light", 481–486. Dieser Vorgang wird in Joh 9,39 als „Gericht" bezeichnet. Nach THEOBALD: *Evangelium nach Johannes 1–12*, 656 ist der hier gewählte Ausdruck κρίμα so zu deuten, dass es sich nicht um ein „Verdammungsgericht" wie die κρίσις in Joh 3,19 handelt, sondern um eine „Scheidung": Die Blindheit der wahrhaft Blinden wird aufgedeckt; vgl. auch HER-

B. Durchführung

Gegensatz zur körperlichen Blindheit des Blindgeborenen, die keinen Rückschluss auf Sünde zulässt (9,2-3).[92] Dass der Gegensatz von Blindheit und Sehen für das Johannesevangelium eine grundlegende Metapher ist, zeigt auch die Jesaja-Rezeption in Joh 12,40: Die Aussage von Jes 6,10 ist hier so umgeformt, dass in den Parallelismen die Motive „Blindheit" und „Nicht-Sehen" jeweils an die erste Stelle rücken, während das Motiv der Taubheit wegfällt: Das alttestamentliche Prophetenwort wird also auf visuelle Metaphorik zugespitzt.[93]

Der Kontrast von Blindheit und Sehen ist auch im 1. Johannesbrief prominent, wenn auch mit etwas anderer Akzentuierung. Dort wird die gegenseitige Liebe als ein „Wandeln/Bleiben im Licht" bezeichnet (1 Joh 1,7; 2,9-11).[94] Es geht um eine objektive Möglichkeit zur Orientierung, die innere Disposition des Einzelnen ist dabei nicht im Blick. Im überbietenden Kontrast dazu ist in 1 Joh 2,11 der Hass gegen den Bruder nicht nur ein „Umhergehen in der Finsternis": Bruderhass (bzw. mangelnde Liebe) führt nicht nur zu äußerer Orientierungslosigkeit, er korrumpiert den Einzelnen sogar selbst, „weil die Finsternis seine Augen blind gemacht hat".[95] Die hier anzutreffende ethische Weiterführung der Lichtmetaphorik sowie die Reflexion über das Blind-Werden haben in EvThom 28 – wie überhaupt im Thomasevangelium – allerdings keine Parallele.

GENRÖDER: *Wir schauten seine Herrlichkeit*, 318; LABAHN: „Blinded by the Light", 493. Andere Ausleger interpretieren hingegen die κρίσις von Joh 3,19 und das κρίμα von Joh 9,39 als in der Sache gleichbedeutend; vgl. etwa SCHNACKENBURG: *Johannesevangelium* II, 323.

92 Vgl. dazu LIEU: „Blindness", 83-84: Die Verbindung von Blindheit und Sünde bildet somit einen Rahmen um das ganze Kapitel, so dass die Entlarvung der wahren Sünder und Blinden in 9,39-41 die Frage der Jünger von 9,2 beantwortet.

93 Vgl. SCHNACKENBURG: *Johannesevangelium* II, 343.518; LIEU: „Blindness", 85; THEOBALD: *Evangelium nach Johannes 1-12*, 828. Damit bestätigt sich auch auf der negativen Seite die Einschätzung, „daß Johannes der ‚Optiker' unter den Evangelisten ist" (SCHWANKL: *Licht und Finsternis*, 334-335). Hingegen dachte BROWN: *John i-xii*, 486 an ein Mischzitat mit Dtn 29,3-4.

94 Es wäre aber nicht angemessen, die Akzentsetzung des 1. Johannesbriefes gegenüber dem Evangelium als eine Ethisierung oder gar Moralisierung zu werten. Gewiss setzt der 1. Johannesbrief die im Evangelium entwickelte Lichtmetaphorik voraus, ohne ihre christologische Zuspitzung mitzuvollziehen, aber der ethischen Forderung geht die Grundaussage voraus, dass Gott Licht ist (1 Joh 1,5), und dass – als unmittelbare Begründung des „neuen Gebotes" – das wahre Licht *schon* leuchtet (2,8); vgl. LIEU: „Blindness", 91; KLAUCK: *Der erste Johannesbrief*, 123; MORGEN: *Épîtres de Jean*, 79-80.

95 Zurückhaltender BROWN: *Epistles of John*, 291, der 1 Joh 2,11 im Sinne von Joh 11,9-10; 12,39-40 interpretiert.

Blindheit als Metapher für Unglauben bzw. Unverständnis findet sich innerhalb des Neuen Testaments häufiger: Das Wort von den blinden Blindenführern (Q/Lk 6,39) wird in Mt 15,14 noch pointierter gefasst und explizit auf die Pharisäer bezogen; in 23,16–17.24.26 apostrophiert der matthäische Jesus seine pharisäischen Gegner sogar direkt als Blinde.[96] Die Verwendung dieser Metapher in Auseinandersetzung mit Pharisäern verbindet das Matthäus- und Johannesevangelium[97] und unterscheidet die beiden von EvThom 28, wo mit der Blindheitsmetapher keine polemische, sondern eine anthropologische Aussage gemacht wird.

Einen anderen Akzent findet man in Offb 3,17. Dort steht τυφλός („blind") in einer Reihe von Attributen, mit denen die Gemeinde in Laodikeia bzw. ihr Engel bedacht wird. An bereits Glaubende gerichtet, soll die Rede von der Blindheit die anschließende Aufforderung vorbereiten, Augensalbe zu erwerben (3,18).[98] Ähnlich wie in EvThom 28,2, wird hier Blindheit metaphorisch für einen nicht wünschenswerten Zustand verwendet, der behoben werden sollte – und behoben werden kann. Die Metapher wird jedoch nicht auf die Menschheit insgesamt angewandt, sondern speziell auf eine bestimmte Gemeinde.[99]

Eine Anwendung der Blindheitsmetapher auf Außenstehende finden wir hingegen in 2 Kor 4,4: „… der Gott dieses Äons hat das Denken der Ungläubigen blind gemacht, damit sie nicht die Erleuchtung durch das Evangelium von der Herrlichkeit Christi schauen, der das Bild Gottes ist." Hier, wie auch in den johanneischen Schriften, wird ein komplexes Feld visueller Metaphorik entfaltet. Die Diagnose der Blindheit wird nicht polemisch gegen jüdische oder christliche Gegner eingesetzt, sie wird bei Außenstehenden lediglich festgestellt, wohl um missionarische Misserfolge zu erklären.[100] In der Ausrichtung auf Außenstehende liegt diese paulinische Aussage relativ nahe bei EvThom 28,3, doch dort wird die Ursache der Blindheit nicht reflektiert: In EvThom 28,3 beklagt Jesus zwar, dass die

---

96 Für Luz: *Evangelium nach Matthäus* 3, 317 bildet diese Anrede „eine Art ‚cantus firmus' dieser drei Weherufe".
97 Vgl. dazu auch Hergenröder: *Wir schauten seine Herrlichkeit*, 456, der aber Matthäus und Johannes zusammen „in einem breiten Strom antipharisäischer Polemik in der Urkirche" sieht.
98 Viele Autoren sehen darin eine lokalgeschichtliche Anspielung auf Laodikeia als Zentrum der Augenheilkunde; vgl. z.B. Ramsay: *Letters to the Seven Churches*, 419.429; Aune: *Revelation 1–5*, 259–260; Smalley: *Revelation to John*, 99–100.
99 Der bestimmte Artikel vor der Reihe von Adjektiven (σὺ εἶ ὁ ταλαίπωρος κτλ.) zeigt, dass hier nicht die jeweiligen Eigenschaften im Mittelpunkt stehen, sondern dass die Gemeinde in ihrer Besonderheit charakterisiert werden soll.
100 Vgl. dazu auch Schmeller: *Der zweite Brief an die Korinther* 1, 241.

B. Durchführung

Menschenkinder im Herzen blind sind, aber er sagt nichts darüber, wer oder was sie blind gemacht hat.

Damit liegt EvThom 28,3 in einem breiten Spektrum des frühchristlichen Sprachgebrauchs. Die Nähe zur johanneischen Blindheitsmetaphorik ist zwar beachtlich, aber nicht so spezifisch, dass man in diesem Punkt einen direkten Kontakt zwischen den beiden Evangelien konstatieren könnte. In den johanneischen Schriften ist die – oft polemisch gebrauchte – Rede von der Blindheit eine Funktion der Lichtmetaphorik. In EvThom 28 fehlt diese Dimension. Sie würde sich allenfalls erschließen, wenn man das Logion im Gesamtkontext des Thomasevangeliums betrachtete und Texte wie EvThom 24; 77 (Licht) oder EvThom 37; 59 (Sehen) zur Interpretation heranzöge. Man müsste dafür also das Thomasevangelium als abgeschlossene Sammlung und damit – auf dieser redaktionellen Ebene – als zusammenhängenden Text betrachten. Über die Hintergründe des einzelnen Logions wird damit aber nichts ausgesagt. So bleibt festzuhalten, dass das Thema von EvThom 28,3 auch in den johanneischen Schriften sehr prominent ist. Da das Motiv der Blindheit aber schon innerhalb des Neuen Testaments weit verbreitet ist und in den Details der Ausführung auch Unterschiede zwischen EvThom 28,3 und der johanneischen Blindheitsmetaphorik namhaft zu machen sind, handelt es sich hier nur um eine unspezifische Übereinstimmung oder Analogie.

e) Fazit zu EvThom 28

Der „johanneische" Eindruck, den EvThom 28 auf den ersten Blick macht, ließ sich nicht im Sinne eines spezifischen Zusammenhangs mit den johanneischen Schriften auswerten. Es ist nicht nachzuweisen, dass das Logion diese rezipiert, und auch in die Gegenrichtung (dass die johanneische Inkarnationsvorstellung oder die Blindheitsmetaphorik auf diesem Logion aufbauen) ist keine Rezeption plausibel zu machen. Dagegen zeigte die Gegenprobe, dass die „johanneisch" erscheinenden Motive in EvThom 28 auch anderweitig in der frühchristlichen Literatur belegt sind. Daher kann man mit einiger Sicherheit lediglich sagen: Unser Logion und die johanneischen Schriften partizipieren in unspezifischer Weise – und allem Anschein nach unabhängig voneinander – an einer weiter verbreiteten Gedanken- und Bilderwelt.

15. Logion 30

P.Oxy. 1,23–30	
(1) [λέγ]ει [Ἰ(ησοῦ)ς· ὅπ]ου ἐὰν ὦσιν [τρεῖς,] ε[ἰσ]ὶν θεοί.	(1) [Es sa]gt [Jesus: W]o [dr]e[i] sind, s[ind si]e Götter.
(2) καὶ [ὅ]π̣ο[υ] ε[ἷς] ἐστιν μόνος, [λέ]γω· ἐγώ εἰμι μετ' αὐτ[οῦ].	(2) Und: [W]o ei[ner] allein ist, [sa-]ge ich: Ich bin bei ih[m].
(3) ἔγει[ρ]ον τὸν λίθο(ν) κἀκεῖ εὑρήσεις με· σχίσον τὸ ξύλον κἀγὼ ἐκεῖ εἰμι	He[b]e den Stein, und dort wirst du mich finden, spalte das Holz, und ich bin dort.
NHC II 39,2–5	
(1) ⲡⲉϫⲉ ⲓ̄ⲥ̄ ϫⲉ ⲡⲙⲁ ⲉⲩⲛ̄ ϣⲟⲙⲧ ⲛ̄ⲛⲟⲩⲧⲉ ⲙ̄ⲙⲁⲩ ϩⲛ̄ⲛⲟⲩⲧⲉ ⲛⲉ	(1) Jesus sagte: Wo es drei Götter gibt: Götter sind sie.
(2) ⲡⲙⲁ ⲉⲩⲛ̄ ⲥⲛⲁⲩ ⲏ ⲟⲩⲁ ⲁⲛⲟⲕˋ ϯϣⲟⲟⲡˋ ⲛⲙ̄ⲙⲁϥˋ	(2) Wo es zwei oder einen gibt: Ich bin bei ihm.
[EvThom 77,2–3: NHC II 46,27–28, s. u. B.II.31]	

a) Textkritik

Der griechische Text von EvThom 30 (P.Oxy. 1,23–27)[1] ist empfindlich gestört, denn durch Z. 24–25 verläuft eine Bruchlinie, an der das Blatt vermutlich einmal gefaltet war.[2] Erhalten ist lediglich folgender Buchstabenbestand:

---

1 Gemäß der konventionellen Zählung bezeichnet „EvThom 30" das koptische Logion in NHC II 39,2–5 und dessen griechisches Äquivalent (P.Oxy. 1,23–27). Der Spruch, der sich in P.Oxy. 1,27–30 unmittelbar anschließt, wird konventionell als „EvThom 77,2–3" bezeichnet. In papyrologischer Hinsicht bereitet dieser Spruch – mit Ausnahme des leicht zu ergänzenden Rho in ἔγει[ρ]ον (Z. 27) – keine Probleme und wird daher hier außer Betracht bleiben. Dennoch ist festzuhalten, dass die griechische Fassung in P.Oxy. 1,23–30 gegenüber der koptischen (NHC II 39,2–5; 46,27–28) als älter gelten darf; siehe dazu die Ausführungen zu EvThom 27 (B. II.13.a) und zu EvThom 77 (B.II.31.a).
2 Am 12. August 2009 konnte ich dieses Blatt in der Bodleian Library in Oxford in Augenschein nehmen. Dabei fiel mir auf, dass der Teil des Blattes unterhalb dieses Trümmerfeldes dunkler ist als der obere Teil; das unterstützt die Vermutung, dass das Blatt schon früh aus dem Codex, zu dem es ursprünglich gehört hatte, herausgerissen, in der Mitte gefaltet und separat aufbewahrt wurde.

B. Durchführung

Z. 23	..... ẸỊ..... ỌΥΕΑΝΩΣΙΝ
Z. 24	...... Ẹ...... ΘΕΟΙΚΑΙ
Z. 25	. ΠΟ³ .. Ε... ẸΣΤΙΝΜΟΝΟΣ
Z. 26	. Γ⁴ ΩΕΓΩΕΙΜΙΜΕΤΑΥ
Z. 27	Ṭ.. ΕΓΕỊ. ỌΝΤΟΝΛΙΘΩ̄

Der Text, der ursprünglich an der Stelle dieses Trümmerfeldes stand, war vor der Entdeckung der Nag-Hammadi-Texte nur auf dem Wege der Konjektur halbwegs sinnvoll zu rekonstruieren, doch auch die koptische Übersetzung des Thomasevangeliums erlaubt keine eindeutige Rekonstruktion.[5] Eine Rückübersetzung des koptischen EvThom 30 ins Griechische würde etwa lauten: ὅπου ἐὰν ὦσιν τρεῖς θεοί, εἰσὶν θεοί, ὅπου ἐὰν ὦσιν δύο ἢ εἷς, ἐγώ εἰμι μετ' αὐτοῦ. Dieser Versuch einer Rückübersetzung lehnt sich schon sehr stark an das griechische Fragment an, und dennoch ist er nicht mit dem erhaltenen Text in Einklang zu bringen.[6] In jedem Falle ist das hinter dem koptischen Text von EvThom 30,2 anzunehmende δύο ἢ εἷς in P.Oxy. 1,25 nicht unterzubringen, denn dort ist nur von einem μόνος die Rede. Schon deswegen ist die koptische Übersetzung für die Rekonstruktion des griechischen Textes nur bedingt hilfreich. Auch dieses Logion scheint sich also im Laufe seiner Überlieferungsgeschichte in der Aussage verändert zu haben.

Z. 24: Zahlzeichen

Vor der Entdeckung von NHC II gab es für die Rekonstruktion der Passage, die wir heute als EvThom 30,1 kennen, kaum einen verlässlichen Anhaltspunkt. Doch schon wenige Wochen nach dem Erscheinen der *editio princeps* des griechischen Fragments P.Oxy. 1 legte Friedrich Blaß eine „glänzende Konjektur"[7] vor, die auch in die endgültige Ausgabe der „Oxyrhynchus

---

3 Die hier vorgeschlagene Lesung ΠΟ lehnt sich an die Rekonstruktion von ATTRIDGE: „Greek Fragments", 119 an, der hier einen Rest von ὅπου sieht. Für sich genommen, könnten diese Buchstabenreste ebenso gut von ΣΟ kommen.
4 Am linken Rand dieses Gamma ist knapp unterhalb der Querhaste eine Tintenspur zu erkennen, die von einer Ligatur stammen könnte.
5 Am Ende dieses Kapitels sind die verschiedenen Rekonstruktionsversuche seit 1897 tabellarisch zusammengestellt.
6 Dem Koptischen am nächsten kommen die Überlegungen bei MARCOVICH: „Textual Criticism", 67–68. Allerdings muss auch Marcovich in der Rekonstruktion von Z. 25–26 die Elemente „zwei" und „drei" umstellen.
7 CLEMEN: „Neugefundene Jesusworte?", 704 Anm. †.

Papyri" Aufnahme fand:[8] Blaß ging davon aus, dass am Ende von Z. 24 zu lesen sei: ἄθεοί καί.[9] Da das Folgende mit καί anschließt, wird jedoch kein Kontrast aufgebaut zu dem einen, bei dem Jesus ist, sondern der Gedanke wird einfach weitergeführt. Also konnte Z. 24 (EvThom 30,1) schwerlich von Gottlosen handeln, sondern es mussten Leute gemeint sein, die nicht gottlos (οὐκ ἄθεοι) sind. Als nächstliegendes Gegenstück zum „einen" war an zwei zu denken – unter der Voraussetzung, dass es sich hier um einen Zahlenspruch wie Mt 18,20 handelt. Dabei hatte Blaß allerdings eine papyrologische Hürde zu nehmen, denn die Lakune in Z. 24 links vom Epsilon (Anfang von ε[ἰσίν]) bietet nur Platz für vier Buchstaben, von denen drei schon für οὐκ besetzt sind: „Für ausgeschriebenes δύο ist kein Raum; indeß könnte Ziffer β' geschrieben sein."[10] Diese Konjektur erscheint nicht eben naheliegend, denn in einem literarischen Text ist ein Zahlzeichen an sich schon eher ungewöhnlich, gerade bei einer so niedrigen Zahl; zudem ist in unmittelbarer Nähe der Lakune das Zahlwort ε[ἷς] ausgeschrieben. Die Verteidiger der Konjektur verweisen dagegen auf Num 28,19; 29,17 LXX nach dem Codex Vaticanus,[11] auf P.Oxy. 2,9 recto (Mt 1,17)[12] sowie auf P.Oxy. 1594,3 (Tob 12,15).[13] Von den genannten Texten belegt allerdings nur Num 28,19 LXX nach dem Codex Vaticanus und Tob 12,15 nach P.Oxy. 1594,3 die Kombination von Zahlzeichen und Zahlwörtern in unmittelbarer Nähe. In beiden Fällen ist jeweils die Sieben (ζ') als Zahlzeichen geschrieben, Eins (Tob 12,15) bzw. Eins und Zwei (Num 28,19) sind hingegen als Zahlwörter ausgeschrieben. Daher ist Num 28,19 keine völlig unproblematische Parallele zu EvThom 30,1 nach P.Oxy. 1,24, denn in diesem alttestamentlichen Text, in dem die Anzahl der Opfertiere geregelt wird, sind *Zwei und* Eins als Zahlwörter ausgeschrieben, erst für die Sieben verwendete der Schreiber des Codex Vaticanus ein Zahlzeichen (δύο ... ἕνα ... ζ'). Auch in Tob 12,15 nach P.Oxy. 1594,3 stellt Raphael sich als einer (εἷς) aus der größeren Gruppe der sieben (ζ') Erzengel vor. Während nun in Num 28,19; 29,17; Mt 1,17 mit den Zahlen operiert wird, scheint Tob 12,15

---

8 Vgl. BLASS: „Logia-Fragment", 499 mit Anm. 3. Der Beitrag erschien am 8. August 1897. Seine Rekonstruktion lautet insgesamt: [λέγ]ει [Ἰησοῦς· ὅπ]ου ἐὰν ὦσιν [β' οὐκ] ε[ἰσὶν] ἄθεοι καὶ [ὅ]που ε[ἷς] ἐστιν μόνος [κἀ]γώ· ἐγώ εἰμι μετ' αὐτ[οῦ]·
9 Vgl. BLASS: „Logia-Fragment", 500.
10 BLASS: „Logia-Fragment", 499 Anm. 3.
11 Vgl. LOCK/SANDAY: *Two lectures on the „Sayings of Jesus"*, 23(Lock).39–40(Sanday).
12 Vgl. GRENFELL/HUNT: *The Oxyrhynchus Papyri* I, 2.
13 Vgl. EVELYN WHITE: *Sayings of Jesus from Oxyrhynchus*, 36.

B. Durchführung

nach P.Oxy. 1594,3 am ehesten noch für den Vergleich mit EvThom 30,1 nach P.Oxy. 1,24 in Frage zu kommen, doch auch dort steht die Siebenzahl nicht für sich allein, sondern sie qualifiziert als Attribut die Gruppe der „heiligen Engel". Die genannten Parallelen sind also nicht völlig einschlägig, auch wenn sie zeigen, dass ein Zahlzeichen in einem literarischen Text grundsätzlich möglich war.

Nachdem die koptische Version des Thomasevangeliums aus Nag Hammadi bekannt geworden war, trat die Konjektur von Blaß in den Hintergrund.[14] Nun wusste man, dass das Logion nicht vom Kontrast zwischen zwei und einem handelt, sondern zwischen drei und einem.[15] Doch die Methode, durch ein Zahlzeichen Platz zu sparen, wurde zunächst beibehalten.[16] Erst Miroslav Marcovich brachte einen neuen Impuls, indem er die kryptische koptische Formulierung (wörtl.: „Der Ort, an dem es gibt drei Götter dort, Götter sind sie" – ⲡⲙⲁ ⲉⲩⲛ ϣⲟⲙⲧ ⲛ̄ⲛⲟⲩⲧⲉ ⲙ̄ⲙⲁⲩ ϩⲛ̄ⲛⲟⲩⲧⲉ ⲛⲉ) als das Ergebnis eine Dittographie von ⲛⲟⲩⲧⲉ („Gott") verstand. Damit musste er die Lakune in Z. 24 links vom Epsilon nicht mehr für das vom Koptischen geforderte θεοί reservieren, sondern konnte darin bequem das Zahlwort τρεῖς ausschreiben.[17] Diese Lösung wurde in der Folgezeit weithin rezipiert[18] und stellt insofern eine befriedigende Rekonstruktion dar, als sie das Problem des (seltenen) Zahlzeichens in einem literarischen Text auf elegante Weise löst. Das Zustandekommen des koptischen Textes muss man

---

14 Nach 1959 wurde sie m.W. nur noch rezipiert von HOFIUS: „Das koptische Thomasevangelium", 185. Hofius vermutete dann auf dem Weg von der griechischen zur koptischen Fassung unseres Logions eine massive Textverderbnis.
15 Vgl. FITZMYER: „Oxyrhynchus Logoi", 539 (= Essays, 399): „The Coptic would suggest that we must read *three* instead of *two*. This, of course, yields a sentence in Greek that is as mysterious as the Coptic version."
16 Vgl. GUILLAUMONT: „Sémitismes dans les logia de Jésus", 115; FITZMYER: „Oxyrhynchus Logoi", 539 (= Essays, 398): „Blass' brilliant restoration ... was certainly a step in the right direction."
17 Vgl. MARCOVICH: „Textual Criticism", 68 (fußend auf einem Hinweis des Koptologen J. Drescher); zustimmend auch ROBERTS: „Logion 30A", 91. Marcovichs Vorschlag lautet insgesamt: [λέγ]ει [Ἰ(ησοῦ)ς· ὅπ]ου ἐὰν ὦσιν [τρεῖς,] ε[ἰσὶν] θεοί· καὶ [ὅ]που ε[ἷς] ἐστιν μόνος [ἢ δ]ύω, ἐγώ εἰμι μετ' αὐτ[ῶν].
18 Vgl. ATTRIDGE: „Saying 30", 156; ENGLEZAKIS: „Thomas, Logion 30", 262; ATTRIDGE: „Greek Fragments", 119; LÜHRMANN: *Fragmente apokryph gewordener Evangelien*, 123; BERNHARD: *Other Early Christian Gospels*, 38; WAYMENT: *Text of the New Testament Apocrypha*, 175. Das Epsilon von τρεῖς, das die Editoren seit Attridge in der Lakune beschädigt erhalten finden (daher die Schreibweise [τρ]ε[ῖς] statt [τρεῖς]), vermochte ich bei meiner Autopsie am 12. August 2009 nicht (mehr) zu entdecken.

aber nicht als eine mehr oder weniger versehentliche Dittographie erklären,[19] sondern es kann sich durchaus um eine gewollte Präzisierung handeln.[20]

Z. 24: Gottlose oder Götter?

Das andere große Problem in P.Oxy. 1,24 ist die Lakune rechts vom allein stehenden Epsilon, genauer gesagt: die Rekonstruktion der vermutlich fünf Buchstaben zwischen dem Epsilon und θεοί.[21] In dieser Lakune ist links von θεοί auf der Breite von etwa zwei Buchstaben Papyrusmaterial erhalten, auf dem aber keine Buchstaben mehr erkennbar sind. Links davon befindet sich auf der Breite von etwa drei Buchstaben eine physische Lücke im Papyrus, bis mit dem allein stehenden Epsilon wieder ein Buchstabe erkennbar ist. Dieser Zustand ist in der *editio princeps* mit einer etwas ungewöhnlichen Schreibweise abgebildet: [....]ε[...].. θεοι. Das deutlich lesbare θεοι wirkt zunächst einmal befremdlich: Wenn diese Buchstaben ein vollständiges Wort darstellten, hieße das, dass in einem christlichen Text recht unbefangen von Göttern im Plural die Rede wäre. Die Konjektur von Blaß löste dies auf elegante Weise, indem sie die „Götter" mit einem *Alpha privativum* versah, so dass die Passage nun von „Gottlosen" (ἄθεοι) handelte, bzw. von dreien, die nicht gottlos sind. Als Parallele dafür führte Blaß Eph 2,12 an, wo der Zustand der angeschriebenen Christen vor ihrer Bekehrung sehr wortreich beschrieben und schlussendlich sogar als ein gottloser (ἦτε τῷ καιρῷ ἐκείνῳ ... ἄθεοι ἐν τῷ κόσμῳ) bezeichnet wird.[22] In der Folge nahmen mehrere Autoren an, dass an dieser Stelle der von der Umwelt erhobene Vorwurf thematisiert werde, wonach Christen gottlos (ἄθεοι) seien.[23] Auch in den neueren Ausgaben der griechischen Fragmente

---

19 So auch ENGLEZAKIS: „Thomas, Logion 30", 267. Die Annahme einer Dittographie wäre plausibler, wenn im Koptischen unmittelbar zweimal hintereinander ⲚⲞⲨⲦⲈ (Gott) stünde; das Adverb ⲘⲘⲀⲨ (dort), das zwischen ihnen steht, lockert die Konstruktion auf und macht eine Dittographie im eigentlichen Sinne eines Schreib*fehlers* weniger wahrscheinlich.
20 Vgl. auch DECONICK: *Original Gospel of Thomas in Translation*, 203.
21 Schon in der *editio princeps* wurde diese Stelle als „the real key to the whole passage" identifiziert: GRENFELL/HUNT: ΛΟΓΙΑ ΙΗΣΟΥ, 13.
22 Vgl. BLASS: „Logia-Fragment", 500; ebenso EVELYN WHITE: *Sayings of Jesus from Oxyrhynchus*, 38.
23 Vgl. LOCK/SANDAY: *Two lectures on the „Sayings of Jesus"*, 23 (Lock); JACQUIER: „Sentences du Seigneur extracanoniques", 112. Zur Sache vgl. LEVIEILS: *Contra Christianos*, 331–367. Das Adjektiv ἄθεος bezeichnet dabei eine menschliche Eigenschaft und impliziert eine moralische Wertung. Wenn man, von der Seite Gottes her betrachtet, die Abwesenheit (des/eines) Gottes ausdrücken wollte, würde man eher eine Präposition wie ἄνευ, χωρίς, δίχα, ἄτερ verwenden; vgl. dazu VAN DER HORST: „Without God", 380–387.

B. Durchführung

des Thomasevangeliums hat sich die Rekonstruktion mit ἄθεοι weithin etabliert[24] und hat eine Eigendynamik entwickelt: Sofern das Zahlwort τρεῖς ausgeschrieben wird, bleibt für die Negationspartikel οὐκ kein Platz mehr. Dann ergibt die Rekonstruktion nicht mehr, dass die drei *nicht* gottlos sind, sondern dass sie gottlos sind.[25]

Allerdings bleibt diese Lesart auch fast 120 Jahre nach Blaß' Vorschlag eine Konjektur, die nicht durch einen „harten" papyrologischen Befund gedeckt ist.[26] Die Erstherausgeber erwogen diese Rekonstruktion schon in der *editio princeps* – also vor Blaß' Artikel –, doch nach ihrer Einschätzung war ἄθεοι „hardly a natural word in this connexion".[27] Dennoch übernahmen sie diese konjekturale Rekonstruktion im folgenden Jahr in ihre endgültige Ausgabe der „Oxyrhynchus Papyri" (P.Oxy. 1). Mit der koptischen Version des Thomasevangeliums war seit den späten 1950er Jahren auch an dieser Stelle die Möglichkeit gegeben, sich von der Blaßschen Konjektur zu lösen. Im koptischen Text von EvThom 30,1 ist unbefangen von drei Göttern die Rede, die Götter sind. Rekonstruktionen des griechischen Fragments mussten diesen Befund würdigen, und das fiel insofern leicht, als Blaß' Konjektur [ἄ]θεοι sich anscheinend nur einem Unbehagen mit eben jener Pluralform θεοί verdankt; er war sozusagen „[g]êné par ce pluriel",[28] den das Koptische nun doch erforderte. Seit den 1960er Jahren haben nun zahlreiche Arbeiten gezeigt, dass sich die Lücken im griechischen Text auch in enger Anlehnung an die koptische Version

---

24 Vgl. ATTRIDGE: „Saying 30", 156; DERS.: „Greek Fragments", 119; LÜHRMANN: *Fragmente apokryph gewordener Evangelien*, 123; BERNHARD: *Other Early Christian Gospels*, 38; WAYMENT: *Text of the New Testament Apocrypha*, 175. Bald nach der Erstpublikation des koptischen Thomasevangeliums erkannte Otfried Hofius (s. o. Anm. 14) den koptischen Text von EvThom 30,1 als verderbt und vermutete, das Koptische ϩⲛ̄ⲛⲟⲩⲧⲉ ⲛⲉ („Sie sind Götter") sei ursprünglich eine relativ getreue Wiedergabe des weithin akzeptierten griechischen Textes οὐκ εἰσὶν ἄθεοι gewesen: ⲁⲛ ⲁ̄ⲛⲁⲧⲛⲟⲩⲧⲉ ⲛⲉ („Sie sind nicht gottlos"). Das ist allerdings auch kein völlig unproblematisches Koptisch.
25 Vgl. ATTRIDGE: „Saying 30", 156; DERS.: „Greek Fragments", 119; LÜHRMANN: *Fragmente apokryph gewordener Evangelien*, 123; BERNHARD: *Other Early Christian Gospels*, 38.
26 Bei meiner Autopsie am 12. August 2009 konnte ich in dem Trümmerfeld links von θεοι beim besten Willen kein Alpha erkennen. In diesem Bereich finden sich nur einige schwache Tintenflecke, die man mit etwas Phantasie als Iota (oder Tau) und Ny (oder Chi) deuten kann; vgl. auch DECONICK: *Original Gospel of Thomas in Translation*, 136; DIES.: „Corrections to the Critical Reading", 203; GATHERCOLE: *Gospel of Thomas*, 339 mit Anm. 4.
27 GRENFELL/HUNT: *ΛΟΓΙΑ ΙΗΣΟΥ*, 13.
28 GUILLAUMONT: „Sémitismes dans les logia de Jésus", 114.

gut auffüllen lassen.²⁹ Im Anschluss an diese Autoren sei daher für die griechische Version von EvThom 30,1 (P.Oxy. 1,23–24) vorgeschlagen: [λέγ]ει [Ἰ(ησοῦ)ς· ὅπ]ου ἐὰν ὦσιν [τρεῖς] ε[ἰσ]ὶν θεοί.

Zu EvThom 30,2 (Z. 24–27)
Im zweiten Teil des Logions gibt es nur in Z. 26 einen Punkt, an dem man über die Rekonstruktion streiten könnte: Am Anfang der Zeile lesen die meisten Rekonstruktionen [ΛΕ]ΓΩ. Das Gamma ist im Prinzip klar zu erkennen, doch an der linken Seite dieses Buchstaben, kurz bevor der Papyrus abbricht, ist knapp unterhalb des Ansatzes der Querhaste eine Tintenspur zu erkennen. Diese könnte darauf hindeuten, dass dieses Gamma doch kein Gamma ist, sondern vielleicht ein Tau³⁰ (dann wäre zu lesen: [ΟΥ]ΤΩ³¹ oder [ΑΥ]ΤΩ³²) oder sogar ein Ypsilon (dann könnte man lesen: [Η Δ]ΥΩ³³). Nun bildet aber die obere Querhaste des fraglichen Buchstaben mit dem Tintenrest an seiner linken Seite keine durchgehende Linie. Dieser gehört demnach zu einem anderen Buchstaben, der mit dem Gamma sehr eng zusammengeschrieben war. Der Lage nach könnte es sich sehr wohl um den mittleren Querstrich eines Epsilon handeln, womit ein weiteres Indiz für die etablierte Lesart [λέ]γω gewonnen wäre. Diese Rekonstruktion wird zwar nicht von der koptischen Version unterstützt, doch das gilt auch für alle anderen Vorschläge, denn im Koptischen steht zwischen den beiden Satzteilen gar nichts. Wenn man aber in Z. 26 [λέ]γω liest, wird verständlich, dass dieses Element im Laufe der Textüberlieferung ausfiel: Da das Logion schon mit der Inquitformel λέγει Ἰ(ησοῦ)ς bzw. ⲡⲉϫⲉ ⲓ̅ⲥ̅ beginnt, konnte ein Schreiber oder Übersetzer das nochmalige *verbum dicendi* leicht für überflüssig halten und weglassen. Für die anderen Lesarten, die vorgeschlagen wurden, wäre das schwerer vorzustellen.

---

29 Vgl. AKAGI: *Literary Development*, 300; MARCOVICH: „Textual Criticism", 67–68; ENGLEZAKIS: „Thomas, Logion 30", 262.266–267; DECONICK: *Original Gospel of Thomas in Translation*, 135–137; DIES.: „Corrections to the Critical Reading", 201–203; GATHERCOLE: *Gospel of Thomas*, 339.
30 So schon GRENFELL/HUNT: ΛΟΓΙΑ ΙΗΣΟΥ, 9.12; ZAHN: „Die jüngst gefundenen ,Aussprüche Jesu'", 418 (beide ohne weitere Rekonstruktion).
31 Vgl. HARNACK: *Über die jüngst entdeckten Sprüche Jesu*, 20: οὕτω.
32 Vgl. FITZMYER: „Oxyrhynchus Logoi", 539 (= *Essays*, 398): [αὐ]τῷ. Nach MICHELSEN: „Niew-ontdeckte Fragmenten", 159 ist auf dem Papyrus [αυ]τω zu lesen, doch dies sei zu verbessern zu dem Ortsadverb αὐτοῦ (= ἐκεῖ). Es bleibt zu fragen, ob letztere Operation wirklich nötig ist.
33 Vgl. MARCOVICH: „Textual Criticism", 67: [ἣ δ]ύω (für δύο). Dagegen spricht freilich, dass in P.Oxy. 1 das Ypsilon eine ausgeprägte Biegung hat, die nicht zu der geraden Querhaste passt; vgl. ROBERTS: „Logion 30A", 91–92.

B. Durchführung

Edition
Die oben angestellten Überlegungen zeigen, dass die Rekonstruktion des griechischen Textes von EvThom 30 (P.Oxy. 1,23–30) eine sehr komplexe Angelegenheit ist. Um der größeren Klarheit willen erscheint für diese Zeilen daher eine (Neu-) Edition geboten, die sich folgendermaßen darstellt:

23 [λέγ]ει [Ἰ(ησοῦ)ς· ὅπ]ου ἐὰν ὦσιν
24 [τρεῖς,] ε[ἰσ]ὶν θεοί. καὶ
25 [ὅ]πο[υ] ε[ἷς] ἐστιν μόνος,
26 [λέ]γω· ἐγώ εἰμι μετ' αὐ-
27 τ[οῦ]. ἔγει[ρ]ον τὸν λίθο(ν)
28 κακεῖ εὑρήσεις με·
29 σχίσον τὸ ξύλον κἀγὼ
30 ἐκεῖ εἰμι

24 β' οὐκ εἰσὶν ἄθεοι Blaß 1897, Lock/Sanday 1897, Grenfell/Hunt 1898, Evelyn White 1920, Hofius 1960 | οὐκ εἰσὶν ἄθεοι Harnack 1897 | πάντες μισόθεοι Swete 1897 | εμοὶ, εισιν ἔνθεοι Michelsen 1905 | γ' θεοί, εἰσὶν θεοί Guillaumont 1958, Fitzmyer 1957/1971 | τρεῖς, εἰσὶν ἄθεοι Attridge 1979/1989, Lührmann 2000, Bernhard 2006, Wayment 2013 ǁ **25** ὥσπερ εἷς ἐστι μόνος Harnack 1897 | πιστὸς εἷς ἐστιν μόνος Swete 1897 | εἴ που εἷς ἐστιν μόνος Lock/Sanday 1897, Michelsen 1905 | ὅπου ἐάν ἐστι μόνος DeConick 2006 ǁ **26** κἀγὼ Blaß 1897 | οὕτω Harnack 1897 | ἰδού Swete 1897 | αὐτοῦ Michelsen 1905 | αὐτῷ Fitzmyer 1959/1971 | ἢ δύω Marchovich 1969 ǁ **27** αὐτῶν Marchovich 1969.

b) Zur Komposition des Logions
An der Schnittstelle zwischen EvThom 30,1 und 30,2 tritt wieder ein Phänomen auf, das schon bei EvThom 3; 27 bemerkt wurde und einen Hinweis auf die Komposition des Logions gab: Im Griechischen sind die beiden Hälften des Logions – der Spruch über die drei und der Spruch über den einen – mit καί verbunden, während sie im Koptischen unverbunden nebeneinander stehen. In der Tat stört die Konjunktion den Gedankengang des Logions: Eigentlich müsste man zwischen den beiden Sprüchen ein adversatives Element (δέ oder ἀλλά) erwarten, das den Unterschied zwischen den dreien und den einen akzentuiert. Das könnte ein Hinweis darauf sein, dass EvThom 30,1–2 keine ursprüngliche Einheit war, sondern, ähnlich wie die Zitatenkombination in 2 Kor 6,16–18 oder in Hebr 1,8–12, eine Kompilation zweier vormals eigenständiger Sprüche ist. Von diesen beiden Sprüchen ist der zweite am ehesten als eigenwillige Parallele zu Mt 18,20 zu begreifen, wie sie anscheinend im 2. Jahrhundert in enkratitischen Kreisen im Umlauf war (vgl. dazu Clemens, Strom. 3,68,3).[34]

---

34 Clemens, Strom. 3,68,3: Βούλεσθαι γὰρ λέγειν τὸν κύριον ἐξηγοῦνται μετὰ μὲν τῶν πλειόνων τὸν δημιουργὸν εἶναι τὸν γενεσιουργὸν θεόν, μετὰ δὲ τοῦ ἑνὸς τοῦ

Der zweite Teil des griechischen Logions findet sich in der koptischen Version an anderer Stelle und wird daher als EvThom 77,2–3 gezählt. Dieser „panchristische" Spruch ist für die Fragestellung dieser Arbeit nicht unmittelbar von Belang, doch er zeigt, wie locker das Thomasevangelium als Sammlung zusammengefügt ist: Der Spruch passt sowohl zu EvThom 30 als auch zu EvThom 77,1 und konnte sich an beide Logien sinnvoll anschließen – natürlich erhält er in diesen unterschiedlichen Kontexten unterschiedliche Bedeutungsnuancen, je nachdem, ob er sich an eine christologische Gegenwartszusage nach Art von Mt 18,20 oder Mt 28,20 anschließt (EvThom 30,2), oder an ein protologisches Offenbarungswort (EvThom 77,1). Insofern dieser Vorgang für die Fragestellung dieser Arbeit von Interesse ist, wird er im Zusammenhang von EvThom 77 besprochen. Hier soll es vor allem um den ersten Spruch (EvThom 30,1) gehen.

c) „Drei Götter"?

In diesem Spruch ist vor allem die Rede von den „Göttern" bemerkenswert: Wenn man sich nicht auf ein „gnostisches" Modell einlassen will, wonach mit den drei Göttern der vergöttlichte Gnostiker, Jesus und der Vater gemeint seien,[35] könnte die Rede von dreien, die Götter sind, an eine Vorstellungswelt denken lassen, die sich nach wie vor in polytheistischen Bahnen bewegte.[36] Vielleicht wäre das Logion auch im Kontext der frühchristlichen Trinitätsspekulation zu verorten; namentlich die koptische Version wäre dann als Kritik an einem „tritheistischen" Verständnis der Trinität aufzufassen.[37] Doch für die griechische Version ist damit nicht viel gewonnen.

Eine Strömung in der Deutung dieses Logions sieht hier Spuren einer Urfassung in einer semitischen Sprache: Der Plural verweise auf die pluralische Gottesbezeichnung אלהים (Elohim) in der hebräischen Bibel.[38]

ἐκλεκτοῦ τὸν σωτῆρα, ἄλλου δηλονότι θεοῦ τοῦ ἀγαθοῦ υἱὸν πεφυκότα („Sie legen das [sc. Mt 18,20; Gen 2,22; 1 Kor 7,8] so aus, als ob der Herr sagen wolle, dass bei den Mehreren der Demiurg sei, der Gott, der die Schöpfung bewirkt hat, bei dem Einen, dem Erwählten aber der Erlöser, der also als der Sohn des anderen, guten Gottes entstanden ist."). Nach LOCK/SANDAY: *Two lectures on the „Sayings of Jesus"*, 23 (Lock); EVELYN WHITE: *Sayings of Jesus from Oxyrhynchus*, 37 könnte der von Clemens zitierte Spruch seinerseits auf EvThom 30 basieren.
35 So ENGLEZAKIS: „*Thomas, Logion 30*", 268–269 (als s.E. die wahrscheinlichste von mehreren Lösungen).
36 Vgl. HEDRICK: *Unlocking the Secrets*, 71; ähnlich auch ENGLEZAKIS: „*Thomas, Logion 30*", 268 (als eine Möglichkeit).
37 Vgl. GRANT/FREEDMAN: *Secret Sayings of Jesus*, 149.
38 Vgl. DECONICK: *Recovering the Original Gospel of Thomas*, 233; DIES.: *Original Gospel of Thomas in Translation*, 136–137; DIES.: „Corrections to the Critical Reading", 203.

B. Durchführung

Pierluigi Piovanelli schlägt hingegen vor, diese Götter als „Engel" (אלים) zu verstehen und verweist dafür u. a. auf 1 Kor 11,10.[39]

Für die „drei Götter" in der koptischen Version, die manchmal auch für das Griechische veranschlagt werden, vermuten manche Forscher einen speziellen Bezug auf Ps 82 und die rabbinische Rezeption dieses Psalms (v. a. Ps 82,1) in mAvot 3,6:[40] Die drei „Götter" (אלהים) werden dann im Anschluss an Ex 21,6; 22,7–8 als Richterkollegium interpretiert.[41] Dann wäre gemeint: Wenn drei Richter bzw. Rechtsgelehrte bzw. Torah-Kundige (אלהים) versammelt sind, ist Gott (אלהים) anwesend. Nach diesem Verständnis müsste sich EvThom 30,1 explizit auf diesen Spruch des R. Chalafta aus Kefar Chananja (mAvot 3,6)[42] – aus der dritten Generation der Tannaim[43] – beziehen und wäre nur unter Rekurs auf diesen Väterspruch sinnvoll zu verstehen. Abgesehen davon, dass man in diesem Falle eine hebräische Vorlage für unser Logion postulieren müsste,[44] erscheint diese Deutung überhaupt sehr weit hergeholt.

Am Rande sei noch erwähnt, dass für Nicholas Perrin die griechische Version (mit εἰσὶν ἄθεοι) und die koptische Version auf einen mehrdeutigen syrischen Urtext schließen lassen: Die Wendung ܠܐܠܗܐ (*lᵉʾalāhē*ʾ) bedeute eigentlich „als Götter/Richter" und sei in der koptischen Version in diesem Sinne wiedergegeben. Im Vorfeld der griechischen Version habe aber ein Abschreiber oder Übersetzer sie als Negation (ܠܐ ܐܠܗܐ [*la ʾalāhē*ʾ]: „Nicht

---

39 Vgl. PIOVANELLI: „Thomas in Edessa?", 455–456 Anm. 43.
40 Vgl. GUILLAUMONT: „Sémitismes dans les logia de Jésus", 115–116; DERS.: „Les sémitismes dans l'Évangile selon Thomas", 195; ähnlich auch AKAGI: *Literary Development*, 300–302; MARCOVICH: „Textual Criticism", 68; DECONICK: „Corrections to the Critical Reading", 203. – Nach MARTI/BEER: *ʾA̲bôt (Väter)*, 69 ist im Text insofern eine Umstellung gefordert, als das Zitat aus Ps 82,1 als Beleg wesentlich besser zur Dreizahl passt (die Schekhinah ist auch gegenwärtig, wenn drei zusammen die Torah studieren). Zur rabbinischen Rezeption von Ps. 82,6 vgl. auch WENGST: *Johannesevangelium* 1, 408.
41 Vgl. in diesem Sinne auch MARTI/BEER: *ʾA̲bôt (Väter)*, 69 zu mAvot 3,6. Es ist nicht zu bestreiten, dass die genannten Stellen (Ex 21,6; 22,7–8) besser verständlich wären, wenn dort statt „Gott" (אלהים) „Richter" (etwa: שפט) stünde, doch auch wenn man אלהים konventionell mit „Gott" übersetzt, sind diese Rechtssätze in einer religiös begründeten und sakral ausgerichteten Rechtsordnung nicht völlig sinnlos.
42 Siehe mAvot 3,6 (übers. Marti/Beer): „Wenn zehn zusammensitzen und sich mit der Tora beschäftigen, so ist die Schᵉkina unter ihnen. Denn es ist gesagt: ‚Gott steht da in einer Gottesversammlung'. Und woher auch bei fünf? Weil gesagt ist: ‚In der Mitte von Göttern richtet er.' Und woher auch bei drei? Weil gesagt ist: ‚Und sein Bündel hat er auf Erden gegründet.'"
43 Vgl. MARTI/BEER: *ʾA̲bôt (Väter)*, XXIX. Das weist in den Zeitraum um 130–160 n. Chr.
44 Darauf weist GATHERCOLE: *Composition of the Gospel of Thomas*, 67 hin.

Gott", „Gottlose") missverstanden und mit ἄθεοι übersetzt.[45] Letzteres wäre seinerseits ein grobes Missverständnis bzw. eine sehr untypische Verwendung des Adjektivs ἄθεος. Zudem muss Perrin die griechischen Fragmente des Thomasevangeliums extrem spät (gut im 3. Jahrhundert) ansetzen, was seine Theorie durchaus schwächt.

Die „semitistische" Interpretation von EvThom 30,1 leidet also unter mehreren Ungenauigkeiten und würde zudem erfordern, dass EvThom 30 in einem sehr spezifischen rabbinischen Diskurs beheimatet wäre. Wenn man es nicht gerade darauf anlegt, auf Biegen und Brechen einen semitischen Hintergrund des Thomasevangeliums zu erweisen, spricht nichts für diese Deutung, aber einiges dagegen.

Hugh Evelyn White stellte fest, dass unser Logion zwar eng mit Mt 18,20 zusammenhänge, aber doch „Johannine in spirit"[46] sei. Dafür verwies er auf Joh 16,32, wonach Jesus in der Passion nicht allein (μόνος) ist, weil der Vater bei ihm (μετ' ἐμοῦ) ist. Ähnliches werde in Joh 14,18 den Jüngern verheißen. Dies sind freilich nur sehr entfernte Parallelen zu EvThom 30,2.

Zu EvThom 30,1 findet man in den johanneischen Schriften eher eine Parallele. Nachdem durch die koptische Version wenigstens der Wortlaut unseres Logions etwas klarer geworden war, sah Jean Doresse in Joh 10,35 und 1 Joh 5,7–8 Verständnishilfen für EvThom 30.[47] Die beiden Stellen sind jeweils für einen anderen Aspekt des Logions einschlägig: Joh 10,33–36 für die Rede von „Göttern" in einem christlichen Text, 1 Joh 5,7–8 für die Dreiheit:

---

45 Vgl. PERRIN: „NHC II,2 and the Oxyrhynchus Fragments", 147; DERS.: *Thomas*, 88–89.
46 EVELYN WHITE: *Sayings of Jesus from Oxyrhynchus*, xxxvi; vgl. auch ebd., 37; ähnlich auch schon TAYLOR: *Oxyrhynchus Logia*, 37 mit Verweis auf Joh 14,23; Offb 3,20.
47 Vgl. DORESSE: *Livres secrets* 2, 165.

B. Durchführung

Joh 10,35–36	EvThom 30,1 (P.Oxy. 1,23–24)	1 Joh 5,7–8
	[λέγ]ει [Ἰ(ησοῦ)ς· ὅπ]ου ἐὰν ὦσιν [τρεῖς]	⁷ ... τρεῖς εἰσιν οἱ μαρτυροῦντες, ⁸ τὸ πμεῦμα, τὸ ὕδωρ καὶ τὸ αἷμα, καὶ οἱ τρεῖς εἰς τὸ ἕν[48] εἰσιν.[49]
³⁵ εἰ ἐκείνους εἶπεν (sc. ὁ νόμος) θεοὺς πρὸς οὓς ὁ λόγος τοῦ θεοῦ ἐγένετο, καὶ οὐ δύναται λυθῆναι ἡ γραφή, ³⁶ ὃν ὁ πατὴρ ἡγίασεν καὶ ἀπέστειλεν εἰς τὸν κόσμον ὑμεῖς λέγετε ὅτι βλασφημεῖς, ὅτι εἶπον· υἱὸς θεοῦ εἰμι;	ε[ἰσ]ὶν θεοί.	

Eine direkte Verbindung zwischen den Texten ist allerdings nicht ohne Weiteres ersichtlich. In Joh 10,33–36 wird die Anrede „Ihr seid Götter" aus Ps 82,6 als christologischer Schriftbeweis in Anspruch genommen, um den christologischen Titel „Sohn Gottes" als in jedem Falle schriftgemäß zu rechtfertigen.[50] Sie ist nicht, wie in EvThom 30,1, durch die Dreizahl

---

48 Mit dieser Formulierung könnte gemeint sein, dass die drei Zeugen übereinstimmen; vgl. SCHNACKENBURG: *Johannesbriefe*, 260–261. In jedem Falle spricht die Präposition εἰς gegen eine quasi-arithmetische Gleichsetzung im Sinne von „3=1" (das müsste heißen: καὶ οἱ τρεῖς ἕν εἰσιν – wie in den abweichenden Lesarten zum *Comma Ioanneum*, s.u. Anm. 49). Vgl. dazu auch KLAUCK: *Der erste Johannesbrief*, 293.
49 Dies ist der wohl ursprüngliche Textbestand. In der Textgeschichte kam es jedoch – wohl im 3. Jahrhundert – im lateinischen Sprachraum zu einer bemerkenswerten Erweiterung, die aus dieser Passage einen Text von höchster dogmatischer Relevanz machte, dem *Comma Ioanneum*, das einige altlateinische und Vulgata-Handschriften (späteren Texttyps) bezeugen: *tres sunt qui testimonium dicunt in terra, spiritus et aqua et sanguis* (vg^{mss}: *et hi tres unum sunt in Christo Iesu*), *et tres sunt qui testimonium dicunt in caelo, pater, verbum* (l vg^{mss}: *filius*) *et spiritus, et hi tres unum sunt* (l vg^{mss}: *in Christo Iesu*). Vgl. dazu insgesamt SCHNACKENBURG: *Johannesbriefe*, 44–46; KLAUCK: *Der erste Johannesbrief*, 303–311.
50 Das Schlussverfahren ist folgendes: Wenn die Schrift sogar die Empfänger des Gotteswortes als „Götter" titulieren kann, dann ist es doch erst recht keine Gotteslästerung, wenn Jesus (der vor Gott einen viel höheren Rang hat) sich als „Sohn Gottes" bezeichnet (ähnlich die zweite Zeile von Ps 82,6); vgl. dazu auch BARRETT: *Gospel According to St John*, 320 (*a fortiori*); SCHNACKENBURG: *Johannesevangelium* II, 389.391 (*a minore ad maius*); MOLONEY: *Gospel of John*, 316; WENGST: *Johannesevangelium 1*, 408–409; LINCOLN: *Gospel According to St John*, 308; THEOBALD: *Evangelium nach Johannes 1–12*, 698 (*a minore ad maius*).

bedingt. Zudem bleibt in EvThom 30,1 völlig offen, wer die drei sind, die als Götter bezeichnet werden.

In 1 Joh 5,5–10 geht es ebenfalls um den Rang Jesu als (inkarnierter) Sohn Gottes, der „durch Wasser und Blut" (1 Joh 5,6) gekommen ist. Im Folgenden werden die Instanzen aufgeführt, die dies bezeugen: Geist, Wasser und Blut (1 Joh 5,7–8). Dabei scheint es sich schon um eine geprägte Formel zu handeln, auf die 1 Joh 5,6 zugeschnitten wurde.[51] Dass man diese triadische Formel gut trinitarisch verstehen konnte, zeigt das *Comma Ioanneum*.[52] Vielleicht ist ja auch EvThom 30,1 ein früher Versuch der Trinitätstheologie, doch ein direkter Bezug zu johanneischen Formulierungen wie 1 Joh 5,7–8 – auch wenn diese schon früher als geprägte Formel umgelaufen sein sollte – ist nicht erkennbar. Man könnte allenfalls von einer groben Analogie in zwei untergeordneten Motiven sprechen.

d) Fazit zu EvThom 30

So weit sich an den relevanten Stellen der griechische Text von EvThom 30 herstellen lässt, ist in der Frage nach möglichen Beziehungen zu den johanneischen Schriften das Ergebnis ernüchternd. Der Eindruck mancher Forscher, das Logion sei in seinem Geist johanneisch ausgerichtet, dürfte eher durch die spätere (trinitätstheologische) Rezeption der johanneischen Schriften bestimmt sein. Im direkten Vergleich lassen sich zwar zwei johanneische Texte benennen, die eine gewisse Ähnlichkeit mit EvThom 30,1 aufweisen (Joh 10,35; 1 Joh 5,7–8), doch die Parallelen sind nicht so ausgeprägt, dass man eine Textübernahme oder den Rekurs auf eine gemeinsame Quelle oder Überlieferung annehmen könnte.[53] Wenn überhaupt, ist das Verhältnis von EvThom 30,1 zu den johanneischen Schriften als Analogie zu klassifizieren, die zwei untergeordnete Motive betrifft. Da aber in den johanneischen Schriften die Motive „Dreiheit" und „Götter" nicht verbunden sind, gehört das Logion nicht in die Klasse der thematischen Analogien; es bleibt bei zwei jeweils nachrangigen Motiven, die in den jeweiligen Texten jeweils unterschiedliche Ausprägungen annehmen.

---

51 Dafür könnte möglicherweise auch die Inkongruenz in 1 Joh 5,7 sprechen, wo die drei Neutra Geist, Wasser und Blut (τὸ πνεῦμα καὶ τὸ ὕδωρ καί τὸ αἷμα) mit dem männlichen Artikel als οἱ μαρτυροῦντες bezeichnet werden; vgl. dazu auch SCHNACKENBURG: *Johannesbriefe*, 261; LIEU: *I, II & III John*, 214. Anders KLAUCK: *Der erste Johannesbrief*, 300: Das Maskulinum sei durch „den personalen Charakter des Zeugnisgebens" bedingt. In diesem Sinne auch MORGEN: *Épîtres de Jean*, 198: „... le parallélisme laisse ... ressortir l'originalité de l'expression en 1 Jn dans le contexte de 5,6–11."
52 Vgl. KLAUCK: *Der erste Johannesbrief*, 307–309.
53 Vgl. auch BROWN: „Gospel of Thomas", 166: „In our opinion neither connexion is close enough to be of particular worth."

B. Durchführung

Rekonstruktionen der griechischen Fassung von EvThom 30,1-2 (P.Oxy. 1,23-27)

P.Oxy. 1	23	24
Grenfell&Hunt (1897)	[Λέγ]ει [Ἰησοῦς, ὅπ]ου ἐὰν ὦσιν	[....]ε[...].. θεοι καὶ
Blaß (1897)	[Λέγ]ει [Ἰησοῦς· ὅπ]ου ἐὰν ὦσιν	[β' οὐκ] ε[ἰσὶν] ἄθεοι καὶ
Harnack (1897)	ὅπου ἐὰν ὦσιν	οὐκ εἰσὶν ἄθεοι, καὶ
Swete (1897)	[Λέγ]ει [Ἰησοῦς Ὅπ]ου ἐὰν ὦσιν	[πάντ]ε[ς μισό]θεοι, καὶ
Zahn (1897)	[λέγ]ει [Ἰησοῦς, ὅπ]ου ἐὰν ὦσιν	[....]ε[.....] θεοι καὶ
Lock/Sanday (1897)	[Λέγ]ει [Ἰησοῦς, ὅπ]ου ἐὰν ὦσιν	[β', οὐκ] ε[ἰσὶ]ν ἄθεοι, καὶ
Grenfell&Hunt (1898)	[Λέγ]ει [Ἰς, ὅπ]ου ἐὰν ὦσιν	[β', οὐκ] ε[ἰσὶ]ν ἄθεοι, καὶ
Michelsen (1905)	λέγει Ἰησοῦς· ὅπου ἐὰν ὦσιν	ἐμοί, εἰσιν ἔνθεοι καὶ
Evelyn White (1920)	[λέγ]ει [Ἰ(ησοῦ)ς· ὅπ]ου ἐὰν ὦσιν	[β', οὔκ] ε[ἰσι]ν ἄθεοι· καὶ
Guillaumont (1958)	[λέγ]ει [ΙΣ ὅπ]ου ἐὰν ὦσιν	[γ' θεοι] ε[ἰσιν] θεοι καὶ
Fitzmyer (1959)	[λέγ]ει [Ἰ(ησοῦ)ς· ὅ]που ἐὰν ὦσιν	[γ' θε]ο[ί,] ε[ἰσί]ν θεοί· καὶ
Hofius (1960)	[Λέγ]ει [Ἰς, ὅπ]ου ἐὰν ὦσιν	[β', οὔκ] ε[ἰσι]ν ἄθεοι, καὶ
Marcovich (1969)	[λέγ]ει [Ἰ(ησοῦ)ς· ὅπ]ου ἐὰν ὦσιν	[τρεῖς,] ε[ἰσὶν] θεοί· καὶ
Fitzmyer (1971)	[λέγ]ει [Ἰ(ησοῦ)ς· ὅ]που ἐὰν ὦσιν	[γ' θε]ο[ί,] ε[ἰσί]ν θεοί· καὶ
Attridge (1979)	[λέγ]ει [Ἰ(ησοῦ)ς· ὅπ]ου ἐὰν ὦσιν	[τρ]ε[ῖς,] ε[ἰσί]ν ἄθεοι· καὶ
Englezakis (1979)	[Λέγ]ει [Ἰ(ησοῦ)ς ὅπ]ου ἐὰν ὦσιν	[τρεῖς,] ε[ἰσὶ]ν θεοί· καὶ
Attridge (1989)	[λέγ]ει [Ἰ(ησοῦ)ς ὅπ]ου ἐὰν ὦσιν	[τρ]ε[ῖς], ε[ἰσὶ]ν ἄθεοι· καὶ
Lührmann (2000)	[λέγ]ει [Ἰ(ησοῦ)ς· ὅπ]ου ἐὰν ὦσιν	[τρ]ε[ῖς,] ε[ἰσί]ν ἄθεοι· καὶ
Bernhard (2006)	[λέγ]ει [Ἰ(ησοῦ)ς· ὅπ]ου ἐὰν ὦσιν	[τρ]ε[ῖς,] ε[ἰσί]ν ἄθεοι· καὶ
DeConick (2006)	[λέγ]ει [Ἰ(ησοῦ)ς· ὅπ]ου ἐὰν ὦσιν	[τρ]ε[ῖς] ε[ἰσ]ιν θεοὶ καὶ
Wayment (2013)	[λέγ]ει [Ἰη(σοῦ)ς· ὅπ]ου ἐὰν ὦσιν	[τρ]ε[ῖς,] ε[ἰσί]ν ἄθεοι, καὶ
Gathercole (2014)	[λέγ]ει [ις· ὅπ]ου ἐὰν ὦσιν	[τρ]ε[ῖς], ε[ἰσὶν] θεοί· καὶ

II. Einzeluntersuchungen, 15. Logion 30

25	26	27
[..]ϲρ . ε[..] ἐστιν μόνος	[..]τω ἐγώ εἰμι μετ' αὐ-	τ[οῦ]·
[ὅ]που ε[ἷς] ἐστιν μόνος	[κἀ]γώ· ἐγώ εἰμι μετ' αὐ-	τ[οῦ]·
ὥσπερ εἷς ἐστιν μόνος	οὕτω ἐγώ εἰμι μετ' αὐ-	τοῦ.
[πι]σ[τὸς] ε[ἷς] ἐστιν μόνος,	[ἰδοὺ] ἐγώ εἰμι μετ' αὐ-	τοῦ·
[..]ϲρ . ε[..] ἐστὶν μόνος	[..]τω ἐγώ εἰμι μετ' αὐ-	τ[οῦ]·
[εἴ] πο[υ] ε[ἷς] ἐστὶν μόνος,	[λέ]γω ἐγώ εἰμι μετ' αὐ-	τ[οῦ]·
[ὅ]ποῦ ε[ἷς] ἐστιν μόνος,	[λέ]γω ἐγώ εἰμι μετ' αὐ-	τ[οῦ]·
εἴ που εἷς ἐστιν μόνος,	αὐτοῦ ἐγώ εἰμι μετ' αὐ-	τοῦ.
[ὅ]που ε[ἷς] ἐστιν μόνος,	[λέ]γω ἐγώ εἰμι μετ' αὐ-	τ[οῦ].
[ὅ]που ε[ἷς] ἐστιν μόνος	[λέ]γω ἐγώ εἰμι μετ' αὐ-	τ[ου].
[ὅ]π[ου] ε[ἷς] ἐστιν μόνος,	[αὐ]τῷ, ἐγώ εἰμι μετ' αὐ-	τ[οῦ].
[ὅ]που ε[ἷς] ἐστιν μόνος,	[λέ]γω· ἐγώ εἰμι μετ' αὐ-	τ[οῦ].
[ὅ]που ε[ἷς] ἐστιν μόνος	[ἢ δ]ύω, ἐγώ εἰμι μετ' αὐ-	τ[ῶν].
[ὅ]π[ου] ε[ἷς] ἐστιν μόνος,	[αὐ]τῷ, ἐγώ εἰμι μετ' αὐ-	τ[οῦ].
[ὅ]που ε[ἷς] ἐστιν μόνος	[λ]έγω· ἐγώ εἰμι μετ' αὐ-	τ[οῦ].
[ὅπ]ου ε[ἷ]ς ἐστιν μόνος,	[λέ]γω, ἐγώ εἰμι μετ' αὐ-	τ[οῦ].
[ὅ]π[ου] ε[ἷς] ἐστιν μόνος,	[λ]έγω· ἐγώ εἰμι μετ' αὐ-	τ[οῦ].
[ὅ]ποῦ ε[ἷς] ἐστιν μόνος,	[λ]έγω· ἐγώ εἰμι μετ' αὐ-	τ[οῦ].
[ὅ]πρυ ε[ἷς] ἐστιν μόνος,	[λέ]γω, ἐγώ εἰμι μετ' αὐ-	τ[οῦ].
[ὅπ]ρ[υ] ἐ[ὰν] ἐστιν μόνος	[λέ]γω, ἐγώ εἰμι μετ' αὐ-	τ[οῦ].
[ὅ]ποῦ ε[ἷς] ἐστιν μόνος,	[λ]έγω ἐγώ εἰμι μετ' αὐ-	τ[οῦ].
[ὅπ]ρ[υ] ε[ἷς] ἐστιν μόνος,	[λέ]γω· ἐγώ εἰμι μετ' αὐ	τ[οῦ].

B. Durchführung

16. Logion 37

P.Oxy. 655, col. i 17–col. ii 1	
(1) λέγουσιν αὐτῷ οἱ μαθηταὶ αὐτοῦ· πότε ἡμεῖν ἐμφανὴς ἔσει, καὶ πότε σε ὀψόμεθα;	(1) Es sagen zu ihm seine Jünger: Wann wirst du uns offenbar sein, und wann werden wir dich sehen?
(2) λέγει· ὅταν ἐκδύσησθε καὶ μὴ αἰσχυνθῆτε ...	(2) Er sagte: Wenn ihr euch ausziehen und nicht schämen werdet ...
(3) [... οὐδὲ φοβη]θ[ήσεσθε.]¹	(3) ... noch fü]r[chten].
NHC II 39,27–40,2	
(1) ⲡⲉϫⲉ ⲛⲉϥⲙⲁⲑⲏⲧⲏⲥ ϫⲉ ⲁϣ ⲛ̄ϩⲟⲟⲩ ⲉⲕⲛⲁⲟⲩⲱⲛϩ ⲉⲃⲟⲗ ⲛⲁⲛ ⲁⲩⲱ ⲁϣ ⲛ̄ϩⲟⲟⲩ ⲉⲛⲁⲛⲁⲩ ⲉⲣⲟⲕ˙	(1) Seine Jünger sagten: An welchem Tag wirst du uns erscheinen, und an welchem Tag werden wir dich sehen?
(2) ⲡⲉϫⲉ ⲓ̄ⲥ̄ ϫⲉ ϩⲟⲧⲁⲛ ⲉⲧⲉⲧⲛ̄ϣⲁⲕⲉⲕ ⲧⲏⲩⲧⲛ̄ ⲉϩⲏⲩ ⲙ̄ⲡⲉⲧⲛ̄ϣⲓⲡⲉ ⲁⲩⲱ ⲛ̄ⲧⲉⲧⲛ̄ϥⲓ ⲛ̄ⲛⲉⲧⲛ̄ϣⲧⲏⲛ ⲛ̄ⲧⲉⲧⲛ̄ⲕⲁⲁⲩ ϩⲁ ⲡⲉⲥⲏⲧ˙ ⲛ̄ⲛⲉⲧⲛ̄ⲟⲩⲉⲣⲏⲧⲉ ⲛ̄ⲑⲉ ⲛ̄ⲛⲓⲕⲟⲩⲉⲓ ⲛ̄ϣⲏⲣⲉ ϣⲏⲙ˙ ⲛ̄ⲧⲉⲧⲛ̄ϫⲟⲡϫⲡ̄ ⲙ̄ⲙⲟⲟⲩ	(2) Jesus sagte: Wenn ihr euch nackt auszieht – und ihr habt euch nicht geschämt – und eure Kleider nehmt und sie unter eure Füße legt wie jene kleinen Kinder und darauf trampelt,
(3) ⲧⲟⲧⲉ [ⲧⲉⲧ]ⲛⲁⲛⲁⲩ ⲉⲡϣⲏⲣⲉ ⲙ̄ⲡⲉⲧⲟⲛϩ ⲁⲩⲱ ⲧⲉⲧⲛⲁⲣ̄ ϩⲟⲧⲉ ⲁⲛ	(3) dann werdet [ihr] sehen den Sohn des Lebendigen, und ihr werdet euch nicht fürchten.

a) Textkritik

Dieses Logion ist sowohl in seiner griechischen wie in seiner koptischen Fassung von Beschädigungen im Papyrus betroffen. Die griechische Version ist nur fragmentarisch erhalten, doch soweit sie erhalten ist, stimmt sie relativ genau mit dem Koptischen überein.[2] Am Ende des Logions, in

---

1 So die Rekonstruktion bei ATTRIDGE: „Greek Fragments", 122. Andere (neuere) Editionen notieren nur das in col. ii 1 erhaltene Theta, ohne daraus ein Wort zu erschließen; vgl. z.B. LÜHRMANN: *Fragmente apokryph gewordener Evangelien*, 127; BERNHARD: *Other Early Christian Gospels*, 44; GATHERCOLE: *Gospel of Thomas*, 362.

2 In der koptischen Fassung fehlt in der einleitenden Inquit-Formel das indirekte pronominale Objekt (αὐτῷ). Eine völlig wortgetreue koptische Übersetzung würde etwa lauten: ⲡⲉϫⲁⲩ ⲛⲁϥ ⲛ̄ϭⲓ ⲛⲉϥⲙⲁⲑⲏⲧⲏⲥ. In EvThom 37,2 ist hingegen in der koptischen Fassung Jesus als Sprecher genannt, während in der griechischen Fassung der Sprecher nur mit einem Pronomen eingeführt wird. Damit schließt sich die griechische Version von EvThom 37 noch enger als die koptische Version an das vorhergehende Logion an. In P.Oxy. 655 sind also die einzelnen Logien enger verbunden und deutlicher aufeinander bezogen. Dieser Befund könnte darauf hinweisen, dass P.Oxy. 655 eine weiter entwickelte Rezension des Thomasevangeliums

einem Bereich, der nur im Koptischen erhalten ist, gerät der Text jedoch in die beschädigte Zone am unteren Rand der Seite. In der letzten Zeile von p. 39 in NHC II sind einige Buchstaben beschädigt, so dass namentlich das Prädikat des ersten Satzes von EvThom 37,3 erschlossen werden muss. Meistens füllt man diese Lücke im Anschluss an die einleitende Jüngerfrage auf, so dass das Logion von einer *inclusio* zusammengehalten wird. Demnach wird rekonstruiert: ⲧⲟⲧⲉ [ⲧⲉⲧ]ⲛ̣ⲁ̣ⲛ̣ⲁ̣ⲩ („dann werdet ihr sehen"). In diesen etablierten Konsens brachte erst Gregory Riley im Jahre 1995 etwas Unruhe, denn er entdeckte am unteren Rand von p. 39 Tintenspuren, die ihn zu einer anderen Rekonstruktion verleiteten: Vor allem interpretierte er die Reste des vorletzten Buchstaben nicht als Alpha, sondern als Eta, so dass ihm zufolge zu lesen ist: ⲧⲟⲧ[ⲉ ⲧⲉⲧ]ⲛ[ⲛ]ⲏⲩ („dann kommt ihr"). Demnach wäre den Jüngern, die sich wie kleine Kinder verhalten, eine Art Himmelsreise bzw. die Rückkehr in den himmlischen Bereich verheißen.[3]

Diese Lösung wirft nun ein kleines grammatikalisches Problem auf, denn das von Riley postulierte Verb ⲛⲏⲩ ist eine Qualitativform,[4] so dass dieser Teilsatz nicht spannungsfrei mit dem folgenden Teilsatz zusammenpasst, in dem das Verb ⲣ̄-ϩⲟⲧⲉ („sich fürchten") mit der Partikel ⲛⲁ eindeutig ins Futur I gesetzt ist. Demnach wäre die Folge des Kleider-Ablegens zum einen als ein Zustand und zum anderen als eine zukünftige (Nicht-) Handlung bestimmt. Gegenüber Rileys Vorschlag hat die etablierte Rekonstruktion den Vorteil, dass sie die Partikel des Futur I bewahrt ([ⲧⲉⲧ] ⲛ̣ⲁ̣ⲛ̣ⲁ̣ⲩ) und so die beiden Teilsätze parallelisiert.

Von diesen grammatikalisch-stilistischen Überlegungen abgesehen, scheint Rileys Lesart, die sich auf die Faksimile-Ausgabe von NHC II stützte, auch aus papyrologischen Gründen fragwürdig zu sein. Seine Rekonstruktion stützt sich auf einen Querstrich, der in der Faksimile-Ausgabe im Bereich des vorletzten Buchstaben in der letzten Zeile auf p. 39 zu sehen ist, und der Riley dazu brachte, den vorletzten Buchstaben der letzten Zeile als Eta zu interpretieren. Dagegen deutete Marvin Meyer die Färbung auf dem Bild in der Faksimile-Ausgabe als eine Bruchstelle im Papyrus, durch die der schwarze Hintergrund sichtbar werde.[5] Schließlich kam April DeConick durch Autopsie zu dem Ergebnis, dass der „Querstrich" auf dem originalen Papyrusblatt gar nicht zu sehen ist: Was in der Faksimile-Aus-

---

darstellt als die Textfassung, die unserer koptischen Übersetzung zugrunde liegt: Für den Schreiber von P.Oxy. 655 (oder seine Vorlage) konnte die Nennung Jesu in EvThom 37,2 wegfallen, weil ohnehin klar war, dass Jesus der Sprecher ist.
3 Vgl. RILEY: „A Note on the Text of *Gospel of Thomas* 37", v. a. 180.
4 Vgl. WESTENDORF: *Koptisches Handwörterbuch*, 118–119 s.v. ⲛⲟⲩ; 130 s.v. ⲛⲏⲩ.
5 Vgl. MEYER: „Seeing or Coming", 414–415.

B. Durchführung

gabe als Querstrich erscheint, ist, ihr zufolge, lediglich der Schatten einer Unebenheit im Papyrus.[6] Damit bleibt es – jedenfalls für unsere Zwecke – bei der etablierten Lesart ⲧⲟⲧⲉ [ⲧⲉⲧ]ⲛ̅ⲁⲛⲁⲩ.[7]

b) Die Frage der Jünger

Diese papyrologische Entscheidung hat Konsequenzen für die Interpretation des Logions, näherhin für die Logik des Gesprächsganges. Anders als in anderen Logien (EvThom 24; 43; 91), wird in EvThom 37 die Frage der Jünger zumindest zum Teil tatsächlich beantwortet: Sie haben gefragt, wann (πότε/ⲁϣ ⲛ̅ϩⲟⲟⲩ) sie Jesus sehen werden (ὀψόμεθα/ⲉⲛⲁⲛⲁⲩ). Jesus bezieht die Frage ebenfalls auf das Sehen ([ⲧⲉⲧ]ⲛ̅ⲁⲛⲁⲩ),[8] doch er formuliert eine Bedingung, denn in der Protasis steht das Verb im Konjunktiv (ἐκδύσησθε) bzw. im Konditionalis (ⲉⲧⲉⲧⲛ̅ϣⲁⲕⲉⲕ ⲧⲏⲩⲧⲛ̅ ⲉϩⲏⲩ: „wenn ihr euch nackt auszieht"). Die Frage der Jünger wird also beantwortet, aber zugleich leicht korrigiert:[9] Dass Jesus den Jüngern erscheint und sie ihn sehen werden, ist kein Geschehen, das von vornherein geplant ist und automatisch abläuft, so dass die Jünger sich nur noch über den genauen Termin informieren müssten. Sie haben dazu einen Beitrag zu leisten, eine Bedingung zu erfüllen.

Dennoch mutet die Frage etwas merkwürdig an, denn ähnlich wie in EvThom 24, ist ja vorausgesetzt, dass die Jünger mit Jesus sprechen. Unter den technischen Bedingungen der Antike bedeutet das, dass sie ihn auch sehen, man könnte die Frage also für schlichtweg überflüssig oder absurd halten.[10] Wahrscheinlicher ist es jedoch, dass sie von vornherein (und vermutlich als sekundärer Zusatz zum Logion)[11] darauf zugeschnitten ist, zur Antwort Jesu hinzuführen, die ja davon handelt, unter welchen Bedingungen die Jünger Jesus (wieder?) sehen werden. Damit handelt es sich um ein qualifiziertes Sehen, das sich nicht in sinnlicher Wahrnehmung erschöpft –

---

6 Vgl. DeConick: *Original Gospel of Thomas in Translation*, 152; dies.: „Corrections to the Critical Reading", 207–208.

7 So auch P. Nagel: *Codex apocryphus gnosticus* 1, 126 – ohne jede Erwähnung von Rileys Vorschlag. Vgl. auch Gathercole: *Gospel of Thomas*, 363.

8 In dieser Hinsicht bildet EvThom 37 eine thematische Einheit; vgl. dazu auch DeConick/Fossum: „Stripped Before God", 135.

9 Ähnlich auch Sevrin: „Ce que l'œil n'a pas vu ...", 318, der hier – wie auch in EvThom 51; 111 eine Demythisierung traditioneller Eschatologie erkennt; ebenso Gärtner: *Theology of the Gospel of Thomas*, 250; Rau: „Jenseits von Raum, Zeit und Gemeinschaft", 146.

10 Vgl. dazu auch S.L. Davies: *The Gospel of Thomas and Christian Wisdom*, 83; Hedrick: *Unlocking the Secrets*, 81.

11 Für Grosso: *Vangelo secondo Tommaso*, 168 weist der dialogische Aufbau das ganze Logion als sekundär aus.

und damit deutet sich eine Verbindung zwischen unserem Logion und dem Johannesevangelium an:[12] Schon vor der Entdeckung der Nag-Hammadi-Texte haben mehrere Forscher in Joh 14,21–22 eine Parallele zur Jüngerfrage in EvThom 37,1 gefunden:[13] Bereits die Schlüsselworte ἐμφανίζω (Joh) bzw. ἐμφανής εἰμι (EvThom) sprechen für eine zumindest thematische Verbindung. Dieser Eindruck verstärkt sich, seit mit der koptischen Übersetzung das ganze Logion vorliegt, denn nun ist deutlich, dass das Logion zur Gänze davon handelt, Jesus zu *sehen*: Auch das ist ein äußerst prominentes Thema in den Abschiedsreden des Johannesevangeliums (Joh 14,19; 16,16–19).[14] Ist die optische Wahrnehmung ohnehin schon ein zentrales Thema der johanneischen Schriften, so konzentrieren sich die Abschiedsreden in diesem Sinne auf das Nicht-mehr-sehen und das Wiedersehen. Letzteres ist vermutlich nicht nur auf Ostererscheinungen zu beziehen,[15] sondern auf die bleibende Gegenwart Jesu bei den Seinen, die im Modus der Erinnerung durch den Parakleten vermittelt wird:[16] Es ist wohl kein Zufall, dass den beiden Stellen, an denen in den Abschiedsreden vom (Wieder-)Sehen die Rede ist (Joh 14,19–21; 16,16–22), jeweils ein Paraklet-Spruch vorausgeht (Joh 14,16–17; 16,12–15). Die gläubige Exis-

---

12 Für die Konzeption des Johannesevangeliums vgl. etwa BLANK: „Was von Anfang an war", 76; SCHWANKL: *Licht und Finsternis*, 334–335; FREY: „Leiblichkeit und Auferstehung", 301–302; LEE: „The Gospel of John and the Five Senses", 117–120.

13 Vgl. HEINRICI: „Die neuen Herrensprüche", 207; TAYLOR: *Oxyrhynchus Sayings*, 22; auch FITZMYER: „Oxyrhynchus *Logoi*", 547 (= *Essays*, 410).

14 Vgl. EISELE: *Welcher Thomas?*, 231.

15 So aber LINCOLN: *Gospel According to St John*, 395.422; THYEN: *Johannesevangelium*, 632; ähnlich, aber vermittelnd SCHNACKENBURG: *Johannesevangelium* III, 89–90.175–176. – Nach Joh 20,29 sind die Ostererscheinungen aber Vergangenheit. Wenn also an diesen Stellen in den Abschiedsreden die Ostererscheinungen gemeint wären, bliebe die Erzählung nur innerhalb ihrer eigenen erzählten Welt und hätte keinen Bezug zur nachösterlichen Gegenwart des Evangelisten, seiner intendierten Leser und auch späterer Leser.

16 Vgl. BARRETT: *Gospel According to St John*, 387.410; MOLONEY: *Gospel of John*, 403–404.447; ZUMSTEIN: *L'Évangile selon Saint Jean (13–21)*, 80 mit Anm. 15; v. a. HOLLOWAY: „Left Behind", 25: Der Paraklet ist demnach das Medium der Erinnerung an Jesus, er hat eine ähnliche Funktion wie ein Portrait des Verstorbenen. Ähnlich auch ASHTON: *Understanding the Fourth Gospel*, 437–440, der allerdings stärker betont, dass dieses „Sehen" antizipatorisch auf die zukünftige Parusie hin offen ist. Umgekehrt kommentierte Rudolf Bultmann Joh 14,19: „Das Besondere dieser Verheißung bei Joh und an dieser Stelle ist aber dieses, daß die Ostererfahrung als Erfüllung der P a r u s i e v e r h e i ß u n g verstanden wird, wie es 16_{20-22} schon der Fall war, sodaß einerseits dieser der mythologische Charakter genommen wird und andrerseits jene als ständige Möglichkeit des christlichen Lebens behauptet wird." (BULTMANN: *Evangelium des Johannes*, 479).

B. Durchführung

tenz unter nachösterlichen Bedingungen wird hier also metaphorisch als ein Sehen bezeichnet, und eben dieses qualifizierte Sehen soll durch den Parakleten ermöglicht werden. Pointiert gesagt: EvThom 37,1 ist die Frage, die das Johannesevangelium in Joh 14,19–21; 16,16–22 beantwortet. In diesem Zusammenhang ist auffällig, dass in Joh 16 für das bald nicht mehr mögliche Sehen des irdischen Jesus das Verb θεωρέω verwendet wird, während das verheißene (Wieder-)Sehen mit ὁράω bzw. ὄψομαι bezeichnet wird[17] – wie in der griechischen Fassung von EvThom 37,1.

Form und Inhalt der Frage von EvThom 37,1 lassen also eine gewisse Nähe zu den Abschiedsreden des Johannesevangeliums vermuten.[18] Nun ist das Johannesevangelium aber nicht der einzige frühchristliche Text, in dem der Abschied Jesu von seinen Jüngern thematisiert wird; Uwe-Karsten Plisch verweist daneben auch auf EpJac 2,7–39; UBE 99,33–39; 107,4–9.[19] Diese Texte beschreiben zwar Abschiedsszenarien, doch ein spezifischer Akzent auf dem Sehen ist nicht festzustellen; in UBE 107,4–38 wird das Sehen sogar problematisiert: In dieser Passage, die stark von Joh 20 inspiriert ist,[20] bittet Johannes (!) darum, Jesus möge nicht in all seiner Herrlichkeit erscheinen, denn er fürchtet, diesen Anblick nicht ertragen zu können (107,12–23). Der Erlöser scheint ihn zu beschwichtigen und ihm einen Weg vorzustellen, damit er *sehen* und glauben kann (107,24–30) – nur das Berühren bleibt ihm verwehrt (107,31–38). Die Jüngerfrage in dieser Passage hat eine gewisse formale Ähnlichkeit zu EvThom 37,1: „Wir sagten zu ihm: Herr, in welcher Gestalt wirst du dich uns offenbaren, oder in welchem Körper wirst du kommen? Sage es uns." (107,4–9). Anders als in EvThom 37 interessiert hier aber nicht der Zeitpunkt bzw. die Bedingung für das Erscheinen Jesu, sondern die Art und Weise. Es steht hier also außer Frage,

---

17 Zu diesem semantischen Unterschied vgl. auch BROWN: *John i–xii*, 502; HERGENRÖDER: *Wir schauten seine Herrlichkeit*, 157. Allerdings wird in Joh 14,19 für beides θεωρέω im Präsens verwendet, vermutlich um die Dauer des verheißenen Zustandes (durch den Parakleten vermitteltes Schauen Jesu) zu betonen; vgl. ebd., 81–82.
18 So auch GÄRTNER: *Theology of the Gospel of Thomas*, 26 im Blick auf sämtliche dialogisch aufgebauten Logien des Thomasevangeliums; ebenso GROSSO: *Vangelo secondo Tommmaso*, 168. Hilfreich ist hier auch die Einschätzung von THATCHER: „Riddles, Repetitions", 369–370: Die Abschiedsreden seien eine „riddling session", in der Jesus sich in vier Rätseln (14,4–6.7–18.22–23; 16,16–28) offenbart.
19 Vgl. PLISCH: *Thomasevangelium*, 114.
20 Parallelen sind: „Sehen und Glauben" (107,28–30; Joh 20,27–29), „Nicht berühren vor dem Aufstieg zu ‚meinem Vater und eurem Vater, meinem Gott und eurem Gott, meinem Herrn und eurem Herrn'" (107,31–38; Joh 20,17). Vgl. dazu auch T. NAGEL: „Das ‚Unbekannte Berliner Evangelium' und das Johannesevangelium", 257–264.

dass die Jünger Jesus sehen werden, sie fragen nur nach Details. Diese Parallele ist also nicht ganz einschlägig für den Vergleich mit EvThom 37, aber sie zeigt, wie man in einem vom Johannesevangelium inspirierten Kontext ein Abschiedsszenario mit Dialogelementen gestalten konnte.

Die von Plisch genannten Texte sind also auffällige Parallelen zu EvThom 37,1 und Joh 16,16–22, doch sie entwickeln das Abschiedsszenario in eine andere Richtung. Dagegen ist mit dem Ziel, Jesus (wieder) zu sehen, zwischen EvThom 37 und den johanneischen Abschiedsreden eine spezifische thematische Gemeinsamkeit gegeben. Um diese noch genauer einzuordnen, gilt es nun die vermutliche Entstehungsgeschichte des Logions in den Blick zu nehmen. Oben wurde bereits die Vermutung aufgestellt, dass die Frage der Jünger dem Logion EvThom 37,2–3 hinzugefügt wurde, möglicherweise, um der Anrede in der 2. Person Plural einen Bezugspunkt zu geben. Das Logion wurde so zum Dialog. Demnach gehört die Frage einem späten Entwicklungsstadium des Logions bzw. des Thomasevangeliums als Sammlung an.[21] Wenn das zutrifft, steigt schon aus chronologischen Gründen die Wahrscheinlichkeit, dass die Jüngerfrage in EvThom 37,1 bereits von den Abschiedsreden des Johannesevangeliums inspiriert ist.

c) Kleider und Nacktheit
Die Ausführungen über das Nacktheitsideal, die den Großteil des Kern-Logions ausmachen, finden im Johannesevangelium keine aussagekräftige Parallele. Für die Idealisierung des Kindseins könnte man allenfalls auf Joh 3,3–5 verweisen, doch auch dort steht nicht das Kind-*Sein* im Mittelpunkt, sondern das Geboren-*Werden*.[22]

---

21 In EvThom 37,1 werden die Jünger nur durch ein Possessivpronomen (αὐτοῦ, im Koptischen den Possessivartikel ⲛⲉϥ-) näher bestimmt, auch der Angesprochene wird nur mit Pronomen bezeichnet (αὐτῷ). Aus dem Logion selbst erfahren wir also zunächst nicht, um wessen Jünger es sich handelt und an wen sie ihre Frage richten. Erst in EvThom 37,2 (nur im Koptischen!) wird klar, dass Jesus der Angesprochene ist – und dass die Jünger von 37,1 als seine Jünger zu denken sind. Dieser Befund weist darauf hin, dass EvThom 37 in seiner vorliegenden Gestalt nicht dafür gemacht war, allein überliefert zu werden. Anders gewendet: Das (vermutlich ältere) Logion EvThom 37,2–3 (nach der koptischen Version) konnte mit seiner ausgeführten Inquit-Formel als eigenständiges Jesuswort umlaufen. Die Jüngerfrage mit ihren Pronomina ist hingegen auf einen weiteren Kontext ausgelegt, auf den die Pronomina sich beziehen können. Mit der Jüngerfrage EvThom 37,1 ist EvThom 37 also integral in die Sammlung eingebunden, die wir als Thomasevangelium kennen.
22 Daher ist auch EvThom 22 nicht Gegenstand dieser Untersuchung, denn auch dieses Logion konzentriert sich nicht auf die Umstände einer metaphorisch zu verstehenden Geburt bzw. Neugeburt, sondern auf den Zustand des Kindseins und liegt damit doch näher bei Mt 18,3.

B. Durchführung

Das Ideal, das in EvThom 37,2–3 propagiert wird, ist wohl die Rückkehr zum paradiesischen Urzustand, als sich der Mensch nach Gen 2,25 seiner Nacktheit nicht schämte und daher keiner Kleidung bedurfte. Vor allem das Element καὶ μὴ αἰσχυνθῆτε („und ihr werdet euch nicht schämen")[23] stellt eine markante Verbindung zu Gen 2,25 dar;[24] im selben Sinne scheint die Ankündigung „und ihr werdet euch nicht fürchten" auf eine Umkehrung des in Gen 3,10 benannten Zustandes anzuspielen. Auf der Ebene der Stichworte φανερόω/ἐμφανής und αἰσχύνομαι hat unser Logion auch eine entfernte Parallele in 1 Joh 2,28: „Und jetzt, Kinder, bleibt in ihm, damit wir, wenn er erscheint (ἐὰν φανερωθῇ) Freimut haben und nicht beschämt werden (καὶ μὴ αἰσχυνθῶμεν) bei seinem Eintreffen." Allerdings ist dort die Bedingung, um sich nicht schämen zu müssen, eine völlig andere. Vor allen Dingen werden die Leser des 1. Johannesbriefes nicht, wie in EvThom 37, dazu aufgefordert, ihren Zustand grundlegend zu ändern, sondern sie werden zum „Bleiben" aufgerufen. Diese johanneische Parallele ist also nicht einschlägig für einen Vergleich mit EvThom 37.

---

23 Im Koptischen ist dies etwas ungelenk wiedergegeben, nämlich als Einschub im negierten Perfekt I: ⲙ̄ⲡⲉⲧⲛ̄ϣⲓⲡⲉ („ihr habt euch nicht geschämt"). Dieser Einschub durchbricht den Fluss des Satzes, der im Konditional begonnen hat, welches im Konjunktiv weitergeführt wird. Daher schlug Gérard Garitte vor, diese Form nicht als negiertes Futur I aufzufassen, sondern als Genitivattribut („eurer Scham"). Damit, so Garitte, läge das koptische Logion sehr nahe bei einem Herrenwort aus dem Ägypterevangelium, das bei Clemens von Alexandreia (Strom. 3,92,2) aufbewahrt ist: ὅταν τὸ τῆς αἰσχύνης ἔνδυμα πατήσητε ... („Wenn ihr das Gewand der Scham tretet ..."). Die griechische Fassung wäre dann, gemäß Garittes globaler Theorie über das Thomasevangelium, eine fehlerhafte Übersetzung des Koptischen; vgl. dazu GARITTE: „Les ‚logoi' d'Oxyrhynque", 169–171; DERS.: „Les ‚logoi' d'Oxyrhynque sont traduits du copte", 343–346. Dagegen spricht, dass im Koptischen ⲕⲱⲕ ⲁϩⲏⲩ eine idiomatische Wendung ist, die sogar substantiviert werden kann; vgl. WESTENDORF: *Koptisches Handwörterbuch* 18 s.v. ⲁϩⲏⲩ; auch ebd., 59 s.v. ⲕⲱⲕ; 402 s.v. ϩⲏⲩ. Zudem bedeutet das der fraglichen Form unmittelbar vorausgehende ϩⲏⲩ keinesfalls „Kleid" oder „Gewand", sondern es ist, für sich genommen, ein Adjektiv und bedeutet „nackt". Auch nach P. NAGEL: „Neuübersetzung des Thomasevangeliums", 237 wäre allenfalls zu übersetzen: „Wenn ihr eure Scham ablegt." Die koptische Version gewährleistet also keine ausdrückliche Verbindung zum „*Gewand* der Scham" aus dem Ägypterevangelium. Trotzdem ist das (Zer-) Treten des Gewandes eine auffällige Gemeinsamkeit beider Texte. Daher wurde schon erwogen ob nicht das Ägypterevangelium eine Quelle des Thomasevangeliums war (MONTEFIORE: „Comparison", 224), oder ob das Thomasevangelium gar selbst das von Clemens zitierte „Ägypterevangelium" war (HOFIUS: „Das koptische Thomasevangelium", 190). Vor der Entdeckung der Nag-Hammadi-Texte war man mit solchen Zuschreibungen zurückhaltender; vgl. ZAHN: „Neue Funde aus der alten Kirche", 100; MICHELSEN: „Uittreksels uit het Evangelie volgens Thomas", 232–233.

24 Vgl. DECONICK/FOSSUM: „Stripped Before God", 124–132.

d) Den Sohn des Lebendigen sehen

Ein Element in der Antwort Jesu trägt allerdings johanneische Züge: die textkritisch zeitweise umstrittene (s. o. a) Ankündigung „dann werdet ihr sehen den Sohn des Lebendigen".

In den johanneischen Schriften ist das Wortfeld „sehen" von zentraler Bedeutung, um die Haltung des Gläubigen zum Ausdruck zu bringen. Die schiere Häufigkeit von Verben des Sehens (insgesamt 136 Belege in Evangelium und Briefen) spricht für sich; dabei kommt ein breites Vokabular zur Anwendung: βλέπω, θεάομαι, θεωρέω, εἴδω, ὁράω. Eine umfassende Analyse dieses Vokabulars ist im Rahmen dieser Untersuchung nicht möglich,[25] doch es sei festgehalten, dass schon im Prolog (Joh 1,14) das Verhältnis der Gläubigen zum fleischgewordenen Logos als ein Sehen (ἐθεασάμεθα τὴν δόξαν αὐτοῦ) bestimmt wird, auch gegen Ende des ersten Hauptteils wollen die Griechen Jesus *sehen* (ἰδεῖν, Joh 12,21).[26] Diese Begrifflichkeit beschränkt sich aber nicht nur auf die historische Lebenszeit Jesu, sondern auch nachösterlich wird die Beziehung der Jünger zu Jesus als ein Sehen bezeichnet (Joh 14,19: ὑμεῖς δὲ θεωρεῖτέ με), im 1. Johannesbrief kann sogar ein Sünder als jemand bezeichnet werden, der Gott nicht *gesehen* und erkannt hat (1 Joh 3,6: πᾶς ὁ ἁμαρτάνων οὐχ ἑώρακεν αὐτὸν οὐδὲ ἔγνωκεν αὐτόν).[27] Dazu passt, dass sich die Christologie des Johannesevangeliums (nicht aber der Johannesbriefe!) einer durchgehenden Lichtmetaphorik bedient, die im Prolog (Joh 1,4–5) ansetzt und in dem Ich-bin-Wort Joh 8,12 gipfelt.[28] Dieser kurze Einblick in ein weites Feld mag genügen, um zu zeigen, dass Johannes zu Recht als „Mann des Auges"[29] und als „der ‚Optiker' unter den Evangelisten"[30] bezeichnet wird.

Um nun das Verhältnis des Teil-Logions EvThom 37,3 zum Johannesevangelium genauer zu bestimmen, wäre es von Vorteil, wenn das entsprechende griechische Wort bekannt wäre, das hinter dem koptischen ⲚⲀⲨ steht, doch in P.Oxy. 655 ist dieser Bereich nicht erhalten. So lässt sich nur eine thematische Übereinstimmung mit dem Wunsch der Griechen in

---

25 Vgl. dazu Brown: *John i–xii*, 501–503, v. a. aber Hergenröder: *Wir schauten seine Herrlichkeit*, 45–216.
26 Damit dürfte kaum ein touristisches Interesse im Sinne von „besichtigen" gemeint sein.
27 Möglicherweise ist gerade das Perfekt von ὁράω als Ausdruck einer prägenden Begegnung im Sinne von Joh 20,18.25.29 zu deuten; vgl. in diesem Sinne Frey: *Johanneische Eschatologie* II, 108–109 mit Anm. 166.
28 Vgl. dazu die Ausführungen zu EvThom 77 (s. u. B.II.31.c).
29 Guardini: *Johanneische Botschaft*, 57; rezipiert bei Hergenröder: *Wir schauten seine Herrlichkeit*, 5.204.
30 Schwankl: *Licht und Finsternis*, 334–335.

B. Durchführung

Joh 12,21 (θέλομεν τὸν Ἰησοῦν ἰδεῖν) sowie mit der oben schon erwähnten Verheißung des Wiedersehens in Joh 16,16–22 (ähnlich 14,19) feststellen.[31] Das Hin- und Herwenden dieses Verheißungswortes in Joh 16,17–19[32] deutet darauf hin, dass es sich hier um ein Überlieferungsstück handelt, das für die Träger des Johannesevangeliums problematisch geworden war und einer neuen Interpretation bedurfte (dazu Joh 16,20–22). EvThom 37 ist zwar kein zusätzlicher Zeuge für diese Überlieferung, wohl aber für die Tradition, aus der sie allem Anschein nach stammt.

Anders als in den johanneischen Abschiedsreden, spricht Jesus in EvThom 37 aber von sich nicht in der 1. Person, sondern in der 3. Person vom „Sohn des Lebendigen". Diese (christologische) Bezeichnung hat als solche im Johannesevangelium keine Parallele, doch ihre Teile spielen auch dort eine Rolle. Ohne eine Vokabelstatistik zu bieten, sei nur festgehalten, dass der christologische Titel „Sohn Gottes" geradezu einen Rahmen um Joh 1–20 bildet (Joh 1,34.49; 20,31) und auch im Corpus des Evangeliums, vor allem in Joh 1–12, eine zentrale Rolle spielt (vgl. nur Joh 10,36; 11,27). Noch näher an unserem Logion liegt Joh 6,40, wo demjenigen, der den Sohn sieht (ὁ θεωρῶν τὸν υἱόν) und an ihn glaubt, ewiges Leben zugesagt wird. Der Gedankengang gleicht aber nicht ganz genau dem von EvThom 37,2–3. In Joh 6,40 ist das Sehen nämlich nicht das verheißene Gut, sondern, in Verbindung mit dem Glauben,[33] die Voraussetzung für das verheißene Gut, ewiges Leben. Zudem ist in Joh 6,40 „Sohn" nicht in Verbindung mit einem Genitivattribut verwendet („Sohn Gottes" oder „Sohn des Lebendigen"), sondern absolut. Diesem Sprachgebrauch begegnet man im Johannesevangelium öfter (vgl. auch Joh 3,17.35–36; 5,19–26; 8,35–36; 14,13; 17,1). Dabei handelt es sich überwiegend[34] um Stellen, an denen das Verhältnis von Vater und Sohn bzw. die Sendung des Sohnes ausdrücklich thematisiert wird.[35] Der Sohn ist hier jeweils als vom Vater Gesandter und im Auftrag

---

31 Letztere gehört nach FREY: *Johanneische Eschatologie* III, 41–42 als Parusieverheißung schon zur dem Johannesevangelium vorausgehenden Tradition, die in den Abschiedsreden problematisiert und reflektiert wird.
32 Vgl. dazu FREY: *Johanneische Eschatologie* III, 206–208.
33 Zu diesem Hendiadyoin vgl. auch BULTMANN: *Evangelium des Johannes*, 174 mit Anm. 4. Ferner SCHNACKENBURG: *Johannesevangelium* II, 74: „In solchem ‚Sehen' verwirklicht sich das Glauben; dieses wird nur zur Verdeutlichung noch eigens genannt (wie in V 35b nach dem ‚Kommen')."
34 Die Ausnahme ist 8,35–36, wo Sohn und Sklave gegenübergestellt werden. Auch hier geht es also um Rollen innerhalb eines οἶκος bzw. um die Beziehung zum Hausherrn.
35 Vgl. SCHNACKENBURG: *Johannesevangelium* I, 400: „Wenn der Evangelist auf das unergründliche Geheimnis der Verbundenheit Jesu mit Gott zu sprechen kommt, gebraucht er stets das absolute ‚der Vater' und ‚der Sohn', weil er nur so die

des Vaters Handelnder im Blick.³⁶ Das absolut gebrauchte „der Sohn" setzt so schon eine entwickelte Reflexion voraus, deren Ergebnis im Johannesevangelium dargeboten wird und als für das Johannesevangelium charakteristisch gelten kann. EvThom 37 weist dieses johanneische Charakteristikum nicht auf.³⁷

Während also Joh 6,40 nicht, wie EvThom 37, das Sehen als Ziel vorstellt, sondern das Glauben und, daraus folgend, ewiges Leben, spricht eine andere Parallele, 1 Joh 3,2, ausdrücklich eine Verheißung des Sehens aus: „Geliebte, jetzt sind wir Kinder Gottes, und es ist noch nicht offenbar geworden, was wir sein werden. Wir wissen, dass, wenn er offenbar wird (φανερωθῇ), wir ihm ähnlich sein werden, und wir werden ihn sehen (ὀψόμεθα αὐτόν), wie er ist." In beiden Texten wird das Heil mit Sehen umschrieben, doch die Voraussetzungen dafür sind unterschiedlich: In 1 Joh 3,2 ist die *visio Dei* die endzeitliche Fortsetzung der gegenwärtigen Existenz als Kinder Gottes.³⁸ In EvThom 37 hingegen folgt die Schau *Jesu* (als „Sohn des Lebendigen") aus einer grundlegenden Wandlung der gegenwärtigen Lebensweise, einer Rückkehr zu einer Art von Paradieszustand, die anscheinend schon für das Hier und Jetzt in Aussicht genommen ist.³⁹ Dass hier mit „sehen" nicht nur optische Wahrnehmung, sondern eine besonders qualifizierte (visionäre?) Schau gemeint ist, zeigt sich schon daran, dass die Jünger im erzählerischen Szenario dieses Logions ihre Frage direkt an Jesus richten, ihn also eigentlich sehen müssten.⁴⁰ An eine Schau *Gottes* ist in EvThom 37 jedenfalls nicht gedacht. In der Sprache liegen also gewisse Ähnlichkeiten vor, doch in der Sache unterscheiden sich die beiden Texte (EvThom 37 und 1 Joh 3,2) fundamental.

---

letzte metaphysische Tiefe andeuten kann, aus der die Gemeinsamkeit im Denken und Handeln zwischen Jesus und Gott erwächst."
36 Besonders deutlich in 17,1: „... verherrliche *deinen* Sohn (Objekt), damit *der* Sohn (Subjekt) dich verherrliche." Die erste Belegstelle für das Zueinander von „der Vater" und „der Sohn", Joh 3,35–36 (vgl. dazu THEOBALD: *Evangelium nach Johannes 1–12*, 293–294), entspricht diesem Muster zwar nicht, doch hier ist gerade von der Beauftragung und Bevollmächtigung des Sohnes die Rede, die ihn sodann als „der Sohn" handeln lässt.
37 Wenn in EvThom 37 vom „Sohn" ohne Genitivattribut die Rede wäre, dann wäre das ein sehr starkes Indiz für die Rezeption des Johannesevangeliums, näherhin von Joh 6,40. Doch EvThom 37 ist nicht so johanneisch formuliert.
38 Vgl. dazu auch FREY: *Johanneische Eschatologie III*, 42. Für diesen Gedanken könnte man auch Mt 5,8 in Anspruch nehmen.
39 Vgl. KASSER: *L'Évangile selon Thomas*, 69 („... nous voilà fort loin du NT."); NORDSIECK: *Thomas-Evangelium*, 160.
40 Vgl. GATHERCOLE: *Gospel of Thomas*, 365.

B. Durchführung

Anders als in EvThom 37, verwendet das Johannesevangelium für Gott nicht das substantivierte Partizip „der Lebendige", doch es kann Gott in 6,57 als den „lebendigen Vater" (ὁ ζῶν πατήρ) bezeichnen, durch den Jesus lebt und seinerseits Leben geben kann (ähnlich 5,26). Näher an unserem Logion scheint aber der matthäische Sprachgebrauch zu liegen, wo Jesus im Messiasbekenntnis des Petrus (Mt 16,16) als „Sohn des lebendigen Gottes" (ὁ υἱὸς τοῦ θεοῦ τοῦ ζῶντος) angesprochen wird (ähnlich Mt 26,63!). Die Gottesbezeichnung „der lebendige Vater" findet sich aber auch in mehreren Logien des Thomasevangeliums (EvThom 3; 51). In diesen Logien ist allerdings das Verhältnis der Angesprochenen zu ihrem „lebendigen Vater" im Blick, von Jesus als Sohn ist nicht die Rede. „Der Lebendige" ist in EvThom 37 als Gottesbezeichnung belegt, während der gleiche Ausdruck in EvThom 52; 59; 111 wohl – wie im Prolog – Jesus bezeichnen dürfte. Dieses kurze Schlaglicht zeigt bereits, dass die Rede vom „Sohn des Lebendigen" in EvThom 37 nicht exklusiv vor dem Hintergrund des Johannesevangeliums zu verstehen ist. In Verbindung mit dem Sehen als Zentralbegriff für die Begegnung mit Jesus, zeigt unser Logion jedoch eine spezifische Nähe zu johanneischen Vorstellungen. Daraus ist freilich keine Rezeption des Johannesevangeliums abzuleiten, denn eben diese spezielle Verbindung findet sich im Johannesevangelium nicht, und auch sonst lassen sich keine Indizien dafür benennen, dass unser Logion etwas voraussetzt, das speziell im Johannesevangelium erarbeitet wurde. Man wird eher annehmen, dass EvThom 37 aus dem gleichen Traditionsbereich stammt, in dem auch die „Jesus-Ästhetik" des Johannesevangeliums entstanden ist, doch das dort erarbeitete sprachliche und denkerische Arsenal wird in eine ganz andere Richtung entwickelt, als es in den johanneischen Schriften geschieht.[41]

e) Fazit zu EvThom 37
Obwohl der Kernbestand unseres Logions (EvThom 37,2-3) manche Stichworte mit den johanneischen Schriften gemeinsam hat, lässt sich keine Rezeption der johanneischen Schriften feststellen, denn typische Merkmale johanneischer Parallelen sind nicht zu finden. Man kann höchstens sagen, dass sowohl EvThom 37,3 als auch die johanneischen Schriften aus dem gleichen Feld von Traditionen schöpfen, in dem das ideale Verhältnis zu Gott bzw. zu Jesus (die beide als „lebendig" bezeichnet werden konnten) als ein Schauen verstanden wurde. Aus diesem Feld entwickelten sich zwei unterschiedliche Ausformungen dieses Gedankens: In den johanneischen

---

41 In diesem Zusammenhang sei angemerkt, dass das Johannesevangelium keine unmittelbare Gottesschau propagiert (Joh 1,18; auch 1 Joh 4,12), sondern großes Gewicht auf die christologische Vermittlung legt (v. a. Joh 14,7-9); vgl. etwa THEOBALD: *Fleischwerdung des Logos*, 288-289.370-371.

II. Einzeluntersuchungen, 16. Logion 37

Schriften wird die unvermittelte Gottesschau kategorisch ausgeschlossen (Joh 1,18; 1 Joh 4,12), doch sie wird durch christologische Vermittlung eröffnet (v. a. Joh 14,7–9), so dass man auf diesem Wege hoffen kann, Gott zu „schauen, wie er ist" (1 Joh 3,2). Nach EvThom 37,2–3 kann man dagegen den „Sohn des Lebendigen" schauen, wenn man seine konventionelle Existenz radikal umkehrt, den Sündenfall von Gen 3 gewissermaßen rückgängig macht und – nackt und ohne sich zu schämen – wie im Paradies lebt. Das Heil wird demnach im Bereich der menschlichen Möglichkeiten gedacht. Für unsere Fragestellung ist festzuhalten, dass EvThom 37,3 eine thematische Parallele zu Joh 14,19; 16,16–22; 1 Joh 3,2 darstellt, die sich durch das Schöpfen aus gemeinsamer Tradition erklärt.

Für die Jüngerfrage EvThom 37,1 stellt sich der Befund anders dar. Diese Frage – sehr ähnlich formuliert wie die Jüngerfrage in UBE 107,4–9 – ist dem Logion vermutlich erst in einem späteren Stadium seiner Entwicklung und Überlieferung zugewachsen und scheint überdies von den Abschiedsreden des Johannesevangeliums, namentlich Joh 16,16–22, inspiriert zu sein. Insofern ist anzunehmen, dass hier das Johannesevangelium im Modus der Anspielung rezipiert wird. In seiner vollständigen, dialogischen Endfassung ist EvThom 37 aufgrund der Jüngerfrage also in die Klasse derjenigen Logien einzuordnen, die zwar nicht im Wortlaut, aber thematisch auf das Johannesevangelium Bezug nehmen.

B. Durchführung

17. Logion 38

(1) ⲡⲉϫⲉ ⲓ̅ⲥ̅ ϫⲉ ϩⲁϩ ⲛ̅ⲥⲟⲡ` ⲁⲧⲉⲧⲛ̅ⲣ̅ⲉⲡⲓⲑⲩⲙⲉⲓ ⲉⲥⲱⲧⲙ̅ ⲁⲛⲉⲉⲓϣⲁϫⲉ ⲛⲁⲉⲓ` ⲉϯϫⲱ ⲙ̅ⲙⲟⲟⲩ ⲛⲏⲧⲛ̅ ⲁⲩⲱ ⲙⲛ̅ⲧⲏⲧⲛ̅ ⲕⲉⲟⲩⲁ ⲉⲥⲟⲧⲙⲟⲩ ⲛ̅ⲧⲟⲟⲧϥ̅	(1) Jesus sagte: Viele Male habt ihr begehrt, diese Worte zu hören, die ich zu euch sage, und ihr habt nicht einen anderen, um sie von ihm zu hören.
(2) ⲟⲩⲛ̅ ϩⲛ̅ϩⲟⲟⲩ ⲛⲁϣⲱⲡⲉ ⲛ̅ⲧⲉⲧⲛ̅ϣⲓⲛⲉ ⲛ̅ⲥⲱⲉⲓ ⲧⲉⲧⲛⲁϩⲉ ⲁⲛ` ⲉⲣⲟⲉⲓ`	(2) Es wird Tage geben, an denen ihr nach mir suchen werdet und mich nicht finden werdet.

a) Textkritik

EvThom 38 ist zwar prinzipiell in P.Oxy. 655, ii 2–11 erhalten, doch der griechische Text ist in diesem Bereich so schwer beschädigt, dass das Fragment für dieses Logion keine eigenständige Bedeutung hat: Es sind nur jeweils die ersten ein bis zwei Buchstaben einer Zeile erhalten. Entsprechend wagte es vor der Entdeckung der Nag-Hammadi-Texte kaum jemand, aus diesem Fragment einen zusammenhängenden Text zu rekonstruieren.[1] Man kann diese Textreste zwar „exempli gratia"[2] anhand der koptischen Version auffüllen und erhält damit einen sinnvollen griechischen Text,[3] doch dabei handelt es sich eben nur um eine Rückübersetzung des Koptischen in Anlehnung an die Parallele in Joh 7,34, nicht um einen Textzeugen eigenen Rechts, der neben oder gar über dem Koptischen stehen könnte.

b) Zur Komposition des Logions

In EvThom 38 ist ein zusammenhängender Gedankengang festzustellen, wobei das Logion zwei Etappen eines Geschehens betrachtet: Im ersten Satz (38,1) beschreibt Jesus die gegenwärtige Situation der Angesprochenen, die an sich gar nicht problematisch ist: Sie haben (in der Vergangenheit) begehrt, das zu hören, was Jesus ihnen (in der Gegenwart) sagt. Ihr Wunsch wird also erfüllt. Dass sie keinen anderen haben, der diese Aufgabe wahrnimmt, ist *in dieser Situation* kein Grund zur Sorge. Das Problem wird jedoch im zweiten Satz (38,2) benannt: Es wird nicht so bleiben; Jesus

---

[1] Mir ist aus dieser Zeit nur die Rekonstruktion von MICHELSEN: „Niew-ontdeckte Fragmenten", 163.164 bekannt, die auf eine Parallele zu Mt 11,11–12 hinausläuft. Es gilt das Urteil von P. NAGEL: *Codex apocryphus gnosticus* 1, 127 Anm. 62: „POxy ist hier ganz trümmerhaft, die Rekonstruktionen daher überaus unsicher."
[2] ATTRIDGE: „Greek Fragments", 123.
[3] Vgl. FITZMYER: „Oxyrhynchus *Logoi*", 549 (= *Essays*, 412); HOFIUS: „Das koptische Thomasevangelium", 191; ATTRIDGE: „Greek Fragments", 123; LÜHRMANN: *Fragmente apokryph gewordener Evangelien*, 127.

wird (in der Zukunft) den Angesprochenen entzogen sein, und sie werden ihn erfolglos suchen. Die beiden Hälften des Logions haben nun in der frühchristlichen Literatur bzw. Spruchüberlieferung unterschiedliche Parallelen, die im Folgenden zu besprechen sind. Dieser Befund spricht dafür, dass dieses Logion eigentlich aus zwei ursprünglich selbständigen Logien besteht, die erst im Laufe der Überlieferung – vielleicht sogar erst bei der Komposition des Thomasevangeliums – zu einem Logion zusammengefügt wurden.[4] Im Modell von Reinhard Nordsieck ist nun EvThom 38,1 das „Grundwort" des Logions, das zugleich eine größere Redekomposition (EvThom 38–48) eröffnet, EvThom 38,2 ist dann ein „Zusatzwort", das dem Grundwort zugewachsen ist.[5] Ob dem so ist, wird die Untersuchung der einzelnen Bestandteile zeigen.

Eine entferntere Parallele zu unserem Logion (als Ganzem) hat als Interpolation[6] Eingang in einige Handschriften der *Testimonia ad Quirinum* (3,29) des Cyprian von Karthago gefunden – als angebliches Zitat aus einem „Baruch":[7]

EvThom 38	Cyprian, Ad Quir. 3,29[8]
[1] Jesus sagte:	So auch bei Baruch:
Viele Male habt ihr begehrt, diese Worte zu hören, die ich zu euch sage, und ihr habt nicht einen anderen, um sie von ihm zu hören.	
[2] Es wird Tage geben,	Es wird nämlich eine Zeit kommen,
an denen ihr nach mir suchen werdet	und ihr werdet mich suchen, ihr und die nach euch kommen,
	um zu hören ein Wort der Weisheit und des Verstandes,
und mich nicht finden werdet.	und ihr werdet (mich) nicht finden.

---

4 Vgl. THEOBALD: *Herrenworte im Johannesevangelium*, 445; NORDSIECK: *Thomas-Evangelium*, 162; ähnlich PLISCH: *Thomasevangelium*, 116.
5 Vgl. NORDSIECK: „Zur Kompositionsgeschichte", 183.
6 Ausweislich ihrer handschriftlichen Bezeugung ist diese Interpolation dem Werk Cyprians spätestens im 5. Jahrhundert zugewachsen; vgl. BOGAERT: *Apocalyse de Baruch*, 263–264.
7 Nach BOGAERT: *Apocalyse de Baruch*, 259 weist der Name „Baruch" darauf hin, dass der zitierte Text als apokryph eingeschätzt wurde.
8 Cyprian, Ad Quir. 3,29: *Item Baruch: Veniet tempus, et quaeritis me et vos et qui post vos venerint, audire verbum sapientiae et intellectus, et non invenietis.*

B. Durchführung

Auch in diesem interpolierten „Baruch-Zitat" ist ein Wort vom Suchen und Nicht-Finden verknüpft mit dem Motiv des Verlangens nach einem Wort bzw. Worten (Jesu?).[9] Dennoch lässt die Verschachtelung der beiden Motive an einen komplizierteren Überlieferungsweg denken, und so sollte man diese Interpolation nicht als direkte Rezeption des Thomasevangeliums auffassen.[10] Die eingeschobene Infinitivkonstruktion (*audire verbum sapientiae et intellectus*) kann auch dadurch bedingt sein, dass im weiteren Verlauf der Interpolation vom Rückzug der Weisheit und der Weisen die Rede ist – dieses Motiv ist nicht direkt aus der alttestamentlichen Parallele Spr 1,28 entnommen. In jedem Falle kommt dieses „Zitat" schon aus chronologischen Gründen kaum als unabhängige, einschlägige Parallele zur Gesamtkomposition von EvThom 38 in Frage, sondern ist höchstens der (indirekten) Rezeption unseres Logions zuzuschreiben.

c) Abwesenheit Jesu

In seiner Endfassung handelt EvThom 38 also von der Abwesenheit Jesu, der eine frühere Phase seiner Präsenz vorausgeht. Jesus selbst kündigt seine Abwesenheit an. Wenn man davon ausgeht, dass EvThom 38 aus der Sicht einer späteren Zeit eine Art *vaticinium ex eventu* formuliert, setzt dieses Logion den Tod Jesu als Grund seiner gegenwärtigen Abwesenheit voraus.[11] Ähnlich wie EvThom 24; 37 weist dieses Logion damit eine gewisse formale Ähnlichkeit mit den Abschiedsreden des Johannesevangeliums auf. Auch diese thematisieren ja die – innerhalb der erzählten Welt noch zukünftige – Abwesenheit Jesu. Davon abgesehen, fällt aber eher die Unähnlichkeit zwischen unserem Logion und den johanneischen Abschiedsreden auf. Letztere versuchen ja, das grundlegende Problem der körperlichen Abwesenheit Jesu zu bewältigen, indem sie auf eine andere Art der Präsenz verweisen, die durch den Parakleten vermittelt wird (vgl. v. a. Joh 14,15–21; 16,12–15).[12] Dieser setzt das Wirken Jesu als Träger der Offenbarung fort, ohne freilich an die Beschränkungen von Zeit und Raum

---

9 Unmittelbar vor der Interpolation zitiert Cyprian Joh 15,18–20, wo Jesus selbst spricht (*Si me persecuti sunt, et vos persequentur*). Wenn der Interpolator sein „Baruch-Zitat" just an dieser Stelle einfügte, könnte er es als ein Wort Jesu (ähnlich wie Joh 7,34) verstanden haben, doch der alttestamentliche Name „Baruch" stört diese Fiktion empfindlich.
10 Vgl. auch BOGAERT: *Apocalyse de Baruch*, 265 Anm. 1. Nach PESCE: *Parole dimenticate di Gesù*, 569 handelt es sich um eine „risonanza possibile" von EvThom 38.
11 Vgl. VOORGANG: *Passion Jesu und Christi*, 145; VOUGA: „Mort et résurrection", 1015.1017. Ob das ein nachösterliches Szenario voraussetzt (so GÄRTNER: *Theology of the Gospel of Thomas*, 115), sei jedoch dahingestellt.
12 Vgl. dazu insgesamt SCHNACKENBURG: *Johannesevangelium* III, 156–173, v. a. 169–171; SCHNELLE: „Abschiedsreden", 589–590.

gebunden zu sein.[13] Das Offenbarungsgeschehen, also die Erschließung Gottes (Joh 1,18) und die entsprechende Inspiration der Gemeinde, wird damit in die Zukunft hinein verlängert. Nach der Vorstellung der johanneischen Abschiedsreden ist die physische Abwesenheit Jesu also nicht einfach eine Situation des Mangels, sondern die Abschiedsreden zeigen, wie dieser Mangel zu beheben ist.

In EvThom 38 findet man nichts dergleichen. Das Logion schließt mit einer negativen Aussage, wonach Jesus nicht (mehr) zu finden ist, doch es wird kein Weg aufgezeigt, um mit dieser Situation umzugehen – vom „lebendigen Jesus" des Prologs, der seine Worte als Weg zum Leben anbietet, ist hier nichts zu sehen.[14] Allerdings kann man ja von einem kurzen Logion kein umfassendes Zukunftsprogramm erwarten, das mit dem der johanneischen Abschiedsreden vergleichbar wäre: Für einen Vergleich sind die unterschiedlichen Gattungen in Rechnung zu stellen, und so ist der Umstand, dass EvThom 38 keinen positiven Ausblick bietet, nicht von vornherein als Mangel zu bewerten. Vielmehr erschließt sich so das eigene Profil unseres Logions – es will kein Trostspruch sein, sondern mindestens eine Warnung. Daher stellen die johanneischen Abschiedsreden, die sich ja an den engsten Jüngerkreis richten, nicht die nächste Parallele zu unserem Logion dar. Diese wird man eher in den Streitgesprächen der ersten Hälfte des Johannesevangeliums suchen.

d) Jesu Worte hören
Die erste Hälfte von EvThom 38 handelt vom Hören der Worte Jesu als etwas Erstrebenswertem: Jesus konstatiert, dass es den Angesprochenen ein wichtiges Anliegen ist, gerade ihn zu hören. Dies könnte auf den ersten Blick dazu verleiten, hier so etwas wie eine „johanneische Färbung" oder einen „johanneischen Klang" festzustellen. Einschlägige Parallelen sind jedoch schwer zu benennen. Man könnte allenfalls auf Joh 5,24; 8,43 verweisen.

Bei Joh 5,24 („Wer mein Wort hört und dem, der mich gesandt hat, glaubt, hat ewiges Leben ...") wendet sich der Gedankengang aber im Anschluss weg vom Kommunikationsgeschehen hin zu einer Stimme, welche die Toten aus den Gräbern holt – wohl in Anlehnung an apokalyptische Szenarien wie 1 Thess 4,16–17; 1 Kor 15,51–52. Wenn man Joh 5,24 isoliert mit EvThom 38,1 vergleicht, erscheint der johanneische Spruch insofern abgerundeter, als er auch die Folge des Hörens benennt. In EvThom 38 wird hingegen nur der aktuelle Zustand festgestellt.

---

13 Vgl. Ashton: *Understanding the Fourth Gospel*, 344–345 im Blick auf Joh 7,39.
14 Vgl. Hedrick: *Unlocking the Secrets*, 82.

B. Durchführung

Nahe bei unserem Logion liegt auch die Klage Jesu in Joh 8,43 („Warum versteht ihr meine Rede nicht? Weil ihr mein Wort nicht hören könnt."). Hier wird im Kontext eines Streitgespräches auf die Folgen des Nicht-Hörens und damit auf den Wert des richtigen Hörens hingewiesen. Das Moment des Begehrens fehlt hier aber. Die „Juden", die der johanneische Jesus sogleich als Kinder des Teufels beschimpfen wird (Joh 8,44), begehren von ihm gar nichts zu hören, sie missverstehen ihn, und es findet keine echte Kommunikation statt. Auch diese Stelle eignet sich also nicht für einen Vergleich mit EvThom 38,1.

Eine sehr aussagekräftige Parallele findet man hingegen im 2. Jahrhundert bei den Markosiern, einer Gruppe, die dem „östlichen" Valentinianismus zuzurechnen ist: Irenäus bietet in Haer 1,20,2 eine Reihe von Evangelienzitaten, welche die Markosier durch sehr eigenwillige Auslegung als Belege für ihre Anschauungen heranziehen. Ohne nähere Angabe der Quelle führt er auch ein Wort Jesu an, das sehr nahe bei EvThom 38,1 liegt.[15] Auch Epiphanios (Pan. 34,18,13) zitiert dieses Wort im gleichen Zusammenhang:

EvThom 38,1	Irenäus, Haer. 1,20,2[16]	Epiphanios, Pan. 34,18,13[17]
Jesus sagte:	... aber auch in dem, was er (sc. Jesus) gesagt habe:	Aber auch darin, dass er (sc. Jesus) gesagt habe:
Viele Male habt ihr begehrt,	Viele Male haben sie begehrt,	Viele Male habe ich begehrt,
diese Worte zu hören,	zu hören eines dieser Worte,	zu hören eines dieser Worte,
die ich zu euch sage,		
und ihr habt nicht einen anderen,	und nicht hatten sie (jemanden),	und nicht hatte ich (jemanden),
um sie von ihm zu hören.	der (sie) sagte.	der (sie) sagte.

---

15 Vgl. dazu auch THEOBALD: *Herrenworte im Johannesevangelium*, 445; NORD-SIECK: *Thomas-Evangelium*, 164–165; PLISCH: *Thomasevangelium*, 116–117.
16 Irenäus, Haer. 1,20,2: Ἀλλὰ καὶ ἐν τῷ εἰρηκέναι· Πολλάκις ἐπεθύμησαν ἀκοῦσαι ἕνα τῶν λόγων τούτων, καὶ οὐκ ἔσχον τὸν ἐροῦντα.
17 Epiphanios, Pan. 34,18,13: Ἀλλὰ καὶ ἐν τῷ εἰρηκέναι· Πολλάκις ἐπεθύμησα ἀκοῦσαι ἕνα τῶν λόγων τούτων, καὶ οὐκ ἔσχον τὸν ἐροῦντα.

Im Vergleich fällt auf, dass die verschiedenen Varianten dieses Wortes in unterschiedlichen kommunikativen Zusammenhängen stehen: In EvThom 38 spricht Jesus seine Gesprächspartner direkt in der 2. Person Plural an (ⲁⲧⲉⲧⲛ̅ⲣ̅ⲉⲡⲓⲑⲩⲙⲉⲓ), während er im Markosier-Zitat bei Irenäus über Dritte spricht (ἐπεθύμησαν);[18] in der Variante bei Epiphanios spricht er hingegen von sich selbst (ἐπεθύμησα).[19] Von größerer Bedeutung für unsere Fragestellung ist aber, dass das Markosier-Zitat aus einem größeren Kontext herausgerissen ist: Die Worte werden dort nämlich durch ein Demonstrativpronomen näher bestimmt (ἕνα τῶν λόγων τούτων), doch dieses Demonstrativpronomen hat kein Bezugswort. Was mit „diesen" Worten gemeint war, muss im ursprünglichen Kontext des Zitats klar gewesen sein – möglicherweise verengte sogar erst die Rezeption durch die Markosier das Logion auf „eines dieser Worte".[20] In EvThom 38,1 hat das Demonstrativpronomen ⲛⲁⲉⲓ seinen Bezugspunkt im folgenden Relativsatz „die ich zu euch sage" (ⲉϯϫⲱ ⲙ̅ⲙⲟⲟⲩ ⲛⲏⲧⲛ̅). Vermutlich ist letzterer ein Zusatz, mit dem das Logion zu einer eigenständigen Einheit gemacht und stärker auf Jesus fokussiert wurde.[21] Demnach wären sowohl EvThom 38,1 als auch das Markosier-Zitat Auszüge aus einem längeren Text,[22] den die Markosier – und

---

18 Nach PESCE: *Parole dimenticate di Gesù*, 703 soll dieses Wort ursprünglich in der 1. Person Singular formuliert gewesen sein, weil es als Wort Jesu aufgefasst wurde; entsprechend übersetzt Pesce (ebd., 305) die 3. Person Plural bei Irenäus kurzerhand als 1. Person Singular.

19 Dies ist kaum damit zu erklären, dass das Schluss-Ny der 3. Person Plural in der Textüberlieferung ausgefallen sei. Vielleicht erschließt sich dieses Problem durch die Form ἔσχον, welche die Quelle des Irenäus als 3. Person Plural („sie hatten") auffasste, die Quelle des Epiphanios hingegen als 1. Person Singular („ich hatte"). Letztere hätte dann das Prädikat des ersten Satzteils entsprechend angepasst. Es bleibt aber befremdlich, dass Jesus hier als erfolgloser Hörer dargestellt wird. Einen Lösungsansatz bietet PESCE: *Parole dimenticate di Gesù*, 703: „Mi sembra che si tratti del maestro in attesa che si manifesti un discepolo capace di esprimersi secondo la dottrina e le aspirazioni che egli ha cercato di trasmettergli."

20 Sowohl Irenäus als auch Epiphanios führen aus, dass die Auslegung der Markosier sich auf das Zahlwort konzentriert habe, das sie auf den *einen* unbekannten Gott bezogen.

21 Vgl. auch PLISCH: *Thomasevangelium*, 116–117. Auch eine weitere Eigenheit von EvThom 38 ist demnach ein redaktioneller Eingriff: Anders als die Parallelen bei Irenäus und Epiphanios, schließt EvThom 38 nicht kategorisch aus, dass man „diese Worte" überhaupt von irgendjemandem hören könne, sondern nach diesem Logion gibt es niemand *anderen* (als Jesus), von dem man sie hören kann. Damit sagt EvThom 38 etwas völlig anderes aus als das Markosier-Zitat: Nach letzterem gibt es gar keine Möglichkeit, „diese Worte" zu hören, nach EvThom 38 gibt es diese Möglichkeit durchaus, nämlich bei Jesus.

22 Vgl. MÉNARD: *L'Évangile selon Thomas*, 7–8.31, der zudem auf ActJoh 98 und den manichäischen Herakleides-Psalm 4 Her 1,10 (Mani-Ps. II 187,28–29) verweist;

B. Durchführung

vielleicht auch Irenäus[23] – als Evangelium auffassten. EvThom 38 schöpft also aus älterer Überlieferung, aber diese scheint nicht mit dem Johannesevangelium in Verbindung zu stehen.

e) Suchen und nicht finden
Etwas anders stellt sich die Lage für EvThom 38,2 dar. Dieses Teil-Logion ähnelt sehr stark einem Logion, das sich im Johannesevangelium an drei Stellen findet:[24]

EvThom 38,2	Joh 7,33–34	Joh 8,21	Joh 13,33
	[33] Jesus sagte nun:	Er sagte wiederum zu ihnen:	
	Noch kurze Zeit bin ich bei euch, und ich gehe zu dem, der mich gesandt hat.	Ich gehe,	Kinder, noch kurz bin ich bei euch.
Es wird Tage geben,			
an denen ihr nach mir suchen werdet (ⲛ̄ⲧⲉⲧⲛ̄ϣⲓⲛⲉ ⲛ̄ⲥⲱⲉⲓ)	[34] Ihr werdet mich suchen (ζητήσετέ με / ⲧⲉⲧⲛⲁϣⲓⲛⲉ ⲛ̄ⲥⲱⲉⲓ)	und ihr werdet mich suchen (καὶ ζητήσετέ με / ⲁⲩⲱ ⲧⲉⲧⲛⲁϣⲓⲛⲉ ⲛ̄ⲥⲱⲉⲓ),	Ihr werdet mich suchen (ζητήσετέ με / ⲧⲉⲧⲛⲁϣⲓⲛⲉ ⲛ̄ⲥⲱⲉⲓ),

---

vgl. auch S. G. Richter: „Untersuchungen zu Form und Inhalt", 258 mit Anm. 44; Ders.: *Herakleidespsalmen*, 52 mit Anm. 77. In den beiden letztgenannten Passagen ist aber der Gedankengang genau umgekehrt: Sie handeln nicht davon, dass Menschen Jesus *hören* wollen, sondern davon, dass Jesus etwas *sagen* will. ActJoh 98: Ἰωάννης, ἕνα δεῖ παρ' ἐμοῦ ταῦτα ἀκοῦσαι· ἑνὸς γὰρ χρῄζω τοῦ μέλλοντος ἀκούειν („Johannes, es ist nötig, dass einer dieses von mir hört. Einen brauche ich, der hören wird.") 4 Her 1,10: ⲟⲩⲛ̄ⲧⲏⲓ̈ ⲡⲉⲧⲛⲁϫⲟⲟϥ· ⲙⲛ̄ⲧⲏⲓ̈ ⲡⲉⲧⲛⲁϫⲟⲟϥ ⲁⲣⲁϥ („Ich habe etwas, das ich sagen werde, ich habe niemanden, dem ich es sagen werde."). Vielleicht ist es angemessener, die beiden letztgenannten Belege auf ein von EvThom 38 unterschiedenes Logion zurückzuführen; s. u. zu EvThom 92 (B.II.34).
23 Obwohl Irenäus sonst den Vier-Evangelien-Kanon verficht (v. a. Haer. 3,11,7–9), bietet er diesen Spruch unter denen, welche die Markosier „aus dem Evangelium" entnommen haben. Dies ist umso auffälliger, als er unmittelbar davor (Haer. 1,20,1) Logien wiedergibt, welche die Markosier selbst hergestellt haben sollen. Er hätte diesen Spruch dort zitieren können, wenn er ihn für eine Fabrikation der Markosier gehalten hätte.
24 Vgl. dazu auch Patterson: *The Gospel of Thomas and Jesus*, 87: „Thom 38:2 would be very much at home in John (cf. 7:33–34; 8:21; 13:33; 16:19)."

II. Einzeluntersuchungen, 17. Logion 38

EvThom 38,2	Joh 7,33–34	Joh 8,21	Joh 13,33
und mich nicht finden werdet (ⲧⲉⲧⲛⲁϩⲉ ⲁⲛ ⲉⲣⲟⲉⲓ).	und [mich] nicht finden (καὶ οὐχ εὑρήσετέ [με] / ⲛ̄ⲧⲉⲧⲛ̄ⲧⲙ̄ϩⲉ ⲉⲣⲟⲉⲓ),		
		und in eurer Sünde werdet ihr sterben.	
			und wie ich zu den Juden gesagt habe:
	und wo ich bin (καὶ ὅπου εἰμὶ ἐγὼ / ⲁⲩⲱ ⲡⲙⲁ ⲁⲛⲟⲕ ⲉϯ ⲙ̄ⲙⲟϥ),	Wo ich hingehe (ὅπου ἐγὼ ὑπάγω / ⲡⲙⲁ ⲁⲛⲟⲕ ⲉϯⲛⲁⲃⲱⲕ ⲉⲣⲟϥ),	Wo ich hingehe (ὅπου ἐγὼ ὑπάγω / ⲡⲙⲁ ⲁⲛⲟⲕ ⲉϯⲛⲁⲃⲱⲕ ⲉⲣⲟϥ),
	(dorthin) könnt ihr nicht kommen (ὑμεῖς οὐ δύνασθε ἐλθεῖν / ⲛ̄ⲧⲱⲧⲛ̄ ⲛ̄ⲧⲉⲧⲛⲁϣⲉⲓ ⲁⲛ ⲉⲣⲟϥ).	(dorthin) könnt ihr nicht kommen (ὑμεῖς οὐ δύνασθε ἐλθεῖν / ⲛ̄ⲧⲱⲧⲛ̄ ⲙⲛ̄ ϭⲟⲙ ⲙ̄ⲙⲱⲧⲛ̄ ⲉⲉⲓ ⲉⲙⲁⲩ[25]).	(dorthin) könnt ihr nicht kommen (ὑμεῖς οὐ δύνασθε ἐλθεῖν / ⲛ̄ⲧⲱⲧⲛ̄ ⲛ̄ⲧⲉⲧⲛⲁϣⲉⲓ ⲁⲛ ⲉⲣⲟϥ).

Diese Zusammenstellung zeigt an den vergleichbaren Stellen eine weitgehende Übereinstimmung im griechischen Wortlaut zwischen den drei Belegstellen im Johannesevangelium, auf der Ebene der koptischen Übersetzungen[26] auch zwischen den johanneischen Belegstellen und dem Thomasevangelium. Besonders auffällig sind die Entsprechungen zwischen EvThom 38,2 und dem zweigliedrigen Spruch Joh 7,34a – die beiden anderen Belegstellen (Joh 8,21; 13,33) bieten dem gegenüber kürzere, eingliedrige Varianten. Angesichts dieser weitgehenden Übereinstimmungen

---

25 Diese Lesart steht bei *Horner* und wird auch durch die Handschrift sa 1 (*Quecke*) unterstützt. Die von *Quecke* für den Apparat herangezogenen Handschriften haben an dieser Stelle die gleiche Formulierung wie in Joh 7,34; 13,33: ⲛ̄ⲧⲱⲧⲛ̄ ⲛ̄ⲧⲉⲧⲛⲁϣⲉⲓ ⲁⲛ ⲉⲙⲁⲩ (sa 4, sa 5 [*Schüssler*]) bzw. ⲛ̄ⲧⲱⲧⲛ̄ ⲛ̄ⲧⲉⲧⲛⲁⲉϣⲉⲓ ⲁⲛ ⲉⲙⲁⲩ (sa 9) (vgl. auch den Apparat bei *Horner* z. St.). Dieser Befund lässt vermuten, dass es hier im Zuge der Textüberlieferung eine Angleichung gegeben hat. Die oben gebotene Lesart von sa 1 darf indes als ursprünglich gelten; vgl. dazu auch die Einleitung bei *Schüssler* S. 77.
26 Der Konjunktiv im ersten Teilsatz von EvThom 38,2 (ⲛ̄ⲧⲉⲧⲛ̄ϣⲓⲛⲉ) ist durch den vorhergehenden Existenzsatz bedingt, der in Joh 7,33–34 keine Parallele hat.

B. Durchführung

erscheint die Vermutung gerechtfertigt, dass auch der (größtenteils verlorene) griechische Wortlaut von EvThom 38,2 mit Joh 7,34a übereinstimmte.[27] Diese Entsprechungen sind sogar nach Titus Nagel „so frappierend, daß ein literarischer Zusammenhang, auf welcher Überlieferungsstufe auch immer, ernsthaft in Erwägung zu ziehen ist".[28] Die entscheidende Frage ist nun, wie dieses Verhältnis genauer zu bestimmen ist.

Wenn man annimmt, dass das Wort vom Suchen und Nicht-Finden in Joh 7,34 (sowie 8,21; 13,33) eine charakteristisch johanneische Formulierung ist,[29] müsste man es eigentlich in seiner vorliegenden Gestalt der redaktionellen Arbeit des Evangelisten zuschreiben. Daraus würde aber folgen, dass EvThom 38,2 das Johannesevangelium (näherhin Joh 7,34) rezipiert.[30] Das wäre für unsere Fragestellung ein höchst bedeutsamer Befund, doch er hängt an der Voraussetzung, dass Joh 7,34 tatsächlich vom Verfasser des Johannesevangeliums geschaffen ist. Wenn diese Voraussetzung nicht gegeben ist, ist auch die literarkritische Folgerung hinfällig.[31]

Ein näherer Blick auf Joh 7,34; 8,21; 13,33 lässt die These, es handle sich um eine redaktionelle Prägung, in der Tat fragwürdig erscheinen: Das Wort vom Suchen und Nicht-Finden steht zweimal im Kontext von Streitgesprächen mit den „Juden" (Joh 7,34; 8,21), einmal, am Anfang der Abschiedsreden, ist es an die Jünger gerichtet (Joh 13,33). Die beiden ersten Belege ähneln sich in ihren jeweiligen Kontexten: In beiden Fällen ist zuvor die Rede von einem (erfolglosen) Versuch, Jesus festzunehmen (Joh 7,30–32; 8,20). Daran schließt sich jeweils recht abrupt[32] das Wort Jesu vom Suchen und Nicht-Finden an. Im Anschluss missverstehen die „Juden" jeweils das Wort Jesu, näherhin die Bedeutung des Verbs ὑπάγω[33]

---

27 Der erhaltene griechische Buchstabenbestand in P.Oxy. 655, ii 8–11 steht dem jedenfalls nicht entgegen.
28 T. NAGEL: Rezeption des Johannesevangeliums, 48 Anm. 167.
29 Vgl. SCHNACKENBURG: Johannesevangelium II, 207–208; DERS.: „Tradition und Interpretation", 157 (= Johannesevangelium IV, 89); ebenso ATTRIDGE: „,Seeking' and ,Asking'", 298.300.
30 Diese Schlussfolgerung zieht Attridge nicht, sondern er identifiziert Joh 7,34 und EvThom 38,2 als Weiterentwicklungen von Q 11,9–10, ohne ihr Verhältnis untereinander näher zu bestimmen; vgl. ATTRIDGE: „,Seeking' and ,Asking'", 301.
31 Vgl. THEOBALD: Herrenworte im Johannesevangelium, 446.
32 Joh 7,33: εἶπεν οὖν ὁ Ἰησοῦς· ...; Joh 8,21: Εἶπεν οὖν πάλιν αὐτοῖς· ... Dies unterstützt die Einschätzung von THEOBALD: Herrenworte im Johannesevangelium, 49, dass Worte wie Joh 7,33–34 (ebenso Joh 7,28–29.37–38) sich „wie Inseln" vom umgebenden Textzusammenhang abheben.
33 Die Mehrdeutigkeit dieses Verbs macht das Logion zum Rätselwort; vgl. dazu LEROY: Rätsel und Missverständnis, v. a. 60–61; THATCHER: „Riddles, Repetitions", 365–366.

II. Einzeluntersuchungen, 17. Logion 38

(Joh 7,35: Weggang in die Diaspora, Joh 8,22: Selbstmord), wenngleich das Missverständnis auf einer tieferen Ebene etwas Richtiges anspricht[34] und so als „produktives Missverständnis" gelten kann:[35] Dass Jesus nach seinem Weggang zu den „Griechen" geht und diese lehrt (Joh 7,35), ist im Blick auf Joh 12,20–33 und auch auf die nachösterliche Geschichte nicht ganz falsch.[36] Auch die Vermutung, er wolle sich selbst töten (Joh 8,22), könnte von seinem souveränen Eintreten in die Passion (Joh 18–19) teilweise eingeholt sein (vgl. auch Joh 10,17–18).[37] Für unsere Fragestellung ist wichtig, dass das Wort Jesu vom Suchen und Nicht-Finden in beiden Fällen als distinkte Einheit aufgegriffen, zitiert und hin- und hergewendet wird. Um eine moderne Analogie zu bemühen: Der Evangelist scheint die-

---

34 Das Paradebeispiel dafür ist die unfreiwillig richtige Prophetie des Kaiaphas in Joh 11,49–52.
35 Vgl. dazu auch THEOBALD: *Herrenworte im Johannesevangelium*, 450.452. Andere Autoren bewerten diese Missverständnisse durchweg negativ: Nach LEROY: *Rätsel und Missverständnis*, 46.60–62 sollen die „Juden" hier als die Dummen hingestellt werden, die mit der johanneischen „Sondersprache" nichts anzufangen wissen; so solle ein Kontrast zum überlegenen Wissen Jesu – und der johanneischen Christen – aufgebaut werden; ebenso H.J. DE JONGE: „The ‚Jews' in the Gospel of John", 248–249 – kritisch dazu DUNDERBERG: „Secrecy", 239. Auch für HASITSCHKA: *Befreiung von Sünde*, 196–197 stellt das Missverständnis vor allem dar, wie Jesus und die „Juden" aneinander vorbeireden. Bei FREY, *Johanneische Eschatologie II*, 263 sind diese Missverständnisse – gegen die ja auch Jünger nicht gefeit sind – in den weiteren Kontext der „Horizontverschmelzung" gestellt (dazu ebd., 247–283): Sie beschränken sich auf die erzählte Welt; für die Leser des Evangeliums sind sie schon erschlossen, so dass diese das Geschehen und die Worte Jesu besser verstehen können als die Erzählfiguren (seien es Gegner oder Jünger).
36 Vgl. BULTMANN: *Evangelium des Johannes*, 233; BARRETT: *Gospel According to St John*, 269; BROWN: *John i–xii*, 318; SCHNACKENBURG: *Johannesevangelium II*, 209; MOLONEY: *Gospel of John*, 251; THEOBALD: *Herrenworte im Johannesevangelium*, 450; WENGST: *Johannesevangelium 1*, 301; LINCOLN: *Gospel According to St John*, 252; THEOBALD: *Evangelium nach Johannes 1–12*, 532.
37 Vgl. dazu auch BULTMANN: *Evangelium des Johannes*, 264; BARRETT: *Gospel According to St John*, 282; BROWN: *John i–xii*, 349; ASHTON: „Riddles and Mysteries", 336; THYEN: *Johannesevangelium*, 426; THEOBALD: *Evangelium nach Johannes 1–12*, 578–579. Für COLLINS: „Speaking of the Jews", 291 liegt die Ironie darin, dass die „Juden" später in der Passionserzählung eine maßgebliche Rolle spielen werden. Anders LEROY: *Rätsel und Missverständnis*, 61 mit Anm. 14; SCHNACKENBURG: *Johannesevangelium II*, 251: Insofern Selbstmord im Frühjudentum als schwere Sünde galt, sei die Frage sarkastisch, denn auf diesem Weg können und wollen die „Juden" Jesus in der Tat nicht folgen. Auch andere Kommentatoren sehen dieses Missverständnis in Beziehung zum anschließenden Vers: Es soll illustrieren, dass Jesus und die „Juden" von radikal unterschiedlicher Herkunft sind; vgl. LINCOLN: *Gospel According to St John*, 268.

B. Durchführung

ses Wort als eine Art Textbaustein verwendet zu haben, den er in verschiedenen Kontexten einsetzte.

Dafür spricht auch eine Detailbeobachtung zu Joh 8,21: Dort steht in der Redeeinleitung das Adverb πάλιν. Man mag zunächst geneigt sein, diesem die gebräuchliche Wortbedeutung „wiederum" beizulegen,[38] doch im unmittelbaren Kontext passt diese nur insofern, als Jesus nach der summarischen Schlussnotiz Joh 8,20 wieder zu reden beginnt – aber nun sagt er ja etwas ganz anderes als in 8,19. Man könnte auch erwägen, πάλιν hier im Sinne von „hingegen, andererseits" zu verstehen;[39] dann wäre das Wort vom Suchen und Nicht-Finden die Reaktion Jesu auf die unmittelbar zuvor, am Ende von Joh 8,20, geschilderte Situation, in der niemand ihn zu verhaften vermag. Auch in diesem Falle erscheint der Gedankengang nicht sehr kohärent. Eine dritte Möglichkeit wäre, das Adverb πάλιν an dieser Stelle überhaupt nicht auf den unmittelbaren Kontext zu beziehen, sondern auf das Wort vom Suchen und Nicht-Finden – und dann ist die Bedeutung „wiederum" durchaus angebracht: Jesus hat dieses Wort schon in Joh 7,34 den „Juden" gegenüber gebraucht, jetzt, in Joh 8,21, tut er es *wieder*.[40] Am Rande sei bemerkt, dass das Logion in Joh 8,21 deutlich schärfer und drohender formuliert ist.[41] Hier zeigt sich also, dass das Wort vom Suchen und Nicht-Finden – unbeschadet einiger Anpassungen an den jeweiligen Kontext – für den Verfasser des Johannesevangeliums eine feststehende, geprägte Einheit war, die er in seiner Erzählung nach Bedarf einsetzen konnte.[42]

Das wird auch an der dritten Belegstelle, Joh 13,33, deutlich: Dort wird das Wort vom Suchen und Nicht-Finden ausdrücklich als eines eingeführt, das Jesus zuvor schon zu den „Juden" gesagt hat – und es wird entscheidend modifiziert: Das negative Ergebnis des Suchens (Joh 7,34: Nicht finden; Joh 8,21: In der eigenen Sünde sterben) fehlt hier.[43] Genau genommen,

---

38 Vgl. LSJ, 1292 s.v. πάλιν II.; BAUER/ALAND: *Wörterbuch*, 1227 s.v. πάλιν 2; VERHELST: „Johannine Use of πάλιν", 802. Man könnte das Adverb in diesem Sinne auch einfach so verstehen, dass es die Fortsetzung der Rede anzeigt, die der Erzähler zuvor unterbrochen hat; vgl. BARRETT: *Gospel According to St John*, 281; MOLONEY: *Gospel of John*, 270.
39 Vgl. dazu LSJ, 1292 s.v. πάλιν III.; BAUER/ALAND: *Wörterbuch*, 1227 s.v. πάλιν 4.
40 So auch WENGST: *Johannesevangelium* 1, 332.
41 Vgl. dazu SCHNACKENBURG: *Johannesevangelium* II, 250; WENGST: *Johannesevangelium* 1, 332.
42 Vgl. THEOBALD: *Herrenworte im Johannesevangelium*, 425–429.
43 Man kann das durchaus in dem Sinne deuten, dass den Jüngern ein positiver Ausblick eröffnet wird, den die Abschiedsreden entfalten; vgl. THEOBALD: *Herrenworte im Johannesevangelium*, 453–454; WENGST: *Johannesevangelium* 2, 120; ZUM-

beschränkt sich das Wort, das Jesus, so wie zuvor den „Juden", jetzt den Jüngern sagt, auf den zweiten Teil des Logions: ὅπου ἐγὼ ὑπάγω ὑμεῖς οὐ δύνασθε ἐλθεῖν. Dieser Teil wird mit einem ὅτι *recitativum* eingeführt und von Bemerkungen über den neuen Kontext gerahmt (καθὼς εἶπον τοῖς Ἰουδαίοις ... καὶ ὑμῖν λέγω ἄρτι). Wenn man möchte, kann man auch darin noch eine polemische Spitze erkennen, insofern dieser zweite Teil des Logions selbständige mystische Himmelsreisen und Seelenaufstiege für unmöglich erklärt.[44] Dafür müsste man aber erst einen religionsgeschichtlichen Kontext im Bereich der visionären Mystik konstruieren.

Um zum Logion selbst zurückzukommen: Wenn der Evangelist dieses Wort vom Suchen und Nicht-Finden als geprägte und in sich geschlossene Einheit mehrmals verwenden, zitieren und interpretieren kann, und wenn er dessen eigenen Charakter auch zu Lasten der Kohärenz seiner Erzählung wahrt, dann liegen gute Gründe für die Annahme vor, dass es sich hier um ein in der Überlieferung vorgegebenes Herrenwort handelt.[45] Da die Belegstellen Joh 8,21; 13,33 schon deutliche Anpassungen an den Kontext aufweisen, sieht Michael Theobald die überlieferte Gestalt des Logions am besten in Joh 7,33-34 bewahrt.[46] Näherhin rekonstruiert er einen Spruch aus drei Zweizeilern: „Noch kurze Zeit bin ich bei euch, / dann gehe ich. // Ihr werdet mich suchen, / aber nicht finden. // Und wo ich bin, / (dorthin) könnt ihr nicht kommen."[47]

Angesichts der Parallele in EvThom 38,2 mag man fragen, ob der etwas unausgewogene erste Zweizeiler (etwa: ἔτι χρόνον μικρὸν μεθ' ὑμῶν εἰμι καὶ ὑπάγω, Joh 7,33) wirklich zum überlieferten Logion gehörte. Immerhin könnte man in ἔτι μικρόν (χρόνον) eine charakteristische Wendung erken-

---

STEIN: *L'Évangile selon Saint Jean (13–21)*, 52 mit Anm. 31; BRANKAER: „Les citations internes", 141; ähnlich LEROY: *Rätsel und Missverständnis*, 54–55.64–66; SCHNACKENBURG: *Johannesevangelium* III, 58; COLLINS: „Speaking of the Jews", 292; LINCOLN: *Gospel According to St John*, 387. Andere Exegeten betonen hingegen die Parallelität der Worte an die „Juden" und an die Jünger; vgl. BARRETT: *Gospel According to St John*, 376–377: „The disciples must not suppose that they are better than the Jews." Ähnlich auch MOLONEY: *Gospel of John*, 385.
44 Für DECONICK: „John Rivals Thomas", 306–307 steht dieses Anliegen hinter der Frage des Thomas (!) in Joh 14,5; Vgl. auch DIES.: *Seek to See Him*, 72–73; DIES.: *Voices of the Mystics*, v. a. 40.
45 Vgl. BULTMANN: *Evangelium des Johannes*, 232 Anm. 1 („Zitat aus den Offenbarungsreden"); THEOBALD: *Herrenworte im Johannesevangelium*, 431; ZUMSTEIN: *L'Évangile selon Saint Jean (13–21)*, 48; DUNDERBERG: „Johannine Traditions", 78.
46 Vgl. THEOBALD: *Herrenworte im Johannesevangelium*, 425–429; DERS.: *Evangelium nach Johannes 1–12*, 518–519.
47 THEOBALD: *Herrenworte im Johannesevangelium*, 429–430.

B. Durchführung

nen, die vor allem für die Abschiedsreden bestimmend ist (Joh 12,35; 13,33; 14,19; 16,16–18). Andererseits spricht nichts dafür, dass der Satz sich der redaktionellen Einfügung des Logions in seinen gegenwärtigen Kontext nach Joh 7,32 verdankt. Er stellt ja keine Verbindung zur Entsendung des Verhaftungskommandos her, von der in Joh 7,32 die Rede ist – eher im Gegenteil: Der Spruch vom Suchen (ζητεῖν) und Nicht-Finden wird dadurch noch weiter von Joh 7,30 weggerückt, wo schon vom Versuch (ζητεῖν), Jesus zu verhaften, die Rede war.[48] Man wird also in der Tat annehmen, dass die gesamte Einheit, die in Joh 7,33 mit εἶπεν οὖν ὁ Ἰησοῦς eingeleitet wird, ein vorgegebener „Textbaustein" war.

Die johanneische Vergleichsgröße für EvThom 38,2 ist also das ganze dreigliedrige Logion, das sich als Grundbestand von Joh 7,33–34 ausmachen lässt. Dann wird aber der Befund wichtig, dass von den drei Zweizeilern nur der zweite eine Parallele in EvThom 38 hat. Das spricht gegen die Vorstellung, dass EvThom 38,2 mit dem überlieferten Logion, das ins Johannesevangelium aufgenommen wurde, identisch sei.[49] Wenn man das annehmen wollte, müsste man unterstellen, dass nicht nur der jeweils eröffnende Zeitindikator erst vom Verfasser des Johannesevangeliums redaktionell angefügt wurde, sondern auch der abschließende, an allen drei Stellen fast gleichlautende Zweizeiler (ὅπου ἐγώ εἰμι/ὑπάγω, ὑμεῖς οὐ δύνασθε ἐλθεῖν). Das würde aber bedeuten, dass er das Logion an den drei Belegstellen (Joh 7,33–34; 8,21; 13,33) jeweils deutlich variiert, es aber dreimal mit fast genau demselben Nachsatz versehen hätte. Zwar lassen sich in diesem Bereich keine völlig zweifelsfreien Beweise führen, doch es darf als wahrscheinlicher gelten, dass der stereotype Nachsatz schon fester Bestandteil des überlieferten Logions war und mit diesem an drei Stellen im Johannesevangelium zitiert wurde. Dafür spricht insbesondere, dass in Joh 7,36; 8,22 die „Juden" in ihrem Missverständnis diesen Nachsatz als integralen Bestandteil des in Frage stehenden Wortes Jesu zitieren. Einen redaktionellen Zusatz hätte der Verfasser des Johan-

---

48 Vielleicht war das Verb ζητέω sogar der Auslöser, der den Verfasser des Johannesevangeliums dazu veranlasste, den Spruch vom Suchen und Nicht-Finden hier einzufügen; dann wäre das Verb ironisch-doppeldeutig zu verstehen: Jene, die Jesus zu verhaften *suchen*, werden ihn nicht finden, solange seine „Stunde" nicht gekommen ist; vgl. dazu DENNIS: „Seeking Jesus", 162; ähnlich MOLONEY: *Gospel of John*, 250.270; WENGST: *Johannesevangelium* 1, 332.

49 So QUISPEL: „Qumran, John and Jewish Christianity", 146 (= *Gnostic Studies* II, 219–220); ZÖCKLER: *Jesu Lehren im Thomasevangelium*, 131; ähnlich, aber mit Vorbehalten NORDSIECK: *Thomas-Evangelium*, 166; zur Kritik daran vgl. auch THEOBALD: *Herrenworte im Johannesevangelium*, 447–448.

nesevangeliums wohl eher in Form eines Erzählerkommentars wie in Joh 7,39 angebracht.

EvThom 38,2 in seiner heute vorliegenden Gestalt ist also nicht das überlieferte Logion, das in Joh 7,33–34; 8,21; 13,33 zitiert wird. Dennoch sind die vorhandenen Parallelen zu eng, als dass man sie als bloßen Zufall oder als analoge Bildungen erklären könnte. Damit stellt sich die Frage nach einer möglichen gemeinsamen Überlieferung, die hinter EvThom 38,2 und dem in Joh 7,33–34; 8,21; 13,33 zitierten Herrenwort liegt. Diese Überlieferung kann nicht den vollen Umfang des in Joh 7,33–34 zitierten Logions gehabt haben: In diesem Falle müsste man sich nämlich den Weg zu EvThom 38,2 so vorstellen, dass ein Redaktor oder Überlieferungsträger das Logion so „zurechtgestutzt" hätte, dass etwas wie EvThom 38,2 übrigblieb. Eher wird man das umgekehrte Szenario annehmen: Am Anfang der Überlieferung stand ein Wort wie EvThom 38,2. Auf seinem Weg in die johanneische Überlieferung wurde dieses mit zwei anderen Sprüchen (vgl. Joh 7,33.34b) verbunden, die beide die räumliche Distanz zwischen den Suchenden und dem Gesuchten zum Ausdruck bringen und durch das Stichwort ὑπάγω ein Moment der Bewegung in das Logion einbringen: Als Sprecher des Logions ist Jesus nun nicht mehr nur ein Objekt, das erfolglos gesucht wird (so könnte man EvThom 38,2 verstehen), sondern er entzieht sich aktiv der Suche und dem Zugriff der Menschen durch seinen Weggang.[50] In dieser Gestalt bildete unser Logion die Überlieferung, die der Verfasser des Johannesevangeliums verwendete.[51] Auf dem Weg ins Thomasevangelium wurde das Logion ebenfalls mit einem Zeitindikator versehen („Es wird Tage geben ...") und schließlich mit EvThom 38,1 zusammengefügt. Der so vorgestellte Überlieferungsweg ist zwar ziemlich kompliziert, doch er stellt keine *unnötige* Verkomplizierung dar, denn er erklärt zumindest, warum in EvThom 38,2 nur das mittlere der drei Elemente von Joh 7,33–34 steht.

Eine Komplikation ergibt sich jedoch von einer anderen Seite her: Der Ausspruch, der als gemeinsame Überlieferung hinter Joh 7,33–34; 8,21; 13,33 und EvThom 38,2 übrig bleibt, hat eine bemerkenswerte Ähnlichkeit mit Spr 1,28:

---

[50] Möglicherweise war dabei, im Sinne des Weisheitsmythos von 1 Hen 42, an die Rückkehr der Weisheit zu ihrem Ursprung gedacht; vgl. etwa LEROY: *Rätsel und Missverständnis*, 55–57. Sofern dieses Wort aber Jesus in den Mund gelegt wurde, war diese Rückkehr wohl kaum anders denn als sein Tod vorzustellen.
[51] Vgl. auch NORDSIECK: *Thomas-Evangelium*, 165–166.

B. Durchführung

Spr 1,28 LXX	EvThom 38,2	Joh 7,33–34
Es wird ja (eine Zeit) sein, wenn ihr mich anrufen werdet, doch ich werde euch nicht anhören.	Es wird Tage geben,	[33] Jesus sagte nun: Noch kurze Zeit bin ich bei euch, und ich gehe zu dem, der mich gesandt hat.
Die Bösen werden mich suchen (ζητήσουσίν με κακοί)	an denen ihr mich suchen werdet (ⲛ̄ⲧⲉⲧⲛ̄ϣⲓⲛⲉ ⲛ̄ⲥⲱⲉⲓ)	[34] Ihr werdet mich suchen (ζητήσετέ με)
und nicht finden (καὶ οὐχ εὑρήσουσιν).	und nicht finden werdet (ⲧⲉⲧⲛⲁϩⲉ ⲁⲛ ⲉⲣⲟⲉⲓ).	und [mich] nicht finden (καὶ οὐχ εὑρήσετέ [με]),
		und wo ich bin, (dorthin) könnt ihr nicht kommen.

Dieser Ausspruch gehört zu einer Rede der personifizierten Weisheit (Spr 1,20–33), in der diese die Törichten (erfolglos) zur Umkehr mahnt und ihre geringe Akzeptanz beklagt. In seiner griechischen Fassung weist dieser Spruch eine beachtliche Ähnlichkeit mit den beiden hier zu besprechenden Logien auf, und so nehmen manche Autoren an, dass Joh 7,34a und EvThom 38,2 jeweils auf Spr 1,28 zurückgehen.[52] Dann wäre Spr 1,28 die gemeinsame Überlieferung, die den beiden Logien zugrunde liegt. Dagegen spricht freilich, dass Joh 7,34a und EvThom 38,2 in der 2. Person Plural formuliert sind und darin gegen Spr 1,28 übereinstimmen.[53] Dadurch heben sich unsere Varianten dieses Weisheitswortes charakteristisch von anderen Logien über den Rückzug der Weisheit ab (etwa 4 Esra 5,10):[54] Auch im

---

52 Für Joh 7,34a vgl. Ashton: *Understanding the Fourth Gospel*, 376. Für EvThom 38,2 vgl. S. L. Davies: *The Gospel of Thomas and Christian Wisdom*, 37–38. Kritisch dazu Theobald: *Herrenworte im Johannesevangelium*, 432: „Joh 7,34 könnte auf diesen Vers anspielen, wenn das hier artikulierte Motiv von der vergeblichen Suche (der Weisheit) nicht schon längst topisch geworden wäre." Zum weiteren mythologischen Hintergrund des Logions vgl. auch schon Bultmann: *Evangelium des Johannes*, 232 Anm. 1.
53 Das ist insofern auffällig, als die Rede der Weisheit (Spr 1,20–33) bis Spr 1,27 in der 2. Person formuliert ist und erst mit Spr 1,28 in die 3. Person wechselt – in der LXX wie im MT.
54 Auch dort ist von denen, welche die Weisheit vergeblich suchen, in der 3. Person die Rede. Dennoch mag dieser Text exemplarisch für ein weiteres Traditionsfeld stehen, in dem – im inhaltlichen Anschluss an Spr 1,28, doch nicht immer in literarischer Rezeption dieses Wortes – die vergebliche Suche nach der Weisheit thematisiert wurde; vgl. dazu Theobald: *Herrenworte im Johannesevangelium*,

Kontext eines Jesus-Logions wäre es gut vorstellbar, dass Jesus über jene, die ihn erfolglos suchen werden, in der 3. Person spricht. Wenn man nun nicht postulieren will, das zwei Rezipienten von Spr 1,28 dieses Wort zufällig und unabhängig voneinander in die 2. Person gesetzt haben, wird man die Wende zur 2. Person der gemeinsamen Vorstufe von EvThom 38,2 und dem Joh 7,33–34 vorausliegenden Logion zuschreiben. Der Überlieferungsweg wäre dann graphisch folgendermaßen darzustellen:

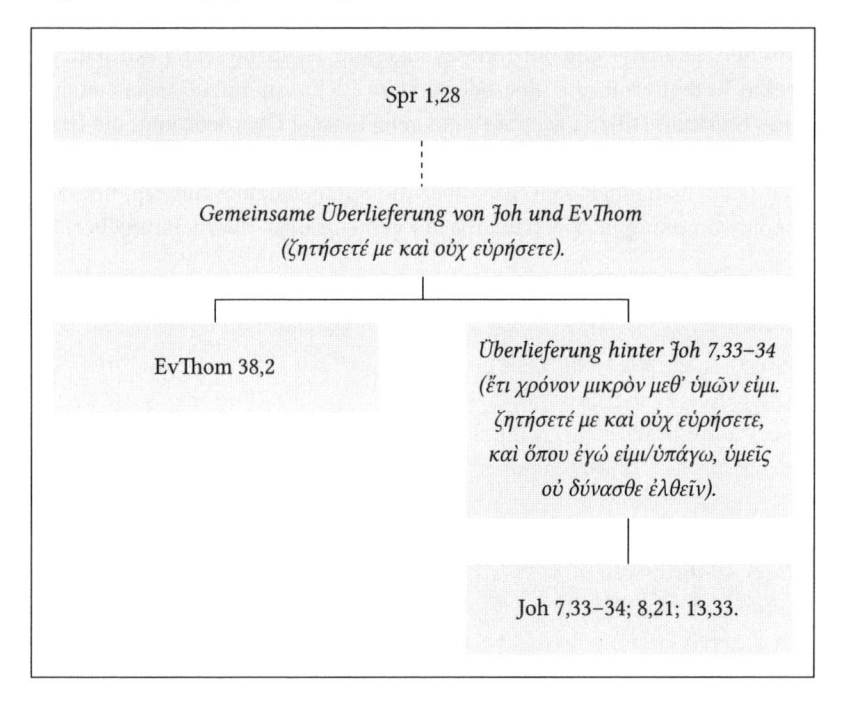

```
                    Spr 1,28
                       |
                       |
        Gemeinsame Überlieferung von Joh und EvThom
              (ζητήσετέ με καὶ οὐχ εὑρήσετε).
                       |
          ┌────────────┴────────────┐
                                Überlieferung hinter Joh 7,33–34
       EvThom 38,2              (ἔτι χρόνον μικρὸν μεθ' ὑμῶν εἰμι.
                                ζητήσετέ με καὶ οὐχ εὑρήσετε,
                                καὶ ὅπου ἐγώ εἰμι/ὑπάγω, ὑμεῖς
                                οὐ δύνασθε ἐλθεῖν).
                                           |
                                 Joh 7,33–34; 8,21; 13,33.
```

In beiden Endfassungen bleibt freilich der Anklang an Spr 1,28 erhalten, und so kann man in beiden Evangelien diesen Spruch so verstehen, dass Jesus hier wie die (personifizierte) Weisheit spricht, die, ungeachtet ihres Wertes, von den Menschen abgelehnt wird.[55]

432–435; DERS.: *Evangelium nach Johannes 1–12*, 531. – Freilich fasst Theobald dieses Traditionsfeld etwas zu weit, da er vereinfacht von der „Suche der Weisheit" spricht und dabei *genitivus subiectivus* und *genitivus obiectivus* vermischt: Damit schließt er auch eine Form des Weisheitsmythos wie 1 Hen 42, wo die Weisheit selbst als erfolglos Suchende vorgestellt wird, in das Traditionsfeld ein.
55 Für das Johannesevangelium vgl. etwa LEROY: *Rätsel und Missverständnis*, 56–57; DUNDERBERG: „Secrecy", 239. Bei WATSON, *Gospel Writing*, 356–370 wird das Wort vom Suchen und Finden ausgiebig besprochen und auch die Parallele zu Spr 1,28 wird zur Kenntnis genommen (364 Anm. 49), doch sie wird nicht überlieferungsgeschichtlich ausgewertet, sondern das Wort wird auf eine nicht näher

B. Durchführung

f) Fazit zu EvThom 38

Im ersten Teil dieses Logions ist zwar kein literarischer oder überlieferungsgeschichtlicher Kontakt zum Johannesevangelium namhaft zu machen; dagegen hat dieses Wort eine bemerkenswerte Parallele in einem Agraphon, das Irenäus und Epiphanios den Markosiern zuschreiben. Der zweite Teil von EvThom 38 stellt eine beachtliche Parallele zu einem Herrenwort dar, das auch im Johannesevangelium dreimal in leicht unterschiedlichen Varianten begegnet (Joh 7,33–34; 8,21; 13,33). Das Verhältnis zwischen Thomas- und Johannesevangelium ist in diesem Fall nicht als direkte Rezeption in die eine oder andere Richtung aufzufassen, sondern beide Endtexte stützen sich auf eine gemeinsame Überlieferung, die letztlich auf Spr 1,28 zurückgeht und Jesus wie die personifizierte Weisheit sprechen lässt. Es handelt sich also, über die Sprachbarriere hinweg, um eine Übereinstimmung im Wortlaut, die auf gemeinsamer Überlieferung beruht.

---

bestimmte Spruchsammlung zurückgeführt, anhand derer Watson den Prozess von Verschriftlichung (Spruchsammlung), Interpretation (EvThom 2; 38; 92; 94) und Reinterpretation (Joh 7,33–36; 13,33.36) vorführen kann.

18. Logion 40

(1) ⲡⲉϫⲉ ⲓ̅ⲥ̅ ϫⲉ ⲟⲩⲃⲉⲛⲉⲗⲟⲟⲗⲉ ⲁⲩⲧⲟϭⲥ̄ ⲙ̄ⲡⲥⲁ ⲛⲃⲟⲗ ⲙ̄ⲡⲉⲓⲱⲧˋ (2) ⲁⲩⲱ ⲉⲥⲧⲁϫⲣⲏⲩ ⲁⲛ ⲥⲉⲛⲁⲡⲟⲣⲕⲥ̄ ϩⲁ ⲧⲉⲥⲛⲟⲩⲛⲉ ⲛ̄ⲥⲧⲁⲕⲟ	(1) Jesus sagte: Ein Weinstock wurde gepflanzt außerhalb des Vaters, (2) und sofern er nicht stark ist, wird er ausgerissen werden an seiner Wurzel, und er wird zerstört werden.

Für dieses Logion werden in der Forschung meistens zwei neutestamentliche Bezugspunkte genannt, nämlich Mt 15,13 und Joh 15,1–6 (v. a. 5–6). Ihr jeweiliges Verhältnis zu EvThom 40 wird jedoch durchaus unterschiedlich bestimmt (s. u.):

Mt 15,13	EvThom 40	Joh 15,5–6
Er (sc. Jesus) antwortete und sagte:	(1) Jesus sagte:	
Jede Pflanze (φυτεία/ⲧⲱϭⲉ),	Ein Weinstock (ⲃⲉⲛⲉⲗⲟⲟⲗⲉ) wurde gepflanzt	Ich bin der Weinstock (ἄμπελος/ⲃⲱ ⲛ̄ⲉⲗⲟⲟⲗⲉ), ihr seid die Rebzweige.
		Der Bleibende in mir und ich in ihm, dieser trägt viel Frucht, denn ohne mich könnt ihr nichts tun.
die nicht mein himmlischer Vater gepflanzt hat,	außerhalb des Vaters,	
	(2) und sofern er nicht stark ist,	Wenn jemand nicht in mir bleibt,
wird ausgerissen werden (ἐκριζωθήσεται/ϥⲛⲁⲡⲱⲣⲕ̄)[1]	wird er ausgerissen werden an seiner Wurzel (ⲥⲉⲛⲁⲡⲟⲣⲕⲥ̄ ϩⲁ ⲧⲉⲥⲛⲟⲩⲛⲉ),	wird er hinausgeworfen (ἐβλήθη ἔξω/ⲁⲩⲛⲟϫϥ̄ ⲉⲃⲟⲗ) wie der Rebzweig
	und er wird zerstört werden.	und verdorrt, und man sammelt sie und wirft sie ins Feuer, und sie verbrennen.

---

[1] Der Zweig der sahidischen Überlieferung, der durch P.Bodmer XIX (nach SMR: sa 2) vertreten wird, übernimmt das Element „Wurzel" aus dem griechischen ἐκριζωθήσεται: ϥⲛⲁⲡⲱ[ⲣⲕ̄] ⲛ̄ⲙ̄ⲛⲉϥⲛⲁⲛ[ⲟⲩ] („er wird (ihn) ausreißen mit seinen Wurzeln"); vgl. dazu W.-P. Funk: „Einer aus tausend", 76–77.

B. Durchführung

Im Großen und Ganzen liegt EvThom 40 deutlich näher bei Mt 15,13:[2] Beides sind relativ kurze Logien, in denen ein Gewächs, das nicht in Beziehung zum „Vater" gepflanzt wurde, mit der Wurzel ausgerissen wird. Auf der Ebene ihrer koptischen Übersetzungen stimmen sie sogar im Prädikat, dem Verb ⲡⲱⲣⲕ, überein. Allerdings ist Mt 15,13 als apodiktischer Rechtssatz formuliert und handelt von einer nicht näher bestimmten Pflanze (φυτεία). EvThom 40 ist hingegen als kurze Erzählung gestaltet; vor allem aber ist die Pflanze näher spezifiziert als Weinstock, und der Vater erhält die entscheidende Rolle. Darin liegt die mögliche Verbindung zum Bildwort von Weinstock und Reben in Joh 15,1-6.[3] Zudem wird in EvThom 40 und Joh 15,5-6 die Bedingung für das Zerstört-Werden eigens benannt. Angesichts dessen könnte man sich vielleicht vorstellen, dass EvThom 40 eine Art „missing link" zwischen der Pflanzenmetapher in Mt 15,13 und dem ausgeführten Bildwort vom Weinstock in Joh 15,1-6 ist.[4] Diese Vorstellung wäre plausibel, wenn das Motiv des Weinstocks so selten wäre, dass die Wahl dieser Metapher in Joh 15,1-6 nur durch EvThom 40 erklärbar wäre. Das ist jedoch aus zwei Gründen nicht der Fall:

- Der Weinstock oder Weinberg (Gottes) als Metapher für das Volk Israel ist im Alten Testament, namentlich in der prophetischen Literatur, fest etabliert (vgl. v. a. Jes 5,1-7, aber auch Ps 80,9-17; Jes 27,2-6; Jer 2,21; Ez 17,1-10; 19,10-14; Hos 10,1). In den synoptischen Evangelien ist es mehrfach rezipiert; vgl. v. a. Mk 12,1-9 parr. (auch EvThom 65!); Lk 13,6-9. Dieses breite Bildfeld darf als der hauptsächliche Bezugspunkt für das johanneische Bildwort gelten.[5] Vermutlich ist auch EvThom 40 von diesem Feld beeinflusst. Da auch alttestamentliche Bezugstexte wie Jes 5,1-7 Gott als Eigentümer und Winzer benennen, ist die Nennung des Vaters in EvThom 40 und Joh 15,1-2 auch keine spezifische Gemeinsamkeit der beiden Texte.
- Das johanneische Bildwort setzt ganz andere Akzente als EvThom 40: In Joh 15,1-6 geht es um den Zusammenhalt der Jünger, um ihr Blei-

---

2 Nach PLISCH: *Thomasevangelium*, 119 ist Mt 15,13 sogar die einzige neutestamentliche Parallele zu EvThom 40.
3 In diesem Sinne wird Joh 15,5-6 verschiedentlich als der nächstliegende Bezugspunkt für EvThom 40 gewertet; vgl. DORESSE: *Livres secrets* 2, 172; QUISPEL: „Qumran, John and Jewish Christianity", 146 (= *Gnostic Studies* II, 220).
4 Vgl. dazu etwa NORDSIECK: *Thomas-Evangelium*, 171-172.
5 Vgl. BARRETT: *Gospel According to St John*, 339 (mit Blick auf die spezifisch johanneischen Akzente); POPLUTZ: „Fruchtbare Allianz", 832-833; ZUMSTEIN: *L'Évangile selon Saint Jean (13-21)*, 97-98.

ben im bzw. am Weinstock,⁶ als den Jesus sich selbst bezeichnet (Joh 15,1),⁷ und um das dadurch ermöglichte Fruchtbringen.⁸ Auf der negativen Seite werden die unproduktiven Zweige entfernt, um den Weinstock insgesamt in seiner Vitalität und Produktivität zu stärken. Der Bestand des Weinstocks steht außer Frage. EvThom 40 hat hingegen die Pflanze als ganze im Blick, die keine legitime Basis hat und daher mit Stumpf und Stiel ausgerissen wird. Überspitzt gesagt: EvThom 40 hält sich nicht mit den Kleinigkeiten auf, von denen in Joh 15,1–6 die Rede ist.

Von der Wahl des Bildspenders abgesehen, bestehen also keine spezifischen Gemeinsamkeiten zwischen EvThom 40 und Joh 15,1–6, die es erlauben würden, eine überlieferungsgeschichtliche Verbindung zwischen den beiden Texten anzunehmen. Was das gemeinsame Motiv des Weinstocks betrifft, so kann man lediglich von einer thematischen Analogie sprechen.

---

6 Möglicherweise versucht der Evangelist damit, zurückliegende Trennungserfahrungen einzuordnen und zu bewältigen; vgl. THEOBALD: *Herrenworte im Johannesevangelium*, 417; PETERSEN: *Brot, Licht und Weinstock*, 296.

7 Diese christologische Verdichtung der Weinstockmetapher ist in EvThom 40 überhaupt nicht zu finden, während sie für Joh 15,1–6 zentral ist; vgl. dazu etwa WENGST: *Johannesevangelium* 2, 151–152. Als weitere Parallele in diesem Sinn lässt sich auch auf Did 9,2 verweisen, wonach Gott durch Jesus „den heiligen Weinstock" seines Knechtes David offenbart hat. Diese Parallele könnte ein Indiz dafür sein, dass auch die Weinstockmetapher in Joh 15,1–6 von der Feier der Eucharistie inspiriert ist; vgl. dazu THEOBALD: *Herrenworte im Johannesevangelium*, 412–415.

8 In diesem Sinne zielt das „Reinigen", das in Joh 15,2 beschrieben wird, auf Ertragssteigerung; vgl. SCHNACKENBURG: *Johannesevangelium* III, 110–111; WENGST: *Johannesevangelium* 2, 152; PETERSEN: *Brot, Licht und Weinstock*, 295–298.

B. Durchführung

19. Logion 42–43

42 ⲡⲉϫⲉ ⲓ̄ⲥ̄ ϫⲉ ϣⲱⲡⲉ ⲉⲧⲉⲧⲛ̄ⲣ̄ⲡⲁⲣⲁⲅⲉ	42 Jesus sagte: Werdet Leute, die vorübergehen.
43 (1) ⲡⲉϫⲁⲩ ⲛⲁϥˋ ⲛ̄ϭⲓ ⲛⲉϥˋⲙⲁⲑⲏⲧⲏⲥ ϫⲉ ⲛ̄ⲧⲁⲕˋ ⲛⲓⲙˋ ⲉⲕϫⲱ ⲛ̄ⲛⲁⲓ̈ ⲛⲁⲛ	43 (1) Seine Jünger sagten zu ihm: Wer bist du, dass du dieses zu uns sagst?
(2) ϩⲛ̄ ⲛⲉϯϫⲱ ⲙ̄ⲙⲟⲟⲩ ⲛⲏⲧⲛ̄ ⲛ̄ⲧⲉⲧⲛ̄ⲉⲓⲙⲉ ⲁⲛ ϫⲉ ⲁⲛⲟⲕˋ ⲛⲓⲙ	(2) – In dem, was ich zu euch sage, erkennt ihr nicht, wer ich bin,
(3) ⲁⲗⲗⲁ ⲛ̄ⲧⲱⲧⲛ̄ ⲁⲧⲉⲧⲛ̄ϣⲱⲡⲉ ⲛ̄ⲑⲉ ⲛ̄ⲛⲓ̈ⲟⲩⲇⲁⲓⲟⲥ ϫⲉ ⲥⲉⲙⲉ ⲙ̄ⲡϣⲏⲛ ⲥⲉⲙⲟⲥⲧⲉ ⲙ̄ⲡⲉϥⲕⲁⲣⲡⲟⲥ ⲁⲩⲱ ⲥⲉⲙⲉ ⲙ̄ⲡⲕⲁⲣⲡⲟⲥ ⲥⲉⲙⲟⲥⲧⲉ ⲙ̄ⲡϣⲏⲛ	(3) sondern ihr seid geworden wie die Juden: Sie lieben den Baum, sie hassen seine Frucht, und sie lieben die Frucht, sie hassen den Baum.

a) Zur Abgrenzung der Einheit

An EvThom 42–43 zeigt sich, dass die Aufteilung des Thomasevangeliums in 114 Logien keineswegs die einzig mögliche ist, sondern auf einer Konvention beruht, die sich ab 1959 durchsetzte. In der Tat fassen mehrere Forscher die beiden „Logien" als einen durchgehenden Dialog zwischen Jesus und seinen Jüngern auf:[1] Auf das kryptische Wort Jesu in EvThom 42[2]

---

1 Vgl. CALLAHAN: „No Rhyme nor Reason", 418–419; NORDSIECK: *Thomas-Evangelium*, 180; DERS.: „Zur Kompositionsgeschichte", 184; im gleichen Sinne auch schon KASSER: *L'Évangile selon Thomas*, 72.
2 Zur Forschungsgeschichte dieses Logions vgl. SELLEW: „Voice from beyond the Grave", 40–44. Die Deutung hängt zum Teil von der Übersetzung des griechischen Lehnwortes παράγω bzw. παράγομαι (ⲡ̄-ⲡⲁⲣⲁⲅⲉ) ab. Man könnte es, im Anschluss an den neutestamentlichen Sprachgebrauch in 1 Kor 7,31; 1 Joh 2,8.17 und in Anlehnung an EvThom 11,1, mit „vergehen" übersetzen; vgl. GÄRTNER: *Theology of the Gospel of Thomas*, 243–244. An den genannten Stellen ist das „Vergehen" der Welt bzw. der Dunkelheit jedoch durchaus als der Weg in eine künftige Nicht-Existenz verstanden, nicht als ein Schritt der Transformation. Letzteres wäre aber in EvThom 42 gefordert, denn das Prädikat dieses Logions ist ja der Imperativ ϣⲱⲡⲉ („Seid/Werdet!"). Meistens wird ⲡ̄-ⲡⲁⲣⲁⲅⲉ daher mit „vorübergehen" übersetzt, doch auch diese Übersetzung ist für vielfältige Deutungen offen: Man könnte es auf betontes Desinteresse an anderen Lehrmeinungen beziehen (so DECONICK: *Original Gospel of Thomas in Translation*, 164), aber auch als (asketische) Distanzierung von der Welt und ihren Ansprüchen; vgl. SELLEW: „Voice from beyond the Grave", 44–73. Nach PATTERSON: *The Gospel of Thomas and Jesus*, 128–131.158–170; PLISCH: *Thomasevangelium*, 122–123 bezieht sich das Logion auf Wanderpropheten, die nicht zu lange am selben Ort verweilen sollen: Aus der Sicht der aufnehmenden Gemeinde wird in Did 11,4–5 die Verweildauer auf allerhöchstens zwei Tage festgelegt (11,5: „Wenn er aber drei (Tage) bleibt, ist er ein Falschprophet."). –

II. Einzeluntersuchungen, 19. Logion 42–43

reagieren die Jünger demnach mit einer Frage nach seiner Identität und Autorität, doch auf diese erhalten sie keine eigentliche Antwort, sondern nur einen vorwurfsvollen Vergleich mit den „Juden".

Dafür, dass EvThom 42–43 eine Einheit bilden, spricht vor allem eine sprachliche Beobachtung: In der Rückfrage der Jünger in EvThom 43,1 bezieht sich das Demonstrativpronomen ⲛⲁⲓ („diese Dinge, dieses") auf etwas Vorhergehendes, das Jesus gesagt hat. Wenn man EvThom 43 isoliert betrachtet, hat Jesus aber zuvor gar nichts gesagt;[3] das Logion beginnt mit der Jüngerfrage.

Gewiss kann man im Thomasevangelium in seiner überlieferten Fassung häufiger beobachten, dass Logien nicht völlig eigenständig sind, sondern durch pronominale Wendungen auf den weiteren Kontext verweisen. Dieser Befund bezieht sich aber sonst auf die einleitenden Inquit-Formeln in EvThom 6; 8; 24; 43(!); 51–53; 60; 65; 72; 74; 79; 91; 99; (113), bei denen Jesus als Sprecher nicht ausdrücklich genannt wird, sondern aus dem Kontext erschlossen werden muss. In diesen Fällen ist es gut vorstellbar, dass eine ausdrückliche Nennung Jesu im Laufe der Textüberlieferung weggefallen ist,[4] insofern die Abschreiber und/oder Übersetzer die Sammlung von Worten des „lebendigen Jesus" (EvThom Prol.) als einen zusammenhängenden Text und schließlich als „Evangelium nach Thomas" (Kolophon) auffassten.

Damit lässt sich die Jüngerfrage in EvThom 43 aber nicht vergleichen, denn hier befindet sich das fragliche Pronomen im Redeteil selbst. Es braucht also innerhalb der Kleinst-Erzählung, die dieses dialogisch strukturierte Logion darstellt, einen Bezugspunkt. Dieser findet sich ganz zwanglos, wenn man die etablierte Einteilung der Logien nicht als sakrosankt hinnimmt, sondern EvThom 42 als Teil dieses Dialoges versteht. Dann ergibt sich ein bemerkenswerter Gesprächsgang, der aber im Thomasevangelium nicht ohne Parallelen ist:

Für Durchreisende ohne prophetische Ansprüche gilt nach Did 12,2 ein etwas großzügigerer Maßstab: Sie dürfen bis zu drei Tage bleiben und Unterstützung in Anspruch nehmen.

3 Nach DUNDERBERG: „Thomas' I-sayings", 52; HEDRICK: Unlocking the Secrets, 89; GATHERCOLE: Gospel of Thomas, 385 sind mit „diese Dinge" alle Logien des Thomasevangeliums gemeint. Dann fällt aber auf, dass dieser meta-reflexive Dialog gerade an dieser Stelle des Thomasevangeliums steht und nicht strategisch am Anfang oder am Schluss platziert ist.

4 In dieser Hinsicht ist EvThom 43,2 besonders bemerkenswert: Hier hat die Antwort Jesu im erhaltenen koptischen Text überhaupt keine Einleitung (diese wird nur von manchen Herausgebern konjiziert), sondern sie schließt sich unmittelbar an die Jüngerfrage an.

B. Durchführung

b) Zum Gesprächsgang
Am Anfang des Gespräches steht also ein Wort Jesu, das sich gut auf die Existenz von Wandermissionaren beziehen lässt, sei es als Anweisung für ihre Tätigkeit, sei es als Werbung für ihre Lebensform. Der Sache nach wäre dieser Spruch also mit Unterweisungen wie Mt 10,1–41; Mk 6,7–11; Lk 9,1–5; 10,1–16 (Q 10,2–16) vergleichbar. In EvThom 42–43 trifft der Aufruf Jesu aber nicht gerade auf bereitwillige Aufnahme: Die Jünger stellen die Identität und Autorität Jesu in Frage, insofern er ihnen Anweisungen für ihre Lebensweise gibt („Wer bist du, *dass du uns dies*[5] *sagst?*"). Die Antwort Jesu greift zwar vordergründig die Frage auf, zeigt aber zugleich, dass sie falsch gestellt ist: Die Frage der Jünger suggeriert, dass Jesus sich erst hinsichtlich seiner Identität und Autorität ausweisen müsse, bevor er ihnen etwas sagen dürfe. Sie akzeptieren seine Anweisung also nicht, bis er seine Autorität anderweitig begründet hat. Die vorwurfsvolle Antwort Jesu dreht diesen Gedankengang um: Seine eigene Autorität steht für ihn gar nicht in Frage, aber aus dem, was er sagt, hätten die Jünger eigentlich seine Identität erkennen müssen – und sie hätten auch erkennen müssen, dass er durchaus befugt ist, ihnen das zu sagen, was er ihnen sagt (über EvThom 42 hinaus). Die Frage nach der Identität Jesu stellt sich demnach gar nicht (mehr), wenn man seinen Worten aufmerksam und ohne Vorbehalte begegnet: In dem, was Jesus sagt, offenbart er eben sich selbst.[6] Die Frage der Jünger ist damit als ein Ausweichmanöver entlarvt:[7] Die Jünger Jesu brauchen keine Sonderoffenbarungen und -unterweisungen, sondern sie sind aufgefordert, das, was offen vor ihnen liegt, richtig zu deuten; in diesem Gedankengang stimmt unser Logion mit EvThom 24; 91 überein.[8]

Die Jüngerfrage und die Antwort Jesu berühren sich in mehreren Punkten mit dem Johannesevangelium. Am auffälligsten ist gewiss der Vergleich mit den „Juden", der weiter unten gesondert behandelt wird. Hier soll es zuerst um die Frage nach der Identität Jesu gehen.

Dieses Thema bestimmt die johanneischen Vergleichsgrößen für unser Logion. Am Anfang wirkt es ja wie ein Dialog zwischen Jesus und den

---

5 Im Koptischen steht hier das selbständige Demonstrativpronomen im Plural (ⲛⲁⲓ), und auch die Antwort Jesu setzt das Gesagte in den Plural (ϩⲛ ⲛⲉϯϫⲱ ⲙ̄ⲙⲟⲟⲩ ⲛⲏⲧⲛ̄, wörtl.: „an denen, die ich zu euch sage"). Diese Pluralformen können einen gewissen Anlass zum Zweifel geben, ob sich das Pronomen wirklich nur auf EvThom 42 bezieht und würden somit die Interpretation von Dunderberg, Gathercole und Hedrick (s. o. Anm. 3) unterstützen. Allerdings führt die Antwort Jesu ins Grundsätzliche, und das mag den Plural rechtfertigen.
6 Vgl. PASQUIER/VOUGA: „Genre littéraire", 350.
7 Vgl. RAU: „Jenseits von Raum, Zeit und Gemeinschaft", 144.
8 Vgl. S. L. DAVIES: *The Gospel of Thomas and Christian Wisdom*, 83; ähnlich MORELAND: „Twenty-Four Prophets", 80.

Jüngern, den man mit den Abschiedsreden des Johannesevangeliums (Joh 14–16) vergleichen könnte.[9] Die Frage der Jünger artikuliert jedoch nicht nur Unverständnis, sondern stellt Jesu Identität und Autorität grundsätzlich in Frage, und auch die Antwort Jesu ist schärfer, als man das von einer internen Jüngerunterweisung erwarten würde. Damit sind Parallelen zu unserem Logion eher in den Streitgesprächen von Joh 5–10 zu suchen.[10] Dort setzt sich der johanneische Jesus ja wieder und wieder mit den „Juden" über seine Identität und sein Verhältnis zu Gott auseinander. Die deutlichsten Bezüge lassen sich wohl zu Joh 8,25 feststellen:[11] Diese Passage gehört dem Streitgespräch an, das der Wiederaufnahme des Wortes vom Suchen und Nicht-Finden (Joh 8,21 – parallel zu EvThom 38!) folgt. Im Anschluss an das Missverständnis (Joh 8,22) hebt Jesus die Herkunft der „Juden" (von unten, aus dieser Welt) hervor, die sich von der seinen (von oben, nicht aus dieser Welt) radikal unterscheidet. Dennoch zeigt er in Joh 8,24 einen Weg auf, um nicht in den eigenen Sünden[12] zu sterben: Diesem Geschick könne entgehen, wer glaubt „dass ich (es) bin" (ὅτι ἐγώ εἰμι). Der Rekurs auf alttestamentliche Selbstbezeichnungen Gottes (v. a. Ex 3,14; Jes 43,10) scheint den „Juden" zu entgehen; sie halten die Aussage Jesu für unvollständig und fragen in Joh 8,25 weiter nach dem Prädikatsnomen: „*Wer* bist du?" (σὺ τίς εἶ;).[13] Daraufhin bricht die Kommunikation ab (Joh 8,25–26).[14]

---

9 Vgl. dazu allgemein GÄRTNER: *Theology of the Gospel of Thomas*, 26.
10 Vgl. dazu auch PLISCH: *Thomasevangelium*, 123; GROSSO: *Vangelo secondo Tommaso*, 176.
11 Vgl. v. a. DORESSE: *Livres secrets* 2, 172–173; DUNDERBERG: *„Thomas' I-sayings"*, 61; GATHERCOLE: *Gospel of Thomas*, 386.
12 Anders als in Joh 8,21, worauf diese Passage rekurriert, ist hier von Sünden im Plural die Rede. Möglicherweise ist dabei an Verfehlungen gedacht, die sich leichter korrigieren lassen, so dass es dem Gläubigen prinzipiell möglich ist, ihnen zu entkommen. In Joh 8,21 ist hingegen die Perspektive, in der eigenen Sünde (Singular!) zu sterben, nicht mit einer Bedingung versehen; es scheint sich um ein unausweichliches Schicksal zu handeln. Mit THEOBALD: *Evangelium nach Johannes 1–12*, 581 könnte man das so interpretieren, dass hier das „Endprodukt" im Blick ist, wenn sich die vielen Sünden „in der Begegnung mit Jesu zu der *einen* ,Sünde' des Unglaubens ihm gegenüber [verdichten]" (Hervorhebung im Original).
13 Vgl. auch BARRETT: *Gospel According to St John*, 283; THYEN: *Johannesevangelium*, 427; Nach BAUCKHAM: „Monotheism", 156 (= *Testimony*, 245) beginnt hier eine kleine Klimax: Jesu ἐγώ εἰμι wird erst zweimal (Joh 8,25.28) als unvollständige kategoriale Aussage (miss-)verstanden, erst beim dritten Mal (Joh 8,58) wird den Hörern klar, dass Jesus damit göttliche Autorität für sich in Anspruch nimmt, und sie schicken sich folgerichtig an, Jesus zu steinigen. Vgl. dazu auch HASITSCHKA: „Joh 8,44", 111.
14 Dies spricht dagegen, die Frage von Joh 8,25 mit MOLONEY: *Gospel of John*, 271 als ehrliche und vorurteilsfreie Frage zu interpretieren; so auch WENGST:

B. Durchführung

Wenn nun in EvThom 43 die Jünger Jesus fragen: „Wer bist du, dass du dieses zu uns sagst?", übernehmen sie gewissermaßen die Rolle, die in Joh 8,25 die „Juden" innehaben.[15] Genau das wirft ihnen Jesus in EvThom 43,3 auch vor. In Joh 8,25 wurde diese Frage durch das vorhergehende ἐγώ εἰμι Jesu vorbereitet und bezieht sich darauf: Die göttliche Selbstoffenbarung Jesu wird mustergültig missverstanden.

Im Dialog von EvThom 42–43 kommt die Frage „Wer bist du?" aus heiterem Himmel, sie wurde durch nichts vorbereitet oder veranlasst.[16] Das knappe Wort Jesu „Werdet Vorübergehende" bietet an sich keinen Anlass, um nach der Identität des Sprechers zu fragen. Das bedeutet aber, dass die Frage nach der Identität Jesu im dialogischen Gefüge von EvThom 42–43 als Fremdkörper steht. Nur der Nachsatz „... dass du dieses zu uns sagst" passt die Frage notdürftig an ihren Kontext an. Damit liegt zumindest ein starkes Indiz dafür vor, dass der Verfasser unseres Logions sich hier auf einen anderen Text bezieht, der – so wie die Frage nach der Identität Jesu mit den „Juden" in Verbindung gebracht wird – mit allergrößter Wahrscheinlichkeit das Johannesevangelium ist.[17]

Ob sich diese Übereinstimmung auch auf den Wortlaut erstreckt, ist jedoch eine andere Frage, auch wenn die Jüngerfrage in EvThom 43 in modernen Übersetzungen genauso klingt wie die Frage der „Juden" in Joh 8,25: In Joh 8,25 fragen die „Juden": σὺ τίς εἶ; (wörtlich: „Du, wer bist du?"). Das Personalpronomen wird also betont hervorgehoben. Dies gibt auch die sahidische Übersetzung wieder, indem sie dem eigentlichen interlokutiven Nominalsatz das Personalpronomen ⲛ̄ⲧⲟⲕ („Du") als Erweiterung voranstellt, um es besonders zu betonen:[18] ⲛ̄ⲧⲟⲕ ⲛ̄ⲧⲕ̄ ⲛⲓⲙ („Du, wer bist

---

Johannesevangelium 1, 335. Andererseits ist es wohl, gerade mit Blick auf die Parallelen innerhalb des Johannesevangeliums (Joh 1,19; 21,12) sowie vor allem auf CH 1,2 etwas übertrieben, mit SCHNACKENBURG: *Johannesevangelium* II, 254; THEOBALD: *Evangelium nach Johannes 1–12*, 581 das vorangestellte Personalpronomen σύ schon in sich als herablassend-abwertend zu interpretieren. Gerade in CH 1,2 spricht der Visionär am Beginn der Vision den Poimandres mit σὺ γὰρ τίς εἶ an.

15 Vgl. dazu auch GRANT/FREEDMAN: *Secret Sayings of Jesus*, 156 (als Argument dafür, dass EvThom 43 die Streitgespräche des Johannesevangeliums voraussetzt).

16 Etwas anders ist die Frage „Wer bist du, dass du ...?" in EvThom 61 eingeführt, denn dort besteht zwischen dem einleitenden Wort Jesu und der entrüsteten Frage der Salome durch das Stichwort „Bett/Liege" (ϭⲗⲟϭ) eine engere Verbindung.

17 Ähnlich auch S.L. DAVIES: *The Gospel of Thomas and Christian Wisdom*, 113: „Logion 43 is a Johannine commentary (by means of an introductory sequence of phrases) on a synoptic-style saying derived from a non-synoptic source." Er fügt jedoch gleich einschränkend hinzu, dass im Thomasevangelium dennoch kein Zitat aus dem Johannesevangelium nachweisbar ist.

18 Vgl. dazu EBERLE: *Koptisch*, 50–51; PLISCH: *Einführung in die koptische Sprache*, 43.

II. Einzeluntersuchungen, 19. Logion 42–43

du?").[19] In EvThom 43 finden wir hingegen einen (zweigliedrigen) interlokutiven Nominalsatz ohne Erweiterung: ⲛ̄ⲧⲁⲕ ⲛⲓⲙ („Wer bist du?").[20] Auch in Joh 1,19; 21,12 gibt die sahidische Übersetzung die Frage σὺ τίς εἶ; mit einem einfachen ⲛ̄ⲧⲕ ⲛⲓⲙ wieder.[21] Es ist also nicht von vornherein ausgeschlossen, dass in der griechischen Fassung von EvThom 43 die „johanneische" Frage σὺ τίς εἶ; stand. Eine gewisse Rest-Unsicherheit bleibt jedoch. Von einer Übereinstimmung im Wortlaut kann man hier ohnehin nicht wirklich sprechen, weil in Joh 8,25 die Frage für sich allein steht, während ihr in EvThom 43 ein präzisierender Nachsatz folgt. Was die Jüngerfrage in EvThom 43 angeht, ist also eine Rezeption des Johannesevangeliums nicht im Wortlaut, sondern auf der thematischen Ebene anzunehmen.

Die Antwort Jesu in EvThom 43,2 findet eine johanneische Entsprechung in Joh 10,25: Dort fordern die „Juden" Jesus auf, ihnen eindeutig zu sagen, ob er der Christus sei – nachdem sie in den vorausgehenden fünf Kapiteln ergebnislos mit ihm über eben diese Frage gestritten haben. Entsprechend bringt die Antwort Jesu nichts Neues, sondern verweist nur auf das bereits Gesagte und auf seine Werke: Die Frage der „Juden" ist durch seine Worte und vor allem seine Taten schon längst beantwortet.[22] In EvThom 43,2 hat der Vorwurf Jesu zwar keine zeitliche Dimension,[23] aber

---

19 Darin stimmen *Horner* und Handschriften sa 1 (*Quecke*) und sa 5 (*Schüssler*) überein; *Queckes* Apparat (sa 4, sa 5 und sa 9) verzeichnet keine abweichende Lesart.
20 Hier steht das Personalpronomen in der druckvollen Form ⲛ̄ⲧⲁⲕ, wohl einer achmimischen Variante; vgl. WESTENDORF: *Koptisches Handwörterbuch*, 127 s.v. ⲛⲧⲟⲕ. In der Antwort Jesu entspricht dem die ebenfalls druckvolle Form des Personalpronomens der 1. Person Singular, ⲁⲛⲟⲕ.
21 Darin stimmen *Horner* und die Handschriften sa 1 (*Quecke*) und sa 5 (*Schüssler*) überein; *Queckes* Apparat (sa 4, sa 5 und sa 9) verzeichnet keine abweichende Lesart. Freilich ist in beiden Fällen die Frage keine direkte Rede, sondern Teil des Erzählreferates. Diese Erklärung gewinnt Plausibilität im Vergleich von Joh 1,19 mit der in direkter Rede formulierten Frage in Joh 1,22: ⲛ̄ⲧⲟⲕ ⲅⲉ ⲛ̄ⲧⲕ ⲛⲓⲙ nach sa 5 (*Schüssler*)
22 Vgl. SCHNACKENBURG: *Johannesevangelium* II, 384; MOLONEY: *Gospel of John*, 314–315; WENGST: *Johannesevangelium* 1, 403; LINCOLN: *Gospel According to St John*, 305. Zwar hat sich Jesus in den Streitgesprächen mit den „Juden" nie offen als Messias vorgestellt, doch nach THEOBALD: *Evangelium nach Johannes 1–12*, 692 ist diese Aussage implizit durch die bisherigen Offenbarungsworte gedeckt. Für die Leser bzw. Hörer des Johannesevangeliums ist in jedem Fall der hermeneutische Schlüssel mitgegeben, um die Offenbarungsworte und Streitgespräche vor dem Hintergrund und im Licht des Christusbekenntnisses zu verstehen (vgl. Joh 1,41; 20,31).
23 In EvThom 43,2 bewegen sich sowohl der Hauptsatz als auch der vorhergehende Relativsatz auf der so genannten Präsensebene (Adverbialsätze). In der sahi-

B. Durchführung

er zielt dennoch darauf, dass seine Identität eigentlich schon klar sein müsste. Das Logion kann sich dabei nicht auf bestimmte Worte oder Reden Jesu beziehen (EvThom 42 reicht dazu nicht aus), setzt aber voraus, dass Jesus in einer Weise spricht, die seine Identität offenbaren kann, so wie er es in Joh 1–12 mit unterschiedlichem Erfolg tut. Daher liegt auch hier eine thematische Übereinstimmung mit dem Johannesevangelium (am deutlichsten mit Joh 10,25) vor. Fraglich ist jedoch, wie diese zu verstehen ist bzw. ob diese Übereinstimmung ein literarisches oder überlieferungsgeschichtliches Verhältnis unseres Logions zum Johannesevangelium zu begründen vermag. Im Vergleich mit Joh 10,25 setzt EvThom 43,2 ja durchaus seinen eigenen Akzent. In Joh 10,25 wirft Jesus den „Juden" vor, dass sie, obwohl er ihnen schon alles Nötige gesagt hat, nicht *glauben* (οὐ πιστεύετε). In EvThom 43,2 wirft Jesus den Jüngern vor, dass sie aus dem, was er ihnen sagt, nicht *erkennen* (ⲉⲓⲙⲉ), wer er ist. Es liegt also an sich nur eine formale Parallele vor, während die entscheidenden Stichwörter die jeweiligen Interessen der beiden Texte artikulieren. Der anschließende Vergleich mit den „Juden" spricht jedoch dafür, dass hier auf die Streitgespräche des Johannesevangeliums, namentlich auf die Szene Joh 10,22–30, angespielt wird.

c) Die „Juden"

Als Reaktion auf ihre wenig respektvolle Frage bescheinigt Jesus in EvThom 43,3 seinen Jüngern, sie seien „geworden wie die Juden", die hier anscheinend als herausragendes Beispiel der Inkonsequenz[24] herhalten sollen. Diese ausdrückliche Erwähnung von Juden (in der 3. Person, als „Andere") hat in der Forschung einige Aufmerksamkeit auf sich gezogen. Zumeist wird sie als Indiz dafür gewertet, dass EvThom 43 frühestens gegen Ende des 1. Jahrhunderts entstanden sein könne,[25] so dass unser Logion entweder das johanneische „Sprachspiel" rezipiert[26] oder in einer Situation der polemischen Abgrenzung vom Judentum entstanden ist, die der des Johannesevangeliums ähnelt.[27]

---

dischen Übersetzung von Joh 10,25 ist hingegen der erste Satzteil im Perfekt I formuliert (ⲁⲓϫⲟⲟⲥ ⲛⲏⲧⲛ̄: „Ich habe es euch gesagt"), der zweite Satzteil hingegen als Adverbialsatz (ⲁⲩⲱ ⲛ̄ⲧⲉⲧⲛ̄ⲡⲓⲥⲧⲉⲩⲉ ⲁⲛ ⲉⲣⲟⲓ: „Und ihr glaubt mir nicht").
24 Vgl. dazu auch NORDSIECK: *Thomas-Evangelium*, 181–182.
25 Vgl. GÄRTNER: *Theology of the Gospel of Thomas*, 50–51; DECONICK: *Original Gospel of Thomas in Translation*, 165; HEDRICK: *Unlocking the Secrets*, 89; GATHERCOLE: *Gospel of Thomas*, 121.
26 Vgl. BROWN: „Gospel of Thomas", 167.
27 Vgl. DECONICK: *Original Gospel of Thomas in Translation*, 165; DUNDERBERG: *The Beloved Disciple in Conflict?*, 111–112; NORDSIECK: *Thomas-Evangelium*, 180;

II. Einzeluntersuchungen, 19. Logion 42–43

Für unsere Fragestellung ist nun von Interesse, ob die Rede von den „Juden" im Johannesevangelium so spezifisch ist, dass man sie gegebenenfalls als einschlägigen Hintergrund von EvThom 43 identifizieren könnte, und ob die Verwendung des Motivs in EvThom 43 wirklich dem johanneischen Sprachgebrauch entspricht.

Die erste Frage beschäftigt die Forschung schon seit Jahrzehnten,[28] vor allem im Hinblick auf die katastrophale Wirkungsgeschichte der einschlägigen Texte und die Frage, wie etwa die Streitgespräche des Johannesevangeliums mit ihrer Polemik gegen die „Juden" nach der Schoah zu lesen seien.[29] Im Rahmen dieser Untersuchung mag jedoch ein summarischer Überblick genügen: Es kann mittlerweile als relativ gesicherte Erkenntnis gelten, dass der Verfasser des Johannesevangeliums, wenn er in seiner Erzählung „Juden" auftreten lässt, damit nicht die Zeitgenossen Jesu historisch exakt abbildet. Im charakteristischen Sprachgebrauch des Johannesevangeliums[30] ist mit „die Juden" (besonders deutlich etwa in Joh 7,13; 9,22; 20,19) eine jüdische Führungsschicht gemeint, die Jesus und seinem Anspruch kritisch, ungläubig und sogar feindselig gegenübersteht.[31] Besonders deutlich erscheinen diese Züge in Joh 8,12–59.[32] Auf der Ebene

---

GIANOTTO: „Quelques aspects de la polémique anti-juive", 170–171; HEDRICK: Unlocking the Secrets, 89; GROSSO: Vangelo secondo Tommaso, 175–176.
28 Zur früheren Forschung vgl. z.B. VON WAHLDE: „The Johannine ‚Jews'", 34–41.
29 Vgl. dazu etwa LIEU: „Anti-Judaism", v.a. 131–137.
30 Nach ASHTON: Understanding the Fourth Gospel, 68 mit Anm. 17 trifft das für knapp die Hälfte der Belege zu: Joh 5,10.15.16.18; 7,1.11.13.35; 8,22.48.52.57; 9,18.22; 10,24.31.33; 11,8.54; 13,33; 18,12.14.20.31.38; 19,7.12.14.21.31.38. Über einzelne Stellen könnte man trefflich streiten, doch in jedem Falle ist festzuhalten, dass dieser Sprachgebrauch auch den anderen Belegstellen für Ἰουδαῖοι eine einschlägige Färbung gibt, auch wenn dort die „Juden" nicht direkt als feindselig beschrieben werden.
31 Vgl. VON WAHLDE: „The Johannine ‚Jews'", 46–49; DERS.: „‚The Jews' in the Gospel of John", 44–45.53–54; DE BOER: „Depiction of ‚the Jews'", 261–269; ASHTON: Understanding the Fourth Gospel, 68–69; ähnlich NICKLAS: Ablösung und Verstrickung, 391–394 (mit Kritik an der Ausdifferenzierung unterschiedlicher Bedeutungen von Ἰουδαῖοι). Andere Autoren sehen in dieser Bezeichnung hingegen etwas an sich Positives ausgedrückt: „Es handelt sich um das von Gott auserwählte Volk, dem die Verheißungen gelten und das eine besondere heilsgeschichtliche Bedeutung hat. Es sind ‚die Seinen' (Joh 1,11), die eigentlich empfänglich sein müssten für Jesus und seine Sendung." (HASITSCHKA: „Joh 8,44", 110). Ähnlich TOLMIE: „Ἰουδαῖοι", 397: Während das Bild der „Juden" im Johannesevangelium auch positive Aspekte beinhaltet (vgl. etwa Joh 8,30; 11,45), seien es die „Pharisäer", die auf Jesus durchweg negativ reagieren.
32 Vgl. TOLMIE: „Ἰουδαῖοι", 387.

B. Durchführung

der Erzählung dienen die „Juden" als Negativfolie, vor welcher der Evangelist den Anspruch Jesu herausstellen und seinen Lesern ein positives Identifikationsangebot machen kann.[33] Diese Erkenntnisse sollen aber nicht den Befund nivellieren, dass der Autor des Johannesevangeliums für diese „Schurken" einen sehr weit gefassten Begriff verwendet hat, der sich – anders als z. B. „Pharisäer" – auch noch konkret auf seine jüdischen Zeitgenossen im späten 1. Jahrhundert bzw. im frühen 2. Jahrhundert beziehen ließ.[34] Das spricht dafür, dass der Evangelist damit seine Erzählung gezielt für seine Gegenwart offenhält, vermutlich um die Ablösung seiner Gemeinschaft von ihren jüdischen Wurzeln in die Erzählung einzutragen.[35]

Nun ist das Johannesevangelium nicht der einzige neutestamentliche Text, der diesen komplexen Vorgang thematisiert. Auch in der Apostelgeschichte[36] erscheinen Juden als die „Anderen", die den christlichen Anspruch nicht ohne Weiteres akzeptieren. Lukas verwendet aber das Wort Ἰουδαῖοι nicht für eine feindselige Jerusalemer Führungsschicht, die schon zur Zeit Jesu dessen Anspruch bestreitet; das ist eine Eigenheit des Johannesevangeliums.[37] Zwar ist auch Paulus in der Apostelgeschichte häufig mit „Juden" konfrontiert,[38] doch es gibt keine Streitgespräche: Lukas lässt

---

33 Vgl. NICKLAS: *Ablösung und Verstrickung*, 394–405. Im Anschluss an Joh 8,30–31 könnte man erwägen, dass mit den Ἰουδαῖοι eigentlich Christen außerhalb der johanneischen Gemeinde gemeint seien; vgl. H.J. DE JONGE: „The ‚Jews' in the Gospel of John", 242.244–259. Für das ganze Johannesevangelium ist das aber schwerlich durchzuhalten. Ratsamer ist es wohl, die „Juden" (konsequent in Anführungszeichen gesetzt) in erster Linie als Erzählfigur innerhalb der erzählten Welt des Johannesevangeliums zu betrachten und die Frage nach der außertextlichen Referenz dieses Begriffs nicht im Modus eindeutiger Entsprechungen zu beantworten.
34 Eben diese Offenheit des Begriffs „Juden" erlaubte unbekümmerte „Aktualisierungen" bis weit ins 20. Jahrhundert hinein.
35 Vgl. dazu insgesamt MARTYN: *History and Theology*, v. a. 17–41; auch z. B. WENGST: *Johannesevangelium* 1, 26–30. Für DE BOER: „Depiction of ‚the Jews'", v. a. 278–279 ist im Johannesevangelium „Juden" eine ironische Bezeichnung für diejenigen, die für sich in Anspruch nehmen, die Standards jüdischer Identität zu definieren, und damit den – ebenfalls jüdischen – Mitgliedern der johanneischen Gemeinde diese Identität absprachen – so scheint es zumindest im Umfeld des Evangelisten empfunden worden zu sein. Für eine südafrikanische Analogie zu diesem Szenario vgl. ebd., 278 Anm. 62.
36 Im Lukasevangelium kommt das Wort Ἰουδαῖοι, abgesehen von der Anklage gegen Jesus als „König der Juden" (Lk 23,3.37–38), nur zweimal in distanziert-beschreibender Verwendung vor: Lk 7,3; 23,51.
37 Vgl. BEUTLER: „Identity of the Jews'", 231–234 (= *Neue Studien*, 71–73).
38 Speziell in Apg 9,23; 13,45.50; 14,4.19; 17,5; 18,12.14.19; 20,3.19; 21,11; 22,30; 23,12.20.27; 24,9.27; 25,9.10; 26,2.4.7.21; 28,19 nennt Lukas „die Juden" ohne nähere Bestimmung als Gegenspieler des Paulus – obwohl für ihn klar ist, dass Paulus

sie gegenüber Paulus nicht eigens zu Wort kommen und scheint mehr Interesse an ihren Mordplänen und Gewalttätigkeiten gegen Paulus zu haben (Apg 9,23; 13,50; 14,5.19; 17,5.13; 18,12; 20,19; 21,11; 23,12.20.27; 25,24; 26,21).

Im Unterschied dazu treten die „Juden" im Johannesevangelium in die direkte Konfrontation mit Jesus ein und bestreiten seinen Anspruch, *der Sohn Gottes zu sein und Gott verbindlich „auszulegen"* (Joh 1,18). Zur Präzisierung sei noch angemerkt, dass die Streitgespräche in Joh 5–10 über weite Strecken vom rechten Verständnis der Schrift als Bezeugungsinstanz für den Anspruch Jesu handeln: Der Evangelist unterstellt den „Juden", dass sie ihre Heilige Schrift nicht „richtig" (d. h. christologisch) lesen. Programmatisch kommt das in Joh 5,39.45–47 zur Sprache. Diese einschlägige Rede von „Juden" findet nun in der Tat ihre Entsprechung in EvThom 43, und der Streit um die Schrift, dem man im Johannesevangelium immer wieder begegnet, könnte sogar einen Hintergrund für das abschließende Wort von Baum und Frucht darstellen.

Die zweite hier zu besprechende Frage gilt EvThom 43 selbst: Entspricht die Rede von den „Juden" in diesem Logion johanneischem Sprachgebrauch, so dass man sie im Sinne eines spezifischen Verhältnisses dieses Logions zum Johannesevangelium auswerten könnte? Zunächst gilt es festzuhalten, dass die „Juden" selbst in EvThom 42–43 gar nicht auftreten; das Logion ist lediglich ein Gespräch zwischen Jesus und seinen Jüngern. Die „Juden" stellen darin eine Vergleichsgröße dar: Insofern die Jünger die Identität und Autorität Jesu in Frage stellen, gleichen sie den „Juden".[39] Dieser Vergleich wird dann mit einem Bildwort ausgeführt, das dem Gleichnis vom Baum und den Früchten (Mt 7,16–20; 12,33–35; Lk 6,43–45 → Q 6,43–45) ähnelt. Dort geht es darum, dass die „Frucht" immer dem „Baum" entspricht bzw. dass ein „Baum" nur solche „Früchte" hervorbringen kann, die seiner eigenen Qualität entsprechen. Dieser Gedanke scheint auch der Anwendung dieses Bildwortes in EvThom 43 zugrunde zu liegen, ohne dass damit etwas über ein mögliches literarisches Verhältnis unseres Logions zu dem synoptischen Gleichnis ausgesagt wäre.[40] Nach EvThom 43 zeichnen sich die „Juden" nun dadurch aus, dass sie diesen Zusammenhang nicht anerkennen: „Sie lieben den Baum, sie hassen seine Frucht, und sie lieben die Frucht, sie hassen den Baum." Der Satz ist paradox formuliert, und das hat

---

selbst Jude ist (Apg 21,39; 22,3; 26,4). Ähnliches lässt sich in Apg 18,28 für Apollos (der seinerseits in 18,24 als Jude eingeführt wurde) feststellen.
39 Vgl. DUNDERBERG: *„Thomas' I-sayings"*, 62.
40 Sehr zurückhaltend auch PATTERSON: *The Gospel of Thomas and Jesus*, 76–77. Bei STARNITZKE: *„Von den Früchten des Baumes"*, 88–89 wird als Parallele zu Q 6,43–45 nur EvThom 45 genannt, nicht aber EvThom 43,3.

B. Durchführung

einige Autoren dazu gebracht, ihn als Übersetzung aus einer semitischen Sprache (vorzugsweise Aramäisch) zu verstehen, so dass die Konjunktion ⲁⲩⲱ („und") das polyvalente ⲓ wiedergeben soll, das dann im Sinne von „oder" zu verstehen sei.[41] Abgesehen davon, dass diese Lösung dem koptischen Übersetzer kein sehr ausgeprägtes Textverständnis zutraut, setzt sie voraus, dass in beiden Satzgliedern mit „Baum" und „Frucht" jeweils genau dasselbe gemeint ist. Die verdichtete, allgemein gehaltene Form des Bildwortes legt allerdings den Verdacht nahe, dass „Baum" und „Frucht" gar nicht unbedingt auf jeweils spezifische Referenten der Sachebene zu beziehen sein müssen. Es scheint eher darum zu gehen, dass die so beschriebenen „Juden" den inneren Zusammenhang zwischen „Baum" und „Frucht" nicht anerkennen. In der Anwendung auf die Jüngerfrage von EvThom 43,1 könnte man dann den Vorwurf an die Jünger so verstehen, dass sie zwar Gott lieben, aber den von ihm kommenden Jesus in Frage stellen, und dass sie Jesu Autorität nicht in allen Fällen unhinterfragt gelten lassen, aber dennoch manche Worte Jesu gern rezipieren (bzw. dass sie aus den Worten Jesu nicht die notwendigen christologischen Konsequenzen ziehen – vgl. EvThom 43,2).

Die Erwähnung von „Juden" allein kann nun keine spezifische Verbindung unseres Logions zum Johannesevangelium begründen, zumal „Juden" hier, wie gesehen, nicht als Erzählfiguren auftreten, sondern lediglich als Vergleichsgröße. Der Vergleich wird jedoch dadurch veranlasst, dass die Jünger aus den Worten Jesu nicht die richtigen Schlussfolgerungen hinsichtlich seiner Identität (und Autorität) ziehen. Dies macht der johanneische Jesus aber in Joh 8 verschiedentlich den „Juden" zum Vorwurf (Joh 8,14.19; ähnlich 8,27.42–47). Mit anderen Worten: Der Autor von EvThom 43 konnte die mangelnde Einsicht in die Identität Jesu stereotyp mit dem Stichwort „Juden" in Verbindung bringen. „Juden" sind für ihn demnach Leute, die auf ein autoritatives Wort Jesu nur mit der Frage „Wer bist du?" reagieren – so wie die „Juden" des Johannesevangeliums in Joh 8,25. Angesichts dieser engen und ziemlich spezifischen Parallele erscheint es fraglich, ob hier wirklich nur eine Analogie vorliegt.[42] Wenn man die einzelnen Elemente – die kritische Frage nach der Identität Jesu, den Vorwurf des Unverständnisses, das Stichwort „Juden" – jeweils isoliert für sich

---

41 Vgl. GUILLAUMONT: „Les sémitismes dans l'Évangile selon Thomas", 193; DECONICK: *Original Gospel of Thomas in Translation*, 165. Vgl. dazu auch MÉNARD: *L'Évangile selon Thomas*, 144: Das Logion spreche zwei jüdische Haltungen gegenüber Jesus an: Entweder lehne man Jesus (Frucht) zugunsten traditioneller messianischer Erwartungen (Baum) ab, oder man schließe sich Jesus an und gebe dafür die alttestamentliche Tradition auf.

42 So aber mit Nachdruck GIANOTTO: „Quelques aspects de la polémique antijuive", 170–171.

betrachtet, könnte man in der Tat jeweils von Analogien sprechen. Ihre Verbindung in EvThom 42–43 spricht jedoch dafür, einen spezifischen Kontakt zwischen unserem Logion und dem Johannesevangelium anzunehmen. Angesichts des oben unter b) erarbeiteten Befundes ist also davon auszugehen, dass auch das Stichwort „Juden" in EvThom 43,3 kein eigenständiger Reflex des Ablösungsprozesses christlicher Gruppen von ihren jüdischen Wurzeln ist, sondern auf den typisierenden Sprachgebrauch des Johannesevangeliums zurückgeht. Das Thomasevangelium als Ganzes zeichnet sich ja nicht gerade durch ausgeprägte antijüdische Polemik aus, auch wenn in einzelnen Logien Pharisäer als Negativfiguren genannt werden (EvThom 39; 102) oder Elemente jüdischer bzw. judenchristlicher Frömmigkeit kritisiert werden (EvThom 14; 53; 89).[43] Auch auf dieser Ebene erscheint also die scharfe und pauschale Disqualifizierung der „Juden" als ein Fremdkörper. In diesem – innerhalb des Logions – untergeordneten Motiv rezipiert EvThom 43,3 also die Streitgespräche von Joh 5–10, freilich ohne dass sich eine bestimmte Stelle als expliziter Referenztext benennen ließe. Das wäre ein erhebliches Problem, wenn man die Rezeption nur als Textübernahme verstehen könnte. Sofern aber auch die Übernahme von einschlägigen Formulierungen oder spezifischem Vokabular des fraglichen Textes als Rezeption gelten kann,[44] ist die Rede von den „Juden" in EvThom 43,3 ein Beispiel dafür.

d) Fazit zu EvThom 42–43

Wenn man EvThom 42–43 als ein zusammenhängendes Apophthegma auffasst, entwickelt sich dieser Dialog, ausgehend von dem wohl traditionellen Logion EvThom 42, in eine Richtung, die ihre nächste Parallele in den Streitgesprächen von Joh 5–10, namentlich in Joh 8,12–59 (teilweise auch in Joh 10,19–42), hat: Der Wortwechsel dreht sich darum, dass die Jünger, obwohl Jesus zu ihnen spricht, seine Identität nicht (an-)erkennen. Dafür vergleicht er sie mit den „Juden". Diese Verknüpfung mehrerer Motive, die im Johannesevangelium jeweils entwickelt, in EvThom 43 aber anscheinend als bekannt vorausgesetzt werden, spricht dafür, dass der Verfasser dieses Logions sich auf die Streitgespräche des Johannesevange-

---

43 Vgl. PATTERSON: „View from Across the Euphrates", 419–420 (= *Gospel of Thomas and Christian Origins*, 19).
44 Vgl. dazu T. NAGEL: *Rezeption des Johannesevangeliums*, 39 mit der Einschränkung: „Als Hinweis auf die Rezeption der Sprache des JohEv können ... nur solche Begriffe und Wendungen erwogen werden, die exklusiv für das vierte Evangelium charakteristisch sind." Natürlich würde das Wort Ἰουδαῖοι für sich allein diese Bedingung nicht erfüllen, doch *im Kontext* des Dialoges von EvThom 42–43 erscheint es als ein spezifisch johanneisches Element. So im Ergebnis auch ZELYCK: *John among the Other Gospels*, 96–97.

B. Durchführung

liums stützte. Dies ist als eine Rezeption des Johannesevangeliums (näherhin von Joh 8,25; 10,24–25) auf der thematischen Ebene zu kategorisieren. Die Erwähnung der „Juden" in EvThom 43,3 fügt sich in den ohnehin schon johanneisch geprägten Kontext ein und ist daher, ohne sich genau auf eine bestimmte Stelle zu beziehen, als Bezugnahme auf das Johannesevangelium (Joh 5–10) in einem dort prominenten, in EvThom 43 aber untergeordneten Motiv zu klassifizieren.

20. Logion 49

(1) ⲡⲉϫⲉ ⲓ̅ⲥ̅ ϫⲉ ϩⲉⲛⲙⲁⲕⲁⲣⲓⲟⲥ ⲛⲉ ⲛⲙⲟⲛⲁⲭⲟⲥ ⲁⲩⲱ ⲉⲧⲥⲟⲧⲡ̅	(1) Jesus sagte: Selig sind die Einzelnen und Erwählten,
(2) ϫⲉ ⲧⲉⲧⲛⲁϩⲉ ⲁⲧⲙⲛ̅ⲧⲉⲣⲟ ϫⲉ ⲛ̅ⲧⲱⲧⲛ̅ ϩⲛ̅ⲉⲃⲟⲗ ⲛ̅ϩⲏⲧⲥ̅ ⲡⲁⲗⲓⲛ ⲉⲧⲉⲧⲛⲁⲃⲱⲕ̅ ⲉⲙⲁⲩ	(2) denn ihr werdet das Königtum finden, denn ihr seid aus ihm, ihr werdet wieder dorthin gehen.

a) Das Logion im weiteren Kontext

Mit der Seligpreisung der Einzelnen und der Erwählten fügt sich EvThom 49 bestens ins Thomasevangelium ein;[1] man kann in diesem Makarismus geradezu den Inbegriff der Ideale sehen, die das Thomasevangelium seinen Lesern vorstellt. Ein Berührungspunkt zum Johannesevangelium findet sich jedoch nicht im Makarismus, sondern in seiner zweiten Begründung (EvThom 49,2): Demnach werden die Jünger das Königtum (Gottes) finden, weil sie schon daraus stammen und deswegen (zwangsläufig, möchte man sagen) wieder dorthin zurückkehren werden. Dieses Motiv findet sich freilich auch in gnostischen Texten (s. u. B.II.21 zu EvThom 50): Hervorzuheben ist die (erste) Apokalypse des Jakobus (NHC V 34,17–18 bzw. CT 21,17–18) und das (Erlösungs-?) Ritual der Markosier (Irenäus, Haer. 1,21,5; Epiphanios, Pan. 36,2). Wenn dort der Gnostiker nach seinem Ziel gefragt wird, erklärt er jeweils: „Ich gehe wieder in mein Eigenes, woher ich gekommen bin."[2] Diese anthropologische Vorstellung (Egressus-Regressus-Schema)[3] muss man aber gar nicht auf die Gnosis einschränken, sie scheint in der Philosophie der frühen Kaiserzeit überhaupt sehr populär gewesen zu sein.[4] Einen Ansatz dazu findet man auch in den Fragen, die nach Clemens, Exc. Theod. 78,2 die Gnosis beantworten soll: „Wer waren

---

1 Für die „Einzelnen" (ⲙⲟⲛⲁⲭⲟⲥ) vgl. auch EvThom 16; 75, sowie 4; 22; 23, wo dafür das genuin koptische Äquivalent ⲟⲩⲁ ⲟⲩⲱⲧ („ein Einzelner") verwendet wird. Von der Erwählung der Jünger (mit Formen des Verbs ⲥⲱⲧⲡ, „erwählen") ist auch in EvThom 23; 50 die Rede.
2 Diese Formulierung (nach Epiphanios: καὶ πορεύομαι πάλιν εἰς τὰ ἴδια ὅθεν ἐλήλυθα) dürfte auch den beiden koptischen Versionen der (ersten) Apokalypse des Jakobus zugrunde liegen: NHC V 34,17–18: „An den Ort, von dem ich gekommen bin, dorthin werde ich wieder gehen." (ⲉⲡⲙⲁ ⲉⲧⲁⲓ̈ⲉⲓ ⲉⲃⲟⲗ ⲙ̅ⲙⲁⲩ ⲉⲓ̈ⲛⲁⲃⲱⲕ ⲟⲛ ⲉⲙⲁⲩ); CT 21,17–18: „Ich werde gehen zu den Meinen, an den Ort, von dem ich gekommen bin" (ⲉⲉⲓ[ⲛ]ⲁⲃⲱⲕ ϣⲁ ⲛⲉⲧⲉⲛⲟⲩⲓ̈ ⲛⲉ ⲉⲡⲙⲁ ⲛ̅ⲧⲁⲉⲓⲉⲓ ⲙ̅ⲙⲟϥ).
3 Vgl. dazu POPKES: *Menschenbild des Thomasevangeliums*, 236–240.
4 Vgl. dazu PATTERSON: „Jesus Meets Plato", 199 (= *Gospel of Thomas and Christian Origins*, 53–54) u. a. mit Verweis auf Seneca, Ep. 102,21–28. Daneben kann man im hermetischen Bereich auch auf den Poimandres (CH 1,21) verweisen, wo der Gedanke allerdings nicht zentral ist.

B. Durchführung

wir? Was sind wir geworden? Wo waren wir? Wohin sind wir geworfen? Wohin eilen wir? Wovon werden wir erlöst? Was ist Geburt? Was ist Wiedergeburt?"[5]

b) Auseinandersetzung zwischen Thomas und Johannes?

Im Johannesevangelium findet man diese Vorstellung in dieser Form nicht, wohl aber in einer pointierten Anwendung auf Jesus: Nur von ihm wird ausgesagt, dass er von Gott kommt und zu Gott zurückkehrt (v. a. Joh 13,3; 16,28; 17,8.13; auch Joh 8,14).[6] Man könnte dies so deuten, dass das Thomasevangelium diesen johanneischen Gedanken aufgreift und daraus eine Perspektive für alle Jünger macht.[7] Insofern aber der Gedanke von der Rückkehr des Menschen zum (himmlischen) Ursprung in der frühen Kaiserzeit verbreitet war, gibt es keinen Anlass, sein Vorkommen in EvThom 49 als eine Rezeption des Johannesevangeliums zu erklären. Im Johannesevangelium tritt dieser Gedanke ja in einer sehr eigenständig gestalteten Form auf. Eine Rezeption durch das Thomasevangelium müsste man sich dann so vorstellen, dass der Autor von EvThom 49 den Gedanken wieder in das übliche anthropologische Fahrwasser gebracht (sozusagen re-konventionalisiert) habe; damit hätte er zugleich alle Spuren verwischt, die auf eine Rezeption des Johannesevangeliums hindeuten könnten. Mit anderen Worten: Gerade weil der Gedanke von EvThom 49,2 so viele Parallelen hat, die wesentlich näher bei unserem Logion liegen als die christologische Konzeption des Johannesevangeliums, fehlen hier schlichtweg die Indizien für eine Rezeption des Johannesevangeliums.

Manche Autoren nehmen die umgekehrte Tendenz an: Das Johannesevangelium greife diesen Gedanken aus einer (schon gnostischen?) Überlieferung auf, aus der auch EvThom 49 stamme, es bestreite ihn aber durch

---

5 Clemen, Exc. Theod. 78,2: ... τίνες ἦμεν, τί γεγόναμεν· ποῦ ἦμεν, [ἢ] ποῦ ἐνεβλήθημεν· ποῦ σπεύδομεν, πόθεν λυτρούμεθα· τί γέννησις, τί ἀναγέννησις.

6 An vielen Stellen im Johannesevangelium kommt auch nur ein Teil des Schemas zur Sprache: Jesus kommt von Gott (ἐξέρχομαι): Joh 8,42; 16,27.30; 17,8; ähnlich Joh 8,23. Er kehrt zu Gott zurück (ὑπάγω): Joh 7,33; 8,21–22; 13,33.36; 14,4–5.28; 16,5.10. Auffällig ist, dass das Schema von Ausgang und Rückkehr zwar im ersten Teil des Evangeliums ausführlich vorbereitet wurde, aber erst in Joh 13,3 explizit in einem Satz zur Sprache kommt. Der formelhafte Ausdruck (ὅτι ἀπὸ θεοῦ ἐξῆλθεν καὶ πρὸς τὸν θεὸν ὑπάγει) dient hier als Schlüssel zur Passionserzählung und, im näheren Kontext, zur Fußwaschungserzählung Joh 13,4–17; vgl. LINCOLN: *Gospel According to St John*, 366. Auch Joh 16,28 bündelt in gleicher Weise die Gedanken von Joh 1–12, und so darf dieser Vers als „un petit résumé de la christologie joh[annique]" (ZUMSTEIN: *L'Évangile selon Saint Jean (13–21)*, 153) gelten.

7 Vgl. BROWN: „Gospel of Thomas", 167; TREVIJANO ETCHEVERRÍA: „Reconversión de la Escatología", 154.

eine christologische Engführung: Nicht jeder Gnostiker erkennt seinen himmlischen Ursprung und kehrt dorthin zurück, sondern nur Jesus kommt von Gott, weiß, dass er von Gott kommt, und kehrt zu Gott zurück. Das Johannesevangelium polemisiere demnach gegen eine gnostische Vorstellung, die in EvThom 49 zur Sprache kommt.[8] Diese Sichtweise steht aber prinzipiell vor dem gleichen Problem wie die oben referierte: Es lässt sich nicht gut nachweisen, dass das Johannesevangelium mit dem Gedanken, dass Jesus vom Vater gekommen ist und zum Vater geht, speziell auf EvThom 49 Bezug nimmt. Gegen eine direkte Bezugnahme auf EvThom 49 spricht, dass das Johannesevangelium das Stichwort „Königtum" (βασιλεία) in diesem Zusammenhang nicht verwendet. Das fällt umso mehr auf, als dem Johannesevangelium die Vorstellung vom Eingehen in das Königtum Gottes nicht fremd ist (Joh 3,5). Zudem ist zu fragen, ob das Johannesevangelium den Gedanken, dass Jesus von Gott kommt und zu Gott zurückkehrt, wirklich in polemischem Sinne ausführt:[9] Die häufige Wiederholung ist an sich noch kein Kennzeichen von Polemik, und auch die antithetischen Formulierungen (Joh 8,14.23) richten sich nicht gegen den Anspruch anderer Menschen, etwa der Jünger, von Gott zu kommen und zu Gott zurückzukehren. In Joh 8,14 geht es um das *Wissen* über Herkunft und Ziel Jesu: Jesus spricht den „Juden" dieses Wissen ab,[10] doch ihre eigene Herkunft oder ihr Ziel kommt nicht in den Blick. Joh 8,23 liegt näher bei dieser Thematik, insofern Jesus seine Herkunft „aus dem Oberen" behauptet und den „Juden" ihre Herkunft „aus dem Unteren" bzw. „aus dieser Welt" attestiert. Dieser Kontrast ist zwar an sich und im Kontext von Joh 8 durchaus polemisch, doch die Herkunft der „Juden" wird nur als Grund für den Konflikt[11] konstatiert, sie erheben keinen Anspruch, der mit dem Jesu konkurriert oder mit EvThom 49 vergleichbar wäre. Sie beanspruchen „nur", Nachkommen Abrahams zu sein (Joh 8,39) und Gott zum Vater zu haben (Joh 8,41),[12] aber die Dynamik von Herkunft und Rückkehr kommt dabei überhaupt nicht in den Blick. So polemisch das Streitgespräch

---

8 Vgl. H. KOESTER: „Gnostic Sayings and Controversy Traditions", 101; DERS.: *Ancient Christian Gospels*, 119; ZÖCKLER: *Jesu Lehren im Thomasevangelium*, 127–128; PAGELS: *Beyond Belief*, 68–69. Kritisch dazu FREY: *Johanneische Eschatologie* I, 374.
9 Die folgenden Ausführungen setzen sich vor allem mit ZÖCKLER: *Jesu Lehren im Thomasevangelium*, 128 auseinander.
10 Darin liegt nach DE BOER: „Jesus' Departure", 12 das Hauptproblem von Joh 8,12–20; ähnlich, auf Joh 8,12–59 bezogen, auch BARRETT: *Gospel According to St John*, 279.
11 Vgl. LINCOLN: *Gospel According to St John*, 268.
12 Es überrascht, dass der letztgenannte Anspruch nicht mit dem exklusiven Verhältnis Jesu zu Gott kontrastiert wird. Im Duktus dieses Streitgespräches geht es

B. Durchführung

in Joh 8 also gestaltet ist, lässt es sich doch nicht als Polemik *gegen die anthropologische Konzeption von EvThom 49* verstehen.

Über die Herkunft der Jünger Jesu lässt das Johannesevangelium nur ansatzweise in Joh 15,19; 17,6.9 etwas verlauten: Sie sind empirisch aus der Welt, aber sie gehören dem Vater, und der hat sie – aus der Welt heraus – Jesus gegeben (Joh 17,6.9). Indem Jesus sie aus der Welt erwählt hat, sind sie nicht (mehr) aus der Welt (Joh 15,19; 17,14.16).[13] Der Unterschied zur Vorstellung von EvThom 49 liegt darin, dass nach Joh 15,19; Joh 17,6.9 die Jünger nur deswegen und nur insofern „nicht aus der Welt" sind, als sie von Gott gegeben und von Jesus erwählt sind: Ihre Un- bzw. Überweltlichkeit liegt also nicht in ihnen selbst, sondern verdankt sich göttlichem Handeln an ihnen.[14] Auch hier ist keine polemische Auseinandersetzung mit einer Vorstellung wie in EvThom 49 erkennbar, denn die Herkunft der Jünger wird nicht der Herkunft Jesu gegenübergestellt, die Erörterungen konzentrieren sich nur auf die Jünger. Im Hinblick auf die Jünger wird nun ein möglicher himmlischer Ursprung überhaupt nicht erörtert, sondern es geht nur darum, inwiefern sie aus der Welt sind bzw. nicht aus der Welt sind.[15] Als polemische Auseinandersetzung mit einer Vorstellung, wie sie in EvThom 49; 50 zum Ausdruck kommt, wäre diese Konzeption denkbar schwach.

c) Fazit zu EvThom 49

Damit zeigt sich, dass das Egressus-Regressus-Schema in EvThom 49 und im Johannesevangelium nicht in dem Sinne auszuwerten ist, dass ein Text direkt auf den anderen Bezug nähme. Das Motiv, das EvThom 49 mit dem Johannesevangelium verbindet, ist zudem nicht auf diese beiden Texte

---

nicht darum, ob die „Juden" *oder* Jesus Gott zum Vater haben, sondern es geht darum, ob Gott (auch) der Vater der „Juden" ist.

13 Bei BULTMANN: *Evangelium des Johannes*, 388–389 gehören die Jünger zwar „nicht mehr" zur Welt, doch er relativiert dieses „nicht mehr", indem er das εἶναι ἐκ in Joh 17,14.16 explizit auf den Ursprung der Jünger bezieht und engführt. Wenn man diesen Gedanken konsequent weiterführte, könnte der Vater Jesus diese Jünger gar nicht „aus der Welt" (Joh 17,6) geben und Jesus sie nicht „aus der Welt" (Joh 15,19) erwählen, weil sie ja von vornherein nicht aus der Welt sind. Diese Konsequenz zieht das Johannesevangelium aber nicht, und darin liegt der fundamentale Unterschied zwischen der johanneischen Konzeption und EvThom 49.

14 Vgl. dazu auch MOLONEY: *Gospel of John*, 462; ZUMSTEIN: *L'Évangile selon Saint Jean (13–21)*, 116; ähnlich auch SASSE: „κοσμέω", 895; BARRETT: *Gospel According to St John*, 400; LINCOLN: *Gospel According to St John*, 409.

15 Das dürfte auch damit zusammenhängen, dass in den Abschiedsreden ein himmlisches Ziel der Jünger kaum thematisiert wird (nur ansatzweise in Joh 14,2–3); in der Hauptsache geht es um das zukünftige Dasein der Jünger *in der Welt*.

beschränkt, so dass man die Parallele zwischen EvThom 49 und dem Johannesevangelium auch nicht mit einer spezifischen gemeinsamen Überlieferung erklären kann. Damit sei nicht bestritten, dass das Johannesevangelium im zeitgenössischen Diskurs über den himmlischen Ursprung des Menschen eine pointierte Position einnimmt: Was platonische und stoische Philosophen und später auch die Gnostiker vom Menschen allgemein behaupteten, sagt das Johannesevangelium nur von Jesus aus.[16] Es greift diese verbreitete Position aber nicht erkennbar direkt an, weder als populäres Gedankengut noch als Aussage eines bestimmten Textes, in der Gestalt von EvThom 49; 50. Es bleibt also bei einer thematischen Analogie.

---

16 Vgl. auch SCHNACKENBURG: *Johannesevangelium* II, 244–245 zu Joh 8,14.

B. Durchführung

21. Logion 50

(1) ⲡⲉϫⲉ ⲓ̅ⲥ̅ ϫⲉ ⲉⲩϣⲁⲛϫⲟⲟⲥ ⲛⲏⲧⲛ̄ ϫⲉ ⲛ̄ⲧⲁⲧⲉⲧⲛ̄ϣⲱⲡⲉ ⲉⲃⲟⲗ ⲧⲱⲛ ϫⲟⲟⲥ ⲛⲁⲩ ϫⲉ ⲛ̄ⲧⲁⲛⲉⲓ ⲉⲃⲟⲗ ϩⲙ̄ ⲡⲟⲩⲟⲉⲓⲛ ⲡⲙⲁ ⲉⲛⲧⲁ ⲡⲟⲩⲟⲉⲓⲛ ϣⲱⲡⲉ ⲙ̄ⲙⲁⲩ ⲉⲃⲟⲗ ϩⲓⲧⲟⲟⲧϥ̄ˋ ⲟⲩⲁⲁⲧϥ̄ˋ ⲁϥⲱϩ[ⲉ ⲉⲣⲁⲧϥ] ⲁⲩⲱ ⲁϥⲟⲩⲱⲛϩ ⲉ[ⲃⲟⲗ] ϩⲛ̄ ⲧⲟⲩϩⲓⲕⲱⲛ	(1) Jesus sagte: Wenn sie zu euch sagen: Woher seid ihr?, sagt zu ihnen: Wir sind aus dem Licht, dem Ort, an dem das Licht entstanden ist aus sich allein, es hat sich hingestellt, und es ist erschienen in ihrem (Plur.) Bild.
(2) ⲉⲩϣⲁϫⲟⲟⲥ ⲛⲏⲧⲛ̄ ϫⲉ ⲛ̄ⲧⲱⲧⲛ̄ ⲡⲉ ϫⲟⲟⲥ ϫⲉ ⲁⲛⲟⲛ ⲛⲉϥϣⲏⲣⲉ ⲁⲩⲱ ⲁⲛⲟⲛ ⲛ̄ⲥⲱⲧⲡˋ ⲙ̄ⲡⲉⲓⲱⲧ ⲉⲧⲟⲛϩ	(2) Wenn sie zu euch sagen: Seid ihr es?, sagt: Wir sind seine Söhne, und wir sind die Erwählten des lebendigen Vaters.
(3) ⲉⲩϣⲁⲛϫⲛⲉ ⲧⲏⲩⲧⲛ̄ ϫⲉ ⲟⲩ ⲡⲉ ⲡⲙⲁⲉⲓⲛ ⲙ̄ⲡⲉⲧⲛ̄ⲉⲓⲱⲧˋ ⲉⲧϩⲛ̄ ⲧⲏⲩⲧⲛ̄ ϫⲟⲟⲥ ⲉⲣⲟⲟⲩ ϫⲉ ⲟⲩⲕⲓⲙ ⲡⲉ ⲙⲛ̄ ⲟⲩⲁⲛⲁⲡⲁⲩⲥⲓⲥ	(3) Wenn sie zu euch sagen: Was ist das Kennzeichen eures Vaters, das an euch ist?, sagt zu ihnen: Bewegung ist es und Ruhe.

a) Zum Komplex EvThom 50–53

In der erhaltenen koptischen Version des Thomasevangeliums bildet EvThom 50 den Anfang einer formal zusammenhängenden Gruppe von Logien.[1] EvThom 50 beginnt mit einer Nennung Jesu als Sprecher dieses Logions. Die daran anschließenden Logien 51–53, die jeweils als kleine Dialoge strukturiert sind, nennen Jesus hingegen nicht namentlich, sondern verweisen nur durch pronominale Wendungen auf ihn. Schematisch stellt sich das folgendermaßen dar:

EvThom 50: **Jesus** sagte ...
EvThom 51: *Seine* Jünger sagten zu ihm: ... *Er* sagte zu ihnen: ...
EvThom 52: *Seine* Jünger sagten zu ihm: ... *Er* sagte zu ihnen: ...
EvThom 53: *Seine* Jünger sagten zu ihm: ... *Er* sagte zu ihnen: ...

Inhaltlich lässt sich aus diesen Logien aber kein zusammenhängender Dialog konstruieren: An die Instruktionen für ein Frage-Antwort-Spiel mit einem nicht näher bestimmten Gegenüber (s. u.) schließt sich *ad vocem* „Ruhe" eine Jüngerfrage über die „letzten Dinge" (EvThom 51) an. Dieser

---

[1] Nach GAGNÉ: „Structure and Meaning", 531–533 sollen diese vier Logien der innere Bereich (B-C-C'-B⁻¹) einer größeren konzentrischen Struktur sein, die, von zwei Makarismen gerahmt, EvThom 49–54 umfasst und von der Identität der Jünger Jesu handelt. In dessen Zentrum stehe der synonyme Parallelismus von EvThom 51; 52, der um das gemeinsame Stichwort „Tote" (ⲛⲉⲧⲙⲟⲟⲩⲧ) aufgebaut sei.

folgt ein kurzer Dialog über die Bedeutung der Propheten (EvThom 52), der zur Frage nach der Bedeutung der jüdischen Tradition (EvThom 53) weiterführt. Zwischen EvThom 51 und 52 besteht allenfalls insofern eine Verbindung, als die Jünger ihre Frage nach den letzten Dingen mit einem Rekurs auf die alttestamentliche/jüdische Tradition rechtfertigen wollen. Diese Verbindung liegt aber schon auf der Ebene der Auslegungsbemühungen. Die einzelnen Logien selbst geben dafür keine Anhaltspunkte. Vermutlich sind diese vier Logien also erst durch ihre Nachbarschaft in der Sammlung des Thomasevangeliums zu einer Art von Einheit zusammengewachsen. Es lassen sich jedoch keine klaren Indizien dafür benennen, dass ein Redaktor aus dem langen Instruktionslogion und den drei Dialogen gezielt eine distinkte Sinneinheit schaffen wollte.[2] Die inhaltlichen Bezüge zwischen den vier Logien sind ja, wie gesehen, nicht sehr ausgeprägt. In dieser Hinsicht schließt sich EvThom 50 mit dem Thema von Ursprung und Ziel der Jünger Jesu sogar eher an EvThom 49 an.[3] Man wird also annehmen, dass in EvThom 51–53 die stereotypen Nennungen Jesu als Sprecher erst im Zuge der Überlieferung und/oder Übersetzung wegfielen. Vermutlich hielt ein Abschreiber oder Übersetzer sie in diesem Bereich für überflüssig, weil ohnehin klar ist, dass Jesus der Sprecher ist.[4] Erst in EvThom 54 wird Jesus wieder als Sprecher genannt; das mag dadurch bedingt sein, dass es sich hier, anders als in EvThom 51–53, nicht mehr um einen Dialog, sondern wieder um einen einzelnen Makarismus handelt. Wenn also ein Abschreiber die ausdrückliche Nennung Jesu in EvThom 51–53 überflüssig fand, dürfte er in EvThom 54 eine Zäsur wahrgenommen haben, die eine erneute Nennung Jesu erforderlich machte.[5] In

---

2 Anders GAGNÉ: „Structure and Meaning", 536–537: Die Logiengruppe EvThom 49–53 solle durch Abgrenzung vom (jüdischen) „Anderen" die Identität der Leser als Erwählte (EvThom 49) festigen und sei somit im Kontext sich verfestigender Grenzziehungen zwischen Juden und Christen situiert.
3 Damit lassen sich in EvThom 50 zwei konkurrierende Ordnungssysteme beobachten. Auf der Ebene der thematischen Komposition ist das Logion per Stichwortverbindung gleichermaßen mit EvThom 49 (Herkunft, Erwählte) und EvThom 51 (Ruhe) verknüpft: Nach NORDSIECK: „Zur Kompositionsgeschichte", 184–185 ist EvThom 49 ein „Grundwort" und EvThom 50 das diesem zugewachsene „Zusatzwort". Auch nach GAGNÉ: „Structure and Meaning", 534 erschließt sich die Anrede am Anfang von EvThom 50 durch den Makarismus in EvThom 49. Im heute vorliegenden Text erscheint EvThom 50 aber formal als Eröffnung einer Gruppe von Logien (EvThom 50–53).
4 In umgekehrter Richtung ist das auch in EvThom 37 zu beobachten: Dort ist in der koptischen Version Jesus ausdrücklich als Sprecher genannt, während im griechischen Text (P.Oxy. 655, i 21) lediglich das Verb λέγει ohne explizites Subjekt steht.
5 Diese Beobachtung schwächt die Strukturanalyse von GAGNÉ: „Structure and Meaning", 531–533.

B. Durchführung

dem kleinen Abschnitt EvThom 50–53 sehen wir also die lose Sammlung von „Worten Jesu" auf dem Weg zu einem zusammenhängenden Text, dem „Evangelium nach Thomas".

b) Das ägyptische Totenbuch und andere Parallelen

Auf den ersten Blick könnte der Dialog in EvThom 50 an das ägyptische Totenbuch erinnern: Dort werden dem Verstorbenen Formeln an die Hand gegeben, mit denen er sich in der Totenwelt bewegen, das Lebensnotwendige (vor allem Wasser und Luft) erhalten und das Totengericht und die Konfrontation mit zahlreichen Türhütern bestehen kann. Eine Verbindung von EvThom 50 zum Totenbuch wäre insofern beachtlich, als damit ein ägyptischer Hintergrund für das Thomasevangelium und damit ein Indiz für die Lokalisierung gewonnen wäre. Daher ist ein genauerer Blick auf diese mögliche Parallele angebracht.

Dies betrifft vor allem Spruch 58 („Spruch, um Luft zu atmen und über Wasser zu verfügen im Totenreich"),[6] der mit einem Dialog mit einem nicht näher bestimmten Wächter-Wesen beginnt:

„– Öffne mir.
– ‚Wer bist du? Was bist du? Wo bist du entstanden?'
– Ich bin einer von euch.
– ‚Wer ist das, der mit dir ist?'
– Die beiden *Meret*-Schlangen.
– ‚Wohin aber bist du unterwegs?'
– Zu dem, der die Milchstraße berührt. Er läßt mich überfahren zum Haus dessen, der Gesichter erkennt. ‚Der die *Bas* versammelt' ist der Name des Fährmannes. ‚Die Kämmenden' ist der Name der Ruder. ‚Spitze' ist der Name der Schöpfkelle. ‚Geprüft und richtig (befunden)' ist der Name des Steuerruders, und seinesgleichen ist ähnlich, wenn du in den Teich hinabtauchst, damit ihr mir einen Topf Milch gebt, einen Kuchen, einen Brotlaib und einen Krug Bier, (dazu) ein Fleischstück aus dem Haus des ANUBIS.

---

6 Zwar liegen für das Totenbuch zahlreiche Textzeugen aus mehreren Epochen der ägyptischen Geschichte vor, doch für die verschiedenen Epochen ist es möglich, eine Art von Normaltext zu erstellen: So geht die handliche Übersetzung von Erik Hornung von den Handschriften aus der Zeit des Neuen Reiches (ca. 1550–1070 v. Chr.) aus; vgl. HORNUNG: *Totenbuch*, 15. Die einzelnen Sprüche wurden als distinkte Einheiten markiert, und spätestens in ptolemäischer Zeit scheint sich eine verbindliche Reihenfolge der Sprüche etabliert zu haben; vgl. HORNUNG: *Altägyptische Jenseitsbücher*, 25.

Wer diesen Spruch kennt, der tritt (immer wieder) ein nach dem Herausgehen aus dem Totenreich des Schönen Westens."[7]

Die Ähnlichkeit von EvThom 50 mit Spruch 58 des ägyptischen Totenbuches ist insofern beachtlich, als in beiden Texten Antworten auf Fragen nach der Herkunft, der Identität und der Legitimität des Befragten geboten werden.

Nicht minder bemerkenswert sind aber ähnliche Texte aus dem griechischen Bereich, die als orphische bzw. orphisch-bakchische Goldplättchen bekannt sind.[8] Es handelt sich um kleine, meistens gefaltete oder gerollte Täfelchen aus dünnem Goldblech, die in Bestattungskontexten gefunden wurden. Die meisten dieser Plättchen, die ins 4.-2. Jahrhundert v. Chr. datiert werden, wurden in Griechenland oder Unteritalien („Großgriechenland") gefunden.[9] Sie sind mit kurzen Textstücken – anscheinend Auszüge aus einem umfassenden *Hieros Logos*[10] – beschriftet, welche die Verstorbenen für den Weg in und durch die Unterwelt instruieren. Vor allem geht es darum, aus der streng bewachten Quelle der Mnemosyne zu trinken und sich vor Persephone als gereinigt und würdig, da schon in die Dionysos-Mysterien eingeweiht, vorzustellen. Für den Vergleich mit EvThom 50 ist die Begegnung mit den Wächtern an der Quelle der Mnemosyne aufschlussreich:

„Du wirst finden bei den Häusern des Hades zur Rechten eine Quelle, bei dieser stehend eine weiße Zypresse. Dieser Quelle und nicht (der von) nebenan sollst du dich nähern, dort wirst du kühles Wasser finden, das vom See der Mnemosyne hervorfließt. Die Wächter aber kommen von oberhalb, sie werden dich fragen, zu welchem Zweck du hereingekommen seist. Ihnen sollst du sehr wohl die ganze Wahrheit darlegen und sagen: Der Erde Kind bin ich und des bestirnten Himmels, ein Ster-

---

7 Übersetzung bei HORNUNG: *Totenbuch*, 128–129.
8 Vgl. zum Folgenden insgesamt RIEDWEG: „Initiation – Tod – Unterwelt".
9 Die allermeisten bekannten Exemplare sind bei RIEDWEG: „Initiation – Tod – Unterwelt", 389–398 zusammengestellt und eingeordnet. Demnach scheint nur ein Exemplar bekannt zu sein, das den Rahmen des hellenistischen (Groß-) Griechenland verlässt; das konventionell als A5 gezählte Plättchen stammt aus Rom und wird ins 3. Jahrhundert n. Chr. datiert; vgl. ebd., 394. Dieser Befund mahnt an die Zufälligkeit der Überlieferung und sollte davor warnen, sich die Verbreitung dieser Plättchen und der auf ihnen eingravierten Texte zu beschränkt vorzustellen.
10 Vgl. v. a. RIEDWEG: „Initiation – Tod – Unterwelt", 377.387 (ebenso BETZ: „Der Erde Kind", 401–402). Als Instruktor, der den Verstorbenen diese Informationen mitgibt, ist wohl Orpheus selbst zu denken: Dem Mythos zufolge besuchte er ja die Unterwelt und kennt sich dort also aus.

B. Durchführung

nenname. Vor Durst aber bin ich ausgetrocknet, doch gebt mir zu trinken von der Quelle."[11]

Dieses Szenario erschließt den ausgeführten Dialog auf einem insgesamt knapper gehaltenen Plättchen, der noch näher bei EvThom 50 liegt:

„Vor Durst bin ich ausgetrocknet und vergehe, doch zu trinken (gibt es) für mich von der immerfließenden Quelle zur Rechten, bei der Zypresse. – Wer bist du? Wo(her?) bist du? – Der Erde Sohn bin ich und des bestirnten Himmels. Außerdem bin ich von himmlischem Geschlecht."[12]

Der *Hieros Logos*, der diesen Plättchen zugrunde liegt, könnte vielleicht vom ägyptischen Totenbuch inspiriert sein.[13] In beiden Fällen hat der Dialog mit den Wächtern eine auffällige Ähnlichkeit mit EvThom 50.

Eine weitere bemerkenswerte Parallele, wohl aus etwas späterer Zeit,[14] ist zu nennen: Die (erste) Apokalypse des Jakobus.[15] Dieses „Dialogevangelium" ist Teil des Textfundes von Nag Hammadi, steht aber in einer anderen Handschrift als das Thomasevangelium, nämlich als dritter Traktat in Codex V (NHC V,3). Seit 2006 kennen wir mit Codex Tchacos (CT) noch einen weiteren Zeugen für diesen Text, so dass sich viele Lücken in NHC V,3 auffüllen lassen, doch es gibt auch Variationen zwischen den Texten.[16] Die fragliche Passage findet sich in 1 ApcJac NHC V 32,29–34,20 / CT 19,22–21,20. Dort instruiert Jesus seinen „Bruder"[17] Jakobus, wie dieser

---

11 Griechischer Text bei RIEDWEG: „Initiation – Tod – Unterwelt", 395 (B 2).
12 Griechischer Text bei RIEDWEG: „Initiation – Tod – Unterwelt", 397 (B 3–8).
13 Vgl. RIEDWEG: „Initiation – Tod – Unterwelt", 389; MERKELBACH: „Die goldenen Totenpässe", 6: Dies ist freilich nicht im Sinne einer literarischen Abhängigkeit zu verstehen; Merkelbach nahm an, dass in Ägypten lebende Griechen von der Rezitation der Totentexte bei Begräbnissen beeindruckt waren und dieses Muster in den griechischen Kulturkreis übertrugen.
14 Nach SCHLETTERER/PLISCH: „Die (erste) Apokalypse des Jakobus", 408 ist diese Jakobus-Apokalypse „frühestens gegen Ende des 2. Jahrhunderts abgefaßt worden".
15 Zum Kontext gnostischer Vorstellungen vom Seelenaufstieg vgl. S. G. RICHTER: *Aufstiegspsalmen*, 16–23.
16 Man darf annehmen, dass die beiden Versionen (NHC V,3 und CT 2) voneinander unabhängige Übersetzungen eines griechischen Originals sind; vgl. WURST: „James", 116. Der eingehende Vergleich zeigt in der Tat, dass beide Übersetzungen stellenweise eigene Wege gehen, so dass ein beiden zugrunde liegender griechischer Text nicht immer gut zu erschließen ist. Daher wird hier nicht versucht, einen kritischen Text zu etablieren, sondern die beiden Versionen bleiben in Übersetzung nebeneinander stehen. Vgl. W.-P. FUNK: „Die erste Apokalypse des Jakobus".
17 Nach 1 ApcJac NHC V 24,14–16 / CT 10,3–5 bezeichnet Jesus Jakobus zwar als Bruder, präzisiert aber sofort, dass dies nicht im leiblichen Sinne (ϩⲛ ⲟⲩⲗⲏ) gemeint ist.

sich bei bzw. nach seinem Martyrium gegenüber gewissen Wächter-Wesen verhalten soll:

NHC V 32,29–34,20	CT 19,22–21,20
[Jakobus, si]ehe, ich werde dir deine Rettung offenbaren:	Siehe, jetzt werde ich dir deine Rettung offenbaren:
Wenn du ergriffen wirst und diese Leiden erfährst, wird eine Menge sich rüsten gegen dich, damit sie dich ergreifen. Vor allem drei von ihnen werden dich ergreifen, diese, welche als Zöllner (da) sitzen. Nicht nur verlangen sie Zoll, sondern auch Seelen, indem sie sie als Beute nehmen.	Wenn du ergriffen wirst, wirst du in dieses geraten: Viele werden gegen dich kämpfen wegen des Wortes deiner Kraft. Unter der Menge gibt es 3, diese, welche an einem Ort sitzen, da sie Zöllner sind. Nicht nur nehmen sie den Zoll der Sünden, sondern sie fordern und nehmen auch die Seelen.
Wenn du zu ihnen kommst, wird einer von ihnen zu dir sagen, der ihr Wächter ist: Wer bist du? Oder: Woher bist du? Du sollst zu ihm sagen: Ich bin ein Sohn, und ich bin aus dem Vater.	[Wen]n du viele antriffst, wird einer dich befragen, weil er ein Wäc[hter ist]: Wer bist du? Oder: Woher bist du? Du sollst zu ihm sagen: Ich bin der Sohn und ich bin aus dem Vater.
Er wird zu dir sagen: Was für ein Sohn bist du, und zu was für einem Vater gehörst du? Du sollst zu ihm sagen: Ich bin aus dem Vater, der von Anfang an [existiert]. Ein Sohn bin ich aber, der in dem ist, der von Anfang an existiert.	Und er wird zu dir sagen: Was für ein Sohn und was für ein Vater? Du wirst zu [ihm] sagen: Der Vater, der von Anfang an existiert, und der Sohn, der existiert in dem, der von Anfang an existiert.
Er wird zu dir [sagen]: [...] Du sollst [zu ihm sagen ...] im [...] damit ich [...]	Und er wird zu dir sagen: Woher kommst du? Du sollst zu ihm sagen: Aus dem, der von Anfang an existiert.
[...]	Und er wird mich (sic)[18] fragen: Weswegen bist du gekommen? Du sollst sagen: Ich bin gekommen zu all denen, die mir gehören, und zu denen, die mir nicht gehören.

---

18 Diese Passage ist nur im Codex Tchacos erhalten; daher ist nicht sicher zu entscheiden, ob es sich hier um einen Schreibfehler handelt, oder ob dieser singuläre Wechsel zur 1. Person schon im Original vorlag. Die Herausgeber schlagen die Emendation ϥⲛⲁϣⲛ̄ⲧ<ⲕ̄> („er wird dich fragen") vor.

B. Durchführung

NHC V 32,29–34,20	CT 19,22–21,20
[...] Fremden? Du sollst zu ihm sagen: Fremd sind sie mir überhaupt nicht, sondern (sie sind) aus Achamoth, welche die Weibliche ist. Und sie hat diese geschaffen, als sie dieses Geschlecht herunterbrachte von dem, der von Anfang an existiert. Also sind sie nicht fremd, sondern sie sind die Unsrigen. Die Unsrigen sind sie, weil die, welche Herrin über sie ist, aus dem kommt, der von Anfang an existiert. Fremd sind sie aber deswegen, weil der, der von Anfang an existiert, keinen Verkehr mit ihr hatte, als sie sie schuf.	Er wird sagen: Hinter was bist du gekommen? Hinter denen, die dir nicht gehören? Und du sollst sagen: Fremd sind sie mir überhaupt nicht, sondern (sie sind aus) Achamoth, welche die Weibliche ist. Und sie hat diese für sich geschaffen. Sie brachte dieses Geschlecht herunter, das von Anfang an existiert. Also sind sie mir nicht fremd, sondern sie sind die Meinen. Die Meinen sind sie, insofern die, welche Herrin über sie ist, dem gehört, der von Anfang an existiert. Fremd sind sie aber geworden, weil der, welcher von Anfang an existiert, keinen Verkehr mit ihr hatte, als sie sie schuf.
Er wird wiederum zu dir sagen: Wohin wirst du gehen? Du sollst zu ihm sagen: Zu dem Ort, von dem ich gekommen bin, werde ich wieder gehen.	Und er wird zu dir sagen: Wohin wirst du gehen? Du sollst sagen: Ich werde gehen zu denen, die mir gehören, an den Ort, von dem ich gekommen bin.
Wenn du dieses sagst, wirst du ihren Angriffen entkommen.	Wenn du dieses sagst, wirst du gerettet werden von diesen allen.

Die Antworten, die Jakobus hier von Jesus erhält, ähneln stark denen, die nach Irenäus, Haer. 1,21,5 (auch Epiphanios, Pan. 36,2) sterbende Markosier erhalten, um den Aufstieg vorbei an den Archonten zu bewerkstelligen:

„‚Ich bin ein Sohn vom Vater, vom Vater, der zuvor da war, Sohn aber in dem, der zuvor da war (Epiphanios: Ἐγὼ υἱὸς ἀπὸ πατρός, πατρὸς προόντος, υἱὸς δὲ ἐν τῷ προόντι). Ich bin aber gekommen, um alles zu sehen, das Eigene und das Fremde – und es ist ganz und gar nichts Fremdes, sondern es gehört der Achamoth, die weiblich ist und dieses für sich gemacht hat; sie führt (ihr) Geschlecht zurück auf den, der zuvor da war – und ich gehe wieder in das Eigene, von wo ich gekommen bin.' Und wer das sagt, vertreibt die Mächte <sagen sie>."

Diese von Irenäus und Epiphanios zitierte Antwort zieht die Antworten des Dialoges aus der (ersten) Jakobus-Apokalypse zu einer dichten Formel zusammen und scheint somit schon eine sekundäre Verdichtung des Dialoges darzustellen. Ob diese erst durch die Wiedergabe bei Irenäus oder schon im Ritual der Markosier geschehen ist, mag dahingestellt bleiben.

Im direkten Vergleich zeigen sich einige Gemeinsamkeiten und Unterschiede zwischen diesen Dialogen:

EvThom 50	Totenbuch 58 (übers. Hornung)	Goldplättchen B 3–8	1 ApcJac
	„Öffne mir."		
Wenn sie zu euch sagen: „Woher seid ihr gekommen?",	„Wer bist du? Was bist du? Wo bist du entstanden?"	„Wer bist du? Wo(her?) bist du?"	Wenn du ihnen begegnest, wird einer, weil er der Wächter ist, dich fragen: „Wer bist du, oder woher bist du?"
sagt zu ihnen: „Wir sind aus dem Licht, dem Ort, an dem das Licht entstanden ist aus sich allein, es hat sich hingestellt, und es ist erschienen in ihrem (Plur.) Bild."	„Ich bin einer von euch."	„Der Erde Sohn bin ich und des bestirnten Himmels. Außerdem bin ich von himmlischem Geschlecht."	Du wirst zu ihm sagen: „Ich bin ein Sohn, und ich bin aus dem Vater."
(2) Wenn sie zu euch sagen: „Seid ihr es?",			Er wird zu dir sagen: „Was für ein Sohn bist du, und aus welchem Vater bist du?"
sagt: „Wir sind seine Söhne, und wir sind die Erwählten des lebendigen Vaters."			Du wirst zu ihm sagen: „Ich bin aus dem Vater, der von Anfang an existiert, ein Sohn bin ich in dem, der von Anfang an existiert."
			Er wird zu dir sagen: „Woher bist du gekommen?"
			Du wirst zu ihm sagen: „Aus dem, der von Anfang an existiert."

B. Durchführung

EvThom 50	Totenbuch 58 (übers. Hornung)	Goldplättchen B 3–8	1 ApcJac
			Er wird mich (sic) fragen: „Weswegen bist du gekommen?"
			Du wirst sagen: „Ich bin gekommen zu all denen, die mir gehören, und zu all denen, die nicht mir gehören."
			Er wird sagen: „Hinter was bist du her? Hinter denen, die nicht dir gehören?"
			[Zwiespältiges Wesen der Menschen: Von Achamoth geschaffen, aber ohne Zutun des Vaters]
(3) Wenn sie zu euch sagen: Was ist das Kennzeichen eures Vaters, das an euch ist?,	Wer ist das, der mit dir ist?		
sagt zu ihnen: Bewegung ist es und Ruhe.	Die beiden *Meret*-Schlangen.		
	Wohin aber bist du unterwegs?		Er wird zu dir sagen: Wohin wirst du gehen?
	Zu dem, der die Milchstraße berührt. Er läßt mich überfahren zum Haus dessen, der Gesichter erkennt. ...		Du wirst sagen: Ich gehe wieder zurück an den Ort, von dem ich gekommen bin.

Gemeinsam ist all diesen Texten die Frage nach Herkunft und Identität; der instruierte Sprecher behauptet jeweils, er gehöre dem überweltlichen Bereich an (und sei daher befugt, zu passieren). In EvThom 50 sind die beiden Fragen jedoch voneinander getrennt und werden getrennt beantwortet. EvThom 50 hebt sich auch noch in einigen Punkten von den anderen Texten ab: In EvThom 50 wird eine Gruppe auf die Konfrontation mit nicht näher bestimmten Fragestellern vorbereitet, daher erklären sich die durchgehenden Anreden im Plural. In den anderen Texten erhält hingegen jeweils ein einzelner die nötigen Informationen, um für die Reise durch die Totenwelt bzw. die Begegnung mit den Archonten gewappnet zu sein. Im Totenbuch und in der (ersten) Apokalypse des Jakobus wird zudem nach dem Ziel des Reisenden gefragt, während dieses auf den orphischen Goldplättchen nicht zur Sprache kommt; dort beschränkt sich der Dialog mit den Wächtern auf einen Wortwechsel, auf die Frage nach Herkunft bzw. Identität des Verstorbenen. *Eine* richtige Antwort genügt, um aus der Quelle der Mnemosyne trinken zu dürfen.

In EvThom 50 findet sich kein direkter Hinweis darauf, dass der Dialog nach dem Tod stattfinden soll; manche Autoren vermuten daher, dass der Dialog zu Lebzeiten des Sprechers von Bedeutung war: So wird angenommen, es handle sich um „ein katechismusartiges Bekenntnis der Thomas-Gemeinde",[19] das etwa die Auseinandersetzung mit (außenstehenden) „Führenden" (EvThom 3) wiedergebe.[20] Ramòn Trevijano Etcheverría sieht das Logion hingegen in engerem Zusammenhang mit der bei Irenäus, Haer. 1,21,5 referierten Praxis der Markosier, wenn er den Dialog mit der Spendung gnostischer Sakramente (möglicherweise der „Erlösung")[21] in Verbindung bringt.[22] Ein alternatives Szenario schlägt April DeConick vor: Das Logion habe eine mystische Himmelsreise im Blick, ähnlich wie sie in 1 Hen 1–36 („Wächterbuch") oder in späteren Texten der Hekhalot-Mystik beschrieben wird.[23]

Ihr zufolge wird der Dialog unseres Logions (bzw. die diesem vorausliegende Tradition) von der (ersten) Apokalypse des Jakobus aufgegriffen

---

19 NORDSIECK: *Thomas-Evangelium*, 208.
20 Vgl. S. L. DAVIES: „Christology and Protology", 670. – Dass die ἕλκοντες bzw. ⲛⲉⲧⲥⲱⲕ von EvThom 3 tatsächlich frühchristliche Hierarchen sind, ist jedoch keineswegs sicher (s. o. B.II.2.c).
21 Immerhin ist das Referat bei Irenäus eingebettet in eine längere Darlegung über den als „Erlösung" bezeichneten Salbungsritus (Haer. 1,21), von dem auch in EvPhil 69,14–70,4 und Ref. 6,41,2 die Rede ist; vgl. dazu H. SCHMID: *Die Eucharistie ist Jesus*, 117–128.
22 Vgl. TREVIJANO ETCHEVERRÍA: „Reconversión de la Escatología", 157.162.
23 Vgl. DECONICK: *Original Gospel of Thomas in Translation*, 181; für eine Liste von Paralleltexten vgl. ebd., 182.

B. Durchführung

und weiter entwickelt.[24] Die oben dargestellten Parallelen machen diese einlinige Entwicklung jedoch eher unwahrscheinlich, denn der Dialog in der (ersten) Apokalypse des Jakobus liegt als Instruktion an einen Einzelnen doch näher beim Totenbuch und den orphischen Goldplättchen. EvThom 50 erscheint somit als eine eigenständige Ausprägung einer verbreiteten Tradition.

Im Blick auf die oben besprochenen Parallelen wird also deutlich, dass sich EvThom 50 nicht eindeutig auf das ägyptische Totenbuch zurückführen lässt, zumal das Totenbuch in römischer Zeit ohnehin außer Gebrauch kam bzw. durch das „Buch vom Atmen" (eine Art Passierschein für die Unterwelt, als Götterdekret formuliert) ersetzt wurde.[25] Das Totenbuch scheint aber zahlreiche Nachahmer gefunden zu haben, was sich z.B. in den orphischen Goldplättchen und vergleichbaren Dialog-Szenarien aus dem gnostischen Bereich zeigt.[26] EvThom 50 scheint von dieser Strömung inspiriert zu sein und sie zu rezipieren, doch ein konkreter Referenztext lässt sich nicht benennen.

c) Söhne des Lichtes und Erwählte des lebendigen Vaters

In EvThom 50 weist Jesus die Jünger an, auf Anfrage zu behaupten, dass sie „aus dem Licht" kämen (ⲛ̄ⲧⲁⲛⲉⲓ ⲉⲃⲟⲗ ϩⲙ̄ ⲡⲟⲩⲟⲉⲓⲛ) und dass sie „seine Erwählten und die Kinder des lebendigen Vaters" seien (ⲁⲛⲟⲛ ⲛⲉϥϣⲏⲣⲉ ⲁⲩⲱ ⲁⲛⲟⲛ ⲛ̄ⲥⲱⲧⲡ̄ ⲙ̄ⲡⲉⲓⲱⲧ ⲉⲧⲟⲛϩ̄).

Beide Motive erinnern auf den ersten Blick an das Johannesevangelium. Nun ist aber das Motiv „Licht" allein nicht spezifisch genug, um eine eindeutige Beziehung zwischen EvThom 50 und dem Johannesevangelium zu belegen (vgl. die Ausführungen zu EvThom 77).[27] Der nächstliegende Deutungskontext für die erste Frage von EvThom 50 ist wohl das Egressus-Regressus-Schema in EvThom 49:[28] Die Jünger stammen aus dem himmlischen Lichtreich und kehren nun wieder dorthin zurück. Was nun die

---

24 Vgl. DeConick: *Seek to See Him*, 52–55.
25 Nach Hornung: *Altägyptische Jenseitsbücher*, 22 handelt es sich beim Totenbuch um „die vorwiegend auf Papyrus geschriebenen Totensprüche des Neuen Reiches, der Dritten Zwischenzeit und der Spätzeit". Vgl. auch Töpfer/Müller-Roth: *Ende der Totenbuchtradition*, 115–117: In dieser Publikation sind zwei Textzeugen aus dem 1. Jahrhundert v.Chr. oder n.Chr. besprochen, die, den Herausgebern zufolge, den Ausklang der Totenbuch-Tradition markieren.
26 Für spätantike ägyptische Jenseitstexte ist auch auf die beiden Bücher des Jeû zu verweisen; vgl. S.G. Richter. „Die beiden Bücher des Jeû", v.a. 1300–1301.
27 So auch Plisch: *Thomasevangelium*, 138.
28 Vgl. dazu z.B. Brown: „Gospel of Thomas", 167; Ménard: *L'Évangile selon Thomas*, 152; Zöckler: *Jesu Lehren im Thomasevangelium*, 124; Plisch: *Thomasevangelium*, 137.

mögliche Beziehung zum Johannesevangelium angeht, fällt zunächst auf, dass das Johannesevangelium über Herkunft und Ziel des Menschen in diesem Sinne keine ausdrückliche Aussage macht. Allerdings wird von Jesus mehrfach gesagt, dass er von Gott kommt und zu Gott zurückkehrt (Joh 13,3; 16,28; 17,8.13; auch Joh 8,14).[29] Diesen Befund interpretieren einige Autoren nun so, dass das Johannesevangelium sich polemisch gegen die in EvThom 49–50 artikulierte Vorstellung wende, wonach *die Jünger* aus dem himmlischen Lichtreich kommen und dorthin zurückkehren. Das Johannesevangelium beschränke diesen Gedanken exklusiv auf Jesus: Nur er kommt von Gott und kehrt zu Gott zurück,[30] die Jünger sind darauf verwiesen, zu glauben und das Liebesgebot zu halten (so v. a. Joh 13,31–14,31).[31] Im Blick auf EvThom 50 erhebt sich gegen diese Position aber der gleiche Einwand, der schon bei EvThom 49 angeführt wurde: Wenn es dem Johannesevangelium darum gegangen wäre, die Vorstellung des Thomasevangeliums zu bestreiten, müsste man dafür deutlichere Hinweise erwarten: Das Johannesevangelium operiert zwar mit einer reflektierten Lichtmetaphorik (vgl. die Ausführungen zu EvThom 77), doch diese steht gerade nicht in Beziehung zur Rede vom Licht in EvThom 50: Nach dem Johannesevangelium kommt Jesus nicht aus dem Licht und kehrt in das Licht zurück, sondern er ist selbst das Licht der Welt (v. a. Joh 8,12). Wenn das Johannesevangelium auf Ursprung und Ziel Jesu zu sprechen kommt, benennt es diese ausdrücklich als Gott bzw. den Vater, doch in diesem Zusammenhang kommt die Lichtmetapher gerade nicht zum Tragen.

Auf der anderen Seite ist die christologische Engführung (falls man davon sprechen kann) der Vorstellung von der Rückkehr zum Ursprung keine exklusive Besonderheit des Johannesevangeliums. Im Modus von Ab- und Aufstieg (Katabasis und Anabasis) findet sie sich auch in Eph 4,7–

---

29 Noch näher bei EvThom 50 liegen in diesem Sinne freilich die Stellen, an denen Jesus nur von seiner Herkunft spricht: Joh 8,42; 16,27.30; 17.8. Bemerkenswert ist in diesem Zusammenhang auch, dass die mehrdeutige Frage des Pilatus: πόθεν εἶ σύ (Joh 19,9), keine Antwort (mehr) erhält: Im Kontext des Johannesevangeliums ist sie doppeldeutig geworden, und die Zeit, in der Jesus über seine Herkunft „freimütig vor der Welt gesprochen" (Joh 18,20) hat, ist vorbei; vgl. dazu auch BARRETT: *Gospel According to St John*, 451.
30 In diesem Sinn interpretiert auch April DeConick die Sprüche vom Suchen und Nicht-Finden (Joh 7,33–34; 8,21; 13,33), die jeweils im Kontext des Weggangs Jesu (ὑπάγω) stehen, als Polemik gegen eine Vorstellung, die mit der Möglichkeit des mystischen Aufstiegs rechnet; vgl. DECONICK: *Seek to See Him*, 72–73; DIES.: *Voices of the Mystics*, 40.
31 Vgl. H. KOESTER: *Ancient Christian Gospels*, 119; ZÖCKLER: *Jesu Lehren im Thomasevangelium*, 127–128; PAGELS: *Beyond Belief*, 68–69; ähnlich auch H. KOESTER: „Gnostic Sayings and Controversy Traditions", 10.

B. Durchführung

10 (vgl. auch Joh 3,13). Auch über diesen Gedanken kann man also keine spezifische Beziehung zwischen EvThom 50 und dem Johannesevangelium herstellen.

Dass die Jünger sich als „seine (sc. des Lichtes) Söhne" bezeichnen sollen, lässt an Joh 12,36 denken.[32] Dieser Ausdruck ist jedoch kein spezifisches Eigengut des Johannesevangeliums. Innerhalb des neutestamentlichen Kanons trifft man ihn auch in Lk 16,8; 1 Thess 5,5 (υἱοὶ φωτός) und Eph 5,8 (τέκνα φωτός) an. Daneben ist vor allem auf den Sprachgebrauch der „Sektenregel" (1QS 1,9; 2,16; 3,13.24.25) und der „Kriegsrolle" (1QM 1,3.9.11.13) aus Qumran zu verweisen (dort jeweils: בני אור).[33] Eine Beziehung zum Johannesevangelium ist daraus nicht abzuleiten, zumal die Rede vom Licht in EvThom 50 und im Johannesevangelium unterschiedliche Züge trägt: Während sie in letzterem durchaus christologisch orientiert und auf die Welt bezogen ist (auch im unmittelbaren Kontext von Joh 12,36), gehört in EvThom 50 das Licht fest zur himmlischen Welt und offenbart sich nur durch Bilder. Wenn in diesem Punkt von einem Verhältnis zwischen EvThom 50 und dem Johannesevangelium die Rede sein soll, dann höchstens im Modus der Analogie.

Das gleiche Ergebnis lässt sich auch für die Selbstbezeichnung der Jünger als „Erwählte des lebendigen Vaters" festhalten: Zwar ist im Johannesevangelium verschiedentlich davon die Rede, dass Jesus seine Jünger „erwählt" (ἐκλέγομαι) hat (Joh 6,70; 13,18; 15,16.19), doch dies ist keineswegs auf das Johannesevangelium beschränkt (vgl. etwa Lk 6,13; Apg 1,2). Zudem ist im Johannesevangelium durchweg Jesus der Erwählende und nicht Gott (der „lebendige Vater"), wie in EvThom 50. Letztere Vorstellung findet ihre neutestamentliche Parallele eher in Eph 1,4. Die Gottesbezeichnung „der lebendige Vater" findet sich schließlich auch im Johannesevangelium (Joh 6,57). Wie schon bei EvThom 3 dargelegt, ist dies zwar keine Vorzugswendung des Johannesevangeliums, doch sie wird dort insofern erarbeitet, als sowohl das Motiv „Leben" als auch die Gottesbezeichnung „Vater" für dieses Evangelium von zentraler Bedeutung sind: Beide Motive verdichten sich in der Gottesbezeichnung ὁ ζῶν πατήρ von Joh 6,57. Diese Wendung ist im Neuen Testament singulär, im Thomasevangelium findet

---

32 Vgl. ONUKI: „Fleischwerdung des Logos", 85–86, der EvThom 50 sogar als Auslegung von Joh 12,36 auffasst.
33 Vgl. LINCOLN: *Gospel According to St John*, 354; WOLTER: *Lukasevangelium*, 548. Freilich lässt sich daraus keine Abhängigkeit des Johannesevangeliums von den genannten Qumran-Texten ableiten; vermutlich partizipiert Joh 12,36 hier schon am geprägten christlichen Sprachgebrauch (möglicherweise aus einem Taufkontext); vgl. SCHNACKENBURG: *Johannesevangelium* II, 497; THEOBALD: *Evangelium nach Johannes 1–12*, 818; vgl. auch BAUCKHAM: „Qumran", 272–273 (= *Testimony*, 130).

sie sich hingegen auch in Logion 3 – vielleicht sogar schon in Aufnahme von EvThom 50. Das könnte nun ein Indiz dafür sein, dass EvThom 50 sich in diesem Punkt auf das Johannesevangelium stützt. Da das Logion aber auch bei den anderen vermeintlichen Parallelen durchaus eigene Wege geht, erscheint diese Annahme nicht sehr gut begründet, jedenfalls finden sich in EvThom 50 keine weiteren Indizien für eine Rezeption des Johannesevangeliums. Man wird auch hier eine Analogie in einigen untergeordneten Motiven annehmen.

d) Fazit zu EvThom 50
Der kleine Dialog EvThom 50 fügt sich in eine anscheinend weit verbreitete Tradition ein, welche für die (zumeist postmortal gedachte) Konfrontation mit überirdischen Wächtern die geeigneten Antworten parat hielt. Diese beziehen sich vor allem auf die Herkunft und Identität des Nutzers und sollen zeigen, dass dieser befugt ist, sich im Totenreich bzw. in himmlischen Sphären ungehindert zu bewegen und auch – namentlich nach dem ägyptischen Totenbuch und den orphischen Goldplättchen – das Nötige zu erhalten. Wenn man EvThom 50 in dieser Tradition verortet, wird zugleich deutlich, dass das Logion als Anrede an eine Mehrzahl und ohne erläuternden Kontext eine Sonderstellung einnimmt. In jedem Falle ist EvThom 50 nicht direkt mit dem ägyptischen Totenbuch in Beziehung zu setzen, so dass ein mögliches Indiz für die Entstehung unseres Logions bzw. des Thomasevangeliums in Ägypten wegfällt.

Mit dem Johannesevangelium teilt unser Logion einige Motive: Die Frage nach der Herkunft, das Lichtmotiv und die Gottesbezeichnung „der lebendige Vater". Vor allem das erste Motiv wurde verschiedentlich in dem Sinne ausgewertet, dass das Johannesevangelium mit seiner Position, dass nur Jesus von Gott gekommen sei, zu Gott zurückkehre und niemand ihm aus eigener Kraft folgen könne, gegen die in EvThom 50 artikulierte Position polemisiere. Als Polemik fallen die einschlägigen Aussagen des Johannesevangeliums (Joh 7,33–34; 8,14.21; 13,3; 16,28; 17,8.13) jedoch ziemlich schwach aus, zumal sie keine spezifischen Bezugspunkte zu EvThom 50 erkennen lassen. In EvThom 50 wie im Johannesevangelium (12,36) werden die Jünger Jesu zwar als „Söhne des Lichtes" bezeichnet, doch da dieses Motiv im Frühjudentum (Qumran) und im frühen Christentum noch weiter verbreitet ist, lässt sich auch damit keine spezifische Beziehung zwischen EvThom 50 und dem Johannesevangelium begründen. Die Gottesbezeichnung „der lebendige Vater" ist zwar im Neuen Testament nur in Joh 6,57 belegt, doch es erscheint sehr fraglich, ob diese eine Parallele als Indiz für eine spezifische Beziehung von EvThom 50 zum Johannesevangelium ausreicht. Das Verhältnis von EvThom 50 zum Johannesevangelium ist also im Sinne einiger Analogien in untergeordneten Motiven zu bewerten.

B. Durchführung

22. Logion 51

(1) ⲡⲉϫⲁⲩ ⲛⲁϥ ⲛϭⲓ ⲛⲉϥⲙⲁⲑⲏⲧⲏⲥ ϫⲉ ⲁϣ ⲛ̄ϩⲟⲟⲩ ⲉⲧⲁⲛⲁⲡⲁⲩⲥⲓⲥ ⲛ̄ⲛⲉⲧⲙⲟⲟⲩⲧ ⲛⲁϣⲱⲡⲉ ⲁⲩⲱ ⲁϣ ⲛ̄ϩⲟⲟⲩ ⲉⲡⲕⲟⲥⲙⲟⲥ ⲃ̄ⲃⲣ̄ⲣⲉ ⲛⲏⲩ	(1) Seine Jünger sagten zu ihm: An welchem Tag wird die Ruhe der Toten sein, und an welchem Tag wird die neue Welt kommen?
(2) ⲡⲉϫⲁϥ ⲛⲁⲩ ϫⲉ ⲧⲏ ⲉⲧⲉⲧⲛ̄ϭⲱϣⲧ ⲉⲃⲟⲗ ϩⲏⲧⲥ̄ ⲁⲥⲉⲓ ⲁⲗⲗⲁ ⲛ̄ⲧⲱⲧⲛ̄ ⲧⲉⲧⲛ̄ⲥⲟⲟⲩⲛ ⲁⲛ ⲙ̄ⲙⲟⲥ	(2) Er sagte zu ihnen: Jene, nach der ihr Ausschau haltet, sie ist gekommen, aber ihr habt sie nicht erkannt.

a) Ein Schreibfehler in EvThom 51,1?

Die Frage der Jünger wirkt hier etwas befremdlich, denn mit der Ruhe (ἀνάπαυσις) der Toten verbindet man eigentlich einen dauerhaften Zustand, nicht ein Ereignis, das an einem bestimmten Tag sein wird, und es erscheint auch ungewöhnlich, dass die Ruhe der Toten mit dem Kommen der neuen Welt parallelisiert wird. Dieses Befremden hat dazu geführt, dass einige Ausleger den erhaltenen Text an dieser Stelle für verderbt halten:[1] Das griechische Lehnwort ⲁⲛⲁⲡⲁⲩⲥⲓⲥ (Ruhe) sei eine Verschreibung, zu der es unter dem Einfluss des vorhergehenden Logions gekommen sei: Dieses endet ja eben mit dem Wort ⲁⲛⲁⲡⲁⲩⲥⲓⲥ, so dass der Schreiber dieses noch im Ohr hatte, als er EvThom 51 schrieb. Ursprünglich sei an dieser Stelle das ähnliche, ebenfalls aus dem Griechischen entlehnte und gleich lange Wort ⲁⲛⲁⲥⲧⲁⲥⲓⲥ (Auferstehung) gestanden, so dass EvThom 51 eben die Position ausspreche, gegen die in 2 Tim 2,18 polemisiert wird. Nun ist eine derartige Konjektur eigentlich nur dann zulässig, wenn der – physisch intakte – überlieferte Text hoffnungslos unsinnig ist.[2] Im Thomasevangelium haben aber auch andere Logien die ⲁⲛⲁⲡⲁⲩⲥⲓⲥ zum Gegenstand (EvThom 60; 90; wohl auch EvThom 2 nach P.Oxy. 654,8–9[3]), und dieses Stichwort gewähr-

---

1 Vgl. z.B. SCHRÖTER/BETHGE: „Evangelium nach Thomas", 172 Anm. 120 (= AcA I/1, 515 Anm. 182); PLISCH: *Thomasevangelium*, 141; DERS.: „Thomas in Babel", 63. Diese Konjektur scheint ein Spezifikum des Berliner Arbeitskreises für Koptisch-Gnostische Schriften zu sein; Zustimmung („emend. bene ⲉⲧⲁⲛⲁⲥⲧⲁⲥⲓⲥ Bethge et al.") erfuhr sie aber auch jüngst auch bei P. NAGEL: *Codex apocryphus gnosticus* 1, 132. Dort ist sie zwar nicht in den koptischen Text, wohl aber in die Übersetzung (133 mit Anm. 78) übernommen.
2 Nach PLISCH: *Thomasevangelium*, 141; DERS.: „Thomas in Babel", 63 ist das nur bedingt der Fall, denn auch Plisch muss anerkennen, dass der von ihm angenommene Schreibfehler als konventioneller Topos „gute Überlebenschancen" hatte.
3 In der koptischen Version von EvThom 2 fehlt das Element „und wenn er herrscht, wird er Ruhe finden" (κα[ὶ βασιλεύσας ἀναπα]ήσεται). Wenn man daraus weiter reichende Schlüsse ziehen darf, scheint der koptische Übersetzer (oder ein Abschreiber) keinen gesteigerten Wert auf den Gedanken der Ruhe (ἀνάπαυσις)

leistet erst die Verbindung zwischen EvThom 50 und EvThom 51.[4] Diese gegebene Stichwortverbindung dürfte dann einen Abschreiber veranlasst haben, EvThom 50–51 (bzw. EvThom 50–53) als einen zusammenhängenden Dialog aufzufassen und Jesus als Sprecher des Logions hier nur noch mit einem Pronomen zu bezeichnen (s. o. B.II.21.a zu EvThom 50).

Eine interessante Variante dieses Konjektur-Vorschlags findet sich bei Reinhard Nordsieck:[5] Er sieht zwar keine Veranlassung, im koptischen Text des Thomasevangeliums ⲁⲛⲁⲥⲧⲁⲥⲓⲥ zu konjizieren, doch um mit dem inhaltlichen Problem des überlieferten Textes zurechtzukommen, vermutet er dennoch, dass auf einer früheren Überlieferungsstufe des Textes an dieser Stelle ἀνάστασις stand. Die Tilgung dieses Begriffs hätte eine sachliche (nicht aber terminologische) Parallele in EvThom 5. Angesichts der Textüberlieferung von EvThom 2 (s. o. Anm. 3) ist dann aber nicht leicht zu erklären, warum eine Redaktion hier ἀνάπαυσις/ⲁⲛⲁⲡⲁⲩⲥⲓⲥ eingefügt haben sollte. Kurz: Dieser scheinbar vermittelnde Vorschlag ist mit noch mehr Unwägbarkeiten behaftet als die eigentliche Konjektur. Wir müssen also mit der überlieferten Lesart ⲁⲛⲁⲡⲁⲩⲥⲓⲥ zurechtkommen.

b) Der Dialog in EvThom 51

Wie auch in mehreren anderen Logien (EvThom 6; 18; 24; 37; 43; 52; 91; 104; 113), liegt in EvThom 51 ein etwas merkwürdiger Dialog vor: Die Jünger stellen Jesus eine Frage oder machen eine Bemerkung, doch mit seiner Erwiderung beantwortet Jesus die Frage nicht, sondern zeigt, dass sie falsch gestellt ist bzw. dass ihr eine falsche Konzeption zugrunde liegt. Näherhin entspricht unser Logion den thematisch vergleichbaren Logien EvThom 18; 113 (ähnlich auch EvThom 24): Auch dort stellen die Jünger die Frage nach etwas, das sie für zukünftig halten, und werden von Jesus angewiesen, das besagte Gut in der Gegenwart zu suchen.[6] Allerdings liegt in EvThom 51, so wie das Logion überliefert ist, kein totales Missverständnis vor, wie etwa in EvThom 6; 24. Die Antwort Jesu kann an die

---

gelegt zu haben. In jedem Falle ist festzuhalten, dass die vorgeschlagene Konjektur in EvThom 51,1 der Tendenz, die man in der Überlieferung von EvThom 2 feststellen kann, zuwiderläuft.
4 Vgl. NORDSIECK: *Thomas-Evangelium*, 211; auch KVALBEIN: *Kingdom of the Father*, 209.
5 Vgl. NORDSIECK: *Thomas-Evangelium*, 210–211; DERS.: „Zur Kompositionsgeschichte", 185.
6 Vgl. VIELHAUER: „ΑΝΑΠΑΥΣΙΣ", 296; S. L. DAVIES: *The Gospel of Thomas and Christian Wisdom*, 60.83; ebenso schon GÄRTNER: *Theology of the Gospel of Thomas*, 266; ähnlich SEVRIN: „Ce que l'œil n'a pas vu ...", 318: „... la réponse de Jésus démythise ordinairement l'eschatologie en la ramenant à trois moments qui se superposent : le commencement, le présent du texte et le terme de la quête des disciples."

B. Durchführung

Frage anknüpfen: Sie greift die Ruhe (ⲀⲚⲀⲠⲀⲨⲤⲒⲤ), von der die Frage handelte, mit einer Relativkonstruktion auf: ⲦⲎ ⲈⲦⲈⲦⲚ̅ⲄⲰϢⲦ ⲈⲂⲞⲖ ϨⲎⲦⲤ̅ („jene, nach der ihr Ausschau haltet"). Frage und Antwort handeln also gleichermaßen von der ⲀⲚⲀⲠⲀⲨⲤⲒⲤ. Die Frage ist also nicht völlig falsch gestellt, sondern die Jünger fragen prinzipiell schon nach etwas Richtigem, sie suchen nur in der falschen Richtung. Dieser Duktus ist am besten mit EvThom 37 zu vergleichen (siehe dort). Insofern ist dieses Logion kohärenter aufgebaut als etwa EvThom 6; 24; 91,[7] denn Frage und Antwort sind aufeinander bezogen, und die Antwort Jesu ist kaum als ein eigenständiges Logion ohne die vorangestellte Frage vorstellbar.

Die relative Kohärenz dieses Dialoges kann nun auch das merkwürdige Stichwort ⲀⲚⲀⲠⲀⲨⲤⲒⲤ („Ruhe") in der Jüngerfrage verständlich machen. Die Antwort Jesu, auf die es in diesem Logion ankommt, handelt von einem Zustand, der gegenwärtig schon aktuell ist und den man (in der Gegenwart) erkennen (ⲤⲞⲞⲨⲚ) müsste.[8] Das lässt sich von der ἀνάστασις („Auferstehung") als der endzeitlichen Auferstehung der Toten, also einem *Ereignis*, schwerlich behaupten. Wenn man, wie der Verfasser von EvThom 51, eine präsentische Eschatologie vertreten möchte, lässt sich aber ein erstrebenswerter *Zustand*, der schon hier und jetzt prinzipiell erreichbar sein soll, als ἀνάπαυσις („Ruhe") bezeichnen.

c) Präsentische Eschatologie

Oben fiel schon das Stichwort „präsentische Eschatologie". Damit ist der Punkt benannt, an dem EvThom 51 und das Johannesevangelium bzw. die johanneischen Schriften sich vergleichen lassen. Für das Thomasevangelium als Ganzes scheint der Gedanke von zentraler Bedeutung zu sein, dass die Güter, die traditionell für die Zukunft erhofft werden, schon jetzt gegenwärtig und prinzipiell zugänglich sind. Bezogen auf die Gottesherrschaft findet sich der Gedanke an strategischen Stellen, nämlich am Anfang und kurz vor dem Ende der Sammlung (EvThom 3; 113).[9] In EvThom 51 kommt nun die „persönliche Eschatologie" hinzu, denn mit

---

[7] Für diese Logien ist nach DeConick: „Original *Gospel of Thomas*", 188; dies.: *Recovering the Original Gospel of Thomas*, 65–68 aus dem wenig kohärenten Dialog ein längerer Entwicklungsprozess zu erschließen, in dem einem älteren Kernwort eine Frage vorangestellt wurde, die Anliegen oder Probleme des späten 1. Jahrhunderts artikuliert.

[8] Dieser Gedanke wird durch die Stichwortverbindung mit EvThom 50 unterstützt: In diesem Logion ist das Zeichen des Vaters „Bewegung *und* Ruhe (ⲀⲚⲀⲠⲀⲨⲤⲒⲤ)"; vgl. dazu auch Gathercole: *Gospel of Thomas*, 412–413.

[9] Vgl. Vielhauer: „ΑΝΑΠΑΥΣΙΣ", 296; Nordsieck: *Thomas-Evangelium*, 211. Die wichtigste Parallele zu EvThom 51 findet Nordsieck in Lk 17,20–21 (vgl. ebd., 212–213); vgl. auch Kvalbein: *Kingdom of the Father*, 209–210.

der Frage nach der „neuen Welt" (ⲡⲕⲟⲥⲙⲟⲥ ⲃ̄ⲃⲣ̄ⲣⲉ) verbindet sich die nach dem Geschick der Toten: Die erwartete „neue Welt" ist, so die Logik der Frage, gleichbedeutend mit der Ruhe (ⲁⲛⲁⲡⲁⲩⲥⲓⲥ) für die Toten. Für die Interpretation der Antwort Jesu ist nun entscheidend, dass diese sich auf das erste Element, die Ruhe der Toten, konzentriert, denn sie benennt das von den Jüngern Erwartete mit einem darauf bezogenen weiblichen Demonstrativpronomen.[10] Nach der Antwort Jesu ist also die Ruhe der Toten schon „gekommen" (ⲉⲓ).

Innerhalb des Neuen Testaments wird die Ruhe (ἀνάπαυσις) auch in Mt 11,28–29 als ein wohl schon in der Gegenwart zu erlangendes Gut vorgestellt.[11] Etwas anders nuanciert ist der Begriff der κατάπαυσις, die in Hebr 3,11–4,11 als das Ziel der Gläubigen vorgestellt wird. Um sie gilt es sich zwar zu mühen (Hebr 4,11), doch im Hier und Jetzt ist sie nicht verfügbar, sie gehört dem göttlichen Bereich an.[12] Pointiert gesagt: Nach dem Hebräerbrief müssen die Gläubigen sich bemühen, in die Ruhe (κατάπαυσις) zu kommen, nach EvThom 51 kommt die Ruhe (ⲁⲛⲁⲡⲁⲩⲥⲓⲥ) zu ihnen – aber sie haben trotzdem die Aufgabe, sie zu erkennen.

Nun ist aber in EvThom 51 nicht einfach von „Ruhe" die Rede, sondern ausdrücklich von der Ruhe *der Toten*. Damit ist dieses Logion nicht im weisheitlichen, sondern durchaus im eschatologischen Sinne zu verstehen. Die nächste neutestamentliche Parallele in dieser Hinsicht ist wohl Offb 14,13, wo „den Toten, die im Herrn sterben von jetzt an" zugesagt wird, dass sie „ausruhen von ihren Mühen" (ἵνα ἀναπαήσονται ἐκ τῶν κόπων αὐτῶν) – die temporale Ausrichtung ist deutlich, denn nicht zuletzt hat die Johannesapokalypse auch sonst durchaus die endzeitliche Auferstehung der Toten (Offb 20,4–6.11–15) und eine zukünftige „neue Welt" (Offb 21,1–22,5) im Blick. In ähnlicher Weise verwendet der 2. Clemensbrief (5,5) diesen Begriff: In 2 Clem 5,5 wird das kurze irdische Leben der von Christus verheißenen „Ruhe des kommenden Königtums und des ewigen Lebens" (ἀνάπαυσις τῆς μελλούσης βασιλείας καὶ ζωῆς αἰωνίου)[13] gegenübergestellt. Auch hier liegt eine zeitliche Konzeption vor; die ἀνάπαυσις ist für die Zukunft, nach diesem kurzen und befristeten Leben, verheißen. Die Ruhe (ἀνάπαυσις) der Toten war also im frühen Christentum durchaus eine gangbare Möglichkeit, um das erhoffte Geschick der

---

10 Das weibliche Demonstrativpronomen ⲧⲏ bezieht sich auf das weibliche Lehnwort ⲧ-ⲁⲛⲁⲡⲁⲩⲥⲓⲥ („die Ruhe"), nicht aber auf das männliche ⲡ-ⲕⲟⲥⲙⲟⲥ („die Welt").
11 Nach LUZ: *Evangelium nach Matthäus 2*, 217–218 spricht hier Jesus als die Weisheit, so dass dieses Wort etwa in Sir 6,28; 51,27 nahe Parallelen findet.
12 Vgl. dazu auch BACKHAUS: *Hebräerbrief*, 164.
13 Die Genitivkonstruktion ist am besten als *genitivus epexegeticus* zu verstehen.

B. Durchführung

Verstorbenen zur Sprache zu bringen.[14] Die Frage der Jünger in EvThom 51 scheint sich in diesen Bahnen zu bewegen, denn auch sie fassen ja, wie die futurische Formulierung (ⲛⲁϣⲱⲡⲉ) zeigt, die ⲁⲛⲁⲡⲁⲩⲥⲓⲥ als etwas Zukünftiges auf, wohl als das Leben in der „neuen Welt", wie es in 2 Clem 5,5 (auch 6,7) im Blick ist und auch in Offb 21,1–22,5 beschrieben wird.

Eben dieses ist, der Antwort Jesu zufolge, schon „gekommen" (ⲁⲥⲉⲓ) und muss nun erkannt werden. Eine sehr deutliche Parallele findet sich im „Dialog des Erlösers" (NHC III, 5) gleich in der Eingangspassage (120,2–8):

„Der Erlöser sagte zu seinen Jüngern: Schon ist die Zeit gekommen, Brüder, dass wir unsere Mühe von uns ablegen und uns hinstellen in der Ruhe. Wer sich nämlich hinstellen wird in der Ruhe, wird sich ausruhen in Ewigkeit."[15]

Diesen Text verbindet mit EvThom 51, dass die Ruhe (ⲁⲛⲁⲡⲁⲩⲥⲓⲥ) als etwas schon gegenwärtig Erreichbares gedacht wird. Darüber hinaus steht unser Logion aber in einem breiten Strom frühchristlicher Theologie, in der die gläubige Existenz in der Gegenwart schon als ein neues, qualifiziertes Leben verstanden werden konnte. Ansätze dazu finden sich schon in der paulinischen Tauftheologie (2 Kor 5,17; Röm 6,1–11), im deuteropaulinischen Bereich wurde dieser Gedanke weiter entwickelt (Eph 2,4–6; Kol 2,12–13), und auch für das Johannesevangelium ist er von zentraler Bedeutung (Joh 5,24–26, s. u.). Sehr deutlichen Ausdruck findet er später im Philippusevangelium (73,1–8)[16] und im Rheginos-Brief (49,9–16).[17] Auf der anderen

---

14 Vor diesem Hintergrund muss man in der deutschen Übersetzung oder Paraphrase von EvThom 51 die „Ruhe der Toten" eigentlich in Anführungszeichen setzen, denn es handelt sich nicht um das, was man im Deutschen landläufig unter „Totenruhe" versteht. Gemeint ist vielmehr ein neues Leben nach dem Tod in der „neuen Welt" Gottes.

15 Dial 120,2–8: ⲡⲥⲱⲣ ⲡⲉϫⲁϥ ⲛⲛⲉϥⲙⲁⲑⲏⲧⲏⲥ ϫⲉ ⲏⲇⲏ ⲁⲡⲉⲟⲩⲟⲉⲓϣ ϣⲱⲡⲉ ⲛⲉⲥⲛⲏⲟⲩ ϫⲉⲕⲁⲁⲥ ⲉⲛⲁⲕⲱ ⲛⲥⲱⲛ ⲙⲡⲉⲛϩⲓⲥⲉ· ⲛ̄ⲧⲛ̄ϩⲁⲣⲉϩ ⲉⲣⲁⲧⲛ̄ ϩⲛ̄ ⲧⲁⲛⲁⲡⲁⲩⲥⲓⲥ· ⲡⲉⲧⲛⲁϣϩⲉ ⲅⲁⲣ ⲉⲣⲁⲧϥ̄ ϩⲛ̄ ⲧⲁⲛⲁⲡⲁⲩⲥⲓⲥ ϥⲛⲁⲙ̄ⲧⲟⲛ ⲙ̄ⲙⲟϥ ⲛ̄ϣⲁⲉⲛⲉϩ.

16 EvPhil 73,1–8: ⲛⲉⲧϫⲱ ⲙ̄ⲙⲟⲥ ϫⲉ ⲥⲉⲛⲁⲙⲟⲩ ⲛ̄ϣⲟⲣⲡ ⲁⲩⲱ ⲥⲉⲛⲁⲧⲱⲟⲩⲛ [ⲛ̄] ⲥⲉⲛⲁⲣⲡⲗⲁⲛⲁⲥⲑⲉ ⲉⲩⲧⲙ̄ϫⲓ ⲛ̄ϣⲟⲣⲡ ⲛ̄ⲧⲁⲛⲁⲥⲧⲁⲥⲓⲥ ⲉⲩⲟⲛϩ ⲉⲩϣⲁⲙⲟⲩ ⲥⲉⲛⲁϫⲓ ⲗⲁⲁⲩ ⲁⲛ· ⲧⲁⲉⲓ ⲧⲉ ⲑⲉ ⲟⲛ ⲉⲩϫⲱ ⲙ̄ⲙⲟⲥ ⲉⲡⲃⲁⲡⲧⲓⲥⲙⲁ ⲉⲩϫⲱ ⲙ̄ⲙⲟⲥ ϫⲉ ⲟⲩⲛⲟϭ ⲡⲉ ⲡⲃⲁⲡⲧⲓⲥⲙⲁ ϫⲉ ⲉⲩϣⲁϫⲓⲧϥ̄ ⲥⲉⲛⲁⲱⲛϩ („Die, welche sagen, dass sie zuerst sterben werden und (dann) auferstehen werden, sie irren sich. Wenn sie nicht zuerst die Auferstehung empfangen, während sie lebendig sind, werden sie, wenn sie sterben, nichts empfangen. Genauso ist es wiederum, wenn sie es über die Taufe sagen, wenn sie sagen: Groß ist die Taufe, denn wenn man sie empfängt, wird man leben.").

17 Rheg 49,9–15: ϩⲱⲥⲧⲉ ⲙ̄ⲡⲱⲣ ⲁⲣ̄ ⲛⲟⲉⲓ ⲙⲉⲣⲓⲕⲱⲥ ⲱ ⲣⲏⲅⲓⲛⲉ ⲟⲩⲧⲉ ⲙ̄ⲡⲣ̄ⲣ̄ ⲡⲟⲗⲓⲧⲉⲩⲉⲥⲑⲁⲓ ⲕⲁⲧⲁ ⲧⲉⲉⲓⲥⲁⲣⲝ ⲉⲧⲃⲉ ⲧⲙⲛ̄ⲧⲟⲩⲉⲉⲓ ⲁⲗⲗⲁ ⲁⲙⲟⲩ ⲁⲃⲁⲗ ϩⲛ̄ ⲛ̄ⲙⲉⲣⲓⲥⲙⲟⲥ ⲙⲛ̄ ⲛ̄ⲙⲣ̄ⲣⲉ ⲁⲩⲱ ⲏⲇⲏ ⲟⲩⲛ̄ⲧⲉⲕ ⲙ̄ⲙⲉⲩ ⲛ̄ⲧⲁⲛⲁⲥⲧⲁⲥⲓⲥ („Daher, denke nicht in Teilen (ⲙⲉⲣⲓⲕⲱⲥ), o Rheginos,

Seite zeigt 2 Tim 2,18, dass dieser Gedanke auch als problematisch empfunden werden konnte: Der Verfasser der Pastoralbriefe setzt sich zwar nicht argumentativ damit auseinander,[18] doch seine pointierte Zusammenfassung, dass die Auferstehung schon geschehen sei ([τὴν] ἀνάστασιν ἤδη γεγονέναι), lässt vermuten, dass er um den Zukunfts- und Hoffnungsaspekt des christlichen Glaubens fürchtete.[19] Ob die in den Pastoralbriefen bekämpften Gegner diese Aussage in dieser pointierten Form tatsächlich vertreten haben, ist damit allerdings nicht gesagt. Sie müssen sich aber auch nicht diese pointierte Fassung, die etwa im Rheginos-Brief positiv vertreten wird,[20] zu Eigen gemacht haben. Für den Verfasser der Pastoralbriefe mag es genügt haben, dass jemand das Leben im Glauben, möglicherweise in weiterführendem Anschluss an Paulus (Röm 6,1–11), als ein durch die Taufe eröffnetes neues Leben verstand, in dem sich die Auferstehung Jesu vergegenwärtigte. Im Zuge der Polemik lag es gewiss nahe, diese Position konsequent ins Extrem weiterzudenken, um zu dem Schluss zu kommen: Diese Leute glauben, die Auferstehung sei schon geschehen. Für EvThom 51 bedeutet das zweierlei:

- Die oben schon erörterte Konjektur ⲀⲚⲀⳞⲦⲀⳞⲒⳞ ist nicht nötig, um EvThom 51 in jene frühchristliche Denkrichtung einzureihen, die in 1 Tim 2,18 bekämpft wird.
- Sofern man ἀνάπαυσις/ⲀⲚⲀⲠⲀⲨⳞⲒⳞ als Inbegriff eines seligen Lebens nach dem Tod versteht, liegt EvThom 51 relativ nahe bei Positionen, wie wir sie etwa in Joh 5,24; Eph 2,4–6; Kol 2,12–13 antreffen: Das frühere (vorchristliche) Leben wird als Tod verstanden, so dass die Bekehrung bzw. Taufe sich mit der Auferstehung Christi vergleichen lässt und das Leben im Glauben dadurch eine neue Qualität erhält.[21]

---

noch wandle (ⲣ-ⲡⲟⲗⲓⲧⲉⲨⲉⳞⲐⲀⲒ) gemäß diesem Fleisch, um der Einheitlichkeit willen, sondern komm heraus aus der Gespaltenheit (ⲘⲈⲢⲒⳞⲘⲞⳞ) und den Fesseln, und schon hast du die Auferstehung (ⲀⲚⲀⳞⲦⲀⳞⲒⳞ).").
18 Vgl. dazu OBERLINNER: Pastoralbriefe 2, 101: „Der in V [2 Tim 2,] 14 geforderte Verzicht auf argumentative Widerlegung wird vom Verfasser selbst in vorbildhafter Weise befolgt."
19 Vgl. OBERLINNER: Pastoralbriefe 2, 99–101.
20 Eine Reaktion auf diese Extremposition findet man bei Clemens von Alexandreia (Strom. 3,48; 3,87,1–2): Er schreibt gegen Leute, die anscheinend tatsächlich der Überzeugung waren, sie hätten die Auferstehung bereits „empfangen" (ἀπειλήφασιν), und deswegen, wohl im Anschluss an Mk 12,25 parr. Mt 22,30; Lk 20,35, die Ehe ablehnten. Clemens meint dazu, dann sollten sie konsequenterweise auch das Essen und Trinken unterlassen.
21 Der Autor des Epheserbriefes geht in Eph 2,6 sogar so weit, im Erzähltempus (Aorist) von einer Mit-Inthronisation der Gläubigen mit Christus im Himmel zu sprechen. Eine Vorstellung, die sich etwa in Q 22,30; Mk 10,37–40; Offb 3,21 auf die absolute Zukunft bezieht, ist hier spiritualisiert und geradezu zur Metapher gewor-

B. Durchführung

Diese Vorstellung findet einen sehr markanten Ausdruck im Johannesevangelium: Schon in den Ausführungen zum Prolog (bzw. EvThom 1) sowie zu EvThom 4; 11 wurde dargelegt, dass nach dem Johannesevangelium (ewiges) Leben nicht nur dem postmortalen Jenseits angehört, sondern dass damit auch die Verheißung eines neuen, qualifizierten Lebens im Hier und Jetzt ausgedrückt wird (vgl. dazu etwa Joh 5,24.39–40; 6,33.47.53–54.63.68; 8,12.51; 10,10; 12,50; 17,2–3; 20,31): Die gläubige Existenz ist bereits „ewiges Leben".

Mit der Frage nach der „Ruhe *der Toten*" (ⲁⲛⲁⲡⲁⲩⲥⲓⲥ ⲛ̄ⲛⲉⲧⲙⲟⲟⲩⲧ) bietet sich EvThom 51 nun nicht nur allgemein zum Vergleich mit den eschatologischen Vorstellungen des Johannesevangeliums an. Eine erfreuliche Perspektive für die Toten ist auch das Thema von Joh 5,24–25: Hier setzt das erste Amen-Wort (5,24) das Hören und Glauben mit ewigem Leben gleich. Das zweite Amen-Wort (5,25) erweitert aber den Fokus: Das belebende Hören beschränkt sich nun nicht mehr auf die tatsächlichen Zuhörer Jesu, sofern sie dem Vater glauben, sondern es wird ganz allgemein von den „Toten" ausgesagt: Sie werden belebt, wenn sie die Stimme des Sohnes Gottes hören. Diese Vorstellung lässt zunächst an ein apokalyptisches Szenario im Stile von Mt 24,30–31; 1 Kor 15,51–52; 1 Thess 4,16–17 oder Offb 20,4–6.11–15 denken. Die zeitliche Einordnung ist jedoch durch die einleitende Wendung „Die Stunde kommt, und sie ist jetzt" geradezu dialektisch.[22] Dem Evangelisten scheint noch bewusst gewesen zu sein, dass das Szenario von Joh 5,25 eigentlich ein futurisches ist; dafür sprechen nicht zuletzt die Futurformen ἀκούσουσιν und ζήσουσιν. Er setzt dieses Wort aber durch den Zusatz καὶ νῦν ἐστιν betont in einen präsentischen Bezugsrahmen.[23] Dann können aber mit den „Toten" in Joh 5,25

---

den; vgl. SELLIN: *Brief an die Epheser*, 178–179; zurückhaltender BEST: *Ephesians*, 217–223, der zudem feststellt, dass in Eph 2,6 die Taufterminologie von Röm 6,1–11 fehlt (vgl. ebd., 219).

22 Vgl. dazu den ersten Satz bei FREY: *Johanneische Eschatologie* II, 2: „Das Problem der johanneischen Eschatologie erscheint in keiner anderen Wendung so komprimiert wie in diesen fünf Worten in Joh 4,23 und 5,25: ἔρχεται ὥρα καὶ νῦν ἐστιν." Der Satz lässt sich nicht nach einer Richtung hin spannungsfrei auslegen, sondern er hält – aus der Perspektive der erzählten Welt – die Rückbindung der nachösterlichen Situation an die Zeit Jesu fest und nimmt andererseits – aus der Leserperspektive – die Gemengelage von Gegenwart des Heils und noch ausstehender Verheißung ernst; vgl. ebd., 281–283.

23 Vgl. dazu auch SCHNACKENBURG: *Johannesevangelium* II, 140; THEOBALD: *Herrenworte im Johannesevangelium*, 596; FREY: *Johanneische Eschatologie* III, 376–379. Anders MOLONEY: *Gospel of John*, 183: Die Futurformen ἀκούσουσιν und ζήσουσιν verweisen schon auf die futurische Vorstellung in 5,28.

nicht die physisch Verstorbenen gemeint sein.²⁴ Vielmehr dürfte an Menschen gedacht sein, die sich noch im Bereich des Todes befinden – manche sprechen auch von „geistlich Toten".²⁵ Im Johannesevangelium ist diese Vorstellung zwar mit einem apokalyptischen Gerichtsszenario verwoben,²⁶ doch der Sache nach entspricht diesen „Toten" der vor-christliche, von der Sünde bestimmte Todeszustand, wie er etwa in Eph 2,1–5; Kol 2,13 als Ausgangspunkt für die Wende zum Leben als Auferweckt-Werden mit Christus beschrieben wird. In diesem Sinne ist also auch im Johannesevangelium eine Wende zum eigentlichen Leben im Glauben möglich.²⁷ Diese wird nicht nur als Auferstehung versprachlicht, sondern in Joh 5,24 kann der Evangelist auch von einem *Übergang* aus dem Tod ins Leben sprechen (μεταβέβηκεν ἐκ τοῦ θανάτου εἰς τὴν ζωήν). Durch das Perfekt (μεταβέβηκεν) wird unmissverständlich deutlich, dass besagter Übergang aus dem Tod ins Leben bei den Glaubenden schon geschehen ist und ihre Gegenwart bestimmt.²⁸ Am Rande sei bemerkt, dass dieser kühne Gedanke in 1 Joh 3,14 aufgegriffen und geerdet wird: Die an sich etwas diffuse Vorstellung von einem neuen Leben wird dort an das konkrete Kriterium der

---

24 In Joh 5,28 wird das gleiche Motiv aber variierend aufgenommen und nun in einen futurischen Bezugsrahmen gestellt. Nach BARRETT: *Gospel According to St John*, 218 zeigt sich die unterschiedliche Ausrichtung daran, dass in Joh 5,25, anders als in 5,28, keine Gräber erwähnt werden.
25 Vgl. BARRETT: *Gospel According to St John*, 218; BROWN: *John i–xii*, 215; LINCOLN: *Gospel According to St John*, 204; THEOBALD: *Evangelium nach Johannes 1–12*, 396; in der Sache ähnlich WENGST: *Johannesevangelium* 1, 211; dagegen die wortreiche Kritik von THYEN: *Johannesevangelium*, 313–315. Weiterführend ist die Einschränkung bei SCHNACKENBURG: *Johannesevangelium* II, 140–141.138: „Die ‚Toten' in V 25 sind die Menschen in ihrer vorgängigen Gerichtsverfallenheit, und die Verheißung, daß sie ‚leben werden', bezieht sich auf ihre durch den Sohn ermöglichte Teilhabe an Gottes ewigem Leben. Eine Kennzeichnung als ‚geistig Tote' führt an der Sache vorbei, weil alle Menschen unter dem Gericht stehen und in ihrer ganzen Existenz dem Tode unterliegen." So auch FREY: *Johanneische Eschatologie* III, 356. Anders hingegen BEUTLER: *Johannesevangelium*, 195: „Das Futur ... verliert seinen Sinn als Zeitangabe und ist eher logischer Natur: was geschehen soll, geschieht jetzt, in der ‚Stunde' des Glaubens."
26 Es ist ernstzunehmen, dass der Verfasser des Johannesevangeliums diese augenscheinlich widersprüchlichen Aussagen nebeneinander stehen lässt. Insofern wird auch hier die futurische Dimension gewahrt; vgl. auch FREY: *Johanneische Eschatologie* I, 409–412.418–422.
27 Auf der anderen Seite ist dann in Joh 5,21–29 die κρίσις durchaus negativ als „Verurteilung" zu verstehen (im Gegensatz zur ζωή); so auch FREY: *Johanneische Eschatologie* III, 356.
28 Vgl. BARRETT: *Gospel According to St John*, 217–218; MOLONEY: *Gospel of John*, 179.183; THEOBALD: *Evangelium nach Johannes 1–12*, 394; BEUTLER: *Johannesevangelium*, 194–195.

B. Durchführung

„Bruderliebe" gebunden.²⁹ Der Übergang vom Tod zum Leben erscheint hier noch deutlicher als Metapher für ein neu bestimmtes, qualifiziertes Leben im Hier und Jetzt. Für das Johannesevangelium im Ganzen ist indes festzuhalten, dass ausweislich des Logions Joh 11,25 (s. o. B.II.5.b) wie auch etwa Joh 14,2–3; 16,16–24 die futurische Dimension der Eschatologie durchaus gewahrt wird. Diese Spannung ist nicht einfach nach einer Seite hin aufzulösen.

Nun ist zu fragen, wie sich EvThom 51 zu dieser johanneischen Konzeption verhält. Gewiss entspricht unser Logion der Vorstellung des Johannesevangeliums insofern, als es eine Vorstellung vom wünschenswerten Geschick der Verstorbenen auf das gegenwärtige Leben bezieht. Das allein würde allerdings keine spezifische Beziehung zwischen den beiden Texten begründen, denn im paulinischen und deuteropaulinischen Bereich war dieser Gedanke ja auch verbreitet (s. o.). Auf der anderen Seite unterscheidet sich unser Logion darin vom Johannesevangelium, dass letzteres nicht nur auf präsentische Eschatologie festgelegt ist, sondern, etwa in Joh 5,28–29, durchaus eine Zukunftserwartung formulieren kann.³⁰ Allerdings ähneln sich EvThom 51 und Joh 5,24–25 darin, dass in beiden Texten zwei verschiedene Konzeptionen zur Sprache kommen: In der johanneischen Rede bleiben Spuren einer futurisch-eschatologischen Vorstellung erhalten und werden in das Gesamtkonzept des Endtextes integriert, in EvThom 51 artikuliert die Frage der Jünger eine futurische Vorstellung, die von Jesus im präsentischen Sinne korrigiert wird. Beide Texte stellen betont heraus, dass der Übergang zum neuen Leben schon stattgefunden hat: Nach Joh 5,24 ist der Hörende und Glaubende schon aus dem Tod ins Leben hinübergegangen (μεταβέβηκεν), nach EvThom 51,2 ist die Ruhe der Toten schon gekommen (ⲁⲥⲉⲓ).³¹ Beide Texte nehmen also die präsentisch-eschatologische Konzeption nicht einfach als etwas Gegebenes hin, sondern arbeiten damit. Sie tun es jedoch auf unterschiedliche Weise. Die „Ruhe" (ⲁⲛⲁⲡⲁⲩⲥⲓⲥ), von der EvThom 51 handelt, hat in den johanneischen Schriften keine Entsprechung.³² Umgekehrt fehlt unserem Logion das johanneische Leitmotiv

---

29 Etwas anders THEOBALD: Herrenworte im Johannesevangelium, 594 mit Anm. 33: Die Einleitung „wir wissen" (οἴδαμεν) weise darauf hin, dass der Spruch schon bekannt war.
30 Vgl. POPKES: Menschenbild des Thomasevangeliums, 92–93 mit Anm. 130; für das Johannesevangelium auch FREY: Johanneische Eschatologie I, 409–412.
31 Ob man dies mit RILEY: Resurrection Reconsidered, 131 in dem Sinne interpretieren darf, dass das Thomasevangelium die Vorstellung einer leiblichen Auferstehung ablehne, sei dahingestellt.
32 Falls man sich für die oben besprochene Konjektur ⲁⲛⲁⲥⲧⲁⲥⲓⲥ entscheiden möchte, stellt sich der Befund geringfügig anders dar: Das Wort ἀνάστασις ist im

II. Einzeluntersuchungen, 22. Logion 51

„Leben" (ζάω, ζωή), das hier durchaus am Platz gewesen wäre. Dieser Befund spricht gegen eine literarische oder überlieferungsgeschichtliche Verbindung zwischen EvThom 51 und dem Johannesevangelium. Man wird das Verhältnis beider Texte am besten als eine thematische Analogie auffassen.

d) Fazit zu EvThom 51

EvThom 51 gehört zu der größeren Gruppe von Logien im Thomasevangelium, in denen die Jünger eine Frage stellen, die Jesus nicht direkt beantwortet, sondern mit einer Konzeption konfrontiert, die zu den Prämissen der Frage zumindest in Spannung, wenn nicht sogar im Widerspruch steht. In EvThom 51 ist die Frage zwar nicht prinzipiell falsch gestellt, aber die ihr zugrundeliegende futurisch-eschatologische Vorstellung wird mit einer präsentisch-eschatologischen Konzeption konfrontiert und durch diese korrigiert: Die Jünger erwarten, dass die „Ruhe" (ⲁⲛⲁⲡⲁⲩⲥⲓⲥ) der Toten irgendwann in der Zukunft kommen werde, doch Jesus erklärt ihnen, dass sie schon gekommen ist, aber erst noch erkannt bzw. verstanden (ⲥⲟⲟⲩⲛ) werden muss. Diese Vorstellung erinnert an Joh 5,25, wo ein endzeitliches Auferstehungsszenario durch die einleitende Formel „Die Stunde kommt, und sie ist jetzt" (ἔρχεται ὥρα καὶ νῦν ἐστιν) in einen neuen, präsentisch-eschatologischen Bezugsrahmen gestellt und so radikal umgedeutet wird: Wer das Wort Jesu hört und (so) dem Vater glaubt, ist bereits aus dem Bereich des Todes in den des Lebens hinübergegangen (μεταβέβηκεν) und hat bereits in der Gegenwart ewiges Leben. Eine dem entsprechende Position scheint der Autor der Pastoralbriefe in 2 Tim 2,18 zu bekämpfen. Das berechtigt jedoch nicht zu der Annahme, dass die in den Pastoralbriefen bekämpften Gegner mit den Trägerkreisen des Thomasevangeliums und/ oder des Johannesevangeliums identisch wären, denn in Anlehnung an paulinische Ansätze wird auch im Kolosser- und Epheserbrief das Leben im Glauben als ein neues, qualifiziertes Auferstehungsleben verstanden. Die Konzeption einer präsentischen Eschatologie allein begründet also keine spezifische Verbindung zwischen Thomas- und Johannesevangelium, und die unterschiedlichen Begrifflichkeiten (Thomasevangelium: Ruhe, Johannesevangelium: Leben/Auferstehung) sprechen sogar positiv dagegen. Daher ist die Parallele in diesem Punkt als thematische Analogie zu verstehen.

Johannesevangelium viermal belegt (Joh 5,29 bis; 11,24.25). Dennoch ist es kein charakteristisches Leitmotiv des Johannesevangeliums. Im Vergleich mit dem lukanischen Doppelwerk oder den Paulusbriefen ist es sogar unterrepräsentiert.

B. Durchführung

23. Logion 52

(1) ⲡⲉϫⲁⲩ ⲛⲁϥ ⲛϭⲓ ⲛⲉϥⲙⲁⲑⲏⲧⲏⲥ ϫⲉ ϫⲟⲩⲧⲁϥⲧⲉ ⲙⲡⲣⲟⲫⲏⲧⲏⲥ ⲁⲩϣⲁϫⲉ ϩⲙ ⲡⲓⲥⲣⲁⲏⲗˋ ⲁⲩⲱ ⲁⲩϣⲁϫⲉ ⲧⲏⲣⲟⲩ ϩⲣⲁï ⲛϩⲏⲧⲕˋ	(1) Seine Jünger sagten zu ihm: 24 Propheten haben gesprochen in Israel, und sie haben alle in dir gesprochen.
(2) ⲡⲉˋϫⲁϥ ⲛⲁⲩ ϫⲉ ⲁⲧⲉⲧⲛⲕⲱ ⲙⲡⲉⲧⲟⲛϩ ⲙⲡⲉⲧⲛⲙⲧⲟ ⲉⲃⲟⲗ ⲁⲩⲱ ⲁⲧⲉⲧⲛϣⲁϫⲉ ϩⲁ ⲛⲉⲧⲙⲟⲟⲩⲧˋ	(2) Er sagte zu ihnen: Ihr habt den Lebendigen verlassen, der vor eurem Angesicht ist, und ihr habt über Tote gesprochen.

a) Zur Stellung in der Spruchgruppe

In der Form, die uns heute in NHC II vorliegt, ist EvThom 52 in eine Reihe von Fragen und Antworten eingebunden, die sich insgesamt über EvThom 50–53 erstreckt (s. o. B.II.21.a zu EvThom 50). Da dieses Logion keine offensichtliche Verbindung zum vorhergehenden hat, stellt es innerhalb der Spruchgruppe einen Neuansatz dar und zeigt, dass diese Reihe von Logien nicht ursprünglich als selbsterklärende Sinneinheit abgefasst worden ist. Nach dem Modell von Reinhard Nordsieck ist EvThom 52 hingegen das erste Grundwort einer längeren Redekomposition, die sich über EvThom 51–61,1 erstreckt und „Reich Gottes und Welt als Leben und Tod" zum Thema hat.[1] Gegen diese Eingliederung spricht auf der Ebene des Endtextes in NHC II vor allem, dass Jesus als Sprecher nur in EvThom 50 namentlich genannt und in EvThom 51–53 nur mit Pronomina bezeichnet wird. In formaler Hinsicht kann also weder EvThom 52 noch EvThom 51 den Beginn eines größeren Komplexes darstellen. Allerdings hat EvThom 52 eine inhaltliche Verbindung zum folgenden Logion, EvThom 53, das ebenfalls vom Stellenwert alttestamentlicher bzw. jüdischer Tradition, in diesem Falle der Beschneidung, handelt. Für den Kompilator des Thomasevangeliums waren anscheinend beide Themen so relevant, dass er dafür jeweils ein autoritatives Wort Jesu bot. Indem er durch sein Arrangement die Rezeption des „Alten Testaments"[2] und die Beschneidung auf eine Stufe stellte, nahm er freilich im frühen Christentum eine bemerkenswerte Sonderstellung ein.

---

1 Vgl. Nordsieck: „Zur Kompositionsgeschichte", 185–186.
2 Von einem „Alten Testament" kann man eigentlich nur dann sprechen, wenn die jüdische Bibel (welchen Umfangs auch immer) in einem christlichen bzw. neutestamentlichen Bezugsrahmen positiv rezipiert wird. Insofern ist es fraglich, ob für den Autor von EvThom 52 (und für den Kompilator des Thomasevangeliums) die jüdische Bibel als „Altes Testament" Geltung gehabt hätte. Daher wird im Folgenden der Begriff „Altes Testament" in Anführungszeichen gesetzt.

II. Einzeluntersuchungen, 23. Logion 52

Innerhalb des Logions wäre zu fragen, ob sein dialogischer Aufbau auf einen längeren Wachstumsprozess schließen lässt, so dass einem ursprünglich selbständigen Logion später die Jüngerfrage (in der typischerweise Anliegen des späten 1. Jahrhunderts zum Ausdruck kommen) vorgeschaltet wurde. Das könnte man für die Logien annehmen, in denen die Antwort Jesu an der Frage völlig vorbeigeht (etwa EvThom 6; 24; 91).[3] Im Falle von EvThom 52 sind aber die Bemerkung der Jünger und die Antwort Jesu durchaus aufeinander bezogen. Die Antwort allein ist als selbständige Einheit schwer vorstellbar, sie reagiert – als Vorwurf in der 2. Person Singular – auf die Bemerkung der Jünger. Auch die bei Augustinus zitierte Parallele (s. u. c) spricht dafür, dass diese Antwort Jesu im Kontext eines Dialogs überliefert wurde, auch wenn der Markionit, den Augustinus zitiert, die Bemerkung der Jünger nur in indirekter Rede paraphrasiert. Es erscheint also angemessen, EvThom 52 entstehungsgeschichtlich als Einheit aufzufassen.[4]

b) Die Bemerkung der Jünger

EvThom 52 gehört zur Klasse der Jüngerdialoge: EvThom 6; 18; 24; 37; 43; 52; 91; 104; 113. Meistens kommt dort in der Frage bzw. Bemerkung der Jünger eine Vorstellung zum Ausdruck, die Jesus in seiner Antwort einer grundlegend falschen Konzeption überführt: Die Jünger interessieren sich für zeitlich oder räumlich Entferntes, doch darüber versäumen sie es, die gegenwärtige Wirklichkeit zu durchschauen bzw. die Bedeutung des ihnen gegenwärtigen Jesus zu erfassen.[5] In EvThom 52 konzentriert sich die Bemerkung der Jünger auf das „Alte Testament": Die Zahl von 24 Schriften ist auch anderweitig als Umschreibung für den (schon relativ fixen) Kanon der jüdischen Bibel belegt (4 Esra 14,44–46).[6] So gesehen, zielt die Bemerkung der Jünger darauf ab, Jesus an Deutungsmuster aus der Vergangen-

---

3 Vgl. dazu DeConick: „Original *Gospel of Thomas*", 188; dies.: *Recovering the Original Gospel of Thomas*, 65–68.
4 So auch DeConick: *Recovering the Original Gospel of Thomas*, 66; dies.: *Original Gospel of Thomas in Translation*, 184–185.
5 Vgl. dazu auch S.L. Davies: *The Gospel of Thomas and Christian Wisdom*, 83; Hedrick: *Unlocking the Secrets*, 105.
6 Vgl. Gärtner: *Theology of the Gospel of Thomas*, 154–155; Moreland: „Twenty-Four Prophets", 86–87. Bei Josephus (Ap. 1,8,38–40) ist hingegen nur von 22 autoritativen Büchern die Rede, welche die Propheten (einschließlich Mose) verfasst haben sollen. Allerdings spricht unser Logion nicht von *Büchern*, sondern von *Propheten*, was nach Gathercole: *Gospel of Thomas*, 164 auf „a confused ignorance of the Jewish subdivisions of Scripture" hinweist. – Die Antwort Jesu lässt ohnehin vermuten, dass, wer immer dieses Logion verfasste bzw. überlieferte, an solchen Feinheiten nicht sonderlich interessiert war.

B. Durchführung

heit zu binden, während Jesus ihnen vorwirft, seine Gegenwart nicht hinreichend zu würdigen.[7] Das Verständnis von EvThom 52,1 wird aber durch eine kleine sprachliche Hürde gestört: In der koptischen Übersetzung des Logions sagen die Jünger über die Propheten: ⲁⲩϣⲁϫⲉ ⲧⲏⲣⲟⲩ ⲉⲣⲁϊ ⲛ̄ϩⲏⲧⲕ – wörtlich: „Sie haben alle gesprochen in dir." Die Präposition „in" (ⲉⲣⲁϊ ⲛ̄ϩⲏⲧ=) wirkt kryptisch, zumal dahinter mit großer Wahrscheinlichkeit[8] ein griechisches ἐν zu vermuten ist,[9] nicht also das in diesem Zusammenhang gebräuchlichere περί.[10] Die Präposition ⲉⲣⲁϊ ⲛ̄ϩⲏⲧ= bzw. ἐν könnte man als eine Ellipse verstehen, etwa für „in deinem Geist".[11] Es wurde auch schon vorgeschlagen, diese Präposition instrumental zu verstehen, etwa „durch dich".[12] Letztere Deutung scheint jedoch dem üblichen frühchristlichen Verständnis des „Alten Testaments" geradezu diametral entgegengesetzt zu sein. Dieses ist konzise zusammengefasst in einem Agraphon, das Epiphanios fünfmal (Ancor. 53,4; 94,9; Pan. 23,5,5; 41,3,2; 66,42,8) überliefert: „Der Redende in

---

7 Ähnlich auch GIANOTTO: „Quelques aspects de la polémique anti-juive", 169.
8 Der Rückschluss von koptischen Präpositionalausdrücken auf zugrunde liegende griechische Präpositionalausdrücke ist, wie sich auch in den folgenden Erörterungen zeigt, notorisch schwierig, vgl. MINK: „Die koptischen Versionen", 272–273.
9 Vgl. MIROSHNIKOV: „ʻInʼ or ʼAboutʼ? ", 179–180; Als Übersetzung von ἐπί ist ⲉⲣⲁϊ ⲛ̄ϩⲏⲧ= zu schwach bezeugt (im biblischen Bereich nur Weish 12,17; Apg 3,16). Vgl. CRUM: *Coptic Dictionary*, 683–685 s.v. ϩⲛ. Die Wendung ⲉⲣⲁϊ + Präposition wird, global gesehen, häufig für ἐν gesetzt; für das Neue Testament findet man bei WILMET: *Concordance du Nouveau Testament sahidique* II/3, 1466–1467 s.v. (ⲉ)ⲉⲣⲁϊ 270 Belegstellen dafür (gegenüber 21 für εἰς und 79 für ἐπί).
10 Für die Wiedergabe von περί mit ⲉϩⲣⲁϊ findet man bei WILMET: *Concordance du Nouveau Testament sahidique* II/3, 1468 s.v. (ⲉ)ⲉⲣⲁϊ nur zwei Belegstellen aus der Apostelgeschichte (Apg 22,6; 26,13). Beide handeln vom „Damaskuserlebnis" des Paulus und verwenden die Präposition im lokalen Sinne für das Licht, das Paulus umstrahlt. – Für GATHERCOLE: *Gospel of Thomas*, 418 ist das Referat des Logions bei Augustinus (C. Adv. Leg. 2,4,14, s.u.) für das Verständnis maßgeblich. Dort heißt es ja, die Propheten hätten *de adventu eius* gesprochen.
11 Vgl. MÉNARD: *L'Évangile selon Thomas*, 155; LELYVELD: *Logia de la vie*, 77–78; ähnlich P. NAGEL: „Neuübersetzung des Thomasevangeliums", 240, der das Logion mit einer judenchristlichen Vorstellung erklären will, wonach „es nur *einen* Propheten gebe, der die Weltalter durchläuft und sich am Ende der Zeiten offenbart".
12 Vgl. PLISCH: *Thomasevangelium*, 142: „Die Aussage der Jünger ist als eine Art Ehrenbezeigung gemeint: Jesus wird als die personifizierte Weisheit Gottes angesprochen, die in den bzw. durch die Propheten Israels artikuliert hat." Diese Deutung ist zwar im frühen Christentum anschlussfähig, doch sie sagt das Gegenteil von dem aus, was in EvThom 52 steht. Wenn sie zutreffend sein sollte, müsste die fragliche Passage lauten „Und du hast in ihnen allen gesprochen." (etwa: ⲁⲕϣⲁϫⲉ ⲉⲣⲁϊ ⲛ̄ϩⲏⲧⲟⲩ ⲧⲏⲣⲟⲩ).

den Propheten, siehe, da bin ich" (ὁ λαλῶν ἐν [τοῖς] προφήταις, ἰδοὺ πάρειμι).¹³ Demnach sind also die Propheten das Mittel, dessen sich der Logos, also Jesus, bedient hat, um auch schon in alttestamentlicher Zeit zu sprechen – in diesem Sinne kommt hier eine sehr pointierte Logos-Theologie zur Sprache.¹⁴ Ähnlich, aber auf Gott als Sprecher bezogen, formuliert es das Proömium des Hebräerbriefes (Hebr 1,1–2): Gott hat zu den Vätern gesprochen in den bzw. durch die Propheten (ἐν τοῖς προφήταις), zu uns hat er gesprochen im/durch den Sohn (ἐν υἱῷ). Wenn man dieses instrumentale Verständnis der Präposition auch für EvThom 52 annimmt, erscheint Jesus als das Medium, in dem bzw. durch das die Propheten gesprochen haben. Diese Vorstellung mag etwas merkwürdig erscheinen, doch in leicht modifizierter Form findet sie eine Entsprechung bei Justin: Dieser erklärt in seiner Apologie, wie die Propheten in der Rolle anderer Personen sprechen können, etwa in der Gottesrede oder in Klagepsalmen, die sich auf das Leiden Jesu beziehen lassen: Dies seien nicht eigentlich ihre Worte, sondern die „des göttlichen Logos, der sie bewegt" (τοῦ κινοῦντος αὐτοὺς θείου λόγου, 1 Apol. 36,1). Hier erscheint der Logos nicht nur als derjenige, der in den bzw. durch die Propheten spricht, sondern sogar als derjenige, der die Propheten überhaupt zum Sprechen bringt. Den Gedanken führt Justin allerdings nicht weiter aus.

Alternativ schlägt Ivan Miroshnikov vor, die Bemerkung der Jünger mit der Wendung ⲁⲩⲱⲁⲭⲉ ⲧⲏⲣⲟⲩ ⲉⲣⲁⲓ ⲛ̄ϩⲏⲧⲕ bzw. πάντες ἐλάλησαν ἐν σοί im Sinne von „sie haben *über* dich gesprochen" als von der Septuaginta geprägte Sprache zu verstehen: Dann wäre der Verfasser unseres Logions entweder selbst fest im „Bibelgriechisch" verwurzelt gewesen, oder er hätte in literarischer Mimesis die Jünger als besonders bibelfest und bibeltreu gezeichnet bzw. karikiert.¹⁵ Die Sprache der Jünger würde dann zum Inhalt ihrer Bemerkung passen.

Dieser Befund schwächt die Verbindung unseres Logions zu Joh 5,39.46, die oft als seine engsten Parallelen gelten.¹⁶ Dort wird, wie auch in Lk 24,44; 1 Petr 1,10, für den Bezug der „alttestamentlichen" Schriften zu Jesus die

---

13 Vgl. DORESSE: *Livres secrets* 2, 176; GÄRTNER: *Theology of the Gospel of Thomas*, 154. Interessanterweise verbindet Epiphanios dieses Agraphon verschiedentlich mit Zitaten aus Joh 5: In Pan. 23,5,5 zitiert er im Anschluss Joh 5,17, in Pan. 42,3,2; 66,42,18 zitiert er im Anschluss Joh 5,46.
14 Vgl. PESCE: *Parole dimenticate di Gesù*, 741.
15 Vgl. MIROSHNIKOV: „'In' or ,About'?", 182–183. Als Belege für λαλεῖν ἔν τινι lassen sich anführen: Dtn 6,7; Ps 1,2; 47,13; 118,15; Sir 6,37; Klgl 3,60; Hld 8,8 LXX sowie Dan 10,11 (Theod).
16 Vgl. dazu BROWN: „Gospel of Thomas", 168; NORDSIECK: *Thomas-Evangelium*, 215–216. Als weitere Parallele könnte man auch P.Egerton 2,1 (+ P.Köln 255) verso,

B. Durchführung

Präposition περί verwendet. Die sahidische Übersetzung des Johannesevangeliums verwendet in Joh 5,39.46 jeweils die Präposition ⲉⲧⲃⲉ- (ⲉⲧⲃⲏⲏⲧ⸗).[17] Doch auch davon abgesehen, sollte man die Verbindung zwischen EvThom 52 und dieser johanneischen Parallele nicht überbewerten: Gewiss wird jeweils das gleiche Thema verhandelt: Die Beziehung des „Alten Testaments" zu Jesus. Im Johannesevangelium wird diese so bestimmt, dass bereits die alttestamentlichen Schriften in ihrer Totalität[18] – eigentlich und „richtig" gelesen – von Jesus handeln; am deutlichsten wird das in Joh 1,45; 5,39.46, aber auch 2,22; 12,16; 20,9.[19] Innerhalb der johanneischen Erzählung führt das dazu, dass den Gegnern Jesu ihre Bibel als Mittel der Argumentation gegen Jesus von vornherein entzogen wird:[20] Nicht ohne Grund steht der Schlüsseltext Joh 5,39–47 am Ende des ersten großen Streitgespräches zwischen Jesus und den „Juden". Außerhalb der Erzählung mag die so betonte Kontinuität mit der alttestamentlichen Geschichte im Sinne eines Altersbeweises dazu gedient haben, das Christentum auf anerkannt altehrwürdige Wurzeln zurückzuführen.

EvThom 52 opponiert offensichtlich gegen ein Verständnis der jüdischen Bibel als „Altes Testament", das im frühen Christentum verbreitet war.[21] Das Logion lässt kein „Altes Testament" im Sinne einer bleibend rele-

---

7–10.20–23 nennen, doch dieser Text ist schon der Rezeption des Johannesevangeliums zuzuordnen; für eine sehr vorsichtige Einschätzung vgl. NICKLAS: „Unknown Gospel", 39–41.

17 Nach WILMET: *Concordance du Nouveau Testament Sahidique* II/1, 108–122 s.v. ⲉⲧⲃⲉ-; 122–125 s.v. ⲉⲧⲃⲏⲏⲧ⸗ sowie DRAGUET: *Index Copte et Grec-Copte*, 140 s.v. περί ist innerhalb des neutestamentlichen Kanons ⲉⲧⲃⲉ mit insgesamt 203 Belegen die häufigste Übersetzung von περί, während umgekehrt περί (nach διά mit insgesamt 223 Belegen) das zweithäufigste Äquivalent von ⲉⲧⲃⲉ ist.

18 Sehr prägnant dazu BARRETT: *Gospel According to St John*, 225: „John mentions no particular Old Testament passages having reference to Christ; this is not his manner. But he is sure that the Old Testament generally is a witness to Christ ..." Ähnlich SCHNACKENBURG: *Johannesevangelium* II, 176; BEUTLER: *Johannesevangelium*, 199.

19 Vgl. z.B. MENKEN: „Significance of the Old Testament", 159; auch LINCOLN: *Truth on Trial*, 79; ASHTON: „Riddles and Mysteries", 342; SCHOLTISSEK: „Ich und der Vater", 322–323.

20 Vgl. VAN DER WATT: „Ethics and Ethos", 156.

21 Vgl. RAU: „Jenseits von Raum, Zeit und Gemeinschaft", 145; MORELAND: „Twenty-Four Prophets", 88–91; GIANOTTO: „Quelques aspects de la polémique anti-juive", 169; GATHERCOLE: *Gospel of Thomas*, 415–416; ähnlich POPKES: „Umdeutung des Todes Jesu", 539–540. Nach DEMS.: *Menschenbild des Thomasevangeliums*, 59 ist dies im Thomasevangelium kein Einzelfall, sondern EvThom 52 fügt sich in die Tendenz der ganzen Sammlung ein, welche die Loslösung von jüdischen Traditionen propagiert; vgl. auch EvThom 6; 14,1–3; 27; 39; 53; 89; 102; 104.

vanten Heiligen Schrift gelten.[22] Doch damit ist noch nicht gesagt, dass unser Logion sich gezielt gegen das Johannesevangelium richtet. Mehrere Autoren bemerken, dass unser Logion keine spezifischen Elemente aus Joh 5,39.46 aufgreift – etwa das Zeugnis-Motiv oder eine ausdrückliche Nennung des Mose.[23] Gerade letztere darf als charakteristisch für das Johannesevangelium gelten, wo Mose an der Schlüsselstelle Joh 5,45–46 geradezu der Inbegriff des Alten Testaments ist. Die Propheten werden nur in Joh 1,45 (zusammen mit Mose) programmatisch als alttestamentliche Autoritäten genannt; ansonsten kommen sie nur in bestimmten Zitateinleitungen als Referenzgrößen vor (Joh 6,45; 12,38). Auf der anderen Seite artikuliert die Bemerkung der Jünger in EvThom 52,1 eine Vorstellung vom Verhältnis des „Alten Testaments" zu Jesus, die man im Johannesevangelium nicht in derselben Form findet. Daher erscheint es vorerst angemessen, in EvThom 52,1 eine Analogie zum Johannesevangelium zu sehen.

c) Die Antwort Jesu

Die Antwort Jesu stellt offenkundig einen starken Kontrast zur Bemerkung der Jünger her: Die Propheten, welche die Jünger für ihre Christologie in Anspruch nehmen, sind Tote, doch über der Beschäftigung mit ihnen vernachlässigen die Jünger den eigentlich Lebendigen. Diese Antwort – eigentlich das ganze Logion – findet nun eine eindrucksvolle Parallele in einer Schrift des Augustinus: *Contra Adversarium Legis et Prophetarum*. Darin setzt sich Augustinus mit einem Pamphlet eines anscheinend markionitisch inspirierten Autors[24] auseinander, der ein EvThom 52 sehr ähnliches Herrenwort zitiert:

---

22 Vgl. LÖHR: „Jesus und die Tora", 367: „Jesus bestreitet implizit den Anspruch der Schrift, lebendig zu reden, Gültigkeit zu haben. Die Propheten bzw. Schriften des Alten Testaments sind keine *viva vox*."; ähnlich MORELAND: „Twenty-Four Prophets", 87, dem zufolge das Thomasevangelium aus dem „Alten Testament" nur den Schöpfungsbericht (und in EvThom 46; 85 den Personennamen Adam) übernimmt – hier wäre zu fragen, ob tatsächlich ein direkter Rekurs auf Gen 1–2 vorliegt.
23 Vgl. MORELAND: „Twenty-Four Prophets", 88–89; NORDSIECK: *Thomas-Evangelium*, 215–216.
24 Augustinus scheint sich selber nicht ganz im Klaren gewesen zu sein, wie er diesen Autor einordnen sollte. Jedenfalls schreibt er am Anfang des Werkes: „Geliebte Brüder, ihr habt mir ein Buch irgendeines Häretikers geschickt, der, wie ihr schreibt, am Meeresstrand aufgegriffen wurde, als dieser giftige Band selbst herbeigebracht wurde und die zusammengelaufenen Menschenmengen ihn sich aus gefährlicher Neugier und Vergnügungssucht vorlesen ließen. Um auf dieses Buch, soweit ich es kann, in aller Kürze zu antworten, habe ich mich zuerst gefragt, von wessen Irrlehre es sei. Nicht allein die Manichäer verdammen nämlich das Gesetz und die Propheten, sondern auch die Markioniten und einige andere, deren Sekten den christlichen Völkern nicht so bekannt sind. Dieser aber, dessen Namen

B. Durchführung

EvThom 52	C. Adv. Leg. 2,4,14[25]
(1) Seine Jünger sagten zu ihm: 24 Propheten haben gesprochen in Israel, und sie haben alle in dir gesprochen.	Doch als die Apostel ihn fragten, was man von den Propheten der Juden halten solle, von denen geglaubt wird, dass sie in der Vergangenheit etwas über seine Ankunft geweissagt hätten,
(2) Er sagte zu ihnen:	habe unser Herr, erregt darüber, dass sie so etwas auch jetzt noch denken, geantwortet:
Ihr habt den Lebendigen verlassen (κω), der vor eurem Angesicht ist, und ihr habt über Tote gesprochen.	Ihr habt den Lebendigen, der vor euch ist, verabschiedet (*dimisistis*), und von Toten habt ihr Geschichten erzählt.

Über die Herkunft dieses Zitates weiß Augustinus nichts Näheres, er fügt nur an, dass der unbekannte Häretiker diesen Spruch „aus irgendwelchen apokryphen Schriften" (*de scripturis nescio quibus apocryphis*) hervorgezogen habe. Immerhin war der Spruch für Augustinus als Zitat zu identifizieren. Nun ist zu fragen, woher dieses Zitat stammt bzw. ob EvThom 52 die Quelle dafür sein kann. Aufgrund der Situationsangabe hält Reinhard Nordsieck das Agraphon in diesem Pamphlet für eine selbständige, doch mit EvThom 52 verwandte Überlieferung.[26] Andere scheinen hingegen anzunehmen, dass der unbekannte Autor hier tatsächlich EvThom 52 zitierte.[27] Nun ist nicht sicher zu eruieren, welcher Wortlaut hinter der von Augustinus paraphrasierten Jüngerfrage stand bzw. ob erst Augustinus die Frage in die indirekte Rede setzte, oder ob auch schon das zitierte Werk nur

---

ich in demselben Buch nicht gefunden habe, verabscheut Gott als den Schöpfer der Welt, während die Manichäer, obwohl sie das Buch Genesis nicht annehmen und lästern, dennoch bekennen, dass Gott eine gute Welt geschaffen hat, wenngleich von fremdem Wesen und Stoff. Aber obwohl mir nicht klar geworden ist, von welcher Sekte dieser Lästerer ist, gilt es gegen seine Zunge die Heilige Schrift zu verteidigen, an der er mit seinen verleumderischen Erörterungen herumschneidet." (C. Adv. Leg. 1,1,1).
25 C. Adv. Leg. 2,4,14: *Sed apostolis, inquit, dominus noster interrogantibus de Iudaeorum prophetis, quid sentiri deberet, qui de adventu eius aliquid cecinisse in praeteritum putabantur, commotus talia eos etiam nunc sentire, respondit: Dimisistis vivum, qui ante vos est, et de mortuis fabulamini.*
26 Vgl. NORDSIECK: *Thomas-Evangelium*, 216.
27 Vgl. MÉNARD: *L'Évangile selon Thomas*, 8.155; PESCE: *Parole dimenticate di Gesù*, 576; PLISCH: *Thomasevangelium*, 143–144.

eine Paraphrase bot. Die im Wortlaut überlieferte Antwort Jesu bietet dennoch bemerkenswerte Parallelen. Dass die Propheten als Tote abgetan und dem gegenwärtigen Lebendigen (Jesus) gegenübergestellt werden, ist an sich schon bemerkenswert. Noch interessanter sind jedoch die verwendeten Verben: Das koptische ⲕⲱ[28] und das lateinische *dimitto* weisen zwar in unterschiedliche semantische Richtungen, doch, gewissermaßen als Schnittmenge ihrer Bedeutungsspektren, lassen sie sich an dieser Stelle auf ein griechisches ἀφίημι im Sinne von „verlassen" zurückführen.[29] Diese Übereinstimmungen erlauben den Schluss, dass es sich bei EvThom 52 und dem von Augustinus zitierten bzw. paraphrasierten Agraphon tatsächlich um ein und dasselbe Herrenwort handelt. Aus dem Thomasevangelium könnte es über manichäische Kanäle (?)[30] zu dem „Gegner des Gesetzes und der Propheten" gekommen sein, mit dem Augustinus sich auseinandersetzte.

Für die Frage, wie dieses Herrenwort sich zum Johannesevangelium verhält, liegt in der Bezeichnung „der Lebendige" (ⲡⲉⲧⲟⲛϩ) ein Anknüpfungspunkt. Damit könnte prinzipiell, wie in EvThom 37, Gott selbst gemeint sein,[31] der in EvThom 3; 50 „der lebendige Vater" (ⲡⲉⲓⲱⲧ ⲉⲧⲟⲛϩ) genannt wird. Sonst ist im Thomasevangelium aber „der Lebendige" (ⲡⲉⲧⲟⲛϩ) eher eine Bezeichnung für Jesus (EvThom Prol.; 59; 111). Dieses Verständnis liegt auch eher im Gedankengang von EvThom 52, denn hier wirft Jesus ja den Jüngern vor, dass sie sich mehr für die Propheten interessierten als für ihn, der in der Gesprächssituation lebendig vor ihnen

---

28 Dieses Wort hat an sich ein sehr weites Bedeutungsspektrum; vgl. WESTENDORF: *Koptisches Handwörterbuch*, 55 s.v. ⲕⲱ: „*legen, stellen, setzen, (zu)lassen, veranlassen, behalten*; im Qualit. *liegen, stehen*, ⲕⲏ ⲛ- (A₂) *jem. auferlegt sein.*" Nach CRUM, *Coptic Dictionary*, 95 s.v. ⲕⲱ i, j kommen dazu auch die Bedeutungen „quit, abandon, fail" und „leave, omit", in denen ⲕⲱ auch als Übersetzung von ἀφίημι belegt ist.
29 Für das Koptische lässt sich anhand der Konkordanz folgender Befund festhalten: Im sahidischen Neuen Testament tritt das Verb ⲕⲱ am häufigsten als Übersetzung von ἀφίημι auf (61 Belege), gefolgt von τίθημι mit 51 Belegen; vgl. WILMET: *Concordance du Nouveau Testament Sahidique* II/1, 249–255 s.v. ⲕⲱ. Umgekehrt ist ⲕⲱ auch die häufigste Übersetzung von ἀφίημι, die zweithäufigste ist ⲕⲱ ⲉⲃⲟⲗ („verzeihen"); vgl. DRAGUET: *Index Copte et Grec-Copte*, 65–66 s.v. ἀφιέναι.
30 Dies ist nur eine Vermutung (so auch GATHERCOLE: *Gospel of Thomas*, 86: „... may be from a Manichaean source, but is not clearly so"), die aber zumindest dadurch an Plausibilität gewinnt, dass das Thomasevangelium in manichäischen Kreisen rezipiert wurde und die Manichäer auch im Umfeld des Augustinus sehr präsent waren. Sie sind sozusagen das „missing link" zwischen dem Thomasevangelium und Augustinus.
31 So etwa HEDRICK: *Unlocking the Secrets*, 105.

B. Durchführung

steht, bzw. dass sie einen Umweg über die Propheten machen, obwohl sie ihn lebendig vor sich haben.[32] Gott ist hier nicht im Blick.

Wie schon in den Ausführungen zum Prolog (s. o. B.II.1.d) dargelegt, ist „der Lebendige" als eigenständiger christologischer Titel eine Eigenheit des Thomasevangeliums, die zwar im Johannesevangelium keine direkte Entsprechung, aber zumindest die nächste Parallele hat. Während im Johannesevangelium der Gedanke entwickelt wird, dass der Vater ursprünglich Leben in sich hat und dieses an den Sohn weitergibt, so dass der Sohn seinerseits Leben geben kann (vgl. Joh 5,26; 6,57), verdichtet sich dies in EvThom Prol.; 52; 59; 111 zu der christologischen Bezeichnung „der Lebendige". Insofern also die christologische Anwendung dieses Partizips einen Gedanken voraussetzt, der im Johannesevangelium erarbeitet wurde, könnte man in diesem untergeordneten Motiv eine Bezugnahme auf das Johannesevangelium annehmen. Andererseits steht dieser Titel hier, anders als etwa im Prolog, nicht für sich allein, sondern ist eingebunden in die Gegenüberstellung mit den schon längst verstorbenen Propheten (vgl. dazu auch Joh 8,53).[33] Möglicherweise steht diese Gegenüberstellung sogar am Anfang einer Entwicklung, die es am Abschluss der Sammlung ermöglichte, im Prolog den „lebendigen Jesus" für die Sprüche des Thomasevangeliums in Anspruch zu nehmen.

Das Lebensmotiv steht nun aber auch in Joh 5,39–40 in Verbindung mit den Schriften: Jesus stellt fest,[34] dass die „Juden" meinen, „in" den Schriften ewiges Leben zu haben (5,39); demgegenüber beklagt er, dass sie nicht zu ihm kommen wollen, um wirklich Leben zu haben (5,40). Hier werden also zwei Lebensangebote gegenübergestellt: Leben aus dem Studium der jüdischen Bibel und Leben aus der Begegnung mit Jesus. Nach der Konzeption des Johannesevangeliums würde nur das „richtige" Studium der jüdischen Bibel – als „Altes Testament" mit Jesus als hermeneutischem Schlüssel gelesen – zum Leben führen.[35]

Die Vorstellung von EvThom 52 ist deutlich anders gelagert. Zwar geht es auch um die Begegnung mit Jesus, dem „Lebendigen", doch für dieses Logion gibt es kein „Altes Testament", das dafür eine Hilfe bieten könnte:

---

32 Nach LELYVELD: *Logia de la vie*, 78–79 ist hier die Identität Jesu als des Auferstandenen im Blick.
33 Man kann fragen, ob die Rede von den „toten" Propheten in EvThom 52 als eine Weiterführung des in Joh 8,53 artikulierten Gedankens zu verstehen ist.
34 Anders als in P.Egerton 2,1 verso, 7–8, ist ἐραυνᾶτε hier aufgrund des Zusammenhanges als Indikativ zu verstehen; vgl. SCHNACKENBURG: *Johannesevangelium* II, 176.
35 Vgl. THEOBALD: *Fleischwerdung des Logos*, 360; MOLONEY: *Gospel of John*, 187–188; LINCOLN: *Gospel According to St John*, 207; THEOBALD: *Evangelium nach Johannes 1–12*, 415–416; ebenso auch WENGST: *Johannesevangelium* 1, 221.

Wer sich mit den toten Propheten beschäftigt, hat sich nach EvThom 52 vom lebendigen Jesus verabschiedet und kann folgerichtig durch ihn kein Leben haben.[36] EvThom 52 radikalisiert also die Gegenüberstellung der beiden Lebensangebote, von denen in Joh 5,39–40 die Rede ist. Selbstredend setzt das Logion eigene Akzente und entwickelt ein Verständnis der jüdischen Bibel, das von dem des Johannesevangeliums weit entfernt ist. Dennoch sprechen die oben gemachten Detailbeobachtungen letztlich doch eher dafür, dass unser Logion in seiner pointierten Stellungnahme von dem programmatischen Text Joh 5,39–40 inspiriert war, die Gegenüberstellung der beiden Lebensangebote „Studium der Schrift" und „Begegnung mit Jesus" aufgriff und in eigener Weise weiterführte. EvThom 52 und das Johannesevangelium verfolgen dabei das gleiche Ziel: Leben aus der Begegnung mit dem lebendigen Jesus. Doch was den Weg dorthin betrifft, unterscheiden sie sich fundamental: Während nach dem Johannesevangelium der Weg zu Jesus über das Zeugnis des Alten Testaments führen kann und soll, wäre das nach EvThom 52 ein ganz verderblicher Irrweg.

d) Fazit zu EvThom 52

EvThom 52 bezieht massiv Stellung gegen die christliche Rezeption der jüdischen Bibel als „Altes Testament". Darin steht dieses Logion im Kontext des Neuen Testaments und des weiteren frühen Christentums sehr exponiert dar. Es scheint aber bei den (manichäischen?) Lesern des Thomasevangeliums einigen Anklang gefunden zu haben; so wird verständlich, dass im 5. Jahrhundert ein „Gegner des Gesetzes und der Propheten" dieses Logion in einem Pamphlet zitieren konnte, das Augustinus zu einer ausführlichen Entgegnung herausforderte.

Was nun das Verhältnis dieses Logions zum Johannesevangelium betrifft, so liegt die Bemerkung der Jünger zwar der Sache nach nahe bei Joh 5,39.46, doch die christologische Beanspruchung des Alten Testaments ist keineswegs ein singuläres Merkmal des Johannesevangeliums. Die kryptische Aussage von EvThom 52,2, wonach die Propheten „in" Jesus gesprochen hätten, findet ohnehin keine Entsprechung in den johanneischen Schriften. Es bleibt das Lebensmotiv, und dieses ist in der Tat aussagekräftig: Die Selbstbezeichnung Jesu als „der Lebendige" dürfte den Gedankengang von Joh 5,26; 6,57 voraussetzen, vor allem aber greift sie in diesem Zusammenhang Joh 5,40 auf, wo dem selbstbezogenen Studium der

---

36 Vgl. dazu auch GROSSO: *Vangelo secondo Tommaso*, 186–187. Ganz anders AKAGI: *Literary Development*, 352–355, wonach dieses Logion – im judenchristlichen Kontext – keine Radikalkritik beinhaltet, sondern lediglich eine Ermahnung, die richtigen Prioritäten zu setzen. Diese Interpretation scheint sich aber vor allem dem postulierten Interpretationskontext zu verdanken.

B. Durchführung

jüdischen Bibel das Lebensangebot der Begegnung mit Jesus gegenübergestellt wird. Somit ist in EvThom 52 zwar keine direkte Textübernahme aus dem Johannesevangelium festzustellen, doch das Logion (speziell EvThom 52,2) lässt sich trotzdem als eigenständige, kritische Bezugnahme darauf verstehen: Da es Gedanken aus mehreren benachbarten Passagen des Johannesevangeliums, Joh 5,27.39–40.46, verknüpft und bündelt, liegt der Schluss nahe, dass bei der Komposition dieses Logions die zweite Hälfte des ersten großen Streitgespräches mit den „Juden", Joh 5,24–47, im Hintergrund stand. Für den Zweck dieser Untersuchung ist das Verhältnis dieses Logions zum Johannesevangelium also als thematische Bezugnahme – speziell auf Joh 5,27.39–40 – zu klassifizieren. Die Analogien, die zwischen EvThom 52,1 und Joh 5,39.46 festgestellt wurden, fallen hier insofern nicht eigens ins Gewicht, als das Logion von seiner Komposition her eine Einheit ist.

24. Logion 56/80

EvThom 56	
(1) ⲡⲉϫⲉ ⲓ̄ⲥ̄ ϫⲉ ⲡⲉⲧⲁϩⲥⲟⲩⲱⲛ ⲡⲕⲟⲥⲙⲟⲥ ⲁϥ`ϩⲉ ⲉⲩⲡⲧⲱⲙⲁ	(1) Jesus sagte: Wer die Welt erkannt hat, hat eine Leiche gefunden,
(2) ⲁⲩⲱ ⲡⲉⲛⲧⲁϩϩⲉ ⲁⲡⲧⲱⲙⲁ ⲡⲕⲟⲥⲙⲟⲥ ⲙ̄ⲡϣⲁ ⲙ̄ⲙⲟϥ ⲁⲛ	(2) und wer die Leiche gefunden hat: Die Welt ist seiner nicht würdig.
EvThom 80	
(1) ⲡⲉϫⲉ ⲓ̄ⲥ̄ ϫⲉ ⲡⲉⲛⲧⲁϩⲥⲟⲩⲱⲛ ⲡⲕⲟⲥⲙⲟⲥ ⲁϥϩⲉ ⲉⲡⲥⲱⲙⲁ	(1) Jesus sagte: Wer die Welt erkannt hat, hat den Leib gefunden.
(2) ⲡⲉⲛⲧⲁϩϩⲉ ⲇⲉ ⲉⲡⲥⲱⲙⲁ ⲡⲕⲟⲥⲙⲟⲥ ⲙ̄ⲡϣⲁ ⲙ̄ⲙⲟϥ` ⲁⲛ	(2) Wer aber den Leib gefunden hat: Die Welt ist seiner nicht würdig.

a) Ein oder zwei Logien

Im Hinblick auf EvThom 56 und EvThom 80 stellt sich als erstes die Frage, ob es überhaupt sinnvoll wäre, die beiden Logien separat zu besprechen. Das wäre der Fall, wenn es zwischen ihnen Unterschiede gäbe, die sich auf ihr jeweiliges Verhältnis zum Johannesevangelium auswirken. Die Unterschiede zwischen den beiden Logien sind jedoch minimal:

- Statt des zu erwartenden Relativkonverters ⲉⲛⲧ- (so EvThom 56,2; 80) findet man in EvThom 56,1 den Relativkonverter ⲉⲧ-. Wenn man nun die Relativkonstruktion in EvThom 56,1 nicht als transponierten Adverbialsatz auffassen will, wird man hier einen Schreibfehler annehmen. Das eigentlich zu erwartende ⲛ im Relativkonverter könnte beim Diktieren ausgefallen sein.
- In EvThom 56 ist davon die Rede, dass derjenige, der die Welt erkennt/ durchschaut, eine Leiche (ⲡⲧⲱⲙⲁ) findet, in EvThom 80 ist dagegen von einem Leib (ⲥⲱⲙⲁ) die Rede. Der sachliche Unterschied ist nicht sehr groß, zumal, wie Karl Heinz Kuhn feststellte, auch das sahidische Neue Testament für das griechische Wort πτῶμα (Leiche) in Mt 14,12; 24,28; Mk 6,29; 15,45; Offb 11,8.9 das ebenfalls griechische Lehnwort ⲥⲱⲙⲁ (Leib) setzen konnte.[1] Er nahm an, dass ursprünglich in beiden Logien πτῶμα stand.

Angesichts dessen erscheint der Schluss gerechtfertigt, dass EvThom 56 und EvThom 80 Dubletten sind. Es handelt sich also eigentlich um ein und dasselbe Logion, das zweimal in die Sammlung aufgenommen wurde, die

---

1 Vgl. KUHN: „Some Observations", 319.

B. Durchführung

wir heute als Thomasevangelium kennen. Vermutlich erreichte es den Kompilator in zwei verschiedenen Sammlungen.

b) Aramaismen

Die Unterschiede zwischen EvThom 56 und EvThom 80 gaben in der Forschung auch Anlass zu Theorien über den Ursprung bzw. die ursprüngliche Sprache des Thomasevangeliums.

So wurden die beiden griechischen Lehnwörter ⲡⲧⲱⲙⲁ und ⲥⲱⲙⲁ auf die Wurzel פגר zurückgeführt, die im Aramäischen (wie auch im Syrischen) „Körper", im Hebräischen hingegen „Leiche" bedeutet.[2] Dieses Wortspiel über die Grenze zwischen zwei semitischen Sprachen hinweg erscheint nicht nur auf den ersten Blick etwas weit hergeholt, sondern es handelt sich auch um eine unnötige Annahme, denn die griechischen Vokabeln πτῶμα und σῶμα können sich ihrerseits in der Bedeutung überschneiden, insofern σῶμα auch „Leiche" bedeuten kann.[3] Das sahidische Neue Testament zeigt, dass sie zumindest in manchen Kontexten für einen koptischen Übersetzer austauschbar waren. Mit anderen Worten: Man muss nicht eine gemeinsame aramäische Urfassung der beiden Logien annehmen, um die Schlüsselbegriffe ⲡⲧⲱⲙⲁ und ⲥⲱⲙⲁ zu erklären.

Doch auch andere Wendungen in diesem Logion werden manchmal als Indizien für einen semitischen, näherhin aramäischen Hintergrund ausgewertet.[4] So verstand Antoine Guillaumont das „Finden" des Körpers in EvThom 80 als eine engführende Übersetzung der Wurzel מצא, die im

---

[2] Vgl. GUILLAUMONT: „Sémitismes dans les logia de Jésus", 117; DECONICK: Original Gospel of Thomas in Translation, 192.

[3] So in Lk 17,37 – die Parallele Mt 24,28 hat πτῶμα. Ebenso instruktiv ist der Vergleich von Mk 15,43 (σῶμα) und 15,45 (πτῶμα). Dieser Eindruck verstärkt sich noch, wenn man die Textüberlieferung berücksichtigt: In Mt 14,12 und Mk 15,45 lesen jeweils einzelne griechische Textzeugen (einschließlich des späteren Mehrheitstextes) sowie syrische und koptische Übersetzungen σῶμα statt des heute kritisch etablierten πτῶμα. In Mk 15,43 hingegen liest Codex D πτῶμα statt σῶμα. Sowohl für griechische Abschreiber als auch für koptische Übersetzer waren die beiden Termini also in bestimmten Kontexten austauschbar. vgl. dazu GATHERCOLE: Composition of the Gospel of Thomas, 78: „πτώματα are simply a subset of σώματα."

[4] In diesem Zusammenhang sei auch erwähnt, dass Antoine Guillaumont die abschließende Wendung „die Welt ist seiner nicht würdig" (ⲡⲕⲟⲥⲙⲟⲥ ⲙ̄ⲡϣⲁ ⲙ̄ⲙⲟϥ ⲁⲛ) in dem Sinne verstand, dass die Welt dem, der sie erkannt hat, nicht gleich sei; sodann führte er die koptische Formulierung mit dem Verb ⲙ̄ⲡϣⲁ („würdig sein") zurück auf ein aramäisches Verb שוה, das sowohl „gleich sein" als auch „würdig sein" bedeuten soll; vgl. GUILLAUMONT: „Les sémitismes dans l'Évangile selon Thomas", 193–194. Diese Theorie erledigt sich dadurch, dass sie eine ganz bestimmte und keineswegs notwendige Auslegung des Logions voraussetzen muss.

Hebräischen zwar „finden", im Aramäischen aber „beherrschen" bedeutet. EvThom 80 handle also von einem (enkratitischen) Gnostiker, der seine Körperlichkeit unter Kontrolle hat.⁵ Abgesehen davon, dass diese Erklärung des Logions, die für ein hypothetisches aramäisches Original an dieser Stelle eine hebräische Wortbedeutung postulieren muss, doch mit ziemlich vielen Unbekannten (*praeter necessitatem*) operiert, erhebt sich ein sprachlicher Einwand: Das aramäische Verb מצא (bzw. das syrische ܡܨܐ) bedeutet in erster Linie „können, mächtig sein"; in der Bedeutung „besiegen, überlegen sein, beherrschen"⁶ würde es sein Objekt mit einer Präposition anschließen,⁷ und dies müsste eigentlich eine Verwechslung mit dem hebräischen Homonym, so unwahrscheinlich sie an sich schon ist, vollends ausschließen. Vor allem aber beschränkt sich Guillaumonts Vorschlag nur auf EvThom 80, die Dublette in EvThom 56 lässt sich damit nicht erklären. Warum sollte jemand eine Leiche beherrschen?

Um EvThom 56/80 zu erklären, ist also kein Rekurs auf eine frühere Fassung in einer semitischen Sprache erforderlich.⁸ Es ist auch nicht nötig, zwischen EvThom 56 und EvThom 80 eine semantische Differenz zu konstruieren: In beiden Fällen wird das Erkennen der Welt mit dem Finden einer Leiche gleichgesetzt. Für diese Leiche werden zwei verschiedene griechische Lexeme verwendet. Ob diese Differenzierung schon in den griechischen Fassungen der beiden Logien vorlag, oder ob sie erst bei der Übersetzung ins Koptische zustande kam, ist jedoch nicht sicher zu sagen.

c) EvThom 56/80 und das johanneische Welt-Bild
Der mögliche Berührungspunkt von EvThom 56/80 mit den johanneischen Schriften liegt nun in der negativen Konnotation des Begriffes „Welt" (κόσμος). Im Rahmen dieser Untersuchung kann dieser Begriff nicht er-

---

5 Vgl. GUILLAUMONT: „Sémitismes dans les logia de Jésus", 116. Als Kuriosität vgl. auch die Rezeption dieses Gedankens bei DECONICK: *Original Gospel of Thomas in Translation*, 192: „My scholarly instinct tells me that this saying originally read either in Aramaic or Syriac, ,Whoever has come to know the world has mastered the body. The world does not deserve the person who has mastered the body.' When it was translated into Greek, bad word choice was made by the scribe, corrupting the saying so that it no longer makes sense."
6 In dieser Bedeutung begegnet es eher in der Verbindung ܡܨܐ ܚܝܠܐ (*meza' ḥayla'*, wörtlich: „Macht vermögen"); vgl. PAYNE SMITH: *Compendious Syriac Dictionary*, 293 s.v. ܡܨܐ.
7 Namentlich ܒ (*beˀ*) oder ܥܠ (*ʿal*); vgl. GATHERCOLE: *Composition of the Gospel of Thomas*, 77 mit Verweis auf PAYNE SMITH: *Compendious Syriac Dictionary*, 293 s.v. ܡܨܐ.
8 So auch GATHERCOLE: *Composition of the Gospel of Thomas*, 77–78; DERS.: *Gospel of Thomas*, 428–429.

B. Durchführung

schöpfend behandelt werden. Festzuhalten ist jedoch, dass die Belege für κόσμος im Johannesevangelium einen komplexen Befund darstellen.[9] Die „Welt" ist im Johannesevangelium bzw. in den johanneischen Schriften nämlich nicht nur negativ und feindselig konnotiert, der Begriff hat ein weites Bedeutungsspektrum:

- Gegenstand des Heilswillens Gottes: Joh 1,29; 3,16–17; 4,42; 6,33.51; 8,26; 12,46–47; 17,20–23; 1 Joh 2,2; 4,14.
- Schöpfung Gottes (durch den Logos): Joh 1,10; 17,5.
- Bereich des Wirkens Jesu: Joh 1,9–10; 6,14; 7,4; 8,12; 9,5; 10,36; 11,9.27; 12,19; 13,1; 14,19.22.31; 16,28; 17,13; 18,20.37; 1 Joh 4,9.17.
- Ort der Jünger Jesu: Joh 12,25; 13,1; 16,33; 17,6.11.14–18; 1 Joh 4,17.
- Vergängliches: 1 Joh 2,15–17; 3,17.
- Wirkungsstätte widergöttlicher Mächte: 1 Joh 4,1–4; 5,19; 2 Joh 7.
- Jesus gegenüber fremd und unverständig: Joh 1,10; 3,19; 7,7; 8,23; 14,17.27; 17,9.25; 18,36; 1 Joh 3,1; 4,5; 5,19.
- Ablehnende bzw. feindliche Größe: Joh 7,7; 14,30; 15,18–19; 16,20; 17,14; 1 Joh 3,13.
- Unter dem Gericht: Joh 8,26; 9,39; 12,31; 16,8–11.
- Schon besiegt: Joh 16,33; 1 Joh 5,4–5.
- Keine Wertung: Joh 16,21; 17,24; 21,25.

Diese verschiedenen Bedeutungsdimensionen von κόσμος könnte man auch etwas schematischer in die drei Kategorien von positiver, neutraler und negativer Bedeutung fassen,[10] doch diese Kategorisierung wird dem johanneischen Welt-Bild schwerlich gerecht. Angemessener ist es wohl, im johanneischen Begriff von „Welt" eine Dynamik zu sehen, die am klarsten in Joh 1,9–10 zum Ausdruck kommt:[11] „Er (sc. der Logos) war das wahre

---

9 Vgl. schon SASSE: „κοσμέω", 894: „Seine Vollendung findet der biblische Begriff des κόσμος in den j o h a n n e i s c h e n S c h r i f t e n. ... Alle Bedeutungen, die κόσμος haben kann, fließen im Sprachgebrauch des vierten Evangeliums zusammen." Vgl. auch McHUGH: *John 1–4*, 34–39, v. a. 39: „When the central human figure in the story is a God crucified by those whom he created, the κόσμος (in the threefold sense of the Empire, the Earth and the Universe) is the only theatre large enough to accommodate the tragedy, and the audience must be men and women of all races, of every place and of every time. The κόσμος did not know him, and the κόσμος did not welcome him."
10 Ähnlich LINCOLN: *Gospel According to St John*, 102: In Joh 1,10 stehe das Wort κόσμος an den ersten beiden Stellen in neutraler Bedeutung, an der dritten Stelle in negativer Bedeutung als die vom sie erhaltenden Licht und Logos entfremdete Welt: „It is this second negative connotation of ,world' that will become dominant in the Fourth Gospel."
11 Vgl. WITETSCHEK: „Evangelium des Siegers", 327–329.

II. Einzeluntersuchungen, 24. Logion 56/80

Licht, das jeden Menschen erleuchtet, und es kam in die Welt. In der Welt war er, und die Welt ist durch ihn geworden, und die Welt hat ihn nicht erkannt." Eigentlich ist die Welt[12] als Schöpfung Gottes heilsfähig, und tatsächlich gilt ihr Gottes Liebe. Doch insofern sie selbst zum Akteur wird und ihre eigene Logik etabliert, ist Jesus als Gottes Gesandter fremd in ihr, und die Jünger Jesu sind es auch. Diesen Kontrast zweier Logiken oder Wertesysteme erleben sie als offene Feindschaft, als Konflikt.[13] Sie bestehen ihn aber in dem Wissen, dass sein Ausgang nicht offen ist, sondern dass die Welt (nun explizit als feindselige Macht) dem souveränen Gericht Gottes untersteht und in der „Stunde" Jesu schon besiegt ist (Joh 16,33). Das Johannesevangelium vertritt damit keinen ontologischen Dualismus, wonach die Welt von vornherein und in sich schlecht wäre, sondern einen ethischen Dualismus, wonach die Welt sich der Liebe Gottes entzieht und eben dadurch und insofern böse wird.[14] Daher gibt das Johannesevangelium die Welt, auch wenn sie Jesus abgelehnt hat (Joh 1,10–11), nicht verloren.[15] Im „hohepriesterlichen Gebet" von Joh 17 wird „Weltflucht" als Zukunftsperspektive abgelehnt (Joh 17,15.18): Die Welt bleibt auch in Zukunft der Ort der Jünger Jesu.[16] Es wird damit gerechnet, dass auch

---

12 Damit ist vorrangig, aber nicht ausschließlich die Menschenwelt gemeint; vgl. BULTMANN: *Evangelium des Johannes*, 33 mit Anm. 5; BARRETT: *Gospel According to St John*, 135; SCHNACKENBURG: *Johannesevangelium* I, 231–232; ONUKI: *Gemeinde und Welt*, 181; für Joh 1,10 auch MCHUGH: *John 1–4*, 40. – Mit BEUTLER: *Johannesevangelium*, 91 ist auf der anderen Seite festzuhalten, dass nach der weisheitlich-universalistischen Konzeption, die hier zum Ausdruck kommt, die „Seinen" sich, anders als in Sir 24, nicht auf Israel beschränken.
13 Vgl. dazu auch LINCOLN: *Gospel According to St John*, 409–410.
14 Vgl. dazu auch BULTMANN: *Evangelium des Johannes*, 34; SCHNACKENBURG: *Johannesevangelium* I, 233–234; LINCOLN: *Truth on Trial*, 258–259; ähnlich auch BROWN: *John i–xii*, 509.
15 Nach ONUKI: *Gemeinde und Welt*, 215–216 ist dafür Joh 12,31 eine Schlüsselstelle, denn dort wird das Gericht über die Welt näher bestimmt als der Rauswurf des „Herrschers dieser Welt". So verstanden, zielt das Gericht nicht auf die Vernichtung der Welt, sondern auf die Befreiung von ihrem Herrscher. Vgl. auch, wenngleich mit anderem Akzent, MCHUGH: *John 1–4*, 40–41.
16 In der einschlägigen Passage seines Johanneskommentars, die sich wohl am besten durch ihre Abfassungszeit erklärt, gestand Rudolf Bultmann dem Johannesevangelium nur diesen Tatbestand, aber keine weitere Perspektive zu: „Jesus bittet nicht, daß Gott die Seinen aus der Welt fortnehme, sondern daß er sie vor dem Bösen bewahre. Diese Worte richten sich einerseits gegen die urchristliche Naherwartung des Endes und die Sehnsucht nach der glorreichen Parusie, die die Gemeinde zu einer *ecclesia triumphans* machen soll, – nein! zum Wesen der Kirche gehört eben dieses: i n n e r h a l b der Welt eschatologische, entweltlichte Gemeinde zu sein; andererseits gegen die ständig drohende Versuchung, der Welt zu verfallen; die Gemeinde darf sich durch den Haß der Welt nicht verführen lassen, ihrem

B. Durchführung

andere Menschen (in der Welt) durch das Wort der Jünger an Jesus glauben (Joh 17,20), und ihr gemeinschaftliches Dasein in der Welt soll der Welt Glauben und Erkenntnis ermöglichen (Joh 17,21–23).[17] Der beschränkte empirische Erfolg Jesu in der Welt soll seine Jünger nicht entmutigen, sondern ihnen wird die Perspektive eröffnet, „größere Werke" (Joh 14,12) zu vollbringen.[18]

Das Thomasevangelium zeichnet kein so komplexes Welt-Bild. Dieser Befund muss zunächst nicht überraschen, denn die knappen Logien wie EvThom 56/80 können ohnehin nicht die komplexe Welt-Geschichte entfalten, die das Johannesevangelium bietet. Dennoch setzen auch die Logien des Thomasevangeliums, namentlich EvThom 56/80, eigene Akzente. Zunächst fällt auf, dass an den Stellen, wo im Thomasevangelium von der Welt (ⲕⲟⲥⲙⲟⲥ) die Rede ist, nur Negatives zur Sprache kommt; einen Spitzensatz wie Joh 3,16 sucht man im Thomasevangelium vergebens.[19] Als veritables Eigengut, das EvThom 56/80 vom Johannesevangelium unterscheidet, erweist sich aber das Ideal, die Welt zu erkennen; diesen Gedanken findet man in den johanneischen Schriften nicht, dort ist es eher die Welt, die ihrerseits den Logos (Joh 1,10), Gott (Joh 17,25) und die Christen (1 Joh 3,1) *nicht* erkennt.[20] Das mag sicher auch dadurch bedingt sein, dass der Verfasser des Johannesevangeliums die Welt als feindselig erlebte, vermutlich weil er und seine Gruppe unter Druck von außen standen. Damit ist der Unterschied aber nur zum Teil erfasst, denn am Motiv des Erkennens zeigt sich etwas Grundlegendes: Im Johannesevangelium ist die Welt

---

Wesen untreu zu werden; sie darf sich nicht für die Weltgeschichte mit Beschlag belegen lassen, sich als Kulturfaktor verstehen, sich in einer ‚Synthese' mit der Welt zusammenfinden und Frieden mit der Welt machen. Sie muß ihren Charakter der Entweltlichung festhalten, muß ‚vor dem Bösen, d.h. eben vor der ‚Welt' bewahrt' bleiben; sie würde sonst ihr Wesen verlieren." (BULTMANN: *Evangelium des Johannes*, 389).

17 Vgl. dazu auch SCHNACKENBURG: *Johannesevangelium* III, 218; MOLONEY: *Gospel of John*, 473–474; ZUMSTEIN: *L'Évangile selon Saint Jean (13–21)*, 183; HÄFNER: „Zwischen Abgrenzung und Anziehung", 225; speziell ONUKI: *Gemeinde und Welt*, 83–93: Die gerichtete Welt bleibt weiterhin die Aufgabe der Jünger, in dieser Welt ist ihr Zeugnis gefordert. Onuki stellt sich damit gegen einen früheren Trend der Auslegung, der die Aufgabe der Jünger in der Welt nach Joh 17 nur darin sah, die ohnehin schon zum Heil Prädestinierten zu sammeln; vgl. etwa BECKER: „Dualismus", 82–83.
18 Vgl. auch LINCOLN: *Truth on Trial*, 260–262: Demnach soll das Wirken der Jünger in der Welt (im neutralen Sinne) den Dualismus zwischen der Welt (im negativen Sinne) und den Jüngern überwinden.
19 Vgl. POPKES: *Menschenbild des Thomasevangeliums*, 253.
20 Vgl. BROWN: „Gospel of Thomas", 169; NORDSIECK: *Thomas-Evangelium*, 228–229.

ein Subjekt: Sie tritt, vor allem in den Abschiedsreden, als handelnde Figur auf, die den Jüngern Hass entgegenbringt. In den einschlägigen Logien des Thomasevangeliums ist die Welt hingegen ausschließlich Objekt: Man kann sie erkennen und feststellen, dass sie tot ist (EvThom 56/80). Wer sich hingegen selbst erkennt, ist ihr schon überlegen (EvThom 111), wer sie findet und reich wird, soll sie verleugnen (EvThom 110), und wer sich ihrer nicht enthält, kann nicht den Vater sehen (EvThom 27). Daneben ist die Welt der Ort, an dem Jesus wirkt (EvThom 10; 16; 28) und an dem die Menschen sich befinden (EvThom 28). Die Jüngerfrage nach der „neuen Welt" (EvThom 51) wird hingegen zurückgewiesen. Ein positiver Ansatz lässt sich nur in EvThom 24 erkennen, wo das Licht im Inneren des Lichtmenschen die ganze Welt erleuchtet (s.o. B.II.11.d). Am nächsten am (negativen) johanneischen Verständnis steht noch EvThom 21,6 mit der Aufforderung, sich vor der Welt zu hüten. Allerdings wird auch dies nicht mit einem Handeln (oder Hass) der Welt in Verbindung gebracht; auch in EvThom 21,6 tritt die Welt nicht als Subjekt in Erscheinung. Als bloßes Objekt ist die Welt in den Logien des Thomasevangeliums nicht feindselig oder böse, sie ist einfach uninteressant, ja tot.[21] Dieses Welt-Bild hat in den johanneischen Schriften zwar eine Entsprechung in 1 Joh 2,15–17 (2,17: ὁ κόσμος παράγεται καὶ ἡ ἐπιθυμία αὐτοῦ),[22] doch dort wird dieser verbreitete Gedanke anders versprachlicht als in den Logien des Thomasevangeliums.

Damit wird deutlich, dass die Welt-Bilder des Thomasevangeliums und des Johannesevangeliums sich fundamental unterscheiden. Es gibt keinen Anlass, eine literarische Rezeption in die eine oder andere Richtung anzunehmen, und auch eine gemeinsame Tradition, die über das Stichwort „Welt" (κόσμος) in negativer Konnotation hinausgeht, ist nicht zu benennen. Man wird diese unterschiedlichen Behandlungen des gleichen Stichwortes am besten als Analogie verstehen.

d) EvThom 56/80 und Hebr 11,37–38

Eine nähere Parallele findet EvThom 56/80 (wie auch EvThom 111,2) schließlich im Hebräerbrief. In Hebr 11,37–38 werden die Glaubenszeugen geschildert, „derer die Welt nicht würdig war" (ὧν οὐκ ἦν ἄξιος ὁ κόσμος).

---

21 Zum Unterschied zwischen dem Thomasevangelium und gnostischen Vorstellungen vgl. z.B. PATTERSON: „View from Across the Euphrates", 418 (= *Gospel of Thomas and Christian Origins*, 17).
22 Mit dem Gedanken, dass die Jünger Jesu der vergänglichen Welt überlegen seien, fügt der 1. Johannesbrief dem johanneischen Welt-Bild einen neuen Akzent hinzu. Vielleicht lässt sich dies in dem Sinne auswerten, dass der 1. Johannesbrief eine etwas abgeklärtere Sicht der Welt vertritt.

B. Durchführung

In der sahidischen Übersetzung (*Horner*) entspricht diese Wendung fast genau EvThom 56/80: ⲛⲁⲓ ⲉⲧⲙ̄ⲡⲕⲟⲥⲙⲟⲥ ⲙ̄ⲡϣⲁ ⲙ̄ⲙⲟⲟⲩ ⲁⲛ. Bei Philon, Det. 62 findet sich zwar die gleiche Wendung, aber unter anderem Aspekt: Dort geht es um die Leviten, für die Erde, Wasser, Luft, der Himmel und die ganze Welt ein unwürdiges Los (ἀνάξιος κλῆρος) sind. Damit wird die Welt als an sich wertvoll eingestuft, aber ihr Wert wird durch den Rang der Leviten noch überboten[23]. In Hebr 11,37–38 und EvThom 56/80; 111 geht es hingegen darum, dass bestimmte ausgezeichnete Menschen der Welt überlegen sind; die Welt ist es nicht wert, dass solche Menschen sich mit ihr abgeben.[24] Vor allem die sprachliche Ähnlichkeit könnte den Schluss nahelegen, dass das Thomasevangelium in EvThom 56/80; 111,2 den Hebräerbrief rezipiert.[25] Dennoch wird die Weltüberlegenheit in beiden Texten unterschiedlich begründet, so dass jeweils der Kontext dieser Formulierung keine Spuren des jeweils anderen Textes aufweist. Mit anderen Worten: Es fehlen eindeutige Hinweise auf eine literarische Rezeption (in diesem Falle des Hebräerbriefes durch das Thomasevangelium). Die sprachliche Parallele wäre auch damit zu erklären, dass Hebr 11,37–38 und EvThom 56/80 sich auf die gleiche Tradition stützen.

e) Fazit zu EvThom 56/80

Die Dublette EvThom 56/80 scheint mit ihrer Abwertung der Welt nahe beim Welt-Bild der johanneischen Schriften zu liegen. Dieses ist aber von der komplexen Dynamik jenes Dramas bestimmt, als welches das Johannesevangelium das Kommen Jesu in die Welt versteht: Die Welt ist eigentlich der Adressat des Wirkens Jesu, sie will es aber nicht sein und wird so zu einer feindseligen Größe, mit deren Hass die Jünger Jesu zurechtkommen

---

23 Dazu und zu weiteren Vergleichstexten vgl. GATHERCOLE: *Composition of the Gospel of Thomas*, 254–257.
24 Vgl. GRÄSSER: *An die Hebräer* 3, 215. Freilich ist das Verhältnis der Gläubigen zur Welt im Hebräerbrief etwas anders akzentuiert als in EvThom 56/80: Nach unserem Logion gründet die Überlegenheit über die Welt in der Erkenntnis, im Durchschauen der Welt, liegt also im betreffenden Menschen selbst. Nach Hebr 11 gründet sie im Glauben, ist also an Gott rückgebunden und artikuliert sich in einem alternativen Wertesystem. Vgl. dazu auch BACKHAUS: *Hebräerbrief*, 407: „In pathetischer Rhetorik bringt sich hier eine Grundhaltung zum Ausdruck, die man Entweltlichung des Christentums genannt hat (vgl. EvTh 56.80.111). Aber Hebr entsagt der ‚Welt' nicht, sondern widerspricht ihr. Die Einsicht, von ihr abgelehnt und verfolgt zu werden, lässt den Schluss zu, Gott nahe zu sein. ‚Wahrhaft, etwas Großes ist das Christentum, wenn es von der Welt gehasst wird' (Ignatius, Rom. 3,3)." Dabei ist freilich auch in Rechnung zu stellen, dass ein kurzes Logion wie EvThom 56/80 diesen Gedanken ohnehin kaum entfalten könnte.
25 Vgl. dazu GATHERCOLE: *Composition of the Gospel of Thomas*, 260.

müssen, die weiterhin in der Welt sind und die Sendung Jesu an die Welt fortführen. Von all dem findet man in EvThom 56/80 – wie auch in den anderen einschlägigen Logien, EvThom 27; 110; 111 – nichts. Unser Logion liegt näher bei der Aussage von Hebr 11,37–38 und weist mit dieser Stelle sogar eine wörtliche Entsprechung auf. Dennoch wirkt die Weltverachtung unseres Logions noch philosophisch-abgeklärter als die des Hebräerbriefes. Um auf das Verhältnis zum Johannesevangelium zurückzukommen: Die Gemeinsamkeiten beschränken sich darauf, dass von der Welt die Rede ist und diese negativ konnotiert ist. Dasselbe gilt für EvThom 111,2. Da dieser Gedanke keineswegs ein spezifisches gemeinsames Merkmal von Thomas- und Johannesevangelium ist, wird man das Verhältnis der beiden Texte an dieser Stelle allenfalls als thematische Analogie verstehen.

B. Durchführung

25. Logion 58

ⲡⲉϫⲉ ⲓ̅ⲥ̅ ϫⲉ ⲟⲩⲙⲁⲕⲁⲣⲓⲟⲥ ⲡⲉ ⲡⲣⲱⲙⲉ ⲛ̅ⲧⲁϩϩⲓⲥⲉ ⲁϥϭⲉ ⲁⲡⲱⲛϩ	Jesus sagte: Selig ist der Mensch, der sich bemüht hat. Er hat das Leben gefunden.

Dieses Logion ist mit dem folgenden durch das Stichwort „Leben" verbunden; nach Reinhard Nordsieck ist es das Grundwort, dem sich die Logien EvThom 59; 60 als Zusatzworte anschließen und so eine Spruchgruppe bilden.[1] Damit ist sicher der leitende Gedanke hinter dem Arrangement der Logien benannt, doch EvThom 58 ist dennoch als distinkte Einheit, als ein Aphorismus überliefert.

Für das Verständnis dieses Logions ist entscheidend, was im Relativsatz mit dem Verb ϩⲓⲥⲉ gemeint ist. Dieses Wort hat zwei Hauptbedeutungen: „Mühe, Arbeit, Anstrengung" und „Leiden, Qual",[2] ähnlich wie das griechische κόπος, das lateinische *labor* oder das mittelhochdeutsche *arebeit*. Wenn man für ϩⲓⲥⲉ in EvThom 58 die Bedeutung „Mühe, Arbeit, Anstrengung" annimmt,[3] scheint das Logion einen Standpunkt zu vertreten, wonach man sich das „Leben" erarbeiten könnte. Wenn man hingegen die Bedeutung „Leiden" annimmt,[4] würde das Logion in die Richtung einer Märtyrerfrömmigkeit weisen.

Der Sprachgebrauch des (koptischen) Thomasevangeliums spricht eher für die erstgenannte Lösung: Als Verb steht ϩⲓⲥⲉ auch in EvThom 107

---

1 Vgl. NORDSIECK: „Zur Kompositionsgeschichte", 186; ähnlich DECONICK: *Original Gospel of Thomas in Translation*, 196.197: EvThom 58 gehört zum „Kernel", EvThom 59 ist eine „Accretion".
2 Vgl. WESTENDORF: *Koptisches Handwörterbuch*, 391 s.v. ϩⲓⲥⲉ; auch CRUM: *Coptic Dictionary*, 710–711 s.v. ϩⲓⲥⲉ. Vgl. auch das Bedeutungsspektrum in den Nag-Hammadi-Texten und BG 8502 nach P. NAGEL: „Gleichnis vom zerbrochenen Krug", 245–256: 1. „Leiden, Pein; leiden", 2. „Mühsal, Plage; sich abmühen, sich (ab)plagen", 3. „Ermüdung; müde werden", 4. „unterliegen, unterworfen sein", 5. „jmd. zur Last fallen, beschwerlich sein", 6. „'product of labour' (Crum), Erzeugnis".
3 So LEIPOLDT: „Ein neues Evangelium?", 488; MÉNARD: *L'Évangile selon Thomas*, 66.160; MEYER: „Gospel of Thomas", 143; BETHGE: „Evangelium Thomae Copticum", 533; SCHRÖTER/BETHGE: „Evangelium nach Thomas", 173 (= AcA I/1, 515); PLISCH: *Thomasevangelium*, 154; wohl auch LAYTON: *Gnostic Scriptures*, 390; GRANT/FREEDMAN: *Secret Sayings of Jesus*, 165 (W.R. Schoedel): „who has labored".
4 So *Evangelium nach Thomas*, 33; HAENCHEN: *Botschaft des Thomas-Evangeliums*, 25; LAMBDIN: „Gospel According to Thomas", 75; BLATZ: „Das koptische Thomasevangelium", 108; DECONICK: *Original Gospel of Thomas in Translation*, 195–196; NORDSIECK: *Thomas-Evangelium*, 233; HEDRICK: *Unlocking the Secrets*, 112; GROSSO: „Matter of Life and Death", 553.

II. Einzeluntersuchungen, 25. Logion 58

und bezeichnet dort die Mühe des Hirten, bis er sein Schaf wiedergefunden hat. Als Substantiv begegnet es auch in EvThom 8, wo der kluge Fischer den großen Fisch „ohne Mühe" (χωρις ϩιсе) wählt; von Leiden kann hier keine Rede sein. Ein besonderer Fall ist hingegen EvThom 97: Dort heißt es von der Frau mit dem beschädigten Mehlkrug, dass sie keine Schwierigkeit/Plage bemerkt habe (ⲙⲡⲉⲥⲉⲓⲙⲉ ⲉϩⲓⲥⲉ).[5] Wenn man den Verlust des Mehls als ein Leiden auffasst, könnte man hier für die Wortbedeutung „Leiden, Qual" votieren. Doch auch mit der Wortbedeutung „Mühe, Arbeit, Anstrengung" lässt sich das Logion gut verstehen und erhält sogar eine witzige Pointe: Wenn die Frau aus ihrem beschädigten Krug laufend Mehl verliert, wird ihr Krug leichter; natürlich spürt sie dann unterwegs keine Anstrengung.[6] Festzuhalten ist, dass das Wort ϩιсе für den koptischen Übersetzer des Thomasevangeliums in erster Linie Mühe und Anstrengung bedeutete.[7] Dieses Verständnis ist daher auch für EvThom 58 anzunehmen.[8]

---

[5] Manche Autoren schlagen hier eine Konjektur vor: ⲙⲡⲉⲥⲉⲓⲙⲉ ⲉ<ⲥ>ϩⲓⲥⲉ („sie bemerkte nicht, während sie sich abmühte"); vgl. P. NAGEL: „Gleichnis vom zerbrochenen Krug", 241–242; auch PLISCH: Thomasevangelium, 229 (als gleichwertige Alternative). Allerdings ist der überlieferte Text keineswegs so unsinnig, dass diese Konjektur nötig wäre.

[6] Vgl. auch GATHERCOLE: Gospel of Thomas, 551–554. Mit dieser Pointe wird klar, warum EvThom 97 ein Basileia-Gleichnis ist: Es beschreibt den Weg zum Königtum des Vaters als ein mühsames Schleppen. Wenn einem dieser Weg auf einmal leichter vorkommt, ist wahrscheinlich etwas nicht in Ordnung, und das gilt es zu erkennen. Die Frau im Gleichnis erscheint als Negativbeispiel, da sie den Verlust nicht bemerkt und (relativ) mühelos weiterläuft, um schließlich mit einem leeren Krug, gewissermaßen substanzlos und inhaltsleer, nach Hause zu kommen. – Mit dieser Pointe dürfte EvThom 97 auch für die manichäische Rezeption offen gewesen sein. Vgl. dazu P. NAGEL: „Gleichnis vom zerbrochenen Krug", 233–234: Wenn man die Schiffs-Allegorie im 12. Thomas-Psalm (Mani-Ps. II 217,18–218,8) zur Erläuterung heranzieht, bedeutet Leere den Ausschluss vom Heil. Der Fehler der Frau besteht demnach darin, dass sie schon während des irdischen Lebens ohne Mühe (ϩιсе) gelebt hat; Peter Nagel (ebd., 234 Anm. 26) verweist dafür auch auf den „Psalm der Geduld" in den manichäischen Sarakoton-Psalmen (Mani-Ps. II 143,20–24), wo das Leiden/die Mühe (ϩιсе) im Leben der Ruhe (ϩⲁⲏ) am Ende gegenübergestellt wird.

[7] Vgl. dazu auch PETERSEN: „Die Frau auf dem Weg", 917; SCHRÖTER: „Forschung am Thomasevangelium", 46–47.

[8] Vgl. dazu auch das Fazit von P. NAGEL: „Gleichnis vom zerbrochenen Krug", 244: „Der Autor des Thomasevangeliums ist sich gewiß und teilt uns mit, daß es für die Zugehörigkeit zum Königreich des Vaters der Mühsal des Menschen bedarf und daß solche Zugehörigkeit ungeachtet der aufgewandten Mühe immer wieder Gefährdungen ausgesetzt ist. Nur wer den Weg begeht und das Ziel erreicht, die

B. Durchführung

Die mögliche Verbindung dieses Logions zum Johannesevangelium besteht im Stichwort „Leben". Schon in den Ausführungen zum Prolog sowie zu EvThom 3; 4 wurde deutlich, dass „Leben" – im Sinne eines qualifizierten Lebens als neuer Existenzweise in der Gegenwart – ein zentrales Thema des Johannesevangeliums ist. Auch EvThom 58 scheint an das zu erstrebende Leben als ein Leben in der Gegenwart zu denken, denn das Finden liegt schon in der Vergangenheit (Perfekt I: ⲁϥϩⲉ).[9] Die Formulierung „das Leben finden" ist in den johanneischen Schriften aber nicht belegt. Dort kann man das (ewige) Leben haben (Joh 3,15–16.36; 5,24.39.40; 6,40.47.54; 10,10; 20,31; 1 Joh 5,12.13), es in sich haben (Joh 5,26; 6,53), oder es nicht haben (1 Joh 3,15; 5,12) oder nicht sehen (Joh 3,36). Das Leben erscheint somit als Gabe, die durch die „Erhöhung" Jesu (Joh 3,14–16) bzw. sein Kommen (Joh 10,10) ermöglicht ist und daher jenen zukommt, die an Jesus glauben (Joh 3,15–16; 5,24; 6,40.47; 20,31) bzw. zu ihm kommen (Joh 5,39) bzw. an der Eucharistie teilhaben (Joh 6,53–54). In Joh 17,3 kann der johanneische Jesus das ewige Leben sogar mit dem Glauben an Gott und seinen Gesandten gleichsetzen. Der Unterschied zu EvThom 58 liegt nicht nur in der Terminologie, sondern auch in der Konzeption: In den johanneischen Schriften ist das Leben nicht das Resultat eigener Anstrengung, nichts, das man sich durch Leistung verdient, sondern es ist eine Gabe, die Gott durch seinen Gesandten Jesus Christus anbietet.[10] Auch der Glaube ist nach johanneischem Verständnis keine Leistung, durch die man sich das Leben erst erwirbt, sondern er ist schon selbst das Leben.

EvThom 58 hat also mit den johanneischen Schriften das Stichwort „Leben" gemeinsam – aber sonst nichts. Das Thema von EvThom 58, der Lohn für Anstrengungen und Entbehrungen, kommt so in den johanneischen Schriften nicht vor. Die Beziehung von EvThom 58 zu den johanneischen Schriften ist also als Analogie in einem untergeordneten Motiv aufzufassen.

Mühsal auf sich nimmt und die Gefährdung besteht, kann die Seligpreisung des Logion 58 auf sich beziehen: ‚Selig der Mensch, der sich abgemüht und das Leben gefunden hat.'"

9 In diesem Sinne zieht Peter Nagel sogar das zweite Glied mit in den Relativsatz („Selig der Mensch, der sich abgemüht und das Leben gefunden hat"), so dass das Abmühen und das Finden Bedingungen der Seligpreisung sind; vgl. P. NAGEL: „Neuübersetzung des Thomasevangeliums", 241–242. Zur Kritik daran vgl. SCHRÖTER: „Forschung am Thomasevangelium", 46: Der zweite Teil ist als Folge des ersten zu verstehen, und *damit* wird der Makarismus begründet – wie in den synoptischen Seligpreisungen.

10 Vgl. dazu auch SCHNACKENBURG: *Johannesevangelium* II, 438–439.

26. Logion 59

ⲡⲉϫⲉ ⲓ̄ⲥ̄ ϫⲉ ϭⲱϣⲧ ⲛ̄ⲥⲁ ⲡⲉⲧⲟⲛϩ ϩⲱⲥ ⲉⲧⲉⲧⲛ̄ⲟⲛϩ ϩⲓⲛⲁ ϫⲉ ⲛⲉⲧⲙ̄ⲙⲟⲩ ⲁⲩⲱ ⲛ̄ⲧⲉⲧⲛ̄ϣⲓⲛⲉ ⲉⲛⲁⲩ ⲉⲣⲟϥ ⲁⲩⲱ ⲧⲉⲧⲛⲁϣϭⲙ̄ϭⲟⲙ ⲁⲛ ⲉⲛⲁⲩ	Jesus sagte: Schaut aus nach dem Lebendigen, wenn ihr lebendig seid, damit ihr nicht sterbt und ihn zu sehen sucht, und ihr werdet nicht in der Lage sein können, (ihn) zu sehen.

a) Wer ist der Lebendige?

EvThom 59 erscheint insofern etwas kryptisch, als nicht ohne Weiteres klar ist, wer mit dem „Lebendigen" gemeint sein soll. Davon hängt aber ab, in welchem Verhältnis dieses Logion zum Johannesevangelium steht. Das Thomasevangelium als Ganzes bietet in dieser Frage zwei Lösungen: Im Prolog ist vom lebendigen Jesus die Rede, und auch in EvThom 52 ist mit dem „Lebendigen" Jesus gemeint. Auch für EvThom 111 kann man das, wenngleich mit geringerer Sicherheit, annehmen. Andererseits sprechen EvThom 3; 50 von Gott als dem „lebendigen Vater", und in EvThom 37 ist von Jesus als dem „Sohn des Lebendigen" die Rede. Das Thomasevangelium als Sammlung lässt also keine eindeutige Tendenz erkennen, und so überrascht es nicht, dass in EvThom 59 der „Lebendige" sowohl mit Jesus[1] als auch mit Gott[2] identifiziert wird.

Ein einheitliches Bild ist hier nicht zu erwarten; in diesem Punkt zeigt sich die innere Pluralität im Thomasevangelium. Dabei sind die Logien relativ unproblematisch, die ⲉⲧⲟⲛϩ („der lebendig ist") als Attribut zu Jesus (EvThom Prol.) oder zum Vater (EvThom 3; 50) verwenden. Hier ist in jedem Falle klar, wer gemeint ist. Schwieriger sind die Logien, in denen ⲡⲉⲧⲟⲛϩ („der, welcher lebendig ist", „der Lebendige") mit dem bestimmten Artikel als Substantiv verwendet wird: In EvThom 37 fragen die Jünger Jesus, wann sie ihn sehen werden, und als Antwort bietet Jesus ihnen die Perspektive, „den Sohn des Lebendigen" zu sehen. Der Lebendige ist demnach der Vater Jesu, also Gott. Dieses Verständnis lässt sich jedoch nicht auf alle anderen Belege übertragen. In EvThom 52 wird „der Lebendige, der vor eurem Angesicht ist" (ⲡⲉⲧⲟⲛϩ ⲙ̄ⲡⲉⲧⲛ̄ⲙ̄ⲧⲟ ⲉⲃⲟⲗ) kaum Gott sein; der attributive Relativsatz ist in der Gesprächssituation auf Jesus zu beziehen.

---

[1] Vgl. DORESSE: Livres secrets 2, 179; NORDSIECK: Thomas-Evangelium, 237–238; PLISCH: Thomasevangelium, 155–156.
[2] Vgl. DECONICK: Seek to See Him, 123–124; DIES.: Original Gospel of Thomas in Translation, 197; HEDRICK: Unlocking the Secrets, 113; GROSSO: Vangelo secondo Tommaso, 195.

B. Durchführung

Wenn nun in EvThom 59 „der Lebendige" eine Gottesbezeichnung sein sollte, dann würde das Logion dazu zu ermutigen, zu Lebzeiten nach Gott selbst Ausschau zu halten (ϭⲱϣⲧ ⲛⲥⲁ-).[3] Dann wäre das Logion ein Aufruf, Mystiker zu sein und sich schon zu Lebzeiten um die *visio Dei* zu bemühen.[4] Mit dieser Deutung hätte „der Lebendige" (ⲡⲉⲧⲟⲛϩ) die gleiche Bedeutung wie in EvThom 37, doch damit ist nicht viel gewonnen, denn EvThom 52 zeigt ja, dass das Thomasevangelium in der Verwendung dieses Begriffes nicht völlig konsequent ist. Wenn aber die Sachaussage von EvThom 37 für unser Logion einen Interpretationskontext darstellen kann, legt sich für EvThom 59 sogar die alternative Deutung nahe: In EvThom 37 wollen die Jünger Jesus sehen, und dieser spricht dann von sich als „Sohn des Lebendigen". Wenn es nun in EvThom 59 auch um die Begegnung mit Jesus geht, ist er der „Lebendige". Um der sachlichen Nähe willen ist hier also eine Differenz in der Begrifflichkeit in Kauf zu nehmen. In den Ausführungen zu EvThom 37 wurde schon dargelegt, dass dort die Schau Jesu (als Sohn des Lebendigen) als für die Gegenwart möglich gedacht wird. EvThom 59 fügt sich gut in diesen Gedanken ein, indem es dazu mahnt, zu Lebzeiten nach Jesus als dem Lebendigen Ausschau zu halten – und sich nicht auf eine postmortale *visio* zu verlassen. In diesem Sinne schließt sich das Logion auch gut an EvThom 52 an, wo Jesus als der (gegenwärtige, zugängliche) Lebendige den toten Propheten gegenübergestellt wird.

Also: Wenn mit dem Lebendigen in EvThom 59 Gott gemeint sein sollte, wäre dieses Logion sogar im Thomasevangelium als heterogener Sammlung ein bemerkenswerter Fremdkörper. Die sachliche Nähe zu EvThom 37 spricht hingegen dafür, dass in EvThom 52 Jesus der Lebendige ist.

b) Zeitliche Beschränkung

Eine gewisse Nähe zum Johannesevangelium dürfte nun darin liegen, dass EvThom 59 eine zeitliche Beschränkung einführt: Zu Lebzeiten gilt es nach dem Lebendigen Ausschau zu halten, denn nach dem Tod könnte es nicht mehr möglich sein, ihn zu sehen. Darin lassen sich einige johanneische Themen namhaft machen:

Der Aufruf, zu Lebzeiten nach dem Lebendigen Ausschau zu halten, ist zugleich eine Warnung vor dem „Zu spät", wie sie auch in Joh 7,33–34; 8,21

---

3 Für die Konstruktion ϭⲱϣⲧ ⲉⲃⲟⲗ ⲛⲥⲁ-, wie sie sich (wenn auch ohne ⲉⲃⲟⲗ) in EvThom 59 findet, bietet WESTENDORF: *Koptisches Handwörterbuch*, 471 s.v. ϭⲱϣⲧ Anm. 4 die Übersetzung „harren auf". Um die Dimension des Optischen, die dem Simplex ϭⲱϣⲧ innewohnt (vgl. ebd.), beizubehalten, wird die Konstruktion hier mit „Ausschau halten nach" wiedergegeben.

4 So DECONICK: *Seek to See Him*, 123–124; DIES.: *Original Gospel of Thomas in Translation*, 197.

zum Ausdruck kommt.⁵ Doch auch an anderen Stellen spricht der johanneische Jesus davon, dass er nicht unbegrenzt zur Verfügung stehen wird (Joh 9,4–5; 11,9–10) bzw. dass die Jünger ihn nicht mehr sehen werden (Joh 16,10.16).⁶ An diesen Stellen wird jedoch gewissermaßen die Verfügbarkeit Jesu durch seinen eigenen Weggang beendet: Die Gesprächspartner Jesu – seien es die „Juden" oder die Jünger – bewegen sich nicht, aber Jesus wird weggehen bzw. zum Vater zurückkehren und ihnen damit entzogen sein. Für die „Juden" bedeutet das die vertane Chance, für die Jünger entwickeln die Abschiedsreden eine neue Form der Gegenwart Jesu, vermittelt durch den Parakleten.⁷ In EvThom 59 ist hingegen überhaupt keine Rede davon, dass Jesus sich entfernt oder verändert, sondern es geht darum, die Suche nach ihm überhaupt aufzunehmen, solange man während der eigenen Lebenszeit die Möglichkeit dazu hat. Pointiert gesagt: Wenn es nach dem Johannesevangelium „zu spät" ist, sind die Suchenden unverändert in ihrer Position, aber Jesus ist weg. Wenn es nach EvThom 59 „zu spät" ist, sind die Suchenden tot, aber bei Jesus hat sich nichts geändert. So gesehen, wird der johanneische Gedankengang, wie er vor allem in Joh 7,33–34; 8,21; 9,4–5; 11,9–10 begegnet, genau umgedreht. Ein Abhängigkeitsverhältnis vom Johannesevangelium oder eine gemeinsame Überlieferung lässt sich damit allein nicht begründen.

c) Jesus sehen

Wie bereits bei EvThom 37 dargelegt wurde, ist das Ziel, Jesus zu sehen, im Johannesevangelium von zentraler Bedeutung; Johannes kann mit guten Gründen als „Mann des Auges"⁸ und als „der ‚Optiker' unter den Evangelisten"⁹ gelten. Das spezifische Verhältnis von EvThom 59 zum Johannesevangelium hängt aber am Verständnis des negierten Finalsatzes. Einige Autoren setzen den Akzent auf das Sterben: Wer zu Lebzeiten auf den Lebendigen schaut, stirbt nicht – das erfolglose Suchen ist dann nur eine Nebenerscheinung. Daher greife das Logion die alttestamentliche Erzählung von der Kupferschlange (Num 21,8–9) auf, die auch in Joh 3,14 rezipiert ist.¹⁰ Angemessener erscheint es aber, den Akzent zumindest

---

5 Zur grammatikalischen Auswertung von δύνασθε als *futurum instans* angesichts des Kontextes vgl. FREY: *Johanneische Eschatologie* II, 138–139.
6 Vgl. BROWN: „Gospel of Thomas", 169; ähnlich NORDSIECK: *Thomas-Evangelium*, 237. Zur Kritik an einem existenzial-atemporalen Verständnis der genannten Texte vgl. z. B. FREY: *Johanneische Eschatologie* I, 114–117.
7 Vgl. dazu die Ausführungen zu EvThom 37 (s. o. B.II.16.d).
8 GUARDINI: *Johanneische Botschaft*, 57.
9 SCHWANKL: *Licht und Finsternis*, 334–335.
10 Vgl. MÉNARD: *L'Évangile selon Thomas*, 161; LELYVELD: *Logia de la vie*, 82 Anm. 3.

B. Durchführung

gleichwertig auf das Suchen zu setzen.[11] Das potenzielle Problem der Jünger besteht dann nicht darin, dass sie sterben, sondern dass sie sterben und immer noch auf der Suche nach dem Lebendigen sind, ohne ihn gefunden zu haben. Dem Wunsch, Jesus zu sehen, stehen also in EvThom 59 und im Johannesevangelium ganz unterschiedliche Hindernisse im Wege: Nach EvThom 59 muss die Begegnung mit Jesus – wie immer man sie sich vorzustellen hat – zu Lebzeiten erfolgen, der eigene Tod des Suchenden schneidet seine Möglichkeiten radikal ab. Von postmortalen Perspektiven scheint der Verfasser dieses Logions nicht viel zu halten, er betont den Ernst und die Dringlichkeit, sich in diesem Leben um die Begegnung mit Jesus zu bemühen.[12] Im Johannesevangelium ist hingegen der Weggang bzw. die Abwesenheit Jesu das Hindernis, das es zu bewältigen gilt, der Tod von Jüngern Jesu kommt, abgesehen von Joh 14,2–3; 21,21–23, nicht in den Blick, und erst recht ist nicht daran gedacht, dass ihr Tod für die Begegnung mit Jesus ein Hindernis darstellen könnte. EvThom 59 artikuliert also eine Vorstellung, die sich im Johannesevangelium ganz und gar nicht findet. Es gibt aber auch keine Hinweise auf eine Auseinandersetzung oder Polemik zwischen den beiden Positionen. EvThom 59 bewegt sich auf einem Feld, welches das Johannesevangelium nicht berührt, daher lässt sich keine Rezeption des Johannesevangeliums nachweisen. Umgekehrt finden sich im Johannesevangelium keine Spuren der zugespitzten Position, die EvThom 59 vertritt. Der Gedanke der Dringlichkeit wird anders begründet (s. o.), und das Wort vom Suchen und Nicht-Finden (Joh 7,33–34; 8,21; 13,33) muss keine polemische Reaktion auf Ansätze zu visionärer Mystik darstellen, wie man sie unter Umständen auch in EvThom 59 vermuten kann.[13] In den Abschiedsreden wird zwar in Joh 14,19–21; 16,16–22 ein neues Sehen Jesu in Aussicht gestellt, doch auch darin ist keine polemische Reaktion auf den Schlusssatz von EvThom 59 zu erkennen. Die Verbindung der Stichworte „lebendig" und „sehen" ist dennoch auffällig; daher ist anzunehmen, dass EvThom 59 und das Johannesevangelium in diesen beiden untergeordneten Motiven aus einer gemeinsamen Tradition schöpfen, diese aber jeweils unterschiedlich weiter entwickeln.

---

11 Der Finalsatz (Futur III) wird hier im Konjunktiv weitergeführt; erst das nächste Glied („... ihr werdet nicht in der Lage sein können, ihn zu sehen") setzt als Adverbialsatz im Futur neu ein.
12 Vgl. dazu auch PLISCH: *Thomasevangelium*, 156.
13 So etwa DECONICK: *Seek to See Him*, 72–73; DIES.: *Voices of the Mystics*, 40.88–89; DIES.: *Original Gospel of Thomas in Translation*, 197. Zur Kritik daran vgl. etwa ZELYCK: *John among the Other Gospels*, 91–92.

d) Fazit zu EvThom 59

EvThom 59 hat mit dem Johannesevangelium zwar die Stichworte „lebendig" und „sehen" gemeinsam, doch darin erschöpfen sich die Gemeinsamkeiten: Die Vorstellungswelt von EvThom 59 hat mit der johanneischen nicht viel zu tun; über das postmortale Geschick der Jünger Jesu spekuliert das Johannesevangelium kaum, und der Gedanke der Dringlichkeit ist höchstens als Analogie zum Johannesevangelium zu sehen. Auch hinsichtlich der Verbindung der Schlüsselbegriffe „lebendig" und „sehen" liegt die Verbindung zwischen EvThom 59 und dem Johannesevangelium nicht auf der Ebene der Endtexte, sondern in einem gemeinsamen Traditionsbestand, der in je unterschiedlicher Weise entfaltet wird.

B. Durchführung

27. Logion 61

(1) ⲡⲉϫⲉ ⲓ̅ⲥ̅ ⲟⲩⲛ̅ ⲥⲛⲁⲩ ⲛⲁⲙ̅ⲧⲟⲛˋ ⲙ̅ⲙⲁⲩ ϩⲓ ⲟⲩϭⲗⲟϭ ⲡⲟⲩⲁ ⲛⲁⲙⲟⲩ ⲡⲟⲩⲁ ⲛⲁⲱⲛϩ	(1) Jesus sagte: Es werden dort zwei auf einem Bett ruhen: Der eine wird sterben, der andere wird leben.
(2) ⲡⲉϫⲉ ⲥⲁⲗⲱⲙⲏ ⲛ̅ⲧⲁⲕˋ ⲛⲓⲙˋ ⲡⲣⲱⲙⲉ ϩⲱⲥ ⲉⲃⲟⲗ ϩⲛ̅ ⲟⲩⲁ ⲁⲕⲧⲉⲗⲟ ⲉϫⲙ̅ ⲡⲁϭⲗⲟϭ ⲁⲩⲱ ⲁⲕˋⲟⲩⲱⲙ ⲉⲃⲟⲗ ϩⲛ̅ ⲧⲁⲧⲣⲁⲡⲉⲍⲁ	(2) Salome sagte: Wer bist du, Mann, wie aus Einem? Du hast dich auf mein Bett gelegt und hast von meinem Tisch gegessen!
(3) ⲡⲉϫⲉ ⲓ̅ⲥ̅ ⲛⲁⲥ ϫⲉ ⲁⲛⲟⲕ ⲡⲉ ⲡⲉⲧϣⲟⲟⲡˋ ⲉⲃⲟⲗ ϩⲙ̅ ⲡⲉⲧˋϣⲏϣ ⲁⲩϯ ⲛⲁⲉⲓ ⲉⲃⲟⲗ ϩⲛ̅ ⲛⲁ ⲡⲁⲉⲓⲱⲧˋ	(3) Jesus sagte zu ihr: Ich bin der, welcher aus dem Gleichen ist. Mir wurde gegeben von dem, was meinem Vater gehört.
(4) ⲁⲛⲟⲕˋ ⲧⲉⲕⲙⲁⲑⲏⲧⲏⲥ	(4) – Ich bin deine Jüngerin.
(5) ⲉⲧⲃⲉ ⲡⲁⲉⲓ ϯϫⲱ ⲙ̅ⲙⲟⲥ ϫⲉ ϩⲟⲧⲁⲛ ⲉϥϣⲁϣⲱⲡⲉ †ⲉϥϣⲏϥˋ ϥⲛⲁⲙⲟⲩϩ ⲟⲩⲟⲉⲓⲛ ϩⲟⲧⲁⲛ ⲇⲉ ⲉϥϣⲁⲛϣⲱⲡⲉ ⲉϥⲡⲏϣ ϥⲛⲁⲙⲟⲩϩ ⲛ̅ⲕⲁⲕⲉ	(5) – Deswegen sage ich: Wenn er so wird, dass er †zerstört ist † (gleich ist), wird er voller Licht sein. Wenn er aber so wird, dass er geteilt ist, wird er voller Finsternis sein.

a) Textverderbnis?

EvThom 61 enthält für die Auslegung manche Stolpersteine, und manchmal müssen Ausleger sogar einige Phantasie aufwenden, um mit diesem Logion zurechtzukommen. Dabei ist der Text gar nicht durch physische Lücken im Papyrus gestört, doch an einigen Stellen scheint er im Laufe der Textüberlieferung verderbt zu sein.

Die erste dieser Stellen ist in EvThom 61,2 die Wendung ϩⲱⲥ ⲉⲃⲟⲗ ϩⲛ̅ ⲟⲩⲁ („wie aus Einem"). Auch dafür wurde eine Lösung durch Rekurs auf ein Original in einer semitischen Sprache vorgeschlagen: Nicholas Perrin führt das koptische ⲉⲃⲟⲗ ϩⲛ̅ ⲟⲩⲁ auf ein syrisches ܡܢ ܚܕܐ (min-ḥᵉdāʾ) zurück, das sowohl „aus Einem" als auch „sofort" bedeuten kann.[1] Abgesehen davon, dass bei der zweiten Bedeutungsvariante der Anschluss an ϩⲱⲥ (ὡς) etwas schwierig ist, und dass Perrins These, wie schon bei EvThom 30 ausgeführt, ein sprachgeschichtliches Problem aufwirft, stellt sich die Frage, ob dieser Vorschlag im Kontext des Gesprächsganges einen wesentlich besseren Sinn ergibt als „wie aus Einem".

Einige andere Autoren haben diese kryptische Formulierung durch eine Konjektur zu beseitigen versucht: Hinter dem koptischen ϩⲱⲥ ⲉⲃⲟⲗ ϩⲛ̅ ⲟⲩⲁ ist ja die griechische Formulierung ὡς ἐξ ἑνός zu vermuten. Diese, so

---

1 Vgl. PERRIN: „NHC II,2 and the Oxyrhynchus Fragments", 142; DERS.: *Thomas*, 84–85.

wird argumentiert, sei das Resultat eines Abschreibe- oder Hörfehlers: Ursprünglich habe es geheißen: ὡς ξένος („als Fremder" bzw. „als Gast").[2] Das würde immerhin gut zum Szenario eines Gastmahles passen, wie es durch die Antwort der Salome suggeriert wird.[3] Andererseits besteht im überlieferten Text ein leidlicher Zusammenhang zwischen Frage und Antwort, der mit dieser Konjektur ganz wegfällt.[4]

Weniger spekulativ ist die von mehreren Autoren vertretene Annahme, dass zwischen dem griechischen Original und der koptischen Übersetzung keine Textverderbnis vorliege, sondern nur ein Missverständnis bei der Übersetzung aus dem Griechischen ins Koptische: Hinter dem koptischen ϩⲱⲥ ⲉⲃⲟⲗ ϩⲛ ⲟⲩⲁ liege dann vermutlich ein griechisches ὡς ἐκ τινός („wie von wem?", „wie wessen Sohn?"). Der Übersetzer habe das griechische Interrogativpronomen τίς als Indefinitpronomen verstanden (also: „wie von irgendeinem").[5] Das kleine Problem bei diesem Vorschlag ist allerdings, dass die Partikel ϩⲱⲥ/ὡς dann eigentlich überflüssig ist und bei Übersetzungen in diesem Sinne auch oft unter den Tisch fällt.

Angesichts dieser scharfsinnigen und doch jeweils mit Problemen behafteten Vorschläge bleibt die Frage im Raum, ob der überlieferten Formulierung ϩⲱⲥ ⲉⲃⲟⲗ ϩⲛ ⲟⲩⲁ in der nächstliegenden Bedeutung von ὡς ἐξ ἑνός („wie aus Einem") nicht doch Sinn zu entnehmen ist. Als erhellender Paralleltext bietet sich eine Stelle aus den „Excerpta ex Theodoto" des Clemens von Alexandreia an, wo die Engel als ὡς ἀπὸ ἑνὸς προελθόντες

---

2 Diese Konjektur wird im Apparat der Ausgabe von Layton als „private communication" von Hans-Jakob Polotsky vermerkt. Vgl. auch LAYTON: Gnostic Scriptures, 391; BETHGE: „Evangelium Thomae Copticum", 534 mit Anm. 92; ZÖCKLER: Jesu Lehren im Thomasevangelium, 242 Anm. 74; SCHRÖTER/BETHGE: „Evangelium nach Thomas", 174 mit Anm. 138 (= AcA I/1, 516 mit Anm. 201); PLISCH: Thomasevangelium, 160–161.162 Anm. 3; DERS.: „Thomas in Babel", 62–63; P. NAGEL: Codex apocryphus gnosticus 1, 137 Anm. 96. Demnach hätte sich beim Diktat von ΩΣΞΕΝΟΣ zwischen Sigma und Xi ein Vokal eingeschlichen: ΩΣΕΞΕΝΟΣ. Das ist an sich nicht unplausibel, denn die Konsonantenhäufung von Sigma und Xi verlangt geradezu nach einem Murmelvokal, um das Aufeinandertreffen mehrerer Zischlaute aufzulockern und die Abgrenzung der einzelnen Wörter herauszustellen.
3 Dazu PLISCH: Thomasevangelium, 161: „Ihre Reaktion ist eine Zurechtweisung Jesu: Du bist hier zu Besuch, also was erlaubst du dir, solche Reden zu führen!"
4 Vgl. PETERSEN: „Zerstört die Werke der Weiblichkeit!", 198–199 Anm. 15; DECONICK: Original Gospel of Thomas in Translation, 202.
5 Vgl. Evangelium nach Thomas, 35 Anm. 26; GUILLAUMONT: „Les Logia d'Oxyrhynchos sont-ils traduits du Copte?", 326; BLATZ: „Das koptische Thomasevangelium", 108 („Wer bist du, Mensch, wessen Sohn?"); PETERSEN: „Zerstört die Werke der Weiblichkeit!", 198–199 Anm. 15; DECONICK: Original Gospel of Thomas in Translation, 202. Der Gebrauch von ⲟⲩⲁ als Indefinitpronomen (für das griechische τίς) hat im Thomasevangelium eine Parallele in EvThom 35.

B. Durchführung

beschrieben werden (Exc. Theod. 36,1).[6] Hier bezeichnet „der Eine" (ὁ εἷς) den göttlichen Bereich.[7] Ob sich auch Hebr 2,11 in diesem Sinne auswerten lässt, ist indes umstritten.[8] Bei diesem Verständnis des „Einen" wäre die Frage der Salome so zu paraphrasieren: „Wer bist du, Mann? (Du tust gerade so,) als ob du aus dem Einen kämst! Du bist doch auf mein Bett/Speisesofa (κλίνη) gestiegen und hast von meinem Tisch gegessen."[9] Sie reagiert auf das Wort Jesu von den zweien auf einem Bett (EvThom 61,1),[10] das seine

---

6 Vgl. dazu DUNDERBERG: *The Beloved Disciple in Conflict?*, 94–95; GATHERCOLE: *Composition of the Gospel of Thomas*, 83.

7 In diesem Exzerpt heißt es allerdings kurz zuvor, dass die Engel „in Einheit" (ἐν ἑνότητι) losgeschickt würden und „einer" (εἷς) seien; das soll wohl ihrer Herkunft aus dem „Einen" entsprechen. Unmittelbar im Anschluss wird Jesus als der „Eine" bezeichnet, der in der Taufe selbst „geteilt" wurde, um die „geteilten" Menschen zu „Einem" (ἕν) zu machen.

8 Nach GRÄSSER: *An die Hebräer* 1, 136 bezieht sich ἐξ ἑνός auf „die gemeinsame himmlische Präexistenz von Erlöser und Erlösten"; nach BACKHAUS: *Hebräerbrief*, 123–124 ist hingegen dieses ἕν die menschliche Geschöpflichkeit, die den Heiligenden und die Geheiligten verbindet.

9 So auch schon die Übersetzung von EvThom 61,3 bei HAENCHEN: *Botschaft des Thomas-Evangeliums*, 25: „Wer bist du, o Mann, wie aus (dem) Einen?" In diesem Sinne vgl. auch SCHRAGE: *Verhältnis des Thomas-Evangeliums zur synoptischen Tradition*, 129.

10 Diese Interpretation setzt freilich voraus, dass EvThom 61,1–5 tatsächlich ein zusammenhängender Dialog ist. Bei LEIPOLDT: „Ein neues Evangelium", 489; P. NAGEL, *Codex apocryphus gnosticus* 1, 137 mit Anm. 94 wird der Komplex auf zwei verschiedene Logien aufgeteilt: Den an Mt 24,40 par. Lk 17,34 (Q 17,34) angelehnten Aphorismus EvThom 61,1 (Leipoldt: 61; Nagel: 61A) und den im Neuen Testament nicht zu findenden Dialog EvThom 61,2–5 (Leipoldt: 62; Nagel: 61B). Die Einleitung von EvThom 61,2 setzt allerdings voraus, dass Jesus als Gesprächspartner der Salome schon eingeführt ist; dies ist gewährleistet, wenn man EvThom 61,1 und EvThom 62,2–5 als Einheit versteht. Gewiss kann man auch vermuten, dass zwei ursprünglich eigenständige Logien erst im Zuge der Kompilation des Thomasevangeliums anhand des gemeinsamen Stichwortes Bett/Speisesofa (κλίνη bzw. ϭλοϭ) aufeinander bezogen wurden. Diese Spekulation scheint allerdings auf der Prämisse zu fußen, dass die Logien mit Parallelen in den kanonischen Evangelien eine distinkte Klasse bilden, die von denen ohne kanonische Parallelen strikt zu unterscheiden ist. Ob diese Distinktion für den Kompilator des Thomasevangeliums relevant war, sei dahingestellt. Festzuhalten ist allerdings, dass weder zwischen EvThom 60 und EvThom 61,1, noch zwischen EvThom 61,2–5 und EvThom 62 eine so enge Stichwortverbindung besteht wie zwischen EvThom 61,1 und EvThom 61,2–5. Auch die Einleitung von EvThom 61,2 spricht für eine enge Verbindung mit dem vorausgehenden Aphorismus. Angesichts dieser Beobachtungen ist zu vermuten, dass das schwierige Logion von den zwei auf einem Bett (Q 17,34; EvThom 61,1) den Dialog zwischen Jesus und Salome als Versuch einer Deutung an sich zog und dass dieser Komplex als ganzer Aufnahme in das Thomasevangelium fand.

Parallele in Lk 17,34 hat,[11] hier aber noch radikaler formuliert ist. Salome mag dieses Urteil über Leben und Tod etwas leichtfertig finden, als eine Anmaßung göttlicher Autorität von jemandem, der doch ganz alltäglich bei ihr zu Tisch liegt.[12] Für Jesus bietet diese Frage die Gelegenheit, sich weiter über seine Herkunft zu äußern. Der Gesprächsgang folgt also dem gleichen Muster wie EvThom 42–43. Vorerst bleibt festzuhalten: Die in EvThom 61,2 häufig angenommene Textverderbnis ist keine Textverderbnis.

Zwei weitere Fälle sind in diesem Zusammenhang zu besprechen: In EvThom 61,4.5 scheinen jeweils die Inquit-Formeln, die den Sprecherwechsel markieren, weggefallen zu sein.[13] Doch auch ohne ausdrückliche Redeeinleitung ist durch den weiblichen Possessivartikel klar, dass EvThom 61,4 (ⲁⲛⲟⲕ ⲧⲉⲕⲙⲁⲑⲏⲧⲏⲥ – „ich bin deine Jüngerin") nicht mehr zur Rede Jesu (61,3) gehört. Das abschließende Resümé (61,5) dürfte wieder ein Wort Jesu sein; seine mangelnde Originalität ist kein hinreichender Grund, um es formal als Erzählerkommentar aufzufassen.[14]

Schließlich ist in EvThom 61,5 der kleine Umstandssatz ⲉϥϣⲏϥ problematisch: Mit dieser Form lautet die erste Hälfte des Satzes: „Wenn er wird, *indem er zerstört ist* (ⲉϥϣⲏϥ), wird er voller Licht sein." Diese Aussage ist schon in sich nicht sehr sinnvoll[15] und steht in keiner erkennbaren Verbindung zur zweiten Hälfte des Satzes: „Wenn er aber wird, indem er geteilt ist, wird er voller Finsternis sein." Daher wird oft vorgeschlagen, in der Form ⲉϥϣⲏϥ („indem er zerstört ist") einen Buchstaben zu emendieren und zu lesen: ⲉϥϣⲏ<ϣ> („indem er gleich/eben ist").[16] Damit fügt sich der Schlusssatz an den Gedanken von 61,3 an, wo Jesus schon von seiner Herkunft aus dem Gleichen (ⲡⲉⲧϣⲏϣ) gesprochen hat. In der Handschrift NHC II 43,32 steht zwar ohne irgendein Anzeichen von Unsicherheit

---

11 Für Argumente gegen eine direkte Rezeption von Lk 17,34 vgl. PLISCH: *Thomasevangelium*, 161.
12 Vielleicht spricht aus der Frage sogar eine gewisse persönliche Sorge: Wenn Jesus auf das Speisesofa (Kline) der Salome gestiegen ist, ist er vermutlich derjenige, der leben wird.
13 Vgl. schon *Evangelium nach Thomas*, 34 Anm. 30.31.
14 So etwa PLISCH: *Thomasevangelium*, 162.
15 Vgl. aber LEIPOLDT: „Ein neues Evangelium?", 489, der das Verb auf das zuvor genannte Bett/Sofa bezog: „Wenn es verlassen sein wird, wird es voller Licht sein (?); ..."
16 Vgl. *Evangelium nach Thomas*, 34 Anm. 32; HAENCHEN: *Botschaft des Thomas-Evangeliums*, 25; LAYTON: *Gnostic Scriptures*, 391 mit Anm. j; BETHGE: „Evangelium Thomae Copticum", 534 mit Anm. 95; DUNDERBERG: „Thomas' I-sayings", 54–55; ZÖCKLER: *Jesu Lehren im Thomasevangelium*, 75; SCHRÖTER/BETHGE: „Evangelium nach Thomas", 174 (= AcA I/1, 516 mit Anm. 203); DECONICK: *Original Gospel of Thomas in Translation*, 202; NORDSIECK: *Thomas-Evangelium*, 242; PLISCH: *Thomasevangelium*, 161; P. NAGEL: *Codex apocryphus gnosticus* 1, 137 mit Anm. 100.

B. Durchführung

ⲉϥϣⲏϥˋ, es könnte aber sein, dass in einer früheren Vorlage das abschließende ϣ von ⲉϥϣⲏϣ zusammen mit dem ϥ am Anfang von ϥⲛⲁⲙⲟⲩϩ („er wird voll sein") zu einer Verwechslung führte. Freilich ist das nur eine Vermutung, doch in diesem Fall ist dem überlieferten Text des Logions kein wirklicher Sinn abzugewinnen,[17] und so erscheint, bei aller gebotenen Zurückhaltung, die Konjektur ⲉϥϣⲏ<ϣ> vertretbar.

b) Aus dem Gleichen

In EvThom 61,3 scheint „der/das Gleiche" als Ursprung Jesu eine Bezeichnung für den göttlichen Bereich zu sein:[18] Wenn Frage und Antwort zueinander in einer sinnvollen Beziehung stehen, ist „der Eine" (EvThom 61,2) zugleich „der/das Gleiche" (EvThom 61,3). Dann ist aber „Gleichheit" hier nicht relational zu verstehen (im Sinne von: jemand anderem gleich), sondern sie ist eine inhärente Qualität des „Einen".

Der Sache nach ist die Herkunft Jesu auch ein zentrales Thema in den Streitgesprächen Joh 5,17–30; 8,12–59; 10,24–39, und dass Jesus von Gott kommt, wird auch in Joh 8,23.42; 13,3; 16,27–30; 17,8 thematisiert. In EvThom 61,3 geht es allerdings, streng genommen, nicht um die Herkunft Jesu; dafür würde man im Koptischen ein Verb wie ⲛⲁ oder ⲉⲓ erwarten. Hier steht aber das Verb ϣⲱⲡⲉ (sein, werden) in der Qualitativform ϣⲟⲟⲡ. Das Logion handelt also nicht von einer Bewegung Jesu, etwa seinem Kommen vom Vater in die Welt (das wäre ein gut johanneischer Gedanke), sondern hier wird ein Zustand beschrieben und der Grund benannt, aus dem heraus Jesus existiert. Hier könnte man als thematische Parallele höchstens die eher statische Aussage in Joh 8,23 nennen: „Ihr seid aus dem Unteren, ich bin aus dem Oberen." Die sahidische Übersetzung des Johannesevangeliums formuliert dies aber in Adverbialsätzen, ohne das Verb ϣⲱⲡⲉ zu verwenden (ἐγὼ ἐκ τῶν ἄνω εἰμί – ⲁⲛⲟⲕ ⲁⲛⲅ̅ ⲟⲩⲉⲃⲟⲗ ϩⲛ ⲧⲡⲉ).[19]

---

17 Es wäre allenfalls denkbar, dass der Schreiber von NHC II die Wendung ⲉϥϣⲏϥ („indem er zerstört wird") in einem brachialasketischen Sinn verstand.

18 Dafür lässt sich auf Parallelen aus dem valentinianischen Bereich verweisen: Clemens, Exc. Theod. 10,3 (ἑνότητα καὶ ἰσότητα καὶ ὁμοιότητα); TractTrip. 67,36–37 (ⲡⲓϣⲱϣ); vgl. DUNDERBERG: „Thomas' I-sayings", 54; DERS.: The Beloved Disciple in Conflict?, 93–101.

19 Dies ist der Text der Ausgabe von Horner wie auch der Befund in der Handschrift sa 1 (Quecke). Die von Quecke zum Vergleich herangezogenen Handschriften sa 4 und sa 5 (Schüssler) fügen in beiden Teilen des Verses eine Adversativpartikel ein und lesen somit ⲁⲛⲟⲕ ⲇⲉ statt des einfachen ⲁⲛⲟⲕ – ebenso eine mit sa 1 verwandte Handschrift aus dem Jahr 861/862 (Kairo, CM 3820), die in der SMR-Datenbank als sa 10 geführt wird; vgl. dazu ASKELAND, John's Gospel, 92–93.100–104. Dies erklärt sich als sekundäre stilistische Verbesserung; umgekehrt wäre eine Tilgung der Partikel ⲇⲉ an dieser Stelle schwer zu erklären. Die *lectio difficilior*

Sprachlich näher bei EvThom 61,3 liegt indes Joh 8,47: ὁ ὢν ἐκ τοῦ θεοῦ τὰ ῥήματα τοῦ θεοῦ ἀκούει – in der sahidischen Übersetzung: ⲡⲉⲧϣⲟⲟⲡ ⲉⲃⲟⲗ ϩⲙ ⲡⲛⲟⲩⲧⲉ ϣⲁϥⲥⲱⲧⲙ ⲉⲛϣⲁϫⲉ ⲙⲡⲛⲟⲩⲧⲉ.[20] Auch hier steht also das Verb ϣⲱⲡⲉ im Qualitativ (ϣⲟⲟⲡ). Diese Parallele erlaubt es, hinter der koptischen Formulierung von EvThom 61,3 folgenden griechischen Satz zu vermuten: ἐγώ εἰμι ὁ ὢν ἐκ τοῦ ἴσου (ἐδόθη μοι ἐκ τῶν τοῦ πατρός μου). Joh 8,47 ist aber keine Aussage über Jesus, sondern über Menschen! Dieser Befund steht im direkten Gegensatz zu der vor allem von Elaine Pagels[21] vertretenen Anschauung, wonach zunächst das Thomasevangelium allen Jüngern Jesu die Herkunft aus dem Licht zugesprochen habe und das Johannesevangelium – als polemische Reaktion darauf – die Sprache des Thomasevangeliums in den Dienst seiner exklusiven, hohen Christologie gestellt habe. In EvThom 61,3 nimmt aber Jesus exklusiv (mit dem bestimmten Artikel) etwas für sich in Anspruch, was im Johannesevangelium (und auch in 1 Joh 4,4–6; 5,19) von den an Jesus Glaubenden ausgesagt wird: dass sie aus Gott *sind*[22] (das *Kommen* von Gott spricht das Johannesevangelium allerdings exklusiv Jesus zu). Freilich unterschieden sich die beiden Texte in ihren Gottesbezeichnungen, so dass sie wahrscheinlich nicht auf eine identifizierbare gemeinsame Überlieferung zurückgehen. Auch eine direkte Rezeption in der einen oder anderen Richtung ist nicht anzunehmen, da eben keine wörtliche Textübernahme vorliegt und der jeweilige Kontext nicht rezipiert wird. Man wird sich darauf beschränken müssen, von einer bemerkenswerten Analogie in einem insgesamt aber untergeordneten Motiv zu sprechen.

Gleichheit (wohl im Sinne von Ausgewogenheit, Ebenmaß, Harmonie) wird in den johanneischen Schriften nicht als eine Eigenschaft Gottes benannt. Für das Motiv der Gleichheit wird jedoch manchmal auf Joh 5,18

ⲁⲛⲟⲕ wird zudem durch die alte Handschrift sa 1 (*Quecke*) unterstützt; daher ist der Text von *Horner* an dieser Stelle nicht zu korrigieren.
20 Darin wird *Horner* durch die Handschriften sa 1 (*Quecke*) und sa 5 (*Schüssler*) unterstützt.
21 Vgl. PAGELS: *Beyond Belief*, 40–41.66–69.
22 Nach THEOBALD: *Evangelium nach Johannes 1–12*, 606–607 ist dieser Text nicht im Sinne einer Prädestinationslehre auszuwerten, da der Evangelist hier im Rückblick negative Erfahrungen aufarbeitet und die Rede vom „Sein aus Gott" so in einen erzählerischen Kontext eingebunden ist. Ähnlich schon SCHNACKENBURG: *Johannesevangelium* II, 291: „Dieses ‚aus Gott sein' ist für das joh. Denken Voraussetzung für die Gotteskindschaft (vgl. 1 Joh 3,10; 4,4.6; 5,19) und Erklärungsgrund dafür, daß die Gotteskinder anders sind und sich anders verhalten als diejenigen, die ‚aus der Welt' sind (vgl. [Joh] 8,23; 15,19; 17,14.16; 1 Joh 4,5)." Man wird sich also darauf beschränken, in Joh 8,47 zwei Wesensaussagen zu sehen; vgl. dazu auch ASHTON: *Understanding the Fourth Gospel*, 209–210.

B. Durchführung

verwiesen, wo die „Juden" Jesus töten wollen, „nicht nur, weil er den Sabbat gebrochen hatte, sondern auch weil er Gott seinen eigenen Vater genannt und sich so Gott *gleich* gemacht hatte".[23] Hier kommt zwar das Wort „gleich" (ἴσος) vor, doch damit wird keine Wesensaussage über Gott gemacht, sondern es wird gesagt, in welches Verhältnis Jesus sich selbst zu Gott stellt. Mit anderen Worten: Nur weil Jesus sich Gott gleich macht, ist Gott nicht schon „der Gleiche". Der Befund würde sich anders darstellen, wenn „der Gleiche" in EvThom 61,3 näher spezifiziert wäre, etwa „der mir gleich ist" oder „dem ich gleich bin"; dann könnte man darin „so etwas wie den Begriff ‚homoousios'"[24] erkennen. Nach EvThom 61,3 existiert Jesus aber nicht aus dem, der *ihm* gleich ist, sondern aus dem, der *in sich* „gleich" ist. Daher ist in diesem Punkt keine Berührung mit den johanneischen Schriften zu konstatieren.

c) Was Gott gehört und was Jesus gehört

Eine engere Parallele könnte es hingegen im zweiten Satz von EvThom 61,3 geben: „Mir wurde gegeben von dem, was meinem Vater gehört". Im Johannesevangelium ist öfter davon die Rede, dass der Vater Jesus etwas gibt: Bereits in Joh 3,35 stellt der johanneische Jesus programmatisch[25] fest, dass der Vater *alles* in seine Hand gegeben hat, und das wird an der Schlüsselstelle Joh 13,3 wiederholt. Näherhin gibt der Vater dem Sohn das Gericht (Joh 5,22.27), das Leben (Joh 5,26), seine Werke (Joh 5,36; 17,4), die Menschen, die zu ihm kommen (Joh 6,37.39; 10,29), eine Anweisung, was er sagen soll (Joh 12,49), Vollmacht über alle Menschen (Joh 17,2), seine Jünger (Joh 17,6.9.24; 18,9), nur was ihm gehört (17,7), die Worte, die er den Jüngern weitergibt (Joh 17,8), seinen Namen (Joh 17,11–12), seine Herrlichkeit (Joh 17,22.24) und schließlich auch den Kelch, den es in der Passion zu trinken gilt (Joh 18,11). Ohne das Stichwort „geben" wäre auch auf Joh 16,14 zu verweisen. Speziell in Joh 17 definiert sich der johanneische Jesus geradezu über das, was der Vater ihm gegeben hat, und so finden wir in EvThom 61,3 durchaus ein zentrales Thema des Johannesevangeliums angesprochen.[26] Das *passivum divinum*, das wir in EvThom 61,3 allem Anschein nach antreffen, hat jedoch in den johanneischen Schriften keine

---

23 Vgl. BROWN: „Gospel of Thomas", 169; GROSSO: *Vangelo secondo Tommaso*, 199; auch nach DUNDERBERG: „*Thomas' I-sayings*", 54 sei EvThom 61,3 „conceptually in full accordance" mit Joh 5,18. Dunderberg will daraus aber keine spezifische Beziehung zwischen EvThom 61,3 und Joh 5,18 ableiten, weil das Motiv der Gleichheit mit Gott weiter verbreitet ist (etwa Phil 2,6–7).
24 HAENCHEN: *Botschaft des Thomas-Evangeliums*, 64.
25 Vgl. dazu SCHNACKENBURG: *Johannesevangelium* I, 401.
26 Vgl. auch GROSSO: *Vangelo secondo Tommaso*, 199.

Parallele.[27] An allen oben genannten Stellen des Johannesevangeliums wird der Vater als Geber ausdrücklich genannt, und so wirkt EvThom 61,3 vergleichsweise distanziert. Anscheinend wollte es der Autor dieses Logions vermeiden, den Vater als Handlungssubjekt einzuführen.

Für April DeConick ist EvThom 61 ein Punkt, an dem sich die Thomastradition und die johanneische Tradition berühren, um sich dann jeweils in ihre eigene Richtung weiterzuentwickeln.[28] Das würde nach den hier verwendeten Kategorien auf eine gemeinsame Tradition hindeuten. In der Tat haben EvThom 61 und das Johannesevangelium ein Thema gemeinsam (der Vater gibt Jesus etwas), doch die aktive Rolle des Vaters als des Gebers ist dabei ein Proprium des Johannesevangeliums. Umgekehrt ist die bloße Tatsache, dass der Vater Jesus etwas gibt, keine spezifische Gemeinsamkeit von Thomas- und Johannesevangelium. Zur Gegenprobe ist als Vergleichsgröße Q 10,22 (Mt 11,27 par. Lk 10,22) zu nennen: „Alles wurde mir übergeben von meinem Vater." (πάντα μοι παρεδόθη ὑπὸ τοῦ πατρός μου).[29] Allein schon die passivische Formulierung deutet darauf hin, dass hier eine nähere Parallele zu EvThom 61,3 vorliegt;[30] zudem soll in beiden Texten das Wort von der Gabe des Vaters das Wesen Jesu erschließen.[31] Allerdings ist EvThom 61,3 insofern zurückhaltender als Q 10,22 (und Joh 3,35), als in unserem Logion nur davon die Rede ist, dass Jesus etwas vom Eigentum des Vaters gegeben wurde, aber nicht „alles".[32] Außerdem erscheint im Q-Logion der Vater als der Gebende, während in EvThom 61

---

27 Passivformen von δίδωμι (ἐδόθη) trifft man nur in Joh 1,17; 12,5 an, wobei letztere Stelle sicher nicht einschlägig ist. Wesentlich prominenter ist das *passivum divinum* in der Johannesapokalypse.
28 Vgl. DeConick: *Original Gospel of Thomas in Translation*, 203.
29 Die matthäische und die lukanische Version des Logions entsprechen sich im Wortlaut. Allerdings scheint es auf der Ebene der sahidischen Übersetzungen (*Horner*) eine Variation zu geben: Mt 11,27: ⲁⲩϯ ⲛⲁⲓ ⲙ̄ⲡⲧⲏⲣϥ̄ ⲉⲃⲟⲗ ϩⲓⲧⲙ̄ ⲡⲁⲉⲓⲱⲧ; Lk 10,22: ⲁⲩϯ ⲛ̄ϩⲱⲃ ⲛⲓⲙ ⲉⲃⲟⲗ ϩⲓⲧⲙ̄ ⲡⲁⲉⲓⲱⲧ. Für die Fragestellung dieser Untersuchung ist dies jedoch nicht von Belang.
30 Vgl. Dunderberg: *The Beloved Disciple in Conflict?*, 91–92; ebenso Nordsieck: *Thomas-Evangelium*, 244; Plisch: *Thomasevangelium*, 162. – Nach Fleddermann: *Q*, 446 soll aber Joh 3,35 seinerseits Q 10,22 (bzw. Mt 11,27 oder Lk 10,22) rezipieren. Die Parallele EvThom 61,3 erwähnt er in diesem Zusammenhang nicht, stattdessen EvThom 38. Anders Theobald: *Herrenworte im Johannesevangelium*, 347–350; ders.: *Evangelium nach Johannes 1–12*, 294: Joh 3,35 sei aus Joh 5,19–20 entwickelt worden, und letzterer Text stehe in gar keinem Verhältnis zu Q 10,22.
31 Nach Wolter: *Lukasevangelium*, 389 handelt es sich also in beiden Fällen um eine Selbstoffenbarung Jesu; anders Fleddermann: *Q*, 451: In Q 10,22 gehe es um die Offenbarung des Vaters, die vermittels des Sohnes geschieht.
32 Vgl. Nordsieck: *Thomas-Evangelium*, 245, der diese „Zurückhaltung" als Indiz dafür werten will, dass unser Logion älter ist als Q 10,22.

B. Durchführung

der Gebende nicht ausdrücklich benannt ist, sondern der Vater, genau genommen, als der Eigentümer der Gabe in den Blick kommt. Ein literarisches Verhältnis zwischen Q 10,22 (Mt 11,27 par. Lk 10,22) und EvThom 61 ist daraus also schwerlich zu begründen.[33] Im Johannesevangelium wird dieses Motiv hingegen nicht eigens erarbeitet, sondern ist selbstverständlich in die Erzählung eingebunden und wird vorausgesetzt.

Angesichts dessen ist die Annahme schwer zu begründen, dass EvThom 61,3 und das Johannesevangelium die gleiche Überlieferung rezipieren sollen. Angesichts der doch recht markanten Unterschiede im Detail erscheint es angemessener, hier von einer thematischen Analogie zu sprechen.

d) Voller Licht

Das Logion schließt mit einem Wort Jesu über jemanden, der entweder voller Licht oder voller Finsternis ist. Nachdem EvThom 61,5 sich thematisch nicht ganz bruchlos an das Vorhergehende anschließt und mit einer selbstreflexiven Redeeinleitung einsetzt („Deswegen sage ich: ..."), dürfte es sich um einen späteren Zusatz zu diesem ohnehin schon komplexen Logion handeln.[34] Innerhalb des Thomasevangeliums legt sich hier der Vergleich mit EvThom 24,3 nahe:

EvThom 24,3	EvThom 61,5
Es befindet sich Licht im Inneren eines „Lichtmenschen", und er leuchtet für die ganze Welt.	Wenn er so wird, dass er <gleich> ist, wird er voller Licht sein.
Wenn er nicht leuchtet, ist er Finsternis.	Wenn er aber so wird, dass er geteilt ist, wird er voller Finsternis sein.

Die beiden Logien unterscheiden sich thematisch etwas, doch beide handeln vom Licht, das im Inneren eines Menschen ist oder nicht ist. Dabei erscheint EvThom 61,5 geradezu wie eine Anwendung von EvThom 24,3 auf das in EvThom 61,3 Gesagte: Die Rede vom Einen und Gleichen wird nun auf Menschen bezogen und im Sinne der Lichtmetaphorik von EvThom 24,3 ausbuchstabiert. War in EvThom 24,3 noch eher unbestimmt davon die Rede, dass Licht sich im Inneren eines Licht-Menschen befindet, so wird dieser in EvThom 61,5 näher bestimmt als jemand der „gleich" und

---

33 Vgl. SIEBER: *Redactional Analysis*, 134–135.
34 Im emendierten koptischen Text ergibt sich in EvThom 61,5 ein Wortspiel mit ⲉϥϣⲏϣ („indem er gleich ist") und ⲉϥⲡⲏϣ („indem er geteilt ist"); vgl. dazu PLISCH: *Thomasevangelium*, 161. Das könnte darauf hinweisen, dass dieser Spruch dem Logion erst auf der Ebene der koptischen Übersetzung zugewachsen ist.

nicht „geteilt" ist, also im Sinne von EvThom 61,3 göttliche Qualitäten hat.[35] Allerdings hat EvThom 24,3 einen engeren Fokus auf „Lichtmenschen", in deren Innerem sich selbstverständlich Licht befindet; die Frage ist nur, ob dieses Licht auch nach außen hin leuchtet oder nicht. EvThom 61,5 buchstabiert hingegen die negative Seite des Gedankens deutlicher aus und rechnet auch damit, dass in manchen Menschen – den „Geteilten" – überhaupt kein Licht ist, sondern dass sie voller Finsternis sind.

Wie sich der Gedanke vom Licht im Inneren des Menschen zur johanneischen Licht-Metaphorik verhält, wurde schon bei EvThom 24 erörtert. Auch für EvThom 61,5 ist zu vermerken, dass von der christologischen Konzentration der johanneischen Lichtmetaphorik (v. a. in Joh 8,12) nichts zu merken ist, sondern die Qualität der Jünger als „Lichtmenschen" im Kontrast zur Finsternis[36] herausgestellt wird.[37] Dieser Gedanke wird aber, anders als in EvThom 24,3, nicht ausgeführt, sondern vermutlich vorausgesetzt. Daher ist der Kontakt zu synoptischen Licht-Texten wie Mt 5,14 oder Mt 6,22–23 par. Lk 11,34–36 (Q 11,34–35) nur als ein vermittelter zu betrachten. Im Bereich der johanneischen Schriften lässt sich dazu als Parallele nur Joh 11,9–10 anführen, doch da dort der Gedanke vom Licht im Menschen nicht konsequent ausgeführt wird, lässt sich auch daraus keine überlieferungsgeschichtliche Verbindung herstellen. Das gilt in noch stärkerem Maße von Joh 12,36 („Söhne des Lichtes"). Die christologische Lichtmetaphorik des Johannesevangeliums, die bei EvThom 77 eingehender besprochen wird, eignet sich schon von ihrer Struktur her nicht zum Vergleich mit EvThom 61,5: Im Johannesevangelium ist zwar oft davon die Rede, dass Jesus das Licht (der Welt) ist, aber durch diese Identifikation

---

35 Anders NORDSIECK: *Thomas-Evangelium*, 245–246, der EvThom 61,5 als Forderung nach „Gleichheit und Gerechtigkeit unter den Menschen" (245) interpretiert. Das wäre für das Thomasevangelium ein ziemlich extravaganter Gedanke; man denke dagegen an EvThom 23. In EvThom 61,5 ist die „Gleichheit" in jedem Fall als Gegenteil des Geteilt-Seins zu interpretieren, von dem im zweiten Teilsatz die Rede ist.
36 Der Kontrast Licht-Finsternis ist zu verbreitet, als dass man aus ihm allein überlieferungsgeschichtliche Folgerungen ziehen könnte; für den diesbezüglichen Vergleich des Johannesevangeliums mit Qumran-Texten und „Joseph und Asenath" (JosAs 8,9) vgl. BAUCKHAM: „Qumran", 272–278 (= *Testimony*, 130–135); ähnlich ONUKI: *Gemeinde und Welt*, 22.
37 Vgl. POPKES: *Menschenbild des Thomasevangeliums*, 93–94; ähnlich DUNDERBERG: „*Thomas*' I-sayings", 54–55. Wenn man EvThom 61,5 isoliert betrachtete, könnte man hierin eine „egalitäre" Vorstellung ausgedrückt sehen, die das Johannesevangelium mit seiner christologischen Lichtmetaphorik angreift. Im Gefüge von EvThom 61 zeigt sich aber die umgekehrte Dynamik: Eine christologische Aussage (EvThom 61,3) wird sekundär auf die Jünger angewandt (EvThom 61,5).

B. Durchführung

wird es schwierig, vom Licht als einem Objekt in Beziehung zu Jesus zu sprechen: Wenn das Johannesevangelium so großen Wert darauf legt, dass Jesus selbst das Licht ist, kann es nicht gut behaupten, dass er voll von Licht (als etwas nicht mit ihm selbst Identischem) sei. Man wird die Rede vom Licht in EvThom 61,5 also nur in Analogie zu Joh 11,9–10; 12,36 sehen.

e) Fazit zu EvThom 61

EvThom 61 hat mehr Parallelen zum Johannesevangelium, als es zunächst den Anschein hat. Die Rede vom „Gleichen", die das komplexe Logion zusammenhält, hat zwar keine Entsprechung in den johanneischen Schriften, doch die Selbstaussage Jesu, er sei aus dem „Gleichen", findet eine beachtliche Entsprechung in Joh 8,47 (ähnlich auch 1 Joh 4,4–6; 5,19), wo von Menschen die Rede ist, die aus Gott sind. Dies lässt sich aber nicht literarkritisch oder überlieferungsgeschichtlich auswerten; man muss sich damit begnügen, eine Analogie in einem untergeordneten Motiv festzustellen. Eine thematische Analogie zeigt sich im zweiten Teilsatz von EvThom 61,3: Jesus wurde von dem gegeben, was seinem Vater gehört. Dieses Motiv zieht sich programmatisch durch das Johannesevangelium, doch da es dort bedeutend anders akzentuiert ist (Gott wird durchweg als Geber benannt), ist die Parallele nicht spezifisch genug, um mehr als eine Analogie zu begründen. Schließlich ist die Lichtmetaphorik in EvThom 61,5 ebenso zu bewerten wie bei EvThom 24,3. Die Analogien sind bemerkenswert und insgesamt sehr aufschlussreich, aber es bleibt eben bei Analogien.

28. Logion 69

(1) ⲡⲉϫⲉ ⲓ̅ⲥ̅ ϩⲙ̅ⲙⲁⲕⲁⲣⲓⲟⲥ ⲛⲉ ⲛⲁⲉⲓ ⲛ̅ⲧⲁⲩⲇⲓⲱⲕⲉ ⲙ̅ⲙⲟⲟⲩ ϩⲣⲁⲓ̈ ϩⲙ̅ ⲡⲟⲩϩⲏⲧ˙ ⲛⲉⲧⲙ̅ⲙⲁⲩ ⲛⲉⲛⲧⲁϩⲥⲟⲩⲱⲛ ⲡⲉⲓⲱⲧ ϩⲛ̅ ⲟⲩⲙⲉ	(1) Jesus sagte: Selig sind diese, die man verfolgt hat in ihrem Herzen. Jene sind es, die in Wahrheit den Vater erkannt haben.
(2) ϩⲙ̅ⲙⲁⲕⲁⲣⲓⲟⲥ ⲛⲉⲧϩⲕⲁⲉⲓⲧ˙ ϣⲓⲛⲁ ϫⲉ ⲉⲩⲛⲁⲧⲥⲓⲟ ⲛ̅ⲑϩⲏ ⲙ̅ⲡⲉⲧⲟⲩⲱϣ	(2) Selig sind die, welche hungern, damit der Bauch dessen gefüllt wird, der (es) wünscht.

a) Die Seligpreisung der Verfolgten

Die beiden Makarismen, aus denen EvThom 69 besteht, haben ihre nächsten Parallelen in den Seligpreisungen der Bergpredigt/Feldrede: Die Seligpreisung für die Verfolgten findet sich in etwas anderer Form auch in Mt 5,10. Die Hungernden werden auch in Mt 5,6 par. Lk 6,21 (Q 6,21) selig gepriesen. Der abschließende Finalsatz in EvThom 69,2 setzt aber gegenüber den synoptischen Parallelen einen sehr eigenständigen Akzent.[1]

Für mögliche Beziehungen zum Johannesevangelium ist aber EvThom 69,1 von Interesse, auch wenn diese Seligpreisung zunächst und vor allem wie eine Parallele zu Mt 5,10 wirkt:

EvThom 69,1	Mt 5,10
Selig sind diese, die man verfolgt hat in ihrem Herzen.	Selig sind die Verfolgten wegen der Gerechtigkeit,
Jene sind es, die in Wahrheit den Vater erkannt haben.	denn ihnen gehört das Königtum der Himmel.

Diese Parallele wurde in der Forschung hin und wieder in dem Sinne ausgewertet, dass EvThom 69,1 von der matthäischen Seligpreisung abhängig sei.[2] Wie die Gegenüberstellung zeigt, ist den beiden Makarismen aber nur gemeinsam, dass es um Menschen geht, die in irgendeiner Form verfolgt werden. Ansonsten setzen die beiden Versionen jeweils ihre eigenen Akzente, die sich in der jeweils anderen Version nicht finden: Wenn etwa

---

1 Vgl. dazu WITETSCHEK: „Going Hungry for a Purpose".
2 Vgl. SCHRAGE: *Verhältnis des Thomas-Evangeliums zur synoptischen Tradition*, 147: Mt 5,10 sei eine matthäische Neubildung, die aus Mt 5,11 schöpfe. Das „Herz" zog Schrage willkürlich aus Mt 5,8 in unser Logion. Zur Kritik daran vgl. schon SIEBER: *Redactional Analysis*, 34; ebenso NORDSIECK: *Thomas-Evangelium*, 272.

B. Durchführung

in EvThom 69,1 das matthäische Leitmotiv „Gerechtigkeit"[3] oder „Königtum der Himmel" stünde, wäre das ein klares Indiz dafür, dass unser Logion die matthäische Seligpreisung rezipiert, aber das ist gerade nicht der Fall.[4] Ferner fällt auf, dass in EvThom 69,1 zwischen den beiden Teilsätzen kein kausales Verhältnis im Sinne der Verheißung besteht, wie es für die Seligpreisungen in Mt 5,3–12; Lk 6,20–22 charakteristisch ist. Die Erkenntnis des Vaters wird nicht einmal im Futur verheißen, sondern im Perfekt I als etwas schon Erreichtes dargestellt – möglicherweise ist sie in EvThom 69,1 sogar als Grund der innerlichen Verfolgung gedacht. Die Seligpreisung von Verfolgten findet man aber anderweitig in der frühchristlichen Literatur. In unmittelbarer Nähe unseres Logions ist auf EvThom 68 zu verweisen. Dieser Makarismus gilt zwar auch Verfolgten, doch im Unterschied zu EvThom 69,1 scheint dort an reale, gewalttätige Verfolgung (nicht nur im eigenen Herzen) gedacht zu sein;[5] zudem ist EvThom 68 in der 2. Person formuliert. Es geht also nicht an, EvThom 68 und EvThom 69,1 „wegen des thematischen Zusammenhangs" gemeinsam zu behandeln.[6] Für unsere Fragestellung ist wichtig, dass EvThom 68 ebenfalls keinen Anhaltspunkt bietet, um eine Rezeption von Mt 5,10 anzunehmen.[7] Es scheint so, dass der Kompilator des Thomasevangeliums in EvThom 68–69 Seligpreisungen von Verfolgten aus verschiedenen Überlieferungen zusammengestellt hat.[8] Zumindest lässt sich damit ein

---

3 In diesem Sinne könnte man für die Rezeption von Mt 5,10 vielleicht auf 1 Petr 3,14 verweisen, mit großer Wahrscheinlichkeit aber auf PolPhil 2,3; vgl. dazu W. D. DAVIES/ALLISON: *Matthew I–VII*, 460.
4 Vgl. dazu SIEBER: *Redactional Analysis*, 34–35; ähnlich PATTERSON: *The Gospel of Thomas and Jesus*, 51–53.
5 Bei PATTERSON: „View from Across the Euphrates" (= *Gospel of Thomas and Christian Origins*, 9–32) werden EvThom 68; 69,1 gar nicht erwähnt, obwohl (oder gerade weil) Patterson in diesem Aufsatz die These aufstellt, dass einige Eigenheiten des Thomasevangeliums (keine Passionserzählung, kein Endgericht, kein Nachdenken über den gewaltsamen Tod Jesu oder das Martyrium von Christen) dadurch bedingt seien, dass der Verfasser des Thomasevangeliums in Edessa ansässig war und dort keine Verfolgung erlebte; vgl. v. a. ebd., 425–426 (= *Gospel of Thomas and Christian Origins*, 24–25).
6 So aber SCHRAGE: *Verhältnis des Thomas-Evangeliums zur synoptischen Tradition*, 147.
7 Vgl. SIEBER: *Redactional Analysis*, 33.
8 Anders PATTERSON: *The Gospel of Thomas and Jesus*, 201–202, der in EvThom 68–69,1 eine gedankliche Entwicklung auf dem Weg zur Gnosis sieht: Von der konkreten, handgreiflichen Gefahr in EvThom 68 käme man demnach zu den subtileren, geistigen Bedrohungen in EvThom 69,1. Die Beobachtung ist an sich zutreffend, doch es bleibt zu fragen, ob diese Anordnung nicht vielleicht dem

Motiv dafür benennen, dass in EvThom 68–69 zwei Variationen über dasselbe Thema stehen. Etwas Ähnliches beobachten wir bei Clemens, Strom. 4,41,2:

„Selig, sagt er, sind die Verfolgten wegen der Gerechtigkeit, denn sie werden Söhne Gottes genannt werden. Oder, wie (einige) von denen sagen, welche die Evangelien verändern: Selig, sagt er, sind die Verfolgten für die Gerechtigkeit, denn sie werden vollkommen sein. Und selig sind die meinetwegen Verfolgten, denn sie werden einen Platz haben, an dem sie nicht verfolgt werden."[9]

Clemens scheint von Mt 5,10 als der Norm auszugehen, doch er vermengt den Vers schon mit Mt 5,9. Besonders auffällig ist aber, dass er die beiden anderen Varianten zwar als Veränderungen der Evangelien (er verwendet hier das Verb μετατίθημι) wahrnimmt, sie aber nicht als Verfälschungen bestreitet, sondern als gleichwertige Varianten referiert. Die Varianten, die Clemens von Alexandreia hier bietet, dürften alle als ungenaue bzw. variierende Wiedergaben von Mt 5,9–11 zu verstehen sein. Sie zeigen jedoch, dass Clemens von Alexandreia mit verschiedenen Varianten dieses Wortes rechnete, auch wenn er hier keine Varianten bietet, die eindeutig von den matthäischen Seligpreisungen unabhängig sind. Da aber diese Varianten durchweg um Mt 5,10 kreisen, zeigt sich noch deutlicher, dass EvThom 68; 69,1 mit ihren je eigenen Akzenten diesem spezifischen Feld nicht angehören. Eine Seligpreisung der Verfolgten ist also nicht in jedem Falle direkt auf Mt 5,10 zurückzuführen, sondern es scheint hier ein weiteres Feld der Tradition zu geben. Dass Matthäus diesen Vers redaktionell gebildet hat,[10] bedeutet ja nicht, dass er ihn *ex nihilo* erfunden hat. Sofern Christen in den ersten Jahrhunderten Druck von außen erlebten, lag es sicher öfter nahe, die traditionelle Form des Makarismus auch auf Verfolgte anzuwenden. Ein monogenistischer Rekurs auf Mt 5,10 ist dafür nicht notwendig.

Umstand geschuldet ist, dass die Seligpreisung in EvThom 69,1 eng mit einer weiteren Seligpreisung, EvThom 69,2, verbunden ist. Wenn Pattersons Interpretation zuträfe, müsste sie auch die Existenz von EvThom 69,2 nach dem Spitzensatz am Ende von EvThom 69,1 erklären können.

9 Clemens Al., Strom. 4,41,2: ... μακάριοι, φησὶν, οἱ δεδιωγμένοι ἕνεκεν δικαιοσύνης, ὅτι αὐτοὶ υἱοὶ θεοῦ κληθήσονται, ἢ ὥς τινες τῶν μετατιθέντων τὰ εὐαγγέλια· μακάριοι, φησὶν, οἱ δεδιωγμένοι ὑπὲρ τῆς δικαιοσύνης, ὅτι αὐτοὶ ἔσονται τέλειοι. καὶ μακάριοι οἱ δεδιωγμένοι ἕνεκα ἐμοῦ, ὅτι ἕξουσι τόπον ὅπου οὐ διωχθήσονται.

10 Vgl. Luz: *Evangelium nach Matthäus* 1, 289.

B. Durchführung

b) „Den Vater in Wahrheit erkennen"
EvThom 69,1 gehört also zu einem überlieferungsgeschichtlichen Feld, aus dem auch Mt 5,10 entstanden ist. Durch zwei Eigenheiten hebt sich das Logion von diesem Feld ab: den Gedanken einer Verfolgung „in ihren Herzen" (ϩⲣⲁⲓ̈ ϩⲛ̄ ⲡⲟⲩϩⲏⲧ) und den Nachsatz, wonach die so Verfolgten „in Wahrheit den Vater erkannt haben" (ⲛⲉⲛⲧⲁϩⲥⲟⲩⲱⲛ ⲡⲉⲓⲱⲧ ϩⲛ̄ ⲟⲩⲙⲉ).

Das erstgenannte Motiv hat zwar keine unmittelbare Entsprechung in den johanneischen Schriften, wohl aber – wieder einmal – bei Clemens von Alexandreia: In QDS 25,4–5[11] erörtert er die Verfolgung von innen, durch Lüste und Begierden, die s.E. noch schlimmer ist als gewaltsame Verfolgung von außen.[12] Nach April DeConick handelt es sich hier um ein Stück alexandrinischer Tradition.[13] Um letzteres zu erhärten, wären jedoch noch weitere eindeutig in Alexandreia zu lokalisierende Belege erforderlich.

Im Johannesevangelium ist auch vom Herzen als Zentrum der Person die Rede, das erschüttert sein (Joh 14,2.27), von Trauer erfüllt sein (Joh 16,6) oder sich freuen kann (Joh 16,22). Doch von diesem Sprachspiel führt kein Weg zum Herzen als Ort der Verfolgung. Hier könnte man allenfalls an 1 Joh 3,19–21 denken: In 1 Joh 3,20 wird der Gedanke erwogen, dass das eigene Herz als verurteilende Instanz auftritt (καταγινώσκῃ). Dies ist jedoch nur ein Teil des Bildes: Insgesamt erscheint das Herz in diesem Passus als „eine anthropologische Instanz, wo moralische Entscheidungen fallen und Wertungen getroffen werden".[14] Das Urteil des Herzens, das unter

---

11 Der Ausgangspunkt seiner Überlegungen (QDS 25,3) ist Mk 10,30: Verfolgungen gehören zum Christsein, und wenn auch viele nicht unter Verfolgung von außen zu leiden haben, so doch in jedem Falle unter der noch viel schlimmeren Verfolgung „von innen" (ἔνδοθεν), unter dem Feind in sich selbst (τὸν γὰρ ἐχθρὸν ἐν ἑαυτῷ). Das Stichwort „Herz" findet man hier allerdings nicht.
12 Damit erledigt sich die moralisierende Konjektur, die der Berliner Arbeitskreis für Koptisch-Gnostische Schriften als Möglichkeit erwogen hat: <ⲉⲩⲟⲩⲁⲁⲃ> ϩⲣⲁⲓ̈ ϩⲙ̄ ⲡⲟⲩϩⲏⲧ („sofern sie rein sind in ihrem Herzen"); vgl. dazu BETHGE: „Evangelium Thomae Copticum", 537 Anm. 106; SCHRÖTER/BETHGE: „Evangelium nach Thomas", 176 Anm. 152 (= AcA I/1, 517 Anm. 217); mit Vorbehalten auch PLISCH: Thomasevangelium, 179. Das gleiche gilt auch für die Annahme von SCHÜNGEL: „Zur Neuübersetzung des Thomasevangeliums", 283, wonach διώκω in der griechischen Vorlage unseres Logions die Bedeutung „antreiben" gehabt haben solle.
13 Vgl. DECONICK: Original Gospel of Thomas in Translation, 223; nach NORDSIECK: Thomas-Evangelium, 271 macht diese Parallele den Rekurs auf gnostische Vorstellungen überflüssig.
14 KLAUCK: Der erste Johannesbrief, 218 mit Verweis auf TestGad 5,3 und Sir 14,2; ähnlich MORGEN: Épîtres de Jean, 146, die noch eine weitere Dimension hinzunimmt: das innere Gespräch des Menschen vor Gott.

Umständen zu Skrupeln und Selbstzweifeln führen kann,[15] steht hier zwar im Kontrast zur überlegenen Kenntnis Gottes, doch dadurch erscheint das Herz nicht schon als etwas Feindseliges oder als Ort, an dem Feindseliges stattfindet. Somit kommt also auch 1 Joh 3,19–21 nicht als Parallele für EvThom 69,1 in Frage.

Näher am Johannesevangelium liegt der Schlussatz dieses Teillogions: „Jene sind es, die in Wahrheit den Vater erkannt haben."[16] Den Vater zu kennen, nimmt in Joh 10,15 Jesus selbst für sich in Anspruch, und in Joh 14,7 stellt er es auch den Jüngern in Aussicht. Andererseits bescheinigt der johanneische Jesus in Joh 16,3 denen, die seine Jünger aus der Synagoge ausschließen und töten, dass sie den Vater nicht erkannt haben – und ihn selbst auch nicht. In diesem Zusammenhang wäre auch Joh 17,3 zu nennen (an den Vater gerichtet): „... dass sie erkennen dich, den einzig wahren Gott, und den du gesandt hast, Jesus Christus". Damit ist „den Vater (er-)kennen" zwar kein durchgehendes Leitmotiv im Johannesevangelium, aber die wenigen Belege lösen den Anspruch des programmatischen Verses Joh 1,18 ein, wonach „der einziggeborene Gott"[17] den Vater ausgelegt bzw. bekannt gemacht hat.[18]

Der Verfasser des 1. Johannesbriefes geht in 1 Joh 2,13–14 einen Schritt weiter und spricht diese Erkenntnis Vätern und Kindern als etwas schon Erreichtes zu (ἐγνώκατε).[19] Letztere Formulierung liegt sehr nahe bei EvThom 69,1, so dass man hier fast von einer Übereinstimmung im Wortlaut sprechen könnte, doch es fehlt das Element „in Wahrheit"; so bleibt es beim untergeordneten Motiv. Diese Übereinstimmung belegt aber noch nicht, dass EvThom 69,1 an dieser Stelle den 1. Johannesbrief rezipiert. Vermutlich ist auch im 1. Johannesbrief ein Ansatz aus dem Johannesevangelium weitergeführt, jedoch ohne dass die Erkenntnis des Vaters, so wie in EvThom 69,1, direkt mit dem Leitmotiv „Wahrheit" verbunden wäre. In diesem Sinne wird man eher von gemeinsamer Tradition sprechen.

Auch die Wahrheit ist ein johanneisches Leitmotiv; sie beschränkt sich nicht auf die sachliche Korrektheit von Aussagen, sondern sie ist eine göttliche Qualität (v. a. Joh 1,14; 18,37), und Jesus selbst nimmt nicht nur für sich in Anspruch, dass er die Wahrheit sagt (Joh 8,40–47; 16,7), sondern

---

15 Vgl. dazu LIEU: *I, II & III John*, 154.
16 Nach BROWN: „Gospel of Thomas", 170 ist diese Wendung „quite johannine".
17 Zwar lesen zahlreiche Handschriften an dieser Stelle ὁ μονογενὴς υἱός, doch dies scheint eine leichtere Lesart zu sein, die sich an Joh 3,16.18; 1 Joh 4,9 anlehnt; vgl. METZGER: *Textual Commentary*, 169.
18 Das ist z. B. bei MOLONEY: *Gospel of John* der *cantus firmus* der ganzen Auslegung.
19 Damit sind diese Passagen für den Vergleich mit EvThom 69,1 von besonderer Bedeutung.

B. Durchführung

dass er selbst „Weg, Wahrheit und Leben" ist (Joh 14,6). Noch stärker ist das Motiv in den Johannesbriefen, wo die Wahrheit geradezu als das Lebensprinzip und Lebensraum der Gläubigen erscheint (v. a. 2 Joh 1–4). Für die Rolle der Wahrheit im Verhältnis zum Vater könnte man als Parallele Joh 4,23–24 nennen, wonach der Vater „in Geist und Wahrheit" anzubeten ist.

Die Wendung „den Vater in Wahrheit erkennen" findet sich im Johannesevangelium zwar nicht, doch sie erscheint wie eine Zusammenfügung zweier johanneischer Elemente. Eine ähnliche Verbindung findet man auch in Joh 17,8, wo Jesus von den Jüngern sagt: καὶ ἔγνωσαν ἀληθῶς[20] ὅτι παρὰ σοῦ ἐξῆλθον, καὶ ἐπίστευσαν ὅτι σύ με ἀπέστειλας.[21] Hier bezieht sich das Erkennen allerdings auf eine Tatsache, nicht auf die Person des Vaters selbst. Doch es wird in der Vergangenheit situiert – wie in EvThom 69,1.

Nun ist das Ideal, den Vater zu erkennen, nicht auf das Thomas- und Johannesevangelium beschränkt. Es findet sich auch prominent im Evangelium Veritatis (NHC I,3)[22] (EV 16,33; 18,6–11; 23,18; 24,28–31). Speziell im Proömium EV 16,31–35 begegnet man den beiden Stichworten von EvThom 69,1: „Das Evangelium der Wahrheit: Eine Freude ist es für die, welche die Gnade erlangt haben vom Vater der Wahrheit, dass sie ihn

---

20 Diese Parallele hat anscheinend die griechische Rückübersetzung unseres Logions durch den Berliner Arbeitskreis für Koptisch-Gnostische Schriften beeinflusst: Μακάριοι οἱ δεδιωγμένοι ἐν τῇ καρδίᾳ αὐτῶν. ἐκεῖνοί εἰσιν οἱ ἀληθῶς γνόντες τὸν πατέρα. Vgl. BETHGE: „Evangelium Thomae Copticum", 537; PLISCH: *Thomasevangelium*, 179.
21 Es ist gar nicht so sicher, ob das sahidische Neue Testament an dieser Stelle ein Äquivalent für καὶ ἔγνωσαν ἀληθῶς hatte. Die Ausgabe von *Horner* hat hier ⲁⲩⲱ ⲁⲩⲉⲓⲙⲉ ⲛⲁⲙⲉ. In den Handschriften sa 1 (*Quecke*) und sa 5 (*Schüssler*) fehlt jedoch ⲁⲩⲱ ⲁⲩⲉⲓⲙⲉ, und das Adverb ⲛⲁⲙⲉ ist stattdessen auf die vorhergehende Verbform ⲁⲩϫⲓⲧⲟⲩ (ἔλαβον/„sie haben (die Worte) angenommen") bezogen; *Queckes* Apparat z. St. verzeichnet auch in sa 4, sa 5 und sa 9 keine davon abweichende Lesart. Demnach wäre im kritischen Apparat zu Joh 17,8 zur Liste der Zeugen für die Auslassung von καὶ ἔγνωσαν die sahidische Übersetzung (sa) hinzuzufügen. Festzuhalten ist aber, dass das sahidische Neue Testament hier das Adverb ἀληθῶς mit dem Adverb ⲛⲁⲙⲉ wiedergibt – und nicht mit präpositionalen Konstruktion ϩⲛ ⲟⲩⲙⲉ, die in EvThom 69,1 vorliegt. Das sollte davor warnen, in EvThom 69,1 vorschnell das griechische Adverb ἀληθῶς zu vermuten – ἐν ἀληθείᾳ wäre mindestens ebenso gut möglich.
22 Nach SCHENKE: „Evangelium Veritatis", 29–32 muss dies kein Werk des Valentinus selbst sein, sondern könnte im gleichen Milieu wie die Oden Salomos entstanden sein. Dagegen handelt es sich nach ATTRIDGE/MACRAE: „Gospel of Truth", 76–81 durchaus um einen valentinianischen Text, auch wenn sie sich nicht auf Valentinus selbst als Verfasser festlegen wollen.

erkennen in der Kraft des Wortes, das herauskam aus der Fülle ...".[23] Wenn aber, wie Titus Nagel überzeugend dargelegt hat,[24] das Evangelium Veritatis das Johannesevangelium rezipiert und damit voraussetzt, ist es kein unabhängiger Zeuge für ein Traditionsfeld zum Thema „den Vater erkennen".

Angesichts dessen scheint der Schlusssatz von EvThom 69,1, eine charakteristische Ausgestaltung eines weiter verbreiteten Makarismus, tatsächlich vom Johannesevangelium inspiriert zu sein. Dabei liegt zwar keine ausdrückliche Textübernahme vor, aber eine Bezugnahme in zwei (für EvThom 69,1) untergeordneten Motiven.

c) Fazit zu EvThom 69

Eigentlich liegt die nächste Parallele zu EvThom 69,1 in der matthäischen Seligpreisung der Verfolgten (Mt 5,10), auch wenn keine literarische Abhängigkeit nachweisbar ist. Die eigenständige Ausformung, die der Makarismus aber in EvThom 69,1 nimmt, zeigt zwei Elemente, die auch mehrmals und in Variationen in den johanneischen Schriften vorkommen: „Wahrheit" und „den Vater erkennen". Jeweils für sich allein genommen, könnten diese Motive kein Verhältnis unseres Logions zum Johannesevangelium begründen. Ihre Verbindung macht es jedoch wahrscheinlich, dass die Ausgestaltung der Seligpreisung für die Verfolgten, die in EvThom 69,1 vorliegt, zumindest in sprachlicher Hinsicht vom Johannesevangelium beeinflusst ist und dessen Ansätze weiterführt, so wie es der 1. Johannesbrief auf seine Weise tut. Ob man die Rede von einer Verfolgung „in ihrem Herzen" dahingehend auswerten kann, dass diese Ausgestaltung in Alexandreia stattgefunden hat, muss vorerst dahingestellt bleiben.

---

23 EV 16,31–35: ⲡⲉⲩⲁⲅⲅⲉⲗⲓⲟⲛ ⲛ̄ⲧⲙⲏⲉ· ⲟⲩⲧⲉⲗⲏⲗ ⲡⲉ ⲛ̄ⲛⲉⲉⲓ ⲛ̄ⲧⲁϩϫⲓ ⲡⲓϩⲙⲁⲧ· ⲁⲃⲁⲗ ϩⲓⲧⲟⲟⲧϥ ⲙ̄ⲡⲓⲱⲧ ⲛ̄ⲧⲉ ⲧⲙⲏⲉ ⲁⲧⲣⲟⲩⲥⲟⲩⲱⲛϥ ϩⲛ̄ ⲧϭⲁⲙ ⲙ̄ⲡⲓϣⲉϫⲉ ⲛ̄ⲧⲁϩⲓ̈ ⲉⲃⲁⲗ ϩⲛ̄ ⲡⲓⲡⲗⲏⲣⲱⲙⲁ.
24 Vgl. T. NAGEL: Rezeption des Johannesevangeliums, 369–379 im Blick auf EV 30,14–16 (Joh 11, 37); 22,13–15 (Joh 3,8); 42,26–28 (Joh 10,38). Anders aber RÖHL: Rezeption des Johannesevangeliums, 102–130, der dem Evangelium Veritatis deshalb keine Rezeption des Johannesevangeliums zugestehen will, weil es das (auch) vom Johannesevangelium verwendete Sprachmaterial in einen anderen theologischen Bezugsrahmen stellt. Dabei scheint Röhl aber vorauszusetzen, dass Rezeption nur im Modus der Zustimmung erfolgen kann.

B. Durchführung

29. Logion 71

| ⲡⲉϫⲉ ⲓⲥ ϫⲉ ϯⲛⲁϣⲟⲣ[ϣⲣ̄ ⲙ̄ⲡⲉⲉ]ⲓⲏⲉⲓ ⲁⲩⲱ ⲙⲛ̄ ⲗⲁⲁⲩ ⲛⲁϣⲕⲟⲧϥ̄.[........] | Jesus sagte: Ich werde [diese]s Haus zerstö[ren], und niemand wird es aufbauen können … |

In EvThom 71 liegt eine weitere Variante des Tempellogions Jesu vor, das auch innerhalb des neutestamentlichen Kanons mehrfach bezeugt ist. In Mt 26,61 und Mk 14,58 wird es im Verhör Jesu vor dem Hohen Rat als Gegenstand eines falschen Zeugnisses gegen Jesus eingeführt. In der lukanischen Parallele findet es sich nicht, doch Lukas bringt es im Zusammenhang mit dem Martyrium des Stephanus, ebenfalls als Gegenstand eines falschen Zeugnisses. Dagegen erscheint es im Johannesevangelium im Zusammenhang der „Tempelaktion" (Joh 2,13–22) als ein Wort Jesu selbst. Auch in EvThom 71 ist das Tempellogion als ein Wort Jesu wiedergegeben, allerdings ohne jeglichen narrativen Kontext.

Mt 26,61	Mk 14,58	Apg 6,14	Joh 2,19	EvThom 71
„Dieser hat gesagt:	„Wir haben gehört, wie er gesagt hat:	„Wir haben gehört, wie er gesagt hat:	Jesus antwortete und sagte zu ihnen:	Jesus sagte:
‚Ich kann den Tempel Gottes zerstören (καταλῦσαι)	‚Ich werde diesen von Händen gemachten Tempel zerstören (καταλύσω),	‚Dieser Jesus der Nazoräer wird diesen Ort zerstören (καταλύσει)	„Zerstört (λύσατε) diesen Tempel,	„Ich werde [diese]s Haus zerstör[en] (ϣⲟⲣϣⲣ̄)
		und wird die Bräuche ändern, die Mose uns überliefert hat.'"		
und während drei Tagen	und während drei Tagen		und in drei Tagen	
	einen anderen, nicht von Händen gemachten			
erbauen.'"	werde ich erbauen.'"		werde ich ihn aufrichten."	und niemand wird es aufbauen können …"

412

II. Einzeluntersuchungen, 29. Logion 71

Die spezifische Nähe zwischen EvThom 71 und der johanneischen Variante des Tempellogions (Joh 2,19) liegt im Formalen: Diese beiden Varianten geben das Tempellogion direkt als ein Wort Jesu wieder, nicht als falsche Anklage. Die Einbettung in eine falsche Anklage mag diesem Wort etwas von seiner Anstößigkeit nehmen (tatsächlich hat Jesus den Jerusalemer Tempel ja nicht zerstört);[1] aus diesem Grund erwägt April DeConick, dass EvThom 71 sogar die älteste (weil anstößigste) Variante des Tempellogions sein könnte.[2] Auf der anderen Seite schlug Gregory Riley vor, dass EvThom 71 schon ausdrücklich gegen die Interpretation von Joh 2,18–22 und damit überhaupt gegen den Gedanken einer leiblichen Auferstehung formuliert sei:[3] Das Logion setze die in Joh 2,21 ausgesprochene Gleichsetzung des Tempels mit dem Leib Jesu voraus,[4] bestreite aber die Möglichkeit, dass dieser Leib (metaphorisch als „Haus" bezeichnet) je wieder aufgerichtet werden könne. Das zentrale Argument dieser Deutung, dass EvThom 71 die johanneische Gleichsetzung des Tempels mit dem Leib Jesu (Joh 2,21) voraussetze, ist jedoch ein reines Postulat.[5] Um eine literarische Bezugnahme wenigstens wahrscheinlich zu machen, müsste man Indizien in Form sprachlicher Parallelen benennen können. Die einzige Gemeinsamkeit ist jedoch das Wort „zerstören" (Joh 2,19: λύω; EvThom 71: ϣⲟⲣϣⲣ̄), und diese Gemeinsamkeit besteht zunächst nur auf der Ebene moderner Übersetzungen. Soweit es sich im Neuen Testament nachvollziehen lässt,[6] ist das koptische Verb ϣⲟⲣϣⲣ̄ („umstürzen, umwer-

---

1 Vgl. dazu etwa Grosso: *Vangelo secondo Tommaso*, 215.
2 Vgl. DeConick: *Original Gospel of Thomas in Translation*, 227: In dieser schroffen Form sei das Logion auch als authentisches Wort Jesu denkbar. Anders noch Dies.: „John Rivals Thomas", 306–307: Das Logion sei eine spezielle Weise, die Zerstörung des Tempels 70 n. Chr. zu bewältigen. Hingegen nimmt Gathercole: *Gospel of Thomas*, 479 an, dass EvThom 71 die Situation nach dem Bar-Kochba-Aufstand reflektiere, als an einen Wiederaufbau des Jerusalemer Tempels endgültig nicht mehr zu denken war.
3 Vgl. Riley: *Resurrection Reconsidered*, 146–156 (zu Rileys These insgesamt s.o. B.II.1.f); so früher auch schon Gärtner: *Theology of the Gospel of Thomas*, 173.
4 Andere Autoren verstehen das „Haus" in EvThom 71 als Metapher für die menschliche Leiblichkeit im Allgemeinen (Popkes: „Umdeutung des Todes Jesu", 533) oder gar für die Welt (Haenchen: *Botschaft des Thomas-Evangeliums*, 66; Kasser: *L'Évangile selon Thomas*, 95; Ménard: *L'Évangile selon Thomas*, 172–173; Nordsieck: „Zur Kompositionsgeschichte", 188). Hingegen denkt Hedrick: *Unlocking the Secrets*, 132 an die (Klein-) Familie, in die Jesus Unruhe und Streit bringt (vgl. EvThom 16; 22).
5 Zu diesem Kritikpunkt vgl. auch DeConick: *Voices of the Mystics*, 107.
6 Vgl. dazu Wilmet: *Concordance du Nouveau Testament Sahidique* II/3, 1293 s.v. ϣⲟⲣϣⲣ̄: Im Neuen Testament dient ϣⲟⲣϣⲣ̄ häufiger zur Wiedergabe von καθαιρέω (Lk 1,52; 12,18; 2 Kor 10,4); nur in Gal 2,18 steht es für καταλύω.

B. Durchführung

fen, vernichten, zerstören, niederreißen")[7] nicht die nächstliegende Übersetzung von λύω.[8] Hingegen wird ϣορϣⲣ̄ im näheren Kontext, nämlich in Joh 2,15 für das Umstürzen (ἀναστρέφω) der Wechseltische verwendet.[9] Solange kein griechischer Textzeuge für EvThom 71 bekannt ist, fehlt also ein belastbares sprachliches Indiz für die Parallele zwischen EvThom 71 und Joh 2,19. Aus sich selbst heraus gibt EvThom 71 aber keinen Hinweis darauf, dass mit dem „Haus" der Leib Jesu gemeint sein sollte; es fehlt ein Erzählerkommentar wie Joh 2,21. Damit fehlt aber der Gegenstand der von Riley postulierten Kontroverse.[10] Doch auch wenn dem koptischen Verb ϣορϣⲣ̄ von EvThom 71 ein griechisches (κατα-)λύω zugrundeliegen sollte, besteht zwischen diesem Logion und Joh 2,19 ein deutlicher Unterschied: In EvThom 71 sagt Jesus selbst, dass er das „Haus" zerstören werde, während er in Joh 2,19 die „Juden" (ironisch) dazu auffordert.[11]

Angesichts dieses Befundes bleibt festzuhalten, dass EvThom 71 und Joh 2,19 – ebenso wie Mt 26,61; Mk 14,58 und Apg 6,14[12] – die Tradition von einem Wort Jesu gegen den Jerusalemer Tempel rezipieren.[13] Dabei ist nicht festzustellen, dass der Kontakt zwischen EvThom 71 und Joh 2,19 etwa besonders eng wäre – eher im Gegenteil.[14] Ein auch nur prinzipiell

---

7 Vgl. WESTENDORF: *Koptisches Handwörterbuch*, 327 s.v. ϣορϣⲣ̄.
8 In Joh 2,19 wird λύω mit ⲃⲱⲗ ⲉⲃⲟⲗ („auflösen") wiedergegeben. Darin wird die Ausgabe von *Horner* durch die Handschrift sa 1 (*Quecke*) sowie sa 4, sa 5 (*Schüssler*) und sa 9 (nach dem Apparat von *Quecke*) unterstützt.
9 Ähnlich Mt 21,12 (ϣορϣⲣ̄ für καταστρέφω).
10 Vgl. auch DUNDERBERG: „*Thomas' I-sayings*", 57–58; DERS.: *The Beloved Disciple in Conflict?*, 102–103.
11 Vgl. dazu auch GROSSO: *Vangelo secondo Tommaso*, 214.
12 Diese drei Stellen können nicht als drei eigenständige Belege gelten, sondern bilden zusammen einen Strang der Rezeption des Tempellogions.
13 Nach THEOBALD: *Herrenworte im Johannesevangelium*, 571–572 gehört Joh 2,19 zu denjenigen Herrenworten, die im Johannesevangelium als (bereits überlieferte) Rätselworte neu interpretiert werden; vgl. dazu auch LEROY: *Rätsel und Missverständnis*, 144–145.
14 Vgl. auch QUISPEL: „*Qumran, John and Jewish Christianity*", 145 (= *Gnostic Studies* II, 219); zur Unabhängigkeit des Logions vgl. auch PATTERSON: *The Gospel of Thomas and Jesus*, 53; NORDSIECK: *Thomas-Evangelium*, 278. Eine kleine Unsicherheit bleibt, da am Ende von EvThom 71 (NHC II 45,35) einige Buchstaben zerstört sind. Nach BETHGE: „*Evangelium Thomae Copticum*", 573 ist zu ergänzen: ⲛ̄[ⲕⲉⲥⲟⲡ] („... niemand wird es *wieder* aufbauen können."). Nach DECONICK: *Voices of the Mystics*, 106 Anm. 48; SCHENKE: „*Bemerkungen zu # 71*"; PLISCH: *Thomasevangelium*, 182.183 ist hingegen zu ergänzen: ⲛ̄[ⲥⲁⲃⲗ̄ⲗⲁⲓ̈] („... niemand wird es aufbauen können *außer mir*."). Eine spezifische Nähe zu Joh 2,19 ist auch darin nicht ersichtlich.

rekonstruierbares Überlieferungsstück hinter EvThom 71 und Joh 2,19 ist nicht ersichtlich. Nach den oben angestellten Überlegungen handelt es sich also um das Schöpfen aus gemeinsamer Tradition auf der thematischen Ebene.

B. Durchführung

30. Logion 76

(1) ⲡⲉϫⲉ ⲓ̅ⲥ̅ ϫⲉ ⲧⲙⲛ̅ⲧⲉⲣⲟ ⲙ̅ⲡⲉⲓⲱⲧ` ⲉⲥⲧⲛ̅ⲧⲱⲛ ⲁⲩⲣⲱⲙⲉ ⲛ̅ⲉϣⲱⲧ` ⲉⲩⲛ̅ⲧⲁϥ` ⲙ̅ⲙⲁⲩ ⲛ̅ⲟⲩⲫⲟⲣⲧⲓⲟⲛ ⲉⲁϥϩⲉ ⲁⲩⲙⲁⲣⲅⲁⲣⲓⲧⲏⲥ	(1) Jesus sagte: Das Königtum des Vaters gleicht einem Handelsmann, der eine Warenladung hatte und der eine Perle fand.
(2) ⲡⲉϣⲱⲧ` ⲉⲧⲙ̅ⲙⲁⲩ ⲟⲩⲥⲁⲃⲉ ⲡⲉ ⲁϥϯ ⲡⲉⲫⲟⲣⲧⲓⲟⲛ ⲉⲃⲟⲗ ⲁϥⲧⲟⲟⲩ ⲛⲁϥ` ⲙ̅ⲡⲓⲙⲁⲣⲅⲁⲣⲓⲧⲏⲥ ⲟⲩⲱⲧ`	(2) Jener Händler war klug. Er gab die Warenladung her, er kaufte sich diese Perle allein.
(3) ⲛ̅ⲧⲱⲧⲛ̅ ϩⲱⲧ ⲧⲏⲩⲧⲛ̅ ϣⲓⲛⲉ ⲛ̅ⲥⲁ ⲡⲉϥⲉϩⲟ ⲉⲙⲁϥⲱϫⲛ̅ ⲉϥⲙⲏⲛ` ⲉⲃⲟⲗ ⲡⲙⲁ ⲉⲙⲁⲣⲉ ϫⲟⲟⲗⲉⲥ ⲧϩⲛⲟ ⲉϩⲟⲩⲛ` ⲉⲙⲁⲩ ⲉⲟⲩⲱⲙ` ⲟⲩⲇⲉ ⲙⲁⲣⲉ ϥϥⲛ̅ⲧ ⲧⲁⲕⲟ	(3) Sucht auch ihr seinen Schatz, der nicht verdirbt, der bleibend ist, wo keine Motte eindringt, um zu fressen, noch ein Wurm zerstört.

EvThom 76 hat keine offensichtliche Parallele zum Johannesevangelium. Das Gleichnis von der Perle findet man hingegen auch in Mt 13,45–46. Die beiden Varianten setzen jeweils eigene Akzente: In Mt 13,45 wird stärker betont, dass der Kaufmann auf der Suche nach Perlen ist, EvThom 76 legt hingegen den Akzent darauf, dass er über die Mittel verfügt, um die – nicht näher beschriebene – Perle zu kaufen. Eine direkte Abhängigkeit unseres Logions von Mt 13,45–46 ist insofern schwer zu begründen, als der Gedanke der Suche, den man in EvThom 76 gerade nicht antrifft, durchaus in der Tendenz des Thomasevangeliums gelegen wäre[1] – sofern die redaktionelle Tendenz der Sammlung hier ein Argument sein kann.

Für unsere Fragestellung ist jedoch nur EvThom 76,3 von Interesse. Auch hier liegen die nächsten Parallelen im synoptischen Bereich, in Mt 6,19–20; Lk 12,33 (Q 12,33). Doch schon Raymond E. Brown vermutete, dass das Motiv des *bleibenden* Schatzes ein Echo von Joh 6,27 darstellen könnte.[2]

---

[1] Nach GARITTE/CERFAUX: „Paraboles du Royaume", 313 (Cerfaux) trägt der Verfasser des Logions diesen Akzent in EvThom 76,3 nach.

[2] Vgl. BROWN: „Gospel of Thomas", 170. Er stützte sich auf GARITTE/CERFAUX: „Paraboles du Royaume", 313 (Cerfaux): „Il est impossible de ne pas songer à *Jo.*, vi, 27 : ... Le sens des deux qualifications est en fait équivalent: le trésor est impérissable et d'une durée éternelle (formule johannique), il est inaccessible aux agents destructeurs d'ici-bas (formule imagée de *Mt.*). Ordinairement, notre auteur se guide autant et plus par les mots que par les idées: est-ce par hasard que *Mt.*, vi, 20 et *Jo.*, vi, 27 ont en commun le mot grec βρῶσις, plutôt rare et qui signifie ‚le ver rongeur' en *Mt.* et ‚la nourriture' en *Jo.*?" Vgl. auch ebd., 316 (Cerfaux).

II. Einzeluntersuchungen, 30. Logion 76

Mt 6,19–20	Lk 12,33	EvThom 76,3		Joh 6,27
¹⁹ Sammelt euch nicht Schätze auf Erden, wo Motte und Rost (βρῶσις) sie verschwinden lassen und wo Diebe einbrechen und stehlen.	Verkauft euren Besitz und gebt (ihn als) Almosen, macht euch Beutel, die nicht alt werden,			Arbeitet nicht für die verderbliche Speise (τὴν βρῶσιν τὴν ἀπολλυμένην),
²⁰ Sammelt euch		Sucht (ϣⲓⲛⲉ) auch ihr		
Schätze (θησαυρούς)	einen Schatz (θησαυρόν),	seinen Schatz (ⲡⲉϥⲉϨⲟ),		sondern für die Speise (ἀλλὰ τὴν βρῶσιν),
	unerschöpflich (ἀνέκλειπτον)	der nicht verdirbt (ⲉⲙⲁϥⲱϫⲛ̄),		
		der bleibend ist (ⲉϥⲙⲏⲛ ⲉⲃⲟⲗ),		die ins ewige Leben bleibt (τὴν μένουσαν εἰς ζωὴν αἰώνιον),
im Himmel,	in den Himmeln,			
				welche der Menschensohn euch geben wird.
wo weder Motte noch Rost (βρῶσις) sie verschwinden lassen,		wo keine Motte eindringt, um zu fressen (ⲉⲟⲩⲱⲙ),		
und wo Diebe nicht einbrechen noch stehlen.	wo ein Dieb nicht nahe kommt,			
	noch eine Motte verdirbt.	noch ein Wurm zerstört.		

B. Durchführung

Steven Johnson hat sich dieser Überlieferung in einiger Ausführlichkeit gewidmet. Er stellt fest, dass einerseits EvThom 76,3 nicht als Mischzitat aus den Synoptikern zu erklären ist,[3] dass aber andererseits die lukanische Version des Logions sich nicht nur mit Rekurs auf Q 12,33 verstehen lässt:[4] Lukas müsse zusätzlich eine Quelle gehabt haben, die den Schatz mit zwei Attributen belegte, woraufhin auch er zum Attribut „im Himmel" aus Q ein weiteres Attribut („unerschöpflich") hinzugefügt hätte; das wäre etwas wie EvThom 76,3 gewesen.[5] Auf der anderen Seite vermutet Johnson, dass Joh 6,27 auf eine Quelle zurückgehen müsse, in der βρῶσις „Nahrung" bedeutet und in der das Objekt zwei Attribute hatte – eben EvThom 76,3.[6]

Daraus folgert er, dass Joh 6,27 gezielt in einer anti-thomasischen Stoßrichtung formuliert sei:[7] Der Autor des Johannesevangeliums habe das Ideal des Suchens, das im Thomasevangelium wiederholt zur Sprache kommt (EvThom 4; 60; 92; 94), unterdrückt und stattdessen das Motiv des Arbeitens (ἐργάζομαι) für den unvergänglichen Schatz eingeführt, wobei dieses Werk (ἔργον) in Joh 6,29 als Glauben näher bestimmt wird. Ebenso werde der unbestimmte Schatz von EvThom 76,3 als Nahrung und schließlich als Brot vom Himmel und Jesu Fleisch bestimmt (Joh 6,55). Damit werde die individuelle Suche nach Erleuchtung marginalisiert und stattdessen Glaube und eine heteronome Bindung an Jesus propagiert.

Diese kühne These, die sich an die anderweitig von Gregory Riley, April DeConick und Elaine Pagels (s. o. A.I und B.II.1.f) vertretenen Positionen anschließt, stützt sich auf einige Detailbeobachtungen im synoptischen Vergleich. Insofern der Gedankengang maßgeblich auf dem Wort βρῶσις aufbaut, ist er allerdings nicht unproblematisch: Johnson vermutet, dass hinter dem koptischen ⲉⲟⲩⲱⲙ („um zu fressen") im Schlusssatz von

---

3 Vgl. JOHNSON: „Gospel of Thomas 76.3", 315–316; DERS.: Seeking the Imperishable Treasure, 71–72; DERS.: „Retranslating".
4 Nach der Critical Edition of Q, 328–329 ist Q 12,33 praktisch gleichlautend mit Mt 6,19–20, wobei die Wiedergabe von Mt 6,19 in Ermangelung einer lukanischen Parallele nicht als kritische Rekonstruktion gilt; es wird nur angenommen, dass etwas wie Mt 6,19 in Q gestanden sein muss.
5 Vgl. JOHNSON: „Gospel of Thomas 76.3", 316–318; DERS.: Seeking the Imperishable Treasure, 71–73.
6 Vgl. JOHNSON: Seeking the Imperishable Treasure, 71–72. – Schon Rudolf Bultmann (Evangelium des Johannes, 164 Anm. 5) führte Joh 6,27 auf seine Offenbarungsredenquelle zurück.
7 Zum Folgenden vgl. JOHNSON: „Gospel of Thomas 76.3", 321–322; DERS.: Seeking the Imperishable Treasure, 77–78.

II. Einzeluntersuchungen, 30. Logion 76

EvThom 76,3 ein griechisches εἰς βρῶσιν stehe[8] und dass dieses die Wortwahl in Joh 6,27 bestimmt habe.[9] Gegen diese Überlegung spricht, dass in Joh 6,27 βρῶσις nicht den Vorgang des Essens bzw. Fressens bezeichnet, sondern das Nahrungsmittel, gemäß der Hauptbedeutung von βρῶσις.[10] Wenn hingegen in EvThom 76,3 jemals εἰς βρῶσιν gestanden sein sollte, wäre die Aussage des Logions geradezu auf den Kopf gestellt: Wenn die Motte εἰς βρῶσιν kommt, dann kommt sie nicht, um zu fressen, sondern um gefressen zu werden (zum Fraß).[11] Die Sonderbedeutung „Rost, Zerfall" scheint hingegen nicht an einen Handlungsträger wie eine Motte gebunden zu sein. Andererseits musste der Verfasser des Johannesevangeliums wohl nicht eine bestimmte Quelle heranziehen, um Nahrung als βρῶσις bezeichnen zu können, das tut er auch in Joh 4,32; 6,55, und er verwendet das Wort damit in seiner geläufigsten Bedeutung.

Damit bleibt zwischen EvThom 76,3 und Joh 6,27 an Verbindendem eigentlich nur noch das Wort „bleiben". Nach Johnson wird das Verb μένω in Joh 6,27 in einer für die johanneischen Schriften einzigartigen Weise verwendet.[12] Gewiss liegt dieser Gebrauch von μένω nicht auf der Linie

---

8 Der Ausgangspunkt dieser Überlegung ist die Verwendung von βρῶσις in Q 12,33; Mt 6,19–20 „as referring to a consumer and not to what is consumed"; JOHNSON: „Retranslating", 579.
9 Vgl. JOHNSON: *Seeking the Imperishable Treasure*, 73.75; DERS.: „Retranslating", 580. In der früheren Fassung seiner Überlegungen („*Gospel of Thomas* 76.3", 318) schlug er jedoch für das griechische EvThom 76,3 vor: ὅπου οὔτε σὴς οὔτε βρῶσις ἐγγίζει οὐδε σκώληξ διαφθείρει. Zugleich weist er jedoch ebd., Anm. 29 darauf hin, dass er ursprünglich vermutet hatte: ὅπου οὐ σὴς ἐγγίζει βιβρώσκειν ...; vgl. auch DERS.: *Seeking the Imperishable Treasure*, 73–74 Anm. 45.
10 Bei LSJ, 332 s.v. βρῶσις findet man die Bedeutungen „meat", „pasture" sowie „eating", „taste, flavour", „corrosion, rust, ...; decay". Für die Bedeutung „eating" (II.1) im Sinne einer Handlung sind die beigebrachten Belege aber wenigstens nicht eindeutig. In Frage käme am ehesten noch Platon, Politeia 619c (παίδων αὐτοῦ βρώσεις), doch auch dieser Beleg ist nicht völlig eindeutig (angesichts des Plurals könnte man auch gut einen *genitivus epexegeticus* annehmen). Nur die letzte, schwach bezeugte Bedeutung „corrosion, rust, ...; decay" scheint einen Vorgang („Fraß") zu bezeichnen.
11 Gegen JOHNSON: *Seeking the Imperishable Treasure*, 73–74 Anm. 45. Die verbale, aktivische Bedeutung von εἰς βρῶσιν, die Johnson für EvThom 76,3 postuliert, ist auch aus der Septuaginta nicht zu begründen; die von ihm angeführten Stellen Lev 25,7; 2 Sam 16,2 belegen genau das Gegenteil: dort ist εἰς βρῶσιν eindeutig mit „als Nahrung" zu übersetzen, denn es werden immer die zu verzehrenden Lebensmittel mit εἰς βρῶσιν qualifiziert. In diesem Kontext ist der Sprachgebrauch des Johannesevangeliums überhaupt nicht „divergent".
12 Vgl. JOHNSON: „*Gospel of Thomas* 76.3", 313 mit Anm. 13. – Dem Partizip von μένω im Akkusativ begegnet man auch in Joh 5,38; 1 Joh 3,15; 2 Joh 2. Einzigartig

419

B. Durchführung

der johanneischen „Immanenzsprache", wie sie vor allem in den Abschiedsreden (Joh 14–17) und in den Johannesbriefen entwickelt wird. Doch es gibt in den johanneischen Schriften einige weitere Stellen, an denen nicht Personen das Subjekt von μένω sind,[13] und die syntaktische Stellung allein ist kein hinreichender Grund, dieses Verb in Joh 6,27 als Fremdkörper aufzufassen.

Damit fällt die Notwendigkeit weg, Joh 6,27 mit Rekurs auf eine bestimmte Quelle (EvThom 76,3 oder eine Vorform davon) zu erklären, und damit wird auch der These, dass Joh 6,27 gezielt in einer anti-thomasischen Stoßrichtung formuliert sei, die Grundlage entzogen. Dann ist aber grundsätzlich zu fragen, ob allein das Stichwort „bleiben" eine überlieferungsgeschichtliche Verbindung zwischen EvThom 76,3 und Joh 6,27 plausibel machen kann, oder ob die verschiedenen oben angeführten Logien nicht eher zeigen, dass die Gegenüberstellung von Vergänglichem und Bleibendem schlichtweg nahe lag.[14]

Die großen Differenzen zwischen EvThom 76,3 und Joh 6,27 kann man eigentlich nur mit einer „Hermeneutik des Verdachts" überbrücken. Daher scheint es geraten, hier nicht einmal eine Analogie anzunehmen, sondern eine Fehlanzeige zu konstatieren.[15]

---

wäre die Verbform in Joh 6,27 lediglich als ein Partizip im Akkusativ ohne eine Adverbiale, die das personale Objekt des Bleibens benennt. Das sind allerdings sehr eng gefasste Kriterien.
13 Joh 3,36; 5,38; 6,27; 9,41; 15,16; 1 Joh 2,27; 3,15.17; 2 Joh 2.
14 Vgl. SIEBER: *Redactional Analysis*, 59–60; ähnlich DECONICK: *Original Gospel of Thomas in Translation*, 235; insgesamt auch, in Auseinandersetzung mit Johnson, GATHERCOLE: *Composition of the Gospel of Thomas*, 205–207.
15 Trotz dieses negativen Ergebnisses ist das Logion für unsere Fragestellung diskussionswürdig, denn es diente in der Forschung als ein Testfall für die Annahme, dass das Johannesevangelium in polemischer Reaktion auf das Thomasevangelium verfasst sei.

31. Logion 77

(1) ⲡⲉϫⲉ ⲓ̅ⲥ̅ ϫⲉ ⲁⲛⲟⲕ ⲡⲉ ⲡⲟⲩⲟⲉⲓⲛ ⲡⲁⲉⲓ ⲉⲧϩⲓϫⲱⲟⲩ ⲧⲏⲣⲟⲩ ⲁⲛⲟⲕˋ ⲡⲉ ⲡⲧⲏⲣϥˋ ⲛ̄ⲧⲁ ⲡⲧⲏⲣϥˋ ⲉⲓ ⲉⲃⲟⲗ ⲛ̄ϩⲏⲧˋ ⲁⲩⲱ ⲛ̄ⲧⲁ ⲡⲧⲏⲣϥˋ ⲡⲱϩ ϣⲁⲣⲟⲉⲓ	(1) Jesus sagte: Ich bin das Licht, dieses, das über ihnen allen ist. Ich bin das All: Aus mir ist das All hervorgegangen, und zu mir ist das All gelangt.
(2) ⲡⲱϩ ⲛ̄ⲛⲟⲩϣⲉ ⲁⲛⲟⲕˋ ϯⲙ̄ⲙⲁⲩ	(2) Spaltet ein Holz, ich bin dort,
(3) ϥⲓ ⲙ̄ⲡⲱⲛⲉ ⲉϩⲣⲁⲓ̈ ⲁⲩⲱ ⲧⲉⲧⲛⲁϩⲉ ⲉⲣⲟⲉⲓ ⲙ̄ⲙⲁⲩ	(3) Hebt den Stein auf, und ihr werdet mich dort finden.[1]

a) Zur Komposition des Logions

Die Komposition von EvThom 77 ist die Stelle, an der die komplexe Entstehungsgeschichte des Thomasevangeliums am deutlichsten greifbar wird. Wie der Vergleich zwischen der griechischen (P.Oxy. 1) und der koptischen (NHC II) Fassung zeigt, ist die zweite Hälfte des Logions (EvThom 77,2–3) innerhalb der Sammlung gewandert:

EvThom 30; 77,2–3 (P.Oxy. 1,23–30)	EvThom 30 (NHC II 39,7–10)	EvThom 77 (NHC II 46,22–28)
		(1) Jesus sagte: Ich bin das Licht, dieses, das über ihnen allen ist.
		Ich bin das All: Aus mir ist das All hervorgegangen, und zu mir ist das All gelangt (ⲡⲱϩ).
[Es sa]gt [Jesus: W]o [dr]e[i] sind, s[ind si]e Götter.	Jesus sagte: Dort, wo drei Götter sind, sind sie Götter.	
Und: [W]o ei[ner] allein ist, [sa]ge ich: Ich bin bei ih[m].	Dort, wo zwei oder einer ist, bin ich bei ihm.	
He[b]e den Stein, und dort wirst du mich finden,		

---

1 In den folgenden Ausführungen ist vor allem EvThom 77,1 von Interesse, die textgeschichtliche Verschiebung von EvThom 77,2–3 spielt für die Frage nach der Beziehung zum Johannesevangelium keine wesentliche Rolle. Daher wird das Logion hier einfach nach der Fassung in NHC II,2 wiedergegeben. Für eine Übersicht über die verschiedenen Fassungen vgl. die anschließende Tabelle.

B. Durchführung

EvThom 30; 77,2–3 (P.Oxy. 1,23–30)	EvThom 30 (NHC II 39,7–10)	EvThom 77 (NHC II 46,22–28)
spalte das Holz, und ich bin dort.		(2) Spaltet (ⲡⲱϩ) ein Holz, ich bin dort,
		(3) Hebt den Stein auf, und ihr werdet mich dort finden.

Die griechischen Fragmente genießen zwar nicht von vornherein einen Vertrauensvorschuss, wenn nach der älteren Form eines Logions zu fragen ist, doch in diesem Fall ist es in der Tat sehr wahrscheinlich, dass P.Oxy. 1,23–30 die ältere Fassung des Logions ist, während wir in der koptischen Version (NHC II 46,22–28) einer redaktionellen Umstellung begegnen.[2]

Die beiden Teile des Logions sind nämlich über eine Stichwortverbindung miteinander verknüpft, die nur im Koptischen möglich ist:[3] Auf beiden Seiten der Nahtstelle steht jeweils das Verb ⲡⲱϩ – freilich handelt es sich jeweils um verschiedene Verben. In EvThom 77,1 steht das Verb ⲡⲱϩ (vom mittelägyptischen *pḥ* bzw. demotischen *pḥ*) in der Bedeutung „gelangen, erreichen, vollenden",[4] in EvThom 77,2 hingegen steht das Verb ⲡⲱϩ (vom mittelägyptischen *pḥ3*) in der Bedeutung „brechen, spalten, teilen, zerreißen".[5] Die beiden Hälften des griechischen Logions (P.Oxy. 1,23–30) weisen hingegen keine vergleichbare Verknüpfung auf. Dafür, dass diese Stichwortverbindung tatsächlich eine tragende Rolle für die Komposition des koptischen Logions EvThom 77 spielt, spricht auch noch eine weitere Beobachtung: Die beiden Teile von EvThom 77,2–3 stehen gegenüber der griechischen Fassung in der umgekehrten Reihenfolge, so dass das entscheidende Stichwort ⲡⲱϩ tatsächlich nächst der Nahtstelle steht. Höchstwahrscheinlich ist auch dieses Arrangement das Werk eines Redak-

---

2 Anders MARCOVICH: „Textual Criticism", 69: EvThom 77,2–3 gehöre ursprünglich zu EvThom 77,1, da es besser zu der dort entwickelten pantheistischen Vorstellung passe.
3 Zum Folgenden vgl. v. a. KUHN: „Some Observations", 317–318; P. NAGEL: „Neuübersetzung des Thomasevangeliums", 250–251; auch TUCKETT: „Thomas and the Synoptics", 135; FIEGER: *Thomasevangelium*, 214; POPKES: „Ich bin das Licht", 655; EISELE: *Welcher Thomas?*, 166–167; P. NAGEL: *Codex apocryphus gnosticus 1*, 145 Anm. 117.
4 Vgl. WESTENDORF: *Koptisches Handwörterbuch*, 157 s.v. ⲡⲱϩ.
5 Vgl. WESTENDORF: *Koptisches Handwörterbuch*, 156–157 s.v. ⲡⲱϩ.

tors auf der Ebene der koptischen Übersetzung, der gezielt eine Stichwortverbindung schaffen wollte.[6]

Wichtig für unsere Fragestellung ist nun, was dieser Befund für das Verständnis von EvThom 77,1 bedeutet. Enno E. Popkes stellt in Frage, dass das Licht-Logion auf der Ebene des griechischen Thomasevangeliums überhaupt existierte.[7] Er vermutet, dass dieses Logion erst auf der Ebene der koptischen Übersetzung, vielleicht sogar erst im Zuge der Niederschrift von NHC II entstanden sei;[8] Vorbild seien die Selbstprädikationen des Erlösers als das Licht im Pronoia-Hymnus des Johannes-Apokryphons (NHC II 30,33–34, s. u.), das ja in der Handschrift NHC II dem Thomasevangelium unmittelbar vorausgeht. Das neu geschaffene Logion solle demnach das Thomasevangelium an das Johannes-Apokryphon anbinden und zu einer Relecture der johanneischen Schriften in gnostischem Sinne anregen.[9] An diese kühne These sind einige Anfragen zu richten:

- Der Pronoia-Hymnus in der Langfassung des Johannes-Apokryphons (NHC II 30,12–31,25) hat für sich schon deutliche Motiv- und Strukturparallelen zum Prolog des Johannesevangeliums.[10] EvThom 77,1 fügt dem inhaltlich nicht viel hinzu; vor allem fehlt ein deutlicher Bezug zu eindeutig johanneischen Formulierungen – in EvThom 77,1 sagt Jesus ja nicht: „Ich bin das Licht *der Welt*" (vgl. Joh 8,12) oder „Ich bin das Licht, *das in der Finsternis leuchtet*" (vgl. Joh 1,5) oder „Ich bin das *wahre* Licht" (vgl. Joh 1,9). Es ist also nicht recht ersichtlich, warum EvThom 77 gerade auf das Johannesevangelium verweisen sollte.
- Wenn es stimmt, dass der Pronoia-Hymnus von den beiden Langfassungen des Johannes-Apokryphons (NHC II,1; IV,1) schon als vorgegebenes Traditionsstück rezipiert wurde,[11] dann dürfte er auch schon vor seiner Aufnahme durch diese beiden Schriften eigenständig überliefert worden sein. Dann ist aber der Schluss zumindest nicht zwingend, dass

---

6 Vgl. P. NAGEL: „Neuübersetzung des Thomasevangeliums", 250; EISELE: *Welcher Thomas?*, 166–167. Diese Beobachtung spricht gegen MARCOVICH: „Textual Criticism", 69, wonach dieses Zusammentreffen von Homonymen rein zufällig sei (wie ⲙⲁⲁϫⲉ in EvThom 33).
7 Vgl. POPKES: „Ich bin das Licht", 654–655.
8 Aus kompositionellen Gründen hält auch NORDSIECK: „Zur Kompositionsgeschichte", 189 EvThom 77,1 für „ein späteres redaktionelles Stück", das zwei Redekompositionen miteinander verbinden soll. DUNDERBERG: „Johannine Traditions", 79–80 bleibt, bei aller Sympathie für Popkes' Vorschlag, unentschieden.
9 Vgl. POPKES: „Ich bin das Licht", 667–672; DERS.: *Menschenbild des Thomasevangeliums*, 98–99.137.
10 Vgl. T. NAGEL: „Gnostisierung der johanneischen Tradition", 683–689.
11 Vgl. WALDSTEIN: „Apokryphon des Johannes", 98; J.D. TURNER: „Johannine Legacy", 113–114.

B. Durchführung

die Entstehung von EvThom 77,1 erst durch die Nachbarschaft des Johannes-Apokryphons in NHC II veranlasst wurde. Das Logion könnte schon vom Pronoia-Hymnus oder einer ähnlichen Komposition inspiriert worden sein, bevor dieser in das Johannes-Apokryphon eingebunden wurde.

- Auch wenn man die Existenz von EvThom 77,1 in einer griechischen Fassung des Thomasevangeliums dem Reich der Spekulation zuweist, bleibt der Befund, dass EvThom 77,2-3 gewandert ist, und dass die beiden Teile des Logions umgestellt wurden. Wer immer EvThom 77,2-3 an die jetzige Stelle in NHC II gesetzt hat, hat also einigen Aufwand betrieben, um das Logion mit EvThom 77,1 zu verknüpfen (nicht umgekehrt!). Man darf fragen, ob diese Anpassung verständlich wäre, wenn der Redaktor ohnehin EvThom 77,1 völlig neu geschaffen hätte. Es scheint doch mehr dafür zu sprechen, dass Logion 77,1 schon bestand und Logion 77,3-2 an sich zog[12] – und im Zuge dessen die Umstellung auslöste.
- Wenn EvThom 77,1 ein programmatischer Schlüsselsatz sein soll, der für das Thomasevangelium in NHC II gewissermaßen maßgeschneidert ist, bleibt zu fragen, warum das Logion gerade an dieser Stelle, mitten in der Sammlung, steht. Popkes' These wäre überzeugender, wenn das Logion programmatisch am Anfang des Thomasevangeliums oder auch am Schluss stünde. In seiner gegenwärtigen Position wird man es eher als ein Logion unter vielen verstehen.

Auch wenn es also für die Existenz von EvThom 77,1 vor der koptischen Übersetzung des Thomasevangeliums keinen „harten" Beleg in der handschriftlichen Überlieferung gibt (was übrigens für den Großteil der Logien in NHC II,2 zutrifft), wird das Logion im Folgenden als ein überliefertes Stück in der Sammlung behandelt.

b) EvThom 77,1 und das Johannesevangelium

Das Ich-bin-Wort EvThom 77,1 gehört zu den Logien, die man spontan als „johanneisch" einordnen möchte,[13] und in der Tat lassen sich im Johannesevangelium mit seiner ausgeprägten Licht-Metaphorik beachtliche Par-

---

12 Dabei kann offen bleiben, welcher Spruch welchen erklären sollte. Nach ONUKI: „Logion 77", 298 soll das „panchristische" Logion 77,1 eine „panchristische" Interpretation von EvThom 77,2-3 erzwingen. Freilich wäre auch das umgekehrte Gefälle denkbar: EvThom 77,2-3 könnte durchaus eine anschauliche Deutung der reichlich abstrakten Aussage von EvThom 77,1 sein; vgl. etwa HOFIUS: „Das koptische Thomasevangelium", 187.
13 So schon BROWN: „Gospel of Thomas", 170.

allelen namhaft machen, vor allem Joh 8,12;[14] 9,5, aber auch Joh 11,9; 12,35–36.46. Dass im Johannesevangelium christologische Licht-Aussagen so verbreitet sind, hat aber in der Forschung dazu geführt, dass die Urteile über die Beziehung von EvThom 77,1 zum Johannesevangelium oftmals ziemlich global formuliert sind:[15] Es lässt sich eben kein eindeutiger Bezugstext namhaft machen.[16]

Wenn man sich einmal nur auf die Lichtmetaphorik konzentriert und das Schöpfungsmotiv für den Augenblick hintanstellt, lassen sich EvThom 77,1 und die wichtigsten johanneischen Paralleltexte folgendermaßen gegenüberstellen:

EvThom 77,1	Joh 8,12	Joh 9,5
		Wenn ich in der Welt bin,
Ich bin das Licht,	Ich bin das Licht	bin ich das Licht
dieses, das über ihnen allen ist.	der Welt.	der Welt.
	der mir Folgende wird gewiss nicht umhergehen in der Finsternis,	
	sondern wird das Licht des Lebens haben.	
Ich bin das All: Aus mir ist das All hervorgegangen, und zu mir ist das All gelangt.		

---

14 Nach NORDSIECK: *Thomas-Evangelium*, 297.298 ist dies die nächste Parallele zu unserem Logion.
15 Vgl. etwa die Einschätzung von EvThom 77 bei KLAUCK: *Apokryphe Evangelien*, 158 (freilich im Kontext eines Einführungshandbuches): „Hier fühlt man sich in V. 1 nicht nur durch die Lichtmetaphorik in die Welt des Johannesevangeliums versetzt (vgl. Joh 8,12: ‚Ich bin das Licht der Welt'), sondern auch durch die Mitwirkung Jesu bei der Entstehung des Alls, heißt es doch im Johannesprolog unter anderem: ‚Alles ist durch ihn geworden, und ohne ihn wurde nichts.' (Joh 1,3; vgl. 1,9f). Die gängige Auskunft, unmittelbare Berührungen zwischen dem EvThom und dem Johannesevangelium bestünden nicht, wird man noch einmal zu überdenken haben." Auch nach PIOVANELLI: „Un gros et beau poisson", 295 zählt EvThom 77 zu denjenigen Logien, die durch eine „tonalité plus johannique" charakterisiert sind; ähnlich schon LEIPOLDT: „Ein neues Evangelium?", 495.
16 Da Popkes das Logion, wie gesehen, sehr spät ansetzt, kann er seinen Bezug zum Johannesevangelium auch durch „die bereits fortgeschrittene Verbreitung der johanneischen Literatur" erklären; vgl. POPKES: „Ich bin das Licht", 674.

B. Durchführung

Diese Gegenüberstellung zeigt deutlich, dass man EvThom 77,1 nicht gut mit einer unmittelbaren Textübernahme aus Joh 8,12 (oder auch Joh 9,5) erklären kann – es sei denn, die Abhängigkeit des gesamten Thomasevangeliums vom Johannesevangelium wäre anderweitig hieb- und stichfest begründet. Das gleiche gilt für die umgekehrte Annahme. Gemeinsam ist den Logien nur die Aussage „Ich bin das Licht", alles andere ist Eigengut der jeweiligen Evangelien.

Angesichts dessen ist es verständlich, dass sich etwa Ismo Dunderberg dagegen ausspricht, eine literarische oder anderweitig spezifische Beziehung von EvThom 77,1 zum Johannesevangelium anzunehmen, denn Licht-Metaphorik bzw. ein Dualismus von Licht und Finsternis sind keine ausschließlichen Merkmale dieser beiden Texte.[17] Auch andere Ausleger neigen deshalb dazu, EvThom 77,1 einer gegenüber dem Johannesevangelium eigenständigen Tradition zuzuweisen.[18]

Dunderbergs Einschätzung weist auf etwas sehr Wichtiges hin: Lichtmetaphorik ist in der antiken Literatur äußerst weit verbreitet;[19] wenn also zwei Texte von Licht sprechen, so heißt das noch lange nicht, dass sie irgendetwas miteinander zu tun haben. Allerdings gilt es, das Feld einzugrenzen: In EvThom 77 geht es nicht, wie etwa in den von Dunderberg angeführten Vergleichstexten 1QS 3,20–21; 1 Thess 5,5; 2 Kor 6,14; Eph 5,8–14, um Licht und Finsternis als Lebensbereiche oder Faktoren, die das Leben der Menschen bestimmen. Es handelt sich um eine metaphorische Selbstidentifikation Jesu als das Licht, und in diesem Punkt hat unser Logion eine Entsprechung (unter anderem) im Johannesevangelium.

c) Zur Lichtmetaphorik des Johannesevangeliums

Um ein belastbares Ergebnis zu erzielen, ist nun die johanneische Lichtmetaphorik genauer in den Blick zu nehmen. Durch die Qualität und Quantität der Belege zeigt sich, dass „Licht" für das Johannesevangelium

---

17 Vgl. DUNDERBERG: „Thomas' I-sayings", 59 mit Verweis auf CH 1,6 (s. u. Anm. 106) sowie auf den Licht-Finsternis-Dualismus in 1QS 3,20–21; 1 Thess 5,5; 2 Kor 6,14; Eph 5,8–14. Ebenso DERS.: *The Beloved Disciple in Conflict?*, 107: „Light imagery is, thus, too different in John and *Thomas* to warrant postulating any particular relationship between the two gospels. The few coincidences between them at this point reflect widely-held commonplaces about light."
18 Vgl. MACRAE: „*Ego*-Proclamation", 132; T. NAGEL: *Rezeption des Johannesevangeliums*, 48 Anm. 167; THEOBALD: *Herrenworte im Johannesevangelium*, 260 Anm. 70. Letzterer wertet dies insofern positiv aus, als EvThom 77,1 nun als unabhängiger Zeuge für ein christologisches Licht-Wort gelten kann.
19 Es mag hier genügen, auf einige Überblicke zu verweisen: BULTMANN: „Geschichte der Lichtsymbolik", passim; SCHWANKL: *Licht und Finsternis*, 38–73.

die grundlegende Metapher ist, mit der Jesu Auftreten und Wirken in Sprache gefasst wird.[20]

Für die Verwendung dieser Metapher im Johannesevangelium werden in der einschlägigen Forschung vor allem drei Merkmale namhaft gemacht: Sie ist christologisch zugespitzt,[21] zudem ist sie mit Blick auf eine zeitliche Begrenzung angelegt und zielt auf das Handeln der Rezipienten.[22]

Dass im Johannesevangelium die Lichtmetaphorik ein Medium der Christologie ist, wird vor allem in Joh 8,12 deutlich. Dort benennt der johanneische Jesus sich selbst ausdrücklich als „das Licht der Welt". Diesen Spitzenvers bezeichnet Otto Schwankl als „Hauptknotenpunkt oder Zentralstelle der joh Licht-Finsternis-Texte und der diesbezüglichen Metaphorik"[23]. In der Tat kommt dieses Licht-Wort an dieser Stelle nicht aus heiterem Himmel; es bündelt Ansätze, die schon in den ersten Kapiteln des Evangeliums begegnen, und von Joh 8,12 aus werden weitere Licht-Worte entwickelt. Bereits im Prolog (Joh 1,1–18) spielt das Licht eine zentrale Rolle (Joh 1,4–5.7–8.9–10):[24] Das Licht erscheint hier zunächst als der Inhalt des Logos (1,4–5). Nachdem klargestellt wurde, dass dieses Licht nicht Johannes ist (1,7–8), kommt sein wenig erfolgreiches Kommen in die Welt zur Sprache (1,9–10). Dabei fällt auf, dass in 1,10 die Pronomina, die sich doch offensichtlich auf das Licht (τὸ φῶς) beziehen, maskuline Formen annehmen (namentlich der Akkusativ αὐτόν). Damit deutet sich bereits an, dass mit dem Licht nicht nur ein abstraktes Etwas gemeint ist, doch eine genauere Bestimmung unterbleibt vorerst noch. Eine weitere sprachliche Auffälligkeit zeigt, dass der Prolog des Johannesevangeliums nicht nur mit in sich abgeschlossener Protologie befasst ist: In 1,5 ist vom Licht auf einmal im Präsens die Rede (καὶ τὸ φῶς

---

20 Vgl. z.B. HASITSCHKA: *Befreiung von Sünde*, 130; SCHWANKL: „Metaphorik von Licht und Finsternis", 141; DERS.: *Licht und Finsternis*, 80–82. Letzterer verweist dafür besonders auf die herausgehobene Rolle des Lichtes im Prolog, durch den die Rezeption der anschließenden Erzählung gesteuert wird.
21 Vgl. z.B. POPKES: „Ich bin das Licht", 646; DERS.: „Jesu Nachfolger", 398; PETERSEN: *Brot, Licht und Weinstock*, 281–282.322.
22 Vgl. z.B. PETERSEN: „Ich-bin-Worte als Metaphern", 127; DIES.: *Brot, Licht und Weinstock*, 241.
23 SCHWANKL: *Licht und Finsternis*, 201; vgl. auch DERS.: „Metaphorik von Licht und Finsternis", 149–150.
24 Manche Ausleger weisen darauf hin, dass im Johannes-Prolog das Licht wesentlich früher erwähnt und prominenter dargestellt ist als die Finsternis; vgl. SCHWANKL: *Licht und Finsternis*, 80–82; ähnlich BECKER: „Dualismus", 76; LUTTIKHUIZEN: „Johannine Vocabulary", 173: Während der Ursprung des Lichtes durchaus thematisiert wird, hat der Prolog am Ursprung der Finsternis überhaupt kein Interesse; sie ist zunächst einfach da, dient als Hintergrund für das Licht und folgt aus der Negation des Lichtes.

B. Durchführung

ἐν τῇ σκοτίᾳ φαίνει). Damit wird ein Zustand beschrieben, der auch die Situation des Verfassers und seiner (zeitgenössischen und späteren) Leser charakterisiert:[25] Das Licht scheint auch jetzt, und es hat sich immer gegen die Finsternis durchgesetzt.[26] Freilich ist diese Auseinandersetzung nicht ergebnisoffen, und so kann der Autor das Ergebnis gleich im Aorist bekannt geben: ἡ σκοτία αὐτὸ οὐ κατέλαβεν.[27] Diese entscheidende Wendung wird in der anschließenden Erzählung ausführlich dargestellt.[28]

---

25 Vgl. SCHWANKL: *Licht und Finsternis*, 111; FREY: *Johanneische Eschatologie* II, 158–159; ONUKI: „Fleischwerdung des Logos", 77; PAINTER: „Rereading Genesis", 196; THYEN: *Johannesevangelium*, 74; MCHUGH: *John 1–4*, 19; THEOBALD: *Evangelium nach Johannes 1–12*, 116; ähnlich BULTMANN: *Evangelium des Johannes*, 26; SCHNACKENBURG: *Johannesevangelium* I, 221–222. Im gnomischen Sinne BARRETT: *Gospel According to St John*, 132: „No particular manifestation of divine light is meant; it is as much an eternal property of the light to shine in the darkness as it is of the life to be the light of men, and of the Word to have life in himself. The light cannot cease to do this without ceasing to be light."
26 Wenn man den Johannes-Prolog als Rezeption von Gen 1,1–5 liest, kann man in diesem agonalen Aspekt eine spezifische Weiterführung und Zuspitzung der Schöpfungsaussage sehen; vgl. TOBIN: „Prologue of John", 262–264. Dagegen SCHNACKENBURG: *Johannesevangelium* I, 223, der diese Vorstellung aber auf einen protologischen Chaoskampf einzuengen scheint.
27 Das Verb καταλαμβάνω hat ein weites Bedeutungsspektrum; vgl. LSJ, 897 s.v. καταλαμβάνω (ergreifen, erfassen, annehmen, vorfinden, widerfahren, bedecken, unterdrücken, binden, zwingen, verurteilen). Wenn man den Prolog isoliert betrachtete, könnte man es auch im Sinne eines intellektuellen „Erfassens" (LSJ, 897 s.v. καταλαμβάνω I.3) wiedergeben; vgl. z.B. BULTMANN: *Evangelium des Johannes*, 28 Anm. 2; SCHNACKENBURG: *Johannesevangelium* I, 222–223; BEUTLER: *Johannesevangelium*, 86. Die Warnung in Joh 12,35 (ἵνα μὴ σκοτία ὑμᾶς καταλάβῃ) scheint jedoch mit 1,5 eine Art *inclusio* um den ersten Hauptteil des Johannesevangeliums zu bilden; das spricht dafür, auch in Joh 1,5 das Verb καταλαμβάνω im Sinne eines feindseligen „Überwältigens" zu verstehen (LSJ, 897 s.v. καταλαμβάνω I.2 bzw. V.2); vgl. BROWN: *John i–xii*, 7–8; BORGEN: „Logos was the True Light", 126–127; THEOBALD: *Fleischwerdung des Logos*, 212–216; TOBIN: „Prologue of John", 262 Anm. 29; MOLONEY: *Gospel of John*, 43; LINCOLN: *Gospel According to St John*, 99; THYEN: *Johannesevangelium*, 74; THEOBALD: *Evangelium nach Johannes 1–12*, 115–117. Einige Autoren rechnen auch damit, dass der Evangelist mit den beiden Bedeutungen spielt; vgl. BARRETT: *Gospel According to St John*, 132; LABAHN: „Blinded by the Light", 457–459; MCHUGH: *John 1–4*, 19–20.
28 Vgl. SCHWANKL: *Licht und Finsternis*, 94–96: Schwankl möchte diesen Vers – im inkarnatorischen Verständnis – bereits auf die Passion Jesu beziehen. Doch gerade weil der Kampf zwischen Licht und Finsternis nicht eigens beschrieben wird, erscheint es angemessener, in Joh 1,5 global das ganze Drama, das im Johannesevangelium entfaltet wird, zusammengefasst zu sehen.

II. Einzeluntersuchungen, 31. Logion 77

Im weiteren Verlauf ist vom Licht wieder in Joh 3,19–21 die Rede. Hier geht es um die „kritische" Funktion des Lichtes, das in die Welt gekommen ist, das Böse aufdeckt[29] und dafür Ablehnung erfährt.[30] Die pauschale Bilanz von Joh 1,10–11 wird hier geringfügig differenziert;[31] das Schwergewicht bleibt aber auf der Ablehnung des Lichtes.[32] Ein Rückgriff auf Joh 1 findet sich auch in Joh 5,33–35: Jesus verweist seine Gesprächspartner auf die Gesandtschaft zu Johannes, von der in 1,19–28 die Rede war. Die zentrale Aussage über Johannes den Täufer (5,35) arbeitet jedoch wieder mit der Lichtmetaphorik des Prologs und modifiziert diese: In 1,6–8 hieß es, dass Johannes nicht das Licht ist, aber ein Zeuge für dieses. Nun ist er selbst – im Bild der Lampe – ein Lichtträger, doch zugleich wird deutlich,

---

29 Vgl. dazu LINCOLN: *Truth on Trial*, 70–71; DERS.: *Gospel According to St John*, 155–156; MCHUGH: *John 1–4*, 241. Anders MUSSNER: *ZΩH*, 166–167; SCHNACKENBURG: *Johannesevangelium* I, 428; THYEN: *Johannesevangelium*, 220; THEOBALD: *Evangelium nach Johannes 1–12*, 272–273: Die κρίσις schließe durchaus ein Urteil ein. Pointiert in diesem Sinne auch FREY: *Johanneische Eschatologie* III, 294–297.374: Die κρίσις sei als κατάκρισις zu verstehen.
30 Dabei kommt die Ablehnung Jesu nicht selbst als böse Tat in den Blick, sondern sie ist das Indiz dafür, dass jene, die Jesus ablehnen, überhaupt Übeltäter sind; vgl. HÄFNER: „Zwischen Abgrenzung und Anziehung", 224.
31 Am Schluss des Gedankenganges, in Joh 3,21, kommen auch diejenigen in den Blick, welche die Wahrheit tun (so wie in 1,12–13 jene, die den Logos aufnehmen), doch wenn in 3,19 vom Auftreten des Lichtes die Rede ist, sind nur die im Fokus, die Böses tun. Insoweit trifft es zu, dass auch in dieser Perikope das Böse, die Ablehnung des Lichtes, als der Normalfall gesehen wird; vgl. dazu FREY: *Johanneische Eschatologie* III, 296–297. Doch gerade angesichts dessen überrascht 3,21: Hier wird die positive Option (für die Gegenwart) vorgestellt, nachdem 3,19 die Situation beim Kommen des Lichtes (im Perfekt bzw. Aorist) dargestellt hatte und 3,20 dies mit einer allgemeingültigen Sentenz erklärt (γάρ), damit aber zugleich die negative Option in der Begegnung mit dem Licht umrissen hatte. So gesehen, stellen Joh 3,20.21 nicht Regel und Ausnahme vor, sondern zwei „Wege", wie man sich – in der Gegenwart! – gegenüber dem Licht verhalten kann, eine Wahl, welche die Qualität des eigenen Tuns aufdeckt – nicht umgekehrt; vgl. ebd., 297–300.
32 Nach SCHWANKL: *Licht und Finsternis*, 181 dient der „kreisende" Stil dieser Texte dazu, traumatische Erfahrungen (therapeutisch) zu verarbeiten: „In Stellen wie 1,10.11 und 3,19 kommt eine extreme Erfahrung zu Wort, die noch nicht verwunden, verarbeitet ist, die daher immer noch einmal ins Wort drängt. Gemäß dem Freudschen Programm ‚Erinnern, Wiederholen und Durcharbeiten' dienen die meisten joh Wiederholungen dazu, diese Erfahrung zu bewältigen." Vgl. dazu insgesamt ebd., 183–185 sowie POPP: „Die konsolatorische Kraft der Wiederholung", 521–527 (im Blick auf die Abschiedsreden). Dies mag auch der Grund dafür sein, dass hier eine Umkehr der Bösen nicht in den Blick kommt; vgl. dazu auch BECKER: „Dualismus", 79–80: Der Dualismus in Joh 3,19–21 sei „ein prädestinatianisch-ethischer" (79), dessen nächste Parallele in Qumran (1QS 3,13–4,26) liege.

B. Durchführung

dass seine Funktion nur beschränkt ist (πρὸς ὥραν), dass sein Licht nur ein abgeleitetes ist.[33]

An diesen Stellen war bereits deutlich zu ahnen, dass mit dem Licht Jesus gemeint ist, doch ausdrücklich kommt das erst im Ich-bin-Wort Joh 8,12 zur Sprache. Wenn man die *pericopa adulterae* (Joh 7,53–8,11) aus textkritischen Gründen vernachlässigen darf, schließt sich das Wort direkt an die Dialoge und Offenbarungsworte von Joh 7 an und ist Teil des großen Komplexes Joh 7,37–10,21, der am letzten Tag des Laubhüttenfestes in Jerusalem spielt.[34] Die Einbindung des Wortes in den Kontext erscheint jedoch insofern schwierig, als ihm kein Dialog und keine Rede Jesu vorausgeht, sondern eine kleine Szene mit Hohepriestern und Pharisäern, in der Nikodemos einen fairen Umgang mit Jesus anmahnt (Joh 7,45–52). Es ist also nicht ganz klar, worauf sich das πάλιν in Joh 8,12 beziehen soll und wer folglich mit αὐτοῖς gemeint ist.[35] Jesus ist zuletzt in 7,37–38 als Sprecher aufgetreten,[36] doch dieses Weisheitswort wurde nicht, wie 8,12, mit λαλέω („sprechen") eingeleitet, sondern mit κράζω („rufen, schreien"). Ein möglicher Anknüpfungspunkt für die Redeeinleitung πάλιν οὖν αὐτοῖς ἐλάλησεν könnte jedoch das ἐλάλησεν im Bericht der Diener (7,46) sein, das zusammenfasst, was Jesus mindestens seit 7,33, vielleicht auch schon seit 7,14, gesagt hat.[37] Man könnte πάλιν an dieser Stelle aber auch adversativ verstehen im Sinne von „wiederum, hingegen".[38] Dann steht das Licht-Wort Joh 8,12 im Kontrast zum Vorhergehenden: Während die Hohe-

---

33 Mit BARRETT: *Gospel According to St John*, 220; BORGEN: „Logos was the True Light", 125–126; SCHWANKL: *Licht und Finsternis*, 130; MOLONEY: *Gospel of John*, 190–191; THEOBALD: *Evangelium nach Johannes 1–12*, 410 ist die Form καιόμενος passivisch zu verstehen: Die Lampe wurde – von einer anderen Quelle her – angezündet, und nur darum brennt sie. Wenn hier gesagt wird, dass das Licht des Johannes nur ein uneigentliches ist, erklärt sich, dass in Joh 1,9 nach dem Exkurs über Johannes (1,6–8) ausdrücklich vom „wahren" Licht die Rede war: Dieses steht nicht im Gegensatz zu falschen Lichtern, sondern ist das eigentliche Licht; vgl. SCHNACKENBURG: *Johannesevangelium* I, 229–230; SCHWANKL: *Licht und Finsternis*, 131–132; MCHUGH: *John 1–4*, 31–32.

34 Vgl. PETERSEN: *Brot, Licht und Weinstock*, 237. In der Tat wird erst in Joh 10,22 ein neuer Zeitpunkt (das Tempelweihfest) angezeigt.

35 In Joh 7 werden die direkten Gesprächspartner Jesu global als „Juden" (7,15.35), Jerusalemer (7,25) oder einfach als Volksmenge (7,20.40). bezeichnet. Die Hohepriester und Pharisäer, Akteure der kleinen Szene 7,45–52, stehen nur über ihre Diener mit Jesus in Verbindung.

36 An diese Verbindung denken etwa SCHNACKENBURG: *Johannesevangelium* II, 239; THEOBALD: *Evangelium nach Johannes 1–12*, 566.

37 Vgl. SCHWANKL: *Licht und Finsternis*, 193.

38 Vgl. LSJ, 1292 s.v. πάλιν I.2. Für eine Diskussion der Bedeutungen von πάλιν anhand von Joh 18,40 vgl. VERHELST: „Johannine Use of πάλιν": Dort ist für

priester und Pharisäer mit allen Mitteln versuchen, den Anspruch Jesu zu bestreiten und sich selbst dabei in die Marginalität und Illegalität manövrieren, spricht Jesus selbst in einem Spitzensatz aus, wer er eigentlich ist. Eine andere Möglichkeit wäre, παλιν auf das Wort vom Suchen und Nicht-Finden zu beziehen (s. o. B.II.17.e zu EvThom 38), das Jesus schon in Joh 7,33–34 zu den „Juden" gesagt hat, nachdem die Pharisäer ihre Diener losgeschickt hatten. Das Pronomen αὐτοῖς bezeichnet dann wieder die Gegner Jesu, in diesem Falle die (Hohepriester und) Pharisäer, die ab 8,13 Jesus direkt ansprechen und sein Selbstzeugnis in Frage stellen.[39]

Bis hierher war die christologische Lichtmetaphorik im Johannesevangelium nicht sehr prominent, andere Metaphern überwogen (Wasser in Kapitel 4 und 7, Brot in Kapitel 6). Das Logion 8,12 eröffnet nun aber eine Reihe von Licht-Worten, die für die folgenden Kapitel (Joh 8–12) ein Leitmotiv darstellen (Joh 8,12; 9,4–5; 11,9–10; 12,35–36.46).[40] In den unmittelbar anschließenden Kontext von Joh 8 ist das Logion zwar nicht sehr gut eingebunden, doch die Erzählung von der Blindenheilung in Joh 9,1–7 (bzw. 9,1–41) greift dieses Licht-Wort auf (9,4–5) und deutet es.[41] Dabei kommt ein weiterer Aspekt ins Bild: Jesus ist das Licht der Welt, wenn und solange er in der Welt ist.[42] Das Licht ist also nicht unbegrenzt verfügbar, man kann es verpassen und riskiert dann, handlungsunfähig im Finstern zu stehen. Dieser Aspekt der zeitlichen Begrenzung ist auch für Joh 11,9–10 anzunehmen: Tag und Nacht sind demnach nicht zwei Bereiche, die einfach nebeneinander stehen, sondern die einleitende rhetorische Frage macht deutlich, dass der Tag eben der καιρός ist, den es zu nutzen gilt, während die Nacht für die verpasste Gelegenheit, das schmerzhaft erkannte „Zu spät" steht.[43] Noch massiver kommt das in Joh 12,35–36, am Ende der johanneischen Erzählung vom öffentlichen Wirken Jesu, zum Ausdruck. Der Abschnitt ist insofern problematisch, als es den Hörern (dem ὄχλος von 12,34) gar nicht mehr möglich ist, der Aufforderung Jesu nachzukommen: Jesus fordert sie ja auf, im Licht zu wandeln und an das Licht zu

---

Joh 8,12 die Bedeutung „wieder" einfach vorausgesetzt. Nach MOLONEY: *Gospel of John*, 268 dient πάλιν hier dazu, zwei Erzählstücke zu verknüpfen.
39 Vgl. auch THYEN: *Johannesevangelium*, 422.
40 Vgl. THEOBALD: *Fleischwerdung des Logos*, 305.319: „Die einzelnen Licht-Worte sind wie Perlen an einer Kette, die von *8,12* her geknüpft ist."
41 Vgl. BROWN: *John i–xii*, 379; THEOBALD: *Fleischwerdung des Logos*, 313; PETERSEN: *Brot, Licht und Weinstock*, 240–241; ähnlich BARRETT: *Gospel According to St John*, 296. Nach LINCOLN: *Gospel According to St John*, 281 kommt hier auch die richtende Funktion des „Lichtes" (Joh 3,19–21) ins Spiel.
42 Vgl. SCHWANKL: „Metaphorik von Licht und Finsternis", 154.
43 Ähnlich THEOBALD: *Fleischwerdung des Logos*, 319; DERS.: *Evangelium nach Johannes 1–12*, 637.

B. Durchführung

glauben, solange sie das Licht bei sich haben, doch zugleich schränkt er dies auf eine denkbar kurze Frist ein (12,35: ἔτι μικρὸν χρόνον), und unmittelbar darauf beendet er diese Frist selbst, indem er sich vor „ihnen" verbirgt (12,36fin).[44] Die so umrissene Unmöglichkeit führt zum abschließenden „Verstockungswort" (Joh 12,40 im Anschluss an Jes 6,10). Hier bahnt sich schon der Übergang in die veränderte Situation ab Joh 13 an, wenn keine Kommunikation mit der „Welt" bzw. den „Juden" mehr stattfindet (symptomatisch Joh 18,20–21) und Jesus nur noch mit den Seinen spricht. Insofern ist die Einschätzung zu modifizieren, dass der Aspekt der zeitlichen Begrenzung in der johanneischen Lichtmetaphorik aus ihrer christologischen Fokussierung folge.[45] Ohne Zweifel hat der Evangelist seine Gegenwart als die Zeit der physischen Abwesenheit Jesu im Blick, und er will Wege aufzeigen, wie man unter diesen Bedingungen Jünger Jesu sein kann. Das geschieht aber vor allem in den Abschiedsreden (Joh 14–17), in denen der Jüngergruppe die Hilfe des Parakleten und damit eine inspirierte Zukunft verheißen wird (v. a. Joh 14,25–26; 16,12–15). Die Licht-Worte in Joh 8–12 stehen hingegen in der Auseinandersetzung mit jenen Gesprächspartnern (Menge, Pharisäer, „Juden"), mit denen am Ende von Kapitel 12 die Kommunikation abbricht. Der Evangelist gerät nun in eine Spannung zwischen der von ihm geschaffenen erzählten Welt und der realen Welt, in der er und seine Leser leben: In der erzählten Welt hat sich das Licht seit Joh 12,36 verborgen, das „Licht der Welt" ist demnach nicht mehr in der Welt. Dennoch kann er im Prolog sagen, dass das Licht (jetzt und dauerhaft) unbeeinträchtigt in der Finsternis leuchtet (1,5),[46] und sogar nach dem so definitiv klingenden Vers 12,36 kann der johanneische Jesus zusammenfassend[47] sagen, dass er als das Licht bleibend in die Welt gekommen

---

44 Vgl. SCHWANKL: „Metaphorik von Licht und Finsternis", 159; DERS.: *Licht und Finsternis*, 270; THEOBALD: *Evangelium nach Johannes 1–12*, 818.
45 So PETERSEN: *Brot, Licht und Weinstock*, 282.322. Vgl. dazu auch BARRETT: *Gospel According to St John*, 357: „The appeal can be cast in this form not because John thought it impossible to believe in Jesus after his death and resurrection – such belief was that with which he himself was most immediately concerned (17.20; 20.29, 31) – but (a) because it suits the historical perspective of a gospel, and (b) because the gospel narrative as a whole is regarded as a paradigm of the presentation of Christ to the world, and the urgency of that presentation is expressed by the limited duration of the ministry."
46 Vgl. SCHWANKL: *Licht und Finsternis*, 111. Nach LINCOLN: *Gospel According to St John*, 353 ist diese grundsätzliche Aussage zu unterscheiden von der direkten Anrede an die Hörer in Joh 12,35, für die es jeweils eine reale Möglichkeit ist, von der Finsternis überwältigt zu werden.
47 Nach der abschließenden Bilanz in Joh 12,37–43 erscheint der Ruf Jesu (12,44–50) wie ein Anhängsel. Man kann ihn als eine kurze Zusammenfassung, ein „Abs-

ist (ἐλήλυθα), um den Glaubenden eine Perspektive jenseits der Finsternis zu eröffnen (12,46). Dass sich die johanneische Lichtmetaphorik nicht auf die Erzählung vom öffentlichen Wirken Jesu beschränkt, zeigt auch der 1. Johannesbrief, der sie aufgreift, nun aber, in einem weiteren Reflexionsschritt, auf Gott selbst bezieht (1 Joh 1,5)[48] und von dieser Warte aus auch den idealen Lebensraum der Gläubigen in der Gegenwart als Licht bezeichnen kann (1 Joh 2,9–11, ähnlich schon Joh 11,9–10).[49]

Wenn man so die Licht-Aussagen des Johannesevangeliums zusammen betrachtet, zeigt sich, dass das Licht zwar an und für sich dauerhaft gegeben, aber eben nicht für alle unbeschränkt verfügbar ist.[50] Ob nun aus dem Zeitaspekt, welcher die johanneische Lichtmetaphorik innerhalb der erzählten Welt kennzeichnet, schon eine durchgehende Handlungsorientierung folgt,[51] sei dahingestellt. Unstrittig ist jedoch, *dass* die johanneische Lichtmetaphorik mit dem Handeln zu tun hat. Nach den grundlegenden Aussagen des Prologs ist in 3,19–21 die Reaktion der Menschen auf das Licht durch ihre Taten als Manifestation der von ihnen gewählten Option bestimmt,[52] und auch in 9,4–5 begründet das Licht-Wort einen Handlungsimpuls (9,4: ἡμᾶς δεῖ ἐργάζεσθαι).[53] Dennoch wäre es gewaltsam, allen Licht-Worten einen Handlungsbezug zuzuschreiben. Das Wandeln im

---

tract" mit den zentralen Themen von Joh 1–12 (einschließlich des Lichtmotivs) auffassen; vgl. SCHNACKENBURG: *Johannesevangelium* II, 526; SCHWANKL: *Licht und Finsternis*, 275; THYEN: *Johannesevangelium*, 577; ähnlich BARRETT: *Gospel According to St John*, 358; PETERSEN: *Brot, Licht und Weinstock*, 240–241. Für THEOBALD: *Evangelium nach Johannes 1–12*, 834 „tritt der Hauptdarsteller Jesus jetzt gegen Ende des Schauspiels an die Rampe: Er spricht nicht mehr zu seinen ‚Mitspielern', sondern unmittelbar zum Publikum ...".
48 Vgl. KLAUCK: *Der erste Johannesbrief*, 83: „Doch war dem Briefautor diese Fortschreibung ohne weiteres möglich, wenn er Joh 14,9 ernst nahm: ‚Wer mich sieht, sieht den Vater.' Wenn vom Offenbarer gilt, daß er Licht ist, muß das erst recht von dem gelten, den er aus eigener Anschauung offenbart."
49 Vgl. dazu auch BROWN: *Epistles of John*, 225–229; SCHWANKL: „Metaphorik von Licht und Finsternis", 161–162; DERS.: *Licht und Finsternis*, 294.
50 Vgl. SCHWANKL: *Licht und Finsternis*, 261.
51 So PETERSEN: „Ich-bin-Worte als Metaphern", 127; DIES.: *Brot, Licht und Weinstock*, 241; ähnlich SCHWANKL: *Licht und Finsternis*, 261–262.
52 Vgl. dazu PETERSEN: „Ich-bin-Worte als Metaphern", 136; zum ethischen Dualismus des Johannesevangeliums vgl. auch z. B. AUNE: „Dualism", 288.
53 Vgl. etwa SCHNACKENBURG: *Johannesevangelium* II, 306–307: „Die Nacht, die dem Wirken jedes Menschen eine Grenze setzt, kann verschieden kommen, durch den Tod, durch äußere Behinderung, durch den Fortgang der Geschichte. So wird das Wort zu einem Anruf, das jeweils Gebotene zu tun, hier und jetzt die Stimme Gottes zu hören."

B. Durchführung

Licht statt in der Finsternis (8,12, ähnlich 12,46) ist ja kein Handeln, das ein bestimmtes Gut zum Ziel hat, sondern es ist selbst der Zweck bzw. das Ziel des Daseins Jesu als Licht in der Welt. Somit sind die Licht-Worte des Johannesevangeliums ab 8,12 im Sinne einer Verheißung zu verstehen.[54] Festzuhalten ist dabei, dass die Art und Weise, wie das Johannesevangelium vom Licht spricht, die Reaktion der Menschen und damit die Aufnahme des Lichtes in der Welt im Blick hat.[55] Dieser Aspekt der johanneischen Lichtmetaphorik verdichtet sich in der *Selbst*bezeichnung Jesu als „Licht *der Welt*" (Joh 8,12), die als Proprium des Johannesevangeliums gelten darf: Anders als etwa in gnostischen Texten (s. u.) trägt die Rede vom Licht hier einen deutlichen relationalen bzw. kommunikativen Akzent.[56]

Wenn also Joh 8,12 der Dreh- und Angelpunkt der Lichtmetaphorik in Joh 1–12 ist, stellt sich die Frage, ob es sich hier um eine eigene Neubildung des Johannesevangeliums handelt, oder ob dieser Vers in dieser Gestalt schon aus einer dem Evangelium vorausliegenden Überlieferung genommen ist (die dann möglicherweise in einer Beziehung zu EvThom 77 stehen könnte). Für die Wendung „Licht der Welt" scheint die nächste Parallele in Mt 5,14 zu liegen. Dieser Vers – wahrscheinlich das Werk der matthäischen Redaktion[57] – handelt, völlig anders als Joh 8,12, von den Jüngern Jesu und von deren idealer Funktion.[58] Die Rede vom „Licht der Welt" lässt sich hier, wie auch in Joh 8,12,[59] als eine Weiterführung alttestamentlicher Motive erklären (Ps 119,105; Jes 42,6; 49,6).[60] Man könnte auch auf Weish 8,14 und

---

54 Vgl. THEOBALD: *Herrenworte im Johannesevangelium*, 262; ähnlich schon BARRETT: *Gospel According to St John*, 278–279: Die Rede vom „Licht der Welt" im Johannesevangelium sei wesentlich soteriologisch, nicht kosmologisch zu verstehen.
55 In diesem Sinne stellt Otto Schwankl fest, dass die johanneische Lichtmetaphorik eine „responsorische Struktur" aufweist, in der die Licht-Aussagen immer mit der (richtigen oder falschen) Reaktion des Gegenübers verknüpft sind; vgl. SCHWANKL: *Licht und Finsternis*, 375–382 mit der Übersicht auf S. 377–378.
56 Vgl. SCHWANKL: *Licht und Finsternis*, 213; PETERSEN: *Brot, Licht und Weinstock*, 244–245.
57 Vgl. W.D. DAVIES/ALLISON: *Matthew I–VII*, 475; LUZ: *Evangelium nach Matthäus* 1, 295.
58 Vgl. SCHWANKL: *Licht und Finsternis*, 76; ähnlich POPKES: „Jesu Nachfolger", 398. Nach LUZ: *Evangelium nach Matthäus* 1, 299 ist diese Metapher hier hyperbolisch verwendet.
59 Vgl. etwa SCHNACKENBURG: *Johannesevangelium* II, 240–241; THYEN: „Licht der Welt", 38 (= *Studien*, 239).
60 Vgl. POPKES: „Jesu Nachfolger", 396. Das der matthäischen Formulierung eigentümliche Wort κόσμος gehört zum matthäischen Vorzugsvokabular und spricht für eine redaktionelle Abfassung des Verses; vgl. W.D. DAVIES/ALLISON: *Matthew I–VII*, 475; LUZ: *Evangelium nach Matthäus* 1, 65.

II. Einzeluntersuchungen, 31. Logion 77

TestLev 14,4 verweisen. Eine direkte literarische oder überlieferungsgeschichtliche Verbindung zu Joh 8,12 ist nicht anzunehmen.[61] Was nun Joh 8,12 selbst angeht, so neigen manche Ausleger dazu, diesen Vers, der in seinem Kontext etwas unverbunden dasteht, einer angenommenen Quelle zuzuschreiben.[62] Damit ist das Problem der mangelnden Einbindung des Verses in den Kontext aber nicht gelöst[63] – wenn es denn überhaupt ein Problem ist: Mit Michael Theobald lässt sich der Vers nämlich durchaus als ein Stück mündlicher Überlieferung verstehen.[64] Demnach handelt es sich um ein Logion, das schon länger im Umlauf war und vielleicht schon manche Diskussionen provoziert hat, die sich im anschließenden Streitgespräch wiederfinden.[65]

Das Ich-bin-Wort Joh 8,12 ist aber nicht das einzige seiner Art im Johannesevangelium. Es steht in einer Reihe mit anderen Logien, in denen Jesus sich selbst mit einer Metapher bezeichnet, die jeweils durch ein Attribut näher bestimmt wird, und an die sich meistens ein Bedingungssatz mit Heilszusage[66] anschließt: Joh 6,35.51 (Brot); 8,12 (Licht); 10,9 (Tür); 10,14–15 (Hirte); 11,25–26 (Auferstehung und Leben); 14,6 (Weg, Wahrheit

---

61 Vgl. THEOBALD: *Herrenworte im Johannesevangelium*, 270: Mt 5,14 und Joh 8,12 gehen jeweils, wie auch die o. g. Texte auf jüdische „Toralogie" zurück; vgl. auch ebd., 272–274; DERS.: *Evangelium nach Johannes 1–12*, 568.

62 Namentlich Rudolf Bultmann ließ in Joh 8–10 der Literarkritik freien Lauf und schuf so einen Komplex Joh 9,1–41*; 8,12; 12,44–50; 8,21–29; 12,34–36; 10,19–21, den er sodann seiner σημεῖα-Quelle zuwies; vgl. BULTMANN: *Evangelium des Johannes*, 249–250; ähnlich auch NORDSIECK: *Thomas-Evangelium*, 297–298 (Redenquelle). BROWN: *John i–xii*, 342 stellt zwar fest, dass das Licht-Wort sich nicht gut in den Zusammenhang einfügt, hält sich hier jedoch mit literarhistorischen Schlüssen zurück.

63 Wenn man dieses Problem auf literarkritischem Wege lösen wollte, müsste man annehmen, dass das Logion aus einem – besseren? – Kontext herausgerissen und an seine jetzige Stelle im Johannesevangelium verpflanzt wurde. Diese Annahme ist natürlich rein hypothetisch. Wenn man sich hingegen die Quelle als eine Logiensammlung, ähnlich dem Thomasevangelium, vorstellt, wird die Annahme einer *Reden*quelle gegenstandslos.

64 Vgl. THEOBALD: *Fleischwerdung des Logos*, 307; DERS.: *Herrenworte im Johannesevangelium*, 259–261; v. a. 261: „So bleibt es dabei: Der Licht-Spruch steht in sich selbst. Er macht einen abgerundeten Eindruck; kein Wort scheint zu viel, keines zu wenig. So, wie er da steht, wird ihn der Evangelist aus der Überlieferung seiner Gemeinde übernommen haben."

65 Nach THEOBALD: *Herrenworte im Johannesevangelium*, 332 waren die johanneischen Ich-bin-Worte ursprünglich Orakel christlicher Propheten, die im Namen des auferstandenen Christus sprachen.

66 Dessen Formulierung in der 3. Person öffnet diese Verheißung auch auf zukünftige Leser/Hörer; vgl. THYEN: „Licht der Welt", 38 (= *Studien*, 240).

B. Durchführung

und Leben); 15,1–2 (Weinstock).⁶⁷ Das diesen prädikativen Ich-bin-Worten⁶⁸ gemeinsame Strukturschema scheint in Joh 8,12 in seiner vollsten Form entfaltet zu sein:⁶⁹

6,35	8,12	10,7.9	10,14–15	11,25–26	14,6	15,1–2
ἐγώ εἰμι	ἐγώ εἰμι	⁷ ἐγώ εἰμι	¹⁴ ἐγώ εἰμι	²⁵ ἐγώ εἰμι	ἐγώ εἰμι	¹ ἐγώ εἰμι
ὁ ἄρτος	τὸ φῶς	ἡ θύρα	ὁ ποιμὴν	ἡ ἀνάστασις καὶ ἡ ζωή·	ἡ ὁδὸς καὶ ἡ ἀλήθεια καὶ ἡ ζωή·	ἡ ἄμπελος
τῆς ζωῆς·	τοῦ κόσμου·	τῶν προβάτων. ...	ὁ καλός			ἡ ἀληθινή
		⁹ ἐγώ εἰμι ἡ θύρα·	[καὶ γινώσκω τὰ ἐμὰ καὶ γινώσκουσί με τὰ ἐμά, ¹⁵ καθὼς γινώσκει με ὁ πατὴρ κἀγὼ γινώσκω τὸν πατέρα, καὶ τὴν ψυχήν μου τίθημι ὑπὲρ τῶν προβάτων.]		[οὐδεὶς ἔρχεται πρὸς τὸν πατέρα εἰ μὴ δι' ἐμοῦ.]	καὶ ὁ πατήρ μου ὁ γεωργός ἐστιν.
						² πᾶν κλῆμα ἐν ἐμοὶ μὴ φέρον καρπὸν αἴρει αὐτό,
ὁ ἐρχόμενος πρός με	ὁ ἀκολουθῶν ἐμοι	δι' ἐμοῦ ἐάν τις εἰσέλθῃ,		ὁ πιστεύων εἰς ἐμέ		καὶ πᾶν τὸ καρπὸν φέρον

---

67 Vgl. PETERSEN: *Brot, Licht und Weinstock*, 110–113. In all diesen Worten kann man eine Lebensverheißung impliziert sehen; vgl. dazu etwa RUBEL: *Erkenntnis und Bekenntnis*, 197–198.

68 Im Johannesevangelium finden sich auch absolute Ich-bin-Worte; für den Vergleich mit EvThom 77 sind diese aber nicht relevant; vgl. dazu auch PETERSEN: *Brot, Licht und Weinstock*, 98–102. Dagegen meinte THYEN: „Licht der Welt", 24 (= *Studien*, 220), dass durch die isolierte Behandlung der prädikativen Ich-bin-Worte „ein völlig falscher Eindruck" entstehe; im Anschluss daran auch FREY: *Johanneische Eschatologie* II, 86. Ob jedoch eine allgemeine Untersuchung des Personalpronomens ἐγώ im Johannesevangelium mehr zu dessen Verständnis beiträgt, mag dahingestellt bleiben. Im Anschluss differenziert Thyen ja selbst zwischen absoluten (24–32 [= *Studien*, 220–231]) und prädikativen (32–45 [= *Studien*, 231–250]) Ich-bin-Worten.

69 Vgl. SCHWANKL: *Licht und Finsternis*, 195–197.

6,35	8,12	10,7.9	10,14–15	11,25–26	14,6	15,1–2
οὐ μὴ πεινάσῃ,	οὐ μὴ περιπατήσῃ ἐν τῇ σκοτίᾳ,					
	ἀλλ' ἕξει τὸ φῶς τῆς ζωῆς	σωθήσεται καὶ εἰσελεύσεται καὶ ἐξελεύσεται καὶ νομὴν εὑρήσει.		κἂν ἀποθάνῃ ζήσεται,		καθαίρει αὐτὸ ἵνα καρπὸν πλείονα φέρῃ.
καὶ ὁ πιστεύων εἰς ἐμέ				²⁶ καὶ πᾶς ὁ ζῶν καὶ πιστεύων εἰς ἐμέ		
οὐ μὴ διψήσει πώποτε.				οὐ μὴ ἀποθάνῃ εἰς τὸν αἰῶνα.		

Diese strukturelle Gemeinsamkeit brachte vor allem Helmut Koester zu dem Schluss, dass die Gestaltung der johanneischen Ich-bin-Worte dem Autor des Johannesevangeliums zuzuschreiben sei. Dieser habe Selbstaussagen Jesu, die in anderer Form auf ihn gekommen waren, in dieses von ihm bevorzugte Schema gebracht.[70] Den traditionellen Kern von Joh 8,12 sah Koester im Kontrast von Licht und Finsternis und vermutete daher, dass dem Ich-bin-Wort ein Logion von ähnlicher Gestalt wie EvThom 24,3 zugrunde lag.[71]

Nun ist der parallele Aufbau der johanneischen Ich-bin-Worte, vor allem in den Einleitungen, auf den ersten Blick gewiss beeindruckend. Bei genauerem Hinsehen zeigt sich jedoch, dass sie jeweils in Details variieren, so dass schlussendlich keines dieser Worte einem anderen völlig gleicht. Diese Varianz mag nicht zuletzt durch die Unwägbarkeiten der mündlichen Überlieferung und des mündlichen Vortrags bedingt sein. Sie zeigt in jedem Falle, dass die Ich-bin-Worte im Johannesevangelium keinem völlig starren Strukturschema folgen. Wenn nun tatsächlich Joh 8,12 die idealtypische Form der johanneischen Ich-bin-Worte darstellt, dann erscheint es plausi-

---

[70] Vgl. H. Koester: „Gnostic Sayings and Controversy Traditions", 99.
[71] Vgl. H. Koester: „Gnostic Sayings and Controversy Traditions", 100.109: „There seems to be little respect for the ‚original' form of a saying; i. e., basic formulations (‚There is light within a man of light, and he lights up the whole world') can be transformed into I-sayings (‚I am the light of the world')."

B. Durchführung

bel, dass dieses Logion schon einen längeren Prozess der Formung und Abrundung hinter sich hat. Auch der spezifische Zusatz τοῦ κόσμου ist wohl nicht erst dem Evangelisten zuzuschreiben. In den johanneischen Schriften ist die „Welt" ein sehr komplexes Thema, das differenziert angegangen wird (s. o. B.II.24.c zu EvThom 56/80). Es gibt im Johannesevangelium ein positives Bild von der Welt: Sie ist die Wirkungsstätte und das Werk des Logos (Joh 1,10) und das Ziel der Liebe Gottes (z. B. Joh 3,16–17). Daneben stehen aber auch Aussagen mit einem äußerst negativen Welt-Bild: Die Welt erscheint als eine feindselige Macht (z. B. Joh 7,7; 15,18–19), die aber unter dem Gericht steht (v. a. Joh 16,8–11), ja schon besiegt ist (Joh 16,33). Wer immer Joh 8,12 formulierte, hatte vermutlich nicht diese vielfältigen Konnotationen von „Welt" im Hintergrund, denn die Rede vom „Licht *der Welt*" – die an und für sich ein eher optimistisches, zumindest aber unproblematisches Welt-Bild voraussetzt – wird im weiteren Verlauf des Logions gar nicht entfaltet. Der Fokus verengt sich auf die Jesus Nachfolgenden, und abschließend ist plötzlich vom „Licht *des Lebens*" die Rede. Damit bleibt festzuhalten: Joh 8,12 ist sehr wahrscheinlich auch in der heute vorliegenden Gestalt keine Neuschöpfung des Evangelisten, sondern stammt aus der diesem vorausliegenden Überlieferung.

Damit stellt sich erneut die Frage nach dem Verhältnis von EvThom 77,1 zu diesem Logion und zum Johannesevangelium insgesamt: Beide Logien beschränken sich nicht einfach darauf, dass Jesus sich selbst als das Licht bezeichnet. Beide bieten charakteristische Zusätze: Joh 8,12 verleiht dem Licht einen starken Weltbezug,[72] so dass dieses Licht den Glaubenden, die sich ja in eben dieser Welt befinden, Orientierung ermöglicht. EvThom 77,1 setzt anders an: Hier hat das Licht keinen Bezug zur Welt (anders als in EvThom 24,3!), sondern es steht „über ihnen allen" (ϩⲓϫⲱⲟⲩ ⲧⲏⲣⲟⲩ).[73] Dagegen ist im anschließenden Satz vom „All" (ⲧⲏⲣϥ) die Rede. Angesichts dieser Varianz auf engstem Raum hat es vermutlich seinen Grund, dass im ersten Satz des Logions nicht etwa *ϩⲓϫⲙ̄ ⲡⲧⲏⲣϥ steht: Die beiden Sätze dieses Teil-Logions sind also nicht allzu eng verknüpft. Wenn man nun das riskante Unternehmen einer Rückübersetzung ins Griechische wagt, kommt man von ϩⲓϫⲱⲟⲩ ⲧⲏⲣⲟⲩ leicht auf das griechische ἐπάνω πάντων, was an Joh 3,31 denken lässt.[74] Völlig unproblematisch ist dieser Schluss aber nicht,

---

72 Vgl. dazu auch PETERSEN: *Brot, Licht und Weinstock*, 244–245.
73 Theoretisch könnte man auch übersetzen „über allem", um deutlich zu machen, dass sich das Licht nicht nur von Menschen, sondern überhaupt von allen Dingen abhebt; vgl. PETERSEN: *Brot, Licht und Weinstock*, 247 Anm. 57. Nach GÄRTNER: *Theology of the Gospel of Thomas*, 144 sind hingegen mit „ihnen allen" andere, konkurrierende Lichter gemeint.
74 Vgl. EISELE: *Welcher Thomas?*, 167; GROSSO: *Vangelo secondo Tommaso*, 221.

denn die sahidische Übersetzung des Neuen Testament gibt die Formulierung in Joh 3,31 einhellig mit ϥϩιϫⲛ̄ ⲟⲩⲟⲛ ⲛⲓⲙ wieder.[75] Dieser Befund macht zwar eine Bezugnahme auf Joh 3,31 nicht unmöglich, mahnt aber doch zur Vorsicht. Man müsste eben annehmen, dass der koptische Übersetzer des Thomasevangeliums die Wendung ἐπάνω πάντων anders wiedergegeben hat als der koptische Übersetzer des Johannesevangeliums.[76] Letzterer scheint die πάντες als Summe aller Individuen aufgefasst zu haben; in EvThom 77,1 ist hingegen mit der Übersetzung ⲧⲏⲣⲟⲩ eher die Gesamtheit im Blick.[77] Dennoch wird hinter der koptischen Wendung kaum ein kosmologisch verstandenes τὰ πάντα stehen, denn nach dem sahidischen Neuen Testament würde man dies im Koptischen – wenn man denn mit einer Form von ⲧⲏⲣ⸗ operiert – eher mit ⲡⲧⲏⲣϥ̄ wiedergeben.[78]

So gesehen, liegt in EvThom 77,1 gewissermaßen ein intertextuelles Spiel mit Joh 3 vor, wo sich Jesus in VV. 19–21 ansatzweise selbst mit dem Licht identifiziert und in V. 31 als „der von oben Kommende", der „über allem/n" ist, bezeichnet wird. Dabei ist jedoch zu beachten, dass Joh 3,19–21 und Joh 3,31 trotz ihrer Nähe unterschiedlichen Erzählstücken angehören; Joh 3,19–21 schließt das „Gespräch" mit Nikodemos ab, das sich ja über weite Strecken um die Dialektik von Oben und Unten und von Licht und Finsternis dreht. In 3,31 scheint sich dann, nach einem Redestück Johannes des Täufers (3,27–30), der Erzähler selbst kommentierend zu Wort zu melden, so dass der Abschnitt 3,31–36 in der Sache das „Gespräch" mit Nikodemos zusammenfasst.[79] Damit erscheint die Verbindung von „Licht" und „über allem/n", wie wir sie in EvThom 77,1 antreffen, vom Johannesevangelium her sachlich begründet. Dass die Wendung ἐπάνω

---

75 Die Ausgabe von Horner gibt im Apparat zu dieser Stelle keine Variante an, und die Handschrift sa 1 (Quecke) sowie sa 4, sa 5 (Schüssler) und sa 9 (nach dem Apparat von Quecke) stimmen in der Formulierung ϥϩιϫⲛ̄ ⲟⲩⲟⲛ ⲛⲓⲙ überein.
76 Das ist prinzipiell möglich, denn die koptischen Lexeme ⲛⲓⲙ und ⲧⲏⲣ⸗ sind nicht trennscharf je einem griechischen Äquivalent zuzuordnen; vgl. CRUM: Coptic Dictionary, 225–226 s.v. ⲛⲓⲙ; ebd., 424 s.v. ⲧⲏⲣ⸗; ebenso DRAGUET: Index Copte et Grec-Copte, 139 s.v. πᾶς.
77 Vgl. auch WESTENDORF: Koptisches Handwörterbuch, 242 s.v. ⲧⲏⲣ⸗.
78 Vgl. dazu DRAGUET: Index Copte et Grec-Copte, 139 s.v. πᾶς (19 Belege für πάντα, 20 Belege für τὰ πάντα). Häufiger sind freilich das Allerweltswort ϩⲱⲃ (109 Belege, mit und ohne Artikel) und ⲛ̄ⲕⲁ ⲛⲓⲙ (53 Belege).
79 Vgl. dazu BARRETT: Gospel According to St John, 187; LINCOLN: Gospel According to St John, 161; MCHUGH: John 1–4, 252–253. Bei einigen Autoren ist der Abschnitt Joh 3,31–36 hingegen literarkritisch ausgesondert; nach BULTMANN: Evangelium des Johannes, 116–121 mit 116 Anm. 1 soll er eigentlich zwischen 3,21 und 3,22 gehören, nach SCHNACKENBURG: Johannesevangelium I, 393–404 zwischen Joh 3,12 und 3,13. Nach THEOBALD: Evangelium nach Johannes 1–12 ist er ohnehin gänzlich auf die Redaktion zurückzuführen.

B. Durchführung

πάντων, wenn sie denn dem koptischen ϩⲓϫⲱⲟⲩ ⲧⲏⲣⲟⲩ zugrunde liegen sollte, tatsächlich aus dem Johannesevangelium stammt, wird durch einen bemerkenswerten Befund unterstützt: Die Formulierung ἐπάνω πάντων scheint ausweislich des elektronischen *Thesaurus Linguae Graecae*[80] in vorchristlicher Zeit kaum belegt zu sein. Im jüdischen Bereich sind zwei Belegstellen zu nennen (Philon, Somn. 2,78; Josephus, Ant. 4,217), daneben ist auf die „Tabula" des Ps.-Kebes (26,3) zu verweisen. Ansonsten findet sich die Wendung anscheinend nur noch bei christlichen Autoren, beginnend mit Justin[81] und Origenes, häufig mit Bezugnahme auf Joh 3,31. Damit ist natürlich nicht gesagt, dass es diese Wendung sonst in der Antike nicht gegeben hätte, doch der Befund macht es, nach gegenwärtigem Kenntnisstand, zumindest etwas wahrscheinlicher, dass EvThom 77,1 sich hier auf Joh 3,31 bezieht: Im Johannesevangelium wird die Wendung ἐπάνω πάντων durch die Dialektik von Oben und Unten, die das ganze „Gespräch" mit Nikodemos durchzieht, vorbereitet. In EvThom 77 steht sie hingegen quer zum Gedankengang und sprengt zudem das Bild vom Licht, das sich ja nicht leicht einem Oben oder Unten zuordnen lässt. Damit ist die Licht-Aussage EvThom 77,1 zwar noch immer nicht auf einen bestimmten johanneischen Bezugstext festzulegen, und auch die inhaltlichen Akzente sind, wie noch deutlich werden wird, anders gesetzt. Dennoch bedient sich das Logion für seine Formulierung johanneischen „Rohmaterials". In diesem Punkt ist also eine Rezeption des Johannesevangeliums anzunehmen.

d) EvThom 77,1 und die Lichtmetaphorik des Pronoia-Hymnus

Dass Jesus bzw. der Erlöser sich selbst als Licht bezeichnet, kommt im Corpus der Nag-Hammadi-Texte nicht nur im Thomasevangelium vor. Diese Selbstbezeichnung findet sich daneben vor allem in drei bzw. zwei Textstücken, die vermutlich auf eine gemeinsame Grundlage zurückgehen: In der Langfassung des Johannes-Apokryphons (NHC II,1; IV,1) steht am Ende des Offenbarungsteils ein hymnisches Stück, in dem der Erlöser sich als „die vollkommene Vorsehung des Alls" bezeichnet[82] und von insgesamt drei Abstiegen in die materielle Welt berichtet. Da dieses Stück nur in den beiden Handschriften der Langfassung bezeugt ist und in diese neue Motive (vor allem die Gestalt der Pronoia selbst) einführt, ist es vermutlich

---

80 www.tlg.uci.edu (Recherche am 23. März 2012).
81 Der Beleg in Dial. 138,3 ist eigentlich nicht einschlägig, denn πάντα wird dort attributiv verwendet: In einer von der LXX abweichenden Wiedergabe von Gen 7,20 sagt er, das Wasser der Sintflut sei 15 Ellen ἐπάνω πάντων ὀρέων gestiegen.
82 Die Pronoia-Gestalt dieses Hymnus wird erst durch ihre Einbindung in das Johannes-Apokryphon „christologisch" determiniert; vgl. WALDSTEIN: „Apokryphon des Johannes", 99.

II. Einzeluntersuchungen, 31. Logion 77

erst im Laufe der Überlieferung in eine Version des Johannes-Apokryphons eingedrungen; zuvor dürfte es als ein eigenständiger Hymnus im Umlauf gewesen sein.[83] Daneben findet sich die Selbstbezeichnung des Erlösers als Licht auch in der Dreigestaltigen Protennoia (NHC XIII,1). Diese scheint eine Rezeption und literarische Weiterentwicklung des Pronoia-Hymnus darzustellen.[84] Auch hier ist von mehreren Abstiegen des Erlösers in die materielle Welt die Rede. John D. Turner schlägt vor, dieses Schema des dreifachen Abstiegs als eine Kombination von zwei Versionen des Weisheitsmythos zu verstehen. Näherhin wird so die Erzählung vom erfolglosen Abstieg der Weisheit zu den Menschen (1 Hen 42) mit der von ihrer erfolgreichen Beheimatung in Israel (Sir 24) kombiniert.[85] Ob man jedoch schon die von Elaine Pagels identifizierten „drei Negationen" im Johannesprolog (Joh 1,5.10.11) im Sinne einer chronologischen Abfolge von zunächst erfolglosen Annäherungsversuchen des Logos an die Welt lesen kann,[86] darf als fraglich gelten.[87] In der Rezeption des Johannesprologs könnte aber die Reihung von negativen Wendungen (Joh 1,5.10–11) vor der Inkarnationsaussage von Joh 1,14 das Schema des Pronoia-Hymnus mit inspiriert haben.[88]

---

83 Vgl. J.D. TURNER: „Johannine Legacy", 113–114; ähnlich T. NAGEL: „Gnostisierung der johanneischen Tradition", 683–689.
84 Vgl. HEDRICK: „Introduction NHC XIII,1", 390–391; POIRIER: „Trimporphic Protennoia", 95–96.101. Beide Autoren nehmen an, dass die Dreigestaltige Protennoia nicht nur den Pronoia-Hymnus, sondern überhaupt die Langfassung des Johannes-Apokryphons voraussetzt. Wenn hingegen sowohl das Johannes-Apokryphon als auch die Dreigestaltige Protennoia als jeweils eigenständige Dokumente hellenistisch-jüdischer Weisheitsspekulation zu verstehen sind (vgl. etwa J.D. TURNER: „Johannine Legacy", 106), dann ist eher damit zu rechnen, dass beide Texte den zuvor eigenständig überlieferten Pronoia-Hymnus jeweils auf ihre Weise (mit mehr oder weniger deutlichen Eingriffen) rezipiert haben.
85 Vgl. J.D. TURNER: „Johannine Legacy", 131.
86 Vgl. PAGELS: „Exegesis of Genesis 1", 481; J.D. TURNER: „Johannine Legacy", 125: „The Johannine prologue manifests an incipient tendency towards periodizing the activity of the Logos into three phases in much the same way that the activity of Pronoia in the Pronoia monologue and the activity of Protennoia in the Trimorphic Protennoia are structured: the primordial act of creation and shining into the darkness (John 1:1–5), the initial entrance into the created order which did not recognize him (vv. 9–11), and the incarnation of the Logos in which he finally makes the Father known (vv. 12, 14, 16, 18)."
87 Kritisch dazu schon THEOBALD: *Fleischwerdung des Logos*, 216. Dennoch erkennt etwa PETERSEN: *Brot, Licht und Weinstock*, 243–244 in den Formulierungen von Joh 1,1–14 ein Potenzial, auch den Mythos vom mehrfachen Abstieg der Weisheit zu integrieren. Dabei ist jedoch schon die Rezeption des Johannesprologs im Blick.
88 Vgl. T. NAGEL: „Gnostisierung der johanneischen Tradition", 683–689. Anders J.D. TURNER: „Johannine Legacy", 127–130: Da (und insofern) der Johannesprolog

B. Durchführung

In der synoptischen Darstellung bietet sich folgendes Bild:

EvThom 77 (NHC II 46,22–28)	AJ (NHC II 30,32–31,1)	Protennoia (NHC XIII 47,28–34)
	Noch ein drittes Mal ging ich –	
(1) Jesus sagte: Ich bin das Licht (ⲁⲛⲟⲕ ⲡⲉ ⲡⲟⲩⲟⲉⲓⲛ),	ich bin das Licht (ⲁⲛⲟⲕ ⲡⲉ ⲡⲟⲩⲟⲉⲓⲛ),	[Ich] bin das Licht (ⲁ̣[ⲛⲟⲕ] ⲡⲉ ⲡⲟⲩⲟⲉⲓⲛ),
dieses, das über ihnen allen ist (ⲡⲁⲓ ⲉⲧϩⲓϫⲱⲟⲩ ⲧⲏⲣⲟⲩ).	das im Licht existiert (ⲉⲧϣⲟⲟⲡ ϩⲙ̄ ⲡⲟⲩⲟⲉⲓⲛ),	das Licht gibt dem Al[l] (ⲉⲧϯ ⲟⲩⲟⲉⲓⲛⲉ ⲙ̄ⲡⲧⲏ[ⲣϥ̄]).
	ich bin die Erinnerung an die Vorsehung –	[I]ch bin das Licht, das sich freut i[n me]inen Brüdern.
Ich bin das All: Aus mir ist das All hervorgegangen, und zu mir ist das All gelangt (ⲁⲛⲟⲕ ⲡⲉ ⲡⲧⲏⲣϥ ⲛ̄ⲧⲁ ⲡⲧⲏⲣϥ ⲉⲓ ⲉⲃⲟⲗ ⲛ̄ϩⲏⲧ ⲁⲩⲱ ⲛ̄ⲧⲁ ⲡⲧⲏⲣϥ ⲡⲱϩ ϣⲁⲣⲟⲉⲓ).		35,30–32: Ich [bin das Haupt des] Alls, indem ich da bin vor dem [All, und ic]h bin das All, indem ich d[a bin in j]edem (ⲁⲛⲁⲕ̣ [ⲧⲉ ⲧⲁⲡⲉ ⲙ̄]ⲡⲧⲏⲣϥ ⲉⲉⲓϣⲟⲟⲡ ϩⲁⲑⲏ ⲙ̄[ⲡⲧⲏⲣϥ ⲁⲩⲱ ⲁⲛ] ⲟ̣ⲕ ⲡⲉ ⲡⲧⲏⲣϥ ⲉⲉⲓϣ[ⲟⲟⲡ ϩⲛ̄ ⲟⲩ]ⲟ̣ⲛ̣ ⲛⲓⲙ̣).
(2) Spaltet ein Holz, ich bin dort, (3) hebt den Stein auf, und ihr werdet mich dort finden.		
	damit ich hineinginge mitten in die Finsternis und die innere Unterwelt.	Ich kam nämlich hinein in die Welt [der] Sterblichen wegen des Geistes, der bleibt i[n] dem, der her[abgestiegen] ist, der hervorgekommen ist aus der unverdorbenen Weisheit.

---

und der Pronoia-Hymnus (vor seiner Einbindung in das Johannes-Apokryphon) etwa zeitgleich anzusetzen sind, bezeugen beide Texte mit dem Schema vom dreifachen Abstieg des Erlösers eine Form liturgischer Hymnen aus dem späten 1. Jahrhundert.

In den beiden Vergleichstexten, dem Johannes-Apokryphon und der Dreigestaltigen Protennoia, steht die Licht-Aussage in einer Passage, die vom dritten und schlussendlich erfolgreichen Abstieg des Erlösers berichtet. Im Johannes-Apokryphon ist das Lichtwort eine regelrechte Parenthese (wohl als Erläuterung des Verbs in der 1. Person Singular ⲁⲉⲓⲙⲟⲟϣⲉ [ich ging]), die den Satzfluss deutlich unterbricht. An die Parenthese schließt sich der vom Prädikat ⲁⲉⲓⲙⲟⲟϣⲉ abhängige Finalsatz (ϫⲉⲕⲁⲁⲥ …) an. Textgeschichtlich könnte es sich daher um einen späten Zusatz handeln.

In der Dreigestaltigen Protennoia ist die Licht-Aussage hingegen besser in den Textfluss eingebettet. Sie steht im Kontrast zur Ignoranz der Gewalten, Mächte und Engel (47,24–28)[89] und leitet den abschließenden Bericht über die Epiphanie und das rettende Wirken der Protennoia (47,31–50,20) ein. Am Rande sei bemerkt, dass dieser Abschnitt der Dreigestaltigen Protennoia[90] vom Johannesevangelium beeinflusst zu sein scheint: Anders als in EvThom 77,1 und im Johannes-Apokryphon (NHC II 30,33–34), aber sehr ähnlich wie in Joh 1,9; 8,12; 9,5, hat das Licht hier einen ausdrücklichen Weltbezug: Es gibt dem All das Licht (47,28–29: ⲁ[ⲛⲟⲕ] ⲡⲉ ⲡⲟⲩⲟⲉⲓⲛ ⲉⲧϯ ⲟⲩⲟⲉⲓⲛⲉ ⲙ̄ⲡⲧⲏ[ⲣϥ]). Angesichts dessen wäre vielleicht noch einmal zu fragen, ob die sehr johanneische Aussage in 47,14–15 (… ich offenbarte mich ihnen in ihren Zelten [ⲛ̄ⲉⲩⲥⲕⲏⲛⲏ] indem ich zum Wort [ⲗⲟⲅⲟⲥ] wurde), wirklich einer noch späteren Redaktionsstufe zugerechnet werden muss.[91]

Auch die All-Aussage in EvThom 77,1 findet in der Dreigestaltigen Protennoia eine Parallele. Allerdings befindet sich diese nicht im unmittelbaren Kontext, sondern etwas weiter vorne im Text, in 35,30–32, am Schluss der einleitenden Aretalogie.[92] Der Text ist zwar beschädigt, doch es ist erkenn-

---

89 In 47,24 steht eigentlich nur „… und keiner von ihnen erkannte mich" (ⲁⲩⲱ ⲙ̄ⲡⲉⲗⲁⲁⲩ ⲛ̄ⲣ̄ϩⲧⲟⲩ ⲥⲟⲩⲱⲛⲧ). Das nächstliegende Bezugswort sind die „Brüder" der Protennoia, doch das wäre mit dem durchaus positiven Fortgang der Erzählung nicht gut vereinbar. Daher schlägt Charles W. Hedrick in seiner Übersetzung vor, das Pronominalsuffix auf die in 47,20–21 genannten Wesen („Powers") zu beziehen.
90 Die komplexe Entstehungsgeschichte des Textes ist skizziert bei HEDRICK: „Introduction NHC XIII,1", 380–381. Demnach ist der ganze Abschnitt 47,24–49,5 als Zusatz einer christlich-gnostischen Redaktion anzusehen.
91 Nach HEDRICK: „Introduction NHC XIII,1", 400 ist dieser Satz zum „rather polemical Christian Sethian material" zu rechnen, das auf den Seiten 47, 49 und 50 von NHC XIII eingefügt ist, um eine sethianische Christologie zu propagieren. Vgl. auch die Tabelle ebd., 380–381. Für LUTTIKHUIZEN: „Johannine Vocabulary", 180–181 scheint dieser Satz hingegen ein Indiz dafür zu sein, dass die Dreigestaltige Protennoia im Ganzen den Johannesprolog rezipiert und neu interpretiert.
92 Nach HEDRICK: „Introduction NHC XIII,1", 376.380–381 gehört diese einleitende Aretalogie zum ursprünglichen Textbestand.

B. Durchführung

bar, dass die Selbstaussage der Protennoia wörtlich EvThom 77,1 entspricht: „Ich bin das All" ([ⲁⲛ]ⲟⲕ ⲡⲉ ⲡⲧⲏⲣϥ). Wenn zudem die anschließende Zeile als ⲉⲉⲓϣ[ⲟⲟⲡ ϩ̄ⲛ ⲟⲩ]ⲟⲛ ⲛⲓⲙ („... indem ich in einem jeden bin") rekonstruiert werden kann, ist auch eine inhaltliche Parallele zu EvThom 77,2–3 gegeben.

Damit ist festzuhalten, dass die Licht-Aussage von EvThom 77,1 als Selbstidentifikation eines himmlischen Wesens im Pronoia-Hymnus eine deutliche, wenn auch nicht völlig passgenaue Parallele hat.[93] Anders als in EvThom 77,1, wird im Pronoia-Hymnus die Herkunft des Lichtes aus dem himmlischen Bereich thematisiert. Dass das Licht an der Schöpfung beteiligt oder gar, wie in EvThom 77,1, der Ursprung aller Dinge sein könnte, kommt in diesem Hymnus hingegen nicht in den Blick, da dieser nur den Abstieg in die schon bestehende Welt zum Thema hat.

e) Das Licht und die Schöpfung

Wenn man EvThom 77,1 als ein Licht-Wort versteht, gerät der zweite Satz des Logions leicht ins Hintertreffen, obwohl er doch, genau besehen, eine christologische Spitzenaussage darstellt.[94] Nun finden sich im Neuen Tes-

---

93 Einen weiteren Paralleltext nennt PETERSEN: *Brot, Licht und Weinstock*, 254–258: ParSem (NHC VII,1) 10,21–24: „Ich bin das vollkommene Licht, das über dem Geist und der Finsternis ist." (ⲁⲛⲟⲕ ⲡⲉ ⲡⲟⲩⲟⲉⲓⲛ ⲉⲧϫⲏⲕ ⲉⲃⲟⲗ ⲉⲧⲙ̄ⲡⲥⲁⲛϩⲣⲉ ⲙ̄ⲡⲡ̄ⲛ̄ⲁ̄ ⲙ̄ⲛ ⲡⲕⲁⲕⲉ). Dieser Text ist historisch, literarisch und theologisch schwer einzuordnen; nach SCHENKE: „Paraphrase des Sêem", 545 könnte er, aufgrund seines „leidenschaftlich antitäuferischen ‚Manichäismus vor Mani'" im späten 2. oder frühen 3. Jahrhundert in Mesopotamien entstanden sein; etwas zurückhaltender WISSE: „Paraphrase of Shem", 18–21.

94 In diesem Zusammenhang sei eine originelle Erklärung für die Personifizierung des Lichtes erwähnt; vgl. dazu DECONICK: *Seek to See Him*, 21–22; PAGELS: „Exegesis of Genesis 1", 484–486 im Anschluss an QUISPEL: „Ezekiel 1:26": Der Rede von Jesus als dem Licht liege ein Wortspiel mit den griechischen Substantiven τὸ φῶς (das Licht) und ὁ φώς (der Mensch) zugrunde. Es handle sich um eine Auslegung von Gen 1,3 LXX, die einen vor allem anderen existierenden Ur-Menschen einbringe; vgl. dazu auch UW 103,19; 107,26–27. Für eine Menschengestalt in einer Lichterscheinung verwies Quispel („Ezekiel 1:26", 8) auch auf UW 108,8–9. Das Wort ὁ φώς ist sehr selten und kommt vor allem in archaischer, poetischer Sprache vor. Das Wortspiel mit τὸ φῶς und ὁ φώς ist allerdings belegt bei Clemens, Paid. 1,6,28: Im Zusammenhang soll damit, ausgehend von Eph 5,8, das Prinzip illustriert werden, dass Ähnliches zu Ähnlichem neigt. Für Clemens war das Wort ὁ φώς jedoch schon eine bemerkenswerte Antiquität. Als weiterer kaiserzeitlicher Beleg für ὁ φώς wäre noch P.Ryl. 77,34 (Hermopolis, 192 n. Chr.) zu nennen; vgl. PETERSEN: *Brot, Licht und Weinstock*, 249 Anm. 61. In EvThom 77 gibt es jedoch keinen Hinweis auf dieses Wortspiel, denn ein Mensch oder das Menschsein wird hier nicht thematisiert.

II. Einzeluntersuchungen, 31. Logion 77

tament mehrere Stellen (hervorzuheben ist wieder der Johannesprolog), an denen dem präexistenten Jesus eine bestimmte Rolle bei der Schöpfung zugesprochen wird. Ein synoptischer Überblick zeigt bereits die unterschiedlichen Akzente:

EvThom 77,1	Joh 1,3	1 Kor 8,6	Kol 1,15–16
		Aber für uns ist einer Gott, der Vater, aus dem (ἐξ οὗ) alles (τὰ πάντα) ist und wir auf ihn hin (εἰς αὐτόν),	
Ich bin das All (ⲡⲧⲏⲣϥ):		und einer ist der Herr, Jesus Christus,	¹⁵ Er (sc. Christus) ist das Bild des unsichtbaren Gottes, Erstgeborener aller Schöpfung,
Aus mir ist das All (ⲡⲧⲏⲣϥ) hervorgegangen (ⲉⲓ ⲉⲃⲟⲗ ⲛϩⲏⲧ),	Alles (πάντα) ist durch ihn (δι' αὐτοῦ) (sc. den Logos) geworden,	durch den (δι' οὗ) alles (τὰ πάντα) ist und wir durch ihn (δι' αὐτοῦ).	¹⁶ denn in ihm (ἐν αὐτῷ) wurde geschaffen alles (τὰ πάντα) im Himmel und auf der Erde, das Sichtbare und das Unsichtbare, seien es Throne, seien es Herrschaften, seien es Mächte, seien es Gewalten: Alles (τὰ πάντα) wurde durch ihn (δι' αὐτοῦ)
	und ohne ihn ist auch nicht eines geworden.		
und zur mir (ϣⲁⲣⲟⲉⲓ) ist das All (ⲡⲧⲏⲣϥ) gelangt.			und auf ihn hin (εἰς αὐτόν) geschaffen.

445

B. Durchführung

Die Konzeption von EvThom 77,1 setzt gegenüber den neutestamentlichen Schöpfungshymnen einen markanten Akzent: In allen drei Hymnen wird Christus, dem Logos, eine vermittelnde Funktion bei der Schöpfung zugesprochen, die mit der Präposition διά[95] (in Kol 1,16 auch mit instrumentalem ἐν) zum Ausdruck kommt.[96] Diese Vorstellung dürfte sich letztlich mit der Rezeption von Spr 8,22–31, v. a. 8,30 erklären:[97] Dort bezeichnet sich die Weisheit im MT als אָמוֹן, wahrscheinlich als Baumeister(in)[98] – in der Septuaginta wird dies mit dem Partizip ἁρμόζουσα (etwa: „Ordnende")[99] wiedergegeben. In EvThom 77,1 ist hingegen Jesus selbst der Ursprung der Schöpfung. Von Schöpfungs*mittlerschaft* im Sinne der Weisheitsspekulation kann hier keine Rede sein.[100] Vielmehr nimmt der Jesus von EvThom 77,1 das für sich in Anspruch, was in der wohl schon geprägten Formel[101] 1 Kor 8,6[102]

---

95 Darin unterscheidet sich nach TOBIN: „Prologue of John", 254 der Johannes-Prolog von alttestamentlichen bzw. frühjüdischen Texten, in denen die Beteiligung der Weisheit an der Schöpfung mit dem *dativus instrumentalis* ausgedrückt wird. Für einschlägige Wendungen mit διά bei Philon und in der Stoa vgl. aber THEOBALD: *Evangelium nach Johannes 1–12*, 113–114. Vgl. ferner MCHUGH: *John 1–4*, 11–15.
96 Vgl. dazu auch FITZMYER: *First Corinthians*, 343.
97 Vgl. FITZMYER: *First Corinthians*, 343; zurückhaltend THEOBALD: *Evangelium nach Johannes 1–12*, 114: „Über das Verhältnis Gottes zum Logos beim Schöpfungsakt schweigt V. 3; ein *passivum divinum* = ‚alles wurde [*von* Gott] *durch* ihn geschaffen' bietet V. 3a gerade nicht." Auch der Vergleich mit Philon, Leg. All. 1,41 lege nahe, dass Joh 1,3 vom eigenen schöpferischen Handeln des Logos spricht.
98 Die Bedeutung des Wortes אָמוֹן (Spr 8,30; Jer 52,15) ist in der alttestamentlichen Forschung umstritten: diskutiert werden vor allem die Bedeutungen „Werkmeister" und „Pflegling, Zögling"; vgl. schon GESENIUS/BUHL: *Hebräisches und aramäisches Handwörterbuch*[17], 47 s.v. I. אָמוֹן. Für „Werkmeister" votiert u. a. MURPHY: *Proverbs*, 48.52–53. Nach GESENIUS/DONNER: *Hebräisches und aramäisches Handwörterbuch*[18], 71 s.v. אָמוֹן ist jedoch die Bedeutung „Werkmeister" auf ein akkadisches Lehnwort zurückzuführen, während für Spr 8,30 die Grundbedeutung „treu, vertraut" anzunehmen ist: „da war ich als Liebling ihm (sc. Jahwe) zur Seite".
99 Nach LSJ, 243 s.v. ἁρμόζω hat das Verb ein Bedeutungsspektrum, das sowohl handwerkliche Arbeit (I.1.a: „fit together, join, esp. of joiner's work") als auch Verlobung und Heirat (I.2) einschließt. In jedem Falle geht es darum, dass etwas „harmonisch" zusammenpasst.
100 So richtig DUNDERBERG: „Thomas' I-sayings", 60; gegen MARJANEN: „Portrait of Jesus", 210–211; PLISCH: *Thomasevangelium*, 196; auch S. L. DAVIES: „Christology and Protology"; PASQUIER/VOUGA: „Genre littéraire", 351–352.
101 Ob es sich wirklich um eine traditionelle Formel handelt, ist allerdings umstritten. Dafür votieren z. B. KERST: „1 Kor 8 $_6$", 137–138; FITZMYER: *First Corinthians*, 343–344; unentschieden LINDEMANN: *Der Erste Korintherbrief*, 192.
102 In der sahidischen Übersetzung (*Horner*) lautet dort die fragliche Passage: ... ⲡⲉⲛⲧⲁ ⲡⲧⲏⲣϥ ϣⲱⲡⲉ ⲉⲃⲟⲗ ⲙ̄ⲙⲟϥ.

von Gott selbst ausgesagt wird:[103] Er ist selbst der Schöpfer, der Ursprung des Alls. Damit passt unser Logion sehr gut ins Thomasevangelium, wo ja von Gott kaum die Rede ist.[104] Dann wird aber äußerst fraglich, ob EvThom 77,1 überhaupt noch dem Bereich der Weisheitsspekulation zuzurechnen ist.

Angesichts dieses negativen Befundes mag ein Seitenblick ins *Corpus Hermeticum* hilfreich sein.[105] Dort hat sich Poimandres schon in CH 1,6 in der Deutung einer Vision als Licht, Nous und Gott bezeichnet, aus dem als Logos der Sohn Gottes kommt.[106] In CH 13,19 hat das abschließende Wort von EvThom 77,1 eine Parallele – in einem „geheimen Hymnus", den Hermes seinem Sohn Tat vorträgt.[107] In hymnischer Form wird hier der Gottheit das zugesprochen, was Jesus in EvThom 77,1 über sich selbst sagt, sie wird sogar ausdrücklich als das All (τὸ πᾶν) angesprochen. Angesichts dessen ist man versucht, hinter dem ⲡⲧⲏⲣϥ des zweiten Satzes von EvThom 77,1 das hermetische τὸ πᾶν zu vermuten.[108] Damit stellt sich zumindest die Frage, ob sich EvThom 77,1 nicht besser in den Kontext der hermetischen Tradition einordnen lässt – die direkte Identifikation der Gottheit mit dem All ist zumindest auffällig, wenngleich sie im Lob des

---

103 Ähnlich HEDRICK: *Unlocking the Secrets*, 140; in diesem Sinne auch MAISCH: *Brief an die Gemeinde in Kolossä*, 111–112. Vgl. dazu auch HOFIUS: „Das koptische Thomasevangelium", 188: EvThom 77,1 sei „ursprünglich als eine Aussage des Urvaters zu verstehen".
104 Das Wort ⲛⲟⲩⲧⲉ begegnet nur in EvThom 100, ansonsten kommt „Vater" (ⲉⲓⲱⲧ) als Gottesbezeichnung in EvThom 3; 27; 40; 44; 50; 57; 61; 64; 69; 76; 79; 83; 96; 97; 98; 113; evtl. auch EvThom 15; 105 vor. Häufig steht diese Gottesbezeichnung in geprägten Wendungen („Königtum des Vaters"), und auch sonst ist vom Vater nicht als Handelndem die Rede.
105 Vgl. dazu DECONICK: *Seek to See Him*, 22; DUNDERBERG: „*Thomas' I-sayings*", 59.
106 CH 1,6: Τὸ φῶς ἐκεῖνο, ἔφη, ἐγὼ Νοῦς ὁ σὸς θεός, ὁ πρὸ φύσεως ὑγρᾶς τῆς ἐκ σκότους φανείσης· ὁ δὲ ἐκ Νοὸς φωτεινὸς Λόγος υἱὸς θεοῦ („... Jenes Licht, sagte er, (bin) ich, (der) Nous, dein Gott, der vor der feuchten Natur (ist), die aus der Finsternis erschienen ist. Der aus dem Nous (kommende) lichtvolle Logos (ist der) Sohn Gottes."). Die weitere Deutung verlagert dieses Schema aber in das Innere des betrachtenden Hermes.
107 CH 13,19: Ταῦτα βοῶσιν αἱ δυνάμεις αἱ ἐν ἐμοί. Τὸ πᾶν ὑμνοῦσι, τὸ σὸν θέλημα τελοῦσι, σὴ βουλὴ ἀπὸ σοῦ ἐπὶ σέ, τὸ πᾶν. δέξαι ἀπὸ πάντων λογικὴν θυσίαν· τὸ πᾶν ἐν ἡμῖν, σῷζε ζωή, φώτιζε φῶς, †πνεῦμα† θεέ. („Dies rufen die Mächte in mir. Sie besingen in Hymnen das All, deinen Willen vollbringen sie, dein Wille (geht) von dir aus, zur dir hin, du All. Nimm von allen ein geistiges Opfer an; du All in uns, rette, du Leben, erleuchte, du Licht, Geist, Gott!").
108 Anders AKAGI: *Literary Development*, 316: ⲡⲧⲏⲣϥ bedeute so viel wie τὰ πάντα in 1 Kor 8,6; Kol 1,16.

B. Durchführung

Schöpfers in Sir 43,27 eine bemerkenswerte frühjüdische Parallele findet.[109] In diesem Zusammenhang könnte man auch den Abschluss der Formel in Kol 3,11 erwähnen, wonach Christus „alles und in allem/n" ([τὰ] πάντα καὶ ἐν πᾶσιν) ist. Ansonsten ist der Gedanke, dass alles aus Gott kommt und Gott über allem ist, natürlich kein Alleinstellungsmerkmal jüdisch-christlicher oder hermetischer Texte:[110] Nicht nur Paulus formulierte die Doxologie Röm 11,36 in diesem Sinne (ἐξ αὐτοῦ καὶ δι' αὐτοῦ καὶ εἰς αὐτὸν τὰ πάντα). Auch Kaiser Marcus Aurelius konnte mehr als ein Jahrhundert später in seinen „Wegen zu sich selbst" (4,23) zu dem als göttlich verstandenen Kosmos sagen: „Aus dir (kommt) alles, in dir (ist) alles, zu dir (strebt) alles." (ἐκ σοῦ πάντα, ἐν σοὶ πάντα, εἰς σὲ πάντα).[111] Vermutlich ahnte er nicht, dass einige Jahrzehnte zuvor in einem Randbereich seines Reiches ein etwas eigenwilliger Christ etwa den gleichen Gedanken, wenn auch in einer weniger eleganten Formulierung, auf Jesus bezogen hatte.

Eine Besonderheit unterscheidet allerdings EvThom 77,1 von der stoischen Kosmologie: In unserem Logion bezeichnet Jesus sich nicht nur als Ursprung und Ziel des Alls, er ist selbst alles bzw. das All. Dieser kühne Gedanke, der wahrscheinlich EvThom 77,2–3 an unser Logion gezogen hat, verweist noch auf einen anderen Traditionsbereich, nämlich die Verehrung der Isis in der hellenistischen Welt:

Exkurs: Parallelen im Isis-Kult[112]
Eine in Capua gefundene Weiheinschrift an Isis bietet eine frappierende Parallele zu EvThom 77: *Te tibi una quae es omnia, dea Isis, Arrius Balbinus v(oti) c(ompos).* (SIRIS 502, 1.–2. Jahrhundert n. Chr.).[113] Diese Parallele berechtigt zwar nicht zu der Schlussfolgerung, dass EvThom 77,1 Jesus gezielt mit Attributen der Isis belege,

---

109 Dort schließt die Aufzählung der Werke Gottes mit dem zusammenfassenden Bekenntnis: τὸ πᾶν ἐστιν αὐτός (bzw. הוא הכל), doch kurz darauf (43,33) kann der Autor sagen, dass der Herr „alles" (πάντα) geschaffen hat. Dazu und zu hermetischen Parallelen vgl. PÖHLMANN: „All-Prädikationen", 70–71. Freilich befinden wir uns mit dem Sirachbuch immer noch auf ägyptischem Boden.
110 Vgl. insgesamt PÖHLMANN: „All-Prädikationen", 58–66; KERST: „1 Kor 8$_6$", 130–132.
111 Vgl. dazu auch LINDEMANN: *Der Erste Korintherbrief*, 192, 193.
112 Im Rahmen dieser Untersuchung kann dieses Thema natürlich nicht erschöpfend behandelt werden. In hellenistischer und römischer Zeit verbreitete sich die Verehrung der Isis über Ägypten hinaus im ganzen Mittelmeerraum. Dabei löste sich Isis von ihrer spezifischen Rolle in der ägyptischen, näherhin memphitischen Mythologie und wurde – sozusagen in der „Exportversion" – zu einer Universalgottheit, zum „Konzept ISIS"; vgl. dazu SCHULZ: „Warum Isis?", v. a. 262–270.278; ähnlich FOWDEN: *Egyptian Hermes*, 46; DUNAND: „Culte d'Isis", 41–42 und passim.
113 Der Kommentar erklärt dazu: „Isidi Isidis signum dedicatur. Isis intellegitur dea universalis simili modo atque Hermes Trismegistus …"

aber die Verbindung von Isis-Verehrung und Hermetik lässt doch Konturen eines Hintergrundes erahnen, vor dem das Logion entstanden sein kann.

Die Isis-Verehrung führt heuristisch zu einer weiteren Besonderheit, die EvThom 77,1 von den johanneischen Ich-bin-Worten unterscheidet: In diesen steht jeweils nur eine Ich-Prädikation für sich; die Doppelung in Joh 10,7.9 ist eine Wiederaufnahme nach einer kurzen, polemischen Abschweifung. In EvThom 77,1 begegnen wir hingegen einer kurzen Reihe von zwei Ich-Prädikationen, die nicht aufeinander aufbauen oder voneinander abhängig sind. Im Ansatz lässt das an eine längere Reihe von Ich-Prädikationen denken, die in der Isis-Verehrung beheimatet ist: die memphitische Aretalogie,[114] deren Text aus drei Inschriftenfunden aus dem ägäischen Raum sowie einem Zitat bei Diodoros Siculus (1,27) hergestellt werden kann.[115] In dieser Liste präsentiert sich Isis in einer auf griechisches Publikum ausgerichteten Form[116] als Universalgottheit, die sowohl die Schöpfung, Gestaltung und Erhaltung der Welt (§§ 12–15.42–45.50.53) für sich in Anspruch nimmt, als auch die Ordnung des menschlichen Zusammenlebens, von der Gemeinschaft von Mann und Frau (§ 17) über die Abschaffung der Menschenfresserei (§ 21), die Abschaffung von Tyrannei (§ 25) und Mord (§ 26), die Erfindung des Ehevertrags (§ 30), die Festsetzung der griechischen und barbarischen Sprachen (§ 31) bis zur Sanktionierung der gerechtfertigten Selbstverteidigung (§ 37), und schließlich sogar die Beherrschung des Schicksals (τὸ εἱμαρμένον, §§ 55–56). Diese Selbstprädikationen beginnen zwar ab § 4 stereotyp mit ἐγώ,[117] doch sie sind mehrheitlich als Verbalsätze formuliert. Nur am Anfang, in §§ 5–10.41.52 findet sich ἐγώ εἰμι mit einem erweiterten Prädikatsnomen. In §§ 42.44.49.54 ist ein Element zwischen ἐγώ und εἰμί gestellt. Die Form ἐγώ εἰμι +

---

114 In der einschlägigen Forschung wird angenommen, dass der Text tatsächlich, wie in § 2 behauptet wird, aus Memphis stammt; vgl. D. MÜLLER: *Ägypten und die griechischen Isis-Aretalogien*, 11–14; FOWDEN: *Egyptian Hermes*, 46.

115 Der kritisch erschlossene Text findet sich bei TOTTI: *Ausgewählte Texte*, 1–4 (Nr. 1A).

116 Nach D. MÜLLER: *Ägypten und die griechischen Isis-Aretalogien*, 16–85 ist diese Aretalogie in ihrer Form grundsätzlich im griechischen Kulturkreis beheimatet, auch wenn sie einige typisch ägyptische Vorstellungen enthält (z. B., dass in §§ 44–45 mehrere Götter in der Sonnenbarke über den Himmel fahren). Zur Kritik daran vgl. BERGMAN: *Ich bin Isis*, 17–18: Müller gehe mit griechischem Vergleichsmaterial zu kritisch, mit ägyptischem zu unkritisch um, so dass Anlage und Durchführung der Arbeit schon vom Ergebnis bestimmt seien. Festzuhalten ist, dass hier eine ägyptische Gottheit auf eine Weise dargestellt wird, die sie für Griechen attraktiv machen soll; vgl. D. MÜLLER: *Ägypten und die griechischen Isis-Aretalogien*, 87; FOWDEN: *Egyptian Hermes*, 46–47. Nach DUNAND: „Culte d'Isis", 49–50 ist zu vermuten, dass memphitische Priester in der Ptolemäerzeit auf diese Weise ihre Göttin den neu zugezogenen Griechen nahe bringen wollten.

117 Ausnahmen sind §§ 11.38.40.46.47.56, doch an diesen Stellen steht ein Pronomen der 1. Person Singular als Objekt.

B. Durchführung

Prädikatsnomen, wie sie für die johanneischen Ich-bin-Worte und möglicherweise auch für EvThom 77,1 kennzeichnend ist, tritt hier also nur als eine Möglichkeit neben anderen auf. Der komplexe Aufbau der johanneischen Ich-bin-Worte (s. o.) hat in dieser Aretalogie überhaupt keine Parallele. Als Gemeinsamkeit ist dennoch festzuhalten, dass in den besprochenen Texten ein göttliches Wesen seine Natur und seine Leistungen mit einer Reihe von kurzen Ich-Aussagen kundtut.

Eine ähnliche Form, möglicherweise von der Isis-Aretalogie inspiriert,[118] findet sich auch in einigen gnostischen Texten. In der Nachbarschaft des Thomasevangeliums in NHC II lässt sich zunächst auf die einleitende Selbstvorstellung des Erlösers im Johannes-Apokryphon (NHC II 2,12–15) verweisen: „Ich bin der, welcher zu jeder Zeit bei euch ist, ich bin der Vater, ich bin die Mutter, ich bin der Sohn, ich bin der Unbefleckte und der Unbeschmutzte."[119] Im selben Codex findet sich eine weitere Liste von Ich-Aussagen in der Schrift „Ursprung der Welt" (früher auch bekannt als „Schrift ohne Titel") im Munde der Eva (UW 114,8–15): „Ich bin der Teil meiner Mutter, und ich bin die Mutter, ich bin die Gattin, ich bin die Jungfrau, ich bin die Schwangere, ich bin die Ärztin, ich bin die Trösterin der Wehen. Mein Mann ist es, der mich geboren hat, und ich bin seine Mutter, und er ist mein Vater und mein Herr. Er ist meine Kraft. Was er will, er sagt es vernünftig. Ich bin im Werden, doch ich habe einen Mann als Herrn geboren."[120] Eine ausführlichere Fassung dessen findet man auch in der „Bronte" (NHC VI,2): „Ich bin ja die Erste und die Letzte, ich bin die Geehrte und die Verachtete, ich bin die Hure und die Heilige, ich bin die Gattin und die Jungfrau, ich bin die Mutter (?) und die Tochter, ich bin die Teile meiner Mutter, ich bin die Unfruchtbare, und zahlreich sind ihre Kinder. Ich bin die, deren Hochzeit zahlreich ist, und ich habe keinen Mann genommen. Ich bin die Hebamme und die, welche nicht gebiert. Ich bin der Trost meiner Wehen. Ich bin die Braut und der Bräutigam, und mein Mann ist es, der mich gezeugt hat. Ich bin die Mutter meines Vaters und die Schwester meines Mannes, und er ist mein Nachkomme. ..." (Bronte 13,15–32) Weitere paradoxe Ich-Prädikationen folgen (14,26–32; 15,25–30; 16,9–33; 18,20–28; 18,33–19,27).[121] Ferner ist

---

118 Die Isis-Aretalogie dürfte mit dem Kult der Göttin im Mittelmeerraum noch weiter verbreitet gewesen sein als durch die Inschriftenfunde zu belegen ist. Nach BERGMAN: *Ich bin Isis*, 13 soll diese Verbreitung eines Textes – von biblischen Texten abgesehen – für die Antike einzigartig gewesen sein.
119 Nach HARTENSTEIN: *Die zweite Lehre*, 91 sollen diese Ich-bin-Worte an dieser Stelle helfen, das Johannes-Apokryphon als „johanneische" Schrift auszuweisen. Allerdings unterscheidet sich ihre Formulierung – sowohl in NHC II,1 als auch in BG 2 – deutlich von den Ich-bin-Worten, die man im Johannesevangelium antrifft.
120 Nach BÖHLIG/LABIB: *Schrift ohne Titel*, 74–75 legt sich Eva hier Züge der ephesischen Artemis und der Isis zu.
121 Nach MACRAE: „*Ego*-Proclamation", 133 sollen diese Paradoxa die Transzendenz der Offenbarergestalt hervorheben, die nicht in menschlich-logische Katego-

auch die oben schon erwähnte Eingangs-Aretalogie der Dreigestaltigen Protennoia (NHC XIII 35,1–32) zu nennen, die allerdings keine Paradoxa formuliert.

Um zu EvThom 77,1 zurückzukommen: Selbstproklamationen himmlischer Wesen im Ich-Stil sind in der Literatur des frühen Christentums und seiner Umwelt zu weit verbreitet, als dass man aus diesem Merkmal eine spezifische Zusammengehörigkeit von EvThom 77,1 und dem Johannesevangelium ableiten könnte. Auch wenn die oben erwähnten Nag-Hammadi-Texte aus chronologischen Gründen nicht als unmittelbarer Hintergrund von Thomas- und Johannesevangelium in Frage kommen, belegen sie doch ein geistiges Klima, in dem solche Formulierungen unabhängig voneinander entstehen konnten.

f) Fazit zu EvThom 77,1

Am Ende eines eingehenden Vergleiches von EvThom 77,1 mit der Lichtmetaphorik bzw. den Licht-Texten der johanneischen Schriften und einem Überblick über weitere ähnlich gelagerte Texte bleibt für die hier zu untersuchende Fragestellung ein Fazit zu ziehen: EvThom 77,1 mag zwar auf den erste Blick „johanneisch" anmuten, doch eine genauere Untersuchung zeigt, dass das Thomasevangelium und das Johannesevangelium hinsichtlich ihrer christologischen Lichtmetaphorik eigene Akzente setzen[122] – dass die christologische Anwendung der Lichtmetapher als solche kein spezifisches Merkmal ist, zeigt allein schon Lk 2,32. Wenn man die Akzente im Thomas- und Johannesevangelium kompakt zusammenfasst, ist im Johannesevangelium das Licht durchweg zum Leuchten da: Es schafft für die Gläubigen einen Lebensraum und gibt darin Orientierung. In EvThom 77,1 ist es hingegen der konkreten Menschenwelt enthoben; erst das anschließende All-Wort schafft einen gewissen Weltbezug, der dann aber, explizit in 77,2–3, zur Allgegenwart dieses Lichtes hinführt.[123] Die nähere Bestimmung des Lichtes, „das über allen ist" könnte jedoch einen

---

rien zu fassen ist – im Unterschied etwa zur Isis-Aretalogie, in der die Universalität der Göttin betont werden soll.

122 Vgl. dazu insgesamt MACRAE: „*Ego*-Proclamation", 132; PETERSEN: „Ich-bin-Worte als Metaphern", 130–131; DIES.: *Brot, Licht und Weinstock*, 252.276–277; auch GROSSO: *Vangelo di Tommaso*, 221.

123 Vgl. PETERSEN: „Ich-bin-Worte als Metaphern", 129 = DIES.: *Brot, Licht und Weinstock*, 249: „Zugespitzt lässt sich sagen, dass die JesusanhängerInnen des Thomasevangeliums auf eine Nachfolge im johanneischen Sinne verzichten können, da Jesus ohnehin überall gegenwärtig ist – so wie das Licht, das ja tatsächlich unter den aufgehobenen Stein und in das gespaltene Holz scheint. Eine temporäre Begrenzung, wie sie mit den johanneischen Lichtaussagen verbunden ist, gibt es hier nicht."

B. Durchführung

Bezug zu Joh 3,31 bzw. zu Joh 3,19–21.31 herstellen. Im Hintergrund des Logions stehen demnach das „Gespräch" mit Nikodemos (Joh 3,1–21) und seine kommentierende Zusammenfassung (3,31–36). So gesehen, liegt in EvThom 77,1 schließlich doch in einem untergeordneten Motiv eine Bezugnahme auf das Johannesevangelium vor, die sich zwar nicht an einer spezifischen inhaltlichen oder thematischen Gemeinsamkeit festmachen lässt, aber an einem gemeinsamen Detail im Wortlaut.

32. Logion 78

(1) ⲡⲉϫⲉ ⲓ̅ⲥ̅ ϫⲉ ⲉⲧⲃⲉ ⲟⲩ ⲁⲧⲉⲧⲛ̅ⲉⲓ ⲉⲃⲟⲗ ⲉⲧⲥⲱϣⲉ ⲉⲛⲁⲩ ⲉⲩⲕⲁϣ ⲉϥⲕⲓⲙ ⲉ[ⲃⲟⲗ] ϩⲓⲧⲙ̅ ⲡⲧⲏⲩ	(1) Jesus sagte: Warum seid ihr hinausgegangen auf das Feld? Um ein Rohr zu sehen, das bewegt wird vom Wind,
(2) ⲁⲩⲱ ⲉⲛⲁⲩ ⲉⲩⲣⲱⲙ[ⲉ ⲉ]ⲩⲛ̅ϣⲧⲏⲛ ⲉⲩϭⲏⲛ ϩⲓⲱⲱϥ ⲛ̅[ⲑⲉ ⲛ̅ⲛⲉⲧ]ⲛ̅ⲣ̅ⲣⲱⲟⲩ ⲙⲛ̅ ⲛⲉⲧⲛ̅ⲙⲉⲅⲓⲥⲧⲁⲛⲟⲥ	(2) und um einen Menschen zu sehen, der Gewänder anhat, die weich sind, so wie eure Könige und eure Großen?
(3) ⲛⲁⲉⲓ ⲉⲛ[ⲉ]ϣⲧⲏⲛ ⲉ[ⲧ]ϭⲏⲛ ϩⲓⲱⲟⲩ ⲁⲩⲱ ⲥⲉⲛ[ⲁ]ϣϭⲥⲟⲩⲛ ⲧⲙⲉ ⲁⲛ	(3) Diese haben weiche Gewänder an, und sie werden die Wahrheit nicht erkennen können.

a) EvThom 78 und Q

Die nächste und aussagekräftigste Parallele dieses Logions findet sich in den synoptischen Evangelien in Mt 11,7–9 par. Lk 7,24–26 (Q 7,24–26):

Mt 11,7–9	Lk 7,24–26	EvThom 78
		(1) Jesus sagte:
(7) Was zu schauen seid ihr hinausgegangen in die Wüste?[1]	(24) Was zu schauen seid ihr hinausgegangen in die Wüste?	Warum seid ihr hinausgegangen auf das Feld?
Ein Rohr, das vom Wind bewegt wird?	Ein Rohr, das vom Wind bewegt wird?	Um ein Rohr zu sehen, das bewegt wird vom Wind,
(8) Aber was zu sehen seid ihr hinausgegangen?	(25) Aber was zu sehen seid ihr hinausgegangen?	
Einen Menschen, der mit Weichem bekleidet ist?	Einen Menschen, der mit weichen Gewändern bekleidet ist?	(2) und um einen Menschen zu sehen, der Gewänder anhat, die weich sind,

---

[1] Die Übersetzung von Mt 11,7–9 und Lk 7,24–26 folgt der Interpunktion von NA[27] und NA[28]. Bei allen drei Fragen, bei Matthäus wie bei Lukas, könnte man aber das Verb der Wahrnehmung genauso zur Antwort ziehen, so dass es hieße: τί ἐξήλθατε εἰς τὴν ἔρημον; θεάσασθαι κάλαμον ὑπὸ ἀνέμου σαλευόμενον; κτλ. Die Syntax von EvThom 78 unterstützt Letzteres; vgl. auch W. D. DAVIES/ALLISON: *Matthew VIII–XVIII*, 247 Anm. 50. Die sahidische Übersetzung von Mt 11,7–9; Lk 7,24–25 (nach *Horner*) unterstützt hingegen die Interpunktion des Nestle-Aland.

B. Durchführung

Mt 11,7–9	Lk 7,24–26	EvThom 78
Schau, die, welche die weichen Sachen tragen, sind in den Häusern der Könige.	Schau, diejenigen, die in prachtvoller Kleidung und Luxus leben, sind in den Königspalästen.	so wie eure Könige und eure Großen? (3) Diese haben weiche Gewänder an,
		und sie werden die Wahrheit nicht erkennen können.
(9) Aber was zu sehen seid ihr hinausgegangen?	(26) Aber was zu sehen seid ihr hinausgegangen?	
Einen Propheten?	Einen Propheten?	
Ja, ich sage euch, sogar mehr als einen Propheten.	Ja, ich sage euch, sogar mehr als einen Propheten.	

Es fällt auf, dass in EvThom 78 jeder Hinweis auf Johannes den Täufer fehlt. Nur das Hintergrundwissen von den synoptischen Parallelen kann dazu verleiten, das Logion auf Johannes den Täufer zu beziehen. Gewiss wird auch in Mt 11,7–9; Lk 7,24–26 (und damit auch in Q 7,24–26) der Täufer nicht ausdrücklich genannt, doch die Einbindung in den Kontext einer längeren Rede Jesu über den Täufer macht jeweils klar, dass dieser gemeint ist. Abgesehen von seiner Nicht-Nennung, spricht aber noch ein weiteres Detail in EvThom 78 dagegen, dass hier von Johannes dem Täufer die Rede sein soll: Nach EvThom 78,1 sind die Angesprochenen nicht, wie in Mt 11,7–9; Lk 7,24–26 „in die Wüste" (εἰς τὴν ἔρημον) hinausgegangen, sondern „auf das Feld" (ⲉⲧⲥⲱϣⲉ). Das koptische Wort ⲥⲱϣⲉ bezeichnet vor allem das Kulturland,[2] steht also eigentlich im Kontrast zu ἔρημος.[3] Insofern Johannes der Täufer als Wüstenprophet bekannt war,[4] kann sich EvThom 78 schwerlich auf ihn beziehen. Dann könnte man vermuten, dass

---

[2] Vgl. WESTENDORF: *Koptisches Handwörterbuch*, 207 s.v. ⲥⲱϣⲉ: „Feld, Ackerland, Wiese". Auch die Komposita ⲣⲙⲛⲥⲱϣⲉ (Landmann) und ⲉⲃⲣⲁⲥⲱϣⲉ, ⲡⲣⲉⲥⲱϣⲉ (Saatkorn) sprechen für die Bedeutung von „Kulturland". Einen etwas anderen Akzent setzt CRUM: *Coptic Dictionary*, 377 s.v. ⲥⲱϣⲉ mit der Hauptbedeutung „*field, meadow, country*, opp. town".

[3] Die sahidischen Übersetzungen der synoptischen Parallelen (ed. *Horner*) verwenden hier das griechische Lehnwort ⲉⲣⲏⲙⲟⲥ.

[4] Damit ist nicht vorausgesetzt, dass Johannes der Täufer tatsächlich in der Wüste lebte; entscheidend ist seine Stilisierung als kulturferner Wüstenbewohner, wie man sie in Mt 3,1–6; Mk 1,2–6; Lk 3,1–6 antrifft, und die vermutlich (auch) von

Jesus über sich selbst spricht bzw. davon, was er nicht ist.[5] Wenn man aber die Pointen der beiden Versionen (Q 7,24–26 und EvThom 78) betrachtet, wird fraglich, ob EvThom 78 überhaupt von einer bestimmten Person handelt, oder ob dieses Logion sich nicht überhaupt in der Kritik an den Reichen und Mächtigen erschöpft.[6]

Angesichts der ansonsten engen Verbindungen, drängt sich nun aber die Frage auf, in welchem Verhältnis EvThom 78 zu seinen synoptischen Parallelen steht. Wolfgang Schrage scheint vorausgesetzt zu haben, dass das Logion diese rezipiert.[7] Dann stellt sich allerdings die Frage, warum der Komplex Mt 11,7–11 par. Lk 7,24–28 (Q 7,24–28) im Thomasevangelium auf zwei Logien (EvThom 46; 78) verteilt ist; nach John H. Sieber spricht dieser Befund dafür, dass in Q 7,24–28 zwei ursprünglich selbständige Logien zusammengefasst sind.[8] Daraus wird manchmal gefolgert, das EvThom 78 die ältere (ursprünglichere) Fassung des Logions darstellt.[9] Daran sind aber zwei Anfragen zu stellen:

- Ist es wirklich wahrscheinlich, dass im Vorfeld von Q ein Logion, das ursprünglich von Jesus handelte, sekundär auf Johannes den Täufer bezogen wurde? Ist es überhaupt plausibel, dass das Logion sich ursprünglich auf Jesus bezog? Das erste Element ist in dieser Hinsicht gewiss nicht sehr spezifisch: Auch wer nicht Johannes der Täufer ist, wird gern für sich in Anspruch nehmen, kein vom Wind bewegtes Rohr zu sein. Etwas anders sieht es mit dem zweiten Element aus, den weichen Kleidern. Die Kleidung Jesu wird in der Jesustradition kaum

---

dem Zitat aus Jes 40,3 inspiriert ist. In Joh 1,28; 3,23 wird ein etwas anderes Bild gezeichnet; vgl. PLISCH: *Thomasevangelium*, 197.198 Anm. 1.

5 Vgl. NORDSIECK: *Thomas-Evangelium*, 300–301; PLISCH: *Thomasevangelium*, 197; NORDSIECK: „Zur Kompositionsgeschichte", 189.

6 Ähnlich HEDRICK: *Unlocking the Secrets*, 142: EvThom 78 handle allgemein von der Suche nach Wahrheit, die bei den Königen und Großen nicht zu finden ist.

7 Vgl. SCHRAGE: *Verhältnis des Thomas-Evangeliums zur synoptischen Tradition*, 161. Seine Wortwahl ist suggestiv (z. B.: „Die Wiederholung von τί ἐξήλθατε hat Th sich erspart."), doch er bringt kein entscheidendes Argument dafür, dass EvThom 78 tatsächlich die Synoptiker oder Q rezipiert; es gelingt ihm nur, die unterschiedliche Syntax der koptischen Übersetzungen (s. o. Anm. 1) halbwegs wegzuerklären.

8 Vgl. SIEBER: *Redactional Analysis*, 129 – aber ebd., 130: „Besides the argument from the order of the sayings as made above, there is not much to be given as evidence that the saying is independent."

9 Vgl. PATTERSON: *The Gospel of Thomas and Jesus*, 78–79; ähnlich PLISCH: *Thomasevangelium*, 197–198; anders NORDSIECK: *Thomas-Evangelium*, 301: Die Q-Version (mit ihrer Hochschätzung des Täufers) sei ursprünglicher und näher am historischen Wort Jesu. Wo die Einschätzung von DECONICK: *Original Gospel of Thomas in Translation*, 241, es handle sich um „an old multiform" einzuordnen ist, muss fraglich bleiben.

B. Durchführung

thematisiert.[10] Dagegen wird zumindest in Mk 1,6; Mt 3,4 – wenn auch nicht in Q – die aparte Bekleidung Johannes des Täufers erwähnt. Wenn man annehmen darf, dass die Erinnerung an den asketischen Lebensstil des Täufers (vgl. auch Q 7,33–34) weiter verbreitet war, erscheint es stimmiger, dass unser Logion diesen ursprünglich durch scharfe Kontraste beschrieb.[11] Dann gehört aber auch das dritte Glied (Q 7,26) zum ursprünglichen Bestand des Logions. Die Version von EvThom 78 hat hingegen eine andere Zielrichtung: Hier geht es gar nicht darum, eine bestimmte Person im Rätsel zu bezeichnen,[12] sondern der Akzent liegt auf dem zweiten Element („weiche Gewänder") und damit auf der Kritik am Reichtum bzw. an den Reichen und Mächtigen. Das erste Element („vom Wind bewegtes Rohr") hat darin keine Funktion, es wirkt wie mitgeschleppt. Auch das dritte Element des Q-Logions („Prophet") hat bei dieser Akzentsetzung keinen Platz. Das bedeutet aber: EvThom 78 enthält Elemente, die als Rätselfragen nach einer Person verständlich sind (so wie in Q 7,24–26), doch in seinem Gesamtduktus zielt das Logion überhaupt nicht auf eine Person, sondern kritisiert jene, welche die Wahrheit nicht erkennen können.[13] Dieser Befund spricht eher dafür, dass es sich bei EvThom 78 um eine sekundäre Adaption eines Rätselwortes über Johannes den Täufer handelt, wie es in Q überliefert ist. Allerdings ist nicht ganz sicher, auf welcher Ebene diese Adaption erfolgt ist: Man kann lediglich mit einiger Gewissheit ausschließen, dass EvThom 78 die lukanische Version rezipiert. Diese setzt eigene redaktionelle Akzente (v. a. ἐν ἱματισμῷ ἐνδόξῳ καὶ τρυφῇ ὑπάρχοντες), von denen in EvThom 78 keine Spuren zu erkennen sind.[14] Andererseits ist der hier mit großer Wahrscheinlichkeit zu rekonstruierende Text von Q 7,24–26 mit dem von Mt 11,7–9 identisch,[15] so dass nicht zu entscheiden ist, ob EvThom 78

---

10 Joh 19,23 ist ein Sonderfall und sehr wahrscheinlich vom *parallelismus membrorum* in Ps 22,19 inspiriert.
11 Vgl. auch FLEDDERMANN: *Q*, 381; NORDSIECK: *Thomas-Evangelium*, 301.
12 Vgl. dazu auch FLEDDERMANN: *Q*, 371: Der Autor von EvThom 78 verstand die Fragepartikel τί nicht im Sinne von „was" (wie in Q), sondern im Sinne von „warum"; nun interessiert also die Motivation der Angesprochenen, ein Thema, das der Version in Q fremd war.
13 So auch HEDRICK: *Unlocking the Secrets*, 142.
14 Vgl. die Evaluations Q 7:25[1-3] Witetschek 2010 in VERHEYDEN / WITETSCHEK: *Q 7:24–30*.
15 So *Critical Edition of Q*, 128–133; FLEDDERMANN: *Q*, 358–359. Nach den Evaluations Q 7:25[1-3] Witetschek 2010 in VERHEYDEN / WITETSCHEK: *Q 7:24–30* lautet der Text von Q 7,24–26: ²⁴ ἀπελθόντων δὲ αὐτῶν ἤρξατο λέγειν τοῖς ὄχλοις περὶ Ἰωάννου· τί ἐξήλθατε εἰς τὴν ἔρημον θεάσασθαι; κάλαμον ὑπὸ ἀνέμου σαλευόμενον;

von Matthäus oder von Q ausgeht – oder vielleicht sogar von einem früheren Stadium von Q.
- Ist es wirklich ausgeschlossen, dass spätere Tradenten aus dem Komplex Q 7,24–28 einzelne Elemente wie EvThom 46; 78 herausnahmen und separat überlieferten? Diese Vorstellung scheint zunächst den Gesetzen der Formgeschichte zu widersprechen. Dennoch waren im hellenistischen Schulbetrieb auch Verkürzungen und Verdichtungen von vorgegebenem Material möglich.[16] Vor allem die Logienüberlieferung bei Kirchenvätern des 2./3. Jahrhunderts (v. a. Clemens von Alexandreia und Origenes) spricht dafür, dass es durchaus möglich war, kleinere Textstücke aus ihrem ursprünglichen Kontext herauszunehmen, als einzelne Logien zu rezipieren und gegebenenfalls neu zu kontextualisieren.

Damit wird im Folgenden vorausgesetzt, dass EvThom 78 das Q-Logion (sei es Q 7,24–26 oder erst Mt 11,7–9) rezipiert. Vor diesem Hintergrund sei nun das Proprium von EvThom 78 und zugleich der Bezugspunkt unseres Logions zu den johanneischen Schriften angegangen: der Schlusssatz von EvThom 78,3: „... und sie werden die Wahrheit nicht erkennen können".

b) „Die Wahrheit erkennen"
Innerhalb des Thomasevangeliums erscheint „Wahrheit" als eine zusätzliche Qualifikation von etwas ohnehin Richtigem (EvThom 53: die „wahre" Beschneidung im Geist; EvThom 69: „in Wahrheit" den Vater erkennen; EvThom 79: „in Wahrheit" das Wort des Vaters halten; EvThom 101: meine „wahre" Mutter). Nur in EvThom 6, sofern die griechische Fassung (P.Oxy. 654,38) ursprünglich ist,[17] erscheint „die Wahrheit" als eine eigenständige Instanz außerhalb der handelnden Menschen.

---

[25] ἀλλὰ τί ἐξήλθατε ἰδεῖν; ἄνθρωπον ἐν μαλακοῖς ἠμφιεσμένον; ἰδοὺ οἱ τὰ μαλακὰ φοροῦντες ἐν τοῖς οἴκοις τῶν βασιλέων εἰσίν. [26] ἀλλὰ τί ἐξήλθατε ἰδεῖν; προφήτην; ναὶ λέγω ὑμῖν, καὶ περισσότερον προφήτου.
16 Vgl. ALEXANDER: „Memory and Tradition", 144.
17 Anstelle des griechischen [πάντα ἐνώπιον τ]ῆς ἀληθ[ε]ίας ἀν[αφαίνεται] (P.Oxy. 654,37–38 nach ATTRIDGE: „Greek Fragments", 116), liest das Koptische in NHC II 33,20–21: ⲥⲉϭⲟⲗⲡ ⲧⲏⲣⲟⲩ ⲉⲃⲟⲗ ⲙ̄ⲡⲉⲙⲧⲟ ⲉⲃⲟⲗ ⲛ̄ⲧⲡⲉ („Offenbar ist alles vor dem Angesicht des Himmels."). Wenn man im letzten Wort einen Schreibfehler annimmt, müsste das überlieferte ⲙ̄ⲡⲉⲙⲧⲟ ⲉⲃⲟⲗ ⲛ̄ⲧⲡⲉ („vor dem Angesicht des Himmels") ursprünglich geheißen haben: ⲙ̄ⲡⲉⲙⲧⲟ ⲉⲃⲟⲗ ⲛ̄ⲧⲙⲉ („vor dem Angesicht der Wahrheit") – wie im Griechischen. Zwar unterscheidet der Schreiber von NHC II deutlich zwischen ⲙ und ⲡ, doch es gibt auch koptische Handschriften, die den mittleren Bogen des ⲙ weit nach oben ziehen, so dass in einer Vorlage eine Verwechslung von ⲡ und ⲙ prinzipiell denkbar wäre. Doch sicher zu belegen ist sie

B. Durchführung

In den johanneischen Schriften – vor allem in den Johannesbriefen – ist Wahrheit (ἀλήθεια) hingegen ein durchgehendes Leitmotiv; die Menge der Belege spricht für sich.[18] Dabei bezeichnet ἀλήθεια nicht einfach die sachliche Richtigkeit einer Aussage, sondern steht für die göttliche Wirklichkeit, die durch Jesus offenbar wird und „aus" der die Jünger Jesu sind (Joh 18,37; 1 Joh 3,19, negativ Joh 8,44); in diesem Sinne bezeichnet sie auch den Lebensbereich der Gläubigen (Joh 4,23–24; 17,19; 1 Joh 3,18–19; 2 Joh 4; 3 Joh 3–4), die entsprechend „die Wahrheit tun" (Joh 3,21; 1 Joh 1,6).[19] Wenn vor diesem Hintergrund davon die Rede ist, dass jemand die Wahrheit erkennt (Joh 8,32; 2 Joh 1; auch 1 Joh 2,21), dann handelt es sich nicht nur darum, dass jemand einen Sachverhalt richtig erfasst. Die Wahrheit zu erkennen, ist im johanneischen Sprachgebrauch geradezu das Markenzeichen der Christen: In Joh 8,31b-32 ist die Erkenntnis der Wahrheit als der in Jesus verkörperten Offenbarung Gottes[20] die Konsequenz aus dem Jünger-Sein. Joh 8,31b-32 scheint nun aus der dem Evangelisten vorausliegenden Überlieferung zu stammen, da es im anschließenden Streitgespräch 8,33–36 diskutiert und ausgelegt wird.[21] Das Leitmotiv „die Wahrheit erkennen" entwickelt jedoch im johanneischen Bereich seine eigene Dynamik, so dass es in 2 Joh 1 geradezu als Selbstbezeichnung der Gruppe um den Presbyter (οἱ ἐγνωκότες τὴν ἀλήθειαν) dienen kann.[22]

Allerdings ist „die Wahrheit erkennen" kein spezifisch johanneischer Gedanke. In den Pastoralbriefen ist er ebenfalls prominent, wenn auch nicht in der gleichen Breite und Tiefe entwickelt wie in den johanneischen Schriften: Nach 1 Tim 4,3 sind die Gläubigen (πιστοί) zugleich die, welche die Wahrheit erkannt haben (ἐπεγνωκότες τὴν ἀλήθειαν), und auch in 1 Tim 2,4; 2 Tim 2,25; 3,7; Tit 1,1 ist die ἐπίγνωσις ἀληθείας ein Synonym für den christlichen Glauben – in seiner jeweils rechtgläubigen Form. Durch den Willen Gottes eröffnet (1 Tim 2,4), ist diese Erkenntnis grundsätzlich

---

nicht, und der koptische Text, wie er überliefert ist, erscheint auch nicht so unsinnig, dass man einen Fehler postulieren müsste.
18 Joh: 25; 1 Joh: 9; 2 Joh: 5; 3 Joh: 6.
19 Vgl. dazu auch BULTMANN: „ἀλήθεια", 245–248; BARRETT: *Gospel According to St John*, 139; SCHNACKENBURG: *Johannesevangelium* II, 265–281.
20 Vgl. LINCOLN: *Gospel According to St John*, 270; ähnlich SCHNACKENBURG: *Johannesevangelium* II, 260–261.
21 Vgl. THEOBALD: *Herrenworte im Johannesevangelium*, 482–485; DERS.: *Evangelium nach Johannes 1–12*, 588; ähnlich H. KOESTER: „Gnostic Sayings and Controversy Traditions", 104. Vgl. auch die Ausführungen zu EvThom 19 (s. o. B.II.9.b).
22 Vgl. BROWN: *Epistles of John*, 657; KLAUCK: *Der zweite und dritte Johannesbrief*, 40; MORGEN: *Épîtres de Jean*, 218; etwas anders LIEU: *I, II & III John*, 246: Es geht nicht um die Identität dieser Mitchristen, sondern der Autor will zeigen, dass seine Position weithin geteilt wird.

für alle Menschen möglich.²³ Auch wer sich zuvor im Irrtum befunden hat, kann zu ihr umkehren (2 Tim 2,25). In den Pastoralbriefen wird damit wohl ein Gegengewicht zu den Ansprüchen der Gegner aufgebaut: Gerade wenn und insofern diese Leute eine intellektuell ansprechende Form des Christentums propagierten, nimmt der Verfasser der Pastoralbriefe dagegen für sich und seine Position die „Erkenntnis der Wahrheit" in Anspruch (besonders deutlich in 2 Tim 3,7).²⁴

In Hebr 10,26 bezeichnet die „Erkenntnis der Wahrheit" ebenfalls den christlichen Glauben, doch hier geht es weniger um einen fortdauernden Zustand, sondern um den Moment, in dem man diese Erkenntnis empfangen hat (λαβεῖν τὴν ἐπίγνωσιν τῆς ἀληθείας),²⁵ nämlich die Taufe, nach der keine zweite Buße mehr möglich sein soll (vgl. auch Hebr 6,4).

Die Gläubigen werden auch in Hermas, Vis. 3,6,2 als die bezeichnet, „welche die Wahrheit erkannt haben" (οἱ ἐγνωκότες τὴν ἀλήθειαν).²⁶ Dort kommt allerdings auch ihr Scheitern in den Blick, und es werden Möglichkeiten erwogen, dieses zu bewältigen. Mit anderer inhaltlicher Ausrichtung trifft man die gleiche Formulierung auch im Rheginos-Brief (NHC I,3)²⁷ an: In Rheg 46,31–32 ist „die Weisheit derer, welche die Wahrheit erkannt haben" (ⲧⲙⲛ̄ⲧⲣⲙ̄<ⲛ̄>ϩⲏⲧ ⲛ̄ⲛⲉⲧⲁϩⲥⲟⲩⲱⲛ ⲧⲙⲏⲉ) der Raum, der den zum Heil Erwählten bestimmt ist. Dies dürfte das Äquivalent zur kurz zuvor erwähnten Erkenntnis des Menschensohnes und zum Glauben an seine Auferstehung (Rheg 46,14–17) sein.²⁸ Insofern ist die Erkenntnis der Wahrheit auch im Rheginosbrief als etwas schon Erreichtes und als Kennzeichen der eigenen Position vorzustellen. Im Philippusevangelium (NHC II,3) wird ebenfalls die „Erkenntnis der Wahrheit" (ⲧⲅⲛⲱⲥⲓⲥ ⲛ̄ⲧⲙⲏⲉ) verhandelt (EvPhil 77,15–31), nun aber im Verhältnis zur Liebe (in Anlehnung an 1 Kor 8,1).

---

23 Vgl. OBERLINNER: *Pastoralbriefe* 1, 72–73.
24 Vgl. OBERLINNER: *Pastoralbriefe* 1, 181; DERS.: *Pastoralbriefe* 2, 128; DERS.: *Pastoralbriefe* 3, 4–5.
25 Vgl. GRÄSSER: *An die Hebräer* 3, 37–39: Diese Erkenntnis ist nicht das Resultat eigener intellektueller Anstrengung, sondern ein Geschenk, das auszuschlagen die unvergebbare Sünde wäre; ebenso BACKHAUS: *Hebräerbrief*, 366.
26 Im Unterschied zu den anderen genannten Belegen ist hier die Erkenntnis der Wahrheit kein Ziel oder ein sicherer Besitz, sondern dieses Stück der Visio 3 handelt von denen, „welche die Wahrheit erkannt haben, aber nicht in ihr geblieben sind". Auch hier lässt das Vokabular zunächst an die johanneischen Schriften denken, doch eine Rezeption ist nicht sicher nachzuweisen. Bei T. NAGEL: *Rezeption des Johannesevangeliums* wird der Hirt des Hermas nicht behandelt.
27 Ob der Rheginos-Brief das Johannesevangelium rezipiert, ist nicht sicher, da die Übereinstimmungen nicht singulär sind; vgl. T. NAGEL: *Rezeption des Johannesevangeliums*, 384–385.
28 Vgl. PEEL: „Treatise on the Resurrection", 175.

B. Durchführung

Da sich dieser Gedankengang jedoch um das Zitat von Joh 8,34 dreht (EvPhil 77,17–19), ist hier wohl schon Joh 8,31b-32 rezipiert.[29] Das Thomasbuch (NHC II,7) geht schließlich noch einen Schritt weiter: Gleich zu Beginn, in LibThom 138,13, bezeichnet der Erlöser sich selbst als „das Erkennen der Wahrheit" (ⲁⲛⲟⲕ ⲡⲉ ⲡⲥⲟⲟⲩⲛ ⲛ̅ⲧⲙⲉ).

EvThom 78,3 fügt sich in dieses weite Feld frühchristlicher Selbstdefinition ein und steht damit neben den johanneischen Schriften, aber eben nicht allein. Gewiss wäre es schön, wenn man in EvThom 78 „a blending of the Synoptic and Johannine traditions"[30] konstatieren könnte, doch da die Wendung „die Wahrheit erkennen" im Sinne einer christlichen Selbstbezeichnung im 1./2. Jahrhundert weiter verbreitet war, kann man daraus keine spezifische Verbindung unseres Logions zu den johanneischen Schriften ableiten. Diese wäre höchstens noch zu retten, wenn sich nachweisen ließe, dass in der griechischen Fassung von EvThom 78,3 nicht, wie in den Pastoralbriefen und den meisten anderen einschlägigen Texten, das Kompositum ἐπιγινώσκω stand, sondern das Simplex γινώσκω. Dieser Nachweis ist jedoch, in Ermangelung eines griechischen Textzeugen, nicht zu führen, denn das koptische ⲥⲟⲟⲩⲛ kann beides wiedergeben.[31] Zudem teilen die johanneischen Schriften mit den Pastoralbriefen die Verwendung dieses Motivs als eine Art Kampfbegriff: Die beiden Belege Joh 8,32 und 2 Joh 1 stehen jeweils am Anfang von Textpassagen, die von scharfer Auseinandersetzung geprägt sind – sei es das Streitgespräch mit den „Juden" in Joh 8, sei es die Instruktion für den Umgang mit „Täuschern" in 2 Joh 7–11. Die polemische (oder zumindest kritisierende) Verwendung dieses Motivs verbindet EvThom 78,3 mit den johanneischen Schriften – aber eben auch mit den Pastoralbriefen. Den Satz, dass Leute, die weiche Gewänder tragen, die Wahrheit nicht erkennen können, hätte der Autor der Pastoralbriefe gut unterschreiben können (auch wenn er sich die vorausgehende Kritik an den Herrschenden wohl weniger zu eigen gemacht hätte). Durch ein weiteres Detail (im Koptischen nur durch einen einzigen Buchstaben: ϣ) platziert sich unser Logion sogar in einer ganz besonderen Nische des oben umrissenen Feldes: Es stellt nicht nur fest, dass die Könige und Großen die Wahrheit faktisch nicht erkennen werden (das hieße im Koptischen: ⲥⲉⲛⲁⲥⲟⲟⲩⲛ ⲧⲙⲉ ⲁⲛ), sondern das Logion geht weiter: Sie werden die Wahr-

---

29 Vgl. T. Nagel: *Rezeption des Johannesevangeliums*, 399–401.
30 Brown: „Gospel of Thomas", 171. Auch für Nordsieck: *Thomas-Evangelium*, 301 scheint EvThom 78,3 „von joh Tradition beeinflusst" zu sein.
31 Vgl. dazu Wilmet: *Concordance du Nouveau Testament Sahidique* II/2, 848–860 s.v. ⲥⲟⲟⲩⲛ̅ : 93 Belege für γινώσκω, 28 für ἐπιγινώσκω. Nach Draguet: *Index Copte et Grec-Copte*, 71 s.v. γιγνώσκω wird das Simplex zwar noch häufiger mit ⲉⲓⲙⲉ übersetzt (121 Belege), doch daraus ergibt sich noch kein signifikanter Befund.

heit nicht erkennen *können* (ⲥⲉⲛⲁϣϭ̄ⲥⲥⲟⲩⲛ ⲧⲙⲉ ⲁⲛ).³² Diesen Gedanken, der geradezu in eine Prädestinations- oder Verstockungsvorstellung führt, findet man in den johanneischen Schriften zwar in Joh 8,43; 12,39 angedeutet, doch dort wird er nicht mit der Erkenntnis der Wahrheit verbunden.³³

c) Fazit zu EvThom 78

Von der johanneischen Anmutung des Schlusssatzes von EvThom 78 ist nicht viel übriggeblieben. Die Wendung „die Wahrheit erkennen" hat Parallelen in den johanneischen Schriften, aber eben nicht nur dort. Zwar wird in den johanneischen Schriften ein komplexer Begriff von Wahrheit entwickelt, aber davon finden sich in EvThom 78 keine eindeutigen Spuren: Über die Wendung „die Wahrheit erkennen" hinaus hat EvThom 78 keine Gemeinsamkeiten mit den johanneischen Schriften, die, über die breite Bezeugung dieser frühchristlichen Selbstdefinition hinaus, eine spezifische Beziehung zwischen unserem Logion und den johanneischen Schriften begründen könnten. Wir besitzen also kein Indiz dafür, dass EvThom 78,3 die johanneischen Schriften voraussetzt, aber auch die umgekehrte Rezeptionsrichtung ist nicht nachweisbar: EvThom 78,3 ist ja schon ein Zusatz zu einem Logion, das seinerseits wohl eher im späten 1. Jahrhundert (vermutlich nach Q) anzusetzen ist. Zwar lässt sich begründen, dass das Wort von der frei machenden Wahrheit (Joh 8,31b-32) auf ältere Überlieferung zurückgeht, aber es ist sehr unwahrscheinlich, dass diese Überlieferung EvThom 78,3 ist. Ebenso ist nicht anzunehmen, dass EvThom 78,3 und Joh 8,31b-32; 2 Joh 1 aus gemeinsamer Tradition schöpfen, denn gemeinsam ist eben nur die verbreitete Wendung „die Wahrheit erkennen" im Sinne der Selbstdefinition einer Gruppe bzw. als Mittel der Abgrenzung von anderen. Man wird daher das Verhältnis von EvThom 78,3 zu den johanneischen Schriften als Analogie in einem untergeordneten Motiv auffassen.

---

32 Das doppelte Sigma an dieser Stelle in NHC II 47,2 ist wohl als Verschreibung zu werten.
33 Rodolphe Kasser sah in diesem Nicht-Können der Könige und Großen eine Parallele zur Frage des Pilatus: „Was ist Wahrheit?" (Joh 18,38); vgl. KASSER: *L'Évangile selon Thomas*, 100.

B. Durchführung

33. Logion 91

(1) ⲡⲉϫⲁⲩ ⲛⲁϥ ϫⲉ ϫⲟⲟⲥ ⲉⲣⲟⲛ ϫⲉ ⲛ̄ⲧⲕ ⲛⲓⲙ` ϣⲓⲛⲁ ⲉⲛⲁⲣ̄ⲡⲓⲥⲧⲉⲩⲉ ⲉⲣⲟⲕ`	(1) Sie sagten zu ihm: Sag uns, wer du bist, damit wir an dich glauben.
(2) ⲡⲉϫⲁϥ ⲛⲁⲩ ϫⲉ ⲧⲉⲧⲛ̄ⲣ̄ⲡⲓⲣⲁⲍⲉ ⲙ̄ⲡϩⲟ ⲛ̄ⲧⲡⲉ ⲙⲛ̄ ⲡⲕⲁϩ ⲁⲩⲱ ⲡⲉⲧⲛ̄ⲡⲉⲧⲛ̄ⲙ̄ⲧⲟ ⲉⲃⲟⲗ` ⲙ̄ⲡⲉⲧⲛ̄ⲥⲟⲩⲱⲛϥ` ⲁⲩⲱ ⲡⲉⲉⲓⲕⲁⲓⲣⲟⲥ ⲧⲉⲧⲛ̄ⲥⲟⲟⲩⲛ ⲁⲛ ⲛ̄ⲣ̄ⲡⲓⲣⲁⲍⲉ ⲙ̄ⲙⲟϥ`	(2) Er sagte zu ihnen: Ihr „versucht" das Angesicht des Himmels und der Erde, und das, was vor euch ist, habt ihr nicht erkannt. Und diesen Moment wisst ihr nicht zu „versuchen".

a) Einbindung in den Kontext

So wie EvThom 91 in unserer Handschrift NHC II überliefert ist, kann es kaum als völlig eigenständige Einheit gelten, denn die Sprecher bleiben unbenannt. Aus EvThom 91 selbst erfahren wir nicht, wer zu wem spricht. Dass der Befragte und Antwortende („er") Jesus ist, kann man nur aus dem vorhergehenden Logion 90 erschließen, und wer die Fragesteller („sie") sind, wird aus dem Logion selbst überhaupt nicht klar (dazu s. u.). Angesichts dieser Leerstellen wäre es, zumindest als Gedankenexperiment, durchaus möglich, EvThom 90–91 als Einheit zu lesen. In diesem Falle begegnen wir dem gleichen Aufbau wie in EvThom 42–43: Am Anfang steht ein grundlegendes Wort Jesu, hier eine Parallele zum „Heilandsruf" Mt 11,28–30. Die Gesprächspartner reagieren mit einer Frage nach der Identität Jesu, und daraufhin „kippt" das Gespräch, denn die Antwort Jesu ist jeweils als Vorwurf an die Gesprächspartner formuliert. Allerdings ist die Verbindung nicht so stark wie in EvThom 42–43 (siehe dort), und das zweite oben genannte Problem von EvThom 91, die Identität der Fragesteller, wird durch die Fusion der Logien auch nicht behoben. Für die Zwecke dieser Untersuchung wird EvThom 91 daher weiterhin als ein Logion behandelt, doch an diesem Beispiel zeigt sich wieder, dass die konventionell gewordene Einteilung der Logien in einem gewissen Maße willkürlich ist, und dass hier auch eine andere Einteilung sehr gut möglich wäre.

b) Zur Komposition des Logions

Auch als separate Einheit ist EvThom 91 immer noch spannungsreich, denn zwischen Frage und Antwort besteht kein offensichtlicher Zusammenhang: Die Fragesteller fragen Jesus nach seiner Identität, doch als Antwort wirft ihnen Jesus mangelnde Erkenntnis vor. Ihre Frage wird also – wieder einmal (vgl. EvThom 24; 43) – als falsch gestellt erwiesen.[1]

---

[1] Vgl. S. L. DAVIES: *The Gospel of Thomas and Christian Wisdom*, 83; FIEGER: *Thomasevangelium*, 238; ZÖCKLER: *Jesu Lehren im Thomasevangelium*, 249–250;

Angesichts dieser Spannung mutet es etwas kurios an, dass Raymond E. Brown hier „some type of primitive harmony"[2] aus Mt 16,1–3; Lk 12,56 und Joh 6,30 vermutete.

Vermutlich wird man diesem spannungsreichen Logion eher gerecht, wenn man es mit April DeConick als Ergebnis eines längeren Wachstumsprozesses versteht.[3] Demnach steht am Anfang die Antwort Jesu, die später in ein Dialogschema gesetzt wurde. Dabei spiegelt die Frage der Jünger jeweils Themen wider, die im späten 1. Jahrhundert diskutiert wurden. Solche Themen sind etwa die Bewältigung des „Weggangs" Jesu (EvThom 24), die auch die johanneischen Abschiedsreden (Joh 14–17) bestimmt, oder eben die Spekulation über die metaphysische Identität Jesu (EvThom 43; 91), die wohl ein Katalysator für die Loslösung christlicher Gruppen von ihren jüdischen Wurzeln war und in den Streitgesprächen von Joh 5–10 reflektiert wird.[4] Demnach wird in EvThom 91 eine „moderne" Frage mit einer traditionellen Antwort abgefertigt, die im Endtext ziemlich unpassend wirkt. Damit kann der Redaktor aber zeigen, dass er die intensive Diskussion und Reflexion über die Identität Jesu für unangebracht hält, weil sie von der Konzentration auf das Gegenwärtige, Nächstliegende ablenkt.[5]

Dieser Duktus ist der gleiche wie in EvThom 24 (s. o. B.II.11.e), und so nimmt Thomas Zöckler an, dass EvThom 24 und EvThom 91 sogar das Werk desselben christologiekritischen Redaktors sind.[6] Dieser Gedanke lässt sich sogar noch weiterführen. Sowohl in EvThom 24 als auch in EvThom 91 wird Jesus als Befragter und Antwortender nicht namentlich genannt, sondern nur mit pronominalen Wendungen bezeichnet. Man muss also, streng genommen, aus dem Kontext des vorausgehenden Logions erschließen, dass Jesus der Sprecher ist. Dadurch erscheinen diese Logien – wie auch z. B. EvThom 51–53 – weniger eigenständig, aber besser

---

DERS.: „Light within the Human Person", 498; ähnlich MARJANEN: „Portrait of Jesus", 214.

2 BROWN: „Gospel of Thomas", 171. Umgekehrt THEOBALD: *Evangelium nach Johannes 1–12*, 459: In Joh 6,30 sei eine Überlieferung verarbeitet, die auch der synoptischen Zeichenforderung (Mk 8,11–12; Q 11,16.29) zugrunde liegt.

3 Vgl. dazu grundsätzlich DECONICK: *Recovering the Original Gospel of Thomas*, 65–77; für EvThom 91 DIES.: *Original Gospel of Thomas in Translation*, 260–261.

4 Das soll aber nicht bedeuten, dass der Dialog EvThom 91 als Allegorie der Gemeindegeschichte zu lesen wäre, wie das ja manchmal für die Streitgespräche in Joh 5–10 unterstellt wurde; vor diesem Verständnis warnt auch GATHERCOLE: *Gospel of Thomas*, 165–166.

5 Vgl. ZÖCKLER: *Jesu Lehren im Thomasevangelium*, 249–250.

6 Vgl. ZÖCKLER: *Jesu Lehren im Thomasevangelium*, 247–248; DERS.: „Light within the Human Person", 498.

B. Durchführung

in das Gesamtgefüge des Thomasevangeliums eingebunden. Wenn man diese kontextabhängige Gestaltung von EvThom 24; 91 nicht der glättenden Textüberlieferung zuschreiben möchte, legt sich folgender Schluss nahe: EvThom 24; 91 sind in ihrer jetzigen Form wohl keine überlieferten Einheiten, sondern sie wurden erst innerhalb der Sammlung, die wir als Thomasevangelium kennen, in ihrer dialogischen Form komponiert. Der Redaktor der beiden Logien war demnach zugleich der Kompilator und Redaktor des Thomasevangeliums. Daraus folgt für die Betrachtung des Thomasevangeliums als eines zusammenhängenden Textes: Wenn man eine redaktionelle Tendenz dieses Endtextes sucht, ist sie hier zu finden.

c) Die Frage und ihre Antwort
Wie oben dargelegt, erschließt sich die Identität des Befragten und Antwortenden aus dem Kontext der ganzen Sammlung, insbesondere aber aus der Einleitung des vorausgehenden Logions EvThom 90: Es handelt sich um Jesus. Etwas komplizierter ist die Frage, wer „sie" sind, die Jesus nach seiner Identität fragen, um an ihn glauben zu können. In den meisten dialogischen Logien des Thomasevangeliums werden Fragen von den Jüngern gestellt (EvThom 6; 12; 18; 20; 24; 37; 43; 51; 52; 53; 99; 113; ähnlich EvThom 13; 21; 22; 60; 61; 114), doch es gibt auch Logien, die mit Fragen von Außenstehenden beginnen (EvThom 72; 79), und in EvThom 100; 104 treten ebenfalls nicht näher bestimmte „sie" an Jesus heran.[7] Aus den anderen Logien des Thomasevangeliums ist also keine eindeutige Regel zu erheben. Die Identität der Gesprächspartner ist daher aus ihrem Redepart zu erschließen. Meistens wird angenommen, dass „sie", die erst noch glauben wollen (bzw. zu wollen behaupten) in diesem Falle keine Jünger sind, sondern Außenstehende, wenn nicht gar Gegner Jesu.[8] Wenn man dazu die nächsten Parallelen zu der in EvThom 91,1 gestellten Frage, nämlich Joh 6,30; 8,25; 9,36, heranzieht, liegt das auch aufgrund dieser Parallelen nahe,[9] denn in Joh 6,30 stellt die Menge an Jesus eine Zeichenforderung, in Joh 8,25 sind es die „Juden" und in Joh 9,36 der vormals Blinde, für den das Glauben noch ein zu erreichendes Ziel ist.[10] Letzteres ist auch in EvThom 91,1 der Fall, wo vom Glauben in einem Finalsatz im Futur III

---

7 Sofern Parallelen hier aussagekräftig sind, dürften „sie" in EvThom 100 Außenstehende sein (vgl. Mk 12,13–17 parr.). Wenn man für EvThom 104 das inhaltlich gleich gelagerte Logion EvThom 6 heranziehen darf, handelt es sich um Jünger.
8 Vgl. GÄRTNER: *Theology of the Gospel of Thomas*, 140; RILEY: *Resurrection Reconsidered*, 120; PLISCH: *Thomasevangelium*, 218; HEDRICK: *Unlocking the Secrets*, 158.
9 Auch die Zeichenforderungen der synoptischen Evangelien (Mt 12,38–42; 16,1–4; Mk 8,11–12; Lk 11,16.29–32 kommen jeweils von Außenstehenden.
10 Manche Autoren, die EvThom 91,1 als Jüngerfrage auffassten, hielten auch die Parallelen Joh 6,30; 8,25 irrtümlich für Jüngerfragen; so etwa DORESSE: *Livres*

II. Einzeluntersuchungen, 33. Logion 91

(ϣⲓⲛⲁ ⲉⲛⲁⲣ̄ⲡⲓⲥⲧⲉⲩⲉ ⲉⲣⲟⲕ) die Rede ist. Daraus folgt, dass „sie" in EvThom 91,1 in jedem Falle (noch) nicht glauben, also Außenstehende sind; ob man sie gleich als Gegner auffassen und ihre Frage als eine unehrliche verstehen muss, sei dahingestellt. Für das Verhältnis unseres Logions zu den johanneischen Schriften ist die einleitende Frage nach der Identität Jesu maßgeblich; sie lässt sich mit ihren drei johanneischen Parallelstellen gut in einer Synopse darstellen:

EvThom 91,1	Joh 6,30	Joh 8,25	Joh 9,36
Sie sagten zu ihm:	Sie sagten nun zu ihm:	Sie sagten nun zu ihm:	Jener antwortete und sagte:
Sag uns, wer du bist, (ϫⲟⲟⲥ ⲉⲣⲟⲛ ϫⲉ ⲛ̄ⲧⲕ ⲛⲓⲙ)[11]	Was tust du nun für ein Zeichen,	Wer bist du (σὺ τίς εἶ / ⲛ̄ⲧⲟⲕ ⲛ̄ⲧⲕ̄ ⲛⲓⲙ)?	Und wer ist es, Herr (καὶ τίς ἐστιν, κύριε / ⲡϫⲟⲉⲓⲥ ⲛⲓⲙ ⲡⲉ),
	damit wir sehen (ἵνα ἴδωμεν / ϫⲉⲕⲁⲥ ⲉⲛⲉⲛⲁⲩ)		
damit wir an dich glauben (ϣⲓⲛⲁ ⲉⲛⲁⲣ̄ⲡⲓⲥⲧⲉⲩⲉ ⲉⲣⲟⲕ).	und dir glauben (καὶ πιστεύσωμέν σοι / ⲁⲩⲱ[12] ⲛ̄ⲧⲛ̄ⲡⲓⲥⲧⲉⲩⲉ ⲉⲣⲟⲕ).		damit ich an ihn glaube (ἵνα πιστεύσω εἰς αὐτόν / ϫⲉ ⲉⲓⲉⲡⲓⲥⲧⲉⲩⲉ ⲉⲣⲟϥ)?
	Was tust du?		

---

secrets 2, 196 ; NORDSIECK: *Thomas-Evangelium*, 331; anscheinend auch SCHRAGE: *Verhältnis des Thomas-Evangeliums zur synoptischen Tradition*, 175.

11 Die Parallele zwischen EvThom 91,1 und Joh 8,25 wird nicht dadurch geschwächt, dass EvThom 91,1 die drucklose Form ⲛ̄ⲧⲕ ⲛⲓⲙ hat, während man in Joh 8,25 das betonte ⲛ̄ⲧⲟⲕ ⲛ̄ⲧⲕ̄ ⲛⲓⲙ antrifft; der Unterschied erklärt sich dadurch, dass die Frage in EvThom 91,1 indirekt gestellt ist („Sag uns, wer du bist"); s.o. B.II.19.b (zu EvThom 42–43) mit Anm. 18–21.

12 Die Konjunktion ⲁⲩⲱ („und") fehlt an dieser Stelle bei *Horner*, doch sie wird von der alten Handschrift sa 1 (*Quecke*) sowie sa 4, sa 5 (*Schüssler*) und sa 9 bezeugt; vgl. den Apparat bei *Quecke* z.St. Bei den von *Horner* präferierten Zeugen wird die Fähigkeit des Konjunktivs genutzt, eine Konstruktion (in diesem Fall im Futur III) fortzusetzen, so dass die Konjunktion eigentlich überflüssig ist; sie kann aber dennoch stehen, vgl. PLISCH: *Einführung in die koptische Sprache*, 66–67 (mit Textbeispiel aus 2 ApcJac 55,9–14); EBERLE: *Koptisch*, 60–61.

B. Durchführung

Die Übersicht zeigt, dass die nächste Parallele zu EvThom 91,1 – *mutatis mutandis* – die Frage des vormals Blinden in Joh 9,36 ist.[13] Die beiden anderen Parallelen, Joh 6,30; 8,25, entsprechen EvThom 91,1 nur zum Teil: In Joh 6,30 wird nicht nach der Identität Jesu, sondern nach einem Zeichen gefragt und zudem das Element „sehen" eingeschaltet. Im Kontext der Zeichenforderung geht es nicht darum, *an* Jesus zu glauben (πιστεύειν εἰς τίνα wie in Joh 9,36), sondern *ihm* zu glauben (πιστεύειν τίνι). Das geforderte Zeichen[14] soll beweisen, dass das Gesagte wahr und glaubwürdig ist.[15] Dieser Kontext fehlt in EvThom 91. Joh 8,25 bleibt knapper und beschränkt sich auf eine eingliedrige Frage; das Element „glauben" fehlt völlig. Eine kontextuelle Parallele besteht allenfalls noch darin, dass nach der Frage in Joh 8,25, die ja auf einem Missverständnis des absoluten ἐγώ εἰμι basiert,[16] die Kommunikation abbricht: Auch die Frage in EvThom 91,1 erhält keine

---

13 Dieses Urteil setzt voraus, dass das koptische ϢΙΝΑ ΕΝΑⲢⲠⲒⲤⲦⲈⲨⲈ ⲈⲢⲞⲔ tatsächlich korrekt mit „damit wir *an dich* glauben" übersetzt ist. Die koptischen Übersetzungen von Joh 6,30; 9,36 zeigen, dass ⲠⲒⲤⲦⲈⲨⲈ ⲈⲢⲞ= sowohl für πιστεύειν τίνι (Joh 6,30) als auch für πιστεύειν εἰς τίνα (Joh 9,36) stehen kann. Die Entscheidung hängt von der gestellten Bedingung ab: Wenn hinter der Formulierung von EvThom 91,1 ein griechisches ἵνα πιστεύσωμέν σοι stehen sollte („Sag uns, wer du bist, damit wir dir glauben."), würde die Frage als gegeben voraussetzen, dass Jesus unbedingt glaubwürdig ist bzw. dass die Fragesteller in jedem Falle bereit sind, ihm zu glauben, was er über sich sagt. Abgesehen davon, dass diese Frage schon an und für sich nicht weiterführend erscheint, könnte sie wohl kaum die Antwort in EvThom 91,2 hervorrufen bzw. auf diese hin formuliert sein. In Joh 6,30 ist der Gedanke ein anderer, denn dort wird verlangt, dass Jesus mit einem sichtbaren Zeichen seine Glaubwürdigkeit (bzw. die Glaubwürdigkeit seiner Worte) unter Beweis stellen möge. In EvThom 91,1 wird dagegen kein (bestätigendes) Zeichen, sondern eine Aussage verlangt, die das πιστεύειν ermöglichen soll. Wahrscheinlicher ist daher, dass hinter der koptischen Formulierung in EvThom 91,1 ein griechisches ἵνα πιστεύσωμεν εἰς σέ steht.
14 Nach Schnackenburg: *Johannesevangelium* II, 52–53 zeigt sich der Unglaube der Menge am deutlichsten im Nachsatz: „Was tust du?" – als ob Jesus sich ihren Glauben erarbeiten müsste.
15 Eine gewisse Ironie liegt darin, dass Jesus unmittelbar davor, in Joh 6,29, zum Glauben *an ihn* als Gottes Gesandten aufgerufen hat, während die Menge in der Zeichenforderung „nur" *ihm* glauben will, also zugestehen, dass er die Wahrheit gesagt hat. Das Glauben *an* Jesus scheint außerhalb ihre Horizonts zu liegen; vgl. auch Barrett: *Gospel According to St John*, 239; Theobald: *Evangelium nach Johannes 1–12*, 458.
16 Vgl. Barrett: *Gospel According to St John*, 283; Brown: *John i–xii*, 350; Bauckham: „Monotheism", 156 (= *Testimony*, 245); Thyen: *Johannesevangelium*, 427; anders Schnackenburg: *Johannesevangelium* II, 254; Theobald: *Evangelium nach Johannes 1–12*, 581: Es handle sich um eine herausfordernd-herablassende Frage.

adäquate Antwort. Anders gewendet: Joh 6,30; 8,25 ergeben höchstens zusammengenommen die Frage von EvThom 91,1.

Im Vergleich mit Joh 9,36 gibt es hingegen keine Leerstellen und keine Einschübe, die Frage ist in EvThom 91,1 lediglich grammatikalisch angepasst als direkte Frage in der 2. Person,[17] die nicht von einem Einzelnen, sondern von einer Gruppe gestellt wird; daher der Plural im Finalsatz. Letzteres mag dadurch bedingt sein, dass die beiden anderen Parallelen aufgrund ihrer Thematik im Hintergrund präsent bleiben: Die Frage in Joh 9,36 erhält ja sofort eine adäquate Antwort, und indem der vormals Blinde in Joh 9,38 seinen Glauben ausspricht, erreicht das Gespräch sein Ziel. Im Kontext von Joh 6,30; 8,25 wie auch in EvThom 91 kann man hingegen kaum von gelingender Kommunikation sprechen. Die Gesprächspartner Jesu sind nicht wirklich bereit, ihm oder gar an ihn zu glauben, daran ändern auch die anschließenden Reden bzw. Streitgespräche nichts. Zwar heißt es in Joh 8,30, dass auf das Gesagte hin (wohl Joh 8,28–29) viele an Jesus glaubten, doch das Gespräch Jesu mit den gläubig gewordenen „Juden", das sich ab Joh 8,31 entspinnt, verläuft desaströs; davon, dass diese an ihn (8,30) bzw. ihm (8,31) glauben, ist im Verlauf nichts mehr zu merken.[18] Am Ende des Streitgespräches, in Joh 8,59, ist die Kommunikation klar gescheitert. Das bedeutet: Die Gesprächssituation in EvThom 91 ähnelt den Streitgesprächen von Joh 6 und Joh 8, aber die Gesprächspartner Jesu sprechen wie der vormals Blinde in Joh 9,36. Das dürfte daran liegen, dass dort die Frage umfassend und relativ unabhängig von einem erzählerischen Kontext formuliert ist. EvThom 91,1 greift also nicht nur Formulierungen aus Joh 9,36 auf, sondern reflektiert und verdichtet insgesamt den Diskurs über die Identität Jesu, der die Streitgespräche in Joh 5–10 durchweg bestimmt. Aus diesen Beobachtungen und Überlegungen lässt sich folgern, dass in EvThom 91,1 das Johannesevangelium rezipiert wird. Dafür spricht auch, dass die Frage EvThom 91,1 wie ein Fremdkörper im Logion steht und, wie oben dargelegt, dem Logion erst später zugewachsen sein dürfte. Aus eben diesem Grunde ist die umgekehrte Rezeptionsrichtung (in Joh 9,36 werde EvThom 91,1 rezipiert) unwahrscheinlich, zumal die johanneischen Parallelstellen keine Spur der Antwort (EvThom 91,2) erkennen lassen. Diese relativ eindeutige Lage macht die Annahme über-

---

[17] In Joh 9,35 hatte Jesus erst etwas rätselhaft in der 3. Person vom Menschensohn gesprochen; daraus erklärt sich, dass der vormals Blinde seine Gegenfrage auch in der 3. Person formuliert.
[18] Vgl. dazu auch LINCOLN: *Gospel According to St John*, 268; positiver MOLONEY: *Gospel of John*, 271. Nach SCHNACKENBURG: *Johannesevangelium* II, 259 ist Joh 8,30 lediglich die Überleitung zum Dialog mit den (schon länger) gläubig gewordenen „Juden" ab Joh 8,31.

B. Durchführung

flüssig, dass EvThom 91 und das Johannesevangelium sich hier auf eine gemeinsame Tradition bezögen.

Oben wurde bereits erörtert, dass die grammatikalischen Unterschiede zwischen EvThom 91,1 und Joh 9,36 durch den Kontext von EvThom 91 mit der pluralisch formulierten Antwort in 91,2 sowie durch die thematische Parallele mit Joh 6,30; 8,25 bedingt sind. Von diesen geringfügigen Modifikationen abgesehen, kann man aber von einer Textübernahme sprechen.[19] Im Rahmen der in dieser Untersuchung verwendeten Kategorien handelt es sich also um eine direkte Bezugnahme auf Joh 9,36, näherhin um eine explizite Anspielung. Der Übersicht halber wird dieses angepasste „Zitat" dennoch als Übereinstimmung im Wortlaut klassifiziert, denn die Übereinstimmung ist doch zu stark, als dass man das Logion schon in die Klasse der thematischen Übereinstimmung einordnen könnte. Die Bezugnahme auf Joh 6,30; 8,25 ist hingegen „nur" thematischer Art.

Abschließend ist zu fragen, was daraus für das theologische Verständnis von EvThom 91 folgt. Dass das Logion für die Frage nach der Identität Jesu das Johannesevangelium zitiert, bedeutet ja nicht automatisch, dass es sich auch die Christologie des Johannesevangeliums zu Eigen macht. Die Frage, die in Joh 9,36 zur Selbstoffenbarung Jesu führt und damit den Fragenden zum Glauben bringt, wird ja in EvThom 91, wie gesehen, als falsch gestellt abgetan. Auf den Wunsch, zu *glauben*, geht Jesus in EvThom 91,2 gar nicht ein, sondern er wirft den Fragestellern vor, dass sie „das, was vor euch ist"[20] – also auf der Ebene des Endtextes ihn selbst – nicht *erkannt*

---

19 Vgl. dazu auch T. NAGEL: *Rezeption des Johannesevangeliums*, 37.
20 Die koptische Formulierung ⲡⲉⲧⲛ̄ⲡⲉⲧⲛ̄ⲙ̄ⲧⲟ ⲉⲃⲟⲗ ⲙ̄ⲡⲉⲧⲛ̄ⲥⲟⲩⲱⲛϥ ist mehrdeutig, denn in Ermangelung eines Neutrums kann der maskuline Artikel im Koptischen sowohl das Maskulinum als auch das Neutrum bezeichnen. Es gibt also zwei Übersetzungsmöglichkeiten. Die meisten Autoren übersetzen: „*Der* welcher vor euch ist, ihr habt *ihn* nicht erkannt"; vgl. *Evangelium nach Thomas*, 49; MÉNARD: *L'Évangile selon Thomas*, 71; LAYTON: *Gnostic Scriptures*, 396; LAMBDIN: „Gospel According to Thomas", 87; BLATZ: „Das koptische Thomasevangelium", 111; MEYER: „Gospel of Thomas", 150; BETHGE: „Evangelium Thomae Copticum", 541; SCHRÖTER/BETHGE: „Evangelium nach Thomas", 178 (= AcA I/1, 519–520); DECONICK: *Original Gospel of Thomas in Translation*, 260; PLISCH: *Thomasevangelium*, 218; HEDRICK: *Unlocking the Secrets*, 198; GROSSO: *Vangelo secondo Tommaso*, 99.238; GATHERCOLE: *Gospel of Thomas*, 533.534. Dadurch wird wenigstens ein annähernder Zusammenhang zwischen Frage und Antwort hergestellt; vgl. auch PLISCH: *Thomasevangelium*, 219; PATTERSON: „Apocalypticism or Prophecy", 809 (= *Gospel of Thomas and Christian Origins*, 227). Andere übersetzen neutrisch: „*Das*, was vor euch ist, ihr habt *es* nicht erkannt"; vgl. LEIPOLDT: „Ein neues Evangelium?", 491; NORDSIECK: *Thomas-Evangelium*, 330. Damit wird das Missverhältnis zwischen Frage und Antwort deutlicher betont. Nach der Mehrheitsposition wird das Logion in seiner heutigen Form insgesamt plausibler, doch die Spannung innerhalb des Logions wird

haben.[21] Die johanneischen Schriften versuchen, Erkenntnis und Glauben zusammenzudenken (vgl. v. a. Joh 6,69; 17,8; 1 Joh 4,16), so dass der Glaube mit der Erkenntnis Jesu einhergeht, und auch die Frage in EvThom 91,1 scheint dieses Denken vorauszusetzen: Um an Jesus glauben zu können, muss man erkennen, wer er ist.[22] Das Thomasevangelium scheint hingegen mit dem Glauben nicht viel anfangen zu können:[23] Unser Logion ist der einzige Beleg für πιστεύω bzw. das Lehnwort ⲣ-ⲡⲓⲥⲧⲉⲩⲉ, und an dieser einen Belegstelle wird diese Haltung als inadäquat abgelehnt. Wichtiger wäre es, den gegenwärtigen (lebendigen? EvThom Prol.) Jesus zu erkennen. Doch in EvThom 91 geht es nicht einfach nur darum, den Glauben gegenüber der Erkenntnis abzuwerten. Die Fragesteller in EvThom 91,1 propagieren nicht den Glauben als etwas Formales, sondern sie verlangen von Jesus eine verbindliche Definition, wer er ist.[24] Mit seiner Antwort wehrt Jesus also eine propositionale Verengung des Glaubens ab, man könnte auch sagen: ein „Sicherheitsbedürfnis christologischen Wissens",[25] bei dem der je eigene und höchstpersönliche Zugang zu Jesus durch heteronom geprägte Formeln ersetzt wird. Anders als in Joh 9,36, treten in EvThom 91,1 die Fragesteller ja von sich aus mit ihrem Anliegen an Jesus heran und formulieren eine Bedingung für ihren Glauben. Anders als der vormals Blinde in Joh 9,36,[26] wissen sie schon, an wen sie sich wenden, und

---

auch damit nicht völlig beseitigt. Wenn man zudem den Kontext der „Wetterregel" und damit die Verwandtschaft von EvThom 91,2 mit Mt 16,2–3 par. Lk 12,54–56 (Q 12,54–56?) in Rechnung stellt, scheint es insgesamt doch angemessener, hier hinter dem ambivalenten koptischen Maskulinum ein griechisches Neutrum zu vermuten. Mit anderen Worten: EvThom 91,2 will keine Antwort auf eine christologische Frage geben, sondern kritisiert die geringe Erkenntnisfähigkeit der Fragenden.

21 Das ist aber nicht als Beleg für die Vorstellung vom „verborgenen Messias" zu werten; so etwa QUISPEL: „Qumran, John and Jewish Christianity", 145 (= *Gnostic Studies* II, 219).

22 Vgl. PASQUIER/VOUGA: „Genre littéraire", 350; speziell als Deutung von Joh 9,36 WENGST: *Johannesevangelium* 1, 383.

23 Vgl. RILEY: *Resurrection Reconsidered*, 120; MARJANEN: „Portrait of Jesus", 214.

24 Darin mag man den sachlichen Unterschied zu Joh 6,30 sehen, wo ein Zeichen, also eine Tat, verlangt wird; vgl. KASSER: *L'Évangile selon Thomas*, 106.

25 RAU: „Jenseits von Raum, Zeit und Gemeinschaft", 145.

26 Dort reagiert der vormals Blinde mit seiner Frage auf die vorausgehende Frage Jesu: „Glaubst du an den Menschensohn?" (Joh 9,35). Er mag ahnen, wer ihm gegenübersteht (vgl. SCHNACKENBURG: *Johannesevangelium* II, 322), aber entscheidend ist, dass er Jesus nicht mit dem Menschensohn zusammenbringt, an den er glauben möchte. Damit hat seine Frage im erzählerischen Duktus von Joh 9,35–38 eine andere Bedeutung als die Frage in EvThom 91,1.

B. Durchführung

sie verlangen von ihm ein autoritatives Wort über seine Identität. Der Autor von EvThom 91,1 hat demnach die Frage von Joh 9,36 aus ihrem erzählerischen Kontext herausgelöst und zu einer herausfordernden Anfrage im Stile von Joh 8,25 gemacht. Er scheint damit einen komplexeren christologischen Diskurs zugespitzt zu karikieren.[27] Vielleicht stieß er sich ja an doktrinären Verhärtungen, wie sie etwa im 2. Johannesbrief (2 Joh 7–11) begegnen.

Also: Allem Anschein nach baut der Autor von EvThom 91 nicht primär einen Gegensatz zwischen Glauben und Erkenntnis auf, sondern wendet sich gegen die Beschränkung des Glaubens bzw. der Erkenntnis Jesu auf doktrinäre bzw. „akademische" Definitionen.

d) Fazit zu EvThom 91

Das dialogisch aufgebaute Logion EvThom 91 ist allem Anschein nach nicht aus einem Guss entstanden. Einem älteren Jesuswort ist – wohl aus gegebenem Anlass – eine falsch gestellte Frage zugewachsen, und so hat das Logion aus dem Feld der synoptischen Tradition die neue Funktion erhalten, ein unangemessenes Anliegen zurückzuweisen. Die Formulierung dieses Anliegens – „Sag uns, wer du bist, damit wir an dich glauben." – hat ihre nächste Parallele in Joh 9,36. Das Verhältnis der beiden Texte ist, unbeschadet kleinerer Anpassungen, so zu verstehen, dass EvThom 91,1 aus dem Johannesevangelium zitiert, und zwar nicht nur den isolierten Satz aus Joh 9,36, sondern als Hintergrund auch die Streitgespräche von Joh 5–10, die sich ja weitgehend um die Identität Jesu drehen. In diesem Kontext finden sich noch zwei weitere, entferntere Parellelen zu EvThom 91,1: Joh 6,30; 8,25. Indem der Autor von EvThom 91 die Bitte des vormals Blinden von Joh 9,36 aus ihrem Kontext herausnimmt und isoliert seinem überlieferten Logion voranstellt, macht er sie zu einem unangemessenen Anliegen, das Bedingungen für den Glauben formuliert bzw. den Glauben auf propositionale Aussagen und Formeln verengt. Demgegenüber propagiert er die unmittelbare Erkenntnis Jesu – wie immer er sich diese in seiner Zeit konkret vorstellte. Für unsere Fragestellung ist jedenfalls festzuhalten: Hier haben wir eine veritable, bis in den Wortlaut reichende Anspielung auf das Johannesevangelium.

---

27 Vgl. ZÖCKLER: *Jesu Lehren im Thomasevangelium*, 249.

34. Logion 92

(1) ⲡⲉϫⲉ ⲓ̅ⲥ̅ ϫⲉ ϣⲓⲛⲉ ⲁⲩⲱ ⲧⲉⲧⲛⲁϭⲓⲛⲉ	(1) Jesus sagte: Sucht, und ihr werdet finden.
(2) ⲁⲗⲗⲁ ⲛⲉⲧⲁⲧⲉⲧⲛ̅ϫⲛⲟⲩⲉⲓ ⲉⲣⲟⲟⲩ ⲛ̅ⲛⲓϩⲟⲟⲩ ⲉⲙⲡⲓϫⲟⲟⲩ ⲛⲏⲧⲛ̅ ⲙ̅ⲫⲟⲟⲩ ⲉⲧⲙ̅ⲙⲁⲩ ⲧⲉⲛⲟⲩ ⲉϩⲛⲁⲓ̈ ⲉϫⲟⲟⲩ ⲁⲩⲱ ⲧⲉⲧⲛ̅ϣⲓⲛⲉ ⲁⲛ ⲛ̅ⲥⲱⲟⲩ	(2) Aber die Dinge, nach denen ihr mich gefragt habt an diesen Tagen, habe ich euch nicht gesagt an jenem Tag – jetzt will ich sie sagen, und ihr sucht nicht nach ihnen.

Der Anfang von EvThom 92 hat keine wirkliche Beziehung zum Johannesevangelium. Das sprichwörtliche[1] „Sucht, und ihr werdet finden" findet sich wortwörtlich in Mt 7,7 par. Lk 11,9 (Q 11,9). Im Thomasevangelium fügt es sich trefflich in das Ethos des Suchens ein, wie es sehr prominent in EvThom 2 begegnet.

In EvThom 92,2 finden einige Autoren jedoch Parallelen zu den Abschiedsreden des Johannesevangeliums, namentlich Joh 16,4–5.12–13.23.[2] Auch dort geht es um die didaktische Entscheidung Jesu, den Jüngern bestimmte Dinge vorerst nicht zu sagen: Nach 16,4–5 war es zur Zeit seiner physischen Gegenwart (noch) nicht nötig, die Jünger auf bevorstehende Verfolgung vorzubereiten, wie es in 16,2–3 geschieht. Dem entspricht aber kein Fragen, sondern in 16,5 moniert Jesus gerade, dass die Jünger ihn nicht fragen, wohin er gehe. In 16,12–13 setzt Jesus grundsätzlicher an: Für manches, was er seinen Jüngern eigentlich zu sagen hätte, sind sie noch nicht reif. Die Offenbarung ist also nicht abgeschlossen, sondern sie ist offen für die Zukunft, und in der Zukunft liegt ein Mehrwert, die „ganze Wahrheit", in der oder durch die der Paraklet die Jünger führen wird. In Joh 16,23 wird hingegen ein Ausblick auf die nachösterliche Zukunft geboten, wenn die Jünger Jesus nichts mehr fragen werden, weil der Paraklet sie auf seine Weise „in der ganzen Wahrheit" führt (16,13)[3] und dabei eine

---

1 Bei diesem prägnanten Wort wäre es problematisch, aus der Übereinstimmung im Wortlaut ein literarisches Verhältnis zu Q, Matthäus oder Lukas zu erschließen.
2 Vgl. FIEGER: *Thomasevangelium*, 239; NORDSIECK: *Thomas-Evangelium*, 334; GROSSO: *Vangelo secondo Tommaso*, 239; ebenso GRANT/FREEDMAN: *Secret Sayings of Jesus*, 186; BROWN: „Gospel of Thomas", 171–172; SCHRAGE: *Verhältnis des Thomas-Evangeliums zur synoptischen Tradition*, 177; MÉNARD: *L'Évangile selon Thomas*, 193; HEDRICK: *Unlocking the Secrets*, 159; ähnlich PLISCH: *Thomasevangelium*, 221: „eine sicher sekundäre Fortsetzung im johanneischen Stil".
3 Manche Autoren möchten hier den Unterschied zwischen den Präpositionen εἰς und ἐν, gemäß dem Sprachgebrauch der Koine, nivellieren; vgl. BROWN: *John xiii–xxi*, 707; SCHNACKENBURG: *Johannesevangelium* III, 153; ähnlich anscheinend

B. Durchführung

neue Form der Begegnung mit Jesus in Aussicht stellt (16,16.22). Während hier also das zukünftige Nicht-*Fragen* durchaus positiv konnotiert ist, erscheint das gegenwärtige Nicht-*Suchen* in EvThom 92,2 als etwas Beklagenswertes: Es hindert Jesus, das zu sagen, was er zu sagen hat.[4] Das Nicht-Fragen von Joh 16,23 und das Nicht-Suchen von EvThom 92 sind also nicht gleichzusetzen.[5] Das spricht gegen Rodolphe Kassers Einschätzung, dass EvThom 92 das, was nach Joh 16 noch in der Zukunft liegt, in die Gegenwart versetze.[6] Nach EvThom 92 haben die Jünger nicht schon ein Stadium erreicht, in dem sie *nicht mehr* fragen müssen, sondern sie haben *noch gar nicht* mit dem Suchen begonnen – was nach EvThom 2; 92,1 doch eigentlich ihre Aufgabe wäre.

Die terminologischen Differenzen (suchen vs fragen) und die unterschiedlichen Zeitkonzeptionen machen es schwierig, in EvThom 92,2 eine direkte Verbindung zu den johanneischen Schriften zu sehen. Daher sehen manche Autoren unser Logion näher bei nachösterlichen Dialogen wie dem „Dialog des Erlösers" (NHC III,5) oder dem apokryphen Brief des Jakobus (NHC I,2) – oder aber bei ActJoh 98:[7] Letzterer Text – es handelt sich um die Vision des Lichtkreuzes – liegt insofern auf der Linie von EvThom 92,2, als Jesus auch hier einen Zuhörer benötigt: „Johannes, es ist nötig, dass einer dieses von mir hört. Einen brauche ich nämlich, der hören

---

auch MOLONEY: *Gospel of John*, 446. Andere bestehen dagegen auf einem zumindest geringfügigen Bedeutungsunterschied, wonach die Lesart εἰς τὴν ἀληθείαν πᾶσαν (so v. a. A B sowie Origenes) eine Hinführung zur Erkenntnis der ganzen Wahrheit bedeutet, während die Lesart ἐν τῇ ἀληθείᾳ πάσῃ (so v. a. ℵ D W it und NA[27.28]) sich auf die Wahrheit als einen Bereich, den Lebensraum der Jünger, bezieht; vgl. BARRETT: *Gospel According to St John*, 407–408; ZUMSTEIN: *L'Évangile selon Saint Jean (13–21)*, 139 Anm. 61.

4 Vgl. dazu auch PLISCH: *Thomasevangelium*, 221: „Der ungebrochene Optimismus der Zusage in Satz 1, an dem in der Auslegungsgeschichte der neutestamentlichen Parallelen immer wieder Anstoß genommen wurde, wird somit in gewisser Weise abgemildert." Einen anderen Akzent findet man bei WATSON: *Gospel Writing*, 361–364: Die Entscheidung, bestimmte Dinge zu einem bestimmten Zeitpunkt zu offenbaren, liegt bei Jesus; die Jünger haben sich durch ständiges Suchen und Fragen darauf einzustellen.

5 Der Unterschied wäre sogar noch größer, wenn man ἐρωτάω in Joh 16,23 im Sinne von „bitten" als Synonym von αἰτέω verstehen würde; vgl. dazu MOLONEY: *Gospel of John*, 452. Dagegen spricht aber die Gesprächssituation in Joh 16, wo es ja gerade um Frage und Antwort geht. Für eine Differenzierung des Gesprächsganges Joh 16,23–30 nach den Themenfeldern „Offenbarung" und „Gebet" vgl. WATSON: *Gospel Writing*, 362–363.

6 Vgl. KASSER: *L'Évangile selon Thomas*, 106–107.

7 Vgl. H. KÖSTER: „Dialog und Spruchüberlieferung", 553; ähnlich, aber nicht so entschieden ATTRIDGE: „‚Seeking' and ‚Asking'", 299.

wird."[8] Den gleichen Gedanken findet man auch im manichäischen Herakleides-Psalm 4 Her 1,9–10 (Mani-Ps. II 187,24–29),[9] wo der Auferstandene Maria (Magdalena)[10] beauftragt, Petrus an sein (schon am Ölberg gesprochenes) Wort zu erinnern: „Ich habe etwas, das ich sagen werde, ich habe niemanden, dem ich es sagen werde."[11] Das Moment des (aktiven) Fragens ist dabei aber auch hier weggefallen, es geht nur um das Hören. Gemeinsam ist diesen Texten und EvThom 92,2 aber, dass Jesus als Sprecher bereitwillige Zuhörer benötigt. Angesichts dessen erscheint es fraglich, ob unser Logion wirklich, wie Reinhard Nordsieck annimmt,[12] mit EvThom 38 verwandt ist. Dort ist der Gedankengang gerade umgekehrt: Die bereitwilligen Hörer sind da, doch es fehlt der Sprecher (s. o. B.II.17).[13]

Damit bleibt festzuhalten: EvThom 92 hat keinen eindeutigen, spezifischen Bezug zu den johanneischen Schriften, nähere Parallelen finden sich in anderen frühchristlichen Diskursen. Daher wird man das gemeinsame Motiv vom Nicht-Fragen und Nicht-Sagen, das EvThom 92 und Joh 16 verbindet, als thematische Analogie verstehen.

---

8 ActJoh 98: Ἰωάννης, ἕνα δεῖ παρ' ἐμοῦ ταῦτα ἀκοῦσαι· ἑνὸς γὰρ χρῄζω τοῦ μέλλοντος ἀκούειν.
9 Für eine Übersicht über die verschiedenen Psalmengruppen und ihre Zitierweise vgl. etwa S. G. RICHTER: *Aufstiegspsalmen*, 100–101.
10 Damit nimmt sie erzählerisch und formgeschichtlich die Rolle eines Jüngers ein; vgl. S. G. RICHTER: „Untersuchungen zu Form und Inhalt", 260–261.
11 4 Her 1,10. Im Koptischen beinhaltet dies ein prägnantes Wortspiel: ⲟⲩⲛ̄ⲧⲏⲓ̈ ⲡⲉϯⲛⲁϫⲟⲟϥ· ⲙⲛ̄ⲧⲏⲓ̈ ⲡⲉϯⲛⲁϫⲟⲟϥ ⲁⲣⲁϥ. Auch aus diesem Grund dürfte es sich um ein geprägtes Logion handeln; vgl. dazu auch S. G. RICHTER: „Untersuchungen zu Form und Inhalt", 257–258; DERS.: *Herakleidespsalmen*, 52 mit Anm. 77. Letztlich könnte dieses Logion bereits ActJoh 98 rezipieren; vgl. DERS.: „Untersuchungen zu Form und Inhalt", 258 Anm. 44 (nach DEMS: *Herakleidespsalmen*, 59 ist 4 Her 1 im letzten Viertel des 3. Jahrhunderts entstanden).
12 Vgl. NORDSIECK: *Thomas-Evangelium*, 334; ähnlich auch GROSSO: *Vangelo secondo Tommaso*, 239–240.
13 Nach GATHERCOLE: *Gospel of Thomas*, 536 unterscheiden sich die beiden Logien zudem in ihrer Zeitstellung: EvThom 38 warnt vor der Zukunft, in der Jesus nicht mehr zur Verfügung stehen wird, während EvThom 92 das Fehlen von interessierten Zuhörern in der Gegenwart beklagt.

B. Durchführung

35. Logion 108

(1) ⲡⲉϫⲉ ⲓ̅ⲥ̅ ϫⲉ ⲡⲉⲧⲁⲥⲱ ⲉⲃⲟⲗ ϩⲛ̅ ⲧⲁⲧⲁⲡⲣⲟ ϥⲛⲁϣⲱⲡⲉ ⲛ̅ⲧⲁϩⲉ	(1) Jesus sagte: Wer trinken wird von meinem Mund, wird werden wie ich.
(2) ⲁⲛⲟⲕ ϩⲱ ϯⲛⲁϣⲱⲡⲉ ⲉⲛⲧⲟϥ ⲡⲉ	(2) Ich selbst werde er werden,
(3) ⲁⲩⲱ ⲛⲉⲑⲏⲡ` ⲛⲁ`ⲟⲩⲱⲛϩ ⲉⲣⲟϥ`	(3) und die verborgenen Dinge werden sich ihm offenbaren.

a) EvThom 108 innerhalb des Thomasevangeliums

EvThom 108 mag innerhalb des Thomasevangeliums als „ein auffälliger und eigenartiger Solitär"[1] gelten, denn diese Weiterführung der frühchristlichen Quell- und Trinkmetaphorik wirkt in ihrer Zuspitzung doch recht extravagant. Dennoch ist das Logion nicht völlig isoliert, denn das Trinken von Jesus ist auch das Leitmotiv in EvThom 13,5 (s. o. B.II.6.b). Ist in EvThom 13 davon die Rede, dass Thomas von der Quelle getrunken hat, die Jesus erschlossen hat, so stellt EvThom 108 jedem Leser in Aussicht, vom Munde Jesu zu trinken und so mit ihm identisch zu werden. Häufig werden EvThom 13 und EvThom 108 sogar explizit in Beziehung gesetzt: In EvThom 13,5 hat Thomas das erreicht, was EvThom 108 allen Lesern des Thomasevangeliums in Aussicht stellt. Damit stellt EvThom 108 eine Ausweitung und Anwendung des in EvThom 13,5 Referierten dar,[2] umgekehrt erscheint Thomas als Idealtypus des Jüngers.[3] Einige Autoren folgern sogar aus der Zusammenschau von EvThom 13 und 108, dass Thomas, indem er aus der sprudelnden Quelle (EvThom 13) bzw. vom Munde Jesu trinkt und dadurch wie Jesus wird (EvThom 108), das Programm seines Namens (תאומא bzw. Δίδυμος) als Zwilling Jesu einlöst.[4] Hier erheben sich freilich einige Einwände: Das Zwillingsmotiv spielt ja im Thomasevangelium keine Rolle;[5] wenn man Logien des Thomasevangeliums in diesem Sinne interpretieren will, muss man das Thomas-Bild der Thomasakten und

---

1 PLISCH: *Thomasevangelium*, 250.
2 Vgl. NORDSIECK: *Thomas-Evangelium*, 375; GROSSO: „Matter of Life and Death", 555; ähnlich DERS.: *Vangelo secondo Tommaso*, 256.
3 Vgl. PATTERSON: *The Gospel of Thomas and Jesus*, 206; DUNDERBERG: *The Beloved Disciple in Conflict?*, 162–163; POPKES: *Menschenbild des Thomasevangeliums*, 173; JANSSEN: „Evangelium des Zwillings?", 235.
4 Vgl. RAU: „Jenseits von Raum, Zeit und Gemeinschaft", 142–143; PERRIN: *Thomas*, 49; JANSSEN: „Evangelium des Zwillings?", 232–236.
5 Sicher greifbar ist es nur in der Namensform ⲇⲓⲇⲩⲙⲟⲥ ⲓⲟⲩⲇⲁⲥ ⲑⲱⲙⲁⲥ in der koptischen Version (NHC II 32,11–12); vgl. dazu die Ausführungen zum Prolog (B.II.1e).

des Thomasbuches (NHC II,7) in das Thomasevangelium hineinlesen. Andererseits ist der Gedanke der Angleichung an bzw. Gleichförmigkeit mit Jesus im Neuen Testament häufiger bezeugt, ohne dass dabei das Zwillingsmotiv eine Rolle spielte (Röm 8,28–30; Gal 2,20; Phil 3,10.21; ähnlich 1 Joh 3,1–2).[6] Weiterhin könnte man auch auf OdSal 7,4[7] hinweisen, sofern diese Stelle christologisch zu verstehen ist.[8] In EvThom 108 selbst spricht die Weiterführung des Gedankens in 108,2 gegen ein Zwillingsmotiv: Hier ist deutlich mehr ausgesagt, nämlich personale Identifikation.[9] Diese Beobachtung spricht auch gegen eine allzu enge Verbindung unseres Logions mit EvThom 13. Dort wird nicht gesagt, dass Thomas wie Jesus geworden sei oder gar, dass Jesus zu Thomas geworden sei; Jesus stellt nur fest, dass Thomas gewissermaßen ausgelernt hat und er somit nicht (mehr) sein Meister ist. Obwohl also beide Logien mit dem Bildfeld des Trinkens arbeiten, sagen sie nicht dasselbe aus.

Mit seinem Gedanken der Gleichwerdung bzw. Identität mit Jesus hat EvThom 108 allerdings beachtliche Parallelen im gnostischen Bereich.[10] Gleich im Anschluss an das koptische Thomasevangelium in NHC II finden wir im Philippusevangelium ein Logion, das den Hintergrund von EvThom 108 illustrieren kann:

> EvPhil (NHC II,3) 61,20–35: „Es ist nicht möglich, dass jemand etwas sieht von den Dingen, die fest sind, wenn jener nicht wird wie jene. So ist es nicht mit dem Menschen, sofern er in der Welt ist: Er sieht die Sonne, ohne dass er die Sonne ist, und er sieht den Himmel und die Erde und alle anderen Dinge; er ist nicht jene. So verhält es sich in Wahrheit. Aber du hast etwas gesehen von jenem Ort, du bist zu jenen Dingen

---

6 Vgl. dazu EISELE: *Welcher Thomas?*, 67.
7 OdSal 7,4 (übers. Lattke): „Er war wie ich, damit ich ihn annähme, / an Gestalt erschien er wie ich, damit ich ihn anlegte."
8 Nach LATTKE: *Oden Salomos* 1, 106–107 ist hier nicht von der Inkarnation die Rede, sondern der Gedanke der Gleichheit und Abbildlichkeit (vor allem im Stichwort ܕܡܘܬܐ/$d^e m\hat{u}th\bar{a}$') greife Gen 1,26–27 auf. Dagegen spricht allerdings, dass in OdSal 7,4 nicht Gott das Maß ist (dann müsste es z. B. heißen: „Ich wurde wie er"), sondern der Mensch, dem sich das göttliche Wesen akkommodiert. Schließlich stellt die Metapher des Anziehens (ܠܒܫ/$l^e\underline{b}e\check{s}$) mit personalem Objekt eine nicht zu vernachlässigende Verbindung zum paulinischen Sprachgebrauch her (v. a. Röm 13,14; Gal 3,27). Das spricht doch eher für ein christologisches Verständnis.
9 Mit GATHERCOLE: *Gospel of Thomas*, 590 gesprochen, ist dies ein „strong reading" des Logions, das sich vor allem auf EvThom 108,2 stützt und weniger auf den Zusammenhang mit anderen Logien im Thomasevangelium. – Zur Kritik an der Vorstellung vom Zwillingsmotiv in EvThom 108 vgl. ebd., 590–591.
10 Vgl. zum Folgenden auch GRANT/FREEDMAN: *Secret Sayings of Jesus*, 193; POPKES: *Menschenbild des Thomasevangeliums*, 176–178.

B. Durchführung

geworden (ⲁⲗⲗⲁ ⲁⲕⲛⲁⲩ ⲉⲗⲁⲁⲩ ⲛ̅ⲧⲉ ⲡⲙⲁ ⲉⲧⲙ̅ⲙⲁⲩ ⲁⲕϣⲱⲡⲉ ⲛ̅ⲛⲉⲧⲙ̅ⲙⲁⲩ). Du hast den Geist gesehen, du bist Geist geworden. Du hast Christus gesehen, du bist Christus geworden. Du hast den Vater gesehen, du wirst Vater werden. Deshalb siehst du an diesen Orten alle Dinge, und du siehst nicht dich selbst. Du siehst dich aber an jenem Ort. Was du nämlich siehst, wirst du werden (ⲡⲉⲧⲕⲛⲁⲩ ⲅⲁⲣ ⲉⲣⲟϥ ⲉⲕⲛⲁϣ[ⲱⲡⲉ ⲙ̅ⲙ]ⲟϥ)."

Im Unterschied zu EvThom 108,1 spielt hier das Trinken keine Rolle, sondern es geht um ein Sehen, das, anders als in der materiellen, sinnlich wahrnehmbaren Welt, den Erkennenden an das Erkannte angleicht. Der anschließende Gedanke von EvThom 108,2 findet eine nahe Parallele in einer Ansprache, mit der, nach dem Referat des Irenäus (Haer. 1,13,3), Marcus der Magier potenzielle Prophetinnen zum Weissagen bringen wollte:

> Irenäus, Haer. 1,13,3: „Mitteilen will ich dir von meiner Charis, weil ja der Vater von allem deinen Engel allezeit vor seinem Angesicht sieht. Der Ort der Größe ist in uns, es ist nötig, dass wir zum Einen werden. Empfange zuerst von mir und durch mich die Charis. Mache dich bereit wie eine Braut, die ihren Bräutigam erwartet, damit du sein wirst, was ich bin, und ich sein werde, was du bist (ἵνα ἔσῃ ὃ ἐγὼ καὶ ἐγὼ ὃ σύ). Lass den Samen des Lichtes sich setzen in deinem Brautgemach. Empfange von mir den Bräutigam, und nimm ihn auf, und lass dich aufnehmen in ihn. Siehe, die Charis ist herabgekommen auf dich. Öffne deinen Mund und weissage."

Hier wird der Gedanke der Vereinigung – dessen sexuelle Konnotation Irenäus im weiteren Verlauf zur Polemik sehr gelegen kam – weitergeführt zum Wechsel der Identität. Damit steht die Spitzenaussage von EvThom 108,2 im frühen Christentum nicht völlig allein, und sie wird auch noch durch eine weitere Stelle illustriert, die Epiphanios (Pan. 26,3,1) aus einem „Evangelium der Eva" wiedergibt:

> Epiphanios, Pan. 26,3,1: „Ich stand auf einem hohen Berg, und ich sah einen großen Menschen und einen anderen, klein gewachsenen, und ich hörte (etwas) wie die Stimme von Donner, und ich kam näher, um zu hören, und er redete zu mir und sagte: Ich bin du, und du ich, und wo du bist, dort bin ich, und in alles bin ich ausgesät, und von wo du auch willst, sammelst du mich, indem du aber mich sammelst, sammelst du dich selbst."[11]

---

[11] Epiphanios, Pan. 26,3,1: ... ἔστην ἐπὶ ὄρους ὑψηλοῦ καὶ εἶδον ἄνθρωπον μακρὸν καὶ ἄλλον κολοβόν, καί ἤκουσα ὡσεὶ φωνῆς βροντῆς καὶ ἤγγισα τοῦ ἀκοῦσαι καὶ

Unser Logion liegt also, zusammen mit dem von Epiphanios zitierten „Evangelium der Eva", in einer Linie frühchristlichen Denkens, die als mystisch gelten darf.¹² Ein kleiner Unterschied besteht allerdings darin, dass der angesprochene Mensch nicht einfach Jesus wird, sondern „nur" *wie* Jesus (ϥⲛⲁϣⲱⲡⲉ ⲛ̄ⲧⲁϩⲉ, „er wird werden wie ich").¹³ Von der Seite Jesu wird hingegen eine totale Identifikation ausgesagt (ⲁⲛⲟⲕ ϩⲱ ϯⲛⲁϣⲱⲡⲉ ⲉⲛⲧⲟϥ ⲡⲉ, „ich selbst werde er werden").¹⁴ Diese Aufhebung der distinkten Identität geht mit der Einsicht in verborgene Dinge einher. Man mag diese als eine vorweggenommene „Christifizierung" bezeichnen. Damit soll aber nicht das evolutive Weltbild Teilhard de Chardins in unser Logion hineingelesen werden. Es ist bemerkenswert genug, dass durch diese mystische „Christifizierung" der Mystiker nicht einfach vom Offenbarer unabhängig,¹⁵ sondern sogar mit dem Offenbarer identisch wird (wie immer das konkret vorzustellen sein mag). Indem ihm das Verborgene offenbar wird,¹⁶ kann er seinerseits autoritative Offenbarungsworte sprechen.¹⁷

b) EvThom 108 im Feld der frühchristlichen Quell- und Trinkmetaphorik

Das oben beschriebene Profil unseres Logions macht wenig Hoffnung, Bezugspunkte zum Johannesevangelium zu finden. Trotzdem zählt etwa Pierluigi Piovanelli EvThom 108 zu den Logien, die sich durch eine „tona-

---

ἐλάλησε πρός με καὶ εἶπεν· ἐγὼ σὺ καὶ σὺ ἐγώ, καὶ ὅπου ἐὰν ᾖς, ἐγὼ ἐκεῖ εἰμι, καὶ ἐν ἅπασίν εἰμι ἐσπαρμένος. καὶ ὅθεν ἐὰν θέλῃς, συλλέγεις με, ἐμὲ δὲ συλλέγων σεαυτὸν συλλέγεις.

12 Vgl. DeConick: *Seek to See Him*, 109–110; Hedrick: *Unlocking the Secrets*, 179.
13 In einer einschlägigen Passage des Kölner Mani-Codex (CMC p. 24,5–14) spricht hingegen Mani von einer totalen Identifikation mit seinem himmlischen Syzygos, v. a. p. 24,13–14: ἐπεμαρτύρησα δὲ ὅτι ἐγὼ ἐκεῖνος αὐτός εἰμι. Vgl. dazu Frenschkowski: „Zwillingsmythologie", 515.
14 Bei P. Nagel, *Codex apocryphus gnosticus* 1, 156 ist diese Spannung durch eine unnötige Konjektur eingeebnet: ⲁⲛⲟⲕ ϩⲱ ϯⲛⲁϣⲱⲡⲉ <ⲛ̄ⲧϩⲉ ⲉⲧ>|ⲉ ⲛⲧⲟϥ ⲡⲉ („ich selbst werde <wie> er werden"). Diese Konjektur nimmt dem Logion seine Sinnspitze und etabliert einen formalen Parallelismus, der im Kontext des Logions wenig aussagt: Dass Jesus wie der Trinkende wird, ist eigentlich eine Inkarnationsaussage, die aber als solche für den jeweiligen Trinkenden keine Bedeutung hat. Der erhaltene (und auch so zu lesende) Text hingegen formuliert in EvThom 108,2 die Konsequenz aus 108,1, so dass der Gedankengang fortgeführt wird.
15 So Kasser: *L'Évangile selon Thomas*, 116.
16 Es ist gut denkbar, dass EvThom 108,3 auf das Verständnis der „verborgenen Worte" Jesu, also der Logien des Thomasevangeliums (EvThom Prol.), anspielt; vgl. Hedrick: *Unlocking the Secrets*, 179. Dann wäre EvThom 108 (zumindest aber EvThom 108,3) der letzten Redaktionsstufe zuzuweisen.
17 Nach Rau: „Jenseits von Raum, Zeit und Gemeinschaft", 157 legitimiert EvThom 108 in Verbindung mit EvThom 13 die Produktion von neuen „Worten Jesu".

B. Durchführung

lité plus johannique"[18] auszeichnen. Dieser Klang liegt vor allem darin, dass Jesus sich hier, wie auch in EvThom 13, als Quelle darstellt und zum Trinken einlädt. Die nächste johanneische Parallele dazu ist Joh 7,37–38.[19] In diesem Punkt gehört unser Logion einem traditionsgeschichtlichen Feld an, in dem es zusammen mit EvThom 13 sehr nahe bei den Oden Salomos (OdSal 11; 30) liegt; die Nähe zum Johannesevangelium bzw. der diesem vorausliegenden Tradition ist nicht ganz so groß. Dieses Feld wurde bereits in den Ausführungen zu EvThom 13 (s. o. B.II.6.b) umrissen.

Innerhalb dieses Feldes scheint EvThom 108 noch näher bei den Oden Salomos zu liegen als EvThom 13 oder die einschlägigen Texte des Johannesevangeliums. Vor allem der etwas extravagante Gedanke vom Trinken vom Munde Jesu findet einen Kontext in OdSal 30,4–5, aber auch das „redende Wasser" von OdSal 11,6 könnte in diese Richtung weisen:

EvThom 13	EvThom 108	OdSal 11 (übers. Lattke)	OdSal 30 (übers. Lattke)
		⁶ Und das redende Wasser näherte sich meinen Lippen von der Quelle des Lebens des Herrn in dessen Neidlosigkeit.	
⁵ Weil du getrunken hast, bist du betrunken geworden von der sprudelnden Quelle;		⁷ Ich trank – und wurde trunken – unsterbliches Wasser, (8a) und meine Trunkenheit wurde nicht [zu] Vernunftlosigkeit.	
diese habe ich hervorgebracht.		[OdSal 11,6: „... von der Quelle des Lebens des Herrn ..."]	¹ Schöpft euch Wasser aus der lebendigen Quelle des Herrn, weil sie euch erschlossen („geöffnet") wurde.

---

18 Piovanelli: „Un gros et beau poisson", 295.
19 Vgl. auch Brown: „Gospel of Thomas", 172.

EvThom 13	EvThom 108	OdSal 11 (übers. Lattke)	OdSal 30 (übers. Lattke)
			[OdSal 30,2–4]
	¹ Der, welcher trinken wird von meinem Mund, wird werden wie ich.	[OdSal 11,6: „... das redende Wasser näherte sich meinen Lippen von der Quelle des Lebens des Herrn ..."]	⁵ weil sie von den Lippen des Herrn entspringt und aus dem Herzen des Herrn ihr Name [stammt].
			[OdSal 30,6–7]

So gesehen, liegt EvThom 108 noch näher bei den Oden Salomos als EvThom 13, und mit seiner Vorstellung der mystischen Einigung mit Jesus liegt das Logion dem Johannesevangelium sogar durchaus fern.[20] Dort, speziell an der Schlüsselstelle Joh 7,37–38, spricht Jesus lediglich die Einladung aus, zu ihm zu kommen und aus seinem Inneren lebendiges Wasser zu trinken. Nach johanneischer Konzeption ändert sich aber durch das Trinken nichts am Verhältnis zwischen Jesus und den Gläubigen. Die Vorstellung, dass jemand, der von dieser Quelle getrunken hat, keinen Meister mehr über sich habe (EvThom 13) oder gar Verborgenes erkennen und wie Jesus werden könnte (EvThom 108), kommt nicht in den Blick. Angesichts dieser Differenz wertete Helmut Koester Joh 7,37–38 als eine Neuformulierung eines traditionellen Logions, die das Ideal von EvThom 13; 108 korrigieren und Jesus als den *bleibenden* Spender des lebendigen Wassers propagieren soll.[21] Wenn das zuträfe, bestünde die Korrektur aber vor allem im Verschweigen. Das Johannesevangelium äußert sich ja nicht zu den Wirkungen des Trinkens und auch nicht zur Möglichkeit oder Unmöglichkeit mystischer Einheit mit dem Offenbarer. Höchstens der Erzählerkommentar Joh 7,39 wird etwas konkreter, doch der Verweis auf den Geist wäre nicht gerade hilfreich, um Vorstellungen wie in EvThom 13; 108 zu bestreiten: Nach den Parakletsprüchen der Abschiedsreden (Joh 14,16–17; 16,13–15) ist der Geist ja gerade eine Instanz, die über das Überlieferte hinaus einen eigenständigen Weg in die Zukunft eröffnet; das ließe sich gut mit EvThom 13; 108 harmonisieren. Einen wirklichen Gegensatz zur Trink-Metaphorik der beiden Logien baut Joh 7,37–39 also nicht auf.

---

20 Anders freilich AKAGI: *Literary Development*, 185–186: EvThom 108 sei durchaus mit der johanneischen Immanenz-Konzeption (z.B. Joh 14,20) vergleichbar.
21 Vgl. H. KOESTER: *Ancient Christian Gospels*, 116–117.

B. Durchführung

Einige Autoren setzen jedoch breiter an und verstehen das Johannesevangelium im Ganzen mit seiner Christologie und Soteriologie als gegen eine Thomas-Spiritualität gerichtet, wie sie in EvThom 108 begegnet. Das soll sich etwa in Joh 20,28 äußern, wo das Bekenntnis des Thomas zugleich seine Unterordnung unter Jesus ausdrückt,[22] oder überhaupt an allen Stellen, die von der bleibend einzigartigen Stellung Jesu (ganz deutlich Joh 1,18) handeln.[23]

Nun ist es sicher gut möglich, dass die antithetische Formulierung von Joh 1,18 eine andere, abzulehnende Position im Blick hat. Es wäre aber schwer zu begründen, dass diese und andere streitbare Formulierungen sich speziell gegen das Thomasevangelium, namentlich EvThom 108, richten. Die zentralen Themen von EvThom 108 (wie Jesus werden, Verborgenes erkennen) kommen im Johannesevangelium nicht zur Sprache, und dass das Johannesevangelium seine eigene Christologie entwickelt, stellt *per se* keine Polemik gegen eine andere Position dar. Auch von der negativen Seite her betrachtet, ist EvThom 108 bei näherem Hinsehen gar nicht so nah beim Johannesevangelium, wie es zunächst scheinen konnte.

c) Fazit zu EvThom 108

Mit seinem Ideal der Angleichung an Jesus bzw. der Identität mit ihm, scheint EvThom 108 die nächsten Parallelen im valentinianischen Bereich (nach Irenäus) zu haben. Eine spezifische Beziehung zwischen EvThom 108 und dem Johannesevangelium liegt, wie auch bei EvThom 13, nur in der christologischen Anwendung der alttestamentlichen Quell- und Trinkmetaphorik. Diese Form der Rezeption scheint das Markenzeichen eines Traditionsfeldes zu sein, zu dem neben EvThom 13, 108 auch die Oden Salomos gehören. Die Verbindung unseres Logions mit den Oden Salomos (speziell OdSal 30) ist jedoch stärker ausgeprägt als die mit dem Johannesevangelium. Das Verwandtschaftsverhältnis mit dem Johannesevangelium ist daher ein etwas distanzierteres, aber es besteht trotzdem, denn die Gegenprobe mit Blick auf die Johannesapokalypse zeigt, dass man die all dem zugrunde liegende alttestamentliche Metaphorik auch ohne christologische Anwendung rezipieren konnte. Wie bei EvThom 13, so ist auch bei EvThom 108 eine thematische Übereinstimmung zu konstatieren, die sich durch den Rekurs auf ein gemeinsames Traditionsfeld erklärt.

---

22 Vgl. RILEY: *Resurrection Reconsidered*, 123–124.
23 Vgl. PAGELS: *Beyond Belief*, 67–69.

36. Logion 111

(1) ⲡⲉϫⲉ ⲓ̄ⲥ̄ ϫⲉ ⲙ̄ⲡⲏⲩⲉ ⲛⲁϭⲱⲗ` ⲁⲩⲱ ⲡⲕⲁϩ ⲙ̄ⲡⲉⲧⲛ̄ⲙ̄ⲧⲟ ⲉⲃⲟⲗ`	(1) Jesus sagte: Die Himmel werden sich einrollen und die Erde in eurer Gegenwart.
(2) ⲁⲩⲱ ⲡⲉⲧⲟⲛϩ ⲉⲃⲟⲗ ϩⲛ̄ ⲡⲉⲧⲟⲛϩ ϥⲛⲁⲛⲁⲩ ⲁⲛ ⲉⲙⲟⲩ	(2) Und: Der Lebende aus dem Lebendigen wird den Tod nicht sehen.
(3) ⲟⲩⲭ ϩⲟⲧⲓ ⲉⲓ̄ⲥ̄ ϫⲱ ⲙ̄ⲙⲟⲥ ϫⲉ ⲡⲉⲧⲁϩⲉ ⲉⲣⲟϥ` ⲟⲩⲁⲁϥ ⲡⲕⲟⲥⲙⲟⲥ ⲙ̄ⲡϣⲁ ⲙ̄ⲙⲟϥ` ⲁⲛ	(3) (Ist es) nicht (so), dass Jesus sagt: Wer sich selbst gefunden hat, dessen ist die Welt nicht würdig.

Im Zusammenhang mit EvThom 11 wurde schon erörtert, dass EvThom 11 und EvThom 111 nicht als Dubletten zu betrachten sind, sondern als analoge Bildungen, die sich aber in vielem entsprechen. Man könnte spekulieren, ob EvThom 111 als Reminiszenz an EvThom 11 und EvThom 56/80 an den Schluss der Sammlung gestellt worden ist, um die wichtigsten Themen dieses Gesamttextes noch einmal zu bündeln.[1] Daraus ist aber nicht zu schließen, dass EvThom 111 etwa von EvThom 11 abhängig wäre. Bei aller Ähnlichkeit ist dieses Logion ein Forschungsgegenstand eigenen Rechts.

a) Zur Komposition des Logions

EvThom 111 ist offenkundig nicht aus einem Guss. Das zeigt sich besonders deutlich in Satz 3, wo sich der Kompilator selbst zu Wort meldet und ein weiteres Logion einführt.[2] Einen ähnlichen Fall von sekundärer Fortschreibung, dort aber innerhalb des Logions als Aussage Jesu, findet man auch in EvThom 46,2 („Ich habe aber gesagt: ...").[3] Freilich hat der Aphorismus im EvThom 111,3 keine explizite Verbindung zum vorhergehenden Text: EvThom 111,1–2 handeln weder vom Finden noch von der Welt.

---

1 Vgl. etwa PLISCH: *Thomasevangelium*, 25.255. In ähnlichem Sinne stellt etwa NORDSIECK: *Thomas-Evangelium*, 12 fest, dass gegen Ende des Thomasevangeliums die Dubletten (zu denen er auch EvThom 11; 111 zählt) zunehmen, wobei das zweite Stück theologisch weiter entwickelt ist. Darin sieht er ein Indiz dafür, dass sich das Thomasevangelium aus einer Mehrzahl von Sammlungen speist.
2 Nach NORDSIECK: *Thomas-Evangelium*, 383 ist dies „eine spätere Interpretation des ersteren Wortes in joh geprägter Terminologie", andere Autoren sehen darin sogar eine nachträgliche Glosse, die zwischen dem Abschluss der griechischen Sammlung und ihrer Übersetzung ins Koptische in den Text eingedrungen ist; vgl. PLISCH: *Thomasevangelium*, 256–257. Ähnlich sah schon KASSER: *L'Évangile selon Thomas*, 118 in EvThom 111,1 den Abschluss der ursprünglichen Sammlung.
3 Vgl. DEHANDSCHUTTER: „L'Évangile de Thomas comme collection de paroles de Jésus", 512.

B. Durchführung

Daher ist das aus dem Griechischen entlehnte ⲟⲩⲭ ϩⲟⲧⲓ (οὐχ ὅτι) nicht ganz einfach zu übersetzen. Es gibt im Neuen Testament ähnliche, elliptische Formulierungen, in denen wahrscheinlich ein *verbum dicendi* zu ergänzen ist,[4] oder bei denen man an eine Formulierung denken müsste wie „es ist ja nicht so, dass ...". In EvThom 111,3 fehlt aber der Kontext einer ausführlicheren Argumentation, in dem diese präzisierende Eingrenzung der eigenen Position ihren Sinn hätte. Zudem wäre es sehr merkwürdig, wenn an ein Jesuswort eine kritische Notiz darüber angehängt wäre, dass ein anderes Wort nicht von Jesus stammt. So scheint es bis auf Weiteres noch am besten, diese elliptische Formulierung als rhetorische Frage aufzufassen,[5] denn auf diese Weise bleibt EvThom 111,3 wenigstens ein einigermaßen sinnvoller Bestandteil des größeren Komplexes EvThom 111.

Doch auch EvThom 111,1–2 ist keine ganz homogene Einheit. Während EvThom 111,1 (wie 11,1) ein Weltuntergangsszenario im Stile von Jes 34,4; Offb 6,14 evoziert, spricht der anschließende Satz vom Leben als gegenwärtigem Heilsgut; damit liegt er auf der Linie von EvThom 1; 4; 11,2; 58; 59; 114 und dem Johannesevangelium (vgl. z. B. Joh 20,31). Aus diesem Grunde schreibt April DeConick EvThom 111,1 dem „Kernel" zu und erklärt EvThom 111,2 als eine „Accretion", die dem Logion zuwuchs, als die eschatologische Naherwartung unplausibel geworden war.[6] Doch auch wenn man diese Theorie an diesem Punkt nicht teilt, fällt auf, dass die Konjunktion ⲁⲩⲱ („und") zwei Einheiten verbindet, deren innerer Zusammenhang sich nur schwer erschließt.[7] Es scheint daher geraten, hier ein Kompositionsverfahren anzunehmen, dem wir auch schon bei EvThom 3; 11; 27; 30 begegnet sind: Die Konjunktion ⲁⲩⲱ bzw. καί liegt nicht innerhalb des Logions, sondern gehört zum „erzählerischen" Rahmen und steht damit auf derselben Ebene wie die eröffnende Inquit-Formel. Sie verbindet also nicht zwei Teile eines Logions sondern zwei verschiedene Logien bzw. Zitate – wie in 2 Kor 6,16–18 oder Hebr 1,8–12. Demnach haben wir es in EvThom 111 mit insgesamt drei Einheiten zu tun. Zwei davon (EvThom 111,1.2) lagen

---

4 Vgl. BDR § 480 Anm. 6 mit Verweis auf Joh 6,46; 7,22; 2 Kor 1,24; 3,5; Phil 4,11.17; 2 Thess 3,9.

5 So auch LAYTON: *Gnostic Scriptures*, 399; SCHENKE: „Compositional History", 19; BETHGE: „Evangelium Thomae Copticum", 545; SCHRÖTER/BETHGE: „Evangelium nach Thomas", 181 (= AcA I/1, 522); DECONICK: *Original Gospel of Thomas in Translation*, 293; NORDSIECK: *Thomas-Evangelium*, 381; PLISCH: *Thomasevangelium*, 255.257 Anm. 5. Etwas anders HEDRICK: *Unlocking the Secrets*, 183: „Not to mention that Jesus says, ..." Ähnlich auch GATHERCOLE: *Gospel of Thomas*, 598: „It is not that Jesus said ..." Letzteres Verständnis hängt mit der Übersetzung von ⲟⲩⲁⲁϥ mit „only" (statt als Reflexivpartikel) zusammen.

6 Vgl. DECONICK: *Original Gospel of Thomas in Translation*, 292–293.

7 Vgl. etwa PLISCH: *Thomasevangelium*, 255–256.

dem Kompilator des Thomasevangeliums anscheinend schon als ein überliefertes Doppellogion vor, die dritte könnte auf einen späteren Eingriff auf der Ebene der Kompilation, vielleicht sogar erst der Textüberlieferung, zurückgehen. Für den Vergleich mit den johanneischen Schriften sind nun EvThom 111,2 („Leben") und 111,3 (Einschätzung der Welt) von Interesse.

b) „Leben aus dem Lebendigen"
Die Aussage von EvThom 111,2, wonach der „Lebende aus dem Lebendigen"[8] den Tod nicht sehen werde, steht im Kontrast zum vorausgehenden Weltuntergangsszenario und mildert es insofern ab, als für bestimmte „Lebende" eine andere Perspektive eröffnet wird: Sie sind von jener kosmischen Katastrophe, von der EvThom 111,1 spricht, nicht betroffen.[9] Dieses Privileg, den Tod nicht zu sehen, gründet in der Teilhabe am Leben „aus dem Lebendigen". Es wäre verlockend, hier einen Anklang an Joh 6,57 zu sehen (καθὼς ἀπέστειλέν με ὁ ζῶν πατὴρ κἀγὼ ζῶ διὰ τὸν πατέρα, καὶ ὁ τρώγων με κἀκεῖνος ζήσει δι' ἐμέ.) Die entscheidende Präposition ist dort aber διά, und diese wird in der sahidischen Übersetzung von Joh 6,57 durchweg mit der Präposition ⲉⲧⲃⲉ wiedergegeben.[10] Daher wäre es willkürlich, hinter dem ⲉⲃⲟⲗ ϩⲛ̄ von EvThom 111,2 ein griechisches διά zu postulieren. Der wahrscheinlichste Kandidat für eine Übereinstimmung im Wortlaut fällt also weg.

Auf der thematischen Ebene ist zu fragen, wer der „Lebendige" ist. In anderen Logien des Thomasevangeliums kann mit der absolut gebrauchten Qualitativform ⲡⲉⲧⲟⲛϩ sowohl Jesus (EvThom 52; 59) als auch Gott (EvThom 37) gemeint sein; zu letzterem könnte man auch noch EvThom 3; 50 anführen, wo Gott „der lebendige Vater" (ⲡⲉⲓⲱⲧ ⲉⲧⲟⲛϩ) ist. Damit ist aber schon das Problem des theo-logischen Gebrauches von ⲡⲉⲧⲟⲛϩ angeschnitten, denn auch in EvThom 37 steht dieser Begriff nicht völlig isoliert, sondern in der Verbindung „Sohn des Lebendigen" (ⲡϣⲏⲣⲉ ⲙ̄ⲡⲉⲧⲟⲛϩ), so dass der „Lebendige" in diesem Falle nicht Jesus sein kann (vgl. die Ausführungen zu EvThom 37, B.II.16.d). Soweit also die anderen Logien des Thomasevangeliums für die Interpretation von EvThom 111,2 eine Hilfestellung bieten können, erscheint es also plausibler, dass hier mit dem „Lebendigen" Jesus (der „lebendige Jesus" des Prologs) gemeint ist.[11] Ähn-

---
8 Im Koptischen steht beide Male die Qualitativform ⲡⲉⲧⲟⲛϩ, hinter der man wohl jeweils ein griechisches Partizip Präsens vermuten darf: ὁ ζῶν ἐκ τοῦ ζῶντος.
9 Vgl. PLISCH: *Thomasevangelium*, 255–256.
10 Darin stimmen *Horner* und die Handschrift sa 1 (*Quecke*) sowie sa 4, sa 5 (*Schüssler*) und sa 9 (nach dem Apparat bei *Quecke*) überein.
11 Vgl. auch PLISCH: *Thomasevangelium*, 256; anders DECONICK: *Original Gospel of Thomas in Translation*, 293; NORDSIECK: *Thomas-Evangelium*, 383. Nach

B. Durchführung

liche Gedanken findet man im Johannesevangelium insofern, als Jesus für sich in Anspruch nimmt, wie der Vater Leben in sich zu haben (Joh 5,26) und durch den Vater zu leben (Joh 6,57; ähnlich 14,19). Ebenso kann er sich in Ich-bin-Worten vorstellen als das lebendige Brot (Joh 6,51; ähnlich 6,35) und als das Leben selbst (Joh 11,25; 14,6; auch 1 Joh 1,2). Von sich selbst als dem „Lebendigen" spricht er im Johannesevangelium aber nicht.

Für unsere Fragestellung bedeutet das: Die Selbstprädikation Jesu in EvThom 111,2 bündelt und verdichtet Gedanken, die auch im Johannesevangelium entwickelt werden, doch daraus folgt nicht, dass unser Logion das Johannesevangelium rezipiert. Sofern der Gedanke vom stufenweise vermittelten Leben (v. a. Joh 6,57) als gegenwärtigem Heilsgut dem Verfasser des Johannesevangeliums schon als traditionelles Gut vorlag, dürfte der Verfasser von EvThom 111,2 ebenfalls aus dieser Tradition geschöpft und sie auf seine Weise geformt haben.[12]

Ähnliches gilt für die abschließende Verheißung, den Tod nicht zu sehen. Zunächst wissen wir nicht, welches griechische Wort hier hinter dem koptischen Verb ⲚⲀⲨ steht. Prinzipiell könnte es θεωρέω sein wie in Joh 8,51, aber auch ὁράω wie in Lk 2,26; Hebr 11,5. Da aber an den beiden letztgenannten Stellen der physische Tod im Blick ist, scheint sich EvThom 111,2 thematisch näher bei Joh 8,51 zu befinden. Doch selbst wenn in der griechischen Fassung unseres Logions das Verb θεωρέω zu vermuten sein sollte, wäre das noch kein Indiz für die Rezeption des Johannesevangeliums an dieser Stelle, da der charakteristisch johanneische Zusatz εἰς τὸν αἰῶνα fehlt. Man wird also annehmen, dass EvThom 111,2 auch an diesem Punkt aus einer Tradition schöpft, die auch für das Johannesevangelium prägend war. Dabei kann man freilich nicht ausschließen, dass das Johannesevangelium auf diese Tradition wieder zurückgewirkt hat.[13] Im Ergebnis ist also in diesem Punkt eine thematische Übereinstimmung zu konstatieren, die sich aus gemeinsamer Tradition erklärt.

ZÖCKLER: *Jesu Lehren im Thomasevangelium*, 190 ist diese Frage falsch gestellt und daher nicht entscheidbar.

12 Vgl. dazu auch S. L. DAVIES: *The Gospel of Thomas and Christian Wisdom*, 113. Dafür muss man nicht, wie anscheinend LELYVELD: *Logia de la vie*, 60, eine lineare Entwicklung annehmen, die über das Lebensverständnis des Thomasevangeliums (Leben als Teilhabe am Leben Gottes in EvThom 11; 61; 111) zu Spitzenaussagen wie Joh 17,3 führt.

13 Nach NORDSIECK: *Thomas-Evangelium*, 382–383 ist zwar auch die Wendung „den Tod nicht sehen" in EvThom 111 und Joh 8,52 altertümlich und semitisch, noch ursprünglicher sei aber „den Tod nicht schmecken" (EvThom Prol.; 18; 19; 85; Joh 8,51). Dafür sprechen *mutatis mutandis* auch die oben (B.II.1g) angestellten Überlegungen zum Prolog des Thomasevangeliums, nach denen die Wendung „den

c) Die Welt

Die Einschätzung der Welt, die in EvThom 111,3 zum Ausdruck kommt, ist fast genauso formuliert wie in EvThom 56/80. Der einzige Unterschied besteht darin, dass hier die Welt nicht dessen unwürdig ist, der sie durchschaut (ⲥⲟⲩⲱⲛ) und damit eine Leiche gefunden (ϩⲉ) hat (so EvThom 56/80), sondern dessen, der sich selbst gefunden (ϩⲉ) hat. Wenn man diesen Befund systematisieren will, ist festzustellen, dass EvThom 111 mindestens einen Schritt weiter ist als EvThom 56/80. In letzerem Logion wird der Beginn der Suche umschrieben: Ein denkender Mensch erkennt, dass die Welt uninteressant und ungenügend ist. Das ist der Ausgangspunkt für die Suche (EvThom 2), die zur Selbsterkenntnis (EvThom 3) führt. Das Ziel dieser Bewegung wird in EvThom 111,3 angesprochen. Dieser Unterschied zwischen EvThom 111,3 und EvThom 56/80 wirkt sich jedoch nicht auf das Verhältnis unseres Logions zu den johanneischen Schriften aus. Dieses hängt ja am Begriff „Welt", der in beiden Logien gleich bewertet ist: Der wahrhaft Erkennende ist der Welt überlegen, sie ist seiner nicht würdig. Darum sei hier nur auf die einschlägigen Ausführungen zu EvThom 56/80 (s. o. B. II.24.c-d) verwiesen. Auch Logion 111 fasst die Welt lediglich als uninteressant auf, von der höchst engagierten Auseinandersetzung mit dem κόσμος, die das Johannesevangelium durchzieht, findet sich hingegen keine Spur, die Welt bleibt ein passives Objekt. Daher wird man auch in EvThom 111 nur eine thematische Analogie zum johanneischen Welt-Bild sehen.

d) Fazit zu EvThom 111

In dem komplexen Logion 111 finden sich mehrere Elemente, die auf den ersten Blick auf eine enge Beziehung zu den johanneischen Schriften hinzudeuten scheinen, sowohl im Kernbestand (111,2) als auch im Zusatz 111,3. Der selbstverständliche Umgang mit dem christologisch akzentuierten Lebensmotiv weist auf eine Tradition hin, in der auch das Johannesevangelium steht, doch eine Rezeption des Johannesevangeliums ist nicht sicher nachzuweisen. Was die negative Einschätzung der „Welt" betrifft, so ist unser Logion – genau wie EvThom 56/80 – noch weiter vom Johannesevangelium entfernt. Man kann hier lediglich von einer Analogie sprechen.

Tod nicht sehen" in Joh 8,51 eine Adaption der überlieferten Wendung ist, die sich im Zitat Joh 8,52 erhalten hat.

B. Durchführung

37. Logion 114

(1) ⲡⲉϫⲉ ⲥⲓⲙⲱⲛ ⲡⲉⲧⲣⲟⲥ ⲛⲁⲩ ϫⲉ ⲙⲁⲣⲉ ⲙⲁⲣⲓϩⲁⲙ ⲉⲓ ⲉⲃⲟⲗ ⲛ̄ϩⲏⲧⲛ̄ ϫⲉ ⲛ̄ⲥϩⲓⲟⲙⲉ ⲙ̄ⲡϣⲁ ⲁⲛ` ⲙ̄ⲡⲱⲛϩ	(1) Simon Petrus sagte zu ihnen: Maria soll von uns weggehen, denn die Frauen sind des Lebens nicht würdig.
(2) ⲡⲉϫⲉ ⲓ̄ⲥ̄ ϫⲉ ⲉⲓⲥϩⲏⲏⲧⲉ ⲁⲛⲟⲕ` ϯⲛⲁⲥⲱⲕ` ⲙ̄ⲙⲟⲥ ϫⲉⲕⲁⲁⲥ ⲉⲉⲓⲛⲁⲁⲥ ⲛ̄ϩⲟⲟⲩⲧ` ϣⲓⲛⲁ ⲉⲥⲛⲁϣⲱⲡⲉ ϩⲱⲱⲥ ⲛ̄ⲟⲩⲡ̄ⲛ̄ⲁ̄ ⲉϥⲟⲛϩ ⲉϥⲉⲓⲛⲉ ⲙ̄ⲙⲱⲧⲛ̄ ⲛ̄ϩⲟⲟⲩⲧ	(2) Jesus sagte: Siehe, ich werde sie „ziehen", so dass ich sie männlich mache, damit auch sie zu einem lebendigen Geist wird, der euch Männlichen gleicht,
(3) ϫⲉ ⲥϩⲓⲙⲉ ⲛⲓⲙ ⲉⲥⲛⲁⲁⲥ ⲛ̄ϩⲟⲟⲩⲧ` ⲥⲛⲁⲃⲱⲕ` ⲉϩⲟⲩⲛ ⲉⲧⲙⲛ̄ⲧⲉⲣⲟ ⲛ̄ⲙ̄ⲡⲏⲩⲉ	(3) denn jede Frau, die sich männlich machen wird, wird hineingehen in das Königtum der Himmel.

a) EvThom 114 im Gesamtgefüge des Thomasevangeliums

EvThom 114 schließt die Sammlung, die wir als Thomasevangelium kennen, auf eigene Weise ab. Man kann spekulieren, ob das Logion ein sekundärer Zusatz ist, der später an den ursprünglichen Schluss EvThom 113 angefügt wurde:[1] In der Tat bildet EvThom 113 mit EvThom 3 eine schöne *inclusio*, andererseits hat EvThom 113 aber keine Entsprechung im Prolog. Der Charakter des Thomasevangeliums als Sammlung macht es aber ohnehin schwierig, von einer authentischen oder endgültigen Textfassung zu sprechen: Sicher kennen wir nur die Abschrift aus NHC II, aber es fehlt die Vergleichsgröße, die es erlauben würde, Abweichungen von einer „Normalfassung" zu konstatieren. Soweit die Abschrift aus NHC II als „Normalfassung" gelten kann, hat EvThom 114 als Abschluss programmatische Bedeutung; vielleicht sollte dieses Abschlusslogion das Thomasevangelium für Leserinnen interessanter machen.[2]

---

[1] Vgl. MARJANEN: „Women Disciples", 103–104; NORDSIECK: „Zur Kompositionsgeschichte", 194. Zur Kritik daran vgl. GATHERCOLE: *Gospel of Thomas*, 607–609.

[2] Vgl. KASSER: *L'Évangile selon Thomas*, 120; PETERSEN: „Zerstört die Werke der Weiblichkeit!", 176; letztere kommt jedoch zu einem ambivalenten Urteil: „Die Entgegnung Jesu auf die Ausschlußforderung des Petrus ist für Frauen einerseits positiv – sie sind eingeschlossen, das EvThom gilt als Ganzes genauso für Frauen – andererseits negativ: Frauen dürfen nicht so bleiben, wie sie sind, sondern sie müssen durch die Führung Jesu männlich gemacht werden. Die Gleichberechtigung von Frauen hat ihre Veränderung – und nicht die der Männer – zur Voraussetzung." Ähnlich auch schon AKAGI: *Literary Development*, 368–369.

b) Sprachliche Probleme

Die Übersetzung des zweiten Satzes ist umstritten: Paul Schüngel versteht den ersten Teil von EvThom 114,2 als rhetorische Frage („Soll ausgerechnet ich sie zerren, daß ich sie männlich mache? Dazu, daß auch sie ein Pneuma werden kann, das lebendig ist, gleicht (ⲉϥⲉⲓⲛⲉ) ihr Pneuma euch, die ihr männlich seid.").[3] Dazu muss er allerdings die Form ⲉϥⲉⲓⲛⲉ als II. Tempus auffassen, und dabei erweist sich die maskuline Verbform als problematisch: Das Subjekt des vorausgehenden Finalsatzes ist ja Maria, die maskuline Form ⲉϥⲉⲓⲛⲉ kann sich also in diesem Verständnis nicht auf das Subjekt, sondern nur auf das Prädikatsnomen (ⲟⲩⲡⲛⲁ ⲉϥⲟⲛϩ) beziehen. Dann hätte der Hauptsatz aber keinen Bezug mehr zu Maria und auch nicht zum folgenden Satz, sondern würde lediglich besagen: „Das lebendige Pneuma gleicht euch Männlichen." Schüngel behilft sich hier mit einem Kunstgriff, indem er als Subjekt von ⲉⲓⲛⲉ („gleichen") nicht das „lebendige Pneuma" aus dem vorhergehenden Finalsatz auffasst, sondern „ihr (sc. Marias) Pneuma". Von diesem ist aber im ganzen Logion keine Rede. Daher erscheint es nach wie vor angemessener, den ersten Teilsatz von EvThom 114,2 als den Hauptsatz aufzufassen, von dem das Weitere abhängt, namentlich die zwei Umstandssätze (ⲉϥⲟⲛϩ und ⲉϥⲉⲓⲛⲉ ⲙ̄ⲙⲱⲧⲛ̄ ⲛ̄ϩⲟⲟⲩⲧ), die das Pneuma qualifizieren.[4] Diskutiert wird auch die Stellung von ϩⲟⲟⲩⲧ („männlich"). Uwe-Karsten Plisch schlägt vor, dieses Adjektiv als drittes Attribut zu ⲡⲛⲁ („Geist") aufzufassen, etwa: „damit sie ein lebendiger, euch gleichender, männlicher Geist werde."[5] Dieser Übersetzungsvorschlag muss allerdings damit zurechtkommen, dass die Syntax dieses Satzes im Koptischen keineswegs so ebenmäßig ist, wie es die deutsche Übersetzung suggeriert: Im Koptischen stehen nämlich nur zwei Umstandssätze (ⲉϥⲟⲛϩ und ⲉϥⲉⲓⲛⲉ ⲙ̄ⲙⲱⲧⲛ̄). Das Element ⲛ̄ϩⲟⲟⲩⲧ müsste man dann, über die beiden Umstandssätze hinweg, auf ⲡⲛⲁ zurückbeziehen. Angesichts dessen liegt es – im doppelten Sinne – näher, ⲛ̄ϩⲟⲟⲩⲧ auf das unmittelbar vorausgehende ⲙ̄ⲙⲱⲧⲛ̄ („euch") zu beziehen und den Satz ϣⲓⲛⲁ ⲉⲥⲛⲁϣⲱⲡⲉ ϩⲱⲱⲥ ⲛ̄ⲟⲩⲡⲛⲁ ⲉϥⲟⲛϩ ⲉϥⲉⲓⲛⲉ ⲙ̄ⲙⲱⲧⲛ̄ ⲛ̄ϩⲟⲟⲩⲧ konventionell mit zwei attributiven Umstandssätzen, einem kürzeren und einem längeren, zu verstehen. Zu übersetzen wären diese als zwei Relativsätze: „... damit sie selbst wird zu einem Geist, (1) der lebendig ist, (2) der gleicht euch Männlichen".[6]

---

3 Vgl. Schüngel: „Ein Vorschlag", 398–399; ders.: „Zur Neuübersetzung des Thomasevangeliums", 289–290.
4 So im Ergebnis auch Marjanen: „Women Disciples", 98; Gathercole: *Gospel of Thomas*, 610.
5 Vgl. Plisch: „Probleme und Lösungen", 528.
6 So auch Leipoldt: „Ein neues Evangelium?", 493.

B. Durchführung

c) Die Rolle der Maria

Maria (Magdalena) kommt innerhalb des Thomasevangeliums in den Logien 21 und 114 vor. Während sie aber in EvThom 21, gewissermaßen als Außenstehende, Jesus über seine Jünger befragt, wird in EvThom 114 ihr eigener Status unter dem Aspekt der Geschlechterdifferenz thematisiert.[7] In diesem Sinne ist sie repräsentativ für alle Frauen im Jüngerkreis Jesu[8] – etwa auch für Salome, die sich in EvThom 61,4 ausdrücklich selbst als Jüngerin bezeichnet.[9] Die repräsentative Rolle der Maria wird auch durch den eröffnenden Redepart des Petrus bestätigt: Er begründet sein Ansinnen, Maria möge den Jüngerkreis verlassen, mit einer allgemeinen Aussage über Frauen.

Die Konfrontation zwischen Maria Magdalena und Petrus ist nun mitnichten ein Proprium des Thomasevangeliums. Eine sehr ähnliche Konstellation findet man auch im Evangelium der Maria. Auch in diesem Text greift Petrus, anders als zuvor Andreas,[10] Maria wegen ihres Geschlechtes an (EvMar 17,15–22):

> „Petrus antwortete, er sprach über eben diese Dinge, er befragte sie (Plur.) über den Erlöser: Sprach er etwa mit einer Frau, ohne dass wir es merkten und nicht offen? Sollen wir selbst uns umwenden und alle auf sie hören? Hat er sie vor uns erwählt?"[11]

Petrus äußert hier zwar keine allgemeine Einschätzung über Frauen, doch sein Zweifel an der von Maria berichteten Geheimlehre gründet nicht, wie zuvor bei Andreas, in einer inhaltlichen Differenz zur überlieferten Lehre,

---

7 Vgl. dazu PETERSEN: „Zerstört die Werke der Weiblichkeit!", 108–109.
8 Vgl. HARTENSTEIN: Charakterisierung im Dialog, 133.
9 Schon WALLS: „References to Apostles", 269–270 wies darauf hin, dass im Thomasevangelium Jüngerinnen in Kontexten erwähnt werden, die explizit die Jüngerschaft thematisieren (EvThom 21; 61; 114). Er vermutete, dies solle den Zugang von Frauen zur Gnosis rechtfertigen.
10 Nachdem Maria ihre Vision mit einer Belehrung über den Aufstieg der Seele berichtet hat (EvMar [BG 8502] 10,9–17,9), reagiert zuerst Andreas, EvMar 17,10–15: ⲁϥⲟⲩⲱϣⲃ ⲇⲉ ⲛ̄ϭⲓ ⲁⲛⲇⲣⲉⲁⲥ ⲡⲉϫⲁϥ ⲛ̄ⲛⲉⲥⲛⲏⲩ ϫⲉ ⲁϫⲓ ⲡⲉⲧⲉⲧⲛ̄ϫⲱ ⲙ̄ⲙⲟϥ ϩⲁ ⲡⲣⲁ ⲛ̄ⲛⲉⲛⲧⲁⲥⲭ[ⲟ]ⲟⲩ ⲁⲛⲟⲕ ⲙⲉⲛ ϯⲣ̄ⲡⲓⲥⲧⲉⲩⲉ ⲁⲛ ϫⲉ ⲁⲡⲥⲱⲣ ϫⲉ ⲛⲁⲓ̈ ⲉϣϫⲉ ⲛⲓⲥⲃⲟⲟⲩⲉ ⲅⲁⲣ ϩⲛ̄ⲕⲉⲙⲉⲉⲩⲉ ⲛⲉ („Andreas antwortete, er sagte zu seinen Brüdern: Sagt, was ihr sag(en wollt), über das, was sie gesagt hat. Ich für meinen Teil glaube nicht, dass der Erlöser dies gesagt hat, denn diese Lehren sind doch andere Gedanken."). – Andreas bestreitet Marias Anspruch also auf der Sachebene: Die neue Geheimlehre steht im Widerspruch zum Überlieferten. Er greift Maria aber nicht persönlich an.
11 EvMar 17,15–22: ⲁϥⲟⲩⲱϣⲃ ⲛ̄ϭⲓ ⲡⲉⲧⲣⲟⲥ ⲡⲉϫⲁϥ ϩⲁ ⲡⲣⲁ ⲛ̄ⲛⲉⲉⲓϩⲃⲏⲩⲉ ⲛ̄ⲧⲉⲉⲓⲙⲓⲛⲉ ⲁϥϫⲛⲟⲩⲟⲩ ⲉⲧⲃⲉ ⲡⲥⲱⲣ ϫⲉ ⲙⲏⲧⲓ ⲁϥϣⲁϫⲉ ⲙⲛ̄ ⲟⲩⲥϩⲓⲙⲉ ⲛ̄ϫⲓⲟⲩⲉ ⲉⲣⲟⲛ ϩⲛ̄ <ⲟⲩ>ⲟⲩⲱⲛϩ ⲉⲃⲟⲗ ⲁⲛ ⲉⲛⲛⲁⲕⲧⲟⲛ ϩⲱⲱⲛ ⲛ̄ⲧⲛ̄ⲥⲱⲧⲙ̄ ⲧⲏⲣⲛ̄ ⲛ̄ⲥⲱⲥ ⲛ̄ⲧⲁϥⲥⲟⲧⲡⲥ ⲛ̄ϩⲟⲩⲟ ⲉⲣⲟⲛ.

sondern in der Tatsache, dass sie als Frau beansprucht, der Erlöser habe mit ihr gesprochen – freilich ist auch hier der unkonventionelle Inhalt des Gesagten der Auslöser für seine Kritik.[12]

Wenn man nun EvThom 114 mit EvMar 17,15–22 einerseits und dem johanneischen Bild von Petrus und Maria Magdalena andererseits vergleicht, fällt vor allem die Differenz zwischen unserem Logion und der johanneischen Darstellung auf. Das Johannesevangelium baut nämlich keinen Kontrast oder gar Konflikt zwischen Maria und Petrus auf: In Joh 20,1–18 wird zwar Maria Magdalena betont als die erste Osterzeugin dargestellt, die den Jüngern die kompakte Botschaft verkündet: ἑώρακα τὸν κύριον (Joh 20,18), doch sie steht damit allen Jüngern gleichermaßen gegenüber (anders Mk 16,7!). Auch in der Erzählung vom „Wettlauf zum leeren Grab" (Joh 20,3–10) wird kein Konflikt zwischen Petrus und Maria konstruiert: Maria steht nicht nur Petrus gegenüber, sondern Petrus und dem Geliebten Jünger, und beide Jünger gehen schlussendlich nach ihrem Ortstermin wieder nach Hause, als ob nichts gewesen wäre.[13] Diese Darstellung ist nicht sehr gut geeignet, um in einer angenommenen Auseinandersetzung zwischen Maria und Petrus bzw. zwischen den von ihnen repräsentierten christlichen Gruppen Partei zu ergreifen.[14] Es findet ja, von Marias Alarmmeldung abgesehen, überhaupt kein Kontakt zwischen

---

12 Vermutlich wird hier gezielt ein Widerspruch zu dem aufgebaut, was Petrus vor dem Visionsbericht zu Maria gesagt hat (EvMar 10,1–6): ⲡⲉϫⲉ ⲡⲉⲧⲣⲟⲥ ⲛⲙⲁⲣⲓϩⲁⲙ ϫⲉ ⲧⲥⲱⲛⲉ ⲧⲛⲥⲟⲟⲩⲛ ϫⲉ ⲛⲉⲣⲉⲡⲥⲱⲣ ⲟⲩⲁϣⲉ ⲛϩⲟⲩⲟ ⲡⲁⲣⲁ ⲡⲕⲉⲥⲉⲉⲡⲉ ⲛⲥϩⲓⲙⲉ ϫⲱ ⲛⲁⲛ ⲛⲛϣⲁϫⲉ ⲙⲡⲥⲱⲣ ⲉⲧⲉⲉⲓⲣⲉ ⲙⲡⲉⲩⲙⲉⲉⲩⲉ ⲛⲁⲓ ⲉⲧⲉⲥⲟⲟⲩⲛ ⲙⲙⲟⲟⲩ ⲛⲁⲛⲟⲛ ⲁⲛ ⲟⲩⲇⲉ ⲙⲡⲛⲥⲟⲧⲙⲟⲩ („Petrus sagte zu Maria: Schwester, wir wissen, dass der Erlöser dich mehr liebte als die übrigen Frauen. Sag uns die Worte des Erlösers, an die du dich erinnerst, diese, welche du weißt und wir nicht, und die wir nicht gehört haben.") – Hier setzt Petrus also genau das noch fraglos als Auszeichnung der Maria voraus, was er nach ihrem Visionsbericht, in 17,15–22, als unmögliche Anmaßung brandmarken wird.

13 Auf diese Weise bringt der Erzähler die beiden halbwegs diskret von der Bühne und kann sich nun ganz auf Maria konzentrieren; vgl. dazu LINCOLN: *Gospel According to St John*, 491. Auf der diachronen Ebene stellt dies wohl den Versuch dar, Traditionen von den Frauen am leeren Grab (Mk 16,1–8), von einem Ortstermin des Petrus (vgl. Lk 24,12) und von einer Erscheinung vor den Frauen bzw. vor Maria (vgl. Mt 28,8–10) zu verknüpfen; vgl. dazu BROWN: *John xiii–xxi*, 998–1004; ähnlich LINCOLN: *Gospel According to St John*, 495.

14 Judith Hartenstein setzt als Hintergrund der Erzählung Joh 20,1–18 einen Gegensatz zwischen Maria und Petrus bzw. einen Angriff des Petrus auf Maria voraus, wie er etwa im Mariaevangelium dargestellt wird. Vor diesem Hintergrund soll die johanneische Erzählung für Maria Partei ergreifen und zugleich Petrus herabsetzen; vgl. HARTENSTEIN: *Charakterisierung im Dialog*, 154.

B. Durchführung

Maria und Petrus statt,[15] und Petrus hat in Joh 20,3–10 keinen Redeanteil, in dem er, wie in EvThom 114 oder EvMar 17,15–22, seine Meinung über Maria zum Ausdruck bringen könnte. Andererseits tritt Maria zwar in Joh 20,1–18 als die erste Osterzeugin auf, aber sie erhebt darüber hinaus keine Offenbarungsansprüche und stellt sich vor allem nicht Petrus gegenüber. Ihre Rolle in Joh 20,1–18 ist als personalisierte Weiterentwicklung der synoptischen Erzählungen von den Frauen am leeren Grab (Mk 16,1–8 parr. Mt 28,1–10; Lk 24,1–12) zu verstehen. Der Auftritt der Maria in EvMar 10–17 kann dann als eine „eigenständige Weiterentwicklung"[16] von Joh 20,18 gelten.

Wenn man also aus Joh 20,1–18 einen Konflikt zwischen Maria Magdalena und Petrus herauslesen möchte, dann muss man ihn zuerst hineinlesen. Die Art der Figurenkonstellation unterscheidet ja Joh 20,1–18 von EvThom 114, wo Marias Status ja unverkennbar Gegenstand eines Konfliktes ist. Ein Weiteres fällt auf: In EvThom 114 richtet sich das Missfallen des Petrus nicht auf irgendetwas Besonderes, das Maria gesagt oder getan hat, sondern schlicht auf die Tatsache, dass sie eine Frau ist.[17] Im Mariaevangelium schwenkt Petrus von anfänglicher Wertschätzung Marias wegen ihres besonders engen Verhältnisses zu Jesus (EvMar 10,1–6) zu einem unsachlichen Angriff gegen sie als Frau (EvMar 17,15–22). In Joh 20,1–18 wird hingegen Marias Geschlecht überhaupt nicht thematisiert,[18] schon gar nicht, um ihren Status in irgendeiner Weise in Frage zu stellen.

Daraus folgt: Der in EvThom 114 inszenierte Konflikt zwischen Maria und Petrus hat zwar eine enge Parallele in EvMar 17,15–22, doch eine Verbindung zum Johannesevangelium ist daraus nicht abzuleiten. Wenn man ein Feld der Maria-Magdalena-Tradition skizzieren wollte, lägen darin EvThom 114 und das Mariaevangelium einander näher als Joh 20,1–18. Man wird also allenfalls für die Gestalt der Maria Magdalena von einer thematischen Analogie zwischen EvThom 114 und dem Johannesevangelium sprechen.

Etwas anders stellt sich der Befund für zwei untergeordnete Motive in EvThom 114,2 dar. Das Motiv des „Ziehens" könnte man möglicherweise

---

15 In Joh 20,18 berichtet Maria global „den Jüngern", ohne dass Petrus eigens genannt wäre.
16 HARTENSTEIN: *Charakterisierung im Dialog*, 157.
17 Nach MARJANEN: „Women Disciples", 104–105 wäre zu erwägen, ob diese Position, die EvThom 114 Petrus in den Mund legt, möglicherweise eine Karikatur radikaler Asketen sein könnte, die sich durch die bloße Gegenwart von Frauen belästigt und bedroht fühlten; man könnte dafür etwa auf das Herrenwort in Dial 144,16 verweisen: „Betet dort, wo keine Frau ist."
18 Vgl. dazu PETERSEN: *„Zerstört die Werke der Weiblichkeit!"*, 104; HARTENSTEIN: *Charakterisierung im Dialog*, 136–138.

zu Joh 6,44; 12,32 in Beziehung setzen, wenn man das Verb ἕλκω, das vermutlich (vgl. EvThom 3) dem koptischen ⲥⲱⲕ zugrunde liegt, mit „zu überzeugen suchen" wiedergibt.[19] Die Probleme, die dieser Vorschlag mit sich bringt, wurden bereits bei EvThom 3 erörtert (s. o. B.II.2.c). Hier sei nur noch darauf hingewiesen, dass in EvThom 114 Jesus nicht sagt, wohin er Maria ziehen will: Darin liegt der große Unterschied zu Joh 6,44; 12,32 – übrigens auch zum manichäischen Herakleides-Psalm 4 Her 1,9 (Mani-Ps. II 187,25), wo Jesus Maria anweist, sie solle Petrus (!) zu sich ziehen (ⲥⲁⲕ)[20] und wieder als Hörer der Worte Jesu rekrutieren.[21] Man wird also für das „Ziehen" allenfalls eine Analogie zum Johannesevangelium konstatieren, wobei zweifelhaft ist, ob der Wortgebrauch in der einen Schrift viel zum Verständnis der anderen beiträgt.

Schließlich ist noch auf das durchgehende Motiv des Lebens als Parallele zum johanneischen Sprachgebrauch einzugehen. Wenn Petrus in EvThom 114,1 gegen die Zugehörigkeit Marias zur Jüngergruppe behauptet, Frauen seien des Lebens nicht würdig, dann ist damit nicht an das physische Leben gedacht (eine Tötungsabsicht kommt nicht zur Sprache), sondern an „Leben" als Heilsgut, das mit der Zugehörigkeit zum Kreis um Jesus einhergeht – wie es auch ein Leitmotiv des Johannesevangeliums ist (vgl. v. a. Joh 10,10; 20,31; 1 Joh 5,12). Das gleiche gilt für die Zusage Jesu, er werde Maria – auf welche Weise auch immer – zu einem „lebendigen" (ⲉϥⲟⲛϩ) Geist machen. Das johanneische Lebensmotiv wurde schon im Zusammenhang mit EvThom 4 erörtert. In EvThom 114 fließt es selbstverständlich ein, doch es bleibt zu fragen, ob man daraus folgern darf, dass unser Logion das Johannesevangelium rezipiert. Dafür wäre freilich das Motiv „Leben" das einzige Indiz. Dennoch darf man aus der selbstverständlichen und keineswegs alternativlosen Aufnahme dieses Stichwortes folgern, dass EvThom 114 in einem Milieu entstanden ist, in dem „Leben" als

---

19 Vgl. EISELE: „Ziehen, Führen und Verführen", 413–414; DERS.: *Welcher Thomas?*, 101–102; ähnlich LEIPOLDT: „Ein neues Evangelium?", 495; PLISCH: *Thomasevangelium*, 263 (im Blick auf die geistige Vervollkommnung Marias). In eine ähnliche Richtung weist die Übersetzung bei GROSSO: *Vangelo secondo Tommaso*, 107: „... io stesso la attirerò"; vgl. ebd., 262.

20 Bei S. G. RICHTER: „Untersuchungen zu Form und Inhalt", 265; DERS.: *Herakleidespsalmen*, 49 ist die Zeile ⲥⲁⲕ ⲥⲓⲙⲱⲛ ⲡⲉⲧⲣⲟⲥ ⲁⲧⲟⲩⲱ etwas moderater übersetzt: „Ziehe dir Simon Petrus hinzu".

21 Somit ist auch dieser Psalm Zeuge eines breiten Traditionsstromes, der Maria (Magdalena) als herausgehobene Jüngerin sieht, die auch zwischen Jesus und den anderen Jüngern vermitteln kann (Dialog des Erlösers, Pistis Sophia 83–135, Evangelium der Maria, EvPhil 59,6–11; 63,30–64,9; auch – *e contrario* – EvThom 114; vgl. S. G. RICHTER: „Untersuchungen zu Form und Inhalt", 258–259 mit Anm. 45; DERS.: *Herakleidespsalmen*, 56–57.

B. Durchführung

Inbegriff der gläubigen Existenz im Sinne eines schon gegenwärtigen Heilszustandes etabliert war. Das deutet, wie schon bei EvThom 4 dargelegt, auf den Hintergrund der johanneischen Schriften hin, so dass man bei diesem in EvThom 114 untergeordneten Motiv einen Rekurs auf eine gemeinsame Tradition bzw. ein gemeinsames Milieu annehmen kann.

d) Fazit zu EvThom 114

Das letzte Logion des Thomasevangeliums weist keine ausgeprägte Beziehung zu den johanneischen Schriften auf. Zwar ist Maria Magdalena auch in Joh 20,1–18 prominent, doch der scharfe Konflikt mit Petrus, den EvThom 114 inszeniert, hat dort keine Parallele, und Joh 20,1–18 bietet auch keinen Ansatzpunkt, um einen solchen Konflikt im Hintergrund des johanneischen Bildes von Maria Magdalena zu vermuten. Eine wesentlich nähere Parallele zu unserem Logion findet sich im Mariaevangelium, und so reduziert sich die Verbindung zwischen EvThom 114 und den johanneischen Schriften auf eine thematische Analogie. Eine engere Verbindung besteht allerdings in dem Stichwort „Leben". Dieses johanneische Leitmotiv wird in EvThom 114 selbstverständlich und in geprägter Bedeutung aufgenommen. Damit besteht Grund zu der Annahme, dass die johanneischen Schriften und EvThom 114 in diesem – hier – untergeordneten Motiv aus der gleichen Tradition schöpfen, auch wenn sie sich in der erzählerischen Darstellung der Maria Magdalena nicht berühren.

III. Zusammenfassung

Die Ergebnisse der oben angestellten Einzeluntersuchungen lassen sich in der folgenden tabellarischen Übersicht bündeln. Dabei werden die gleichen Hervorhebungen verwendet wie in der Klassifizierung unter B.I. Die Unterstreichung (doppelt, einfach, keine) bezeichnet dabei die Art des Kontaktes: <u>Direkte Bezugnahme</u>, gemeinsame Überlieferung bzw. Tradition, Analogie. Die Hervorhebung (fett, kursiv, keine) bezeichnet das Ausmaß des Kontaktes: **Wörtliche Übereinstimmung**, *thematische Übereinstimmung*, Übereinstimmung in einem untergeordneten Motiv.

Im Einzelnen haben sich folgende Parallelen gezeigt:

	NHC II	P.Oxy. 654; 655; 1	
Prol.	Dies sind die verborgenen Worte, die der lebendige Jesus gesprochen hat,	P.Oxy. 654: Dies sind die [verborgenen] Worte, [die gespro]chen hat der lebendige Jesus,	<u>Joh 5,26; 6,51.57.*63*; 14,19.</u>
	und er hat sie aufgeschrieben: Didymos Judas Thomas.	u[nd er übergab sie dem Judas (, genannt)] auch Thomas.	*Joh 11,16; 14,5D.22sy$^{s.c}$; 20,24–29; 21,2.*
1	Und er sagte: Wer die Deutung dieser Worte findet, wird den Tod nicht schmecken.	Und er sagte: [Wer die Deutu]ng dieser Worte [findet, den Tod] wird er gewiss nicht schmecken.	<u>*Joh 8,52.*</u>
3	(1) Jesus sagte: Wenn sie zu euch sagen, die euch Führenden: Siehe, das Königtum ist im Himmel, dann werden die Vögel euch zuvorkommen, die des Himmels;	Es sagt J[esus: Wenn] die \<euch\> „Ziehenden" [euch sagen: Siehe,] das Königtum ist im Himm[el, werden euch zuvorkommen] die Vögel des Him[mels.]	Joh 6,44; 12,32.
	(2) Wenn sie zu euch sagen: Es ist im Meer, dann werden euch die Fische zuvorkommen.	[Wenn sie sagen, d]ass es unter der Erde is[t, werden hineingehen] die Fische des Mee[res und euch zuvor]kommen.	

B. Durchführung

	NHC II	P.Oxy. 654; 655; 1	
	(3) Aber das Königtum, es ist in eurem Inneren und in eurem Äußeren.	Und: Das Kön[igtum des Vaters,] innerhalb von euch [is]t es [und außerhalb.]	
	(4) Wenn ihr euch (selbst) erkennt, dann werdet ihr erkannt werden. Und ihr werdet erkennen, dass ihr die Söhne des lebendigen Vaters seid.	[Wer sich selbst] erkennt, wird dieses fin[den, und wenn ihr] euch selbst erkenn[t, werdet ihr wissen, dass ihr Söhne] seid des Vaters, des L[ebendigen.]	Joh 6,57; 20,17.
	(5) Wenn ihr euch aber nicht erkennt, dann seid ihr in Armut, und ihr seid die Armut.	[Wenn ihr aber nicht] euch selbst erkennt, in [der Armut seid ihr,] und ihr seid die Arm[ut].	
4	(1) Jesus sagte: Nicht zögern wird der Mensch, alt in seinen Tagen, zu fragen ein kleines Kind, das sieben Tage alt ist, nach dem Ort des Lebens, und er wird leben,	[Es sagt Jesus:] Nicht zögern wird ein Men[sch, alt an Ta]gen, zu fragen ein Ki[nd von sieben Ta]gen über den Ort de[s Lebens, und leb]en wird er,	Joh 14,2–7; Joh 5,24–25; 6,57.
	(2) denn viele Erste werden Letzte sein, und sie werden ein Einziger sein.	denn viele werden sein als E[rste Letzte und] die Letzten die Ersten, und [zu Einem werden sie gelang]en.	Joh 17,11.21–22
8	(1) Und er sagte: Der Mensch gleicht einem klugen Fischer; dieser warf sein Netz ins Meer, er zog es heraus aus dem Meer, und es war voll mit kleinen Fischen.		
	(2) Unter ihnen fand er einen großen Fisch, der gut war, der kluge Fischer.		Joh 21,11
	(3) Er warf alle kleinen Fische weg, ins Meer hinab. Er wählte den großen Fisch ohne Mühe.		
	(4) Wer Ohren hat zu hören, soll hören.		

III. Zusammenfassung

	NHC II	P.Oxy. 654; 655; 1	
11	(1) Jesus sagte: Dieser Himmel wird vergehen, und der, welcher über ihm als Himmel ist, wird vergehen.		
	(2) Und: Die tot sind, sind nicht lebendig, und die lebendig sind, werden nicht sterben.		*Joh 11,25–26.*
	(3) Als ihr aßt, was tot ist, machet ihr es zum Lebendigen. Wenn ihr im Licht seid, was werdet ihr tun?		*Joh 6,51.53–54.* *1 Joh 1,7; 2,9–10.*
	(4) Als ihr eins wart, wurdet ihr zu zwei. Wenn ihr aber zu zwei werdet, was werdet ihr tun?		
13	(1) Jesus sagte zu seinen Jüngern: Vergleicht mich, und sagt es mir, wem ich gleiche.		
	(2) Simon Petrus sagte zu ihm: Du gleichst einem gerechten Engel.		
	(3) Matthäus sagte zu ihm: Du gleichst einem klugen, philosophischen Menschen.		
	(4) Thomas sagte zu ihm: Meister, mein Mund kann es gänzlich nicht aushalten, dass ich sage, wem du gleichst.		Joh 11,16; 14,5; *20,24–29*
	(5) Jesus sagte: Ich bin nicht dein Meister. Weil du getrunken hast, bist du betrunken geworden von der sprudelnden Quelle, diese habe ich hervorgebracht.		*Joh 4,10.14;* *7,37–38;* 15,15
	(6) Und er nahm ihn (mit), er zog sich zurück, er sagte ihm drei Worte.		
	(7) Als Thomas aber zu seinen Gefährten kam, fragten sie ihn: Was ist es, das Jesus zu dir gesagt hat?		
	(8) Thomas sagte zu ihnen: Wenn ich euch eines von den Worten sage, die er zu mir gesagt hat, werdet ihr Steine nehmen und werdet auf mich werfen; und Feuer wird herauskommen aus den Steinen, und es wird euch verbrennen.		Joh 8,59; 10,31
17	Jesus sagte: Ich werde euch geben, was ein Auge nicht gesehen hat und was ein Ohr nicht gehört hat und was eine Hand nicht berührt hat und was nicht hineingekommen ist in ein Menschenherz.		1 Joh 1,1
18	(1) Die Jünger sagten zu Jesus: Sag es uns, auf welche Weise unser Ende sein wird.		

B. Durchführung

	NHC II	P.Oxy. 654; 655; 1	
	(2) Jesus sagte: Habt ihr denn den Anfang entdeckt, dass ihr nach dem Ende sucht? Dort nämlich, wo der Anfang ist, wird das Ende sein.		Joh 1,1; 1 Joh 1,1
	(3) Selig ist, der stehen wird im Anfang, und er wird das Ende erkennen, und er wird den Tod nicht schmecken.		Joh 8,52
19	(1) Jesus sagte: Selig ist, wer war/geworden ist, bevor er geworden ist.		
	(2) Wenn ihr meine Jünger werdet und auf meine Worte hört, werden diese Steine euch dienen.		*Joh 8,31b-32 (?)*
	(3) Ihr habt nämlich dort fünf Bäume im Paradies, die sich nicht bewegen, sommers wie winters, und nicht mögen ihre Blätter fallen.		
	(4) Wer sie erkennt, wird den Tod nicht schmecken.		Joh 8,52
21	(1) Maria sagte zu Jesus: Wem gleichen deine Jünger?		
	(2) Er sagte: Sie gleichen Knechten, die sich auf einem Feld aufhalten, das ihnen nicht gehört.		
	(3) Wenn die Herren des Feldes kommen, werden sie sagen: Gebt uns unser Feld heraus.		
	(4) Sie ziehen sich vor ihnen aus, um ihnen herauszugeben, sie geben ihnen ihr Feld.		
	(5) Deswegen sage ich: Wenn der Hausherr weiß, dass der Dieb am Kommen ist, wird er wachen, bevor er kommt, und wird ihm nicht gestatten, einzubrechen in sein Haus seines Königtums, um seine Werkzeuge zu entwenden.		
	(6) Ihr aber, passt auf hinsichtlich der Welt.		*Joh 7,7; 15,18–19; 16,33; 17,14;* 1 Joh 3,13
	(7) Gürtet euch um eure Hüften mit großer Kraft, damit nicht die Räuber einen Weg finden, um zu euch zu kommen,		
	(8) denn die Not, die ihr erwartet, wird gefunden werden (sich ereignen).		
	(9) Es soll in eurer Mitte einen verständigen Menschen geben:		

III. Zusammenfassung

	NHC II	P.Oxy. 654; 655; 1	
	(10) Als die Frucht aufging, kam er eilends mit seiner Sichel in seiner Hand, er mähte sie.		
	(11) Wer Ohren hat zu hören, soll hören!		
24	(1) Seine Jünger sagten: Zeig uns den Ort, an dem du bist, weil es für uns notwendig ist, dass wir nach ihm suchen.		<u>Joh 13,36;</u> <u>14,4–5.8; 16,5.28</u>
	(2) Er sagte zu ihnen: Wer Ohren hat, soll hören!		
	(3) Es befindet sich Licht im Inneren eines „Lichtmenschen", und er leuchtet für die ganze Welt. Wenn er nicht leuchtet, ist er Finsternis.	P.Oxy. 655d: [... is]t [... l]ichtvoll [... W]elt [...] et [... i]st.	<u>Joh 1,4–5.9;</u> 8,12; 12,46.
25	(1) Jesus sagte: Liebe deinen Bruder wie deine Seele.		1 Joh 2,10; 3,10.14; 4,20–21.
	(2) Behüte ihn wie den Augapfel deines Auges.		
27	(1) Wenn ihr nicht fastet hinsichtlich der Welt, werdet ihr das Königtum nicht finden.	P.Oxy. 1: Jesus sagt: Wenn ihr nicht die Welt fastet, werdet ihr gewiss nicht das Königtum Gottes finden.	1 Joh 2,15
	(2) Wenn ihr nicht den Sabbat haltet als Sabbat, werdet ihr den Vater nicht sehen.	Und: Wenn ihr nicht den Sabbat als Sabbat haltet, werdet ihr nicht den Vater sehen.	Joh 14,7–9; Joh 3,3.36; 6,46; 11,40; 3 Joh 11.
28	(1) Jesus sagte: Ich stellte mich hin in der Mitte der Welt, und ich erschien ihnen im Fleisch.	Jesus sagt: Ich stellte mich hin in der Mitte der Welt, und im Fleisch erschien ich ihnen,	<u>Joh 1,10;</u> <u>Joh 1,14;</u> <u>1 Joh 4,1–3; 2 Joh 7.</u>
	(2) Ich fand sie alle, wie sie betrunken waren; ich fand niemanden von ihnen, wie er durstig war,	und ich fand sie alle betrunken, und niemanden fand ich dürstend bei ihnen,	Joh 4,13–15; 7,37. Joh 6,35

B. Durchführung

	NHC II	P.Oxy. 654; 655; 1	
	(3) und meine Seele empfand Schmerz wegen der Kinder der Menschen, weil sie Blinde sind in ihrem Herzen, und sie sehen nicht, dass sie in die Welt gekommen sind und leer sind und wieder herauszugehen versuchen aus der Welt und leer sind.	und es leidet meine Seele wegen der Söhne der Menschen, weil sie blind sind mit ihrem Herzen und [nicht] seh[en ...]	*Joh 9,39–41.*
	(4) Aber jetzt sind sie betrunken. Wenn sie ihren Wein abgeschüttelt haben, werden sie umkehren.		
30	(1) Jesus sagte: Wo es drei Götter gibt: Götter sind sie.	[Es sa]gt [Jesus: W]o [dr]e[i] sind, s[ind si]e Götter.	1 Joh 5,7–8; Joh 10,34–36.
	(2) Wo es zwei oder einen gibt: Ich bin bei ihm.	Und: [W]o ei[ner] allein ist, [sa]ge ich: Ich bin bei ih[m].	
		He[b]e den Stein, und dort wirst du mich finden, spalte das Holz, und ich bin dort.	
37	(1) Seine Jünger sagten: An welchem Tag wirst du uns erscheinen, und an welchem Tag werden wir dich sehen?	P.Oxy. 655, col. i,17-col. ii,1: Es sagen zu ihm seine Jünger: Wann wirst du uns offenbar sein, und wann werden wir dich sehen?	*Joh 14,19.21–22; 16,16–22.*
	(2) Jesus sagte: Wenn ihr euch nackt auszieht – und ihr habt euch nicht geschämt – und eure Kleider nehmt und sie unter eure Füße legt wie jene kleinen Kinder und darauf trampelt,	Er sagte: Wenn ihr euch ausziehen und nicht schämen werdet ... [...]	

III. Zusammenfassung

	NHC II	P.Oxy. 654; 655; 1	
	(3) dann werdet [ihr] sehen den Sohn des Lebendigen, und ihr werdet euch nicht fürchten.	... noch fü]r[chten].	*Joh 6,40; 12,21; 1 Joh 3,2; Joh 5,26; 6,57.*
38	(1) Jesus sagte: Viele Male habt ihr begehrt, diese Worte zu hören, die ich zu euch sage, und ihr habt nicht einen anderen, um sie von ihm zu hören.	P.Oxy. 655, col. ii,2–11	
	(2) Es wird Tage geben, an denen ihr nach mir suchen werdet und mich nicht finden werdet.		*Joh 7,34; 8,21; 13,33.*
40	(1) Jesus sagte: Ein Weinstock wurde gepflanzt außerhalb des Vaters,		*Joh 15,1–6.*
	(2) und sofern er nicht stark ist, wird er ausgerissen werden an seiner Wurzel, und er wird zerstört werden.		
42	Jesus sagte: Werdet Leute, die vorübergehen.		
43	(1) Seine Jünger sagten zu ihm: Wer bist du, dass du dieses zu uns sagst?		*Joh 8,25.*
	(2) – In dem, was ich zu euch sage, erkennt ihr nicht, wer ich bin,		*Joh 10,24–25.* *Joh 5–10.*
	(3) sondern ihr seid geworden wie die Juden: Sie lieben den Baum, sie hassen seine Frucht, und sie lieben die Frucht, sie hassen den Baum.		
49	(1) Jesus sagte: Selig sind die Einzelnen und Erwählten,		
	(2) denn ihr werdet das Königtum finden, denn ihr seid aus ihm, ihr werdet wieder dorthin gehen.		*Joh 8,14; 13,3; 16,28; 17,8.13.*
50	(1) Jesus sagte: Wenn sie zu euch sagen: Woher seid ihr?, sagt zu ihnen: Wir sind aus dem Licht, dem Ort, an dem das Licht entstanden ist aus sich allein, es hat sich hingestellt, und es ist erschienen in ihrem (Plur.) Bild.		

B. Durchführung

	NHC II	P.Oxy. 654; 655; 1	
	(2) Wenn sie zu euch sagen: Seid ihr es?, sagt: Wir sind seine Söhne, und wir sind die Erwählten des lebendigen Vaters.		Joh 12,36; 6,57.
	(3) Wenn sie zu euch sagen: Was ist das Kennzeichen eures Vaters, das an euch ist?, sagt zu ihnen: Bewegung ist es und Ruhe.		
51	(1) Seine Jünger sagten zu ihm: An welchem Tag wird die Ruhe der Toten sein, und an welchem Tag wird die neue Welt kommen?		
	(2) Er sagte zu ihnen: Jene, nach der ihr Ausschau haltet, sie ist gekommen, aber ihr habt sie nicht erkannt.		*Joh 5,24–25.*
52	(1) Seine Jünger sagten zu ihm: 24 Propheten haben gesprochen in Israel, und sie haben alle in dir gesprochen.		*Joh 1,45; 5,39.46.*
	(2) Er sagte zu ihnen: Ihr habt den Lebendigen verlassen, der vor eurem Angesicht ist, und ihr habt über Tote gesprochen.		*Joh 5,27.39–40*
56	(1) Jesus sagte: Wer die Welt erkannt hat, hat eine Leiche gefunden,		1 Joh 2,15–17
	(2) und wer die Leiche gefunden hat: Die Welt ist seiner nicht würdig.		Joh 1,10; 8,23; 15,18–19; 16,33; 17,14–18.25; 1 Joh 4,5; 5,4–5 u. ö. (Hebr 11,37–38?)
58	Jesus sagte: Selig ist der Mensch, der sich bemüht hat. Er hat das Leben gefunden.		Joh 3,15–16.36; 5,39.40; 6,40.47.53–54; 10,10; 20,31; 1 Joh 5,12.13.
59	Jesus sagte: Schaut aus nach dem Lebendigen, wenn ihr lebendig seid, damit ihr nicht sterbt und ihn zu sehen sucht, und ihr werdet nicht in der Lage sein können, (ihn) zu sehen.		Joh 5,26; 6,57; 7,33–34; 8,21; 9,4–5; 11,9–10; 13,33; 14,19–21; 16,16–22.

III. Zusammenfassung

	NHC II	P.Oxy. 654; 655; 1	
61	(1) Jesus sagte: Es werden dort zwei auf einem Bett ruhen: Der eine wird sterben, der andere wird leben.		
	(2) Salome sagte: Wer bist du, Mann, wie aus Einem? Du hast dich auf mein Bett gelegt und hast von meinem Tisch gegessen!		
	(3) Jesus sagte zu ihr: Ich bin der, welcher aus dem Gleichen ist. Mir wurde gegeben von dem, was meinem Vater gehört.		Joh 8,47; 1 Joh 4,4–6; 5,19. *Joh 3,35; 17,7*
	(4) – Ich bin deine Jüngerin.		
	(5) – Deswegen sage ich: Wenn er so wird, dass er †zerstört ist† (gleich ist), wird er voller Licht sein. Wenn er aber so wird, dass er geteilt ist, wird er voller Finsternis sein.		11,9–10; 12,36.
69	(1) Jesus sagte: Selig sind diese, die man verfolgt hat in ihrem Herzen. Jene sind es, die in Wahrheit den Vater erkannt haben.		Joh 4,23; 18,37 (u. ö.); 10,15; 14,7; 16,3; 17,8; 1 Joh 2,13–14.
	(2) Selig sind die, welche hungern, damit der Bauch dessen gefüllt wird, der (es) wünscht.		
71	Jesus sagte: Ich werde [diese]s Haus zerstö[ren], und niemand wird es aufbauen können ...		*Joh 2,19*
76	(1) Jesus sagte: Das Königtum des Vaters gleicht einem Handelsmann, der eine Warenladung hatte und der eine Perle fand.		
	(2) Jener Händler war klug. Er gab die Warenladung her, er kaufte sich diese Perle allein.		
	(3) Sucht auch ihr seinen Schatz, der nicht verdirbt, und der bleibend ist, wo keine Motte eindringt, um zu fressen, noch ein Wurm zerstört.		~~Joh 6,27~~
77	(1) Jesus sagte: Ich bin das Licht, dieses, das über ihnen allen ist. Ich bin das All: Aus mir ist das All hervorgegangen, und zu mir ist das All gelangt.		*Joh 1,4–5.9; 8,12; 9,5; 12,46; 3,31* *Joh 1,3.10*
	(2) Spaltet ein Holz, ich bin dort, (3) Hebt den Stein auf, und ihr werdet mich dort finden.		

B. Durchführung

	NHC II	P.Oxy. 654; 655; 1	
78	(1) Jesus sagte: Warum seid ihr hinausgegangen auf das Feld? Um ein Rohr zu sehen, das bewegt wird vom Wind,		
	(2) und um einen Menschen zu sehen, der Gewänder anhat, die weich sind, so wie eure Könige und eure Großen?		
	(3) Diese haben weiche Gewänder an, und sie werden die Wahrheit nicht erkennen können.	Joh 8,32; 2 Joh 1.	
80	(1) Jesus sagte: Wer die Welt erkannt hat, hat den Leib gefunden.	1 Joh 2,15–17	
	(2) Wer aber den Leib gefunden hat: Die Welt ist seiner nicht würdig.	Joh 1,10; 8,23; 15,18–19; 16,33; 17,14–18.25; 1 Joh 4,5; 5,4–5 u. ö. (Hebr 11,37–38?)	
85	(1) Jesus sagte: Adam entstand aus einer gewaltigen Macht und einem gewaltigen Reichtum, und er war nicht (so), dass er eurer würdig war.		
	(2) Wäre er eurer würdig gewesen, hätte er den Tod nicht geschmeckt.	Joh 8,52	
91	(1) Sie sagten zu ihm: Sag uns, wer du bist, damit wir an dich glauben.	**Joh 9,36;** Joh 6,30; 8,25.	
	(2) Er sagte zu ihnen: Ihr „versucht" das Angesicht des Himmels und der Erde, und das, was vor euch ist, habt ihr nicht erkannt. Und diesen Moment wisst ihr nicht zu „versuchen".		
92	(1) Jesus sagte: Sucht, und ihr werdet finden.		
	(2) Aber die Dinge, nach denen ihr mich gefragt habt an diesen Tagen, habe ich euch nicht gesagt an jenem Tag – jetzt will ich sie sagen, und ihr sucht nicht nach ihnen.	Joh 16,4–5.12–13.23	
108	(1) Jesus sagte: Wer trinken wird von meinem Mund, wird werden wie ich.	Joh 4,10.14; 7,37–38;	
	(2) Ich selbst werde er werden,		
	(3) und die verborgenen Dinge werden sich ihm offenbaren.		

III. Zusammenfassung

	NHC II	P.Oxy. 654; 655; 1	
111	(1) Jesus sagte: Die Himmel werden sich einrollen und die Erde in eurer Gegenwart.		
	(2) Und: Der Lebende aus dem Lebendigen wird den Tod nicht sehen.	*Joh 6,57; 14,19; Joh 8,51*	
	(3) (Ist es) nicht (so), dass Jesus sagt: Wer sich selbst gefunden hat, dessen ist die Welt nicht würdig.	*Joh 1,10; 8,23; 15,18–19; 16,33; 17,14–18.25; 1 Joh 4,5; 5,4–5 u. ö.* (Hebr 11,37–38?)	
114	(1) Simon Petrus sagte zu ihnen: Maria soll von uns weggehen, denn die Frauen sind des Lebens nicht würdig.	*Joh 20,1–18.* Joh 10,10; 20,31; 1 Joh 5,12.	
	(2) Jesus sagte: Siehe, ich werde sie „ziehen", so dass ich sie männlich mache, damit auch sie zu einem lebendigen Geist wird, der euch Männlichen gleicht,	Joh 6,44; 12,32	
	(3) denn jede Frau, die sich männlich machen wird, wird hineingehen in das Königtum der Himmel.		

C. Ergebnis

Die ausführlichen Detailuntersuchungen in Teil B.II. haben jeweils einzelne Logien des Thomasevangeliums zum Gegenstand, und sie entsprechen den Logien des Thomasevangeliums auch darin, dass sie als jeweils eigenständige Einheiten auch gut für sich allein stehen könnten. Im Bild gesprochen, kann jedes Kapitel als ein Baum gelten, doch bei aller Liebe zum Detail besteht dann die Gefahr, vor all diesen Bäumen den Wald nicht mehr zu sehen. Nachdem wir also unter B.II. viele einzelne Bäume betrachtet haben, soll es nun um den Wald gehen. Die einfache Frage ist also: In welchem Verhältnis stehen das Thomasevangelium und das Johannesevangelium zueinander?

Wenn im Zentrum der Frage das Thomasevangelium als zusammenhängende Logiensammlung steht, so wie es im Codex II von Nag Hammadi auf Koptisch überliefert ist, dann müsste die Antwort lauten: Das Thomasevangelium als abgeschlossene und in sich kohärente Sammlung setzt das Johannesevangelium (bzw. Joh 1–20) voraus, weil und insofern mindestens ein Logion dieser Sammlung mit großer Wahrscheinlichkeit vom Johannesevangelium abhängig ist.[1] Diese Antwort wäre auf der Ebene des Endtextes des Thomasevangeliums, wie es vollständig in NHC II überliefert ist, korrekt, und doch würde sie einen falschen Eindruck vermitteln. Sie setzt nämlich voraus, dass das Thomasevangelium als zusammenhängender Text *ex nihilo* und gewissermaßen aus einem Guss entstanden ist, dass also die einzelnen Logien keine Vorgeschichte außerhalb des Thomasevangeliums haben. Diese Voraussetzung ist, wie unter A.I.2 dargelegt wurde, im Falle des Thomasevangeliums nicht sachgemäß, und die Einzeluntersuchungen haben vielfach gezeigt, dass Logien, die *auch* im Thomasevangelium zu finden sind, in der frühchristlichen Überlieferung weiter verbreitet waren, ohne dass daraus automatisch eine Abhängigkeit vom Thomasevangelium folgen müsste.

Vor allen Dingen hat diese Untersuchung also zu dem Ergebnis geführt, dass das Verhältnis zwischen Thomasevangelium und Johannesevange-

---

1 Dabei kommt „The Plagiarist's Charter" zur Anwendung: Wenn an einer Stelle eines Textes Abhängigkeit von einem anderen Text nachzuweisen ist, hat der ganze Text als von diesem anderen Text abhängig zu gelten; vgl. dazu GOODACRE: *Thomas and the Gospels*, 54–57.

C. Ergebnis

lium sich nicht auf einen einzigen mathematischen Operator reduzieren lässt, weil ja das Thomasevangelium selbst keine einheitliche Größe ist. In diesem Sinne ist eine Aussage über „das Thomasevangelium" und sein Verhältnis zum Johannesevangelium eigentlich gar nicht möglich. Die Durchführung hat gezeigt, dass die Grundkonzeption dieser Studie, wonach das Verhältnis zum Johannesevangelium für jedes Logion einzeln bestimmt werden muss, mehr als berechtigt ist. Das Gegenüber zum Johannesevangelium ist also nicht das Thomasevangelium als literarische Einheit, sondern die 37 für den Vergleich in Frage kommenden Logien. Dabei zeichnete sich als Tendenz ab, dass der erste Eindruck, nach dem ein Logion als „johanneisch" erscheint, oftmals trügerisch ist: Nur für etwa die Hälfte der oben besprochenen Logien ließ sich tatsächlich eine spezifische Beziehung zum Johannesevangelium – und sei es nur auf der Ebene gemeinsamer Traditionen – wahrscheinlich machen. So gesehen, bleibt von dieser Untersuchung insgesamt ein ziemlich ernüchterndes Ergebnis.

Angesichts dessen bleibt zu fragen, ob aus den oben angestellten Detailuntersuchungen nicht doch etwas Positives zu erschließen ist: Mit anderen Worten: Wird daraus eine Geschichte?

Diese Frage ist mit einem klaren „Ja" zu beantworten, und das führt noch nicht einmal in kirchenhistorische Hypothesen, die sich aus dem Zueinander der beiden Texte möglicherweise ableiten lassen. Die Entstehungsgeschichte der beiden Texte, wie sie sich nach den obigen Überlegungen darstellt, ist an sich schon erzählenswert:

Der Verfasser des Johannesevangeliums konnte sich bereits auf entwickelte christliche Traditionen stützen. Diese beschränkten sich nicht nur auf eines oder mehrere der synoptischen Evangelien, sondern sie umfassten auch frei umlaufende Logien sowie verschiedene Traditionsfelder, aus denen er schöpfen konnte. So war es schon traditionell geworden, Jesus in einem keineswegs selbstverständlichen Bild als die Quelle lebendigen Wassers anzusprechen oder die gläubige Existenz als neues, qualifiziertes „Leben" zu verstehen. Die gläubige Existenz zielte nach diesem Verständnis darauf, Jesus bzw. Gott selbst zu sehen. Das Johannesevangelium bezog aus diesen Traditionen seine Leitmotive, doch die Traditionen entwickelten sich ihrerseits weiter und verdichteten sich zu Logien; das beobachten wir z.B. in EvThom 13; 108 oder in EvThom 4 oder in EvThom 27. Einzelne Logien, die aus diesem Traditionsfeld erwuchsen, übernahm der Verfasser des Johannesevangeliums als geprägtes Spruchgut, also als Überlieferungen, die, wohl etwas später, auch in der Sammlung zusammengestellt wurden, die wir als Thomasevangelium kennen. Es handelt sich dabei namentlich:
- um den Spruch vom Suchen und Nicht-Finden (Joh 7,33–34; 8,21; 13,33 par. EvThom 38),

- um die Verheißung, dass jemand der sich gegenüber den Worten Jesu richtig verhält, den Tod nicht schmecken wird (Joh 8,51–52 par. EvThom 1), sowie
- um die Verheißung, dass diejenigen, die im Glauben das neue, qualifizierte Leben haben, nicht eigentlich sterben werden (Joh 11,25–26 par. EvThom 11,2).

Diese überlieferten Logien übernahm der Verfasser des Johannesevangeliums aber nicht als markierte Zitate, als ob es sich um Antiquitäten oder gar Reliquien handelte. Er baute sie in seine Erzählung ein und passte sie seinen Zwecken gemäß an. Die johanneische Erzählung vom Kommen Jesu in die Welt, seiner weitgehenden Ablehnung und seiner Rückkehr zum Vater lässt sich ihrerseits als eine Verdichtung und Adaption weisheitliche Traditionen verstehen, die auch zahlreichen Logien des Thomasevangeliums zugrunde liegen. Freilich trug der Verfasser des Johannesevangeliums diese Traditionen in eine andere Erzählung ein: die Erzählung von Leben, Leiden, Tod und Auferstehung des Menschen Jesus von Nazareth, wie sie auch in den synoptischen Evangelien in ähnlicher, aber doch unterschiedlicher Weise entfaltet ist. Diese spezifisch johanneische Erzählung blieb aber nach ihrer Abfassung in dem Traditionsfeld, aus dem sie kam, wirksam. An mehreren Stellen ist es wahrscheinlich, dass sie ihrerseits die weitere Ausgestaltung der Logienüberlieferung beeinflusste. In den Fällen, wo Logien oder Teile von Logien des Thomasevangeliums vom Johannesevangelium abhängig sind (EvThom 11,3; 13,8; 24,1; 37,1; 43; 52; 69,1; 77,1; 91,1) liegt der johanneische Einfluss oft in jüngeren bzw. redaktionellen Teilen des jeweiligen Logions; das gilt vor allem für die dialogisch aufgebauten Logien 24, 37 und 91. Ältere Logien wurden also unter dem Einfluss der johanneischen Jesus-Erzählung umgestaltet. In dieser Hinsicht kann das Thomasevangelium also doch endlich als ein Zeuge für die Rezeption des Johannesevangeliums gelten. Dennoch fiel diese Rezeption nicht zu eng aus: Der Prolog des Thomasevangeliums zeigt nämlich weder in seiner griechischen noch in seiner koptischen Fassung einen spezifischen Einfluss des Johannesevangeliums. Doch das Johannesevangelium war nicht auf einen Schlag fertig: Als ihm das Nachtragskapitel 21 hinzugefügt wurde, scheint dessen Autor, indem er in 21,11 von 153 *großen* Fischen sprach, ein Motiv verwendet zu haben, das seinerseits für das Thomasevangelium (namentlich EvThom 8) charakteristisch ist. Das bedeutet, dass die Entstehungsgeschichten des Thomasevangeliums und des Johannesevangeliums sich auf verschiedenen Stufen berührt haben. In diesem Zusammenhang ist auch zu erwähnen, dass die Johannesbriefe im Thomasevangelium nicht rezipiert werden, wenngleich es verschiedentlich bemerkenswerte thematische und lexikalische Übereinstimmungen gibt, die nicht mit literarischer Rezeption

C. Ergebnis

zu erklären sind, sondern im gemeinsamen Traditionsfeld als Weiterführung von Ansätzen aus dem Johannesevangelium zu verstehen sind.

Daraus ergeben sich einige Konsequenzen einleitungswissenschaftlicher Art, also im Hinblick auf die Datierung und Lokalisierung der beiden Evangelien.

Was die Datierung betrifft, so hat sich gezeigt, dass sowohl das Thomasevangelium als Sammlung wie auch eine Reihe von Logien in ihrer Endfassung nach dem Johannesevangelium entstanden sein müssen. Wenn man das Johannesevangelium – eingegrenzt durch die synoptischen Evangelien und den Diaspora-Aufstand 115–117 n. Chr. – im frühen 2. Jahrhundert ansetzt (vielleicht um 110 n. Chr.),[2] dann dürfte das Thomasevangelium als Sammlung einige Jahre später entstanden sein.[3] Das Nachtragskapitel Joh 21 müsste dem Johannesevangelium dann zur gleichen Zeit oder kurz danach zugewachsen sein.

Im Hinblick auf die Lokalisierung ist aus den oben angestellten Überlegungen zu schließen, dass das Johannesevangelium und das Thomasevangelium als Sammlung sowie zumindest einige seiner Logien in der gleichen Gegend entstanden sein dürften. Diese Einschätzung fußt nicht in erster Linie auf dem Befund, dass das viele Logien des Thomasevangeliums Traditionen aufgreifen, die auch im Johannesevangelium verarbeitet sind. Entscheidend ist vielmehr, dass mehrere Logien des Thomasevangeliums (EvThom 11; 24; 37; 91) auf eine Auseinandersetzung mit dem Johannesevangelium hinweisen. Vor allem EvThom 11 und EvThom 37 sind hierfür einschlägig: In beiden Logien ist im Grundbestand Tradition verarbeitet, die sich auch im Johannesevangelium findet. Spätere Überarbeitungen (sei es als Zusatz wie in EvThom 11, sei es durch die Gestaltung des Gesamtgefüges wie in EvThom 37 – oder auch in EvThom 24; 91) gaben den Logien aber eine Ausrichtung, die sich von den Konzeptionen des Johannesevangeliums deutlich absetzt. Diese mehrschichtigen Kontakte zwischen den Texten lassen auch einen direkten Kontakt der Träger dieser Texte vermuten.

Wo dieser Kontakt stattfand, ist jedoch nicht mit völliger Gewissheit zu sagen.[4] Viele Autoren vermuten, das Thomasevangelium sei in Ostsy-

---

2 Vgl. dazu auch WITETSCHEK: *Ephesische Enthüllungen* 1, 271–287.299 (Lit.).
3 Nach GATHERCOLE: *Gospel of Thomas*, 112–124 ist das Zeitfenster für die Entstehung des Thomasevangeliums (als literarischer Einheit) mit den Eckpunkten 135 n. Chr. (Bar-Kochba-Aufstand; vgl. EvThom 71) und 200 n. Chr. (papyrologische Bezeugung) umrissen. Für eine Zusammenstellung von Datierungsvorschlägen aus der bisherigen Forschung vgl. ebd., 125–127.
4 So auch GATHERCOLE: *Gospel of Thomas*, 110–111 nach Sichtung der Argumente für Syrien und Ägypten (ebd., 103–110).

rien entstanden,[5] und auch für die johanneischen Schriften wird häufig eine Herkunft aus Syrien angenommen.[6] Die argumentative Begründung dafür fällt jedoch in beiden Fällen eher schwach aus:[7] Für die Lokalisierung der johanneischen Schriften werden überwiegend Konvenienzargumente angeführt, und ähnlich stellt sich die Argumentation für die syrische Herkunft des Thomasevangeliums dar. Wenn das maßgebliche Argument lautet, dass das Thomasevangelium in Ostsyrien entstanden sein müsse, weil die Namensform „Judas Thomas" nur in Texten aus dieser Gegend bezeugt sei, dann ist dabei der Faktor Zeit sträflich vernachlässigt:

---

5 Das Hauptargument dafür ist, dass die Namensform „Judas Thomas" nur in Texten aus Ostsyrien (v. a. ActThom, LibThom und in der Abgar-Legende bei Euseb, Hist. Eccl. 1,13) bezeugt sei; vgl. MONTEFIORE: „Comparison", 223; AKAGI: *Literary Development*, 121–123; H. KOESTER: „ΓΝΩΜΑΙ ΔΙΑΦΟΡΟΙ", 291–292 (= DERS./ ROBINSON: *Trajectories*, 127–128); VIELHAUER: *Geschichte der urchristlichen Literatur*, 621; H. KOESTER: *Einführung in das Neue Testament*, 587; BLATZ: „Das koptische Thomasevangelium", 95–96; FIEGER: *Thomasevangelium*, 4–5; TREVIJANO ETCHEVERRÍA: „Santiago el Justo y Tomás el Mellizo", 112–113; PETERSEN: *„Zerstört die Werke der Weiblichkeit!"*, 70; ZÖCKLER: *Jesu Lehren im Thomasevangelium*, 19; SCHRÖTER/BETHGE: „Evangelium nach Thomas", 156–157; URO: *Thomas*, 10–11; NORDSIECK: *Thomas-Evangelium*, 23; HARTENSTEIN: *Charakterisierung im Dialog*, 239; PERRIN: *Thomas*, 77–78; PLISCH: *Thomasevangelium*, 18–20.23; JANSSEN: „Evangelium des Zwillings?", 223; MEYER: „Whom Did Jesus Love Most?", 83; ebenso GUNTHER: „Meaning and Origin", 147–148; KLAUCK: *Apokryphe Evangelien*, 144; NORRIS: „Gnostic Literature", 24; DERS.: „Apocryphal Writings", 30; POPKES: *Menschenbild des Thomasevangeliums*, 6; PATTERSON: „View from Across the Euphrates" (= *Gospel of Thomas and Christian Origins*, 9–32). Überraschend meinungsstark QUISPEL: „The Gospel of Thomas Revisited", 234: „It is absolutely certain that this apocryphal Gospel originated in Edessa, the city of the Apostle Thomas. The expression Judas Thomas does not occur anywhere else. If the Book of Thomas the Contender is similar in spirit (the apostle is called there the twin and true companion of Jesus, as in the Edessene Acts of Thomas), this is easily explained by its origin in the same Aramaic city. There can be no doubt whatsoever about this." Für eine nüchternere Einschätzung unseres Wissens über die Anfänge des Christentums im östlichen Syrien vgl. dagegen SCHWEMER: „Die ersten Christen in Syrien", passim. Hingegen folgert P. NAGEL: *Codex apocryphus gnosticus* 1, 101 aus der ursprünglich griechischen Abfassung des Thomasevangeliums, dass es im westlichen Syrien, näherhin in Antiocheia, entstanden sein müsse.
6 Ein bzw. das maßgebliche Argument waren die bei BULTMANN: „Bedeutung der neuerschlossenen mandäischen und manichäischen Quellen" gebotenen Parallelen zu mandäischen Texten und zu den Oden Salomos, woraufhin sich diese Lokalisierung in Teilen der Forschung durchsetzte; vgl. z. B. W. BAUER: *Rechtgläubigkeit und Ketzerei*, 96; H. KÖSTER: *Einführung in das Neue Testament*, 616; DERS.: *Ancient Christian Gospels*, 245; BECKER: *Johanneisches Christentum*, 58–59; THYEN: *Johannesevangelium*, 1; THEOBALD: *Evangelium nach Johannes 1–12*, 96–98.
7 Zur Kritik daran vgl. auch DEHANDSCHUTTER: „Lieu d'origine".

C. Ergebnis

Die einschlägigen Texte, vor allem die Thomasakten,[8] sind ja erst im 3. Jahrhundert anzusetzen,[9] als das Thomasevangelium schon längst im ägyptischen Oxyrhynchos seine Leser und Abschreiber hatte. Nun gilt aber das Thomasevangelium aus guten Gründen als der älteste Text der so genannten Thomas-Tradition. Dieser Text gibt aus sich selbst heraus keine eindeutigen Hinweise auf seine geographische Herkunft, wir wissen nur, dass er im 3. Jahrhundert in (Ost-)Syrien (evtl. Edessa)[10] vom Verfasser der Thomasakten *rezipiert* wurde. Die spätere Rezeption eines Textes sagt aber nichts über seine Herkunft bzw. seinen Ursprung aus.[11] Umgekehrt spricht die Nähe zum Johannesevangelium, die im Hauptteil dieser Untersuchung für mehrere Logien des Thomasevangeliums auf mehreren Ebenen namhaft gemacht wurde, eher dagegen, dass die beiden Texte aus dem östlichen Syrien, also von außerhalb des Römischen Reiches, stammen.[12]

Andererseits könnte die Tatsache, dass einige Logien des Thomasevangeliums (v. a. EvThom 28; 77) eine gewisse traditionsgeschichtliche Nähe zum *Corpus Hermeticum* aufweisen, ein Indiz für ägyptische Herkunft zumindest dieser Logien sein.[13] Dass die erhaltenen Textzeugen des Thomasevangeliums aus Ägypten stammen, ist zwar in sich kein starkes Argument dafür, dass die Sammlung bzw. die meisten der in ihr enthaltenen

---

8 Das Thomasbuch ist nach SCHENKE: „Buch des Thomas", 280–281 kein originär syrisches Produkt; (ost-) syrisch ist nur die Zuschreibung an Thomas.
9 Vgl. BREMMER: „Acts of Thomas", 74–77; KLAUCK: *Apokryphe Apostelakten*, 157.
10 Kritisch dazu inzwischen KLIJN: „Acts of Thomas Revisited", 7; früher schon EHLERS: „Kann das Thomasevangelium aus Edessa stammen?".
11 Vgl. dazu DEHANDSCHUTTER: „Les paraboles", 206–207; S.L. DAVIES: *The Gospel of Thomas and Christian Wisdom*, 19–21.
12 Vgl. PIOVANELLI: „Un gros et beau poisson", 305; ähnlich DERS.: „Thomas in Edessa?", 458–461. Das Johannesevangelium, das selbstverständlich von der Währungseinheit Denar (Joh 12,5) und vom Caesar als dem obersten Vorgesetzten des (nach Joh 18,28 im Praetorium residierenden) Pilatus spricht (Joh 19,12.15), ist deutlich in der Lebenswelt des Römischen Reiches beheimatet. Sofern die Annahme stichhaltig ist, dass das Thomasevangelium und das Johannesevangelium im gleichen Kontext entstanden sind, wird man annehmen, dass auch die Sammlung, die wir heute als Thomasevangelium kennen, an einem Ort innerhalb des Römischen Reiches zusammengestellt wurde; für die entgegengesetzte Hypothese vgl. PATTERSON: „View from Across the Euphrates" (= *Gospel of Thomas and Christian Origins*, 9–32).
13 Nach FOWDEN: *Egyptian Hermes*, 31–44 sind die Texte des *Corpus Hermeticum* anhand ihrer Themen als genuin ägyptische Texte zu betrachten. Außerhalb Ägyptens scheinen sie erst um 200 n. Chr. bekannt geworden zu sein; vgl. ebd., 198.216: Einer der ersten datierbaren Belege außerhalb Ägyptens für „Hermes Trismegistos" scheint Athenagoras, Apol. 28,6 zu sein.

C. Ergebnis

Logien in Ägypten entstanden seien, doch die Rezeption[14] im oberägyptischen Oxyrhynchos ab dem Ende des 2. Jahrhunderts (also deutlich bevor eine Rezeption des Thomasevangeliums in Syrien nachweisbar wird), sollte immerhin zu denken geben.[15]

Auch für das Johannesevangelium ließe sich ein in Ägypten bzw. Alexandreia plausibles Szenario entwickeln.[16] Völlige Gewissheit ist im Rahmen dieser Untersuchung nicht zu gewinnen, doch es bleibt festzuhalten, dass Indizien für die Lokalisierung der einen Schrift auch für die Lokalisierung der anderen Schrift relevant sind.

Wenn man an dieser Stelle von Textvergleichen auf reale historische Gegebenheiten schließen will, dann ist zu sagen: Der Autor des Johannesevangeliums und der Kompilator des Thomasevangeliums (bzw. die Autoren einiger Logien) standen in einem Zusammenhang, der als „gemeinsames geistiges Milieu" nur unzureichend umschrieben ist. Wir wissen nicht, ob sie sich persönlich kannten, aber die engen Kontakte ihrer Texte auf verschiedenen Ebenen bzw. Entwicklungsstufen sprechen dafür, dass die beiden Texte – das Johannesevangelium als redigierte Erzählung, das Thomasevangelium als Sammlung – in einem Zusammenhang entstanden sind, der nicht nur intellektueller, literar- und traditionsgeschichtlicher, sondern auch realer und sozialer Natur war. Damit stellt sich aber sofort die Frage, ob diese beiden Texte, die sich in ihrer theologischen Ausrichtung deutlich unterscheiden, schließlich nicht doch Zeugen einer polemischen Auseinandersetzung zwischen ihren Autoren sind. Wenn man diese Frage positiv beantworten wollte, müsste man Indizien in den beiden Texten benennen können. Die oben angestellten Einzeluntersuchungen haben nun gezeigt, dass das Thomasevangelium in der Tat johanneische Textstellen oder gemeinsame Überlieferungen nicht immer exakt im johanneischen Sinne rezipiert, und dass die beiden Evangelien die gemeinsamen Traditionen in durchaus unterschiedlicher Weise entwickeln. Man kann also sagen, dass der Autor des Johannesevangeliums in manchen Punkten

---

14 Die Rezeption umfasst nicht nur die drei bekannten griechischen Abschriften (P.Oxy. 1; 654; 655), sondern auch die Verwendung des Schlusses von EvThom 5 nach P.Oxy. 654,29–31 im Kontext der Begräbniskultur; vgl. dazu PUECH: „Un logion de Jésus". Aus der Tatsache, dass das Thomasevangelium zumindest einmal ins Koptische übersetzt wurde, sollte man hingegen für die Lokalisierungsfrage nicht allzu viel ableiten. – Selbstredend gilt auch hier, dass die Rezeption eines Textes nicht automatisch etwas über die Umstände seiner Entstehung aussagt (s. o.). Festzuhalten ist aber, dass die Rezeption des Thomasevangeliums in Ägypten (durch die drei erhaltenen Abschriften) früher nachweisbar ist als in Syrien (durch die Thomasakten).
15 Vgl. auch DEHANDSCHUTTER: „Lieu d'origine", 130–131.
16 Vgl. dazu WITETSCHEK: *Ephesische Enthüllungen* 1, 295–299 (Lit.).

C. Ergebnis

einen anderen Standpunkt vertritt als die Autoren der überlieferten Logien, die Redaktoren der komplexeren, dialogisch aufgebauten Logien 24 und 91 (oder auch 11) und schließlich der Kompilator bzw. Redaktor des Thomasevangeliums. Damit ist aber noch nicht gesagt, dass er gegen einen oder mehrere dieser Autoren polemisiert, oder dass diese gegen ihn polemisieren. Wie der Verfasser des Johannesevangeliums polemisiert, sieht man an dem, was er in Joh 5–10 Jesus zu den „Juden" sagen lässt; auch die Johannesbriefe sind in dieser Hinsicht instruktiv. Im Thomasevangelium findet man Polemik etwa in der Auseinandersetzung mit den jüdischen bzw. judenchristlichen Frömmigkeitsformen des Betens, Fastens und Almosengebens (EvThom 6; 104). Das sind jedoch keine Praktiken, für die sich das Johannesevangelium besonders stark macht. Also: Der Verfasser des Johannesevangeliums ist in manchen Punkten deutlich anderer Ansicht als andere Autoren in seiner Umgebung, aber er polemisiert nicht in jedem Falle gegen sie. Umgekehrt gilt das gleiche. Zugleich ist aber die spezifische Leistung festzuhalten, die der Verfasser des Johannesevangeliums für die christliche Theologie der folgenden Jahrhunderte bis heute erbracht hat: Es ist ihm gelungen, die weisheitliche Form der Jesusüberlieferung, die ihn mit so vielen Logien des Thomasevangeliums verbindet, in die biographische Erzählung über Jesus von Nazareth einzubinden. Im Rückblick könnte man sagen, dass er sie für die „Großkirche" „domestiziert" habe, doch das wäre für das frühe 2. Jahrhundert ein unzulässiger Anachronismus. In einem wohl von Weisheits- bzw. Logosspekulation geprägten Umfeld muss man eher seine Kreativität anerkennen, das überlieferte Denken in eine Geschichte einzutragen und zudem sehr beharrlich der Frage nachzugehen, wie die Identität Jesu im Spannungsfeld von Biographie und Spekulation begrifflich zu fassen sei.[17] Damit dürfte er in seinem Umfeld zunächst eine etwas exotische Randposition eingenommen haben; vielleicht spiegelt sich ja in EvThom 24; 42–43; 91 das Befremden über diese neuartige christologische Spekulation. Die Synthese des Johannesevangeliums erwies sich jedoch als zukunftsfähig und höchst wirkmächtig für die Theologie der folgenden Jahrhunderte.

Abschließend bleibt noch festzuhalten, was wir aus den oben angestellten Einzeluntersuchungen über das Thomasevangelium gelernt haben: Diese Logien sind keineswegs als das Produkt einer isolierten Randgruppe zu verstehen, und sie stehen auch nicht in völligem Gegensatz zu dem, was wir in den später kanonisch gewordenen Schriften finden. Die hier bespro-

---

17 In diesem Zusammenhang ist auch zu würdigen, dass der Verfasser des Johannesevangeliums das Egressus-Regressus-Schema, das ja sonst in der platonisch inspirierten Koine hellenistischen Denkens (der auch EvThom 49; 50 angehören) ein anthropologisches Muster ist, christologisch adaptiert.

C. Ergebnis

chenen Logien des Thomasevangeliums stehen in einem weiten Feld frühchristlicher Diskurse, die sich im Laufe des 1. und 2. Jahrhunderts in verschiedene Richtungen bewegten. Die Logien des Thomasevangeliums teilen in aller Regel nicht die christologische Zuspitzung, die das Johannesevangelium dem traditionellen Gut gibt, aber vielfach erlauben sie den Blick in frühere Stadien der Überlieferungsgeschichte und helfen so auch, das spezifische Profil des Johannesevangeliums klarer zu sehen. Dass nicht alle frühen Christen immer einer Meinung waren, ist mittlerweile ein Gemeinplatz. Im Vergleich der Logien des Thomasevangeliums mit dem Johannesevangelium zeigt sich am konkreten Einzelfall, wie dieselbe Tradition durchaus verschiedene Ausformungen annehmen kann, ohne dass die Verschiedenheit immer in Form von Polemik zu Tage tritt. Eingebunden in den breiten Strom frühchristlicher Tradition, erscheint das Thomasevangelium gar nicht mehr so geheimnisvoll, wie sein Incipit zunächst vermuten ließ.

D. Verwendete Literatur

Die verwendeten Abkürzungen entsprechen weitgehend SCHWERTNER, S. M.: *IATG³ – Internationales Abkürzungsverzeichnis für Theologie und Grenzgebiete.* Berlin – New York: Walter de Gruyter, ³2014.

D. Verwendete Literatur

I. Quellen

1. Biblische Texte

Biblia Hebraica Stuttgartensia, hg. von K. ELLIGER und W. RUDOLPH. Stuttgart: Deutsche Bibelgesellschaft, ⁴1990 (BHS).
Coptic Version of the New Testament in the Southern Dialect Otherwise Called Sahidic and Thebaic. With Critical Apparatus, Literal English Translation, Register of Fragments and Estimate of the Version 1–7, hg. von G.W. HORNER. Oxford: Clarendon, 1911–1924 (*Horner*).
Das Johannesevangelium Saïdisch. Text der Handschrift PPalau Rib. Inv.-Nr. 183 mit den Varianten der Handschriften 813 und 814 der Chester Beatty Library und der Handschrift M 569, hg. von H. QUECKE (= PapyCast 11). Roma – Barcelona: Papyrologica Castroctaviana, 1984 (*Quecke*).
Das koptisch-sahidische Johannesevangelium sa 506 aus dem Jeremias-Kloster von Sakkara. Mit Textvarianten der Handschriften in Barcelona, Kairo, Dublin, Naqlun, New York, hg. von K. SCHÜSSLER (= Arbeiten zur Biblia Coptica 1). Wiesbaden: Harrassowitz, 2013 (*Schüssler*).
Novum Testamentum Graece I. Editio Octava Critica Maior, hg. von C. TISCHENDORF. Leizpig: Giesecke & Devrient, ⁸1869 (*Tischendorf*).
Novum Testamentum Graece, hg. von B. u. K. ALAND, J. KARAVIDOPOULOS, C.M. MARTINI, B.M. METZGER. Stuttgart: Deutsche Bibelgesellschaft, ²⁷1993 (NA²⁷).
Novum Testamentum Graece, hg. von B. u. K. ALAND, J. KARAVIDOPOULOS, C.M. MARTINI, B.M. METZGER. Stuttgart: Deutsche Bibelgesellschaft, ²⁸2012 (NA²⁸).
The Old Testament in Greek. According to the Text of Codex Vaticanus, Supplemented from Other Uncial Manuscripts, with Critical Apparatus Containing the Variants of the Chief Ancient Authorities for the Text of the Septuagint 1–3, hg. von A.E. BROOKE und N. MCLEAN. Cambridge: University Press, 1906–1940.
Septuaginta. Id est Vetus Testamentum graece iuxta LXX interpretes, hg. von A. RAHLFS, überarb. von R. HANHART. Stuttgart: Deutsche Bibelgesellschaft ²2006.

2. Frühjüdische Literatur

„Apocalypsis Henochi Graece", hg. von M. BLACK, in: *Apocalypsis Henochi Graece. Fragmenta Pseudepigraphorum quae supersunt graeca*, hg. von A.M. DENIS (= PVTG 3). Leiden: E.J. Brill, 1970, 1–44.
Die Esra-Apokalypse (IV. Esra) 1–2, hg. von B. VIOLET (= GCS 18; 32). Leipzig: J.C. Hinrichs'sche Buchhandlung, 1910–1924.
Flavii Iosephi Opera I–VII, hg. von B. NIESE. Berlin: Weidmann, 1887–1895 (ND 1955).
Die Mischna. Text, Übersetzung und ausführliche Erklärung, begr. von G. BEER und O. HOLTZMANN. Gießen: Alfred Töpelmann; Berlin – New York: Walter de Gruyter, 1912-.
Pseudo-Philo's Liber Antiquitatum Biblicarum, hg. von G. KISCH (= PMS 10). Notre Dame, IN: The University of Notre Dame, 1949.

I. Quellen

Sibyllinische Weissagungen (griech.-dt.), hg. und übers. von J.-D. GAUGER (Sammlung Tusculum). Düsseldorf – Zürich: Artemis & Winkler, ²2002.
The Testaments of the Twelve Patriarchs, hg. von M. DE JONGE (= PVTG 1/2). Leiden: E.J. Brill, 1978.

3. Christliche Apokryphen

Acta Apostolorum Apocrypha I-II, hg. von R.A. LIPSIUS und M. BONNET. Leipzig: Hermann Mendelssohn, 1891–1903 (ND Darmstadt: Wissenschaftliche Buchgesellschaft, 1959).
Acta Iohannis 1–2, hg. von E. JUNOD und J.-D. KAESTLI (= CCSA 1–2). Turnhout: Brepols, 1983.
The Apocryphon of John. Synopsis of Nag Hammadi Codices II,1; III,1; IV,1 with BG 8502,2, hg. von M. WALDSTEIN und F. WISSE (= NHMS 33). Leiden – New York – Köln: E.J. Brill, 1995.
Evangelium nach Thomas (kopt.-dt.), hg. und übers. von A. GUILLAUMONT, H.-C. PUECH, G. QUISPEL, W. TILL und Y. 'ABD AL-MASĪḤ. Leiden: Brill, 1959.
„Evangelium Thomae Copticum" (kopt.-dt.), hg. von H.-G. Bethge, in: *Synopsis Quattuor Evangeliorum*, hg. von K. bzw. B. Aland. Stuttgart: Deutsche Bibelgesellschaft, ¹⁵1996, 517–546.
EVELYN WHITE, H.G.: *The Sayings of Jesus from Oxyrhynchus. Edited with Introduction, Critical Apparatus and Commentary*. Cambridge: University Press, 1920.
Fragmente apokryph gewordener Evangelien in griechischer und lateinischer Sprache, hg. von D. LÜHRMANN (= MThSt 59). Marburg: N.G. Elwert, 2000.
The Gospel of Judas. Together with the Letter of Peter to Philip, James, and a Book of Allogenes from Codex Tchacos, hg. von R. KASSER und G. WURST. Washington, D.C.: National Geographic Society, 2007.
The Gospel of Mary, hg. von C. TUCKETT (OECGT). Oxford – New York: Oxford University Press, 2007.
GRENFELL, B.P. / HUNT, A.S.: *ΛΟΓΙΑ ΙΗΣΟΥ: Sayings of Our Lord from an Early Greek Papyrus*. London: The Egypt Exploration Fund, 1897.
GRENFELL, B.P. / HUNT, A.S.: *New Sayings of Jesus and Fragment of a Lost Gospel from Oxyrhynchus*. London: Henry Frowde, 1904.
HEDRICK, C.W. / MIRECKI, P.A.: *Gospel of the Savior. A New Ancient Gospel* (California Classical Library). Santa Rosa, CA: Polebridge Press, 1999.
LATTKE, M.: *Die Oden Salomos in ihrer Bedeutung für Neues Testament und Gnosis. Band I. Ausführliche Handschriftenbeschreibung. Edition mit deutscher Parallel-Übersetzung. Hermeneutischer Anhang zur gnostischen Interpretation der Oden Salomos in der Pistis Sophia* (= OBO 25/1). Fribourg: Éditions Universitaires; Göttingen: Vandenhoeck & Ruprecht, 1979.
LATTKE, M.: *Die Oden Salomos. Griechisch – koptisch – syrisch mit deutscher Übersetzung*, Darmstadt: Wissenschaftliche Buchgesellschaft, 2011.
NAGEL, P.: *Codex apocryphus gnosticus Novi Testamenti. Band 1. Evangelien und Apostelgeschichten aus den Schriften von Nag Hammadi und verwandten Kodizes. Koptisch und deutsch* (= WUNT 326). Tübingen: Mohr Siebeck, 2014.
Nag Hammadi Codex I (The Jung Codex). Introductions, Texts, Translations, Indices, hg. von H.W. ATTRIDGE (= NHS 22). Leiden: E.J. Brill, 1985.

D. Verwendete Literatur

Nag Hammadi Codex II,2–7 together with XIII,2*, Brit. Lib. Or. 4926(1), and P.Oxy. 1, 654, 655. Vol. 1–2, hg. von B. LAYTON (= NHS 20–21). Leiden – New York – København – Köln: E.J. Brill, 1989.
Nag Hammadi Codices III,3–4 and V,1 with Papyrus Berolinensis 8502,3 and Oxyrhynchus Papyrus 1081. Eugnostos and the Sophia of Jesus Christ, hg. von D.M. PARROTT (= NHS 27). Leiden – New York – København – Köln: E.J. Brill, 1991.
Nag Hammadi Codices V,2–5 and VI with Papryrus Berolinensis 8502,1 and 4, hg. von D.M. PARROTT (= NHS 11). Leiden: E.J. Brill, 1979.
Nag Hammadi Codex VII, hg. von B. PEARSON (= NHS 30). Leiden – New York – Köln: E.J. Brill, 1996.
Nag Hammadi Codices XI, XII, XIII, hg. von C.W. HEDRICK (= NHS 28). Leiden – New York – København – Köln: E.J. Brill, 1990.
Other Early Christian Gospels. A Critical Edition of the Surviving Greek Manuscripts, hg. von A. BERNHARD (= LNTS 315). London – New York: T&T Clark, 2006 (ND Pb. 2007).
The Text of the New Testament Apocrypha (100–400 CE), hg. von T.A. WAYMENT. London – New York: Bloomsbury T&T Clark, 2013.

4. Manichäisches

HENRICHS, A. / HENRICHS, H. / KOENEN, L.: „Der Kölner Mani-Kodex (P. Colon. inv. nr. 4780) Περὶ τῆς γέννης τοῦ σώματος αὐτοῦ: Edition der Seiten 1–72." in: ZPE 19 (1975),1–85.
Kephalaia. 1. Hälfte, hg. von H.-J. POLOTSKY und A. BÖHLIG (= Manichäische Handschriften der Staatlichen Museen Berlin 1). Stuttgart: Kohlhammer, 1940.
Der Kölner Mani-Kodex. Über das Werden seines Leibes. Kritische Edition, hg. von L. KOENEN und C. RÖMER (= PapyCol 14). Opladen: Westdeutscher Verlag, 1988.
A Manichaean Psalm-Book. Part II, hg. von C.R.C. ALLBERRY (= Manichaean Manuscripts in the Chester Beatty Collection 2). Stuttgart: Kohlhammer, 1938.
The Manichaean Coptic Papyri in the Chester Beatty Library. Psalm Book Part II, Fasc. 2. Die Herakleides-Psalmen, hg. von S.G. RICHTER (= CFM.C I/II,2). Turnhout: Brepols 1998.

5. Kirchenväter

Aristide. Apologie. Introduction, textes critiques, introductions et commentaire, hg. von B. POUDERON, M.-J. PIERRE, B. OUTTIER, M. GUIORGADZE (= SC 470). Paris: Les Éditions du Cerf, 2003.
Athénagore. Supplique au sujet des Chrétiens et Sur la résurrection des morts, hg. von B. POUDERON (= SC 379). Paris: Les Éditions du Cerf, 1992.
Aurelii Augustini Opera I-XVII, hg. von E. DEKKERS u. a. (= CCSL 27–57). Turnhout: Brepols, 1953-.
BARTHOULOT, J.: „Saint Irénée. Démonstration de la prédication apostolique." in: *S. Irenaeus. ΕΙΣ ΕΠΙΔΕΙΞΙΝ ΤΟΥ ΑΠΟΣΤΟΛΙΚΟΥ ΚΗΡΥΓΜΑΤΟΣ. The Proof of the Apostolic Preaching with Seven Fragments. Armenian Version*, hg. und übers.

I. Quellen

von K. TER-MEKERTTSCHIAN und S.G. WILSON (= PO 12/5). Paris: Firmin-Didot, 1917 (ND Turnhout: Brepols, 1974), 747–802 (95–150).
Clemens Alexandrinus 1–4, hg. von O. STÄHLIN (= GCS 12; 15; 17; 39). Leipzig: J.C. Hinrichs'sche Buchhandlung, 1905–1936.
Sancti Cypriani Episcopi Opera, hg. von M. BÉVENOT u.a. (= CCSL 3/1). Turnhout: Brepols, 1972–2004.
Epiphanius 1–3, hg. von K. HOLL und H. LIETZMANN (= GCS 25; 31; 37). Leipzig: J.C. Hinrichs'sche Buchhandlung, 1915–1933.
Eusebius. Werke. Die Kirchengeschichte, hg. von E. SCHWARTZ und T. MOMMSEN und F. WINKELMANN (= GCS.NF 6,1–3). Berlin: Akademie Verlag, 1999.
Hippolytus. Refutatio omnium haeresium, hg. von M. MARCOVICH (= PTS 25). Berlin – New York: Walter de Gruyter, 1986.
Des heiligen Irenäus Schrift zum Erweise der apostolischen Verkündigung (armen.-dt.), hg. und übers. von K. TER-MEKERTTSCHIAN und E. TER-MINASSIANTZ (= TU 31/1). Leipzig: J.C. Hinrichs'sche Buchhandlung, 1907.
S. Irenaeus. ΕΙΣ ΕΠΙΔΕΙΞΙΝ ΤΟΥ ΑΠΟΣΤΟΛΙΚΟΥ ΚΗΡΥΓΜΑΤΟΣ. The Proof of the Apostolic Preaching with Seven Fragments. Armenian Version, hg. und übers. von K. TER-MEKERTTSCHIAN und S.G. WILSON (= PO 12/5). Paris: Firmin-Didot, 1917 (ND Turnhout: Brepols, 1974), 653–803.
Irenäus von Lyon 1–5, (griech./lat.-dt.), hg. von N. BROX (= FC 8), Freiburg/Br. u.a.: Herder, 1993–2001.
Iustini Martyris Apologiae pro Christianis. Dialogus cum Tryphone, hg. von M. MARCOVICH (= PTS 38/47). Berlin – New York: Walter de Gruyter 1994/97 (ND 2005).
L. Caeli Firmiani Lactanti Opera Omnia, hg. von S. BRANDT und G. LAUBMANN (= CSEL 19; 27). Prag – Wien: Tempsky; Leipzig: Freytag, 1890–1897.
Makarios/Symeon. Reden und Briefe. Die Sammlung I des Vaticanus Graecus 694 (B) 1–2 hg. von H. BERTHOLD (= GCS 55–56). Berlin: Akademie-Verlag, 1973.
Origenes. Matthäuserklärung II. Die lateinische Übersetzung der Commentariorum Series, hg. von E. KLOSTERMANN (= GCS 38). Leipzig: J.C. Hinrichs'sche Buchhandlung, 1933.
Schriften des Urchristentums. Erster Teil. Die Apostolischen Väter, eingel., hg., übertr., erl. von J.A. FISCHER. Darmstadt: Wissenschaftliche Buchgesellschaft, [10]1993 (ND 1998).
Schriften des Urchristentums. Zweiter Teil. Didache (Apostellehre). Barnabasbrief. Zweiter Klemensbrief. Schrift an Diognet, eingel., hg., übertr., erl. von K. WENGST. Darmstadt: Wissenschaftliche Buchgesellschaft, 1984 (ND 1998).
Schriften des Urchristentums. Dritter Teil. Papiasfragmente. Hirt des Hermas, eingel., hg., übertr., erl. von U.H.J. KÖRTNER und M. LEUTZSCH. Darmstadt: Wissenschaftliche Buchgesellschaft, 1998.
WEBER, S.: „Des heiligen Irenäus Schrift zum Erweis der apostolischen Verkündigung." in: *Des heiligen Irenäus ausgewählte Schriften ins Deutsche übersetzt* 2 (= BKV 4). Kempten – München: Kösel, 1912, 583–650.

6. Griechische und römische Autoren

Babrii Mythiambi Aesopei, hg. von M.J. LUZZATTO und A. LA PENNA (BSGRT). Leipzig: B.G. Teubner, 1986.

D. Verwendete Literatur

Die Bildtafel des Kebes. Allegorie des Lebens, hg. von R. HIRSCH-LUIPOLD u.a. (= SAPERE 8). Darmstadt: Wissenschaftliche Buchgesellschaft, 2005.
Corpus Hermeticum I–IV, hg. von A.D. NOCK, übers. von A.-J. FESTUGIÈRE (CUFr Budé). Paris: Les belles lettres, 1946–1954.
Die Fragmente der Vorsokratiker 1–3 (griech.-dt.), hg. von H. DIELS und W. KRANZ. Berlin: Weidmannsche Verlagsbuchhandlung, 1951–1952.
Claudii Galeni Opera Omnia 1–20 (griech.-lat.), hg. von C.G. KÜHN. Leipzig: Teubner, 1821–1833 (ND Hildesheim: Georg Olms, 1964–1965).
Hippocrate. Œuvres complètes 1- (griech.-frz.), hg. von R. JOLY u.a. (CUFr Budé). Paris: Les Belles Lettres, 1967-.
L. Annaeus Seneca. Philosophische Schriften 1–5 (lat.-dt.), hg. von M. ROSENBACH. Darmstadt: Wissenschaftliche Buchgesellschaft, 1976–1989 (Sonderausgabe 1999).
Marci Aurelii Antonini ad se ipsum libri XII, hg. von J. DALFEN (BSGRT). Leipzig: B.G. Teubner, ²1987.
Pausanias. Graeciae Descriptio 1–3, hg. von M.H. ROCHA-PEREIRA (BSGRT). Leipzig: B.G. Teubner, 1973–1981.
Platon. Werke in acht Bänden. Griechisch und deutsch, hg. von G. EIGLER. Darmstadt: Wissenschaftliche Buchgesellschaft, 1970–1981 (ND 2005).
Plinius der Jüngere. Panegyrikus. Lobrede auf den Kaiser Trajan (lat.-dt.), hg., eingel. und übers. von W. KÜHN (= TzF 51). Darmstadt: Wissenschaftliche Buchgesellschaft, ²2008.
Theokrit. Gedichte (griech.-dt.), hg. und übers. von B. EFFE (Sammlung Tusculum). Darmstadt: Wissenschaftliche Buchgesellschaft, 1999.

7. Ägyptisches

Das Totenbuch der Ägypter, übers. und hg. von E. HORNUNG (BAW). Zürich – München: Artemis, 1979 (ND 1990).
TOTTI, M.: *Ausgewählte Texte der Isis- und Sarapis-Religion* (= SubEpi 12). Hildesheim – Zürich – New York: Georg Olms, 1985.

8. Papyri

Catalogue of the Greek Papyri in the John Rylands Library, Manchester 1–4, hg. von A.S. HUNT u.a. Manchester: University Press, 1911–1952.
The Oxyrhynchus Papyri, hg. von B.P. GRENFELL u.a. London: Egypt Exploration Fund, 1898–

9. Inschriften

Sylloge inscriptionum religionis Isiacae et Sarapiacae, hg. von L. VIDMAN (= RGVV 28). Berlin: Walter de Gruyter, 1969.

II. Hilfsmittel

1. Übersichten

DRAGUET, R.: *Index copte et grec-copte de la Concordance du Nouveau Testament Sahidique* (= CSCO 196/Sub 16). Louvain: Secrétariat du CorpusSCO, 1960.
The New Testament in Greek IV. The Gospel According to St. John. Edited by the American and British Committees of the International Greek New Testament Project. Volume One: The Papyri, hg. von W. J. ELLIOTT und D. C. PARKER (= NTTS 20). Leiden – New York – Köln: Brill, 1995.
The New Testament in Greek IV. The Gospel According to St. John. Edited by the American and British Committees of the International Greek New Testament Project. Volume Two: The Majuscules, hg. von U. B. SCHMID mit W. J. ELLIOTT und D. C. PARKER (= NTTSD 37). Leiden – Boston: Brill, 2007.
SCHÜSSLER, K.: *Biblia Coptica. Die koptischen Bibeltexte.* 1–4. Wiesbaden: Harrassowitz, 1995-
Synopsis Quattuor Evangeliorum, hg. von K. bzw. B. ALAND. Stuttgart: Deutsche Bibelgesellschaft, [15]1996.
WILMET, M.: *Concordance du Nouveau Testament sahidique* I-II.3 (= CSCO 124/Sub 1; 173/Sub 11; 183/Sub 13; 185/Sub 15). Louvain: Secrétariat du CorpusSCO, 1950–1959.

2. Wörterbücher und Grammatiken

BAUER, W.: *Wörterbuch zum Neuen Testament*, bearb. von K. und B. ALAND. Berlin – New York: Walter de Gruyter, [6]1988. Englische Ausgabe: *A Greek-English Lexicon of the New Testament and other Early Christian Literature*, überarb. und hg. von F. W. DANKER. Chicago – London: The University of Chicago Press, [3]2000 (BDAG).
BLASS, F./DEBRUNNER, A./REHKOPF, F.: *Grammatik des neutestamentlichen Griechisch*. Göttingen: Vandenhoeck & Ruprecht, [18]2001 (BDR).
CRUM, W. E.: *A Coptic Dictionary. Compiled with the Help of many Scholars*. Oxford: Clarendon Press, 1939 (ND Sandpiper, 2000).
EBERLE, A.: *Koptisch. Ein Leitfaden durch das Saïdische* (= Languages of the World/Materials 07). München: Lincom Europa, 2004.
GESENIUS, W.: *Hebräisches und aramäisches Handwörterbuch über das Alte Testament*, bearb. von F. BUHL. Berlin – Göttingen – Heidelberg: Springer [17]1915 (ND 1962).
GESENIUS, W.: *Hebräisches und aramäisches Handwörterbuch über das Alte Testament*, hg. von H. DONNER. Heidelberg – Dordrecht – London – New York: Springer, [18]2013.
JOÜON, P. / MURAOKA, T: *A Grammar of Biblical Hebrew* 1–2. Roma: Editrice Pontificio Istituto Biblico, 1991 (ND 1996).
KASSER, R.: *Compléments au Dictionnaire Copte de Crum* (= BEC 7). Le Caire: Imprimerie de l'Institut Français d'Archéologie Orientale, 1964.

D. Verwendete Literatur

LIDDELL, H. G. / SCOTT, R.: *A Greek-English Lexicon*, überarb. und erw. von H. S. JONES. With a revised supplement 1996. Oxford: Clarendon Press, 1996 (LSJ).

LAYTON, B.: *A Coptic Grammar with Chrestomathy and Glossary. Sahidic Dialect* (= PORTA 20). Wiesbaden: Harrasowitz, ²2004.

MAYSER, E.: *Grammatik der griechischen Papyri aus der Ptolemäerzeit. Mit Einschluss der gleichzeitigen Ostraka und der in Ägypten verfassten Inschriften. Band I. Laut- und Wortlehre. I. Teil. Einleitung und Lautlehre*, bearb. von H. SCHMOLL. Berlin – New York: Walter de Gruyter, ²1970.

PAYNE SMITH, J.: *A Compendious Syriac Dictionary. Founded upon the Thesaurus Syriacus by R. Payne Smith.* Oxford: Clarendon Press, 1903 (ND Winona Lake, IN: Eisenbrauns 1998).

UNGNAD, A.: *Syrische Grammatik. Mit Übungsbuch.* München: C. H. Beck, ²1932.

WESTENDORF, W.: *Koptisches Handwörterbuch. Bearbeitet auf Grund des Koptischen Handwörterbuchs von Wilhelm Spiegelberg.* Heidelberg: C. Winter, 1977 (ND 2000).

III. Sekundärliteratur

AKAGI, T.: *The Literary Development of the Coptic Gospel of Thomas*. Diss. Western Reserve University, Cleveland, OH, 1965.

ALEXANDER, L.: „Memory and Tradition in the Hellenistic Schools." in: *Jesus in Memory. Traditions in Oral and Scribal Perspectives*, hg. von W. H. KELBER und S. BYRSKOG. Waco, TX: Baylor University Press, 2009, 113–153.

ASHTON, J.: „Riddles and Mysteries. The Way, the Truth, and the Life." in: *Jesus in Johannine Tradition*, hg. von R. T. FORTNA und T. THATCHER. Louisville, KY – London: Westminster John Knox Press, 2001, 333–342.

ASHTON, J.: *Understanding the Fourth Gospel*. Oxford – New York: Oxford University Press, ²2007.

ASKELAND, C.: *John's Gospel. The Coptic Translations of its Greek Text* (= ANTF 44). Berlin – New York: Walter de Gruyter, 2012.

ATTRIDGE, H.: „The Original Text of Gos. Thom., Saying 30." in: BASP 16 (1979), 153–157.

ATTRIDGE, H.: „Appendix. The Greek Fragments." in: *Nag Hammadi Codex II,2–7 together with XIII,2*, Brit. Lib. Or. 4926(1), and P.Oxy. 1, 654, 655. Volume One: Gospel According to Thomas, Gospel According to Philip, Hypostasis of the Archons, and Indexes*, hg. von B. LAYTON (= NHS 20). Leiden – New York – København – Köln: E. J. Brill, 1989, 95–128.

ATTRIDGE, H. W.: „‚Seeking' and ‚Asking' in Q, Thomas, and John." in: *From Quest to Q* (FS J. M. ROBINSON), hg. von J.Ma. ASGEIRSSON, K. DE TROYER, M. W. MEYER (= BETL 146). Leuven: Peeters, 2000, 295–302.

ATTRIDGE, H. W.: „Thomas Didymus." in: RGG⁴ 8. Tübingen: Mohr Siebeck, 2005, 367.

ATTRIDGE, H. W. / MACRAE, G. W.: „The Gospel of Truth. I,3: 16.31–43.24." in: *Nag Hammadi Codex I (The Jung Codex). Introductions, Texts, Translations, Indices*, hg. von H. W. ATTRIDGE (= NHS 22). Leiden: E. J. Brill, 1985, 55–122.

AUNE, D. E.: *Revelation 1–5* (= WBC 52a). Dallas, TX: Word, 1997.

AUNE, D. E.: *Revelation 6–16* (= WBC 52b). Nashville, TN: Thomas Nelson, 1998.

AUNE, D. E.: *Revelation 17–22* (= WBC 52c). Nashville, TN: Thomas Nelson, 1998.

AUNE, D. E.: „Dualism in the Fourth Gospel and the Dead Sea Scrolls: A Reassessment of the Problem." in: *Neotestamentica et Philonica* (FS P. BORGEN), hg. von DEMS., T. SEALAND, J. H. ULRICHSEN (= NT.S 106). Leiden – Boston: Brill, 2003, 281–303.

BACKHAUS, K.: *Der Hebräerbrief* (RNT). Regensburg: Pustet, 2009.

BAGNALL, R. S.: *Early Christian Books in Egypt*. Princeton, NJ – Oxford: Princeton University Press, 2009.

BAKER, A.: „The *Gospel of Thomas* and the Diatessaron." in: JThS.NS 16 (1965), 449–454.

BARNARD, L. W.: „The Origins and Emergence of the Church in Edessa During the First Two Centuries A. D." in: VigChr 22 (1968), 161–175.

BARRETT, C. K.: *The Gospel According to St John. An Introduction with Commentary and Notes on the Greek Text*. London: SPCK, 1955.

BARTLET, V.: „The Oxyrhynchus ‚Sayings of Jesus'." in: *Contemporary Review* 87 (1905), 116–125.

BAUCKHAM, R.: „Qumran and the Gospel of John. Is There a Connection?" in: *The Scrolls and the Scriptures. Qumran Fifty Years After*, hg. von S. E. PORTER und

D. Verwendete Literatur

C. A. EVANS (JSPES 26; Roehampton Institute London Papers 3). Sheffield: Academic Press, 1997, 267–279 (= DERS.: *The Testimony of the Beloved Disciple. Narrative, History, and Theology in the Gospel of John.* Grand Rapids, MI: Baker Academic Press, 2007, 125–136).

BAUCKHAM, R.: „Monotheism and Christology in the Gospel of John." in: *Contours of Christology in the New Testament,* hg. von R. N. LONGENECKER. Grand Rapids, MI: Eerdmans, 2005, 148–166 (= DERS.: *The Testimony of the Beloved Disciple. Narrative, History, and Theology in the Gospel of John.* Grand Rapids, MI: Baker Academic Press, 2007, 239–252).

BAUCKHAM, R.: *Jesus and the Eyewitnesses. The Gospels as Eyewitness Testimony.* Grand Rapids, MI – Cambridge: Eerdmans, 2006.

BAUER, J. B.: „Arbeitsaufgaben am koptischen Thomasevangelium." in: VigChr 15 (1961), 1–7.

BAUER, W.: *Rechtgläubigkeit und Ketzerei im ältesten Christentum* (= BHTh 10). Tübingen: Mohr Siebeck, 1934.

BEALE, G. K.: *The Book of Revelation. A Commentary on the Greek Text* (NIGTC). Grand Rapids, MI: Eerdmans; Carlisle: Paternoster, 1999.

BECKER, J.: *Untersuchungen zur Entstehungsgeschichte der Testamente der Zwölf Patriarchen* (= AGJU 8). Leiden: E. J. Brill, 1970.

BECKER, J.: „Beobachtungen zum Dualismus im Johannesevangelium." in: ZNW 65 (1974), 71–87.

BECKER, J.: *Johanneisches Christentum. Seine Geschichte und Theologie im Überblick.* Tübingen: Mohr Siebeck, 2004.

BERGER, K.: „Zur Diskussion über die Herkunft von 1 Kor ii. 9." in: NTS 24 (1977/78), 270–283.

BERGMAN, J.: *Ich bin Isis. Studien zum memphitischen Hintergrund der griechischen Isisaretalogien* (= HR(U) 3). Upsala 1968.

BERNHARD, A.: *Other Early Christian Gospels. A Critical Edition of the Surviving Greek Manuscripts* (= LNTS 315). London – New York: T&T Clark, 2006 (ND Pb. 2007).

BEST, E.: *Ephesians* (ICC). London – New York: T&T Clark 1998 (ND Pb. 2004).

BETHGE, H.-G.: „Evangelium Thomae Copticum." in: *Synopsis Quattuor Evangeliorum,* hg. von K. bzw. B. ALAND. Stuttgart: Deutsche Bibelgesellschaft, [15]1996, 517–546.

BETZ, H.-D.: „‚Der Erde Kind bin ich und des gestirnten Himmels.' Zur Lehre vom Menschen in den orphischen Goldplättchen." in: *Ansichten griechischer Rituale* (FS W. BURKERT), hg. von F. GRAF. Stuttgart – Leipzig: B. G. Teubner, 1998, 399–419.

BEUTLER, J.: „The Identity of the ‚Jews' for Readers of John." in: *Anti-Judaism and the Fourth Gospel. Papers of the Leuven Colloquium, 2000,* hg. von R. BIERINGER, D. POLLEFEYT, F. VANDECASTEELE-VANNEUVILLE (= Jewish and Christian Heritage Series 1). Assen: Royal Van Gorcum, 2001, 229–238 (= DERS.: *Neue Studien zu den johanneischen Schriften. New Studies on the Johannine Writings* [= BBB 167]. Göttingen: V&R Unipress, 2012, 69–77).

BEUTLER, J.: „Der Johannes-Prolog – Ouvertüre des Johannesevangeliums." in: *Der Johannesprolog,* hg. von G. KRUCK. Darmstadt: Wissenschaftliche Buchgesellschaft, 2009, 77–106 (= DERS.: *Neue Studien zu den johanneischen Schriften. New Studies on the Johannine Writings* [= BBB 167]. Göttingen: V&R Unipress, 2012, 215–238).

BEUTLER, J.: „Lasst uns gehen, um mit ihm zu sterben (Joh 11,16)." in: *Perché stessero con lui* (FS K. STOCK), hg. von L. DE SANTOS und S. GRASSO (= AnBib 180). Roma: Gregorian & Biblical Press, 2010, 327–343 (= DERS.: *Neue Studien zu den johanneischen Schriften. New Studies on the Johannine Writings* [= BBB 167]. Göttingen: V&R Unipress, 2012, 271–283).

BEUTLER, J.: *Das Johannesevangelium. Kommentar.* Freiburg – Basel – Wien: Herder, 2013.

BIERINGER, R.: „'They Have Taken Away My Lord.' Text-Immanent Repetitions and Variations in John 20,1–18." in: *Repetitions and Variations in the Fourth Gospel. Style, Text, Interpretation,* hg. von G. VAN BELLE, M. LABAHN, P. MARITZ (= BETL 223). Leuven – Paris – Walpole, MA: Peeters, 2009, 609–630.

BLAINE, B.B.: *Peter in the Gospel of John. The Making of an Authentic Disciple* (= AcBib 27). Atlanta, GA: Society of Biblical Literature, 2007.

BLANK, J.: „Was von Anfang an war. Zum Proömium des Ersten Johannesbriefes." in: *Anfänge der Theologie* (FS J.B. BAUER), hg. von N. BROX, A. FELBER, W.L. GOMBOCZ, M. KERTSCH. Graz – Wien – Köln: Styria, 1987, 65–79.

BLASS, F.: „Das neue Logia-Fragment von Oxyrhynchos." in: EKZ 32/1897 (8. August 1897), 498–500.

BLATZ, B.: „Das koptische Thomasevangelium." in: *Neutestamentliche Apokryphen in deutscher Übersetzung. I. Band. Evangelien,* hg. von W. SCHNEEMELCHER. Tübingen: Mohr Siebeck, ⁶1990 (ND Pb. 1999), 93–113.

BÖHLIG, A. / LABIB, P.: *Die koptisch-gnostische Schrift ohne Titel aus Codex II von Nag Hammadi im Koptischen Museum zu Alt-Kairo* (= Deutsche Akademie der Wissenschaften zu Berlin. Institut für Orientforschung. Veröffentlichung Nr. 58). Berlin: Akademie-Verlag, 1962.

BOGAERT, P.: *Apocalypse de Baruch. Introduction, traduction du syriaque et commentaire* 1 (= SC 144). Paris: Les Éditions du Cerf, 1969.

BORGEN, P.: „Logos was the True Light. Contributions to the Interpretation of the Prologue of John." in: NT 14 (1972), 115–130.

BOXALL, I.: *The Revelation of St John* (BNTC). London – New York: Continuum, 2006.

BRANKAER, J.: „Les citations internes dans le quatrième Évangile. Un miroir déformant?" in: *Repetitions and Variations in the Fourth Gospel. Style, Text, Interpretation,* hg. von G. VAN BELLE, M. LABAHN, P. MARITZ (= BETL 223). Leuven – Paris – Walpole, MA: Peeters, 2009, 129–155.

BRAUN, F.M.: „Avoir soif et boire (Jn 4,10–14; 7,37–39)." in: *Mélanges Bibliques* (FS B. RIGAUX), hg. von A. DESCAMPS und A. DE HALLEUX. Gembloux: Duculot, 1970, 247–258.

BREMMER, J.N.: „The Acts of Thomas: Place, Date and Women." in: *The Apocryphal Acts of Thomas,* hg. von DEMS. (= Studies on Early Christian Apocrypha 6). Leuven: Peeters, 2001, 74–90.

BROWN, R.E.: „The Gospel of Thomas and St John's Gospel." in: NTS 9 (1962/63), 155–177.

BROWN, R.E.: *The Gospel According to John (i–xii). Introduction, Translation, and Notes* (= AncB 29). Garden City, NY: Doubleday, 1966.

BROWN, R.E.: *The Gospel According to John (xiii–xxi). Introduction, Translation, and Notes* (= AncB 30). Garden City, NY: Doubleday, 1970.

BROWN, R.E.: *The Epistles of John. Translated with Introduction, Notes, and Commentary* (= AncB 30). Garden City, NY: Doubleday, 1982.

BROX, N.: „'Doketismus' – eine Problemanzeige." in: ZKG 95 (1984), 301–314.

D. Verwendete Literatur

BULTMANN, R.: „Die Bedeutung der neuerschlossenen mandäischen und manichäischen Quellen für das Verständnis des Johannesevangeliums." in: ZNW 24 (1925), 100–146.

BULTMANN, R.: „ἀλήθεια C.-D., ἀληθής, ἀληθινός, ἀληθεύω." in: ThWNT 1. Stuttgart: Kohlhammer, 1933, 239–251.

BULTMANN, R.: *Das Evangelium des Johannes* (= KEK 2). Göttingen: Vandenhoeck & Ruprecht, 1941.

BULTMANN, R.: „Zur Geschichte der Lichtsymbolik im Altertum." in: Ph. 97 (1948), 1–36.

CALLAHAN, A.: „‚No Rhyme or Reason': The Hidden Logia of the *Gospel of Thomas*." in: HTR 90 (1997), 411–426.

CAMERON, R.: „Myth and History in the Gospel of Thomas." in: *Apocrypha* 8 (1997), 193–205.

CARREZ, M.: „Quelques aspects christoloques de l'Évangile de Thomas." in: *The Four Gospels 1992* (FS F. NEIRYNCK) 3, hg. von F. VAN SEGBROECK, C. M. TUCKETT, G. VAN BELLE, J. VERHEYDEN (= BETL 100/3). Leuven: University Press – Peeters, 1992, 2263–2276.

CERBELAUD, D.: „La citation ‚hebraïque' de la *Démonstration* d'Irénée (*Dém.*, 43) : Une proposition." in: *Muséon* 104 (1991), 221–234.

CERSOY, P.: „Quelques remarques sur les logia de Behnesa." in: RB 7 (1898), 415–420.

CHARLESWORTH, J. H.: „Qumran, John and the Odes of Solomon." in: *John and Qumran*, hg. von DEMS. London: Geoffrey Chapman, 1972, 107–136.

CHARLESWORTH, J. H. / CULPEPPER, R. A.: „The Odes of Solomon and the Gospel of John." in: CBQ 35 (1973), 298–322.

CHILTON, B. D.: „‚Not to Taste Death': A Jewish, Christian and Gnostic Usage." in: *Studia Biblica 1978. II. Papers on The Gospels. Sixth International Congress on Biblical Studies. Oxford 3–7 April 1978*, hg. von E. A. LIVINGSTONE (= JSNTS 2) Sheffield: JSOT Press, 1980, 29–36.

CLARYSSE, W.: „Gospel of Thomas Logion 13: ‚The Bubbling Well which I myself Dug'." in: *Philohistôr* (FS C. LAGA), hg. von A. SCHOORS und P. VAN DEUN (= OLA 60). Leuven: Peeters, 1994, 1–9.

CLEMEN, C.: „Neugefundene Jesusworte?" in: ChW 30/1897 (29. Juli 1897), 702–705.

COLLINS, R. F.: „Thomas (Person)." in: ABD 6. New York u. a.: Doubleday, 1992, 528–529.

COLLINS, R. F.: „Speaking of the Jews: Jews in the Discourse Material of the Fourth Gospel." in: *Anti-Judaism and the Fourth Gospel. Papers of the Leuven Colloquium, 2000*, hg. von R. BIERINGER, D. POLLEFEYT, F. VANDECASTEELE-VANNEUVILLE (= Jewish and Christian Heritage Series 1). Assen: Royal Van Gorcum, 2001, 281–300.

CRISLIP, A.: „Lion and Human in Gospel of Thomas Logion 7." in: JBL 126 (2007), 595–613.

CROSSAN, J. D.: *The Historical Jesus. The Life of a Mediterranean Jewish Peasant*. Edinburgh: T&T Clark, 1991.

CZACHESZ, I.: „Rewriting and Textual Fluidity in Antiquity. Exploring the Socio-Cultural and Psychological Context of Early Christian Literacy." in: *Myths, Martyrs, and Modernity* (FS J. N. BREMMER), hg. von J. DIJKSTRA, J. KROESEN, Y. KUIPER (= Numen Book Series 127). Leiden – Boston: Brill, 2010, 425–441.

DANIÉLOU, J.: „Joh. 7,38 et Ezéch. 47,1–11." in: *Studia Evangelica II. Papers presented to the Second International Congress on New Testament Studies held at Christ*

Church, Oxford, 1961. Part I: The New Testament Scriptures, hg. von F. L. CROSS (= TU 87). Berlin: Akademie-Verlag, 1964, 158–163.

DAVIES, S. L.: *The Gospel of Thomas and Christian Wisdom*. New York: Seabury, 1983.

DAVIES, S. L.: „The Christology and Protology of the *Gospel of Thomas*." in: JBL 111 (1992), 663–682.

DAVIES, W. D. / ALLISON, D. C.: *A Critical and Exegetical Commentary on The Gospel According to Saint Matthew. Volume I. Introduction and Commentary on Matthew I–VII* (ICC). London – New York: T&T Clark, 1988.

DAVIES, W. D. / ALLISON, D. C.: *A Critical and Exegetical Commentary on The Gospel According to Saint Matthew. Volume II. Commentary on Matthew VIII–XVIII* (ICC). London – New York: T&T Clark, 1991.

DAVIES, W. D. / ALLISON, D. C.: *A Critical and Exegetical Commentary on The Gospel According to Saint Matthew. Volume III. Commentary on Matthew XIX–XXVIII* (ICC). London – New York: T&T Clark, 1997.

DE BOER, M. C.: „The Depiction of ‚the Jews' in John's Gospel: Matters of Behavior and Identity." in: *Anti-Judaism and the Fourth Gospel. Papers of the Leuven Colloquium, 2000*, hg. von R. BIERINGER, D. POLLEFEYT, F. VANDECASTEELE-VANNEUVILLE (= Jewish and Christian Heritage Series 1). Assen: Royal Van Gorcum, 2001, 260–280.

DE BOER, M. C.: „Jesus' Departure to the Father in John. Death or Resurrection?" in: *Theology and Christology in the Fourth Gospel. Essays by Members of the SNTS Johannine Writings Seminar*, hg. von G. VAN BELLE, J. G. VAN DER WATT, P. MARITZ (= BETL 184). Leuven: University Press – Peeters, 2005, 1–19.

DE BOER, M. C.: „Johannine History and Johannine Theology. The Death of Jesus as the Exaltation and the Glorification of the Son of Man." in: *The Death of Jesus in the Fourth Gospel*, hg. von G. VAN BELLE (= BETL 200). Leuven: University Press – Peeters, 2007, 293–326.

DECONICK, A. D.: *Seek to See Him. Ascent and Vision Mysticism in the Gospel of Thomas* (= SVigChr 33): Leiden – New York – Köln: E. J. Brill, 1996.

DECONICK, A. D.: „‚Blessed Are those who Have not Seen' (Jn 20:29): Johannine Dramatization of an Early Christian Discourse" in: *The Nag Hammadi Library after Fifty Years. Proceedings of the 1995 Society of Biblical Literature Commemoration*, hg. von J. D. TURNER und A. MCGUIRE (= NHMS 44). Leiden – New York – Köln: Brill, 1997, 381–398 (= DIES.: *Voices of the Mystics. Early Christian Discourse in the Gospels of John and Thomas and Other Ancient Christian Literature* [= JSNTS 157]. Sheffield: Academic Press, 2001 [ND London – New York: T&T Clark, 2004, 68–85]).

DECONICK, A. D.: *Voices of the Mystics. Early Christian Discourse in the Gospels of John and Thomas and Other Ancient Christian Literature* (= JSNTS 157). Sheffield: Academic Press, 2001 (ND London – New York: T&T Clark, 2004).

DECONICK, A. D.: „John Rivals Thomas: From Community Conflict to Gospel Narrative." in: *Jesus in Johannine Tradition*, hg. von R. T. FORTNA und T. THATCHER. Louisville, KY – London: Westminster John Knox Press, 2001, 303–311.

DECONICK, A. D.: „The Original *Gospel of Thomas*." in: VigChr 56 (2002), 167–199.

DECONICK, A. D.: *Recovering the Original Gospel of Thomas. A History of the Gospel and its Growth* (= LNTS 286). London – New York: T&T Clark International, 2005 (ND Pb. 2006).

D. Verwendete Literatur

DeConick, A.D.: *The Original Gospel of Thomas in Translation. With a Commentary and New English Translation of the Complete Gospel* (= LNTS 287). London – New York: T&T Clark International, 2006.

DeConick, A.D.: „Corrections to the Critical Reading of the *Gospel of Thomas*." in: VigChr 60 (2006), 201–208.

DeConick, A.D.: „The *Gospel of Thomas*." in: *The Non-Canonical Gospels*, hg. von P. Foster. London – New York: T&T Clark, 2008, 13–29.

DeConick, A.D. / Fossum, J.: „Stripped Before God: A New Interpretation of Logion 37 in the Gospel of Thomas." in: VigChr 45 (1991), 123–150.

Dehandschutter, B.: „Les paraboles de l'Évangile selon Thomas. La parabole du trésor caché." in: ETL 47 (1971), 199–219.

Dehandschutter, B.: „Le lieu d'origine de l'Évangile selon Thomas." in: OLP 6/7 (1975–76), 125–131.

Dehandschutter, B.: „L'Évangile de Thomas comme collection de paroles de Jésus." in: *Logia. Les paroles de Jésus – The Sayings of Jesus* (Mém. J. Coppens), hg. von J. Delobel (= BETL 59). Leuven: University Press – Peeters, 1982, 507–515.

Dehandschutter, B.: „Recent Research on the Gospel of Thomas." in: *The Four Gospels 1992* (FS F. Neirynck) 3, hg. von F. Van Segbroeck, C.M. Tuckett, G. Van Belle, J. Verheyden (= BETL 100/3). Leuven: University Press – Peeters, 1992, 2257–2262.

De Jonge, H.J.: „The ‚Jews' in the Gospel of John." in: *Anti-Judaism and the Fourth Gospel. Papers of the Leuven Colloquium, 2000*, hg. von R. Bieringer, D. Pollefeyt, F. Vandecasteele-Vanneuville (= Jewish and Christian Heritage Series 1). Assen: Royal Van Gorcum, 2001, 239–259.

De Jonge, M.: *The Testaments of the Twelve Patriarchs* (GTB 25). Assen: Van Gorcum, 1953.

Delling, G.: „ἄρχω, ἀρχή, ἀπαρχή, ἀρχαῖος, ἀρχηγός, ἄρχων." in: ThWNT 1. Stuttgart: Kohlhammer, 1933, 476–488.

Dennis, J.: „Seeking Jesus. Observations on John's Vocabulary of Death." in: *Repetitions and Variations in the Fourth Gospel. Style, Text, Interpretation*, hg. von G. Van Belle, M. Labahn, P. Maritz (= BETL 223). Leuven – Paris – Walpole, MA: Peeters, 2009, 157–170.

de Santos Otero, A.: „Der Pseudo-Titus-Brief." in: *Neutestamentliche Apokryphen in deutscher Übersetzung. II. Band. Apostolisches, Apokalypsen und Verwandtes*, hg. von W. Schneemelcher. Tübingen: Mohr Siebeck, ⁶1990 (ND Pb. 1999), 50–70.

Devillers, L.: „Thomas, appelé Didyme (Jn 11,16; 20,24; 21,2). Pour une nouvelle approche au prétendu jumeau." in: RB 113 (2006), 65–77.

Doresse, J.: *Les livres secrets des gnostiques d'Égypte 2: L'Évangile selon Thomas, ou Les paroles secrètes de Jésus*. Paris: Librairie Plon, 1959.

Drijvers, H.J.W.: „Thomas, Apostel." in: TRE 33. Berlin – New York: Walter de Gruyter, 2002, 430–433.

Dunand, F.: „Culte d'Isis ou religion isiaque?" in: *Isis on the Nile. Egyptian Gods in Hellenistic and Roman Egypt. Proceedings of the IVth International Conference of Isis Studies, Liège, November 27–29, 2008*, hg. von L. Bricault, M.J. Versluys (= RGRW 171). Leiden – Boston: Brill, 2010, 39–54.

Dunderberg, I.: „John and Thomas in Conflict?" in: *The Nag Hammadi Library after Fifty Years. Proceedings of the 1995 Society of Biblical Literature Commemo-*

ration, hg. von J.D. TURNER und A. MCGUIRE (= NHMS 44). Leiden – New York – Köln: Brill, 1997, 361–380.

DUNDERBERG, I.: „*Thomas*' I-sayings and the Gospel of John." in: *Thomas at the Crossroads. Essays on the* Gospel of Thomas, hg. von R. URO (Studies of the New Testament and its World). Edinburgh: T&T Clark 1998, 33–64.

DUNDERBERG, I.: „*Thomas* and the Beloved Disciple." in: *Thomas at the Crossroads. Essays on the* Gospel of Thomas, hg. von R. URO (Studies of the New Testament and its World). Edinburgh: T&T Clark 1998, 65–88.

DUNDERBERG, I.: „The Beloved Disciple in John: Ideal Figure in an Early Christian Controversy." in: *Fair Play. Diversity and Conflicts in Early Christianity* (FS H. RÄISÄNEN), hg. von I. DUNDERBERG, C. TUCKETT, K. SYREENI (= NT.S 103). Leiden: Brill, 2002, 243–269.

DUNDERBERG, I.: *The Beloved Disciple in Conflict? Revisiting the Gospels of John and Thomas*. Oxford: University Press, 2006.

DUNDERBERG, I.: „Secrecy in the Gospel of John." in: *Mystery and Secrecy in the Nag Hammadi Collection and Other Ancient Literature: Ideas and Practices* (FS E. THOMASSEN), hg. von C.H. BULL, L.I. LIED, J.D. TURNER (= NHMS 76). Leiden – Boston: Brill, 2012, 221–243.

DUNDERBERG, I.: „Johannine Traditions and Apocryphal Gospels." in: *The Apocryphal Gospels within the Context of Early Christian Theology*, hg. von J. SCHRÖTER (= BETL 260). Leuven – Paris – Walpole, MA: Peeters, 2013, 67–93.

EBNER, M.: „Feindesliebe – ein Ratschlag zum Überleben? Sozial- und religionsgeschichtliche Überlegungen zu Mt 5,38–47 par Lk 6,27–35." in: *From Quest to Q* (FS J.M. ROBINSON), hg. von J.Ma. ASGEIRSSON, K. DE TROYER, M.W. MEYER (= BETL 146). Leuven: Peeters, 2000, 119–142.

EHLERS, B.: „Kann das Thomasevangelium aus Edessa stammen? Ein Beitrag zur Frühgeschichte des Christentums in Edessa." in: NT 12 (1970), 284–317.

EISELE, W.: „Ziehen, Führen und Verführen: Eine begriffs- und motivgeschichtliche Untersuchung zu EvThom 3,1." in: *Das Thomasevangelium. Entstehung – Rezeption – Theologie*, hg. von J. FREY, E.E. POPKES, J. SCHRÖTER (= BZNW 157). Berlin – New York: Walter de Gruyter, 2008, 380–415.

EISELE, W.: *Welcher Thomas? Studien zur Text- und Überlieferungsgeschichte des Thomasevangeliums* (= WUNT 259). Tübingen: Mohr Siebeck, 2010.

EMMEL, S.: „Religious Tradition, Textual Transmission, and the Nag Hammadi Codices." in: *The Nag Hammadi Library after Fifty Years. Proceedings of the 1995 Society of Biblical Literature Commemoration*, hg. von J.D. TURNER und A. MCGUIRE (= NHMS 44). Leiden – New York – Köln: Brill, 1997, 34–43.

EMMEL, S.: „The Coptic Gnostic Texts as Witnesses to the Production and Transmission of Gnostic (and Other) Traditions." in: *Das Thomasevangelium. Entstehung – Rezeption – Theologie*, hg. von J. FREY, E.E. POPKES, J. SCHRÖTER (= BZNW 157). Berlin – New York: Walter de Gruyter, 2008, 33–49.

ENGLEZAKIS, B.: „*Thomas*, Logion 30." in: NTS 25 (1978/79), 262–272.

EVELYN WHITE, H.G.: *The Sayings of Jesus from Oxyrhynchus. Edited with Introduction, Critical Apparatus and Commentary*. Cambridge: University Press, 1920.

FIEGER, M.: *Das Thomasevangelium. Einleitung, Kommentar und Systematik* (= NTAbh.NF 22). Münster: Aschendorff, 1991.

FITZMYER, J.A.: „The Oxyrhynchus *Logoi* of Jesus and the Coptic Gospel According to Thomas." in: TS 20 (1959), 505–560 (= DERS.: *Essays on the Semitic Background of the New Testament*. London: Geoffrey Chapman, 1971, 355–433).

D. Verwendete Literatur

FITZMYER, J. A.: *First Corinthians. A New Translation with Introduction and Commentary* (= AncB 32). New Haven, CT – London: Yale University Press, 2008.

FLEDDERMANN, H. T.: *Q. A Reconstruction and Commentary* (= BToSt 1). Leuven – Paris – Dudley, MA: Peeters, 2005.

FLUDERNIK, M.: *Erzähltheorie. Eine Einführung* (Einführung Literaturwissenschaft). Darmstadt: Wissenschaftliche Buchgesellschaft, ³2010.

FÖRSTER, H.: „Geheime Schriften und geheime Lehren? Zur Selbstbezeichnung von Texten aus dem Umfeld der frühchristlichen Gnosis unter Verwendung des Begriffs ἀπόκρυφος (bzw. ⲣⲏⲡ)." in: ZNW 104 (2013), 118–145.

FOWDEN, G.: *The Egyptian Hermes. A Historical Approach to the Late Pagan Mind.* Cambridge: University Press, 1986.

FREND, W. H. C.: „The Gospel of Thomas. Is Rehabilitation Possible?" in: JThS.NS 18 (1967), 13–26.

FRENSCHKOWSKI, M.: „The Enigma of the Three Words of Jesus in Gospel of Thomas Logion 13." in: *The Journal of Higher Criticism* 1 (1994), 73–84.

FRENSCHKOWSKI, M.: „Zwillingsmythologie in der Thomastradition." in: *The Apocryphal Gospels within the Context of Early Christian Theology*, hg. von J. SCHRÖTER (= BETL 260). Leuven – Paris – Walpole, MA: Peeters, 2013, 509–528.

FREY, J.: „Erwägungen zum Verhältnis der Johannesapokalypse zu den übrigen Schriften im Corpus Johanneum." in: HENGEL, M.: *Die johanneische Frage. Ein Lösungsversuch* (= WUNT 67). Tübingen: Mohr Siebeck, 1993, 326–429.

FREY, J.: *Die johanneische Eschatologie. Band I. Ihre Probleme im Spiegel der Forschung seit Reimarus* (= WUNT 96). Tübingen: Mohr Siebeck, 1997.

FREY, J.: *Die johanneische Eschatologie. Band II. Das johanneische Zeitverständnis* (= WUNT 110). Tübingen: Mohr Siebeck, 1998.

FREY, J.: *Die johanneische Eschatologie. Band III. Die eschatologische Verkündigung in den johanneischen Texten* (= WUNT 117). Tübingen: Mohr Siebeck, 2000.

FREY, J.: „Die ‚theologia crucifixi' des Johannesevangeliums." in: *Kreuzestheologie im Neuen Testament*, hg. von A. DETTWILER und J. ZUMSTEIN (= WUNT 151). Tübingen: Mohr Siebeck, 2002, 169–238.

FREY, J.: „Licht aus den Höhlen? Der ‚johanneische Dualismus' und die Texte von Qumran." in: *Kontexte des Johannesevangeliums. Das vierte Evangelium in religions- und traditionsgeschichtlicher Perspektive*, hg. von DEMS. und U. SCHNELLE (= WUNT 175). Tübingen: Mohr Siebeck, 2004, 117–203.

FREY, J.: „Eschatology in the Johannine Circle." in: *Theology and Christology in the Fourth Gospel. Essays by Members of the SNTS Johannine Writings Seminar*, hg. von G. VAN BELLE, J. G. VAN DER WATT, P. MARITZ (= BETL 184). Leuven: University Press – Peeters, 2005, 47–82.

FREY, J.: „Die Lilien und das Gewand: EvThom 36 und 37 als Paradigma für das Verhältnis des Thomasevangeliums zur synoptischen Überlieferung." in: *Das Thomasevangelium. Entstehung – Rezeption – Theologie*, hg. von DEMS., E. E. POPKES, J. SCHRÖTER (= BZNW 157). Berlin – New York: Walter de Gruyter, 2008, 122–180.

FREY, J.: „Love-Relations in the Fourth Gospel. Establishing a Semantic Network." in: *Repetitions and Variations in the Fourth Gospel. Style, Text, Interpretation*, hg. von G. VAN BELLE, M. LABAHN, P. MARITZ (= BETL 223). Leuven – Paris – Walpole, MA: Peeters, 2009, 171–198.

FREY, J.: „Leiblichkeit und Auferstehung im Johannesevangelium." in: DCLY 2009, 285–327.

III. Sekundärliteratur

FUNK, W.-P.: „‚Einer aus tausend, zwei aus zehntausend'. Zitate aus dem Thomasevangelium in den koptischen Manichaica." in: *For the Children, Perfect Instruction. Studies in Honor of Hans-Martin Schenke on the Occasion of the ‚Berliner Arbeitskreis für Koptisch-Gnostische Schriften''s Thirtieth Year*, hg. von H.-G. BETHGE, S. EMMEL, K. L. KING, I. SCHLETTERER (= NHMS 54). Leiden – Boston: Brill, 2002, 67–94.

FUNK, W.-P.: „Die erste Apokalypse des Jakobus (NHC V, 3/CT 2)." in: *Antike christliche Apokryphen in deutscher Übersetzung. I. Band: Evangelien und Verwandtes. Teilband 2*, hg. von C. MARKSCHIES und J. SCHRÖTER. Tübingen: Mohr Siebeck, 2012, 1152–1180.

FUNK, R. W. / HOOVER, R. W.: *The Five Gospels. The Search for the Authentic Words of Jesus*. San Francisco: HarperCollins, 1993.

GÄRTNER, B.: *The Theology of the Gospel of Thomas*, übers. von E. J. SHARPE. London: Collins, 1961.

GAGNÉ, A.: „Structure and Meaning in *Gos. Thom.* 49–54. An Erotapocritic Teaching on Identity and Eschatology." in: *The Apocryphal Gospels within the Context of Early Christian Theology*, hg. von J. SCHRÖTER (= BETL 260). Leuven – Paris – Walpole, MA: Peeters, 2013, 529–537.

GARITTE, G.: „Le premier volume de l'édition photographique des manuscrits gnostiques coptes et l',Évangile de Thomas'." in: *Muséon* 70 (1957), 59–73.

GARITTE, G.: „Les ‚Logoi' d'Oxyrhynque et l'apocryphe copte dit ‚Évangile de Thomas'." in: *Muséon* 73 (1960), 151–172.

GARITTE, G.: „Les ‚Logoi' d'Oxyrhynque sont traduits du copte." in: *Muséon* 73 (1960), 335–349.

GARITTE, G. / CERFAUX, L.: „Les paraboles du Royaume dans l',Évangile de Thomas'." in: *Muséon* 70 (1957), 307–327.

GATHERCOLE, S.: „The Influence of Paul on the *Gospel of Thomas* (§§ 53.3 and 17)." in: *Das Thomasevangelium. Entstehung – Rezeption – Theologie*, hg. von J. FREY, E. E. POPKES, J. SCHRÖTER (= BZNW 157). Berlin – New York: Walter de Gruyter, 2008, 72–94.

GATHERCOLE, S.: „Luke in the Gospel of Thomas." in: *NTS* 57 (2011), 114–144.

GATHERCOLE, S.: *The Composition of the Gospel of Thomas. Original Language and Influences* (= SNTSMS 151). Cambridge: University Press, 2012.

GATHERCOLE, S.: „Named Testimonia to the Gospel of Thomas: An Expanded Inventory and Analysis." in: *HTR* 105 (2012), 53–89.

GATHERCOLE, S.: *The Gospel of Thomas. Introduction and Commentary* (= TENT 11). Leiden – Boston: Brill, 2014.

GIANOTTO, C.: „Quelques aspects de la polémique anti-juive dans l'*Évangile selon Thomas*." in: *Colloque International „L'Évangile selon Thomas et les Textes de Nag Hammadi". Québec, 29–31 mai 2003*, hg. von L. PAINCHAUD und P.-H. POIRIER (= BCNH.E 8). Québec: Presses de l'Université Laval; Leuven – Paris: Peeters, 2007, 157–173.

GIANOTTO, C.: „La formation de l'*Évangile selon Thomas*. À propos d'une étude récente." in: *Apocrypha* 18 (2007), 297–308.

GIESEN, H.: Die Offenbarung des Johannes (RNT). Regensburg: Pustet, 1997.

GOODACRE, M.: *Thomas and the Gospels. The Making of an Apocryphal Text*. London: SPCK (Grand Rapids, MI: Eerdmans), 2012.

GRÄSSER, E.: *An die Hebräer. 1. Teilband. Hebr 1–6* (= EKK 17/1). Zürich – Braunschweig: Benziger; Neukirchen/Vluyn: Neukirchener Verlag, 1990.

D. Verwendete Literatur

GRÄSSER, E.: *An die Hebräer. 3. Teilband. Hebr 10,19–13,25* (= EKK 17/3). Zürich: Benziger; Neukirchen-Vluyn: Neukirchener Verlag, 1997.

GRANT, R.M.: „Notes on the Gospel of Thomas." in: VigChr 15 (1959), 170–180.

GRANT, R.M. / FREEDMAN, D.N.: *The Secret Sayings of Jesus*. Garden City, NY: Doubleday, 1960.

GREGORY, A.: *The Reception of Luke and Acts in the Period before Irenaeus* (= WUNT II 169). Tübingen: Mohr Siebeck, 2003.

GREGORY, A.: „What Is Literary Dependence?" in: *New Studies in the Synoptic Problem. Oxford Conference, April 2008* (FS C.M. TUCKETT), hg. von P. FOSTER, A. GREGORY, J.S. KLOPPENBORG, J. VERHEYDEN (= BETL 239). Leuven – Paris – Walpole, MA: Peeters, 2011, 87–114.

GRENFELL, B.P.: „Oxyrhynchus and its Papyri." in: *Egypt Exploration Fund: Archaeological Report* 6 (1896/97), 1–12 (= *Oxyrhynchus. A City and its Texts*, hg. von A.K. BOWMAN, R.A. COLES, N. GONIS, D. OBBINK, P.J. PARSONS [= EES.GRM 93]. London: Egypt Exploration Society, 2007, 345–352).

GRENFELL, B.P. / HUNT, A.S.: ΛΟΓΙΑ ΙΗΣΟΥ: *Sayings of Our Lord from an Early Greek Papyrus*. London: The Egypt Exploration Fund, 1897.

GRENFELL, B.P. / HUNT, A.S.: *The Oxyrhynchus Papyri. Part I. Edited with Translations and Notes*. London: Egypt Exploration Fund, 1898.

GRENFELL, B.P. / HUNT, A.S.: „Excavations at Hîbeh, Cynopolis and Oxyrhynchus." in: *Egypt Exploration Fund: Archaeological Report* 12 (1902/03), 1–9 (5–9 = *Oxyrhynchus. A City and its Texts*, hg. von A.K. BOWMAN, R.A. COLES, N. GONIS, D. OBBINK, P.J. PARSONS [= EES.GRM 93]. London: Egypt Exploration Society, 2007, 352–355).

GRENFELL, B.P. / HUNT, A.S.: *New Sayings of Jesus and Fragment of a Lost Gospel from Oxyrhynchus*. London: Henry Frowde, 1904.

GRIGSBY, B.H. „The Cross as an Expiatory Sacrifice in the Fourth Gospel." in: JSNT 15 (1982), 51–80.

GROSSO, M.: „‚I misteri ai degni'. Un possibile *testimonium* del *Vangelo secondo Tommaso* in Origene, CMt XIV,14." in: *Adamantius* 16 (2010), 389–398.

GROSSO, M.: *Vangelo secondo Tommaso. Introduzione, traduzione e commento* (= Classici 12). Roma: Carocci, 2011.

GROSSO, M.: „A Matter of Life and Death. Theological Refractions of a Literary Motive in the Gospel of Thomas." in: *The Apocryphal Gospels within the Context of Early Christian Theology*, hg. von J. SCHRÖTER (= BETL 260). Leuven – Paris – Walpole, MA: Peeters, 2013, 549–561.

GUARDINI, R.: *Johanneische Botschaft. Meditationen über Worte aus den Abschiedsreden und dem Ersten Johannes-Brief*. Würzburg: Werkbund-Verlag, 1962.

GUILLAUMONT, A: „Sémitismes dans les logia de Jésus retrouvés à Nag-Hamâdi." in: JA 246 (1958), 113–123.

GUILLAUMONT, A.: „Les Logia d'Oxyrhynchos sont-ils traduits du Copte ?" in: *Muséon* 73 (1960), 325–333.

GUILLAUMONT, A.: „Les sémitismes dans l'Évangile selon Thomas. Essai de classement." in: *Studies in Gnosticism and Hellenistic Religions* (FS G. QUISPEL), hg. von R. VAN DEN BROEK und M.J. VERMAESEREN (= EPRO 91). Leiden: Brill, 1981, 190–204.

GUNTHER, J.J.: „The Meaning and Origin of the Name ‚Judas Thomas'." in: *Muséon* 93 (1980), 113–148.

III. Sekundärliteratur

HAHN, F.: „Die Worte vom lebendigen Wasser im Johannesevangelium. Eigenart und Vorgeschichte von Joh 4,10.13f; 6,35; 7,37–39." in: *God's Christ and His People* (FS N. A. DAHL), hg. von J. JERVELL und W. A. MEEKS. Oslo – Bergen – Tromsö: Universitetsforlaget, 1977, 51–70.

HÄFNER, G.: *Nützlich zur Belehrung (2 Tim 3,16). Die Rolle der Schrift in den Pastoralbriefen im Rahmen der Paulusrezeption* (= HBS 25). Freiburg/Br. u. a.: Herder, 2000.

HÄFNER, G.: „Zwischen Abgrenzung und Anziehung. Das Verhältnis zur ‚Welt' im Urchristentum." in: MThZ 63 (2012), 218–228.

HAENCHEN, E.: *Die Botschaft des Thomas-Evangeliums* (= TBT 6). Berlin: Alfred Töpelmann, 1961.

HAKOLA, R.: „The Reception and Development of the Johannine Tradition in 1, 2 and 3 John." in: *The Legacy of John. Second-Century Reception of the Fourth Gospel*, hg. von T. RASIMUS (= NT.S 132). Leiden – Boston: Brill, 2010, 17–47.

HARLAND, P. A.: „Familial Dimensions of Group Identity. ‚Brothers' (ἀδελφοί) in Associations of the Greek East." in: JBL 124 (2005), 491–513.

HARNACK, A.: *Über die jüngst entdeckten Sprüche Jesu*. Freiburg/Br. – Leipzig – Tübingen: Mohr Siebeck, 1897.

HARNACK, A.: „Nachwort und Anmerkungen." in: *Des heiligen Irenäus Schrift zum Erweise der apostolischen Verkündigung* (armen.-dt.), hg. und übers. von K. TER-MEKERTTSCHIAN und E. TER-MINASSIANTZ (= TU 31/1). Leipzig: J. C. Hinrichs'sche Buchhandlung, 1907, 53–66.

HARTENSTEIN, J.: *Die zweite Lehre. Erscheinungen des Auferstandenen als Rahmenhandlungen frühchristlicher Dialoge* (= TU 146). Berlin: Akademie Verlag, 2000.

HARTENSTEIN, J.: *Charakterisierung im Dialog. Maria Magdalena, Petrus, Thomas und die Mutter Jesu im Johannesevangelium im Kontext anderer frühchristlicher Darstellungen* (= NTOA 64). Göttingen: Vandenhoeck & Ruprecht; Fribourg: Academic Press, 2007.

HARTENSTEIN, J.: „Autoritätskonstellationen in apokryphen und kanonischen Evangelien." in: *Jesus in apokryphen Evangelienüberlieferungen. Beiträge zu außerkanonischen Jesusüberlieferungen aus verschiedenen Sprach- und Kulturtraditionen*, hg. von J. FREY und J. SCHRÖTER (= WUNT 254). Tübingen: Mohr Siebeck, 2010, 423–444.

HASITSCHKA, M.: *Befreiung von Sünde nach dem Johannesevangelium. Eine bibeltheologische Untersuchung* (= IThS 27). Innsbruck – Wien: Tyrolia, 1989.

HASITSCHKA, M.: „Joh 8,44 im Kontext des Gesprächsverlaufes von Joh 8,21–59." in: *Theology and Christology in the Fourth Gospel. Essays by Members of the SNTS Johannine Writings Seminar*, hg. von G. VAN BELLE, J. G. VAN DER WATT, P. MARITZ (= BETL 184). Leuven: University Press – Peeters, 2005, 109–116.

HAYS, R. B.: *Echoes of Scripture in the Letters of Paul*. New Haven, CT – London: Yale University Press, 1989.

HEDRICK, C. W.: „Introduction. NHC XIII,1*: Trimorphic Protennoia. 35*,1–50*,24." in: *Nag Hammadi Codices XI, XII, XIII*, hg. von DEMS. (= NHS 28). Leiden – New York – København – Köln: E. J. Brill, 1990, 371–401.

HEDRICK, C. W.: „An Anecdotal Argument for the Independence of the *Gospel of Thomas* from the Synoptic Gospels." in: *For the Children, Perfect Instruction. Studies in Honor of Hans-Martin Schenke on the Occasion of the ‚Berliner Arbeitskreis für Koptisch-Gnostische Schriften"s Thirtieth Year*, hg. von H.-G. BETHGE,

D. Verwendete Literatur

S. EMMEL, K. L. KING, I. SCHLETTERER (= NHMS 54). Leiden – Boston: Brill, 2002, 113–126.

HEDRICK, C. W.: *Unlocking the Secrets of the Gospel According to Thomas. A Radical Faith for a New Age*. Eugene, OR: Cascade Books, 2010.

HEIL, C.: *Lukas und Q. Studien zur lukanischen Redaktion des Spruchevangeliums Q* (= BZNW 111). Berlin – New York: Walter de Gruyter 2003.

HEIL, C.: „Evangelium als Gattung. Erzähl- und Spruchevangelium." in: *Historiographie und Biographie im Neuen Testament und seiner Umwelt*, hg. von T. SCHMELLER (= NTOA 69). Göttingen: Vandenhoeck & Ruprecht, 2009, 62–94.

HEINRICI, G.: „Die neuen Herrensprüche." in: ThStKr 78 (1905), 188–210.

HERGENRÖDER, C.: *Wir schauten seine Herrlichkeit. Das johanneische Sprechen vom Sehen im Horizont von Selbsterschließung Jesu und Antwort des Menschen* (= FzB 80). Würzburg: Echter, 1996.

HIGGINS, A. J. B.: „Non-Gnostic Sayings in the Gospel of Thomas." in: NT 4 (1960), 292–306.

HILGENFELD, A.: „Neue Logia Jesu." in: ZWT 47 (1904), 414–418.

HILGENFELD, A.: „Neue gnostische Logia Jesu." in: ZWT 47 (1904), 567–573.

HILL, C. E.: *The Johannine Corpus in the Early Church*. Oxford: University Press, 2004.

HOCHHOLZER, M.: *Feindes- und Bruderliebe im Widerstreit? Eine vergleichende Studie zur synoptischen und johanneischen Ausprägung des Liebesgebots* (= EHS.T 850). Frankfurt/Main u. a.: Peter Lang, 2007.

HOFIUS, O.: „Das koptische Thomasevangelium und die Oxyrhynchus-Papyri Nr. 1, 654 und 655." in: EvTh 20 (1960), 21–42.182–192.

HOFIUS, O.: „Das Zitat 1 Kor 2_9 und das koptische Testament des Jakob." in: ZNW 66 (1975), 140–142.

HOLLANDER, H. W. / DE JONGE, M.: *The Testaments of the Twelve Patriarchs. A Commentary* (= SVTP 8). Leiden: E. J. Brill, 1985.

HOLLOWAY, P.: „Left Behind: Jesus' Consolation of His Disciples in John 13,31–17,26." in: ZNW 96 (2005), 1–34.

HORNUNG, E.: *Das Totenbuch der Ägypter* (BAW). Zürich – München: Artemis, 1979.

HORNUNG, E.: *Altägyptische Jenseitsbücher*. Darmstadt: Wissenschaftliche Buchgesellschaft, 1997.

HORSLEY, G. H. R.: „Names, Double." in: ABD 4. New York u. a.: Doubleday, 1992, 1011–1017.

HUNTER, R.: „Theokritos. [2].", übers. von T. HEINZE, in: DNP 12/1. Stuttgart – Weimar: J. B. Metzler, 2002, 360–364.

HUNZINGER, C.-H.: „Unbekannte Gleichnisse Jesu aus dem Thomas-Evangelium." in: *Judentum. Urchristentum. Kirche* (FS J. JEREMIAS), hg. von W. ELTESTER (= BZNW 26). Berlin: Alfred Töpelmann, ²1964, 209–220.

HURTADO, L.: „The Greek Fragments of the *Gospel of Thomas* as Artefacts: Papyrological Observations on Papyrus Oxyrhynchus 1, Papyrus Oxyrhynchus 654 and Papyrus Oxyrhynchus 655." in: *Das Thomasevangelium. Entstehung – Rezeption – Theologie*, hg. von J. FREY, E. E. POPKES, J. SCHRÖTER (= BZNW 157). Berlin – New York: Walter de Gruyter, 2008, 19–32.

JACQUIER, E.: „Les sentences du Seigneur extracanoniques (les Agrapha)." in: RB 15 (1918), 93–135.

JANSSEN, M.: „‚Evangelium des Zwillings?' Das *Thomasevangelium* als Thomas-Schrift." in: *Das Thomasevangelium. Entstehung – Rezeption – Theologie*, hg. von

III. Sekundärliteratur

J. Frey, E. E. Popkes, J. Schröter (= BZNW 157). Berlin – New York: Walter de Gruyter, 2008, 222–248.

Johnson, S. R.: „The *Gospel of Thomas* 76.3 and Canonical Parallels: Three Segments in the Tradition History of the Saying." in: *The Nag Hammadi Library after Fifty Years. Proceedings of the 1995 Society of Biblical Literature Commemoration*, hg. von J. D. Turner und A. McGuire (= NHMS 44). Leiden – New York – Köln: Brill, 1997, 308–326.

Johnson, S. R.: „The Hidden/Revealed Saying in the Greek and Coptic Versions of *Gos. Thom.* 5 & 6." in: NT 44 (2002), 176–185.

Johnson, S. R.: *Seeking the Imperishable Treasure. Wealth, Wisdom, and a Jesus Saying*. Cambridge: James Clarke, 2010.

Johnson, S. R.: „Hippolytus's *Refutatio* and the Gospel of Thomas." in: JECS 18 (2010), 305–326.

Johnson, S. R.: „Retranslating the Gospel of Thomas. A Response." in: *The Apocryphal Gospels within the Context of Early Christian Theology*, hg. von J. Schröter (= BETL 260). Leuven – Paris – Walpole, MA: Peeters, 2013, 575–580.

Judge, P. J.: „A Note on Jn 20,29." in: *The Four Gospels 1992* (FS F. Neirynck) 3, hg. von F. Van Segbroeck, C. M. Tuckett, G. Van Belle, J. Verheyden (= BETL 100/3). Leuven: University Press – Peeters, 1992, 2183–2192.

Judge, P. J.: „John 20,24–29. More than Doubt, beyond Rebuke." in: *The Death of Jesus in the Fourth Gospel*, hg. von G. Van Belle (= BETL 200). Leuven: University Press – Peeters, 2007, 913–930.

Kasser, R.: *L'Évangile selon Thomas. Présentation et commentaire théologique*. Neuchâtel: Delachaux et Niestlé, 1961.

Kerst, R.: „1 Kor 8$_6$ – ein vorpaulinisches Taufbekenntnis?" in: ZNW 66 (1975), 130–139.

Kiley, M.: „Three More Fish Stories (John 21:11)." in: JBL 127 (2008), 529–531.

Klauck, H.-J.: *Der erste Johannesbrief* (= EKK 23/1). Zürich – Braunschweig: Benziger; Neukirchen-Vluyn: Neukirchener Verlag, 1991.

Klauck, H.-J.: *Der zweite und dritte Johannesbrief* (= EKK 23/2). Zürich: Benziger; Neukirchen-Vluyn: Neukirchener Verlag, 1992.

Klauck, H.-J.: *Die antike Briefliteratur und das Neue Testament. Ein Lehr- und Arbeitsbuch* (= UTB 2022). Paderborn: Schöningh, 1998.

Klauck, H.-J.: *Apokryphe Evangelien. Eine Einführung*. Stuttgart: Katholisches Bibelwerk, 2002.

Klauck, H.-J.: *Apokryphe Apostelakten. Eine Einführung*. Stuttgart: Katholisches Bibelwerk, 2005.

Klein, H.: *Das Lukasevangelium* (= KEK I/3). Göttingen: Vandenhoeck & Ruprecht, 2006.

Klijn, A. F. J.: *The Acts of Thomas. Introduction – Text – Commentary* (= NT.S 5). Leiden: Brill, 1962.

Klijn, A. F. J.: „John xiv 22 and the Name Judas Thomas." in: *Studies in John* (FS J. N. Sevenster) (= NT.S 24). Leiden: E. J. Brill, 1970, 88–96.

Klijn, A. F. J.: „The Acts of Thomas Revisited." in: *The Apocryphal Acts of Thomas*, hg. von J. N. Bremmer (= Studies on Early Christian Apocrypha 6). Leuven: Peeters, 2001, 1–10.

Koester, C. R.: „Jesus as the Way to the Father in Johannine Theology." in: *Theology and Christology in the Fourth Gospel. Essays by Members of the SNTS Johannine*

D. Verwendete Literatur

Writings Seminar, hg. von G. VAN BELLE, J.G. VAN DER WATT, P. MARITZ (= BETL 184). Leuven: University Press – Peeters, 2005, 117–133.

KÖSTER, H.: *Synoptische Überlieferung bei den Apostolischen Vätern* (= TU 65). Berlin: Akademie-Verlag, 1957.

KOESTER, H.: „ΓΝΩΜΑΙ ΔΙΑΦΟΡΟΙ. The Origins and Nature of Diversification in the History of Early Christianity." in: HTR 58 (1965), 279–318 (= DERS. / J.M. ROBINSON: *Trajectories through Early Christianity*. Philadelphia, PA: Fortress Press, 1971, 114–157).

KÖSTER, H.: „Dialog und Spruchüberlieferung in den gnostischen Texten von Nag Hammadi." in: EvTh 39 (1979), 532–556.

KÖSTER, H.: *Einführung in das Neue Testament im Rahmen der Religionsgeschichte und Kulturgeschichte der hellenistischen und römischen Zeit* (de Gruyter Lehrbuch). Berlin – New York: Walter de Gruyter, 1980.

KOESTER, H.: „Apocryphal and Canonical Gospels." in: HTR 73 (1980), 105–130.

KOESTER, H.: „Gnostic Sayings and Controversy Traditions in John 8:12–59." in: *Nag Hammadi, Gnosticism, and Early Christianity*, hg. von C.W. HEDRICK und R. HODGSON. Peabody, MA: Hendrickson, 1986, 97–110.

KOESTER, H.: „Tractate 2. The Gospel According to Thomas. Introduction." in: *Nag Hammadi Codex II,2–7 together with XIII,2*, Brit. Lib. Or. 4926(1), and P.Oxy. 1, 654, 655. Volume One: Gospel According to Thomas, Gospel According to Philip, Hypostasis of the Archons, and Indexes*, hg. von B. LAYTON (= NHS 20). Leiden – New York – København – Köln: E.J. Brill, 1989, 38–49.

KOESTER, H.: *Ancient Christian Gospels. Their History and Development*. London: SCM Press; Philadelphia, PA: Trinity Press International, 1990.

KRAFT, R.A.: „Oxyrhynchus Papyrus 655 Reconsidered." in: HTR 54 (1961), 253–254.

KREMER, J.: „‚Nimm deine Hand und lege sie in meine Seite!' Exegetische, hermeneutische und bibeltheologische Überlegungen zu Joh 20,24–29." in: *The Four Gospels 1992* (FS F. NEIRYNCK) 3, hg. von F. VAN SEGBROECK, C.M. TUCKETT, G. VAN BELLE, J. VERHEYDEN (= BETL 100/3). Leuven: University Press – Peeters, 1992, 2153–2181.

KUHN, K.H.: „Some Observations on the Coptic Gospel According to Thomas." in: *Muséon* 73 (1960), 317–323.

KVALBEIN, H.: „The Kingdom of the Father in the Gospel of Thomas." in: *The New Testament and Early Christian Literature in Greco-Roman Context* (FS D.E. AUNE), hg. von J. FOTOPOULOS (NT.S 122). Leiden – Boston: Brill, 2006, 203–228.

LABAHN, M.: „‚Blinded by the Light.' Blindheit, Sehen und Licht in Joh 9. Ein Spiel von Variation und Wiederholung durch Erzählung und Metapher." in: *Repetitions and Variations in the Fourth Gospel. Style, Text, Interpretation*, hg. von G. VAN BELLE, M. LABAHN, P. MARITZ (= BETL 223). Leuven – Paris – Walpole, MA: Peeters, 2009, 453–509.

LABAHN, M.: *Der Gekommene als Wiederkommender. Die Logienquelle als erzählte Geschichte* (= ABG 32). Leipzig: Evangelische Verlagsanstalt, 2010.

LAKE, K.: „The New Sayings of Jesus and the Synoptic Problem." in: HibJ 3 (1904), 332–341.

LAMA, M.: „Aspetti di tecnica libraria ad Ossirinco: copie letterarie su rotoli documentari." in: *Aeg*. 71 (1991), 55–120.

III. Sekundärliteratur

LAMBDIN, T.O.: „The Gospel According to Thomas. Translated." in: *Nag Hammadi Codex II,2–7 together with XIII,2*, Brit. Lib. Or. 4926(1), and P.Oxy. 1, 654, 655. Volume One: Gospel According to Thomas, Gospel According to Philip, Hypostasis of the Archons, and Indexes*, hg. von B. LAYTON (= NHS 20). Leiden – New York – København – Köln: E.J. Brill, 1989, 53–93.

LANG, B.: „Thomas." in: NBL 3. Düsseldorf – Zürich: Benziger, 2001, 836–837.

LANG, M.: „Die Kunst der Wiederholung. Beobachtungen zu Joh 20,24–29 im Anschluss an S. Kierkegaard." in: *Repetitions and Variations in the Fourth Gospel. Style, Text, Interpretation*, hg. von G. VAN BELLE, M. LABAHN, P. MARITZ (= BETL 223). Leuven – Paris – Walpole, MA: Peeters, 2009, 631–647.

LATTKE, M.: „Dating the Odes of Solomon." in: *Antichthon* 27 (1993), 45–59 (= DERS.: *Die Oden Salomos in ihrer Bedeutung für Neues Testament und Gnosis. Band IV* [= OBO 25/4]. Freiburg/Ue.: Universitätsverlag; Göttingen: Vandenhoeck & Ruprecht, 1998, 113–132).

LATTKE, M.: *Oden Salomos. Text, Übersetzung, Kommentar. Teil 1. Oden 1 und 3–14* (= NTOA 41/1). Freiburg/Ue: Universitätsverlag; Göttingen: Vandenhoeck & Ruprecht, 1999.

LATTKE, M.: *Oden Salomos. Text, Übersetzung, Kommentar. Teil 3. Oden 29–42. Transkription des Syrischen von Klaus Beyer* (= NTOA 41/3). Freiburg/Ue: Universitätsverlag; Göttingen: Vandenhoeck & Ruprecht, 2005.

LATTKE, M.: *The Odes of Solomon*, übers. von M. EHRHARDT, hg. von H.W. ATTRIDGE (Hermeneia). Minneapolis, MN: Fortress, 2009.

LAU, A.Y.: *Manifest in Flesh. The Epiphany Christology of the Pastoral Epistles* (= WUNT II 86). Tübingen: Mohr Siebeck, 1996.

LAYTON, B.: *The Gnostic Scriptures. A New Translation with Annotations and Introductions* (ABRL). New York: Doubleday, 1987 (ND Pb. 1995).

LAYTON, B.: „Introduction." in: *Nag Hammadi Codex II,2–7 together with XIII,2*, Brit. Lib. Or. 4926(1), and P.Oxy. 1, 654, 655. Volume One: Gospel According to Thomas, Gospel According to Philip, Hypostasis of the Archons, and Indexes*, hg. von DEMS. (= NHS 20). Leiden – New York – København – Köln: E.J. Brill, 1989, 1–18.

LEE, D.: „The Gospel of John and the Five Senses." in: JBL 129 (2010), 115–127.

LEIPOLDT, J.: „Ein neues Evangelium? Das koptische Thomasevangelium übersetzt und besprochen." in: ThLZ 83 (1958), 481–496.

LELYVELD, M.: *Les logia de la vie dans l'Évangile selon Thomas* (= NHS 34). Leiden – New York – København – Köln: Brill, 1987.

LEONARD, James M.: *Codex Schøyen 2650: A Middle Egyptian Coptic Witness to the Early Greek Text of Matthew's Gospel. A Study in Translation Theory, Indigenous Coptic, and New Testament Textual Criticism* (= NTTSD 46). Leiden – Boston: Brill, 2014.

LEONARD, Jeffery M.: „Identifying Inner-Biblical Allusions: Psalm 78 as a Test Case." in: JBL 127 (2008), 241–265.

LEROY, H.: *Rätsel und Missverständnis. Ein Beitrag zur Formgeschichte des Johannesevangeliums* (= BBB 30). Bonn: Peter Hanstein, 1968.

LEVIEILS, X.: *Contra Christianos. La critique sociale et religieuse du christianisme des origins au concile de Nicée (45–325)* (= BZNW 146). Berlin – New York: Walter de Gruyter, 2007.

LEWY, H.: *Sobria Ebrietas. Untersuchungen zur Geschichte der antiken Mystik* (= BZNW 9). Gießen: Alfred Töpelmann, 1929.

D. Verwendete Literatur

LIEBENBERG, J.: *The Language of the Kingdom and Jesus. Parable, Aphorism, and Metaphor in the Sayings Material Common to the Synoptic Tradition and in the Gospel of Thomas* (= BZNW 102). Berlin – New York: Walter de Gruyter, 2001.

LIEU, J. M.: „Blindness in the Johannine Tradition." in: NTS 34 (1988), 83–95.

LIEU, J. M.: „Anti-Judaism in the Fourth Gospel: Explanation and Hermeneutics." in: *Anti-Judaism and the Fourth Gospel. Papers of the Leuven Colloquium, 2000*, hg. von R. BIERINGER, D. POLLEFEYT, F. VANDECASTEELE-VANNEUVILLE (= Jewish and Christian Heritage Series 1). Assen: Royal Van Gorcum, 2001, 126–143.

LIEU, J. M.: *I, II, & III John. A Commentary* (NTLi). Louisville, KY: Westminster John Knox Press, 2008.

LINCOLN, A. T.: *Truth on Trial. The Lawsuit Motif in the Fourth Gospel*. Peabody, MA: Hendrickson, 2000.

LINCOLN, A. T.: *The Gospel According to St John* (BNTC). London – New York: Continuum, 2005.

LINDEMANN, A.: *Der Erste Korintherbrief* (= HNT 9/1). Tübingen: Mohr Siebeck, 2000.

LOCK, W. / SANDAY, W.: *Two Lectures on the „Sayings of Jesus" Recently Discovered at Oxyrhynchus. Delivered at Oxford on Oct. 23, 1897*. Oxford: Clarendon Press, 1897.

LÖHR, H.: „Jesus und die Tora als ethische Norm nach dem *Thomas-Evangelium*." in: *Das Thomasevangelium. Entstehung – Rezeption – Theologie*, hg. von J. FREY, E. E. POPKES, J. SCHRÖTER (= BZNW 157). Berlin – New York: Walter de Gruyter, 2008, 363–379.

LOOKS, C.: *Das Anvertraute bewahren. Die Rezeption der Pastoralbriefe im 2. Jahrhundert* (Münchener Theologische Beiträge). München: Herbert Utz, 1999.

LÜHRMANN, D.: *Fragmente apokryph gewordener Evangelien in griechischer und lateinischer Sprache* (= MThSt 59). Marburg: N. G. Elwert, 2000.

LÜHRMANN, D.: *Die apokryph gewordenen Evangelien. Studien zu neuen Texten und zu neuen Fragmenten* (= NT.S 112). Leiden – Boston: Brill, 2004.

LUTTIKHUIZEN, G. P.: „Johannine Vocabulary and the Thought Structure of Gnostic Mythological Texts." in: *Gnosisforschung und Religionsgeschichte* (FS K. RUDOLPH), hg. von H. PREISSLER und H. SEIWERT. Marburg: diagonal-Verlag, 1994, 175–181.

LUZ, U.: *Das Evangelium nach Matthäus. 1. Teilband. Mt 1–7* (= EKK 1/1). Zürich – Düsseldorf: Benziger; Neukirchen-Vluyn: Neukirchener Verlag, ^{5}2002.

LUZ, U.: *Das Evangelium nach Matthäus. 2. Teilband. Mt 8–17* (= EKK 1/2). Zürich – Düsseldorf: Benziger; Neukirchen-Vluyn: Neukirchener Verlag, ^{3}1999.

LUZ, U.: *Das Evangelium nach Matthäus. 3. Teilband. Mt 18–25* (= EKK 1/3). Zürich – Düsseldorf: Benziger; Neukirchen-Vluyn: Neukirchener Verlag, 1997.

LUZZATTO, M. J.: „Babrios." übers. von A. WITTENBURG, in: DNP 2. Stuttgart – Weimar: Metzler, 1997, 383–384.

MACRAE, G. W.: „The *Ego*-Proclamation in Gnostic Sources." in: *The Trial of Jesus* (FS C. F. D. MOULE), hg. von E. BAMMEL (SBT Second Series 13). London: SCM, 1970, 122–134.

MAISCH, I.: *Der Brief an die Gemeinde in Kolossä* (= ThKNT 12). Stuttgart: Kohlhammer, 2003.

MARCOVICH, M.: „Textual Criticism on the Gospel of Thomas." in: JThS.NS 20 (1969), 53–74.

III. Sekundärliteratur

MARJANEN, A.: „Women Disciples in the Gospel of Thomas." in: Thomas *at the Crossroads. Essays on the* Gospel of Thomas, hg. von R. URO (Studies of the New Testament and its World). Edinburgh: T&T Clark 1998, 89–106.

MARJANEN, A.: „Is *Thomas* a Gnostic Gospel?" in: Thomas *at the Crossroads. Essays on the* Gospel of Thomas, hg. von R. URO (Studies of the New Testament and its World). Edinburgh: T&T Clark 1998, 107–139.

MARJANEN, A.: „*Thomas* and Jewish religious practices" in: Thomas *at the Crossroads. Essays on the* Gospel of Thomas, hg. von R. URO (Studies of the New Testament and its World). Edinburgh: T&T Clark 1998, 163–182.

MARJANEN, A.: „The Portrait of Jesus in the *Gospel of Thomas*." in: *Thomasine Traditions in Antiquity. The Social and Cultural World of the Gospel of Thomas*, hg. von J.Ma. ASGEIRSSON, A.D. DECONICK, R. URO (= NHMS 59). Leiden – Boston: Brill, 2006, 209–219.

MARJANEN, A.: „Sethian Books of the Nag Hammadi Library as Secret Books." in: *Mystery and Secrecy in the Nag Hammadi Collection and Other Ancient Literature: Ideas and Practices* (FS E. THOMASSEN), hg. von C.H. BULL, L.I. LIED, J.D. TURNER (= NHMS 76). Leiden – Boston: Brill, 2012, 87–106.

MARKSCHIES, C.: „Haupteinleitung." in: *Antike christliche Apokryphen in deutscher Übersetzung. I. Band: Evangelien und Verwandtes. Teilband 1*, hg. von DEMS. und J. SCHRÖTER. Tübingen: Mohr Siebeck, 2012, 1–180.

MARTI, K. / BEER, G.: ʾA̲b̲ôt *(Väter). Text, Übersetzung und Erklärung* (= Die Mischna IV.9). Gießen: Alfred Töpelmann, 1927.

MARTYN, J.L.: *History and Theology in the Fourth Gospel.* New York: Harper & Row, 1968.

MCHUGH, J.F.: *A Critical and Exegetical Commentary on John 1–4*, hg. von G.N. STANTON (ICC). London – New York: T&T Clark International, 2009.

MÉNARD, J.-É.: *L'Évangile selon Thomas* (NHS 5). Leiden: E.J. Brill, 1975.

MENKEN, M.J.J.: „Observations on the Significance of the Old Testament in John's Gospel." in: *Theology and Christology in the Fourth Gospel. Essays by Members of the SNTS Johannine Writings Seminar*, hg. von G. VAN BELLE, J.G. VAN DER WATT, P. MARITZ (= BETL 184). Leuven: University Press – Peeters, 2005, 155–175.

MERKELBACH, R.: „Die goldenen Totenpässe: Ägyptisch, orphisch, bakchisch." in: ZPE 128 (1999), 1–13.

MERZ, A.: *Die fiktive Selbstauslegung des Paulus. Intertextuelle Studien zur Intention und Rezeption der Pastoralbriefe* (= NTOA 52). Göttingen: Vandenhoeck & Ruprecht; Fribourg: Academic Press, 2004.

METZGER, B.M.: *A Textual Commentary on the Greek New Testament.* Stuttgart: Deutsche Bibelgesellschaft, ²1994.

MEYER, M.W.: „The Gospel of Thomas. Text & Translation." in: J.S. KLOPPENBORG / M.W. MEYER / S.J. PATTERSON / M.G. STEINHAUSER: *Q-Thomas Reader.* Santa Rosa, CA: Polebridge Press, 1990.

MEYER, M.W.: „Seeing or Coming to the Child of the Living One? More on *Gospel of Thomas* Saying 37." in: HTR 91 (1998), 413–416.

MEYER, M.W.: „*Gospel of Thomas* Logion 114 Revisited." in: *For the Children, Perfect Instruction. Studies in Honor of Hans-Martin Schenke on the Occasion of the „Berliner Arbeitskreis für Koptisch-Gnostische Schriften"s Thirtieth Year*, hg. von H.-G. BETHGE, S. EMMEL, K.L. KING, I. SCHLETTERER (= NHMS 54). Leiden – Boston: Brill, 2002, 101–111.

D. Verwendete Literatur

MEYER, M.W. : „Whom Did Jesus Love Most? Beloved Disciples in John and other Gospels." in: *The Legacy of John. Second-Century Reception of the Fourth Gospel*, hg. von T. RASIMUS (= NT.S 132). Leiden – Boston: Brill, 2010, 73–91.

MICHELSEN, J.H.A: „Niew-ontdeckte Fragmenten van Evangeliën" in: TThT 3 (1905), 153–164.

MICHELSEN, J.A.H.: „Uittreksels uit het Evangelie volgens Thomas." in: TThT 7 (1909), 214–233.

MINK, G.: „Die koptischen Versionen des Neuen Testaments. Die sprachlichen Probleme bei ihrer Bewertung für die griechische Textgeschichte." in: *Die alten Übersetzungen des Neuen Testaments, die Kirchenväterzitate und Lektionare. Der gegenwärtige Stand ihrer Erforschung und ihre Bedeutung für dir griechische* Textgeschichte, hg. von K. ALAND (ANTF 5). Berlin – New York: Walter de Gruyter, 1972, 160–299.

MIROSHNIKOV, I.: „‚In' or ‚About'? Gospel of Thomas 52 and ‚Hebraizing' Greek." in: TAik 117 (2012), 179–185.

MOLONEY, F.J.: *The Gospel of John* (= SaPaSe 4). Collegeville, MN: The Liturgical Press, 1998.

MONTEFIORE, H.: „A Comparison of the Parables of the Gospel According to Thomas and of the Synoptic Gospels." in: NTS 7 (1960/61), 220–248.

MORELAND, M.: „The Twenty-Four Prophets of Israel Are Dead: *Gospel of Thomas* 52 as a Critique of Early Christian Hermeneutics." in: *Thomasine Traditions in Antiquity. The Social and Cultural World of the Gospel of Thomas*, hg. von J.Ma. ASGEIRSSON, A.D. DECONICK, R. URO (= NHMS 59). Leiden – Boston: Brill, 2006, 75–91.

MORGEN, M.: *Les épîtres de Jean* (= CbNT 19). Paris: Les Éditions du Cerf, 2005.

MUELLER, D.: „Kingdom of Heaven or Kingdom of God?" in: VigChr 27 (1973), 266–276.

MÜLLER, D.: *Ägypten und die griechischen Isis-Aretalogien* (= ASAW.PH 53/1). Berlin: Akademie-Verlag, 1961.

MÜLLER, U.B.: *Die Menschwerdung des Gottessohnes. Frühchristliche Inkarnationsvorstellungen und die Anfänge des Doketismus* (= SBS 140). Stuttgart: Katholisches Bibelwerk, 1990.

MÜNCH, C.: „Am Ende wird sortiert (Vom Fischnetz). Mt 13,47–59 (EvThom 8)." in: *Kompendium der Gleichnisse Jesu*, hg. von R. ZIMMERMANN. Gütersloh: Gütersloher Verlagshaus, 2007, 429–434.

MURPHY, R.E.: *Proverbs* (= WBC 22). Nashville, TN: Thomas Nelson, 1998.

MUSSNER, F.: *ZΩH. Die Anschauung vom „Leben" im vierten Evangelium unter Berücksichtigung der Johannesbriefe. Ein Beitrag zur biblischen Theologie* (= MThS.H 5). München: Karl Zink, 1952.

NAGEL, P.: *Die Motivierung der Askese in der Alten Kirche und der Ursprung des Mönchtums* (= TU 95). Berlin: Akademie-Verlag, 1966.

NAGEL, P.: „Die Parabel vom klugen Fischer im Thomasevangelium von Nag Hammadi." in: *Beiträge zur Alten Geschichte und deren Nachleben* (FS F. ALTHEIM) 1, hg. von R. STIEHL und H.E. STIER. Berlin: Walter de Gruyter, 1969, 518–524.

NAGEL, P.: „Erwägungen zum Thomas-Evangelium." in: *Die Araber in der alten Welt* 5/2, hg. von F. ALTHEIM und R. STIEHL. Berlin: Walter de Gruyter, 1969, 368–392.

III. Sekundärliteratur

NAGEL, P.: „Das Gleichnis vom zerbrochenen Krug. EvThom Logion 97." in: ZNW 92 (2001), 229–256.
NAGEL, P.: „Die Neuübersetzung des Thomasevangeliums in der *Synopsis quattuor Evangeliorum* und in *Nag Hammadi Deutsch* Bd. 1." in: ZNW 95 (2004), 209–257.
NAGEL, P.: „Synoptische Evangelientradition im *Thomasevangelium* und im Manichäismus." in: *Das Thomasevangelium. Entstehung – Rezeption – Theologie*, hg. von J. FREY, E.E. POPKES, J. SCHRÖTER (= BZNW 157). Berlin – New York: Walter de Gruyter, 2008, 272–293.
NAGEL, P.: „Papyrus Oxyrhynchus 654,1–5 und der Prolog des Thomasevangeliums." in: ZNW 101 (2010), 267–293.
NAGEL, P.: *Codex apocryphus gnosticus Novi Testamenti. Band 1. Evangelien und Apostelgeschichten aus den Schriften von Nag Hammadi und verwandten Kodizes. Koptisch und deutsch* (= WUNT 326). Tübingen: Mohr Siebeck, 2014.
NAGEL, T.: *Die Rezeption des Johannesevangeliums im 2. Jahrhundert. Studien zur vorirenäischen Aneignung des vierten Evangeliums in christlicher und christlich-gnostischer Literatur* (= ABG 2). Leipzig: Evangelische Verlagsanstalt, 2000.
NAGEL, T.: „Das ‚Unbekannte Berliner Evangelium' und das Johannesevangelium." in: ZNW 93 (2002), 251–267.
NAGEL, T.: „Zur Gnostisierung der johanneischen Tradition. Das ‚Geheime Evangelium nach Johannes' (Apokryphon Johannis) als gnostische Zusatzoffenbarung zum vierten Evangelium." in: *Kontexte des Johannesevangeliums. Das vierte Evangelium in religions- und traditionsgeschichtlicher Perspektive*, hg. von J. FREY und U. SCHNELLE (= WUNT 175). Tübingen: Mohr Siebeck, 2004, 675–693.
NICKLAS, T.: *Ablösung und Verstrickung. „Juden" und Jüngergestalten als Charaktere der erzählten Welt des Johannesevangeliums und ihre Wirkung auf den impliziten Leser* (= RST 60). Frankfurt/M.: Peter Lang, 2001.
NICKLAS, T.: „‚153 große Fische' (Joh 21,11). Erzählerische Ökonomie und ‚johanneischer Überstieg'." in: Bib. 84 (2003), 366–387.
NICKLAS, T.: „The Unknown Gospel on *Papyrus Egerton 2* (+ *Papyrus Cologne 255*)." in: DERS. / M.J. KRUGER / T.J. KRAUS: *Gospel Fragments* (OECGT). Oxford – New York: Oxford University Press, 2009, 9–120.
NIEDERWIMMER, K.: *Die Didache* (= KAV 1). Göttingen: Vandenhoeck & Ruprecht, 1989.
NOLLAND, J.: *Luke 1–9:20* (= WBC 35a). Dallas, TX: Word, 1989.
NORDHEIM, E. VON: „Das Zitat des Paulus in 1 Kor 2_9 und seine Beziehung zum koptischen Testament Jakobs." in: ZNW 65 (1974), 112–120.
NORDSIECK, R.: *Das Thomas-Evangelium. Einleitung – Zur Frage des historischen Jesus – Kommentierung aller 114 Logien*. Neukirchen-Vluyn: Neukirchener Verlag, ³2006.
NORDSIECK, R.: „Zur Kompositionsgeschichte des Thomas-Evangeliums." in: BZ.NF 52 (2008), 174–200.
NORRIS, R.A.: „Gnostic Literature." in: *The Cambridge History of Early Christian Literature*, hg. von F. YOUNG, L. AYRES, A. LOUTH. Cambridge: University Press, 2004, 20–27.
NORRIS, R.A.: „Apocryphal Writings and Acts of the Martyrs." in: *The Cambridge History of Early Christian Literature*, hg. von F. YOUNG, L. AYRES, A. LOUTH. Cambridge: University Press, 2004, 28–35.
NORTH, R.: „Chenoboskion and Q." in: CBQ 24 (1962), 154–170.

D. Verwendete Literatur

OBERLINNER, L.: *Die Pastoralbriefe. Erste Folge. Kommentar zum ersten Timotheusbrief* (= HThKNT 11/2/1). Freiburg/Br. – Basel – Wien: Herder, 1994.

OBERLINNER, L.: *Die Pastoralbriefe. Zweite Folge. Kommentar zum zweiten Timotheusbrief* (= HThKNT 11/2/2). Freiburg/Br. – Basel – Wien: Herder, 1995.

OBERLINNER, L.: *Die Pastoralbriefe. Dritte Folge. Kommentar zum Titusbrief* (= HThKNT 11/2/3). Freiburg/Br. – Basel – Wien: Herder, 1996.

OGDEN, L. K.: „The Binding of Codex II." in: *Nag Hammadi Codex II,2–7 together with XIII,2*, Brit. Lib. Or. 4926(1), and P.Oxy. 1, 654, 655. Volume One: Gospel According to Thomas, Gospel According to Philip, Hypostasis of the Archons, and Indexes*, hg. von B. LAYTON (= NHS 20). Leiden – New York – København – Köln: E. J. Brill, 1989, 19–25.

ONUKI, T.: *Gemeinde und Welt im Johannesevangelium. Ein Beitrag zur Frage nach der theologischen und pragmatischen Funktion des johanneischen „Dualismus"* (= WMANT 56). Neukirchen-Vluyn: Neukirchener Verlag, 1984.

ONUKI, T.: „Traditionsgeschichte von Thomasevangelium 17 und ihre christologische Relevanz." in: *Anfänge der Christologie* (FS F. HAHN), hg. von C. BREYTENBACH und H. PAULSEN. Göttingen: Vandenhoeck & Ruprecht, 1991, 399–415.

ONUKI, T.: „Fleischwerdung des Logos und Fehltritt der Sophia. Erwägungen zur johanneischen und gnostischen Lichtsprache." in: *„... was ihr auf dem Weg verhandelt habt". Beiträge zur Exegese und Theologie des Neuen Testaments* (FS F. HAHN), hg. von P. MÜLLER, C. GERBER und T. KNÖPPLER. Neukirchen-Vluyn: Neukirchener Verlag, 2001, 75–86.

ONUKI, T.: „Das Logion 77 des koptischen *Thomasevangeliums* und der gnostische Animismus." in: *Das Thomasevangelium. Entstehung – Rezeption – Theologie*, hg. von J. FREY, E. E. POPKES, J. SCHRÖTER (= BZNW 157). Berlin – New York: Walter de Gruyter, 2008, 294–317.

PAGELS, E. H.: „Exegesis of Genesis 1 in the Gospels of Thomas and John." in: JBL 118 (1999), 477–496.

PAGELS, E. H.: *Beyond Belief. The Secret Gospel of Thomas*. New York: Random House 2003 (ND Pb. New York: Vintage, 2004).

PAINTER, J.: „Rereading Genesis in the Prologue of John?" in: *Neotestamentica et Philonica* (FS P. BORGEN), hg. von D. E. AUNE, T. SEALAND, J. H. ULRICHSEN (= NT.S 106). Leiden – Boston: Brill, 2003, 179–201.

PARSONS, P.: *City of the Sharp-Nosed Fish. Greek Papyri Beneath the Egyptian Sand Reveal a Long-Lost World*. London: Phoenix, 2007.

PASQUIER, A. / VOUGA, F.: „Le genre littéraire et la structure argumentative de l'Évangile selon Thomas et leurs implications christologiques." in: *Colloque International „L'Évangile selon Thomas et les Textes de Nag Hammadi". Québec, 29–31 mai 2003*, hg. von L. PAINCHAUD und P.-H. POIRIER (= BCNH.E 8). Québec: Presses de l'Université Laval; Leuven – Paris: Peeters, 2007, 335–362.

PATTERSON, S. J.: „Paul and the Jesus Tradition. It is Time for another Look." in: HTR 84 (1991), 23–41 (= DERS.: *The Gospel of Thomas and Christian Origins. Essays on the Fifth Gospel* [= NHMS 84]. Leiden – Boston: Brill, 2013, 237–260).

PATTERSON, S. J.: *The Gospel of Thomas and Jesus* (Foundations and Facets). Sonoma, CA: Polebridge Press, 1993.

PATTERSON, S. J.: „Understanding the Gospel of Thomas Today." in: DERS. / J. M. ROBINSON / H.-G. BETHGE: *The Fifth Gospel. The Gospel of Thomas Comes of Age*. Harrisburg, PA: Trinity Press International, 1998, 33–75.

III. Sekundärliteratur

PATTERSON, S.J.: „The *Gospel of Thomas* and Christian Beginnings." in: *Thomasine Traditions in Antiquity. The Social and Cultural World of the Gospel of Thomas*, hg. von J.Ma. ASGEIRSSON, A.D. DECONICK, R. URO (= NHMS 59). Leiden – Boston: Brill, 2006, 1–17 (= DERS.: *The Gospel of Thomas and Christian Origins. Essays on the Fifth Gospel* [= NHMS 84]. Leiden – Boston: Brill, 2013, 261–276).

PATTERSON, S.J.: „The Gospel of Thomas and Historical Jesus Research." in: *Coptica – Gnostica – Manichaica* (FS W.-P. FUNK), hg. von L. PAINCHAUD und P.-H. POIRIER (= BCNH.E 7). Québec: Presses de l'Université Laval; Leuven – Paris: Peeters, 2006, 663–684 (= DERS.: *The Gospel of Thomas and Christian Origins. Essays on the Fifth Gospel* [= NHMS 84]. Leiden – Boston: Brill, 2013, 119–139).

PATTERSON, S.J.: „The Parable of the Catch of Fish: A Brief History (On Matthew 13:47–50 and Gospel of Thom 8)." in: *Colloque International „L'Évangile selon Thomas et les Textes de Nag Hammadi". Québec, 29–31 mai 2003*, hg. von L. PAINCHAUD und P.-H. POIRIER (= BCNH.E 8). Québec: Presses de l'Université Laval; Leuven – Paris: Peeters, 2007, 363–376 (= DERS.: *The Gospel of Thomas and Christian Origins. Essays on the Fifth Gospel* [= NHMS 84]. Leiden – Boston: Brill, 2013, 197–209).

PATTERSON, S.J.: „Jesus Meets Plato: The Theology of the *Gospel of Thomas* and Middle Platonism." in: *Das Thomasevangelium. Entstehung – Rezeption – Theologie*, hg. von J. FREY, E.E. POPKES, J. SCHRÖTER (= BZNW 157). Berlin – New York: Walter de Gruyter, 2008, 181–205 (= DERS.: *The Gospel of Thomas and Christian Origins. Essays on the Fifth Gospel* [= NHMS 84]. Leiden – Boston: Brill, 2013, 33–59).

PATTERSON, S.J.: „The View from Across the Euphrates." in: HTR 104 (2011), 411–431 (= DERS.: *The Gospel of Thomas and Christian Origins. Essays on the Fifth Gospel* [= NHMS 84]. Leiden – Boston: Brill, 2013, 9–32).

PATTERSON, S.J.: „Apocalypticism or Prophecy and the Problem of Polyvalence: Lessons from the *Gospel of Thomas*." in: JBL 130 (2011), 795–817 (= DERS.: *The Gospel of Thomas and Christian Origins. Essays on the Fifth Gospel* [= NHMS 84]. Leiden – Boston: Brill, 2013, 211–236).

PATTERSON, S.J.: „The Gospel of (Judas) Thomas and the Synoptic Problem." in: *New Studies in the Synoptic Problem. Oxford Conference, April 2008* (FS C.M. TUCKETT), hg. von P. FOSTER, A. GREGORY, J.S. KLOPPENBORG, J. VERHEYDEN (= BETL 239). Leuven – Paris – Walpole, MA: Peeters, 2011, 783–808 (= DERS.: *The Gospel of Thomas and Christian Origins. Essays on the Fifth Gospel* [= NHMS 84]. Leiden – Boston: Brill, 2013, 93–118).

PEARSON, B.A.: „Current Issues in the Study of Early Christianity in Egypt." in: DERS.: *Gnosticism and Christianity in Roman and Coptic Egypt* (Studies in Antiquity and Christianity). New York – London: T&T Clark International, 2004, 11–81.

PEARSON, B.A.: „Gnosticism as a Religion." in: DERS.: *Gnosticism and Christianity in Roman and Coptic Egypt* (Studies in Antiquity and Christianity). New York – London: T&T Clark International, 2004, 201–223.

PEEL, M.L.: „The Treatise on the Resurrection. I,4: 43.25–50.18." in: *Nag Hammadi Codex I (The Jung Codex). Notes*, hg. von H.W. ATTRIDGE (= NHS 23). Leiden: E.J. Brill, 1985, 137–215.

PERRIN, N.: *Thomas and Tatian. The Relationship between the Gospel of Thomas and the Diatessaron* (= AcBib 5). Atlanta, GA: Society of Biblical Literature, 2002.

D. Verwendete Literatur

PERRIN, N.: „NHC II,2 and the Oxyrhynchus Fragments (P.Oxy. 1, 654, 655): Overlooked Evidence for a Syriac Gospel of Thomas." in: VigChr 58 (2004), 138–151.

PERRIN, N.: *Thomas. The Other Gospel.* Louisville, KY: Westminster John Knox Press, 2007.

PERTTILÄ, E.: „How to Read the Greek Text behind the Sahidic Coptic." in: *Scripture in Transition. Essays on Septuagint, Hebrew Bible, and Dead Sea Scrolls* (FS R. SOLLAMO), hg. von A. VOITILA und J. JOKIRANTA (= JSJ.S 126). Leiden – Boston: Brill, 2008, 367–377.

PESCE, M.: *Le parole dimenticate di Gesù* (Scrittori Greci e Latini). Milano: Fondazione Lorenzo Valla – Arnoldo Mondadori, 2004 (ND 2009).

PESCH, R.: „Thomas, Apostel. I. Neues Testament u. spätere Bezeugung." in: LThK³ 9. Freiburg/Br. – Basel – Wien: 2000, 1505.

PETERSEN, S.: *„Zerstört die Werke der Weiblichkeit!" Maria Magdalena, Salome und andere Jüngerinnen Jesu in christlich-gnostischen Schriften* (= NHMS 48). Leiden – Boston – Köln: Brill, 1999.

PETERSEN, S.: „Die Ich-bin-Worte als Metaphern am Beispiel der Lichtmetaphorik." in: *Imagery in the Gospel of John. Terms, Forms, Themes, and Theology of Johannine Figurative Language*, hg. von J. FREY, J.G. VAN DER WATT, R. ZIMMERMANN (= WUNT 200). Tübingen: Mohr Siebeck, 2006, 121–138.

PETERSEN, S.: „Die Frau auf dem Weg (Vom Mehlkrug). EvThom 97." in: *Kompendium der Gleichnisse Jesu*, hg. von R. ZIMMERMANN. Gütersloh: Gütersloher Verlagshaus, 2007, 916–920.

PETERSEN, S.: *Brot, Licht und Weinstock. Intertextuelle Analysen johanneischer Ich-Bin-Worte* (= NT.S 127). Leiden – Boston: Brill, 2008.

PIOVANELLI, P.: „'Un gros et beau poisson'. L'*Évangile selon Thomas* dans la recherche (et la controverse) contemporaine(s)." in: *Adamantius* 15 (2009), 291–306.

PIOVANELLI, P.: „Thomas in Edessa? Another Look at the Original Setting of the Gospel of Thomas." in: *Myths, Martyrs, and Modernity* (FS J.N. BREMMER), hg. von J. DIJKSTRA, J. KROESEN, Y. KUIPER (= Numen Book Series 127). Leiden – Boston: Brill, 2010, 443–461.

PLISCH, U.-K.: „Probleme und Lösungen. Bemerkungen zu einer Neuübersetzung des Thomasevangeliums (NHC II,2)." in: *Ägypten und Nubien in spätantiker und christlicher Zeit. Akten des 6. Internationalen Koptologenkongresses. Münster, 20.-26. Juli 1996. Band 2. Schrifttum, Sprache und Gedankenwelt*, hg. von S. EMMEL, M. KRAUSE, S.G. RICHTER, S. SCHATEN (= SKCO 6,2). Wiesbaden: Reichert, 1999, 522–528.

PLISCH, U.-K.: *Das Thomasevangelium. Originaltext mit Kommentar.* Stuttgart: Deutsche Bibelgesellschaft, 2007.

PLISCH, U.-K.: „Thomas in Babel: Verwirrung durch Sprache(n) im *Thomasevangelium*." in: *Das Thomasevangelium. Entstehung – Rezeption – Theologie*, hg. von J. FREY, E.E. POPKES, J. SCHRÖTER (= BZNW 157). Berlin – New York: Walter de Gruyter, 2008, 60–71.

PÖHLMANN, W.: „Die hymnischen All-Prädikationen in Kol 1_{15-20}." in: ZNW 64 (1973), 53–74.

POIRIER, P.-H.: „*Évangile de Thomas, Actes de Thomas, Livre de Thomas*. Une tradition et ses transformations." in: *Apocrypha* 7 (1996), 9–26.

POIRIER, P.-H.: „The Writings Ascribed to Thomas and the Thomas Tradition." in: *The Nag Hammadi Library after Fifty Years. Proceedings of the 1995 Society of*

III. Sekundärliteratur

Biblical Literature Commemoration, hg. von J. D. TURNER und A. MCGUIRE (= NHMS 44). Leiden – New York – Köln: Brill, 1997, 295–307.

POIRIER, P.-H.: „Un parallèle Grec partiel au Logion 24 de l'*Évangile selon Thomas*." in: *For the Children, Perfect Instruction. Studies in Honor of Hans-Martin Schenke on the Occasion of the ‚Berliner Arbeitskreis für Koptisch-Gnostische Schriften''s Thirtieth Year*, hg. von H.-G. BETHGE, S. EMMEL, K. L. KING, I. SCHLETTERER (= NHMS 54). Leiden – Boston: Brill, 2002, 95–100.

POIRIER, P.-H.: „The Trimorphic Protennoia (NHC XIII,1) and the Johannine Prologue: A Reconsideration." in: *The Legacy of John. Second-Century Reception of the Fourth Gospel*, hg. von T. RASIMUS (= NT.S 132). Leiden – Boston: Brill, 2010, 93–103.

POIRIER, P.-H.: „Mystère et mystères dans les *Actes de Thomas*." in: *Mystery and Secrecy in the Nag Hammadi Collection and Other Ancient Literature: Ideas and Practices* (FS E. THOMASSEN), hg. von C. H. BULL, L. I. LIED, J. D. TURNER (= NHMS 76). Leiden – Boston: Brill, 2012, 303–325.

POIRIER, P.-H.: „L'Évangile selon Thomas (NH II,2; P. Oxy. 1, 654, 655), Témoin de la théologie chrétienne primitive?" in: *The Apocryphal Gospels within the Context of Early Christian Theology*, hg. von J. SCHRÖTER (= BETL 260). Leuven – Paris – Walpole, MA: Peeters, 2013, 95–125.

POKORNÝ, P.: „Die Eschatologie des Thomasevangeliums." in: ZAC 13 (2009), 48–54.

POPKES, E. E.: „‚Ich bin das Licht' – Erwägungen zur Verhältnisbestimmung des Thomasevangeliums und der johanneischen Schriften anhand der Lichtmetaphorik." in: *Kontexte des Johannesevangeliums. Das vierte Evangelium in religions- und traditionsgeschichtlicher Perspektive*, hg. von J. FREY und U. SCHNELLE (= WUNT 175). Tübingen: Mohr Siebeck, 2004, 641–674.

POPKES, E. E.: „Die Umdeutung des Todes Jesu im koptischen Thomasevangelium." in: *Deutungen des Todes Jesu im Neuen Testament*, hg. von J. FREY und J. SCHRÖTER (= WUNT 181). Tübingen: Mohr Siebeck, 2005, 513–543.

POPKES, E. E.: *Das Menschenbild des Thomasevangeliums. Untersuchungen zu seiner religionsgeschichtlichen und chronologischen Einordnung* (= WUNT 206). Tübingen: Mohr Siebeck, 2007.

POPKES, E. E.: „Jesu Nachfolger als Lichter der Welt und als Stadt auf dem Berge (Von der Bergstadt). Mt 5,14 (EvThom 32)." in: *Kompendium der Gleichnisse Jesu*, hg. von R. ZIMMERMANN. Gütersloh: Gütersloher Verlagshaus, 2007, 395–399.

POPKES, E. E.: „Der wählerische Fischer. EvThom 8 (Mt 13,47–50)." in: *Kompendium der Gleichnisse Jesu*, hg. von R. ZIMMERMANN. Gütersloh: Gütersloher Verlagshaus, 2007, 868–872.

POPKES, E. E.: „Das Thomasevangelium als *crux interpretum*: Die methodischen Ursachen einer diffusen Diskussionslage." in: *Jesus in apokryphen Evangelienüberlieferungen. Beiträge zu außerkanonischen Jesusüberlieferungen aus verschiedenen Sprach- und Kulturtraditionen*, hg. von J. FREY und J. SCHRÖTER (= WUNT 254). Tübingen: Mohr Siebeck, 2010, 271–292.

POPLUTZ, U.: „Eine fruchtbare Allianz (Weinstock, Winzer und Reben). Joh 15,1–8 (vgl. Agr 61)." in: *Kompendium der Gleichnisse Jesu*, hg. von R. ZIMMERMANN. Gütersloh: Gütersloher Verlagshaus, 2007, 828–839.

POPP, T.: „Die konsolatorische Kraft der Wiederholung. Liebe, Trauer und Trost in den johanneischen Abschiedsreden." in: *Repetitions and Variations in the Fourth*

D. Verwendete Literatur

Gospel. Style, Text, Interpretation, hg. von G. VAN BELLE, M. LABAHN, P. MARITZ (= BETL 223). Leuven – Paris – Walpole, MA: Peeters, 2009, 523–587.

POTTERIE, I. de la: „Le symbolisme du sang et de l'eau en Jn 19,34." in: Did(L) 14 (1984), 201–230.

PROSTMEIER, F.R.: *Der Barnabasbrief* (= KAV 8). Göttingen: Vandenhoeck & Ruprecht, 1999.

PUECH, H.-C. : „Un logion de Jésus sur une bandelette funéraire." in: RHR 147 (1955), 126–129.

PUECH, H.-C.: „Une collection de paroles de Jésus récemment retrouvée: L'Évangile selon Thomas." in: CRAI 101 (1957), 146–167.

PUECH, H.-C. / BLATZ, B. : „Andere gnostische Evangelien und verwandte Literatur." in: *Neutestamentliche Apokryphen in deutscher Übersetzung. I. Band. Evangelien*, hg. von W. SCHNEEMELCHER. Tübingen: Mohr Siebeck, 61990 (ND Pb. 1999), 285–329.

QUISPEL, G.: „The Gospel of Thomas and the New Testament." in: VigChr 11 (1957), 189–207 (= DERS.: *Gnostic Studies II* [UNHAII 34/2]. Istanbul: Nederlands Historisch-Archaeologisch Instituut, 1975, 3–16).

QUISPEL, G.: „L'Évangile selon Thomas et les Clémentines." in: VigChr 12 (1958), 181–196 (= DERS.: *Gnostic Studies II* [UNHAII 34/2]. Istanbul: Nederlands Historisch-Archaeologisch Instituut, 1975, 17–29).

QUISPEL, G.: „Some Remarks on the Gospel of Thomas." in: NTS 5 (1958/59), 276–290.

QUISPEL, G.: „L'Évangile selon Thomas et le Diatessaron." in: VigChr 13 (1959), 87–117 (= DERS.: *Gnostic Studies II* [UNHAII 34/2]. Istanbul: Nederlands Historisch-Archaeologisch Instituut, 1975, 31–55).

QUISPEL, G.: „L'Évangile selon Thomas et le ‚Texte Occidental' du Nouveau Testament." in: VigChr 14 (1960), 204–215.

QUISPEL, G.: „‚The Gospel of Thomas' and the ‚Gospel of the Hebrews'." in: NTS 12 (1965/66), 371–382.

QUISPEL, G.: „Love Thy Brother." in: *Ancient Society* 1 (1970), 83–93 (= DERS.: *Gnostic Studies II* [UNHAII 34/2]. Istanbul: Nederlands Historisch-Archaeologisch Instituut, 1975, 169–179).

QUISPEL, G.: „Qumran, John and Jewish Christianity." in: *John and Qumran*, hg. von J.H. CHARLESWORTH. London: Geoffrey Chapman, 1972, 137–155 (= DERS.: *Gnostic Studies II* [UNHAII 34/2]. Istanbul: Nederlands Historisch-Archaeologisch Instituut, 1975, 210–229).

QUISPEL, G.: „Ezekiel 1:26 in Jewish Mysticism and Gnosis." in: VigChr 34 (1980), 1–13.

QUISPEL, G.: „The Gospel of Thomas Revisited." in: *Colloque International sur les textes de Nag Hammadi (Québec, 22–25 août 1978)*, hg. von B. BARC (= BCNH.E 1). Québec: Presses de l'Université Laval – Leuven: Peeters, 1981, 218–266.

RADL, W.: *Das Evangelium nach Lukas. Kommentar. Erster Teil: 1,1–9,50.* Freiburg/Br. – Basel – Wien: Herder, 2003.

RAMSAY, W.M.: *The Letters to the Seven Churches of Asia and their Place in the Plan of the Apocalypse.* London: Hodder & Stoughton; New York: George H. Doran, 1904.

RASTOIN, M.: „Encore une fois les 153 poissons (Jn 21,11)." in: Bib. 90 (2009), 84–92.

RAU, E.: „Jenseits von Raum, Zeit und Gemeinschaft. ‚Christ-Sein' nach dem Thomasevangelium." in: NT 45 (2003), 138–159.

III. Sekundärliteratur

REUTER, R.: „Clarifying the Issue of Literary Dependence." in: *The Early Reception of Paul*, hg. von K. LILJESTRÖM (= Publications of the Finnish Exegetical Society 99). Helsinki: The Finnish Exegetical Society, 2011, 23–35.

RICHTER, G.: „Die Fleischwerdung des Logos im Johannesevangelium." in: NT 13 (1971), 81–126 (= DERS.: *Studien zum Johannesevangelium*, hg. von J. HAINZ [= BU 13]. Regensburg: Pustet, 1977, 149–183).

RICHTER, G.: „Die Fleischwerdung des Logos im Johannesevangelium (Fortsetzung)." in: NT 14 (1972), 257–276 (= DERS.: *Studien zum Johannesevangelium*, hg. von J. HAINZ [= BU 13]. Regensburg: Pustet, 1977, 183–198).

RICHTER, S. G.: „Untersuchungen zu Form und Inhalt einer Gruppe der Herakleidespsalmen (*PsB* 187,1–36)." in: *Studia Manichaica. II. Internationaler Kongreß zum Manichäismus. 6.-10. August 1989. St. Augustin/Bonn*, hg. von G. WIESSNER und H.-J. KLIMKEIT (= StOR 23). Wiesbaden: Harrassowitz, 1992, 248–265.

RICHTER, S. G.: *Exegetisch-literarkritische Untersuchungen von Herakleidespsalmen des koptisch-manichäischen Psalmenbuches* (= Arbeiten zum spätantiken und koptischen Ägypten 5). Altenberge: Oros, 1994.

RICHTER, S. G.: *Die Aufstiegspsalmen des Herakleides. Untersuchungen zum Seelenaufstieg und zur Seelenmesse bei den Manichäern* (= SKCO 1). Wiesbaden: Reichert, 1997.

RICHTER, S. G.: „Die beiden Bücher des Jeû (CB 1 und 2)." in: *Antike christliche Apokryphen in deutscher Übersetzung. I. Band: Evangelien und Verwandtes. Teilband 2*, hg. von C. MARKSCHIES und J. SCHRÖTER. Tübingen: Mohr Siebeck, 2012, 1299–1306.

RIEDWEG, C.: „Initiation – Tod – Unterwelt. Beobachtung zur Kommunikationssituation und narrativen Technik der orphisch-bakchischen Goldblättchen." in: *Ansichten griechischer Rituale* (FS W. BURKERT), hg. von F. GRAF. Stuttgart – Leipzig: B. G. Teubner, 1998, 360–398.

RILEY, G. J.: *Resurrection Reconsidered. Thomas and John in Controversy*. Minneapolis, MN: Fortress, 1995.

RILEY, G. J.: „A Note on the Text of *Gospel of Thomas* 37." in: HTR 88 (1995), 179–181.

ROBERTS, C. H.: „The Gospel of Thomas: Logion 30A." in: JThS.NS 21 (1970), 91–92.

ROBINSON, J. M.: „ΛΟΓΟΙ ΣΟΦΩΝ. On the Gattung of Q" in: DERS. / KOESTER, H.: *Trajectories through Early Christianity*. Philadelphia, PA: Fortress, 1971, 71–113 (= DERS.: *The Sayings Gospel Q. Collected Essays*, hg. von. C. HEIL und J. VERHEYDEN [= BETL 189]. Leuven: University Press – Peeters, 2005, 37–74) (frühere Fassung in: *Zeit und Geschichte* [FS R. BULTMANN], hg. von E. DINKLER. Tübingen: Mohr Siebeck, 1964, 77–96).

ROBINSON, J. M. „From the Cliff to Cairo. The Story of the Discoverers and the Middlemen of the Nag Hammadi Codices." in: *Colloque International sur les textes de Nag Hammadi (Québec, 22–25 août 1978)*, hg. von B. BARC (= BCNH.E 1). Québec: Presses de l'Université Laval – Leuven: Peeters, 1981, 21–58. Kürzere Fassung: DERS.: „Nag Hammadi. The First Fifty Years." in: S. J. PATTERSON / J. M. ROBINSON / H.-G. BETHGE: *The Fifth Gospel. The Gospel of Thomas Comes of Age*. Harrisburg, PA: Trinity Press International, 1998, 77–110.

RÖHL, W. G.: *Die Rezeption des Johannesevangeliums in den christlich-gnostischen Schriften aus Nag Hammadi* (= EHS.T 428). Frankfurt/M. u. a.: Peter Lang, 1991.

RUBEL, G.: *Erkenntnis und Bekenntnis. Der Dialog als Weg der Wissensvermittlung im Johannesevangelium* (= NTAbh.NF 54). Münster: Aschendorff, 2009.

D. Verwendete Literatur

SASSE, H.: „κοσμέω, κόσμος, κόσμιος, κοσμικός." in: ThWNT 3. Stuttgart: Kohlhammer, 1938, 867–898.
SATAKE, A.: *Die Offenbarung des Johannes* (= KEK 16). Göttingen: Vandenhoeck & Ruprecht, 2008.
SCHENKE, H.-M.: „On the Compositional History of the Gospel of Thomas." in: *Forum* 10 (1994), 9–30.
SCHENKE, H.-M.: „Bemerkungen zu # 71 des Thomas-Evangeliums." in: *Enchoria* 27 (2001), 120–126.
SCHENKE, H.-M.: „‚Evangelium Veritatis' (NHC I,3/XII,2)." in: *Nag Hammadi Deutsch. 1. Band: NHC I,1–V,1*, hg. von DEMS., H.-G. BETHGE, U.U. KAISER (= GCS.NF 8 – Koptisch-Gnostische Schriften 2). Berlin – New York: Walter de Gruyter, 2001, 27–44.
SCHENKE, H.-M.: „Das Buch des Thomas (NHC II,7)." in: *Nag Hammadi Deutsch. 1. Band: NHC I,1–V,1*, hg. von DEMS., H.-G. BETHGE, U.U. KAISER (= GCS.NF 8 – Koptisch-Gnostische Schriften 2). Berlin – New York: Walter de Gruyter, 2001, 279–291.
SCHENKE, H.-M.: „Die Paraphrase des Sêem (NHC VII,1)." in: *Nag Hammadi Deutsch. 2. Band: NHC V,2–XIII,1, BG 1 und 4*, hg. von DEMS. (†), H.-G. BETHGE, U.U. KAISER (= GCS.NF 12 – Koptisch-Gnostische Schriften 3). Berlin – New York: Walter de Gruyter, 2003, 543–568.
SCHENKE ROBINSON, G.: „Die dreigestaltige Protennoia (NHC XIII,1)." in: *Nag Hammadi Deutsch. 2. Band: NHC V,2–XIII,1, BG 1 und 4*, hg. von H.-M. SCHENKE (†), H.-G. BETHGE, U.U. KAISER (= GCS.NF 12 – Koptisch-Gnostische Schriften 3). Berlin – New York: Walter de Gruyter, 2003, 807–831.
SCHLETTERER, I. / PLISCH, U.-K.: „Die (erste) Apokalypse des Jakobus." in: *Nag Hammadi Deutsch. 2. Band: NHC V,2–XIII,1, BG 1 und 4*, hg. von H.-M. SCHENKE (†), H.-G. BETHGE, U.U. KAISER (= GCS.NF 12 – Koptisch-Gnostische Schriften 3). Berlin – New York: Walter de Gruyter, 2003, 407–418.
SCHMELLER, T.: *Der zweite Brief an die Korinther. Teilband 1: 2Kor 1,1–7,4* (= EKK 8/1). Neukirchen-Vluyn: Neukirchener Verlag; Ostfildern: Patmos, 2010.
SCHMID, Hj.: *Gegner im 1. Johannesbrief? Zu Konstruktion und Selbstreferenz im johanneischen Sinnsystem* (= BWANT 159). Stuttgart: Kohlhammer, 2002.
SCHMID, H.: *Die Eucharistie ist Jesus. Anfänge einer Theologie des Sakraments im koptischen Philippusevangelium (NHC II 3)* (= SVigChr 88). Leiden – Boston: Brill, 2007.
SCHMID, H.: „Zur Funktion der Jesusüberlieferung im so genannten Philippusevangelium." in: *Jesus in apokryphen Evangelienüberlieferungen. Beiträge zu außerkanonischen Jesusüberlieferungen aus verschiedenen Sprach- und Kulturtraditionen*, hg. von J. FREY und J. SCHRÖTER (= WUNT 254). Tübingen: Mohr Siebeck, 2010, 293–314.
SCHNACKENBURG, R.: *Die Johannesbriefe* (= HThKNT 13/3). Freiburg/Br. – Basel – Wien: Herder, ²1963.
SCHNACKENBURG, R.: *Das Johannesevangelium. I. Teil. Einleitung und Kommentar zu Kap. 1–4* (= HThKNT 4/1). Freiburg/Br. – Basel – Wien: Herder, 1965 (⁷1992).
SCHNACKENBURG, R.: *Das Johannesevangelium. II. Teil. Kommentar zu Kap. 5–12* (= HThKNT 4/2). Freiburg/Br. – Basel – Wien: Herder, 1971 (⁴1985).
SCHNACKENBURG, R.: *Das Johannesevangelium. III. Teil. Kommentar zu Kap. 13–21* (= HThKNT 4/3). Freiburg/Br. – Basel – Wien: Herder, 1975 (⁶1992).

III. Sekundärliteratur

SCHNACKENBURG, R.: „Tradition und Interpretation im Spruchgut des Johannesevangeliums." in: *Begegnung mit dem Wort* (FS H. ZIMMERMANN), hg. von J. ZMIJEWSKI und E. NELLESSEN (= BBB 53). Bonn: Hanstein, 1980, 141–159 (= DERS.: *Das Johannesevangelium. IV. Teil. Ergänzende Auslegungen und Exkurse* [= HThKNT 4/4]. Freiburg/Br. – Basel – Wien: Herder, 1984 [³1994], 72–89).

SCHNEEMELCHER, W.: „A. Evangelien. Außerbiblisches über Jesus. Einleitung." in: *Neutestamentliche Apokryphen in deutscher Übersetzung. I. Band. Evangelien*, hg. von DEMS. Tübingen: Mohr Siebeck, ⁶1990 (ND Pb. 1999), 65–75.

SCHNELLE, U.: *Antidoketische Christologie im Johannesevangelium* (= FRLANT 144). Göttingen: Vandenhoeck & Ruprecht, 1987.

SCHNELLE, U.: „Die johanneischen Abschiedsreden und das Liebesgebot." in: *Repetitions and Variations in the Fourth Gospel. Style, Text, Interpretation*, hg. von G. VAN BELLE, M. LABAHN, P. MARITZ (= BETL 223). Leuven – Paris – Walpole, MA: Peeters, 2009, 589–608.

SCHOEDEL, W. R.: „Naassene Themes in the Coptic Gospel of Thomas." in: VigChr 14 (1960), 225–234.

SCHOLTISSEK, K.: „‚Ich und der Vater, wir sind eins' (Joh 10,30). Zum theologischen Potential und zur hermeneutischen Kompetenz der johanneischen Christologie." in: *Theology and Christology in the Fourth Gospel. Essays by Members of the SNTS Johannine Writings Seminar*, hg. von G. VAN BELLE, J. G. VAN DER WATT, P. MARITZ (= BETL 184). Leuven: University Press – Peeters, 2005, 315–345.

SCHRAGE, W.: *Das Verhältnis des Thomas-Evangeliums zur synoptischen Tradition und zu den koptischen Evangelienübersetzungen. Zugleich ein Beitrag zur gnostischen Synoptikerdeutung* (= BZNW 29). Berlin: Alfred Töpelmann, 1964.

SCHRAGE, W.: „Evangelienzitate in den Oxyrhychus-Logien und im koptischen Thomas-Evangelium." in: *Apophoreta* (FS E. HAENCHEN), hg. von W. ELTESTER und F. H. KETTLER (= BZNW 30). Berlin: Alfred Töpelmann, 1964, 251–268.

SCHRÖTER, J.: *Erinnerung an Jesu Worte. Studien zur Rezeption der Logienüberlieferung in Markus, Q und Thomas* (= WMANT 76). Neukirchen-Vluyn: Neukirchener Verlag, 1997.

SCHRÖTER, J.: „Die Forschung am Thomasevangelium im Berliner Arbeitskreis für koptisch-gnostische Schriften. Beobachtungen anhand von Logion 58 (NHC II, p. 43,7–9)." in: ZAC 13 (2009), 38–47.

SCHRÖTER, J.: „Die apokryphen Evangelien im Kontext der frühchristlichen Theologiegeschichte." in: *The Apocryphal Gospels within the Context of Early Christian Theology*, hg. von DEMS. (= BETL 260). Leuven – Paris – Walpole, MA: Peeters, 2013, 19–66.

SCHRÖTER, J. / BETHGE, H.-G.: „Das Evangelium nach Thomas (NHC II,2)." in: *Nag Hammadi Deutsch. 1. Band: NHC I,1–V,1*, hg. von H.-M. SCHENKE, H.-G. BETHGE, U. U. KAISER (= GCS.NF 8 – Koptisch-Gnostische Schriften 2). Berlin – New York: Walter de Gruyter, 2001, 151–181.

SCHRÖTER, J. / BETHGE, H.-G.: „Das Evangelium nach Thomas (Thomasevangelium [NHC II,2 p. 32,10–51,28]). Oxyrhynchus Papyri I 1, IV 654 und IV 655 (P.Oxy. I 1, IV 654 und IV 655)." in: *Antike christliche Apokryphen in deutscher Übersetzung. I. Band: Evangelien und Verwandtes. Teilband 1*, hg. von C. MARKSCHIES und J. SCHRÖTER. Tübingen: Mohr Siebeck, 2012, 483–522.

D. Verwendete Literatur

SCHÜNGEL, P.: „Ein Vorschlag, EvThom 114 neu zu übersetzen." in: NT 36 (1994), 394–401.

SCHÜNGEL, P.: „Zur Neuübersetzung des Thomasevangeliums in der Alandschen Synopse." in: NT 48 (2006), 275–291.

SCHÜSSLER FIORENZA, E.: „The Quest for the Johannine School: The Apocalypse and the Fourth Gospel." in: NTS 23 (1976/77), 402–427.

SCHULTHEISS, T.: *Das Petrusbild im Johannesevangelium* (= WUNT II 329). Tübingen: Mohr Siebeck, 2012.

SCHULZ, R.: „Warum Isis? Gedanken zum universellen Charakter einer ägyptischen Göttin im Römischen Reich." in: *Ägypten und der östliche Mittelmeerraum im 1. Jahrtausend v. Chr.*, hg. von M. GÖRG und G. HÖLBL (= ÄAT 44). Wiesbaden: Harrassowitz, 2000, 251–280.

SCHWANKL, O.: „Die Metaphorik von Licht und Finsternis im johanneischen Schrifttum." in: *Metaphorik und Mythos im Neuen Testament*, hg. von K. KERTELGE (= QD 126). Freiburg/Br. – Basel – Wien, 1990, 135–167.

SCHWANKL, O.: *Licht und Finsternis. Ein metaphorisches Paradigma in den johanneischen Schriften* (= HBS 5). Freiburg/Br. u. a.: Herder, 1995.

SCHWANKL, O.: „Auf der Suche nach dem Anfang des Evangeliums. Von 1 Kor 15,3–5 zum Johannes-Prolog." in: BZ.NF 40 (1996), 39–60.

SCHWANKL, O.: „Aspekte der johanneischen Christologie." in: *Theology and Christology in the Fourth Gospel. Essays by Members of the SNTS Johannine Writings Seminar*, hg. von G. VAN BELLE, J. G. VAN DER WATT, P. MARITZ (= BETL 184). Leuven: University Press – Peeters, 2005, 347–375.

SCHWEMER, A. M.: „Die ersten Christen in Syrien." in: *Syrien im 1.-7. Jahrhundert nach Christus. Akten der 1. Tübinger Tagung zum Christlichen Orient (15.-16. Juni 2007)*, hg. von D. BUMAZHNOV und H. R. SEELIGER (= STAC 62). Tübingen: Mohr Siebeck, 2011, 169–193.

SELLEW, P. H.: „The *Gospel of Thomas*: Prospects for Future Research." in: *The Nag Hammadi Library after Fifty Years. Proceedings of the 1995 Society of Biblical Literature Commemoration*, hg. von J. D. TURNER und A. MCGUIRE (= NHMS 44). Leiden – New York – Köln: Brill, 1997, 327–346.

SELLEW, P. H.: „Thomas Christianity: Scholars in Quest of a Community." in: *The Apocryphal Acts of Thomas*, hg. von J. N. BREMMER (= Studies on Early Christian Apocrypha 6). Leuven: Peeters, 2001, 11–35.

SELLEW, P. H.: „Jesus and the Voice from beyond the Grave: *Gospel of Thomas* 42 in the Context of Funerary Epigraphy." in: *Thomasine Traditions in Antiquity. The Social and Cultural World of the Gospel of Thomas*, hg. von J.Ma. ASGEIRSSON, A. D. DECONICK, R. URO (= NHMS 59). Leiden – Boston: Brill, 2006, 39–73.

SELLIN, G.: *Der Brief an die Epheser* (= KEK 8). Göttingen: Vandenhoeck & Ruprecht, 2008.

SENIOR, D.: *The Passion of Jesus in the Gospel of John* (= The Passion Series 4). Collegeville, MN: The Liturgical Press, 1991.

SEVRIN, J.-M.: „L'interprétation de l'Évangile selon Thomas, entre tradition et rédaction." in: *The Nag Hammadi Library after Fifty Years. Proceedings of the 1995 Society of Biblical Literature Commemoration*, hg. von J. D. TURNER und A. MCGUIRE (= NHMS 44). Leiden – New York – Köln: Brill, 1997, 347–360.

SEVRIN, J.-M.: „„Ce que l'œil n'a pas vu ...'. 1 Co 2,9 comme parole de Jésus." in: *Lectures et relectures de la Bible* (FS P.-M. BOGAERT), hg. von J.-M. AUWERS und A. WÉNIN (= BETL 144). Leuven: University Press – Peeters, 1999, 307–324.

SEVRIN, J.-M.: „L'évangile selon Thomas comme exercice spirituel." in: *Les textes de Nag Hammadi. Histoire des religions et approches contemporaines*, hg. von J.-P. MAHÉ, P.-H. POIRIER, M. SCOPELLO. Paris: Academie des Inscriptions et Belles-Lettres, 2010, 203–213.

SIEBER, J. H.: *A Redactional Analysis of the Synoptic Gospels with Regard to the Question of the Sources of the Gospel According to Thomas*. Diss. Claremont Graduate School, 1965.

SKINNER, C. W.: *John and Thomas – Gospels in Conflict? Johannine Characterization and the Thomas Question* (= PTMS 115). Eugene, OR: Pickwick, 2009.

SMALLEY, S. S.: *The Revelation to John. A Commentary on the Greek Text of the Apocalypse*. Downers Grove, IL: InterVarsity Press, 2005.

SPARKS, H.F.D.: „1 Kor 2_9 a Quotation from the Coptic Testament of Jacob?" in: ZNW 67 (1976), 269–276.

STANZEL, F. K.: *Theorie des Erzählens* (= UTB 904). Göttingen: Vandenhoeck & Ruprecht, [18]2008 ([1]1978).

STARNITZKE, D.: „Von den Früchten des Baumes und dem Sprechen des Herzens (Vom Baum und seinen Früchten). Q 6,43–45 (Mt 7,16–20; 12,33–35 / Lk 6,43–45 / EvThom 45)." in: *Kompendium der Gleichnisse Jesu*, hg. von R. ZIMMERMANN. Gütersloh: Gütersloher Verlagshaus, 2007, 81–91.

STEAD, G. C.: „New Gospel Discoveries." in: Theol. 62 (1959), 321–327.

STREETT, D. R.: *They Went Out From Us. The Identity of the Opponents in First John* (= BZNW 177). Berlin – New York: Walter de Gruyter, 2011.

SUCHLA, B. R.: „Hippolyt." in: LACL[3]. Freiburg – Basel – Wien, [3]2002, 336–337.

SWETE, H. B.: „The Oxyrhynchus Fragment. A Lecture Delivered at Cambridge, 29th July 1897, to the Summer Meeting of Clergy." in: ET 8 (1896/97), 544–550.568.

SWETE, H. B.: „The New Oxyrhynchus Sayings. A Tentative Interpretation." in: ET 15 (1903/04), 488–495.

TAEGER, J.-W.: *Johannesapokalypse und johanneischer Kreis. Versuch einer traditionsgeschichtlichen Ortsbestimmung am Paradigma der Lebenswasser-Thematik* (= BZNW 51). Berlin – New York: Walter de Gruyter, 1989.

TAYLOR, C.: *The Oxyrhynchus Logia and the Apocryphal Gospels*. Oxford: Clarendon Press, 1899.

TAYLOR, C.: *The Oxyrhynchus Sayings of Jesus Found in 1903. With the Sayings Called „Logia" Found in 1897. A Lecture*. Oxford: Clarendon Press, 1905.

TEUWSEN, R.: „Analogie. I. Philosophisch." in: LThK[3] 1. Freiburg – Basel – Wien: Herder, 1993, 577–579.

THATCHER, T.: „Riddles, Repetitons, and the Literary Unity of the Johannine Discourses." in: *Repetitions and Variations in the Fourth Gospel. Style, Text, Interpretation*, hg. von G. VAN BELLE, M. LABAHN, P. MARITZ (= BETL 223). Leuven – Paris – Walpole, MA: Peeters, 2009, 357–377.

THEOBALD, M.: *Die Fleischwerdung des Logos. Studien zum Verhältnis des Johannesprologs zum Corpus des Evangeliums und zu 1 Joh* (= NTAbh.NF 20). Münster: Aschendorff, 1988.

THEOBALD, M.: *Herrenworte im Johannesevangelium* (= HBS 34). Freiburg/Br. u. a.: Herder, 2002.

THEOBALD, M.: *Das Evangelium nach Johannes. Kapitel 1–12* (RNT). Regensburg: Pustet, 2009.

D. Verwendete Literatur

THYEN, H.: „Ich bin das Licht der Welt. Das Ich- und Ich-Bin-Sagen Jesu im Johannesevangelium." in: JAC 35 (1992), 19–46 (= DERS.: *Studien zum Corpus Iohanneum* [= WUNT 214]. Tübingen: Mohr Siebeck, 2007, 213–251).

THYEN, H.: *Das Johannesevangelium* (= HNT 6). Tübingen: Mohr Siebeck, 2005.

TOBIN, T.H.: „The Prologue of John and Hellenistic Jewish Speculation." in: CBQ 52 (1990), 252–269.

TÖPFER, S. / MÜLLER-ROTH, M.: *Das Ende der Totenbuchtradition und der Übergang zum Buch vom Atmen. Die Totenbücher des Monthemhat (pTübingen 2012) und der Tanedjmet (pLouvre N 3085)* (= Handschriften des Altägyptischen Totenbuches 13). Wiesbaden: Harrassowitz, 2011.

TOLMIE, D.F.: „The Ἰουδαῖοι in the Fourth Gospel. A Narratological Perspective." in: *Theology and Christology in the Fourth Gospel. Essays by Members of the SNTS Johannine Writings Seminar*, hg. von G. VAN BELLE, J.G. VAN DER WATT, P. MARITZ (= BETL 184). Leuven: University Press – Peeters, 2005, 377–397.

TREVIJANO ETCHEVERRÍA, R.: „Las practicas de piedad en el Evangelio de Tomas." in: Salm. 31 (1984), 295–319.

TREVIJANO ETCHEVERRÍA, R.: „Santiago el Justo y Tomás el Mellizo (Evangelio de Tomás, Log. 12 y 13)." in: Salm. 39 (1992), 97–119.

TREVIJANO ETCHEVERRÍA, R.: „La reconversión de la Escatología en Protología (EvThom log. 18, 19, 24, 49 y 50)." in: Salm. 40 (1993), 133–163.

TREVIJANO, R.: „La valoración de los dichos no canónicos: el caso de 1 Cor. 2,9 y Ev.Tom log. 17." in: *Studia Patristica. Vol. XXIV. Papers Presented at the Eleventh International Conference on Patristic Studies held in Oxford 1991. Historica, Theologica et Philosophica, Gnostica*, hg. von E.A. LIVINGSTONE. Leuven: Peeters, 1993, 406–414.

TRIPALDI, D.: *Gesù di Nazareth nell'Apocalisse di Giovanni. Spirito, profezia e memoria* (= Antico e Nuovo Testamento 5). Brescia: Morcelliana, 2010.

TUCKETT, C.: „Thomas and the Synoptics." in: NT 30 (1988), 132–157.

TUCKETT, C.: „Paul and Jesus Tradition. The Evidence of 1 Corinthians 2:9 and the Gospel of Thomas." in: *Paul and the Corinthians* (FS M. THRALL), hg. von T.J. BURKE und J.K. ELLIOTT (= NT.S 109). Leiden – Boston: Brill, 2003, 55–73.

TURNER, E.G.: „Roman Oxyrhynchus." in: JEA 38 (1952), 78–93 (= *Oxyrhynchus. A City and its Texts*, hg. von A.K. BOWMAN, R.A. COLES, N. GONIS, D. OBBINK, P.J. PARSONS [= EES.GRM 93]. London: The Egypt Exploration Society, 2007, 141–154).

TURNER, E.G.: „The Graeco-Roman Branch of the Egypt Exploration Society." in: *Oxyrhynchus. A City and its Texts*, hg. von A.K. BOWMAN, R.A. COLES, N. GONIS, D. OBBINK, P.J. PARSONS (= EES.GRM 93). London: Egypt Exploration Society, 2007, 17–27.

TURNER, J.D.: „NHC XIII,1: Trimorphic Protennoia." in: *Nag Hammadi Codices XI, XII, XIII*, hg. von C.W. HEDRICK (= NHS 28). Leiden – New York – København – Köln: E.J. Brill, 1990, 371–454.

TURNER, J.D.: „The Johannine Legacy: The Gospel and *Apocryphon* of John." in: *The Legacy of John. Second-Century Reception of the Fourth Gospel*, hg. von T. RASIMUS (= NT.S 132). Leiden – Boston: Brill, 2010, 105–144.

URO, R.: „‚Secondary Orality' in the Gospel of Thomas? Logion 14 as a Test Case." in *Forum* 9 (1993), 305–329 (= DERS.: „*Thomas* and Oral Gospel Tradition." in: *Thomas at the Crossroads. Essays on the Gospel of Thomas*, hg. von DEMS.

[Studies of the New Testament and its World]. Edinburgh: T&T Clark 1998, 8–32).
URO, R.: *Thomas. Seeking the Historical Context of the Gospel of Thomas.* London – New York: T&T Clark, 2003.
VAN BELLE, G.: „Repetitions and Variations in Johannine Research. A General Historical Survey." in: *Repetitions and Variations in the Fourth Gospel. Style, Text, Interpretation,* hg. von DEMS., M. LABAHN, P. MARITZ (= BETL 223). Leuven – Paris – Walpole, MA: Peeters, 2009, 33–85.
VAN DER HORST, P.W.: „‚Without God': Some Notes on a Greek Expression." in: *Myths, Martyrs, and Modernity* (FS J.N. BREMMER), hg. von J. DIJKSTRA, J. KROESEN, Y. KUIPER (= Numen Book Series 127). Leiden – Boston: Brill, 2010, 379–391.
VAN DER WATT, J.G.: „The Use of αἰώνιος in the Concept ζωὴ αἰώνιος in John's Gospel." in: NT 31 (1989), 217–228.
VAN DER WATT, J.G.: „Ethics and Ethos in the Gospel according to John." in: ZNW 97 (2006), 147–176.
VERHELST, N.: „The Johannine Use of πάλιν in John 18,40." in: *The Death of Jesus in the Fourth Gospel,* hg. von G. VAN BELLE (= BETL 200). Leuven: University Press – Peeters, 2007, 795–803.
VERHEYDEN, J.: „Origen on the Origin of 1 Cor 2,9." in: *The Corinthian Correspondence,* hg. von R. BIERINGER (= BETL 125). Leuven: University Press – Peeters, 1996, 491–511.
VERHEYDEN, J. / WITETSCHEK, S.: *Q 7:24–30. John – More than a Prophet – For and Against John,* hg. von J. VERHEYDEN und S.R. JOHNSON (Documenta Q. Reconstructions of Q Through Two Centuries of Gospel Research Excerpted, Sorted, and Evaluated) Leuven: Peeters (in Vorbereitung).
VIELHAUER, P.: „ΑΝΑΠΑΥΣΙΣ. Zum gnostischen Hintergrund des Thomasevangeliums." in: *Apophoreta* (FS E. HAENCHEN), hg. von W. ELTESTER und F.H. KETTLER (= BZNW 30). Berlin: Töpelmann, 1964, 281–299.
VIELHAUER, P.: *Geschichte der urchristlichen Literatur. Einleitung in das Neue Testament, die Apokryphen und die Apostolischen Väter* (de Gruyter Lehrbuch). Berlin – New York: Walter de Gruyter, 1975.
VOORGANG, D.: *Die Passion Jesu und Christi in der Gnosis* (= EHS.T 432). Frankfurt/M. u.a.: Peter Lang, 1991.
VOUGA, F.: „Mort et résurrection de Jésus dans la source des logia et dans l'Évangile de Thomas." in: *Coptica – Gnostica – Manichaica* (FS W.-P. FUNK), hg. von L. PAINCHAUD und P.-H. POIRIER (= BCNH.E 7). Québec: Presses de l'Université Laval; Leuven – Paris: Peeters, 2006, 1009–1024.
WAETJEN, H.C.: *The Gospel of the Beloved Disciple. A Work in Two Editions.* New York – London: T&T Clark International, 2005.
VON WAHLDE, U.C.: „The Johannine ‚Jews': A Critical Survey." in: NTS 28 (1982), 33–60.
VON WAHLDE, U.C.: „‚The Jews' in the Gospel of John. Fifteen Years of Research (1983–1998)." in: ETL 76 (2000), 30–55.
WALDSTEIN, M.: „Das Apokryphon des Johannes (NHC II,1; III,1; IV,1 und BG 2)." in: *Nag Hammadi Deutsch. 1. Band: NHC I,1–V,1,* hg. von H.-M. SCHENKE, H.-G. BETHGE, U.U. KAISER (= GCS.NF 8 – Koptisch-Gnostische Schriften II). Berlin – New York: Walter de Gruyter, 2001, 95–150.

D. Verwendete Literatur

WALLS, A. F.: „The References to Apostles in the Gospel of Thomas." in: NTS 7 (1960/61), 266–270.

WALLS, A. F.: „‚Stone‘ and ‚Wood‘ in Oxyrhynchus Papyrus 1." in: VigChr 16 (1962), 71–76.

WATSON, F.: *Gospel Writing. A Canonical Perspective.* Grand Rapids, MI – Cambridge: Eerdmans, 2013.

WAYMENT, T. A.: *The Text of the New Testament Apocrypha (100–400 CE).* London – New York: Bloomsbury T&T Clark, 2013.

WEIDEMANN, H.-U.: *Der Tod Jesu im Johannesevangelium. Die erste Abschiedsrede als Schlüsseltext für den Passions- und Osterbericht* (= BZNW 122), Berlin – New York, Walter de Gruyter, 2004.

WEIDEMANN, H.-U.: „‚Und er übergab den Geist' (Joh 19,30). Das Sterben Jesu nach Johannes." in: JAWG 2004, 165–175.

WEIDEMANN, H.-U: „Der Gekreuzigte als Quelle des Geistes." in: *The Death of Jesus in the Fourth Gospel*, hg. von G. VAN BELLE (= BETL 200), Leuven: University Press – Peeters, 2007, 567–579.

WENGST, K.: *Das Johannesevangelium. 1. Teilband: Kapitel 1–10* (= ThKNT 4,1). Stuttgart: Kohlhammer, ²2004.

WENGST, K.: *Das Johannesevangelium. 2. Teilband: Kapitel 11–21* (= ThKNT 4,2). Stuttgart: Kohlhammer, ²2007.

WILLIAMS, F. E.: „The Apocryphon of James. I,2: 1.1–16.30." in: *Nag Hammadi Codex I (The Jung Codex). Notes*, hg. von H. W. ATTRIDGE (= NHS 23). Leiden: E. J. Brill, 1985, 7–37.

WILLIAMS, P. J.: „Alleged Syriac Catchwords in the Gospel of Thomas." in: VigChr 63 (2009), 71–82.

WILSON, R. M.: „The Coptic ‚Gospel of Thomas'." in: NTS 5 (1958/59), 273–276.

WILSON, R. M.: „‚Thomas‘ and the Growth of the Gospels." in: HTR 53 (1960), 231–250.

WISSE, F.: „The ‚Opponents' in the New Testament in Light of the Nag Hammadi Writings." in: *Colloque International sur les textes de Nag Hammadi (Québec, 22–25 août 1978)*, hg. von B. BARC (= BCNH.E 1). Québec: Presses de l'Université Laval – Leuven: Peeters, 1981, 99–120.

WISSE, F.: „NHC VII,1: The Paraphrase of Shem." in: *Nag Hammadi Codex VII*, hg. von B. PEARSON (= NHC 30). Leiden – New York – Köln: E. J. Brill, 1996, 15–127.

WITETSCHEK, S.: *Ephesische Enthüllungen 1. Frühe Christen in einer antiken Großstadt. Zugleich ein Beitrag zur Frage nach den Kontexten der Johannesapokalypse* (= BToSt 6). Leuven – Paris – Dudley, MA: Peeters, 2008.

WITETSCHEK, S.: „Ein Goldstück für Caesar? Anmerkungen zu EvThom 100." in: *Apocrypha* 19 (2008), 103–122.

WITETSCHEK, S.: „Going Hungry for a Purpose: On Gos. Thom. 69.2 and a Neglected Parallel in Origen." in: JSNT 32 (2010), 379–393.

WITETSCHEK S.: „Die Stunde des Lammes? Christologie und Chronologie in Joh 19,14." in: ETL 87 (2011), 127–187.

WITETSCHEK, S.: „Quellen lebendigen Wassers. Zur Frage nach einem ‚johanneischen‘ Motiv in EvThom 13." in: ZNW 103 (2012), 254–271.

WITETSCHEK, S.: „Scheinbar im Fleisch erschienen? Zur Frage nach doketistischer Christologie in EvThom 28." in: *The Apocryphal Gospels within the Context of Early Christian Theology*, hg. von J. SCHRÖTER (= BETL 260). Leuven – Paris – Walpole, MA: Peeters, 2013, 563–573.

WITETSCHEK, S.: „What Did John Hear? The Reconstruction of Q 7:18–19 and its Implications." in: NT 56 (2014), 245–260.
WITETSCHEK, S.: „Das Evangelium des Siegers. Ein ‚imperialer' Aspekt im Johannesevangelium." in: *Christ and the Emperor. The Gospel Evidence*, hg. von G. VAN BELLE und J. VERHEYDEN (= BToSt 20). Leuven – Paris – Walpole, MA: Peeters, 2014, 315–336.
WOLTER, M.: *Das Lukasevangelium* (= HNT 5). Tübingen: Mohr Siebeck, 2008.
WOOD, J. H.: „The New Testament Gospels and the *Gospel of Thomas*: A New Direction." in: NTS 51 (2005), 579–595.
WOSCHITZ, K. M.: „Das Theologumenon ‚Den Anfang entdecken' ⲥⲱⲗⲡ ⲅⲁⲣ ⲉⲃⲟⲗ ⲛ̄ⲧⲁⲣⲭⲏ im koptischen ‚Evangelium nach Thomas'." in: *Anfänge der Theologie* (FS J. B. BAUER), hg. von N. BROX, A. FELBER, W. L. GOMBOCZ, M. KERTSCH. Graz – Wien – Köln: Styria, 1987, 139–153.
WURST, G.: „James. Introduction." in: *The Gospel of Judas. Together with the Letter of Peter to Philip, James, and a Book of Allogenes from Codex Tchacos*, hg. von R. KASSER, G. WURST, M. MEYER und F. GAUDARD. Washington, D. C.: National Geographic Society, 2007, 115–117.
ZAHN, T.: „Die jüngst gefundenen ‚Aussprüche Jesu'." in: ThLBl 18 (1897), 417–420.425–431.
ZAHN, T.: „Neue Funde aus der alten Kirche." in: NKZ 16 (1905), 94–101.165–178.249–261.415–427.
ZELYCK, L. R.: *John among the Other Gospels. The Reception of the Fourth Gospel in the Extra-Canonical Gospels* (= WUNT II 347). Tübingen: Mohr Siebeck, 2013.
ZÖCKLER, T.: *Jesu Lehren im Thomasevangelium* (= NHMS 47). Leiden – Boston – Köln: Brill, 1999.
ZÖCKLER, T.: „Light within the Human Person: A Comparison of Matthew 6:22–23 and *Gospel of Thomas* 24." in: JBL 120 (2001), 487–499.
ZUMSTEIN, J.: *L'Évangile selon Saint Jean (13–21)* (= CbNT 4b). Genève: Labor et Fides, 2007

Stellenregister

Seitenzahlen, die **fett** markiert sind, weisen auf ausführliche Behandlungen der angegebenen Stelle hin.

1. Altes Testament

Gen
1—2 371
1 206
1,1-5 428
1,1 199
1,3 444
1,26-27 475
2,22 285
2,25 298
3 303
3,10 298
4,1-16 243
4,9 243
7,20 440
22,14 253
32,21 253
40,11 270

Ex
3,14 183, 327
21,6 286
22,7-8 286
24,10 253
33,20 253

Lev
19,18 235, 239, 240, 241, 245
25,7 419

Num
20,7-11 180
21,8-9 93, 391
21,9 391
28,19 (B) 279
29,17 (B) 279

Dtn
6,5 235
6,7 369
29,3-4 274
30,12-14 116
32,10 243

Ri
13,22 253

1 Sam
1,13-15 180, 270
18—20 242
18,1 242
18,3 242
20,17 242

2 Sam
16,2 419

Tob
12,15 279

Ijob
15,2 272
19,26-27 253

Ps
1,2 369
17,8 243
22,19 456
36,9-10 177
47,13 369
63,3 253
72,17 204, 205
80,9-17 322
82 286
82,1 286

82,6 286, 288
110,3 204, 205
118,15 369
119,105 434

Spr 30
1,20-33 318
1,27 318
1,28 222, 306, 317-320
8,22-31 446
8,30 446
16,22 174
18,4 174

Hld
8,8 369

Weish
2,18 124
8,14 434
12,17 368

Sir
6,28 359
6,37 369
14,2 408
24 269, 381, 441
43,27 448
43,33 448
51,27 359

Jes
1,5 272
5,1-7 322
6,1 253
6,10 274, 432
27,2-6 322
34,4 149, 482

557

Stellenregister

35,2 253
40,3 455
42,6 434
43,10 327
49,6 231, 434
49,10 177
55,1 180
64,3 187

Jer
2,13 177
2,21 322
38,3 LXX 120
52,15 446

Bar
3 269
3,12 174

Ez
17,1-10 322
19,10-14 322
40—48 176
47 169
47,1-12 176, 177, 178
47,9 174

Dan
8 73
8,26 73
10,11 369
12,4 73
12,9-11 73

Hos
10,1 322

Joel
4,18 176, 177

Sach
14,8 176, 177, 178

2. Frühjüdische Literatur
1 Hen
1—36 351
5,8 227
42 269, 317, 319, 441

4 Esra
5,10 318
6,26 100
14,6-9 73
14,38-41 175
14,44-46 367
14,45-47 73

JosAs
8,9 231, 403

Josephus
Ant.
4,217 440
8,280 200

Ap.
1,8,38-40 367

LAB
48,1 100

Mischna
Pirque Avot 30
3,6 286

OrSib
1,81-82 100
1,82 100
3,82 149
8,233 149
8,375 200
8,413 149

Philon
Det.
62 384

Ebr.
95 270
146-153 180, 270

Leg. All.
1,41 446

Plant.
93 200

Post. Cain.

138 174

Somn.
2,78 440
2,200 270

Vit. Mos.
1,187 180

Qumran
1QM
1,3 354
1,9 354
1,11 354
1,13 354

1QS
1,9 354
2,16 354
3,13—4,26 429
3,13 354
3,20-21 426
3,24 354
3,25 354

TestJac
184b 187

Test XII 238
TestBenj
4,3 241

TestGad
5,3 408
6,1 238, 245
6,3 238, 245

TestLev
14,4 435

TestSim
4,6 241
4,7 238, 245

3. Neues Testament
Mt
1,17 279
2,9 118
3,1-6 454

558

3,4   456
3,13—4,11   123
4,3   210
4,18   80
4,21   98
5,3-12   406
5,6   270, 405
5,8   250, 252, 301, 405
5,9-11   407
5,9   123, 407
5,10   405-408, 411
5,11   405
5,14   230-231, 403, 434, 435
5,18   148
5,20   251
5,38-47   236
5,43   237
5,45   123
5,46   237
5,47   237
6,2-18   196
6,9   123
6,19-20   416-419
6,19   418
6,20   416
6,22-23   218, 227, 228, 230, 403
7,7   471
7,16-20   136, 333
7,21   251
7,24   208
9,9   164
10,1-41   326
10,2   80
10,3   83
11,7-11   455
11,7-9   453-454, 456-457
11,11-12   304
11,27   401-402
11,28-30   462
11,28-29   359
12,33-35   333
12,33   136
12,35   40, 41
12,38-42   464
13   136, 137
13,32   141
13,35   69

13,44-59   136
13,44   136
13,45   416
13,45-46   136, 137, 139, 141, 416
13,47-50   135-138
13,47-48   139-140, 141, 145, 147
13,47   144
13,48   141
13,49-50   135-136
13,55   83
14,12   377, 378
15,13   321-322
15,14   275
16,1-4   464
16,1-3   463
16,2-3   469
16,13-23   163
16,13-20   162, 163, 166
16,16   80, 302
16,17-18   163
16,17   183
16,28   100
17,1   98, 182
18,3   251, 297
18,13   272
18,20   279, 284-285, 287
19,12   249
19,23-24   251
19,30   128
20,16   128
21,12   414
21,31   251
22,30   361
22,37-39   235, 236
22,39   240
23,16-17   275
23,24   275
23,26   275
24,3   197
24,28   377, 378
24,30-31   362
24,40   396
25,31-46   136
26,37   98, 182
26,61   412, 414
26,63   302
26,75   166

27,16-17   83
28,1-10   490
28,8-10   489
28,20   285

Mk
1,2-6   454
1,2   164
1,6   456
1,19   98
3,18   83
4,10-11   73
4,32   141
5,37   182
6,3   83
6,7-11   326
6,28   377
7,13   69
8,11-12   463, 464
8,27-29   162, 163, 166
8,29   164
9,1   100, 101, 103
9,2   98, 182
9,4   257
10,13-16   128
10,30   408
10,31   128
10,37-40   361
12,1-9   322
12,13-17   464
12,24-27   85
12,24   85
12,25   85, 361
12,27   85
12,29-31   235, 236, 245
12,29-30   245
12,31   240
13,3-4   197
13,3   182
13,21   112
13,30   148
14,33   98, 182
14,58   412, 414
14,72   166
15,43   378
15,45   377, 378
16,1-8   86, 489-490
16,7   489

Stellenregister

Lk
1,2 69
1,11 257
1,52 413
2,26 103, 484
2,32 451
3,1-6 454
4,3 210
5,1-11 143
5,6 143-145
5,10 98
6,13 354
6,15 83
6,15 (D) 81
6,20-22 406
6,21 405
6,27-35 236
6,32 237
6,35 123
6,39 275
6,40 168
6,43-45 136, 333
6,45 40, 41
7,3 332
7,24-28 455
7,24-26 453-454
8,2-3 215
8,3 215
8,51 182
9,18-21 162, 163, 166
9,27 100
9,28 98, 182
9,44-45 73
10,1-16 326
10,22 401-402
10,27 235, 240
11,9 471
11,16 464
11,27-28 48
11,29-32 464
11,34-36 218, 227, 228, 230, 403
12,18 413
12,33 416-417
12,54-56 469
12,56 463
13,6-9 322
13,19 141
13,21 141

13,30 128
15,4 141
15,7 114
15,10 114
16,8 354
16,17 148
17,20-21 112, 358
17,21 111, 117
17,34 396-397
17,37 378
18,34 63
20,35 361
21,7 197
22,43 257
22,62 166
23,3 332
23,37-38 332
23,51 332
24,1-12 490
24,5 76, 77
24,12 489
24,13-35 143
24,34 68
24,39-43 86
24,39 189, 191
24,44 369

Q 27, 29, 32, 164
6,21 405
6,32 237
6,39 275
6,43-45 136, 333
6,45 41
7,24-28 455, 457
7,24-26 453-457
7,26 456
7,33-34 456
10,2-16 326
10,22 401-402
10,23 187
11,9-10 312
11,9 471
11,16 463
11,29 463
11,34-35 218, 227, 230, 403
12,33 416, 418-419
12,54-56 469
13,30 128

17,34 396
22,30 361

Joh
1—21 145
1—20 74, 166, 167, 300, 505
1—12 229, 300, 330, 338, 433, 434
1 429
1,1-18 427
1,1-14 441
1,1-4 259
1,1-2 198, 251
1,1 96, 199, 204, 496
1,2 259
1,3-4 258
1,3 259, 425, 445, 446, 501
1,4-5 299, 427, 497, 501
1,4 121, 122
1,5-10 229
1,5 230, 231, 259, 423, **427-428**, 432, 441
1,6-8 429, 430
1,6 259
1,7-8 427
1,9-11 441
1,9-10 230, 256, 259, 380, 425, 427
1,9 230, 258, 264, 423, 430, 443, 497, 501
1,10-12 259
1,10-11 269, 381, 429, 441
1,10 230, 256, 259, 264, 380-382, 427, 429, 438, 441, 497, 500, 501, 502, 503
1,11 230, 331, 429, 441
1,12-13 429
1,12 123, 151, 441
1,13 259
1,14-18 260
1,14 103, 156, 204, 252, 257, 258-260, 261, 263, 264, 266, 299, 409, 441, 497
1,15 258, 262

Stellenregister

1,16   258, 441
1,17   401
1,18   13, 92, 96, 251, 252, 302, 303, 307, 333, 409, 441, 480
1,19-28   429
1,19   328-329
1,22   329
1,26   255-256
1,27   262
1,28   455
1,29   380
1,34   300
1,41   329
1,45   370, 371, 500
1,49   98, 300
2,10   270
2,11   151
2,13-22   176, 412
2,15   414
2,18-22   413
2,19   412-415, 501
2,21-22   260
2,21   176, 413, 414
2,22   97, 370
2,23-24   74
2,23   151
3   130, 439
3,1-21   452
3,3-5   297
3,3   103, 251, 497
3,4   131
3,5   103, 251, 339
3,6   152, 259
3,8   411
3,12   439
3,13   354, 439
3,14-16   121, 388
3,14-15   93
3,14   154, 391
3,15-18   151
3,15-16   131, 388, 500
3,15   129, 151, 154
3,16-17   380, 438
3,16   129, 237, 382, 409
3,17   256, 300
3,18   409
3,19-21   229, 429, 431, 433, 439, 452

3,19   231, 273-274, 380, 429
3,20   429
3,21   429, 439, 458
3,22   439
3,23   455
3,27-30   439
3,31-36   439, 452
3,31   262, 439-440, 452, 501
3,35-36   300-301
3,35   252, 400, 401, 501
3,36   129, 131, 151, 154, 251, 388, 420, 497, 500
4   431
4,1-42   172
4,7-26   174
4,10-14   172-174, 175, 176, 179-180
4,10-11   128
4,10   173, 495, 502
4,13-15   497
4,13-14   270
4,14   105, 121, 151, 152, 162, 173, 179, 495, 502, 502
4,21   252
4,23-24   410, 458
4,23   252, 362, 501
4,32   419
4,39   151
4,42   380
4,48   74
4,50-51   128
4,53   128
5–10   260, 327, 333, 335-336, 463, 467, 470, 499, 512
5,2-10   250
5,2-9   250
5,10   331
5,15   331
5,17-30   398
5,17   369
5,16   331
5,18   331, 399-400
5,19-30   152
5,19-26   300

5,19-23   252
5,19-20   401
5,21-29   363
5,22   400
5,24-47   376
5,24-26   121, 360
5,24-25   129, 362, 364, 494, 500
5,24   104, 128, 129, 131, 151, 307, 361, 362-364, 388
5,25   128, 362-363, 365
5,26-29   78
5,26   121-122, 123, 252, 302, 374, 375, 388, 400, 484, 493, 499, 500
5,27-29   121
5,27   376, 400, 500
5,28-29   129, 364
5,28   362, 363
5,29   365
5,33-35   429
5,35   429
5,36-37   252
5,36   400
5,38   210, 419-420
5,39-47   370
5,39-40   121, 129, 362, 374-376, 500
5,39   131, 151, 333, 369, 370, 371, 374, 375, 376, 388, 500
5,40   374, 275, 388, 500
5,45-47   333
5,45-46   371
5,45   252
5,46   369, 370, 371, 375-376, 500
6   121, 154, 431, 467
6,14   256, 262, 380
6,27   121, 252, 416-420, 501
6,29   151, 418, 466
6,30   463, 464-468, 469, 470, 502
6,32-58   156
6,32   156
6,33-35   121

Stellenregister

6,33   129, 362, 380
6,35   151, 173, 175, 270, 300, 435-437, 484, 497
6,37   252, 400
6,39   400
6,40   121, 129, 131, 151, 154, 300, 301, 388, 499, 500
6,42   129, 260
6,44-46   252
6,44   118, 120, 157, 491, 493, 503
6,45   371
6,46   250, 251, 482, 497
6,47-51   121
6,47   129, 131, 151, 154, 362, 388, 500
6,51-58   156, 259, 260
6,51   105, 128, 151, 156, 157, 159, 380, 435, 484, 493, 495
6,53-54   121, 129, 156, 159, 362, 388, 495, 500
6,53   157, 388
6,54   129, 131, 151, 388
6,55   418, 419
6,56   210
6,57-58   128
6,57   78, 121-122, 252, 302, 354, 374, 375, 483, 484, 493, 494, 499, 500, 503
6,58   105, 151
6,63   121, 129, 152, 259, 362, 493
6,64   199
6,65   252
6,66-71   162
6,68-69   88, 165, 166
6,68   121, 129, 131, 151, 362
6,69   469
6,70   354
6,71   94
7   174, 221, 430, 431
7,1   331
7,4   256, 380

7,5   151
7,7   215, 380, 438, 496
7,11   331
7,13   331
7,14   430
7,15   430
7,20   430
7,22-23   250
7,22   482
7,25-29   199
7,25   430
7,28-29   174, 312
7,30-32   312
7,30   316
7,31   151
7,32   316
7,33-36   320
7,33-34   13, 174, 222, 224-225, 310-312, 315, 316-320, 353, 355, 390-391, 392, 431, 500, 506
7,33   312, 315, 316, 317, 338, 430
7,34   221-222, 304, 306, 311-312, 314, 317-318, 499
7,35   313, 331, 430
7,36   316
7,37—10,21   430
7,37-39   162, 172, 173, 174-177, 178, 180, 479, 495
7,37-38   41, 172, 174, **175-177**, 178, 180, 181, 270, 312, 430, 478, 479, 502
7,37   178, 181, 256, 497
7,38   41, 128, 151, 175, 176
7,39   41, 151, 174, 176, 180, 181, 307, 317, 479
7,40   430
7,45-52   430
7,46   430
7,48   151
7,53—8,11   430
8—12   431, 432

8—10   435
8   107, 199, 209, 210, 221, 334, 339-340, 431, 460, 467
8,12-59   331, 335, 339, 398
8,12-20   339
8,12   121, 129, 173, 228, 229, 230, 231, 299, 353, 362, 380, 403, 423, 425-427, **430-431**, 434-438, 443, 497, 501
8,13   431
8,14   199, 334, 338-339, 341, 353, 355, 499, 499
8,15   259
8,16   252
8,18   252
8,19   199, 314, 334
8,20   312, 314
8,21-29   435
8,21-22   338
8,21   13, 221-222, 224-225, 310-312, 314-315, 316-317, 319-320, 327, 353, 355, 390-391, 392, 499, 500, 506
8,22   313, 316, 327, 331
8,23   11, 338-339, 380, 398, 399, 500, 502, 503
8,24   327
8,25-26   327
8,25   197, 199, 327-329, 334, 336, 464-468, 470, 499, 502
8,26   380
8,27-28   252
8,27   334
8,28-29   467
8,28   327
8,30-31   332
8,30   151, 209, 331, 467
8,31-32   208-211, 213, 458, 460, 461, 496
8,31   208-210, 212, 467

Stellenregister

8,32   209, 458, 460, 502
8,33-36   209, 458
8,34   209, 460
8,35-36   300
8,35   105, 151
8,36   209
8,39   339
8,40-47   409
8,41   339
8,42-47   334
8,42   261, 338, 353, 398
8,43   307-308, 461
8,44   199, 224, 308, 458
8,47   399, 404, 501
8,48   331
8,51-52   58, 70, 71, 99-107, 109, 152, 212, 507
8,51   56, 70, 71, 99, 102, 103, 105, 107, 109, 151, 362, 484-485, 503
8,52   71, 99, 101, 102, 103, 105, 107, 151, 331, 484-485, 493, 496, 502
8,52 (D)   104-105
8,53   105, 374
8,57   331
8,58   204, 327
8,59   183-185, 210, 467, 495
9,1-41   435
9,1-41   431
9,1-7   250, 273, 431
9,2-3   274
9,2   274
9,4-5   391, 431, 433, 500
9,4   433
9,5   229, 230, 380, 425-426, 443, 501
9,8-34   273
9,18   331
9,22   331
9,24-34   273
9,27   208
9,35-38   469
9,35   151, 467, 469

9,36   151, 464-468, 469-470, 502
9,38   467
9,39-41   273-274, 498
9,39   273-274, 380
9,41   273, 420
10,7   436-437, 449
10,8-10   224
10,9   435-437, 449
10,10   121, 129, 362, 388, 491, 500, 503
10,12   103
10,14-15   435-437
10,15   409, 501
10,17-18   313
10,17   252
10,19-42   335
10,19-21   435
10,22-30   330
10,22   430
10,24,39   398
10,24-25   336, 499
10,24   331
10,25   329-330
10,28   105, 121, 151, 152
10,29   400
10,30   252
10,31-32   183-184
10,31   183-185, 331, 495
10,32   252
10,33-36   287-288
10,33   260, 331
10,34-36   498
10,35-36   288
10,35   287, 289
10,36   252, 256, 300, 380
10,38   252, 411
10,42   151
11   104
11,7   90
11,8   89, 90, 331
11,9-10   89, 227, 274, 391, 403-404, 431, 433, 500, 501
11,9   228, 380, 425
11,10   228
11,14   89, 90
11,15   89

11,16   45, 80, 84, 85, 88, **89-90**, 93, 108, 167, 493, 495
11,17   90
11,24   129, 365
11,25-26   78, 104, 128, 129, 150-154, 159, 435-437, 495, 507
11,25   90, 121, 128, 152, 153, 364, 365, 484
11,26   105, 151-154
11,27   256, 262, 300, 380
11,33   273
11,37   411
11,40   251, 497
11,45   151, 331
11,48   151
11,49-52   313
11,52   123
11,54   331
12   432
12,5   401, 510
12,11   151
12,16   370
12,19   103, 380
12,20-33   313
12,20-21   251
12,21   299-300, 499
12,24-26   90
12,25   121, 380
12,26   218, 252
12,27   273
12,31   256, 380, 381
12,32-33   260
12,32   120, 491, 493, 503
12,34-36   435
12,34   105, 151, 431
12,35-36   228, 229, 425, 431
12,35   231, 316, 428, 432
12,36   151, 229, 354, 355, 403-404, 432, 500, 501
12,37-43   432
12,37   74, 151
12,38   371
12,39-40   274
12,39   461
12,40   273, 274, 432

563

Stellenregister

12,42   151
12,44-50   432, 435
12,44   151
12,46-47   380
12,46   151, 228, 229, 261, 425, 431, 433, 434, 497, 501
12,49-50   252
12,49   400
12,50   121, 129, 151, 362
13   432
13,1   252, 380
13,3   252, 338, 353, 355, 398, 400, 499
13,4-17   338
13,8   105, 151, 152
13,18   354
13,21   273
13,23-26   182
13,24   165, 166
13,31—14,31   90, 353
13,33   13, 221-223, 224-225, 310-312, 314-315, 316-317, 319-320, 331, 338, 353, 392, 499, 500, 506
13,34-35   223, 233, 236, 239
13,34   236, 237, 245
13,35   233
13,36   165, 196, 218, 220, 222, 225, 233, 320, 338, 497
13,37   90, 165
13,38   165
14—17   420, 432, 463
14—16   97, 218, 327
14   91, 92, 233
14,1   13, 151, 194, 222, 223
14,2-7   128, 494
14,2-3   131, 340, 364, 392
14,2 (sy)   131, 218, 408
14,3-6   220
14,3-4   91
14,3   224
14,4-6   197, 218, 296
14,4-5   225, 338, 497

14,5-11   233
14,5-6   84
14,5   45, 85, 88, **90-92**, 93, 167, 223, 225, 233, 315, 493, 495
14,5 (D)   81
14,6-7   92
14,6   91, 121, 223, 250, 252, 410, 435-437, 484
14,7-18   296
14,7-9   250, 251, 252, 302, 303, 497
14,7   91, 223, 251, 409, 501
14,8-13   252
14,8   88, 91, 223, 224, 225, 497
14,9-10   91
14,9   223, 251, 433
14,10-11   250
14,10   91
14,12   151, 223, 382
14,13   300
14,15-21   306
14,15   233
14,16-17   295, 479
14,16   105, 151, 252
14,17   210, 380
14,18   287
14,19-21   295-296, 392, 500
14,19   78, 128, 295, 296, 299, 300, 303, 316, 380, 484, 493, 498, 503
14,20   479
14,21-22   295, 498
14,21   233
14,22-24   202
14,22-23   296
14,22   88, 91, 92, 233, 380, 493
14,22 (sy)   88, **92-93**, 493
14,23-24   233
14,23   233, 287
14,24   252
14,25-26   175, 223, 233, 432

14,26   222, 252
14,27   194, 380, 408
14,28   223, 252, 338
14,30   380
14,31   252, 380
15,1-6   321-323, 499
15,1-2   322, 436-437
15,1   323
15,2   323
15,4-7   210
15,5-6   321
15,5   210
15,7   210, 212
15,9-17   223, 233
15,9   237, 252
15,12   236, 237, 239
15,14   212
15,15   162, 168, 495
15,16   223, 252, 354, 420
15,17   236
15,18-20   306
15,18-19   216, 236, 380, 438, 496, 500, 502, 503
15,19   340, 354, 399
15,26   252
15,27   198
16   296, 472, 473
16,2-3   471
16,3   252, 409, 501
16,4-5   471, 502
16,5   197, 218, 225, 338, 471, 497
16,6   194, 408
16,7   223, 409
16,8-15   223
16,8-11   380, 438
16,9   151
16,10   252, 338, 391
16,12-15   175, 223, 233, 295, 306, 432
16,12-13   471, 502
16,13-15   479
16,13   471
16,14   400
16,16-28   296
16,16-24   364
16,16-22   295-297, 300, 303, 392, 498, 500

564

Stellenregister

16,16-18   197, 218, 316
16,16   251, 391, 472
16,17-19   300
16,17   252
16,19   310
16,20-22   295, 300
16,20   380
16,21   380
16,22   194, 224, 408, 472
16,23-30   472
16,23   252, 471-472, 502
16,25-28   252
16,27-30   398
16,27   338, 353
16,28   197, 218, 225, 256, 338, 353, 355, 380, 497, 499
16,30   338, 353
16,32   252, 287
16,33   216, 236, 380, 381, 438, 496, 500, 502, 503
17   126, 133-134, 159, 381, 382, 400
17,1   300-301
17,2-3   129, 151, 362
17,2   121, 223, 400
17,3   121, 130, 216, 388, 409, 484
17,4   400
17,5   380
17,6-8   251
17,6   340, 380, 400
17,7   400, 501
17,8   338, 353, 355, 398, 400, 410, 469, 499, 501
17,9   340, 380, 400
17,11-12   400
17,11   126, 133-134, 380, 494
17,13   338, 353, 355, 380, 499
17,14-18   380, 500, 502, 503
17,14   21, 340, 380, 399, 496
17,15   381
17,16   340, 399
17,18   381
17,19   458
17,20-23   380
17,20   151, 382, 432
17,21-23   126, 382
17,21-22   134, 494
17,22   133-134, 400
17,23   134
17,24   218, 380, 400
17,25   380, 382, 500, 502, 503
18—19   313
18,9   400
18,10-11   165
18,11   252, 400
18,12   331
18,14   331
18,15-18   165
18,20-21   432
18,20   256, 331, 353, 380
18,25-27   165
18,27   166
18,28   510
18,31   331
18,36   380
18,37   256, 380, 409, 458, 501
18,38   331, 461
19,7   331
19,9   353
19,12   331, 510
19,14   331
19,15   510
19,21   331
19,23   456
19,31   331
19,34-35   260
19,34   176, 260
19,35   84, 99, 183
19,36   41
19,38   331
20   68, 83, 88, 95, 97, 98, 296
20,1-18   103, 215, 489-490, 492, 503
20,3-10   166, 489-490
20,4   165
20,6-10   165
20,9   370
20,11-23   95
20,11-18   95
20,15   222
20,17   95, 121, 123, 191, 239, 252, 296, 494
20,18   95, 96, 299, 489, 490
20,19-23   95, 98
20,19   95, 331
20,20   86, 95
20,21   252
20,23   95
20,24-29   13, 45, 68, 83-84, 85, **93-98**, 167, 191, 260, 493, 495
20,24   80, 94, 95, 108
20,25   94, 95, 96, 299
20,26-29   98
20,27-29   296
20,27   86, 96
20,28   93, 168, 480
20,29   13, 93, 96, 97, 98, 295, 299, 432
20,30-31   74, 88
20,30   74, 76
20,31   96, 121, 129, 151, 154, 300, 329, 362, 388, 432, 482, 491, 500, 503
21   145-146, 166, 508
21,1-14   143
21,2-14   98
21,2   80, 84, **98**, 108, 493
21,6   143-144
21,7-10   143
21,9-10   143
21,11   143-147, 494, 507
21,12   328-329
21,15-23   98, 143
21,15-19   146, 166
21,20-23   146
21,21-23   392
21,23   103
21,24   84, 99, 183
21,25   74, 76, 380

Apg
1,2   354

565

Stellenregister

1,3	76	
1,13	83	
3,16	368	
6,14	69, 412, 414	
9,17	68	
9,23	332-333	
13,9	65, 66	
13,31	68	
13,45	332	
13,50	332-333	
14,4	332	
14,5	333	
14,19	332-333	
16,9	257	
16,19	118	
17,5	332-333	
17,13	333	
17,27	189	
18,12	332-333	
18,19	332	
18,14	332	
18,24	333	
18,25	173	
18,28	333	
20,3	332	
20,19	332-333	
21,11	332-333	
21,30	119	
21,39	333	
22,3	333	
22,6	368	
22,30	332	
23,12	332-333	
23,20	332-333	
23,27	332-333	
24,9	332	
24,27	332	
25,9	332	
25,10	332	
25,24	333	
26,2	332	
26,4	332-333	
26,7	332	
26,13	368	
26,16	68	
26,21	332-333	
28,19	332	

Röm
1,3 266
1,17 154
5,2 201
5,17-18 154
5,21 154
6,1-11 360-362
6,4 154
6,10-13 154
6,21 197
6,23 154
8,2 154
8,3 265
8,6 154
8,10 154
8,13 154
8,14-17 123
8,19 123
8,28-30 475
10,6-8 116
11,36 448
12,11 173
13,14 475

1 Kor
2 187
2,7 63, 73
2,9 187-189, 191
2,10-13 73
4,1 73
6,9-10 251
7,8 285
7,10 187
7,12 187
7,31 324
8,1 459
8,6 445, 446, 447
10,4 180
11,2 69
11,10 286
11,23 69
15 85
15,1 201
15,3 69
15,5-8 68
15,5 257
15,35-57 85
15,35 85
15,50 251
15,51-52 103, 104, 307, 362

2 Kor
1,24 201, 482
3,5 482
4,4 275
5,17 360
6,14 426
6,16-18 115, 148, 248, 284, 482
10,4 413

Gal
2,20 475
3,26 124
3,27 475
4,22 124
5,21 251

Eph
1,4 354
2,1-5 363
2,4-6 360, 361
2,6 361-362
2,12 281
2,18 413
3,9 63
4,1-16 133
4,7-10 353-354
4,7 133
4,11-13 133
4,11 133
4,13 125-126, 133
4,14 133
5,8-14 426
5,8 354, 444

Phil
2,6-11 207, 269
2,6-7 400
2,15 227
3,10 475
3,21 475
4,11 482
4,17 482

Kol
1,12 156, 158

1,15-20 207, 269
1,15-16 445
1,16 446, 447
1,18 199
1,26 63
2,12-13 360, 361
2,13 363
3,11 448

1 Thess
4,15-17 103, 104, 150
4,16-17 307, 362
5,5 354, 426

2 Thess
3,9 482

Pastoralbriefe 43-44
1 Tim
2,4 458
3,16 68, 264-265, 268, 269
4,3 458

2 Tim
2,14 361
2,18 356, 361, 365
2,25 458-459
3,7 458-459

Tit 238
1,1 458

Hebr
1,1-3 269
1,1-2 369
1,5 116
1,7 116
1,8-12 115-116, 148, 248, 284, 482
1,8 116
1,12 149
2,9 100
2,10 124
2,11 396
2,11-13 188
2,12-13 116
2,13 116
3,11—4,11 359

4,11 359
6,4 459
7,23 78
7,25 78
7,27 78
9,28 68
10,5-9 188
10,26 459
11 384
11,5 103, 484
11,37-38 383-384, 385, 500, 502, 503
12,4-11 124
12,14 252
12,18 189

Jak
2,15 236

1 Petr
1,10 369
3,14 406
3,18 266

2 Petr
2,21 69

1-3 Joh 260, 420

1 Joh 159, 210, 411
1,1-4 190-195
1,1-2 129
1,1 188-195, 198, 495, 496
1,2-3 252
1,2 78, 192, 193, 194, 484
1,3 190, 192, 193, 194
1,5 231, 174, 433
1,6-7 156
1,6 458
1,7 158-159, 228, 274, 495
2,1-2 249
2,1 252
2,2 237, 380
2,5 120
2,6 210
2,7 198
2,8 231, 274, 324

2,9-11 156, 158, 236, 274, 433
2,9-10 159, 228, 235, 495
2,10 158, 236, 244, 497
2,11 274
2,13-14 409, 501
2,14-16 252
2,14 210
2,15-17 380, 383, 500, 502
2,15 249, 497
2,17 151, 324, 383
2,18-19 262
2,21 458
2,22-24 252
2,24 198, 210
2,27-28 210
2,27 420
2,28 298
3,1-2 475
3,1 123, 252, 380, 382
3,2 123, 252, 301, 302, 499
3,6 210, 299
3,10 123, 236, 244, 399, 497
3,11-12 243
3,11 198, 236
3,13 216, 249, 380, 496
3,14 129, 236, 244, 363, 497
3,15 388, 419, 420
3,17 380, 420
3,18-19 458
3,19-21 194, 408-409
3,19 120, 458
3,20 408
3,23 236, 245
3,24 120, 210
4,1-4 380
4,1-3 262, 497
4,2 193, 257, 258, 261, 263
4,4-6 399, 404, 501
4,4 399
4,5 380, 399, 500, 502, 503
4,6 399
4,7 236

567

Stellenregister

4,9 380, 409
4,11-12 236
4,12-16 210
4,12 210, 251, 302, 303
4,13 120
4,14 249, 252, 380
4,16 210, 469
4,17 380
4,20-21 236, 243, 497
4,21 238-239, 245
5,2 123
5,4-5 249, 380, 500, 502, 503
5,5-10 289
5,6-11 289
5,6-8 176
5,6 261, 289
5,7-8 287-288, 289, 498
5,7 289
5,10 151
5,11-13 129
5,12 388, 491, 500, 503
5,13 151, 388, 500
5,19 249, 380, 399, 404, 501
5,20 129

2 Joh
1-4 410
1 458, 460, 461, 502
2 151, 419, 420
3-4 252
4 458
5-6 198
5 236
7-11 460, 470
7 257, 258, 261-262, 263, 380, 497
9 252
10-11 237

3 Joh
3-4 458
11 250, 252, 497

Jud
1 83
3 69

Offb 401
1,4 206
1,8 199
1,17-19 77
1,17-18 76, 78
3,14 199, 207
3,17 275
3,18 275
3,20 287
3,21 361
6,14 149, 482
7,17 177
11,8 377
11,9 377
12,1 257
12,3 257
14,13 359
16,11 272
20,4-6 359, 362
20,5 200
20,11-15 359, 362
21,1—22,5 359-360
21,6 177-178, 199
22,1-2 177
22,1 178
22,2 211
22,13 199
22,17 177-178, 181

4. Christliche Apokryphen und Gnostisches

1 ApcJac (NHC V,3)
24,14-16 346
32,29—34,20 346-352
34,17-18 337

1 ApcJac (CT 2)
10,3-5 346
19,22—21,20 346-352
21,17-18 337

1-2 Jeû 352

2 Jeû
50 212

ActJoh
98 309-310, 472-473

ActPetr
39 188

ActThom 64, 65, 81-82, 88, 474, 509
1 65-66, 79, 82
2 65, 79
10 64, 93
11 79, 82
27 212
31 82
39 63, 69, 82
47 182, 183
81 93
167 93

AJ (NHC II,1) 267, 423, 440
1,1-4 72-73
1,11 219
2,12-15 450
30,12—31,25 423
30,32—31,4 267
30,32—31,1 442
30,33-34 423, 443
31,3-4 258
31,26-32 72
31,37—32,1 74

AJ (NHC IV,1) 267, 423, 440
47,23—48,5 267

Allogenes (NHC XI,3) 74

ApcAd (NHC V,5) 73-74

ApcEl 185

AscIs 185

Bronte (NHC VI,2)
13,15-32 450
14,26-32 450
15,25-30 450
16,9-33 450
18,20-28 450
18,33—19,27 450

Stellenregister

Dial (NHC III,5) 472, 491
120,2-8 360
144,16 490

EpJac (NHC I,2) 472
1,8-28 74, 75
1,23-25 182
2,7-39 296
2,19-26 218-219
2,24-26 219
2,25-26 219

EV (NHC I,3)
16,31-35 410-411
16,33 410
18,6-11 410
18,15-21 72
22,12-29 271
22,13-15 411
23,18 410
24,12-21 72
24,28-31 410
30,14-16 411
30,25-31 193
31,2-13 258
42,26-28 411

EvÄg (NHC III,2/ IV,2) 73

EvJud (CT 3)
33,1-2 73
35,21-25 182

EvMar (BG 1) 491
10—17 490
10,1-6 489, 490
10,4-6 182
10,7 72
10,9—17,9 488
17,10-15 488
17,15-22 488-490

EvPhil (NHC II,3)
52,15-19 153
57,3-8 157
57,28—58,10 258
57,28-35 267

59,6-11 491
61,20-35 475-476
62,16-17 170
63,30—64,9 491
64,9-12 204-206
67,27-30 212
69,14—70,4 351
73,1-8 360
73,16 212
77,2-6 157
73,19-27 156
77,15-31 459
77,17-19 460
Subscriptio 26

EvThom
Prol.—7 19, 21
Prol.—1 **56-109**
Prol. 20, 34, 45, 55, 56, 57-58, 71, **72-99**, 108-109, 128, 151, 155, 166, 255, 302, 307, 325, 362, 373, 374, 388, 389, 469, 474, 477, 484, 486, 493
1—2 29,
1 34, 55, 56-59, 68, 71, 72, 75, 77, **99-107**, 109, 150, 151, 201, 212, 213, 362, 482, 493, 507
2—5 127
2 34, 71, 127, 221, 320, 356-357, 471, 472, 485
3 20, 26, 29, 31, 34, 35, 77, **110-124**, 127, 128, 131, 148, 150, 155, 248, 284, 302, 351, 354-355, 358, 373, 388, 389, 447, 482, 483, 485, 486, 491, 493-494
3,1-3 115, 116
3,1-2 115, 117
3,1 113, 115, 117-120, 124
3,2 111

3,3-5 115, 117, 117-120
3,3 55, 111, 116-117
3,4-5 116
3,4 55, 111, 115, 116, 120-124
3,5 115
4 20, 26, 27, 34, 113, 122, 123, **125-134**, 145, 150, 220, 221, 337, 362, 388, 418, 482, 491-492, 494, 506
4,1 55, **128-131**, 134
4,2 55, 128, **132-134**,
5 28, 31, 127, 255, 357, 511
6 28, 31, 32, 34, 77, 196, 197, 217, 325, 357-358, 367, 370, 457, 464, 512
7 140, 157
8 34, 55, 57, **135-147**, 217, 325, 387, 494, 507
9 137
10 34, 383
11 26, 34, 106, 131, **148-160**, 362, 481, 482, 484, 495, 508, 512
11,1-2 149, 150
11,1 148-149, 150, 159, 324, 482
11,2-4 148-149, 150, 159
11,2 55, 148, 149, **150-154**, 159-160, 482, 507
11,3-4 148, 149
11,3 27, 55, 149, 150, **154-159**, 160, 507
11,4 150, 159
12 32, 34, 39, 46, 77, 196, 464
13 32, 34, 35, 45, 68, 76, 77, 81, 83, 84, 99, **161-186**, 269, 464, 474-475, 477, 478-480, 495, 506
13,1-4 **162-168**
13,4 167

569

Stellenregister

13,5   55, 162, **168-182**, 269, 474, 478
13,6-8   **182-185**
13,6   29, 73, 167, 182
13,7-8   165
13,8   55, 182, 185-186, 210, 507
14   32, 183, 334
14,1-3   370
15   34, 123, 257, 447
16   132, 145, 201, 337, 383, 413
17—19   190
17—18   190
17   34, 55, **187-195**, 495
18   28, 34, 55, 77, 101, 131, 190, 192, **196-202**, 203, 357, 367, 464, 484, 495-496
18,3   199-201, 203
19   28, 34, 101, 131, 190, 200, **203-213**, 458, 484, 496
19,1   **203-208**, 212
19,2-4   203
19,2   55, 204, **208-211**, 212-213
19,3-4   **211-212**
19,3   212
19,4   55, 212
20—35   190
20   77, 113, 114, 137, 140-142, 145, 147, 196, 232, 464
21   34, 77, 106, 123, 196, **214-216**, 464, 488, 496-497
21,3   215
21,4   215
21,6   55, 215-216, 383
22   68, 77, 114, 132, 145, 196, 297, 337, 413, 464
22,5   132
23   25, 76, 132, 145, 217, 337, 403
24   21, 31, 34, 45, 57, 77, 196, 197, **217-234**, 235, 276, 294, 306, 325, 326, 357-358, 367, 383, 403, 462-464, 497, 507, 508, 512
24,1   55, 217, **218-225**, 231, 232, 234, 507
24,2   217, 231
24,3   55, 217, 218, **225-231**, 232, 233, 402-403, 404, 437, 438
25   34, **235-245**, 497
25,1   55, **235-242**, 243
25,2   235, **242-243**,
26—33   18
27   26, 32, 111-112, 113, 114, 115, 122, 215, **246-253**, 273, 277, 284, 370, 383, 385, 447, 482, 497, 506
27,1   55, 248, **249-250**, 253
27,2   55, **250-253**,
28—31   257
28   11, 34, 55, 106, 181, 193, **254-276**, 383, 497-498, 510
28,1-2   255
28,1   **255-269**,
28,2-4   256
28,2   **269-272**,
28,3   255, 257, **272-276**,
28,4   254, 255, 264, 269
29   34, 257
30   30, 34, 145, 218, 249, 257, **277-291**, 394, 482, 498
30,1-2   284, 290-291
30,1   55, **278-283**, 284, **285-289**,
30,2   278, **283**, 284, 285, 287
31   39
32   40
33   219, 227, 423
35   395
36—39   22
36   22
37   22, 23, 26, 34, 77-78, 122, 123, 131, 155, 196, 217, 273, 276, **292-303**, 306, 343, 357-358, 367, 373, 389-390, 391, 464, 483, 498-499, 507, 508
37,1   55, **294-297**, 303, 507
37,2-3   297, 298, 300, 302-303
37,2   292-293, **297-298**,
37,3   55, 293, **299-302**, 303
38—48   305
38—39   22
38   34, 106, 221, 222, 224-225, **304-320**, 327, 401, 431, 473, 499, 506
38,1   304, 305, **307-310**,
38,2   46, 55, 304, 305, **310-319**,
39   40, 335, 370
40   34, 55, 122, **321-323**, 447, 499
41   137
42—43   36, **324-336**, 397, 462, 465, 512
42   32, 33, 34, 324, 325, 326, 330, 335, 499
43   33, 34, 57, 77, 196, 217, 294, 328-329, 331, 333-336, 357, 367, 462, 463, 464, 499, 507
43,1-2   55, **326-330**,
43,1   325, 334
43,2   325, 329-330, 334
43,3   55, 328, **330-335**,
44   34, 106, 122, 447
45   40, 333
45,3   40
46   31, 46, 371, 455, 457
46,2   481
48   31
49-54   342
49-53   343

Stellenregister

49—50 353
49 28, 34, 55, 113, 114, 132, 145, **337-341**, 343, 352, 353, 499, 512
49,2 337, 338
50—53 247, **342-344**, 357, 366
50—51 357
50 28, 34, 55, 77, 122, 131, 155, 183, 233, 337, 340, 341, **342-355**, 357, 358, 366, 373, 389, 447, 483, 499-500, 512
51—61,1 366
51—53 57, 217, 247, 325, 342-343, 366, 463
51 28, 34, 55, 77, 196, 294, 302, 342-343, **356-365**, 366, 383, 464, 500
51,1 356-357
51,2 364
52 34, 55, 77-78, 122, 131, 155, 196, 219, 302, 342-343, 357, **366-376**, 389-390, 464, 483, 500, 507
52,1 **367-371**
52,2 **371-375**, 376
53 34, 77, 196, 335, 342-343, 366, 370, 457, 464
54 113, 114, 343
55 31, 34
56 31, 32, 34, 35, 55, 149, 215, 249, 257, **377-385**, 438, 481, 485, 500
56,1 377
56,2 377
57 113, 114, 122, 137, 140, 447
58 55, 122, 131, **386-388**, 482, 500
59 34, 55, 77-78, 122, 131, 155, 273, 276, 302, 373, 374, 386,

389-393, 482, 483, 500
60 68, 77, 131, 196, 217, 221, 325, 356, 386, 396, 418, 464, 488
61 32, 34, 68, 77, 123,131, 328, **394-404**, 447, 464, 484, 501
61,1-5 396
61,1 396
61,2-5 396
61,2 394-397, 398
61,3 55, 396, 397, **398-402**, 402-403, 404
61,4 397, 488
61,5 55, 397-398, **402-404**
62 396
63 32
64 32, 34, 123, 214, 447
65 32, 217, 322, 325
68—69 406-407
68—69,1 406
68 106, 406, 407
69 34, 122, **405-411**, 447, 457, 501
69,1 55, **405-411**, 507
69,2 32, 405, 407
71 34, 55, 106, **412-415**, 501, 508
72 77, 196, 217, 325, 464
74 217, 325
75 132, 145, 337
76 34, 113, 114, 122, 137, 140-142, 221, **416-420**, 447, 501
76,3 **416-420**
77 34, 219, 220, 230, 276, 277, 285, 299, 352-353, 403, **421-452**, 501, 510
77,1 30, 55, 228, 230, 285, 421-426, **438-440, 442-448**, 449, 450, 451-452, 507
77,2 422, 444

77,2-3 23, 25, 30, 58, 218, 277, 285, 421-422, 424, 442, 448, 451
78 34, 39, **453-461**, 502
78,1 454
78,3 55, **457-461**
79 34, 48, 68, 77, 106, 196, 217, 325, 447, 457, 464
80 31, 32, 35, 55, 149, 215, 249, 257, **377-385**, 438, 481, 485, 502
82 113, 114
83 28, 122, 447
84 28,
85 55, 100, 101, 131, 371, 484, 502
87 31
89 335, 370
90—91 462
90 34, 356, 462, 464
91 31, 32, 34, 45, 77, 196, 197, 217, 219, 232, 255, 294, 325, 326, 357-358, 367, **462-470**, 502, 507, 508, 512
91,1 55, 464-468, 469-470, 507
91,2 466, 467, 468-469
92 34, 106, 221, 247, 310, 320, 418, **471-473**, 502
92,1 472
92,2 55, **471-473**
93 247
94 221, 320, 418
95 32, 36
96 113, 114, 122, 137, 140-142, 145, 147, 447
97 113, 114, 122, 140, 387, 447
98 113, 114, 122, 140, 447
99 77, 113, 114, 123, 196, 217, 325, 464

571

Stellenregister

100	34, 39, 58, 68, 77, 196, 249, 447, 464	
101	31, 34, 113, 257, 457	
102	335, 370	
104	32, 34, 40, 77, 106, 196, 357, 367, 370, 464, 512	
105	34, 122, 447	
106	31, 145	
107	114, 140-142, 145, 147, 221, 386	
108	23, 34, 36, 55, 93, 168, 171, 172, 177, 180, 181, 183, 269, **474-480**, 502, 506	
108,1	476, 477, 479	
108,2	475-476, 477	
108,3	477	
109	32, 36, 114, 137, 140	
110	34, 383, 385	
111	31, 34, 77-78, 106, 122, 131, 149-150, 155, 294, 302, 373, 374, 383-384, 385, 389, **481-485**, 503	
111,1-2	149, 481, 482	
111,1	481, 482, 483	
111,2	55, 383, 384, 385, 482, **483-484**, 485	
111,3	55, 481-482, 483, **485**	
112	31	
113	29, 31, 35, 77, 111, 113, 114, 117, 122, 196, 217, 325, 357, 358, 367, 447, 464, 486	
114	29, 32, 34, 77, 113, 114, 119, 122, 16, 196, 215, 464, 482, **486-492**, 503	
114,1	55, 491	
114,2	487	
Subscriptio	26, 325	

LibThom (NHC II,7) 82, 88, 475, 509
138,1-2   73

138,2   79, 81
138,5   81, 82
138,8-9   82
138,8   80, 182
138,10   182
138,13   460
145,18   81

OdSal   178
4,10   181
6   181
7,4   475
8,22   180
11   179, 180, 181, 478
11,6-8   177, 179-181, 185, 478-479
11,6   179-180, 478-479
11,7-8   180
11,7   179
30   172, 177, 178, 179-181, 185, 478-479
30,1-3   179
30,1-2   180, 181
30,1   179, 181, 478
30,2-4   479
30,2   180
30,4-6   179
30,4-5   478
30,5   180, 479
30,6-7   479
30,7   179

ParSem (NHC VII,1)
10,21-254   444

P.Egerton 2 (+ P. Köln 255)
v. 7-10   369-370, 374
v. 20-23   369-370

Pistis Sophia   212
83-135   491

Protennoia (NHC XIII,1)   267, 441
35,1-32   451
35,30-32   443
46,5—50,2   171

46,14-19   170-171
46,15   170
47   443
47,13-19   268
47,14-15   443
47,20-21   443
47,24—49,5   443
47,24-28   443
47,24   44
47,28-34   442
47,28-29   443
47,31—50,20   443
49   443
49,7-8   171
50   443
50,12-15   171

Rheg (NHC I,4)
44,14-17   266
44,14-15   266
45,39—46,2   258
46,14-17   459
46,31-32   459
49,9-16   360-361

SJC (NHC III,3/BG,3)
114,8-12/117,12-18   215

TestVer (NHC IX,3)
44,258   219

Ps.-Tit
Prol.   188

TracTrip (NHC I,5)
67,36-37   398
123,6   219
123,8   219

UBE
99,33-39   296
107,4-38   296
107,4-9   296, 303
107,12-23   296
107,24-30   296
107,28-30   296
107,31-38   296

UW (NHC II,5)
103,19   444
107,26-27   444
108,8-9   444
110,6—111,9   212
114,8-15   450
127,14-15   219

5. Weitere frühchristliche Literatur

2 Clem
5,5   359-360
6,7   360
9,5   266

Apopthegmata
   Patrum   30

Aristides
Apol.
15,1   100

Athenagoras
Apol.
28,6   510

Augustinus
C. Adv. Leg.   371
1,1,1   371-372
2,4,14   368, 372

Barn
5—6   265
5,6   265
5,10-11   265
6,7   265
6,9   265
6,14   265
12,10   265
19   243
19,5   242, 243, 245
19,9   243, 245

Canon Muratori
Z. 29-31   192

Clemens von
   Alexandreia
Exc. Theod.

10,3   398
36,1   395-396
78,2   337-338

Paid.
1,6,28   444

QDS
25,3   408
25,4-5   408

Strom.
1,16,3   137-140, 141
1,41,2   407
3,48   361
3,68,3   284-285
3,87,1-2   361
3,92,2   298
3,99,4   249
6,95,3   137-140, 141, 147

Cyprianus
Ad Quir.
3,29   305-306

Did
2,7   241, 242, 243, 245
9,2   323
10,6   178
11   237
11,4-5   324
11,5   324
12,2   325

Epiphanios
Ancor.
53,4   368-369
94,9   368-369

Pan.
23,5,5   368-369
26,3,1   476
34,18,13   308-309
36,2   337, 348
41,3,2   368-369
66,42,8   368-369

Eusebios
Hist.Eccl.

1,13   509
1,13,11   79, 81
3,39,15   164
3,39,16   164

Hermas
Vis.
3,6,2   459

Hippolytos
Ref.   26
5,7,20   21, 25, 27, 113, 127
5,7,23-24   113
5,8,3-4   183
5,8,7-8   113
5,8,11   157
5,8,27   113, 157
5,8,29-30   113
5,8,31   113
5,8,32   25, 27, 149, 155-157
5,9,6   113
6,41,2   351
8,10,9-10   113
10,34,5   113

Ignatianen
IgnEph
7,2   266
9,1   237

IgnMag
5,1   197

IgnRom
3,3   384
7,3   158

IgnSm
1,2   265, 266
3,1   266

Irenäus
Epid.
43   204-206

Haer.
1,13,3   476

Stellenregister

1,20,1   310
1,20,2   308-309
1,21   351
1,21,5   337, 348, 351
1,30,13   182
2,27,3   182
3,11,7-9   310
4,4,2   170
4,20,4   263

Justin
1 Apol.
36,1   369

Dial.
8,4   255
114,4   178
138,3   440

Lactantius
Div. Inst.
4,8,1   204-206

Makarios/Symeon
35,5   114
35,6   114

Origenes
Comm. Ser.
117   187

Polykarp
(2) Phil
2,3   406
4,1   43
7,1   266

6. Hermetisches
Corpus Hermeticum
1,2   328
1,6   426, 447
1,21   337
1,27   270
1,28   271
7,1-2   270-271
10,8   100
13,19   447
Asclepius 14   207

7. Manichäisches
Kephalaia
XXXVIII (89,32-33)   170

Kölner Mani-Codex
24,5-14   477
24,13-14   477

Mani-Psalmen
II 143,20-24   387
II 160,20-21   113
II 161,17-29   212
II 187,1-36 (4 Her 1)   473
II 187,24-29 (4 Her
    1,9-10)   473
II 187,25 (4 Her 1,9)   491
II 187,28-29 (4 Her
    1,10)   309-310, 473
II 217,18—218,8   387

Turfan-Fragmente
M 789   188, 191

8. Griechische und römische Autoren
Anaximandros
Frg. A 14   200

Aëtios
Plac.
1,3,3   200

Babrios
Fab.
4   142-143

Cicero
Cat.
4,11   231

Diodoros Siculus
1,27   449

Epikur
Kyriai Doxai 28, 30

Galen
Nat. fac.
1,8   157

1,10-11   157
1,11   157

Herakleitos
Frg. C 2 (9)   200

Hippokrates
Alim.
2-7   157
5   157
9   200

Ps.-Kebes
Tabula
16,4   119
26,3   440

Marcus Aurelius
Meditationes
4,23   448
5,32,2   200

Pausanias
Descriptio Graeciae
10,12,10   207

Platon
Phaidros
245c-d   198

Politeia
619c   419

Symposion
211d-e   253

Theaitetos
195b-c   119

Timaios
37e   207

Plinius d.J.
Paneg.
21,3   208

Plutarch
Mor.
9b   227

574

57c 227
270d 227
610e 227
1110b 227

Seneca
Ep.
102,21-28 337

Theokritos
Epigr.
16,4 100

Vergil
Aenaeis
2,272-273 94

9. Ägyptisches
Isis-Aretalogie (Totti)
4 449
5-10 449
11 449
12-15 449
17 449
21 449
25 449
26 449
30 449
31 449
37 449
38 449
40 449
41 449
42-45 449
42 449
44-45 449
44 449
46 449
47 449
49 449
50 449
52 449
53 449
54 449
55-56 449
56 449

Lehre des Ptahhotep 30

Totenbuch 344, 352
Spruch 58 344-345, 349-350

10. Papyri
(Nag-Hammadi-Texte und andere gnostische Texte sind insgesamt oben unter „Christliche Apokryphen und Gnostisches" erfasst.)

BG 8502 386, 450

BGU
423 236
423,2-6 236
423,19 236

CT 346, 347

NHC
NHC II **22-23**, 26, 30, 36, 59, 72, 120, 132, 140, 212, 218, 226, 254, 258, 268, 366, 398, 421, 423-424, 450, 457, 462, 475, 486, 505
32,10-14 56
32,10-12 56
32,11-12 67, 474
32,12-14 56
32,19—33,5 110
32,19-20 221
33,20-21 457
33,2 121
33,5-10 125
35,7 172
38,17-20 246
38,20-31 254
38,21 256
39,2-5 277
39,7-10 421-422
39,27—40,2 292
39,34 293
43,32 397
45,35 414
46,22-28 421-422, 442

46,27-28 277
47,2 461

NHC V 346

NHC VII 22

NHC XIII
47 443
49 443
50 443

P. Bodmer
XI, S. 1–5 179

P.Oxy.
1 11, 16, **16-18**, 19, 23, 25, 26, 30, 218, 247, 248, 254, 257, 278, 282, 283, 421, 511
1,3 17
1,4-11 **246-247**
1,6 17
1,7-8 112, 114
1,8 112, 246
1,11-21 254
1,11-12 256
1,11 17
1,22-27 17
1,23-30 277, 284, 421-422
1,23-27 290-291
1,23-24 288
1,23 278, 284
1,23-35 283
1,24-25 277
1,24 **278-283**, 284
1,24-27 **283**,
1,25-26 278
1,25 278, 284
1,26 278, **283**, 284
1,27-30 277
1,27 17, 277, 278, 284
1,28 284
1,29 284
1,30 284
1,32 17
1,33 19
2,9 279

Stellenregister

654 11, 16, **18-21**, 23,
    25, 26, 33, 59, 67, 71,
    79, 108, 112, 247,
    254, 511
654,1-5 56, **59-72**,
654,1-3 56
654,1 **63**, 72
654,2-3 65, 79, 81, 108
654,2 **64-70**, 79, 108
654, 3-5 56
654,3 21, 64-66, 69,
    70-71,
654,4 **71**,
654,5 71
654,7-8 20
654,7 71
654,8-9 221, 356-357
654,9-21 110, **111-115**,
654,10 120
654,11 114
654,15 20, 67, 111, 114,
    115
654,17 116
654,18 67
654,19 121
654,21-27 **125-127**,
654,25 20, 21, 64, 111,
    125
654,26-27 125
654,26 125, 126, 133
654,29-31 511
654,30 20
654,37-38 457
654,38 457

655 11, 16, 18, **21-22**,
    23, 24, 26, 254,
    292-293, 299, 511
655d 226, 227, 231, 497
655d,3 227
655,i 17-ii 1 217, 292
655,i 21 343
655,ii 1 292
655,ii 2-11 304
655,ii 8-11 312
841 19
842 19
852 19
854 19
1089 19
1242 19
1549,3 279-280
2264 19
2332 19
2690 19

P.Ryl.
77,34 444

**11. Koptische Bibel-
handschriften**
Bibliothèque Nationale,
    Paris (Copte)
129,10 (SMR sa 105) 104

Chester Beatty Library
Cpt 813 (SMR sa 4) 37,
    70, 80, 151, 183, 228,
    311, 329, 398, 410,
    414, 439, 465, 483

Cpt 814 (SMR sa 5) 37,
    70, 80,151, 173, 183,
    199, 228, 266, 311,
    329, 398, 410, 414,
    439, 465, 483

Coptic Museum, Kairo
CM 3820 (sa 10) 398

P.Bodmer
XIX (SMR sa 2) 321

Pierpont Morgan Library
M569 (SMR sa 9) 37, 70,
    80, 151, 173, 183,
    228, 311, 329, 410,
    414, 439, 465, 483

PPalau Rib.
Nr. 183 (SMR sa 1) 37,
    70, 80, 105, 151, 173,
    183, 199, 228, 266,
    311, 329, 398-399,
    410, 414, 439, 465,
    483

12. Inschriften
Orphisch-bakchische
    Goldplättchen
    (Riedweg)
A 5 345
B 2 345-346
B 3-8 346, 349-350

SIRIS
502 448

Autorenregister

Akagi, T.   24, 25, 27, 58, 66, 77, 81, 183, 247, 257, 269, 282, 286, 375, 447, 479, 486, 509
Aland, B.   240, 272, 314
Alexander, L.   30, 457
Allison, D.C.   83, 112, 135, 136, 231, 237, 406, 434, 453
Ashton, J.   130, 174, 260, 295, 307, 313, 318, 331, 370, 399
Askeland, C.   37, 70, 398
Attridge, H.W.   17, 18, 20, 21, 22, 25, 56, 62, 64, 70, 71–72, 87, 111, 125, 156, 226, 278, 280, 282, 284, 290–291, 292, 304, 312, 410, 472
Aune, D.E.   149, 178, 206, 229, 275, 433

Backhaus, K.   116, 124, 359, 384, 396, 459
Bagnall, R.S.   19
Barrett, C.K.   84, 90, 94, 96, 97, 102, 120, 128, 129, 130, 143, 144, 152, 175, 176, 219, 222, 223, 229, 231, 259, 288, 295, 313, 314, 315, 322, 327, 339, 340, 352, 363, 370, 381, 428, 430, 431, 432, 433, 434, 439, 458, 466, 472
Barthoulot, J.   205–206
Bartlet, V.   76, 84, 254

Bauckham, R.   163, 164, 231, 327, 354, 403, 466
Bauer, J.B.   61, 63, 65, 67, 72
Bauer, W.   240, 272, 314, 509
Beale, G.K.   178
Becker, J.   238, 382, 427, 429, 509
Beer, G.   286
Berger, K.   187–188
Bergman, J.   449, 450
Bernhard, A.   57, 62, 64, 70, 71, 72, 111, 125, 280, 282, 284, 290–291, 292
Best, E.   133, 362
Bethge, H.-G.   24, 33, 57, 169, 226, 356, 386, 395, 397, 408, 410, 414, 468, 482, 509
Betz, H.-D.   345
Beutler, J.   90, 97, 98, 100, 175–176, 259, 260, 332, 363, 370, 381, 428
Bieringer, R.   103
Blaine, B.B.   166
Blank, J.   192, 295
Blaß, F.   17, 18, 250, 256, 278–279, 281, 284, 290–291, 482
Blatz, B.   25, 30, 32, 172, 188, 226, 386, 395, 468, 509
Böhlig, A.   212, 450
Bogaert, P.   305–306
Bonnet, M.   82
Borgen, P.   428, 430
Boxall, I.   178

Brankaer, J.   103, 222, 251, 315
Braun, F.M.   174, 176
Bremmer, J.N.   510
Brown, R.E.   12, 34, 39, 53, 77, 94, 96, 97, 98, 106, 122, 129, 134, 135, 144, 145, 162, 174, 176, 189, 190, 191, 208, 212, 215, 218, 222, 235, 251, 260, 261, 262, 264, 273, 274, 289, 296, 299, 313, 330, 339, 352, 363, 369, 381, 382, 391, 400, 409, 416, 424, 428, 431, 433, 435, 458, 460, 463, 466, 471, 478, 489
Brox, N.   267, 268
Buhl, F.   118, 446
Bultmann, R.   89, 90, 91, 92, 94, 96, 97, 102, 122, 129, 167, 174, 210, 222, 233, 251, 273, 295, 300, 313, 315, 318, 340, 381–382, 418, 426, 428, 435, 439, 458, 509

Callahan, A.   28, 324
Cameron, R.   140
Carrez, M.   28, 135, 177
Cerbelaud, D.   205–206
Cerfaux, L.   416
Cersoy, P.   17, 35
Charlesworth, J.H.   179, 180

Autorenregister

Chilton, B.D. 100, 102, 201
Clarysse, W. 169, 170, 174
Clemen, C. 17, 32, 272, 278
Collins, R.F. 96, 97, 98, 313, 315
Crislip, A. 157
Critical Edition of Q 112, 123, 418, 456
Crossan, J.D. 12
Crum, W.E. 117–118, 123, 139, 144, 169–172, 173, 189, 197, 198, 256, 272, 368, 386, 439, 454
Culpepper, R.A. 179, 180
Czachesz, I. 24, 31

Daniélou, J. 176
Danker, F.W. 272
Davies, S.L. 28, 136, 152, 183, 190, 196, 227, 230, 232, 269, 272, 294, 318, 326, 328, 351, 357, 367, 406, 434, 446, 453, 462, 484, 510
Davies, W.D. 83, 112, 135, 136, 231, 237
De Boer, M.C. 199, 260, 331, 332, 339
Debrunner, A. 256, 482
DeConick, A.D. 13, 31, 35, 46, 57, 58, 73, 86, 90–91, 92, 93, 115, 118, 126, 132, 137, 150, 164, 169, 183, 204, 212, 218, 220, 221, 224, 226, 232, 240, 247, 249, 263, 281, 282–283, 284, 285, 286, 290–291, 293–294, 298, 315, 324, 330, 334, 351–352, 353, 358, 367, 378–379, 386, 389, 390, 392, 395, 397, 401, 408, 413, 414, 418, 420, 444, 447, 455, 463, 468, 477, 482, 483
Dehandschutter, B. 12, 30, 32, 80, 207, 241, 481, 509, 510, 511
De Jonge, H.J. 313, 332
De Jonge, M. 238
Delling, G. 198, 200
Dennis, J. 183, 222, 316
Devillers, L. 89, 92, 95, 96, 98
Donner, H. 118, 446
Doresse, J. 16, 18, 20, 22, 23, 75, 166, 172, 182, 193, 199, 204, 212, 227, 257, 287, 322, 327, 369, 389, 464–465
Draguet, R. 173, 370, 373, 439, 460
Drescher, J. 280
Drijvers, H.J.W. 87
Dundand, F. 448, 449
Dunderberg, I. 11, 14–15, 41, 47, 51, 73, 74, 76, 80, 81, 84, 88, 89, 91, 95, 97, 101, 162, 168, 174, 191, 192, 264, 313, 315, 319, 325–326, 327, 330, 333, 396, 397, 398, 400, 401, 403, 414, 423, 426, 446, 447, 474

Eberle, A. 57, 206, 328, 465
Ebner, M. 236
Ehlers, B. 83, 510
Eisele, W. 24, 25, 29, 56, 62, 65, 68, 70, 71–72, 79, 81, 83, 116, 118, 119, 120, 226, 295, 422–423, 438, 475, 491
Emmel, S. 22, 24
Englezakis, B. 280, 281, 282, 285, 290–291
Evangelium nach Thomas 33, 169, 226, 386, 395, 397, 468
Evelyn White, H.G. 17, 18, 20, 29, 30, 32, 60, 68, 72, 99, 102, 111, 249, 250, 255, 256, 263, 268, 279, 281, 284, 285, 287, 290–291

Fieger, M. 12, 101, 107, 118, 135, 140, 168, 204, 230, 263, 422, 462, 471, 509
Fitzmyer, J.A. 18, 24, 35, 56, 61, 64, 66, 70, 71, 72, 111, 120, 201, 250, 256, 280, 283, 284, 290–291, 295, 304, 446
Fleddermann, H.T. 27, 32, 112, 401, 456
Fludernik, M. 29
Förster, H. 73, 75–76
Fossum, J. 294, 298
Fowden, G. 271, 448, 449, 510
Freedman, D.N. 99, 135, 168, 169, 183, 191, 203, 204, 271, 285, 328, 386, 471, 475
Frenschkowski, M. 82, 183, 477
Frey, J. 12, 25, 41, 42, 50, 94, 95, 97, 103, 104, 106, 123, 128, 130, 152–153, 173, 177, 178, 218, 228, 237, 259, 262, 295, 299–300, 301, 313, 339, 362–364, 391, 428, 429, 436
Funk, R.W. 12
Funk, W.-P. 25, 321, 346

Gärtner, B. 24, 25, 33, 72, 78, 135, 140, 141, 152, 168, 180, 193, 212, 218, 232, 233, 257, 271, 294, 296, 306, 324, 327, 330, 357, 367, 369, 413, 438, 464
Gagné, A. 28, 342–343
Garitte, G. 23–24, 118, 205–206, 240, 272, 297, 416
Gathercole, S.J. 12, 18, 24, 25, 28, 30, 31, 32, 35, 40, 42, 44, 58, 63, 67, 69, 72, 76, 77, 78, 100, 111, 113, 117, 118, 127, 133, 148, 156, 157, 163, 164, 167, 168, 180, 187–188, 206, 212, 220, 226, 241, 243, 247, 266, 268, 272, 282, 283, 286, 290–291, 292, 294, 301, 325–326, 327, 330, 358, 367, 368, 370, 373, 378, 379, 384, 387, 396, 413, 420, 463, 468, 473, 475, 482, 486, 487, 508
Gauger, J.-D. 100, 200
Gesenius, W. 118, 446
Gianotto, C. 331, 334, 368, 370
Giesen, H. 178
Goodacre, M. 12, 24, 30, 32, 35, 36, 40, 42, 47, 48, 73, 84, 113, 163, 505
Gräßer, E. 116, 384, 396, 459
Grant, R.M. 99, 135, 168, 169, 183, 191, 203, 204, 271, 285, 328, 386, 471, 475
Gregory, A. 41, 44, 48, 49

Grenfell, B.P. 16, 17, 18, 20, 21, 22, 26, 56, 59, 71–72, 99, 111, 112, 115, 120, 226, 250, 257, 264, 279, 281, 282, 283, 284, 290–291
Grigsby, B.H. 176
Grosso, M. 27, 29, 35, 57, 58, 77, 78, 83, 84, 107, 119, 126, 141, 150, 157, 169, 187, 218, 220, 294, 296, 327, 331, 375, 386, 389, 400, 413, 414, 438, 451, 468, 471, 474, 491
Guardini, R. 299, 391
Guillaumont, A. 23, 24, 100, 118, 240, 272, 280, 282, 284, 286, 290–291, 334, 378–379, 395
Gunther, J.J. 92–93, 180, 183, 257, 509

Häfner, G. 42, 46, 382, 429
Haenchen, E. 25, 58, 135, 169, 182, 199, 386, 396, 397, 400, 413
Hahn, F. 174, 175, 178
Hakola, R. 262
Harland, P.A. 238
Harnack, A. 17, 205, 249, 250, 252, 255, 263, 270, 272, 283, 284, 290–291
Hartenstein, J. 15, 42, 51, 58, 68, 82–83, 84, 87, 88, 89, 90, 91, 97, 98, 163, 165–166, 167, 183, 215, 219, 450, 488, 489–490, 509
Hasitschka, M. 174, 222, 229, 313, 331, 427
Hays, R.B. 42

Hedrick, C.W. 25, 30, 31, 57, 77, 116, 137, 168, 182, 183, 198, 204, 212, 219, 226, 230, 238, 257, 271, 285, 294, 307, 325–326, 330–331, 367, 373, 386, 389, 413, 441, 443, 447, 455, 456, 464, 468, 471, 477, 477, 482
Heil, C. 27, 112
Heinrici, G. 63, 64, 77, 120, 295
Hergenröder, C. 96, 97, 103, 273–274, 275, 296, 299
Higgins, A.J.B. 268
Hilgenfeld, A. 59, 71–72, 76, 111
Hill, C.E. 14
Hochholzer, M. 236, 237
Hofius, O. 25, 58, 59, 61, 64, 68, 70, 71, 72, 76, 111, 119–120, 126, 127, 187, 271, 280, 284, 290–291, 298, 304, 424, 447
Hollander, H.W. 238
Holloway, P. 295
Hoover, R.W. 12
Horsley, G.H.R. 65
Horner, G.W. 37, 38, 66, 70, 80, 105, 151, 183, 199, 228, 266, 311, 329, 384, 398–399, 401, 410, 414, 439, 446, 453, 454, 465, 483
Hornung, E. 344–345, 352
Hunt, A.S. 16, 17, 18, 20, 21, 22, 26, 56, 59, 71–72, 99, 111, 112, 115, 120, 226, 250, 257, 264, 279, 281, 282, 283, 284, 290–291
Hunter, R. 100

Autorenregister

Hunzinger, C.-H. 140
Hurtado, L. 16, 17, 18, 19, 20, 21, 22

Jacquier, E. 99, 256, 270, 281
Janßen, M. 58, 80, 82, 474, 509
Johnson, S. R. 14, 39, 106, 111, 112, 113, 418–419
Jones, H. S. 103, 117, 126, 173, 197, 220, 272, 314, 419, 428, 430, 446
Joüon, P. 241
Judge, P. J. 14, 94, 97

Käsemann, E. 259
Kasser, R. 33, 135, 163, 165, 168, 171, 187, 189, 190, 197, 203, 210–211, 220, 269, 301, 324, 413, 461, 469, 472, 477, 481, 486
Kaufhold, H. 206
Kerst, R. 446, 448
Kiley, M. 144
Klauck, H.-J. 58, 77, 163, 191, 194, 229, 236–237, 261, 262, 274, 288, 289, 408, 425, 433, 458, 509, 510
Klein, H. 112, 144
Klijn, A. F. J. 66, 92, 510
Koester, C. R. 222, 223, 224, 250
Koester (Köster), H. 12, 30, 32, 39, 73, 82, 104, 124, 164, 187, 204, 209, 210, 219, 227–228, 229, 339, 353, 437, 458, 472, 479, 509
Kraft, R. A. 22, 226
Kremer, J. 96, 97

Kuhn, K. H. 241, 377, 422
Kvalbein, H. 357, 358

Labahn, M. 32, 103, 273–274, 428
Labib, P. 212, 450
Lake, K. 79
Lama, M. 19
Lambdin, T. O. 169, 226, 386, 468
Lang, B. 86–87, 96
Lang, M. 97
Lattke, M. 179–181, 475
Lau, A. Y. 265, 268
Layton, B. 23, 57, 169, 206, 226, 247, 386, 395, 397, 468, 482
Lee, D. 97, 103, 192, 251, 295
Leipoldt, J. 120, 169, 171, 263, 386, 396, 397, 425, 468, 487, 491
Lelyveld, M. 29, 58, 122, 131, 152, 161, 165, 167, 169, 196, 269, 368, 374, 391, 484
Leonard, James M. 36
Leonard, Jeffery M. 45, 46, 47
Leroy, H. 102, 104, 105, 172–173, 174, 312–313, 315, 317, 319, 414
Levieils, X. 281
Lewy, H. 180, 256
Liddell, H. G. 103, 117, 126, 173, 197, 220, 272, 314, 419, 428, 430, 446
Liebenberg, J. 136, 137, 140
Lieu, J. M. 190, 191, 229, 236, 239, 261, 262, 263, 274, 289, 331, 409, 458
Lincoln, A. T. 90, 92, 95, 96, 104, 129, 143,

144, 152, 156, 167, 175, 176, 222, 223, 251, 259–260, 288, 295, 313, 315, 329, 338, 339, 340, 354, 363, 370, 374, 380, 381, 382, 428, 429, 431, 432, 439, 458, 467, 489
Lindemann, A. 446, 448
Lipsius, R. A. 82
Lock, W. 17, 255, 270, 279, 281, 284, 285, 290–291
Löhr, H. 371
Looks, C. 43
Lührmann, D. 21, 57, 58, 62, 64, 66, 70, 71, 72, 77, 84, 111–112, 113, 114, 119, 125, 164, 255, 280, 282, 284, 290–291, 292, 304
Luttikhuizen, G. P. 427, 443
Luz, U. 112, 123, 135, 136, 275, 359, 407, 434
Luzzatto, M. J. 142

MacRae, G. W. 410, 426, 450, 451
Maisch, I. 158, 447
Marcovich, M. 56, 61, 64, 66, 67, 72, 99, 111, 125–126, 152, 156, 278, 280, 282, 283, 284, 286, 290–291, 422, 423
Marjanen, A. 28, 73–75, 168, 204, 215, 216, 250, 265, 268, 446, 463, 469, 486, 487, 490
Markschies, C. 192
Marti, K. 286
Martyn, J. L. 332
Mayser, E. 66–67
McHugh, J. F. 129, 199, 204, 251, 259, 380,

381, 428, 429, 430, 439, 446
Ménard, J.-É. 75, 78, 99–100, 101, 127, 132, 172, 204, 226, 250, 251, 257, 258, 270, 309, 334, 352, 368, 372, 386, 391, 413, 468, 471
Menken, M.J.J. 370
Merkelbach, R. 346
Merz, A. 44
Metzger, B.M. 83, 409
Meyer, M.W. 29, 30, 86, 170, 226, 293, 386, 468, 509, 509
Michelsen, J.H.A. 21, 60, 72, 76, 111, 283, 284, 290–291, 298, 304
Mink, G. 37, 38, 368
Miroshnikov, I. 368, 369
Moloney, F.J. 90, 95, 97, 128, 129, 156, 258, 259, 288, 295, 313, 314, 315, 316, 327, 329, 340, 362, 363, 374, 382, 409, 428, 430, 431, 467, 472
Montefiore, H. 135, 137, 140, 231, 298, 509
Moreland, M. 326, 367, 370, 371
Morenz, S. 169
Morgen, M. 190, 192, 274, 289, 408, 458
Mueller, D. 111, 112, 113, 114, 116, 117
Müller, D. 449
Müller, U.B. 258, 259, 260, 262, 264
Müller-Roth, M. 352
Münch, C. 136, 137
Muraoka, T. 241
Murphy, R.E. 446
Mußner, F. 78, 122, 123, 128, 129, 130, 156, 174, 176, 429

Nagel, P. 12, 20, 32, 34, 56, 57, 59, 62, 63, 67–70, 72, 113, 116, 140, 170, 181, 187, 188, 200, 203, 212, 226, 247, 250, 294, 298, 304, 356, 368, 386–388, 395, 396, 397, 422–423, 477, 509
Nagel, T. 14, 35, 41, 43, 157–158, 171, 180, 181, 266, 296, 312, 335, 411, 423, 426, 441, 459, 468
The New Testament in Greek 104, 105
Nicklas, T. 144, 331–332, 370
Niederwimmer, K. 242
Nolland, J. 144
Nordheim, E. von 187
Nordsieck, R. 28, 31, 32, 57, 58, 73, 100, 118, 120, 140, 149, 150, 163, 169, 190, 199, 220, 226, 227, 230, 235, 239, 248, 250, 254, 257, 263, 264, 268, 269, 272, 301, 305, 308, 316, 317, 322, 324, 330, 343, 351, 357, 358, 366, 369, 371, 372, 382, 386, 389, 391, 397, 401, 403, 405, 408, 413, 414, 423, 425, 435, 455, 456, 460, 465, 468, 471, 473, 474, 481, 482, 483, 484, 486, 509
Norris, R.A. 509
North, R. 33

Oberlinner, L. 265, 361, 459
Ogden, L.K. 22
Onuki, T. 29, 188, 189, 191, 192, 193–194,

228, 231, 354, 381, 382, 403, 424, 428
Pagels, E.H. 13, 86, 87, 93, 164, 167, 198, 199, 229, 230, 232, 339, 353, 399, 418, 441, 444, 480
Painter, J. 428
Parsons, P. 16
Pasquier, A. 28, 77, 84, 326, 446, 469
Patterson, S.J. 11, 12, 25, 29, 30, 31, 32, 33, 36, 39, 40, 42, 77, 106, 128, 131, 136, 137, 139, 140, 141, 148, 163, 187, 215, 218, 220, 226, 227, 232, 249, 310, 324, 333, 335, 337, 383, 406, 414, 455, 468, 474, 509, 510
Payne Smith, J. 118, 379
Peel, M.L. 459
Perrin, N. 24, 88, 94, 162, 164, 165, 168, 192, 272, 286–287, 394, 474, 509
Perttilä, E. 38
Pesce, M. 76, 139, 188, 306, 309, 369, 372
Pesch, R. 84
Petersen, S. 15, 77, 215, 323, 387, 395, 427, 430, 431, 432, 433, 434, 436, 438, 441, 444, 451, 486, 488, 490, 509
Pfister, M. 44
Piovanelli, P. 137, 162, 265, 286, 425, 477–478, 510
Plisch, U.-K. 22, 23, 29, 31, 34, 57, 58, 77, 83, 92, 116, 123, 126, 136, 140, 148, 153, 162, 165, 169, 189, 191, 197, 199, 204,

581

214, 215, 218, 226,
230, 231, 235, 247,
250, 296, 305, 308,
309, 322, 324, 327,
328, 346, 352, 356,
368, 372, 386, 387,
389, 392, 395, 397,
401, 402, 408, 410,
414, 446, 455, 464,
465, 468, 471, 472,
474, 481, 482, 483,
487, 491, 509
Pöhlmann, W. 448
Poirier, P.-H. 27, 29, 64,
80, 82, 87, 227, 267,
441
Pokorný, P. 131
Polotsky, H.-J. 395
Popkes, E.E. 25, 46, 102,
132, 135, 140, 145,
218, 228, 229,
257–258, 337, 364,
370, 382, 403, 413,
422, 423, 425, 427,
434, 474, 475, 509
Poplutz, U. 322
Popp, T. 92, 128, 210,
223, 429
Potterie, I. de la 176
Prostmeier, F.R. 242,
265
Puech, H.-C. 16, 23, 32,
35, 60, 64, 66, 72, 92,
188, 268, 511

Quecke, H. 37, 70, 80,
105, 151, 183, 199,
228, 266, 311, 329,
398–399, 410, 414,
439, 465, 483
Quispel, G. 83, 104, 140,
142, 180, 183, 239,
240, 241, 255, 316,
322, 414, 444, 469,
509

Radl, W. 144
Ramsay, W.M. 275
Rasimus, T. 14

Rastoin, M. 144
Rau, E. 164, 165, 232,
269, 294, 326, 370,
469, 474, 477
Rehkopf, F. 256, 482
Reuter, R. 42, 47
Richter, G. 94, 156,
259–260, 268
Richter, S.G. 310, 346,
352, 473, 491
Riedweg, C. 345–346
Riley, G.J. 13, 85–86, 87,
89, 90–91, 93–94,
164, 167, 182, 293,
364, 413, 418, 464,
469, 480
Roberts, C.H. 280, 283
Robinson, J.M. 22, 30,
32, 73, 82, 101, 509
Röhl, W.G. 14, 219, 411
Rubel, G. 94, 95, 96, 97,
98, 152, 172, 173,
174, 436

Sanday, W. 17, 255, 270,
279, 281, 284, 285,
290–291
Santos Otero, A. de 188
Sasse, H. 340, 380
Satake, A. 178
Schenke, H.-M. 218,
410, 414, 444, 482,
510
Schenke Robinson,
G. 171
Schletterer, I. 346
Schmeller, T. 201, 275
Schmid, Hj. 224, 262
Schmid, H. 157, 170, 351
Schnackenburg, R. 74,
84, 85, 90, 92, 93, 94,
96, 97, 101, 102, 120,
122, 128, 129, 130,
143, 144, 151, 156,
158, 167, 174,
175–176, 192, 194,
199, 209, 210, 219,
222, 223, 228, 229,
230, 237, 251, 258,

259, 260, 262, 263,
269, 273, 274, 288,
289, 295, 300, 306,
312, 313, 314, 315,
323, 328, 329, 341,
354, 362, 363, 370,
374, 381, 382, 388,
399, 400, 428, 429,
430, 433, 434, 439,
458, 466, 467, 469,
471
Schneemelcher, W. 27
Schnelle, U. 220, 223,
237, 259, 262, 306
Schoedel, W.R. 149, 169,
183, 386
Scholtissek, K. 370
Schrage, W. 11, 101,
104–105, 111, 126,
135, 141, 396, 405,
406, 455, 465, 471
Schröter, J. 11, 57, 72,
75, 169, 226, 356,
386, 387, 388, 395,
397, 408, 468, 482,
509
Schüngel, P. 118, 169,
226, 408, 487
Schüssler, K. 37, 70, 80,
151, 173, 183, 199,
208, 266, 311, 329,
398, 399, 410, 414,
439, 465, 483
Schultheiß, T. 166
Schulz, R. 448
Schwankl, O. 95, 158,
228–229, 260, 261,
274, 295, 299, 391,
426–428, 429–434,
436
Schwemer, A.M. 509
Scott, R. 103, 117, 126,
173, 197, 220, 272,
314, 419, 428, 430,
446
Sellew, P.H. 58, 183, 324
Sellin, G. 133, 362
Senior, D. 176

582

Sevrin, J.-M. 29, 167, 183, 188, 189, 190, 191, 220, 294, 357
Sieber, J. 12, 39–40, 45, 137, 226, 402, 405, 420, 455
Skinner, C.W. 14, 87–88, 89, 91, 92, 94, 96, 166, 167
Smalley, S.S. 178, 275
Sparks, H.F.D. 187
Stanzel, F.K. 28
Starnitzke, D. 333
Streett, D.R. 224, 260, 262–263, 264, 265
Suchla, B.R. 26
Swete, H.B. 56, 59, 71–72, 99, 111, 254, 256, 284, 290–291

Taeger, J.-W. 177
Taylor, C. 56, 60, 63, 71–72, 76, 99, 111, 115, 120, 248, 255, 270, 287, 295
Ter-Mekerttschian, K. 205–206
Ter-Minassiantz, E. 205
Teuwsen, R. 51
Thatcher, T. 221, 296, 312
Theobald, M. 14, 49–50, 53, 85, 89, 90, 91, 93, 102, 103, 104, 121, 128, 129, 153, 156, 174, 175, 176, 178, 199, 209, 210, 219, 222, 224–225, 228, 229, 250, 251, 258, 259, 260, 263, 266, 273, 274, 288, 301, 302, 305, 308, 312–315, 316, 318–319, 323, 327, 328, 329, 354, 362, 363, 364, 374, 399, 401, 414, 426, 428, 429, 430, 431, 432, 433, 434, 435, 439, 441, 446, 458, 463, 466, 509
Thesaurus Linguae Graecae 226, 440
Thyen, H. 14, 85, 89, 90, 96, 97, 102, 128, 129, 130, 143, 152, 167, 174, 176, 210, 222, 237, 259, 260, 273, 295, 313, 327, 363, 428, 429, 431, 433, 434, 435, 436, 466, 509
Tischendorf, K. 105
Tobin, T.H. 259, 428, 446
Töpfer, S. 352
Tolmie, D.F. 331
Totti, M. 449
Trevijano Etcheverría, R. 162, 165, 167, 168, 180, 188, 196, 207, 208, 212, 229, 230, 232, 249, 338, 351, 509
Tripaldi, D. 178
Tuckett, C. 25, 35, 188, 193, 422
Turner, E.G. 16, 19
Turner, J.D. 171, 229, 267, 423, 441

Ungnad, A. 241
Uro, R. 42, 509

Van Belle, G. 104
Van der Horst, P.W. 281
Van der Watt, J.G. 129–130, 236, 237, 370
Verhelst, N. 314, 430
Verheyden, J. 187, 456
Vielhauer, P. 12, 32, 357, 358, 509
Voorgang, D. 257, 266, 268, 306
Vouga, F. 28, 77, 84, 264, 268, 306, 326, 446, 469

Waetjen, H.C. 90, 97–98, 102
Wahlde, U. von 331
Waldstein, M. 267, 423, 440
Walls, A.F. 163, 183, 488
Watson, F. 32, 73, 76, 165, 319, 472
Wayment, T.A. 63, 64, 70, 71, 72, 111, 112, 125, 280, 282, 284, 290–291
Weber, S. 205
Weidemann, H.-U. 176, 260
Wengst, K. 90, 94, 96, 102, 144, 152, 156, 167, 175–176, 222, 233, 259, 273, 286, 288, 313, 314, 315, 323, 327–328, 329, 332, 363, 374, 469
Westendorf, W. 117, 169–172, 173, 183, 197, 198, 256, 293, 298, 329, 373, 386, 390, 414, 422, 439, 454
Williams, F.E. 182
Williams, P.J. 24, 193
Wilmet, M. 38, 117, 173, 189, 198, 227, 368, 370, 373, 413, 460
Wilson, R.M. 33, 35, 61, 71–72, 79, 187
Wilson, S.G. 205–206
Wisse, F. 267, 268, 444
Witetschek, S. 29, 58, 169, 258, 260, 268, 380, 405, 456, 508, 511
Wolter, M. 112, 144, 354, 401
Wood, J.H. 30, 41
Woschitz, K.M. 197, 198, 271
Wurst, G. 346

Autorenregister

Zahn, T. 17, 20, 26, 60, 63, 71–72, 76, 111, 255, 256, 283, 290–291, 298
Zelyck, L.R. 15, 43, 106, 174, 335, 392
Zöckler, T. 25, 30, 46, 48, 136, 139, 165, 167, 171, 218, 226, 227, 228, 230, 232, 233, 264, 316, 339, 352, 353, 395, 397, 462–463, 470, 484, 509
Zumstein, J. 75, 84, 92, 94, 95, 96, 97, 98, 130, 167, 222, 237, 250, 295, 314–315, 322, 338, 340, 382, 472